westermann

Vivian Conrad, Stefan Kaltenbach, Viktor Lüpertz, Annelore Steinhart, Klaus Wachter

Volkswirtschaftslehre für das Berufliche Gymnasium

Lehr- und Aufgabenbuch

3. Auflage

Bestellnummer 223500

Die in diesem Produkt gemachten Angaben zu Unternehmen (Namen, Internet- und E-Mail-Adressen, Handelsregistereintragungen, Bankverbindungen, Steuer-, Telefon- und Faxnummern und alle weiteren Angaben) sind i. d. R. fiktiv, d. h., sie stehen in keinem Zusammenhang mit einem real existierenden Unternehmen in der dargestellten oder einer ähnlichen Form. Dies gilt auch für alle Kunden, Lieferanten und sonstigen Geschäftspartner der Unternehmen wie z. B. Kreditinstitute, Versicherungsunternehmen und andere Dienstleistungsunternehmen. Ausschließlich zum Zwecke der Authentizität werden die Namen real existierender Unternehmen und z. B. im Fall von Kreditinstituten auch deren IBANs und BICs verwendet.

Die in diesem Werk aufgeführten Internetadressen sind auf dem Stand zum Zeitpunkt der Drucklegung. Die ständige Aktualität der Adressen kann vonseiten des Verlages nicht gewährleistet werden. Darüber hinaus übernimmt der Verlag keine Verantwortung für die Inhalte dieser Seiten.

Verwendete Symbole

2.3, S. 46 – Verweis auf die Nummer und Seitenzahl einer thematisch zugehörigen Aufgabe am Ende des Kapitels.

Digitales Arbeiten: Bei Aufgaben mit diesem Icon ist eine Internetrecherche vorgesehen oder es empfiehlt sich die Bearbeitung mittels Tabellenkalkulationsprogramm.

Querverweis auf vorausgehende oder nachfolgende Kapitel, in denen der jeweilige Sachverhalt näher erläutert ist.

Für die Lösung dieser Aufgaben bietet sich eine Gruppenarbeit an

Für diesen Kapitelabschnitt oder diese Aufgaben stehen unter BuchPlusWeb Materialien, Vorlagen oder Präsentationen zum kostenlosen Download bereit.

Diese Aufgaben eignen sich für Referate oder Präsentationen.

BiBox westermann inkl. E-Book – Zu diesem Lehrwerk sind ergänzende digitale Unterrichtsmaterialien als BiBox erhältlich. In unserem Webshop unter www.westermann.de finden Sie hierzu unter der Bestellnummer des vorliegenden Schülerbuchs weiterführende Informationen.

service@westermann.de
www.westermann.de

Bildungshaus Schulbuchverlage Westermann Schroedel Diesterweg Schöningh Winklers GmbH, Postfach 33 20, 38023 Braunschweig

ISBN 978-3-14-**223500**-4

westermann GRUPPE

Informationen zu diesem Buch (3. Auflage)

Inhalt

Dem vorliegenden Lehr- und Aufgabenbuch liegt der Bildungsplan für das Fach Volkswirtschaftslehre für Berufliche Gymnasien (Fachbereich Wirtschaft und Verwaltung) in Nordrhein-Westfalen zugrunde. Gleichzeitig werden aber auch wesentliche Inhalte entsprechender Bildungspläne anderer Schularten (z. B. Fachgymnasien, Fachoberschulen) in anderen Bundesländern abgedeckt. Über die Vermittlung von volkswirtschaftlichem Grundwissen hinaus soll das Buch dazu beitragen, kritisches Urteilsvermögen zu schulen, Denken in Zusammenhängen zu üben und alternative Lösungsmöglichkeiten hinsichtlich ihrer gesellschaftlichen Konsequenzen zu bewerten.

Gliederung

Jedes Kapitel ist wie folgt gegliedert:

- Einen Advance Organizer je Hauptkapitel
- Konkrete Lernziele für das jeweilige Teilkapitel
- Sachdarstellung
  Die Sachdarstellung wird durch zahlreiche Grafiken, Schaubilder, Übersichten und Tabellen ergänzt und veranschaulicht. Wichtige Definitionen und Merksätze sind fett gedruckt und farbig unterlegt.
- Zusammenfassende Übersichten
  Die Übersichten am Ende eines jeden Kapitels dienen der Veranschaulichung der Strukturzusammenhänge.
- Aufgaben und Probleme zur Erarbeitung und Anwendung von Wissen
  Die zahlreichen realitätsbezogenen Problemstellungen decken unterschiedliche Schwierigkeitsgrade und Anforderungsbereiche ab. Neben der Anwendung und Erschließung von thematischem Wissen ermöglichen sie auch die Einübung unterschiedlicher Arbeitstechniken und Lösungsverfahren sowie die Förderung von Sozial- und Methodenkompetenzen.
- Kompetenzraster zur Dokumentation und Selbsteinschätzung des Kompetenzerwerbs durch die Schülerinnen und Schüler
  Die Kompetenzraster nehmen direkten Bezug auf die Lernziele, die die Teilkapitel einleiten. Anhand der Kompetenzraster kann nun festgehalten werden, inwieweit die Lernziele erreicht wurden.

Anhang

Der Anhang enthält Hinweise zur Problemlösetechnik bei wirtschaftspolitischen Fallstudien und ein Sachwortverzeichnis.

BuchPlusWeb

Als Schülerband begleitendes Material stehen den Schülerinnen und Schülern die Materialien kostenfrei zum Download zur Verfügung, die zur Bearbeitung der Aufgaben notwendig oder empfehlenswert sind (Präsentationen, Kopiervorlagen zur Aufgabenlösung).

Begleitmaterial

Lehrerhandbuch (Best. Nr. 223523 als Download, Best. Nr. 223521 als gedruckte Version)

Ergänzend zu diesem Lehr- und Aufgabenbuch liegt ein Lehrerhandbuch mit ausführlichen Lösungen zu den Aufgaben und Problemen sowie Hintergrund- und Zusatzinformationen vor. Auch in diesem Material sind die folgenden Materialien enthalten.

- Präsentationen
- Kopiervorlagen zur Aufgabenlösung

Das Lehr- und Aufgabenbuch ist ebenfalls als BiBox erhältlich, in den Lizenzen für Lehrerinnen und Lehrer sind neben allen Begleitmaterialien zahlreiche interaktive Aufgaben, Präsentationen, Animationen etc. enthalten.

Verfasser und Verlag sind für Verbesserungsvorschläge dankbar.

Sommer 2020 Die Verfasser

Inhaltsverzeichnis

A

Strukturen und Prozesse einer Volkswirtschaft

Aufgaben der Volkswirtschaftslehre

1. Aufgaben der Volkswirtschaftslehre

- Grundfragen und Methoden
- Kreislaufmodell und Marktmodell
- Abgrenzung der Aufgabenbereiche von Betriebs- und Volkswirtschaftslehre

2. Bedürfnisse und Güterknappheit als Ausgangspunkt des Wirtschaftens

- Bedürfnisse und Güter
- Güterknappheit als wirtschaftliches Grundproblem
- Bedürfnisvielfalt und Güterknappheit als ethisches Problem
- Wirtschaften als vernünftiges menschliches Handeln
- Güter als Mittel der Bedürfnisbefriedigung: Güterarten

3. Volkwirtschaftliche Produktionsfaktoren und ihre Kombination im Produktionsprozess

- Volkswirtschaftliche Produktionsfaktoren
- Kombination der Produktionsfaktoren

4. Wirtschaftskreislauf und Volkswirtschaftliche Gesamtrechnung: Ermittlung von Inlandsprodukt und Volkseinkommen

- Wirtschaftsprozess in einer arbeitsteiligen Volkswirtschaft
- Messgröße der gesamtwirtschaftlichen Leistung: Das Inlandsprodukt
- Ansätze zur Verbesserung der Wohlstandsmessung
- Grenzen des Wirtschaftswachstums

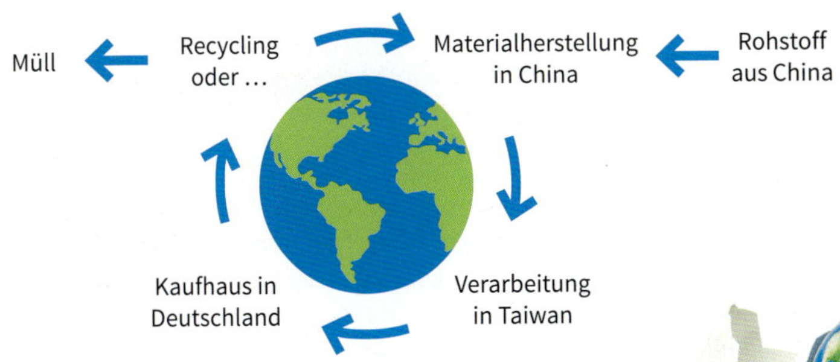

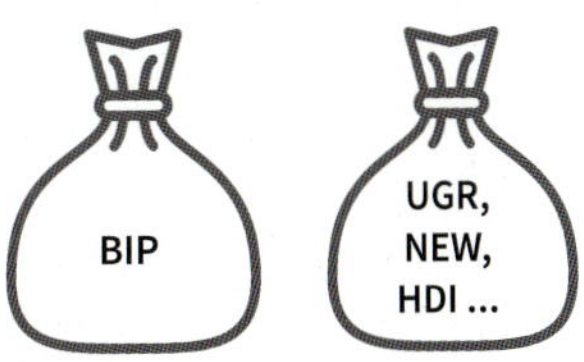

1 Aufgaben der Volkswirtschaftslehre

1.1 Grundfragen und Methoden der Volkswirtschaftslehre

Lernziele:

Nach der Bearbeitung des Kapitels sind Sie in der Lage, Folgendes zu tun:
Sie ...

- ... benennen die vier Grundfragen, die in jeder Wirtschaftsgesellschaft gelöst werden müssen.
- ... erklären die vier Grundfragen allgemein und am Beispiel der Robinsonwirtschaft.
- ... erläutern den Zweck von Modellen in der Volkswirtschaftslehre.
- ... beschreiben das Modell des *Homo oeconomicus*.
- ... diskutieren das Modell des *Homo oeconomicus*.

”

Robinsonwirtschaft – ein naturalwirtschaftliches Modell

Der Romanheld „ROBINSON CRUSOE“[1] hat sich als einziger Überlebender eines Schiffbruchs auf eine einsame Insel retten können. Völlig auf sich allein gestellt muss er im täglichen Kampf mit der Natur für sein Überleben sorgen. Er muss Güter, die in einer arbeitsteiligen Wirtschaftsgesellschaft selbstverständlich sind, mühsam selbst herstellen. Das zwingt ihn zu Arbeitsfleiß, technischem Erfindungsgeist und sparsamem Umgang mit knappen Ressourcen. Als die Insel nach 15 Jahren von Ureinwohnern benachbarter Inseln aufgesucht wird, die einen Gefangenen töten wollen, rettet ROBINSON an einem Freitag dem Todgeweihten das Leben. Er gibt seinem jungen Gefährten den Namen „FREITAG“. Ab diesem Zeitpunkt bilden ROBINSON und FREITAG eine Wirtschaftsgesellschaft. Im Vergleich zur vorherigen Situation, in der ROBINSON für sich alleine wirtschaftete, werden dadurch zusätzliche wirtschaftliche Entscheidungen nötig.

Robinson Crusoe – Farblithografie nach Carl Offterdinger (1829–1889)

B

Bei der Geschichte von ROBINSON CRUSOE handelt es sich aus der Sicht der Volkswirtschaftslehre um ein naturalwirtschaftliches Modell, das auch als Robinsonwirtschaft bezeichnet wird. In dieser Naturalwirtschaft spielt Geld, das in unserer heutigen Volkswirtschaft (Geldwirtschaft) nicht mehr wegzudenken ist, keine Rolle. Daher eignet sich dieses Modell besonders gut, um die grundlegenden Probleme wirtschaftender Menschen deutlich zu machen. Menschen müssen einerseits im Kampf mit der Natur Güter gewinnen und herstellen, um überleben zu können. Andererseits sind sie aber aufgrund von Arbeitsteilung und der sich daraus ergebenden Notwendigkeit zum Güteraustausch auch gezwungen, sich mit den anderen Mitgliedern der Wirtschaftsgesellschaft auseinanderzusetzen.

1 „Robinson Crusoe“ ist der Titel eines 1719 erschienenen Romans von Daniel Defoe (1659–1731).

Wesentliches Kennzeichen moderner Volkswirtschaften ist die Arbeitsteilung. In Zehntausenden von Betrieben werden Güter zur Bedürfnisbefriedigung von vielen Millionen Haushalten produziert.

Angesichts der unzähligen Bedürfnisse und der begrenzten Produktionsmöglichkeiten ergeben sich **Abstimmungsprobleme.** In jeder Volkswirtschaft müssen daher die folgenden vier Fragen beantwortet werden:

1. Welche Güter sollen in welcher Menge produziert werden?

Angesichts der unbegrenzten Bedürfnisse und der begrenzten Produktionsmöglichkeiten muss eine Entscheidung über Art und Umfang der zu produzierenden Güter getroffen werden **(Allokationsproblem**[1]**).**

B Entscheidungen in einer Robinsonwirtschaft

Auch der schiffbrüchige ROBINSON CRUSOE muss auf seiner einsamen Insel folgende Entscheidungen treffen:

Was und wie viel soll produziert werden?

Sollen nur Kokosnüsse gesammelt oder auch Fische vom Ufer aus gefangen werden? Wie viel Zeit soll für das Sammeln von Beeren verwendet werden?

2. Wie sollen die Güter produziert werden?

Die Produktion der Güter kann möglicherweise auf unterschiedliche Art und Weise mit verschiedenen Verfahren, Methoden und Techniken erfolgen **(Effizienzproblem).**

B **Wie bzw. mit welchen Methoden soll produziert werden?**

Soll ein Boot gebaut werden, um zum Fischfang aufs Meer hinauszufahren, oder soll die für den Bootsbau nötige Zeit eingespart und nur mit einer Angel vom Ufer aus gefischt werden? Sollen ROBINSON und sein Gefährte FREITAG jeder für sich alleine wirtschaften oder sollen sie eine „Wirtschaftsgesellschaft“ bilden, bei der sie arbeitsteilig produzieren? Soll FREITAG, weil er jünger und beim Klettern wendiger ist, sich auf das Sammeln von Kokosnüssen spezialisieren? Soll ROBINSON sich, weil er beim Fischen viel Erfahrung hat, auf den Fischfang konzentrieren?

3. Für wen sollen die Güter produziert werden?

In jeder arbeitsteiligen Wirtschaft findet ein Güteraustausch statt. Es müssen Entscheidungen über die Verteilung der Güter getroffen werden **(Verteilungsproblem).**

B **Für wen soll produziert werden bzw. welchen Anteil soll jeder an den produzierten Gütern erhalten?**

ROBINSON und FREITAG teilen sich entsprechend ihrer unterschiedlichen Fähigkeiten die Arbeit. Dadurch ist eine zuvor nicht notwendige Entscheidung zusätzlich zu treffen: Soll jeder den gleichen Anteil am Produktionsergebnis erhalten? Steht FREITAG, der jünger und dadurch leistungsfähiger ist, ein größerer Anteil zu, weil er ein größeres Sammelergebnis erzielt als ROBINSON? Soll ROBINSON, weil er zuvor einige Hilfsmittel (Angel, Boot) hergestellt hat, einen größeren Anteil erhalten?

4. Vom wem und wie werden die Entscheidungen getroffen?

Die ersten drei grundlegenden Fragen sind **allen Wirtschaftsgesellschaften** gemeinsam. Allerdings können diese Probleme in unterschiedlicher Weise gelöst werden. Anhand der Frage, wer (d.h. welche Instanz) darüber bestimmt, was, wie und für wen produziert wird, lassen sich verschiedene **Wirtschaftsordnungen** unterscheiden **(Ordnungsproblem).**

1 Allokation (lat.): Zuordnung, Verteilung. Im vorliegenden Zusammenhang ist die Zuordnung der Produktionsfaktoren auf die verschiedenen Einsatzmöglichkeiten zur Güterproduktion gemeint.

Wer entscheidet darüber, was, wie und für wen produziert werden soll?

Soll ROBINSON auch für FREITAG bestimmen, ob er Kokosnüsse und/oder Fische beschaffen und konsumieren darf? Soll jeder für sich alleine entsprechend seinen Bedürfnissen und Vorlieben bestimmen, welche Güter er beschaffen möchte? Soll die Möglichkeit zum Tauschhandel bestehen und der „Markt“ darüber entscheiden, was, wie und für wen produziert wird?

Mit diesen vier Grundfragen jeder Wirtschaftsgesellschaft ist gleichzeitig auch ein wesentliches Aufgaben- und Arbeitsgebiet der Volkswirtschaftslehre umschrieben.

Die Volkswirtschaftslehre befasst sich im Wesentlichen mit den Entscheidungen, die einzelne Personengruppen, Institutionen oder die Gesellschaft im Zusammenhang mit Einsatz und Verteilung knapper Güter für Produktion und Konsum treffen.

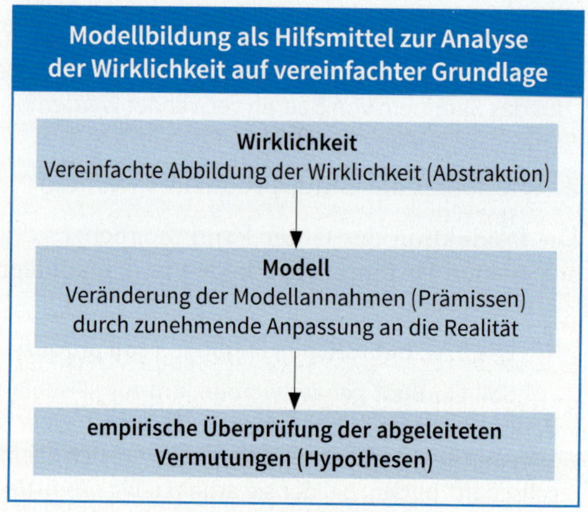

Wegen des vielschichtigen und unübersichtlichen Beziehungsgeflechts zwischen den am Wirtschaftsprozess Beteiligten können die volkswirtschaftlichen Untersuchungen aber nicht unmittelbar an der Wirklichkeit ansetzen. Vielmehr muss versucht werden, die vielfältigen Wirtschaftsbeziehungen in vereinfachter Form darzustellen. Dazu dienen **Modelle**, wie sie beispielsweise auch in Technik, Naturwissenschaften und Mathematik üblich sind. Das Denken in Modellen ist typisch für die Volkswirtschaftslehre. Volkswirtschaftliche Denkmodelle dienen dazu, die ökonomische Wirklichkeit auf vereinfachten Grundlagen zu analysieren. Dabei bleiben Einflussfaktoren, die für den jeweiligen Untersuchungszweck als weniger wichtig angesehen werden, zunächst unberücksichtigt (= **Abstraktion**[1]). Für die Modellbildung müssen somit vereinfachende Annahmen **(Prämissen)** getroffen werden. Durch schrittweise Einführung von wirklichkeitsnäheren Annahmen kann versucht werden, den Abstraktionsgrad der Modelle zu verringern **(Prinzip der abnehmenden Abstraktion)**. Modelle, deren Ergebnisse nicht durch Erfahrung überprüft werden können, weil die zugrunde liegenden Bedingungen nicht deutlich formuliert sind oder realitätsfremde Verhaltensannahmen nicht schrittweise der Realität angepasst werden (z.B. Modell des *Homo oeconomicus*), leisten keinen Beitrag zur Erklärung der Wirklichkeit.

Modell des Homo oeconomicus[2]

Die am Wirtschaftsprozess beteiligten Personen und Gruppen **(Wirtschaftssubjekte)** treffen im Alltag häufig irrationale, durch Gefühle, Gewohnheiten, Bequemlichkeit, Werbung, Mode, gesellschaftlichen Druck und andere Faktoren beeinflusste Entscheidungen. Die Wirtschaftstheorie geht bei ihren Untersuchungen aber häufig vom **Modell** eines ausschließlich wirtschaftlich denkenden Menschen *(Homo oeconomicus)* aus, der sich uneingeschränkt rational verhält und seinen Nutzen bzw. seinen Gewinn zu maximieren versucht. Bei dieser Beschränkung auf rein wirtschaftliche Handlungsmotive werden alle anderen Einflussfaktoren außer Acht gelassen (= **Abstraktion**).

1 abstrahieren *(lat.)*: von etwas absehen; Abstraktion: wissenschaftliches Verfahren zur Vereinfachung komplizierter Sachverhalte

2 Homo *(lat.)*: Mensch; *Homo oeconomicus:* In der Volkswirtschaftslehre angewandtes Gedankenmodell, in dem ein idealtypischer Mensch sein Handeln ausschließlich an wirtschaftlicher Zweckmäßigkeit ausrichtet.

D Als ***Homo oeconomicus*** wird das Modell eines in Wirklichkeit nicht existierenden Menschen bezeichnet, der ausschließlich wirtschaftlich handelt und das Ziel verfolgt, seinen eigenen materiellen Nutzen zu maximieren.
Das Menschenbild des ***Homo oeconomicus*** wird in der Wirtschaftstheorie dazu benutzt, um modellhaft menschliches Verhalten bei wirtschaftlichen Entscheidungen (z. B. Kaufentscheidungen) zu erklären.

Im folgenden Kapitel werden die dem Homo oeconomicus unterstellten modellmäßigen Verhaltensweisen mit dem tatsächlichen Verhalten von Menschen bei wirtschaftlichen Entscheidungen verglichen.

Neben dem bereits beschriebenen **naturalökonomischen Modell** einer **Robinsonwirtschaft** sind insbesondere das **Modell des Wirtschaftskreislaufs** und das **Marktmodell** zur Erklärung grundlegender volkswirtschaftlicher Zusammenhänge geeignet.

1.2 Kreislaufmodell und Marktmodell

Lernziele:

Nach der Bearbeitung des Kapitels sind Sie in der Lage, Folgendes zu tun:

Sie ...

- ... stellen das Modell des einfachen Wirtschaftskreislaufs mit Geld- und Güterströmen dar.
- ... erklären den Zusammenhang zwischen Marktmodell und Kreislaufmodell.

Während in einem naturalökonomischen Modell Geld keine Rolle spielt, ist eine moderne Volkswirtschaft ohne Geld nicht denkbar. Die Güterproduktion beruht heutzutage auf dem Prinzip der **Arbeitsteilung.** Die Arbeitsteilung erfordert zwangsläufig einen Güteraustausch. Der Tausch „Ware gegen Ware“ (= Naturaltausch) ist aber äußerst umständlich und schwerfällig. Daher ist die Entwicklung der **Arbeitsteilung** untrennbar mit der Entwicklung der **Geldwirtschaft** verbunden. Als allgemeines Tauschmittel erleichtert Geld dabei den Güteraustausch. Durch Arbeitsteilung und Geldwirtschaft ergeben sich vielfältige Beziehungen zwischen Produzenten und Konsumenten. In vereinfachter Form lassen sich diese Zusammenhänge als **Kreislaufmodell** darstellen (= einfacher Wirtschaftskreislauf).

D Der einfache Wirtschaftskreislauf ist eine modellhafte Darstellung der zusammengefassten Wirtschaftsbeziehungen zwischen den beiden Sektoren Unternehmen (Produzenten) und Haushalte (Konsumenten) einer Volkswirtschaft.

D Zum Sektor Unternehmen gehören alle Wirtschaftseinheiten, die Güter produzieren und verkaufen.

D Zum Sektor Haushalte gehören alle Wirtschaftseinheiten, die einerseits den Unternehmen ihre Arbeitskraft (und andere Produktionsfaktoren wie Boden und Kapital) anbieten und andererseits als Nachfrager von Konsumgütern auftreten.

Als Gegenleistung für die Bereitstellung von Arbeit und anderen Produktionsfaktoren erhalten die Haushalte von den Unternehmen Einkommen in Form von Geld. Dieses Einkommen wird als Faktoreinkommen bezeichnet, da es den Haushalten für die Zurverfügungstellung von Produktionsfaktoren zufließt. Die Haushalte verwenden dieses Einkommen für den Kauf von Gütern. Da somit jedem Güterstrom ein Geldstrom entgegenfließt, ergibt sich ein Güter- und Geldkreislauf.

D In einer arbeitsteiligen Geldwirtschaft fließt dem Güterstrom ein Geldstrom entgegen. Es entsteht ein Güter- und Geldkreislauf.

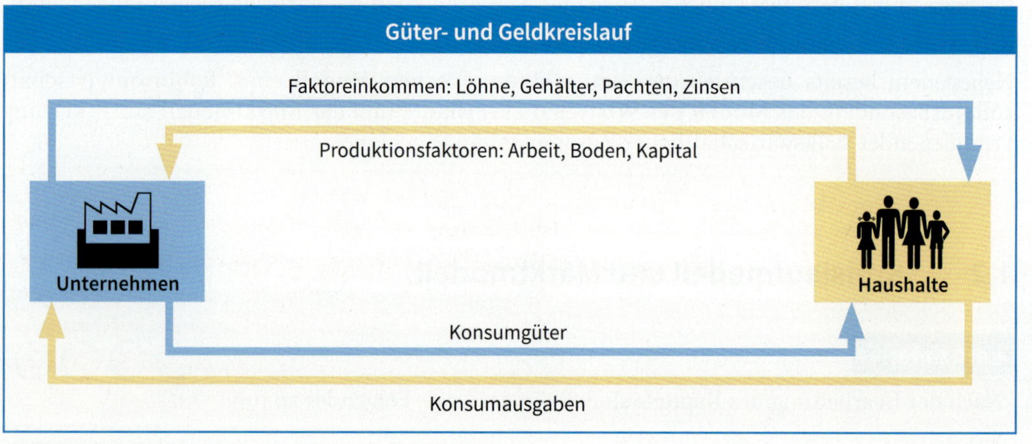

Das **Marktmodell**, das in Teil B ausführlich behandelt wird, gehört zu den wichtigsten volkswirtschaftlichen Modellen. Es beschreibt, wie sich durch das Zusammentreffen von Angebot und Nachfrage auf Märkten Preise bilden und verändern.

D Der Markt ist ein Ort, an dem sich Preise durch Zusammentreffen von Angebot und Nachfrage bilden.

Mithilfe des Marktmodells lässt sich anschaulich erklären, wie in einer **Marktwirtschaft** die bereits beschriebenen volkswirtschaftlichen Grundfragen gelöst werden:

D „Was soll produziert werden? Wie soll produziert werden? Für wen soll produziert werden?

Die folgende Abbildung zeigt, an welchen Stellen des Kreislaufmodells Märkte bedeutsam sind und welche Funktionen sie bei der Lösung der drei Grundfragen haben.

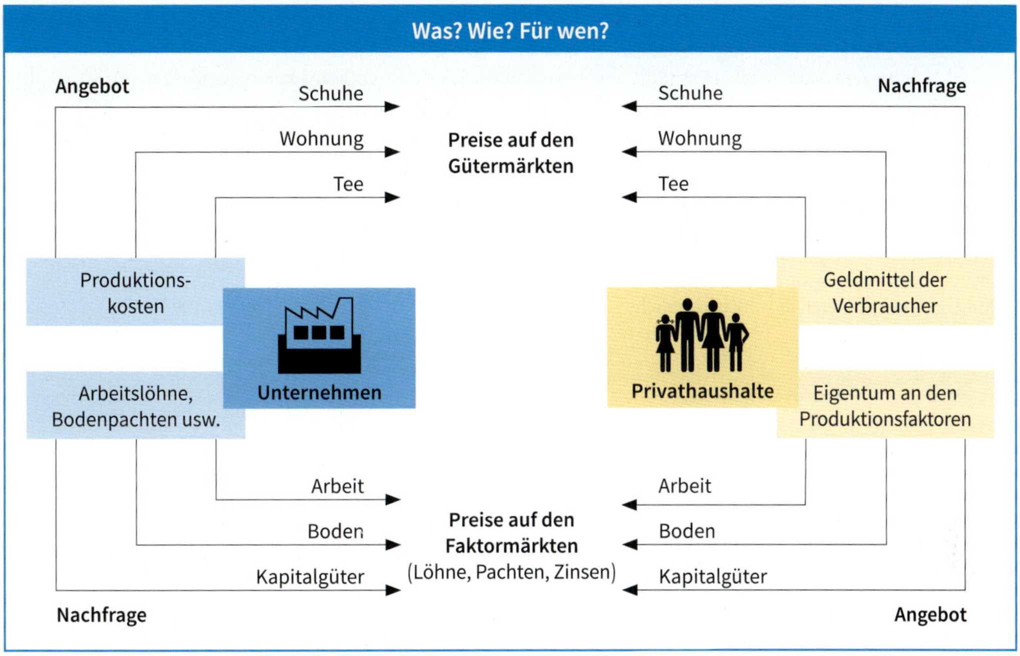

1.3 Abgrenzung der Aufgabenbereiche von Betriebs- und Volkswirtschaftslehre anhand des Wirtschaftskreislaufs

Lernziele:

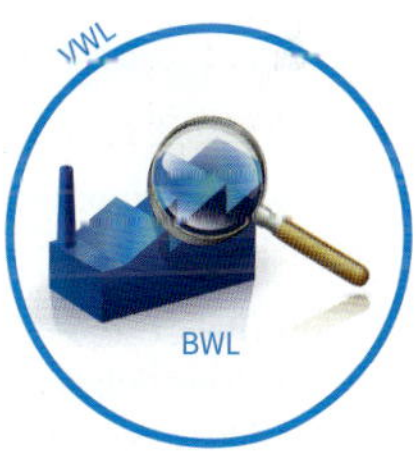

Nach der Bearbeitung des Kapitels sind Sie in der Lage, Folgendes zu tun:

Sie ...

- ... nennen verschiedene Bereiche und Fragestellungen der Volkswirtschaftslehre sowie der Betriebswirtschaftslehre.
- ... vergleichen die Gegenstandsbereiche der Volks- und Betriebswirtschaftslehre anhand der Sektoren des erweiterten Wirtschaftskreislaufs.
- ... begründen anhand verschiedener Fragestellungen, welche Sachverhalte dem Bereich der Volkswirtschaftslehre bzw. der Betriebswirtschaftslehre zuzuordnen sind.

1.1, S. 24

<table>
<tr><th colspan="3">Wirtschaftswissenschaften</th></tr>
<tr><th>Betriebswirtschaftslehre (BWL)</th><th colspan="2">Volkswirtschaftslehre (VWL)</th></tr>
<tr><td>Die Betriebswirtschaftslehre befasst sich mit wirtschaftlichem Handeln in Betrieben als Wirtschaftseinheiten einer arbeitsteiligen Volkswirtschaft. Kernfrage ist die Führung eines Betriebs zur Erreichung des Betriebszwecks. Dazu gehören u. a. die Festlegung der Betriebsziele, die Gestaltung und Steuerung des betrieblichen Leistungsprozesses sowie die Entscheidung für den optimalen Einsatz betrieblicher Produktionsfaktoren.</td><td colspan="2">Die Volkswirtschaftslehre untersucht das Verhalten der Teilnehmer am Wirtschaftsprozess in einer arbeitsteiligen Wirtschaft (Haushalte, Unternehmen, Staat, Ausland).

Kernfrage ist der Einsatz und die Verteilung knapper Güter, um eine bestmögliche Befriedigung menschlicher Bedürfnisse zu erreichen.</td></tr>
<tr><th>Allgemeine Betriebswirtschaftslehre</th><th colspan="2">Wirtschaftstheorie</th></tr>
<tr><td rowspan="2">Welche betrieblichen Zusammenhänge bestehen zwischen Kosten – Wertschöpfung – Umsatz – Gewinn? Welche betrieblichen Funktionsbereiche lassen sich unterscheiden?<ul><li>Funktionsbereiche, die sich auf das Leistungssystem beziehen: Beschaffung/Logistik (Materialwirtschaft), Produktion (Produktionswirtschaft), Absatz (Absatzwirtschaft, Marketing, einschließlich Werbung, Vertrieb und Marktforschung).</li><li>Funktionsbereiche, die sich auf die Finanzwirtschaft beziehen: Investition, Finanzierung.</li><li>Funktionsbereiche, die sich auf das Lenkungssystem beziehen: Informationswirtschaft (Controlling, Rechnungswesen), Personalwesen (Personalwirtschaft), Unternehmensführung (Organisation und Führung, Planung und Kontrolle).</li></ul></td><th>Mikroökonomie</th><th>Makroökonomie</th></tr>
<tr><td>Wie treffen der einzelne Haushalt und das einzelne Unternehmen ihre ökonomischen Entscheidungen angesichts des grundlegenden Problems der Knappheit? Wie funktioniert die Koordination dieser Entscheidungen über den Markt?</td><td>Wie wirken sich die zusammengefassten (aggregierten) Entscheidungen von Unternehmen, Haushalten und Staat auf die Gesamtwirtschaft aus? Wie kommt es zu Veränderungen gesamtwirtschaftlicher Größen (z. B. Wirtschaftswachstum, Volkseinkommen, Arbeitslosigkeit, Preisniveau)?</td></tr>
<tr><th>Spezielle Betriebswirtschaftslehren</th><th colspan="2">Wirtschaftspolitik
z. B. Wettbewerbspolitik, Geldpolitik, Sozialpolitik</th></tr>
<tr><td rowspan="3">Die Kernbereiche der allgemeinen Betriebswirtschaftslehre werden durch spezielle Betriebswirtschaftslehren ergänzt, z. B.<ul><li>Industriebetriebslehre</li><li>Handelsbetriebslehre</li><li>Bankbetriebslehre</li><li>Versicherungsbetriebslehre</li><li>betriebliche Steuerlehre</li></ul></td><td colspan="2">Welche wirtschaftspolitischen Maßnahmen sollen der Staat und andere Einrichtungen ergreifen, um die Grundprobleme jeder Wirtschaftsgesellschaft „Was, wie und für wen soll produziert werden?“ möglichst gut zu lösen?</td></tr>
<tr><th colspan="2">Finanzwissenschaften
Rolle des Staates in der Volkswirtschaft</th></tr>
<tr><td colspan="2">Wie wirkt sich die staatliche Tätigkeit in einer Volkswirtschaft auf die Einnahmenseite (Steuern, Abgaben) und die Ausgabenseite (öffentliche Güter, Transferzahlungen) aus? Wie sollen die staatlichen Aktivitäten gestaltet werden?</td></tr>
</table>

Anhand der Sektoren des Wirtschaftskreislaufs lassen sich die verschiedenen Aufgabenbereiche der Wirtschaftswissenschaften verdeutlichen.

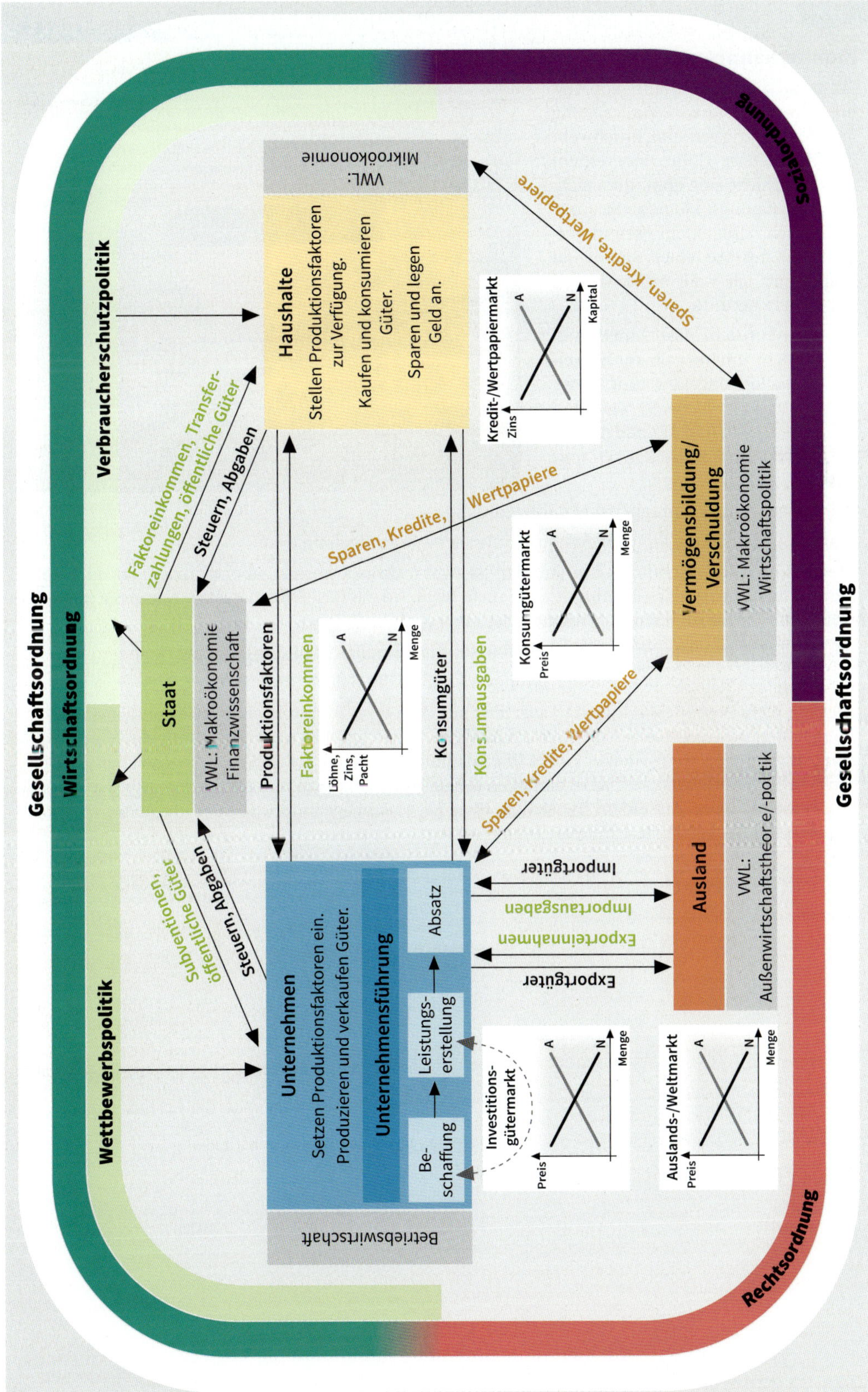
Gesellschaftsordnung
Wirtschaftsordnung
Sozialordnung
Rechtsordnung
Gesellschaftsordnung
Verbraucherschutzpolitik
Wettbewerbspolitik
Haushalte
Stellen Produktionsfaktoren zur Verfügung.
Kaufen und konsumieren Güter.
Sparen und legen Geld an.
VWL: Mikroökonomie
Staat
VWL: Makroökonomie
Finanzwissenschaft
Unternehmen
Setzen Produktionsfaktoren ein.
Produzieren und verkaufen Güter.
Unternehmensführung
Be-schaffung
Leistungs-erstellung
Absatz
Betriebswirtschaft
Vermögensbildung/Verschuldung
VWL: Makroökonomie
Wirtschaftspolitik
Ausland
VWL: Außenwirtschaftstheorie/-politik
Faktoreinkommen, Transferzahlungen, öffentliche Güter
Steuern, Abgaben
Subventionen, öffentliche Güter
Steuern, Abgaben
Sparen, Kredite, Wertpapiere
Sparen, Kredite, Wertpapiere
Sparen, Kredite, Wertpapiere
Produktionsfaktoren
Faktoreinkommen
Konsumgüter
Konsumausgaben
Importgüter
Importausgaben
Exporteinnahmen
Exportgüter
Kredit-/Wertpapiermarkt
Zins
Kapital
Konsumgütermarkt
Preis
Menge
Löhne, Zins, Pacht
Menge
Investitionsgütermarkt
Preis
Menge
Auslands-/Weltmarkt
Preis
Menge
A
N

”

Zum Verhältnis zwischen Volks- und Betriebswirten[1]

Ein Mann sitzt im Heißluftballon und hat wegen des starken Windes völlig die Orientierung verloren. Er schwebt in fünf Metern Höhe über einem Acker und sieht eine Frau unter sich. „Entschuldigung, können Sie mir helfen? Ich habe einem Freund versprochen ihn vor einer Stunde zu treffen und ich weiß nicht, wo ich bin“, ruft er hinunter.

Die Frau auf dem Acker antwortet: „Sie sind in einem gelb-rot-blauen Heißluftballon ungefähr fünf Meter über der Erdoberfläche. Sie befinden sich zwischen 40 und 41 Grad nördlicher Breite und zwischen 59 und 60 Grad westlicher Länge.“

„Sie müssen Volkswirtin sein“, sagt der Ballonfahrer.

„Stimmt“, erwidert die Frau auf dem Acker. „Woher wissen Sie denn das?“

„Ist doch ganz offensichtlich – Ihre Antwort ist zwar technisch korrekt, aber trotzdem für mich völlig wertlos. Tatsache ist, dass ich immer noch nicht weiß, wo ich bin. Ehrlich gesagt, waren Sie mir keine große Hilfe. Sie haben höchstens meine Reise noch weiter verzögert.“

Die Frau auf dem Acker antwortet: „Dann müssen Sie Betriebswirt und Topmanager sein.“

„Richtig“, antwortet der Ballonfahrer. „Woher wissen Sie denn das?“

„Das war nicht besonders schwierig“, sagt die Frau. „Von Ihrer Position haben Sie eigentlich einen hervorragenden Ausblick. Sie wissen aber trotzdem weder wo Sie sind noch wo es hingeht. Sie sind aufgrund einer großen Menge heißer Luft in Ihre Position gekommen. Sie haben ein Versprechen gemacht, von dem Sie nicht wissen, wie Sie es einhalten sollen. Von den Leuten unter Ihnen erwarten Sie, dass sie Ihre Probleme lösen. Außerdem hat sich an Ihrer Lage nichts geändert, seit wir uns getroffen haben, aber jetzt bin ich irgendwie schuld an Ihrem Problem.“

1 Vgl. P. Bofinger, Grundzüge der Volkswirtschaftslehre, München 2003, S. 21.

Zusammenfassende Übersicht Kapitel 1: Aufgaben der Volkswirtschaftslehre

Grundfragen jeder Wirtschaftsgesellschaft

- Welche Güter sollen in welcher Menge produziert werden?
- Wie sollen die Güter produziert werden?
- Für wen sollen die Güter produziert werden?
- Von wem wird entschieden, was, wie für wen produziert werden soll?

Modelle als Hilfsmittel in der Volkswirtschaftslehre

- *Robinsonwirtschaft* als Beispiel für ein naturalwirtschaftliches Modell
- Modell des *Homo oeconomicus*
- Modell des Wirtschaftskreislaufs, Modell einer freien Marktwirtschaft, Marktmodell

Teilgebiet der Volkswirtschaftslehre

mikroökonomische Wirtschaftstheorie

einzelwirtschaftliche Entscheidungen

- **Unternehmen**
- **Haushalte**

Preisbildung auf verschiedenen Arten von Märkten

Unternehmen → **Betriebswirtschaftslehre**

makroökonomische Wirtschaftstheorie

Veränderungen gesamtwirtschaftlicher Größen z. B. Wirtschaftswachstum, Arbeitslosigkeit, Preisniveau

Wirtschaftspolitik

Maßnahmen von Staat und anderen Institutionen zur Beeinflussung des Wirtschaftsprozesses

Finanzwissenschaft

Rolle des Staates in der Volkswirtschaft z. B. Steuern, Staatsausgaben, öffentliche Güter

Aufgaben und Probleme zur Erarbeitung und Anwendung von Wissen zu Kapitel 1: Aufgaben der Volkswirtschaftslehre

1.1 Volkswirtschaftslehre – Betriebswirtschaftslehre

Handelt es sich in den folgenden Fällen um Fragen der Betriebs- oder Volkswirtschaftslehre? Begründen Sie Ihre Meinung.
(Hinweis: Manche Fragestellungen können beiden Bereichen zugeordnet werden.)

1. Welche Ursachen hat es, dass für ein Pfund Schweinefleisch so viel bezahlt wird wie für drei Tuben Zahnpasta?
2. Ein Möbelhaus stellt Überlegungen an, ob es günstiger ist, einen eigenen Fuhrpark zu unterhalten oder fremde Transportunternehmen mit der Zufuhr von Möbeln zu beschäftigen.
3. Ist es gerechtfertigt, wenn ein Lehrer mehr verdient als ein Maurer?
4. Wird eine bestehende Arbeitslosigkeit in den nächsten Jahren zurückgehen?
5. Sollte der Import von Waren aus dem Ausland verboten werden, wenn die Lohnkosten im Ausland niedriger sind und die inländische Wirtschaft deshalb nicht konkurrenzfähig ist?
6. Ist es günstiger, einen Lkw zu kaufen oder zu leasen?
7. Sollte die Leistung von Hausfrauen, die ohne Entgelt im eigenen Familienhaushalt arbeiten, bei der Berechnung des Inlandsprodukts (= gesamtwirtschaftliche Leistung) berücksichtigt werden?
8. Ist es zweckmäßig, einen Betrieb mit 80 Beschäftigten, der von drei Brüdern in der Rechtsform der OHG betrieben wird und als Zulieferer Blechstanzteile an die Großindustrie liefert, in eine GmbH umzuwandeln?
9. In einem Betrieb werden monatlich 180 m^2 nichtrostendem Stahl verarbeitet. Welche Menge sollte der Betrieb an nichtrostendem Stahl ständig auf Lager halten?
10. Wäre es günstig, wenn eine zentrale staatliche Planungsbehörde bestimmen würde, welche Unternehmen welche Güter in welcher Menge produzieren müssen und wer die produzierten Güter erhalten soll?

Ich kann …	Bitte ankreuzen		Wenn Nein: Siehe Seite(n) im Buch	Level/ Anforderungsniveau
	Ja	Nein		
1.1 Grundfragen und Methoden der Volkswirtschaftslehre				**Level**
… die vier Grundfragen benennen, die in jeder Wirtschaftsgesellschaft gelöst werden müssen.			14 ff.	1
… die vier Grundfragen allgemein und am Beispiel der Robinsonwirtschaft erklären.			14 ff.	2
… den Zweck von Modellen in der Volkswirtschaftslehre erläutern.			16	2
… das Modell des Homo oeconomicus beschreiben.			16 f.	2
… das Modell des Homo oeconomicus diskutieren.			16 f.	3
1.2 Kreislaufmodell und Marktmodell				**Level**
… das Modell des einfachen Wirtschaftskreislaufs mit Geld- und Güterströmen darstellen.			17 f.	2
… den Zusammenhang zwischen Marktmodell und Kreislaufmodell erklären.			18	2

2 Bedürfnisse und Güterknappheit als Ausgangspunkt des Wirtschaftens

2.1 Bedürfnisse und Güter

Lernziele:

Nach der Bearbeitung des Kapitels sind Sie in der Lage, Folgendes zu tun:

Sie ...

- ... definieren die Begriffe „Bedürfnis“, „Güter“ und „Nutzen“.
- ... unterscheiden verschiedene Bedürfnisarten.
- ... ordnen Bedürfnisse verschiedenen Bedürfnisarten zu.
- ... beschreiben den Zusammenhang zwischen Bedürfnis, Bedarf und Nachfrage.
- ... erläutern die künstliche Bedarfsweckung durch Werbung.

Grundbegriffe

Jeder Mensch hat vielfältige Wünsche. In Wünschen kommt das Gefühl eines Mangels zum Ausdruck. Mangelgefühle, die mit dem Bestreben verbunden sind, den empfundenen Mangel zu beseitigen, werden als Bedürfnisse bezeichnet.

B **Bedürfnisse beziehen sich auf so unterschiedliche Lebensbereiche wie z. B.**

- Nahrung, Wohnung, Kleidung,
- Schlaf, Sexualität, Gesundheit,
- Sicherung von Arbeitsplatz und Einkommen,
- Freizeit, Geselligkeit, Unterhaltung, soziale Kontakte,
- Freundschaft, Liebe, Zuneigung,
- Anerkennung, Bestätigung, Selbstverwirklichung.

D Bedürfnisse sind Empfindungen eines Mangels, die mit dem Bestreben verbunden sind, den Mangel zu beseitigen.

Bedürfnisse, für deren Befriedigung wirtschaftliches Handeln nötig ist, sind Gegenstand der Volkswirtschaftslehre. Dabei wird unterstellt, dass solche Bedürfnisse in unbeschränktem Umfang vorhanden sind oder neu entstehen können.

Die **Befriedigung von Bedürfnissen** erfolgt durch Güter (z. B. Brot, Kleidung, Kinobesuch).

D Güter sind Mittel, die direkt oder indirekt zur Befriedigung von Bedürfnissen dienen.

2.1, S. 49

Güter stiften einen **Nutzen**: Je stärker die bei der Verwendung eines Gutes entstehende Bedürfnisbefriedigung ist, desto größer ist sein Nutzen.

D Der Nutzen gibt das Ausmaß der Bedürfnisbefriedigung an, welche eine Person durch die Verwendung eines Gutes empfindet.

Die Vorlieben, die eine Person in einer bestimmten Situation für solche Güter entwickelt, die ihr einen höheren Nutzen stiften als andere Güter, werden als **Präferenzen**[1] bezeichnet. Sie beruhen auf individuellen Wertschätzungen, die sich je nach Situation ändern können.

B Präferenzen

Eine Flasche Wasser stiftet einem durstigen Wanderer einen höheren Nutzen als ein Handy. Der Wanderer bevorzugt daher in dieser Situation Wasser gegenüber einem Handy. Er hat eine Präferenz für Wasser.

Bedürfnisarten

Folgende Einteilungsmöglichkeiten der Bedürfnisse sind von Bedeutung:

Einteilung der Bedürfnisse			
Bedürfnisebenen (Bedürfnispyramide nach A. H. Maslow[2])	**Dringlichkeit der Bedürfnisse**	**Art der Bedürfnisbefriedigung**	**Bewusstsein der Mangelempfindung**
Selbstverwirklichung **Ich-Bedürfnisse** z. B. Anerkennung, Status, Prestige, Achtung **Soziale Bedürfnisse** z. B. Zugehörigkeit, Liebe, Zuneigung, Interaktion **Sicherheitsbedürfnisse** z. B. Daseinssicherung, Sicherung des Arbeitsplatzes **Grundbedürfnisse** z. B. Essen, Trinken, Wohnung 	**Luxusbedürfnisse** z. B. teurer Schmuck ↑ **Kulturbedürfnisse** z. B. Information, Unterhaltung ↑ **Existenzbedürfnisse** z. B. Nahrung, Kleidung, Wohnung	**Individualbedürfnisse** z. B. Nahrung, Kleidung, Auto  **Kollektivbedürfnisse** z. B. Rechtssicherheit, Landesverteidigung 	**Offene Bedürfnisse** Die einzelne Person weiß, welche Bedürfnisse sie hat. Die Bedürfnisse sind ihr bewusst. **Verdeckte Bedürfnisse** (latente Bedürfnisse) Die Bedürfnisse sind unbewusst. Sie können z. B. durch das Konsumverhalten anderer Menschen und/oder durch **Werbung** geweckt, vergrößert und gelenkt werden. 

Bedürfnisse, Bedarf, Nachfrage

In einer Marktwirtschaft erfolgt die Befriedigung individueller Bedürfnisse dadurch, dass solche Güter am Markt nachgefragt und gekauft werden, an denen **Bedarf** besteht.

Bedürfnis
allgemeines Mangelempfinden (z. B. Hunger)

Bedarf
bestimmte Güter, durch die ein Bedürfnis befriedigt werden kann (z. B. Nahrungsmittel)

Nachfrage
Teil des Bedarfs, für den Kaufkraft vorhanden ist und der deshalb am Markt nachfragewirksam werden kann (z. B. Nachfrage nach Brot)

D Als Bedarf werden die zur Befriedigung eines Bedürfnisses geeigneten Güter bezeichnet.

1 Präferenz *(lat.)*: Bevorzugung
2 A. H. Maslow (amerikanischer Psychologe, 1908–1970, siehe Abb.), Motivation und Persönlichkeit, Freiburg 1977.

Der Bedarf wird erst dann zur Nachfrage, wenn die notwendige Kaufkraft (z. B. Geld) vorhanden ist.

D Nachfrage ist der Teil des Bedarfs, für den Kaufkraft vorhanden ist und der am Markt wirksam wird.

Künstliche Bedarfsweckung durch Werbung

2.2, S. 49

Die **Werbung** erfüllt nicht nur eine Informationsfunktion im Hinblick auf die beworbenen Produkte. Vielmehr spielt sie auch bei der Entstehung von Bedürfnissen und Bedarf eine wichtige Rolle.

2.3, S. 51

2.4, S. 51

Die künstlich durch Werbung geschaffenen „Moden“ und „Trends“ erzeugen einen sozialen Druck, dem sich modebewusste Käufer (insbesondere Jugendliche) nicht entziehen können. Kinder und Jugendliche sind daher die perfekte Zielgruppe für Werbeexperten: Sie legen Wert auf „Coolness“ und Gruppenzugehörigkeit, definieren sich über die „richtigen“ Klamotten und das aktuellste Styling und behaupten dieses Markenbewusstsein auch gegenüber ihren Eltern (z. B. Rucksack statt Schultasche, Sportschuhe statt Straßenschuhe aus Leder, Handy, Markenkleidung). Dabei wird auch die Unerfahrenheit und Leichtgläubigkeit von Kindern und Jugendlichen in unverantwortlicher Weise genutzt (z. B. angeblich gesundheitsfördernde Süßigkeiten). „Unmodische Produkte“ gelten aufgrund der Werbung als unbrauchbar, obwohl sie noch funktionsfähig sind. Werbung erzeugt dadurch eine Wegwerfmentalität und eine zunehmende Umweltbelastung.

”

Kinderlebensmittel und Werbung

Mit Comics, Stickern, Sammelfiguren und auffälliger Verpackung locken die Hersteller ihre jungen Kunden. Kinderjoghurt, -quark, Brotaufstriche, fruchtsafthaltige Getränke und Frühstückscerealien bestimmen den Markt. Inzwischen gehören auch Tütensuppen, Nudelgerichte und Fischkonserven zum Sortiment. Zahlreiche Produkte zeichnen sich vor allem dadurch aus, dass sie reichlich Zucker, Fett und Zusatzstoffe enthalten - und häufig auch teurer sind.

Die Verbraucherzentrale kann keines der Spezialprodukte empfehlen.

Den Eltern versprechen die Werber, dass Kinderlebensmittel gesund seien. Sie weisen beispielsweise darauf hin, dass „der Aufbau gesunder Knochen unterstützt wird“ oder das „wertvolle Vitamine“ enthalten sind. Je häufiger Kinder eine Werbung anschauen, umso eher erkennen sie Markenlogos und entwickeln ihre Vorlieben für bestimmte Produkte. Sie können die Werbung nicht von anderen Filmen im Fernsehen unterscheiden. Besonders die eigens komponierten Lieder mit eingängigen Melodien setzen sich in den Köpfen der Kinder fest. Untersuchungen haben gezeigt, dass ein 10jähriges Kind in Deutschland circa 100 Werbespots am Tag sieht! Der Einfluss der Kinder auf den Einkauf der Eltern darf man daher nicht unterschätzen.

Laut einer Bevölkerungsumfrage zum Thema Lebensmittel befürworten 83 % der Befragten Obergrenzen für Zucker, Fett und Salz bei Lebensmitteln, die sich in Aufmachung und Gestaltung an Kinder richten (Repräsentative Umfrage von KantarEmnid im Auftrag des vzbv, Dezember 2019).

Quelle: Verbraucherzentrale NRW: Kinderlebensmittel: Extrawurst für den Nachwuchs? 27.01.2020. In: https://www.verbraucherzentrale.de/wissen/lebensmittel/gesund-ernaehren/kinderlebensmittel-extrawurst-fuer-den-nachwuchs-10725 [24.04.2020].

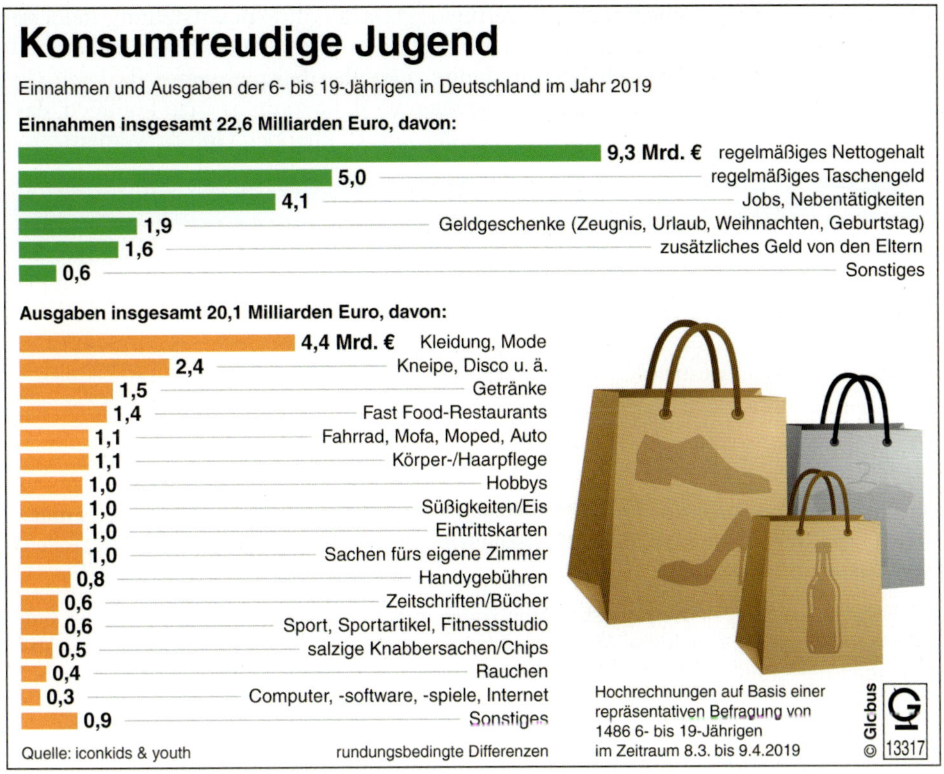

2.2 Güterknappheit als wirtschaftliches Grundproblem

Lernziele:

Nach der Bearbeitung des Kapitels sind Sie in der Lage, Folgendes zu tun:
Sie ...

- ... unterscheiden zwischen freien und wirtschaftlichen (knappen) Gütern.
- ... erläutern die Güterknappheit als wirtschaftliches Grundproblem.
- ... definieren die Begriffe „Wirtschaften“ sowie „Ressourcen“.
- ... erläutern das Konzept und die Entstehung von Alternativkosten (Opportunitätskosten).
- ... unterscheiden zwischen relativer und absoluter Knappheit.
- ... nennen Beispiele für absolut knappe Güter.
- ... erläutern die Folgen der Nutzung von absolut knappen Gütern.

Knappe Güter und Bedürfnisvielfalt

Die meisten Güter sind nicht von Natur aus im Überfluss und in nutzbarer Form vorhanden.

2.5, S. 51

Bei Gütern,

- die nur **begrenzt** zur Verfügung stehen,
- deren Herstellung **Kosten** verursacht und
- die deswegen einen **Preis** haben,

handelt es sich um **wirtschaftliche** Güter.

Freie Güter stehen dagegen unbegrenzt zur Verfügung. Da für ihre Bereitstellung keinerlei Anstrengungen erforderlich sind, fallen auch keine Kosten an. Diese Güter haben daher auch keinen Preis. Die zunehmende Umweltverschmutzung zeigt aber beispielsweise, dass mit Gütern, die keinen Preis haben, nicht sorgsam umgegangen wird. So kann es dazu kommen, dass ursprünglich freie Güter (z. B. frische Luft) im Laufe der Zeit zu knappen Gütern werden.

Unterscheidung der Güter nach der Knappheit	
Freie Güter	Wirtschaftliche Güter
I stehen unbegrenzt zur Verfügung I ihre Bereitstellung verursacht keine Kosten I haben keinen Preis I sind nicht Gegenstand des Wirtschaftens	I stehen nur begrenzt zur Verfügung (= knappe Güter) I ihre Herstellung verursacht Kosten I haben einen Preis I sind Gegenstand des Wirtschaftens

B **Freie Güter – Wirtschaftliche Güter**

Luft ist im Allgemeinen ein freies Gut. Im Untertagebergbau ist Luft dagegen ein knappes Gut. Es müssen Anstrengungen unternommen werden, um Frischluft mithilfe von Belüftungsanlagen in die Stollen zu pumpen. Das verursacht Kosten.

Auch über Tage ist Frischluft heute zu bestimmten Zeiten und an bestimmten Orten kein freies Gut mehr. Luftverschmutzung (z. B. zu hoher Ozongehalt) kann aber durch Kosten verursachende Maßnahmen (z. B. Einbau von Katalysatoren in Kfz) zumindest teilweise vermieden werden.

Knappe Güter: Ursache des Wirtschaftens

B **Freie und knappe Güter**

Meerwasser, Luft, Sand und Sonne sind freie Güter. Strandkörbe hingegen sind – ebenso wie die Freizeit, die nötig ist, um die Körbe nutzen zu können – knappe Güter.

Das **Spannungsverhältnis** zwischen den als unbegrenzt angenommenen **Bedürfnissen** und den knappen **Gütern** ist die Antriebskraft allen wirtschaftlichen Handelns und damit die Ursache für die Produktion von Gütern.

D Wirtschaften bedeutet, planvolle Entscheidungen über die Herstellung und Verwendung knapper Güter zum Zweck der Bedürfnisbefriedigung zu treffen.

Wirtschaftliche Güter als Ergebnis eines Produktionsvorgangs sind deswegen knapp, weil auch die für die Produktion notwendigen Hilfsmittel **(Ressourcen)**[1] knapp sind.

D Ressourcen sind Hilfsmittel zur Produktion. Sie umfassen neben Geldmitteln und Gütern für Produktionszwecke auch die Arbeitsfähigkeit eines Menschen, sein Wissen und die Zeit.

Alternativkosten (Opportunitätskosten)

Die **Knappheit der Ressourcen** bewirkt, dass die Menschen eine Auswahl treffen und sich für die Produktion bestimmter Güter **entscheiden** müssen. Diese Entscheidung bedeutet gleichzeitig immer, dass auf andere Güter, die möglicherweise statt der ausgewählten Güter hätten hergestellt werden können, verzichtet werden muss. Der durch diesen **Verzicht** entstehende **Nut-**

1 Ressourcen *(franz.)*: Hilfsmittel

zenentgang wird in der Volkswirtschaftslehre als eine besondere Art von Kosten aufgefasst. Diese Kosten werden als **Alternativkosten** (Opportunitätskosten)[1] bezeichnet.

D Unter Alternativkosten (Opportunitätskosten) ist der entgangene Nutzen zu verstehen, der bei anderer Verwendung der knappen Ressourcen hätte erzielt werden können.

B **Alternativkosten (Opportunitätskosten)**

Schülerin Eva steht am Nachmittag eines warmen Sommertags vor der Entscheidung, ins Freibad zu gehen oder sich auf die am nächsten Tag anstehende Klassenarbeit vorzubereiten. Die Ressource Zeit reicht nicht aus, um **beide** Alternativen wahrzunehmen. (Dabei ist unterstellt, dass man sich auf der Liegewiese eines Freibads nicht wirklich angemessen auf eine Klassenarbeit vorbereiten kann.) Entscheidet sie sich für den Freibadbesuch, entstehen ihr Alternativkosten in Höhe des entgangenen Nutzens einer besseren Klassenarbeitsnote, die sie andernfalls möglicherweise erreicht hätte. Für Schüler Jan, der in seiner Freizeit ins Fußballstadion statt ins Theater geht, reichen die Ressourcen (Zeit und möglicherweise auch Geld) nicht für beide Alternativen aus. Die Alternativkosten des Stadionbesuchs bestehen in dem entgangenen Nutzen des Theaterbesuchs.

Absolute Knappheit der nicht erneuerbaren Ressourcen

Bei bestimmten Gütern liegt nicht nur eine relative (= auf den Umfang der Bedürfnisse bezogene) Güterknappheit, sondern eine absolute Knappheit (= Seltenheit) vor. Das ist bei den nicht erneuerbaren Rohstoffen (z. B. Bodenschätze) der Fall. Deren Vorräte sind nicht vermehrbar und für alle Zeiten nur in begrenzter Menge vorhanden.

B **Absolut knappe Güter**

Alle Bodenschätze stehen nur in einem nicht vermehrbaren Umfang zur Verfügung. Sie sind daher absolut knapp und werden auch als nicht erneuerbare natürliche Ressourcen bezeichnet. Schätzungen über die Reichweite der vorhandenen Vorräte sind abhängig von den geologischen Kenntnissen über die Lagerstätten und von den technischen und wirtschaftlichen Möglichkeiten, die bekannten Vorräte abzubauen. Unter Berücksichtigung des voraussichtlichen Weltenergiebedarfs und der bisher bekannten und verfügbaren Vorräte ergeben sich für die Reichweite der wichtigsten nicht erneuerbaren Energieträger nachstehende Schätzungen (Stand 2017):

Eigene Darstellung; Zahlen entnommen von Hohmann, Marius: Im Jahr 2017 prognostizierte statische Reichweite von Ressourcen und Reserven. 25.04.2018. In: https://de.statista.com/statistik/daten/studie/152334/umfrage/statische-reichweite-von-ressourcen/ [26.07.2020].

1 Opportunität *(lat.)*: Zweckmäßigkeit

Von den mehr als 190 Ländern der Welt hat annähernd die Hälfte keinerlei Reserven an nicht erneuerbaren Rohstoffen. Die bedeutendsten dieser Rohstoffvorkommen konzentrieren sich auf etwa 30 Länder. Zwar ist es in manchen Fällen gelungen, aufgrund von Erfindungen bestimmte natürliche Rohstoffe durch Kunststoffe zu ersetzen. Angesichts einer ständig wachsenden Weltbevölkerung nimmt aber die Knappheit natürlicher Ressourcen insbesondere bei fruchtbarem Land, nicht erneuerbaren Energieträgern und Wasser weiter zu. Angesichts der höchst ungleichen Verteilung dieser Ressourcen auf die verschiedenen Regionen der Erde ergeben sich daraus in zunehmendem Maße Ursachen für gewaltsame Konflikte.

Grenzen des Wachstums

Bereits 1972 wurde in einem weltweit Aufsehen erregenden Bericht unter dem Titel „Die Grenzen des Wachstums"[1] auf die Auswirkungen des begrenzten Vorrats an natürlichen Rohstoffen hingewiesen. Unter der Annahme, dass sich das Umweltbewusstsein und das Verhalten der Bevölkerung nicht ändern und der weltweite Industrialisierungsprozess in der bisherigen Art weiter fortschreitet, prophezeiten Wissenschaftler aufgrund von Computersimulationen:

- Erschöpfung der wichtigsten Rohstoffe und Energiequellen innerhalb einer Generation,
- Zerstörung der Umwelt, große Hungerkatastrophen und eine überbevölkerte Welt.

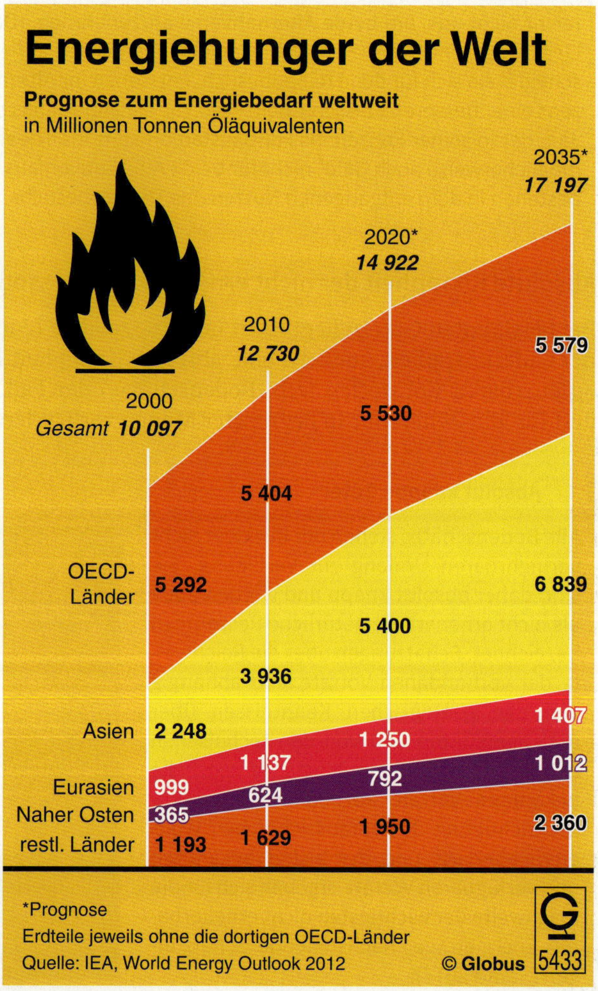

B **American way of life und Energieverbrauch**

Der ehemalige US-Präsident Bush ließ anlässlich einer Klimaschutzkonferenz 2001 seine Ablehnung weltweiter Maßnahmen zum Umwelt- und Klimaschutz wie folgt begründen: „The President believes that high energy consumption is an American way of life, and that it should be the goal of policymakers to protect the American way of life."

nach Ari Fleischer, Sprecher des ehemaligen US-Präsidenten. In: Newsweek vom 21.05.2001.

1 D. Meadows u. a., Die Grenzen des Wachstums, Reinbeck bei Hamburg 1973 bzw. D. Meadows u. a., Die neuen Grenzen des Wachstums, Stuttgart 1992.

2.3 Bedürfnisvielfalt und Güterknappheit als ethisches Problem

Lernziele:

Nach der Bearbeitung des Kapitels sind Sie in der Lage, Folgendes zu tun:

Sie ...

- ... beschreiben den Gegenstandsbereich der Wirtschaftsethik.
- ... erläutern Beispiele für wirtschaftsethische Fragestellungen, die sich im Zusammenhang mit der Verwendung und Verteilung knapper Güter ergeben.
- ... erklären die „Goldene Regel" ethischen Verhaltens.
- ... beurteilen Situationen anhand der „Goldenen Regel", z.B. Situation: In China steigt die Ausstattung der Bevölkerung mit Autos auf das gleiche Niveau wie in Deutschland.

Die **Ethik** ist ein Teilbereich der Philosophie. Sie versucht zu klären, worin gutes oder böses Handeln besteht und wie der Mensch handeln soll. Die Verwendung und Verteilung knapper Güter hat erhebliche wirtschaftsethische Bedeutung.

D Die Wirtschaftsethik ist ein Teilbereich der Wirtschaftswissenschaften und setzt sich mit der Frage auseinander, wie sich wirtschaftliches Handeln mit ethischen Grundsätzen vereinbaren lässt.

Goldene Regel der Ethik

Eine der wichtigsten ethischen Grundregeln zur Beurteilung des richtigen Verhaltens lautet: „Alles, was du möchtest, das dir die Menschen tun, das solltest auch du ihnen tun."[1] Bei der Übertragung auf die Befriedigung von Kultur- und Luxusbedürfnissen stößt diese „Goldene Regel" allerdings an Grenzen. Solche Bedürfnisse sind geprägt von den jeweiligen kulturellen, gesellschaftlichen und wirtschaftlichen Bedingungen, unter denen die Menschen leben. Daher kann es sein, dass das, was man sich selbst wünscht, für andere Menschen nicht als erstrebenswert gilt. Beispielsweise gelten der westliche Lebensstil und die damit einhergehenden negativen Begleiterscheinungen bei Menschen in anderen Erd- und Kulturkreisen nicht unbedingt als nachahmenswert.

Energieverbrauch als ethisches Problem

Der Verbrauch von nicht erneuerbaren Energieträgern wie Erdöl, Erdgas und Kohle bedeutet, dass andere Menschen in Gegenwart und Zukunft von den Nutzungsmöglichkeiten dieser Güter zur Befriedigung ihrer (Grund-)Bedürfnisse ausgeschlossen werden. Gleichzeitig ist das Kohlendioxid (CO_2), das bei der Verbrennung dieser Stoffe in die Atmosphäre entweicht, die Hauptursache für die weltweiten Klimaveränderungen. Die ethische Frage in diesem Zusammenhang könnte lauten: „Hat die Bevölkerung in den Industrieländern das Recht, zur Aufrechterhaltung ihres Lebensstandards den größten Teil dieser nicht erneuerbaren Energieträger zu verbrauchen und dabei gleichzeitig unermessliche Umweltschäden anzurichten, unter denen insbesondere wieder die ständig wachsende Bevölkerung in den Entwicklungsländern zu leiden hat?"

1 Diese Regel wird in der Ethik auch als „Goldene Regel" bezeichnet. Sie ist in vielfältigen Variationen Grundbestandteil der ethischen Vorstellungen fast aller großen Religionen. In negativer Formulierung ist sie auch als Sprichwort „Was du nicht willst, das man dir tut, das füg auch keinem anderen zu" geläufig.

Problem des Bevölkerungswachstums

Durch das Wachstum der Weltbevölkerung steigt der Bedarf an Gütern zur Befriedigung der Grundbedürfnisse ständig an. Gleichzeitig nehmen aber durch Raubbau an der Natur und Umweltschäden wichtige Ressourcen zur Befriedigung dieser Bedürfnisse ab. Daraus ergibt sich ein weltweites Verteilungsproblem, das nach den Grundregeln der Ethik nicht durch wirtschaftliche und militärische Macht, sondern durch den verantwortungsbewussten Umgang mit knappen Gütern gelöst werden muss. Das ist ein zentrales Aufgabengebiet der Volkswirtschaftslehre, die sich – wie im nächsten Kapitel näher erläutert wird – vorrangig mit dem Einsatz und der Verteilung knapper Güter zur Bedürfnisbefriedigung beschäftigt.

Wie die untenstehende Abbildung zeigt, wird die Weltbevölkerung schätzungsweise bis zum Jahr 2030 auf 8,5 Milliarden anwachsen. Das Bevölkerungswachstum findet fast ausschließlich in den Entwicklungsländern statt. Dort wird die Bevölkerung bis 2030 auf 6 Milliarden Menschen steigen (= ca. 80 % Weltbevölkerung). Die Bevölkerungszahl in den meisten Industrieländern stagniert oder sinkt dagegen. Auf die Bewohner der Industrieländer (= ca. 20 % der Weltbevölkerung) wird aber 2030 immer noch mehr als die Hälfte des weltweiten Energieverbrauchs entfallen.

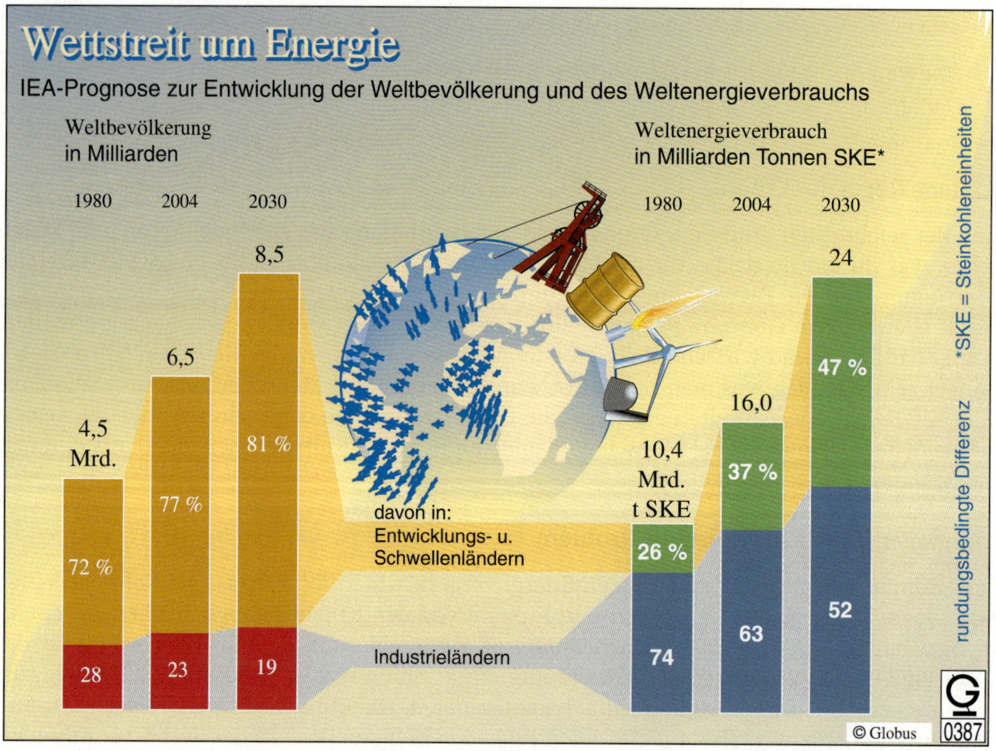

Wirtschaftsethische Fragen im Zusammenhang mit Bedürfnissen und Gütern

2.6, S. 52

Ist es zu verantworten, dass ...

- die Werbung mit psychologischen Tricks insbesondere auch die Unerfahrenheit und Leichtgläubigkeit von Kindern und Jugendlichen ausnutzt und deren Bedürfnisse manipuliert, um sie zum Kauf von (gesundheits-)schädlichen, überflüssigen und überteuerten Produkten (z. B. Zigaretten, Süßigkeiten, Markenklamotten) zu veranlassen?
- die Menschen in den Industrieländern ihr hohes Bedürfnisniveau durch die rücksichtslose Ausbeutung natürlicher Ressourcen (z. B. Vernichtung von täglich 55 000 ha Tropenwald) befriedigen?

- sich die gegenwärtige Generation in den Industrieländern einen Lebensstandard schafft, der z. B. durch den sogenannten Treibhauseffekt zu Klimaveränderungen führt, die das Leben auf dieser Erde für künftige Generationen unmöglich machen?
- täglich weltweit ca. 30 000 Kinder an Hunger und Infektionskrankheiten sterben, während ein Bruchteil der weltweiten jährlichen Rüstungsausgaben von derzeit ca. 1.773 Mrd. US-$ ausreichen würde, um das Hungerproblem auf der Welt zu lösen?
- Pharmaunternehmen zwar wirksame Medikamente gegen AIDS entwickelt haben, diese aber patentrechtlich schützen lassen und den Betroffenen in Afrika nicht zu einem erschwinglichen Preis zur Verfügung stellen?
- Anlageberater den Aktionären empfehlen, ihr Geld bei solchen multinationalen Unternehmen zu investieren, die weltweit im Bereich der Wasserversorgung tätig sind, weil aufgrund der vorhersehbaren weltweiten Wasserknappheit zu erwarten ist, dass deren Unternehmensgewinne erheblich steigen werden?

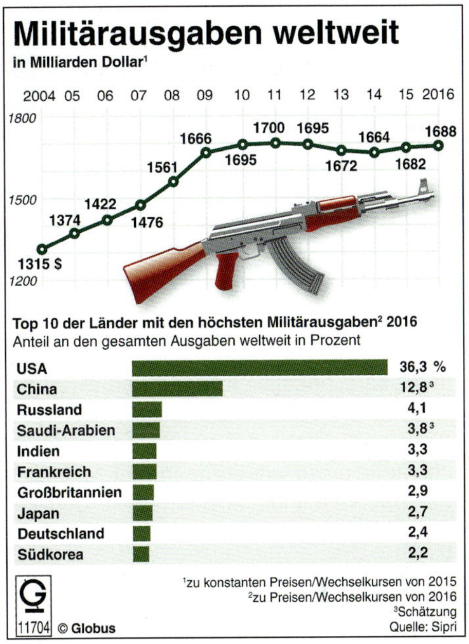

B Leben auf Pump – Menschheit verbraucht zu viele Ressourcen

Würden alle Menschen auf der Welt konsumieren und wirtschaften wie die Deutschen, bräuchte man dafür die Ressourcen von drei Erden, sagen Umweltschützer. Weltweit wären es immerhin die von 1,75 Erden. Zum Erdüberlastungstag an diesem Montag fordern sie ein Umdenken.

Berlin (dpa) – Wälder abgeholzt, Flüsse verunreinigt, Arten dezimiert: Die Menschheit hat ihr Budget an natürlichen Ressourcen für dieses Jahr rechnerisch an diesem Montag aufgebraucht. Nach neuen Berechnungen der Denkfabrik Global Footprint Network lag der Erdüberlastungstag 2019 damit gleichauf mit 2018 auf dem 29. Juli. Das waren drei Tage vor 2017 und sieben Tage vor 2016. Rein rechnerisch beanspruche die Weltbevölkerung derzeit die Ressourcen von 1,75 Erden. Vor 20 Jahren lag der Tag, ab dem die Menschen aus ökologischer Sicht über ihre Verhältnisse leben, nach neuen Berechnungen noch im September.

2018 wurde der Erdüberlastungstag am 1. August begangen. Die Experten haben jedoch die Daten der Erdüberlastungstage der vergangenen Jahre nun mit zusätzlichen Quellen neu berechnet, so dass sich die Daten der vergangenen Jahre rückwirkend leicht verschoben haben.

Vom Welterschöpfungstag an werden Ressourcen verbraucht, die nicht mehr im Lauf des Jahres nachwachsen. Vor allem der Lebensstil in reichen Industrienationen belastet das Konto, ärmere Länder gleichen es noch ein wenig aus. «Wir konsumieren und wirtschaften als gäbe es kein Morgen», mahnte die Umweltstiftung WWF.

Mehrere Umweltschutzorganisationen forderten, das Paradigma des Wirtschaftswachstums hinter sich zu lassen und mehr für den Umweltschutz zu tun. BUND-Chef Hubert Weiger mahnte: «Brütende Hitzesommer, sterbende Wälder und Ausnahmezustände aufgrund von Unwettern werden mit der fortschreitenden Ausbeutung unseres Planeten zur neuen, katastrophalen Normalität.»

In die Berechnungen fließen zum Beispiel der Verbrauch von Holz, Ackerland und Fischgründen ein, außerdem der CO_2-Ausstoß und der Flächenverbrauch – nicht aber endliche Ressourcen wie Erdöl. In Deutschland schlägt vor allem der hohe CO_2-Ausstoß zu Buche, etwa durch Verkehr und Kohlekraftwerke. Danach folgt Ackerland.

[…]

Quelle: dpa: Leben auf Pump - Menschheit verbraucht zu viele Ressourcen. 28.08.2019. © dpa Deutsche Presse-Agentur GmbH.

2.4 Wirtschaften als vernünftiges menschliches Handeln

Lernziele:

Nach der Bearbeitung des Kapitels sind Sie in der Lage, Folgendes zu tun:
Sie ...

- ... erklären das ökonomische Prinzip als Maximal- und Minimalprinzip – auch mit Bezug auf die Alternativkosten (Opportunitätskosten).
- ... erläutern Beispiele für vernünftige und unvernünftige Kaufentscheidungen.
- ... unterscheiden das (modellhafte) Verhalten eines Homo oeconomicus vom menschlichen Verhalten in der Realität.
- ... erläutern verschiedene Folgen eigennützigen Handelns.
- ... erklären an einem Beispiel, dass eigennütziges Handeln eines Einzelnen auch der Allgemeinheit nutzen kann.
- ... erklären an einem Beispiel, dass eigennütziges Handeln eines Einzelnen nicht zu dem von ihr/ ihm gewünschten Ergebnis führen kann.
- ... beschreiben Verhaltenskodizes.
- ... erklären, warum sich manche Unternehmen einem Verhaltenskodex verpflichten.
- ... unterscheiden zwischen egoistischem und nutzenmaximierendem Verhalten.

2.4.1 Ökonomisches Prinzip und Homo oeconomicus

Minimalprinzip – Maximalprinzip

2.7, S. 52

Ursache und Motor allen wirtschaftlichen Handelns ist das **Spannungsverhältnis** zwischen den als unbegrenzt angenommenen **Bedürfnissen** und den knappen **Gütern**. Um dieses Spannungsverhältnis so weit wie möglich zu entschärfen und ein höchstmögliches Maß an Bedürfnisbefriedigung zu erreichen, ist ein effizienter[1] Einsatz der knappen Güter nötig. Es muss **gewirtschaftet** werden.

D Wirtschaften bedeutet, planvolle Entscheidungen über die Herstellung und Verwendung knapper Güter zum Zweck der Bedürfnisbefriedigung zu treffen. Dabei müssen die Kosten der Gütererstellung und der Nutzen, den diese Güter stiften, in einem vernünftigen Verhältnis zueinander stehen.

Bei vernünftigem Handeln erfolgt der Einsatz der knappen Güter nach dem **ökonomischen Prinzip** (Wirtschaftlichkeitsprinzip, Rationalprinzip). Das ökonomische Prinzip tritt in zwei Formen auf:

Maximalprinzip	Minimalprinzip
Mit **gegebenen Mitteln** soll ein **höchstmöglicher Erfolg** erreicht werden.	Ein **bestimmter Erfolg** soll mit **geringstmöglichem Mitteleinsatz** erreicht werden.
Produzenten (Unternehmen) setzen die vorhandenen Produktionsmittel so ein, dass ein höchstmöglicher Gewinn erzielt wird (**Gewinnmaximierung**).	Produzenten (Unternehmen) versuchen ein bestimmtes Produktionsergebnis mit geringstmöglichen Kosten zu erzielen (**Kostenminimierung**).
Konsumenten (Haushalte) versuchen mit gegebenem Einkommen einen höchstmöglichen Nutzen zu erzielen (**Nutzenmaximierung**).	Konsumenten (Haushalte) versuchen durch Preis- und Qualitätsvergleiche für die benötigten Güter den geringstmöglichen Geldbetrag auszugeben (**Ausgabenminimierung**).

D Das ökonomische Prinzip kommt in zwei Ausprägungen vor:
(1) „Handle so, dass bei gegebenem Mitteleinsatz der Nutzen maximiert wird!" (Maximalprinzip)
(2) „Handle so, dass bei vorgegebenem Nutzen der Mitteleinsatz minimiert wird!" (Minimalprinzip).

Berücksichtigung von Alternativkosten

Ein Käufer, der vernünftig handelt und das ökonomische Prinzip befolgt, würde normalerweise alle Produktinformationen nutzen (z.B. Werbung, Verbraucherberatung, Testberichte der Stiftung Warentest), Preise und Qualität vergleichen sowie nach der günstigsten Einkaufsmöglichkeit suchen. Allerdings kann auch ein Verbraucherverhalten, das für einen außenstehenden Beobachter scheinbar unvernünftig ist, in Wirklichkeit höchst vernünftig sein. Ein Verbraucher, der auf die Beschaffung von Produktinformationen und Preisvergleiche verzichtet, spart nämlich neben den Kosten für die Informationsbeschaffung auch Zeit. Diese Kosten- und Zeitersparnis ist ihm möglicherweise wichtiger als die Gewissheit, nach langem Suchen die günstigste Einkaufsmöglichkeit gefunden zu haben.

Hätte der Verbraucher seine Zeit mit der Informationsbeschaffung und dem Vergleichen von Preisen verbracht, hätte er auf den Nutzen, den er jetzt durch die Zeitersparnis erzielt hat, verzichten müssen. Ein solcher Nutzenverzicht wird als Alternativkosten (Opportunitätskosten) bezeichnet.

Vernünftig handelnde Menschen versuchen, die für die Erreichung eines bestimmten Ziels anfallenden Kosten möglichst gering zu halten. Dies schließt auch die Berücksichtigung von Alternativkosten mit ein.

1 Effizienz *(lat.)*: Wirksamkeit

Ökonomisches Prinzip: Allgemeiner Grundsatz vernünftigen Handelns

Das ökonomische Prinzip gilt in jeder Wirtschafts- und Gesellschaftsordnung. Andernfalls würde es zu einer Verschwendung knapper Mittel kommen. Wichtig ist aber die Erkenntnis, dass das ökonomische Prinzip als allgemeingültiges Rationalprinzip nicht nur im wirtschaftlichen Bereich, sondern in nahezu allen menschlichen Lebensbereichen zur Anwendung kommt. Es ist ein allgemein anerkannter und unbestrittener Grundsatz jeden vernünftigen menschlichen Handelns.

B **Anwendung des ökonomischen Prinzips im täglichen Leben**

Schüler Daniel möchte bei der Vorbereitung auf eine Klassenarbeit mit einer bestimmten Vorbereitungszeit die bestmögliche Note **oder** eine bestimmte Note mit einer minimalen Vorbereitungszeit erzielen. Unsinnig, weil logisch nicht erfüllbar, wäre dagegen die Forderung, mit geringstmöglichem Zeitaufwand (= Vorbereitungszeit null) das bestmögliche Ergebnis (= volle Punktzahl) zu erreichen.

D Das ökonomische Prinzip (= Rationalprinzip) ist ein allgemeiner Grundsatz jeden vernünftigen menschlichen Handelns. Seine Anwendung ist nicht auf wirtschaftliche Entscheidungssituationen beschränkt, sondern erstreckt sich auf alle Lebensbereiche.

Trotzdem wird das ökonomische Prinzip häufig als Forderung nach selbstsüchtigem und eigennützigem Handeln missverstanden. Diese Interpretation ist unzutreffend. In Wirklichkeit bezieht sich das ökonomische Prinzip weder auf Ziele (**Was** soll erreicht werden?) noch auf Motive (**Warum** soll etwas erreicht werden?). Vielmehr beinhaltet das ökonomische Prinzip **ausschließlich** eine Forderung, **wie** (d.h. auf welche Weise und mit welchen Mitteln) ein bestimmtes Ziel erreicht werden soll. Der Mitteleinsatz soll demnach **effizient** (d.h. sparsam und zugleich wirksam) sein.

D Das ökonomische Prinzip sagt nichts darüber aus, was erreicht werden soll (Ziel) und warum dies erreicht werden soll (Motiv). Es beinhaltet lediglich die Forderung, wie (auf welche Weise und mit welchen Mitteln) etwas erreicht werden soll.

Unterscheidung zwischen ökonomischem Prinzip und Homo oeconomicus

Keinesfalls dürfen ökonomisches Prinzip und Verhalten des *Homo oeconomicus* gleichgesetzt werden. Zwar wendet der Homo oeconomicus zur Erreichung seiner Ziele (z.B. Gewinnmaximierung) aus eigennützigen Motiven das ökonomische Prinzip an. Umgekehrt entspricht aber nicht jede Anwendung des ökonomischen Prinzips gleichzeitig dem egoistischen Verhalten des *Homo oeconomicus.*

Das ökonomische Prinzip ist – wie das folgende Beispiel der Rettung eines Ertrinkenden zeigt – nicht mit Egoismus gleichzusetzen und ethisch nicht verwerflich.

B **Ökonomisches Prinzip und Altruismus**[1]

„Wenn man z.B. jemand aus dem Wasser zieht, so ist das im Allgemeinen sicher altruistisch gehandelt. Und doch lassen sich auf den Vorgang gewisse wirtschaftliche Grundsätze anwenden: Man schwimmt auf dem kürzesten Weg auf den Betreffenden zu, erfasst ihn in der zweckmäßigsten Weise und versucht ihn so schnell wie möglich, mit dem geringsten Kraftaufwand als möglich, wieder an Land zu bringen."[2]

1 Altruismus *(lat.):* Selbstlosigkeit, Uneigennützigkeit (Gegensatz zu Egoismus)

2 Quelle: Schumpeter, Joseph Alois: Wesen und Hauptinhalt der theoretischen Nationalökonomie. Berlin 1970 (2. Aufl., unveränderter Nachdruck der 1908 erschienenen 1. Aufl.).

D Ein Handeln nach dem ökonomischen Prinzip ist nicht gleichbedeutend mit dem Verhalten des ***Homo oeconomicus.*** Die Befolgung des ökonomischen Prinzips ist nicht gleichzusetzen mit egoistischem Streben.

2.4.2 Probleme und Folgen eigennützigen Handelns

Wirtschaftliches Handeln und Egoismus

Am Menschenbild des *Homo oeconomicus,* das in wirtschaftstheoretischen Modellen als erstrebenswertes Ideal gilt, wird häufig kritisiert, dass es zum Egoismus erziehe. Soziales Verhalten wie Mitmenschlichkeit und Verantwortung für andere gingen dabei ebenso verloren wie z.B. Rücksichtnahme auf die Umwelt.

Um der Frage nachgehen zu können, wie sich eigennütziges wirtschaftliches Verhalten auswirkt, muss zwischen dem, was einzelwirtschaftlich vernünftig ist **(= individuelle Rationalität)** und dem, was gesamtwirtschaftlich vernünftig ist **(= kollektive Rationalität)**, unterschieden werden. Folgende Fälle sind in diesem Zusammenhang von besonderem Interesse:

Folgen eigennützigen Handelns		
Ein Einzelner nützt durch sein eigennütziges Verhalten sich selbst und anderen.	Ein Einzelner nützt durch sein eigennütziges Verhalten sich selbst und schadet gleichzeitig anderen.	Ein Einzelner schadet durch sein eigennütziges Verhalten nicht nur sich selbst, sondern auch anderen.
Win-Win-Situation	**Win-Lose-Situation**	**Lose-Lose-Situation**

Eigennutz = Gemeinnutz?

Der schottische Philosoph und Volkswirt ADAM SMITH (1723–1790) gilt als Begründer der modernen Volkswirtschaftslehre. Er hat gezeigt, dass in einer Marktwirtschaft das am eigenen Nutzen orientierte wirtschaftliche Verhalten gleichzeitig auch für die Gesamtgesellschaft von Vorteil sein kann. Diesen Zusammenhang zwischen Eigennutz und Gemeinnutz hat er an einem berühmt gewordenen Beispiel erläutert.

Adam Smith: Eigennutz = Gemeinnutz

„Nicht vom Wohlwollen des Metzgers, Brauers und Bäckers erwarten wir das, was wir für eine Mahlzeit brauchen, sondern davon, dass sie ihre eigenen Interessen wahrnehmen. Wir wenden uns nicht an ihre **Menschenliebe**, sondern an ihre **Eigenliebe**. Wir erwähnen ihnen gegenüber nicht **unsere eigenen Bedürfnisse**, sondern sprechen nur von **ihrem Vorteil**."[1]

Das Gewinnstreben des Bäckers (und nicht seine Wohltätigkeit) führt demnach dazu, dass seine Kunden mit den von ihnen gewünschten Brötchen versorgt werden. Wenn der Bäcker nämlich in Konkurrenz zu anderen Bäckern steht und auf Dauer einen Gewinn erzielen will, muss er möglichst schmackhafte Brötchen backen und freundlich zu seinen Kunden sein. Außerdem darf er keine überhöhten Preise verlangen, weil seine Kunden sonst zur Konkurrenz abwandern oder auf Brötchen verzichten würden. Wenn alle Bäcker sich so verhalten, kommt es in einer Volkswirtschaft zu einer optimalen Versorgung der Bevölkerung mit Brötchen.

1 Quelle: Smith, Adam: An Inquiry into the Nature and Causes of the Wealth of Nations, erste Auflage 1776; deutsche Übersetzung auf der Basis der 5. Aufl. von 1789 von H. C. Recktenwald, Der Wohlstand der Nationen, Eine Untersuchung seiner Natur und seiner Ursachen, 7. Aufl., München: © dtv Verlagsgesellschaft 1996, S. 17.

Rationalitätenfalle

2.8, S. 53

Andererseits gibt es aber auch im wirtschaftlichen Bereich zahlreiche Beispiele dafür, dass ein aus Sicht eines Einzelnen vernünftiges Verhalten ins Gegenteil umschlägt, wenn alle anderen sich auch so verhalten.

Rationalitätenfalle

Für einen einzelnen Geschäftsinhaber kann es sinnvoll sein, die Öffnungszeiten seines Ladengeschäfts auszudehnen. Dadurch werden möglicherweise zusätzliche Kunden angelockt und die Verkaufszahlen erhöht. Was geschieht aber, wenn alle Geschäfte länger geöffnet sind? Da die Konsumenten durch die Verlängerung der Ladenöffnungszeiten nicht mehr Geld für Konsumzwecke zur Verfügung haben, bleiben die Verkaufszahlen insgesamt unverändert. Allerdings steigen für die Einzelhändler aufgrund der längeren Öffnungszeiten die Kosten (z. B. für Personal, Strom, Heizung) mit der Folge, dass ihre Gewinne niedriger sind als vor der Verlängerung der Öffnungszeiten.

D In manchen Fällen verkehrt sich ein Verhalten, das aus der Sicht eines Einzelnen vernünftig erscheint, ins Gegenteil, wenn sich alle so verhalten (Rationalitätenfalle).

Dilemmasituationen

2.9, S. 53

2.10, S. 54

Viele wirtschaftliche Entscheidungs- und Konfliktfälle lassen sich als sogenannte **Dilemmasituationen**[1] darstellen. Dabei zeigt sich, dass der Versuch Einzelner, ihre eigennützigen Ziele zulasten anderer zu verfolgen, häufig zu einem für **alle** Beteiligten schlechteren Ergebnis führt als ein gemeinsames Vorgehen (= Kooperation)[2]. Die Grundzusammenhänge des auf vielfältige reale Situationen übertragbaren „Gefangenendilemmas“ lassen sich an folgendem Beispiel aufzeigen:

Dilemmasituation

Ein Käufer möchte Diamanten erwerben. Mit dem einzigen ihm bekannten Diamantenhändler wird ein für beide Seiten zufriedenstellender Preis ausgehandelt. Aus irgendeinem Grund muss das Geschäft aber geheim stattfinden. Außerdem ist klar, dass sich die beiden Partner nie wieder begegnen und keine weiteren Geschäfte mehr miteinander abschließen werden.

Es wird folgende Vereinbarung getroffen: Beide Partner deponieren ihr Paket mit den Tauschgütern (Geld bzw. Diamanten) an verschiedenen Orten im Wald und holen zu einem späteren Zeitpunkt das für sie bestimmte Paket des Tauschpartners aus dem Versteck ab.

Was wird geschehen? Zwar wären beide Partner zufriedengestellt, wenn sie an den Verstecken Pakete mit dem vereinbarten Inhalt vorfinden würden. Jeder von beiden wäre aber noch besser gestellt, wenn er die vereinbarte Gegenleistung erhalten würde, ohne selbst eine Leistung erbringen zu müssen. Die Versuchung, ein leeres Paket zu hinterlassen, ist daher groß.

Die (scheinbar) schlüssige Argumentation lautet: Wenn mein Partner ein volles Paket bringt, ich aber ein leeres abgestellt habe, kriege ich das, was ich wollte, ohne Gegenleistung. Wenn mein Partner auch ein leeres Paket hinterlässt, war es für mich allemal besser, ebenfalls ein leeres Paket zu deponieren. Dann habe ich zwar nichts bekommen, aber auch nichts verloren – und bin nicht übers Ohr gehauen worden. Also: Für mich ist es in jedem Fall günstiger, ein leeres Paket zu deponieren, egal wie sich mein Partner verhält. Da der Partner mit der gleichen Logik argumentiert, verstecken beide ein leeres Paket und erhalten nichts – obwohl beide die vereinbarten Leistungen hätten bekommen können, wenn sie sich nicht egoistisch, sondern kooperativ verhalten hätten.[3]

1 Dilemma *(gr.)*: Schwierige Wahl zwischen zwei (scheinbar) gleich großen Übeln

2 Kooperation *(lat.)*: Zusammenarbeit

3 Kooperatives Verhalten in Dilemmasituationen ist nicht gleichbedeutend mit ethisch gutem Verhalten. Kooperation gibt es auch unter Verbrechern.

D In bestimmten Situationen führt das Streben Einzelner nach Eigennutz nicht zur Erhöhung des Gemeinwohls. Es geht dann vielmehr allen Beteiligten schlechter, als wenn sie den Eigennutz zurückstellen und gemeinsam (durch Kooperation) die Steigerung des Gemeinwohls verfolgen würden. Solche Fälle werden als Dilemmasituation bezeichnet.

2.4.3 Konsumentenverhalten in der Realität

Wirtschaftlich unvernünftiges Verhalten

Der Konsumtheorie als Teil der Volkswirtschaftslehre liegt das Menschenbild des vernünftig (rational) handelnden *Homo oeconomicus* zugrunde. Damit wird unterstellt, dass die Konsumenten unbeeinflusst von äußeren Einflüssen (z. B. Mitmenschen, Werbung) ihre Vorlieben (= Präferenzen) für bestimmte Produkte entwickeln. Beim Kauf wählen sie rational und freiwillig die ihren Bedürfnissen am besten entsprechenden Güter aus. Solche mündigen und unabhängigen (souveränen) Verbraucher lassen sich von der Werbung nicht verführen, sondern nur informieren.

B **Unvernünftige Kaufentscheidungen**

Lässt sich die Schülerin Ina in einer Boutique zu ungeplanten Impulskäufen verleiten, indem sie aufgrund von Werbung oder weil ihre Freundinnen ihr dazu raten, einen nicht benötigten oder überteuerten Pullover kauft, handelt sie nicht wie ein Homo oeconomicus, da sie mit den gegebenen Mitteln (Taschengeld) nicht den höchst möglichen Nutzen erzielt. Sie handelt im Sinne der ökonomischen Theorie unvernünftig (irrational) bzw. unwirtschaftlich.

Das tatsächliche Verbraucherverhalten ist dagegen großenteils durch Gewohnheiten, Nachahmung, Bequemlichkeit, Modetrends, soziales Ansehen u. Ä. bestimmt. Zudem kann es noch durch Einflüsse der Werbung manipuliert sein. Im Sinne der Wirtschaftslehre handelt es sich dabei nicht um vernünftige (rationale) Kaufmotive. Ein solches Verbraucherverhalten, das maßgeblich durch soziale Einflussfaktoren bestimmt wird (z. B. bei Modeerscheinungen), zeigt ebenso wie das impulsive Verhalten bei Spontankäufen oder das zufällige Verhalten bei Bagatellkäufen, dass bei Konsumentenentscheidungen nicht nur wirtschaftliche, sondern auch soziologische und psychologische Faktoren eine bedeutende Rolle spielen.

Fairness und Kooperation statt egoistischer Rücksichtslosigkeit

Untersuchungen und psychologische Experimente – wie z. B. das Ultimatum-Spiel – zeigen, dass das tatsächliche Verhalten vieler Menschen auch in wirtschaftlichen Entscheidungssituationen häufig nicht in egoistischer Weise an der kurzfristigen Maximierung des eigenen materiellen Nutzens orientiert ist. Vielmehr wird in der Regel auch berücksichtigt, wie andere Menschen voraussichtlich auf das eigene Verhalten reagieren und welche allgemein anerkannten Regeln menschlichen Zusammenlebens (soziale Normen und Werte wie z. B. Fairness und Mitgefühl) zu beachten sind. Nicht-egoistisches Verhalten ist durchaus mit dem Ziel der Nutzenmaximierung vereinbar, da Mildtätigkeit, Mitgefühl, Gewissensberuhigung usw. auch einen individuellen Nutzen stiften, weil man das Gefühl hat, etwas Gutes getan zu haben (*warm glow* Effekt). Kundenbefragungen zeigen beispielsweise, dass zahlreiche Konsumenten die Produkte von sozial

2.11, S. 54

FAIRTRADE

Das Siegel für fairen Handel

engagierten Unternehmen bevorzugen (insbesondere dann, wenn sie den Konkurrenzprodukten hinsichtlich Preis und Qualität nicht unterlegen sind). Das soziale Engagement von Unternehmen und deren freiwillige Selbstverpflichtung zur Einhaltung bestimmter Regeln **(Verhaltenskodizes**[1]) ist daher meistens mit dem wirtschaftlichen Interesse an einer Absatzsteigerung verbunden.

B

So viel Prozent der Konsumenten würden Produkte eines Herstellers zumindest manchmal bevorzugen, wenn er ...	
... auf Kinderarbeit verzichtet	53 %
... umweltfreundliche Produkte herstellt.	39 %
... mit Energie und Rohstoffen sparsam umgeht.	39 %
... sich nicht in Ländern betätigt, in denen elementare Menschenrechte verletzt werden.	37 %
... keine Rüstungsgüter produziert bzw. nicht damit handelt.	32 %

Quelle: Institut für Markt-Umwelt-Gesellschaft (imug), 1999; zitiert nach K. Piepel: Sozialsiegel und Verhaltenskodizes – Eine Standortbestimmung. Aachen 2000, S. 6.

Siehe dazu auch die Informationskampagne zum Fairen Handel unter *www.fair-feels-good.de*

Die „guten Taten" eines Unternehmens (z. B. Foto in der Tageszeitung von der Übergabe eines Schecks an die Leiterin eines Kindergartens in der Weihnachtszeit) sollen entsprechend dem Grundsatz „Das Unternehmensimage von heute ist der Umsatz von morgen" das Ansehen in der Öffentlichkeit fördern. Tatsächlich zeigt die Erfahrung, dass sich ethisch verantwortliches Handeln auch in höheren Gewinnen niederschlagen kann.

D

Nutzenmaximierung ist nicht identisch mit Egoismus. Untersuchungen über menschliches Verhalten zeigen, dass auch bei wirtschaftlichen Entscheidungen häufig statt Egoismus die Berücksichtigung sozialer Normen wie Fairness und Kooperation zur Nutzenmaximierung beiträgt.

B

Experiment: Ultimatum-Spiel

Dieses Experiment zur Untersuchung von menschlichem Verhalten kann mit zwei Personen A und B, die nicht miteinander befreundet sein sollen, wie folgt durchgeführt werden. Der Spielleiter überreicht Spieler A (symbolisch) 100 € und erläutert die Spielregel: „Stellen Sie sich vor, Sie bekommen diese 100 € unter folgender Bedingung geschenkt: Sie müssen das Geschenk mit Ihrem Partner teilen. Sie können aber selbst bestimmen, wie viel Sie abgeben wollen. Aber nur wenn Ihr Partner die Schenkung annimmt, kann jeder seinen Anteil behalten. Lehnt Ihr Partner ab, gehen beide leer aus. Wie viel Euro bieten Sie Ihrem Partner an?"

Würden beide Spieler rational im Sinne des Homo oeconomicus handeln, würde A einen möglichst geringen Betrag (z. B. 1,00 €) abgeben und den Rest für sich behalten wollen. Auch für B würde der Erhalt des geringen Betrags vorteilhafter sein als die Alternative, gar nichts zu erhalten.

Empirische Untersuchungen zeigen aber, dass in Wirklichkeit Spieler A meistens zwischen 45,00 € und 50,00 € anbietet. Angebote unter 25,00 € werden vom Spieler B mit hoher Wahrscheinlichkeit abgelehnt, obwohl die rationale Nutzenmaximierung von B verlangt, jedes Angebot zu akzeptieren. Wenn Spieler B ablehnt, bewahrt er ein Stück Selbstachtung und bewirkt möglicherweise, in künftigen Situ-

1 Kodex *(lat.)*: Gesetzbuch, hier: freiwillige Selbstverpflichtung zur Einhaltung bestimmter Regeln und Verhaltensweisen

ationen ein besseres Angebot zu erhalten. Spieler A dagegen vermeidet durch ein akzeptables Angebot Sanktionen. Da man auch bei Vertragsabschlüssen auf Fairness und Kooperation angewiesen ist, ist dieses Verhalten auf solche Situationen übertragbar.

Ergebnis:

Der Mensch ist kein Homo oeconomicus. Vielmehr gilt: „Bist du fair zu mir, dann bin ich fair zu dir."

2.5 Güter als Mittel der Bedürfnisbefriedigung: Güterarten

Lernziele:

Nach der Bearbeitung des Kapitels sind Sie in der Lage, Folgendes zu tun:

Sie ...

- ... beschreiben den Zusammenhang zwischen Gütern und Nutzen.
- ... unterscheiden verschiedene Güterarten.
- ... beschreiben Merkmale privater sowie öffentlicher Güter.
- ... erläutern das Trittbrettfahrerproblem.
- ... begründen die Bereitstellung öffentlicher Güter durch staatliche Institutionen.

Beschaffenheit, Verwendungszweck und Nutzungsdauer von Gütern

Wirtschaftliche Güter lassen sich nach ihrer **Beschaffenheit** in **materielle** und **immaterielle Güter** unterteilen. **Waren (Sachgüter)** sind materielle Güter. **Dienstleistungen** sind dagegen immaterielle Güter.

2.12, S. 54

Nach ihrem **Verwendungszweck** lassen sich **Konsumgüter** und **Produktionsgüter** (Kapitalgüter) unterscheiden. Konsumgüter können die Bedürfnisse von Verbrauchern unmittelbar befriedigen. Sie werden von **privaten Haushalten** verwendet. Produktionsgüter dienen zur Herstellung anderer Güter. Sie werden von **Unternehmen** verwendet.

Nach der Dauer bzw. der Wiederholbarkeit der Nutzung lassen sich **Verbrauchsgüter** und **Gebrauchsgüter** unterscheiden. Verbrauchsgüter verwandeln oder verzehren sich bei ihrer Verwendung. Gebrauchsgüter können über einen längeren Zeitraum genutzt werden und unterliegen der **Abnutzung**.

Wirtschaftliche Güter nach Beschaffenheit, Verwendungszweck und Nutzungsdauer					
Materielle Güter (Waren, Sachgüter)				Immaterielle Güter (Dienstleistungen)	
Konsumgüter		Produktionsgüter (Kapitalgüter)		Konsumgüter	Produktionsgüter
Gebrauchsgüter	Verbrauchsgüter	Gebrauchsgüter (Investitionsgüter)	Verbrauchsgüter		
Radiogerät in einem privaten Haushalt	Butter, Benzin für Urlaubsreise mit privatem Pkw	Büromöbel, Maschinen	Dieselkraftstoff für den Lkw einer Spedition	Konsumentenkredit, Zoo, Schwimmbad	Reparatur eines Geschäftswagens

Ob ein Gut ein Konsumgut oder ein Produktionsgut ist, wird nicht durch bestimmte Eigenschaften des Gutes, sondern ausschließlich durch die Art seiner Verwendung bestimmt. Je nach Verwendungsart kann ein und dasselbe Gut sowohl Konsumgut als auch Produktionsgut sein. Ein für eine Urlaubsfahrt benutztes Auto ist beispielsweise ein Konsumgut. Wird das Auto dagegen von einem Handelsvertreter für seine Kundenbesuche benutzt, handelt es sich um ein Produktionsgut.

Private und öffentliche Güter

Je nachdem, wer die Güter bereitstellt, kann zwischen **privaten Gütern** (Individualgüter) und **öffentlichen Gütern** (Kollektivgüter) unterschieden werden.

2.13, S. 55

Private Güter werden von privaten Unternehmen angeboten (z. B. Nahrungsmittel, Autos). Die Nutzung dieser Güter durch andere Personen kann davon abhängig gemacht werden, dass eine Gegenleistung (z. B. Kaufpreis, Miete, Arbeitsleistung) erbracht wird. Alle Interessenten, die die geforderte Gegenleistung nicht erbringen, können – notfalls mit gerichtlicher Hilfe – von der Nutzung der Güter ausgeschlossen werden **(Ausschlussprinzip)**.

§

§ 903 BGB [Befugnisse des Eigentümers]

Der Eigentümer einer Sache kann, soweit nicht das Gesetz oder Rechte Dritter entgegenstehen, mit der Sache nach Belieben verfahren und andere von jeder Einwirkung ausschließen.

D

Bei privaten Gütern bestehen Eigentumsrechte, aufgrund derer andere Personen von der Nutzung dieser Güter ausgeschlossen werden können. Es gilt das Ausschlussprinzip.

Bei bestimmten Bedürfnissen erfolgt die Befriedigung aber zweckmäßigerweise nicht individuell, sondern gemeinschaftlich (z. B. innere und äußere Sicherheit eines Landes). Bei den dazu dienenden Gütern (z. B. Polizeiwesen, Landesverteidigung), die üblicherweise vom Staat bereitgestellt werden, handelt es sich um **öffentliche Güter** (Kollektivgüter).

Anders als bei privaten Gütern ist die Möglichkeit zur Nutzung öffentlicher Güter nicht von einer direkten Gegenleistung abhängig. Das Ausschlussprinzip kommt bei öffentlichen Gütern nicht zur Anwendung. Das bedeutet aber nicht unbedingt, dass ein Ausschluss in allen Fällen unmöglich ist. Häufig verzichtet der Staat vielmehr auf die Anwendung des Ausschlussprinzips, weil die Durchsetzung zu hohe Kosten verursacht (z. B. Straßen) oder aus sozial- und verteilungspolitischen Gründen unerwünscht ist (z. B. Bildungseinrichtungen).

D

Bei öffentlichen Gütern kommt das Ausschlussprinzip nicht zur Anwendung. Ihre Nutzung ist nicht von der Erbringung einer direkten Gegenleistung abhängig.

2.14, S. 55

Bei öffentlichen Gütern versagt die Bereitstellung über den Markt oder sie führt zu unbefriedigenden Ergebnissen, weil sich viele Personen als **Trittbrettfahrer** verhalten. Typische Beispiele dafür sind Straßenbeleuchtung, Leuchttürme und Hochwasserdämme. Diese Personen wollen die öffentlichen Güter zwar nutzen, sind aber nicht bereit, dafür eine Gegenleistung zu erbringen, weil sie wissen, dass sie nicht von der kostenlosen Nutzung dieser Güter ausgeschlossen werden können.

B

Trittbrettfahrerproblem bei öffentlichen Gütern

Ein Unternehmer, das einzelnen Bewohnern einer Reihenhaussiedlung die Installation einer Straßenbeleuchtung verkaufen will, wird vermutlich auf geringes Interesse stoßen. Die Bewohner wissen, dass sie von den Vorteilen der Straßenbeleuchtung nicht ausgeschlossen werden können, wenn ihre Nachbarn entsprechende Laternen auf ihre Kosten installieren lassen. Sie werden daher darauf hoffen, dass ihre Nachbarn die Beleuchtung anschaffen, damit sie selbst als Trittbrettfahrer kostenlos in den Genuss der beleuchteten Straße kommen. Da aber alle Bewohner ebenso denken, wird keiner auf eigene Kosten eine Laterne installieren lassen.

Das **Marktversagen** bei öffentlichen Gütern bedingt staatliche Eingriffe in das Wirtschaftsgeschehen.

> **D** Öffentliche Güter werden meistens von staatlichen Institutionen bereitgestellt. Sie sind nicht für einen Handel auf Märkten geeignet (Marktversagen).

Auch **freie Güter**, die u. a. solche Naturerscheinungen wie Luft, Wasser, Sonne und Wind umfassen und zu den Umweltgütern gehören, weisen wesentliche Eigenschaften öffentlicher Güter auf. Daher versagt der Markt auch bei der verantwortlichen Nutzung der Umwelt, sodass staatliche Maßnahmen zum **Umweltschutz** und zur **Umweltsanierung** nötig werden.

Zusammenfassende Übersicht Kapitel 2: Bedürfnisse und Güterknappheit als Ausgangspunkt des Wirtschaftens

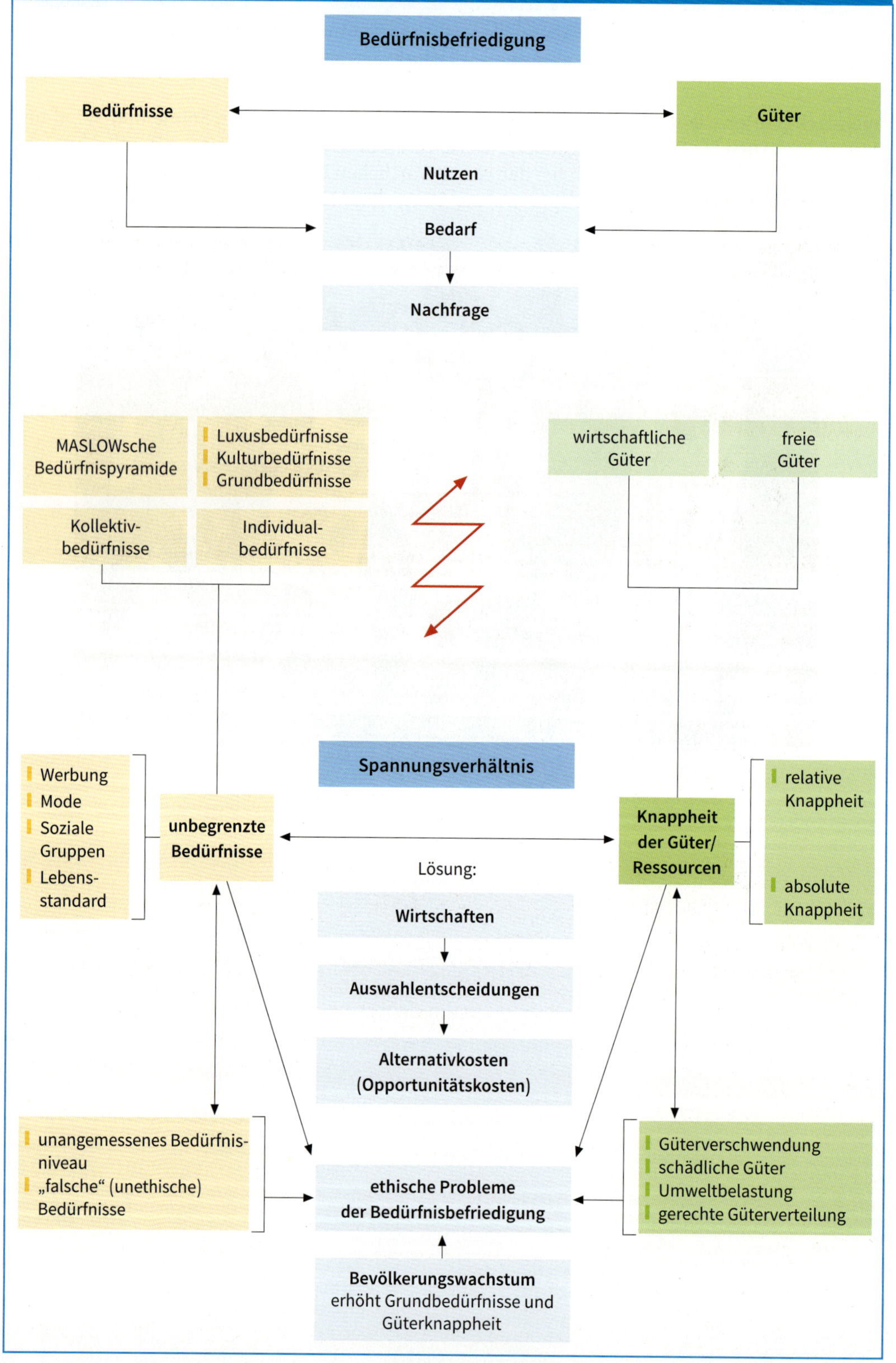

Zusammenfassende Übersicht Kapitel 2: Bedürfnisse und Güterknappheit als Ausgangspunkt des Wirtschaftens

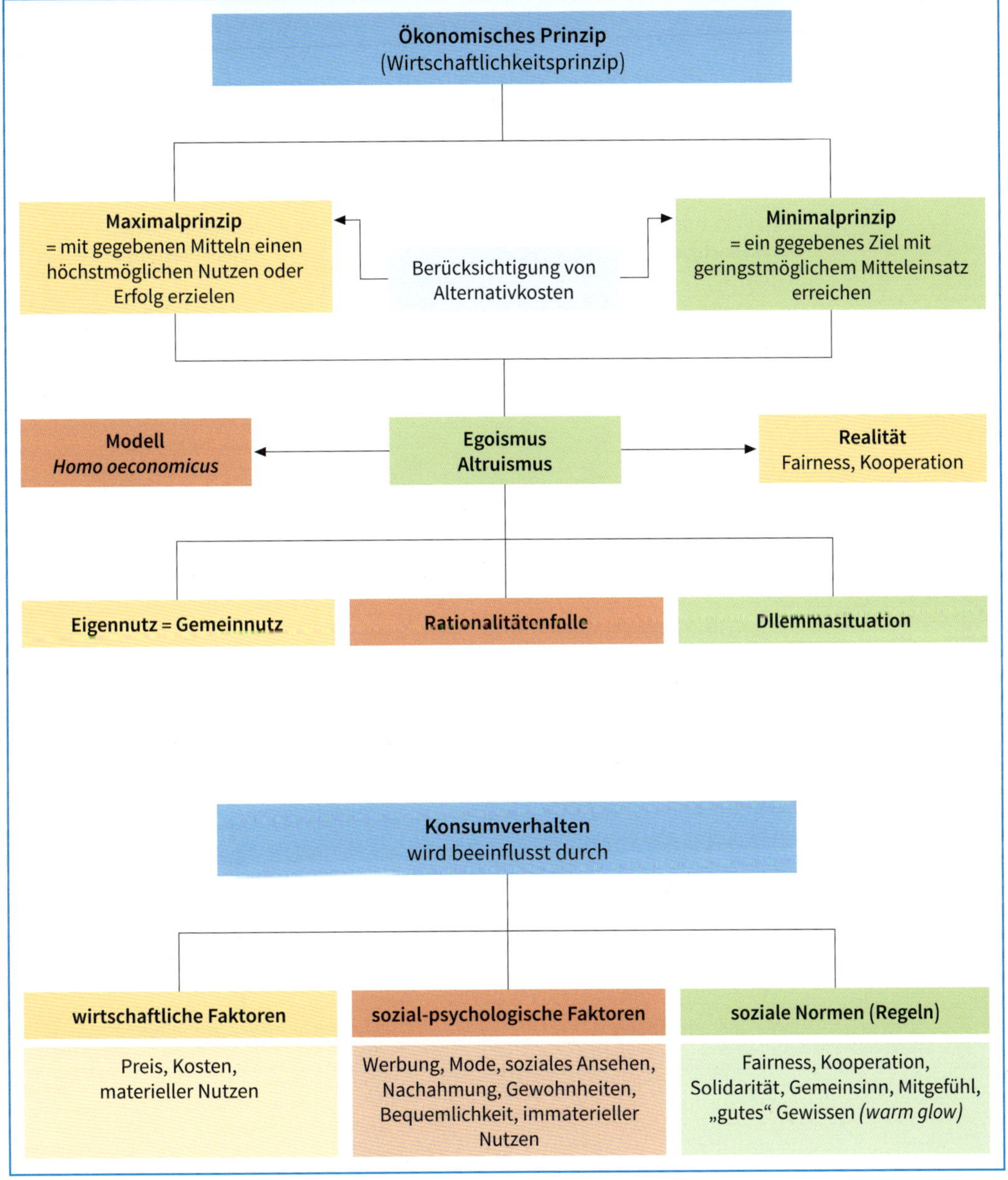

Zusammenfassende Übersicht Kapitel 2: Bedürfnisse und Güterknappheit als Ausgangspunkt des Wirtschaftens

Arten von Gütern

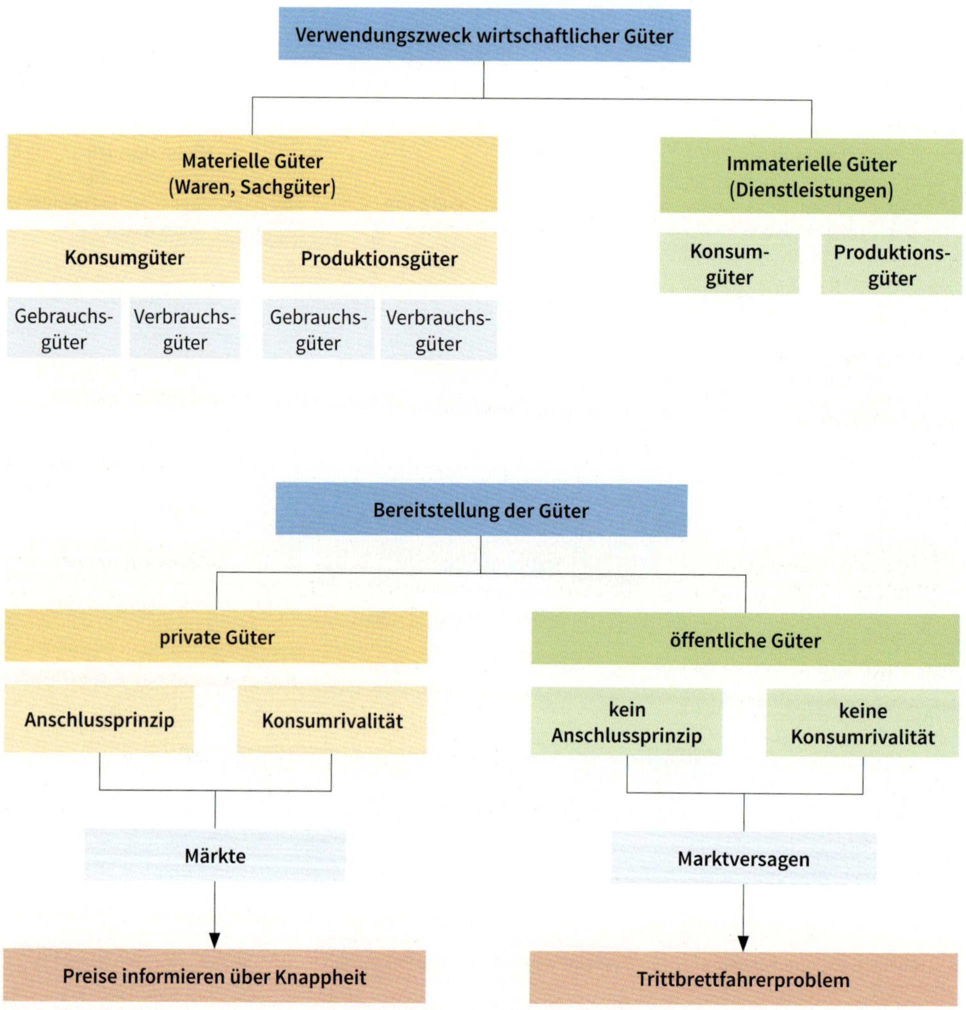

Aufgaben und Probleme zur Erarbeitung und Anwendung von Wissen zu Kapitel 2: Bedürfnisse und Güterknappheit als Ausgangspunkt des Wirtschaftens

2.1 NASA-Spiel: Bedürfnisse – Güterknappheit – Nutzen – Präferenzen – individuelle und kollektive Entscheidungsfindung

Führen Sie in Ihrer Klasse das „NASA-Spiel“ durch. Mit diesem Kooperationsspiel werden einerseits Teamfähigkeit und gemeinsame Entscheidungsfindung eingeübt. Die Vorteile der Gruppen- gegenüber der Einzelarbeit werden dabei deutlich.

Andererseits können dabei auch die Zusammenhänge zwischen Bedürfnissen, Güterknappheit, Nutzen und Präferenzen erfahrbar gemacht werden.

Spielanleitung und Spielunterlagen zu dem Spiel finden Sie unter https://www.lpb-bw.de/fileadmin/Abteilung_III/jugend/pdf/ws_beteiligung_dings/ws6/methoden_spiele_gruppen.pdf (Stand: 29.10.2019), S. 55.

2.2 Bedürfnisse – Werbung – Konsum

Bearbeiten Sie die beiden folgenden Texte unter folgenden Fragestellungen:

1. Welche Arten von Bedürfnissen nach der MASLOWschen Bedürfnispyramide (*vgl. S. 27*) werden in den Texten angesprochen?
2. Wodurch entstehen die in den Texten beschriebenen Bedürfnisse und wie werden sie befriedigt?

”

Kauflust

Sobald der lebensnotwendige Bedarf an Gütern gestillt ist, hört der Konsum ja nicht auf. […] Nach innen verschafft der Konsum, der über das Lebensnotwendige hinausgeht, Stabilität – der Gebrauch von Gütern dient der Selbstverwirklichung. […] Das coole Outfit, […] Computerspiele, […] das Handy – mit einem Mal braucht man das alles: Mit der richtigen Hose zeigen Kinder und Jugendliche dasselbe wie Erwachsene mit dem richtigen Auto. […] Der Statusgewinn über bestimmte Konsumgüter allein entscheidet […] – und schon kauft man Dinge, die man im Grund gar nicht braucht, mit dem Geld, das man nicht hat, um jemandem zu imponieren, den man überhaupt nicht leiden kann. […] Kaufen macht Spaß – und davon gibt es ja gemeinhin im Alltag zu wenig. Man gönnt sich ja sonst nichts, sekundiert die Werbung eilfertig und schon haben wir einen guten Grund. Also kaufen wir, um uns zu erfreuen und zu belohnen, um einen Ausgleich zu schaffen […].

Quelle: Unverzagt, Gerlinde; Hurrelmann, Klaus: Konsum-Kinder. Was fehlt, wenn es an gar nichts fehlt, Freiburg: Herder 2001, S. 35–37.

”

Markenklamotten

Cool, lässig, attraktiv, sportlich, begehrenswert, selbstbewusst – dieses Lebensgefühl vermitteln bestimmte Klamotten- und Handymarken. Auch der Gruppendruck spielt eine Rolle. Es gibt keine Alternative zur angesagten Marke. Diese Form der Orientierung an Marken entsteht nicht durch die Werbung, sondern durch das soziale Umfeld – in der Familie, in der Schule, im Kreis der Freunde. Gestärkt wird dadurch auch die Bereitschaft, Schülerinnen und Schüler auszugrenzen, weil sie den „falschen“ Rucksack, das „falsche“ Handy oder nur eins ohne Vertrag besitzen. Marken sind eine Art „Kurzzeit-Religion“. Doch die Niederlagen des Lebens wie eine Fünf in Mathe verhindert auch ein noch so cooles T-Shirt nicht. Und damit ist die nächste Kaufrunde eingeläutet. Ich konsumiere, also geht es mir gut. Die Gesellschaft begünstigt den Kurzschluss zwischen Selbstwert und Konsum. Und viele Eltern leisten dem durch ihr Verhalten Vorschub.

vgl. C. Thiel, Wer liebt, der kauft, in Badische Zeitung v. 03.06.2002, S. 31.

3. In der folgenden Liste sind 15 verschiedene Ausgabearten wiedergegeben. Bringen Sie diese Ausgaben entsprechend Ihrem persönlichen Konsumverhalten in die richtige Reihenfolge. Ordnen Sie

die einzelnen Ausgabearten unterschiedlichen Bedürfnissen entsprechend der MASLOWschen Bedürfnispyramide zu und vergleichen Sie das Ergebnis mit Ihrem eigenen Konsumverhalten.

- Schulsachen
- Handy
- Computer
- Sportartikel
- Videos, Bücher
- Körper-/Haarpflege
- Fast Food
- Süßigkeiten, Eis
- Geschenke
- Musik-CDs
- Getränke
- Zeitschriften
- Kino, Konzerte
- Kleidung
- Schuhe

4. Bearbeiten Sie den nachstehenden Text unter folgender Fragestellung: Halten Sie die Forderung, bei schädlichen Produkten Konsum und Werbung zu verbieten, für gerechtfertigt?
Weitere Informationen zum Verbot von Tabakwerbung finden sich unter: www.tabakkontrolle.de

Zigarettenwerbung: Verbot oder kein Verbot?

Nur dadurch, dass Nichtraucher zum Rauchen veranlasst werden, können die Zigarettenhersteller ihre Umsätze halten oder gar ausbauen. Die Ausgaben für Werbung sind direkt mit den Einnahmen durch Verkäufe verknüpft. Dies haben die Weltgesundheitsorganisation, das US-amerikanische Gesundheitsministerium und das Medizininstitut der Vereinigten Staaten nachgewiesen.

Leben ohne Qualm
LoQ Tabakprävention NRW

Viele Studien zeigen, dass ein Verbot der Tabakwerbung auf wenigen Gebieten (z. B. im Fernsehen) keine Auswirkung auf den Tabakverbrauch hat. Nur ein komplettes Verbot der Tabakwerbung einschließlich des Sponsoring von Sportveranstaltungen hat Erfolg.

Ein erstes Gesetz zur Änderung des Vorläufigen Tabakgesetzes in Deutschland wurde am 9. November 2006 beschlossen. Bis dahin war die Werbung lediglich in Hörfunk und Fernsehen für Tabakwaren untersagt. Nun ist es verboten, für Tabakerzeugnisse in gedruckten Medien, im Fernsehen, Radio oder im Internet zu werben. Unternehmen, deren Haupttätigkeit die Herstellung oder der Verkauf von Tabakerzeugnissen ist, dürfen zudem keine Veranstaltungen und Events sponsern, die grenzüberschreitende Wirkung haben. Ausgenommen von dem Verbot ist die Kinowerbung sowie der Gebrauch von Werbegegenständen, wie beispielsweise Aschenbecher oder Feuerzeuge.

vgl. www.krebsgesellschaft.de/rauchen_werbung,1052.html [10.11.2009].

5. Stellen Sie anhand eines Vernetzungsdiagramms nach unten stehendem Muster fest, welche Einflüsse, Zusammenhänge und Abhängigkeiten zwischen den Faktoren, die auf den Tabakkonsum bei Jugendlichen einwirken, bestehen. Verbinden Sie dazu die Elemente, die sich direkt beeinflussen, mit einem Pfeil. Kennzeichnen Sie die gleichgerichtete Wirkung (je mehr – desto mehr) mit einem Pluszeichen und entgegengesetzte Wirkungen (je mehr – desto weniger) mit einem Minuszeichen. Erläutern Sie alle durch Pfeile dargestellten Abhängigkeiten.

Es können beispielsweise folgende Elemente berücksichtigt werden: Tabakkonsum bei Jugendlichen, Bedürfnis nach Anerkennung („Rauchen ist cool"), Raucherkrankheiten, Kosten des Gesundheitswesens und Belastung der Solidargemeinschaft der gesetzlichen Krankenversicherung, Werbeverbot für Tabak, Werbung für Tabak, Werbeeinnahmen, Arbeitsplätze, künftige Belastung der Rentenversicherung, Konsum von Tabak, Zigarettenproduktion, Einnahmen aus der Umsatz- und Tabaksteuer, ...

Berücksichtigen Sie dabei auch den folgenden Text „Teurer Qualm".

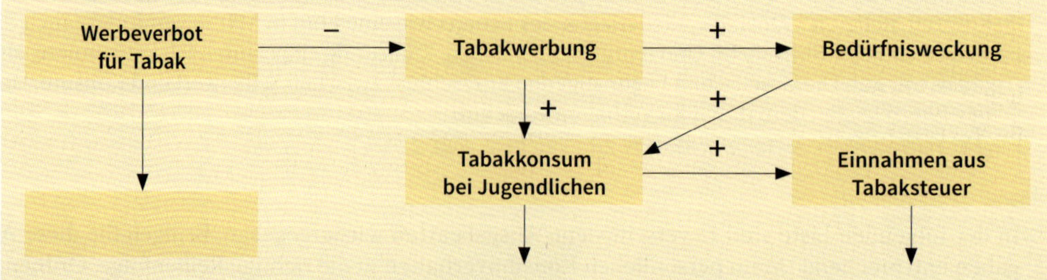

”

Teurer Qualm

Der Preis des Rauchens ist möglicherweise höher als bisher angenommen. Würden Zigarettenraucher alle Kosten zusammenrechnen, die ihnen durch das Qualmen entstehen, müssten sie für den Kauf einer Schachtel rund 34 Euro kalkulieren. Dies ist das Ergebnis einer wissenschaftlichen Arbeit am Fachbereich Wirtschaft der Universität Hamburg, die – angelehnt an eine amerikanische Studie – für Deutschland die Langzeitkosten des Tabakkonsums zu errechnen versucht. Danach summieren sich die Gesamtkosten für einen heute 24-jährigen deutschen Raucher im Laufe seines Lebens auf durchschnittlich 144.318 Euro.

Viel mehr als das Geld für die Zigaretten schlagen dabei die Kosten und Einbußen durch, die für die Behandlung typischer Raucherkrankheiten, für körperliche Behinderungen und einen vorzeitigen Tod anfallen. Bezogen auf den derzeitigen Anteil von Rauchern an der Bevölkerung gibt die Untersuchung die Kosten des Qualmens pro Geburtsjahrgang mit 55 Milliarden Euro an. In diese Gesamtrechnung fließt auch ein, dass der Staat auf der Habenseite Tabaksteuern kassiert und außerdem Ausgaben von umgerechnet 1,11 Euro pro Schachtel spart, weil Raucher früher sterben und darum nicht so lange Rente beziehen wie Nichtraucher.

Quelle: SPIEGEL.DE: Teurer Qualm. 15.01.2007. In: https://www.spiegel.de/spiegel/print/d-50186252.html [28.07.2020].

2.3 Ungesunde Ernährung als volkswirtschaftliches Problem

Bearbeiten Sie den Artikel „Dickes Problem“ unter folgender Fragestellung: Welche Ursachen, Folgen und Lösungsmöglichkeiten einer ungesunden Ernährung werden aufgezeigt?

Den Artikel finden Sie unter https://www.handelsblatt.com/politik/konjunktur/oekonomie/nachrichten/uebergewicht-dickes-problem/3935946.html?ticket=ST-51558193-tuMdijtPC5SOhSe0XEQF-ap2 (Stand: 29.10.2019).

2.4 Erkundung im Supermarkt: Verführung zum Kaufen

Die Mehrzahl der Produkte, die wir nach einem Einkauf nach Hause schleppen, haben wir spontan gekauft. Im Supermarkt sind wir dazu verführt worden, sie zu kaufen. Mit sieben einfachen Regeln gelingt es den Verkäufern, die Kunden zu beeinflussen, damit sie möglichst viel kaufen.

1. Erstellen Sie anhand der sieben Regeln eine Skizze für den Grundriss eines optimal eingerichteten Supermarkts.
2. Überprüfen Sie den von Ihnen entworfenen Grundriss in einem Supermarkt Ihrer Wahl. Stellen Sie dabei fest, wo die folgenden Waren zu finden sind und ob dabei die oben genannten Regeln beachtet wurden: Obst, Milchprodukte, Fleisch, Zeitschriften, Kaugummi, Waschmittel, Mineralwasser, Süßigkeiten, Sekt.

Die sieben Regeln befinden sich bei dem Downloadmaterial.

2.5 Bedürfnisvielfalt und Güterknappheit

Bearbeiten Sie den folgenden Textauszug anhand folgender Fragen:

1. Welche Ursachen für das Entstehen von Bedürfnissen werden im Text genannt?
2. In dem Text werden Überproduktions- und Sättigungserscheinungen angesprochen. Widerlegen diese Erscheinungen die These von der Güterknappheit? Begründen Sie Ihre Antwort.
3. Erläutern Sie anhand des Textes den Unterschied zwischen relativer und absoluter Güterknappheit.
4. Im Text ist u. a. auch von schädlichen Gütern die Rede. Lassen sich Ihrer Meinung nach daraus volkswirtschaftliche Aussagen über schädliche oder verwerfliche Bedürfnisse ableiten? Begründen Sie Ihre Meinung.

„Seit jenem Fiasko im Garten Eden (Sündenfall) müssen wir uns die meisten Güter mit Schweiß und Mühen erarbeiten. Zwei Bösewichter – die Natur und andere Leute – hindern uns daran, alles zu haben, was wir wollen. Die Natur ist knauserig. Sie hat endliche Vorräte und stellt weniger Ressourcen (z.B. Energiequellen, Bodenschätze) zur Verfügung als wir brauchen könnten und vieles von dem, was zur Verfügung steht, wird erst brauchbar durch schwere Arbeit. Zudem: Was andere Leute betrifft, so hat das Problem nichts mit Böswilligkeit zu tun. Ihre und unsere Wünsche zusammen übersteigen einfach die verfügbaren Mittel und Güter. Die Wünsche und Bedürfnisse vieler Leute gerade auch in der Wohlstandsgesellschaft sind ohne erkennbare Grenzen. Es gibt zwar in diesen Gesellschaften relativen Reichtum und materiellen Wohlstand. Doch haben die Menschen vielfach weitere Wünsche. Sobald sie mehr von den Gütern haben, wollen sie noch mehr von diesen und anderen Gütern. Des Weiteren: Die Zeit, die zur Verfügung steht, ist wegen ihrer Endlichkeit generell ein knappes Gut. Da die Verwendung und Produktion von Gütern jeweils Zeit erfordert, ergibt sich aus der zeitlichen Knappheit auch eine allgemeine Knappheit an Gütern. Auch die Wohlstandsgesellschaften leben daher im Zustand einer allgemeinen Knappheit. [...]

Andererseits wird behauptet: Wir haben doch zu viele Sprays, Kosmetika und Arzneimittel. Wir haben zu viele Autos und trinken zu viel Alkohol, wir haben zu viele Luxusgüter, Vernichtungswaffen und schädliche Produkte. [...]

Vielfach ist Überfluss vorhanden, während die endlichen Vorräte der Natur ausgebeutet werden. Viele plädieren daher für eine bessere Umwelt statt für ein größeres Wachstum der Produktion materieller Güter."

Quelle: sinngemäße Übersetzung aus dem Englischen nach A. A. Alchian, W. R. Allen, University Economics, Belmont (Calif.: Wadsworth Publishing Company), 1972, S. 3ff.

2.6 Ethisch bedenkliche Güter im Sortiment von Lebensmittel- und Textildiscountern

1. Informieren Sie sich über ethisch bedenkliche Güter im Sortiment von Lebensmittel- und Textildiscountern. Aktuelle Informationen finden Sie etwa unter:
   https://lieferkettengesetz.de/
   https://fashionchecker.org/de bzw. www.cleanclothes.org
   www.fairtrade-deutschland.de
2. Erstellen Sie eine Liste mit drei typischen Artikeln aus dem Handel, deren Kauf aus Ihrer Sicht ethisch besonders bedenklich ist. Begründen Sie Ihre Auswahl.
3. Versuchen Sie Ursachen für die aufgezeigten Missstände zu finden.

2.7 Ökonomisches Prinzip – *Homo oeconomicus*

1. Einigen der folgenden Sachverhalte liegt das ökonomische Prinzip zugrunde. Prüfen Sie für diejenigen Fälle, in denen das ökonomische Prinzip zur Anwendung kommt, ob es sich dabei um das Maximal- oder das Minimalprinzip handelt.
   a) In der Konstruktionsabteilung einer Automobilfabrik wird erreicht, dass bei gleicher PS-Zahl und unveränderten Beschleunigungswerten der Benzinverbrauch eines bestimmten Typs um 10% gesenkt wird.
   b) Zur Unterstützung der Landwirtschaft kauft eine staatliche Vorratsstelle Pfirsiche auf, um einen Preisverfall zu verhindern. Die aufgekauften Pfirsiche werden vernichtet.
   c) In einer Möbelfabrik, die Bücherwände herstellt, war ein Unternehmensberater tätig. Aufgrund einer von ihm vorgeschlagenen Änderung des Fertigungsablaufs war es möglich, ohne zusätzliche Investitionen und ohne zusätzliches Personal die Produktion um 6% zu erhöhen.
   d) Eine Organisation, die sich dem Schutz der Umwelt widmet, wirbt um Spenden mit dem Hinweis, dass bei gleichem Spendenaufkommen die Kosten für die Verwaltung von 0,8% auf 0,5% des Spendenaufkommens reduziert werden konnten.
   e) In einem Weinanbaugebiet sind im Frühjahr die Blütenansätze der Trauben überwiegend erfroren. Wegen der geringen Erträge steigen die Preise für die Weine dieses Jahrgangs. Ein Weinbauer, dessen Weinberge in einer besonders geschützten Lage liegen, macht deshalb mit dem Verkauf des Weins dieses Jahrgangs einen viel höheren Gewinn als mit dem Verkauf früherer Jahrgänge.

2. Unterscheiden Sie das Maximal- und das Minimalprinzip am Beispiel des Zusammenhangs zwischen der Höhe des Benzinverbrauchs eines Autos und der Länge der zurückgelegten Strecke.
3. Zeigen Sie an je einem Beispiel die Anwendung des Maximal- und des Minimalprinzips aus Ihrem persönlichen Erfahrungsbereich auf.
4. Begründen Sie, ob das folgende Verhalten dem ökonomischen Prinzip entspricht:
   a) Ein Konsument kauft grundsätzlich nur fair gehandelten Kaffee. Dafür bezahlt er fast doppelt so viel wie für herkömmlichen Kaffee. Der erhöhte Preis garantiert den Kaffee produzierenden Kleinbauern in Entwicklungsländern eine Kostendeckung.
   b) Ein Konsument kauft grundsätzlich nur Bio-Gemüse und zahlt dafür einen höheren Preis als für herkömmliches Gemüse.
   c) Ein reicher Mann verschenkt sein Vermögen an Bedürftige, um die seiner Meinung nach undankbaren Erben zu ärgern und ihnen keine Erbschaft zu hinterlassen.
5. Es wird behauptet: „Der *Homo oeconomicus* handelt nach dem ökonomische Prinzip, aber nicht jeder, der das ökonomische Prinzip befolgt, handelt entsprechend dem Modell des *Homo oeconomicus*."
   Erläutern Sie diese Aussage an folgendem Beispiel: Ein Unternehmer erzielt durch seine Geschäftstätigkeit einen erheblichen Gewinn. Einen Teil davon verwendet er dafür, einer Behindertenwerkstatt einen Lieferwagen zu spenden.
6. Eine Papierfabrik wird durch Gesetz verpflichtet, eine Kläranlage zur Reinigung der Abwässer zu bauen. Die Geschäftsleitung behauptet, dass ihr durch diese zusätzlichen Kosten ein Handeln nach dem ökonomischen Prinzip nicht mehr möglich sei. Nehmen Sie zu dieser Behauptung Stellung.

2.8 Eigennütziges Verhalten und Rationalitätenfalle

In bestimmten Fällen kann ein Verhalten, das aus der Sicht eines Einzelnen vernünftig erscheint, ins Gegenteil umschlagen, wenn viele andere Menschen sich auch so verhalten. In diesem Fall wird von einer „Rationalitätenfalle" gesprochen.

Zeigen Sie für die folgenden Fälle auf, welche Folgen sich ergeben, wenn viele andere Menschen dem Beispiel eines Einzelnen folgen.

1. Angenommen, Sie erhalten für ein Fußballbundesligaspiel eine Karte für einen Sitzplatz mit schlechter Sicht. Aus Eigeninteresse würde es nahe liegen, während des Fußballspiels aufzustehen, um besser sehen zu können. Was würde geschehen, wenn sich alle Stadionbesucher mit Sitzplatzkarten so verhalten würden?
2. Ein Konsument geht davon aus, dass in nächster Zeit die Preise für Lebensmittel erheblich steigen. Er möchte dieser Preissteigerung durch „Hamsterkäufe" zuvorkommen und sich einen großen Vorrat haltbarer Lebensmittel anlegen. Was würde geschehen, wenn sich viele Konsumenten so verhalten würden?
3. Ein Arbeiter einer Automobilfabrik hatte geplant, für sich und seine Familie ein neues Auto zu kaufen. Da sich aber in letzter Zeit die allgemeine Lage auf dem Automobilmarkt verschlechtert hat und Entlassungen in dieser Branche drohen, beschließt er, den geplanten Kauf auf später zu verschieben. Das dafür vorgesehene Geld möchte er lieber sparen, um für den Fall, dass er arbeitslos wird, vorzusorgen. Was würde geschehen, wenn sich viele Autokäufer so verhalten würden?
4. Ein Unternehmen der Computerbranche gewährt aufgrund der guten Ertragslage seinen Mitarbeitern höhere Löhne. Was würde geschehen, wenn viele Unternehmen diesem Beispiel folgen würden?
5. Ein Unternehmen der Textilindustrie senkt wegen einer unbefriedigenden Ertragslage die Löhne seiner Mitarbeiter, um auf diesem Wege die Produktionskosten zu verringern. Was würde passieren, wenn viele Unternehmen diesem Beispiel folgen würden?

2.9 Dilemmasituation: Kooperation statt individueller Rationalität

1. Schildern Sie mit eigenen Worten die Ursachen für die im Beispiel auf S. 40 beschriebene Dilemmasituation.

2. Welches wäre für den Diamantenkäufer die beste, welches die zweitbeste und welches die schlechteste Lösung?
3. Welches wäre für den Diamantenverkäufer die beste, welches die zweitbeste und welches die schlechteste Lösung?
4. Würde sich an dem Ergebnis etwas ändern, wenn sich Käufer und Verkäufer kennen würden und klar wäre, dass sie künftig häufiger Geschäfte miteinander machen wollen? Begründen Sie Ihre Meinung.

2.10 Dilemmasituationen – Erklärung für ökonomisches und ethisches Verhalten

Bei dem Downloadmaterial befinden sich mehrere Aufgaben und Problemstellungen zur wirtschaftlichen und ethischen Entscheidungsfindung mithilfe von Dilemmasituationen.

2.11 Rationalverhalten – Ökonomisches Prinzip – (Im)materielle Bedürfnisse

1. Führen Sie in Ihrer Klasse das „Ultimatum-Spiel“ (*vgl. S. 41*) durch: Zwei Schüler treten vor die Klasse. Der erste Schüler hat 100 € zur Verfügung, die er mit dem zweiten Schüler teilen muss. Der erste Schüler kann einen beliebigen Vorschlag machen, wie er die 100 € aufteilen möchte. Falls der zweite Schüler den Vorschlag akzeptiert, erhalten beide den anteiligen Betrag entsprechend dem Vorschlag. Lehnt der zweite Schüler den Vorschlag jedoch ab, erhalten beide nichts.

   Vergleichen Sie das Ergebnis dieses Experiments mit dem Verhalten eines *„Homo oeconomicus“*. Worauf sind die Abweichungen zurückzuführen?

2. Führen Sie in Ihrer Klasse folgende Umfrage durch:
   Sie haben die Wahl zwischen folgenden beiden Alternativen:
   a) Erzielung eines Jahreseinkommens von 50.000 €. Alle anderen Mitbürger verdienen in diesem Fall nicht mehr als 25.000 €.
   b) Erzielung eines Jahreseinkommens von 100.000 €. Alle anderen Mitbürger verdienen in diesem Fall mindestens 200.000 €.

   Hinweis: Die Kaufkraft des Geldes, d.h. wie viel Sie sich für das erzielte Einkommen kaufen können, spielt bei der Entscheidung keine Rolle. In allen Fällen reicht das Einkommen für einen angemessenen Lebensstandard aus.

   Für welche Alternative entscheiden Sie sich? Begründen Sie Ihre Antwort.

3. Eine Variante des Ultimatumspiels ist das Diktatorspiel.
   Angenommen, ein erster Schüler (= Diktator) erhält 100 € und darf allein entscheiden, ob und wenn ja, wie viel er einem zweiten Schüler davon abgeben will. Der zweite Schüler kann das Angebot nicht ablehnen.

   Führen Sie das Spiel in der Klasse durch.
   Vergleichen Sie wieder mit dem Verhalten eines *„Homo oeconomicus“*. Erläutern Sie Gründe für mögliche Abweichungen.

2.12 Güterarten

Ordnen Sie die unter ❶ bis ❻ genannten Güter der folgenden Übersicht zu:

Materielle Güter (Waren, Sachgüter)				Immaterielle Güter (Dienstleistungen)	
Konsumgüter		**Produktionsgüter** (Kapitalgüter)		**Konsumgüter**	**Produktionsgüter**
Gebrauchsgüter	**Verbrauchsgüter**	**Gebrauchsgüter** (Investitionsgüter)	**Verbrauchsgüter**		

❶ Kinobesuch; ❷ Staubsauger eines privaten Haushalts; ❸ Holz in einer Schreinerei; ❹ Strom für den Betrieb des Staubsaugers; ❺ Hobelmaschine in einer Schreinerei; ❻ Beratung eines Steuerberaters für eine Schreinerei

2.13 Private Güter – öffentliche Güter

Geben Sie an, ob es sich bei den folgenden Gütern um private oder öffentliche Güter handelt. Begründen Sie Ihre Aussagen.

❶ Gartenbank

❷ Parkbank

❸ Leuchtturm

❹ Rasenmäher

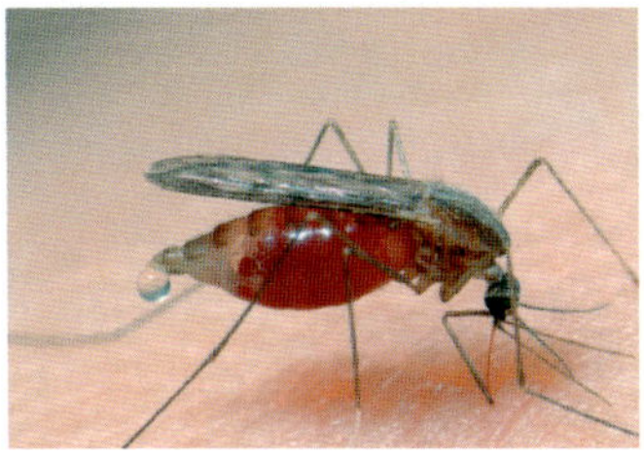

❺ Mückenbekämpfung

❻ Schulgebäude

2.14 Private Güter – Öffentliche Güter Trittbrettfahrer-Problem

Die beiden Nachbarn Abel und Bauer überlegen sich, vor ihren Grundstücken eine Straßenlaterne aufzustellen, die ihnen beiden gehören soll. Die Laterne würde beiden einen Nutzen bringen. Die Anschaffungskosten betragen 1.000 €. Herr Abel wäre bereit, 800 € auszugeben. Herr Bauer möchte dagegen nur 600 € ausgeben.

Mit anderen Worten: Herr Abel schätzt den Nutzen, den ihm die Straßenlaterne stiftet, auf 800 €, Herr Bauer dagegen nur auf 600 €. Abel und Bauer vereinbaren, dass jeder die Hälfte der Anschaffungskosten – also 500 € – trägt, sofern beide der Anschaffung der Straßenlaterne zustimmen. Wenn beide Nachbarn gegen die Anschaffung sind, wird die Laterne natürlich nicht aufgestellt. Ist jedoch nur einer dafür, der andere dagegen, muss derjenige die vollen Anschaffungskosten tragen, der für die Anschaffung ist.

Jeder der beiden Nachbarn Abel und Bauer hat zwei Strategien zur Auswahl:

Strategie 1 (S_1): Zustimmung
Das hat zur Folge, dass er die Anschaffungskosten ganz (1.000 €) oder zur Hälfte (500 €) tragen muss.

Strategie 2 (S_2): Ablehnung
Es wird darauf gehofft, dass der andere Nachbar die gesamten Anschaffungskosten (1.000 €) trägt.

Somit ergeben sich vier mögliche Strategiekombinationen, die – im Vergleich zur Ausgangssituation – teilweise unterschiedliche Vor- und Nachteile für die beiden Nachbarn mit sich bringen. Die Vor-/Nachteile des Nachbarn Abel werden jeweils in die linke untere Ecke, die Vor-/Nachteile des Nachbarn Bauer jeweils in die rechte obere Ecke der vier Felder eingetragen.

Beispiel:
Strategiekombination (S_{A1}/S_{B1}): Abel und Bauer stimmen zu.
Jeder Nachbar muss in diesem Fall die Hälfte der Anschaffungskosten, nämlich 500 €, zahlen.
Netto-Vorteil des A = Nutzenzuwachs (800 €) – Kosten (500 €) = 300 €
Netto-Vorteil des B = Nutzenzuwachs (600 €) – Kosten (500 €) = 100 €

		Nachbar Bauer	
		Zustimmung (S_{B1})	Ablehnung (S_{B2})
Nachbar Abel	Zustimmung (S_{A1})	100 / 300	– 200
	Ablehnung (S_{A1})		

1. Ermitteln Sie für die übrigen Strategiekombinationen die Vor-/Nachteile für die beiden Nachbarn nach obigem Muster.
2. Erläutern Sie die Strategiekombination, die aus Sicht von **Abel** am günstigsten ist.
3. Erläutern Sie die Strategiekombination, die aus Sicht von **Bauer** am günstigsten ist.
4. Zu welcher Strategiekombination wird das Verhalten der beiden Nachbarn vermutlich führen, wenn sich die beiden Nachbarn nicht untereinander absprechen, sondern jeder für sich eine möglichst günstige Lösung verfolgt? Begründen Sie dieses Verhalten und erläutern Sie das Ergebnis.
5. Das zu erwartende Verhalten der Nachbarn wird auch als **Trittbrettfahrer-Problem** (Free-rider-Problem) bezeichnet. Erläutern Sie diesen Begriff anhand des vorliegenden Beispiels.
6. Welche Konsequenzen ergeben sich aus den Ergebnissen für die Bereitstellung solcher Güter?

Ich kann …	Bitte ankreuzen		Wenn Nein: Siehe Seite(n) im Buch	Level / Anforderungsniveau
	Ja	Nein		
2.1 Bedürfnisse und Güter				**Level**
… die Begriffe „Bedürfnis“, „Güter“ und „Nutzen“ definieren.			26 f.	1
… verschiedene Bedürfnisarten unterscheiden.			27	1
… Bedürfnisse verschiedenen Bedürfnisarten zuordnen.			27	2
… den Zusammenhang zwischen Bedürfnis, Bedarf und Nachfrage beschreiben.			27	2
… die künstliche Bedarfsweckung durch Werbung erläutern.			27	2
2.2 Güterknappheit als wirtschaftliches Grundproblem				**Level**
… zwischen freien und wirtschaftlichen (knappen) Gütern unterscheiden.			29 f.	1
… Güterknappheit als wirtschaftliches Grundproblem erläutern.			30	2
… die Begriffe „Wirtschaften“ sowie „Ressourcen“ definieren.			30	1

3 Volkwirtschaftliche Produktionsfaktoren und ihre Kombination im Produktionsprozess

3.1 Volkswirtschaftliche Produktionsfaktoren

Lernziele:

Nach der Bearbeitung des Kapitels sind Sie in der Lage, Folgendes zu tun:

Sie ...

- ... nennen die volkswirtschaftlichen Produktionsfaktoren.
- ... unterscheiden ursprüngliche von abgeleiteten Produktionsfaktoren.
- ... beschreiben Probleme bei der Nutzung des Produktionsfaktors Natur.
- ... erläutern die Besonderheit von Umweltgütern als öffentliche Güter.
- ... definieren soziale (externe) Kosten.
- ... nennen Beispiele für soziale (externe) Kosten.
- ... definieren den Begriff „Arbeitsteilung“.
- ... unterscheiden Formen der Arbeitsteilung.
- ... definieren den Begriff „Arbeitsproduktivität“.
- ... erklären, warum Arbeitsteilung zu einer Produktivitätssteigerung führen kann.
- ... erläutern die Folgen betrieblicher Arbeitsteilung nach A. Smith.
- ... erklären, welche Folgen der mit der Arbeitsteilung einhergehende Güteraustausch nach sich ziehen kann.
- ... unterscheiden zwischen Sach- und Geldkapital.
- ... erklären die Begriffe „Investition“ im volkswirtschaftlichen Sinne.
- ... beschreiben den Prozess der Kapitalbildung am Beispiel der Robinsonwirtschaft.
- ... erklären den Begriff „Produktionsumweg“ im Zusammenhang mit der Kapitalbildung.
- ... erläutern die Aussage: „Sparen ist Voraussetzung für die Kapitalbildung“.
- ... unterscheiden Brutto-, Netto- und Ersatzinvestitionen voneinander.
- ... unterscheiden Anlage- von Vorratsinvestitionen.
- ... definieren den Begriff „Humankapital“.
- ... erläutern, inwiefern es sich bei der Humankapitalbildung um eine Investition handelt.
- ... erklären, warum die Bildung von Humankapital für die Bundesrepublik Deutschland besonders wichtig ist.

3.1.1 Einteilung der Produktionsfaktoren

Nur wenige Güter sind von Natur aus in konsumfähiger Form vorhanden (z. B. Wildfrüchte). In den meisten Fällen durchlaufen Güter einen langwierigen Produktionsprozess mit mehreren Produktionsstufen, bevor sie geeignet sind, den Endverbrauchern (Konsumenten) unmittelbar zur Bedürfnisbefriedigung zu dienen. Wird der Produktionsprozess eines solchen Konsumgutes (z. B. Brot) über die verschiedenen Produktionsstufen bis zum Ursprung zurückverfolgt, lässt sich erkennen, dass am Anfang des Produktionsprozesses die Güter Natur und Arbeit stehen und als **Produktionsfaktoren** eingesetzt werden.

D Produktionsfaktoren sind Güter, die für die Herstellung anderer wirtschaftlicher Güter benötigt werden.

3.1, S. 81

D Natur und Arbeit sind ursprüngliche Produktionsfaktoren, weil sie zur Produktion benötigt werden, selbst aber nicht produziert werden müssen.

Heutzutage ist kaum noch ein Produktionsprozess denkbar, bei dem neben Natur und Arbeit nicht auch Produktionsgüter (z. B. Werkzeuge, Maschinen) als dritter Produktionsfaktor eingesetzt werden. Solche Produktionsgüter sind zuvor mithilfe anderer Produktionsfaktoren hergestellt worden. Es handelt sich also um produzierte Produktionsmittel, die auch als **Sachkapital (Realkapital)** bezeichnet werden.

D Unter dem Produktionsfaktor Kapital werden in der Volkswirtschaftslehre produzierte Produktionsmittel (= Sachkapital, Realkapital) verstanden. Kapital ist ein abgeleiteter Produktionsfaktor, weil er nur durch Einsatz der ursprünglichen Produktionsfaktoren Natur und Arbeit hergestellt werden kann.

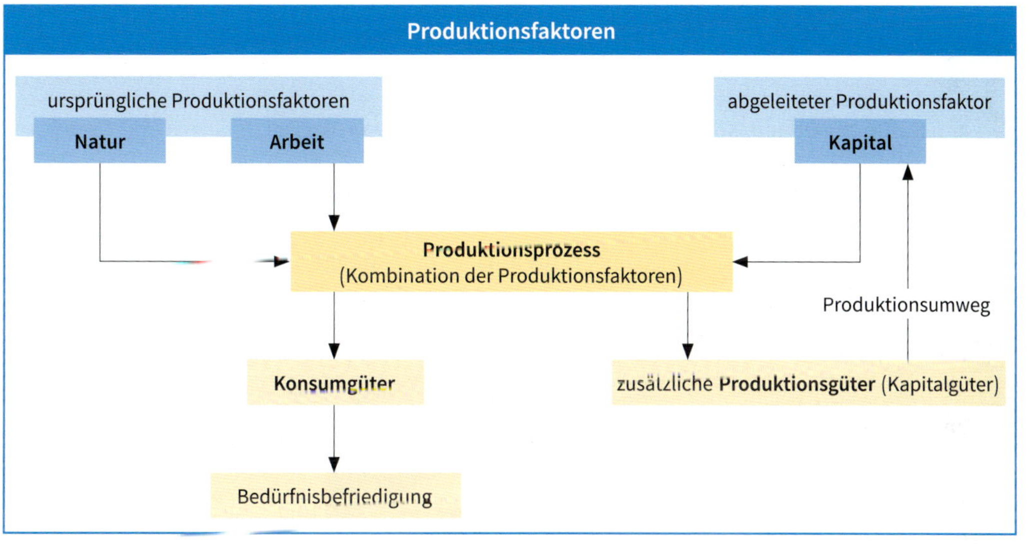

Maßnahmen zur Verbesserung der Qualität landwirtschaftlicher Nutzflächen (z. B. durch Kunstdünger, künstliche Be- und Entwässerung) sowie Bildungsmaßnahmen zur Qualifikation von Arbeitskräften führen dazu, dass die Produktionsfaktoren Natur und Arbeit in der heute genutzten Form großenteils nicht mehr als ursprüngliche, sondern als abgeleitete Produktionsfaktoren angesehen werden können. Bezogen auf den Produktionsfaktor Arbeit wird dies u. a. auch durch den Begriff **Humankapital** verdeutlicht. Damit ist das auf der Ausbildung von Arbeitskräften beruhende Leistungsvermögen in einer Volkswirtschaft gemeint. Wegen ihrer besonderen Bedeutung für wirtschaftliche und technische Neuerungen (Innovationen) im Produktionsprozess werden zuweilen **Bildung**, **Information**, ***Know-how*** und **technischer Fortschritt** als zusätzliche Produktionsfaktoren neben Natur, Arbeit und Kapital genannt.

3.1.2 Natur als Produktionsfaktor

Begriff und Eigenschaften

In der traditionellen Volkswirtschaftslehre wird üblicherweise vom Produktionsfaktor Boden statt vom Produktionsfaktor Natur gesprochen. Folgende Nutzungsmöglichkeiten des Bodens lassen sich unterscheiden:

- **Anbaufläche** für Land- und Forstwirtschaft,

- **Abbau** von Bodenschätzen und Energiequellen (z. B. Erdgas),
- **Standort** für Produktionsstätten und Infrastruktur (z. B. Straßen, Telefonleitungen),
- **Lagerstätte** für Abfälle aus Produktion und Konsum (z. B. Abfalldeponien).

Neben dem Boden werden aber auch andere Teilbereiche der Natur als Produktionsfaktoren genutzt. Dazu gehören beispielsweise

- Wasser, Wind und Sonne zur Energiegewinnung,
- Witterungsverhältnisse für die landwirtschaftliche Produktion,
- Klima, intakte Landschaften und unbelastete Gewässer für die Tourismusbranche,
- Luft und Wasser für die Aufnahme von Abgasen und Schadstoffen (= Deponiefunktion).

Während diese Faktoren lange als unerschöpfbar und unveränderlich angesehen wurden, ist inzwischen die begrenzte Belastbarkeit der Natur unübersehbar (z. B. Klimaveränderungen, Luft- und Wasserverschmutzungen). Die Natur ist somit über den Faktor Boden hinaus großenteils als knappes Gut anzusehen. Daher wird zunehmend vom Produktionsfaktor **Natur** oder **Umwelt** gesprochen. Dazu gehören neben solchen Naturerscheinungen wie Sonne, Wind, Luft und Wasser sowohl die nicht erneuerbaren Rohstoffe (z. B. Bodenschätze) als auch die erneuerbaren Rohstoffe (z. B. Wald- und Fischbestände).[1]

D Der Produktionsfaktor Natur (Umwelt) umfasst alle Teilbereiche der belebten und unbelebten Natur, wie Boden, Sonnenlicht, Lufthülle der Erde, Klima, Wasser, Pflanzen und Tiere.

Probleme bei der Nutzung des Produktionsfaktors Natur

3.2, S. 82

Bestimmte Nutzungsformen des Bodens führen dazu, dass andere Bereiche der Natur geschädigt werden.

1 Erneuerbare (regenerierbare) natürliche Ressourcen sind durch natürliche Wachstumsprozesse vergrößerbar. Dennoch sind viele erneuerbare natürliche Ressourcen gleichzeitig auch erschöpfbar (z. B. durch Ausrottung von Tier- und Pflanzenarten).

Mit der vermehrten Nutzung des Bodens als **Siedlungs- und Verkehrsfläche** gehen beispielsweise folgende ökologischen Probleme einher:

- Flächenversiegelung durch Bebauung und Asphaltierung mit der Folge, dass die Versickerung von Regenwasser und die Erneuerung der Grundwasservorräte verhindert sowie der Lebensraum der Tier- und Pflanzenwelt eingeschränkt wird,
- Zerschneidung der Landschaft durch Verkehrswege mit der Folge, dass empfindliche Tier- und Pflanzenarten sich aufgrund dieser unüberwindbaren Hindernisse zurückziehen oder aussterben,
- Zunahme des Individualverkehrs mit der Folge zusätzlicher Luftbelastung durch Abgase, die wiederum Gesundheitsschäden, Pflanzenschäden (Waldsterben) und Klimaveränderungen (Treibhauseffekt) verursachen.

Die vermehrte **Abholzung von Waldbeständen** – insbesondere in den Entwicklungsländern – führt beispielsweise dazu, dass

- jedes Jahr ca. 50 000 Tier- und Pflanzenarten unwiederbringlich ausgerottet werden,
- das beim Verbrennen von Holz entstehende Kohlendioxid (CO_2) zum Treibhauseffekt und damit zu weltweiten Klimaveränderungen beiträgt,
- sich das durch die Regenwälder beeinflusste regionale Klima verändert und zu Dürrekatastrophen und Ausdehnung von Wüstenregionen beiträgt.

Der übermäßige Einsatz von Pflanzenschutzmitteln und die **Überdüngung** (z.B. durch die bei der Massentierhaltung anfallende Gülle) führt zu einer Vergiftung der Böden und zu einer Belastung des Grundwassers (z.B. Nitrat).

Umweltgüter (natürliche Ressourcen[1]) als öffentliche Güter

Wesentliches Merkmal **öffentlicher Güter** ist es, dass niemand von ihrer Nutzung ausgeschlossen werden kann (Polizeiwesen, Landesverteidigung, Infrastruktur wie Verkehrswege, Dämme, Straßenbeleuchtung u.Ä.). Auch wichtige Teilbereiche der **Natur** weisen dieses für öffentliche Güter kennzeichnende Merkmal auf. Wegen der fehlenden privaten Eigentumsrechte an Luft und anderen Umweltgütern kann auch in diesen Fällen niemand von deren Nutzung ausgeschlossen werden. Weil der Markt bei der Bereitstellung öffentlicher Güter versagt, muss für die Inanspruchnahme dieser Güter keine direkte Gegenleistung (Kaufpreis, Miete o.Ä.) erbracht werden.

3.3, S. 82

D Bei Gütern, für deren Nutzung nichts bezahlt werden muss, gibt es keinen wirtschaftlichen Anreiz, sparsam mit ihnen umzugehen. Sie werden daher häufig überbeansprucht.

Das gilt z.B. auch für Fischbestände in Gewässern mit freiem Zugang. Jeder einzelne Fischer handelt rational, wenn er möglichst viele Fische fängt. Wenn sich aber alle Fischer so verhalten, kommt es zu einer Überfischung, so dass sich die Fische nicht mehr vermehren können und allen Fischern die Existenzgrundlage entzogen wird.

3.4, S. 83

Eine Überbeanspruchung liegt auch vor, wenn die Natur von Unternehmen unentgeltlich als Produktionsfaktor genutzt wird, indem sie beispielsweise als Auffangbecken für Emissionen (Gase, Ruß, Abwässer usw.) dient (= **Deponiefunktion der Umwelt**). Infolge dessen ergeben sich Umweltbelastung und Umweltverschmutzung.

1 Ressource *(franz.)*: Hilfsmittel

3.5, S. 83

Gesamtwirtschaftlich verursachen Luftverschmutzung, Gewässerverunreinigung, Bodenbelastung usw. aber sehr wohl **erhebliche Kosten**. So geht beispielsweise der Fischbestand in belasteten Gewässern zurück, aufgrund von Luftverschmutzung treten Atemwegserkrankungen auf und bei verseuchten Böden sind die Nutzungsmöglichkeiten als Bau- oder Ackerland eingeschränkt.

3.6, S. 83

D Solche Kosten, die nicht demjenigen angelastet werden, der sie verursacht hat, werden als soziale oder externe Kosten bezeichnet.

Sie belasten in Form von Beeinträchtigungen, Schäden oder finanziellen Aufwendungen zur Schadenbeseitigung die Allgemeinheit bzw. solche Personen, die nicht für die Entstehung dieser Kosten verantwortlich sind.

3.1.3 Arbeit und Arbeitsteilung

D Arbeit im volkswirtschaftlichen Sinne ist jede körperliche und geistige Tätigkeit des Menschen, die auf die Produktion von Gütern gerichtet ist.

Prinzip und Arten der Arbeitsteilung

Zu Zeiten der geschlossenen Hauswirtschaft wurde in erster Linie für den Eigenbedarf produziert. In den heutigen Volkswirtschaften erfolgt die Produktion dagegen vornehmlich für den Fremdbedarf.

D Arbeitsteilung ist die Auflösung einer Arbeitsleistung in Teilverrichtungen, die von verschiedenen Personen, Betrieben, Regionen oder Ländern ausgeführt werden.

D Betriebe[1] sind Wirtschaftseinheiten, deren Zweck die Produktion von Gütern zur Deckung von Fremdbedarf ist.

D Haushalte sind Wirtschaftseinheiten, die Produktionsfaktoren (insbesondere Arbeit) bereitstellen und Entscheidungen über den Verbrauch von Konsumgütern treffen.

Die Arbeitsteilung bedingt eine starke Spezialisierung der Arbeit. Dadurch sind die Menschen in erheblichem Maße voneinander abhängig geworden, weil kaum jemand mehr alle Güter, die er zum Leben braucht, selbst herstellen kann. Die Spezialisierung auf einen bestimmten Beruf ist aber nur dann sinnvoll, wenn sicher ist, dass gegen das bei der Berufsausübung verdiente Geld andere benötigte Güter getauscht werden können. Die Arbeitsteilung macht somit ein **Koordinationssystem** erforderlich. Da die Arbeitsleistung mit Geld oder Gütern entlohnt wird, muss der **Austausch** von Gütern und Leistungen geregelt werden. Das **Geld** erleichtert in seiner Eigenschaft als **allgemeines Zahlungs- und Tauschmittel** diesen Güteraustausch. Wirtschaftsgeschichtlich ist daher die Entwicklung der **Arbeitsteilung** untrennbar mit der Entwicklung der **Geldwirtschaft** verbunden.

1 Die Begriffe Betrieb und Unternehmen werden manchmal gleichbedeutend verwendet. Häufig wird jedoch mit Unternehmen das nach wirtschaftlichen und rechtlichen Gesichtspunkten organisierte Entscheidungszentrum bezeichnet, dem mehrere Betriebe (Produktionsstätten) untergeordnet sein können.

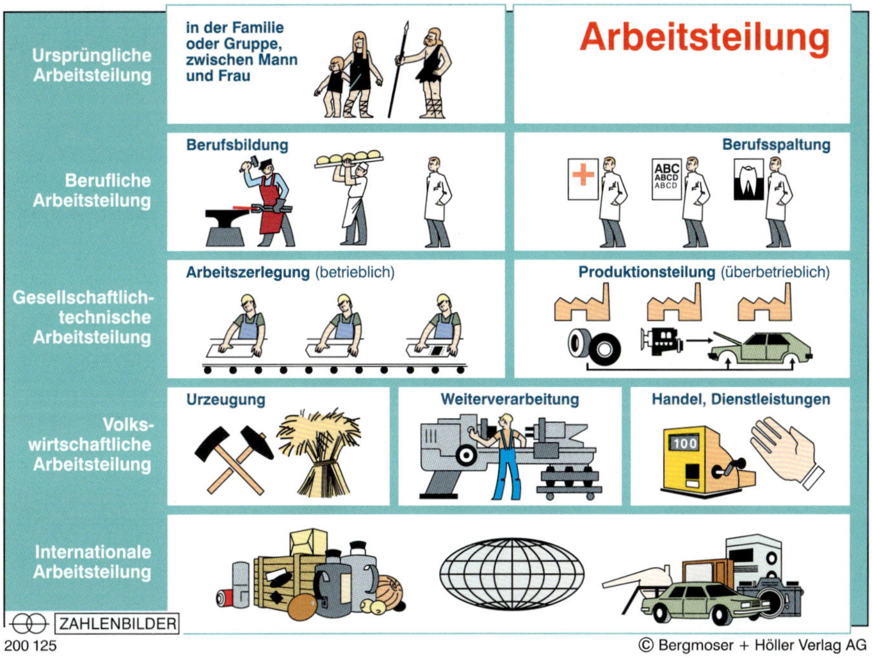

Das Ausmaß der **beruflichen Arbeitsteilung** zeigt sich für Deutschland u. a. darin, dass es allein im dualen System[1] fast 330 verschiedene staatlich anerkannte Ausbildungsberufe gibt. Die Zahl der Betriebe und der Erwerbstätigen in den einzelnen Wirtschaftssektoren gibt Auskunft über die **überbetriebliche** und die **volkswirtschaftliche Arbeitsteilung**.

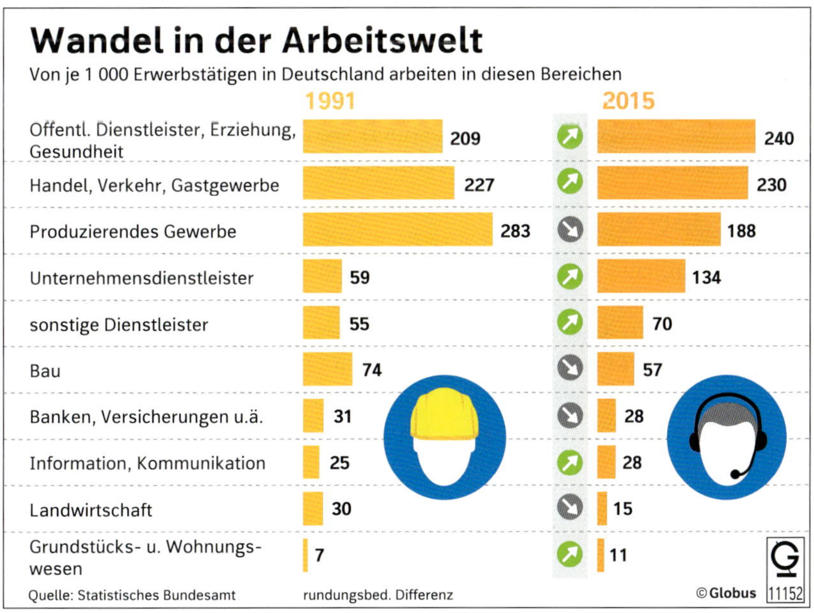

1 Duales System: Ausbildungsbetriebe und Berufsschulen führen arbeitsteilig und einander ergänzend die berufliche Bildung durch.

3.7, S. 83

Die unterschiedliche Entwicklung der Erwerbstätigenzahlen spiegelt den **Strukturwandel** wider, der auch als „Weg in die Dienstleistungsgesellschaft“ bezeichnet wird. Im Jahre 2019 waren fast 75 % aller Erwerbstätigen im Dienstleistungsbereich beschäftigt.

Entwicklung der Erwerbstätigen in Deutschland nach Wirtschaftsbereichen

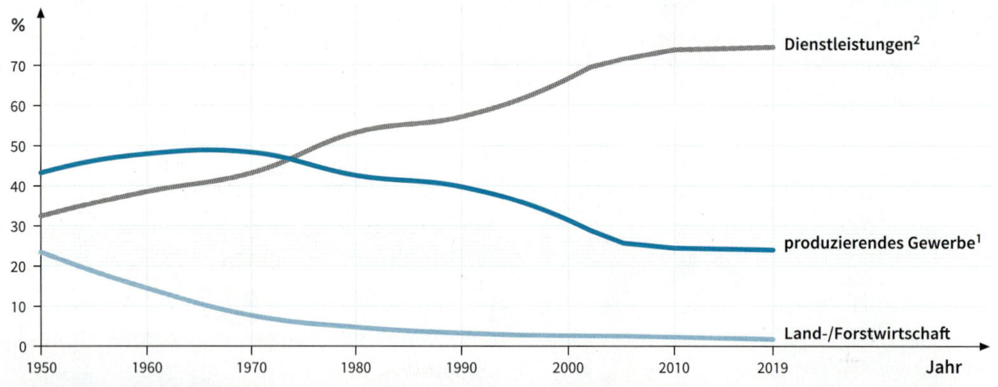

Gesamtzahl der Erwerbstätigen	Jahr	1950	1960	1970	1980	1990	2000*	2010	2019
	in Mio.	20,4	26,5	26,7	27,0	28,5	39,1	41,0	45,3

* *ab 2000 einschließlich der neuen Bundesländer*
1 *Energiewirtschaft, Bergbau, verarbeitendes Gewerbe, Bau*
2 *Handel, Gastgewerbe, Verkehr, Finanzierung, öffentliche und private Dienstleister*
Eigene Darstellung nach Zahlen vom Statistischen Bundesamt.

Die Intensität der **internationalen Arbeitsteilung** zeigt sich darin, dass Deutschland mit nahezu allen Ländern der Erde Handel treibt.

Aus den Problemen einer arbeitsteiligen Wirtschaft leitet sich auch die Notwendigkeit einer **Wirtschaftsordnung** ab. Nur wenn Regeln, Normen und Institutionen bestehen, die von allen Mitgliedern einer Wirtschaftsgesellschaft akzeptiert werden, lässt sich ein chaotisches Nebeneinander einzelwirtschaftlicher Aktivitäten vermeiden.

Erhöhung der Arbeitsproduktivität

Im Jahre 1776 veröffentlichte der schottische Philosoph und Volkswirt ADAM SMITH (1723–1790) sein berühmt gewordenes Buch „Der Wohlstand der Nationen“[1]. Darin beschäftigt er sich u. a. mit der Frage, wie die Güterproduktion schneller, besser und kostengünstiger erfolgen kann. Am Beispiel der Stecknadelproduktion beschreibt er die Vorteile der **innerbetrieblichen Arbeitsteilung**, wie sie sich inzwischen weltweit durchgesetzt hat.

1 Smith, Adam: An Inquiry into the Nature and Causes of the Wealth of Nations, erste Auflage 1776; deutsche Übersetzung auf der Basis der 5. Aufl. von 1789 von H. C. Recktenwald, Der Wohlstand der Nationen, Eine Untersuchung seiner Natur und seiner Ursachen, 7. Aufl., München 1996

„

Erhöhung der Arbeitsproduktivität durch Arbeitsteilung

„Ein Arbeiter, der noch niemals Stecknadeln gemacht hat und auch nicht dazu angelernt ist, sodass er auch mit den dazu eingesetzten Maschinen nicht vertraut ist, könnte, selbst wenn er sehr fleißig ist, täglich höchstens eine, sicherlich aber keine zwanzig Nadeln herstellen. [...] Um eine Stecknadel anzufertigen, sind [...] etwa 18 verschiedene Arbeitsgänge notwendig [...] Ich selbst habe eine kleine Manufaktur [...] gesehen, in der nur 10 Leute beschäftigt waren, sodass einige von ihnen zwei oder drei solcher Arbeiten übernehmen mussten [...] So waren die 10 Arbeiter imstande, täglich etwa 48 000 Nadeln herzustellen [...] Hätten sie indes alle einzeln und unabhängig voneinander gearbeitet, noch dazu ohne besondere Ausbildung, so hätte der Einzelne gewiss nicht einmal 20, vielleicht sogar keine einzige Nadel am Tag zustande gebracht."

Quelle: Smith, Adam: An Inquiry into the Nature and Causes of the Wealth of Nations, erste Auflage 1776; deutsche Übersetzung auf der Basis der 5. Aufl. von 1789 von H. C. Recktenwald, Der Wohlstand der Nationen, Eine Untersuchung seiner Natur und seiner Ursachen, 7. Aufl., München: © dtv Verlagsgesellschaft 1996, S. 9f.

Mithilfe von Produktivitätskennzahlen lässt sich das Ergebnis wirtschaftlichen Handelns messen. Die **Produktivität** gibt das Verhältnis zwischen dem mengen- oder wertmäßigen Produktionsergebnis *(Output)* und der Faktoreinsatzmenge *(Input)* an.

F

$$\text{Produktivität} = \frac{\text{Produktionsergebnis } \textit{(Output)}}{\text{Faktoreinsatzmenge } \textit{(Input)}}$$

Die Wirkung der Arbeitsteilung kann durch die Berechnung der **Arbeitsproduktivität** deutlich gemacht werden. Dabei wird das Produktionsergebnis nur auf den Faktor Arbeit bezogen, ohne den Einsatz anderer Produktionsfaktoren zu berücksichtigen.

F

$$\text{Arbeitsproduktivität} = \frac{\text{Produktionsergebnis } \textit{(Output)}}{\text{Arbeitseinsatz}}$$

B

Vor der Arbeitsteilung:
Jeder Arbeiter produziert 20 Stecknadeln täglich.

Nach der Arbeitsteilung:
10 Arbeiter produzieren 48 000 Stecknadeln täglich.

Je Arbeiter sind das täglich 4 780 Stecknadeln mehr als vorher.

Die Arbeitsproduktivität ist aufgrund der Arbeitsteilung um 23 900 % gestiegen.

D

Durch Arbeitsteilung kann die Arbeitsproduktivität gesteigert werden.

Die Erhöhung der Arbeitsproduktivität durch die Arbeitsteilung kann verschiedene Ursachen haben:

- Besondere Fähigkeiten und Eignungen der Arbeitskräfte werden durch Arbeitsteilung besser berücksichtigt.
- Durch die Spezialisierung steigt die Geschicklichkeit der Arbeitskräfte.
- Bei der internationalen Arbeitsteilung können Vorteile daraus entstehen, dass bestimmte Güter in bestimmten Ländern günstiger produziert werden können als anderswo.

Erhöhung des Transportaufkommens

Die Arbeitsteilung zwischen verschiedenen Betrieben (überbetriebliche Arbeitsteilung), Wirtschaftssektoren (volkswirtschaftliche Arbeitsteilung) und Ländern (internationale Arbeitsteilung) ist Ursache für vielfältige Warentransporte. Der sich bei diesen Formen der Arbeitsteilung ergebende Kostenvorteil beruht teilweise darauf, dass die Unternehmen in ihrer Kalkulation nicht alle durch den Warentransport tatsächlich verursachten Kosten erfassen. Mit der Erhöhung des Verkehrsaufkommens sind nämlich auch **soziale** (externe) **Kosten** verbunden (z. B. Infrastruktur, Unfälle, Umweltbelastung, Lärmschäden). Diese Kosten gehen nicht in die Kostenrechnung der Unternehmen und somit auch nicht in die Verbraucherpreise ein. Sie werden vielmehr der Allgemeinheit angelastet. Da die Preise in diesem Fall nicht die tatsächlichen Kosten widerspiegeln, erscheint der mit der Arbeitsteilung einhergehende Kostenvorteil größer, als er in Wirklichkeit ist.

3.1.4 Kapitalbildung und Investition

Kapitalbegriff und Kapitalarten

D Mit dem Begriff Kapital als volkswirtschaftlichem Produktionsfaktor ist immer Sachkapital (Realkapital) gemeint. Es handelt sich dabei um produzierte Produktionsmittel.

Das **Sachkapital** besteht aus Produktionsgütern (Kapitalgütern). Diese Güter stehen nicht für den Konsum zur Verfügung, sondern dienen der Produktion neuer Produktions- oder Konsumgüter. Zu den Produktionsgütern gehören im Einzelnen

- Produktionsmittel, die für eine dauerhafte Nutzung zur Verfügung stehen (Investitionsgüter wie z. B. Gebäude, Maschinen, Werkzeuge, Transportmittel),
- andere Produktionsmittel, die im Produktionsprozess verbraucht oder umgewandelt werden (z. B. geförderte oder bearbeitete Rohstoffe, Schmierstoffe),
- Lagerbestände an produzierten Gütern (unfertige Erzeugnisse, Fertigerzeugnisse).

Geldkapital bezeichnet demgegenüber die finanziellen Mittel, die für die Bildung von Sachkapital zur Verfügung stehen.

Kapitalbildung

3.8, S. 84

Ziel der Herstellung von Sachkapital (z. B. Maschinen, Werkzeuge und Transportmittel) ist es, mit diesen Produktionsgütern zu einem **späteren Zeitpunkt** Konsumgüter zu erzeugen. Wird vorläufig auf die Produktion von Konsumgütern verzichtet, um stattdessen zunächst produzierte Produktionsmittel herzustellen, liegt ein **Produktionsumweg** vor. Ein solcher Produktionsumweg wird deswegen in Kauf genommen, weil der Einsatz von Produktionsgütern die Herstellung von Konsumgütern erleichtern und die Wirksamkeit der Arbeit (Arbeitsproduktivität) erhöhen kann. Das Ausmaß, in dem produzierte Produktionsmittel zur Erhöhung der Arbeitsproduktivität beitragen, hängt aber nicht nur von der Menge, sondern auch von der Qualität der Produktionsmittel ab. Qualitätsverbesserungen bei Maschinen, Werkstoffen usw. sind Teil des **technischen Fortschritts** in einer Volkswirtschaft.

D Durch Einsatz von Produktionsgütern (Sachkapital) im Produktionsprozess kann die Arbeitsproduktivität gesteigert werden.

Alle Güter in einer Volkswirtschaft, die nicht konsumiert werden, erhöhen zwangsläufig den Bestand an Produktionsmitteln und/oder die Lagervorräte. Diese Erhöhung des Sachkapitalbestandes wird als **Investition** bezeichnet.

D Güter, die nicht als Konsumgüter verwendet werden, führen zu einer Erhöhung des Sachkapitalbestandes in einer Volkswirtschaft (= Investition).

Die Herstellung von Sachkapital bedeutet, dass heute auf möglichen Konsum zugunsten der Zukunft verzichtet wird. Statt zu konsumieren wird investiert. Da nur der nicht als Konsumgüter verwendete Teil der volkswirtschaftlichen Gesamtproduktion investiert werden kann, bedeutet jede Erhöhung des Bestands an Sachkapital gleichzeitig einen Verzicht auf Konsum. Konsumverzicht ist gleichbedeutend mit Sparen.

B **Kapitalbildung im naturalwirtschaftlichen Modell: Das Beispiel ROBINSON CRUSOE**

ROBINSON CRUSOE lebte, nachdem er Schiffbruch erlitten hatte, auf einer unbewohnten Insel. Um seinen Hunger zu stillen, fing er zunächst Fische mit der Hand. Dann kam er auf die Idee, ein Netz zu knüpfen. Um während dieser Zeit trotzdem seinen Hunger stillen zu können, boten sich ihm folgende Möglichkeiten:

1. Er verwendete nur noch einen Teil der ihm täglich zur Verfügung stehenden Zeit für den Fischfang und knüpfte in der übrigen Zeit an dem geplanten Netz (Sachkapital). Dadurch verringerte sich die ihm täglich zur Verfügung stehende Menge an Fisch (= Konsumverzicht).
2. **Er verwendete zunächst weiterhin die ganze ihm täglich zur Verfügung stehende Zeit für den Fischfang. Statt aber alle gefangenen Fische zu verzehren, legte er einen Vorrat an Dörrfisch an (= Vorratsinvestition durch Konsumverzicht). Als der Vorrat groß genug war, stellte er das Fischen ganz ein und begann mit dem Knüpfen des Netzes (Sachkapital). In dieser Zeit lebte er vom Dörrfisch (= Abbau der Vorratsinvestition).**

In beiden Fällen hat ROBINSON zeitweise Konsumverzicht üben müssen, um das Netz herstellen zu können. Die Herstellung des Netzes stellt einen Produktionsumweg dar, da zunächst anstelle von Konsumgütern Sachkapital hergestellt wurde, das nach seiner Fertigstellung für die Herstellung von zusätzlichen Konsumgütern eingesetzt werden konnte. Durch den Einsatz des Netzes konnte ROBINSON das Fangergebnis bei gleicher Arbeitszeit erheblich steigern. Seine Arbeitsproduktivität erhöhte sich. Diese Investition, d.h. die Sachkapitalbildung in Form des Netzes, war aber nur möglich, weil er zunächst eine Zeit lang nicht seine volle Arbeitskraft dem Fischfang widmete und daher auf den möglichen Konsum zusätzlicher Fische verzichtete. ROBINSON musste also Konsumverzicht üben (= sparen), um Sachkapital bilden (= investieren) zu können.

D Kapitalbildung ist nur möglich, wenn auf einen gegenwärtig möglichen Konsum verzichtet wird. Konsumverzicht wird auch als Sparen bezeichnet.

Arten der Investitionen

Der volkswirtschaftliche Investitionsbegriff beinhaltet sowohl die **Veränderung** der Ausstattung einer Volkswirtschaft mit dauerhaften Produktionsmitteln als auch die Lagerbestands**veränderungen** der Betriebe während eines bestimmten **Zeitraums** (z.B. Kalenderjahr). Dementsprechend werden die Investitionen in Anlage- und Vorratsinvestitionen unterteilt.

D Anlageinvestition ist die Erhöhung des Bestandes an dauerhaften Produktionsmitteln (Gebäude, Maschinen, Werkzeuge).

D Vorratsinvestition (Lagerinvestition) ist die Erhöhung der Lagerbestände an nicht dauerhaften Produktionsmitteln (Roh-, Hilfs- und Betriebsstoffe) sowie an halbfertigen und fertigen Erzeugnissen.

Die dauerhaften Produktionsmittel unterliegen einer ständigen Abnutzung. Die dadurch ausgelöste Wertminderung der Produktionsmittel wird als **Abschreibung** bezeichnet. Soweit Investitionen die an den dauerhaften Produktionsmitteln eingetretenen Wertminderungen wieder ausgleichen, handelt es sich um **Ersatzinvestitionen.**

Die **Bruttoinvestition** ist die gesamte Erhöhung an Anlagen und Vorräten. Wird von der Bruttoinvestition die durch Abnutzung entstehende Wertminderung in Höhe der Abschreibungen abgezogen, ergibt sich die **Nettoinvestition.**

F Nettoinvestition = Bruttoinvestition – Ersatzinvestition (Abschreibung)

3.1.5 Bildung (Humankapital)

3.9, S. 85

D Humankapital (Arbeitsvermögen) umfasst das Wissen und die Fähigkeiten, die Arbeitskräfte durch Ausbildung und Berufserfahrung erwerben.

Ausgaben für Erziehung, Ausbildung und Gesundheit stellen **immaterielle Investitionen** dar, die das **Humankapital** erhöhen. Dadurch verbessern sich – ebenso wie durch das Sachkapital – die Produktionsmöglichkeiten eines Landes. Ähnlich wie beim Sachkapital ist auch bei der Bildung von Humankapital (z. B. in Form von Schulbildung, Ausbildung, Studium) ein Produktionsumweg mit vorübergehender Konsumeinschränkung nötig.

Investition in Humankapital

Ein **Auszubildender** kostet bei Einrechnung aller Aufwendungen 16.435 € pro Jahr, **erwirtschaftet** aber **7.730 €.** Wird er weiterbeschäftigt, erspart er weitere Kosten.

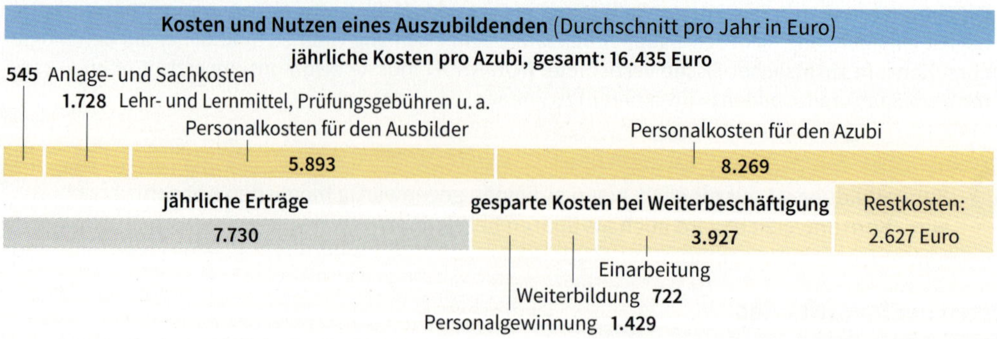

eigene Darstellung nach Daten von Bundesinstitut für Berufsbildung

Die Qualifikationsstruktur der Arbeitskräfte hat sich in Deutschland seit den 1980er Jahren deutlich verändert. Es werden immer weniger unqualifizierte und dafür mehr qualifizierte Arbeitskräfte benötigt **(Humankapitalintensivierung).**

3.2 Kombination der Produktionsfaktoren

Lernziele:

Nach der Bearbeitung des Kapitels sind Sie in der Lage, Folgendes zu tun:

Sie ...

- ... definieren die Begriffe „Produktionsfunktion", „Produktionspotenzial einer Volkswirtschaft" sowie „Auslastungsgrad des Produktionspotenzials".
- ... stellen die Produktionsmöglichkeitenkurve (Zwei-Güter-Modell) dar.
- ... erläutern anhand eines Zwei-Güter-Modells, warum die Opportunitätskosten (Alternativkosten) zunehmen, wenn die Produktion eines Gutes zulasten der Produktion eines anderen Gutes ausgedehnt wird.
- ... erklären, was unter der Substitution der Produktionsfaktoren zu verstehen ist.
- ... definieren den Begriff „Isoquante".
- ... erklären die Minimalkostenkombination als optimale Allokation[1] der Produktionsfaktoren.
- ... erläutern die möglichen negativen sozialen Folgen, wenn die Kombination der Produktionsfaktoren unter Anwendung des ökonomischen Prinzips ausgewählt wird.
- ... unterscheiden betriebliche Kosten, soziale Kosten und Alternativkosten voneinander.
- ... nennen Beispiele für die genannten Kostenarten.
- ... unterscheiden Produktivität von Wirtschaftlichkeit.
- ... berechnen die Arbeitsproduktivität und interpretieren das Ergebnis.
- ... erläutern die Auswirkungen des Einsatzes einer moderneren Maschine auf die Arbeitsproduktivität bei gleichem Arbeitskräfteeinsatz.
- ... erklären, warum die Wirtschaftlichkeit trotz gleichbleibender Produktivität steigen kann.
- ... berechnen die Kennzahl der Rentabilität und interpretieren das Ergebnis.

3.2.1 Produktionsfunktion und Produktionspotenzial

Güter werden durch die Kombination von Produktionsfaktoren und das Zusammenwirken dieser Faktoren im Produktionsprozess erzeugt. Für das Produktionsergebnis *(Output)* kommt es dabei nicht nur auf Menge und Qualität der eingesetzten Produktionsfaktoren *(Input)*, sondern auch auf die Art und Weise an, in der die Produktionsfaktoren miteinander kombiniert werden.

1 Allokation *(lat.)*: Zuordnung, Verteilung

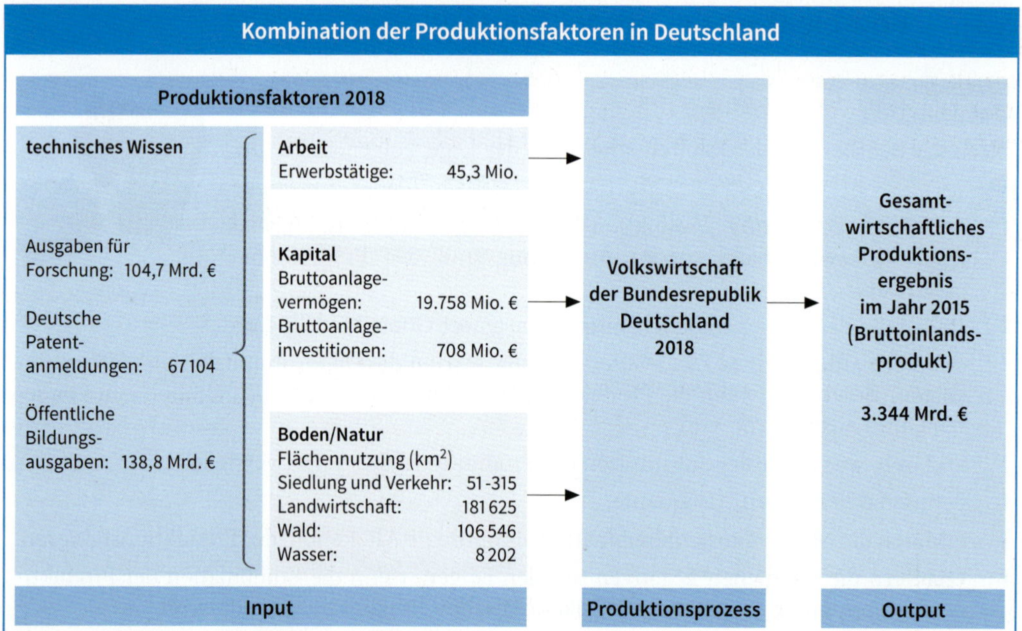

eigene Darstellung nach Daten von Statistisches Bundesamt, Volkswirtschaftliche Gesamtrechnung 2018, September 2019, aktualisiert Oktober 2019, Fachserie 18/Reihe 1.4, Wiesbaden 2019

Mathematisch lässt sich der Zusammenhang zwischen *Input* und *Output* als **Produktionsfunktion** beschreiben. Wird die durch den Einsatz der Produktionsfaktoren Natur (N), Arbeit (A) und Kapital (K) erzeugte Gütermenge mit X bezeichnet, hat eine solche Produktionsfunktion in ihrer allgemeinen Form folgendes Aussehen:

F

$$X = f(N, A, K)$$

D Die gesamtwirtschaftliche Produktionsfunktion beschreibt die Abhängigkeit zwischen der Menge der produzierten Güter (Output) einer Volkswirtschaft und dem Einsatz der volkswirtschaftlichen Produktionsfaktoren (Input).

Eine Volkswirtschaft nutzt ihr Produktionspotenzial vollständig aus, wenn es gelingt, mit den vorhandenen Produktionsfaktoren die maximal mögliche Gütermenge zu erzeugen.

D Das Produktionspotenzial einer Volkswirtschaft ist das gesamtwirtschaftliche Produktionsergebnis, das bei vollständiger Auslastung und optimalem Einsatz aller Produktionsfaktoren erzeugt werden kann.

Der Auslastungsgrad gibt an, zu wie viel Prozent das Produktionspotenzial tatsächlich genutzt wird.

F

$$\text{Auslastungsgrad in \%} = \frac{\text{tatsächliches Produktionsergebnis}}{\text{mögliches Produktionsergebnis (Produktionspotenzial)}} \cdot 100$$

Das Produktionspotenzial einer Volkswirtschaft steigt durch die Erhöhung der Menge und/oder die Verbesserung der Qualität der Produktionsfaktoren. Die **Veränderung des Produktionspotenzials** wird insbesondere durch **Investitionen** (technischer Fortschritt, Humankapital) beeinflusst. Durch **Erweiterungsinvestitionen** erhöht sich das Produktionspotenzial. Werden dagegen **Ersatzinvestitionen** unterlassen, verringert sich das Produktionspotenzial.

Deutschland: Auslastung des Produktionspotenzials (in Preisen von 2010)

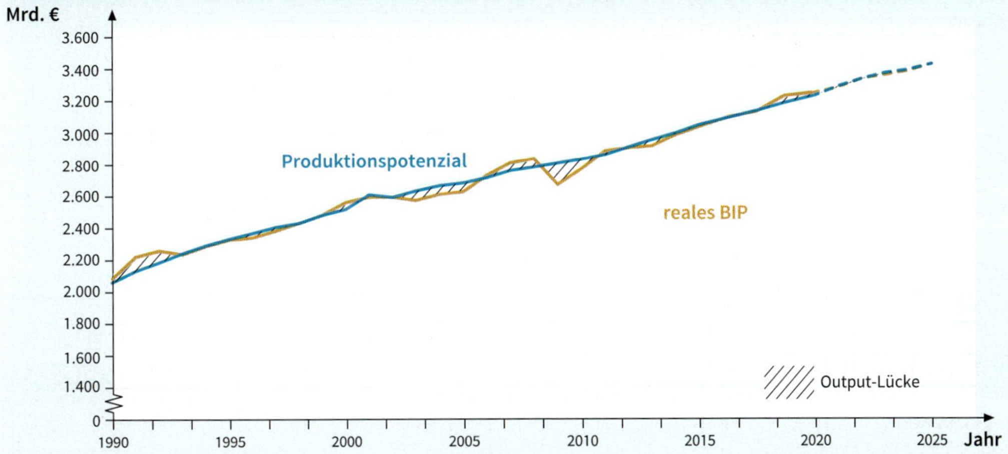

Anmerkung: Das Produktionspotenzial entspricht der gesamtwirtschaftlichen Produktion bei normaler Beschäftigung aller volkswirtschaftlichen Produktionsfaktoren. Der Sachverständigenrat sieht eine Normalauslastung dann als gegeben an, wenn die vorhandenen Produktionsfaktoren zu 96,75 % ausgelastet sind. Daher kann das BIP größer sein als das Produktionspotenzial.

eigene Darstellung nach Daten vom Bundesministerium der Finanzen, Monatsbericht, März 2020, Tabelle: Produktionspotenzial und -lücken[1]. Bruttoinlandsprodukt.

3.2.2 Produktionsmöglichkeitenkurve (Transformationskurve)

Wegen der Güterknappheit können die Menschen nicht alle ihre Bedürfnisse erfüllen. Sie müssen daher Entscheidungen treffen, welche Bedürfnisse vorrangig befriedigt werden sollen. Diese Entscheidung, Güter für die Befriedigung bestimmter Bedürfnisse herzustellen oder zu beschaffen (z. B. Nahrungsmittel), bedeutet gleichzeitig, dass auf andere Güter, die zur Befriedigung anderer Bedürfnisse dienen könnten, verzichtet werden muss (z. B. Kleidung).

Der durch diesen Verzicht entstehende Nutzenentgang wird als Opportunitätskosten[2] (Alternativkosten) bezeichnet.

D Als Opportunitätskosten (Alternativkosten) wird in der Volkswirtschaftslehre der Nutzenentgang bezeichnet, der dadurch entsteht, dass bei der Produktion eines Gutes gleichzeitig auf den Nutzen eines anderen Gutes verzichtet werden muss, das andernfalls hätte hergestellt werden können.

Diese Zusammenhänge lassen sich in einem **Modell** veranschaulichen. Dazu werden zwei Güterarten, z. B. Konsumgüter und Investitionsgüter, berücksichtigt (Zwei-Güter-Modell). Die maximalen Produktionsmöglichkeiten in der Modellvolkswirtschaft lassen sich mithilfe einer Kurve im Koordinatensystem darstellen (= **Produktionsmöglichkeitenkurve**). Diese Kurve wird auch als Transformationskurve bezeichnet. Aus der Abbildung (s. folgende Seite) ist ersichtlich, dass in den beiden Extremfällen (Punkte A und B) entweder höchstens 50 Einheiten an Konsumgütern (z. B. Nahrungsmittel, Freizeitkleidung) kombiniert mit 0 Einheiten an Investitions-

1 Produktionslücke: Unterschied zwischen (theoretisch) möglicher und tatsächlicher Produktion

2 Opportunität *(lat.)*: Zweckmäßigkeit

gütern (z. B. Maschinen) oder höchstens 50 Einheiten an Investitionsgütern kombiniert mit 0 Einheiten an Konsumgütern hergestellt werden können. Die Entscheidung, wie viele Konsum- und Investitionsgüter im Rahmen der beschränkten Produktionsmöglichkeiten tatsächlich hergestellt werden sollen, wird zu einer Mengenkombination führen, die zwischen diesen beiden Extremwerten liegt.

3.10, S. 86

Produktionsmöglichkeitenkurve

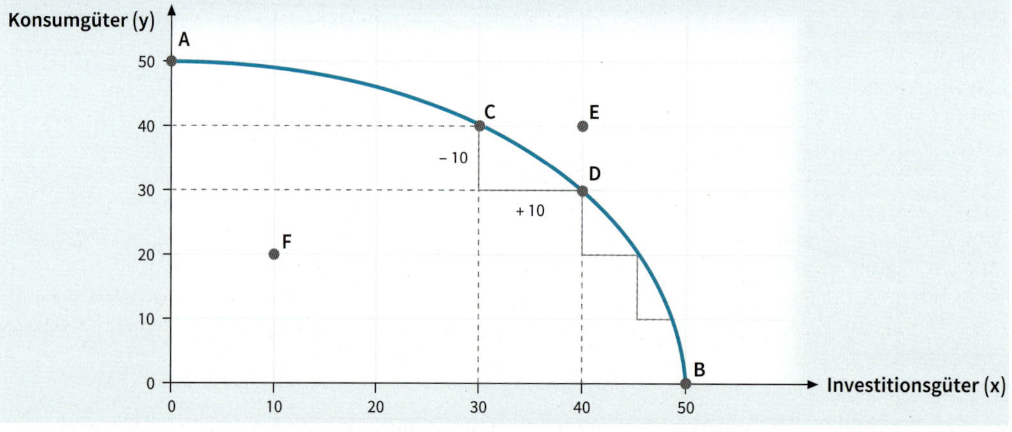

D Die Produktionsmöglichkeitenkurve (Transformationskurve) zeigt alle Mengenkombinationen zweier Güterarten, die in einer Volkswirtschaft bei voller Auslastung und optimalem Einsatz der verfügbaren Produktionsfaktoren höchstens erzeugt werden können.

Alle Güterkombinationen, die außerhalb der Produktionsmöglichkeitskurve liegen (z. B. Punkt E mit der Kombination 40 Einheiten Konsumgüter und 40 Einheiten Investitionsgüter), können aufgrund des zu geringen Produktionspotenzials dieser Volkswirtschaft nicht hergestellt werden. Güterkombinationen, die innerhalb des durch die Produktionsmöglichkeitenkurve begrenzten Bereichs liegen (z. B. Punkt F mit der Kombination 20 Einheiten Konsumgüter und 10 Einheiten Investitionsgüter), spiegeln dagegen eine Situation wider, bei der das Produktionspotenzial der Volkswirtschaft nicht vollständig genutzt wird. Demzufolge liegt in diesen Fällen **Unterbeschäftigung** vor.

Sollen – ausgehend von Punkt A – bei voller Auslastung der verfügbaren Produktionsfaktoren neben Konsumgütern auch Investitionsgüter bereitgestellt werden, ist dies nur bei gleichzeitigem Verzicht auf einen Teil der Konsumgüter möglich. Für die Ausdehnung der Investitionsgüter um 30 Einheiten muss im vorliegenden Fall die Konsumgüterproduktion um 10 Einheiten verringert werden. Punkt C zeigt die neue Güterkombination von 40 Einheiten Konsum- und 30 Einheiten Investitionsgütern. Die mit der Änderung der Güterkombination von Punkt A nach Punkt C einhergehenden **Opportunitätskosten** betragen 10/30 = 0,331. Eine Einheit zusätzlicher Investitionsgüter kostet den Verzicht auf 0,33 Einheiten Konsumgüter. In Punkt D liegt eine andere Kombination mit nur 30 Einheiten Konsumgüter, dafür aber 40 Einheiten Investitionsgüter vor. Die Ausdehnung der Investitionsgüter um 10 Einheiten gegenüber der Situation C wurde durch den Verzicht auf weitere 10 Einheiten Konsumgüter erkauft. Die Opportunitätskosten sind in diesem Fall 10/10 = 1. Sollen – ausgehend von Punkt D – die Investitionsgüter nochmals um 10 Einheiten ausgedehnt werden, muss auf weitere 30 Einheiten Konsumgüter verzichtet werden (Punkt B). Die Opportunitätskosten betragen 30/10 = 3.

Bei nach rechts gekrümmtem Verlauf der Produktionsmöglichkeitenkurve muss für die Produktion jeder zusätzlichen Einheit eines Gutes auf immer mehr Einheiten eines anderen Gutes verzichtet werden, d. h., die Opportunitätskosten steigen **(Gesetz der zunehmenden Opportunitätskosten).**

Der nach rechts gekrümmte Verlauf der Produktionsmöglichkeitskurve und die dadurch bedingte Zunahme der Opportunitätskosten lassen sich wie folgt begründen: Die Mehrproduktion eines Investitionsgutes (z. B. Maschinen) bedingt, dass zusätzliche Produktionsfaktoren eingesetzt werden müssen, die bisher in anderen Bereichen (z. B. Nahrungsproduktion in der Landwirtschaft) tätig waren. Die dazu notwendigen Umschulungen und Einarbeitungszeiten für die Arbeitskräfte bedeuten zumindest für einen Übergangszeitraum ein Sinken der Arbeitsproduktivität. Bei stetiger Ausweitung der Maschinenproduktion steigt daher der dafür notwendige Bedarf an Produktionsfaktoren aus anderen Bereichen überproportional an. Dies bedingt in den Bereichen, in denen diese Produktionsfaktoren bisher eingesetzt waren (z. B. Landwirtschaft), einen Produktionsrückgang, der höher ist als der Produktionszuwachs im Maschinenbausektor **(Gesetz abnehmender Ertragszuwächse).**

Berechnung der Opportunitätskosten[1]

Opportunitätskosten bei Mehrproduktion eines Gutes =

$$\frac{\text{Verzicht auf Konsumgüter}}{\text{Mehrproduktion Investitionsgüter}} = \left|\frac{-10}{30}\right| = 0{,}33$$

3.2.3 Kostengünstigste Kombination der Produktionsfaktoren

Austauschbare (substitutionale[2]) Produktionsfaktoren

Kann bei der Herstellung von Gütern ein Produktionsfaktor ganz oder teilweise durch einen anderen ersetzt (substituiert) werden, ohne dass dadurch die Produktionsmenge beeinflusst wird, handelt es sich um **substitutionale Produktionsfaktoren.**

3.11, S. 87

D Die Ersetzung eines Produktionsfaktors durch einen anderen wird als Substitution bezeichnet.

Landwirtschaftliche Produktion ist beispielsweise auf einer relativ kleinen Anbaufläche mit hohem Einsatz von Düngemitteln und Maschinen möglich. Ein gleich hohes Produktionsergebnis lässt sich aber möglicherweise auch durch den Anbau auf einer großen Fläche unter geringem Einsatz des Produktionsfaktors Kapital erzielen.

Das Gleiche gilt für handwerkliche und industrielle Produktionsverfahren. Ein Möbelstück kann z. B. arbeitsintensiv in einer Schreinerwerkstatt (*vgl. Abbildung*) mit geringem Maschineneinsatz oder aber kapitalintensiv in einer Möbelfabrik mit geringem Arbeitskräfteeinsatz hergestellt werden.

1 Die Opportunitätskosten werden – obwohl es sich eigentlich um eine negative Zahl handelt – üblicherweise ohne Vorzeichen angegeben. Mathematisch wird dies durch je einen senkrechten Strich vor und hinter der Zahl dargestellt (= absoluter Wert oder Betrag einer Zahl).

2 substituieren *(lat.)*: ersetzen

B In einem Holz verarbeitenden Betrieb werden täglich 60 Bücherregale hergestellt. Diese Ausbringungsmenge lässt sich durch verschiedene Kombinationen der Produktionsfaktoren Arbeit (z. B. Arbeitsstunden) und Kapital (z. B. Maschinenstunden) erzeugen.

3.12, S. 87

Bei arbeitsintensiver Produktion würden 50 Mengeneinheiten (ME) Arbeit und 10 ME Kapital, bei kapitalintensiver Produktion dagegen 60 ME Kapital und 10 ME Arbeit eingesetzt.

Kombination	Faktoreinsatz in ME		Ausbringungsmenge in ME
	Arbeitszeit	Maschinenstunden	
A	50	10	60
B	30	20	60
C	20	30	60
D	10	60	60

Werden in einem Koordinatensystem alle Punkte, die eine gleiche Ausbringungsmenge, aber unterschiedliche Faktoreinsatzverhältnisse aufweisen, miteinander verbunden, entsteht eine Kurve, die als **Isoquante**[1] bezeichnet wird.

Isoquante

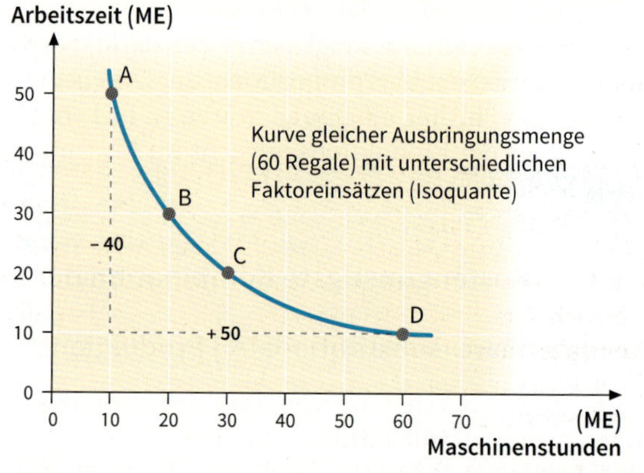

Im vorliegenden Fall wird der Unternehmer seine Entscheidung, ob er die arbeitsintensive Faktorkombination (50 Einheiten Arbeit und 10 Einheiten Kapital) oder die kapitalintensive Faktorkombination (10 Einheiten Arbeit und 60 Einheiten Kapital) wählt, von den Kosten der Produktionsfaktoren abhängig machen. Wenn eine Einheit Arbeit 10 Geldeinheiten (GE) und eine Einheit Kapital 30 GE kostet, ergeben sich für eine Ausbringungsmenge von 60 Bücherregalen folgende Gesamtkosten:

Kosten der arbeitsintensiven Faktorkombination: $50 \cdot 10 + 10 \cdot 30 = 800$ GE
Kosten der kapitalintensiven Faktorkombination: $10 \cdot 10 + 60 \cdot 30 = 1\,900$ GE

Bei diesen Preisen der Produktionsfaktoren ist die arbeitsintensive Faktorkombination um 1 100 GE kostengünstiger. Ändern sich aber beispielsweise die Faktorkosten, sodass eine Einheit Arbeit 40 GE und eine Einheit Kapital 10 GE kosten, ist die kapitalintensive Faktorkombination um 100 GE billiger. In diesem Fall würden 40 ME Arbeit durch 50 ME Maschinen ersetzt (Kombination D statt A).

Minimalkostenkombination

Die **Anwendung des ökonomischen Prinzips** besteht darin, diejenige Kombination der substitutionalen Produktionsfaktoren zu wählen, die die geringsten Kosten verursacht **(Minimalkostenkombination)**. Die Preise der Produktionsfaktoren stellen für die Unternehmen Kosten dar. Daher führt die Entscheidung zugunsten der Faktorkombination mit den geringsten Kosten gleichzeitig dazu, dass vornehmlich die Produktionsfaktoren, die weniger knapp und daher billig sind, zum Einsatz kommen. Die besonders knappen und daher sehr teuren Produktionsfaktoren werden dagegen geschont.

1 iso… *(gr.)*: gleich …; Quantum *(lat.)*: Menge

D Diejenige Kombination der Produktionsfaktoren, die bei der Herstellung einer bestimmten Produktionsmenge die geringsten Kosten verursacht, wird als Minimalkostenkombination bezeichnet.

Ändern sich die Preise der Produktionsfaktoren, so verändert sich auch die Minimalkostenkombination. Teurer gewordene Produktionsfaktoren werden – soweit dies technisch möglich ist – durch billigere ersetzt. Dadurch kann kostengünstiger produziert werden. Diese dem ökonomischen Prinzip entsprechende Maßnahme zur Kostensenkung wird als **Rationalisierung** bezeichnet. Möglicherweise hat dieses Vorgehen aber negative **soziale Folgen**, da u.U. Arbeitnehmer dadurch **arbeitslos** werden, wenn nämlich die Löhne im Verhältnis zu den Kapitalkosten dauerhaft gestiegen sind.

Welche Kosten werden bei der Minimalkostenkombination berücksichtigt?

Bei der Suche nach der kostenminimalen Kombination der Produktionsfaktoren werden allerdings **nur betriebliche Kosten** berücksichtigt. Daneben können im Zusammenhang mit der Produktion bestimmter Güter aber noch weitere Kosten entstehen.

3.13, S. 88

Betriebliche Kosten	Soziale Kosten (Externe Kosten)	Alternativkosten (Opportunitätskosten)
In Geldeinheiten bewerteter Verbrauch/Verschleiß von Produktionsfaktoren bei der Herstellung von Gütern entsprechend dem Betriebszweck.	Kosten, die nicht von demjenigen getragen werden, der sie verursacht hat.	Entgangener Nutzen, der bei anderer Verwendung von Produktionsfaktoren oder Gütern hatte erzielt werden können.
• Material- und Stromverbrauch bei der Herstellung von Bücherregalen in einem Holz verarbeitenden Betrieb • Abnutzung der Hobelmaschine in einer Möbelfabrik • Entlohnung von Arbeitskräften für die erbrachte Arbeitsleistung in einer Schreinerei	• Durch den hohen Lärmpegel in einer Betriebshalle erleiden Mitarbeiter Hörschädigungen und müssen sich behandeln lassen. • Giftige Abgase durch das Verbrennen von Chemikalien führen zu Gesundheitsschäden bei Anwohnern in der Nähe eines Betriebes.	• Die Produktion von Bücherregalen bedeutet einen Nutzenverzicht auf den Gewinn/Nutzen, der durch die Produktion von Möbeln hätte erzielt werden können. • Die Entlassung von Arbeitskräften, die danach arbeitslos sind, bedeutet einen Nutzenverzicht auf die zusätzliche Produktionsmenge, die andernfalls hätte hergestellt werden könnnen.

3.2.4 Betriebliche Kennzahlen: Messgrößen der betrieblichen Leistung

Ob in einem Betrieb die Kombination der Produktionsfaktoren effizient und der Produktionsprozess erfolgreich war, lässt sich u.a. daran feststellen, wie sich bestimmte Kennzahlen im Zeitablauf und im Vergleich zu anderen Betrieben entwickelt haben.

Zu den wichtigsten betrieblichen Kennzahlen gehören die **Produktivität**, die **Wirtschaftlichkeit** und die **Rentabilität**. Diese Kennzahlen werden anhand des folgenden Zahlenbeispiels hergeleitet.

3.14, S. 88

3.15, S. 88

B **Betriebliche Kennzahlen**

Für einen holzverarbeitenden Betrieb, in dem nur eine bestimmte Art von Schreibtischen hergestellt wird, liegen für zwei aufeinanderfolgende Quartale folgende Zahlen vor:

	1. Quartal	2. Quartal
Produktions- und Absatzmenge	1 500 Stück	1 600 Stück
geleistete Arbeitsstunden	9 500 Stunden	8 800 Stunden
eingesetztes Eigenkapital	210.000 €	220.000 €
Umsatzerlöse (Leistung)	750.000 €	760.000 €
– Kosten	710.000 €	800.000 €
= Gewinn/Verlust	40.000 €	– 10.000 €

Produktivität

Die Produktivität bezieht sich auf die **technische Effizienz** eines Produktionsprozesses.

D Produktivität ist das Verhältnis von Produktionsmenge (Output) zum mengenmäßigen Einsatz an Produktionsfaktoren (Input).

F Berechnung der Produktivität (Grundformel)

$$\text{Produktivität} = \frac{\text{Produktionsmenge (Output) z. B. in Stück, t, m}}{\text{Faktoreinsatzmenge (Input) z. B. in Arbeitszeit, Materialmenge}}$$

Die Produktivität steigt, wenn sich

- bei gleichem (oder geringerem) Faktoreinsatz die Produktionsmenge erhöht oder
- bei gleicher (oder höherer) Produktionsmenge der Faktoreinsatz verringert.

D Bei der Arbeitsproduktivität wird das mengenmäßige Produktionsergebnis zur Einsatzmenge des Produktionsfaktors Arbeit in Beziehung gesetzt.

F Berechnung der Arbeitsproduktivität

$$\text{Arbeitsproduktivität} = \frac{\text{Produktionsmenge}}{\text{Arbeitseinsatz (z. B. Arbeitsstunden, Zahl der Beschäftigten)}}$$

B **Die Arbeitsproduktivität bei der Schreibtischherstellung hat sich wie folgt verändert:**

Arbeitsproduktivität	
Quartal 1	**Quartal 2**
$\frac{\text{1 500 Schreibtische}}{\text{9 500 Arbeitsstunden}} = 0{,}16$	$\frac{\text{1.200 Schreibtische}}{\text{8.800 Arbeitsstunden}} = 0{,}18$

Die Arbeitsproduktivität hat sich von 0,16 Stück je Stunde auf 0,18 Stück je Stunde erhöht. Vorher waren für die Herstellung von 1 Stück 6 Stunden und 20 Minuten (9 500/1 500), nachher nur noch 5 Stunden und 30 Minuten (8 800/1 600) nötig. Ursache für die Erhöhung der Arbeitsproduktivität war im vorliegenden Fall die gestiegene Produktionsmenge bei gleichzeitiger Verringerung der benötigten Arbeitszeit. Das kann daran liegen, dass im zweiten Quartal neue Maschinen eingesetzt wurden, mit denen in kürzerer Zeit mehr produziert werden kann (= Rationalisierungsinvestition).

Wirtschaftlichkeit

Die Wirtschaftlichkeit bezieht sich auf die **wirtschaftliche Effizienz** eines Produktionsprozesses.

D Wirtschaftlichkeit ist das Verhältnis von in Geldeinheiten bewertetem Faktoreinsatz (Kosten) und in Geldeinheiten bewertetem Produktionsergebnis (Leistung).

Vereinfachend werden zur Berechnung der Wirtschaftlichkeit oft Aufwand und Ertrag (bzw. Umsatzerlöse) zueinander in Beziehung gesetzt.

F Berechnung der Wirtschaftlichkeit

$$\text{Wirtschaftlichkeit} = \frac{\text{Leistung in EUR}}{\text{Kosten in EUR oder}} \text{ oder } \frac{\text{Ertrag in EUR}}{\text{Aufwand in EUR}}$$

Die Wirtschaftlichkeit steigt, wenn sich
- bei gleichen (oder geringeren) Kosten die Leistung erhöht oder
- bei gleicher (oder höherer) Leistung die Kosten verringern.

Die Wirtschaftlichkeitskennzahl kann durch Preisänderungen auf dem Beschaffungs- und Absatzmarkt verfälscht werden. Sie zeigt in diesem Fall nicht zutreffend an, ob sich die Wirtschaftlichkeit tatsächlich im Zeitablauf verändert hat. Um solche Marktpreisschwankungen auszuschalten, werden in der betrieblichen Praxis bei der Wirtschaftlichkeitskontrolle häufig Verrechnungs- oder Planpreise verwendet.

B **Die Wirtschaftlichkeit der Schreibtischherstellung hat sich wie folgt verändert:**

Wirtschaftlichkeit	
Quartal 1	**Quartal 2**
$\frac{\text{750.000 Umsatzerlöse}}{\text{710.000 € Kosten}} = 1{,}06$	$\frac{\text{760.000 Umsatzerlöse}}{\text{800.000 € Kosten}} = 0{,}95$

Die Wirtschaftlichkeit hat sich von 1,06 auf 0,95 verringert. Weil im 2. Quartal die Kosten höher als die Leistung (Umsatzerlöse) sind, ist die Wirtschaftlichkeit kleiner als 1 (= Verlust). Die Ursache liegt darin, dass die Kosten im Verhältnis zur Leistung (Umsatzerlöse) erheblich stärker gestiegen sind. Das ist im vorliegenden Fall u. a. dadurch bedingt, dass der Verkaufspreis im Vergleich zum ersten Quartal um 25,00 € gesunken ist (Quartal 1: 750.000 € /1.500 Stück = 500 € je Schreibtisch; Quartal 2: 760.000 €/ 1.600 Stück = 475 € je Schreibtisch).

Kapitalrentabilität

D Die Kapitalrentabilität ist das in Prozent ausgedrückte Verhältnis von Gewinn zu eingesetztem Kapital. Sie gibt die Kapitalverzinsung an.

F Berechnung der Kapitalrentabilität

$$\text{Kapitalrentabilität} = \frac{\text{Gewinn in EUR} \cdot 100}{\text{Kapital in EUR}}$$

Die Kapitalrentabilität steigt, wenn sich
- bei gleichem (oder geringerem) Kapitaleinsatz der Gewinn erhöht oder
- bei gleichem (oder höherem) Gewinn der Kapitaleinsatz verringert.

B **Die Eigenkapitalrentabilität bei der Schreibtischherstellung hat sich wie folgt verändert:**

Eigenkapitalrentabilität (Verzinsung des eingesetzten Eigenkapitals)	
Quartal 1	**Quartal 2**
$\frac{40.000 \text{ € Gewinn} \cdot 100}{210.000 \text{ € Eigenkapital}} = 19{,}05\,\%$	$\frac{-10.000 \text{ € Verlust} \cdot 100}{220.000 \text{ € Eigenkapital}} = -4{,}5\,\%$

Die Eigenkapitalrentabilität hat sich von 19,05 % auf −4,5 % verringert. Die negative Verzinsung ist durch den Verlust bedingt. Ursache dafür ist wiederum die im Verhältnis zur Kostensteigerung zu niedrige Umsatzerhöhung.

Ergebnis:

Obwohl die Produktivität gestiegen ist, sind Wirtschaftlichkeit und Eigenkapitalrentabilität gesunken, weil die Kosten im Verhältnis zur Leistung (Umsatzerlöse) stärker gestiegen sind.

Die Produktivität in einem Betrieb kann sich erhöhen, obwohl Wirtschaftlichkeit und/oder Rentabilität abnehmen. Dies gilt auch umgekehrt. Die Ursache liegt darin, dass die **Produktivität mengenmäßige**, **Wirtschaftlichkeit** und **Rentabilität** dagegen **wertmäßige** Zusammenhänge widerspiegeln.

Zusammenfassende Übersicht Kapitel 3: Volkswirtschaftliche Produktionsfaktoren und ihre Kombination im Produktionsprozess

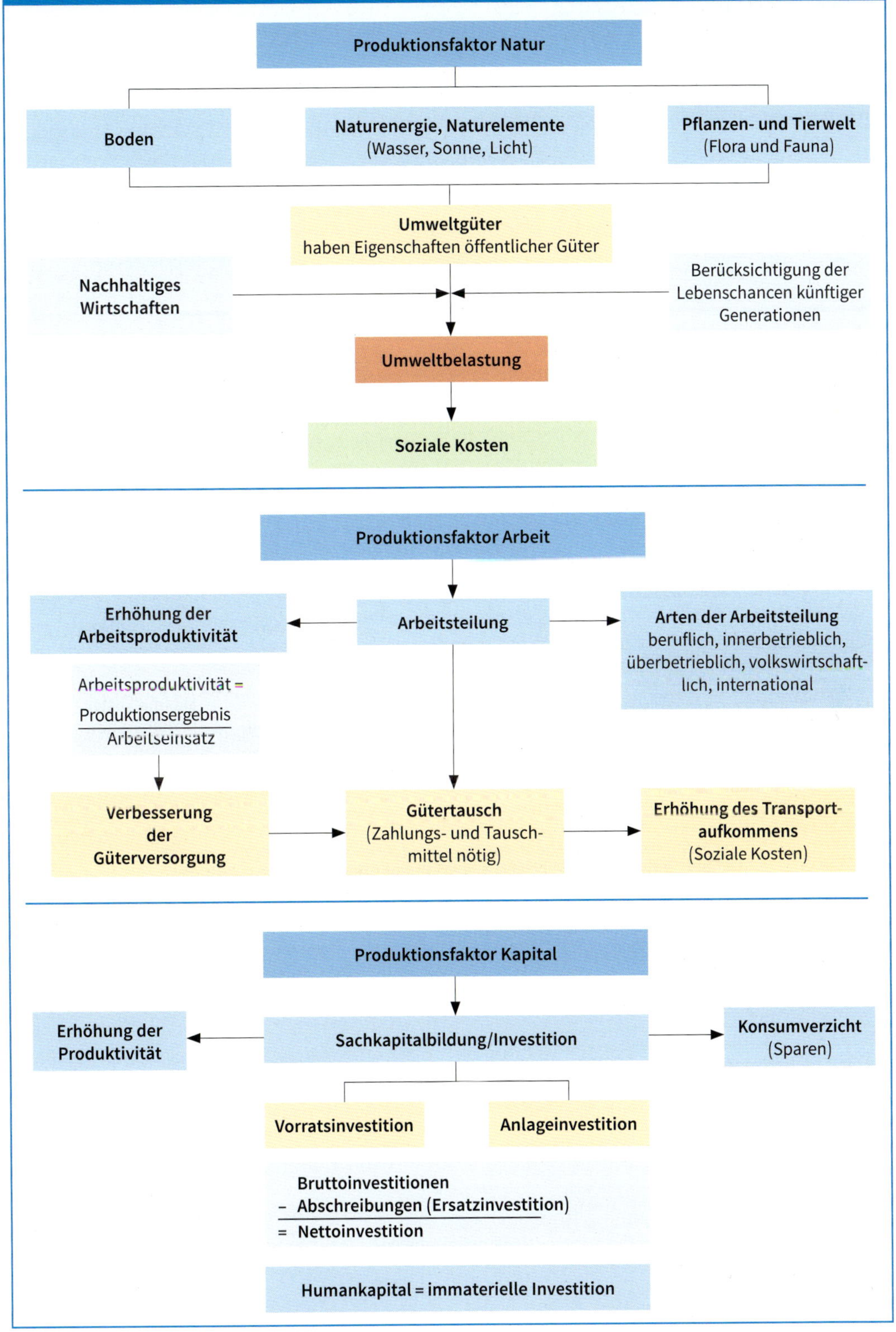

Zusammenfassende Übersicht Kapitel 3: Volkswirtschaftliche Produktionsfaktoren und ihre Kombination im Produktionsprozess

Volkswirtschaftliche Produktionsfaktoren

- **Natur** → **Externe Kosten** → **Umweltbelastung**
- **Arbeit** → **Arbeitsteilung** → **Arbeitsproduktivität** $= \frac{\text{Produktionsergebnis}}{\text{Arbeitseinsatz}}$
- **Kapital** → **Kapitalbildung** (Konsumverzicht) → **Investition**

Faktorausstattung
(Menge und Qualität der Produktionsfaktoren)

→ **Produktionspotenzial**

→ **Produktionsmöglichkeitenkurve**
(Zwei-Güter-Modell)

Opportunitätskosten (Alternativkosten) $= \frac{\text{Minderung Y}}{\text{Mehrung X}}$

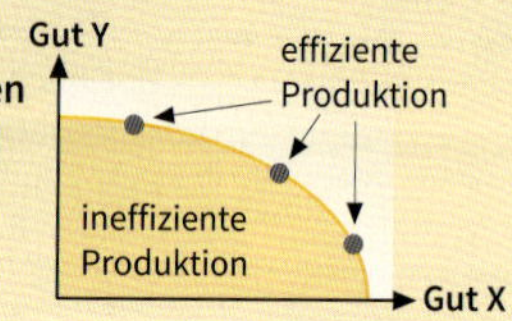

Produktionsprozess
(Kombination der Produktionsfaktoren)

Limitationale Produktionsfaktoren | Substitutionale Produktionsfaktoren

→ **Produktionsfaktoren: X = f (N, A, K)**

→ **Ökonomisches Prinzip**

- **Maximalprinzip** → Optimale Faktorallokation
- **Minimalprinzip** → Minimalkosten-kombination

Alternativ-kosten → Optimale Faktorallokation; **Soziale Kosten**; **betriebliche Kosten** → Minimalkosten-kombination

Betriebliche Kennzahlen zur Messung der betrieblichen Leistung

- **Produktivität** $= \frac{\text{Produktionsmenge (Output)}}{\text{Faktoreinsatzmenge (Input)}}$
- **Wirtschaftlichkeit** $= \frac{\text{Leistung in €}}{\text{Kosten in €}}$
- **Rentabilität** $= \frac{\text{Gewinn in €} \cdot 100}{\text{Kapital in €}}$

Produktivität →

- **Arbeitsproduktivität** $= \frac{\text{Produktionsmenge (Output)}}{\text{Arbeitseinsatz (Stunden, Beschäftigte)}}$
- **Kapitalproduktivität** $= \frac{\text{Produktionsmenge (Output)}}{\text{Kapitaleinsatz (Maschinenlaufzeit, Anlagevermögen)}}$

Bargeld → **Geld** ← Buchgeld

Unternehmen — Faktoreinkommen → **Haushalte**

Haushalte — Konsumausgaben → **Unternehmen**

Aufgaben und Probleme zur Erarbeitung und Anwendung von Wissen zu Kapitel 3: Volkswirtschaftliche Produktionsfaktoren und ihre Kombination im Produktionsprozess

3.1 Grundfragen des Wirtschaftens – Produktionsfaktoren – Kapitalbildung – Arbeitsproduktivität

Zwölf Überlebende eines auf hoher See gesunkenen Schiffes können sich auf eine einsame, unbewohnte Insel retten. Zwei von ihnen sind schwer verletzt. Vor dem endgültigen Untergang des Schiffes gelang es den Seefahrern noch, neben einigen Grundnahrungsmitteln und Süßwasservorräten auch eine Kiste mit Werkzeugen (Axt, Säge, Schleifstein) sowie eine Schatulle mit Silbermünzen vom Schiff zu holen und auf die Insel zu bringen.

Auf der Insel wachsen Früchte und Beeren. Außerdem gibt es in der Mitte der Insel eine Süßwasserquelle. Für den Fall eines längeren unfreiwilligen Aufenthalts auf der Insel erscheint es auch möglich, ein Stück Land zu roden und dort Knollenfrüchte oder Getreide anzubauen. Außerdem ist das Meer an dieser Stelle sehr fischreich.

1. Zeigen Sie am Beispiel der Gruppe von Schiffbrüchigen auf, dass auch in dieser Situation die Grundfragen jeder Wirtschaftsgesellschaft gelöst werden müssen.
2. Erläutern Sie die Bedeutung der Schatulle mit Silbermünzen für die Schiffbrüchigen.
3. Die zehn unverletzten Überlebenden sammeln in den ersten Tagen Früchte und Beeren. Pro Tag kommen insgesamt ca. 35 kg zusammen. Prüfen Sie, welchen Energiebedarf (in Kilojoule) jeder der Überlebenden decken kann, wenn der Energiewert von 1 kg der gesammelten Früchte und Beeren durchschnittlich 2 400 kJ beträgt.
4. Die Schiffbrüchigen beschließen, Flöße zu bauen und aus Baumfasern Netze zu knüpfen. Für diese Arbeit werden fünf Tage veranschlagt. Fünf von ihnen sollen während dieser Zeit weiterhin Früchte und Beeren sammeln, um den Lebensunterhalt der gesamten Gruppe zu sichern.
   a) Auf wie viel Kilojoule sinkt die Deckung des Energiebedarfs jedes Einzelnen der zwölf Schiffbrüchigen während dieser fünf Tage?
   b) Nach Fertigstellung der Flöße und der Netze sollen fünf Personen täglich Fische fangen und die übrigen fünf weiterhin Früchte und Beeren sammeln.
   Wie viel kg Fisch müssten künftig täglich gefangen werden, wenn für alle zwölf Schiffbrüchigen der durchschnittliche Energiebedarf eines Erwachsenen von 10 000 kJ pro Tag durch Beeren- und Fischverzehr gedeckt werden soll? Der essbare Anteil der Fische in diesen Gewässern beträgt ca. zwei Drittel des Gesamtgewichts und weist je 1 kg einen Energiewert von ca. 3 900 kJ auf.
5. Bei der mit einem Zeitbedarf von fünf Tagen geplanten Herstellung der Flöße und der Netze zeichnet sich schon bald eine Verzögerung ab. Zwei Floßbauer arbeiten während der ersten beiden Tage jeder für sich allein und können so beide zusammen an einem Tag nur insgesamt sieben laufende Meter Baumstämme fällen und bearbeiten. Am dritten Tag arbeiten sie jeweils gemeinsam an einem Stamm und können an diesem Tag zehn laufende Meter bearbeiten. Ähnlich geht es den drei Netzknüpfern. Während der ersten beiden Tage arbeitet jeder von ihnen an einem Netz und verrichtet alle anfallenden Arbeiten allein. So kann jeder von ihnen nur 1 m^2 pro Tag fertigstellen. Am nächsten Tag teilen sie die Tätigkeiten (Fasern im Wald besorgen, Fasern vorbereiten und zuschneiden, Netz knüpfen) unter sich auf. Auf diese Weise gelingt es ihnen, an einem Tag zusammen 4,5 m^2 Netz fertigzustellen.
   a) Um wie viel Prozent hat sich die Arbeitsproduktivität am dritten Tag jeweils erhöht?
   b) Worauf ist diese Veränderung zurückzuführen?
6. Nach fünf Tagen sind die Flöße und Netze fertiggestellt. Es gelingt den fünf Fischern, täglich so viele Fische zu fangen, dass ca. 15 kg essbarer Fischanteil anfällt. Das Sammelergebnis eines jeden der fünf Sammler beträgt weiterhin 3,5 kg pro Tag.
   a) Um wie viel Prozent hat sich die Arbeitsproduktivität (Produktionsergebnis in kJ/Arbeitseinsatz) im Vergleich zur Zeit vor dem Fischen erhöht?
   b) Worauf ist diese Veränderung zurückzuführen?
   c) Weisen Sie nach, dass sich der Produktionsumweg und der dadurch bedingte vorübergehende Konsumverzicht gelohnt haben.

d) Nach wie viel Tagen kann der vorübergehende Konsumverzicht durch den Einsatz von Flößen und Netzen und die sich daraus ergebende höhere Deckung des Energiebedarfs wieder ausgeglichen werden?

3.2 Produktionsfaktor Natur – Umweltzerstörung – Ursache und/oder Folge der Unterentwicklung

Die Wüstenbildung (Desertifikation) gehört zu den globalen Umweltproblemen. Einerseits könnten sich ausbreitende Wüstengebiete Millionen von Menschen zu Umweltflüchtlingen machen. Andererseits bedroht die wachsende Anzahl von Sand- und Staubstürmen die Gesundheit von Menschen auch in weit entfernten Gebieten.

Die Zusammenhänge und Abhängigkeiten zwischen den Elementen des Ökosystems, die zu einer Bildung von Wüsten führen, können mit einem Vernetzungsdiagramm sichtbar gemacht werden.

1. Lesen Sie den Artikel „Wie wir eine wüste Zukunft schaffen".
2. Erstellen Sie ein Vernetzungsdiagramm, das die verschiedenen Zusammenhänge, die zur Wüstenbildung führen, zeigt.

Verbinden Sie dazu die Elemente, die sich direkt beeinflussen, mit einem Pfeil. Kennzeichnen Sie die gleichgerichtete Wirkung (je mehr – desto mehr) mit einem Pluszeichen und entgegengesetzte Wirkungen (je mehr – desto weniger) mit einem Minuszeichen. Erläutern Sie alle durch Pfeile dargestellten Abhängigkeiten.
Folgende Elemente können Sie beispielsweise berücksichtigen:
Bevölkerung, Viehhaltung, Ackerbau/Monokulturen, Bodenerschöpfung, Bodenzerstörung/Erosion, Überweidung, Staubbelastung, Ausdehnung wüstenähnliche Gebiete

3.3 Umweltgüter als öffentliche Güter

Ein neu errichtetes Industrieunternehmen leitet seine Abwässer ungeklärt in einen Fluss. Durch die geminderte Qualität des Flusswassers wird der Umsatz zweier Ausflugslokale beeinträchtigt, die jeweils auf der rechten und linken Seite am unteren Flusslauf Badestrände mit Bootsvermietung betreiben und bisher frischen Fisch für ihre schmackhaften Fischgerichte aus dem Fluss gefangen haben. Der Industriebetrieb ist zum Bau einer Kläranlage bereit, wenn er zur Finanzierung der Investitionskosten einen Zuschuss von insgesamt 5 GE erhält.

Der Bau der Kläranlage würde für jedes der beiden Ausflugslokale zu einer Nutzensteigerung in Höhe von 4 GE (z.B. in Form von Mehreinnahmen und Steigerungen des Grundstückswerts) führen.

Jedes der beiden Ausflugslokale hat zwei Strategien zur Auswahl:

Strategie 1 (S_1): Bereitschaft zur Zahlung
Das hat zur Folge, dass der Zuschuss ganz (5 GE) oder zur Hälfte (2,5 GE) gezahlt werden muss.

Strategie 2 (S_2): Keine Zahlung
Es wird vielmehr darauf gehofft, dass das andere Ausflugslokal den erforderlichen Zuschuss vollständig zahlt (5 GE).

Somit ergeben sich vier mögliche Strategiekombinationen, die – im Vergleich zur Ausgangssituation – teilweise unterschiedliche Vor- oder Nachteile für die beiden Ausflugslokale (Abel und Bauer) bewirken. Die Vor-/Nachteile des Ausflugslokals Abel werden in der linken unteren Ecke, die Vor-/Nachteile des Ausflugslokals Bauer in der rechten oberen Ecke der vier Felder eingetragen.

1. Ermitteln Sie in Anlehnung an Aufgabe 1.3 für die vier Strategiekombinationen die Vor-/Nachteile für die beiden Ausflugslokale nach dem nebenstehenden Muster.
2. Zu welcher Strategiekombination wird das Verhalten der beiden Inhaber der Ausflugslokale vermutlich führen, wenn die beiden Inhaber sich nicht untereinander absprechen und jeder für sich eine möglichst günstige Lösung verfolgt? Begründen Sie dieses Verhalten und erläutern Sie das Ergebnis.

		Ausflugslokal Bauer	
		zahlen (S_{B1})	nicht zahlen (S_{B2})
Ausflugslokal Abel	zahlen (S_{A1})		
	nicht zahlen (S_{A1})		

3. Prüfen Sie, ob das Trittbrettfahrer-Problem auch in folgenden Fällen eine Rolle spielt:
   a) Die Regierung und Umweltschutzverbände fordern die Autofahrer auf, zur Verringerung des Schadstoffausstoßes freiwillig einen Katalysator einbauen zu lassen.
   b) Die Regierung fordert Unternehmen mit Schadstoffemissionen auf, zur Reinhaltung der Luft freiwillig Filter einzubauen.
4. Welche Konsequenzen ergeben sich aus den Ergebnissen von Aufgabe 3 für die staatliche Umweltpolitik?

3.4 Fischerspiel

Führen Sie in Ihrer Klasse das „Fischerspiel" durch. Mit diesem Spiel wird das Problem, dass die Natur wesentliche Merkmale öffentlicher Güter aufweist und deshalb Regelungen zur Nutzung der Umweltgüter nötig sind, erfahrbar.

Spielbeschreibung und Spielunterlagen für eine einfache und eine anspruchsvolle Variante des Fischerspiels finden sich im Downloadmaterial.

3.5 Umweltbelastung durch Flugreisen

Familie Schneider aus Düsseldorf möchte in den Pfingstferien auf der griechischen Insel Kreta Urlaub machen. Für die 4-köpfige Familie kostet der Flug von Düsseldorf nach Heraklion und zurück bei einer besonders günstigen Fluggesellschaft nur 250 € pro Person. Familie Schneider weiß allerdings, dass der Flugverkehr knapp zehn Prozent aller klimaschädlichen Gase (vor allem Kohlendioxyd CO_2 und Stickoxyde NO_x) erzeugt. Sie informiert sich daher unter *www.atmosfair.de (Auswahl: Emissionsrechner)* darüber, welche Umweltbelastung durch diesen Flug verursacht wird und was sie dagegen tun kann.

1. Wie hoch ist der auf eine Person entfallende CO_2-Ausstoß bei diesem Flug?
2. Vergleichen Sie die durch den Flug pro Person entstehende CO_2-Emission mit
   - dem Jahresausstoßes eines Inders,
   - dem klimaunschädlichen Jahresausstoßes eines Menschen,
   - dem Jahresausstoß eines Autos (Mittelklassewagen).
3. Welche Vorschläge zur Milderung der Umweltbelastung durch Flugreisen werden auf der genannten Internetseite unterbreitet?
4. Überlegen Sie woran es liegen könnte, dass die Preise für Flugreisen häufig wesentlich geringer als entsprechende Fahrten mit der Bahn sind.

3.6 Mobilität und Umwelt

Informieren Sie sich im Internet zum Thema „Mobilität und Umwelt". Hilfreiche Informationen dazu finden Sie z. B. auf der Internetseite *www.bpb.de.*

3.7 Volkswirtschaftliche Arbeitsteilung – Strukturwandel

Stellen Sie anhand der folgenden Tabelle für die Sektoren Land-, Forst- und Fischereiwirtschaft (= primärer Sektor), produzierendes Gewerbe (= sekundärer Sektor) und Dienstleistungen (= tertiärer Sektor) die Entwicklung des prozentualen Anteils an der Bruttowertschöpfung und an der Gesamtzahl der Erwerbstätigen in je einem Koordinatensystem grafisch dar. Welche Veränderungen lassen sich aus der von Ihnen erstellten Grafik ablesen?

Anteil der Wirtschaftssektoren an der Bruttowertschöpfung und der Gesamtzahl der Erwerbstätigen in der Bundesrepublik Deutschland von 1950–2010 (in %)														
	1950 Anteil in % an der		1970 Anteil in % an der		1980 Anteil in % an der		1990 Anteil in % an der		2000[1] Anteil in % an der		2010 Anteil in % an der		2019 Anteil in % an der	
	Brutto-wert-schöp-fung	Zahl der Er-werbs-tätigen	Brutto-wert-schöp-fung	Zahl der Er-werbs-tätigen	Brutto-wert-schöp-fung	Zahl der Er-werbs-tätigen	Brutto-wert-schöp-fung	Zahl der Er-werbs-tätigen	Brutto-wert-schöp-fung	Zahl der Er-werbs-tätigen	Brutto-wert-schöp-fung	Zahl der Er-werbs-tätigen	Brutto-wert-schöp-fung	Zahl der Er-werbs-tätigen
Land-, Forst- und Fischereiwirtschaft	10,2	24,6	3,4	8,4	2,2	5,2	1,6	3,5	1,2	2,6	0,9	1,6	0,9	1,3
Produzierendes Gewerbe[2]	49,6	42,6	52,8	48,8	44,1	42,8	40,1	39,8	29,8	30,0	29,9	24,4	29,8	24,1
Dienstleistungen (insgesamt)	40,2	32,8	43,8	42,8	53,7	51,9	58,3	56,7	69,0	67,5	69,2	74,0	69,3	74,5
Summe (%)	100	100	100	100	100	100	100	100	100	100	100	100	100	100
Bruttowertschöpfung[3] (Mrd. EUR in jeweiligen Preisen)	50,2		337,6		723,9		1.197,7		1.894,2		2.305,7		3.093,0	
Gesamtzahl der Erwerbstätigen (in Mio.)	20,4		26,7		27,1		28,5		38,7		45,3		45,3	

1 ab 2000 einschließlich der neuen Bundesländer
2 Energiewirtschaft, Bergbau, verarbeitendes Gewerbe, Baugewerbe
3 Die Bruttowertschöpfung gibt den Wert an, der im Produktionsprozess den Vorleistungen hinzugefügt wurde. Sie entspricht annähernd dem Bruttoinlandsprodukt (vgl. Kap. A 4.2.2),

eigene Darstellung nach Daten von Stat. Bundesamt, Fachserie 18/Reihe 1.4, verschiedene Jahrgänge

3.8 Investitionen

1. Erläutern Sie anhand des Robinsonmodells
   a) die Voraussetzungen für Investitionen
   b) den Zweck von Investitionen
2. Das Statistische Bundesamt einer Volkswirtschaft hat für das vergangene Jahr folgende Werte ermittelt:

1	Neubauten (z. B. Büros, Produktionsstätte, Straßen, ...)	250 Mrd. EUR
2	Neue Maschinen und andere Produktionsmittel	170 Mrd. EUR
3	Erhöhung der Lagervorräte (Rohstoffe, halbfertige Erzeugnisse, ...)	11 Mrd. EUR
4	Ersatz für in diesem Jahr verschlissene Produktionsmittel	350 Mrd. EUR

   a) Erläutern Sie, um welche Art von Investitionen es sich in den Fällen 1 bis 4 jeweils handelt.
   b) Ermitteln Sie die Höhe der Brutto- und Nettoinvestitionen.

3.9 Humankapital – Qualifikation der Arbeitskräfte

1. Es wird behauptet, dass der Produktionsfaktor Arbeit heute weitestgehend nicht mehr ein ursprünglicher, sondern ein abgeleiteter Produktionsfaktor sei.
   Erläutern Sie diese Aussage anhand des nebenstehenden Stellenangebots.
2. Zeigen Sie anhand der Stellenanzeige und der Grafik „Investition in Humankapital“ auf S. 68, dass für die Bildung von Humankapital ähnliche Voraussetzungen gelten wie für die Bildung von Sachkapital.
3. Im Jahr 2010 hat der Staat für die Bildung und Ausbildung von Schülern an öffentlichen Schulen durchschnittlich folgende Beträge je Schüler aufgewendet:

Ausbildung ist das Kapital der Zukunft!

Wir stellen Auszubildende mit Realschulabschluss oder Abitur für folgende Ausbildungsberufe ein:

- Industriekaufmann/-frau
- Kaufmann/-frau für Büromanagement
- Kaufmann/-frau im E-Commerce

Bewerbungen mit den üblichen Unterlagen an:

Maschinenfabrik Oehler GmbH,
Glockenspitz 15, 47800 Krefeld
Tel. 02151 8008510 (Frau Hansen)

Allgemeinbildende Schulen				Berufliche Schulen (einschl. Berufsschulen mit Teilzeitunterricht)
Hauptschulen	Realschulen	Gymnasien	Gesamtschulen und Ä.	
8.000 €	5.000 €	7.200 €	7.200 €	6.200 €

eigene Darstellung nach Daten von Statistisches Jahrbuch 2015, Tab. 3.9.1 und 3.9.3

Welche Ausgaben sind Ihrer Meinung nach in diesen Beträgen enthalten und wie werden sie finanziert?

Schlüsselqualifikationen: Die Stärken und die Schwächen

Auf die Frage „Wo sehen Sie bei den Schlüsselqualifikationen die Stärken und die Schwächen der Schüler?“ antworteten so viel Prozent der Unternehmen

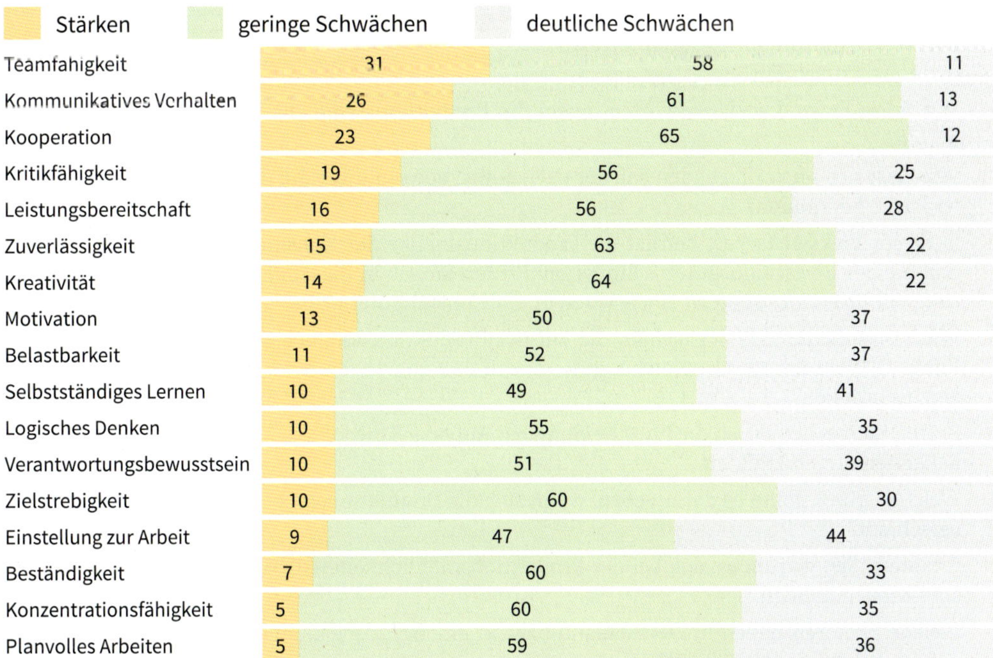

Quelle: Fit für die Ausbildung. Hg. v. Institut der deutschen Wirtschaft Köln, © Deutscher Instituts-Verlag GmbH, Köln 1998, S. 24.

4. Überlegen Sie, ob der Allgemeinheit neben den unter 3. genannten Beträgen noch weitere Ausgaben und Nachteile während der Zeit entstehen, in der erwerbsfähige Jugendliche noch keine Berufstätigkeit ausüben, sondern die Schule besuchen. Unter welchen Voraussetzungen lohnt sich dieser „Umweg“ für den Einzelnen und die Allgemeinheit?
5. Von den Ausbildungsbetrieben werden immer wieder nicht nur erhebliche Wissenslücken bei Schülern beklagt. Wie aus der vorstehenden Abbildung hervorgeht, stellen die Unternehmen insbesondere auch Mängel bei den als „Schlüsselqualifikationen“ bzw. „Personal- und Sozialkompetenzen“ bezeichneten Fähigkeiten der Schüler fest. Wie schätzen Sie Ihre eigenen Stärken und Schwächen im Hinblick auf die geforderten Fähigkeiten ein? Welche Möglichkeiten zur Förderung dieser Qualifikationen sehen Sie?
6. Wie ist es zu erklären, dass bei der Beurteilung der Fähigkeiten von Arbeitskräften die sogenannten Schlüsselqualifikationen eine immer größere Bedeutung im Vergleich zum Fachwissen gewinnen?

3.10 Produktionsmöglichkeitenkurve (Kapazitätskurve, Transformationskurve) – Opportunitätskosten (Alternativkosten) – Modellbildung

Bei vollständiger Auslastung aller Produktionsfaktoren können in einer Volkswirtschaft in einer bestimmten Periode die in der untenstehenden Tabelle angegebenen Gütermengen hergestellt werden.

Alternative Produktionsmengen		
Alternative	Konsumgüter (Mengeneinheiten)	Investitionsgüter (Mengeneinheiten)
A	30	0
B	28	4
C	24	10
D	16	16
E	10	18
F	0	20

1. Zeichnen Sie die Produktionsmöglichkeitenkurve (1 cm = 2 ME; y-Achse: Konsumgüter, x-Achse: Investitionsgüter).
2. Wie hoch sind die Opportunitätskosten, wenn statt bisher 4 Einheiten jetzt 10 Einheiten Investitionsgüter produziert werden sollen?
3. Wie hoch sind die Opportunitätskosten, wenn statt bisher 10 Einheiten jetzt 16 Einheiten Investitionsgüter erzeugt werden sollen?
4. Wie verändert sich die Höhe der Opportunitätskosten im vorliegenden Fall, wenn zunehmend Konsumgüter durch Investitionsgüter ersetzt werden?
5. Wie wäre Frage 4 zu beantworten, wenn die Produktionsmöglichkeitenkurve linear verlaufen würde?
6. Wie lässt sich im vorliegenden Fall der nach außen gewölbte Verlauf der Produktionsmöglichkeitenkurve begründen?
7. In dieser Volkswirtschaft beträgt die Produktionsmenge der Konsumgüter derzeit 16 Einheiten und die der Investitionsgüter 8 Einheiten. Prüfen Sie, ob in diesem Fall eine Produktionssteigerung bei Investitionsgütern einen Verzicht auf Konsumgüter erfordert.
8. Was könnte eine Volkswirtschaft, die auf der Produktionsmöglichkeitenkurve produziert (z. B. Punkt C), veranlassen, die Konsumgüterproduktion zugunsten der Investitionsgüterproduktion einzuschränken?
9. Prüfen Sie, ob sich durch die Entscheidung bei Aufgabe 8 die künftige Lage der Produktionsmöglichkeitenkurve verändert.
10. Welche Gründe kann es dafür geben, wenn sich die Produktionsmöglichkeitenkurve nach rechts verschiebt?
11. Erläutern Sie, warum es sich bei der Produktionsmöglichkeitenkurve um ein volkswirtschaftliches Modell handelt.
12. Welche Faktoren haben in Deutschland bzw. in einem Entwicklungsland den größten Einfluss auf das Produktionspotenzial?

13. Angenommen, beim Vergleich zwischen den Volkswirtschaften A und B stellt sich heraus, dass das Produktionspotenzial der Volkswirtschaft A um 30 % größer als das der Volkswirtschaft B ist. Lässt sich daraus schließen, dass auch der Wohlstand in der Volkswirtschaft A größer als in der Volkswirtschaft B ist? Begründen Sie Ihre Meinung.

3.11 Minimalkostenkombination

Ein landwirtschaftlicher Betrieb baut Weizen an. Die nachstehende Produktionsmatrix zeigt die voraussichtlichen Ernteergebnisse, die bei unterschiedlichen Kombinationen der Produktionsfaktoren Arbeit und Kapital erzielt werden können. Die Anbaufläche bleibt in allen Fällen gleich.

Einheiten Arbeit	Voraussichtliche Weizenernte in Tonnen						
0	0	0	0	0	0	0	
1	0	10	21	34	50	62	
2	0	21	34	50	62	72	
3	0	34	50	62	72	81	
4	0	50	62	72	81	90	
5	0	62	72	81	90	98	
	0	1	2	3	4	5	Einheiten Kapital

1. Es sollen 50 t Weizen produziert werden. Mit welchen Kombinationen der Produktionsfaktoren Arbeit und Kapital kann bei voller Auslastung genau diese Menge erzeugt werden?
2. Der Lohn für eine Arbeitseinheit beträgt 50,00 €, während sich die Kosten für die Nutzung landwirtschaftlicher Maschinen auf 60,00 € je Einheit belaufen.

   Mit welcher Faktorkombination sollen die 50 t Weizen produziert werden?
3. Die Löhne steigen zunächst auf 60,00 € und dann auf 70,00 € je Arbeitseinheit, während die Kapitalkosten unverändert bleiben. Wie wird der Landwirt reagieren?
4. Erläutern Sie am vorliegenden Beispiel das ökonomische Prinzip.

3.12 Isoquante – Faktorsubstitution – Minimalkostenkombination

Ein Landwirt kann jeweils 600 kg eines landwirtschaftlichen Produkts mit folgenden Kombinationen der Faktoren Arbeit und Kunstdünger erzeugen:

Kunstdünger in kg	100	50	33	25	20	17	14	13	11	10
Arbeitszeit in Stunden	1	2	3	4	5	6	7	8	9	10
Produktionsergebnis in kg	600	600	600	600	600	600	600	600	600	600

1. Tragen Sie die entsprechende Isoquante in ein Koordinatensystem ein (X-Achse: Arbeitsstunden, 1 cm = 1 Stunde; Y-Achse: Dünger in kg, 1 cm = 10 kg).
2. Ermitteln Sie die kostengünstigste Faktorkombination, wenn der Arbeitslohn 20,00 € je Stunde beträgt und für 1 kg Kunstdünger 5,00 € bezahlt werden müssen. Kennzeichnen Sie die Kombination auf der unter 1. erstellten Isoquante.
3. Welche Auswirkungen ergeben sich für die Faktorkombination, wenn sich der Kunstdüngerpreis um 2,50 € je kg auf 7,50 je kg verteuert? Kennzeichnen Sie die neue Kombination auf der unter 1. erstellten Isoquante.
4. Wie müsste sich der Arbeitslohn verändern, damit nach der Erhöhung des Kunstdüngerpreises trotzdem dieselben Gesamtkosten und derselbe Faktoreinsatz wie bei der unter 2. ermittelten Minimalkostenkombination erreicht werden?

3.13 Betriebliche Kosten – Soziale Kosten – Alternativkosten

1. Das Finanzamt einer Großstadt sendet den Steuerpflichtigen aus Kostengründen die Formulare zur Abgabe von Steuererklärungen nicht mehr per Post zu. Vielmehr müssen die Formulare neuerdings beim Finanzamt abgeholt werden.
   a) Nennen Sie Kostenarten, die das Finanzamt durch diese Maßnahme einsparen möchte.
   b) Nennen Sie soziale Kosten, die durch die Maßnahme des Finanzamtes entstehen.
   c) Nennen Sie Alternativkosten, die durch die Maßnahme des Finanzamtes entstehen.
   d) Beurteilen Sie die Maßnahme des Finanzamtes unter Berücksichtigung betriebs- und volkswirtschaftlicher Kosten.
2. Eine von der Bundesregierung in Auftrag gegebene Rheinbrücke stürzt noch vor ihrer Fertigstellung ein und muss von dem dafür haftenden Brückenbauunternehmen auf eigene Kosten wieder aufgebaut werden. Auf die Frage eines Journalisten, ob durch den Brückeneinsturz ein volkswirtschaftlicher Schaden entstanden sei, antwortet ein Politiker: „Auf den Bund kommen durch den Einsturz und den dadurch notwendig gewordenen Neubau keine zusätzlichen Ausgaben zu. Der Volkswirtschaft ist also kein Schaden entstanden. Zudem erhält das Brückenbauunternehmen wahrscheinlich den größten Teil der ihm zusätzlich entstandenen Kosten von einer Versicherung ersetzt, da der Einsturz nachweislich auf Hochwasser zurückzuführen ist. Gegen Hochwasserschäden war das Unternehmen aber versichert."
   Prüfen Sie die Behauptung des Politikers, dass der Volkswirtschaft kein Schaden entstanden sei.

3.14 Arbeitsproduktivität und Wirtschaftlichkeit in einer Büromöbelfabrik

In einer Büromöbelfabrik werden zurzeit von 10 Arbeitern bei einer 40-Stunden-Woche 70 Bürotische pro Woche hergestellt. Die Tische werden zum Preis von 250 € je Stück verkauft. Der durchschnittliche Stundenlohn beträgt 10 €. Zusätzlich zu den Lohnkosten entstehen für die Produktion der Bürotische wöchentlich Kosten in Höhe von 10.000 €.

1. Berechnen Sie die Arbeitsproduktivität. Erläutern Sie das Ergebnis.
2. Berechnen Sie die Wirtschaftlichkeit der Tischproduktion. Erläutern Sie das Ergebnis.

3.15 Betriebliche Kennzahlen: Produktivität – Wirtschaftlichkeit – Rentabilität

Ein Metall und Kunststoff verarbeitender Betrieb stellt Spezialbehälter für die chemische Industrie her. Aus dem Rechnungswesen liegen folgende Zahlen vor:

Jahr	1	2	3
Produktions- und Absatzmenge (Stück)	15 000	16 000	19 000
insgesamt geleistete Arbeitsstunden	90 500	88 000	110 000
Ø Arbeitskosten je Stunde – Löhne, Gehälter – Lohnnebenkosten	 10,00 € 8,00 €	 11,50 € 9,00 €	 11,00 € 9,50 €
Materialkosten je Stück (Beschaffungspreise unverändert)	75,00 €	75,00 €	75,00 €
sonstige Kosten	0,875 Mio. €	0,85 Mio. €	1,05 Mio. €
Stückpreis je Behälter	250 €	240 €	265 €
Ø Eigenkapital (Jahresanfang)	1 Mio. €	?	?

1. Berechnen Sie das Eigenkapital am Anfang der Jahre 2 und 3, wenn die Gewinne dem Eigenkapital zugeführt und Verluste zu Lasten des Eigenkapitals ausgeglichen werden. Andere Änderungen des Eigenkapitals liegen nicht vor.

2. Berechnen Sie für die drei Jahre folgende Kennzahlen:
   - Arbeitsproduktivität,
   - Wirtschaftlichkeit,
   - Eigenkapitalrentabilität.

   Hinweis: Verwenden Sie zur Berechnung der Eigenkapitalrentabilität das durchschnittlich während des Jahres eingesetzte Eigenkapital, das wie folgt berechnet wird:

   $$\frac{\text{(Eigenkapital am Jahresanfang + Eigenkapital am Jahresende)}}{2}$$

3. Worauf kann die unterschiedliche Entwicklung der einzelnen Kennzahlen im vorliegenden Fall zurückzuführen sein?

Ich kann …	Bitte ankreuzen		Wenn Nein: Siehe Seite(n) im Buch	Level / Anforderungsniveau
	Ja	Nein		
3.1 Volkswirtschaftliche Produktionsfaktoren				**Level**
… die verschiedenen volkswirtschaftlichen Produktionsfaktoren nennen.			59	1
… ursprüngliche von abgeleiteten Produktionsfaktoren unterscheiden.			59	2
… Probleme bei der Nutzung des Produktionsfaktors Natur beschreiben.			60 f.	2
… die Besonderheit von Umweltgütern als öffentliche Güter erläutern.			61	2
… soziale (externe) Kosten definieren.			61 f.	1
… Beispiele für soziale (externe) Kosten nennen.			62	1
… den Begriff „Arbeitsteilung" definieren.			62	1

4 Wirtschaftskreislauf und Volkswirtschaftliche Gesamtrechnung: Ermittlung von Inlandsprodukt und Volkseinkommen

4.1 Wirtschaftsprozess in einer arbeitsteiligen Volkswirtschaft

Lernziele:

Nach der Bearbeitung des Kapitels sind Sie in der Lage, Folgendes zu tun:

Sie ...

- ... erklären den Zusammenhang zwischen der Entwicklung der Arbeitsteilung und der Entwicklung von der Natural- zur Geldwirtschaft.
- ... erklären die Funktionen und die Eigenschaften des Geldes.
- ... unterscheiden verschiedene Arten des Geldes voneinander.
- ... definieren die Begriffe „Produktionswert“, „Vorleistungen“, „Wertschöpfung“, „Faktoreinkommen“ sowie „Volkseinkommen“.
- ... erklären, warum Wertschöpfung und Volkseinkommen gleich groß sind.
- ... stellen das Modell des einfachen Wirtschaftskreislaufs mit Geld- und Güterströmen dar (vgl. Kapitel A 1).
- ... unterscheiden eine evolutorische Wirtschaft von einer stationären Wirtschaft.
- ... geben die Gleichung für die Verwendung des gesamtwirtschaftlichen Produktionsergebnisses (Inlandsprodukt) sowie die Verwendung des Volkseinkommens in einer wachsenden Wirtschaft wieder.
- ... erklären die Tatsache, dass in einer geschlossenen Volkswirtschaft die gesamtwirtschaftlichen Nettoinvestitionen und die gesamtwirtschaftlichen Ersparnisse am Ende einer Wirtschaftsperiode immer gleich groß sind.
- ... erläutern die Bedeutung des Pols „Vermögensänderung“ im Kreislaufschema einer wachsenden Wirtschaft.
- ... stellen das Modell des Wirtschaftskreislaufs in einer offenen Volkswirtschaft mit staatlicher Aktivität mit den verschiedenen Geldströmen dar.
- ... erklären, warum die Güter, die den Haushalten und Unternehmen vom Staat kostenlos zur Verfügung gestellt werden, nicht im Kreislaufschema erfasst werden.

4.1.1 Geldwirtschaft als Folge der Arbeitsteilung

Funktionen des Geldes

Die Entwicklung der **Arbeitsteilung** ist untrennbar mit der Entwicklung der **Geldwirtschaft** verbunden. Arbeitsteilung erfordert zwangsläufig den Güteraustausch. Der direkte Tausch „Ware gegen Ware“ **(Naturaltausch)** ist aber äußerst umständlich und schwerfällig.

4.1, S. 125

Würde beispielsweise ein Schmied und Werkzeugmacher versuchen, eine Axt gegen Schuhe zu tauschen, muss er einen Tauschpartner suchen, der gleichzeitig Anbieter von Schuhen und Nachfrager einer Axt ist. Die Zahl der infrage kommenden Tauschpartner ist entsprechend gering. Außerdem entstehen Bewertungsprobleme: Wie viele und welche Werkzeuge sind so viel wert wie ein Paar Schuhe? Die Information über das zwischen den beiden Partnern ausgehandelte Tauschverhältnis wäre aber für andere Anbieter und Nachfrager völlig wertlos, da beim direkten Tausch der Wert einer Ware (= Preis) nicht in Mengeneinheiten einer allgemein anerkannten Bezugsgröße ausgedrückt wird.

Geld erleichtert in seiner Eigenschaft als allgemeines **Tauschmittel** den Güteraustausch. In einer Geldwirtschaft wird jeder Tausch in zwei unabhängige Kaufvorgänge, nämlich Verkauf (Güter gegen Geld) und Kauf (Geld gegen Güter) zerlegt. Der Verkäufer kann dann aufgrund der **Zahlungsmittelfunktion** des Geldes ohne Tauschumwege direkt solche Güter erwerben, die er braucht. Geld erhöht somit die Tauschflexibilität und verringert die beim Güteraustausch entstehenden Informations- und Transaktionskosten[1] (z. B. Kosten für Wertermittlung, Transport und Lager).

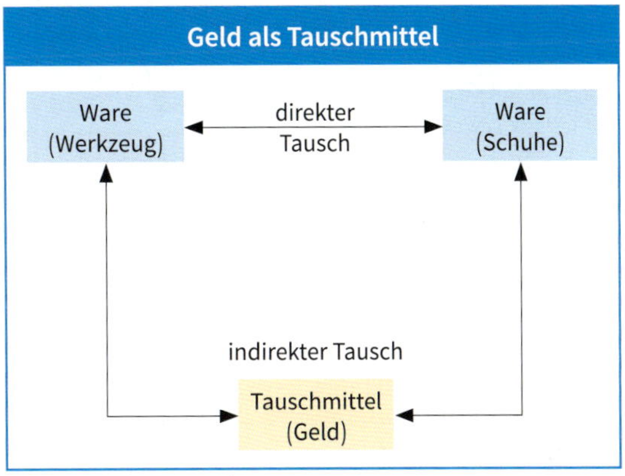

D Geld senkt die mit dem Güter- und Leistungsaustausch einhergehenden Informations- und Transaktionskosten.

Als Geld gilt alles, was folgende Funktionen erfüllt:

Funktionen des Geldes			
Tauschfunktion	**Zahlungsmittelfunktion** (Wertübertragungsfunktion)	**Wertaufbewahrungsfunktion**	**Rechenfunktion** (Wertmaßstab)
Durch Geld wird der Tausch in zwei Teilakte zerlegt: Verkauf von Ware gegen Geld und Kauf von Ware gegen Geld (indirekter Tausch).	Geld kann zur Tilgung von Schulden und zur Gewährung von Krediten dienen.	Geld ermöglicht es, die beiden Tauschakte Verkauf von Ware gegen Geld und Kauf von Ware gegen Geld zeitlich zu trennen.	Mit Geld lässt sich der Wert anderer Güter ausdrücken.

1 Transaktion *(lat.)*: Übertragung, Abwicklung

 445 105

Eigenschaften und Arten des Geldes

Die Entstehungsgeschichte des Geldes ist durch unterschiedliche Geldarten gekennzeichnet, die sich den Eigenschaften, die Geld zur reibungslosen Erfüllung seiner Funktionen haben muss, immer mehr annäherten.

Eigenschaften des Geldes				
allgemein anerkannt	leicht teilbar	leicht transportierbar und übertragbar	aufbewahrbar und wertbeständig	knapp und fälschungssicher

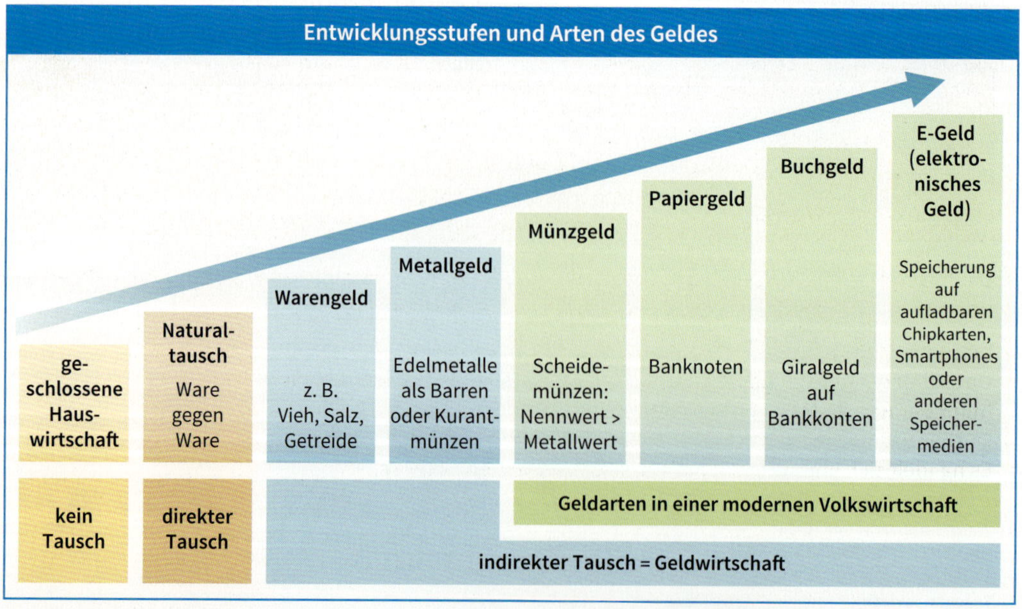

4.1.2 Wirtschaftsprozess als Kreislauf: Güter- und Geldströme

In einer arbeitsteiligen Geldwirtschaft beziehen die Unternehmen Vorleistungen (Waren und Dienstleistungen) von anderen Unternehmen. Außerdem müssen sie sich die Produktionsfaktoren beschaffen. Um die Bedeutung der von den Inhabern der Produktionsfaktoren erzielten Faktoreinkommen besser analysieren zu können, wird in der Kreislauftheorie angenommen, dass die Unternehmen nicht Eigentümer der Produktionsmittel sind. Vielmehr werden ihnen von den privaten Haushalten neben der Arbeitsleistung auch die Produktionsfaktoren Boden und Kapital zur Verfügung gestellt. Als Gegenleistung für den Einsatz der Produktionsfaktoren erhalten die privaten Haushalte von den Unternehmen ein **Faktoreinkommen**, das sie wiederum für den Kauf von Waren und Dienstleistungen verwenden. Jedem Güterstrom fließt ein wertmäßig gleich großer Geldstrom entgegen.

D In einer arbeitsteiligen Geldwirtschaft durchlaufen die Güter in der Regel mehrere Produktionsstufen. Dem Güterstrom fließt ein Geldstrom entgegen. Es entsteht ein Güter- und Geldkreislauf.

Input-Output-Tabelle

Diese Zusammenhänge werden an folgendem Beispiel verdeutlicht:

B **Güter- und Geldströme im Wirtschaftskreislauf**

4.2, S. 125

Für eine Modellvolkswirtschaft gelten folgende Annahmen:

Unternehmen A: land- und forstwirtschaftlicher Betrieb	Unternehmen B: Mühlenbetrieb	Unternehmen C: Bäckerei
Der land- und forstwirtschaftliche Betrieb liefert Getreide an die Mühle und Brennmaterial an die Bäckerei.	Die Mühle liefert Futtermehl an den land- und forstwirtschaftlichen Betrieb und Backmehl an die Bäckerei.	Die Bäckerei beliefert alle Haushalte mit Backwaren.

Haushalt 1: Familie Bauer	Haushalt 2: Familie Müller	Haushalt 3: Familie Beck
Herr Bauer ist Inhaber des land- und forstwirtschaftlichen Betriebs. Neben seiner Arbeitskraft stellt er dem Betrieb Wald, Wiesen und Äcker sowie Maschinen und Werkzeuge gegen Entgelt zur Verfügung. Außerdem arbeiten noch weitere Haushaltsmitglieder als mithelfende Familienangehörige gegen Entgelt im Betrieb.	Herr Müller ist Inhaber der Getreidemühle. Neben seiner Arbeitskraft stellt er dem Betrieb auch Gebäude und Maschinen gegen Entgelt zur Verfügung. Außerdem arbeiten noch weitere Haushaltsmitglieder als mithelfende Familienangehörige gegen Entgelt im Betrieb.	Herr Beck ist Inhaber der Bäckerei. Neben seiner Arbeitskraft stellt er dem Betrieb auch die Backstube und das Ladengeschäft gegen Entgelt zur Verfügung. Außerdem arbeiten noch weitere Haushaltsmitglieder als mithelfende Familienangehörige gegen Entgelt im Betrieb.

Die folgende **Input-Output-Tabelle** zeigt die Beziehungen zwischen den einzelnen Unternehmen einerseits sowie zwischen den Unternehmen und Haushalten andererseits:

Input der Unternehmen: Produktionsfaktoren, Vorleistungen von Unternehmen
Output der Unternehmen: Vorleistungen für Unternehmen, Konsumgüter
Input der Haushalte: Konsumgüter
Output der Haushalte: Produktionsfaktoren
Es handelt sich um **Güterströme**, die in **Geldeinheiten** bewertet sind.

Input-Output-Tabelle: Güterströme in GE

Liefernde Wirtschaftseinheit (Output) / Empfangende Wirtschaftseinheit (Input)		Unternehmen empfangen Vorleistungen von anderen Unternehmen und Produktionsfaktoren von Haushalten			Haushalte empfangen Konsumgüter von Unternehmen			∑ Output (GE)
		U_A: Land-/Forstwirt	U_B: Mühle	U_C: Bäckerei	H_1: Bauer	H_2: Müller	H_3: Beck	
Unternehmen liefern Vorleistungen an andere Unternehmen und Konsumgüter an Haushalte	U_A: Land-/Forstwirt		30	10	–	–	–	**40**
	U_B: Mühle	10		60	–	–	–	**70**
	U_C: Bäckerei	–	–		30	40	50	**120**
Haushalte liefern Produktionsfaktoren an Unternehmen	H_1: Bauer	30	–	–		–	–	**30**
	H_2: Müller	–	40	–	–		–	**40**
	H_3: Beck	–	–	50	–	–		**50**
∑ Input (GE)		**40**	**70**	**120**	**30**	**40**	**50**	**350**

Die aus der Tabelle hervorgehenden Verflechtungen und Beziehungen lassen sich als Güter- und Geldströme in einem Kreislaufschema darstellen. Den einzelnen Güterströmen fließen jeweils wertmäßig gleich große Geldströme entgegen (Kaufpreis für die Vorleistungen, Einkommen für die Zurverfügungstellung der Produktionsfaktoren, Kaufpreis für die Konsumgüter).

Güterkreislauf

Güterkreislauf, Produktionswert und Wertschöpfung

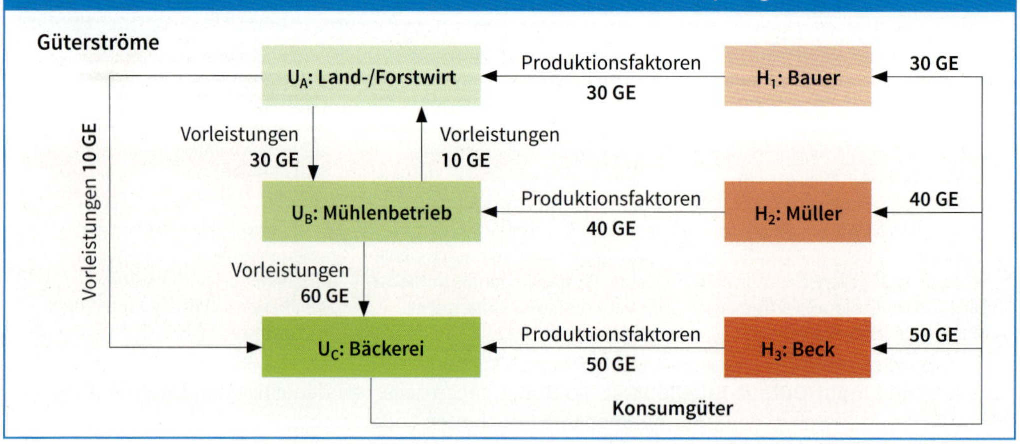

Der Wert, der im Produktionsprozess den Vorleistungen hinzugefügt wird, ist die **Wertschöpfung** eines Unternehmens. Sie ergibt sich als Differenz zwischen den insgesamt von einem Unternehmen erzeugten Gütern **(= Produktionswert)** und den dafür von anderen Unternehmen bezogenen **Vorleistungen.** Die Wertschöpfung der drei Unternehmen und der gesamten Volkswirtschaft ergibt sich wie folgt:

	Unternehmen A	Unternehmen B	Unternehmen C	Insgesamt
Produktionswert	40	70	120	230
- Vorleistungen	10	30	70	110
= Wertschöpfung	30	40	50	120

Geldkreislauf

Geldkreislauf und Volkseinkommen

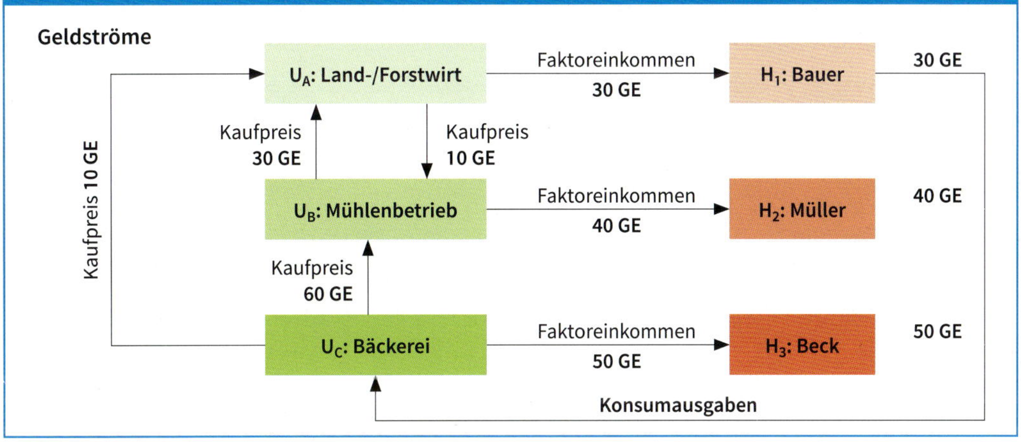

In Höhe der Differenz zwischen den Einnahmen aus den Güterverkäufen und den Ausgaben für bezogene Vorleistungen entstehen in jedem Unternehmen Ausgaben für die Entlohnung der Produktionsfaktoren. Diese Ausgaben der Unternehmen führen bei den Haushalten, die den Unternehmen die Produktionsfaktoren zur Verfügung stellen, zu **Faktoreinkommen**. Da es sich bei den Haushalten sowohl um Arbeitnehmer- als auch um Unternehmerhaushalte handeln kann, können die Faktoreinkommen sowohl aus Löhnen und Gehaltern als auch aus Zinsen, Pachten und Gewinnen bestehen. Die Summe aller Faktoreinkommen ergibt das **Volkseinkommen.**

Bei jedem Unternehmen entstehen in Höhe der Differenz zwischen den Einnahmen aus Güterverkäufen und den Ausgaben für bezogene Vorleistungen zusätzliche Ausgaben für die Entlohnung der Produktionsfaktoren in Form von Löhnen, Zinsen, Pachten und Gewinnen.

	Haushalt 1 von Unternehmen A	Haushalt 2 von Unternehmen B	Haushalt 3 von Unternehmen C	Insgesamt
Faktoreinkommen	30	40	50	120

Wertschöpfung und Faktoreinkommen

D Der Wert, den ein Unternehmen im Rahmen des Produktionsprozesses den Vorleistungen hinzufügt, wird als Wertschöpfung bezeichnet.

Die Summe der Wertschöpfung aller Unternehmen einer Volkswirtschaft in einem bestimmten Zeitraum (z. B. ein Jahr) entspricht dem **Wert aller Güter**, der in dieser Volkswirtschaft während dieses Zeitraums mithilfe der Produktionsfaktoren erzeugt wurde.

D Die Summe der Wertschöpfung aller Unternehmen einer Volkswirtschaft ergibt das gesamtwirtschaftliche Produktionsergebnis (Inlandsprodukt).

Sein Wert beträgt im vorliegenden Beispiel 120 GE. In gleicher Höhe fließen den Inhabern der im Produktionsprozess eingesetzten Produktionsfaktoren die Faktoreinkommen zu.

D Die Summe aller Faktoreinkommen in einer Volkswirtschaft ergibt das Volkseinkommen.

Wertschöpfung und **Faktoreinkommen** stellen – wie zwei Seiten derselben Medaille – Ergebnisse ein und desselben Produktionsprozesses dar. Beide Größen sind wertmäßig gleich groß.

4.3, S. 126

4.4, S. 126

Wertschöpfung und Faktoreinkommen

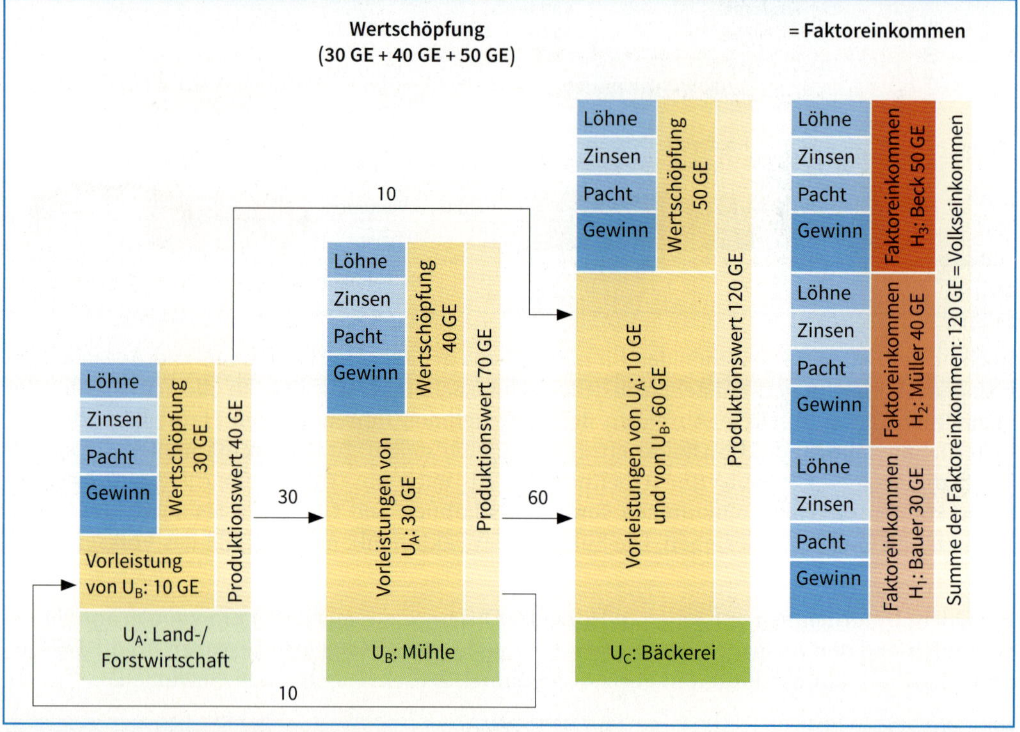

D Im Produktionsprozess werden Güter erzeugt. Gleichzeitig entstehen Faktoreinkommen. Die Wertschöpfung (= Wert, der den Vorleistungen im Produktionsprozess hinzugefügt wird) ist genauso groß wie die Faktoreinkommen (= Bezahlung für die im Produktionsprozess eingesetzten Produktionsfaktoren).

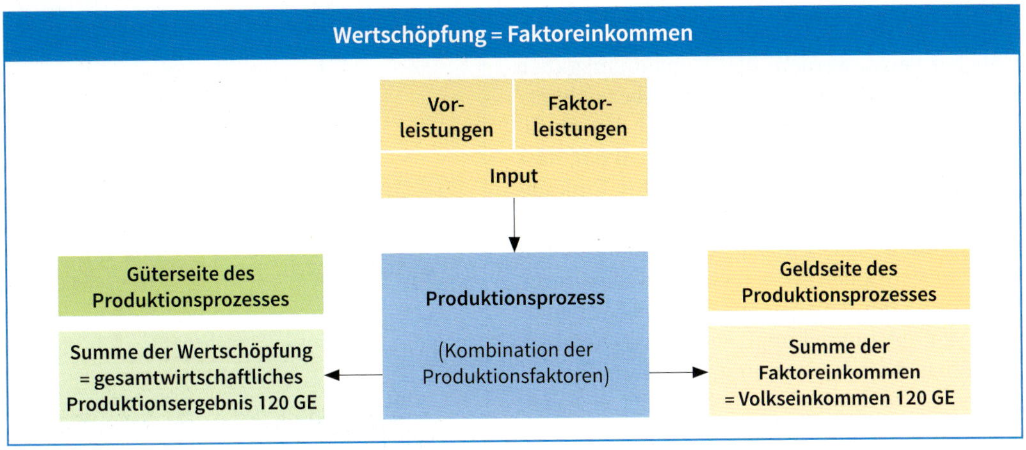

4.1.3 Einfacher Wirtschaftskreislauf: Beziehungen zwischen den Sektoren Unternehmen und Haushalte

Einfacher Wirtschaftskreislauf einer stationären Volkswirtschaft

Um die verwirrenden Verflechtungen im Wirtschaftsprozess einer Volkswirtschaft überschaubarer zu machen, werden für volkswirtschaftliche Modellanalysen und für statistische Zwecke Wirtschaftseinheiten mit gleichartigen Aktivitäten zu **Sektoren** zusammengefasst **(Aggregation)**. Dabei ist es üblich, zwischen den Sektoren Unternehmen, Haushalte, Staat und Ausland zu unterscheiden.

Aus Vereinfachungsgründen wird die Kreislaufbetrachtung zunächst auf die Beziehungen zwischen den beiden Sektoren Unternehmen und Haushalte beschränkt. Es handelt sich dabei um die einfachste Form eines Wirtschaftskreislaufs.

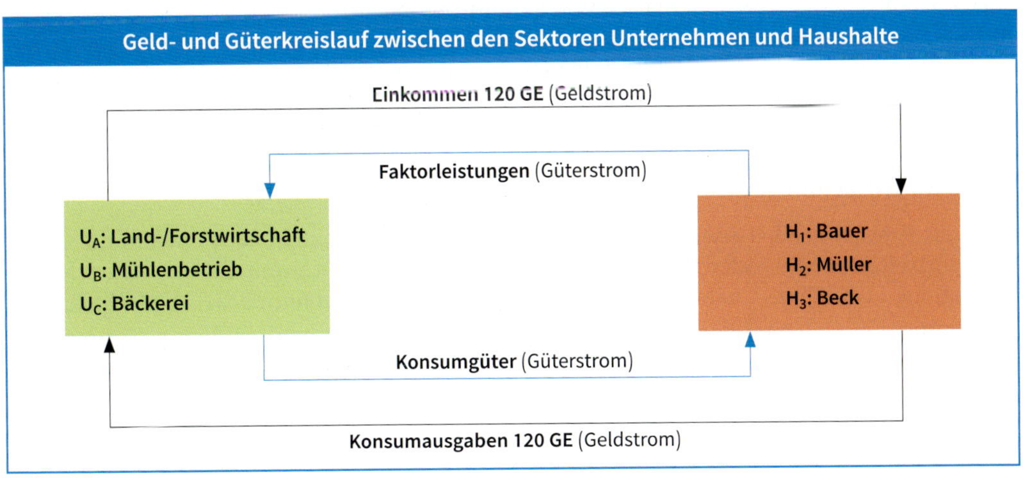

Werden die beteiligten Wirtschaftseinheiten zu den Sektoren Unternehmen und Haushalte zusammengefasst, ist der Wirtschaftskreislauf durch zwei Güterströme (Waren und Faktorleistungen) und zwei den Güterströmen entgegenlaufende Geldströme (Faktoreinkommen und Konsumausgaben) gekennzeichnet.

Da die Güterströme und die ihnen entgegenfließenden Geldströme wertmäßig gleich groß sind, kann zur Vereinfachung auf die Darstellung eines der beiden Ströme verzichtet werden. Üblicherweise wird im Rahmen der Analyse des Wirtschaftskreislaufs nur der Geldstrom betrachtet.

Grafische Darstellung

Üblicherweise werden die **Konsumausgaben** mit C und das **Einkommen** mit Y bezeichnet.[1] Die nebenstehende Abbildung stellt den **einfachen** Wirtschaftskreislauf für den Fall dar, dass die privaten Haushalte ihr gesamtes Einkommen für den Konsum ausgeben. Die Haushalte sparen nicht. Die Unternehmen nehmen nur Ersatzinvestitionen vor, indem sie die durch Abnutzung der Anlagen eingetretene Wertminderung (= Abschreibung) wieder ausgleichen. **Die Wirtschaft ist stationär.**[2] Da auch die Lagervorräte nicht erhöht werden, gibt es **keine Nettoinvestition.**

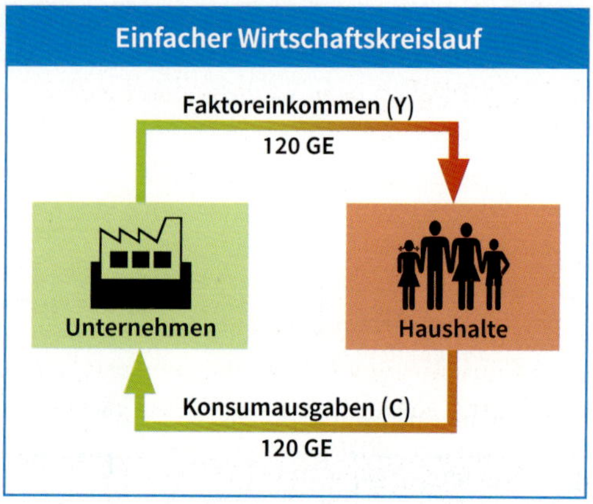

D In einer stationären Wirtschaft gibt es kein Sparen und keine Nettoinvestition.

Darstellung in Gleichungsform

Der Wirtschaftskreislauf lässt sich u. a. auch in Gleichungsform darstellen.

D In einer stationären Volkswirtschaft gilt die Gleichung: $Y = C$

Die Gleichung zeigt die Verwendung des Einkommens: **Die Haushalte geben ihr gesamtes Einkommen für Konsumgüter aus.** Das Symbol Y wird aber nicht nur für die Summe aller Faktoreinkommen in einer Volkswirtschaft **(= Volkseinkommen)**, sondern auch für das Produktionsergebnis einer Volkswirtschaft (**= Wertschöpfung** aller Unternehmen) verwendet. Dementsprechend zeigt die Gleichung auch die Zusammensetzung des Produktionsergebnisses, bei dessen Erstellung die den Haushalten zufließenden Faktoreinkommen entstehen: **Das nach Abzug der Ersatzinvestition verbleibende Produktionsergebnis besteht ausschließlich aus Konsumgütern.**

Einfacher Wirtschaftskreislauf einer wachsenden Volkswirtschaft

Wird das Kreislaufmodell etwas der Realität angepasst und unterstellt, dass ein Teil des in der Volkswirtschaft entstehenden Einkommens gespart wird und die Unternehmen positive Nettoinvestitionen vornehmen, handelt es sich um eine **wachsende** (evolutorische) **Wirtschaft.**

D Eine wachsende Wirtschaft ist durch Sparen und positive Nettoinvestition gekennzeichnet.

Grafische Darstellung

Auch in einer wachsenden Wirtschaft fließt ein Einkommensstrom (Y) von den Unternehmen an die privaten Haushalte. Dem fließt ein Ausgabenstrom für den Kauf von Konsumgütern (C) von den privaten Haushalten an die Unternehmen entgegen. Da aber unterstellt ist, dass die

1 C steht für *consumption.* Y steht für *yield* (= Ertrag).

2 Eine stationäre Wirtschaft ist der Modellzustand einer Volkswirtschaft, bei dem nicht nur der Kapitalbestand (netto), sondern auch die Bevölkerung, die Konsumgewohnheiten und die Technologie im Zeitablauf konstant bleiben, sodass sich in jeder Periode alle wirtschaftlichen Aktivitäten unverändert wiederholen.

privaten Haushalte nicht ihr gesamtes Einkommen für Konsumgüter ausgeben, sind diese beiden Ströme – anders als in einer stationären Wirtschaft – nicht gleich groß. Um den Geldkreislauf zu schließen, muss neben den beiden Sektoren Haushalte und Unternehmen ein zusätzlicher Pol[1] in das nebenstehende Kreislaufschema eingefügt werden: die **Vermögensänderung.**

Nur wenn für jeden Sektor die Summen der Zu- und Abgänge übereinstimmen, ist der Kreislauf geschlossen. Sowohl beim Sektor Unternehmen als auch beim Sektor Haushalte ergibt sich aber im vorliegenden Fall ein Unterschied zwischen Zu- und Abgängen in Höhe von 20 GE (= Salden). Der Pol **Vermögensänderung** hat nun die Aufgabe, den Kreislauf zu schließen, indem er die **Salden,** die sich bei den beiden Sektoren Haushalte und Unternehmen ergeben, aufnimmt. Die Pfeilrichtung wird dabei durch den Grundsatz bestimmt, dass die Zugänge zu einem Sektor gleich groß sein müssen wie die Abgänge.

Einfacher Wirtschaftskreislauf einer evolutorischen Wirtschaft

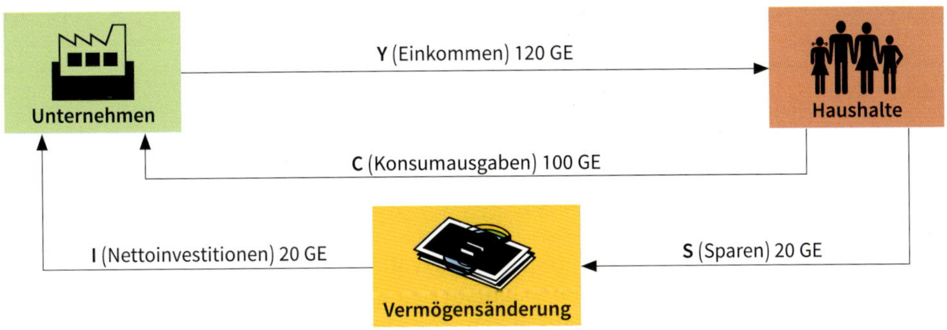

Y = Faktoreinkommen der privaten Haushalte (Volkseinkommen)
C = Konsumgüterausgaben der privaten Haushalte
S = Sparen der privaten Haushalte
I = (Netto-)Investitionen der Unternehmen

D Der Pol Vermögensänderung hat die Funktion, die Unterschiedsbeträge zwischen den Zu- und Abgängen (= Salden) der Sektoren Unternehmen und Haushalte aufzunehmen und dadurch den Kreislauf zu schließen.

Im Pol Vermögensänderung werden das Sparen (= Saldo des Sektors Haushalt) und die Investition (= Saldo des Sektors Unternehmen) erfasst. Der Kreislauf ist nur dann geschlossen, wenn für den Pol Vermögensänderung die Bedingung erfüllt ist: **Sparen = Nettoinvestition.**

Darstellung in Gleichungsform

Auch für den einfachen Wirtschaftskreislauf einer wachsenden Wirtschaft lassen sich die Zusammenhänge in Gleichungsform ausdrücken. Für die wachsende Volkswirtschaft ist kennzeichnend, dass die Nettoinvestition positiv ist.

Das **gütermäßige Produktionsergebnis** (Wertschöpfung) der Volkswirtschaft besteht aus den an die Haushalte gelieferten Gütern (Konsumgüter) und denjenigen Sachgütern, die die Bestände der Unternehmen an Produktionsmitteln aller Art sowie die Lagerbestände an Halb- und Fertigwaren vergrößert haben (= Investition). Somit gilt für die **Verwendung des Produktionsergebnisses** folgende Gleichung:

1 Die Bezeichnung „Pol" wird gewählt, um die Abgrenzung gegenüber den anderen Sektoren deutlich zu machen. Der Pol Vermögensänderung dient nur zur Aufnahme der Salden, die sich durch Zu- bzw. Abflüsse der Sektoren, z. B. Haushalte, Unternehmen, ergeben.

F

Wertschöpfung = Konsum + Nettoinvestition

$$Y = C + I^{netto}$$

Bei der Güterproduktion entstehen für die Inhaber der Produktionsfaktoren **Faktoreinkommen.** Deren Höhe entspricht den durch die **Entlohnung der Produktionsfaktoren** entstandenen **Kosten (Faktorkosten).** Das mit diesen Faktorkosten bewertete Produktionsergebnis ist die **Wertschöpfung. Daher stimmt die Summe der Faktoreinkommen (Volkseinkommen) mit der Wertschöpfung einer Volkswirtschaft überein.** Die Faktoreinkommen fließen den privaten Haushalten zu. Diese verwenden es für die Käufe von Konsumgütern und zur Ersparnisbildung. Da das Symbol Y nicht nur für den **Wert des Produktionsergebnisses (Wertschöpfung)**, sondern auch für das **wertmäßig gleich hohe Volkseinkommen** benutzt wird, gilt für die **Verwendung des Volkseinkommens** somit folgende Gleichung:

F

Volkseinkommen = Konsum + Sparen

$$Y = C + S$$

4.1.4 Erweiterter Wirtschaftskreislauf: Beziehungen zwischen den Sektoren Unternehmen, Haushalte, Staat und Ausland

4.5, S. 127

Werden neben den Sektoren **Unternehmen** und **private Haushalte** auch die wirtschaftlichen Aktivitäten des **Staates** und/oder die Wirtschaftsbeziehungen mit dem **Ausland** berücksichtigt, handelt es sich nicht mehr um einen **einfachen**, sondern um einen **erweiterten** Wirtschaftskreislauf. Bei Einbeziehung des Sektors „Ausland" wird auch von einer **offenen**, andernfalls von einer **geschlossenen** Volkswirtschaft gesprochen.

D

Zum Sektor Staat gehören der Bund, die Länder, die Gemeinden und die Sozialversicherungsträger.

Die zum Sektor Staat gehörenden Institutionen werden auch als **öffentliche Haushalte** bezeichnet. Sie finanzieren sich vor allem durch Zwangsabgaben (Steuern und Gebühren). Güter, die sie produzieren, stellen sie in der Regel ohne direkte Gegenleistung den anderen Wirtschaftseinheiten zur Verfügung.

Grafische Darstellung

Der **Staat** zieht von den Unternehmen Steuern (T_U)[1] und von den privaten Haushalten neben den Steuern (T_H) noch Sozialversicherungsbeiträge ein. Neben diesen Einnahmen erzielt der Staat Faktoreinkommen durch Beteiligungen an Unternehmen und aus Vermögen (Y_U^{St}).

Der Staat verwendet seine Einnahmen für

- Einkommenszahlungen an die privaten Haushalte der Beamten (z. B. Polizisten) und Angestellten bzw. Arbeiter des öffentlichen Dienstes (z. B. Krankenschwestern) (Y_{St}^H),
- Transferzahlungen an private Haushalte (z. B. Wohngeld, Kindergeld, Sozialhilfe) (T_r),
- Käufe von Investitionsgütern (I_{St}^{br}) und sonstigen Vorleistungen bei den Unternehmen (VL_{St}),
- Subventionen (= Geldleistungen ohne direkte Gegenleistung) an die Unternehmen (Z)[2],
- staatliche Ersparnisse (S_{St}).

1 T steht für *taxes* (Steuern).

2 Z steht für *Zuschüsse* (Subventionen).

Zu den Vorleistungen, die der Staat von den Unternehmen bezieht, gehören Rohstoffe, Energie, Dienstleistungen (einschließlich Mieten), laufende Reparaturen und geringwertige Güter (z.B. Büromaterial). Staatliche Investitionsgüter sind u.a. öffentliche Gebäude, Ausrüstungen (z.B. Straßenkehrmaschine) und Verkehrswege (z.B. Straßen, Brücken, Kanäle).

4.6, S. 127

Wirtschaftskreislauf einer offenen Volkswirtschaft mit staatlicher Aktivität

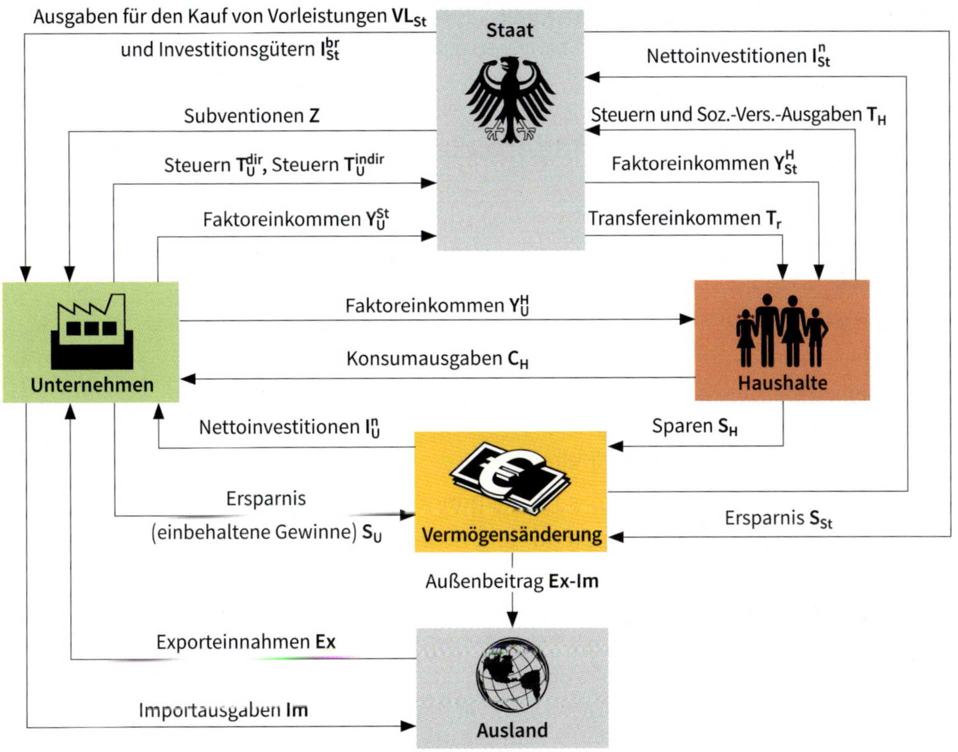

Da die öffentlichen Güter (z.B. öffentliche Verwaltung, Schulwesen, Landesverteidigung) vom Staat unentgeltlich bereitgestellt werden, lassen sie sich nicht durch einen Geldstrom im Kreislaufschema darstellen. Außerdem kann den privaten Haushalten und Unternehmen nicht eindeutig zugerechnet werden, in welchem Umfang sie die öffentlichen Güter nutzen.

In einer Volkswirtschaft ohne Außenhandel (geschlossene Volkswirtschaft) steht nur die im Inland erzeugte Gütermenge für Investition und Konsum zur Verfügung. Werden dagegen auch die wirtschaftlichen Beziehungen mit dem **Ausland** berücksichtigt (offene Volkswirtschaft), ändert sich die im Inland verfügbare Gütermenge durch **Exporte** und **Importe**. Der Export und Import von Waren und Dienstleistungen wird im Kreislaufschema durch folgende Geldströme erfasst:

Güterexport: Einnahmestrom vom Ausland an die Unternehmen[1] im Inland,
Güterimport: Ausgabestrom von den Unternehmen[1] im Inland an das Ausland.

D Die Differenz zwischen Export und Import ist der Außenbeitrag.

1 Im Kreislaufschema wird unterstellt, dass nur Unternehmen Außenhandel betreiben, obwohl auch private Haushalte z.B. bei Auslandsreisen Dienstleistungen importieren.

Exportieren die Unternehmen mehr, als sie importieren, ist der Außenbeitrag positiv. In diesem Fall werden in der Volkswirtschaft weniger Güter konsumiert und/oder investiert, als im Inland hergestellt werden. In Höhe des positiven Außenbeitrags (= Exportüberschuss) entsteht für die Volkswirtschaft eine Vermögenserhöhung in Form von Forderungen gegenüber dem Ausland. Ist der Außenbeitrag einer Volkswirtschaft negativ, werden mehr Güter konsumiert und/oder investiert, als im Inland hergestellt werden. In Höhe des negativen Außenbeitrags (= Importüberschuss) entsteht für die Volkswirtschaft eine Vermögensminderung in Form von Verbindlichkeiten gegenüber dem Ausland. Die durch den Außenbeitrag eintretende Vermögensänderung wird im Kreislaufschema im Pol Vermögensänderung erfasst.

4.2 Messgröße der gesamtwirtschaftlichen Leistung: Das Inlandsprodukt

Lernziele:

Nach der Bearbeitung des Kapitels sind Sie in der Lage, Folgendes zu tun:

Sie ...

- ... beschreiben die Aufgaben der Volkswirtschaftlichen Gesamtrechnung (VGR).
- ... definieren den Begriff „Inlandsprodukt".
- ... beschreiben Aufbau und Inhalt des Produktionskontos eines Unternehmens.
- ... unterscheiden Produktionswert, Netto- und Bruttowertschöpfung voneinander.
- ... erklären Aufbau und Inhalt des gesamtwirtschaftlichen Produktionskontos.
- ... unterscheiden die Begriffe „Bruttoinlandsprodukt", „Bruttonationaleinkommen", „Bruttoinlandsprodukt zu Marktpreisen", „Nettoinlandsprodukt zu Marktpreisen" und „Nettoinlandsprodukt zu Faktorkosten" voneinander.
- ... unterscheiden die Entstehungsrechnung, die Verteilungsrechnung sowie die Verwendungsrechnung des Inlandsprodukts voneinander.
- ... erläutern die Positionen der Entstehungsrechnung, der Verteilungsrechnung sowie der Verwendungsrechnung des Inlandsprodukts.
- ... definieren den Begriff „Lohnquote".
- ... unterscheiden zwischen dem nominalen und dem realen Inlandsprodukt.
- ... erklären die Bedeutung des Inlandsprodukts pro Kopf.
- ... nehmen kritisch zur Aussagekraft des Inlandsprodukts als Wohlstandsindikator Stellung.

4.2.1 Erfassung der gesamtwirtschaftlichen Leistung: Volkswirtschaftliche Gesamtrechnung und gesamtwirtschaftliches Produktionskonto

In der Volkswirtschaftlichen Gesamtrechnung (VGR) werden die Ergebnisse des Wirtschaftsprozesses einer Volkswirtschaft, soweit sie zahlenmäßig erfassbar sind, für eine vergangene Periode (in der Regel ein Jahr) dargestellt. Die statistischen Zahlen der VGR liefern u.a. den Trägern der **Wirtschaftspolitik** (z.B. Bundes- und Landesregierungen, Zentralbank, Tarifpartner, Wirtschaftsverbände) und den Wirtschaftsforschungsinstituten wichtige Informationen für gesamtwirtschaftliche Analysen und Prognosen. Auf der Grundlage der Ergebnisse der Vorperiode kann rückblickend festgestellt werden, welche Wirkungen die wirtschaftspolitischen Maßnahmen gehabt haben und inwieweit die zahlenmäßig formulierten Ziele tatsächlich erreicht wurden. Für die **Wirtschaftswissenschaft** ist das Zahlenwerk der VGR ein unverzichtbares Mittel, um Theorien über Wirkungszusammenhänge in der Volkswirtschaft (z. B. gesamtwirtschaftliche Auswirkungen von Konsum und Investition) zu überprüfen. Eine Hauptaufgabe der VGR ist die Berechnung des **Inlandsprodukts.**

D Das Inlandsprodukt ist der Wert aller Waren (Sachgüter) und Dienstleistungen, der in einer bestimmten Periode im Inland (von In- und Ausländern) produziert wird. Die Vorleistungen, die bei der Produktion verbraucht wurden, bleiben dabei unberücksichtigt.

D Das Inlandsprodukt wird als Maß für die wirtschaftliche Leistung und den Wohlstand einer Volkswirtschaft verwendet.

D Wird von Wirtschaftswachstum gesprochen, ist damit der Anstieg des Inlandsprodukts gemeint.

Sektoren in der Volkswirtschaftlichen Gesamtrechnung

Die Ermittlung des Inlandsprodukts erfolgt, indem zunächst die in Geld bewerteten Produktionsergebnisse aller Institutionen, die in einer Volkswirtschaft Waren und Dienstleistungen herstellen, addiert werden. Für die **statistischen Zwecke** der Volkswirtschaftlichen Gesamtrechnung wird dazu eine Gliederung in folgende **Sektoren** vorgenommen:

Unternehmen (finanzielle und nicht finanzielle Kapitalgesellschaften)		Staat		Private Haushalte und private Organisationen ohne Erwerbszweck
Wertschöpfung (Produktionswert – Vorleistungen) der Unternehmen	+	Wert der größtenteils unentgeltlich zur Verfügung gestellten Leistungen des Staates	+	Wertschöpfung (Produktionswert – Vorleistungen) der privaten Haushalte u. Ä.
		= **Gesamtwirtschaftliches Produktionsergebnis**		

Das gesamtwirtschaftliche Produktionskonto

Im betrieblichen Rechnungswesen wird das Produktionsergebnis eines Unternehmens in der Gewinn- und Verlustrechnung erfasst, indem im Produktionsprozess entstehende Aufwendungen (u. a. Vorleistungen, Abschreibungen, Löhne, Zinsen) und die durch die produzierten Güter entstehenden Erträge (Verkaufserlöse, Bestandserhöhungen, selbst erstellte Anlagen) gegenübergestellt werden. Für die Ermittlung des Produktionsergebnisses eines Unternehmens im Rahmen der VGR wird das Schema der Gewinn- und Verlustrechnung geringfügig abgewandelt und als **Produktionskonto eines Unternehmens** bezeichnet.

Kosten	Produktionskonto eines Unternehmens		Leistungen
	1. Käufe von Vorleistungen 1.1 von inländischen Unternehmen 1.2 aus dem Ausland (Import)	**4. Umsätze** (ohne Umsatzsteuer) = Verkauf von 4.1 Konsumgütern an private Haushalte 4.2 Vorleistungen 4.2.1 an Unternehmen 4.2.2 an den Staat 4.3 Investitionsgütern 4.3.1 an Unternehmen 4.3.2 an den Staat 4.4 Gütern an das Ausland (Export) **5. Bestandsveränderung an Erzeugnissen** (Lagerinvestition) **6. Selbst erstellte Anlagen**	**Produktionswert** (4.–6.)
Bruttowertschöpfung (2.–3.)	**2. Abschreibung** **3. Nettowertschöpfung** 3.1 Löhne und Gehälter 3.2 Zinsen, Pachten 3.3 Gewinn		

D Vorleistungen sind alle nicht dauerhaften Güter, die innerhalb einer Wirtschaftsperiode produziert und von anderen Unternehmen verbraucht werden. Dazu gehören auch die an Unternehmen geleisteten Dienstleistungen.

F
Bruttowertschöpfung = Produktionswert – Vorleistungen
Nettowertschöpfung = Bruttowertschöpfung – Abschreibungen

Die Produktionskonten der einzelnen Unternehmen lassen sich zum **Produktionskonto des Sektors Unternehmen** zusammenfassen.

Die Vorleistungen erscheinen beim Verkäufer auf der rechten Kontenseite in Form von Umsätzen. Beim Käufer der Vorleistungen erscheint derselbe Betrag auf der linken Kontenseite als Aufwand. Bei der Zusammenfassung **(Aggregation**[1]**)** der Produktionskonten aller Unternehmen heben sich somit die verkauften und gekauften Vorleistungen gegenseitig auf.

D Bei der Zusammenfassung der Produktionskonten der einzelnen Unternehmen zum Produktionskonto des Sektors Unternehmen heben sich die Käufe und Verkäufe von Vorleistungen zwischen inländischen Unternehmen gegenseitig auf.

Gesamtwirtschaftliches Produktionskonto

Neben dem **Produktionskonto des Sektors Unternehmen** lässt sich auch ein **Produktionskonto des Sektors Staat** und ein **Produktionskonto des Sektors Private Haushalte** (dazu gehören nach der Definition für statistische Zwecke auch alle Landwirte, Einzelunternehmer und Freiberufler) erstellen.

Durch die Zusammenfassung dieser drei verschiedenartigen sektoralen Produktionskonten (= **Konsolidierung**[2]) ergibt sich das **gesamtwirtschaftliche Produktionskonto.**

Um das Inlandsprodukt und dessen Zusammensetzung auszuweisen, kann das **gesamtwirtschaftliche Produktionskonto** unter Berücksichtigung folgender Zusammenhänge aufbereitet und modifiziert werden:

---

1 Aggregation *(lat.)*: Zusammenfassung von einzelwirtschaftlichen (mikroökonomischen) zu gesamtwirtschaftlichen (makroökonomischen) Größen.

2 Konsolidierung *(lat.)*: Zusammenfassung sektoraler Größen, wobei gleichartige Größen addiert bzw. saldiert werden.

4.7, S. 128

Aufbereitetes gesamtwirtschaftliches Produktionskonto (Inlandsprodukt) für die Bundesrepublik Deutschland 2019 (in Mrd. €)

Bruttoinlandsprodukt zu Marktpreisen	Abschreibungen (D)	637,000	Konsumausgaben der privaten Haushalte und der priv. Org. ohne Erwerbszweck (Private Konsumausgaben) (C_H)	1.793,981
Nettoinlandsprodukt zu Marktpreisen	Produktions- und Importabgaben an den Staat (368,552) abzüglich Subventionen (31,729) (Nettoproduktionsabgaben)	336,823	Konsumausgaben des Staates (C_{st})	699,405
Nettoinlandsprodukt zu Faktorkosten	Löhne, Gehälter, Zinsen, Pachten, Gewinne (Y)	2.461,937	Bruttoinvestition der Untern. 649,396 (I^{br}_U) des Staates 85,286 (I^{br}_{St})	734,682
			Außenbeitrag (Ex–Im)	207,692
	Bruttoinlandsprodukt	3.435,760		3.435,760

Zahlen entnommen von Statistisches Bundesamt, VGR 2019, Fachserie 18, Reihe 1.4, März 2020, Tab. 2.3.1 u. a.

- **Vorleistungen** werden nicht ausgewiesen. Bei der Zusammenfassung der Produktionskonten heben sich nicht nur die **Vorleistungen innerhalb eines Sektors** (Käufe und Verkäufe von Vorleistungen zwischen inländischen Unternehmen), sondern auch die **Vorleistungen zwischen den Sektoren** (z. B. Vorleistungskäufe des Staates von inländischen Unternehmen) gegenseitig auf. Durch die **Konsolidierung** der Konten neutralisieren sich die Vorleistungen und können entfallen.
- Die einzelnen Güterarten, aus denen sich das gesamtwirtschaftliche Produktionsergebnis zusammensetzt **(Konsum der privaten Haushalte, Konsum des Staates, Investitionen, Exporte)**, werden getrennt ausgewiesen. Die **Investitionen** umfassen neben den Verkäufen von Investitionsgütern an inländische Unternehmen und Staat auch die Bestandsveränderungen (Lagerinvestitionen) sowie die importierten und selbst erstellten Anlagen. **Die Konsumausgaben des Staates** entsprechen dem **Kollektivkonsum**, d. h. dem Wert der Güter, die vom Staat selbst produziert werden (allerdings ohne die selbst erstellten Anlagen und Verkäufe). Außerdem umfassen sie die **sozialen Sachtransfers** (z. B. Arzt- und Krankenhausleistungen, Medikamente), die den privaten Haushalten vom Staat zur Verfügung gestellt werden.
- Die importierten Vorleistungen werden zusammen mit anderen Importen, die in einem besonderen Konto „Ausland" erfasst werden, von den Exporten abgezogen. Der Saldo wird als **Außenbeitrag** ausgewiesen.
- Es wird unterstellt, dass die Unternehmen nicht nur die pro Einheit zu entrichtenden Steuern (= **Gütersteuern** wie z. B. Verbrauchssteuern und Zölle)[1], sondern auch alle anderen **Produktions- und Importabgaben**[2] (z. B. Gewerbesteuer, Kfz-Steuer, Grundsteuer) in die Verkaufspreise einkalkulieren und gleichzeitig die Verkaufspreise um die als Steuererstattung anzusehenden **Subventionen** verringern. Die Verkaufspreise beinhalten somit die Differenz aus Produktions- bzw. Importabgaben und Subventionen **(= Nettoproduktionsabgaben)**.

1 Zu den Gütersteuern zählen alle Steuern und ähnlichen Abgaben, die **pro Einheit** einer gehandelten Ware oder Dienstleistung zu entrichten sind. Sie umfassen u. a. die Verbrauchssteuern (z. B. Mineralöl- und Tabaksteuer), die Versicherungssteuer und Importabgaben (z. B. Zölle).
Die Umsatzsteuer gehört nur in den Fällen zu den Gütersteuern, in denen ein Unternehmen die auf Vorleistungen gezahlte Umsatzsteuer nicht als Vorsteuer abziehen kann (= nicht abziehbare Umsatzsteuer). Das trifft beispielsweise dann zu, wenn die Leistung eines Unternehmens nicht der Umsatzsteuer unterliegt und daher ein Vorsteuerabzug nicht möglich ist (z. B. Bank- und Versicherungsdienstleistungen).

2 Der Begriff „Produktions- und Importabgaben" ist umfassender als der Begriff „Gütersteuern". Zu den Produktions- und Importabgaben gehören neben den pro Produkteinheit zu entrichtenden Gütersteuern auch alle anderen Steuern, die vor der Ermittlung des steuerpflichtigen Gewinns abgezogen werden können (z. B. Kostensteuern wie Kfz-Steuer, Grundsteuer).

Aus diesem aufbereiteten gesamtwirtschaftlichen Produktionskonto lassen sich wichtige Größen und Zusammenhänge der Volkswirtschaftlichen Gesamtrechnung ableiten:

D Das Bruttoinlandsprodukt zu Marktpreisen (BIP) entspricht dem Wert aller in einem bestimmten Zeitraum im Inland hergestellten Güter nach Abzug der im Produktionsprozess verbrauchten Vorleistungen.

Dazu werden die Güter zu ihren Verkaufspreisen bewertet. Für Güter, die keinen Verkaufspreis haben, werden ersatzweise die bei ihrer Herstellung entstandenen Kosten angesetzt. Dazu gehören auch die vom Staat kostenlos zur Verfügung gestellten Leistungen (= Konsumausgaben des Staates, CSt). Werden vom Bruttoinlandsprodukt zu Marktpreisen die Abschreibungen abgezogen, ergibt sich das **Nettoinlandsprodukt zu Marktpreisen**. Dieses beinhaltet gegenüber dem Bruttoinlandsprodukt nicht mehr die Bruttoinvestition, sondern nur noch die Nettoinvestition.

Inlandsprodukt und Volkseinkommen, Deutschland 2019 (in Mrd. €)

Inlandsprodukt			Nationaleinkommen
Bruttoinlandsprodukt zu Marktpreisen 3.435,760	+ Erwerbs- und Vermögenseinkommen, die Inländer aus dem Ausland beziehen – Erwerbs- und Vermögenseinkommen, die Ausländer im Inland beziehen	+ 99,612	= **Bruttonationaleinkommen** (BNE) 3.535,372
– Abschreibungen 637,000			– Abschreibungen 637,000
= **Nettoinlandsprodukt** zu Marktpreisen 2.798,760	+ Erwerbs- und Vermögenseinkommen, die Inländer aus dem Ausland beziehen – Erwerbs- und Vermögenseinkommen, die Ausländer im Inland beziehen	+ 99,612	= **Nettonationaleinkommen** 2.898,372
– Produktionssteuern + Subventionen } 336,823			– Produktionssteuern + Subventionen } 336,823
= **Nettoinlandsprodukt** zu Faktorkosten 2.461,937	+ Erwerbs- und Vermögenseinkommen, die Inländer aus dem Ausland beziehen – Erwerbs- und Vermögenseinkommen, die Ausländer im Inland beziehen	+ 99,612	= **Volkseinkommen** 2.561,549

Zahlen entnommen von Statistisches Bundesamt, VGR 2019 (vorläufige Ergebnisse), März 2020.

Werden vom Nettoinlandsprodukt zu Marktpreisen die Produktions- und Importabgaben abgezogen und die Subventionen hinzugezählt, wird die gleiche aus Konsumgütern, Investitionen und Außenbeitrag bestehende Gütermenge nicht mehr zu Marktpreisen bewertet, sondern zu den Kosten, die bei ihrer Herstellung durch den Einsatz der Produktionsfaktoren entstanden sind. Dabei gelten auch die Gewinne als Faktorkosten.

Die sich nach Abzug des Saldos aus Produktionsabgaben und Subventionen ergebende Größe ist das **Nettoinlandsprodukt zu Faktorkosten**. Da neben den im Produktionsprozess angefallenen **Faktorkosten** in gleicher Höhe auch **Faktoreinkommen** entstanden sind, ist diese Größe identisch mit den im **Inland** entstandenen Faktoreinkommen (Löhne, Gehälter, Zinsen, Pachten, Gewinne).

Während das **Inlandsprodukt** den Wert der im **Inland** produzierten Güter angibt, stellt das **Nationaleinkommen** auf die bei der Güterproduktion entstandenen Einkommen aller **Inländer** ab. Um das Nationaleinkommen zu berechnen, müssen demzufolge

- die Faktoreinkommen, die Inländer aus dem Ausland beziehen, zum Inlandsprodukt hinzugezählt und
- die Faktoreinkommen, die Ausländer aus dem Inland beziehen, vom Inlandsprodukt abgezogen

werden. Unter Berücksichtigung der obigen Tabelle lässt sich auch das **Volkseinkommen** berechnen.

> **D** Das Volkseinkommen ist die Summe der Erwerbs- und Vermögenseinkommen, die Inländern für die Zurverfügungstellung von Produktionsfaktoren aus dem In- und Ausland zugeflossen sind (Faktoreinkommen).

4.2.2 Entstehung und Verwendung des Inlandsprodukts – Verteilung des Volkseinkommens

In der volkswirtschaftlichen Gesamtrechnung gibt es drei verschiedene Berechnungsansätze zur Ermittlung des Inlandsprodukts, nämlich die **Entstehungsrechnung**, die **Verwendungsrechnung** und die **Verteilungsrechnung**.

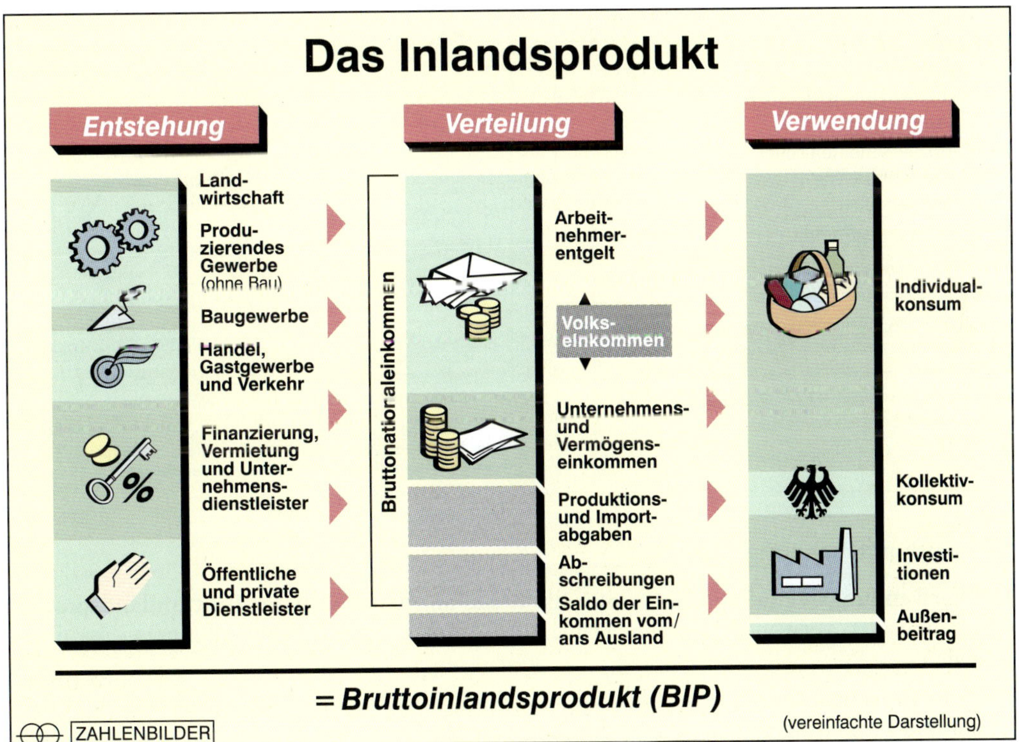

200 221

Aktuelle Zahlen: www.destatis.de

Entstehungsrechnung

Die Entstehungsrechnung gibt für eine abgeschlossene Wirtschaftsperiode Auskunft darüber, welche Wirtschaftsbereiche in welchem Umfang zur **Entstehung des Bruttoinlandsprodukts** beigetragen haben. Dazu werden alle Wirtschaftseinheiten, die Güter produzieren, einem der folgenden Bereiche zugeordnet:

- Land- und Forstwirtschaft, Fischerei (Primärer Sektor)
- produzierendes Gewerbe (Sekundärer Sektor)

- Dienstleistungen (Tertiärer Sektor) mit den Bereichen Handel, Gastgewerbe und Verkehr, Finanzierung, Vermietung und Unternehmensdienstleister sowie öffentliche und private Dienstleister.

Jeder dieser Bereiche trägt – abgesehen von bewertungsbedingten Korrekturen – annähernd in Höhe seiner Bruttowertschöpfung zum Bruttoinlandsprodukt bei. Die Entstehungsrechnung gibt Einblick in die sektorale Produktionsstruktur einer Volkswirtschaft, indem sie die Anteile der einzelnen Wirtschaftsbereiche am Bruttoinlandsprodukt deutlich macht. Durch einen Zeitvergleich lassen sich Veränderungen der Produktionsstruktur (z. B. abnehmende Bedeutung des landwirtschaftlichen und gewerblichen Bereichs bei gleichzeitig stark zunehmender Bedeutung des Dienstleistungssektors) erkennen.

Entstehung des Bruttoinlandsprodukts in Deutschland 2019 (in Mrd. Euro)

Bruttowertschöpfung der Wirtschaftsbereiche:	
Land- und Forstwirtschaft, Fischerei	27,311
+ Produzierendes Gewerbe (ohne Bau)	749,075
+ Baugewerbe	171,732
+ Handel, Gastgewerbe und Verkehr	501,994
+ Finanzierung, Vermietung und Unternehmensdienstleister[1]	917,473
+ Öffentliche[2] und private Dienstleister[3]	725,399
= Bruttowertschöpfung aller Wirtschaftsbereiche	3.092,984
+ Nettogütersteuer[4]	342,776
= Bruttoinlandsprodukt	**3.435,760**

1 z. B. Rechtsanwälte, Steuerberater
2 z. B. Schul- und Gesundheitswesen
3 z. B. Künstler, Unterhaltung
4 Gütersteuern abzüglich Gütersubventionen

Zahlen entnommen von Stat. Bundesamt, VGR 2019 (vorläufige Ergebnisse), März 2020, Fachserie 18/Reihe 1.4, Wiesbaden 2020, u. a. Tab. 2.2.1.

Entstehung des BIP

Entwicklung der prozentualen Anteile der 5 Sektoren an der gesamten Bruttowertschöpfung seit 1950

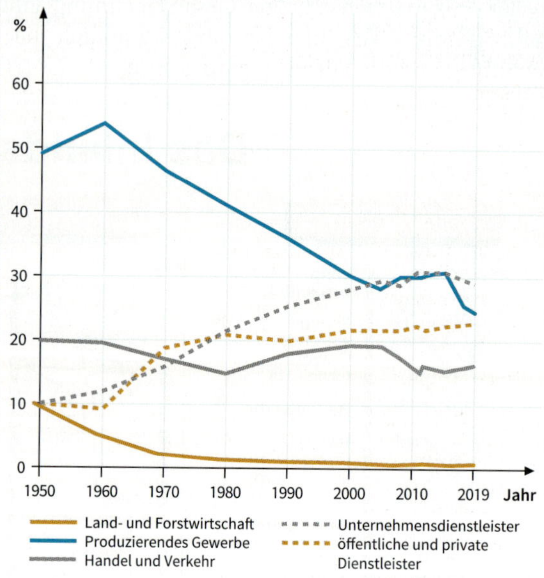

Verwendungsrechnung

Die **Verwendungsrechnung** zeigt, wofür die Güter, aus denen sich das **Bruttoinlandsprodukt** zusammensetzt, verwendet werden. Dabei lassen sich folgende Verwendungszwecke unterscheiden:

- Private Konsumausgaben (einschließlich private Organisationen ohne Erwerbszweck) (C_H)
  Kauf und Errichtung von Gebäuden durch private Haushalte werden den Anlageinvestitionen (Bauinvestitionen) der Unternehmen zugerechnet, da private Haushalte definitionsgemäß nicht investieren können. Alle anderen langlebigen Gebrauchsgüter der privaten Haushalte (z. B. Waschmaschine, Auto) werden dagegen im Jahr der Anschaffung mit ihrem vollen Wert als Konsum erfasst. Eine zeitliche Verteilung der Anschaffungskosten entsprechend der Nutzungsdauer (= Abschreibung) wird nicht vorgenommen.
- Konsumausgaben des Staates (C_{St})
  Die Berechnung des gesamtwirtschaftlichen **Konsums** erfolgt nach dem Ausgaben- und nach dem Verbrauchskonzept. Nach dem **Ausgabenkonzept** werden die **sozialen Sachtransfers** (z. B. medizinische Versorgung, staatliches Bildungs- und Erziehungswesen) als **Konsumaus-**

gaben des Staates erfasst, weil der Staat diese Leistungen bezahlt. Nach dem **Verbrauchskonzept** erfolgt der Nachweis dieser Leistungen dagegen bei den privaten Haushalten, weil diese die sozialen Sachtransfers in Anspruch nehmen. Es gelten folgende Zusammenhänge zwischen den verschiedenen Konsumbegriffen:

F

C_{St} = Kollektivkonsum + soziale Sachtransfers

Ausgabenkonzept				**Verbrauchskonzept**
Konsumausgaben des Staates	–	soziale Sachtransfers	=	Kollektivkonsum
Private Konsumausgaben	+	soziale Sachtransfers	=	Individualkonsum

- Bruttoinvestition, bestehend aus Ausrüstungen, Bauten, sonstigen Anlagen (immaterielle Anlageinvestitionen) und Vorratsinvestitionen (I^{br})
- Außenbeitrag (Ex-Im)

Verwendung des Bruttoinlandsprodukts in Deutschland 2020 (in Mrd. Euro)

Konsum		2.493,386
davon entfallen auf		
Private Konsumausgaben	*1.740,648*	
Konsumausgaben des Staates	*699,405*	
+ Bruttoinvestitionen		734,682
davon entfallen auf		
Ausrüstungen	*239,817*	
Bauten	*373,324*	
Sonstige Anlagen	*133,733*	
Vorratsveränderungen	*– 12,192*	
+ Außenbeitrag (Exporte – Importe)		207,692
davon entfallen auf		
Exporte	*1.585,770*	
Importe	*1.379,711*	
Bruttoinlandsprodukt		3.435,760
– Wertminderung (Abschreibung)		637,000
= Nettoinlandsprodukt		2.798,760

Zahlen entnommen von Stat. Bundesamt, VGR 2019 (vorläufige Ergebnisse), März 2020, Fachserie 18/ Reihe 1.4, Wiesbaden 2020, u. a. Tab. 3.3.1.

Verwendung des BIP

Entwicklung der prozentualen Anteile der 4 Verwendungsarten am BIP seit 1950

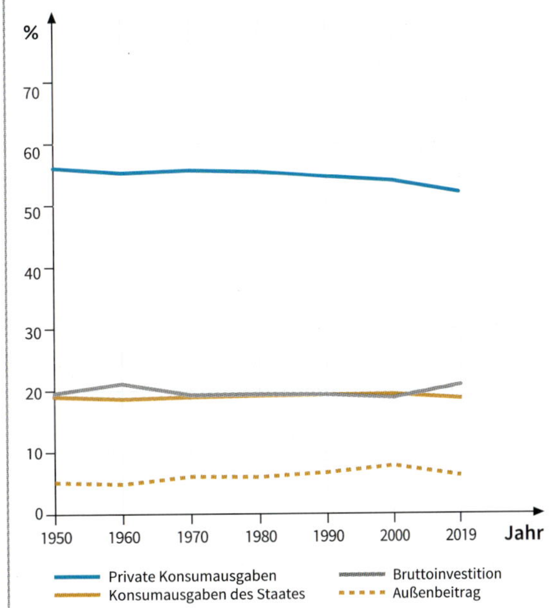

Verteilungsrechnung

Ausgangsgröße für die **Verteilungsrechnung** ist das **Volkseinkommen.**

Die Verteilungsrechnung zeigt die Aufteilung des Volkseinkommens auf die beiden Einkommensarten:

- Arbeitnehmerentgelt (Bruttolöhne/-gehälter und Sozialbeiträge der Arbeitgeber)
- Unternehmens- und Vermögenseinkommen (Gewinne, Zinsen, Mieten, Pachten)

D

Der prozentuale Anteil der Arbeitnehmerentgelte am Volkseinkommen wird als Lohnquote bezeichnet.

Aus dem Volkseinkommen lässt sich das **verfügbare Einkommen** der privaten Haushalte ableiten, das in der Volkswirtschaftslehre als wichtige Bestimmungsgröße für die Konsumgüternachfrage angesehen wird. Dazu müssen einerseits die einbehaltenen Unternehmensgewinne, die vom Staat aus seinen Unternehmens- und Vermögensbeteiligungen erzielten Einkünfte sowie die von den privaten Haushalten zu zahlenden direkten Steuern und Sozialversicherungsabgaben vom Volkseinkommen abgezogen werden. Andererseits sind die an die privaten Haushalte gezahlten Transfereinkommen (Renten, Sozialhilfe usw.) hinzuzuzählen.

Verteilung des Volkseinkommens in Deutschland 2019 (in Mrd. Euro)

Bruttolöhne und -gehälter	1.522,811
+ Sozialbeiträge der Arbeitgeber	326,313
= Arbeitnehmerentgelt	1.849,124
+ Unternehmens- u. Vermögenseinkommen (brutto)	712,425
Volkseinkommen	**2.561,549**
Lohnquote	**72,2 %**
Verfügbares Einkommen der privaten Haushalte	2.393,911
– Konsum der privaten Haushalte	2.234,613
+ Zunahme betr. Versorgungsanspr.	60,404
= Sparen der privaten Haushalte	219,702
Sparquote	**10,9 %**

Quelle: Stat. Bundesamt, VGR 2019, März 2020 (vorläufige Ergebnisse), Fachserie 18/Reihe 1.4, Wiesbaden 2020, u. a. Tab. 3.4.4.1.

Verteilung des Volkseinkommens

Grafische Darstellung der Entwicklung der Lohnquote seit 1950 in %

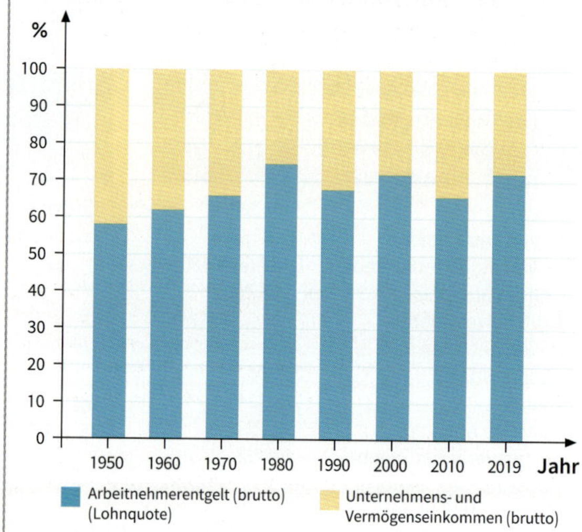

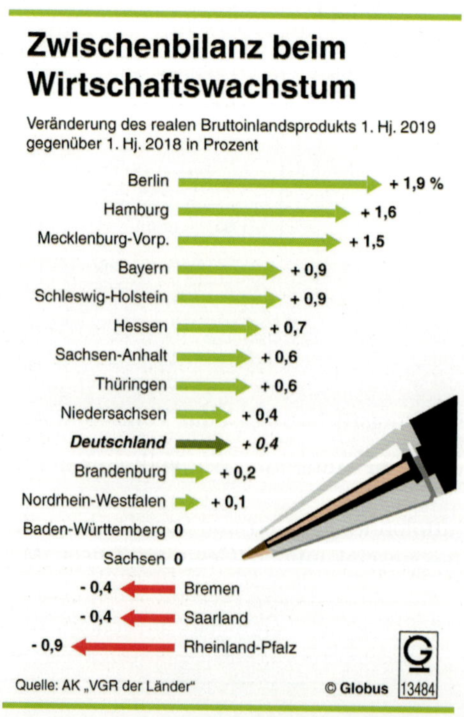

Zusammenhang zwischen Entstehungs-, Verwendungs- und Verteilungsrechnung

4.8, S. 128

Entstehung- und Verwendung des Bruttoinlandsprodukts, Verteilung des Volkseinkommens für die Bundesrepublik Deutschland 2019 (in Mrd. €)

Entstehungsrechnung	
Bruttowertschöpfung der Wirtschaftsbereiche:	
Land- und Forstwirtschaft, Fischerei	27,311
+ Produzierendes Gewerbe (mit Baugew.)	920,807
+ Handel, Gastgewerbe und Verkehr	501,994
+ Finanzierung, Versicherung, Vermietung und sonst. Unternehmensdienstleister	917,473
+ Öffentliche und private Dienstleister	725,399
= Bruttowertschöpfung aller Wirtschaftsbereiche	3.092,984
+ Gütersteuern abzüglich Gütersubventionen	342,776
= Bruttoinlandsprodukt zu Marktpreisen	**3.435,760**

Verwendungsrechnung		
Konsum		2.493,386
davon entfallen auf		
private Konsumausgaben	1.740,648	
Konsumausgaben des Staates	699,405	
+ Bruttoinvestitionen		734,682
davon entfallen auf		
Ausrüstungen	239,817	
Bauten	373,324	
Sonstige Anlagen	133,733	
Vorratsveränderungen	– 12,192	
+ Außenbeitrag (Exporte – Importe)		207,692
davon entfallen auf		
Exporte	1.612,057	
Importe	1.404,365	
Bruttoinlandsprodukt zu Marktpreisen		**3.435,760**

= Bruttoinlandsprodukt zu Marktpreisen	**3.435,760**
+ Primäreinkommen, die Inländer aus dem Ausland beziehen – Primäreinkommen, die Ausländer aus dem Inland beziehen Saldo:	+ 99,612
= Bruttonationaleinkommen	**3.535,372**
– Abschreibungen	**637,000**
= Nettonationaleinkommen (Primäreinkommen)	**2.898,372**
– Produktions- und Importabgaben + Subventionen	**336,823**
= Volkseinkommen	**2.561,549**

Volkseinkommen 2.561,549

Verteilungsrechnung			
Unternehmens- und Vermögenseinkommen (brutto)	**712,425**	**Arbeitnehmerentgelt**	**1.849,124**
– Öffentliche Abgaben auf Einkommen aus Unternehmertätigkeit und Vermögen (direkte Steuern u. Ä.) + Saldo lfd. Übertragungen		– Sozialbeiträge der Arbeitgeber	**326,313**
		= Bruttolöhne u. -gehälter	**1.522,811**
		– Lohnsteuer und Sozialbeiträge der Arbeitnehmer	**501,060**
= Nettoeinkommen aus Unternehmertätigkeit und Vermögen		**= Nettolohn- und -gehaltssumme (Nettoeinkommen aus unselbstständiger Arbeit)**	**1.021,751**

eigene Darstellung nach Daten von Statistisches Bundesamt, VGR 2019, März 2020, div. Tabellen.

4.2.3 Nominales und reales Inlandsprodukt

Mit dem Inlandsprodukt zu Marktpreisen sollen eigentlich Güterströme gemessen werden. Tatsächlich wird aber durch Bewertung der Güter mit ihren Marktpreisen der **Geldwert dieser Güter** gemessen. Nur durch die Verwendung einer solchen einheitlichen Messgröße (z. B. Währungseinheit Euro) können die verschiedenen Güterarten und -mengen zu einer einzigen Größe wie dem Inlandsprodukt zusammengefasst werden. Es wäre aber irreführend, einfach den in Euro ausgedrückten Geldwert der Produktionsergebnisse zweier Jahre miteinander zu vergleichen und daraus Schlüsse über die Veränderung der verfügbaren Gütermenge zu ziehen. Der in Geldeinheiten ausgedrückte Wert der im Inlandsprodukt enthaltenen Güter kann sich nämlich durch allgemeine Preissteigerungen **nominal** (= dem Nennwert nach) erhöht haben, ohne dass tatsächlich mehr Güter produziert wurden. Sollen die Produktionsergebnisse mehrerer Jahre miteinander verglichen werden, um Aussagen über die Güterversorgung der Bevölkerung und die wirtschaftliche Leistungsfähigkeit der Volkswirtschaft machen zu können, sind daher nicht **nominale**, sondern nur **reale** Veränderungen des Inlandsprodukts von Interesse. Um die reale Entwicklung zu erfassen, muss das nominale Inlandsprodukt um die in diesem Zeitraum eingetretene Preissteigerung korrigiert werden, d. h. das Inlandsprodukt muss zu **konstanten Preisen** berechnet werden. Nicht das nominale, sondern nur das reale Inlandsprodukt kann bei einem **Zeitvergleich** als Messgröße für die Entwicklung der gesamtwirtschaftlichen Leistung infrage kommen.

B

Beispiel für die Berechnung des Bruttoinlandsprodukts (BIP) zu konstanten Preisen für die Bundesrepublik Deutschland

Jahr	Nominales Bruttoinlandsprodukt (BIP_n) in Mrd. €	Preisindex[1] (Deflator)
2015	3.030,070	100,00
2019	3.435,760	106,02

Berechnung der nominalen Steigerung in Prozent

3.030,070 Mrd. € = 100 %   3.435,760 Mrd. € = x %

x = 113,39 %   Das BIP ist nominal um ca. 13,39 % gestiegen.

Berechnung des realen Bruttoinlandsprodukts (BIP_r)[2]

$$BIP_r = \frac{BIP_n}{\text{Preisindex}} \cdot 100 = \frac{3.435,760}{106,02} \cdot 100 \approx 3.240,672$$

Im Jahr 2019 betrug das reale BIP (in Preisen von 2015) 3.240,672 Mrd. €.

Berechnung der realen Steigerung in Prozent

3.030,070 Mrd. € = 100 %   3.240,672 Mrd. € = x %

x = 106,95 %

Das BIP ist real um ca. 6,95 % gestiegen.

Entwicklung des nominalen und realen BIP 2015–2019

Jahr	BIP in jeweiligen Preisen		BIP_r in Preisen von 2015	
	Mrd. €	Veränderung in %	Mrd. €	Veränderung in %
2015	3.030,070	3,5	3.030,070	1,7
2016	3.134,100	3,4	3.097,855	2,2
2017	3.244,990	3,5	3.174,205	2,5
2018	3.344,370	3,1	3.222,557	1,5
2019	3.435,760	2,7	3240,672	0,6

F

$$BIP_r = \frac{(BIP_n \cdot 100)}{\text{Preisindex (BIP-Deflator)}}$$

1 Für die Berechnung des realen BIP wird ein spezieller Preisindex (Preisindex für das Bruttoinlandsprodukt, BIP-Deflator) verwendet, der nicht mit dem Verbraucherpreisindex identisch ist. Stat. Bundesamt, VGR des Bundes 2019, März 2020, Tab. 2.3.3, 3.1.1.

2 Seit 2005 weist das Stat. Bundesamt das reale BIP nur noch als Indexzahl und nicht mehr in Euro aus.

D Das nominale Inlandsprodukt beruht auf den Marktpreisen des Berechnungszeitraumes. Das reale Inlandsprodukt wird mit den konstanten Preisen des Vorjahres berechnet. Es ist ein Maßstab für die wirtschaftliche Entwicklung einer Volkswirtschaft unter Ausschaltung der Preissteigerungen.

Um die Leistungsfähigkeit verschiedener Volkswirtschaften miteinander vergleichen und die Güterversorgung der Bevölkerung beurteilen zu können, ist außerdem die Berechnung des Inlandsprodukts pro Kopf nötig. Für den internationalen Vergleich wird üblicherweise das Bruttoinlandsprodukt je Einwohner bzw. das Pro-Kopf-Einkommen als Maßstab benutzt. Trotz einer Steigerung des realen Inlandsprodukts kann das Pro-Kopf-Einkommen sinken, wenn nämlich die Wachstumsrate der Bevölkerung größer ist als die Wachstumsrate des realen Inlandsprodukts. Diese Situation ist für Entwicklungsländer mit starkem Bevölkerungswachstum typisch.

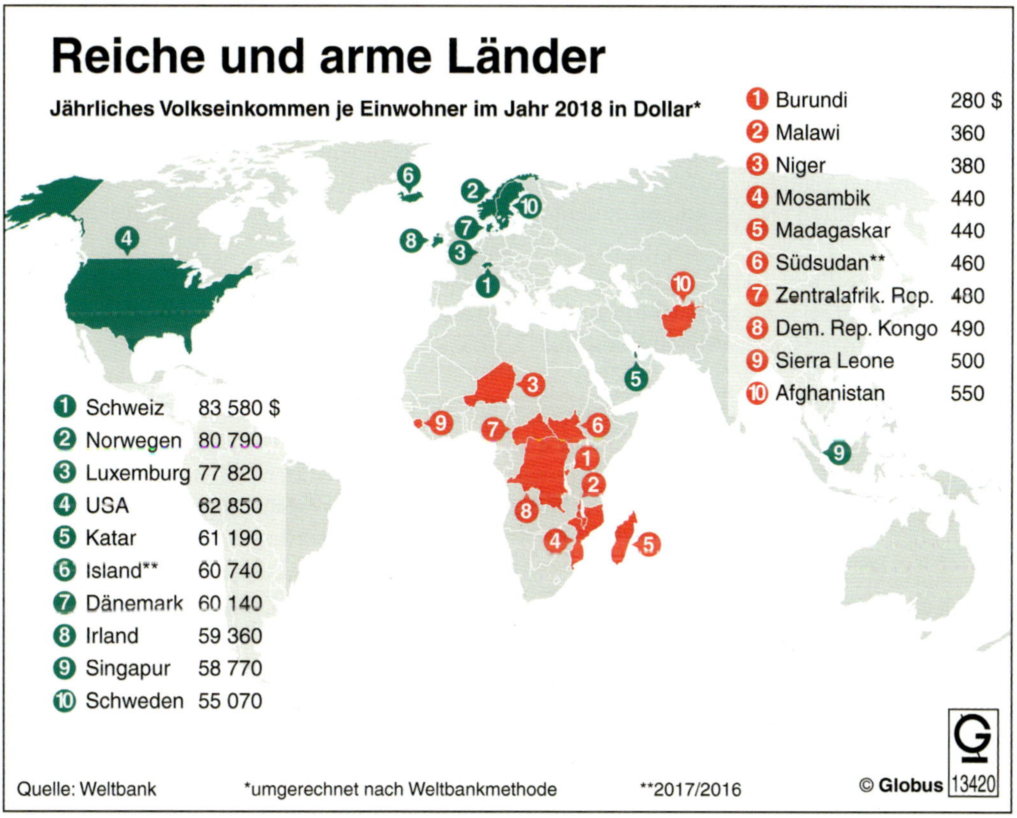

4.2.4 Kritik am Inlandsprodukt als Wohlstandsindikator[1]

Wohlstand, Lebensstandard, Lebensqualität

Das Inlandsprodukt pro Kopf wird häufig auch als Indikator für den **Wohlstand** der Bevölkerung in einer Volkswirtschaft benutzt. Zwar signalisiert ein steigendes Inlandsprodukt pro Kopf eine zunehmende materielle Güterversorgung. Das bedeutet aber nicht ohne Weiteres auch eine Steigerung von **Lebensstandard** und **Wohlstand**. Obwohl diese beiden Begriffe nicht eindeutig definiert und voneinander abgrenzbar sind, beinhalten sie doch beide den Gesichtspunkt, dass das Wohlergehen der Menschen nicht nur von der Menge der bereitgestellten materiellen Güter

4.9, S. 130

1 Indikator *(lat.)*: Messgröße; Größe, die etwas anzeigt

abhängt, sondern auch von solchen immateriellen Gütern wie z. B. Freiheit, soziale Sicherheit, Freizeit und Umwelterhaltung. Dies wird auch mit dem Begriff **Lebensqualität** zum Ausdruck gebracht.

Erfassungs-, Bewertungs- und Zurechnungsprobleme

Ein wesentlicher Kritikpunkt an der Aussagekraft des Inlandsprodukts als Wohlstandsindikator ist die Tatsache, dass bestimmte Vorgänge, die den Wohlstand in einer Volkswirtschaft beeinflussen, nicht in der volkswirtschaftlichen Gesamtrechnung und damit auch nicht im Inlandsprodukt erfasst werden.

D Viele Güter werden im Inlandsprodukt nicht erfasst, weil sie nicht auf Märkten gehandelt werden und daher keinen Marktpreis haben.

Mit Ausnahme der vom Staat kostenlos bereitgestellten Güter (Konsumausgaben des Staates) sind nur solche Waren und Dienstleistungen im Inlandsprodukt enthalten, die auf Märkten gehandelt werden. Das bedeutet beispielsweise, dass weder die Eigenleistungen privater Haushalte (z. B. Hausfrauenarbeit, Kindererziehung, Nachbarschaftshilfe, Hobbygärtner) noch die Befriedigung höherer Bedürfnisebenen (z. B. Bedürfnis nach Geborgenheit, Anerkennung, Selbstverwirklichung) im Inlandsprodukt berücksichtigt sind. Auch die Arbeitsbedingungen, unter denen die Güterproduktion erfolgt, kommen nicht in der Höhe des Inlandsprodukts zum Ausdruck.

D Die in der offiziellen Wirtschaftsstatistik nicht erfasste Schattenwirtschaft (z. B. Schwarzarbeit) trägt zwar zur gesamtwirtschaftlichen Wertschöpfung bei, geht aber nur als Schätzgröße in die Inlandsproduktberechnung ein.

Es können nur solche Leistungen statistisch erfasst und bei der Ermittlung des Inlandsprodukts berücksichtigt werden, die aus Dokumenten und anderen Unterlagen, die den Finanzbehörden vorgelegt werden, ersichtlich sind. Schattenwirtschaftliche Aktivitäten (z. B. Leistungen aus der Beschäftigung ohne formelles Arbeitsverhältnis, Lieferungen und Leistungen ohne Rechnung u. Ä.) gehen daher nur als Schätzgröße in das Inlandsprodukt ein.

D In das Inlandsprodukt gehen nur Gütermengen und Güterpreise ein. Die Qualität der Produkte wird nicht gesondert erfasst.

Die Marktpreise, mit denen die Güter in das Inlandsprodukt eingehen, spiegeln häufig nicht die Produktqualität, die sich beispielsweise auch in der Lebensdauer ausdrückt, wider. Die Herstellung vieler herkömmlicher Glühbirnen mit kurzer Lebensdauer erhöht beispielsweise trotz des Preisunterschiedes das Inlandsprodukt mehr als die Produktion langlebiger Energiesparlampen. Obwohl die Produktionstechnologie laufend verbessert wird, nimmt die Gebrauchsdauer vieler Konsumgüter (z. B. Kühlschränke, Autos, Waschmaschinen, Kleider) ständig ab. Der dadurch entstehende Ersatzbedarf steigert zwar Produktion und Inlandsprodukt, beansprucht aber gleichzeitig natürliche Rohstoffe und schafft erhebliche Entsorgungs-, Abfall- und Umweltprobleme.

D Die Höhe des Inlandsprodukts sagt nichts über die Einkommensverteilung aus.

Aus einer Veränderung des Inlandsprodukts lässt sich nicht ableiten, ob und gegebenenfalls wie sich die Einkommensverteilung verändert hat. Der Wohlstand einer Volkswirtschaft hängt aber nicht nur von der Menge der materiellen Güter ab, sondern auch von der Art und Weise, wie das Gesamteinkommen auf die Bevölkerung verteilt ist.

D Das Inlandsprodukt berücksichtigt nicht den Wert der Freizeit.

Das Inlandsprodukt kann beispielsweise deswegen steigen, weil aufgrund einer verlängerten Wochenarbeitszeit mehr gearbeitet und produziert wird. Dabei wird aber nicht berücksichtigt, dass der durch die Steigerung des Inlandsprodukts bedingte Verzicht auf Freizeit eine Wohlstandsminderung darstellt.

D Das Inlandsprodukt berücksichtigt nicht die sozialen Kosten.

Bei der Güterproduktion entstehen u. a. auch Kosten, die nicht von den verursachenden Unternehmen getragen, sondern auf die Allgemeinheit überwälzt werden (z. B. Schädigung von Umweltgütern in Form von Luftverschmutzung und Gewässerverunreinigung sowie dadurch bedingte Gesundheitsschäden). Dabei handelt es sich um **soziale Kosten**. Sie werden bei der Inlandsproduktberechnung nicht berücksichtigt.

D Die Aufwendungen zur Beseitigung von Umweltschäden erhöhen in Form von Nettoinvestitionen das Nettoinlandsprodukt, obwohl es sich dabei eigentlich um Ersatzinvestitionen handelt.

Aufwendungen für die Entsorgung verseuchter Böden und die Reinigung verschmutzter Gewässer werden als Nettoinvestitionen erfasst und erhöhen demzufolge das Nettoinlandsprodukt. Eigentlich handelt es sich dabei aber um eine Art Ersatzinvestition, um die am Produktionsfaktor Natur eingetretenen Schäden zu beheben. Es liegt keine Wertschöpfung, sondern lediglich eine Werterhaltung vor. Werden die Umweltschäden nicht oder nicht in vollem Umfang behoben, liegt eine Wertminderung vor, um die der Wert des Nettoinlandsprodukts verringert werden müsste.

„Das Sozialprodukt wächst, wenn immer mehr Abfälle die Umwelt belasten. Und es wächst noch einmal, wenn wir Mittel einsetzen, um Umweltschäden zu beseitigen. Es wächst, wenn der Lärm in den Städten zunimmt. Und es wächst noch einmal, wenn wir Lärmschutzanlagen anbringen. Es wächst, wenn der Verbrauch von Medikamenten, Drogen und Alkohol zunimmt. Und es wächst noch einmal, wenn die durch Medikamente, Drogen oder Alkohol Geschädigten behandelt werden müssen."

Eppler, Erhard: Ende oder Wende, 1. Auflage, Stuttgart, Kohlhammer Verlag 1975, S. 38.

D Der Marktwert staatlicher Leistungen ist nicht feststellbar.

Staatliche Leistungen werden nicht auf dem Markt gehandelt, sondern größtenteils ohne unmittelbare Gegenleistung den Unternehmen und Haushalten zur Verfügung gestellt. Da es keinen Marktpreis für diese öffentlichen Güter gibt, werden sie bei der Berechnung des Inlandsprodukts zu ihren Herstellkosten bewertet (Inputbewertung). Dieser Wertansatz ist letztlich willkürlich. Beispielsweise lässt die Höhe der Kosten im Bildungswesen nicht unbedingt Aussagen über die Bildungsergebnisse zu.

D Bestimmte wirtschaftliche Vorgänge werden als Konsum, der das Inlandsprodukt erhöht, angesehen, obwohl es sich dabei eigentlich um Vorleistungen handelt, die nicht in die Höhe des Inlandsprodukts eingehen dürften.

Aufgrund von Bewertungs- und Zurechnungsproblemen werden alle staatlichen Leistungen als Endverbrauch (Konsum) angesehen, obwohl sie teilweise Vorleistungen für die Unternehmen darstellen (z. B. Verkehrswege für den Gütertransport). Da diese Vorleistungen den Unternehmen aber nicht direkt in Rechnung gestellt werden, unterbleibt bei der Ermittlung der Wertschöpfung der Unternehmen (= Produktionswert – Vorleistungen) der Abzug dieser staatlichen Vorleistungen. Daher ist der Wert des Inlandsprodukts um diese staatlichen Vorleistungen zu hoch. Bei den privaten Haushalten stellen dagegen z. B. die Fahrtkosten für den Weg zur Arbeitsstelle in Wirklichkeit keinen Konsum dar, der das Inlandsprodukt erhöht. Vielmehr handelt es sich um Vorleistungen für die Einkommenserzielung.

4.3 Ansätze zur Verbesserung der Wohlstandsmessung

Lernziele:

Nach der Bearbeitung des Kapitels sind Sie in der Lage, Folgendes zu tun:
Sie ...

- ... erklären das Konzept des Ökoinlandsprodukts.
- ... erläutern das Hauptproblem bei einer umweltökonomischen Gesamtrechnung.
- ... nennen soziale Indikatoren zur Wohlstandsmessung.
- ... unterscheiden international gebräuchliche Ansätze zur Wohlstandsmessung.

4.3.1 Ökoinlandsprodukt und umweltökonomische Gesamtrechnung

Die Aussagekraft der VGR ist u. a. deshalb erheblich eingeschränkt, weil die Folgen der wirtschaftlichen Aktivitäten für die Umwelt kaum berücksichtigt werden. Daher wird versucht, ein **Ökoinlandsprodukt** zu ermitteln, dessen Wert gegenüber dem Nettoinlandsprodukt um die Kosten für die Nutzung der natürlichen Ressourcen (z. B. Abbau von Rohstoffen, Belastung der Umwelt) gemindert ist.

F

  Bruttoinlandsprodukt
– Abschreibung auf Anlagegüter
= Nettoinlandsprodukt
– Abschreibung auf Naturvermögen (= Nutzungskosten des Naturvermögens)
= Ökoinlandsprodukt

Die Berechnung scheitert aber derzeit vor allem am Problem der Bewertung und des unzureichenden Datenmaterials. Es existiert beispielsweise bisher kein akzeptabler Bewertungsmaßstab für solche Schäden wie Zerstörung der Ozonschicht, Waldsterben, Ausrottung von Tier- und Pflanzenarten u. Ä.

Um aber trotz dieser Erfassungs- und Bewertungsprobleme im Rahmen der gegenwärtigen Möglichkeiten zumindest den Verbrauch, die Belastung und die Schädigung der natürlichen Ressourcen zu bilanzieren, erstellt das Statistische Bundesamt eine **umweltökonomische Gesamtrechnung (UGR)**[1]. Diese soll aufzeigen,

- welche natürlichen Ressourcen durch Produktion und Konsum beansprucht, verbraucht, entwertet oder zerstört wurden **(= Minderung des Naturvermögens)** und

1 Vgl. Statistisches Bundesamt, Umwelt, Umweltökonomische Gesamtrechnungen 2009, Wiesbaden 2010.

- welche Maßnahmen zur Umweltsanierung ergriffen wurden (= **Mehrung des Naturvermögens**).

Weltweit zeichnet sich eine deutliche Minderung des Naturvermögens ab. Menge und Qualität des Produktionsfaktors Natur verringern sich ständig u. a. durch

- den Verbrauch von nicht erneuerbaren natürlichen Ressourcen (z. B. Bodenschätze),
- die Vernichtung von erschöpfbaren natürlichen Ressourcen (z. B. unkontrollierte Abholzung von Waldbeständen, Gefährdung der Fischbestände durch Überfischung),
- die Belastung der Umwelt mit Schadstoffen.

Ohne verstärktes **nachhaltiges Wirtschaften** *(sustainable development)* und ohne **umweltpolitische Maßnahmen** stößt daher ein weiteres Wirtschaftswachstum in Form einer ständigen Erhöhung des Inlandsprodukts in absehbarer Zeit an Grenzen **(Grenzen des Wachstums)**.[1]

4.3.2 Soziale Indikatoren als Messgrößen für den Wohlstand

Ein weiterer wesentlicher Kritikpunkt an der Aussagekraft der VGR bezieht sich darauf, dass das Inlandsprodukt in erster Linie **quantitative Aussagen** über die **materielle Güterversorgung** zulässt. Solche Bereiche wie Gesundheits- und Bildungsstand der Bevölkerung bleiben hingegen unberücksichtigt. Deshalb wird vorgeschlagen, das Inlandsprodukt als Messgröße für Wohlstandsveränderungen durch ein **System sozialer Indikatoren** zu ergänzen Zu diesem Zweck werden in Deutschland statistische Angaben aus 14 verschiedenen Lebens- und Politikbereichen (z. B. Einkommensverteilung, Wohnung, Gesundheit, Bildung, Freizeit, Verkehr) zugrunde gelegt und ausgewertet. Aber auch mithilfe sozialer Indikatoren wird das Problem, die Entwicklung des Wohlstandes zu messen, nicht zufriedenstellend und ohne Probleme gelöst. Ist es beispielsweise als eine Wohlstandsmehrung anzusehen, wenn die Zahl der Krankenhausbetten steigt, oder ist dies möglicherweise ein Anzeichen für die Verschlechterung des Gesundheitszustands der Bevölkerung? Neben den sonstigen Mess- und Erhebungsfehlern ist eine der Hauptschwierigkeiten dadurch bedingt, dass solche Begriffe wie „Wohlstand“ und „Lebensqualität“ nicht eindeutig sind. Im internationalen Vergleich sind u. a. folgende Indikatoren zur Wohlstandsmessung gebräuchlich:

Net Economic Welfare (NEW)

Der Wohlstandsmaßstab **Net Economic Welfare**, der bereits in den 1970er Jahren vom amerikanischen Nobelpreisträger Paul A. Samuelson[2] vorgestellt wurde, basiert auf dem Bruttoinlandsprodukt. Da aber das Wachstum des Inlandsprodukts mit Umweltbelastungen einhergeht, wird das BIP um die sozialen Kosten in Form von Umweltverschmutzung u. Ä. bereinigt. Außerdem werden Hausfrauenarbeit, Freizeit und bestimmte Ausgaben der öffentlichen Verwaltung berücksichtigt.

Human Development Index (HDI)

Der seit 1990 berechnete **Human Development Index** (HDI) der Vereinten Nationen setzt sich insbesondere aus den Bereichen Einkommen, Bildung und Gesundheit zusammen. Als Indikatoren dienen u. a. die Lebenserwartung, die Dauer des Schulbesuchs und das Pro-Kopf-Einkommen. Demnach lag 2018 Norwegen an der Spitze gefolgt von der Schweiz und Australien. Irland lag auf Platz 4 und Deutschland auf Platz 5.

1 Vgl. D. Meadows, Die neuen Grenzen des Wachstums, Stuttgart 1992.
2 Paul Anthony Samuelson (1915–2009), sehr bedeutender US-amerikanischer Wirtschaftswissenschaftler und Nobelpreisträger (1970).

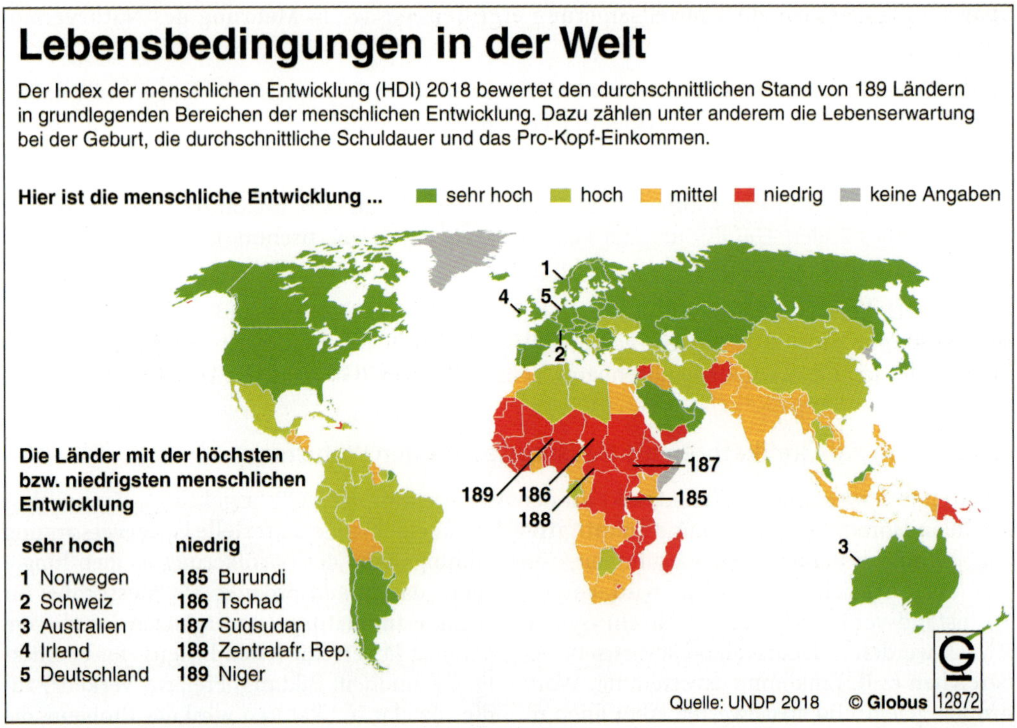

Better Life Index

Der erstmals 2011 veröffentlichte **Better Life Index** der Industrieländer-Organisation OECD[1] berücksichtigt wesentlich mehr Indikatoren als der Human Development Index. Diese werden wie folgt unterschieden:

materiellen Lebensbedingungen	Lebensqualität
z. B. Einkommen, Vermögen, Beschäftigung, Arbeitslosigkeit, Wohnsituation, …	z. B. Gesundheit, Freizeit, Bildung, soziale Bindungen, politische Beteiligung, Umweltqualität, Sicherheit, …

Nach diesem Index lagen 2012 Australien, Norwegen und die USA an der Spitze. Deutschland belegte Platz 17.

Happy Planet Index

Beim Happy Planet Index werden Wohlstand und Wohlbefinden ins Verhältnis zur Umweltbelastung gesetzt. Weil die Beanspruchung der Umwelt besonders stark gewichtet ist, liegen nach diesem Index wirtschaftlich schwächere und klimatisch begünstigte Länder vor den Industrieländern. 2012 belegten Costa Rica, Vietnam und Kolumbien die ersten Plätze, während Deutschland lediglich Rang 46 erreichte.

1 OECD: Organisation for Economic Cooperation and Development (Organisation für wirtschaftliche Zusammenarbeit und Entwicklung). Zur OECD gehören 36 Staaten, vorwiegend Industriestaaten mit hohem Pro-Kopf-Einkommen, die sich der Demokratie und Marktwirtschaft verpflichtet fühlen.

4.4 Grenzen des Wirtschaftswachstums

Lernziele:

Nach der Bearbeitung des Kapitels sind Sie in der Lage, Folgendes zu tun:

Sie ...

- ... erklären die Grenzen des Wachstums an einem Beispiel.
- ... erklären den Begriff „exponentielles Wachstum".
- ... erläutern die Hauptursachen für die Begrenztheit des quantitativen Wachstums.
- ... erklären die Konzepte „qualitatives Wachstum" sowie „nachhaltige Entwicklung".
- ... beschreiben die drei Bereiche, auf die sich nachhaltige Entwicklung beziehen soll.

4.4.1 Probleme des quantitativen Wachstums

Mit einer zunehmenden mengenmäßigen Güterproduktion **(= quantitatives Wachstum)** gehen in vielen Fällen auch ein zusätzlicher Rohstoffverbrauch, vermehrte Emissionen und ein steigendes Verkehrsaufkommen einher. Dies führt zu einer erhöhten **Umweltbelastung.** Die Beseitigung dieser wachstumsbedingten **Umweltschäden** erfordert und bewirkt ihrerseits wiederum Wirtschaftswachstum. Wie in einem „Teufelskreis" ist somit Wachstum nötig, um die Probleme zu beheben, die durch eben dieses Wachstum entstanden sind und weiterhin entstehen.

4.10, S. 131

Die Aufwendungen zur Umweltsanierung gehen wachstumssteigernd in das Bruttoinlandsprodukt ein, obwohl sie eigentlich nur Reparaturen am Produktionspotenzial (Behebung der am Produktionsfaktor Natur eingetretenen Schäden) darstellen. Daran wird die Unzulänglichkeit des Inlandsprodukts als Messgröße für Wirtschaftswachstum deutlich.

> Die alte Frau geht allen in der Warteschlange auf die Nerven: Der Elektro-Kundenservice ist brechend voll [...] Was um Himmels willen will die Alte eigentlich? „Nein, nein", sagt jetzt die Frau. Sie will keinen neuen Kassettenrekorder, sie will den da repariert haben. Der sei schließlich noch ziemlich neu. Zum dritten Mal erklärt der weiß bekittelte Fachmann mit überlegener Miene, dass das teurer würde als ein Neugerät.
>
> Angesichts wachsender Elektroschrott-Berge und dahinschwindender Ressourcen ist das eine perverse Situation – an der die umweltblinde Wachstumswirtschaft allerdings gut verdient: Wenn ich einen Kühlschrank so produziere, dass er fünfzig Jahre hält, werde ich in ein paar Jahren Absatzschwierigkeiten haben. Also baue ich Sollbruchstellen ein: Eine Türdichtung, die verschleißt, oder ein Flaschenregal, das aus der Tür bricht, bevor fünfzig Jahre um sind. Und weil es billiger ist, einen neuen Kühlschrank zu bezahlen als eine Reparatur [...]
>
> *Quelle: Mutz, Michael: Das Pfauenauge und die Volkswirtschaft. In: Greenpeace Magazin, 1/92, S. 14.*

Nicht nur vor dem Hintergrund der wachstumsbedingten Umweltzerstörung wird von Kritikern auf die Begrenzung weiteren Wirtschaftswachstums hingewiesen. Auch in anderen Bereichen zeichnet sich ab, dass wirtschaftliches Wachstum an natürliche und soziale Grenzen stößt: Ressourcen- und Flächenverbrauch, industrielle Massenproduktion mit der Suche nach immer neuen Konsumentenbedürfnissen und Absatzmärkten, Energieverschwendung, Verstädterung, Massenverkehr, Abfall, Sondermüll usw. lassen erahnen, dass die Belastbarkeit des Erdplaneten nicht unendlich ist.

Unter dem Titel „Grenzen des Wachstums" hat der Club of Rome 1972 einen Bericht über die Umweltsituation veröffentlicht.[1] Damit wurden der Weltöffentlichkeit erstmals die Folgen eines weiteren ungezügelten wirtschaftlichen Wachstums vor Augen geführt. Unter der Annahme,

1 Der Club of Rome ist ein Zusammenschluss von Persönlichkeiten aus Wirtschaft, Wissenschaft und Kultur. Er veranstaltet Konferenzen und finanziert Berichte zu aktuellen Fragen von globaler Bedeutung. So z.B. Meadows, D., u.a., Die Grenzen des Wachstums, Reinbeck bei Hamburg (rororo) 1973 bzw. Meadows, D., u.a., Die neuen Grenzen des Wachstums, Stuttgart (DVA) 1992.

dass sich Umweltbewusstsein und Verhalten der Menschen nicht ändern und der weltweite Industrialisierungsprozess in der bisherigen Art weiter fortschreitet, prophezeiten die Wissenschaftler aufgrund von Computersimulationen einerseits die Erschöpfung der wichtigsten Rohstoffe und Energiequellen innerhalb einer Generation und andererseits die Zerstörung der Umwelt mit großen Hungerkatastrophen in einer übervölkerten Welt. Zwanzig Jahre später legten die Autoren neue Hochrechnungen auf der Basis aktueller Daten unter dem Titel „Die neuen Grenzen des Wachstums" vor.

Wachstumsbefürworter bestreiten dagegen solche Wachstumsgrenzen. Sie verweisen auf immer neuere Entwicklungen, Technologien und Erfindungen zur Eindämmung der negativen Folgeerscheinungen des Wirtschaftswachstums. Dass sich die auf der Basis von Computersimulationen entstandenen pessimistischen Vorhersagen über den Zusammenbruch der ökonomischen und ökologischen Systeme bisher tatsächlich nicht erfüllt haben, liegt ausschließlich an der nicht vorhersehbaren und daher in den Berechnungen nicht berücksichtigungsfähigen Entwicklung von Wissen und technischem Fortschritt.

"

Bereits im Jahr 1870 wurde vorhergesagt, dass New York bis zum Jahr 1900 im Pferdedung ersticken würde, und in den 1920er Jahren gab es weder Antibiotika noch Computer. Wachstum ist notwendig und unverzichtbar sowie ein moralisches Gebot, um den Menschen in den Entwicklungsländern zu einem besseren und angemessenen Lebensstandard zu verhelfen.

nach L. Summers, ehemals Chefökonom der Weltbank (1992).

MALTHUSsches Bevölkerungsgesetz

Einer der ersten Wissenschaftler, der auf die Grenzen des Wachstums hingewiesen hat, war der englische Pfarrer und Volkswirt ROBERT MALTHUS (1766–1834). MALTHUS vertrat die Auffassung, dass das Bevölkerungswachstum geometrisch (exponentiell, etwa wie die Zahlenreihe 1, 2, 4, 8, 16, ...) verläuft, während die Nahrungsmittelproduktion nur arithmetisch (z. B. wie die Zahlenreihe 1, 2, 3, 4, 5, ...) zunimmt **(MALTHUSsches Bevölkerungsgesetz)**. Da er die technische Entwicklung und Produktivitätssteigerung in der Landwirtschaft nicht vorhersehen konnte, prognostizierte er als Folge des Bevölkerungswachstums Hungersnöte und Verteilungskämpfe (Kriege). Da die Armen ihre Situation nach seiner Auffassung durch ihre unkontrollierte Vermehrung selbst verschuldet hätten, schlug er für diese Bevölkerungsgruppe die Senkung der Geburtenrate durch sexuelle Enthaltsamkeit und späte Heirat vor. Nachfolger befürworteten sogar eine systematische Abtreibung.

Probleme des exponentiellen Wirtschaftswachstums[1]

Dass ein weiteres Wirtschaftswachstum in dem Umfang, wie es beispielsweise in Deutschland zur Lösung des Beschäftigungsproblems für nötig gehalten wird (mehr als 2 % jährlich), auf Dauer kaum vorstellbar ist, zeigen folgende Überlegungen: Da es sich beim Wirtschaftswachstum um ein exponentielles Wachstum (wie beim Zinseszinseffekt) handelt, würde sich bei einer jährlichen Wachstumsrate von 2 % die Güterproduktion innerhalb von **35 Jahren verdoppeln**. Bei einer Wachstumsrate von 4 % (wie sie in den 1970er Jahren angestrebt wurde) würde die Verdoppelung bereits nach knapp 18 Jahren eintreten. Nach knapp **59 Jahren** wäre die Güterproduktion **zehnmal so groß** wie heute. Die von der Natur gesetzten Grenzen würden noch viel schneller erreicht, wenn sich in den Entwicklungsländern tatsächlich die noch wesentlich höheren Wachstumsraten einstellen würden, die langfristig nötig wären, um den Rückstand gegenüber den Industrieländern aufzuholen.

1 Beim exponentiellen Wirtschaftswachstum bleibt die jährliche Zunahme des realen Bruttoinlandsprodukts nicht gleich. Sie steigt vielmehr ständig.

> „Jeder, der glaubt, dass exponentielles Wachstum für immer weitergehen kann in einer endlichen Welt, ist entweder ein Verrückter oder ein Ökonom."
>
> *Quelle: Zitat nach Müller, Carsten: Nachhaltige Ökonomie: Ziele, Herausforderungen und Lösungswege. Berlin: Walter de Gruyter GmbH & Co KG 2015, S. 4..*

Während im ersten Bericht des Club of Rome 1972 der entscheidende Begrenzungsfaktor des Wachstums noch in den **erschöpfbaren Rohstoffen** gesehen wurde, zeigt sich inzwischen, dass weltweit die Beeinträchtigung der Erdatmosphäre durch den **Ausstoß von Klimagasen** von wesentlich größerer Bedeutung ist.

4.4.2 Qualitatives Wachstum und nachhaltige Entwicklung

Ein Wirtschaftswachstum, das auch ökologische Ziele berücksichtigt, wird als **qualitatives Wachstum** bezeichnet. Durch ökologisch-technischen Fortschritt und umweltfreundliche Produktionsverfahren soll eine **Entkoppelung** zwischen Wirtschaftswachstum einerseits und dem Verbrauch an Rohstoffen und Energie andererseits ermöglicht werden.

D Qualitatives Wachstum umfasst neben einer auf umweltschonender Technologie beruhenden Produktion umweltfreundlicher Güter auch eine Ausdehnung der Dienstleistungen zulasten der herkömmlichen Industrieproduktion. Durch entsprechende Produktionsverfahren (Technologie) und Zusammensetzung des Inlandsprodukts (Struktur) sollen auf diese Weise trotz weiteren Wirtschaftswachstums Ressourcenverbrauch und Umweltbelastung eingeschränkt werden.

Auch die Zielsetzung des qualitativen Wachstums beinhaltet also die Produktion einer sich jedes Jahr erhöhenden Gütermenge (exponentielles Wachstum). Qualitatives Wachstum ist also nicht zu verwechseln mit einem sogenannten „Nullwachstum".

Trotz der bisher erzielten Fortschritte bei der Reduzierung von Schadstoffemissionen und Ressourcenverbrauch ist aber nicht zu übersehen, dass

- das Potenzial umweltschonender Produktionsmöglichkeiten begrenzt ist,
- Güterproduktion (trotz Recycling[1] und Konzentration auf die Dienstleistungsbranche) nie ohne Rohstoff- und Energieverbrauch auskommt,
- die Endlichkeit der Natur im Gegensatz zu einem auf Unendlichkeit ausgerichteten (exponentiellen) Wirtschaftswachstum[2] steht.

Nachhaltige Entwicklung

Angesichts der vielfältigen weltweiten Umweltprobleme wurde 1992 auf einer Konferenz der Vereinten Nationen die **nachhaltige Entwicklung**[3] *(sustainable development)* als ein verbindliches Ziel internationaler Politik formuliert.[4]

Die Zukunftsorientierung eines an diesem Leitbild ausgerichteten wirtschaftlichen Handelns kommt in dem indianischen Sprichwort zum Ausdruck:

1 Recycling *(engl.)*: Wiederverwendung/Wiederverwertung von Rohstoffen

2 Beim exponentiellen Wachstum bleibt die jährliche Zunahme nicht gleich. Sie steigt vielmehr ständig in Abhängigkeit von dem sich laufend vermehrenden jährlichen Anfangsbestand (z. B. Zinseszinsen, Bevölkerungswachstum).

3 In der Forstwirtschaft besagt das Nachhaltigkeitsprinzip, dass nicht mehr Holz geschlagen werden soll, als seit dem letzten Holz-Einschlag nachgewachsen ist.

4 Der sogenannten Rio-Erklärung über Umwelt und Entwicklung sind 1992 in Rio de Janeiro 170 Staaten, darunter auch Deutschland, beigetreten.

„Wir haben die Erde nicht von unseren Eltern geerbt, sondern nur von unseren Kindern geliehen."

Magisches Dreieck der Nachhaltigkeit

Der Begriff **Nachhaltigkeit** setzt sich in der Bedeutung, in der er heute meistens benutzt wird, aus folgenden Teilbereichen zusammen:

- **Ökologie**: Natur und Umwelt sollen geschützt und für nachfolgende Generationen erhalten werden. Dies bezieht sich neben dem grundsätzlich schonenden Umgang mit natürlichen Ressourcen insbesondere auf den Erhalt der Artenvielfalt und den Klimaschutz. Nicht nachwachsende Ressourcen sollen höchstens so lange eingesetzt werden, bis Alternativen gefunden sind (z. B. Ersatz fossiler Energieträger wie Kohle und Erdöl durch Wasser-, Wind- und Sonnenenergie sowie Biomasse).
- **Ökonomie**: Eine Gesellschaft soll so organisiert sein, dass sie dauerhaft eine tragfähige Grundlage für wirtschaftlichen Wohlstand auch nachfolgenden Generationen bietet. Das bedeutet u. a., dass die gegenwärtige Generation nicht über ihre Verhältnisse leben soll, was zwangsläufig zu Einbußen der nachkommenden Generation führen würde (z. B. ressourcenschonende Wirtschaftsweise, keine Erzeugung von Atommüll ohne sichere Endlagerstätten, ...).
- **Soziales**: Eine Gesellschaft sollte so organisiert sein, dass alle Mitglieder an der Entwicklung teilhaben können, soziale Spannungen sich in Grenzen halten und Konflikte friedlich ausgetragen werden können. Auf diesem Wege soll ein auf Dauer zukunftsfähiges und lebenswertes Zusammenleben der Menschen erreicht werden (z. B. Abbau ungleicher Verteilung von Einkommen, Vermögen, Macht und Einfluss auf nationaler und internationaler Ebene).

D Nachhaltige Entwicklung ist ein ethisches Leitbild, das auf eine umweltverträgliche und sozial ausgewogene wirtschaftliche Entwicklung abzielt. Dadurch sollen sowohl alle derzeit auf der Welt lebenden Menschen als auch die künftigen Generationen gleiche Lebenschancen erhalten (intragenerative bzw. intergenerative Verteilungsgerechtigkeit).

Zusammenfassende Übersicht Kapitel 4: Wirtschaftskreislauf und Volkswirtschaftliche Gesamtrechnung: Ermittlung von Inlandsprodukt und Volkseinkommen

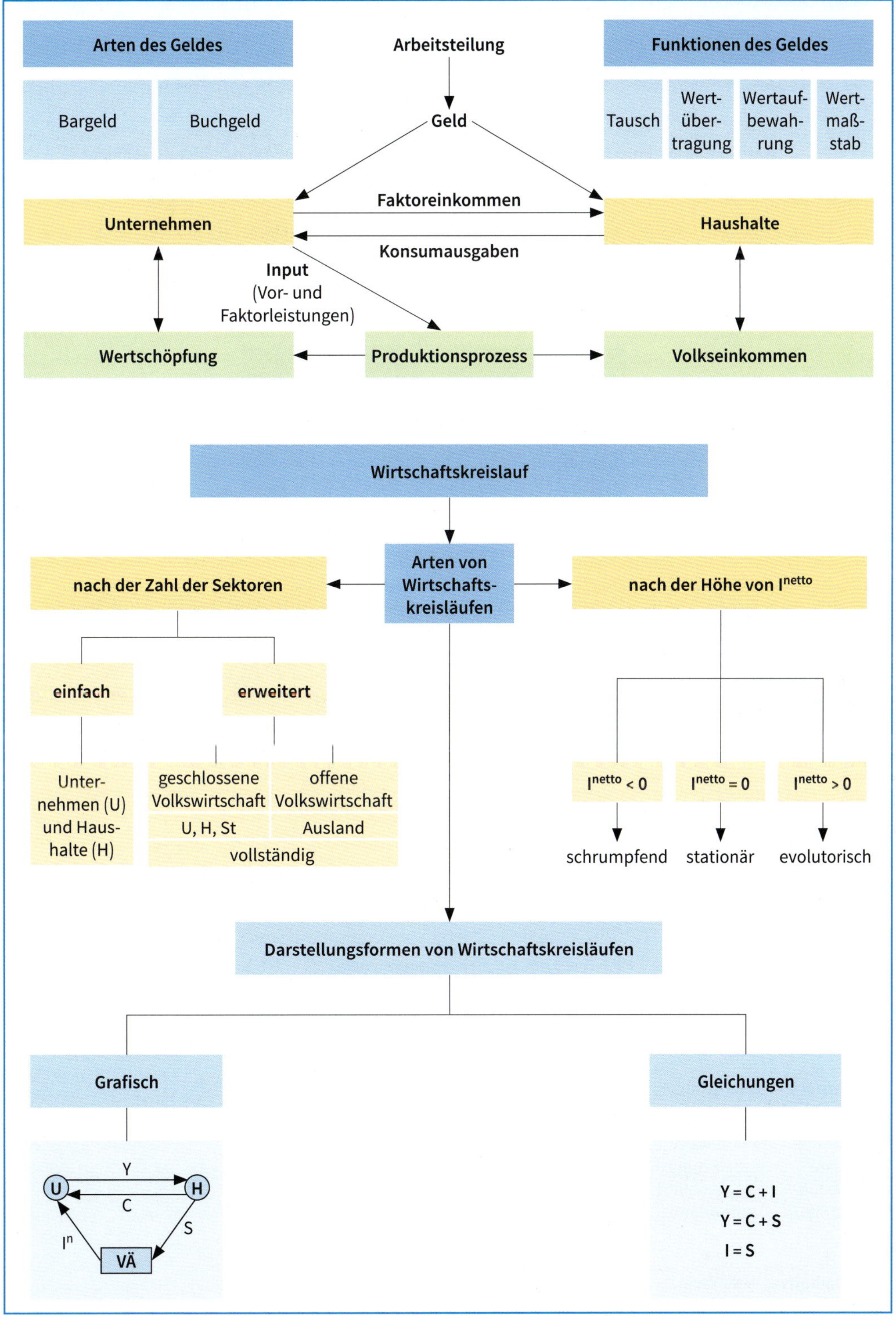

Zusammenfassende Übersicht Kapitel 4: Wirtschaftskreislauf und Volkswirtschaftliche Gesamtrechnung: Ermittlung von Inlandsprodukt und Volkseinkommen

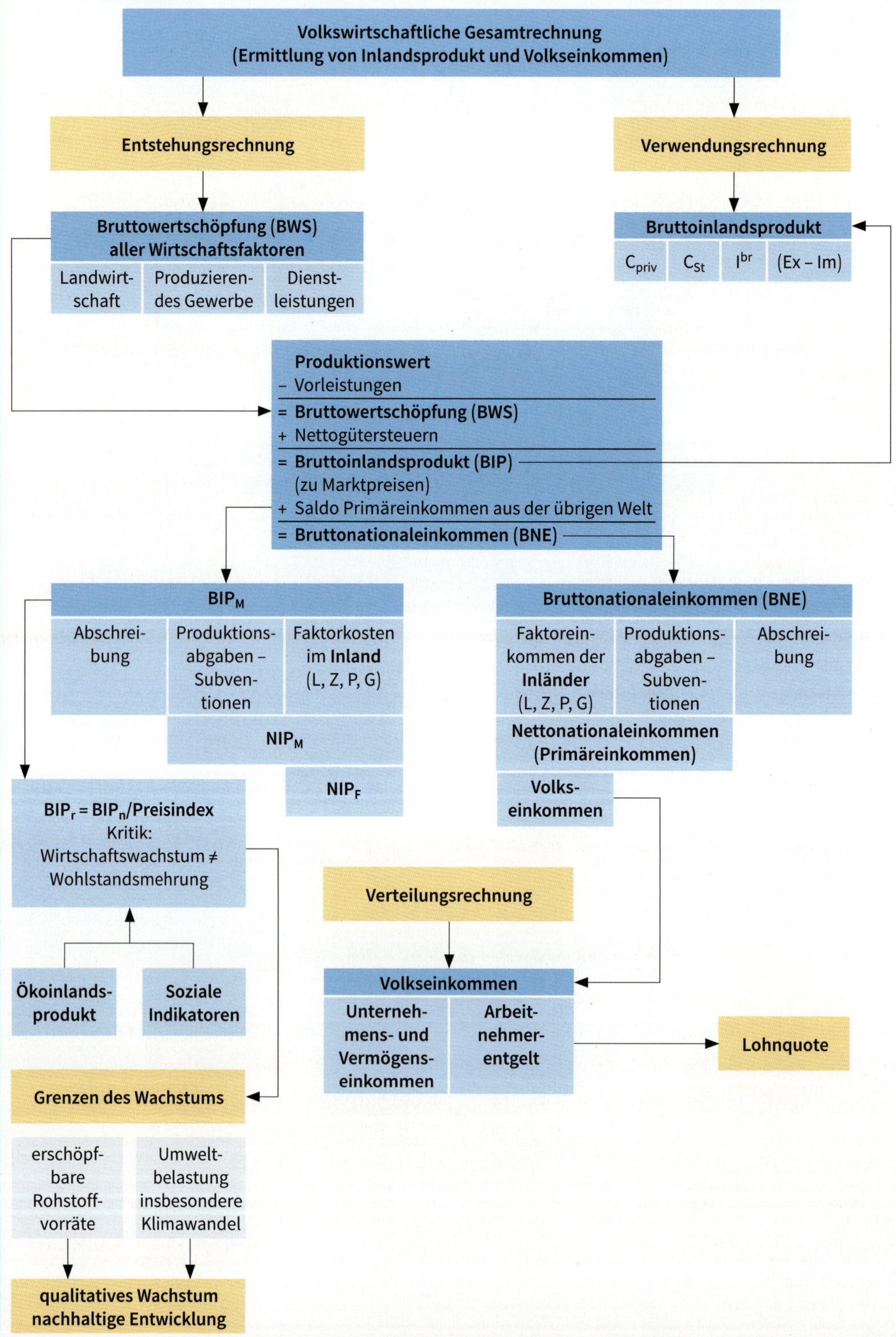

Aufgaben und Probleme zur Erarbeitung und Anwendung von Wissen zu Kapitel 4: Wirtschaftskreislauf und Volkswirtschaftliche Gesamtrechnung: Ermittlung von Inlandsprodukt und Volkseinkommen

4.1 Probleme in einer Wirtschaft ohne Geld (Naturaltausch)

1. In einer Naturalwirtschaft werden die Güter Brot, Butter, Milch, Käse und Eier getauscht. Wie viele Tauschmöglichkeiten (Austauschverhältnisse) gibt es in diesem Fall?
2. Mit zunehmender Zahl der Güter steigt die Zahl der Tauschmöglichkeiten überproportional an. Sie entwickelt sich nach folgender Formel:
   n = Zahl der verschiedenen Güter   Zahl der Tauschmöglichkeiten $= \frac{n^2 - n}{2}$
   Wie viele Tauschmöglichkeiten gibt es bei 5 bzw. bei 10 verschiedenen Gütern?
3. Im Laufe der Zeit haben sich in der Naturalwirtschaft die in der unten stehenden Tabelle dargestellten Austauschverhältnisse für bestimmte Mengeneinheiten der einzelnen Güter herausgebildet. Ermitteln Sie die übrigen Austauschverhältnisse.

	Brot	Butter	Milch	Fleisch	Eier
Brot		1 : 1			
Butter			3 : 1	1 : 2	
Milch	1 : 3				
Fleisch					
Eier	2 : 3	2 : 3		1 : 3	

4. Mittlerweile hat sich aus der Naturalwirtschaft eine Geldwirtschaft entwickelt. Eine Mengeneinheit Fleisch kostet 9 Taler.
   Wie viele Taler kosten die anderen Güter, wenn sich die bisherigen Austauschverhältnisse nicht verändert haben?
5. Für drei Produzenten in einer Naturalwirtschaft liegen folgende Angaben vor:

Landwirt	Bäcker	Schmied
bietet Käse an fragt Werkzeug nach	bietet Brot an fragt Käse nach	bietet Werkzeuge an fragt Brot nach

   a) Erläutern Sie, welche und wie viele Tauschakte nötig sind, damit jeder der Produzenten seine Nachfrage befriedigen kann.
   b) Welche Probleme können sich bei dieser Art von Tausch ergeben?
   c) Wie viele Tauschakte und Gütertransporte wären nötig, wenn es in dieser Wirtschaft ein allgemeines Tauschmittel (Geld) gäbe?

4.2 Geld- und Güterströme – Einfacher Wirtschaftskreislauf

Die folgende Tabelle zeigt die Lieferbeziehungen (Güterströme) zwischen drei Wirtschaftsbereichen A, B und C einer Modellvolkswirtschaft (in Mio. Geldeinheiten).

empfangender Wirtschaftsbereich / liefernder Wirtschaftsbereich	Verflechtung zwischen den Wirtschaftsbereichen			Summe der abgegebenen Leistungen
	A	B	C	
A: Dienstleistungen/Konsumgüter		0	0	
B: Investitionsgüter	20		30	
C: Bergbau, Land- und Forstwirtschaft	10	40		
Summe der empfangenen Leistungen				

1. Stellen Sie anhand der Tabelle fest, in welcher Höhe die Unternehmen jedes der drei Wirtschaftsbereiche insgesamt von den Unternehmen anderer Wirtschaftsbereiche Leistungen empfangen haben und in welcher Höhe sie insgesamt Leistungen an Unternehmen anderer Wirtschaftsbereiche abgegeben haben.
2. Die Unternehmen des Wirtschaftsbereichs A haben auf dem Konsumgütermarkt Güter in Höhe von insgesamt 120 Mio. Geldeinheiten abgesetzt. Die Unternehmen der Wirtschaftsbereiche B und C haben außer den in der Tabelle dargestellten Leistungen keine weiteren Leistungen erbracht.

   Die privaten Haushalte erzielen ihr Einkommen für Arbeitsleistungen (= Faktoreinkommen) in den Unternehmen der Wirtschaftsbereiche A, B und C. Sie geben ihr gesamtes Faktoreinkommen für Konsumgüter beim Wirtschaftsbereich A aus.

   Den in der Tabelle dargestellten Güterströmen fließen Geldströme entgegen.

   Stellen Sie die Geldströme in dieser Volkswirtschaft dar, indem Sie eine Grafik nach folgendem Muster erstellen und die Werte (in Mio. Geldeinheiten) bei den Geldströmen eintragen.

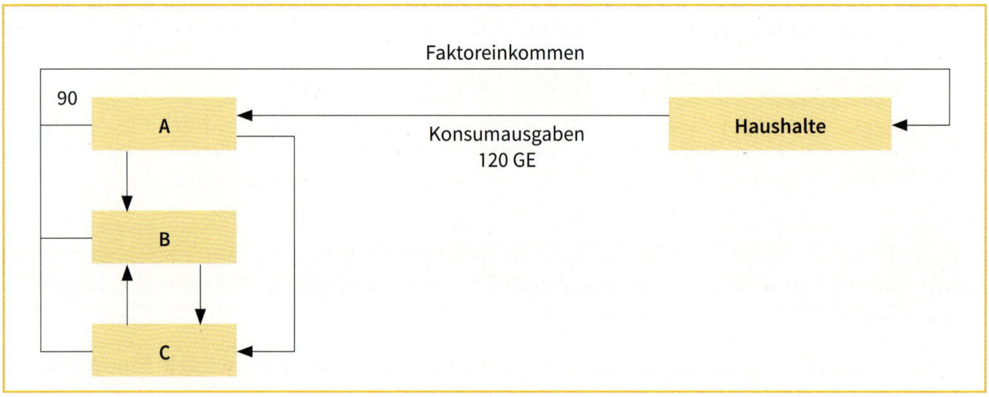

3. Wie hoch sind die Wertschöpfung und das Volkseinkommen (= Summe aller Faktoreinkommen) in dieser Volkswirtschaft?
4. Fassen Sie die Wirtschaftsbereiche A, B und C in einer grafischen Darstellung zu einem Sektor „Unternehmen“ zusammen und zeichnen Sie die Geldströme zwischen dem Sektor Unternehmen und dem Sektor Haushalte ein.
5. Welche Informationen gehen durch die Zusammenfassung (= Aggregation) der Unternehmen der drei Wirtschaftsbereiche zum Sektor Unternehmen verloren?

4.3 Beitrag eines Unternehmens zur Wertschöpfung in einer Volkswirtschaft

Eine Maschinenfabrik hat im vergangenen Geschäftsjahr Güter im Wert von 400 Mio. Euro verkauft. Das Unternehmen bezog Vorleistungen von anderen Unternehmen in Höhe von 100 Mio. Euro. Die Abschreibungen beliefen sich auf 200 Mio. Euro.

1. Wie hoch war der Produktionswert der Maschinenfabrik?
2. Wie hoch war die Bruttowertschöpfung der Maschinenfabrik (= Beitrag zum Bruttoinlandsprodukt)?
3. Wie hoch war die Nettowertschöpfung der Maschinenfabrik (= Beitrag zum Nettoinlandsprodukt)?
4. In welcher Höhe sind in der Maschinenfabrik Faktoreinkommen entstanden?

4.4 Wertschöpfung in einer Volkswirtschaft

In einer Modellvolkswirtschaft existieren nur zwei Unternehmen. Unternehmen 1 importiert Rohstoffe und verarbeitet diese. Die verarbeiteten Rohstoffe werden an Unternehmen 2 geliefert, das daraus Konsumgüter für die inländischen Konsumenten herstellt.

Der Wert der importierten Rohstoffe beträgt 300 GE. Die Wertschöpfung der beiden Unternehmen 1 und 2 beträgt jeweils 200 GE.

Ermitteln Sie folgende Größen:

1. Produktionswert des Landes (PW)
2. Wertschöpfung des Landes (Inlandsprodukt)
3. Volkseinkommen

4.5 Grafische Darstellung des Wirtschaftskreislaufs einer stationären Wirtschaft unter Berücksichtigung der ökonomischen Aktivität des Staates

In einer Volkswirtschaft wurden in den Unternehmen Güter im Wert von 500 GE produziert (= Wertschöpfung). Als Entgelt für die dabei eingesetzten Produktionsfaktoren sind den Haushalten Einkommen in gleicher Höhe in Form von Löhnen, Gehältern, Zinsen, Mieten und Gewinnen zugeflossen (= Volkseinkommen).

Die Unternehmen führen Produktionsabgaben (z. B. Gewerbesteuer) in Höhe von 75 GE an den Staat ab.

Die Haushalte zahlen aus ihrem Bruttoeinkommen direkte Steuern (Einkommensteuer) in Höhe von 100 GE an den Staat. Der Staat zahlt an die Haushalte 120 GE (z. B. als Gehälter für Angehörige des öffentlichen Dienstes, Pensionen, Renten und Transfereinkommen wie Kindergeld, Wohngeld, Sozialhilfe). Die Haushalte verwenden das gesamte verfügbare Einkommen für Konsumausgaben.

Der Staat zahlt Subventionen an die Unternehmen in Höhe von 55 GE.

Stellen Sie für diese Volkswirtschaft die Kreislaufbeziehungen zwischen den Sektoren Unternehmen, private Haushalte und Staat grafisch dar. Benennen Sie die dargestellten Geldströme und geben Sie die zugehörigen Werte an.

4.6 Wirtschaftskreislauf einer evolutorischen Wirtschaft

Für eine Modellvolkswirtschaft gelten folgende Daten:

Primärer Sektor (Land- und Forstwirtschaft)

- Es werden keine Vorleistungen von anderen Sektoren bezogen.
- Es entstehen Faktoreinkommen (u. a. Löhne und Gehälter) in Höhe von 150 GE, die im vollen Umfang den privaten Haushalten zufließen.
- Die Erzeugnisse des primären Sektors werden an die Weiterverarbeitungsindustrie (sekundärer Sektor) zur Herstellung von Nahrungsmitteln, Möbeln, Textilien usw. verkauft.

Sekundärer Sektor (Weiterverarbeitungsindustrie)

- Es entstehen Faktoreinkommen in Höhe von 100 GE.
- Die Erzeugnisse der Weiterverarbeitungsindustrie werden an den Handel (tertiärer Sektor) verkauft.

Tertiärer Sektor (Handel)

- Es entstehen Faktoreinkommen in Höhe von 250 GE.
- Der Handel verkauft Erzeugnisse an private Konsumenten und an den Staat.

Private Haushalte

- Die Haushalte zahlen auf ihre Einkommen 20 % Steuern an den Staat.
- Vom verbleibenden verfügbaren Einkommen geben sie 90 % für Konsumzwecke aus.

Staat

- Der Staat gibt die gesamten Steuereinnahmen, die er von den privaten Haushalten erhält, für Käufe beim tertiären Sektor (Handel) aus.

1. Wie groß ist die Wertschöpfung auf jeder Produktionsstufe?
2. Wie groß ist die Wertschöpfung insgesamt (= Entstehungsrechnung des Inlandsprodukts)?
3. Stellen Sie die Geldströme in einem Kreislaufmodell mit den Sektoren Unternehmen, private Haushalte, Staat und dem Pol Vermögensänderung dar.

4.7 Ermittlung des Inlandsprodukts

Für eine Volkswirtschaft liegen für das vergangene Jahr (Jahr 01) folgende Daten vor (Wertangaben in Preisen des Jahres 01):

Verkäufe von Konsumgütern an private Haushalte	1.500 GE
Vorleistungen von inländischen an inländische Unternehmen	2.500 GE
Abschreibungen	300 GE
Bruttoinvestitionen	450 GE
Staatliche Subventionen an Unternehmen	30 GE
Produktions- und Importabgaben an den Staat	300 GE
Vorleistungen aus dem Ausland (Importe)	1.000 GE
Faktorkosten für den Produktionsfaktor Arbeit (= Arbeitnehmereinkommen: Löhne und Gehälter)	1.300 GE
Unternehmergewinne	230 GE
Faktorkosten für die Produktionsfaktoren Kapital und Boden (= Vermögenseinkommen: Zinsen und Pachten)	400 GE
Wert der unentgeltlich abgegebenen Leistungen des Staates (Konsumausgaben des Staates)	500 GE
Verkäufe von Gütern an das Ausland (Exporte)	1.100 GE

1. Erstellen Sie das gesamtwirtschaftliche Produktionskonto.
2. Ermitteln Sie die Höhe folgender Größen: Bruttoinlandsprodukt zu Marktpreisen, Nettoinlandsprodukt zu Marktpreisen, Nettoinlandsprodukt zu Faktorkosten.
3. Wie hoch war der Produktionswert, wenn davon ausgegangen wird, dass das Bruttoinlandsprodukt und die Bruttowertschöpfung gleich hoch sind?
4. Drücken Sie die Berechnung des Bruttoinlandsprodukts zu Marktpreisen von der Verwendungsseite in einer allgemeinen Formel aus.
5. Drücken Sie den Zusammenhang zwischen Bruttoinlandsprodukt zu Marktpreisen, Nettoinlandsprodukt zu Marktpreisen und Nettoinlandsprodukt zu Faktorkosten in einer allgemeinen Formel aus.
6. Im Jahr zuvor (Jahr 00) betrug das Bruttoinlandsprodukt 2500 GE (in Preisen des Jahres 00). Lässt sich daraus schließen, dass sich die Güterversorgung der Bevölkerung im Jahr 01 gegenüber 00 verbessert hat? Begründen Sie Ihre Aussage.

4.8 Volkswirtschaftliche Gesamtrechnung der Bundesrepublik Deutschland

Bearbeiten Sie die Aufgaben unter Zuhilfenahme der Tabelle auf Seite 129 f.:

1. Im Jahr 2019 galten für die Bundesrepublik Deutschland folgende Daten (in Preisen von 2019): Produktions- und Importabgaben: 368,552 sowie Subventionen: 31,729 Mrd., Abschreibungen: 637,000 Mrd.

   Erstellen Sie mithilfe dieser Angaben und der Statistik (S. 129–130) das gesamtwirtschaftliche Produktionskonto für die Bundesrepublik Deutschland im Jahr 2019, bewertet zu Preisen von 2019.
2. Werten Sie die statistischen Daten der Tabelle mithilfe eines Grafikprogramms aus. Stellen Sie dazu u. a. die Zusammensetzung des BIP in den einzelnen Jahren als Tortendiagramm und die Entwicklung der Anteile einzelner Größen am BIP im Zeitablauf als Linien- oder Säulendiagramm dar.
3. Wie hoch waren im Jahr 2019 die Brutto- und die Nettoinvestitionen?
4. Wie hoch war im Jahr 2019 das Nettoinlandsprodukt zu Faktorkosten?
5. Wie hoch war im Jahr 2019 das reale Wirtschaftswachstum (in Prozent)? Erläutern Sie die von Ihnen ermittelte Prozentzahl.
6. Wie hoch war das reale Wirtschaftswachstum insgesamt von 2013 bis 2019 (in Prozent)?

7. Wie hat sich der Anteil der privaten Konsumausgaben am BIP von 2013 bis 2019 verändert?
8. Warum weichen die privaten Konsumausgaben von der Summe der den privaten Haushalten zufließenden Faktoreinkommen ab?
9. Wie hoch war der Anteil der Investitionen am BIP in den Jahren 2013 und 2019?
10. Wie hat sich der Anteil der Konsumausgaben des Staates am realen BIP von 2013 bis 2019 verändert?
11. Wie hoch waren die Lohnquoten in den Jahren 2013 und 2019? Worauf kann diese Entwicklung zurückzuführen sein?
12. Wie hoch war im Jahr 2019 der Saldo der Primäreinkommen zwischen Inländern im Ausland und Ausländern im Inland, wenn das Bruttonationaleinkommen 3.535,372 Mrd. betragen hat? Prüfen Sie anhand dieses Saldos, ob 2019 mehr Primäreinkommen aus dem Ausland zugeflossen oder ins Ausland abgeflossen sind. Begründen Sie Ihre Aussage und geben Sie an, wodurch dieser Saldo entstanden sein könnte.
13. Erläutern Sie den Unterschied zwischen dem Bruttoinlandsprodukt und dem Bruttonationaleinkommen. Welche Aussagen können anhand dieser beiden Größen jeweils getroffen werden?
14. Ergänzen und aktualisieren Sie die Tabelle für die Jahre nach 2019, indem Sie sich auf folgenden Internetseiten Daten beschaffen:
    http://www.destatis.de VGR und wichtige gesamtwirtschaftliche Größen
    http://www.bundesbank.de Suchbegriff: Monatsbericht

Entstehung und Verwendung des Inlandsprodukts, Verteilung des Volkseinkommens

	2013	2014	2015	2016	2017	2018	2019
I. Entstehung des Inlandsprodukts							
Land- und Forstwirtschaft, Fischerei	26,50	26,48	20,72	21,89	26,98	25,71	27,31
Produzierendes Gewerbe (ohne Bau)	640,73	671,15	695,32	729,23	752,74	765,59	749,08
Baugewerbe	112,23	119,58	124,75	132,54	137,76	152,83	171,73
Handel, Gastgewerbe und Verkehr[1]	389,097	411,978	431,811	448,166	467,159	483,694	501,994
Finanzierung, Vermietung, Unternehmensdienstleister[2]	783,870	806,389	835,984	849,193	872,266	893,352	917,473
Öffentliche und private Dienstleister[3]	575,462	599,818	617,335	640,785	665,428	691,136	725,399
Alle Wirtschaftsbereiche (Bruttowertschöpfung)	2.527,883	2.635,393	2.725,924	2.821,803	2.922,328	3.012,310	3.092,984
(H) Nettogütersteuern	283,467	292,037	304,146	312,297	322,662	332,060	342,776
(I) Bruttoinlandsprodukt	2.811,350	2.927,430	3.030,070	3.134,100	3.244,990	3.344,370	3.435,760
II. Verwendung des Inlandsprodukts							
Private Konsumausgaben[4]	1.533,784	1.563,899	1.602,250	1.649,797	1.696,964	1.743,685	1.793,981
Konsumausgaben des Staates	551,894	573,455	592,688	620,014	644,342	665,597	699,405
Bruttoinvestitionen	563,781	596,326	605,997	633,518	673,242	729,029	734,682
Ausrüstungen	*186,215*	*196,326*	*206,943*	*214,125*	*224,194*	*235,280*	*239,817*
Bauten	*278,150*	*290,199*	*291,243*	*307,923*	*320,730*	*344,300*	*373,324*
Sonst. Anlagen[5]	*95,135*	*100,140*	*107,755*	*114,373*	*120,965*	*128,139*	*133,733*
Vorratsveränderungen[6]	*4,281*	*9,661*	*0,056*	*-2,903*	*7,353*	*21,310*	*-12,192*

1 Einschließlich Nachrichtenübermittlung
2 Kredit- und Versicherungsgewerbe, Grundstückswesen, Vermietung und Unternehmensdienstleister
3 Einschließlich Häusliche Dienste
4 Einschließlich Private Organisationen ohne Erwerbszweck
5 Immaterielle Anlageinvestitionen (u. a. EDV-Software, Urheberrechte) sowie Nutztiere und -pflanzen.
6 Einschließlich Nettozugang an Wertsachen

Entstehung und Verwendung des Inlandsprodukts, Verteilung des Volkseinkommens							
	2013	2014	2015	2016	2017	2018	2019
Inländische Verwendung	2.649,459	2.733,680	2.800,935	2.903,329	3.014,548	3.138,311	3.228,068
Außenbeitrag	161,891	193,750	229,135	230,771	230,442	206,059	207,692
Exporte	*1.276,878*	*1.335,472*	*1.419,545*	*1.442,413*	*1.538,042*	*1.585,770*	*1.612,057*
Importe	*1.114,987*	*1.141,722*	*1.190,410*	*1.211,642*	*1.307,600*	*1.379,711*	*1.404,365*
Bruttoinlandsprodukt	2.811,350	2.927,430	3.030,070	3.134,100	3.244,990	3.344,370	3.435,760
reales BIP in Preisen von 2015	2.913,316	2.978,360	3.030,070	3.097,855	3.174,205	3.222,557	3.240,672
Abschreibungen	509,842	524,850	541,174	557,284	580,360	608,731	637,000
III. Verteilung des Volkseinkommens							
Arbeitnehmerentgelt	1.446,609	1.503,949	1.564,843	1.625,097	1.694,689	1.771,278	1.849,124
Unternehmens- und Vermögenseinkommen	640,165	669,351	694,532	721,021	735,842	731,801	712,425
Volkseinkommen	2.086,774	2.173,300	2.259,375	2.346,118	2.430,531	2.503,079	2.561,549
BIP-Preisindex (Deflator) 2015 = 100	96,50	98,29	100,00	101,17	102,23	103,78	106,02
Zahlen entnommen von Stat. Bundesamt, VGR 2019 (vorläufige Ergebnisse), März 2020, Fachserie 18/Reihe 1.4, Wiesbaden 2020.							

4.9 Kritik am Inlandsprodukt als Wohlstandsindikator

Stellen Sie fest, ob das Inlandsprodukt aufgrund folgender Vorgänge steigt, sinkt oder unverändert bleibt. Begründen Sie Ihre Antworten.

a) Ein Junggeselle stellt eine Haushälterin ein. Es werden ordnungsgemäß Lohnsteuer und Sozialversicherungsbeiträge abgeführt.
b) Der Junggeselle heiratet seine bisherige Haushälterin. Auch nach der Heirat führt sie den Haushalt weiter.
c) Es werden vermehrt langlebige Energiesparlampen statt herkömmlicher Glühbirnen verwendet. Die Mehraufwendungen aufgrund des höheren Preises der Energiesparlampen gegenüber den herkömmlichen Lampen können schon nach kurzer Zeit durch geringeren Energieverbrauch und längere Lebensdauer ausgeglichen werden.
d) Die Regierung ergreift steuerpolitische Maßnahmen zur Einkommensumverteilung, um untere Einkommensschichten zu entlasten und höhere Einkommensschichten zu belasten.
e) Einer der bisherigen gesetzlichen Feiertage wird gestrichen. Die Arbeitnehmer müssen jetzt bei gleichem Monatslohn einen Tag mehr arbeiten.
f) Ein Hobbygärtner versorgt seine Familie regelmäßig mit Obst und frischem Gemüse.
g) Ein kranker Familienvater wird zu Hause von seinen Familienangehörigen gepflegt.
h) Der Kranke (Fall g) wird vom Arzt in ein Krankenhaus eingewiesen.
i) Ein Bauherr erstellt einen Teil des Rohbaus durch Eigenleistung und Nachbarschaftshilfe.
j) Ein Malergeselle tapeziert nach Feierabend die Wohnung des Nachbarn gegen Entgelt.
k) Ein Landwirt spezialisiert sich auf biologischen Anbau. Wegen des Verzichts auf Pflanzenschutzmittel gehen die Produktionsmengen in der Umstellungsphase zunächst zurück. Er kann aber seine Produkte wegen der besseren Qualität teurer verkaufen, sodass sein Erlös nicht sinkt.
l) Nach einem Unfall müssen mehrere Personen im Krankenhaus behandelt werden. Eine Person stirbt an den Folgen des Unfalls.
m) Die Außenmauern einer Kirche werden durch Luftschadstoffe beschädigt und müssen restauriert werden.
n) Es werden Solarzellen aus dem benachbarten Ausland importiert.
o) Die Regierung genehmigt den Verkauf von U-Booten an ein Entwicklungsland.
p) An einer Autobahn werden Schallschutzwände gegen den Verkehrslärm errichtet.

q) Wegen hoher Gefährdung durch den Straßenverkehr bringen Eltern ihre Kinder mit dem Pkw zum Kindergarten.

r) Durch Überdüngung der Böden mit Gülle aus der Massentierhaltung wird das Grundwasser mit Nitrat belastet.

4.10 Grenzen des Wachstums – Exponentielles Wachstum

Unser Vorstellungsvermögen kann bei bestimmten mathematischen Sachverhalten nicht lange mithalten. Besonders deutlich wird das bei der Unfähigkeit, exponentielles Wachstum zu verstehen. Viele kennen die Parabel vom Reiskorn: Wenn man auf das erste Feld eines Schachbretts ein Reiskorn legt und auf das jeweils nächste Feld die doppelte Anzahl, so ergibt sich die Folge 1, 2, 4, 8, … Nach 64 Schritten ist man bei so vielen Körnern angelangt, dass die Weltjahresproduktion an Reis längst überschritten ist. Das hört sich unrealistisch an, doch Kettenbriefe sind im Prinzip nichts anderes: Man erhält einen Brief, der schon einige Stationen hinter sich hat, und soll zehn Kopien an Freunde schicken, die dies ebenfalls tun. Alle, für die sich das Spiel über fünf Runden erhalten hat, erhalten von den dann aktiven Schreibern eine Postkarte. Man schreibt ein paar Karten und bekommt nach einiger Zeit angeblich einen Waschkorb voll Post. Ein Waschkorb würde aber gar nicht reichen: Wenn wirklich alle Mitspieler pflichtbewusst wären, könnte man mit 100 000 Karten rechnen. So ein Spiel bricht daher früh zusammen, weil zu viele Leute von zu vielen Freunden gebeten werden, Karten zu schreiben.

1. Welche Besonderheiten weist ein exponentielles Wachstum gegenüber einem linearen Wachstum auf?
2. In Deutschland wird ein Wirtschaftswachstum von mindestens 3 % jährlich für nötig gehalten, um positive Beschäftigungseffekte auf dem Arbeitsmarkt auszulösen. Ermitteln Sie mit folgender Faustformel, wann sich bei dieser jährlichen Wachstumsrate die Güterproduktion verdoppeln würde.

F „Regel 70“: Wenn eine Größe mit x % pro Jahr wächst, dauert es etwa 70/x Jahre, bis sich diese Größe verdoppelt hat.

3. Überprüfen Sie das bei Aufgabe 2 ermittelte Ergebnis mithilfe der exakten Formel für das exponentielle Wachstum (Summenformel einer geometrischen Reihe, „Zinseszinsformel“):
   $K_n = K_0 \cdot (1 + p/100)^n$
   K_n = Endwert (Endkapital), K_0 = Ausgangswert (Anfangskapital), p = Wachstumsrate (Zinssatz), n = Laufzeit
4. Welche Folgen sind bei einem derartigen Wirtschaftswachstum zu erwarten?
5. Stellen Sie das MALTHUSsche Bevölkerungsgesetz (*siehe S. 120*) unter folgenden Annahmen grafisch dar. Die Bevölkerung wächst exponentiell (Formel s. o.). Die Nahrungsmittelproduktion wächst dagegen arithmetisch nach der Formel $K_n = K_0 \cdot (1 + n \cdot p/100)$. Die Wachstumsrate beträgt in beiden Fällen 3 %.

   Ausgangssituation:
   Bevölkerung: 100 Personen, Nahrungsmittelversorgung: 200 Gütereinheiten (= 2 Gütereinheiten pro Person). Die Mindestversorgung mit Nahrungsmitteln beträgt 1 Gütereinheit pro Person.

   Ab welchem Jahr ist die Mindestversorgung von 1 Gütereinheit pro Person nicht mehr gewährleistet? Wie würde sich diese Zahl verändern, wenn die Wachstumsrate für beide Größen 5 % betragen würde?

Ich kann …	Bitte ankreuzen		Wenn Nein: Siehe Seite(n) im Buch	Level / Anforderungsniveau
	Ja	Nein		
4.1 Wirtschaftsprozess in einer arbeitsteiligen Volkswirtschaft				**Level**
… den Zusammenhang zwischen der Entwicklung der Arbeitsteilung und der Entwicklung von der Natural- zur Geldwirtschaft erklären.			90 f.	2
… die Funktionen und die Eigenschaften des Geldes des erklären.			90 f.	2
… verschiedene Arten des Geldes voneinander unterscheiden.			91 f.	1
… die Begriffe „Produktionswert“, „Vorleistungen“, „Wertschöpfung“, „Faktoreinkommen“ sowie „Volkseinkommen“ definieren.			94 f.	1
… erklären, warum Wertschöpfung und Volkseinkommen gleich groß sind.			96	2
… das Modell des einfachen Wirtschaftskreislaufs mit Geld- und Güterströmen darstellen (vgl. Kapitel A 1).			97	2
… eine evolutorische Wirtschaft von einer stationären Wirtschaft unterscheiden.			98	1

B

Entscheidungsverhalten der Wirtschaftssubjekte am Markt

Bedeutung von Märkten für eine Volkswirtschaft

1. Bedeutung von Märkten für eine Volkswirtschaft

- Arten und Funktionen von Märkten
- Ausgleich von Nachfrage und Angebot
- Vollkommene und unvollkommene Märkte

4. Preisbildung durch Angebot und Nachfrage

- Preisbildung auf Wettbewerbsmärkten: Polypol
- Preisbildung beim Angebotsmonopol
- Monopolistischer Preisspielraum: Polypol auf dem unvollkommenen Markt
- Preisbildung beim Oligopol
- Staatliche Eingriffe in die Preisbildung

2. Private Haushalte als Nachfrager

- Grundlagen
- Nutzenmessung
- Haushaltsoptimum
- Bestimmungsfaktoren der Nachfrage einzelner Haushalte
- Gesamtnachfrage für ein Gut
- Elastizität der Nachfrage

3. Unternehmer als Anbieter

- Produktionsfunktion
- Kostenfunktion
- Grundannahmen der Angebotstheorie
- Bestimmungsfaktoren des Angebots eines einzelnen Unternehmens
- Gewinnmaximum und Angebotsverhalten
- Individuelle Angebotskurve
- Gesamtangebot für ein Gut
- Elastizität des Angebots

1 Bedeutung von Märkten für eine Volkswirtschaft

1.1 Funktionen und Arten von Märkten

Lernziele:

Nach der Bearbeitung des Kapitels sind Sie in der Lage, Folgendes zu tun:
Sie ...

- ... unterscheiden die Funktionen von Märkten.
- ... beschreiben das Marktformenschema nach Stackelberg.[1]
- ... nehmen Stellung zur Marktmacht der Marktform.

Funktionen von Märkten

In einer Marktwirtschaft stellen die Unternehmer ihre Produktionspläne und die privaten Haushalte ihre Verbrauchspläne selbstständig und unabhängig voneinander unter Berücksichtigung ihrer eigenen Ziele auf. Es wäre ein großer Zufall, wenn alle ursprünglichen Pläne der Marktteilnehmer ohne Änderungen miteinander vereinbar wären. Die gegenseitige Abstimmung und Anpassung der Pläne von Anbietern und Nachfragern erfolgt auf dem **Markt**.

D Der Markt ist der Ort, an dem Angebot und Nachfrage zusammentreffen.

Obwohl es höchst unterschiedliche Märkte gibt, wie z. B. den Wochenmarkt, den Gebrauchtwagenmarkt, den Drogenmarkt oder den computergesteuerten virtuellen Devisenmarkt, sind die Grundregeln und das Verhalten der Marktteilnehmer doch auf allen Märkten gleich. Die Marktteilnehmer verfolgen unterschiedliche Interessen. Die Anbieter wollen zu einem Preis verkaufen, bei dem ihr Gewinn maximiert wird, während die Nachfrager ihren Nutzen maximieren und daher möglichst billig kaufen möchten. Der Ausgleich dieser gegensätzlichen Interessen erfolgt auf dem Markt durch den **Preis**.

D Der Markt hat die Funktion, die Pläne der Anbieter und der Nachfrager durch den Preis zum Ausgleich zu bringen. Der Markt ist der Ort der Preisbildung.

1 Ein gebräuchliches Marktformenschema stammt von dem Nationalökonomen Heinrich von Stackelberg (1905–1946)

Einteilung der Märkte nach der Art der gehandelten Güter

Einteilung von Märkten nach der Art der gehandelten Güter

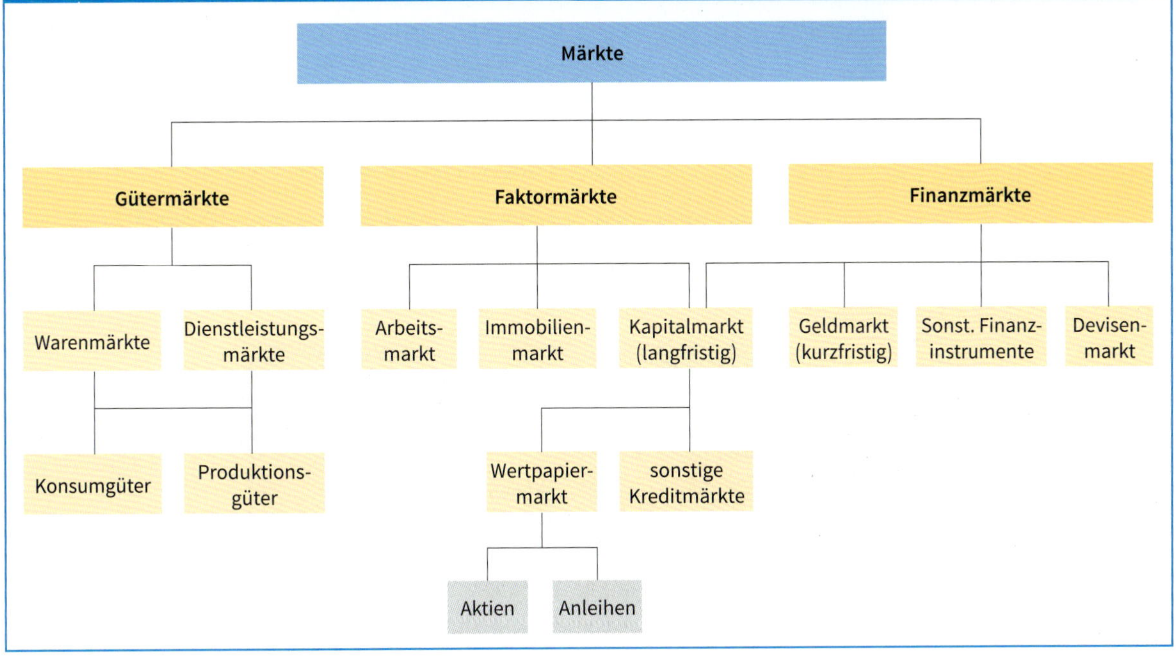

Einteilung der Märkte nach der Zahl der Marktteilnehmer und der Marktmacht

Von großer Bedeutung für die Verhaltensweisen von Anbietern und Nachfragern ist die Zahl der Marktteilnehmer. Je größer die Zahl der Anbieter, umso stärker ist beispielsweise der zu erwartende Konkurrenzkampf. Ein Anbieter mit vielen Konkurrenten trifft andere Entscheidungen als ein alleiniger Anbieter, der die gesamte Nachfrage auf sich vereinigt. Die Preisbildung vollzieht sich daher anders, je nachdem, ob es auf einem Markt viele, wenige oder nur einen Anbieter bzw. Nachfrager gibt. Um die Entscheidungen von Anbietern und Nachfragern auf Märkten, die sich hinsichtlich der Zahl der Marktteilnehmer unterscheiden, analysieren zu können, werden die Märkte üblicherweise nach folgendem **Marktformenschema** gegliedert:[1]

Marktformen

Nachfrager / Anbieter	viele	wenige	einer
viele	zweiseitiges Polypol	Nachfrageoligopol	Nachfragemonopol
wenige	Angebotsoligopol	zweiseitiges Oligopol	beschränktes Nachfragemonopol
einer	Angebotsmonopol	beschränktes Angebotsmonopol	zweiseitiges Monopol

1 Diese Art des Marktformenschemas stammt von Heinrich von Stackelberg (1905–1946). Vgl. v. Stackelberg, H., Grundlagen der theoretischen Volkswirtschaftslehre, Tübingen, Zürich 1951, S. 235. Die griechischen Vorsilben poly, oligo und mono haben folgende Bedeutung: poly … = viel …, oligo … = wenig …, mono … = allein …

D Ein Polypol ist durch viele Anbieter (Polypolisten) und viele Nachfrager gekennzeichnet. Der einzelne Marktteilnehmer hat nur einen geringen Anteil am Gesamtangebot bzw. an der Gesamtnachfrage.

D Beim Angebotsoligopol treten nur wenige Anbieter auf. Der einzelne Oligopolist hat einen großen Anteil am Gesamtangebot auf dem Markt.

D Beim Angebotsmonopol tritt nur ein Anbieter auf. Er verfügt über große Marktmacht. Da er keine Konkurrenten hat, muss er bei seinen Entscheidungen nur die Reaktion der Nachfrager berücksichtigen.

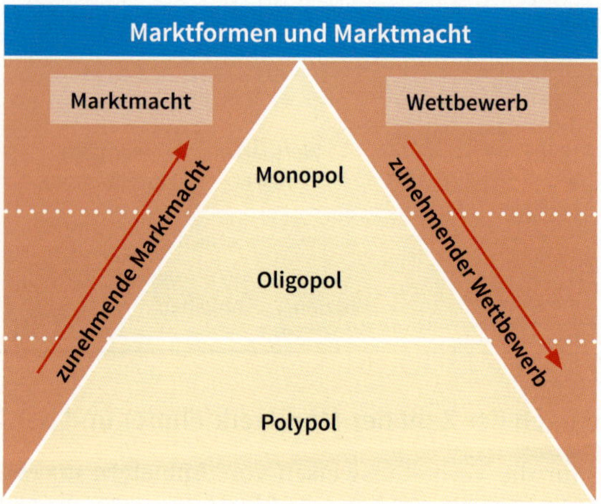

1.2 Ausgleich von Angebot und Nachfrage: Marktpreisbildung am Beispiel der Börse

Lernziele:

Nach der Bearbeitung des Kapitels sind Sie in der Lage, Folgendes zu tun:

Sie ...

- ... erklären die Preisbildung an einer Börse.
- ... analysieren den Prozess der Preisbildung einer Warenbörse und stellen diesen sowohl grafisch als auch tabellarisch dar.

Die Funktion von Märkten, die Pläne von Anbietern und Nachfragern aufeinander abzustimmen und zum Ausgleich zu bringen, lässt sich am Beispiel einer **Börse**, besonders gut veranschaulichen. Da an einer Börse viele Anbieter und viele Nachfrager auftreten, handelt es sich dabei um die **Preisbildung beim Polypol**.

1.1, S. 145

Börsenbericht vom 23. Januar 20..

Notierungen für Getreide, Mühlenprodukte, Futtermittel, Raufutter u. a.

Großhandelsabgabepreis je **1 000 kg,** ohne Mehrwertsteuer, komplette Lkw- bzw. Waggonladungen, prompte Lieferung, sofern nichts anderes vermerkt.

I. Getreide und Olsaaten

Inl. Brotweizen 11,5/220 FZ	**194,00 €**	–	Inl. Futtergerste 63/64 kg/hl	**183,00 €**
Inl. Hafer 52/53 kg/hl	**195,85 €**	–	Inl. Rapssaat	**356,50 €**
Inl. Triticale[1]	**184,00 €**	–	Inl. Futtermais	**195,00 €**

B An der Warenbörse in Köln werden u. a. verschiedene Getreidearten gehandelt. Eine **Maklerkommission** sammelt die Verkaufsaufträge der Produzenten sowie die Kaufaufträge der Großhändler. Die Produzenten teilen mit, welchen Preis sie mindestens erzielen wollen (Mindestpreis) und welche Mengen (in t) sie zu diesem Preis anbieten. Die Händler nennen die Preise, die sie höchstens zu zahlen bereit sind (Höchstpreise), und die Mengen (in t), die sie zu diesem Preis abnehmen wollen. Aus den Kauf- und Verkaufsaufträgen ermittelt die Maklerkommission den Börsenpreis. Dabei ist es die Aufgabe der Maklerkommission, den Preis zu finden, bei dem die meisten Kauf- und Verkaufsaufträge ausgeführt werden können **(Meistausführungsprinzip)**. Bei diesem Preis ist die umgesetzte Menge am größten. Angenommen, an einem bestimmten Börsentag liegen der Maklerkommission für eine bestimmte Getreideart mit eindeutig festgelegter Qualität (z. B. Feuchtigkeitsgehalt) folgende Kauf- und Verkaufsaufträge vor:

1.2, S. 145

1 Triticale ist eine Kreuzung aus Weizen als weiblichem und Roggen als männlichem Partner.

Verkaufsaufträge (Angebot)			Kaufaufträge (Nachfrage)		
Name des Verkäufers	Mindestpreis je t in €	angebotene Menge t	Name des Käufers	Höchstpreis je t in €	nachgefragte Menge t
A	100	50	F	100	25
B	125	25	G	125	75
C	200	75	H	200	50
D	250	50	I	250	75
E	325	75	J	325	25

Die Maklerkommission ordnet den unterschiedlichen Preisen die jeweils insgesamt angebotene und nachgefragte Menge zu und erstellt folgende Übersicht:

Preis in €	Angebot in t						Nachfrage in t					
	A	B	C	D	E	Summe	F	G	H	I	J	Summe
100	50	0	0	0	0	**50**	25	75	50	75	25	**250**
125	50	25	0	0	0	**75**	0	75	50	75	25	**225**
200	50	25	75	0	0	**150**	0	0	50	75	25	**150**
250	50	25	75	50	0	**200**	0	0	0	75	25	**100**
325	50	25	75	50	75	**275**	0	0	0	0	25	**25**

Preis in €	angebotene Menge in t	nachgefragte Menge in t	umgesetzte Menge in t	Verhältnis von Angebot und Nachfrage
100	50	250	50	Angebot < Nachfrage: 200 t
125	75	225	75 ↓	Angebot < Nachfrage: 150 t
200	150	150	150	Angebot = Nachfrage: 150 t
250	200	100	100 ↑	Angebot > Nachfrage: 100 t
325	275	25	25	Angebot > Nachfrage: 250 t

Würde die Maklerkommission einen Preis von 100 € je t festlegen, würden zwar 250 t nachgefragt, aber nur 50 t angeboten. Daher könnten nur 50 t zu diesem Preis verkauft werden. Es besteht ein **Nachfrageüberschuss** bzw. eine **Angebotslücke** in Höhe von 200 t. Würde die Maklerkommission dagegen einen Preis von 325 € je t festlegen, würden zwar 275 t angeboten, aber nur 25 t nachgefragt. Daher könnten nur 25 t Getreide zu diesem Preis verkauft werden. Es besteht ein **Angebotsüberschuss** bzw. eine **Nachfragelücke** in Höhe von 250 t. Die tabellarische Darstellung der Angebots- und Nachfragesituation lässt sich auch in grafischer Form in einem Preis-Mengen-Diagramm abbilden. Werden die einzelnen Punkte miteinander verbunden, indem angenommen wird, dass auch zu jedem (nicht ganzzahligen) Zwischenpreis eine Angebots- und Nachfragemenge vorliegt, ergeben sich eine **Angebotskurve** und eine **Nachfragekurve**.

In der Volkswirtschaftslehre werden häufig **Angebots- und Nachfragekurven** zur Darstellung von Marktprozessen verwendet. Dabei steht – anders als in der Mathematik üblich – an der **Y-Achse** der **Preis** (z. B. Preis eines Gutes, Aktienkurs, Lohn, Zinssatz, Miete, Wechselkurs), obwohl es sich dabei **immer** um die **unabhängige** Variable handelt. An der **X-Achse** steht als **abhängige** Variable eine **Menge** (z. B. **Menge** eines Gutes, Beschäftigte, Devisen). Der Einfachheit halber wird oft unterstellt, dass Angebots- und Nachfragekurven – wie im vorliegenden Fall – linear verlaufen. Dabei hat die Angebotskurve fast immer einen steigenden Verlauf (positive Steigung) und die Nachfragekurve einen fallenden Verlauf (negative Steigung).

Angebotskurve

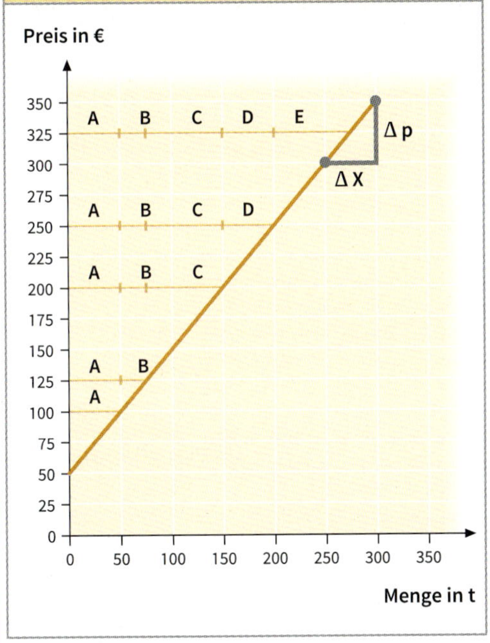

Nachfragekurve

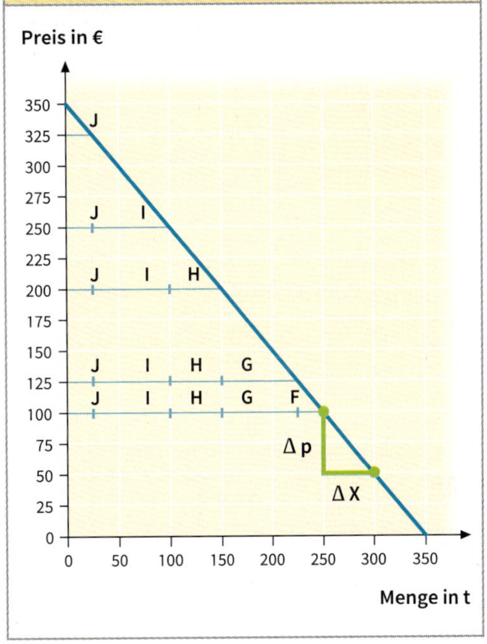

Die Maklerkommission wird an diesem Börsentag den Preis von 200 € je t Getreide festlegen. Bei diesem Preis planen die Anbieter 150 t zu verkaufen und die Nachfrager planen 150 t zu kaufen. Es besteht weder ein Angebots- noch ein Nachfrageüberhang. Dieser Preis „räumt den Markt". Bei keinem anderen Preis kann eine größere Menge umgesetzt werden. Die unabhängig voneinander gebildeten Kauf- und Verkaufspläne entsprechen einander. Der Preis von 200 € je t ist der **Gleichgewichtspreis**. Die bei diesem Preis umgesetzte Menge (150 t) ist die **Gleichgewichtsmenge**.

F Unter Berücksichtigung der gegenüber der üblichen mathematischen Darstellung vertauschten Achsen lässt sich die Funktion der abgebildeten Angebots- und Nachfragekurve wie folgt ermitteln:

Angebotsfunktion

Verhältnis von Horizontalunterschied zu Höhenunterschied (Steigungsdreieck)

$$\Delta X \text{ (Menge)} : \Delta p \text{ (Preis)} = 50 : 50 = 1.$$

Der Schnittpunkt mit der X-Achse liegt im Punkt (0 | – 50).

Die Angebotsfunktion lautet demzufolge: $X_A = -50 + 1p$

Nachfragefunktion

Verhältnis von Horizontalunterschied zu Höhenunterschied (Steigungsdreieck)

$$\Delta X \text{ (Menge)} : \Delta P \text{ (Preis)} = -50 : 50 = -1.$$

Der Schnittpunkt mit der X-Achse liegt im Punkt (0 | 350).

Die Nachfragefunktion lautet demzufolge: $X_N = 350 - 1p$

Angebots- und Nachfragekurve

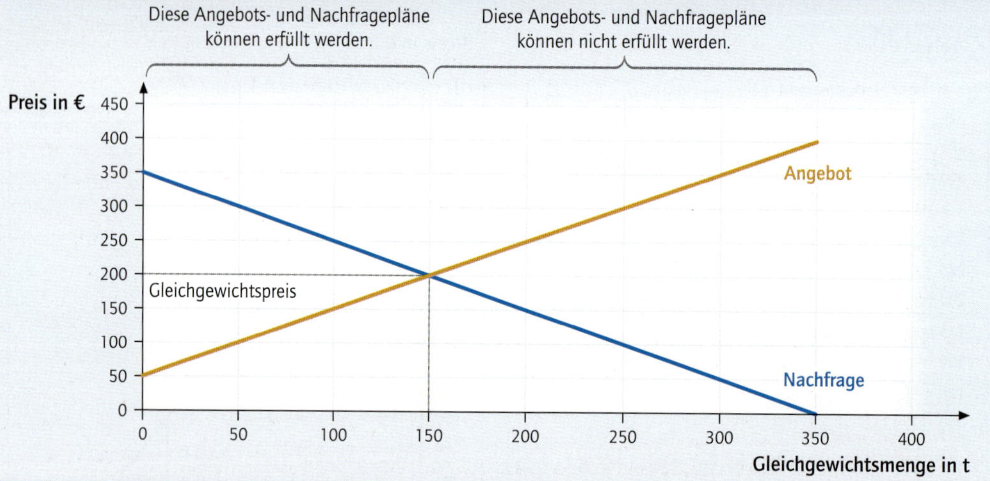

D Der Schnittpunkt zwischen Angebots- und Nachfragekurve bestimmt den Gleichgewichtspreis und die Gleichgewichtsmenge.

D Beim Gleichgewichtspreis sind die geplanten Angebots- und Nachfragemengen gleich groß.

F Das Gleichgewicht lässt sich auch algebraisch durch Gleichsetzung der Angebots- und Nachfragefunktion ermitteln. Im vorliegenden Fall ergeben sich Gleichgewichtspreis und Gleichgewichtsmenge wie folgt:

Angebotsfunktion: $X_A = -50 + p$ Nachfragefunktion: $X_N = 350 - p$

Gleichgewicht:

$$X_A = X_N$$
$$-50 + p = 350 - p$$
$$2p = 400$$
$$p_0 = 200$$
$$X_0 = -50 + 200 = 150$$

Alle Anbieter, die bereit sind, zum Gleichgewichtspreis zu verkaufen, können die angebotene Menge auch tatsächlich absetzen. Ihre Verkaufspläne werden erfüllt. Alle Nachfrager, die bereit sind, den Gleichgewichtspreis zu bezahlen, können die gewünschte Menge tatsächlich kaufen. Ihre Kaufpläne werden erfüllt. Nur die Anbieter, die einen höheren Preis als den Gleichgewichtspreis verlangen und die Nachfrager, die nur weniger als den Gleichgewichtspreis zu zahlen bereit sind, können ihre Pläne nicht realisieren.

1.3 Vollkommene und unvollkommene Märkte

Lernziele:

Nach der Bearbeitung des Kapitels sind Sie in der Lage, Folgendes zu tun:

Sie …

- … nennen die Bedingungen des vollkommenen Marktes.
- … können das Modell eines vollkommenen Marktes erläutern.
- … erkennen den Einheitspreis als optimales Ergebnis auf dem Polypol auf dem vollkommenen Markt.
- … grenzen den unvollkommen vom vollkommenen Markt ab und begründen, dass Marktpreise in der Realität meist keine Gleichgewichtspreise sind.

Börse als vollkommener Markt

Die Marktform der **Börse** stellt eine Besonderheit dar, da sie die in der Realität anzutreffende Marktform ist, die dem **Modell eines vollkommenen Marktes** sehr nahe kommt. Ein Markt wird als **vollkommen** bezeichnet, wenn die folgenden **Bedingungen** erfüllt sind:

❶ Homogenität der Güter		Die Güter sind sachlich völlig gleichartig.
		An der Getreidebörse ist diese Bedingung erfüllt. Das gehandelte Getreide mit einer bestimmten Bezeichnung (Gütemerkmal) hat eine einheitliche Qualität.
❷ Keine Präferenzen (Bevorzugungen)	**persönliche Präferenzen**	Persönliche Präferenzen können sich durch langjährige Geschäftsbeziehungen, den guten Ruf eines Unternehmens oder eine besonders freundliche und aufmerksame Bedienung ergeben.
		An der Börse ist diese Bedingung erfüllt. Die Nachfrager sind beispielsweise nicht bereit, einem bestimmten Anbieter zuliebe einen höheren Preis für eine Tonne Getreide zu bezahlen. Andererseits sind die Anbieter nicht bereit, einzelnen Nachfragern zuliebe einen geringeren Preis für eine Tonne Getreide zu akzeptieren.
	räumliche Präferenzen	Räumliche Präferenzen können sich ergeben, wenn für den Käufer wegen uneinheitlicher Entfernungen zu den einzelnen Anbietern ein unterschiedlicher Zeitaufwand oder unterschiedliche Transportkosten entstehen.
		An der Börse ist diese Bedingung erfüllt. Es gibt keine räumlichen Präferenzen einzelner Marktteilnehmer aus Gründen der Zeitersparnis oder der Minderung von Transportkosten.
	zeitliche Präferenzen	Zeitliche Präferenzen können sich durch unterschiedliche Lieferzeiten oder Bevorzugung bei der Abfertigung ergeben.
		An der Börse ist diese Bedingung erfüllt. Alle zur Ausführung kommenden Kauf- und Verkaufsaufträge werden gleichzeitig ausgeführt.
❸ Vollständige Markttransparenz		Alle Marktteilnehmer sind umfassend über die für den Abschluss von Kaufverträgen wesentlichen Daten informiert (z. B. Art und Qualität der Güter, Preise, Lieferfristen, Zahlungsbedingungen, Zahl und Marktmacht der Anbieter und Nachfrager).
		An der Börse ist diese Bedingung durch die Einschaltung eines Maklers (weitestgehend) erfüllt. Der Makler sorgt durch die Zusammenstellung der Kauf- und Verkaufsaufträge für die nötige Markttransparenz.

D Ein vollkommener Markt liegt vor, wenn folgende Bedingungen erfüllt sind:
❶ Homogene Güter ❷ Keine Präferenzen ❸ Vollständige Markttransparenz

Ergebnis eines vollkommenen Marktes: Einheitlicher Preis (Gleichgewichtspreis)

Auf einem **vollkommenen Markt** ergibt sich nur ein einziger Preis **(Einheitspreis)**, zu dem alle Käufe und Verkäufe des gehandelten Gutes getätigt werden (Gesetz von der **Unterschiedslosigkeit des Preises).** Werden die Annahmen des vollkommenen Marktes auf einen Markt mit vielen Anbietern angewandt (= **Polypol auf dem vollkommenen Markt)**, wird diese Marktform auch als **vollständige Konkurrenz** *(pure competition)* bezeichnet.

Die Erkenntnisse über den Preisbildungsprozess an einer Börse lassen sich auch auf andere Wettbewerbsmärkte übertragen, obwohl es sich bei den in der **Realität** vorkommenden Märkten fast immer um **unvollkommene Märkte** handelt. Auf diesen Märkten stellt sich kein **einheitlicher Gleichgewichtspreis** ein.

Allerdings nimmt auf vielen Märkten aufgrund der vermehrten Internetnutzung, die die Möglichkeit zum weltweiten Preis- und Qualitätsvergleich bietet, die Markttransparenz laufend zu. Als Folge davon lässt sich auch ein Rückgang der auf Präferenzen zugunsten bestimmter Anbieter beruhenden Kundenbindung feststellen. Die Informationsmöglichkeiten im Internet tragen somit erheblich zu einem Abbau von Marktunvollkommenheiten bei.

Zusammenfassende Übersicht Kapitel 1:
Bedeutung von Märkten für eine Volkswirtschaft

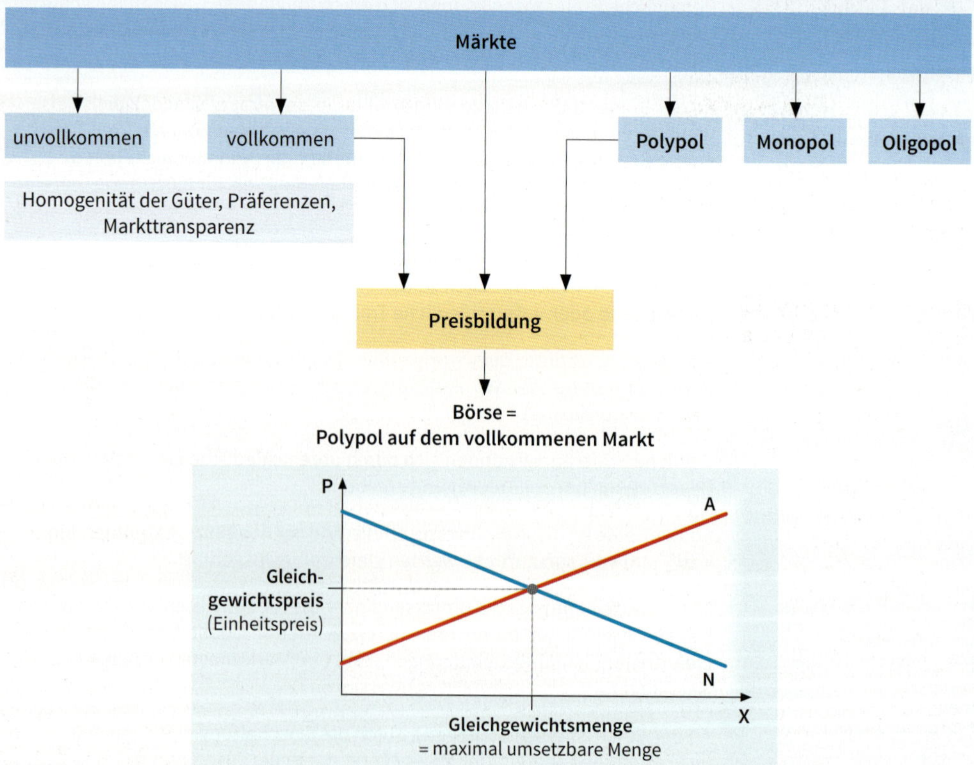

Aufgaben und Probleme zur Erarbeitung und Anwendung von Wissen zu Kapitel 1: Bedeutung von Märkten für eine Volkswirtschaft

1.1 Rollenspiele zur Preisbildung

Führen Sie in Ihrer Klasse die beiden Rollenspiele durch, bei denen die Preisbildung auf einem Markt für Äpfel und an einer Börse simuliert werden.
Die Beschreibung der Rollenspiele und die Materialien befinden sich bei dem Downloadmaterial.

1.2 Preisbildung an der Börse

An einer Rohstoffbörse erhält ein Makler für einen bestimmten Rohstoff folgende Aufträge:

Verkaufsaufträge		
Verkäufer	Mindestpreis	Menge (t)
A	180,00 €	40
B	120,00 €	20
C	100,00 €	60
D	60,00 €	80

Kaufaufträge		
Käufer	Höchstpreis	Menge (t)
E	60,00 €	60
F	100,00 €	20
G	120,00 €	40
H	180,00 €	80

1. Welchen Preis legt der Makler fest?
2. Tragen Sie die Angebots- und Nachfragekurve in ein Koordinatensystem ein (x-Achse: 15 cm, 1 cm = 20 Mengeneinheiten; y-Achse: 10 cm, 1 cm = 20 Geldeinheiten).
3. Warum ist ein Preis von 180 € nicht möglich?
4. Warum ist ein Preis von 60,00 € nicht möglich?
5. In welcher Höhe erzielen
   a) der Käufer G, b) der Verkäufer D
   durch den Gleichgewichtspreis einen Vorteil gegenüber ihren ursprünglichen Kauf- bzw. Verkaufsabsichten?
6. Nachrichten über eine mögliche weltweite Verknappung des Rohstoffs lösen eine erhöhte Nachfrage aus. Der Makler stellt fest, dass alle Käufer zu den bisher von ihnen gebotenen Höchstpreisen 20 t mehr kaufen wollen. Welchen neuen Preis legt der Makler fest?
7. Stellen Sie die veränderten Nachfrageverhältnisse im Koordinatensystem (*vgl. Nr. 2*) dar.
8. Erläutern Sie anhand der Ergebnisse von Aufg. 1 und 2 bzw. Aufg. 6 und 7 die Funktionen des Preises, indem Sie u. a. folgende Fragen beantworten:
   a) Welche Informationen können die Marktteilnehmer aus der Preisveränderung ableiten (Informationsfunktion)?
   b) Welche Folgen können sich für den Einsatz der Produktionsfaktoren ergeben, wenn die sich abzeichnende Preisentwicklung weiter anhält (Allokationsfunktion)?
   c) Zu welchen Ergebnissen führt die Ausgleichsfunktion des Preises in den vorliegenden Fällen?
   d) Welche Anbieter sind im vorliegenden Fall von der Auslesefunktion des Preises betroffen?
   e) Welche Nachfrager werden im vorliegenden Fall nicht durch die Verteilungsfunktion (Zuteilungsfunktion) des Preises begünstigt?
   f) Für welche Marktteilnehmer stellt der Preis im vorliegenden Fall eine Anreizfunktion dar?

Ich kann …	Bitte ankreuzen		Wenn Nein: Siehe Seite(n) im Buch	Level / Anforderungsniveau
	Ja	Nein		
1.1 Funktionen und Arten von Märkten				**Level**
… die Funktionen von Märkten unterscheiden.			136	1

2 Entscheidungsverhalten der privaten Haushalte als Nachfrager

2.1 Grundlagen der Nachfragetheorie der privaten Haushalte

Lernziele:

Nach der Bearbeitung des Kapitels sind Sie in der Lage, Folgendes zu tun:

Sie ...

- ... nennen die Annahmen der privaten Haushalte im Wirtschaftsprozess.
- ... können das ökonomische Prinzip im Zusammenhang der Nachfragethe

D Private Haushalte sind Wirtschaftseinheiten, die einerseits den Unternehmen Produktionsfaktoren (insbesondere den Faktor Arbeit) gegen Entgelt anbieten und andererseits mit dem erzielten Einkommen als Nachfrager von Konsumgütern sowie als Sparer auftreten.

Die Nachfragetheorie untersucht, von welchen Zielsetzungen und Bestimmungsfaktoren das Nachfrageverhalten und die Kaufentscheidungen der privaten Haushalte (= Verbraucher, Konsumenten, Nachfrager) abhängig sind.

Dabei wird von folgenden **Annahmen** ausgegangen:

- Jeder private Haushalt hat das **Ziel**, sein Einkommen so zu verwenden, dass er seine individuellen Bedürfnisse möglichst weitgehend befriedigt und den größtmöglichen individuellen Nutzen erzielt **(Nutzenmaximierung)**. Dieses Verhalten entspricht dem **ökonomischen Prinzip**, nach dem bei rationalem Verhalten versucht wird, mit gegebenen Mitteln einen möglichst hohen Nutzen zu erzielen (= Maximalprinzip).
- Um dieses Ziel zu erreichen, muss ein Haushalt folgende **Entscheidungen** treffen:
  - Welcher Teil des Einkommens soll gespart werden?
  - Wie sollen die für den Konsum vorgesehenen Einkommensteile (= Konsumsumme) möglichst nutzbringend auf die einzelnen Konsumgüterarten aufgeteilt werden (= optimaler Konsumplan)?

2.2 Arten der Nutzenmessung

Lernziele:

Nach der Bearbeitung des Kapitels sind Sie in der Lage, Folgendes zu tun:

Sie ...

- ... erklären den Begriff „Nutzen" im Kontext der Bedürfnisbefriedigung der privaten Haushalte.
- ... können die kardinale und die ordinale Nutzenmessung unterscheiden.
- ... erläutern den Begriff der Präferenzordnung in eigenen Worten.

D Der Nutzen ist ein Maß für die Bedürfnisbefriedigung, die ein Verbraucher durch den Konsum eines Gutes erzielt.

Es gibt keine objektive Maßeinheit, um das Ausmaß der Bedürfnisbefriedigung zweier Personen miteinander vergleichen zu können. Kein Konsument kann angeben, wie viele Nutzeneinheiten ihm beispielsweise ein Glas Bier stiftet und um wie viele Einheiten dieser Nutzen für ihn größer oder kleiner als der Nutzen von einem Glas Mineralwasser ist. Da der Nutzen nur subjektiv empfunden und geschätzt weder kann, ist es in der Realität so gut wie unmöglich, den Nutzen in absoluten Zahlen auszudrücken **(kardinale Nutzenmessung)**. Dagegen ist es einem Konsumenten aber in den meisten Fällen durchaus möglich, aus mehreren Gütern oder Güterkombinationen (Güterbündeln) diejenigen auszuwählen, die ihm nach seiner eigenen Einschatzung einen größeren Nutzen stiften als andere. Ist z.B. nach Einschätzung des Konsumenten der Nutzen (U)[1] des Güterbündels 1 (2 kg Äpfel, 2,5 kg Birnen) höher als der des Güterbündels 2 (2 kg Birnen, 2,5 kg Äpfel) und dieser wiederum höher als der des Güterbündels 3 (1 kg Birnen, 3,5 kg Äpfel), so lässt sich zum gegenwärtigen Zeitpunkt für diesen Konsumenten folgende Rangordnung aufstellen: U1 > U2 > U3. Aus einem solchen Vergleich kann eine individuelle Rangfolge einzelner Güter oder Güterbündel hinsichtlich des Nutzens, den sie dem Konsumenten stiften, abgeleitet werden **(ordinale Nutzenmessung)**.

D Bei ordinaler Nutzenmessung wird lediglich eine Rangfolge der Güter angegeben, die davon abhängt, welchen Nutzen ein Konsument den Gütern beimisst. Das Ausmaß des Nutzens und der Nutzenunterschiede kann aber nicht in absoluten Maßeinheiten ausgedrückt werden.

Die in Abhängigkeit von der Wertschätzung durch den Konsumenten erstellte Rangfolge verschiedener Güterbündel wird als **Präferenzordnung** bezeichnet.

Trotz der Probleme, die bei einer kardinalen Nutzenmessung auftreten, spielt dieses Nutzenkonzept aber beispielsweise bei der Kosten-Nutzen-Analyse (cost-benefit-analysis) zur Bewertung öffentlicher Projekte (z.B. Straßen- und Staudammprojekte) und bei der Bemessung von Entschädigungszahlungen an Unfallopfer bzw. deren Hinterbliebene eine wesentliche Rolle.

1 U steht für *Utility* = Nutzen

2.3 Bestimmung des Haushaltsoptimums[1] bei kardinaler Nutzenmessung (1. und 2. GOSSENsches Gesetz)

Lernziele:

Nach der Bearbeitung des Kapitels sind Sie in der Lage, Folgendes zu tun:

Sie ...

- ... definieren die Begriffe „Gesamtnutzen“ und „Grenznutzen“ und erläutern deren Zusammenhang.
- ... beschreiben das erste GOSSENsche Gesetz und fassen das Wertparadoxon zusammen.
- ... vergleichen die Güterbündel/-kombinationen der Haushalte und leiten daraus das zweite GOSSENsche Gesetz ab.

2.3.1 Nutzenmaximum bei nur einem Konsumgut: Erstes GOSSENsches Gesetz[2]

Der Nutzen eines Gutes hängt nicht allein von den Eigenschaften des Gutes ab. Vielmehr kann ein und dasselbe Gut in unterschiedlichen Situationen und zu unterschiedlichen Zeitpunkten unterschiedlichen Nutzen stiften. Der Nutzen, den alle konsumierten Einheiten eines Gutes zusammen in einer bestimmten Zeiteinheit stiften, ist der **Gesamtnutzen.** Der zusätzliche Nutzen, der durch eine fortlaufende Steigerung des Konsums um jeweils eine Einheit entsteht, wird als **Grenznutzen** bezeichnet.

D Der Grenznutzen ist diejenige Veränderung des Gesamtnutzens, die eintritt, wenn eine zusätzliche Einheit eines Gutes konsumiert wird.

Es ist eine Erfahrungstatsache, dass Konsumenten bei zunehmendem Verbrauch eines Gutes jeder zusätzlichen Einheit dieses Gutes immer weniger Nutzen beimessen. Der Grenznutzen wird also – sofern sich der Konsum der übrigen Güter nicht ändert – bei zunehmender Verbrauchsmenge eines Gutes immer kleiner. Diese Erkenntnis wird als **Gesetz vom abnehmenden Grenznutzen**, als **Sättigungsgesetz** oder als **erstes GOSSENsches Gesetz** bezeichnet.

„Die Größe eines und desselben Genusses nimmt, wenn wir mit Bereitung des Genusses ununterbrochen fortfahren, fortwährend ab, bis zuletzt Sättigung eintritt.“

Quelle: Gossen, Hermann Heinrich: Entwicklung der Gesetze des menschlichen Verkehrs und der daraus fließenden Regeln für menschliches Handeln. Braunschweig: Friedrich Vieweg und Sohn 1854, S. 4.

D Der Grenznutzen eines Gutes nimmt mit zunehmendem Verbrauch dieses Gutes ab. Eine Bedürfnissättigung tritt ein, wenn der Grenznutzen null wird (erstes GOSSENsches Gesetz).

2.1, S. 189

Zur **Veranschaulichung** der Entwicklung von Gesamt- und Grenznutzen bei unterschiedlichen Konsummengen wird im nachstehenden Zahlenbeispiel angenommen, der Nutzen könne **kardinal**, d. h. mit absoluten Zahlen gemessen werden.

1 Die Begriffe Nutzenmaximum, Haushaltsoptimum und optimaler Verbrauchsplan werden gleichbedeutend verwendet.

2 Nach Hermann Heinrich Gossen (1810–1858), preußischer Beamter und Volkswirt

B

Zusammenhang zwischen der Konsummenge und der Entwicklung von Gesamt- und Grenznutzen		
Konsumierte Menge des Gutes 1 (z. B. Bier) in einem bestimmten Zeitraum	**Gesamtnutzen (U_1) (= Nutzen aller konsumierter Mengeneinheiten zusammen)**	**Grenznutzen (u'_1) (= Nutzenzuwachs durch die letzte konsumierte Mengeneinheit)**
0	0	
1	30	30
2	55	25
3	75	20
4	90	15
5	100	10
6	105	5
7	105	0
8	100	–5

Gesamtnutzen: Der Gesamtnutzen entspricht der Nutzensumme der insgesamt konsumierten Gütereinheiten. Der Gesamtnutzen nimmt mit zunehmender Bedürfnisbefriedigung zwar zu, aber die Zuwachsraten werden immer kleiner (degressiver Anstieg der Gesamtnutzenkurve). Im vorliegenden Beispiel ist bei 6,5 Konsumeinheiten das Nutzenmaximum erreicht. Ein zusätzlicher Konsum führt zu einer Verringerung des Gesamtnutzens.

Grenznutzen: Der Nutzen der ersten konsumierten Einheit ist am größten (30). Werden weitere Einheiten konsumiert, ist der Nutzen jeder weiteren Einheit geringer als der Nutzen der vorhergehenden Einheit. Der Grenznutzen nimmt ab. Nach 6,5 Konsumeinheiten ist die Sättigung erreicht. Der Grenznutzen ist gleich null. Ein weiterer Verbrauch ruft Widerwillen hervor. Der Grenznutzen wird negativ.

D

Aus dem ersten GOSSENschen Gesetz folgt, dass ein nach dem ökonomischen Prinzip handelnder Haushalt so viele Mengeneinheiten eines Gutes konsumiert, bis der Grenznutzen null ist. Dann ist der Gesamtnutzen maximal und die Sättigungsmenge erreicht.

Gesamtnutzen

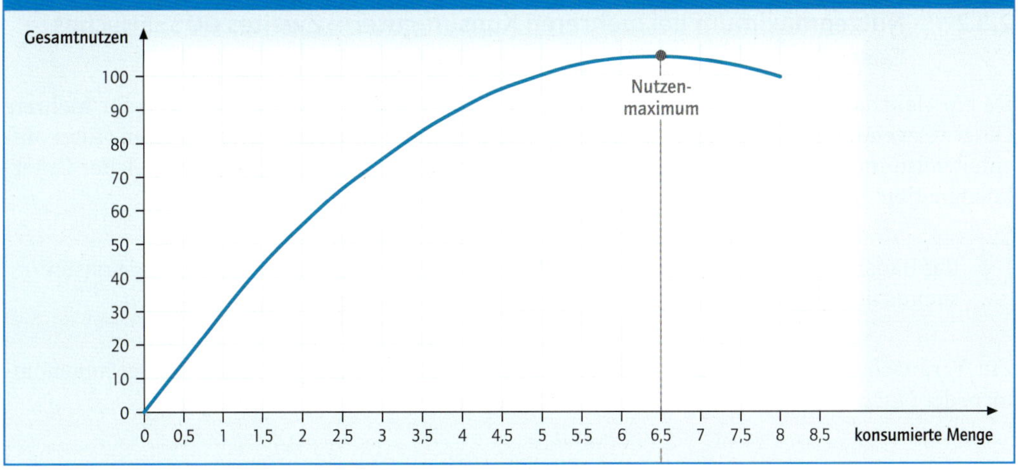

Grenznutzen

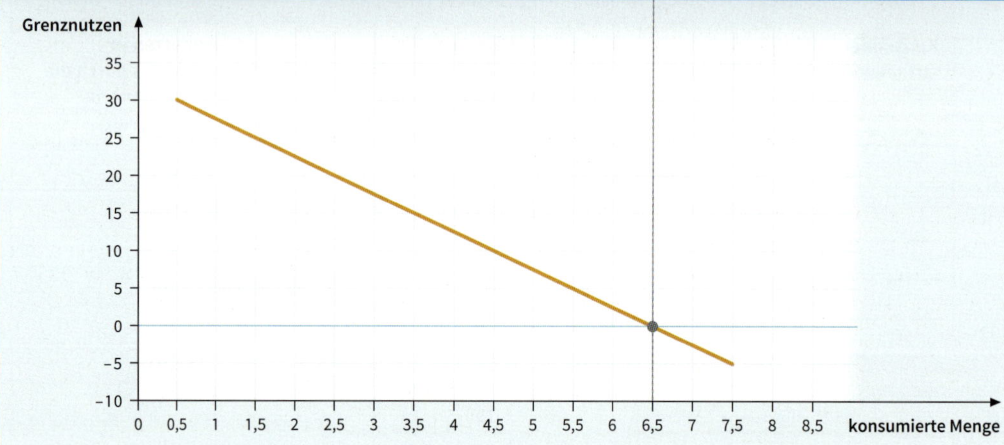

Mithilfe des ersten GOSSENschen Gesetzes lässt sich u.a. die Frage klären, warum manche Güter einen hohen Tauschwert (Preis) haben, obwohl ihr Gebrauchswert gering ist und umgekehrt **(Wertparadoxon)**. Es gibt lebensnotwendige Güter, die zwar einen hohen Gesamtnutzen, aber einen niedrigen Grenznutzen haben (z.B. Wasser). Sind solche Güter reichlich vorhanden, ist die Zahlungsbereitschaft der Verbraucher für diese Güter deswegen gering, weil zusätzliche Verbrauchsmengen des Gutes nur wenig zusätzlichen Nutzen stiften und zu einer Sättigung führen. Weil die Verbraucher nur wenig für solche Güter zu zahlen bereit sind, sind sie billig. Bei anderen Gütern dagegen, die nur in relativ geringen Mengen vorhanden und somit selten sind (z.B. Diamanten), kann der Gesamtnutzen niedrig, der Grenznutzen aber hoch sein. Selbst wenn solche Güter in zunehmendem Maße zur Verfügung stehen, wird auch der letzten Einheit noch ein hoher subjektiver Wert (Nutzen) beigemessen. Es tritt keine Sättigung ein.

„Der Platz des Wassers auf unserer Werteskala wird nicht durch den unendlich großen Nutzen eines Glases Wasser bestimmt, das uns vor dem Verdursten retten würde, wenn uns nur dieses eine Glas zur Verfügung stünde, sondern durch den Nutzen der letzten Dosis, die wir zum Baden oder Blumengießen benutzen."

Quelle: Röpke, Wilhelm: Die Lehre von der Wirtschaft. 13. Auflage, Bern, Stuttgart: Rentsch Verlag 1994, S. 23.

2.3.2 Nutzenmaximum bei mehreren Konsumgütern: Zweites GOSSENsches Gesetz

Da ein Haushalt die Konsumsumme in der Regel nicht nur für ein Gut, sondern für mehrere Güter verwendet, stellt sich die Frage, wie die Konsumsumme auf die verschiedenen Güter aufzuteilen ist, um den Gesamtnutzen aus allen Gütern zu maximieren. Oder: Mit welcher Güterkombination erreicht der Haushalt sein Haushaltsoptimum?

D Das Haushaltsoptimum ist die Güterkombination, die ein Haushalt bei gegebener Konsumsumme und gegebenen Güterpreisen kauft, um das Nutzenmaximum zu erreichen.

Zur **Veranschaulichung** des Haushaltsoptimums wird im folgenden **Modell** wieder angenommen, der Nutzen könne **kardinal**, d.h. mit absoluten Zahlen gemessen werden.

Nutzenmaximum bei Gütern mit gleichen Preisen

Wenn alle Güter gleich teuer sind, können die Preise bei der Ermittlung des Haushaltsoptimums vernachlässigt werden. In diesem unrealistischen Fall kann sich die Analyse der Haushaltsentscheidungen auf die konsumierten Gütermengen beschränken.

2.2, S. 189

B

Beispiel 1 (Ausgangsfall): Nutzenmaximum eines privaten Haushalts bei gleichem Preis für alle Güter

Einem Haushalt steht für einen bestimmten Zeitraum eine Konsumsumme in Höhe von 90,00 € zur Verfügung, die er für den Kauf der Güterbündel A (z. B. Grundnahrungsmittel), B (z. B.Freizeitgestaltung) und C (z. B. Genussmittel) ausgeben kann. Jede Einheit eines jeden Güterbündels kostet 10,00 €. Die Nutzeneinschätzungen des Haushalts im Hinblick auf diese drei Güterbündel gehen aus der folgenden Tabelle hervor.

Konsumierte Mengeneinheiten	Güterbündel A Grenznutzen u'	Güterbündel B Grenznutzen u'	Güterbündel C Grenznutzen u'
erste	**130 Nutzeneinheiten**	**90 Nutzeneinheiten**	**80 Nutzeneinheiten**
zweite	**110 Nutzeneinheiten**	**60 Nutzeneinheiten**	**40 Nutzeneinheiten**
dritte	**80 Nutzeneinheiten**	**40 Nutzeneinheiten**	0 Nutzeneinheiten
vierte	**40 Nutzeneinheiten**	30 Nutzeneinheiten	0 Nutzeneinheiten
fünfte	10 Nutzeneinheiten	5 Nutzeneinheiten	0 Nutzeneinheiten
sechste	0 Nutzeneinheiten	0 Nutzeneinheiten	0 Nutzeneinheiten

Um bei gleichem Preis für jede Einheit der einzelnen Güterbündel die Kombination der Güterbündel zu bestimmen, bei der der Haushalt den höchsten Gesamtnutzen erreicht, muss die Konsumsumme von 90,00 € so auf die verschiedenen Güterbündel verteilt werden, dass die Summe der durch den Güterkonsum gestifteten Grenznutzen möglichst groß ist. Daher wird zunächst eine Einheit des Güterbündels A nachgefragt ($u'(A_1) = 130$). Da der Grenznutzen der zweiten Einheit von A ($u'(A_2) = 110$) größer ist als derjenige der ersten Einheiten von B oder C, wird eine weitere Einheit von A nachgefragt. Würde danach jedoch der Konsum von A fortgesetzt, würde der Gesamtnutzen zwar noch steigen ($u'(A_3) = 80$). Die Nutzensteigerung wäre aber geringer, als wenn stattdessen die erste Einheit von B konsumiert würde ($u'(B_1) = 90$). Daher wird der Haushalt als nächstes die erste Einheit von B, dann die dritte Einheit von A ($u'(A_3) = 80$) oder die erste Einheit von C ($u'(C_1) = 80$) usw. nachfragen. Diese Vorgehensweise führt dazu, dass bei vollständig verausgabter Konsumsumme die Grenznutzen der zuletzt gekauften Einheiten von A, B und C gleich sind ($u'(A_4) = u'(B_3) = u'(C_1) = 40$). Folgende Verteilung der Konsumsumme von 90,00 € stiftet den größten Nutzen:

Güterbündel	Mengeneinheiten	Grenznutzen der letzten Einheit	Gesamtpreis (€)	Gesamtnutzen (= Summe der Grenznutzen)
A	4	$u'(A_4) = 40$	40,00	360
B	3	$u'(B_3) = 40$	30,00	190
C	2	$u'(C_2) = 40$	20,00	120
Summe			90,00	670

Um den Gesamtnutzen zu maximieren, muss die Konsumsumme so auf die verschiedenen Güterbündel verteilt werden, dass die Summe der durch den Güterkonsum gestifteten Grenznutzen möglichst groß ist. Der Haushalt wird daher zunächst eine Einheit des Güterbündels mit dem höchsten Grenznutzen konsumieren wollen und danach so lange weitere Einheiten dieses Güterbündels nachfragen, bis der Grenznutzen der letzten Einheit dieses Güterbündels so groß ist wie der Grenznutzen der ersten Einheit eines anderen Güterbündels.

"

„Nun, ohne Zweifel lassen wir uns davon leiten, dass das Grenznutzenniveau bei allen Arten der Befriedigung möglichst gleich hoch sein soll. Auch das ist nur die abstrakte Formulierung von etwas sehr Simplem, das wir täglich und stündlich praktizieren, ohne gleich die Formel dafür zu haben. Wir sehen den Vorgang in voller Deutlichkeit bei einem so trivialen Anlass wie dem des Kofferpackens für eine Reise. Da wir nicht unsere ganze Habe mitnehmen können, überlegen wir zunächst, welche Dinge wir am dringendsten brauchen (Auswahl); zugleich aber wägen wir ein Mehr an Hemden gegen ein Weniger an Schuhen, ein Mehr an Büchern gegen ein Weniger an Anzügen so gegeneinander ab, dass alles in einem vernünftigen Verhältnis zueinander steht (Begrenzung). Es klingt ein wenig komisch, aber es ist tatsächlich so, dass der Koffer dann ideal gepackt ist, wenn das Niveau des Grenznutzens für Anzüge, Hemden, Socken, Taschentücher, Schuhe und Bücher gleich hoch und höher als der Nutzen der zurückgelassenen Gegenstände ist."

Quelle: Röpke, Wilhelm: Die Lehre von der Wirtschaft. 13. Auflage, Bern, Stuttgart: Rentsch Verlag 1994, S. 29.

Diese Erkenntnis, dass der Konsum der einzelnen Güter so lange ausgedehnt wird, bis sich die Grenznutzen der jeweils letzten Einheit dieser Güter entsprechen, wird als **Gesetz vom Ausgleich der Grenznutzen** oder als **zweites GOSSENsches Gesetz** bezeichnet. Wenn die Preise aller Güter gleich sind, gilt:

D

Das Maximum an Bedürfnisbefriedigung (= Nutzenmaximum) ist dann erreicht, wenn die Grenznutzen der zuletzt beschafften Mengeneinheiten der konsumierten Güter gleich sind (Zweites GOSSENsches Gesetz).

Nutzenmaximum bei Gütern mit verschiedenen Preisen

Die Analyse der Haushaltsentscheidungen im Rahmen der Nutzenmaximierung wird schwieriger, wenn die Preise der Güter nicht gleich sind. In diesem Fall hängt der mit einer bestimmten Konsumsumme erzielbare Nutzen nicht nur von der Gütermenge, sondern auch von den Güterpreisen ab. Um eine Vergleichbarkeit der Grenznutzen der verschieden teuren Güter herbeizuführen, müssen die Grenznutzen der verschiedenen Güter auf eine Geldeinheit bezogen werden, indem die Grenznutzen eines jeden Gutes durch den jeweiligen Preis des Gutes dividiert werden.

B

Beispiel 2 (Fortsetzung): Nutzenmaximum eines privaten Haushalts bei unterschiedlichen Güterpreisen

Einem Haushalt steht – entsprechend dem Ausgangfall – nach wie vor für einen bestimmten Zeitraum eine Konsumsumme in Höhe von 90,00 € zur Verfügung, die er für den Kauf der Güterbündel A (z. B. Grundnahrungsmittel), B (z. B. Freizeitgestaltung) und C (z. B. Genussmittel) ausgeben kann. Die Nutzeneinschätzungen des Haushalts im Hinblick auf diese drei Güterbündel ist unverändert *(siehe Ausgangsfall)*. Während eine Einheit des Güterbündels A weiterhin 10,00 € kostet, haben sich jedoch die Preise der anderen Güterbündel wie folgt verändert: Eine Einheit des Güterbündels B kostet jetzt nur noch 7,50 €, während eine Einheit des Güterbündels C jetzt 20,00 € kostet.

Um bei unterschiedlichen Preisen der Güter die Kombination der Güterbündel zu bestimmen, bei der der Haushalt den höchsten Gesamtnutzen erreicht, müssen die Grenznutzen der verschiedenen Güter auf eine Geldeinheit bezogen werden (= Grenznutzen des Geldes). Für die erste Einheit des Güterbündels A ergibt das beispielsweise den Wert 130/10 = 13. Die übrigen Werte gehen aus der folgenden Tabelle hervor:

B

Konsumierte Mengen-einheiten	Güterbündel A: Grenznutzen je Geldeinheit bei einem Preis von 10,00 € je Mengeneinheit $\frac{u'(A)}{p_A}$	Güterbündel B: Grenznutzen je Geldeinheit bei einem Preis von 7,50 € je Mengeneinheit $\frac{u'(B)}{p_B}$	Güterbündel C: Grenznutzen je Geldeinheit bei einem Preis von 20,00 € je Mengeneinheit $\frac{u'(C)}{p_C}$
erste	**130/10 = 13**	**90/7,50 = 12,0**	**80/20 = 4**
zweite	**110/10 = 11**	**60/7,50 = 8,0**	40/20 = 2
dritte	**80/10 = 8**	**40/7,50 = 5,3**	0/20 = 0
vierte	**40/10 = 4**	**30/7,50 = 4,0**	0/20 = 0
fünfte	10/10 = 1	5/7,50 = 0,6	0/20 = 0
sechste	0/10 = 0	0/7,50 = 0,0	0/20 = 0

Im vorliegenden Fall wird der Haushalt zunächst eine Einheit des Güterbündels A nachfragen, da damit der höchste Nutzen je Geldeinheit erzielt wird ($u'(A1)/p_A = 13$). Als nächstes wird die erste Einheit von B nachgefragt, da deren Grenznutzen je Geldeinheit ($u'(B1)/p_B = 12$) größer ist als derjenige der zweiten Einheiten von A oder der ersten Einheit von C. Wird dieses Vorgehensweise weiter fortgesetzt, teilt der Haushalte die Konsumsumme von 90,00 € wie folgt auf die drei Güterbündel auf:

Güterbündel	Mengen-einheiten	Grenznutzen des Geldes der letzten Einheit	Gesamtpreis (€)	Gesamtnutzen (= Summe der Grenznutzen des Geldes)
A	4	$u'(A_4)/p_A = 4$	40,00	36,0
B	4	$u'(B_4)/p_B = 4$	30,00	29,3
C	1	$u'(C_1)/p_C = 4$	20,00	4,0
Summe			90,00	69,3

Das Beispiel zeigt, dass neben dem Grenznutzen auch das Preisverhältnis der Güter Einfluss auf die Güterkombination hat, mit der das Haushaltsoptimum erreicht wird. Ein rational handelnder Haushalt wird eine gegebene Konsumsumme so verausgaben, dass die mit einer Geldeinheit erzielten Grenznutzen bei allen Gütern gleich hoch sind. Anders ausgedrückt: Das Nutzenmaximum ist dann erreicht, wenn sich die Grenznutzen des Geldes (= Grenznutzen je Geldeinheit) bei allen Gütern ausgleichen. **(Gesetz vom Ausgleich der mit den Preisen gewogenen Grenznutzen).** Wenn die Preise der Güter unterschiedlich sind, gilt also:

F

Das Maximum an Bedürfnisbefriedigung (= Nutzenmaximum) ist dann erreicht, wenn folgende Bedingung erfüllt ist:

$$\frac{\text{Grenznutzen des Gutes A}}{\text{Preis des Gutes A}} = \frac{\text{Grenznutzen des Gutes B}}{\text{Preis des Gutes B}} = \frac{\text{Grenznutzen des Gutes C}}{\text{Preis des Gutes C}} \text{ usw.}$$

oder

$$\frac{u'(A)}{p_A} = \frac{u'(B)}{p_B} = \frac{u'(C)}{p_C} = \ldots$$

Der Vergleich von Beispiel 1 und Beispiel 2 zeigt, welche Auswirkungen die Güterpreise auf den optimalen Konsumplan haben:

- Von Güterbündel A, dessen Preis gleich geblieben ist, plant der Haushalt in beiden Fällen einen gleich hohen Konsum (4 Einheiten).
- Von Güterbündel B, dessen Preis von 10,00 € auf 7,50 € gesunken ist, plant der Haushalt nach der Preissenkung einen höheren Konsum (4 statt 3 Einheiten).
- Von Güterbündel C, dessen Preis von 10,00 € auf 20,00 € gestiegen ist, plant der Haushalt nach der Preiserhöhung einen geringeren Konsum (1 statt 2 Einheiten).

Daraus lässt sich das auf Grenznutzenüberlegungen beruhende Nachfrageverhalten der Haushalte wie folgt ableiten:

D Ändert sich der Preis eines Gutes, das einem bestimmten Haushalt zur Bedürfnisbefriedigung dient, so ändert der Haushalt seinen Konsumplan. Bei einer Preissenkung erhöht sich normalerweise die geplante Nachfragemenge, bei einer Preiserhöhung vermindert sie sich.

Nachfragekurve eines Haushalts für Gut 1

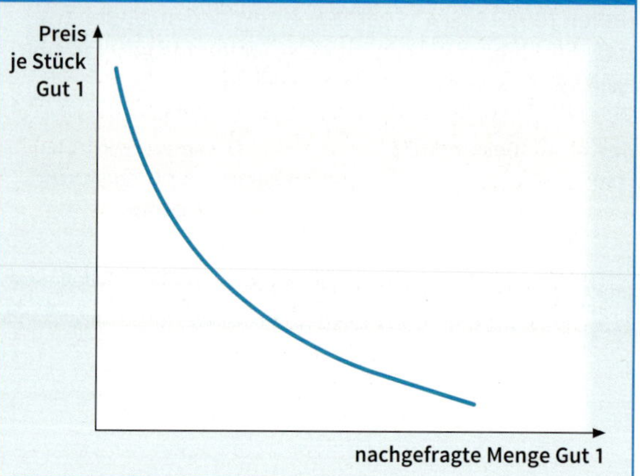

Dieses Nachfrageverhalten lässt sich mithilfe des zweiten GOSSENschen Gesetzes auch wie folgt erklären: Wenn ein Haushalt sein Haushaltsoptimum erreicht hat und dann beispielsweise der Preis von Gut A sinkt, steigt der Grenznutzen je Geldeinheit (u'(A)/p_A). Die Bedingung vom Ausgleich der mit den Preisen gewogenen Grenznutzen ist nicht mehr erfüllt. Um das ursprüngliche Haushaltsoptimum wieder herzustellen, muss der Grenznutzen des Gutes A (u'(A)) sinken. Dies geschieht, wenn von Gut A mehr konsumiert wird (Gesetz vom abnehmenden Grenznutzen). Eine Preissenkung von Gut A zieht also eine Nachfrageerhöhung dieses Gutes nach sich. Bei einer Preiserhöhung ist der Zusammenhang umgekehrt. Wenn beispielsweise der Preis von Gut B steigt, sinkt der Grenznutzen je Geldeinheit (u'(B)/p_B). Indem von Gut B weniger konsumiert wird, steigt sein Grenznutzen (u'(B)) und damit der Grenznutzen je Geldeinheit (u'(B)/p_B) bis das ursprüngliche Haushaltsoptimum wieder erreicht ist. Die durch eine Preiserhöhung ausgelöste Abweichung vom Haushaltsoptimum führt also zu einer Nachfragesenkung bei dem entsprechenden Gut, wenn der Haushalt das Nutzenmaximum anstrebt.

Hauptkritikpunkt an der Ableitung des Haushaltsoptimums und des entsprechenden Nachfrageverhaltens der Haushalte mithilfe der GOSSENschen Gesetze ist die dabei getroffene Annahme, dass der Nutzen kardinal messbar sei. Aus dem Bemühen, dieses Problem auszuklammern, ist die **Indifferenzkurven-Analyse** zur Bestimmung des Haushaltsoptimums und des Nachfrageverhaltens entstanden. Statt von der kardinalen Messbarkeit des Nutzens wird dabei von einer ordinalen Messbarkeit ausgegangen.

2.4 Bestimmung des Haushaltsoptimums bei ordinaler Nutzenmessung (Indifferenzkurven)

Lernziele:

Nach der Bearbeitung des Kapitels sind Sie in der Lage, Folgendes zu tun:

Sie ...

- ... beschreiben die Begriffe „Nutzengebirge“ und „Indifferenzkurven“.
- ... erklären die Grenzrate der Substitution.
- ... beurteilen die Eigenschaften, die eine Indifferenzkurve aufweist.
- ... wenden die Funktion der Budgetgerade eines Haushalts an.
- ... vergleichen die Veränderungen für das Haushaltsoptimum, wenn das Einkommen steigt, bzw. wenn der Preis des Gutes X_2 steigt.

2.4.1 Nutzengebirge und Indifferenzkurven

B 2.2

Auch wenn die unrealistische Annahme, dass der Nutzen kardinal messbar sei, aufgegeben wird, lässt sich das Haushaltsoptimum (Nutzenmaximum bei mehreren Gütern) in einem Modell mithilfe sogenannter **Indifferenzkurven**[1] ableiten. Voraussetzung dafür ist, dass ein Haushalt eine Rangordnung erstellen kann, ob eine bestimmte Güterkombination (= Güterbündel) ihm mehr, weniger oder gleich viel Nutzen stiftet als eine andere Güterkombination **(= ordinale Nutzenmessung)**. Eine solche Rangordnung wird auch als **Präferenzordnung** bezeichnet.

Grafisch lassen sich die Zusammenhänge wie folgt herleiten:

In einem dreidimensionalen Koordinatensystem stellen die Achsen x_1 und x_2 die Mengen der von einem Haushalt konsumierten Güter x_1 (Fleisch) und x_2 (Fisch) dar. Auf der Achse in der dritten Dimension wird der Nutzen (U) abgetragen. Jeder Punkt in dem durch die Achsen x_1 und x_2 begrenzten Feld stellt ein Güterbündel (Mengenkombination) der Güter x_1 (z.B. Fleisch) und x_2 (z.B. Fisch) dar, das dem Haushalt einen bestimmten Nutzen (U) stiftet. Je weiter die Güterbündel vom Nullpunkt entfernt sind, umso größer sind die darin enthaltenen Gütermengen und der Nutzen, den dieses Güterbündel dem Haushalt stiftet.

In dem dreidimensionalen Koordinatensystem mit der Nutzenachse U und den Mengenachsen x_1 und x_2 ergibt sich durch diese Überlegungen ein **Nutzengebirge** (0ABC).

Nutzengebirge

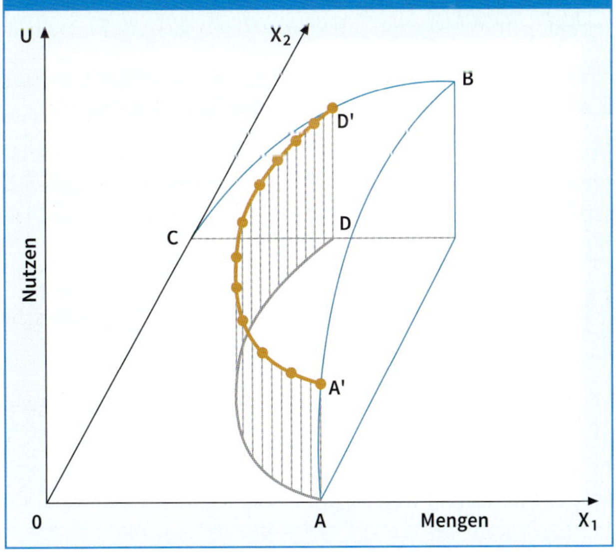

Das Nutzengebirge 0ABC spiegelt die unterschiedlichen Nutzenniveaus für alle Mengenkombinationen (Güterbündel) der Güter x_1 und x_2 wieder.
Eine Höhenlinie (z. B. A'D') gibt alle Mengenkombinationen der Güter x_1 und x_2 an, die dem Haushalt denselben Nutzen stiften.

1 Indifferenz *(lat.)*: ohne Unterschied, Unterschiedslosigkeit

D Das Nutzengebirge gibt für alle denkbaren Mengenkombinationen der Güter x_1 und x_2 den dazugehörigen Nutzen an.

Eine Senkrechte, die auf der x_1, x_2-Ebene errichtet wird (z. B. $\overline{DD'}$), gibt die Nutzenhöhe eines bestimmten Güterbündels an. Werden die Endpunkte aller gleich hohen Senkrechten miteinander verbunden, lässt sich eine Linie (Kurve) vergleichbar mit einer **Höhenlinie** in einer Gebirgslandkarte konstruieren. Diese **Kurve** (hier: A'D') stellt alle unterschiedlichen Güterbündel (Mengenkombinationen) der Güter x_1 (Fleisch) und x_2 (Fisch) dar, die dem Haushalt **denselben Nutzen** stiften. Da sich der Nutzen der einzelnen durch diese Kurve dargestellten Güterbündel (Mengenkombinationen) nicht unterscheidet und sich ein Haushalt gegenüber solchen Güterkombinationen mit demselben Nutzenniveau unentschieden (indifferent) verhält, wird eine solche Kurve als **Indifferenzkurve** bezeichnet.

D Eine Indifferenzkurve ist der geometrische Ort aller Mengenkombinationen zweier Güterarten, die einem Haushalt Nutzen in gleicher Höhe stiften.

Auf der Oberfläche des Nutzengebirges liegt eine Indifferenzkurve neben der anderen (Indifferenzkurvenschar). Je weiter eine Indifferenzkurve vom Nullpunkt entfernt liegt, ein umso höher ist ihr Nutzenniveau. Wegen der fehlenden Möglichkeit zur kardinalen Nutzenmessung kann die Nutzenhöhe einer Indifferenzkurve nicht in Zahlen gemessen werden. Für die Untersuchung des Nachfrageverhaltens der Haushalte genügt es aber zu wissen, dass Haushalte Güterbündel auf einer Indifferenzkurve mit höherem Nutzenniveau gegenüber Güterbündeln auf Indifferenzkurven mit niedrigerem Nutzenniveau bevorzugen.

Da eine dreidimensionale Darstellung wenig anschaulich ist, wird üblicherweise auf die Abbildung der Nutzenhöhe U (= dritte Dimension) verzichtet. Daher beschränkt sich die grafische Darstellung im Folgenden auf die Abbildung von Indifferenzkurven in einem zweidimensionales Koordinatensystem mit den Achsen x_1 (z. B. Fleisch) und x_2 (z. B. Fisch).

2.4.2 Eigenschaften von Indifferenzkurven

2.3, S. 190

Voraussetzung für die Ableitung des Haushaltsoptimums (Nutzenmaximum bei mehreren Gütern) ist, dass ein Haushalt eine Rangordnung **(Präferenzordnung)** erstellen kann, ob ein bestimmtes Güterbündel ihm mehr, weniger oder gleich viel Nutzen stiftet als ein anderes Güterbündel **(= ordinale Nutzenmessung)**.

B **Präferenzordnung eines Haushalts hinsichtlich unterschiedlicher Mengen der Güter Fleisch und Fisch**

Güterbündel 1	Vergleich	Güterbündel 2
6 ME Fleisch und 1 ME Fisch	>	4 ME Fleisch und 1 ME Fisch
6 ME Fleisch und 1 ME Fisch	<	6 ME Fleisch und 2 ME Fisch
6 ME Fleisch und 1 ME Fisch	≈	2 ME Fleisch und 3 ME Fisch

Der Einfachheit halber wird unterstellt, dass einem Haushalt lediglich zwei verschiedene Güter zur Verfügung stehen, die beliebig teilbar sind und sich gegenseitig ersetzen können (**Substitutionsgüter**). Die unterschiedlichen Mengenkombinationen dieser beiden Güter lassen sich in einem zweidimensionalen Koordinatensystem darstellen. Bestimmte Mengenkombinationen dieser beiden Güter stiften dem Haushalt den gleichen Gesamtnutzen. M. a. W.: Der Haushalt kann ein bestimmtes Nutzenniveau (U_1) durch verschiedene Mengenkombinationen dieser beiden Güter erreichen. Im vorliegenden Fall weisen die Güterkombinationen A, B, C und D hinsichtlich des Nutzens, den sie dem Haushalt stiften, keinen Unterschied auf. Der Nutzen dieser jeweiligen Kombinationen ist **indifferent**. Indem diese Güterkombinationen, die den gleichen Nutzen stiften, in ein Koordinatensystem eingetragen werden, lässt sich durch Verbindung der Punkte eine **Indifferenzkurve** mit dem einheitlichen Nutzenniveau U_1 ableiten.

Die Indifferenzkurve zeigt, dass im vorliegenden Fall ein Gut durch ein anderes ersetzt (= substituiert) werden kann, ohne dass sich das Nutzenniveau ändert. Je mehr Gut 1 (Fleisch) durch Gut 2 (Fisch) ersetzt wird, umso geringer wird die Steigung der Indifferenzkurve. Das zeigt die nebenstehende Abbildung durch die abnehmende Höhe der Stufen: Die Menge Fleisch, die durch eine zusätzliche Mengeneinheit Fisch ersetzt werden kann, nimmt laufend ab. Die jeweils zu ersetzende Menge wird als **Grenzrate der Substitution** bezeichnet.

Mengenkombinationen der Güter Fleisch und Fisch mit gleichem Nutzenniveau

Güterkombinationen	A	B	C	D
Menge Fleisch (ME)	6	3	2	1,5
Menge Fisch (ME)	1	2	3	4
Nutzenniveau	U_1	U_1	U_1	U_1

Indifferenzkurve mit dem Nutzenniveau U_1

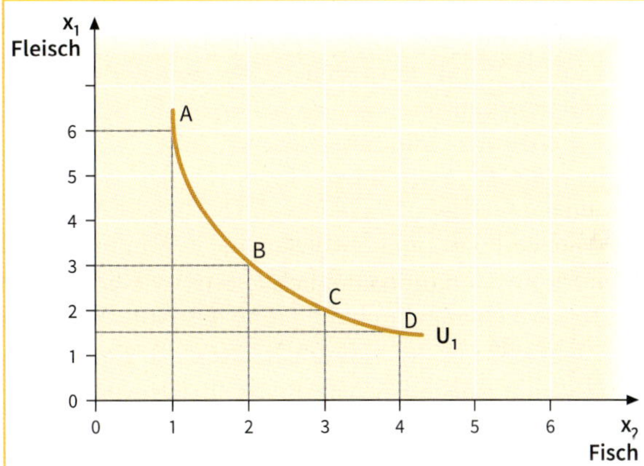

Grenzrate der Substitution

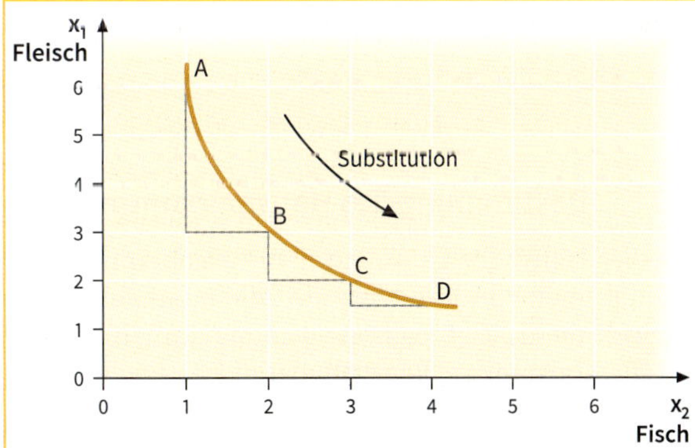

D Die Grenzrate der Substitution des Gutes x_1 durch das Gut x_2 ist die Menge des Gutes x_1, deren Verringerung durch die Zunahme von Gut x_2 um eine Einheit ausgeglichen werden kann, ohne dass sich das Nutzenniveau ändert.

F

$$\text{Grenzrate der Substitution}^1 = \frac{\text{Abnahme des zu ersetzenden Gutes } x_1}{\text{Zunahme des ersetzenden Gutes } x_2} = \frac{\Delta x_1}{\Delta x_2}$$

1 Die Grenzrate der Substitution wird – obwohl es sich eigentlich wegen der negativen Steigung der Indifferenzkurve um eine negative Zahl handelt – üblicherweise ohne Vorzeichen angegeben.

D Die Grenzrate der Substitution gibt die Steigung der Indifferenzkurve (ohne Beachtung des Vorzeichens) an.

Schar von Indifferenzkurven

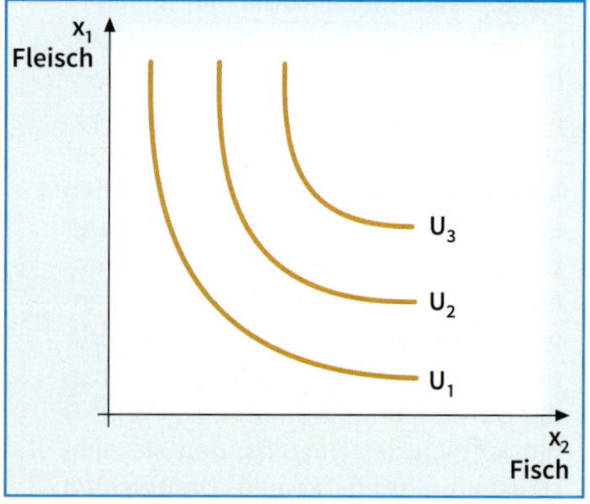

Wird die Menge mindestens eines der beiden Güter erhöht und die Menge des anderen Gutes nicht gesenkt, ergibt sich eine Güterkombination, die einen **höheren Nutzen** stiftet als die vorherige (8 ME Fleisch und 2 ME Fisch > 6 ME Fleisch und 1 ME Fisch). Diese neue Güterkombination kann daher nicht auf der Indifferenzkurve mit dem Nutzenniveau U_1 liegen. Sie gehört vielmehr zu einer Indifferenzkurve mit einem höheren Nutzenniveau (z. B. U_2) und muss sich rechts von der ursprünglichen Indifferenzkurve befinden. Entsprechend existieren Indifferenzkurven mit einem niedrigeren Nutzenniveau, die links von der Indifferenzkurve mit dem Nutzenniveau U_1 liegen. Für einen Haushalt ist somit entsprechend den unendlich vielen Kombinationsmöglichkeiten der beiden Güter eine Schar von Indifferenzkurven vorstellbar, die sich alle durch die Höhe des Nutzenniveaus unterscheiden.

D Je weiter eine Indifferenzkurve vom Ursprung entfernt ist, umso höher ist das Nutzenniveau.

Da jede Indifferenzkurve in der Kurvenschar ein anderes Nutzenniveau repräsentiert als eine andere Indifferenzkurve, können sich Indifferenzkurven nicht schneiden.

D Indifferenzkurven können sich nicht schneiden.

2.4.3 Bestimmung des Haushaltsoptimums

Ziel eines Haushalts ist es, mit den Ausgaben für Konsumzwecke ein möglichst hohes Nutzenniveau, d. h. eine Indifferenzkurve, die möglichst weit rechts vom Ursprung liegt, zu erreichen. Inwieweit dieses Ziel realisiert werden kann, hängt ab von

- den für Konsumzwecke verfügbaren finanziellen Mitteln (C) und
- den Güterpreisen p_1 und p_2.

Die Summe aller Konsumausgaben (C) ist genauso groß wie die Summe, die für den Kauf der beiden Güter x_1 und x_2 ausgegeben wird. Werden die Preise der beiden Güter mit p_1 und p_2 bezeichnet, ergibt sich folgende Gleichung:

$$(1)\ C = p_1 \cdot x_1 + p_2 \cdot x_2$$

Durch Auflösung nach x_1 ergibt sich folgende Geradengleichung:

$$(2)\ x_1 = -\frac{p_2}{p_1} \cdot x_2 + \frac{C}{p_1}$$

Die Gerade hat eine negative Steigung ($-p_2/p_1$) und einen Y-Achsenabschnitt C/p_1. Diese Gerade wird als **Budgetgerade des Haushalts**[1] bezeichnet.

1 Andere gleichbedeutende Bezeichnungen sind Bilanzgerade oder Haushaltsgerade.

D Die Budgetgerade eines Haushalts ist der geometrische Ort aller Mengenkombinationen zweier Güterarten x_1 und x_2, die ein Haushalt bei einer gegebenen Konsumsumme C und gegebenen Güterpreisen p_1 und p_2 maximal erwerben kann.

B **Annahmen:**

1. Ein Haushalt kann täglich 6,00 € für Fleisch (x_1) und Fisch (x_2) ausgeben.
2. Der Preis für Fleisch (p_1) beträgt 1,00 € je ME, der Preis für Fisch (p_2) beträgt 1,50 € je ME.

Die folgende Tabelle zeigt verschiedene Kombinationen der beiden Güter, die jeweils mit der Konsumsumme von 6,00 € pro Tag erworben werden können. Werden diese Kombinationsmöglichkeiten grafisch dargestellt, ergibt sich die abgebildete Budgetgerade mit der Funktion

$x_1 = -1{,}50/1{,}0 \cdot x_2 + 6/1 = -1{,}5\,x_2 + 6$

Fall	Fleisch ME	Fisch ME	Konsumsumme (€)
A	6	0	6 · 1,00 = 6,00
B	4,5	1	4,5 · 1,00 + 1 · 1,50 = 6,00
C	3	2	3 · 1,00 + 2 · 1,50 = 6,00
D	1,5	3	1,5 · 1,00 + 3 · 1,50 = 6,00
E	0	4	4 · 1,50 = 6,00

Budgetgerade

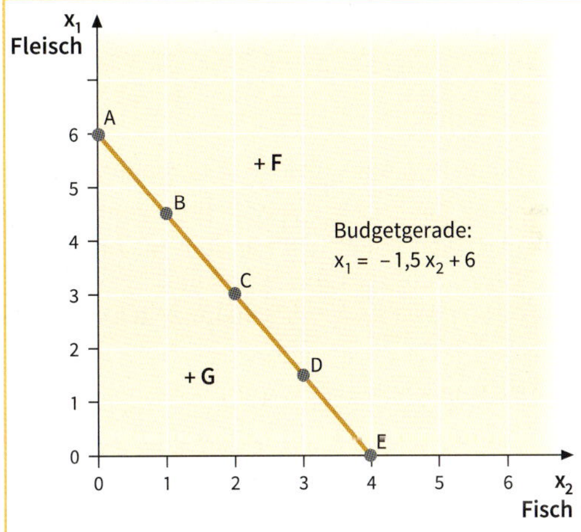

Der Haushalt hat unter den gegebenen Bedingungen sein Nutzenmaximum dann erreicht, wenn er mit seiner Konsumsumme (C), deren unterschiedliche Aufteilungsmöglichkeiten auf die Güter x_1 und x_2 durch die Budgetgerade ausgedrückt werden, die höchstmögliche Indifferenzkurve erreicht. Die höchstens erreichbare Indifferenzkurve ist diejenige, an die die Budgetgerade eine Tangente bildet (Tangentialpunkt T). Alle rechts davon liegenden Güterkombinationen (z. B. Punkt F) sind mit der vorgegebenen Konsumsumme nicht erreichbar. Alle links davon liegenden Güterkombinationen (z. B. Punkt G) stiften einen geringeren Nutzen.

D Das Haushaltsoptimum (optimaler Verbrauchsplan) ist bei der Güterkombination erreicht, bei der die Budgetgerade die Tangente an eine Indifferenzkurve bildet.

Im Haushaltsoptimum sind die Steigung der Budgetgeraden und der entsprechenden Indifferenzkurve gleich groß. Da die Steigung der Indifferenzkurve der Grenzrate der Substitution ($\Delta x_1/\Delta x_2$) und die Steigung der Budgetgeraden dem umgekehrten Preisverhältnis ($-\,p_2/p_1$) entspricht, ist im Haushaltsoptimum die Grenzrate der Substitution gleich dem umgekehrten Verhältnis der Güterpreise.

F Bedingung für das Haushaltsoptimum

$$= \frac{\Delta x_1}{\Delta x_2} = -\frac{p_2}{p_1}$$

Budgetgerade bildet Tangente

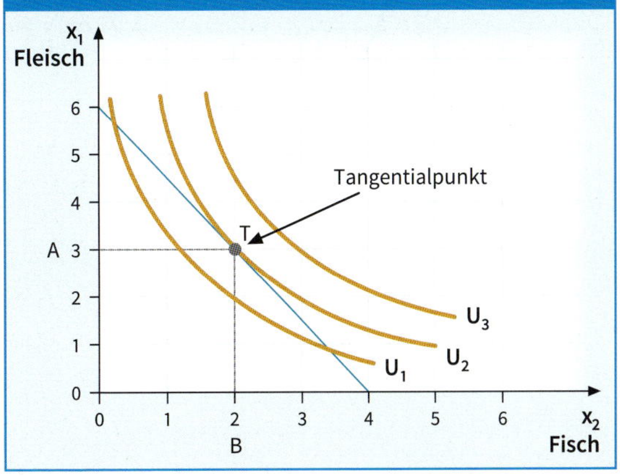

Ändert sich die Konsumsumme, während die Preise gleich bleiben, verschiebt sich die Budgetgerade. Bei einer Erhöhung der Konsumsumme kommt es zu einer Parallelverschiebung nach rechts, bei einer Verringerung zur einer Parallelverschiebung nach links. Das neue Haushaltsoptimum ergibt sich jeweils wieder bei der Güterkombination, bei der die neue Budgetgerade die Tangente an eine der unendlich vielen Indifferenzkurven bildet.

2.4.4 Ableitung der individuellen Nachfragekurve

2.4, S. 190

Ändert sich der Preis eines Gutes, dreht sich die Budgetgerade um den Schnittpunkt mit der Achse des anderen Gutes. Indem ein Zusammenhang zwischen der Preisänderung eines Gutes und der dadurch ausgelösten Mengenänderung dieses Gutes hergestellt wird, lässt sich mithilfe der Indifferenzkurven eine **Nachfragekurve** ableiten, die zeigt, dass bei steigendem Preis eines Gutes die nachgefragte Menge dieses Gutes abnimmt und umgekehrt.

B **Annahmen:**

1. Die Konsumsumme für Fleisch und/oder Fisch beträgt nach wie vor 6,00 € pro Tag.
2. Der Preis für Fleisch (Gut x_1) in Höhe von 1,00 € bleibt unverändert. Der Preis für Fisch (Gut x_2) steigt dagegen von bisher 1,50 € je Mengeneinheit auf 3,00 € je Mengeneinheit.

Ableitung der individuellen Nachfragekurve

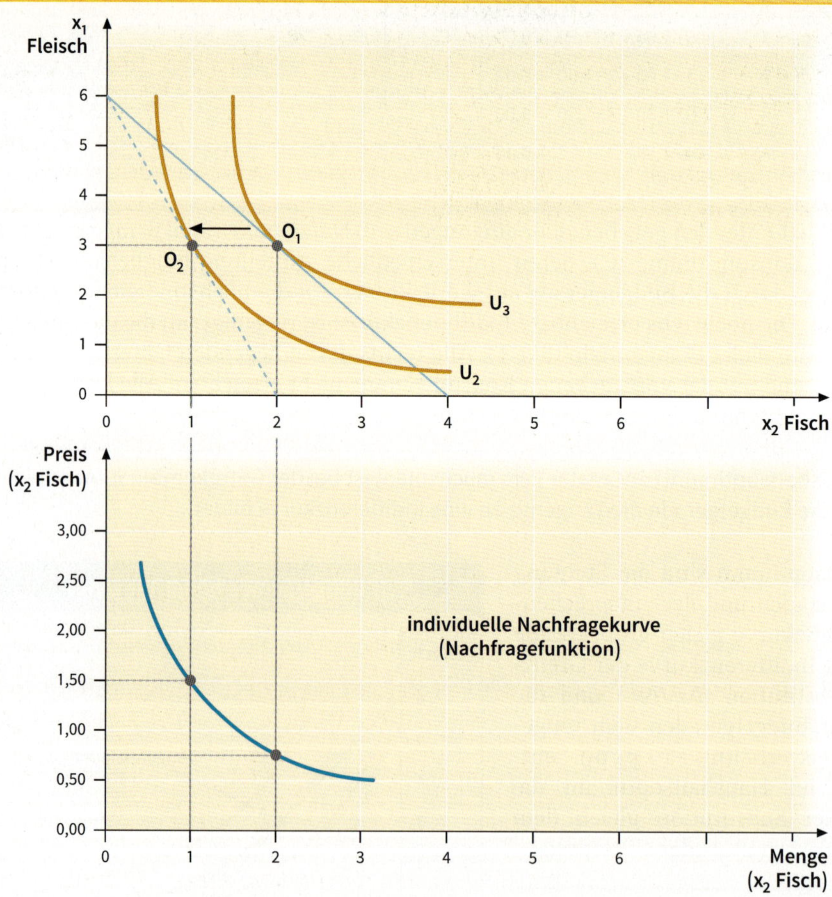

Ergebnis:

Der Y-Achsenabschnitt $C/p_1 = 6/1 = 6$ bleibt unverändert. Die Gerade dreht sich um diesen Schnittpunkt mit der Y-Achse nach links. Der neue Schnittpunkt mit der X-Achse liegt bei $C/p_2 = 2$. Das neue Haushaltsoptimum liegt bei der Güterkombination, bei der die nach links gedrehte Gerade die Tangente an eine der unendlich vielen Indifferenzkurven bildet.

Während beim Haushaltsoptimum vor der Fischpreiserhöhung (O_1) 2 Mengeneinheiten Fisch konsumiert wurden, hat sich der Fischkonsum beim neuen Haushaltsoptimum (O_2) wegen der Preissteigerung auf 1 ME verringert. Wird die Preis- und Mengenänderung für Fisch in ein Preis-Mengen-Diagramm übertragen, ergibt sich eine von links oben nach rechts unten verlaufende **Nachfragekurve** des Haushalts für Fisch (= individuelle Nachfragekurve). Sie gibt die nachgefragte Menge nach Fisch in Abhängigkeit vom Preis für Fisch an. Dabei handelt es sich um die spezielle Nachfragefunktion $x = f(p)$, die die Abhängigkeit der nachgefragten Menge eines Gutes (x) vom Preis dieses Gutes (p) beschreibt.

Wirkung einer Preisveränderung: Substitutionseffekt – Einkommenseffekt

Bei genauer Analyse der Folgen einer Preisveränderung für ein Gut muss zwischen einem **Einkommenseffekt** und einem **Substitutionseffekt** unterschieden werden. Im vorliegenden Beispiel führt die Preiserhöhung für Fisch dazu, dass Fleisch für den Konsumenten relativ preisgünstig wird. Der Konsument wird daher mehr Fleisch statt Fisch nachfragen. Er ersetzt Fisch durch Fleisch **(= Substitutionseffekt)**. Andererseits steht dem Konsumenten aufgrund der Preiserhöhung für Fisch ein geringeres (Real-)Einkommen zur Verfügung. Bei normalem Nachfrageverhalten (superiore Güter) führt die Einkommenssenkung zu einem Sinken der nachgefragten Menge bei beiden Gütern **(= Einkommenseffekt)**. Diese beiden Effekte können sich – je nach Nutzeneinschätzung (= Verlauf der Indifferenzkurven) – gegenseitig verstärken oder aufheben. In der vorliegenden Abb. sinkt die nachgefragte Menge nach Fisch um 1 Einheit, während die nachgefragte Menge nach Fleisch unverändert bleibt. Bei der nachgefragten Menge nach Fleisch haben sich somit Substitutionseffekt (nachgefragte Menge nach Fleisch steigt zulasten der nachgefragten Menge nach Fisch) und Einkommenseffekt (nachgefragte Menge bei beiden Gütern sinkt) gegenseitig aufgehoben.

Außer vom Preis eines Gutes wird dessen nachgefragte Menge aber noch von verschiedenen anderen Faktoren beeinflusst. Dies wird im folgenden Kapitel am Beispiel der Nachfrage nach Butterbrezeln gezeigt.

2.5 Bestimmungsfaktoren der Nachfrage eines einzelnen Haushalts

Lernziele:

Nach der Bearbeitung des Kapitels sind Sie in der Lage, Folgendes zu tun:

Sie ...

- ... nennen die für die allgemeine individuelle Nachfragefunktion wesentlichen Bestimmungsfaktoren der Nachfrage.
- ... erläutern den Verlauf der normalen individuellen Nachfragekurve anhand eines selbstgewählten Beispiels.
- ... analysieren die sich ergebenden Änderungen – bei normalem Verlauf der individuellen Nachfragekurve –, wenn der Preis des Gutes sinkt/steigt.
- ... können Substitutionsgüter erklären.
- ... analysieren die Veränderung der nachgefragten Menge, wenn der Preis des Substitutionsgutes steigt und erklären, wie sich die Nachfragekurve verändert.
- ... können Komplementärgüter erklären.
- ... analysieren die Veränderung der nachgefragten Menge, wenn der Preis eines Komplementärguts steigt und erklären, wie sich die Nachfragekurve verändert.
- ... diskutieren eine Einkommenserhöhung auf die nachgefragte Menge eines superioren Gutes.
- ... erklären die Begriffe „Sättigungsgut" und „inferiores Gut".
- ... beurteilen die sich ergebenen Änderungen der Bedürfnisstruktur und der Zukunftserwartungen auf die individuelle Nachfragekurve.
- ... können die Inhalte des VEBLEN-Effekts, Mitläufer-Effekts und Snob-Effekts wiedergeben und verstehen.

2.5.1 Allgemeine und spezielle Nachfragefunktion eines Haushalts

Bestimmungsfaktoren der Nachfrage

Am Beispiel des Nachfrageverhaltens der Schülerin Manuela in Bezug auf Butterbrezeln lassen sich u. a. folgende **Bestimmungsfaktoren der Nachfrage** ableiten. Dabei wird die von Manuela nachgefragte Menge an Butterbrezeln (= Gut_1) mit x_1^N bezeichnet.

- **Preis des Gutes (p_1)**: Wenn der Preis von Butterbrezeln auf 1,00 € steigt, würde Schülerin Manuela weniger Butterbrezeln kaufen wollen. Fiele der Preis dagegen auf 0,20 €, würde sie mehr kaufen wollen. Normalerweise steigt die geplante Nachfragemenge mit sinkendem Preis und sinkt mit steigendem Preis.
- **Einkommen (y)**: Die Nachfrage der Schülerin Manuela nach Butterbrezeln hängt möglicherweise auch von der Höhe ihres Taschengeldes und ihrer sonstigen Einkünfte ab. Wenn die Nachfrage nach einem Gut bei steigendem Einkommen zunimmt, handelt es sich um ein **höherwertiges** (superiores) **Gut**. Bei bestimmten Gütern liegt aber ein umgekehrter Zusammenhang vor: Die Nachfrage geht mit zunehmendem Einkommen zurück, weil die bisher nachgefragten Güter durch höherwertige ersetzt werden (z. B. Margarine durch Butter). In diesem Fall handelt es sich um ein **geringwertigeres** (inferiores) **Gut**. Ändert sich dagegen die Nachfrage trotz einer Einkommenserhöhung nicht, konnte der Bedarf bereits mit dem bisherigen Einkommen vollkommen gedeckt werden. Dann liegt ein **Sättigungsgut** vor.

- **Preise anderer Güter ($p_2 \dots p_n$)**: Sinkt beispielsweise der Preis für andere Pausensnacks, würde die Schülerin Manuela möglicherweise statt Butterbrezeln süße Teilchen kaufen. Ihre Nachfrage nach Butterbrezeln nimmt dann ab. Da Butterbrezeln und süße Teilchen (oder andere Backwaren) ähnliche Bedürfnisse befriedigen und sich gegenseitig **ersetzen** können, handelt es sich um **Substitutionsgüter** wie z. B. Würstchen und Hamburger, Sweatshirt und Pulli, Kino und Theater. Bei manchen Gütern besteht aber ein umgekehrter Zusammenhang: Bei sinkendem Preis eines Gutes (und steigender nachgefragter Menge) nimmt zusätzlich auch die Nachfrage nach einem anderen Gut zu. Da sich solche Güter gegenseitig **ergänzen**, werden sie als **Komplementärgüter** bezeichnet, wie z. B. Autos und Benzin, Computer und Software, Skier und Liftkarten.
- **Bedürfnisstruktur, Nutzeneinschätzung und Zukunftserwartungen**: Eine Gesundheitskampagne, die vor dem Verzehr von zu viel Laugengebäck warnt, könnte bei Schülerin Manuela zu einem erhöhten Gesundheitsbewusstsein und damit zu einer Abnahme der Nachfrage nach Butterbrezeln führen. Denselben Effekt könnte es haben, wenn Manuela aufgrund ihres hohen Konsums an Pausensnacks Gewichtsprobleme hat und verstärkt auf die „schlanke Linie" achten will. Auch wenn Manuela ein geringerer Teil ihres Taschengeldes zur freien Verfügung steht, weil sie auf die Anschaffung eines DVD-Players spart, könnte das zu einer Abnahme der Nachfrage nach Butterbrezeln führen.

Allgemeine Nachfragefunktion

Der beschriebene Zusammenhang lässt sich als **allgemeine Nachfragefunktion eines einzelnen Konsumenten** folgendermaßen darstellen:

F

$$\underbrace{x_1^N}_{\text{nachgefragte Menge = Wirkung}} = \underbrace{f\,(p_1, p_2, \dots p_n, y, \text{Bedürfnisstruktur, Nutzen, Zukunftserwartungen...})}_{\text{Bestimmungsfaktoren = Ursachen}}$$

Die Nachfragefunktion für einen **einzelnen** Konsumenten wird auch als **individuelle** Nachfragefunktion bezeichnet. Die Zusammenhänge des Nachfrageverhaltens sind jedoch nur sehr schwer zu erkennen, wenn sich mehrere Bestimmungsfaktoren gleichzeitig ändern. Deshalb werden nacheinander jeweils nur die Wirkungen eines dieser Einflussfaktoren untersucht. Alle anderen Faktoren werden dabei als unverändert (konstant) angenommen.

Ursachenanalyse mithilfe der Ceteris-paribus-Bedingung

Bei dem Versuch, die Analyse wirtschaftlicher Zusammenhänge zu vereinfachen und die vielfältigen Beziehungen der Realität auf bestimmte Ausschnitte zu beschränken, spielt in der Volkwirtschaftslehre die ***Ceteris-paribus-Bedingung*** eine wesentliche Rolle. Ceteris paribus (c. p.) bedeutet so viel wie *„unter sonst gleichen Bedingungen"*. Dies besagt, dass die Wirkungen **einer** verursachenden Größe unter der Annahme untersucht werden, dass alle anderen Einflussfaktoren unverändert (konstant) bleiben. Auf diese Weise lassen sich aus Manuelas **allgemeiner Nachfragefunktion** mehrere spezielle **Nachfragefunktionen ableiten**.

B

Anwendung der Ceteris-paribus-Bedingung

Die Nachfragetheorie kommt zu dem Ergebnis, dass die nachgefragte Menge eines Konsumgutes mehr oder weniger stark von verschiedenen Größen (z. B. Preis des Gutes, Bedürfnisstruktur, Einkommen der Konsumenten, Werbung, Qualität) beeinflusst wird. Eine solche Aussage, dass die Nachfrage von vielen Faktoren abhängt, ist aber völlig inhaltsleer. Eine überprüfbare Behauptung (Hypothese) unter Verwendung der *Ceteris-paribus-Annahme* könnte wie folgt lauten: **„Die Nachfrage nach einem Gut ist *ceteris paribus* (c. p.) von seinem Preis abhängig."** Alle anderen Einflussfaktoren werden also gedanklich als konstant unterstellt.

Spezielle Nachfragefunktion

Dies führt dann z. B. zu einer funktionalen Beziehung

- zwischen der nachgefragten Menge eines Gutes (x_1) in Abhängigkeit vom Preis dieses Gutes (p_1) in Form einer Preis-Konsum-Kurve oder
- zwischen der nachgefragten Menge eines Gutes (x_1) und dem Einkommen eines Konsumenten (y) in Form einer Einkommens-Konsum-Kurve.

Wird in der Volkswirtschaftslehre von einer Nachfragefunktion (Nachfragekurve) gesprochen, so ist üblicherweise damit die **spezielle Nachfragefunktion** gemeint, bei der **nur** die Wirkung des Preises eines Gutes (p_1) auf die nachgefragte Menge dieses Gutes (x_1) untersucht wird:

F

$$x^N_1 = f(p_1)$$

Der Preis ist dabei die **einzige** Ursache. Für alle übrigen Einflussgrößen wird angenommen, dass sie unverändert bleiben.

2.5.2 Abhängigkeit der Nachfrage eines Haushalts vom Preis des nachgefragten Gutes (Preis-Konsum-Kurve)

B

Bei einer Umfrage über das Konsumverhalten von Jugendlichen hat die Schülerin Manuela auf die Frage „Wie viele Butterbrezeln würdest du pro Woche nachfragen, wenn der Preis soundso viel Euro betragen würde?“ für unterschiedliche Preise die in der nebenstehenden Tabelle angegebenen Mengen genannt.

Manuelas Nachfragetabelle für Butterbrezeln	
Preis (€)	**Menge (Stück pro Woche)**
0,00	12
0,20	10
0,40	8
0,60	6
0,80	4
1,00	2
1,20	0

Die Tabelle spiegelt Manuelas Verbrauchsplan für Butterbrezeln für einen bestimmten Zeitraum (z. B. während einer Woche im Oktober) wider. Sie stellt den funktionalen Zusammenhang zwischen der geplanten Nachfragemenge an Butterbrezeln (= abhängige Größe) und dem Preis für Butterbrezeln (= unabhängige Größe) dar. Zu einem anderen Zeitpunkt könnte aber Manuelas Nachfrageverhalten völlig anders aussehen, weil sich beispielsweise ihre Einkommensverhältnisse oder die Preise für andere Backwaren geändert haben oder weil sie zum Geburtstag eine Großpackung Chips geschenkt bekommen hat.

D

Die von einem Konsumenten bei unterschiedlichen Preisen jeweils geplanten Nachfragemengen ergeben die Preis-Mengen-Kombinationen, bei denen er unter den vorliegenden Bedingungen seinen größtmöglichen Nutzen erzielt (= optimaler Verbrauchsplan).

Individuelle Nachfragekurve

Werden die Preis-Mengen-Kombinationen der Tabelle in ein Koordinatensystem übertragen und die einzelnen Punkte miteinander verbunden, ergibt sich eine von links oben nach rechts unten fallende **Nachfragekurve**. Da diese Kurve nur für einen bestimmten Konsumenten gilt, handelt es sich um eine **individuelle Nachfragekurve**.

2.5, S. 191

Nachfragekurve als mathematische Funktion

Die Zuordnung der abhängigen Größe (Menge = Wirkung) und der unabhängigen Größe (Preis = Ursache) zu den Koordinatenachsen erfolgt bei der Nachfragekurve anders als in der Mathematik üblich. An der **y-Achse** steht der **Preis,** obwohl es sich dabei **immer** um die **un**abhängige Variable handelt. An der **x-Achse** steht als abhängige Variable die **nachgefragte Menge**. Eigentlich lassen sich die Werte der Nachfragetabelle in einem Koordinatensystem nur durch einzelne Punkte, die bestimmte Preis-Mengen-Kombinationen wiedergeben, abbilden. Der Einfachheit halber wird aber unterstellt, dass sich aus der Verbindung dieser (theoretisch unendlich vielen) Punkte eine stetige Kurve konstruieren lässt, die – wie im vorliegenden Fall – zudem eine konstante Steigung (= linearer Verlauf) hat.

Unter Berücksichtigung der gegenüber der üblichen mathematischen Darstellung vertauschten Achsen lässt sich die Steigung der abgebildeten Nachfragekurve wie folgt ermitteln:

Verhältnis von Horizontalunterschied zu Höhenunterschied (Steigungsdreieck)

Δ x (Menge) : Δ p (Preis) = – 2 : 0,20 = – 10. Der Schnittpunkt mit der x-Achse liegt im Punkt (0|12). – Die Nachfragefunktion lautet demzufolge: x = –10p +12

B

Manuelas Nachfragekurve für Butterbrezeln

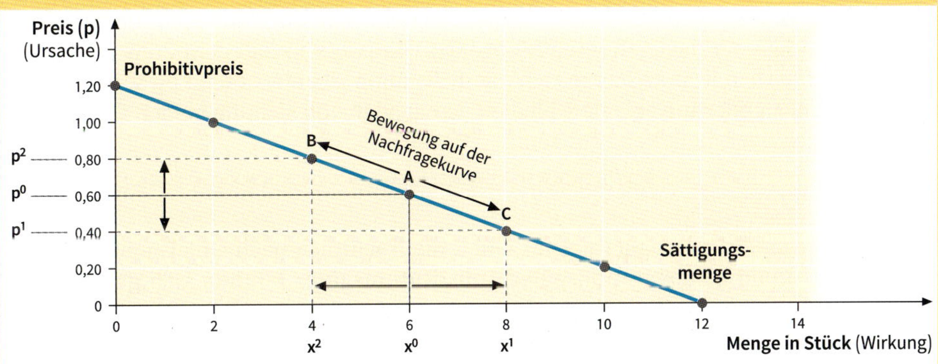

D

Die individuelle Nachfragekurve zeigt, wie viele Mengeneinheiten eines Gutes ein Konsument jeweils bei unterschiedlichen Preisen dieses Gutes in einer bestimmten Zeiteinheit nachzufragen plant.

Ob der Konsument allerdings seinen Verbrauchs**plan** verwirklichen und die **geplanten** Mengen tatsächlich **kaufen** kann, hängt u.a. davon ab, ob zu dem jeweiligen Preis überhaupt entsprechende Mengen angeboten werden.

B 3.5

Gesetz der Nachfrage

Bei normalem Verhalten der Konsumenten hat die Nachfragekurve eine negative Steigung. In diesem Kurvenverlauf kommt das **Gesetz vom abnehmenden Nutzenzuwachs** zum Ausdruck. Da jede zusätzlich konsumierte Einheit eines Gutes einem Haushalt im Normalfall einen geringeren Nutzenzuwachs stiftet, fragt der Haushalt nur dann mehr von diesem Gut nach, wenn der Preis dieses Gutes sinkt.

D Die normale Nachfragekurve hat eine negative Steigung („Gesetz der Nachfrage"), das heißt,
- **je höher der Preis ist, umso geringer ist die geplante Nachfragemenge,**
- **je niedriger der Preis ist, umso höher ist die geplante Nachfragemenge.**

D Ändert sich der Preis des Gutes und bleiben alle anderen Bestimmungsgründe der Nachfrage gleich, so ergibt sich eine neue Preis-Mengen-Kombination für dieses Gut. Dies löst eine Bewegung auf der Kurve aus.

In Grenzfällen können sich auch Schnittpunkte der Kurve mit den Achsen ergeben, die sich folgendermaßen erklären lassen: Beim Schnittpunkt mit der Mengenachse liegt die **Sättigungsmenge**. Dieser nachgefragten Menge entspricht ein Preis von null, das heißt, der Konsument möchte keine zusätzliche Mengeneinheit dieses Gutes konsumieren, selbst wenn er das Gut kostenlos erhält. Beim Schnittpunkt mit der Preisachse, dem eine nachgefragte Menge von null entspricht, ist ein Preis erreicht, zu dem der Konsument nicht mehr bereit oder in der Lage ist, auch nur eine einzige Mengeneinheit des Gutes nachzufragen (**Prohibitivpreis**[1]).

2.5.3 Abhängigkeit der Nachfrage eines Haushalts von den Preisen anderer Güter

2.6, S. 192

Die von der Schülerin Manuela nachgefragte Menge an Butterbrezeln (x^N_1) kann außer vom Preis für Butterbrezeln (p_1) u. a. auch von den Preisen anderer Güter (p_2, ... p_n) abhängen. Die entsprechende spezielle Nachfragefunktion lässt sich dann bei Nichtbeachtung (Konstanz) aller anderen Einflussfaktoren als $x^N_1 = f(p_2, \dots p_n)$ darstellen. Wird die Untersuchung auf den Zusammenhang zwischen der nachgefragten Menge des Gutes 1 (x^N_1) und dem Preis des Gutes 2 (p_2), also auf $x^N_1 = f(p_2)$ beschränkt, lassen sich drei Fälle unterscheiden. Steigt p_2, so kann x^N_1 entweder steigen, sinken oder unverändert bleiben, je nachdem, ob sich die beiden Güter 1 und 2 ersetzen, ergänzen oder nicht beeinflussen.

Substitutionsgüter[2]

Steigt als Folge einer Preissteigerung für Gut 2 die Nachfrage nach Gut 1 (und umgekehrt), so sind die Güter 1 und 2 Substitutionsgüter. **Substitutionsgüter können sich gegenseitig ersetzen.**

1 prohibitiv *(lat.)*: verhindernd
2 Substitution *(lat.)*: Ersetzung

B **Substitutionsgüter: Butterbrezeln und süße Teilchen**

Steigt der Preis für süße Teilchen, wird Manuela möglicherweise mehr Butterbrezeln nachfragen, weil sie süße Teilchen durch Butterbrezeln ersetzt.

<table>
<tr><th colspan="2">Substitution zwischen Gut 1 und Gut 2</th></tr>
<tr><th>$x^N_1 = f(p_2)$</th><th>$x^N_1 = f(p_1)$</th></tr>
<tr><td>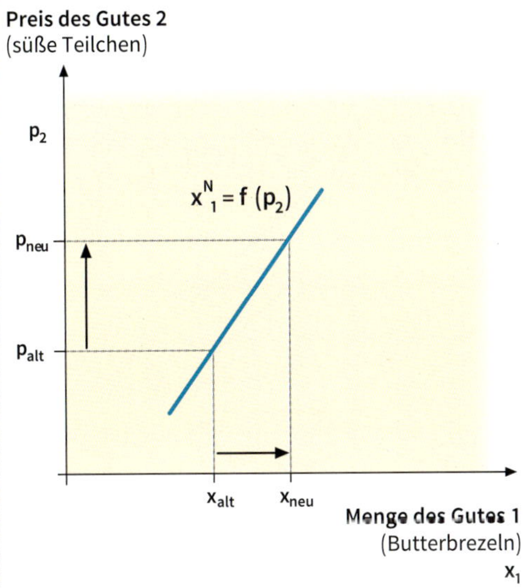
</td><td>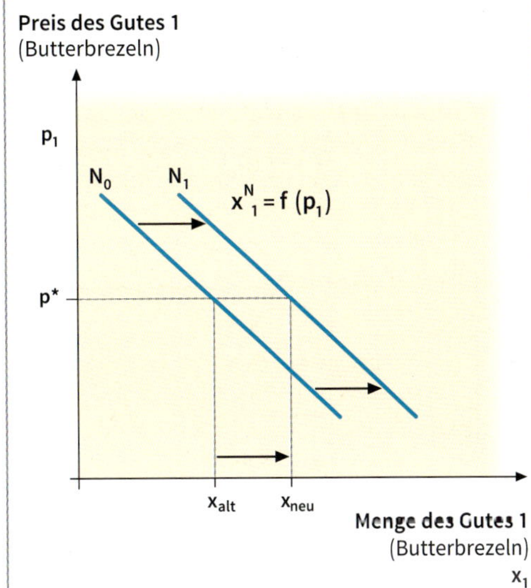
</td></tr>
<tr><td>Im Koordinatensystem mit der speziellen Nachfragekurve $x^N_1 = f(p_2)$ bewirkt eine Erhöhung von p_2 eine Erhöhung von x^N_1 und umgekehrt.</td><td>Im Koordinatensystem mit der speziellen Nachfragekurve $x^N_1 = f(p_1)$ bewirkt eine Erhöhung von p_2 eine **Verschiebung** der Kurve nach rechts und umgekehrt.</td></tr>
</table>

B **Weitere Substitutionsgüter**

Kaffee und Tee, Wurst und Käse, Rindfleisch und Schweinefleisch

Komplementärgüter[1]

Sinkt als Folge einer Preissteigerung für Gut 2 die Nachfrage nach Gut 1 (und umgekehrt), so sind die Güter 1 und 2 Komplementärgüter. **Komplementärgüter ergänzen sich gegenseitig.** Die Verwendung eines Gutes bedingt in diesem Fall zwangsweise die Verwendung eines anderen Gutes.

1 komplementär *(lat.)*: ergänzend

B **Komplementärgüter: Benzin und Autos**

Steigt der Preis für Benzin, wird ein Haushalt möglicherweise auf den Kauf eines Zweitwagens verzichten.

<table>
<tr><th colspan="2">Komplementarität zwischen Gut 1 und Gut 2</th></tr>
<tr><td>$X^N_1 = f(p_2)$</td><td>$X^N_1 = f(p_1)$</td></tr>
<tr><td>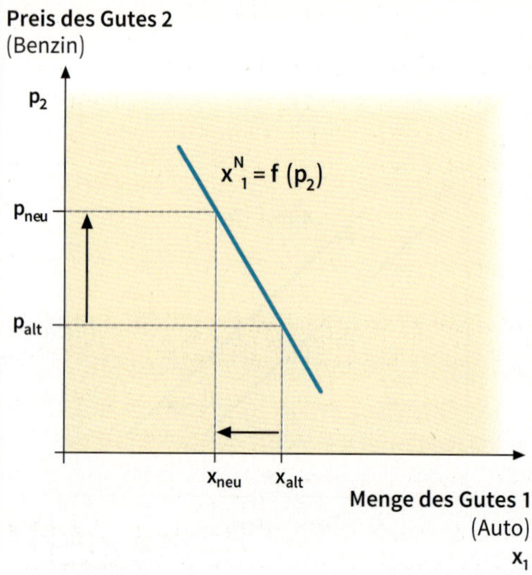
</td><td>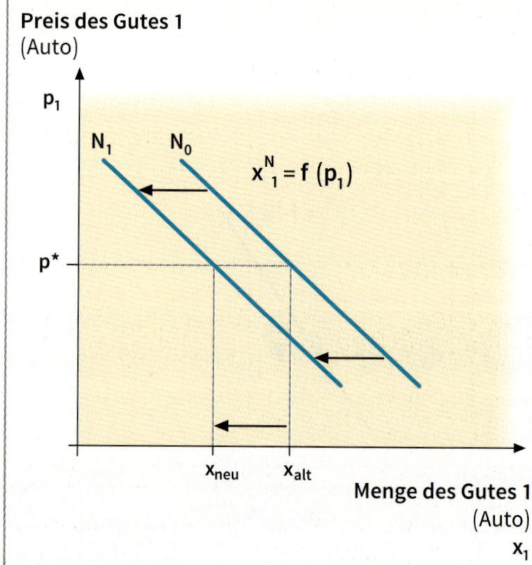
</td></tr>
<tr><td>Im Koordinatensystem mit der speziellen Nachfragekurve $X^N_1 = f(p_2)$ bewirkt eine Erhöhung von p_2 eine Verminderung von x^N_1 und umgekehrt.</td><td>Im Koordinatensystem mit der speziellen Nachfragekurve $X^N_1 = f(p_1)$ bewirkt eine Erhöhung von p_2 eine Verschiebung der Kurve nach links und umgekehrt.</td></tr>
</table>

B **Weitere Beispiele für Komplementärgüter**

Computer und Software, Telefon und Telefonnetz, Brief und Briefmarke

Indifferente Güter[1]

Hat eine Preisveränderung von Gut 2 keine Auswirkungen auf die Nachfrage nach Gut 1, bestehen zwischen beiden Gütern keine Preis-Mengen-Beziehungen.

B **Indifferente Güter: Schokoriegel und T-Shirts**

Steigt der Preis für Schokoriegel, bleibt die Nachfrage nach T-Shirts normalerweise unverändert.

D Änderungen der Preise anderer Güter führen zu einer Verschiebung der individuellen Nachfragekurve (Preis-Konsum-Kurve), sofern es sich nicht um indifferente Güter handelt.

1 indifferent *(lat.)*: gleichgültig, unerheblich

2.5.4 Abhängigkeit der Nachfrage eines Haushalts vom Einkommen und Vermögen (Einkommens-Konsum-Kurve)

2.6, S. 192

Steigt das Einkommen (y) der Schülerin Manuela, erhöhen sich normalerweise auch ihre Konsumausgaben. Von dem Mehrkonsum sind aber nicht alle Güter gleichermaßen betroffen. Werden bei der Untersuchung des Zusammenhangs zwischen der nachgefragten Menge (x^N) eines Gutes 1 und dem Haushaltseinkommen (y) alle anderen Einflussfaktoren als konstant angesehen, lässt sich die entsprechende spezielle Nachfragefunktion als $x^N{}_1 = f(y)$ (Einkommens-Konsum-Funktion) in einem Einkommen-Mengen-Diagramm darstellen. Als Reaktion der nachgefragten Menge des Gutes 1 auf eine Veränderung des Haushaltseinkommens lassen sich dabei grundsätzlich drei Fälle unterscheiden. Steigt das Haushaltseinkommen y, so kann $x^N{}_1$ entweder steigen, sinken oder unverändert bleiben, je nachdem, ob es sich bei Gut 1 um ein **superiores Gut** (= höherwertiges Gut, Nichtsättigungsgut), ein **inferiores Gut** (= geringwertiges Gut) oder ein **Sättigungsgut** handelt. Je nach Einkommenshöhe kann ein und dasselbe Gut sowohl superior als auch inferior sein oder zum Sättigungsgut werden.

Superiore und inferiore Güter – Sättigungsgüter

Einkommens-Konsum-Funktion		
1. Superiore Güter (Nichtsättigungsgüter)	**2. Inferiore Güter**	**3. Sättigungsgüter**
Steigt als Folge einer Einkommenserhöhung die Nachfrage nach Gut 1 (und umgekehrt), so handelt es sich bei Gut 1 um ein **superiores** (höherwertiges) Gut (Luxusgut). Güter, die bei einer Einkommenserhöhung vermehrt nachgefragt werden, werden auch als **Nichtsättigungsgüter** bezeichnet, weil bei ihnen die Sättigungsmenge noch nicht erreicht ist.	Sinkt als Folge einer Einkommenserhöhung die Nachfrage nach Gut 1 (und umgekehrt), so handelt es sich bei Gut 1 um ein **inferiores** (geringwertiges) Gut (Nicht-Luxusgut). Inferiore Güter werden bei steigendem Einkommen durch superiore Güter ersetzt. Ein Gut gilt aber erst ab einer bestimmten Einkommenshöhe (Abb. S. 170: y_{alt}) als inferior. Unterhalb dieser Einkommensschwelle ist dieses Gut superior, da sich sein Konsum bei steigendem Einkommen zunächst erhöht.	Hat eine Einkommensveränderung keine Auswirkungen auf die Nachfrage nach Gut 1, so handelt es sich bei Gut 1 um ein **Sättigungsgut**. Bei Sättigungsgütern konnte der Bedarf mit dem bisherigen Einkommen (Abb. S. 170: y_{alt}) bereits vollkommen gedeckt werden.
Beispiel: Für die meisten Haushalte dürften Sekt, Kaviar und andere Luxusgüter superiore Güter sein.	**Beispiel:** Ab einer bestimmten Einkommenshöhe dürfte Margarine im Normalfall ein inferiores Gut sein, weil bei zunehmendem Einkommen Margarine durch Butter ersetzt wird. Oder: Beim Fischkonsum wird Hering durch Lachs ersetzt.	**Beispiel:** Ab einer bestimmten Einkommenshöhe dürfte die Nachfrage nach Salz oder Streichhölzern im Normalfall trotz einer Einkommenserhöhung unverändert bleiben.

Im Koordinatensystem mit der speziellen Nachfragekurve $x^N{}_1 = f(p_1)$ (= Preis-Konsum-Kurve) bewirkt eine Einkommenserhöhung bei superioren Gütern eine **Verschiebung der Kurve** nach rechts und umgekehrt. Eine Rechtsverschiebung bedeutet, dass der Haushalt bei dem als konstant angenommenen Preis des Gutes 1 mehr von Gut 1 zu konsumieren plant. Bei inferioren Gütern verläuft die Entwicklung in umgekehrter Richtung. Bei Sättigungsgütern bleibt die Lage der Preis-Konsum-Kurve dagegen trotz einer Einkommensänderung unverändert.

D Änderungen des Einkommens führen zu einer Verschiebung der individuellen Nachfragekurve (Preis-Konsum-Kurve) eines Konsumenten, sofern es sich nicht um ein Sättigungsgut handelt.

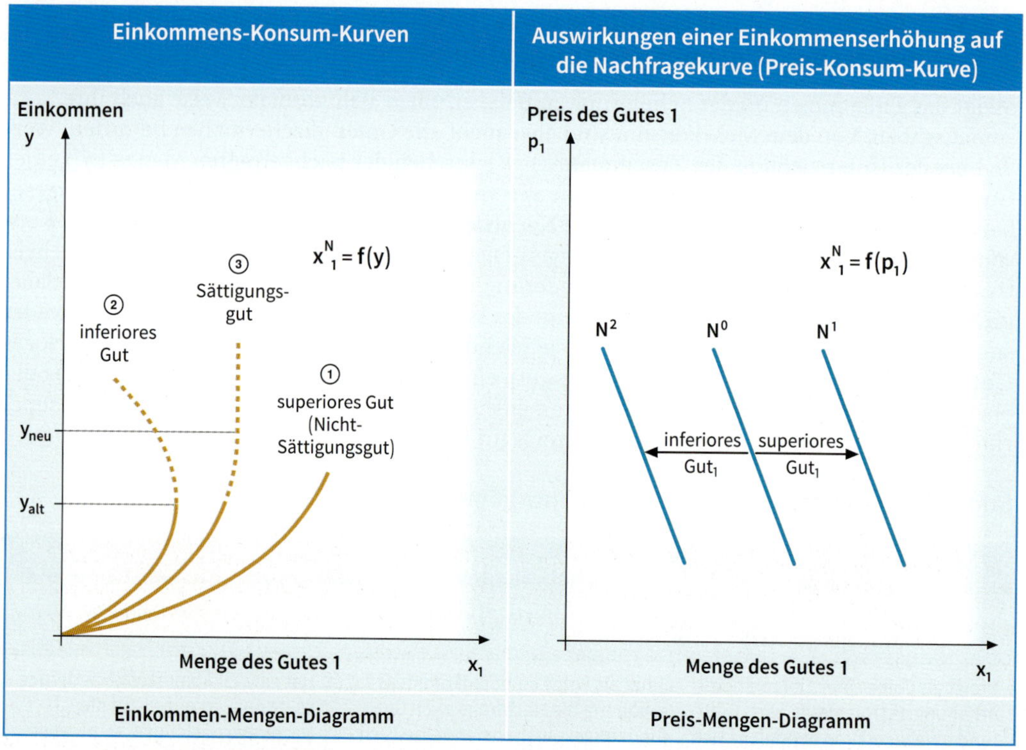

Die Höhe der Konsumausgaben hängt u. a. auch davon ab, ob und in welchem Umfang der Haushalt über Vermögen verfügt, das gegebenenfalls in Einkommen umgewandelt werden kann. Ein Haushalt, der über Vermögenswerte verfügt, hat normalerweise eine andere Bedürfnisstruktur als ein vermögensloser Haushalt. Daraus ergeben sich Unterschiede hinsichtlich des Nachfrageverhaltens dieser beiden Haushalte.

2.5.5 Bedürfnisstruktur und Zukunftserwartungen als Bestimmungsfaktoren der Nachfrage eines Haushalts

Die Nachfrage eines Haushalts nach einem Gut kann sich ändern, obwohl der Preis des Gutes, die Preise aller anderen Güter sowie das Einkommen unverändert geblieben sind. Mögliche Ursache dafür ist eine **Änderung der Bedürfnisstruktur** des Haushalts. In diesem Fall hat sich seine Nutzeneinschätzung für eines oder mehrere Güter im Zeitablauf geändert. Das kann u. a. bedingt sein durch zunehmendes Alter der Haushaltsmitglieder, Veränderung der Zahl der Haushaltsmitglieder, Modeerscheinungen und gesundheitsbewusstere Lebensweise. Häufig ist dies aber auch auf eine **Beeinflussung der Konsumenten durch die Produzenten** zurückzuführen, die mithilfe von Marketingmaßnahmen wie Werbung, Produktgestaltung und Verkaufsförderung Bedarf wecken, stimulieren und lenken. Dabei werden auch soziologische und psychologische Konsumeinflüsse genutzt, indem in der Werbung bestimmte Güter mit begehrten sozialen Rollen, gehobenem Status und bekannten Persönlichkeiten in Verbindung gebracht werden.

Auch die **Zukunftserwartungen** spielen möglicherweise für die Konsumentscheidungen eines Haushalts eine Rolle. Bei erwarteten Preissteigerungen kommt es zu „Hamsterkäufen" über den gegenwärtigen Bedarf hinaus. Drohende Arbeitslosigkeit und eine damit einhergehende künftige Minderung des Haushaltseinkommens wird möglicherweise zum gegenwärtigen Zeitpunkt zu einer Verringerung der Konsumausgaben und zu einer Erhöhung der Ersparnisse („Notgroschen") führen.

2.5.6 Soziologische und psychologische Bestimmungsfaktoren der Nachfrage eines Haushalts

Der Nachfragetheorie der privaten Haushalte liegt ein Modell zugrunde, bei dem unterstellt wird, dass ein typischer privater Haushalt unter Beachtung des **ökonomischen Prinzips** rational handelt und seinen **Nutzen maximiert.** Das daraus abgeleitete Nachfrageverhalten und die entsprechende Nachfragefunktion sind durch die empirisch überprüfbare Aussage gekennzeichnet, dass bei steigendem Preis eines Gutes die nachgefragte Menge dieses Gutes sinkt und umgekehrt.

Giffen-Fall

Ein empirisch nachgewiesenes und ökonomisch begründbares Abweichen des Verbraucherverhaltens von den **Modell**ergebnissen der Nachfragetheorie liegt beispielsweise beim **Giffen-Paradoxon**[1] vor.

Soziologische und psychologische Effekte

A 2.1

Darüber hinaus ist das Verbraucherverhalten großenteils durch Gewohnheiten, Nachahmung, Bequemlichkeit, Modetrends, Sozialprestige u.Ä. bestimmt und kann zudem noch durch Einflüsse der Werbung manipuliert sein. Im Sinne der Nachfragetheorie handelt es sich dabei nicht um streng rationale Kaufmotive. Da aber der Nutzen eine subjektive Größe ist, die empirisch kaum ermittelt werden kann, können für einzelne Haushalte beispielsweise auch solche Güterkäufe, die ein Bedürfnis nach Geltung und Ansehen befriedigen und u.U. dem normalen Nachfrageverhalten widersprechen, als nutzbringend empfunden werden. Ein solches Verbraucherverhalten, das maßgeblich durch soziale Einflussfaktoren bestimmt wird, weicht von den Ergebnissen der Nachfragetheorie ab und ist nicht ökonomisch erklärbar.

- **VEBLEN-Effekt**[2] (Prestige-Effekt, *conspicuous consumption)*
  Trotz höherer Preise steigt bei bestimmten Haushalten die nachgefragte Menge solcher Güter, mit denen Wohlhabenheit demonstriert werden kann. Diesen Gütern wird ein umso höherer Nutzen beigemessen, je höher der **Preis** des Gutes ist, den Nichtkäufer vermuten.
- **Mitläufer-Effekt** *(bandwagon effect)*
  Haushalte fragen von einem Gut bei gegebenem Preis mehr nach, wenn auch andere Haushalte das Gut vermehrt konsumieren, d.h., die individuelle Nachfrage ist umso größer, je größer die **Gesamtnachfrage** ist. Darin kommt z.B. bei Modeerscheinungen der Wunsch zum Ausdruck, die Gruppe von Konsumenten nachzuahmen, zu der man gehören möchte.
- **Snob**[3]**-Effekt**
  Haushalte fragen von einem Gut bei gegebenem Preis mehr nach, wenn andere Haushalte von diesem Gut weniger konsumieren, d.h., die individuelle Nachfrage ist umso größer, je geringer die **Gesamtnachfrage** ist. Dieser Effekt beschreibt das umgekehrte Verhalten wie beim Mitläufer-Effekt. Darin kommt der Wunsch nach Exklusivität und Abhebung von der großen Masse zum Ausdruck.

Diese und andere Beobachtungen wie z.B. impulsives Verhalten bei Spontankäufen, zufälliges Verhalten bei Bagatellkäufen, sozial abhängiges Verhalten bei Modeerscheinungen usw. zeigen, dass für die Konsumentenentscheidungen auch soziologische und psychologische Faktoren eine bedeutende Rolle spielen, deren Erklärung nicht Gegenstand der Volkswirtschaftslehre, sondern der Verhaltensforschung ist.

1 Paradoxon *(gr.)*: Widersinn
2 Th. Veblen, Theorie der feinen Leute, Köln-Berlin o.J.
3 Snob *(engl.)*: vornehm tuender Mensch

2.6 Gesamtnachfrage (Marktnachfrage) für ein Gut

Lernziele:

Nach der Bearbeitung des Kapitels sind Sie in der Lage, Folgendes zu tun:
Sie ...

- ... nennen die Bestimmungsfaktoren der Gesamtnachfrage.
- ... erläutern die Gesamtnachfrage.
- ... arbeiten die Ursachen einer Rechts-bzw. Linksverschiebung der Gesamtnachfrage heraus.
- ... können von einer Bewegung auf der Gesamtnachfragekurve (Preiserhöhung/-senkung) zu einer Verschiebung der Gesamtnachfragekurve abgrenzen.

2.6.1 Ableitung der Gesamtnachfrage aller Haushalte für ein Gut

2.7, S. 193

Werden die bei unterschiedlichen Preisen von den Konsumenten gewünschten individuellen Nachfragemengen für ein bestimmtes Gut addiert, ergibt sich die **Gesamtnachfrage** (Marktnachfrage) für dieses Gut.

Tabellarische Ermittlung der Gesamtnachfrage

B

Nachfragemengen für Butterbrezeln pro Woche								
Preis (€)	Manuelas individuelle Nachfragemengen in Stück	+	Heikos individuelle Nachfragemengen in Stück	+	alle anderen individuellen Nachfragemengen in Stück	=	Gesamtnachfrage (Marktnachfrage) in Stück
0,00	12	+	18	+	15970	=	16000
0,20	10	+	15	+	13975	=	14000
0,40	8	+	12	+	11980	=	12000
0,60	6	+	9	+	9985	=	10000
0,80	4	+	6	+	7990	=	8000
1,00	2	+	3	+	5995	=	6000
1,20	0	+	0	+	4000	=	4000
1,40	0	+	0	+	2000	=	2000
1,60	0	+	0	+	0	=	0

Wären Manuela und Heiko die einzigen Konsumenten von Butterbrezeln, ergäbe sich durch Zusammenfassung (Aggregation) der beiden individuellen Nachfragekurven die in Abb. 3 dargestellte Gesamtnachfragekurve.

Grafische Ermittlung der Gesamtnachfrage

B

Grafische Aggregation (horizontale Addition) zweier individueller Nachfragekurven für Butterbrezeln zu einer Gesamtnachfragekurve für Butterbrezeln

Abb. 1 Manuelas individuelle Nachfragekurve	Abb. 2 Heikos individuelle Nachfragekurve	Abb. 3 Manuelas und Heikos individuelle Nachfragekurve
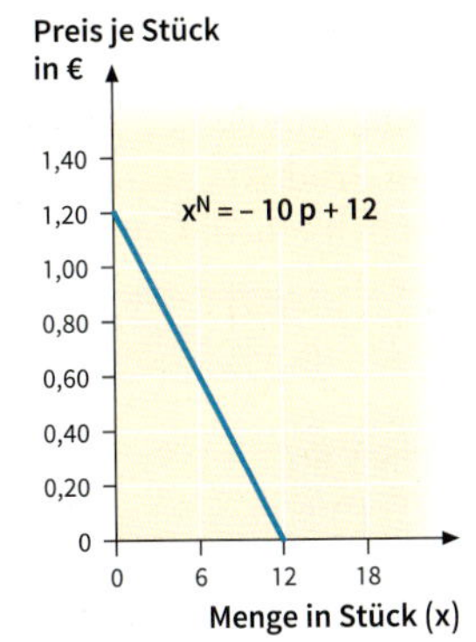	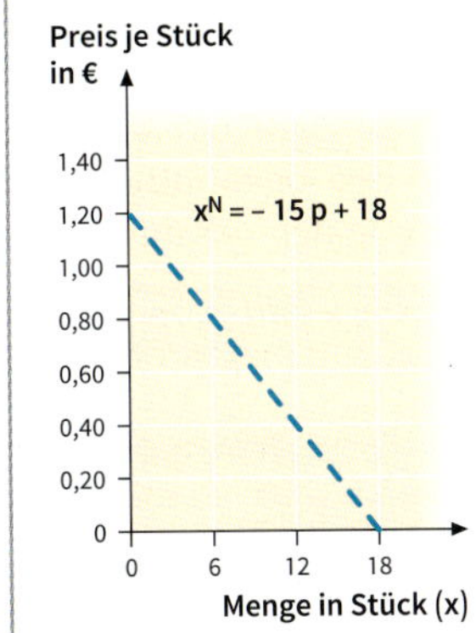	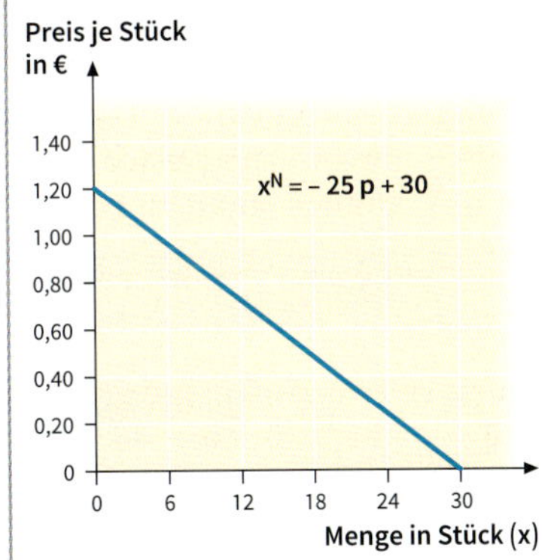

Werden auch die individuellen Nachfragekurven aller übrigen Konsumenten von Butterbrezeln in einer Stadt hinzuaddiert, ergibt sich folgender Verlauf der Gesamtnachfrage (Marktnachfrage).

Gesamtnachfrage (Marktnachfrage) für Butterbrezeln

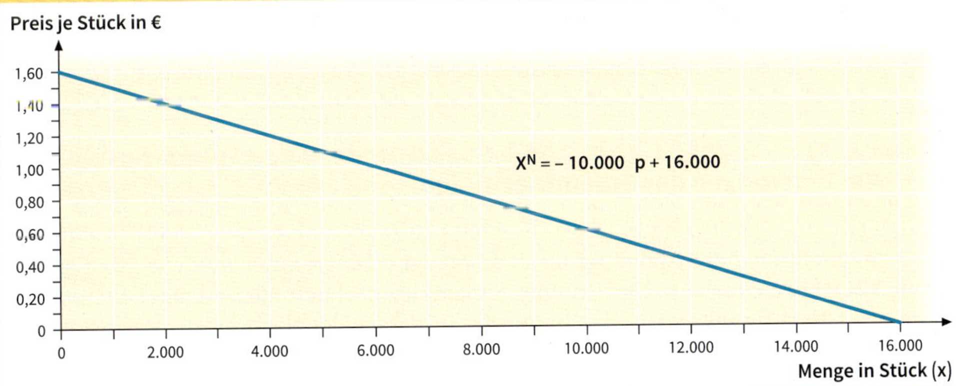

D

Die Gesamtnachfrage (Marktnachfrage) nach einem bestimmten Gut ergibt sich durch Zusammenfassung (Aggregation) der nach diesem Gut bestehenden individuellen Nachfrage der einzelnen Konsumenten.

2.6.2 Bestimmungsfaktoren der Gesamtnachfrage

Während die individuelle Nachfrage nach dem Gut 1 u. a. vom Preis des Gutes (p_1), den Preisen anderer Güter (p_2, ... p_n), dem Einkommen, dem Vermögen und der Nutzeneinschätzung des Haushalts abhängig ist, sind für die Höhe der Gesamtnachfrage nach einem Gut noch zusätzliche Einflussfaktoren von Bedeutung. Dazu gehört u. a. die **Einkommens- und Vermögensverteilung** in einer Volkswirtschaft. Die Art und Weise, wie das gesamtwirtschaftliche Einkommen und Vermögen auf die einzelnen Haushalte einer Volkswirtschaft verteilt sind, beeinflusst die Höhe des insgesamt für Konsumzwecke verwendeten Einkommens und damit auch die Gesamtnachfrage nach einzelnen Gütern. Die Konsumgewohnheiten von Haushalten mit hohem Einkommen sind anders als von Haushalten mit niedrigem Einkommen. Daneben ist die Gesamtnachfrage nach einem Gut auch von der **Zahl der Haushalte**, die dieses Gut nachfragen, abhängig. Bevölkerungswachstum, eine den Bekanntheitsgrad des Produkts steigernde Werbung u. Ä. können somit zu einer Änderung der Gesamtnachfrage nach einem Gut führen.

Bestimmungsfaktoren der Gesamtnachfrage (Marktnachfrage)

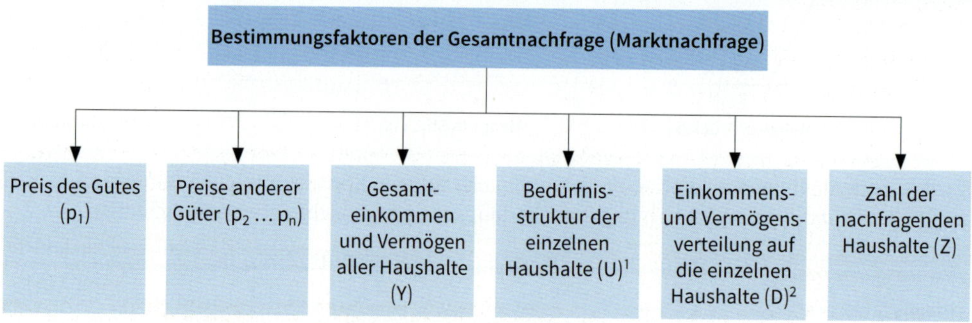

Allgemeine Gesamtnachfragefunktion nach Gut 1: $X^N_1 = f(p_1, p_2, \ldots p_n, Y, U, D, Z)$

2.6.3 Veränderungen der Gesamtnachfrage

2.8, S. 194

Wenn sich einzelne Einflussfaktoren der Gesamtnachfrage ändern, muss deutlich unterschieden werden, ob durch diese Änderung im Preis-Mengen-Diagramm eine **Bewegung auf einer gegebenen Nachfragekurve** (= Steigen oder Sinken der nachgefragten Menge) oder eine **Verschiebung der Nachfragekurve** (= Zunahme oder Abnahme der Nachfrage) ausgelöst wird. Dabei lassen sich vier Fälle unterscheiden.

Unterscheidung zwischen Nachfrage und nachgefragter Menge

Auch sprachlich sollte der Unterschied zwischen den vier folgenden Fällen immer deutlich werden, indem bei einer Bewegung auf der Kurve von Steigen oder Sinken der **nachgefragten Menge** und bei einer Verschiebung der Kurve von Zunahme oder Abnahme der **Nachfrage** gesprochen wird.

Bewegung auf der Nachfragekurve

Ändert sich der **Preis** des Gutes, während alle anderen Einflussfaktoren unverändert bleiben, bewirkt das im Preis-Mengen-Diagramm eine **Bewegung auf der Nachfragekurve**.

1 U steht hier für *utility* (Nutzen).

2 D steht hier für *distribution* (Verteilung).

- Eine **Preiserhöhung** bewirkt eine **Bewegung auf der Nachfragekurve nach oben links,** weil die **nachgefragte Menge sinkt** (z. B. sinkt als Folge einer Preiserhöhung für Butterbrezeln die nachgefragte Menge).
- Eine **Preissenkung** bewirkt eine **Bewegung auf der Nachfragekurve nach unten rechts,** weil die **nachgefragte Menge steigt** (z. B. steigt als Folge einer Preissenkung für Butterbrezeln die nachgefragte Menge).

Verschiebung der Nachfragekurve

Ändert sich dagegen **eine der anderen Einflussgrößen,** drückt sich das im Preis-Mengen-Diagramm in einer **Verschiebung der Nachfragekurve** aus.

- Zu einer **Linksverschiebung der Nachfragekurve** kommt es dann, wenn nach dem auslösenden Ereignis **zu jedem Preis weniger nachgefragt** wird. Die Nachfrage nimmt ab (z. B. Werbeverbot für alkoholhaltige Limonade: bei jedem denkbaren Preis werden weniger Alcopops nachgefragt als vorher).
- Zu einer **Rechtsverschiebung der Nachfragekurve** kommt es dann, wenn nach dem auslösenden Ereignis **zu jedem Preis mehr nachgefragt** wird als vorher. Die Nachfrage nimmt zu (z. B. Gesundheitskampagne für den Verzehr von Obst: bei jedem denkbaren Preis wird mehr Obst nachgefragt als vorher).

D Eine Verschiebung der Nachfragekurve nach rechts bedeutet, dass die Marktnachfrage bei jedem Preis größer ist als vorher. Eine Verschiebung der Nachfragekurve nach links bedeutet, dass die Marktnachfrage bei jedem Preis kleiner ist als vorher.

B Wenn eine Regierung aus gesundheitspolitischen Gründen die Nachfrage nach Tabakwaren einschränken möchte, kann sie einerseits versuchen, eine **Verschiebung der Nachfragekurve nach links** auszulösen. Dazu gehören u. a. Maßnahmen wie die Warnung vor den Gesundheitsrisiken des Rauchens auf den Zigarettenpackungen, ein Werbeverbot für Tabakwaren, Hinweise darauf, dass Nichtraucher bessere Liebhaber sind, usw. Andererseits kann die Regierung aber auch versuchen, durch eine Verteuerung der Tabakwaren den Konsum einzuschränken. Durch die Erhebung einer Tabaksteuer, die von den Zigarettenherstellern auf die Käufer überwälzt wird, steigt der Preis für Zigaretten, sodass sich eine **Bewegung auf der Nachfragekurve nach links oben** (höherer Preis bei geringerer Menge) ergibt.

Änderung der nachgefragten Menge (Bewegung auf der Nachfragekurve)	Änderung (Verschiebung) der Nachfragekurve
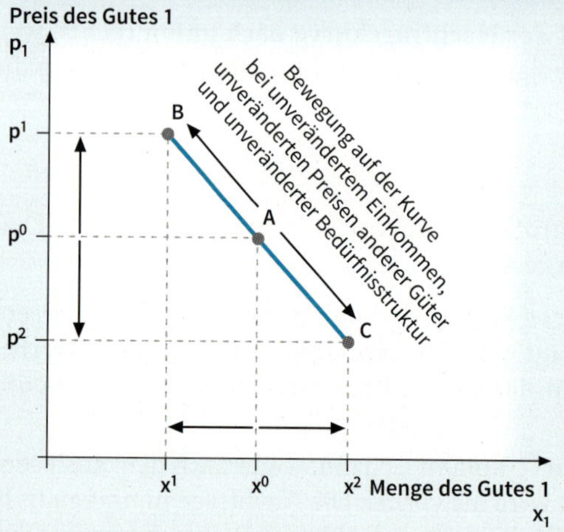	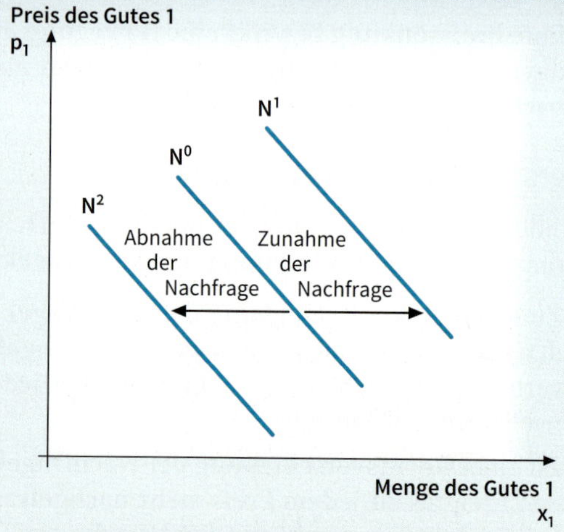
Eine Bewegung auf der Nachfragekurve eines Gutes ergibt sich nur dann, wenn sich der Preis dieses Gutes ändert.	**Eine Verschiebung der Nachfragekurve eines Gutes ergibt sich, wenn sich nicht der Preis dieses Gutes, sondern einer oder mehrere der anderen Bestimmungsfaktoren ändern.** Eine Rechtsverschiebung (= Zunahme der Nachfrage) ergibt sich z. B. in folgenden Fällen: - Preissteigerung bei einem Substitutionsgut, - Preissenkung bei einem Komplementärgut, - Einkommenserhöhung der Haushalte im Falle eines superioren Gutes, - höhere Nutzeneinschätzung des Gutes durch die Haushalte, - Erhöhung der Zahl der Nachfrager (Bevölkerungswachstum). Im jeweils umgekehrten Fall ergibt sich eine Linksverschiebung der Nachfragekurve (= Abnahmen der Nachfrage).

2.7 Elastizität der Nachfrage

Lernziele:

Nach der Bearbeitung des Kapitels sind Sie in der Lage, Folgendes zu tun:

Sie ...

- ... erklären die direkte Preiselastizität der Nachfrage und können diese berechnen und interpretieren.
- ... verstehen die Zusammenhänge bei elastischer, vollkommen elastischer, unelastischer und vollkommen unelastischer Nachfrage.
- ... können die Auswirkung einer Preiserhöhung/-senkung auf den Erlös anhand der elastischen Nachfrage vergleichen.
- ... erklären die Kreuzpreiselastizität und können diese berechnen und interpretieren.
- ... können die Einkommenselastizität bei superioren und inferioren Gütern ermitteln.

2.7.1 Begriff der Elastizität

Sowohl für wirtschaftspolitische Entscheidungen des Staates zur Beeinflussung der Gesamtnachfrage (z. B. Veränderungen bei der Umsatz- oder Einkommensteuer) als auch für preispolitische Maßnahmen von Unternehmen genügt es oft nicht, zu wissen, dass die nachgefragte Menge eines Gutes grundsätzlich von der Höhe des Preises, vom Einkommen der Haushalte und anderen Faktoren abhängt. Als Entscheidungsgrundlage sind vielmehr häufig Informationen darüber wichtig, in welchem **Ausmaß** sich die Gesamtnachfrage nach einem Gut ändert, wenn sich beispielsweise der Preis oder das Einkommen ändert. Eine **Maßzahl** für das **Ausmaß** einer solchen Änderung ist die **Elastizität**.

D Die Elastizität gibt an, um wie viel Prozent sich eine abhängige (= reagierende) Größe ändert, wenn sich die unabhängige (= verursachende) Größe um 1 % ändert.

Unterschied zwischen Elastizität und Steigung einer Kurve – Vorteile der Elastizität

Die **Elastizität** einer Kurve darf nicht mit deren **Steigung** verwechselt werden. Die erste Ableitung der Nachfragefunktion $x = -20p + 400$ ergibt, dass die entsprechende Nachfragekurve eine Steigung von –20 hat. Das bedeutet, dass sich die nachgefragte Menge x als abhängige Größe um 20 Mengeneinheiten verringert, wenn der Preis p als unabhängige Größe um eine Geldeinheit steigt. Die **Steigung** der Nachfragekurve eignet sich aber aus folgenden Gründen nur sehr eingeschränkt als **Änderungsmaßstab**.

1. Die Steigung hängt von den verwendeten Maßeinheiten ab. Die obige Nachfragefunktion mit einer Steigung von –20 könnte wie folgt interpretiert werden: Die Erhöhung des Preises um einen Euro je Kilogramm geht mit einem Sinken der nachgefragten Menge um 20 kg einher. Wird aber beispielsweise statt der Gewichtseinheit Kilogramm die Gewichtseinheit Tonnen verwendet, so entspricht eine Preiserhöhung von einem Euro je Kilogramm einem Sinken der nachgefragten Menge um 0,02 t. Das gleiche Änderungsverhalten ergibt also in Abhängigkeit von der gewählten Maßeinheit (Dimension) einerseits die Zahl –20 und andererseits die Zahl –0,02.
2. Das zugrunde liegende Ausgangsniveau der jeweiligen Änderung wird nicht berücksichtigt. Eine Verringerung der Menge um 20 kg je Euro macht bei einer ursprünglichen nachgefragten Menge von 500 kg nur 4 %, bei einem Ausgangsniveau von 50 kg hingegen 40 % aus. Wenn das Ausgangsniveau nicht bekannt ist, macht daher die Aussage „die nachgefragte Menge ist infolge der Preiserhöhung um 20 kg gesunken" wenig Sinn, da die **absoluten** Änderungswerte (Verringerung um 20 kg bei Preiserhöhung um 1,00 €) nur unzureichende Informationen über das **tatsächliche Änderungsverhalten** der beiden Größen liefern.

Um diese Nachteile zu vermeiden, ist es sinnvoll, statt der absoluten die **relativen (prozentualen) Veränderungen** der jeweiligen Größen zueinander ins Verhältnis zu setzen. Dies geschieht durch die Messgröße der **Elastizität**.

2.7.2 Direkte Preiselastizität der Nachfrage

2.9, S. 194

B Eine Preiserhöhung für einen bestimmten Autotyp von 20.000 € um 200 € auf 20.200 €, wird die nachgefragte Menge kaum beeinflussen. Wird dagegen der Preis eines Mountainbikes ebenfalls um 200 € von bisher 400 € auf jetzt 600 € erhöht, wird die nachgefragte Menge spürbar sinken. Aus dieser Beobachtung lässt sich aber nicht schließen, dass die Nachfrager nach Autos weniger stark auf Preisänderungen reagieren als die Nachfrager nach Mountainbikes. Der Preis für das Auto wurde nur um 1 %, der Preis für das Mountainbike dagegen um 50 % erhöht. Bei einer Erhöhung des Autopreises um 50 % würde die nachgefragte Menge bei Autos ebenfalls stark sinken.

Vergleichbar sind Aussagen über **Nachfragereaktionen** bei verschiedenen Gütern nur dann, wenn sie die durch eine **prozentuale** Preisänderung ausgelöste **prozentuale** Änderung der nachgefragten Menge berücksichtigen. Dieser Zusammenhang kommt in der **direkten Preiselastizität der Nachfrage** zum Ausdruck.

D Die direkte Preiselastizität der Nachfrage ist das Verhältnis zwischen der prozentualen Änderung der nachgefragten Menge eines Gutes zur prozentualen Preisänderung dieses Gutes. Sie gibt an, um wie viel Prozent sich die nachgefragte Menge eines Gutes ändert, wenn sich der Preis dieses Gutes um 1 % ändert.

B **Elastizitätsberechnung**

Angenommen, ein Lebensmittelmarkt hat für eine bestimmte Sorte Frischmilch einen Zusammenhang zwischen der täglichen Absatzmenge und dem Preis festgestellt, wie er in der folgenden linearen Nachfragekurve zum Ausdruck kommt.

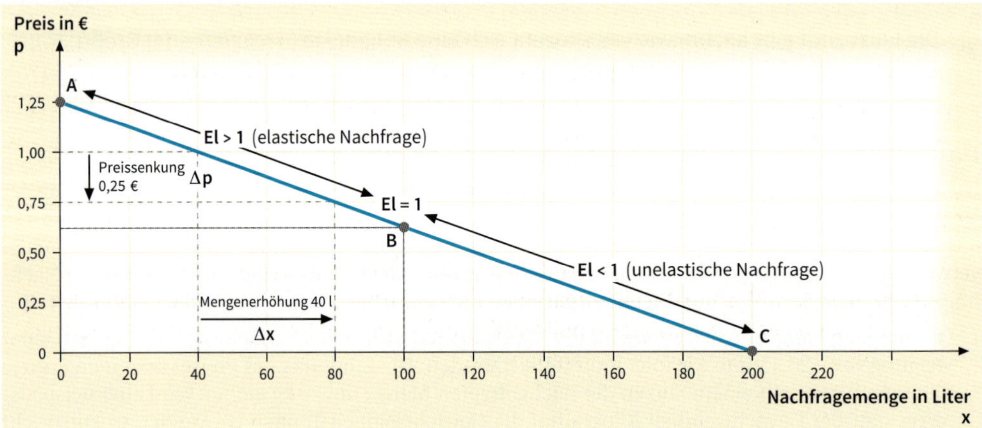

F

$$El_{dir} = \frac{\text{prozentuale Änderung der Nachfragemenge}}{\text{prozentuale Preisänderung}} = \frac{\frac{\Delta x \cdot 100}{x}}{\frac{\Delta p \cdot 100}{p}} = \frac{\Delta x}{\Delta p} \cdot \frac{p}{x}$$

Dabei bedeuten: El_{dir} = direkte Preiselastizität der Nachfrage, p = ursprünglicher Preis, Δp = Veränderung des Preises in €, x = ursprüngliche Nachfragemenge, Δx = Veränderung der Nachfragemenge in Stück o. Ä.

Negatives Vorzeichen entfällt

Das rechnerische Ergebnis der direkten Preiselastizität der Nachfrage ist im Normalfall negativ, weil bei normaler Nachfrageaktion eine **Erhöhung** des Preises zu einer **Verringerung** der nachgefragten Menge führt (= negative Steigung der Nachfragekurve). Trotzdem wird die direkte Preiselastizität der Nachfrage üblicherweise ohne Vorzeichen als absoluter Betrag $|El_{dir}|$ angegeben.

B

Berechnung der direkten Preiselastizität der Nachfrage bei einer Preissenkung von 1,00 € auf 0,75 €

	Preis	Menge
vorher	1,00 €	40 l
nachher	0,75 €	80 l
Änderung (absolut)	- 0,25 €	+ 40 l
Änderung in %	- 25 %	+ 100 %

$$EL_{dir} = \left| \frac{+100}{-25} \right| = 4$$

Der Mengeneffekt ist größer als der Preiseffekt.

Berechnung der direkten Preiselastizität der Nachfrage bei einer Preissenkung von 0,50 € auf 0,25 €

	Preis	Menge
vorher	0,50 €	120 l
nachher	0,25 €	160 l
Änderung (absolut)	- 0,25 €	+ 40 l
Änderung in %	- 50 %	+ 33,3 %

$$EL_{dir} = \left| \frac{+33{,}3}{-50} \right| = 0{,}66$$

Der Preiseffekt ist größer als der Mengeneffekt.

Elastizitätswerte zwischen unendlich und null

Das Zahlenbeispiel zeigt, dass die direkte Preiselastizität der Nachfrage trotz gleicher absoluter Preis- und Mengenänderungen in beiden Fällen verschieden ist. Wegen der unterschiedlichen Ausgangspreise und -mengen unterscheiden sich die relativen (prozentualen) Preis- und Mengenänderungen. Daraus ergibt sich, dass die direkte Preiselastizität der Nachfrage in jedem Punkt der linearen Nachfragekurve unterschiedlich ist *(vgl. Abb. S. 178)*. Entlang dieser Nachfragekurve nimmt die Elastizität alle Werte zwischen unendlich und null an. Im Schnittpunkt mit der Preisachse *(Punkt A)* ist die Preiselastizität unendlich groß, im Halbierungspunkt *(Punkt B)* ist sie gleich eins und im Schnittpunkt mit der Mengenachse *(Punkt C)* ist sie gleich null.

D

Die direkte Preiselastizität einer linearen Nachfragekurve ist in jedem Punkt unterschiedlich. Sie kann alle Werte zwischen null (Schnittpunkt mit der Mengenachse) und unendlich (Schnittpunkt mit der Preisachse) annehmen.

Elastische und unelastische Nachfrage

Ist die prozentuale Änderung der nachgefragten Menge größer als die prozentuale Preisänderung, so ergibt sich für die Elastizität ein Wert, der größer als 1 ist. In diesen Fällen wird von einer **elastischen Nachfrage** gesprochen. Dies trifft hier für alle Punkte der oberen Hälfte der Nachfragekurve zu (Strecke $\overline{AB}$, vgl. *Abb. S. 178)*. Ist die prozentuale Änderung der nachgefragten Menge genau so hoch wie die prozentuale Preisänderung, so hat die Elastizität den Wert 1. Das trifft hier für den Halbierungspunkt der Nachfragekurve zu *(Punkt B)*. Ist die prozentuale Änderung der nachgefragten Menge kleiner als die prozentuale Preisänderung, so ergibt sich für die Elastizität ein Wert, der kleiner als 1 ist. In diesen Fällen wird von einer **unelastischen Nachfrage** gesprochen. Das trifft hier für alle Punkte der unteren Hälfte der Nachfragekurve zu (Strecke $\overline{BC}$, *vgl. Abb. S. 178)*.

D Ist die prozentuale Mengenänderung größer als die prozentuale Preisänderung, liegt eine elastische Nachfrage vor ($El_{dir} > 1$). Ist die prozentuale Mengenänderung kleiner als die prozentuale Preisänderung, liegt eine unelastische Nachfrage vor ($El_{dir} < 1$).

Steigung einer Kurve und Preiselastizität der Nachfrage

Im Normalfall kann nicht von der Steigung der Nachfragekurve auf die Höhe der Preiselastizität geschlossen werden. Bei einer linearen Nachfragekurve ist beispielsweise die Steigung konstant, während die Werte für die Preiselastizität an jeder Stelle unterschiedlich sind und zwischen null und unendlich liegen können. Trotzdem wird die Höhe der Nachfrageelastizität häufig nach der Steigung der Nachfragekurve beurteilt. Dabei gilt folgende Regel: Je flacher die Nachfragekurve durch einen bestimmten Punkt verläuft, desto höher ist in diesem Punkt die Preiselastizität der Nachfrage und umgekehrt. Handelt es sich um ein eher preiselastisches Gut, wird die Nachfragekurve für dieses Gut in einem Preis-Mengen-Diagramm flacher als für ein preisunelastisches Gut eingezeichnet.

Die folgenden Abbildungen zeigen Abschnitte von zwei Nachfragekurven, in denen gleiche absolute Preisänderungen unterschiedliche Mengenänderungen nach sich ziehen. Die gleiche Preiserhöhung führt bei einem steileren Verlauf des Kurvenabschnitts zu einem geringeren Rückgang der nachgefragten Menge als bei einem flacheren Verlauf. Die Nachfrage ist in dem hier betrachteten Abschnitt der linken Nachfragekurve unelastisch, während die Nachfrage in dem hier betrachteten Abschnitt der rechten Nachfragekurve elastisch ist.

unelastische Nachfrage

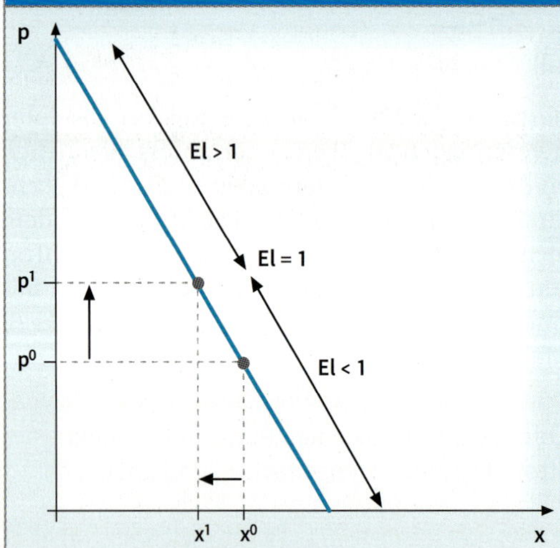

Unelastische Reaktion: Bei Preisänderungen verändert sich die nachgefragte Menge verhältnismäßig wenig (z. B. lebensnotwendige Güter).

elastische Nachfrage

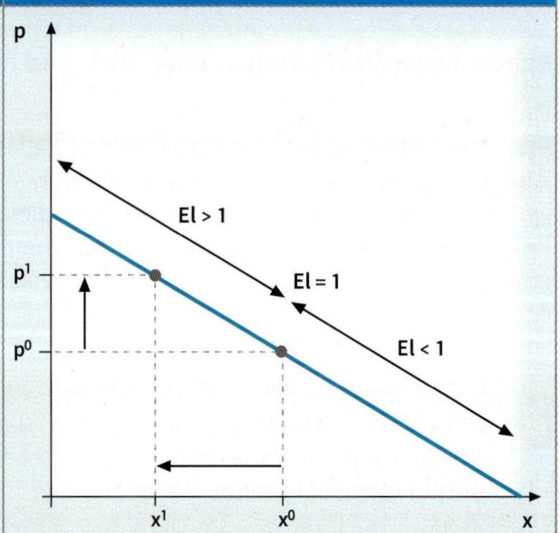

Elastische Reaktion: Bei Preisänderungen verändert sich die nachgefragte Menge verhältnismäßig stark (z. B. Luxusgüter).

Ausgewählte Preiselastizitäten der Nachfrage aufgrund empirischer Untersuchungen

Lebensmittel (allgemein)	– 0,7 (unelastisch)
Fleischwaren	– 1,3 (elastisch)
Bildung und Unterhaltung	– 2,9 (elastisch)
Kfz-Benutzung	– 0,36 (unelastisch)
Körper- und Gesundheitspflege	+ 0,3 (anomal)
Tabakwaren	
– Erwachsene	– 0,4 (unelastisch)
– Jugendliche	– 1,2 (elastisch)

Nachfragekurven mit konstanter Preiselastizität

Bei einer linearen Nachfragekurve mit normalem Verlauf ist zwar die Steigung konstant, die Preiselastizität aber in jedem Punkt unterschiedlich. Deshalb kann aus der Steigung einer derartigen Nachfragekurve nicht direkt auf die Höhe der Preiselastizität geschlossen werden. Es gibt aber Nachfragekurven, die im gesamten Verlauf eine konstante Preiselastizität aufweisen. Dazu gehören u. a. solche Nachfragekurven, die parallel zur Preis- bzw. parallel zur Mengenachse verlaufen.

- Eine Nachfragekurve, die parallel zur Preisachse (Ordinate) verläuft, hat an jeder Stelle eine Elastizität von 0. Die Nachfrage ist in diesem Fall vollkommen unelastisch. Trotz Preisänderungen bleibt die nachgefragte Menge konstant. Ein solches Nachfrageverhalten ist z. B. bei lebensnotwendigen Medikamenten denkbar. Wenn der Haushalt über genügend Einkommen verfügt, werden solche Medikamente in unveränderter Menge nachgefragt, unabhängig davon, wie hoch der Preis ist.

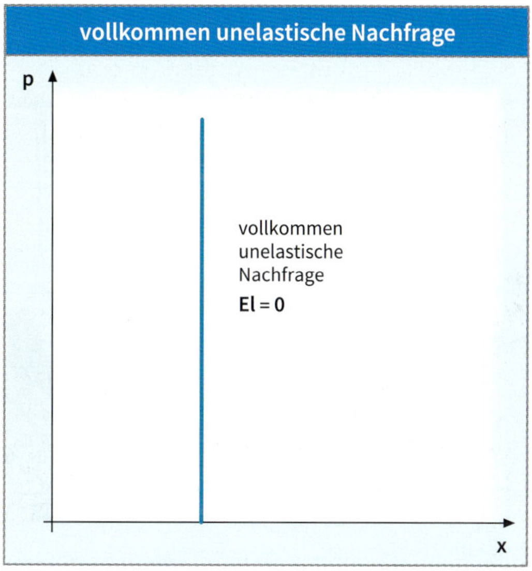

- Eine Nachfragekurve, die parallel zur Mengenachse (Abszisse) verläuft, hat an jeder Stelle eine Elastizität von unendlich. Die Nachfrage ist in diesem Fall vollkommen elastisch. Es handelt sich dabei um einen theoretischen Grenzfall. Zum gegebenen und jedem niedrigeren Preis würde eine unendliche Menge nachgefragt. Jede Preiserhöhung würde dagegen die nachgefragte Menge auf null sinken lassen.

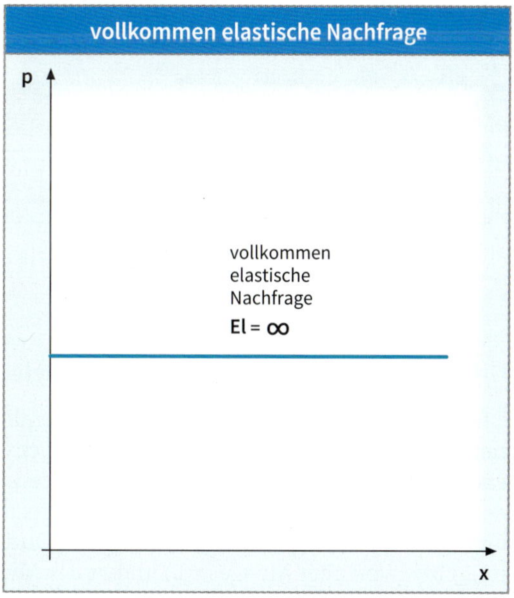

Praktische Bedeutung der Preiselastizität

Die praktische Bedeutung der direkten Preiselastizität der Nachfrage liegt u. a. darin, dass sie Aussagen darüber zulässt, wie sich beispielsweise eine von mehreren Mineralölunternehmen gleichzeitig vorgenommene Benzinpreisänderung voraussichtlich auf den Erlös der Unternehmen auswirken wird. Die mit dem Preis multiplizierte Nachfragemenge stellt nämlich einerseits die Ausgaben der Nachfrager und andererseits den Erlös (Umsatz) der Anbieter dar.

2.10, S. 195

F

Ausgaben der Nachfrager = Erlös der Anbieter = Preis (p) · Menge (x)

Ob als Folge einer bestimmten Preisänderung für Benzin die Ausgaben der Nachfrager und damit die Erlöse der Mineralölunternehmen steigen, sinken oder gleich bleiben, hängt vom Ausmaß der durch die Preisänderung ausgelösten Nachfrageänderung und somit von der direkten Preiselastizität der Nachfrage ab. Dieser Zusammenhang zwischen der Preiselastizität der Nachfrage und den Ausgaben der Konsumenten wird im Folgenden anhand des Beispiels von S. 178/179 und der dort abgeleiteten Formel aufgezeigt:

F

$$El_{dir} = \frac{\Delta x}{\Delta p} \cdot \frac{p}{x}$$

Und wir Idioten haben noch nicht mal auf 2,00 € erhöht!

B **Abhängigkeit der Konsumausgaben von der Elastizität**

Bisheriger Preis	Bisherige Menge	Neuer Preis	Neue Menge	El_{dir}	Bisherige Ausgaben	Neue Ausgaben	Zusammenhang zwischen Elastizität und Konsumausgaben
1,00	40	0,75	80	$\left\lvert \frac{+40}{-0{,}25} \cdot \frac{1}{40} \right\rvert = 4$	40,00	60,00	$El_{dir} > 1$ Konsumausgaben steigen
0,50	120	0,25	160	$\left\lvert \frac{+40}{-0{,}25} \cdot \frac{0{,}50}{120} \right\rvert = 0{,}66$	60,00	40,00	$El_{dir} < 1$ Konsumausgaben sinken

Größere Genauigkeit mithilfe der Bogenelastizität

Diese Art der Elastizitätsberechnung ist ziemlich ungenau. Um die Elastizitäten exakt berechnen zu können, müssen die Preis- und Mengenveränderungen eigentlich als infinitesimal (= unendlich) kleine Änderungen aufgefasst werden. Eine für die praktische Anwendung hinreichende Genauigkeit kann aber in der Regel bereits dadurch erzielt werden, dass als Bezugsgröße für die Preis- und Mengenveränderungen der Durchschnitt von altem Preis (p_{alt}) und neuem Preis (p_{neu}) bzw. von alter Menge (x_{alt}) und neuer Menge (x_{neu}) gewählt wird. Aus dieser Berechnung ergibt sich als durchschnittliche Elastizität zwischen den beiden Punkten auf der Nachfragekurve die **Bogenelastizität.**

F

$$\text{Bogenelastizität} = \frac{\Delta x}{\Delta p} \cdot \frac{(p_{alt} + p_{neu})/2}{(x_{alt} + x_{neu})/2}$$

B Anwendung der Bogenelastizität

In der folgenden Tabelle wird für das Beispiel auf S. 178/179 der Zusammenhang zwischen Preiselastizität der Nachfrage und den Ausgaben der Konsumenten mithilfe der Bogenelastizität ermittelt. Auf diese Weise lässt sich auch zeigen, dass bei einer Elastizität von 1 die Konsumausgaben unverändert bleiben.

Bisheriger Preis	Bisherige Menge	Neuer Preis	Neue Menge	El_{dir} als Bogenelastizität	Bisherige Ausgaben	Neue Ausgaben	Zusammenhang zwischen Elastizität und Konsumausgaben
1,00	40	0,75	80	$\left\lvert \frac{+40}{-0{,}25} \cdot \frac{(1{,}00 + 0{,}75)\,/\,2}{(40 + 80)\,/2} \right\rvert = 2{,}33$	40,00	60,00	$El_{dir} > 1$ Konsumausgaben steigen
0,75	80	0,50	120	$\left\lvert \frac{+40}{-0{,}25} \cdot \frac{(0{,}75 + 0{,}50)\,/\,2}{(80 + 120)\,/2} \right\rvert = 1$	60,00	60,00	$El_{dir} =$ Konsumausgaben konstant
0,50	120	0,25	160	$\left\lvert \frac{+40}{-0{,}25} \cdot \frac{(0{,}50 + 0{,}25)\,/\,2}{(120 + 160)\,/2} \right\rvert = 0{,}43$	60,00	40,00	$El_{dir} < 1$ Konsumausgaben sinken

Zusammenhang zwischen Preiselastizität, Konsumausgaben und Erlösen

D Ist die Nachfrage elastisch ($El_{dir} > 1$), führt eine Preiserhöhung zu einer Verringerung der Konsumausgaben und eine Preissenkung zu einer Erhöhung der Konsumausgaben. Bei unelastischer Nachfrage ($El_{dir} < 1$) gilt der umgekehrte Zusammenhang.

Zusammenhang zwischen Preiselastizität der Nachfrage, Ausgaben der Nachfrager und Erlösen der Anbieter

Preisänderung \ Elastizität	Unelastische Nachfrage $El_{dir} < 1$	$El_{dir} = 1$	Elastische Nachfrage $El_{dir} > 1$
Preissenkung	Konsumausgaben und Erlöse sinken	Konsumausgaben und Erlöse konstant	Konsumausgaben und Erlöse steigen
Preiserhöhung	Konsumausgaben und Erlöse steigen	Konsumausgaben und Erlöse konstant	Konsumausgaben und Erlöse sinken

2.11, S. 196

Für die Anbieter ist eine Preiserhöhung mit dem Ziel einer Erlössteigerung also nur dann sinnvoll, wenn die Nachfrage unelastisch ist. Um Preiserhöhungen besser durchsetzen zu können, versuchen die Unternehmen daher, durch absatzpolitische Maßnahmen (z. B. Werbung, Service) die Nachfrageelastizität für die von ihnen angebotenen Produkte zu verringern, indem sie dem Verbraucher das Gefühl der Unentbehrlichkeit dieser Produkte vermitteln. Andererseits lässt sich für die Anbieter eine Ausdehnung der Absatzmenge bei gleichzeitiger Erlössteigerung nur dann erreichen, wenn die Nachfrage auf eine Preissenkung elastisch reagiert.

2.7.3 Indirekte Preiselastizität der Nachfrage (Kreuzpreiselastizität)

Die Nachfrage nach einem Gut hängt u. a. auch von den Preisen anderer Güter ab. Für die Anbieter von Autos ist es beispielsweise von Interesse, wie sich die Nachfrage nach Autos ändert, wenn der Benzinpreis z. B. durch eine Erhöhung der Mineralölsteuer auf Dauer steigt. Das Ausmaß der Nachfrageänderung nach einem Gut als Reaktion auf die Preisänderung eines anderen Gutes lässt sich mit der **indirekten Preiselastizität der Nachfrage (Kreuzpreiselastizität)** messen.

2.12, S. 196

D Die indirekte Preiselastizität der Nachfrage (Kreuzpreiselastizität) ist das Verhältnis zwischen der prozentualen Änderung der nachgefragten Menge eines Gutes zur prozentualen Preisänderung eines anderen Gutes. Sie gibt an, um wie viel Prozent sich die nachgefragte Menge eines Gutes ändert, wenn sich der Preis eines anderen Gutes um 1 % ändert.

F

$$El_{indir} = \frac{\text{prozentuale Änderung der Nachfragemenge für Gut 1}}{\text{prozentuale Preisänderung für Gut 2}} = \frac{\frac{\Delta x_1 \cdot 100}{x_1}}{\frac{\Delta p_2 \cdot 100}{p_2}} = \frac{\Delta x_1}{\Delta p_2} \cdot \frac{p_2}{x_1}$$

Dabei bedeuten: El_{indir} = indirekte Preiselastizität der Nachfrage, p_2 = ursprünglicher Preis des Gutes 2, Δp_2 = Veränderung des Preises p_2 in Euro, x_1 = ursprüngliche Nachfragemenge des Gutes 1, Δx_1 = Veränderung der Nachfragemenge von x_1 in Stück o. Ä.

Indirekte Preiselastizität bei Substitutions- und Komplementärgütern

B 2.5.3

Butter und Margarine sind **Substitutionsgüter. Steigt der Preis** für Butter, so **nimmt** die **Nachfrage** nach Margarine **zu** (= Rechtsverschiebung der Nachfragekurve für Margarine). Preisänderung und Mengenänderung entwickeln sich gleichgerichtet. Daher ist der Wert für **El_{indir} bei Substitutionsgütern positiv.** Je größer der Wert für El_{indir}, umso stärker ist die Konkurrenz zwischen den beiden Substitutionsgütern.

B 2.5.3

Autos und Autoreifen sind **Komplementärgüter. Sinkt der Preis** für Autos, so **nimmt** die **Nachfrage** nach Autoreifen **zu** (= Rechtsverschiebung der Nachfragekurve für Autoreifen). Preisänderung und Mengenänderung entwickeln sich entgegengesetzt. Daher ist der Wert für **El_{indir} bei Komplementärgütern negativ.**

2.7.4 Einkommenselastizität

Die Nachfrage nach einem Gut hängt u. a. auch von der Einkommenshöhe der Haushalte (Y) ab. Das Ausmaß der Nachfrageänderung nach einem Gut als Reaktion auf eine Einkommensänderung lässt sich mit der Einkommenselastizität messen.

D Die Einkommenselastizität ist das Verhältnis zwischen der prozentualen Änderung der nachgefragten Menge eines Gutes zur prozentualen Änderung des Einkommens. Sie gibt an, um wie viel Prozent sich die nachgefragte Menge eines Gutes ändert, wenn sich das Einkommen um 1 % ändert.

F

$$El_y = \frac{\text{prozentuale Änderung der Nachfragemenge für Gut 1}}{\text{prozentuale Einkommensänderung}} = \frac{\frac{\Delta x \cdot 100}{x}}{\frac{\Delta Y \cdot 100}{Y}} = \frac{\Delta x}{\Delta Y} \cdot \frac{Y}{x}$$

Dabei bedeuten: Ely = Einkommenselastizität, Y = ursprüngliches Einkommen, ΔY = Veränderung des Einkommens in €, x = ursprüngliche Nachfragemenge, Δx = Veränderung der Nachfragemenge in Stück o. Ä.

Superiore Güter

Einkommenselastizität bei superioren Gütern:
Steigt das Einkommen der Bevölkerung, so steigt die Nachfrage nach Luxusgütern (z. B. Sekt, Kaviar). Solche Güter werden als **superiore Güter** bezeichnet. Einkommensänderung und Änderung der nachgefragten Menge entwickeln sich gleichgerichtet. Die Einkommenselastizität hat ein positives Vorzeichen.

D Bei superioren Gütern hat die Einkommenselastizität einen positiven Wert.

Inferiore Güter

Einkommenselastizität bei inferioren Gütern:
Güter, die bei steigendem Einkommen der Bevölkerung durch höherwertige Güter ersetzt werden (z. B. Margarine durch Butter), werden als **inferiore Güter** bezeichnet. Einkommensänderung und Änderung der nachgefragten Menge entwickeln sich entgegengesetzt. Die Einkommenselastizität hat ein negatives Vorzeichen.

D Bei inferioren Gütern hat die Einkommenselastizität einen negativen Wert.

ENGEL-SCHWABEsches Gesetz

Die beiden preußischen Statistiker ERNST ENGEL (1821–1896) und HERMANN SCHWABE (1830–1874) haben im 19. Jahrhundert empirisch nachgewiesen, dass mit steigendem Einkommen die Nachfrage nach Nahrungsmitteln (ENGEL) bzw. Wohnraum (SCHWABE) zunimmt, während der prozentuale Anteil der Ausgaben für Nahrungsmittel und Wohnraum an den Gesamtausgaben abnimmt (**ENGEL-SCHWABEsches Gesetz**). Das bedeutet, dass die Einkommenselastizitäten für Nahrungsmittel und Wohnraum zwar positiv, aber < 1 sind.

2.7.5 Anwendungsfälle der Nachfrageelastizitäten im Überblick

Elastizität	Definition und Wertebereiche	Anwendung
Direkte Preiselastizität der Nachfrage	$El_{dir} = \frac{\Delta x}{\Delta p} \cdot \frac{p}{x}$	< 0 → Regelfall (normales Gut) > 0 → VEBLEN-Effekt[1]
	Elastizitätsbereiche und Extremfälle	
	$El_{dir} > \|1\|$	→ elastische Nachfrage; Erlösminderung bei Preiserhöhung und umgekehrt
	$El_{dir} < \|1\|$	→ unelastische Nachfrage, Erlössteigerung bei Preiserhöhung und umgekehrt
	$El_{dir} = \|1\|$	→ isoelastische Nachfrage, Erlös bleibt konstant bei Preisveränderung
	$El_{dir} = 0$	→ vollkommen starre Nachfrage
	$El_{dir} = \infty$	→ vollkommen elastische Nachfrage
Indirekte Preiselastizität der Nachfrage (Kreuzpreiselastizität)	$El_{indir} = \frac{\Delta x_1}{\Delta p_2} \cdot \frac{p_2}{x_1}$	> 0 → Substitutionsgüter < 0 → Komplementärgüter = 0 → indifferente Güter
Einkommenselastizität	$El_Y = \frac{\Delta x}{\Delta Y} \cdot \frac{Y}{x}$	> 0 → superiore Güter (Nichtsättigungsgüter) < 0 → inferiore Güter = 0 → Sättigungsgüter
Einkommenselastizität bei Nahrungsmitteln und Wohnraum	Wertebereich: $0 < El_Y < 1$	→ ENGEL-SCHWABEsches Gesetz

1 Nach Thorstein Veblen (1857–1929): Konsumeffekt der insbesondere bei Prestigegütern zu anormalen Nachfragereaktionen führt. Die Nachfrage steigt mit steigendem Preis, da die Konsumenten mit dem Hochpreis-Produkt ein hohes Prestige erkaufen wollen (Einkommensdemonstration/Geltungskonsum).

Zusammenfassende Übersicht Kapitel 2: Entscheidungsverhalten der privaten Haushalte als Nachfrager

Private Haushalte
Ziel: Nutzenmaximierung (= Haushaltsoptimum = optimaler Verbrauchsplan)

Kardinale Nutzenmessung

Nutzenmaximum bei Konsum eines Gutes:

1. GOSSENsches Gesetz:

Grenznutzen nimmt bei zunehmendem Konsum eines Gutes ab.

U max → u′ = 0

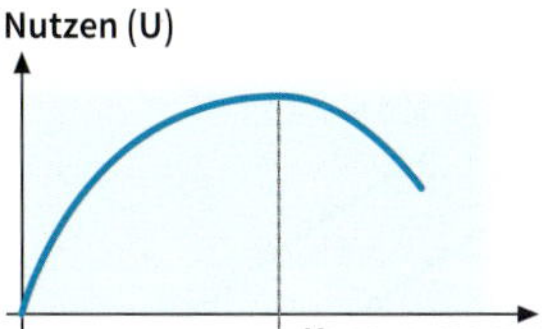

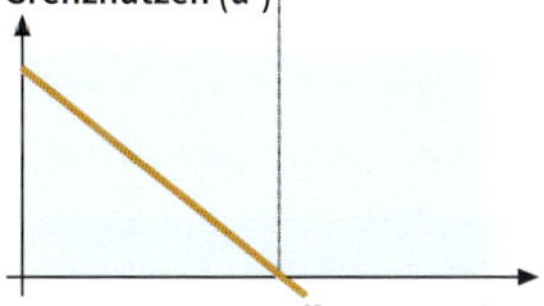

Nutzenmaximum bei Konsum mehrerer Güter:

2. GOSSENsches Gesetz:

U max → Grenznutzen (u′) der jeweils letzten Einheit aller konsumierten Güter (A, B, C, …) muss gleich sein.

↓

Gesetz vom Ausgleich der mit den Preisen gewogenen Grenznutzen

$$\frac{u'(A)}{p_A} = \frac{u'(B)}{p_B} = \frac{u'(C)}{p_C}$$

Ordinale Nutzenmessung

Indifferenzkurven = geometrischer Ort aller Mengenkombinationen zweier Güter, die den gleichen Nutzen stiften

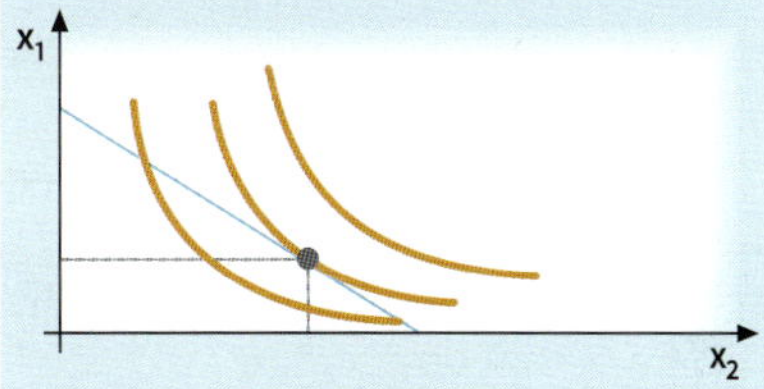

Bedingung für das Haushaltsoptimum: Budgetgerade bildet Tangente an Indifferenzkurve

Steigung der Budgetgeraden = Steigung der Indifferenzkurve (Grenzrate der Substitution)

$$\frac{\Delta x_1}{\Delta x_2} = \frac{p_2}{p_1}$$

Preisveränderung p_1 → Mengenänderung x_1 → Nachfragekurve

Ergebnis: Bei steigendem Preis nimmt die konsumierte Menge ab.

↓

Nachfrageverhalten der privaten Haushalte

↓

Allgemeine individuelle Nachfragefunktion $x^N_1 = f(p_1, p_2, \ldots, p_n, y, u, \ldots)$
Bestimmungsfaktoren der nachgefragten (= nutzenmaximalen) Menge von Gut 1:
Preis des Gutes 1, Preise anderer Güter, Einkommen, Bedürfnisstruktur/Nutzeneinschätzung, …

↓

Spezielle Nachfragefunktion

$x^N_1 = f(p_1)$
Nachfragekurve (Preis-Konsum-Kurve)

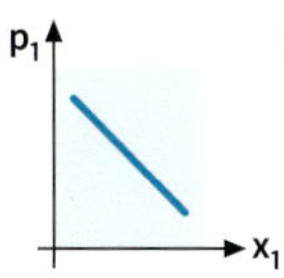

normaler Verlauf
(„Gesetz der Nachfrage")

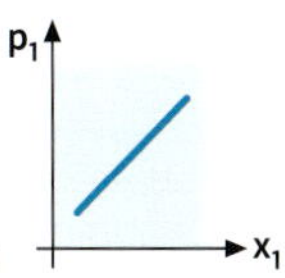

anomaler Verlauf
- Giffen-Güter
- Veblen-Effekt

$x^N_1 = f(p_2)$

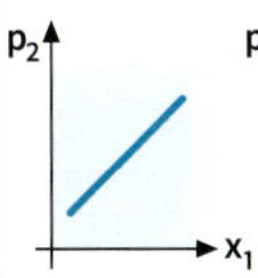

x_1 und x_2: **Substitutionsgüter**

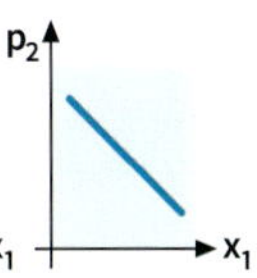

x_1 und x_2: **Komplementärgüter**

$x^N_1 = f(y)$
Einkommens-Konsum-Kurve

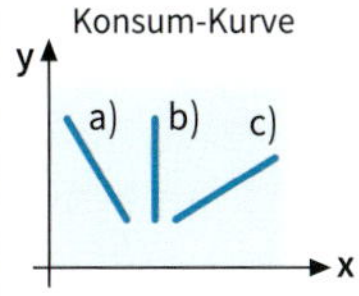

a) **Inferiores Gut**
b) **Sättigungsgut**
c) **Superiores Gut**

$x^N_1 = f$
(Bedürfnisstruktur, Werbung, …)
Bedarfsbeeinflussung durch Werbung
↓
soziologische und psychologische Bestimmungsfaktoren
- Veblen-Effekt (Prestige)
- Mitläufer-Effekt
- Snob-Effekt

Zusammenfassende Übersicht Kapitel 2: Entscheidungsverhalten der privaten Haushalte als Nachfrager

Aggregation der individuellen Nachfrage = Gesamtnachfrage (Marktnachfrage)
Allgemeine Gesamtnachfragefunktion: $X^N_1 = f(p_1, p_2, \ldots, p_n, Y, D, U, Z \ldots)$
Bestimmungsfaktoren der insgesamt nachgefragten Mengen von Gut 1: Preis des Gutes, Preise anderer Güter, Einkommen aller Haushalte, Einkommens- und Vermögensverteilung, Bedürfnisstruktur und Zahl der Haushalte

↓

Anwendung der c. p.-Annahme

↓

Gesamtnachfragekurve: $x^N_1 = f(p_1)$

Änderung des Preises (p_1) des Gutes (X_1)
= Bewegung auf der Kurve
= Änderung der nachgefragten Menge

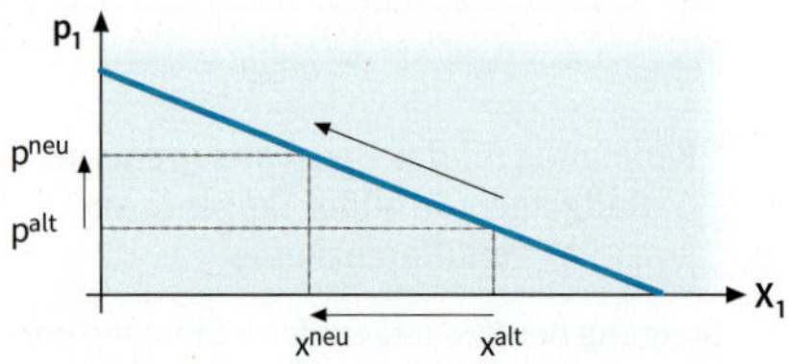

Änderung anderer Bestimmungsfaktoren (z. B. Y)
= Verschiebung der Kurve
= Änderung der Nachfrage

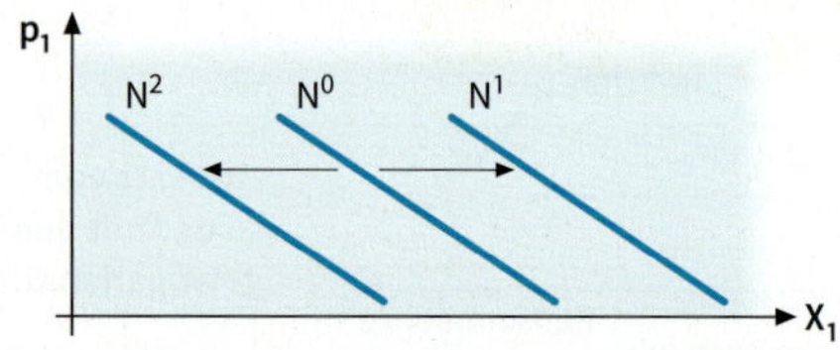

Nachfrageelastizität =
prozentuale Änderung der nachgefragten Menge bei Änderung der unabhängigen Variablen um 1 %

Kreuzpreiselastizität

$$El_{indir} = \frac{\Delta x_1 \cdot p_2}{\Delta p_2 \cdot x_1}$$

(indirekte Preiselastizität der Nachfrage)

El > 0 → Substitutionsgüter
El < 0 → Komplementärgüter
El = 0 → indifferente Güter

Direkte Preiselastizität der Nachfrage

$$El_{dir} = \frac{\Delta x_1 \cdot p_1}{\Delta p_1 \cdot x_1}$$

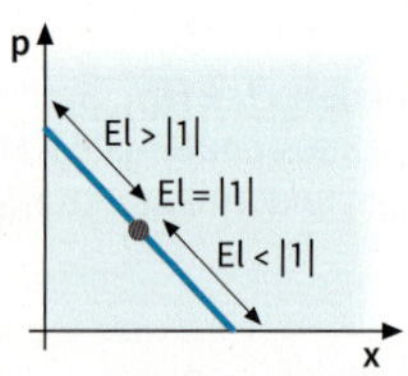

El < 0 → Normales Gut
El > 0 → Veblen-Effekt
El > |1| → elastisch
El < |1| → unelastisch
Extremfälle: Konst. El
El = 0, El = 1, El = ∞

Einkommenselastizität

$$El_y = \frac{\Delta x_1 \cdot y}{\Delta y \cdot x_1}$$

El > 0 → superiore Güter
El < 0 → inferiore Güter
El = 0 → Sättigungsgüter

$0 < El_Y < 1$: ENGEL-SCHWABEsches Gesetz

Aufgaben und Probleme zur Erarbeitung und Anwendung von Wissen zu Kapitel 2: Entscheidungsverhalten der privaten Haushalte als Nachfrager

2.1 Gesamtnutzen – Grenznutzen

Bei einem Fußballspiel um den UEFA-Cup steht es nach Ablauf der regulären Spielzeit unentschieden, sodass es zu einer Verlängerung kommt. Während der kurzen Spielunterbrechung werden den Spielern von den Mannschaftsbetreuern Plastikflaschen mit Mineralwasser zur Erfrischung zugeworfen. Einige Spieler trinken gierig mit mehreren kräftigen Schlucken die Flaschen leer und lassen sich eine zweite Flasche zuwerfen. Andere Spieler trinken nur wenig, spülen dann mit dem Mineralwasser den Mund aus, spucken das restliche Wasser aus und gießen sich danach Mineralwasser zur Abkühlung über den Kopf. Den restlichen Flascheninhalt kippen sie weg.

1. Beschreiben Sie mit Hilfe der Nutzentheorie das unterschiedliche Verhalten der Spieler.
2. Prüfen Sie, ob in einer der beschriebenen Situationen der Grenznutzen den Wert 0 annimmt.
3. Angenommen, bei einem Spieler entwickelt sich das Nutzenempfinden beim Trinken von Mineralwasser wie folgt:

Zahl der Schlucke (x)	0	1	2	3	4	5	6	7	8	9	10
Gesamtnutzen U(x)	0	6	11	15	18	20	21	21	20	18	15

   a) Stellen Sie die Entwicklung des Grenznutzens tabellarisch dar.
   b) Stellen Sie den Verlauf von Gesamtnutzen und Grenznutzen in zwei untereinander liegenden Koordinatensystemen grafisch dar.
   c) Bei wie viel Schlucken liegt das Nutzenmaximum?
4. Erläutern Sie anhand der Grafiken das erste GOSSENsche Gesetz.

2.2 Nutzenmaximum (Haushaltsoptimum) bei mehreren Gütern – Zweites GOSSENsches Gesetz

Die Nutzeneinschätzung des Studenten Beyer bezüglich einiger für ihn wichtiger Konsumgüter geht aus der folgenden Tabelle hervor. Für diese fünf Konsumgüter stehen dem Studenten wöchentlich 65,00 € zur Verfügung.

Mengen-einheiten	Grenznutzen u'				
	Grundnahrungs-mittel	Wein	Zigaretten	Körperpflege-mittel	Eintritt für Veranstaltungen
erste	100	80	80	64	40
zweite	80	77	40	40	0
dritte	60	72	15	13	0
vierte	40	40	2	0	0
fünfte	20	5	0	0	0
sechste	0	0	0	0	0

1. Wie viele Einheiten der fünf Konsumgüter wird der Herr Beyer wöchentlich kaufen, wenn jede Einheit eines der Konsumgüter 5,00 € kostet und Herr Beyer seinen Nutzen durch die Verausgabung der 65,00 € maximieren will?
2. Leiten Sie aus dem Zahlenbeispiel die allgemeine Regel zur Nutzenmaximierung bei mehreren Gütern ab.
3. Wie viele Einheiten der fünf Konsumgüter würde Herr Beyer pro Woche kaufen, wenn er nach wie vor seinen Nutzen durch wöchentlichen Konsumausgaben in Höhe von 65,00 € maximieren möchte und sich die Preise wie folgt verändert haben?

Güter	Grundnahrungs-mittel	Wein	Zigaretten	Körperpflege-mittel	Eintritt für Veranstaltungen
Preis (€) je Einheit	5,00	9,00	10,00	8,00	8,00

4. Leiten Sie aus dem Zahlenbeispiel die allgemeine Regel zur Nutzenmaximierung bei mehreren Gütern mit unterschiedlichen Preisen ab.
5. Erläutern Sie mithilfe der Regel zur Nutzenmaximierung (*vgl. 4.*) das Nachfrageverhalten eines Haushalts, wenn sich die Güterpreise ändern.
6. Ermitteln Sie anhand der Ausgangssituation die Grenznutzen des Studenten Beyer für Grundnahrungsmittel, Wein und Zigaretten und tragen Sie die Grenznutzenkurven in ein Koordinatensystem ein. Begründen Sie den unterschiedlichen Verlauf der Grenznutzenkurven.

2.3 Indifferenzkurven – Haushaltsoptimum

Dem Studenten Feierling stehen für die beiden Güterarten Nahrung (x_1) und Freizeitgestaltung (x_2) wöchentlich 100 € zur Verfügung. Es gelten folgende Preise:

1 Einheit Nahrungsmitteln (x_1) = 10,00 €   1 Einheit Freizeitgestaltung (x_2) = 4,00 €

1. Ermitteln Sie, wie viele Einheiten Nahrungsmittel (Gut x_1) der Student Feierling wöchentlich kaufen könnte, wenn er die gesamte Konsumsumme für dieses Gut ausgeben würde.
2. Ermitteln Sie, wie viele Einheiten Freizeitgestaltung (Gut x_2) der Student Feierling wöchentlich kaufen könnte, wenn er die gesamte Konsumsumme für dieses Gut ausgeben würde.
3. Tragen Sie die Budgetgerade für alle Kombinationen der beiden Güter Nahrung (x_1) und Freizeitgestaltung (x2), die der Student Feierling mit der Konsumsumme von 100 € wöchentlich erwerben kann, in ein Koordinatensystem ein.
   Y-Achse: Gut x1, Länge 10 cm, 1 cm = 1 ME, X-Achse: Länge 15 cm, 1 cm = 2 ME
4. a) Stellen Sie die Funktion zu der unter 3. eingetragenen Geraden auf.
   b) Weisen Sie nach, dass es sich bei der grafischen Darstellung aller Güterkombinationen der beiden Güter x1 und x2, die ein Haushalt für eine bestimmte Konsumsumme bei konstanten Güterpreisen kaufen kann, immer um eine Gerade handeln muss.
   c) Welche Steigung hat die Gerade im vorliegenden Fall?
5. Dem Studenten Feierling stiften die folgenden Mengenkombinationen der Güter Nahrungsmittel (x_1) und Freizeitgestaltung (x_2) den gleichen Nutzen.

Nahrung (x_1)	10	7	4	3	2
Freizeitgestaltung (x_2)	9	11	15	20	29

   a) Zeichnen Sie die entsprechende Indifferenzkurve in das unter 3. erstellte Koordinatensystem ein und ermitteln Sie das Haushaltsoptimum.
   b) Beweisen Sie rechnerisch, dass die dem Studenten Feierling wöchentlich verfügbare Konsumsumme von 100 € ausreicht, um die für die Erreichung des Haushaltsoptimums nötigen Gütermengen zu kaufen.

2.4 Indifferenzkurven – Ableitung der Nachfragekurve

1. Welche Ursache hat die in der folgenden Abb. (auf S. 191) dargestellte Veränderung der Budgetgeraden von B_1 bis B_3, wenn die Konsumsumme unverändert geblieben ist?
2. Im Ausgangsfall (B_1) betrug der Preis für das Gut x_1 4,00 € je ME. Wie hoch ist die dem Haushalt zur Verfügung stehende Konsumsumme?
3. Wie hoch war der Preis für das Gut x_2 in der Ausgangssituation?
4. Welche Güterkombination entspricht dem Haushaltsoptimum in der Ausgangssituation?
5. Ermitteln Sie für die veränderten Budgetgeraden B_2 und B_3
   - die Preise der beiden Güter
   - die dem jeweiligen Haushaltsoptimum entsprechenden Gütermengen.

6. Tragen Sie in ein Preis-Mengen-Diagramm die individuelle Nachfragekurve des Haushalts für das Gut x_1 ein.

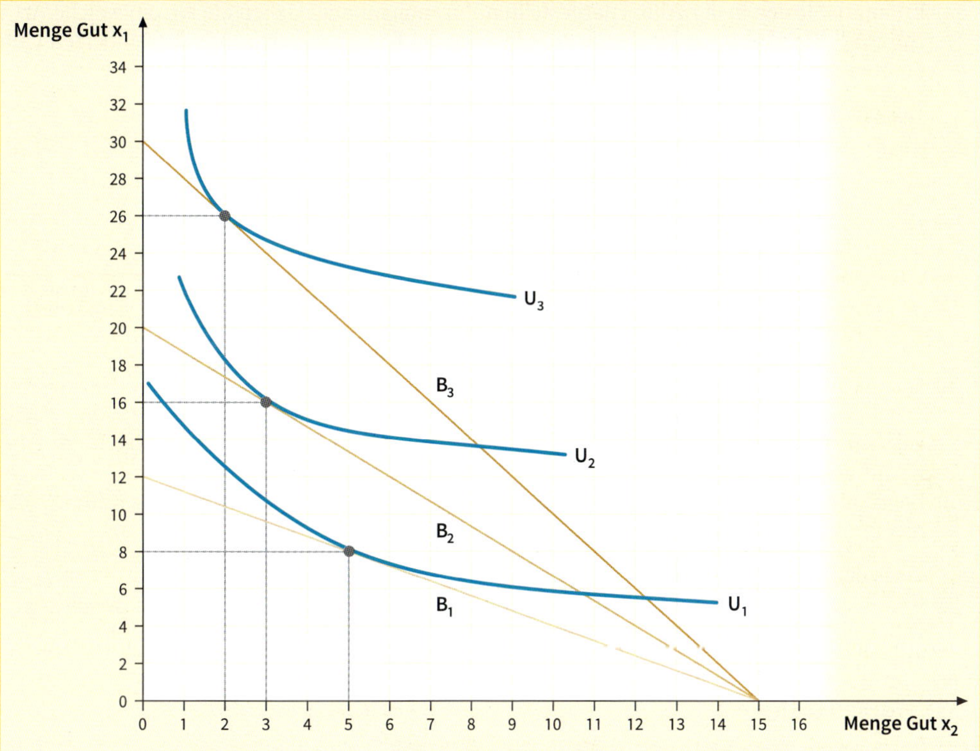

2.5 Individuelle Nachfrage

Ein Haushalt wird im Rahmen einer Marktanalyse über den geplanten Verbrauch von Erfrischungsgetränken in Abhängigkeit vom Preis der Getränke befragt. Die Befragung ergibt folgendes Ergebnis:

Preis je Einheit (p)	10	9	8	7	6	5	4	3	2	1	0
geplante Verbrauchsmengen in einem bestimmten Zeitraum (x^N)	0	1	2	3	4	5	6	7	8	9	10

1. Zeichnen Sie die durch die Befragung ermittelten Preis-Mengen-Kombinationen als Punkte in ein Koordinatensystem ein.
2. Welche Annahmen müssen getroffen werden, wenn die als Punkte dargestellten Preis-Mengen-Kombinationen zu einer stetigen Nachfragekurve (Preis-Konsum-Kurve) verbunden werden sollen?
3. Wie hoch ist im vorliegenden Fall die Sättigungsmenge?
4. Wie hoch ist im vorliegenden Fall der Prohibitivpreis?
5. Als Nachfragefunktion lässt sich der Zusammenhang zwischen Preis und Menge für den vorliegenden Fall wie folgt darstellen: $x^N = -p + 10$
Woran ist bei dieser Nachfragefunktion ersichtlich, dass ihr ein normales Nachfrageverhalten zugrunde liegt?

2.6 Abhängigkeit der Nachfrage von den Preisen anderer Güter und vom Einkommen

1. Einfluss der Preise anderer Güter: Fall 1

a) Erläutern Sie den in der Abb. 1 dargestellten Zusammenhang. Geben Sie an, um welche Art von Gütern es sich bei x_1 und x_2 handelt, indem Sie die Beziehung zwischen diesen beiden Gütern untersuchen.

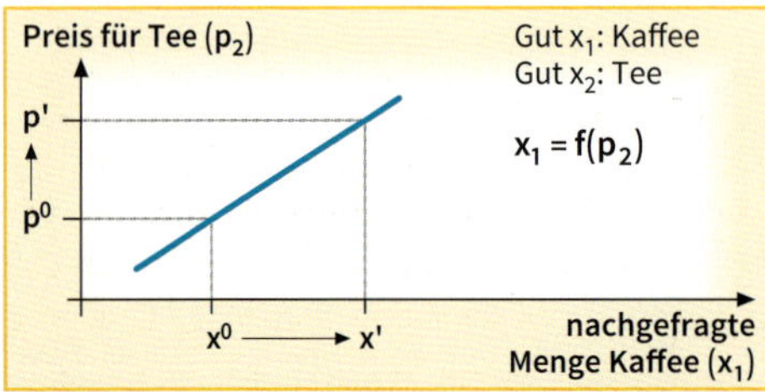

Abb. 1

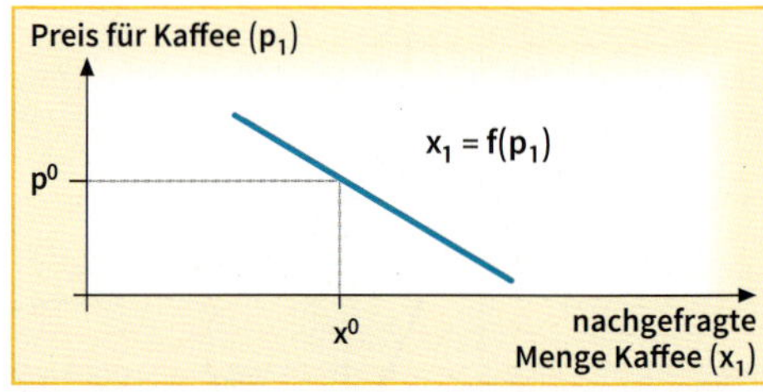

Abb. 2

b) Erläutern Sie den Unterschied zwischen den in Abb. 1 und Abb. 2 dargestellten Nachfragekurven. Geben Sie an, wie sich eine Preiserhöhung für Tee auf die in Abb. 2 dargestellte Nachfragekurve (Preis-Konsum-Kurve) für Kaffee, den Preis für Kaffee sowie die nachgefragte Menge nach Kaffee auswirkt.

c) Begründen Sie, wie sich eine Preissenkung für Tee auf die Nachfragekurve für Kaffee (Abb. 2), den Preis für Kaffee sowie die nachgefragte Menge nach Kaffee auswirkt.

2. Einfluss der Preise anderer Güter: Fall 2

a) Erläutern Sie den in der Abb. 3 dargestellten Zusammenhang. Geben Sie an, um welche Art von Gütern es sich bei x_1 und x_2 handelt, indem Sie die Beziehung zwischen diesen beiden Gütern untersuchen.

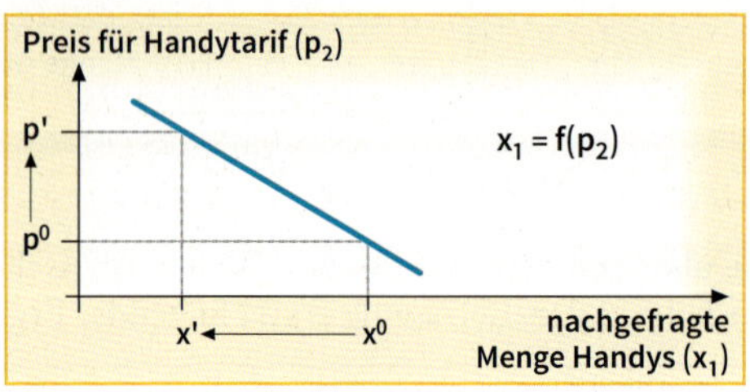

Abb. 3

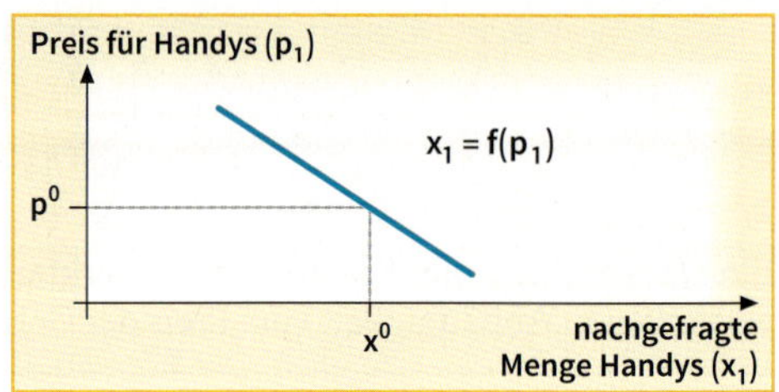

Abb. 4

b) Erläutern Sie den Unterschied zwischen den in Abb. 3 und Abb. 4 dargestellten Nachfragekurven. Geben Sie an, wie sich eine Preiserhöhung für Handytarife auf die in Abb. 4 dargestellte Nachfragekurve für Handys, den Preis für Handys sowie die nachgefragte Menge nach Handys auswirkt.

c) Begründen Sie, wie sich eine Preissenkung für Handytarife auf die Nachfragekurve (Preis-Konsum-Kurve) für Handys (Abb. 4), den Preis für Handys sowie die nachgefragte Menge nach Handys auswirkt.

3. Einfluss der Preise anderer Güter: Fall 3

Erläutern Sie, ob und ggf. wie sich eine Preiserhöhung für Obst (p_2) auf die Nachfragekurven in Abb. 2 und Abb. 4 auswirkt. Geben Sie an, um welche Art von Gütern es sich bei x_1 (Kaffee bzw. Handys) und x_2 (Obst) handelt, indem Sie die Beziehung zwischen diesen Gütern untersuchen.

4. Einfluss von Einkommensveränderungen

a) Erläutern Sie die durch die Nachfragekurven (Einkommens-Konsum-Kurven) in Abb. 5 dargestellten Zusammenhänge. Welche der Kurven gilt für ein

- in allen Einkommensbereichen superiores Gut (Luxusgut),
- ein ab einer bestimmten Einkommenshöhe inferiores Gut (Nicht-Luxusgut),
- superiores Gut, das ab einer bestimmten Einkommenshöhe zum Sättigungsgut wird?

Begründen Sie Ihre Aussage.

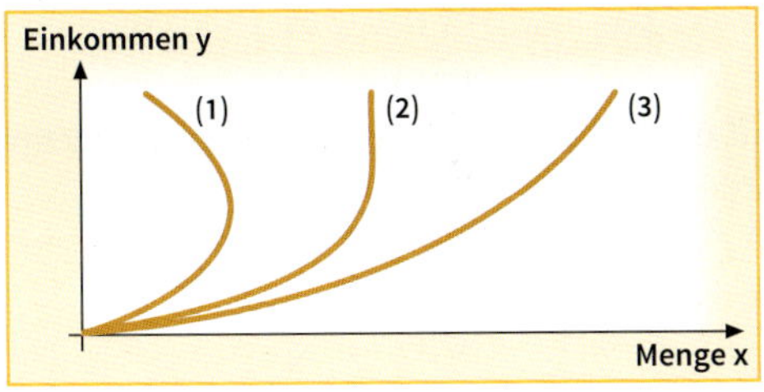

Abb. 5

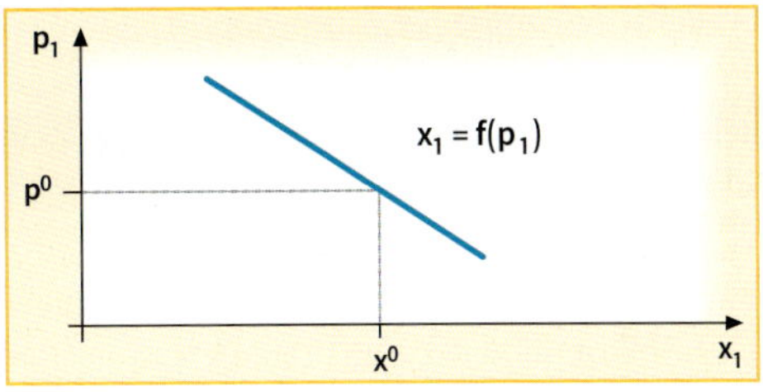

Abb. 6

b) Begründen Sie, wie sich eine Einkommenserhöhung auf die in Abb. 6 dargestellte Nachfragekurve, den Preis sowie die nachgefragte Menge auswirkt, wenn es sich bei dem Gut x_1 jeweils um ein
- superiores Gut
- inferiores Gut
- Sättigungsgut

handelt.

c) Wie würde sich eine Einkommenssenkung in den Fällen von b) jeweils auswirken?

2.7 Gesamtnachfrage (Marktnachfrage)

Es gelten folgende individuelle Nachfragefunktionen der Haushalte A, B und C:
Haushalt A: $x_A = -p + 10$
Haushalt B: $x_B = -2p + 12$
Haushalt C: $x_C = -3p + 12$

1. Ermitteln Sie nach folgendem Muster aus den individuellen Nachfragefunktionen der drei Haushalte die entsprechenden Preis-Mengen-Kombinationen und berechnen Sie die Gesamtnachfrage X^N.

Preis	10	9	8	7	6	5	4	3	2	1	0
x_A											
x_B											
x_C											
X^N											

2. Stellen Sie die drei individuellen Nachfragekurven in drei nebeneinander liegenden Koordinatensystemen dar.
3. Erläutern Sie, worauf die unterschiedlichen Verläufe der Nachfragekurven der drei Haushalte zurückzuführen sein können.
4. Stellen Sie in einem zusätzlichen Koordinatensystem die Gesamtnachfragekurve dar, indem Sie die drei individuellen Nachfragekurven zusammenfassen (= aggregieren).
5. Warum weist die abgeleitete Gesamtnachfragekurve zwei Knicke auf?
6. In der Nachfragetheorie wird häufig von linear verlaufenden Gesamtnachfragekurven ausgegangen. Dazu wird angenommen, dass sehr viele Haushalte mit jeweils unterschiedlichen Nachfragekurven das Gut x nachfragen. Wegen der hohen Zahl der Nachfragekurven sind dann die vielen Knicke so wenig ausgeprägt, dass eine Gesamtnachfragekurve ohne Knicke (= lineare Gesamtnachfragekurve) unterstellt werden kann.

   Angenommen, die unter 4. ermittelte Gesamtnachfragekurve würde linear verlaufen. Der Prohibitivpreis beträgt 10 GE und die Sättigungsmenge 34 ME.

   Wie lautet in diesem Fall die Gesamtnachfragefunktion?

2.8 Veränderung der Gesamtnachfrage (Marktnachfrage) – Substitutionsgüter – Komplementärgüter

Welche der folgenden Faktoren können im Zeitablauf die Verschiebung der Gesamtnachfragekurve für das Gut 1 von N^1 nach N^2 verursacht haben? Begründen Sie Ihre Antwort.

a) Der Preis des Gutes 1 ist gesunken.
b) Für das Gut 1 wurde verstärkt Werbung betrieben.
c) Das Einkommen der Konsumenten ist gestiegen.
d) Preissenkung eines Substitutionsgutes.
e) Preissenkung eines Komplementärgutes.
f) Die Zahl der Konsumenten hat zugenommen.
g) Die Nutzeneinschätzung des Gutes durch die Haushalte hat sich verringert.

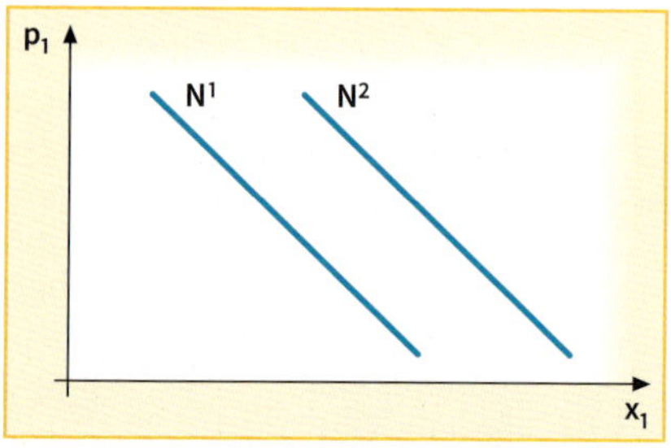

2.9 Direkte Preiselastizität der Nachfrage

Der Vorstand des Fußballclubs SCF möchte die Einnahmen aus dem Verkauf von Sitzplatzkarten für das heimische Stadion erhöhen. Derzeit liegt der Durchschnittspreis für Sitzplatzkarten bei 18,00 €.

Ein Marktforschungsinstitut wird beauftragt, das Zuschauerverhalten der SCF-Anhänger in Abhängigkeit vom Preis für Sitzplatzkarten unter der Annahme zu ermitteln, dass der derzeitige Tabellenplatz im oberen Drittel gefestigt und die attraktive Spielweise der letzten Saison beibehalten werden kann. Das Marktforschungsinstitut kommt zu folgendem Ergebnis:

Durchschnittlicher Preis in €	54,00	48,00	42,00	36,00	30,00	24,00	18,00	12,00	6,00
Zahl der nachgefragten Eintrittskarten	2000	4000	6000	8000	10000	12000	14000	16000	18000

1. Der Vorstand ist unschlüssig, ob er zur Erreichung des Ziels den Eintrittspreis um 6,00 € erhöhen oder senken soll. Welche Entscheidung sollte der Vorstand Ihrer Meinung nach treffen? Begründen Sie, warum es in diesem Fall tatsächlich zu einer Erhöhung der Einnahmen (= Erlöse) kommt.
2. Zeichnen Sie die Nachfragekurve in ein Koordinatensystem ein (siehe Arbeitsblatt) und kennzeichnen Sie die Auswirkungen des von Ihnen unter 1. unterbreiteten Vorschlags auf Preis und Menge.
3. Von einem Vorstandsmitglied wird vorgeschlagen, den Preis auf 30,00 € zu erhöhen. Prüfen Sie die Auswirkungen einer solchen Preiserhöhung und geben Sie an, warum dieser Vorschlag vermutlich abgelehnt wird.
4. Dem Vorstand ist bekannt, dass der ortsansässige Eishockey-Club EHC vor einiger Zeit seine Eintrittspreise für Sitzplätze von zuvor durchschnittlich 12,00 € auf durchschnittlich 18,00 € erhöht hat. Daraufhin sind die Einnahmen des EHC gesunken. Erläutern Sie, warum es trotz gleicher Preiserhöhung zu dieser unterschiedlichen Entwicklung bei SCF und EHC kommen kann. Vergleichen Sie dazu auch die jeweilige Preiserhöhung in Prozent.
5. Die Dauerkarten für die VIP-Lounge im Stadion kosten derzeit 1.200 € pro Saison. Wie würde sich Ihrer Meinung nach eine Preiserhöhung um 6,00 € auf die nachgefragte Menge dieser Dauerkarten auswirken? Erläutern Sie den Unterschied zu den Auswirkungen einer Preiserhöhung von ebenfalls 6,00 € bei den Einzelkarten des SCF (Aufgabe 1) und des EHC (Aufgabe 4). Vergleichen Sie dazu auch die jeweilige Preiserhöhung in Prozent.
6. Nachfragereaktionen bei verschiedenen Gütern und verschiedenen Ausgangspreisen sind nur dann vergleichbar, wenn die **prozentualen** Preisänderungen und die dadurch ausgelösten **prozentualen** Mengenänderungen berücksichtigt werden.
   a) Drücken Sie die Preisveränderung aus Aufgabe 1 und die sich daraus ergebene Mengenänderung jeweils als Prozentzahl aus.
   b) Um wie viel Prozent würde sich in diesem Fall die Menge ändern, wenn sich der Preis lediglich um 1% ändern würde?
7. Eine Zahl, die angibt, um wie viel Prozent sich die nachgefragte Menge ändert, wenn sich der Preis um 1% ändert, wird als **Preiselastizität** (El) bezeichnet. Sie kann wie folgt berechnet werden:

$$El = \frac{\text{Mengenänderung in \%}}{\text{Preisänderung in \%}}$$

a) Vervollständigen Sie die auf der Grundlage des Zuschauerverhaltens der SCF-Anhänger erstellte Tabelle (siehe Arbeitsblatt) und berechnen Sie für die einzelnen Preisänderungen die jeweilige Preiselastizität der Nachfrage.
b) Leiten Sie die allgemeine Formel zur Berechnung der Preiselastizität der Nachfrage her.

8. Welche Entwicklung der Preiselastizität lässt sich feststellen, wenn die Preise für Eintrittskarten ausgehend vom niedrigsten Preis (6,00 €) laufend um 6,00 € erhöht werden?

9. Was sagen die Elastizitätswerte von
   a) 4,
   b) 0,25
   in der vorliegenden Tabelle aus? Formulieren Sie eine allgemeingültige Aussage darüber, was die Preiselastizität der Nachfrage angibt.

10. Welcher Zusammenhang zwischen der Preiselastizität der Nachfrage und der Entwicklung der Einnahmen (= Erlöse) lässt sich feststellen, wenn die Preise für Eintrittskarten ausgehend vom niedrigsten Preis (6,00 €) laufend um 6,00 € erhöht werden?

11. Ist die Preiselastizität größer als eins, liegt eine elastische Nachfrage vor. Bei einer Preiselastizität kleiner als eins wird von einer unelastischen Nachfrage gesprochen. Prüfen Sie anhand dieser Aussage und der vorliegenden Tabelle, wie sich bei einer Preiserhöhung
    a) im elastischen Bereich,
    b) im unelastischen Bereich
    die Einnahmen (= Erlöse) ändern. Worauf ist diese Entwicklung zurückzuführen?

12. Kennzeichnen Sie die unterschiedlichen Elastizitätsbereiche in der unter 1. erstellten Nachfragekurve.

13. Skizzieren Sie die Nachfragekurve für Eintrittskarten des EHC (Aufgabe 4) und kennzeichnen Sie den Elastizitätsbereich, wenn durch die Preiserhöhung um 6,00 € die nachgefragte Menge von 5000 Karten auf 2000 Karten zurückgegangen ist. Begründen Sie mithilfe der Elastizität der Nachfrage, warum sich im vorliegenden Fall die Preiserhöhung beim EHC anders auf die Einnahmen (Erlöse) auswirkt als die gleich hohe Preiserhöhung beim SCF.

14. Es wird behauptet, die Nachfrage sei umso unelastischer, je steiler die Nachfragekurve verläuft.
    a) Bestimmen Sie anhand der zu Aufgabe 2 erstellten Grafik für die Preisänderung von 12,00 € auf 18,00 € und von 36,00 € auf 42,00 € jeweils die Steigung der Nachfragekurve und die Preiselastizität der Nachfrage.
    b) Widerlegen Sie die o.g. Aussage anhand der Ergebnisse von a) und erläutern Sie den Unterschied zwischen der Steigung der Nachfragekurve und der Preiselastizität der Nachfrage.

2.10 Direkte Preiselastizität und Erlösentwicklung

1. Welche Aussagen lassen sich über die Höhe der Nachfrageelastiziät in den Punkten A bis E der Nachfragekurve in Abb. 1 machen?

2. Wie verändert sich die Ausgabensumme der Nachfrager und damit der Erlös der Anbieter in den Fällen a) bis d) der folgenden Tabelle?

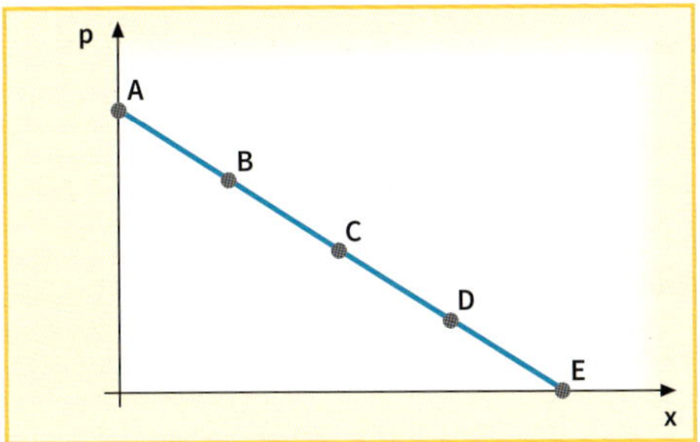

Abb. 1 zu Aufgabe 1

Fall	Direkte Preiselastizität der Nachfrage	Veränderung des Preises
a)	0,6	steigt
b)	1,8	fällt
c)	1,2	steigt
d)	0,8	fällt

Tabelle zu Aufgabe 2

2.11 Elastische und unelastische Reaktion der Nachfrager

Angenommen, die Regierung eines Landes möchte die milcherzeugenden Betriebe in der Landwirtschaft unterstützen, um deren Einkommen zu sichern. Dazu legt sie einen staatlich garantierten Mindestpreis ($p^m = 8$ GE) für Milchprodukte fest, der über dem bisherigen Marktpreis ($p^0 = 6$ GE) liegt *(vgl. Abb. 1 und 2)*. Die Folge ist, dass keine Milchprodukte mehr zu einem niedrigeren Preis als 8 GE verkauft werden dürfen. Zum Marktpreis p^0 wurden bisher 100 Mio. ME Milchprodukte angeboten und nachgefragt. Durch die Preiserhöhung um 2 GE werden die Verbraucher veranlasst, weniger Milchprodukte nachzufragen. Die von ihnen nachgefragte Menge sinkt daher. Trotzdem soll für die Landwirte der Absatz (100 Mio. ME) gleich hoch bleiben. In Höhe der verringerten Verbrauchernachfrage muss die Regierung daher Milchprodukte aufkaufen, einlagern und anderweitig verwerten (z. B. exportieren oder vernichten).

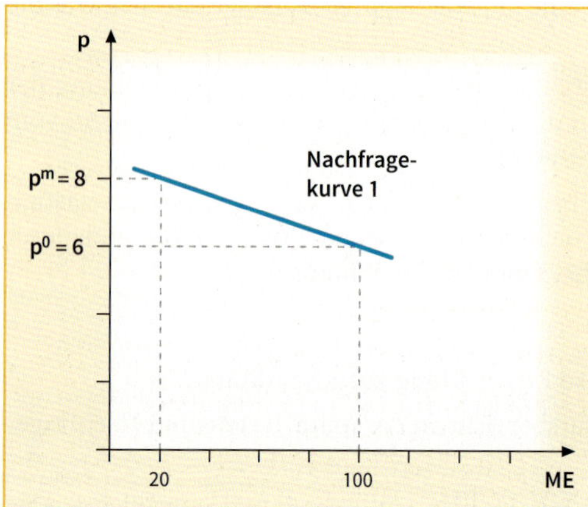

Abb. 1

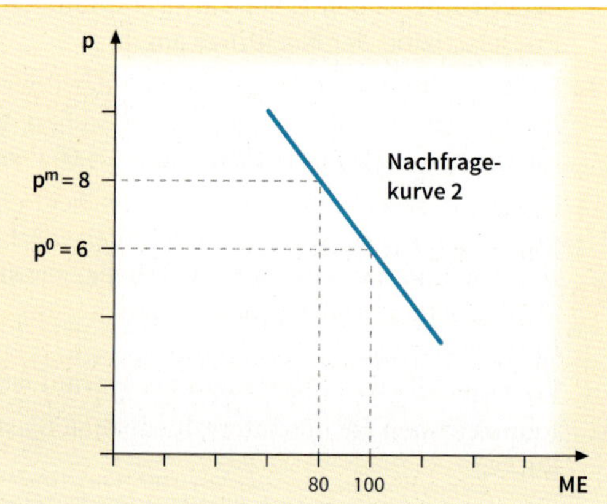

Abb. 2

1. In welchem Umfang (Mio. GE) muss die Regierung zur Stützung des Preises p^m jeweils Finanzmittel für den Aufkauf von Milchprodukten bereitstellen, wenn für die Milchprodukte die Gesamtnachfragekurve 1 (Abb. 1) bzw. 2 (Abb. 2) gilt?
2. Worauf ist die unterschiedliche Belastung des Staatshaushalts durch die Stützungskäufe in den Fällen 1 und 2 zurückzuführen?
3. Berechnen Sie für beide Fälle die Preiselastizität der Nachfrage.

2.12 Verbrauchsteuern – Direkte und indirekte Preiselastizität der Nachfrage

„Die Finanzminister wissen schon seit langer Zeit, dass Zigaretten, alkoholische Getränke und Benzin sehr nützlich sind, um die Steuereinnahmen zu mehren. Die Einführung oder Erhöhung spezieller Verbrauchsteuern auf die verbrauchten Mengeneinheiten dieser Güter erhöht zwar deren Preis, verringert aber kaum die nachgefragte Menge. Für die Finanzminister ist diese Situation angenehm. Sie füllen ihre Kassen, ohne die Gans, die goldene Eier legt, zu schlachten."[1]

1. Welche Aussage lässt sich hinsichtlich der Höhe der Preiselastizität der Nachfrage bei den genannten Gütern treffen?
2. Warum ist die Preiselastizität der Nachfrage bei den genannten Gütern annähernd gleich?
3. Wie ist der in der Übersicht auf S. 180 angegebene Unterschied zwischen Erwachsenen und Jugendlichen bei der Nachfrageelastizität für Tabakwaren zu erklären?
4. Beurteilen Sie, ob
   a) aus gesundheitspolitischer Sicht eine Erhöhung der Tabaksteuer,
   b) aus umweltpolitischer Sicht eine Erhöhung der Mineralölsteuer
   Erfolg versprechend ist.

1 Quelle: Hardes, H. D., Mertes, J., Grundzüge der Volkswirtschaftslehre, 4. Aufl., München: De Gruyter Oldenbourg 1994, S. 132

5. Zur Senkung der mit dem Rauchen verbundenen hohen Krankheitskosten, möchte die Regierung eine Tabaksteuererhöhung für Zigaretten vornehmen, die zu einer Preiserhöhung für Zigaretten von 10% führt. Dadurch soll die Zahl der nachgefragten Zigaretten um mindestens 20% zurückgehen.
   a) Wie hoch müsste die direkte Preiselastizität der Nachfrage mindestens sein, um dieses Ziel mit der vorgenommenen Tabaksteuererhöhung zu erreichen?
   b) Marktforschungsergebnisse zeigen, dass die direkte Preiselastizität der Nachfrage nach Zigaretten in Wirklichkeit 0,8 beträgt. Um wie viel Prozent hätte der Zigarettenpreis steigen müssen, damit das Ziel, den Zigarettenkonsum um 20% zu senken, erreicht wird?
   c) Die Steuer für Tabakverschnitt zum Selbstdrehen von Zigaretten wird nicht erhöht. Aufgrund der 10%-igen Preiserhöhung für Zigaretten nimmt die Nachfrage nach diesem Tabak um 25% zu. Wie hoch ist die indirekte Preiselastizität der Nachfrage für Tabakverschnitt? Welche Rückschlüsse lassen sich aus dem Vorzeichen der indirekten Preiselastizität ziehen?
6. Der Finanzminister eines Landes plant zur Erhöhung der Steuereinnahmen eine Umsatzsteuer von 5% auf den Verkauf von Zucker oder auf den Verkauf von Juwelen einzuführen. Es ist davon auszugehen, dass dadurch der Zucker- bzw. Juwelenpreis um 5% steigen würde. Der Finanzminister untersagt, dass die direkte Preiselastizität der Nachfrage bei Zucker 0,44 und bei Juwelen 2,6 beträgt.

   Welche der beiden Steuern ist ergiebiger?

2.13 Elastizitätsberechnungen – Direkte und indirekte Preiselastizität

1. Ehepaar A ging bisher zweimal monatlich ins Theater. Als aber die Preise für die Theaterkarten von 25,00 € auf 30,00 € erhöht wurden, schränkte Familie A den Theaterbesuch auf eine Vorstellung im Monat ein. Wie hoch ist die direkte Preiselastizität der Nachfrage?
2. Bisher ist Ehepaar A zweimal monatlich ins Kino gegangen. Wegen der Erhöhung der Theaterpreise von 25,00 € auf 30,00 € hat das Ehepaar den Theaterbesuch eingeschränkt und geht stattdessen jetzt dreimal monatlich ins Kino. Wie hoch ist die indirekte Preiselastizität der Nachfrage (Kreuzpreiselastizität)?
3. Nachdem Herr A eine Einkommenserhöhung von 10% erhalten hat, geht das Ehepaar jetzt wieder je zweimal monatlich ins Theater und ins Kino. Welche Einkommenselastizität in Bezug auf Theater- und Kinobesuch liegt vor?

Ich kann …	Bitte ankreuzen		Wenn Nein: Siehe Seite(n) im Buch	Level / Anforderungsniveau
	Ja	Nein		
2.1 Grundlagen der Nachfragetheorie der privaten Haushalte				**Level**
… die Annahmen der privaten Haushalte im Wirtschaftsprozess nennen.			146	1
… das ökonomische Prinzip im Zusammenhang der Nachfragetheorie beschreiben.			146	1
2.2 Arten der Nutzenmessung				**Level**
… den Begriff „Nutzen" im Kontext der Bedürfnisbefriedigung der Privaten Haushalte erklären.			147	2
… die kardinale und die ordinale Nutzenmessung unterscheiden.			147 f.	2
… den Begriff „Präferenzordnung" in eigenen Worten erläutern.			147	2

3 Entscheidungsverhalten der Unternehmer als Anbieter

3.1 Produktionsfunktionen

Lernziele:

Nach der Bearbeitung des Kapitels sind Sie in der Lage, Folgendes zu tun:
Sie ...

- ... beschreiben den Aussagegehalt einer Produktionsfunktion.
- ... unterscheiden zwischen einer ertragsgesetzlichen und einer linear-limitationalen Produktionsfunktion.
- ... stellen den Verlauf der Gesamt-, Durchschnitts- und Grenzertragskurve bei einer ertragsgesetzlichen Produktionsfunktion dar.
- ... erläutern das Ertragsgesetz bzw. das Gesetz vom abnehmenden Grenzertrag.
- ... beschreiben die Eigenschaften limitationaler Produktionsfunktionen.
- ... erklären die Begriffe „Ertragsgebirge“, „Isoquanten“ und „Prozessgerade“.
- ... stellen den Verlauf der Gesamt-, Durchschnitts- und Grenzertragskurve bei einer linear-limitationalen Produktionsfunktion dar.

3.1.1 Überblick

D

Eine Produktionsfunktion beschreibt die Abhängigkeit zwischen der Einsatzmenge an Produktionsfaktoren (Input) und der Produktionsmenge (Output).

Für einen einzelnen Betrieb lässt sich eine solche Produktionsfunktion wie folgt ausdrücken:

F

Produktionsfunktion: $Y = f\,(r_1, r_2, ..., r_n)$

Dabei bedeuten: Y[1] = Ertrag (Produktionsmenge), r_1 r_2, ... r_n = Einsatzmenge der betriebswirtschaftlichen Produktionsfaktoren (z.B. Arbeitskraft, Maschinenleistung, Werkzeuge, Werkstoffe)

Die Fragestellung im Zusammenhang mit der Produktionsfunktion lautet:

D

Wie entwickelt sich die Produktionsmenge, wenn steigende oder fallende Mengen an Produktionsfaktoren eingesetzt werden?

Zur Beantwortung dieser Fragestellung muss zwischen zwei verschiedenen Arten von Produktionsfunktionen unterschieden werden, die aufgrund unterschiedlicher Eigenschaften der eingesetzten Produktionsfaktoren voneinander abweichen.

D

Kann bei der Herstellung von Gütern ein Produktionsfaktor ganz oder teilweise durch einen anderen ersetzt (substituiert) werden, ohne dass dadurch die Produktionsmenge beeinflusst wird, handelt es sich um substitutionale Produktionsfaktoren.

1 Y steht für Yield *(engl.)*: Ertrag, Ernte

D Können bei der Herstellung von Gütern die Produktionsfaktoren nicht gegenseitig ersetzt und daher nur in einem bestimmten Mengenverhältnis zueinander eingesetzt werden, handelt es sich um limitationale Produktionsfaktoren.

Substitutionale Produktionsfunktion (Produktionsfunktion vom Typ A)	Limitationale Produktionsfunktion (Produktionsfunktion vom Typ B)
Eine Produktionsfunktion vom Typ A (substitutionale Produktionsfunktion) liegt vor, wenn eine bestimmte Produktionsmenge mit unterschiedlichen Mengenkombinationen der Produktionsfaktoren hergestellt werden kann. Die Produktionsfaktoren sind in diesem Fall substituierbar.	Eine Produktionsfunktion vom Typ B (limitationale Produktionsfunktion) liegt vor, wenn eine bestimmte Produktionsmenge nur mit einer bestimmten – technisch genau festgelegten – Mengenkombinationen der Produktionsfaktoren hergestellt werden kann. Die Produktionsfaktoren sind nicht substituierbar.
Beispiele	
Bei einem Bauunternehmen kann der Einsatz eines Produktionsfaktors (z. B. Bauarbeiter) verringert und der Einsatz eines anderen Produktionsfaktors (z. B. Kapital: Bagger) erhöht werden, ohne dass sich dadurch die Produktionsmenge ändert.	Bei einem Bauunternehmen ist es nicht sinnvoll, die Zahl der Lkws zu verändern, ohne gleichzeitig auch die Zahl der Lkw-Fahrer zu verändern.

3.1.2 Ertragsgesetzliche Produktionsfunktion (Produktionsfunktion vom Typ A)

Wesentliche Erkenntnisse über die Eigenschaften einer Produktionsfunktion vom Typ A (Substituierbarkeit der Produktionsfaktoren) lassen sich u. a. dadurch gewinnen, wenn zunächst nur die Einsatzmenge eines der Produktionsfaktoren und danach zusätzlich auch die Einsatzmenge eines zweiten Produktionsfaktors verändert wird.

3.1, S. 239

Ertragsgesetz: Änderung der Einsatzmenge eines einzelnen Produktionsfaktors (partielle Faktorvariation)

B Für das folgende Experiment wird angenommen, dass

1. die Produktionsfaktoren substituierbar sind
2. die Einsatzmenge nur eines Produktionsfaktors verändert wird, während die Einsatzmengen aller anderen Produktionsfaktoren unverändert (konstant) bleiben.

Es soll festgestellt werden, wie sich der vermehrte Einsatz des Produktionsfaktors r_1 (Düngemittel) auf den Ertrag (Produktionsmenge) eines landwirtschaftlichen Erzeugnisses auswirkt. Hierzu wird auf 14 verschiedenen Ackerflächen mit gleicher Bodenqualität, gleichem Arbeitseinsatz, gleichem Saatgut und gleicher Bewässerung usw. (= konstante Produktionsfaktoren) produziert. Lediglich die Menge an Düngemitteln wird verändert (= variabler Produktionsfaktor). Es lässt sich bereits vorab vermuten, dass sich durch einen verstärkten Düngemitteleinsatz die Produktionsmenge zunächst erhöhen lässt. Wird der Düngemitteleinsatz aber immer weiter ausgedehnt, wird es zu einer Überdüngung und damit zu abnehmenden Produktionsmengen kommen.

Partielle Faktorvariation			
Mengeneinheiten des variablen Produktionsfaktors r_1 (Dünger)	**Gesamtertrag (Y) in Mengeneinheiten**	**Durchschnittsertrag (y) in Mengeneinheiten $y = Y / r_1$**	**Grenzertrag (Y′) (= Ertragszuwachs durch die letzte zusätzliche verwendete Mengeneinheit des Produktionsfaktors r_1) $Y' = \Delta Y / \Delta r$**
1	2	2	
2	34	17	32
3	90	30	56
4	164	41	74
5	250	50	86
6	342	57	92
7	434	62	92
8	520	65	86
9	594	66	74
10	650	65	56
11	682	62	32
12	682	57	0
13	650	50	- 32
14	574	41	- 76

D Der Gesamtertrag (Y) ist die mit einer bestimmten Faktoreinsatzmenge insgesamt erzeugte Produktionsmenge.

F Der Durchschnittsertrag (y) ist die je Faktoreinsatzmenge durchschnittlich erzielte Produktionsmenge:

$$y = Y/r$$

F Der Grenzertrag ist der zusätzliche Ertrag (Ertragszuwachs), der sich bei einer Erhöhung des Faktoreinsatzes um eine Einheit ergibt.

$$Y' = \Delta Y/\Delta r$$

Die Tabelle und die folgende grafische Darstellung zeigen, dass der Gesamtertrag bei zunehmendem Einsatz des Produktionsfaktors r_1 (Dünger) und Konstanz aller anderen Produktionsfaktoren zunächst überproportional bis zum Wendepunkt und dann unterproportional bis zum Erreichen des Maximums steigt. Danach (hier ab ca. 11,5 ME Dünger) nimmt der Gesamtertrag trotz zunehmenden Einsatzes des Produktionsfaktors ab (Überdüngung). Der Ertragszuwachs (Grenzertrag) ist dann negativ.

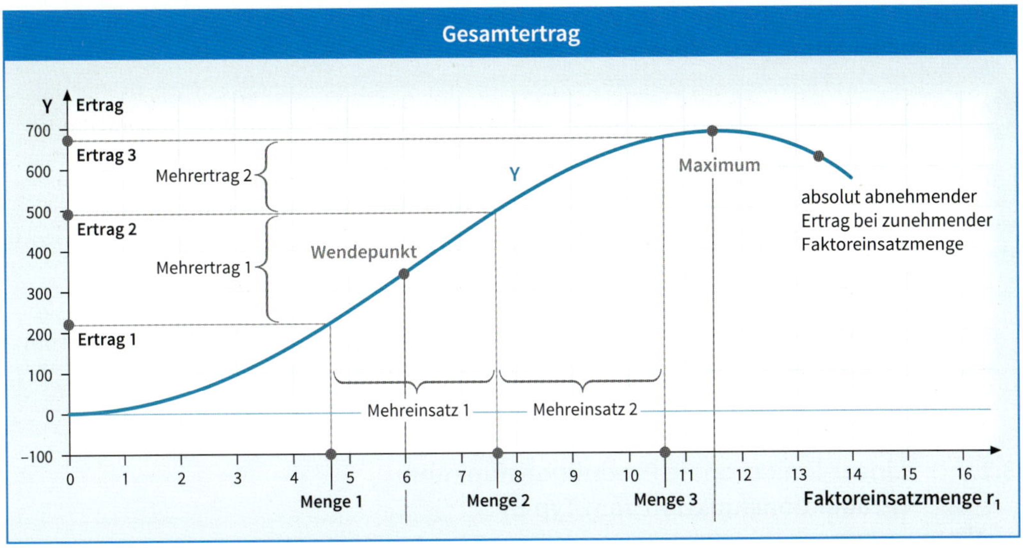

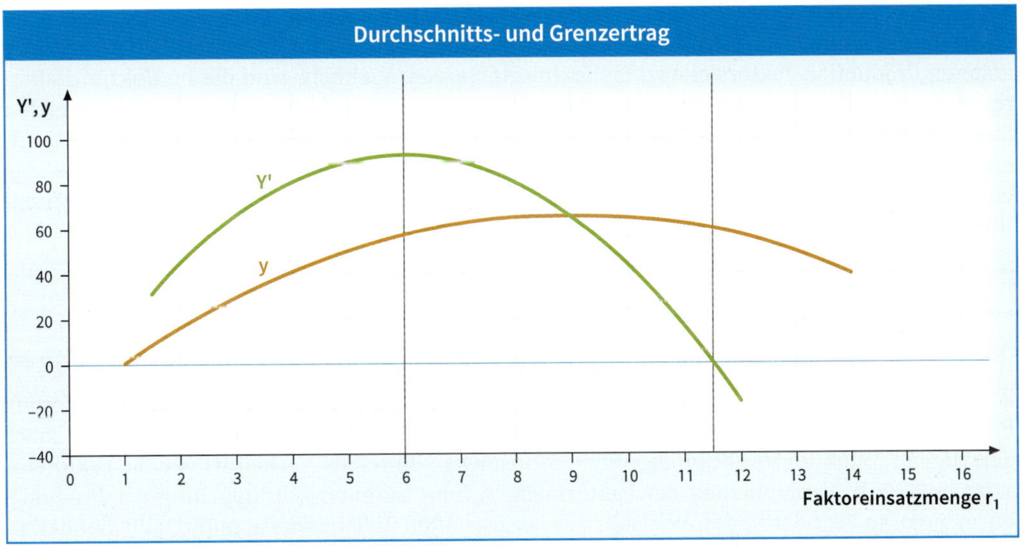

Insgesamt bestehen zwischen Gesamt-, Durchschnitts- und Grenzertrag folgende Zusammenhänge:

Bereiche der Ertragsfunktion vom Typ A				
	Bereich I	**Bereich II**	**Bereich III**	**Bereich IV**
Gesamtertrag Y	überproportional (progressiv) steigend bis Wendepunkt	unterproportional (degressiv) steigend	unterproportional (degressiv) steigend bis Maximum	fallend
Durchschnittsertrag y	steigend (positiv)	steigend (positiv)	fallend (positiv)	fallend (positiv)
Grenzertrag Y′	steigend (positiv	fallend (positiv) Y′ > y	fallend (positiv) Y′ < y	fallend (negativ)

Aus diesen Zusammenhängen lässt sich das sogenannte **Ertragsgesetz** bzw. das **Gesetz vom abnehmendem Ertragszuwachs** wie folgt ableiten:

D Wird die Einsatzmenge eines Produktionsfaktors bei Konstanz der übrigen Produktionsfaktoren erhöht, so steigen die Gesamterträge zunächst überproportional und dann unterproportional bis zum Maximum an. Danach fallen die Gesamterträge (Ertragsgesetz).

D Wird die Einsatzmenge eines Produktionsfaktors bei Konstanz der übrigen Produktionsfaktoren erhöht, so steigen die Grenzerträge zunächst bis zum Maximum. Danach fallen sie und können bei Überbeanspruchung des Produktionsfaktors sogar negativ werden (Gesetz vom abnehmenden Ertragszuwachs, Gesetz vom abnehmenden Grenzertrag).

3.1.3 Linear-limitationale Produktionsfunktion (Produktionsfunktion vom Typ B)

Eigenschaften limitationaler Produktionsfunktionen

3.2, S. 239

Nicht immer können Einsatzmengen eines Produktionsfaktors durch bestimme Mengen eines anderen Produktionsfaktors ersetzt (substituiert) werden. Vielmehr sind die Produktionsfaktoren zuweilen nur in einem technisch bestimmten Mengenverhältnis zueinander einsetzbar (z.B. 1 Bagger und 1 Baggerführer). Eine solche Produktionsfunktion, bei der die Produktionsfaktoren nicht gegenseitig substituierbar sind, sondern jeweils in bestimmten Mindestmengen eingesetzt werden müssen, wird als **limitationale Produktionsfunktion** oder Produktionsfunktion vom Typ B bezeichnet.

D Können sich bei der Herstellung von Gütern die Produktionsfaktoren nicht gegenseitig ersetzen, handelt es sich um limitationale Produktionsfaktoren.

Besteht zwischen den Faktoren ein festes Einsatzverhältnis, liegt eine **linear-limitationale Produktionsfunktion** (= LEONTIEF'sche-Produktionsfunktion[1]) vor. Verändert sich bei einer derartigen Produktionsfunktion die Produktionsmenge im selben Verhältnis wie die Faktoreinsatzmenge (z.B. Verdoppelung der Faktormengen führt zu einer Verdoppelung der Produktionsmenge), so liegt der in den Wirtschaftswissenschaften üblicherweise unterstellte Sonderfall einer **linear-homogenen Produktionsfunktion** vor.

D Bei einer linear-homogenen Produktionsfunktion, die zugleich limitational ist, stehen die Produktionsfaktoren in einem festen Einsatzverhältnis zueinander und die Produktionsmenge verändert sich proportional zur Einsatzmenge der Produktionsfaktoren.

1 Benannt nach Wassily Leontief (1906–1999), in Russland aufgewachsener und später in die USA ausgewanderter Wirtschaftswissenschaftler und Nobelpreisträger (1973).

B Im Lager einer Spedition wird pro Tag in zwei Schichten zu je 8 Stunden gearbeitet. Für die Bedienung eines Gabelstaplers werden daher zwei Gabelstaplerfahrer benötigt. Mit einem Gabelstapler und zwei Fahrern können täglich 400 Paletten verladen werden. Bei einer Verlademenge von 800 Paletten sind somit 2 Gabelstapler und 4 Fahrer nötig. Der Zusammenhang zwischen den eingesetzten Produktionsfaktoren (Input: Fahrer und Gabelstapler) und der Produktionsmenge (Output: Zahl der verladenen Paletten) lässt sich wie folgt darstellen.

Produktionsfaktor Kapital (r_2): Anzahl der Gabelstapler	**Produktionsergebnis (Output): Zahl der verladenen Paletten pro Tag**				
5	400	800	1 200	1 600	2 000
4	400	800	1 200	1 600	1 600
3	400	800	1 200	1 200	1 200
2	400	800	800	800	800
1	400	400	400	400	400
Produktionsfaktor Arbeit (r_1): Anzahl der Fahrer	**2**	**4**	**6**	**8**	**10**

Ein Produktionsergebnis von beispielsweise 1 200 zu verladenen Paletten pro Tag kann zwar mit verschiedenen Faktorkombinationen erreicht werden. Für diese Produktionsmenge ist aber ausschließlich die Kombination von 3 Gabelstaplern mit 6 Fahrern sinnvoll (effizient). Alle anderen Kombinationen sind ineffizient, da einer der beiden Faktoren in höherem Maße als nötig zur Verfügung steht. Bei einer Kombination von 5 Gabelstaplern mit 6 Fahrern können zwei Gabelstapler nicht eingesetzt werden, da die nötigen Fahrer fehlen. Der Faktor Arbeit wirkt sich in diesem Fall als Engpassfaktor aus, der die Produktion begrenzt (limitiert). Der Engpassfaktor wird auch als **limitierender Faktor** bezeichnet.

Ertragsgebirge

In dem Ertragsgebirge, das zu einer solchen limitationalen Produktionsfunktion gehört, lassen sich alle Produktionsmengen (Y), die den effizienten Faktorkombinationen (r_1/r_2) zugeordnet sind, durch einen Strahl aus dem Ursprung verbinden.

Isoquanten

Wird die Darstellung der Einfachheit halber auf ein zweidimensionales Koordinatensystem mit den Achsen r_1 (Arbeit) und r_2 (Kapital) beschränkt, ergibt sich nebenstehendes Bild. Die Isoquanten verlaufen im rechten Winkel parallel zu den Achsen. Da die Produktionsfaktoren im vorliegenden Fall nicht substituierbar sind, sondern in einem technisch vorgegebenen festen Einsatzverhältnis zueinander stehen, führt die Erhöhung der Einsatzmenge eines Produktionsfaktors weder zu einer Verringerung der Einsatzmenge des anderen Produktionsfaktors noch zu

Limitationale Produktionsfunktion

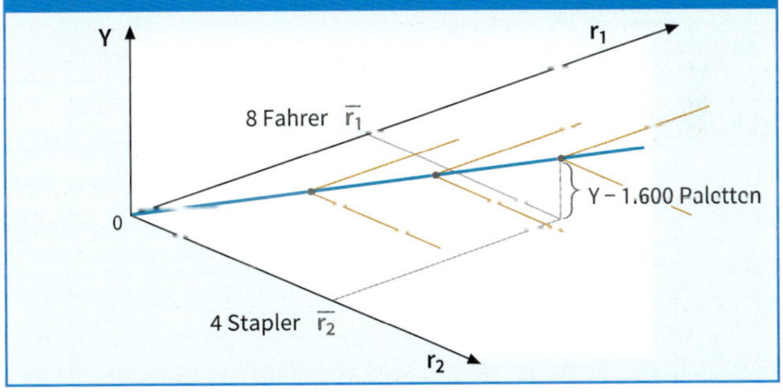

Prozessgerade

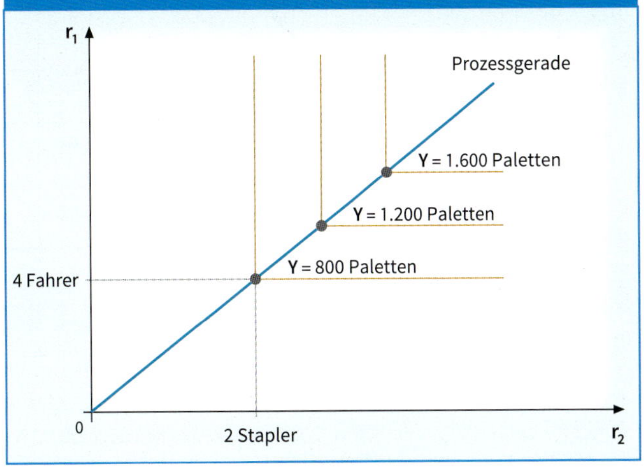

einer höheren Produktionsmenge. Nur wenn beide Produktionsfaktoren gleichzeitig im selben Verhältnis vermehrt eingesetzt werden, kann eine höhere Produktionsmenge und damit eine weiter vom Ursprung liegende Isoquante erreicht werden. Alle Isoquanten weisen nur eine einzige sinnvolle Faktorkombination auf. Werden diese Punkte der verschiedenen Isoquanten miteinander verbunden, ergibt sich eine sogenannte **Prozessgerade**.

D Die Prozessgerade ist der geometrische Ort aller effizienten Mengenkombinationen der Produktionsfaktoren in einem Produktionsprozess.

Ertragskurven

Die Veränderung nur eines Produktionsfaktors ist bei einer linear-limitationalen Produktionsfunktion nicht sinnvoll. Werden dagegen beide Produktionsfaktoren in Form eines Faktorbündels im gleichen Verhältnis verändert, lassen sich folgende Ertragskurven ableiten:

B Ein Faktorbündel besteht aus 2 Fahrern und 1 Gabelstapler (siehe Beispiel oben). Die Zahl der verladenen Paletten (Y) in Abhängigkeit von der Zahl der eingesetzten Faktorbündel (r1/r2) lässt sich wie folgt darstellen.

Zahl der Faktorbündel r bestehend aus 2 Fahrer (r_1) und 1 Stapler (r_2)	Gesamtertrag (= Produktionsmenge: Zahl der Paletten) Y	Durchschnittsertrag (= Zahl der Paletten je Faktorbündel) y = Y/r	Grenzertrag (= Ertragszuwachs durch das letzte zusätzliche eingesetzte Faktorbündel) Y' = ΔY/Δr
1 (2 Fahrer, 1 Stapler)	400	400	
2 (4 Fahrer, 2 Stapler)	800	400	400
3 (6 Fahrer, 3 Stapler)	1 200	400	400
4 (8 Fahrer, 4 Stapler)	1 600	400	400
5 (10 Fahrer, 5 Stapler)	2 000	400	400

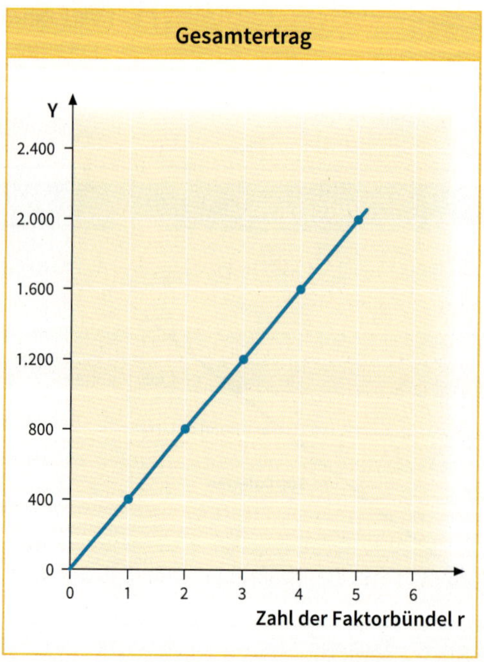

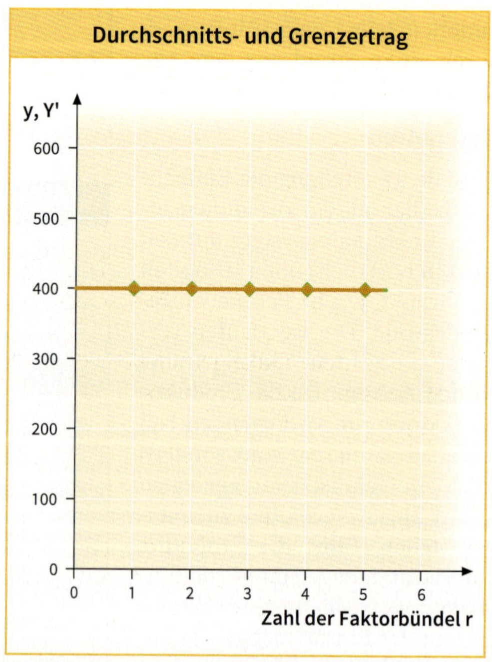

Als Ergebnis lässt sich für den Fall einer limitationalen Produktionsfunktion, die zugleich linear-homogen ist, festhalten:

D Wird die Einsatzmenge beider Produktionsfaktoren im gleichen Verhältnis erhöht, so steigen die Gesamterträge proportional.

D Wird die Einsatzmenge beider Produktionsfaktoren im gleichen Verhältnis erhöht, so sind Durchschnittsertrag und Grenzertrag konstant und gleich groß.

3.2 Kostenfunktionen

Lernziele:

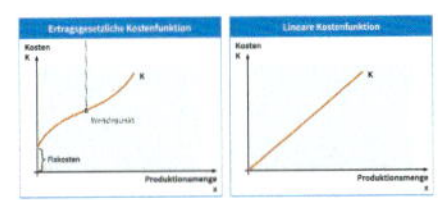

Nach der Bearbeitung des Kapitels sind Sie in der Lage, Folgendes zu tun:

Sie ...

- ... beschreiben den Aussagegehalt einer Kostenfunktion.
- ... erklären die Zusammenhänge zwischen einer Ertrags- und einer Kostenfunktion.
- ... stellen jeweils den Verlauf einer ertragsgesetzlichen und einer linearen Kostenfunktion dar.

D Eine Kostenfunktion beschreibt den Zusammenhang zwischen der Produktionsmenge (Output) und den bei der Produktion entstehenden Gesamtkosten.

F Kostenfunktion: $K = f(x)$

Dabei bedeuten: K = Gesamtkosten, x = Produktionsmenge

Die Fragestellung im Zusammenhang mit der Kostenfunktion lautet:

D Wie entwickeln sich die Gesamtkosten (K), wenn sich die Produktionsmenge (x) verändert?

Mit Hilfe der **Ertragsfunktion** lässt sich bei gegebenen Faktorpreisen die jeweilige **Kostenfunktion** wie folgt ableiten:

Wenn die Faktoreinsatzmengen (r_1, r_2) mit ihren Preisen (q_1, q_2) multipliziert werden, ergeben sich die Produktionskosten K. Es bestehen folgende Zusammenhänge:

F

(1) Die Produktionsmenge (x) wird durch die Höhe der Faktoreinsatzmenge bestimmt.	(2) Die Produktionskosten (K) werden durch die Produktionsmenge (x) bestimmt.
Ertragsfunktion: $x = f(r_1, r_2)$	Kostenfunktion: $K = f(x)$

Bei grafischer Darstellung der beiden Funktionen lässt sich zeigen, dass die **Kostenkurve** unter bestimmten Voraussetzungen das **Spiegelbild** der jeweiligen **Ertragskurve** ist *(siehe Aufgaben 3.1 und 3.2)*.

3.3, S. 239
3.4, S. 240

<table>
<tr><th>Ableitung der Kostenkurve aus einer ertragsgesetzlichen Produktionsfunktion</th><th>Ableitung der Kostenkurve aus einer linear-limitationalen Produktionsfunktion</th></tr>
<tr><td>Für den Fall, dass bei einer ertragsgesetzlichen Produktionsfunktion nur ein Produktionsfaktor variiert und der andere konstant gehalten wird (partielle Faktorvariation) ergibt sich folgender Zusammenhang:</td><td>Für den Fall, dass bei eine linear-limitationalen Produktionsfunktion ein aus einem festen Mengenverhältnis von zwei Produktionsfaktoren bestehendes Faktorbündel variiert wird, ergibt sich folgender Zusammenhang:</td></tr>
<tr><td>Ertragsgesetzliche Produktionsfunktion
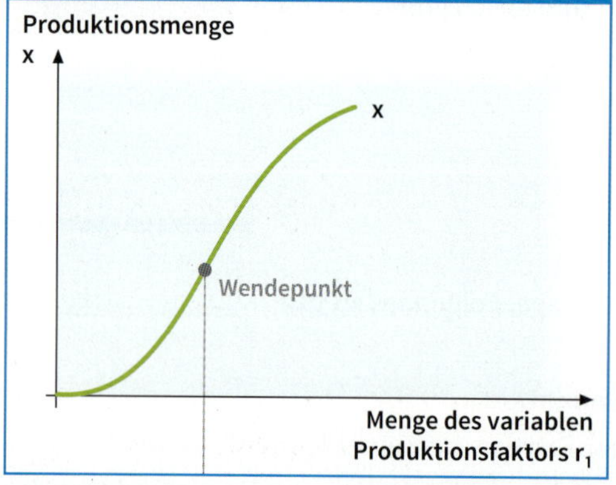
</td><td>Linear-limitationale Produktionsfunktion
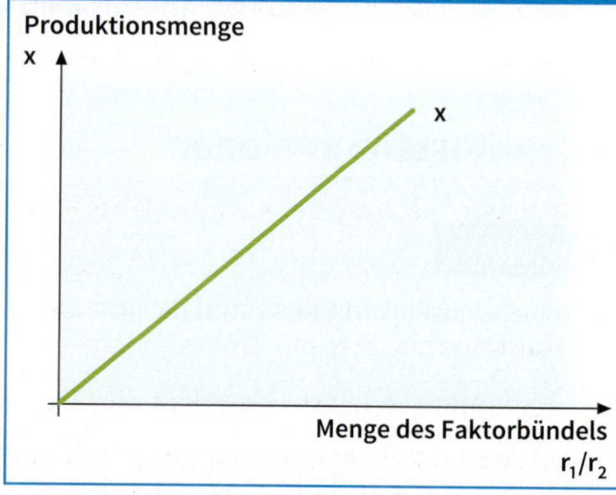
</td></tr>
<tr><td>Ertragsgesetzliche Kostenfunktion
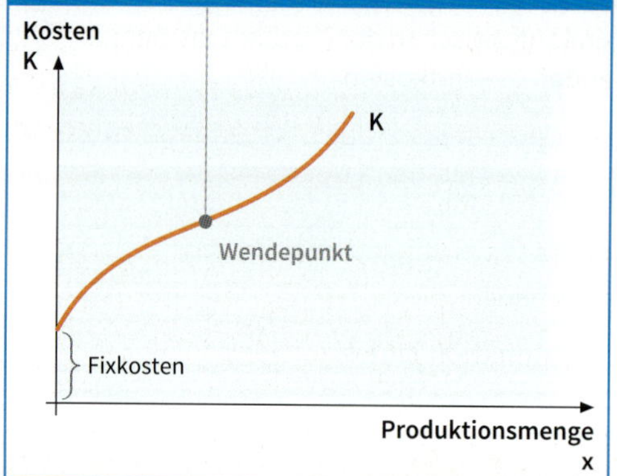
</td><td>Lineare Kostenfunktion
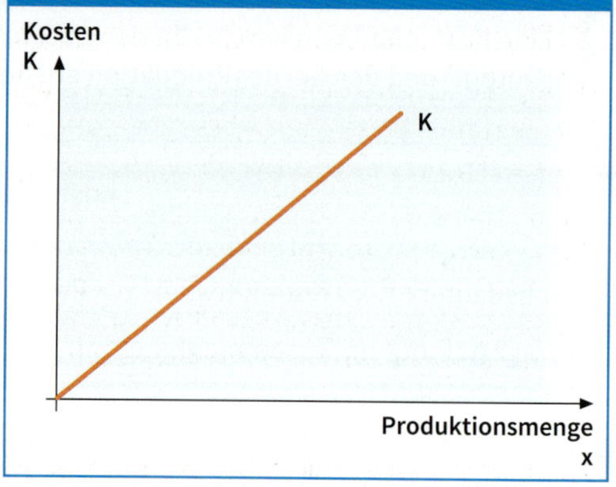
</td></tr>
<tr><td>Die Kostenfunktion verläuft spiegelbildlich zur Ertragsfunktion: Wenn die Produktionsfunktion steigende Ertragszuwächse aufweist (progressiv steigender Verlauf) ergeben sich bei der zugehörigen Kostenfunktion sinkende Kostenzuwächse (degressiv steigender Verlauf) und umgekehrt. Ein solcher Kostenverlauf wird als ertragsgesetzliche Kostenfunktion bezeichnet.</td><td>Bei einer linear-limitationalen Produktionsfunktion ergibt sich eine lineare Gesamtkostenkurve. Werden neben dem aus den beiden Produktionsfaktoren r_1 und r_2 bestehenden Faktorbündel noch weitere Produktionsfaktoren eingesetzt, die aber nicht variiert, sondern konstant gehalten werden, schneidet die Kostenkurve die Y-Achse in Höhe der für diese konstanten Produktionsfaktoren anfallenden Kosten (= Fixkosten).</td></tr>
<tr><td>Eine auf einer ertragsgesetzlichen Produktionsfunktion beruhende Gesamtkostenkurve verläuft spiegelbildlich zur Gesamtertragskurve. Sie hat einen zunächst degressiv und dann progressiv steigenden Verlauf.[1]</td><td>Eine auf einer linear-limitationalen Produktionsfunktion beruhende Gesamtkostenkurve verläuft entsprechend der linearen Gesamtertragskurve ebenfalls linear.</td></tr>
</table>

1 Vielfach wird in diesem Zusammenhang von einem s-förmigen Verlauf der Kostenkurve gesprochen. In Wirklichkeit verläuft aber nicht die Kostenkurve, sondern die dazugehörige Ertragskurve s-förmig.

3.3 Grundannahmen der Angebotstheorie

Lernziele:

Nach der Bearbeitung des Kapitels sind Sie in der Lage, Folgendes zu tun:

Sie ...

- ... nennen die Annahmen (Prämissen) der Angebotstheorie.
- ... nennen das Hauptziel der Unternehmer als Anbieter.
- ... erklären die Begriffe „Mengenanpasser“ und „Preisnehmer“.

Annahmen (Prämissen)

Bei der Untersuchung des Angebotsverhaltens wird von folgenden **Annahmen** (Prämissen) ausgegangen:

B1

(1) Jedes private Unternehmen hat das Ziel, einen höchstmöglichen Gewinn zu erzielen **(Gewinnmaximierung)**.

(2) Das Unternehmen stellt nur ein Gut her **(Einproduktunternehmen)**.

(3) Die produzierte Menge kann auch abgesetzt werden (keine Lagerhaltung).

(4) Auf dem Markt, an dem das Unternehmen anbietet, gibt es viele **Konkurrenten** (Polypol).

(5) Der Markt, an dem das Unternehmen anbietet, ist ein **vollkommener Markt** (homogene Güter, keine Präferenzen, vollständige Markttransparenz).

(6) Aus den Annahmen (4) und (5) ergibt sich: Aufgrund der Vielzahl der Unternehmen ist der **Marktanteil** jedes einzelnen Unternehmens so **gering**, dass es **keinen Einfluss auf den Preis** hat, der sich am Markt ergibt.

B Ein Beispiel, bei dem diese Bedingungen annähernd erfüllt sind, ist der Weizenanbau in den USA. Dort gibt es Zehntausende von Weizenbauern, von denen jeder einzelne nur einen sehr kleinen Prozentsatz der gesamten Weizenernte eines Jahres produziert. Da die Weizenqualität annähernd überall gleich ist, richten sich die Nachfrager ausschließlich nach dem Preis des angebotenen Weizens. Ein einzelner Weizenbauer kann aber mit seinem Preis nicht von dem Preis abweichen, der sich am Markt ergibt und zu dem alle anderen mit ihm konkurrierenden Weizenbauern ihre Produktion verkaufen. Würde nämlich ein Weizenbauer als **Einziger** den **Preis über dem Marktpreis** festlegen, würde er nichts mehr verkaufen können und seinen gesamten Absatz an die Konkurrenten verlieren, die dieses Gut preisgünstiger anbieten. Würde der Weizenbauer hingegen als **Einziger** den **Preis unter dem Marktpreis** festlegen, würde ihm zwar die gesamte zu diesem Preis am Markt herrschende Nachfrage zufallen. Aufgrund seines geringen Marktanteils und seiner begrenzten Produktionskapazitäten könnte er aber die sich auf ihn konzentrierende Gesamtnachfrage nicht befriedigen. Außerdem würde er in diesem Fall nicht seinen Gewinn maximieren (siehe Annahme 1), da er seinen Weizen freiwillig zu einem niedrigeren als dem erzielbaren Marktpreis verkauft.

Daraus folgt: Der **Marktpreis** ist für jedes einzelne Unternehmen ein **Datum** (= unveränderbare Größe). Das einzelne Unternehmen kann seinen Gewinn **nur** durch eine **Veränderung** der **Angebotsmenge**, nicht aber durch eine Veränderung des Preises beeinflussen. Das Unternehmen ist somit **Mengenanpasser** und **Preisnehmer**. Diese Situation entspricht einem Markt mit **vollständiger Konkurrenz** (= Polypol auf dem vollkommenen Markt).

B1

3.4 Bestimmungsfaktoren des Angebots eines einzelnen Unternehmens

Lernziele:

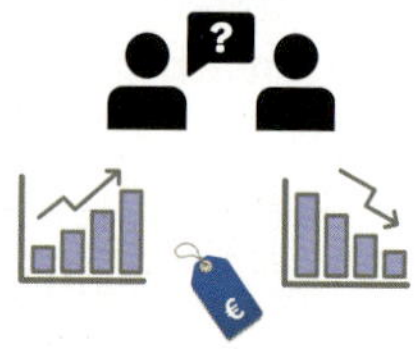

Nach der Bearbeitung des Kapitels sind Sie in der Lage, Folgendes zu tun:

Sie ...

- ... nennen die Bestimmungsfaktoren des individuellen Angebots eines Unternehmens.
- ... unterscheiden zwischen einer allgemeinen und einer speziellen Angebotsfunktion.
- ... erläutern den Zusammenhang zwischen Kosten, Erlösen und Gewinn.
- ... erklären die Ursachen unterschiedlicher Kostenverläufe.

3.4.1 Allgemeine und spezielle Angebotsfunktion eines Unternehmens

Bestimmungsfaktoren des Angebots

Am Beispiel des Angebotsverhaltens eines Brezelbäckers lassen sich u.a. folgende Bestimmungsfaktoren des Angebots ableiten. Dabei wird die angebotene Menge an Brezeln (= Gut 1) mit x_1^A bezeichnet.

- **Preis des Gutes (p_1)**: Wenn der Preis für eine Brezel langfristig auf 0,50 € sinkt, die dem Hersteller entstehenden Kosten für eine Brezel (= Stückkosten) aber bei 0,60 € liegen, müsste dieses Unternehmen langfristig die Produktion einstellen und sich aus dem Markt zurückziehen. Die Angebotsmenge dieses Unternehmens beträgt dann null. Bei jedem Preis, der über den Stückkosten liegt, würde das Unternehmen dagegen seine Angebotsmenge so lange ausdehnen, bis es sein Gewinnmaximum erreicht hat.
- **Kosten der Produktionsfaktoren und Vorprodukte (K_{fix}, k_v)**: Wenn die Einkaufspreise für Rohstoffe und Zutaten (z.B. Teiglinge) oder die Kosten der Produktionsfaktoren (z.B. Löhne) steigen, führt das bei gleich bleibendem Verkaufspreis zu einer Gewinnminderung. Kostenerhöhungen können somit dieselbe Wirkung haben wie sinkende Verkaufspreise. Liegen die Stückkosten über dem Verkaufspreis, entsteht ein Verlust. Das Unternehmen stellt in diesem Fall daher langfristig die Produktion ein.
- **Technologie**: Der Einsatz neuer Technologien (z.B. energiesparende Backvorrichtung) senkt die Produktionskosten, sodass bei unverändertem Preis ein höherer Gewinn entsteht.
- **Erwartungen**: Sind die Absatz- und Gewinnerwartungen des Unternehmens positiv, wird es versuchen, seine Kapazitäten zu erhöhen. Die angebotene Menge steigt in diesem Fall.

Allgemeine Angebotsfunktionen

Der beschriebene Zusammenhang lässt sich als **allgemeine Angebotsfunktion eines einzelnen Produzenten** folgendermaßen darstellen:

F

$$\underbrace{x^A_1}_{\text{angebotene Menge = Wirkung}} = f\underbrace{(p_1, K_{fix}, k_v, \text{technisches Wissen, Erwartungen}, \ldots)}_{\text{Bestimmungsfaktoren = Ursachen}}$$

B 2.5.1

Die Zusammenhänge des Angebotsverhaltens sind jedoch nur sehr schwer zu erkennen, wenn sich mehrere Bestimmungsfaktoren gleichzeitig ändern. Deshalb werden – wie beim Nachfrageverhalten – jeweils nur die Wirkungen **eines** dieser Einflussfaktoren untersucht. Alle anderen Faktoren werden dabei als unverändert (konstant) angenommen (Abstraktion). Unter Anwendung der *Ceteris-paribus*-Bedingung lassen sich auf diese Weise aus der **allgemeinen Angebotsfunktion** eines Unternehmens mehrere **spezielle Angebotsfunktionen** ableiten.

Spezielle Angebotsfunktion

Wird in der Volkswirtschaftslehre von einer Angebotsfunktion (Angebotskurve) gesprochen, so ist üblicherweise damit die **spezielle Angebotsfunktion** gemeint, bei der **nur** die Wirkung des Preises eines Gutes (p_1) auf die angebotene Menge dieses Gutes (x_1) untersucht wird:

F

$$x_1 = f(p_1)$$

Der Preis ist dabei die **einzige** Ursache. Für alle übrigen Einflussgrößen wird unter Anwendung der Ceteris-paribus-Bedingung angenommen, dass sie unverändert bleiben.

3.4.2 Einfluss von Preis und Kosten auf die Angebotsmenge

Da private Unternehmen das Ziel der **Gewinnmaximierung** verfolgen, entspricht ihre **Angebotsmenge** derjenigen Produktionsmenge, bei der unter Beachtung des vom Markt vorgegebenen Preises der höchstmögliche Gewinn erzielt wird. Es muss daher zunächst geklärt werden, bei welcher Produktionsmenge ein Unternehmen bei gegebenem Preis sein **Gewinnmaximum** erreicht (= **optimaler Produktionsplan**).

Erlös, Kosten und Gewinn

Der **Gewinn** (G) eines Unternehmens ergibt sich aus der Differenz zwischen dem **Erlös** (E) und den bei der Produktion entstandenen **Kosten** (K)

F

$$\text{Gewinn} = \text{Erlös} - \text{Kosten}$$
$$G = E - K$$

Der **Erlös** (E) ergibt sich aus der Multiplikation des für eine Einheit des Gutes erzielten Preises (p) mit der zu diesem Preis abgesetzten Menge (x).

F

$$\text{Erlös} = \text{Absatzpreis je Stück} \cdot \text{Absatzmenge}$$
$$E = p \cdot x$$

Entsprechend den Annahmen der Angebotstheorie kann ein einzelnes Unternehmen aufgrund der Konkurrenzverhältnisse den Marktpreis (p) nicht beeinflussen *(siehe Annahme Nr. 6 auf S. 207)* und muss ihn als gegebene (konstante) Größe akzeptieren (Preisnehmer). Folglich kann das Unternehmen den Erlös (E) nur dadurch beeinflussen, indem es seine Produktionsmenge (x) verändert (Mengenanpasser). Die auf der **Erlösfunktion E = p · x** beruhende **Erlöskurve** hat daher in diesem Fall einen **linearen Verlauf** in Form einer Geraden aus dem Ursprung mit der **Steigung p** *(vgl. Abb. S. 213)*.

Kostenbegriffe und Kostenfunktionen

Die **Gesamtkosten** (K_g) setzen sich aus fixen und variablen Kosten zusammen. **Fixe Kosten** (K_f) ändern sich bei einer Änderung der Produktionsmenge nicht (z. B. Pacht für Betriebsgebäude, Abschreibung auf Maschinen). **Variable Kosten** ändern sich dagegen mit einer Änderung der

Produktionsmenge (z. B. Energieverbrauch einer Maschine, Materialverbrauch). Die **gesamten variablen Kosten** (K_v) ergeben sich aus der Multiplikation der **variablen Kosten je Stück** (k_v) mit der **Produktionsmenge** (x).

F

Gesamtkosten = fixe Kosten + variable Kosten je Stück · Produktionsmenge

$$K_g = K_f + k_v \cdot x$$

Unterschiedliche Kostenverläufe

In Abhängigkeit davon, ob und wie sich die **variablen Kosten je Stück** (k_v) bei einer Änderung der Produktionsmenge ändern, können folgende Fälle unterschieden werden *(vgl. Tab. unten und Abb. S. 211)*:

1. Die variablen Kosten je Stück (k_v) bleiben bei einer Veränderung der Produktionsmenge konstant (z. B. gleich bleibende Stückpreise für benötigte Rohstoffe). Die gesamten variablen Kosten (K_v) erhöhen sich in diesem Fall **proportional** zur steigenden Produktionsmenge. Daraus ergibt sich ein **linearer Verlauf** der Kurve der gesamten variablen Kosten (K_v) und der Gesamtkostenkurve (K_g).
2. Die variablen Kosten je Stück (k_v) sinken bei zunehmender Produktionsmenge (z. B. sinkende Stückpreise für die benötigten Rohstoffe aufgrund von Mengenrabatten). Die gesamten variablen Kosten (K_v) erhöhen sich in diesem Fall **unterproportional** zur steigenden Produktionsmenge. Daraus ergibt sich ein **degressiv steigender** Verlauf der Kurve der gesamten variablen Kosten (K_v) und der Gesamtkostenkurve (K_g).
3. Die variablen Kosten je Stück (k_v) steigen bei zunehmender Produktionsmenge (z. B. höhere Energiekosten bei höherer Drehzahl von Motoren). Die gesamten variablen Kosten (K_v) erhöhen sich in diesem Fall **überproportional** zur steigenden Produktionsmenge. Daraus ergibt sich ein **progressiv steigender** Verlauf der Kurve der gesamten variablen Kosten (K_v) und der Gesamtkostenkurve (K_g).
4. Die variablen Kosten je Stück (k_v) sinken zunächst bei zunehmender Produktionsmenge (siehe Fall 2), sodass die gesamten variablen Kosten (K_v) zunächst **unterproportional** steigen. Ab einer bestimmten Produktionsmenge steigen jedoch die variablen Kosten je Stück (k_v) bei zunehmender Produktionsmenge (siehe Fall 3), sodass die gesamten variablen Kosten (K_v) ab dieser Produktionsmenge **überproportional** steigen. Daraus ergibt sich ein **s-förmiger Verlauf** der Kurve der gesamten variablen Kosten (K_v) und der Gesamtkostenkurve (K_g).

Kostenverläufe für unterschiedliche Veränderungen der variablen Kosten bei Erhöhung der Produktionsmenge

Produktionsmenge (Stück)	Variable Kosten in €							
	Fall 1 proportionale Kosten		Fall 2 unterproportionale Kosten		Fall 3 überproportionale Kosten		Fall 4 zunächst unter-, dann überproportionale Kosten	
	je Stück k_v	Gesamt $K_v = K_g$	je Stück k_v	Gesamt $K_v = K_g$	je Stück k_v	Gesamt $K_v = K_g$	je Stück k_v	Gesamt $K_v = K_g$
0	–	0	–	0	–	0	–	0
100	20,00	2.000	16	1.600	22	2.200	60	6.000
200	20,00	4.000	12	2.400	25	5.000	40	8.000
300	20,00	6.000	10	3.000	30	9.000	40	12.000
400	20,00	8.000	8	3.200	38	15.200	55	22.000

Da die fixen Kosten (Kf) unberücksichtigt bleiben, sind die gesamten variablen Kosten (Kv) ausnahmsweise gleich den Gesamtkosten (Kg). Fall 4 stellt eine Kombination der Fälle 2 und 3 dar.

Verläufe der variablen Kosten

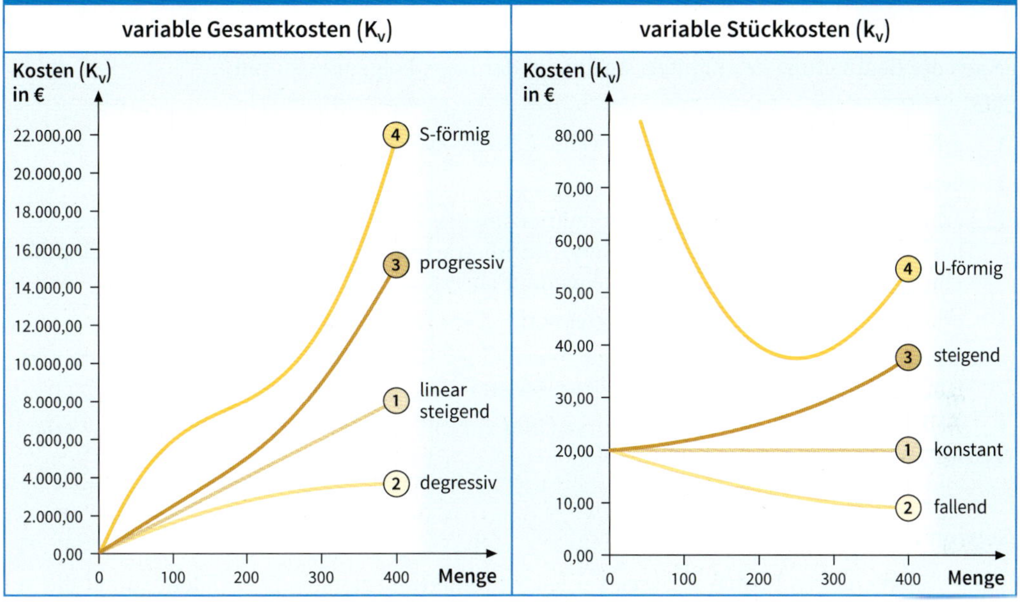

In Abhängigkeit davon, wie sich die variablen Kosten bei einer Änderung der Produktionsmenge jeweils entwickeln, lassen sich für die **Bestimmung des Gewinnmaximums** folgende beiden Fälle unterscheiden: linearer Verlauf der Gesamtkosten und nicht-linearer Verlauf der Gesamtkosten.

3.5 Gewinnmaximum und Angebotsverhalten eines Unternehmens bei linearem Verlauf der Gesamtkostenkurve

Lernziele:

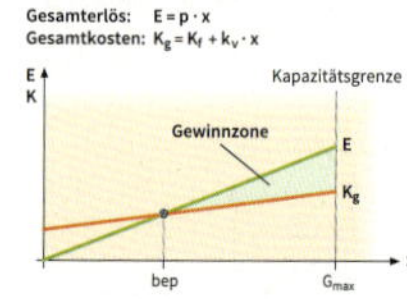

Nach der Bearbeitung des Kapitels sind Sie in der Lage, Folgendes zu tun:
Sie ...

- ... erläutern den Begriff „Gewinnschwelle" („Break-even-point").
- ... berechnen die Gewinnschwelle.
- ... ermitteln die gewinnmaximale Produktionsmenge eines Unternehmens bei linearem Verlauf der Gesamtkosten in Gesamt- und Stückbetrachtung und leiten daraus die Gewinnmaximierungsregel bei linearem Kostenverlauf ab.
- ... erklären den Begriff „Fixkostendegression" („Gesetz der Massenproduktion").
- ... erläutern die langfristige Preisuntergrenze eines Unternehmens bei linearem Kostenverlauf.
- ... stellen den Verlauf der Angebotskurve eines einzelnen Unternehmens bei linearem Verlauf der Gesamtkosten dar.

Gewinnschwelle

Bleiben die variablen Kosten je Stück bei jeder Produktionsmenge unverändert, so hat die auf der **Kostenfunktion** $\mathbf{K = K_f + k_v \cdot x}$ beruhende **Gesamtkostenkurve** einen linearen Verlauf *(vgl. Abb. S. 213 oben).*

D Die Produktionsmenge, bei der Erlös und Kosten gleich groß sind und der Gewinn demzufolge null ist, wird als Gewinnschwelle (Break-even-Point) bezeichnet.

3.5, S. 241

Je weiter die Produktionsmenge über die Gewinnschwelle hinaus ausgedehnt wird, desto mehr steigt der Gewinn, da die Differenz aus Erlösen und Kosten immer größer wird.

F **Berechnung der Gewinnschwelle**

Die Gewinnschwelle liegt bei derjenigen Produktionsmenge, bei der sich Erlöskurve und Kostenkurve schneiden (E = K). Rechnerisch lässt sich diese Menge wie folgt ermitteln:

$$\begin{aligned} E &= K \\ p \cdot x &= K_f + k_v \cdot x \\ x \cdot (p - k_v) &= K_f \\ x &= \frac{K_f}{p - k_v} \end{aligned}$$

Kapazitätsgrenze – Gewinnmaximum

B Für die Herstellung von Butterbrezeln in Arnos Brezelbäckerei gelten folgende Daten:

Preis je Brezel	maximale Produktionsmenge	Fixkosten (K_f)	variable Stückkosten (k_v)
1,00 €	1000 Stück pro Tag	150 € pro Tag	konstant 0,50 €

Daraus ergeben sich die in den folgenden Abbildungen dargestellten Zusammenhänge. Im vorliegenden Fall liegt die **Kapazitätsgrenze** bei 1 000 Stück. Für diese Produktionsmenge lassen sich folgende Größen ermitteln:

Gesamtgrößen	Stückgrößen
Erlös: $E = p \cdot x$ $E = 1{,}00\ € \cdot 1\,000$ Stück $= 1.000\ €$	Preis: $p = 1{,}00\ €$
Gesamtkosten: $K_g = K_f + k_v \cdot x$ $Kg = 150\ € + 0{,}50\ € \cdot 1\,000$ Stück $= 650\ €$	Stückkosten: $k_g = \frac{K_f}{x} + k_v$ $kg = 150\ €/1\,000$ Stück $+ 0{,}50\ € = 0{,}65\ €$
Gesamtgewinn: $G = E - K$ $G = 1.000\ € - 650\ € = 350\ €$	Stückgewinn: $g = p - k$ $g = 1{,}00\ € - 0{,}65\ € = 0{,}35\ €$

D Bei linearem Verlauf der Gesamterlös- und der Gesamtkostenkurve liegt das Gewinnmaximum immer bei der größtmöglichen Produktionsmenge (Kapazitätsgrenze).

Linearer Verlauf der Gesamterlös- und der Gesamtkostenkurve

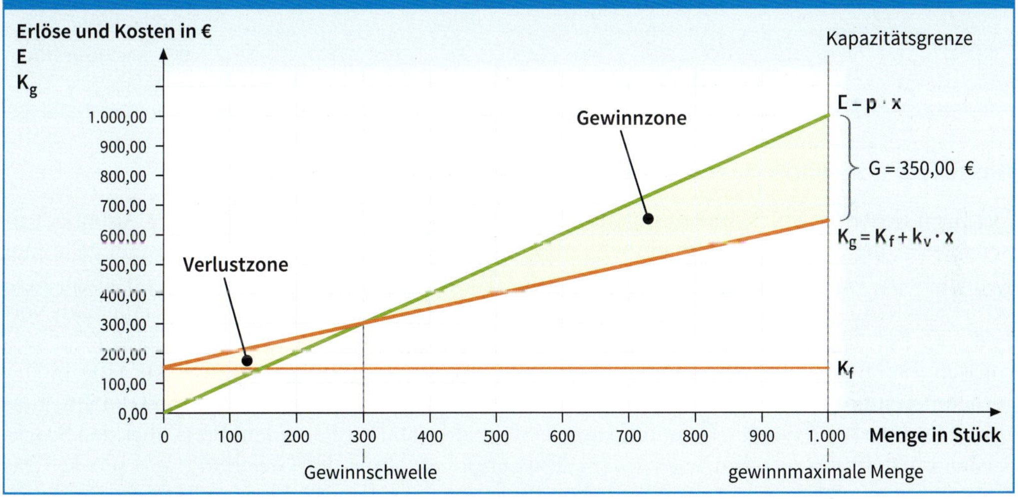

Diese Zusammenhänge lassen sich auch anhand von **Stückerlös** und **Stückkosten** verdeutlichen. Dazu müssen Gesamterlös (E) und Gesamtkosten (K_g) durch die Produktions- und Absatzmenge (x) geteilt werden. Der Erlös je Stück (e) ist identisch mit dem Preis (p).

Stückbetrachtung

F

$$\text{Stückerlös} = \frac{\text{Gesamterlös (E)}}{\text{Absatzmenge (x)}} = \frac{\text{Stückpreis (p)} \cdot \text{Absatzmenge (x)}}{\text{Absatzmenge (x)}} = \text{Stückpreis (p)}$$

Grafisch dargestellt entspricht das einer Parallelen zur Mengenachse im Abstand p. Die Gesamtkosten je Stück (k_g) sind die auf eine Produktionseinheit entfallenden Kosten **(Stückkosten)**. Sie setzen sich zusammen aus den fixen Kosten je Stück ($k_f = K_f/x$) und den variablen Kosten je Stück (k_v).

F

$$\text{Gesamtkosten je Stück (Stückkosten) } k_g = \frac{\text{Gesamtkosten } (K_g)}{\text{Produktionsmenge } (x)} = \frac{K_f + k_v \cdot x}{(x)} = \frac{\text{fixe Kosten } (K_f)}{\text{Produktionsmenge } (x)} + \text{variable Stückkosten } (k_v)$$

Stückerlös und Gesamtkosten je Stück

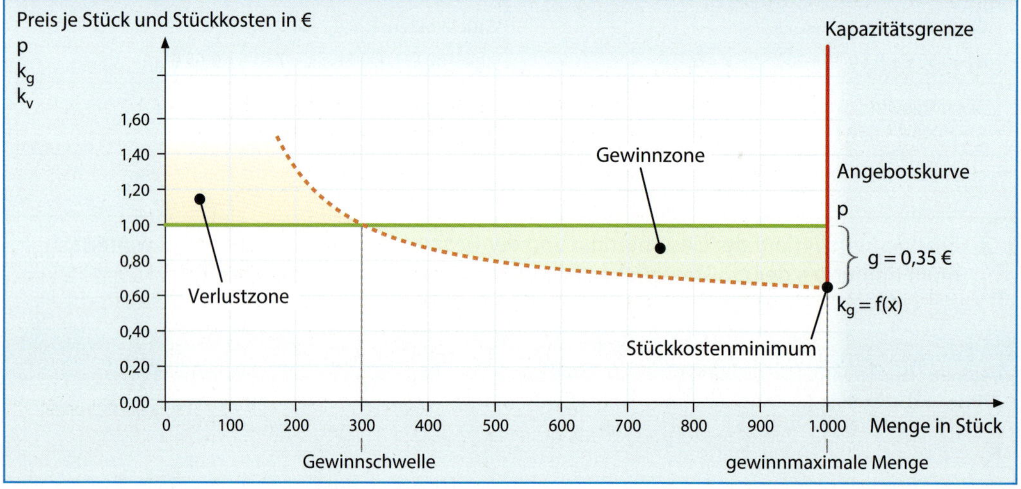

Gesetz der Massenproduktion – Preisuntergrenze

Die fixen Kosten je Stück sinken mit zunehmender Produktionsmenge (x), da der Anteil der fixen Kosten, der auf eine Mengeneinheit entfällt, bei Ausdehnung der Produktionsmenge immer kleiner wird **(Fixkostendegression, Gesetz der Massenproduktion)**. Wenn die variablen Kosten je Stück (k_v) unverändert bleiben, hat die Stückkostenkurve (k_g) einen stetig fallenden Verlauf *(vgl. Abb. oben)*. Da langfristig sowohl die fixen als auch die variablen Kosten gedeckt sein müssen, stellen die **Gesamtkosten je Stück** die **langfristige Preisuntergrenze** dar. Für ein Unternehmen lohnt sich langfristig die Produktion nur dann, wenn der Verkaufspreis je Stück (p) mindestens so hoch wie die Gesamtkosten je Stück (k_g) ist. Nur bei einem Preis über den Stückkosten entsteht ein Gewinn je Stück (g). Dies ergibt sich aus der Gleichung: $\mathbf{g = p - k_g}$. Das Unternehmen wird in diesem Fall bei jedem Preis, der über den Stückkosten liegt, die Produktion bis zur **Kapazitätsgrenze** ausdehnen, weil bei dieser Produktionsmenge der höchstmögliche Gewinn erzielt wird **(Gewinnmaximum)**. Bei der **Kapazitätsgrenze** erreichen die **Stückkosten** ihr **Minimum**.

D

Bei linearem Verlauf der Erlös- und Kostenkurve gilt:
- Ist der Preis niedriger als die Stückkosten, die sich an der Kapazitätsgrenze ergeben, stellt das Unternehmen die Produktion langfristig ein. Die Angebotsmenge beträgt dann null.
- Zu jedem Preis, der mindestens die Stückkosten deckt, die sich an der Kapazitätsgrenze ergeben, bietet das Unternehmen die bei der Kapazitätsgrenze liegende gewinnmaximale Menge an.

Individuelle Angebotskurve

Ob ein Unternehmen als Anbieter auftritt, hängt somit davon ab, ob der **Preis** unter den sich an der Kapazitätsgrenze ergebenden **Stückkosten** liegt oder nicht. **Wie viel** ein Unternehmen anbietet, wenn der Preis den Stückkosten entspricht[1] oder darüber liegt, hängt von seiner **Kapazitätsgrenze** ab. Für ein solches Unternehmen wird somit der Verlauf der **Angebotskurve**, die zeigt, wie viele Mengeneinheiten des Gutes das Unternehmen bei unterschiedlichen Preisen anbieten würde, einerseits von der Differenz zwischen **Stückkosten** und **Preis** und andererseits von der **Kapazitätsgrenze** bestimmt *(vgl. Abb. S. 214).*

D Bei linearem Verlauf der Erlös- und Kostenkurve gilt:
Die Angebotskurve des Unternehmens beginnt in Höhe der Stückkosten an der Kapazitätsgrenze (= Minimum der Stückkosten) und verläuft von dort aus senkrecht nach oben. Das Angebot ist also vollkommen unelastisch.

Ob ein Unternehmen allerdings seinen Produktionsplan verwirklichen und die **geplanten Angebotsmengen** tatsächlich produziert und absetzt, hängt u.a. davon ab, ob zu dem jeweiligen Preis überhaupt entsprechende Mengen nachgefragt werden.

B 2.5.2

Gesamtangebot bei linearem Verlauf der Gesamtkostenkurve

Werden die bei unterschiedlichen Preisen von den einzelnen Produzenten angebotenen Mengen für ein Gut addiert, ergibt sich das **Gesamtangebot** (Marktangebot) für dieses Gut.

B Für fünf Anbieter von Butterbrezeln liegen folgende Daten vor:

	Bäckerei A	Bäckerei B	Bäckerei C	Bäckerei D	Bäckerei E
Maximale Produktionsmenge pro Tag in Stück	1 000	1 000	1 000	1 000	1 000
Fixkosten (K_f) pro Tag in €	150	300	200	300	400
variable Stückkosten (k_v) in €	0,45	0,50	0,80	0,90	1,00
Gesamtkosten je Stück (k)	0,60	0,80	1,00	1,20	1,40

3.6, S. 241

3.7, S. 242

Bei einem Preis für Butterbrezel von 1,00 € bieten langfristig nur die Betriebe A, B und C an. Bei diesen Betrieben sind die Stückkosten an der Kapazitätsgrenze nicht höher als der Preis. Die Betriebe D und E scheidet dagegen aus dem Markt aus, weil sie einen Verlust erwirtschaftet. Betrieb A hat mit 0,60 € die geringsten Stückkosten. Wenn der Preis unter 0,60 € sinkt, wird das Produkt langfristig von keinem der fünf Betriebe angeboten.

Ein Anbieter, dessen Stückkosten durch den Preis gerade noch gedeckt sind und der somit weder Gewinn noch Verlust erzielt, wird als **Grenzanbieter** bezeichnet. Das trifft hier bei einem Preis von 1,00 € für einen Butterbrezel für Anbieter C zu.

Bei einer Preissenkung stellen die jeweiligen Grenzbetriebe als Erste ihre Produktion ein, weil der niedrigere Preis zur Deckung der Stückkosten nicht mehr ausreicht. Sinkende Preise führen also dazu, dass nach und nach diejenigen Anbieter aus dem Markt ausscheiden, deren Stückkosten höher als der Preis sind. Durch das Ausscheiden dieser Anbieter sinkt die angebotene Menge.

1 Bei einem Preis, der genau den Stückkosten entspricht, ist der Stückgewinn null. Auch, wenn ein solches Unternehmen keinen Gewinn erzielt, ist es trotzdem existenzfähig, weil in die Stückkosten auch Unternehmerlohn und Eigenkapitalverzinsung eingerechnet sind. Da ein solches Unternehmen bei der geringsten Preissenkung Verluste erleiden und langfristig seine Produktion einstellen würde, wird es auch als Grenzanbieter bezeichnet.

Bei steigendem Preis bieten dagegen auch die Unternehmen an, deren Stückkosten bei niedrigeren Preisen nicht gedeckt sind. Außerdem dehnen die bisherigen Anbieter möglicherweise ihre Produktionskapazitäten aus. Durch die zunehmende Zahl der Anbieter und die Kapazitätserweiterungen erhöht sich bei steigendem Preis gleichzeitig auch die angebotene Menge.

Die Angebotsfunktion beschreibt die Abhängigkeit der Angebotsmenge vom Preis des Gutes. Die folgende Tabelle gibt die individuellen Angebotsfunktionen der Bäckereien A, B, C, D und E wieder.

Preis in €	Angebotsmenge für Butterbrezel in Stück					
	Bäckerei A	Bäckerei B	Bäckerei C	Bäckerei D	Bäckerei E	Gesamtangebot
0,20	0	0	0	0	0	0
0,40	0	0	0	0	0	0
0,60	1 000	0	0	0	0	1 000
0,80	1 000	1 000	0	0	0	2 000
1,00	1 000	1 000	1 000	0	0	3 000
1,20	1 000	1 000	1 000	1 000	0	4 000
1,40	1 000	1 000	1 000	1 000	1 000	5 000

Werden die Preis-Mengen-Kombinationen der Tabelle in ein Koordinatensystem übertragen und die einzelnen Punkte miteinander verbunden[1], ergibt sich eine von links unten nach rechts oben steigende **Angebotskurve** *(vgl. Abb. unten)*.

Angebotskurve

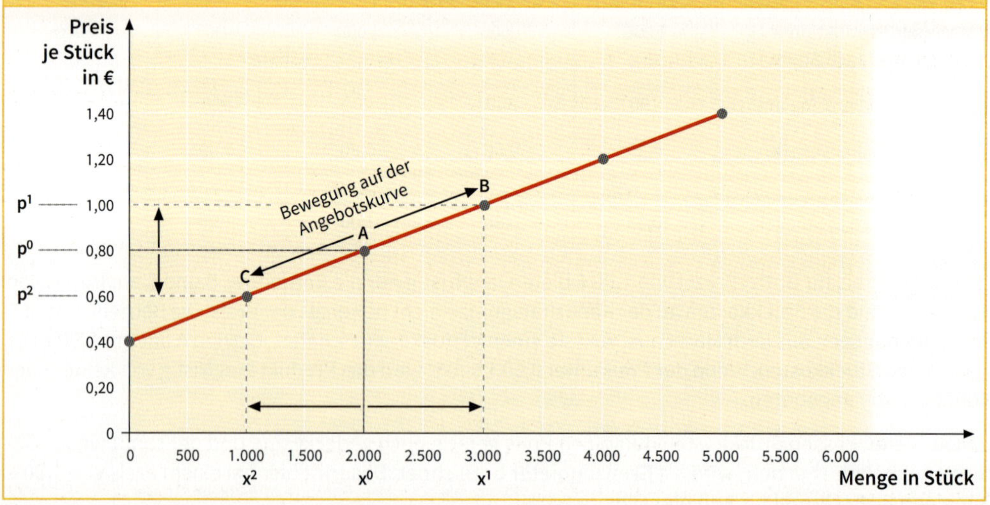

D Die Gesamtangebotskurve zeigt, wie viele Mengeneinheiten eines Gutes die Unternehmen insgesamt jeweils bei unterschiedlichen Preisen dieses Gutes in einer bestimmten Zeiteinheit anzubieten bereit sind.

1 Obwohl die Tabelle in einem Koordinatensystem eigentlich nur durch Punkte, die bestimmte Preis-Mengen-Kombinationen wiedergeben, abgebildet werden kann, wird der Einfachheit halber unterstellt, dass sich aus der Verbindung dieser Punkte eine Kurve mit konstanter Steigung (= linearer Verlauf) konstruieren lässt.

Die **Angebotskurve** sagt nichts darüber aus, wie viele Mengeneinheiten tatsächlich **abgesetzt** werden. Die Absatzmenge hängt davon ab, wie groß bei dem jeweiligen Preis die **nachgefragte Menge** ist.

D Die normale Angebotskurve hat eine positive Steigung („Gesetz des Angebots"), das heißt,
- je höher der Preis ist, umso höher ist die geplante Angebotsmenge,
- je niedriger der Preis ist, umso geringer ist die geplante Angebotsmenge.

D Ändert sich der Preis eines Gutes und bleiben alle anderen Bestimmungsfaktoren des Angebots unverändert, so ergibt sich eine neue Preis-Mengen-Kombination für dieses Gut. Dies löst eine Bewegung auf der Kurve aus.

3.6 Gewinnmaximum und Angebotsverhalten eines Unternehmens bei ertragsgesetzlichem Verlauf der Gesamtkostenkurve

Lernziele:

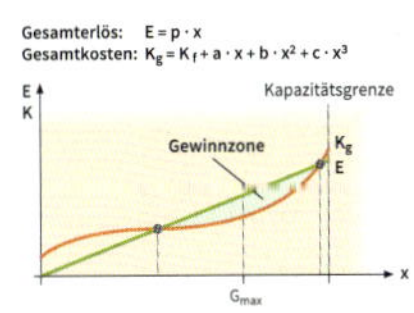

Nach der Bearbeitung des Kapitels sind Sie in der Lage, Folgendes zu tun:

Sie ...

- ... beschreiben den Zusammenhang zwischen Erlös, Kosten und Gewinn bei ertragsgesetzlichem Verlauf der Gesamtkostenkurve.
- ... erläutern die Begriffe „Grenzerlöse" und „Grenzkosten".
- ... ermitteln die gewinnmaximale Menge mithilfe der Tangentenlösung.
- ... geben die allgemeine Gewinnmaximierungsregel bei ertragsgesetzlichem Verlauf der Gesamtkostenkurve wieder.
- ... erklären mathematisch und betriebswirtschaftlich mithilfe einer tabellarischen und grafischen Darstellung die Zusammenhänge, die zur allgemeinen Gewinnmaximierungsregel führen.
- ... erklären den Zusammenhang zwischen Gewinnmaximum, Grenzkostenkurve und Angebotskurve.
- ... stellen die langfristige und kurzfristige Preisuntergrenze dar und erläutern in diesem Zusammenhang die Begriffe „Betriebsoptimum" und „Betriebsminimum".

3.6.1 Zusammenhang zwischen Erlös, Kosten und Gewinn

Ändern sich die variablen Kosten je Stück (k_v) bei einer Veränderung der Produktionsmenge (x), so ergibt sich ein **nicht-linearer Verlauf der Gesamtkostenkurve**. In der Kostentheorie wird häufig von einem **s-förmigen Verlauf** der **Gesamtkosten** ausgegangen *(Kostenfunktion 3. Grades)*. In diesem Fall steigen die **Gesamtkosten** bei zunehmender Produktionsmenge zunächst **degressiv** und dann **progressiv**. Das Gewinnmaximum des Unternehmens liegt dann **nicht** an der **Kapazitätsgrenze**. In diesem Fall ist die Bestimmung des Gewinnmaximums schwieriger als bei linearem Verlauf der Gesamtkostenkurve.

3.8, S. 242

Für die Herstellung von Butterbrezeln in Brunos Brezelbäckerei gelten folgende Daten:

Preis je Brezel	max. Produktionsmenge	Fixkosten (K_f)	variable Stückkosten (k_v)
1,00 €	1 000 Stück pro Tag	150,00 € pro Tag	von 0,74 € bis 2,00 € je nach Produktionsmenge

Daraus lassen sich für verschiedene Produktionsmengen folgende Zusammenhänge ableiten:

Produktionsmenge (x) in Stück	Erlös (Preis · Menge) in €	Fixe Kosten (K_f) in €	variable Stückkosten (k_v) in €	variable Kosten insgesamt (K_v) in €	Gesamtkosten ($K_g = K_f + K_v$) in €	Gewinn $G = E - K_g$ in €
0	0	150	0	0	150	- 150
100	100	150	0,74	74	224	- 124
200	200	150	0,56	112	262	- 62
300	300	150	0,46	138	288	12
400	400	150	0,44	176	326	74
500	500	150	0,50	250	400	100
600	600	150	0,64	384	534	66
700	700	150	0,86	602	752	- 52
800	800	150	1,16	928	1.078	- 278
900	900	150	1,54	1.386	1.536	- 636
1 000	1.000	150	2,00	2.000	2.150	- 1.150

Gesamtkosten, Gesamterlös, Gesamtgewinn

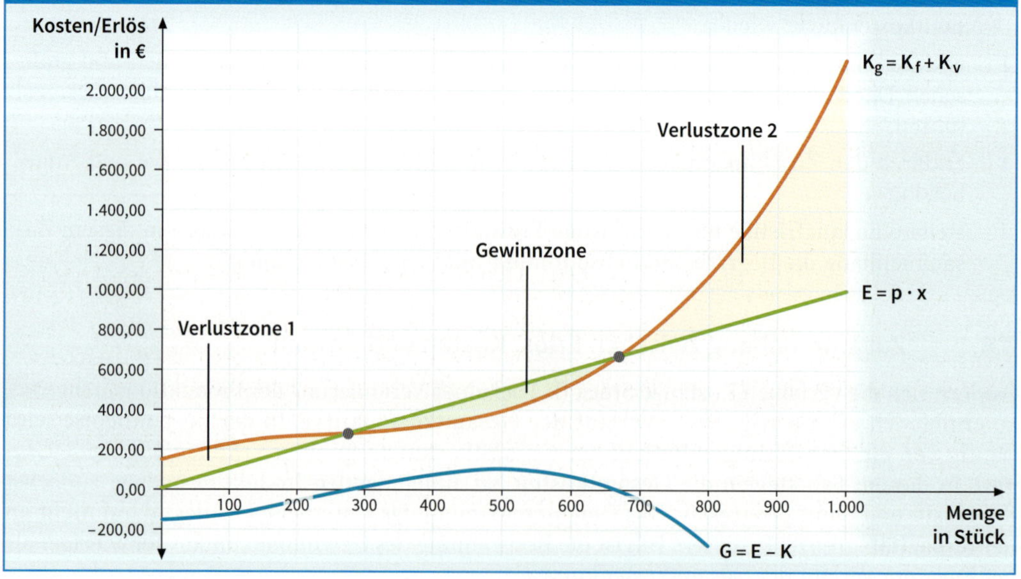

3.6.2 Gewinnmaximum

Der erste Schnittpunkt zwischen der Gesamterlöskurve und der Gesamtkostenkurve stellt für Bruno die **Gewinnschwelle**, der zweite seine **Gewinngrenze**[1] dar. Erst ab einer über die Gewinnschwelle von 284 Stück[2] hinausgehenden Brezelproduktion sind die **Erlöse** größer als die **Kosten**, sodass ein **Gewinn** erzielt wird. Bei einer geringeren Produktionsmenge entsteht ebenso ein Verlust wie bei einer über die Gewinngrenze von 665 Brezeln[2] hinausgehenden Menge. Brunos **Gewinnmaximum** liegt innerhalb seiner Gewinnzone an der Stelle, an der die **Differenz zwischen Erlös und Kosten** am größten ist. Das ist bei einer Produktionsmenge von 500 Brezeln der Fall. An der Kapazitätsgrenze hingegen, bei der Brunos Konkurrent Arno wegen des linearen Gesamtkostenverlauf sein Gewinnmaximum erreicht, würde Bruno einen Verlust von 1.150 € pro Tag erleiden.

Geometrisch lässt sich diese gewinnmaximale Produktionsmenge ermitteln, indem die lineare Gesamterlöskurve bis zum **Tangentialpunkt** mit der Gesamtkostenkurve parallel nach unten verschoben wird *(vgl. Abb. S. 220)*. Bei dieser Menge (hier: 500 Brezeln) ist der Abstand zwischen Erlös- und Kostenkurve am größten. Die **Steigung der Erlöskurve** ist an dieser Stelle **gleich der Steigung der Kostenkurve**. Aufgrund dieses Zusammenhangs lässt sich das Gewinnmaximum auch mithilfe von **Grenzerlösen** und **Grenzkosten** wie folgt ableiten:

D Grenzerlös (E') ist der zusätzliche Erlös, der sich bei einer Erhöhung der Absatzmenge um eine Einheit ergibt (= Zuwachs des Gesamterlöses bei einer Absatzerhöhung um eine Einheit).

D Der Grenzerlös ist die erste Ableitung (E') der Gesamterlösfunktion E. Er gibt die Steigung der Gesamterlöskurve bei unterschiedlichen Absatzmengen an ($\Delta E/\Delta x$).

D Grenzkosten (K') sind die zusätzlichen Kosten, die sich bei einer Erhöhung der Produktionsmenge um eine Einheit ergeben (= Zuwachs der Gesamtkosten bei einer Produktionserhöhung um eine Einheit).

D Die Grenzkosten sind die erste Ableitung (K') der Gesamtkostenfunktion Kg. Sie geben die Steigung der Gesamtkostenkurve bei unterschiedlichen Produktionsmengen an ($\Delta K/\Delta x$).

In der auf Seite 220 folgenden Tabelle werden die Grenzkosten aus Vereinfachungsgründen mit einer für den vorliegenden Fall hinreichenden Genauigkeit in Schritten von $\Delta x = 100$ ermittelt. Wird die Produktionsmenge von 0 auf 100 Stück erhöht (Δx), steigen die Gesamtkosten gemäß der folgenden Tabelle um 74,00 € (ΔK). Die Erhöhung der Brezelproduktion um **1 Stück** bewirkt also **im Durchschnitt** einen Kostenzuwachs von $\Delta K/\Delta x = 74/100 = 0{,}74$ € **(= Grenzkosten)**. Dieser Betrag wird dem **Durchschnittswert** (50 Stück) zwischen der ursprünglichen Menge (0 Stück) und der neuen Menge nach der Produktionserhöhung (100 Stück) zugewiesen. Wird die Produktionsmenge weiter von 100 Stück auf 200 Stück erhöht, steigen die Gesamtkosten um weitere 38,00 € von 224 € auf 262 € (*vgl. folgende Tabelle*). Auf **eine zusätzliche Brezel** entfällt bei dieser Mengenerhöhung eine durchschnittliche **Kostenänderung** von $\Delta K/\Delta x = 38/100 = 0{,}38$ € **(= Grenzkosten)**.

1 In der volkswirtschaftlichen Fachliteratur werden in diesem Zusammenhang häufig die Begriffe „Nutzenschwelle" und „Nutzengrenze" statt „Gewinnschwelle" und „Gewinngrenze" verwendet. In diesem Buch wird dagegen in Anlehnung an die in der Betriebswirtschaftslehre üblichen Bezeichnungen von „Gewinnschwelle" (= Break-even-Point) und „Gewinngrenze" gesprochen.

2 Die Berechnung der exakten Stückzahlen kann mittels eines grafikfähigen Taschenrechners (GTR) erfolgen.

Produktionsmenge (x) in Stück	Stückpreis (p) in €	Gesamterlös (p · x) in €	Grenzerlös[1] E' = ΔE/Δx in €	Gesamtkosten (K_g) in €	Grenzkosten[2] K' = ΔK/Δx in €
0	1,00	0		150	
			1,00		0,74
100	1,00	100		224	
			1,00		0,38
200	1,00	200		262	
			1,00		0,26
300	1,00	300		288	
			1,00		0,38
400	1,00	400		326	
			1,00		0,74
500	1,00	500		400	
			1,00		1,34
600	1,00	600		534	
			1,00		2,18
700	1,00	700		752	
			1,00		3,26
800	1,00	800		1.078	
			1,00		4,58
900	1,00	900		1.536	
			1,00		6,14
1 000	1,00	1.000		2.150	

Gewinnmaximale Produktionsmenge

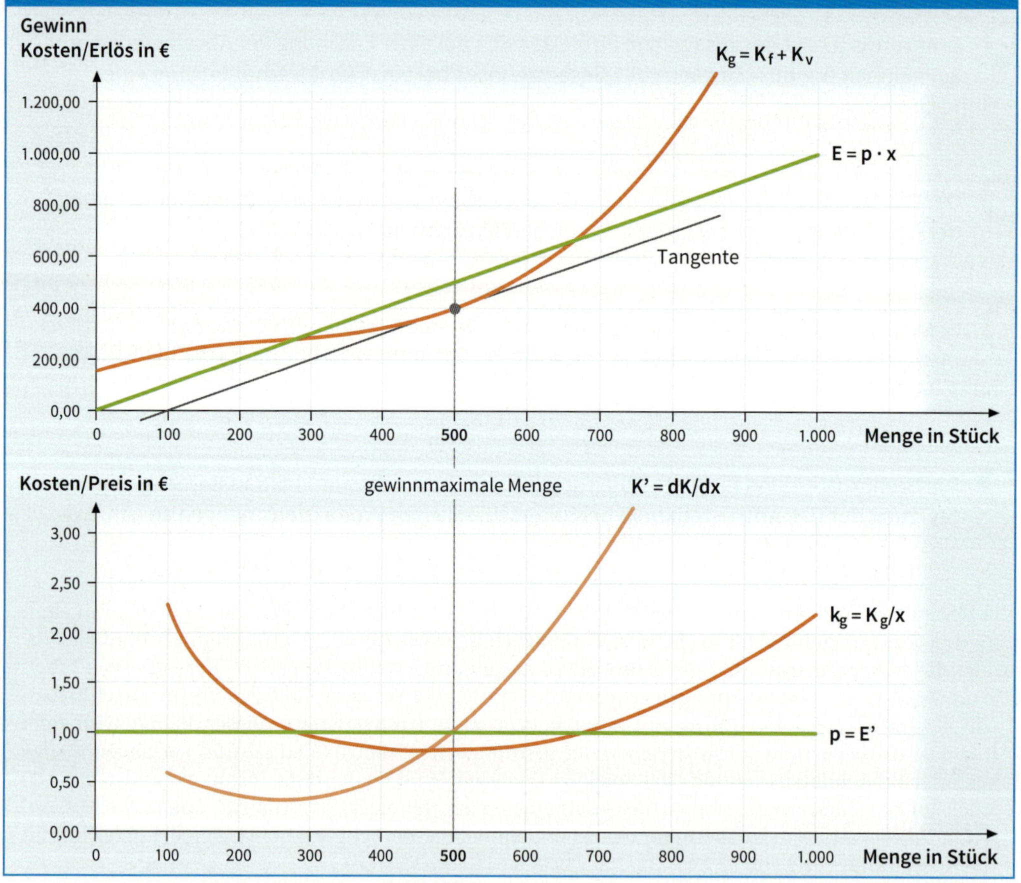

1 Erlösänderung je zusätzlicher Mengeneinheit
2 Kostenänderung je zusätzlicher Mengeneinheit

Die Grenzerlöskurve (E') gibt die Steigung der Erlöskurve E und die Grenzkostenkurve (K') die Steigung der Kostenkurve K an. Die gewinnmaximale Menge ist dadurch bestimmt, dass die Steigung der Erlöskurve (E) und der Kostenkurve (K) gleich ist. Diese Bedingung ist im Schnittpunkt zwischen Grenzerlöskurve (E') und Grenzkostenkurve (K') erfüllt.

Aus der unteren Abb. auf S. 220 wird deutlich, dass der Schnittpunkt der **Grenzerlöskurve** (E'), die im vorliegenden Fall in Höhe des Preises von 1,00 € parallel zur x-Achse verläuft, mit dem aufsteigenden Ast der **Grenzkostenkurve** (K') bei der gewinnmaximalen Menge von 500 Stück liegt.

Daraus lässt sich folgende **allgemeine Gewinnmaximierungsregel** ableiten:[1]

F Das Gewinnmaximum eines Unternehmens liegt bei der Produktionsmenge, bei der Grenzerlös und Grenzkosten gleich groß sind.

$$E' = K'$$

Da für einen **Mengenanpasser** der vom Markt vorgegebene Preis eine Konstante ist und seine auf der Erlösfunktion $E = p \cdot x$ beruhende Erlöskurve linear verläuft, ist in diesem speziellen Fall der **Grenzerlös** (E') identisch mit dem **Stückpreis** (p). Für einen Mengenanpasser lässt sich die Gewinnmaximierungsbedingung also auch wie folgt formulieren:

F Für einen Mengenanpasser gilt: $E' = p$
Spezielle Gewinnmaximierungsregel für einen Mengenanpasser: $p = K'$

Dieser Zusammenhang lässt sich betriebswirtschaftlich wie folgt verdeutlichen: Solange der **Erlös**, der durch den **Verkauf einer zusätzlichen Brezel** erzielt wird (Grenzerlös E' = 1,00 €), größer ist als die **Kosten**, die durch die **Produktion dieser zusätzlichen Brezel** entstehen (Grenzkosten K'), lässt sich durch eine weitere Ausdehnung der Produktionsmenge der Gesamtgewinn (G) noch erhöhen. Bei einer Ausdehnung der Produktionsmenge über die 500 Brezeln hinaus wird das Gewinnmaximum überschritten, da die Grenzkosten (K') dann höher als der Grenzerlös (E') sind. In diesem Fall sinkt der Gesamtgewinn (G) bei zunehmender Produktionsmenge.

Aus der Tangentiallösung zur Ermittlung des Gewinnmaximums *(vgl. Abb. S. 220)* ergibt sich, dass das Gewinnmaximum immer im progressiv steigenden Bereich der Gesamtkostenkurve K_g liegt. Da dort die Steigung der Gesamtkosten K_g zunimmt, steigt auch die Grenzkostenkurve K' in diesem Bereich. Das Gewinnmaximum kann daher nur beim Schnittpunkt zwischen der Grenzerlöskurve E' (hier: Preisgerade $p = 1$) und dem **aufsteigenden Ast** der Grenzkostenkurve K' liegen.

D Das Gewinnmaximum liegt immer auf dem aufsteigenden Ast der Grenzkostenkurve.

1 Diese Regel gilt auch für Unternehmen mit linearem Kostenverlauf. Aufgrund der konstanten Steigung der Gesamtkostenkurve verläuft in diesem Fall die Grenzkostenkurve im Abstand der variablen Stückkostenkurve parallel zur x-Achse. Grenzkosten und variable Stückkosten sind in diesem Fall identisch. Die Grenzerlöskurve verläuft im Abstand des Preises ebenfalls parallel zur x-Achse. Da der Preis (= Grenzerlös) konstant über den Grenzkosten liegt ($p \geq K' = k_v$), steigt der Gewinn mit jedem zusätzlich abgesetzten Stück. Das Gewinnmaximum liegt in diesem Fall bei der höchstmöglichen Produktionsmenge, d.h. an der Kapazitätsgrenze *(vgl. Kap. B 3.5)*.

3.6.3 Zusammenhang zwischen Gewinnmaximum, Grenzkostenkurve und Angebotskurve

Grenzkostenkurve und Angebotskurve

B 3.6.2

Ziel dieses Kapitels war es, das **Gewinnmaximum** herzuleiten, um dessen **Einfluss auf die Angebotskurve** festzustellen. Aus der unteren Abb. auf S. 220 und den bisherigen Überlegungen lässt sich folgern, dass die gewinnmaximale Produktions- und Angebotsmenge immer auf dem aufsteigenden Ast der Grenzkostenkurve (K') liegt. Es bleibt aber die Frage zu klären, welcher Teilbereich der Grenzkostenkurve der Angebotskurve entspricht. Dazu ist die Bestimmung der Preisuntergrenze nötig.

D Die Preisuntergrenze ist der Verkaufspreis, der mindestens erzielt werden muss, damit die Produktionskosten gedeckt werden können.

Zur Bestimmung der **Preisuntergrenze** müssen zunächst die **Stückkosten** ermittelt werden:

Produktionsmenge (x) in Stück	Preis (p) in €	Fixkostenanteil je Stück: 150/x (k_f) in €	variable Kosten je Stück (k_v) in €	Gesamtkosten je Stück (Stückkosten) (k_g) in €	Stückgewinn (p – k) in €
0	1,00	–	–	–	0
100	1,00	1,50	0,74	2,24	- 1,24
200	1,00	0,75	0,56	1,31	- 0,31
300	1,00	0,50	0,46	0,96	- 0,04
375	*1,00*	*0,40*	*0,4375*	*0,8375*	*0,1625*
400	1,00	0,38	0,44	0,82	0,18
463	*1,00*	*0,32*	*0,4724*	*0,7924*	*0,2076*
500	1,00	0,30	0,50	0,80	0,20
600	1,00	0,25	0,64	0,89	0,11
700	1,00	0,21	0,86	1,07	- 0,07
800	1,00	0,19	1,16	1,35	- 0,35
900	1,00	0,17	1,54	1,71	- 0,71
1 000	1,00	0,15	2,00	2,15	- 1,15

Langfristige Preisuntergrenze

Aus der obigen Tabelle und der folgenden Grafik ergibt sich Folgendes:
Bei einem Preis von 1,00 € je Brezel liegt die gewinnmaximale Produktionsmenge bei 500 Brezeln (p = K'). Die Stückkosten (kg) betragen bei dieser Produktionsmenge 0,80 €. Folglich beträgt der Stückgewinn (g = p – k_g) 0,20 €. Brunos Gesamtgewinn (G) beläuft sich dann auf 500 St. · 0,20 € = 100 €. Wenn der Brezelpreis aber beispielsweise auf 0,60 € sinkt und somit unter dem Minimum der Stückkosten (k_g) liegt, entsteht ein Verlust. Der Schnittpunkt zwischen der Preisgeraden und der Grenzkostenkurve (p = K') liegt dann unter dem Stückkostenminimum. Nur wenn Bruno langfristig seine gesamten Kosten, die sich aus fixen und variablen Bestandteilen zusammensetzen, decken kann, ist seine Brezelbäckerei auf Dauer existenzfähig. Das gelingt ihm nur, wenn der Brezelpreis (p) mindestens so hoch ist wie das Minimum der Stück-

kosten. Im vorliegenden Fall liegt das Minimum der Stückkosten bei 0,7924 €. Da die Stückkosten (k_g) bei der entsprechenden Produktionsmenge von 463 Stück am geringsten sind und der höchste Stückgewinn (0,2076 €) erzielt wird, wird dieser Punkt als **Betriebsoptimum** oder als **optimaler Kostenpunkt** bezeichnet.

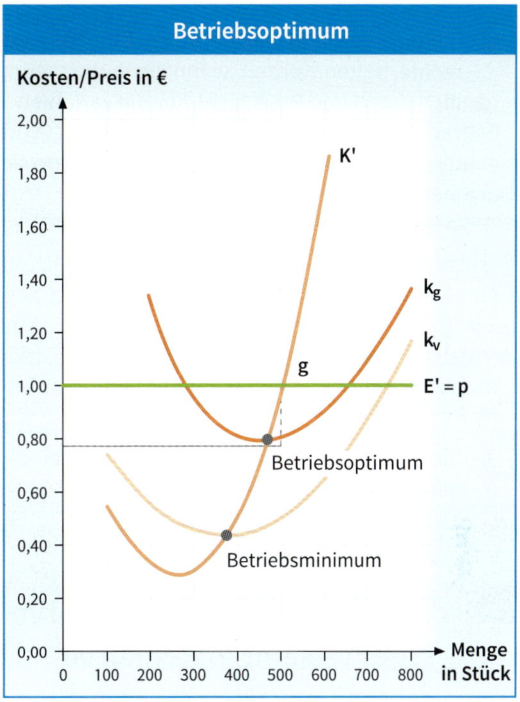

D Das Minimum der Stückkosten wird auch als Betriebsoptimum oder optimaler Kostenpunkt bezeichnet. Die langfristige Preisuntergrenze liegt beim Minimum der Stückkosten (= Betriebsoptimum).

Der **Stückgewinn** (g) ist zwar beim **Betriebsoptimum** höher als beim **Gewinnmaximum**. Trotzdem ist aber der **Gesamtgewinn** (G = g · x) beim Gewinnmaximum am höchsten.

Kurzfristige Preisuntergrenze

Das Minimum der variablen Stückkosten (k_v) liegt bei 375 Brezeln. Die Grenzkostenkurve schneidet in diesem Punkt die Stückkostenkurve (k_v = K'). Da die variablen Stückkosten (k_v) bei dieser Produktionsmenge am geringsten sind, wird dieser Punkt als **Betriebsminimum** bezeichnet.

Ein Preis von 0,60 € je Brezel würde zwar nicht ausreichen, um die Stückkosten (k_g) in voller Höhe zu decken. Immerhin liegt dieser Preis aber über den variablen Stückkosten (k_v). In ihrem Minimum betragen die variablen Stückkosten im vorliegenden Fall ca. 0,4375 €. Bei der entsprechenden Produktionsmenge von 375 Stück liegt das **Betriebsminimum**.

D Das Minimum der variablen Stückkosten wird auch als Betriebsminimum bezeichnet.

Jede zu 0,60 € verkaufte Brezel deckt also nicht nur ihre eigenen variablen Kosten, sondern steuert noch einen Teil zur Deckung der Fixkosten bei. Dieser Deckungsbeitrag (db), der sich aus der Differenz zwischen Stückpreis (p) und variablen Stückkosten (k_v) ergibt (db = p − k_v), ist bei einem Preis von 0,60 € positiv.

D Die Differenz zwischen Stückpreis und variablen Stückkosten stellt den Deckungsbeitrag je Stück (db) dar: db = p − k_v. Wenn der Stückpreis über den variablen Stückkosten liegt, ist der Deckungsbeitrag je Stück positiv.

Bei einem positiven Deckungsbeitrag ist es trotz eines möglicherweise eintretenden Verlusts günstiger, die Produktion (vorläufig) weiter aufrechtzuerhalten, da andernfalls der Verlust noch höher wäre. Bei einer Produktionsmenge von 0 würde Bruno wegen der weiterhin anfallenden fixen Kosten einen Verlust von 150 € pro Tag erleiden. Produziert er jedoch trotz des nicht kostendeckenden Preises von 0,60 € weiter, ist sein Verlust geringer.

D Solange der Deckungsbeitrag positiv ist, sollte die Produktion auch dann weiterhin aufrechterhalten werden, wenn ein Verlust entsteht. Bei positivem Deckungsbeitrag werden nämlich durch den Preis nicht nur die variablen Stückkosten gedeckt, sondern es wird auch ein Beitrag zur Deckung der Fixkosten geleistet. Würde die Produktion hingegen ganz eingestellt, entfiele dieser Deckungsbeitrag und es würde sich ein Verlust in Höhe der gesamten Fixkosten ergeben.

Vorübergehend kann Bruno also auf die (vollständige) Deckung der fixen Kosten verzichten und sich mit der Deckung der variablen Kosten begnügen. Das gelingt ihm nur, wenn der Brezelpreis (p) mindestens 0,44 € (exakt: 0,4375 € = Minimum der variablen Stückkosten) beträgt. Andernfalls sollte Bruno – sofern sich seine Kostenstruktur nicht ändern lässt – die Brezelbäckerei ganz aufgeben und sich nach einem anderen Job umsehen.

D Die kurzfristige Preisuntergrenze liegt beim Minimum der variablen Stückkosten (= Betriebsminimum).

3.7 Individuelle Angebotskurve bei ertragsgesetzlichem Verlauf der Gesamtkostenkurve

Lernziele:

Kosten/Zutaten

Nach der Bearbeitung des Kapitels sind Sie in der Lage, Folgendes zu tun:

Sie ...

- ... erklären den Verlauf einer Angebotskurve eines Unternehmens bei ertragsgesetzlichem Verlauf der Gesamtkostenkurve.
- ... erläutern anhand der Angebotskurve (Grenzkostenkurve) die Wirkung einer Veränderung des Preises eines Gutes auf die angebotene Menge.
- ... geben das Gesetz des Angebots wieder.
- ... analysieren den Einfluss einer Veränderung der fixen Kosten auf die individuelle Angebotskurve.
- ... analysieren den Einfluss einer Veränderung der variablen Kosten auf die individuelle Angebotskurve.

3.7.1 Abhängigkeit des Angebots eines Unternehmens vom Preis

D Die individuelle Angebotskurve $X^A = f(p)$ zeigt, wie viele Mengeneinheiten eines Gutes ein Unternehmen jeweils bei unterschiedlichen Preisen dieses Gutes in einer bestimmten Zeiteinheit anzubieten plant.

3.9, S. 243

Die Menge, die ein Unternehmen anzubieten plant, entspricht immer derjenigen Produktionsmenge, bei der unter Beachtung des vom Markt vorgegebenen Preises der höchstmögliche Gewinn erzielt wird (= **Gewinnmaximum**, optimaler Produktionsplan).

B 3.6

Aufgrund der Aussagen über die Preisuntergrenze lässt sich der Verlauf einer solchen Angebotskurve eindeutig bestimmen. Bei **s-förmigem Verlauf der Gesamtkostenkurve** gilt:

- Die Grenzkostenkurve (K') schneidet sowohl die Stückkostenkurve (k_g) als auch die Kurve der variablen Stückkosten (k_v) immer in deren Minimum.
- Das Gewinnmaximum liegt immer auf dem aufsteigenden Ast der Grenzkostenkurve (K').

Daraus folgt:

D Bei s-förmigem Verlauf der Gesamtkosten beginnt die Angebotskurve eines Mengenanpassers
- langfristig im Minimum der Stückkosten (k_g) (Betriebsoptimum, langfristige Preisuntergrenze),
- kurzfristig im Minimum der variablen Stückkosten (k_v) (Betriebsminimum, kurzfristige Preisuntergrenze).

Jeweils von dort ausgehend ist sie mit dem aufsteigenden Ast der Grenzkostenkurve identisch.

Für Brunos Brezelbäckerei *(vgl. Zahlenbeispiel S. 218 f.)* hat die Angebotskurve den in der Abbildung dargestellten Verlauf.

Grenzkostenkurve/Angebotskurve

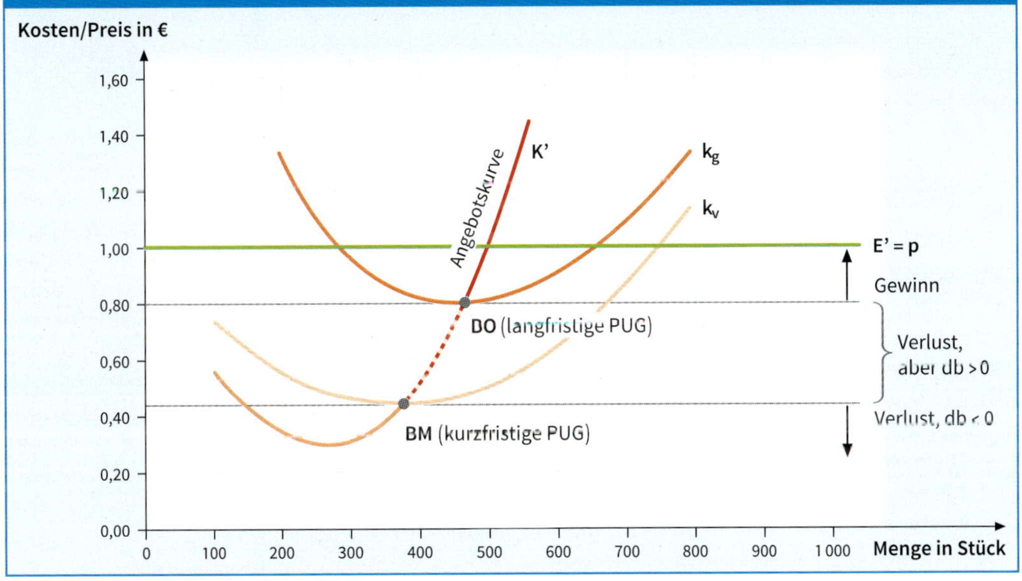

Die Angebotskurve beginnt bei einem Preis von 0,79 €[1], der dem Minimum der Stückkosten (k_g) entspricht **(langfristige Preisuntergrenze).** Wird kurzfristig auf die volle Deckung der Fixkosten verzichtet, beginnt die Angebotskurve bei einem Preis von 0,44 €[1], der dem Minimum der variablen Stückkosten entspricht **(kurzfristige Preisuntergrenze).** Bei einem Preis von weniger als 0,44 €, ist die Angebotsmenge in jedem Fall null. Bei steigendem Preis liegt das durch den Schnittpunkt zwischen Preisgeraden und Grenzkostenkurve bestimmte Gewinnmaximum (p = K') bei einer immer größer werdenden Produktionsmenge. Daraus ergibt sich der normale Verlauf einer Angebotskurve.

1 Exakte Berechnung der Werte mittels GTR.

Wird eine **Grenzkostenkurve** aus einem **Kostendiagramm** als **Angebotskurve** in ein **Preis-Mengen-Diagramm** übertragen, muss beachtet werden, dass sich dabei die funktionalen Abhängigkeiten ändern. Die Grenzkostenkurve zeigt die Abhängigkeit der Kosten von der (Angebots-)Menge. Eine Angebotskurve zeigt die Abhängigkeit der angebotenen Menge vom Preis. Dass die Menge trotz der unterschiedlichen Abhängigkeiten in beiden Fällen an der X-Achse abgetragen wird, ist dadurch bedingt, dass in der Volkswirtschaftslehre bei **Angebots- und Nachfragekurven** (nicht aber bei Kostenkurven) – anders als in der Mathematik üblich – an der **Y-Achse** der **Preis** steht, obwohl es sich dabei **immer** um die **un**abhängige Variable handelt. An der **X-Achse** steht dagegen als **ab**hängige Variable immer die **Menge**.

Brunos Angebotskurve für Butterbrezeln

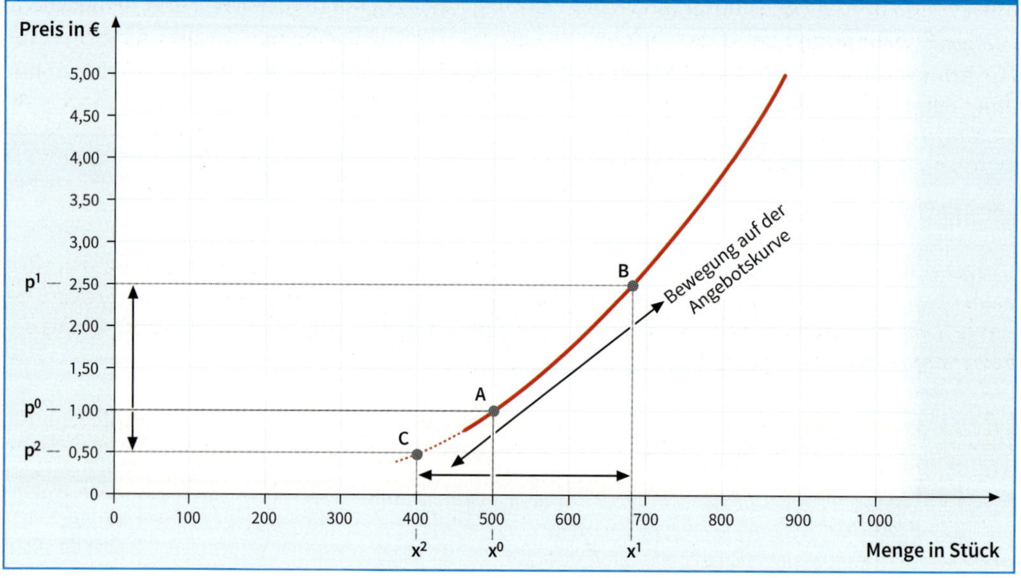

D Die normale Angebotskurve hat eine positive Steigung (= „Gesetz des Angebots"), d. h.

- je höher der Preis ist, umso höher ist die geplante Angebotsmenge,
- je niedriger der Preis ist, umso geringer ist die geplante Angebotsmenge.

D Ändert sich der Preis eines Gutes und bleiben alle anderen Bestimmungsfaktoren des Angebots unverändert, so ergibt sich auf der Angebotskurve eine neue Preis-Mengen-Kombination für dieses Gut. Dies löst eine Bewegung auf der Kurve aus. Die Lage der Kurve bleibt aber unverändert.

In bestimmten Fällen sind auch Situationen denkbar, in denen sich die Angebotsmenge bei Preisänderungen des Gutes nicht oder im umgekehrten Verhältnis ändert (= anomales Anbieterverhalten). Dies ist beispielsweise der Fall bei

- nicht lagerfähigen landwirtschaftlichen Produkten (z. B. Erdbeeren), die trotz sinkender Preise in gleicher oder – wegen der laufenden Ernte – sogar in erhöhter Menge angeboten werden, weil sie sonst verderben;
- freiwilliger Bildung von Lagervorräten und künstlicher Angebotsverknappung durch Unternehmen, die auf weitere Preissteigerungen warten (Spekulation);

- sinkenden Löhnen, die eine Erhöhung des Arbeitsangebots nach sich ziehen, weil die Arbeitskräfte nur durch Mehrarbeit ihr Existenzminimum sichern können (= anomaler Verlauf der Arbeitsangebotskurve in bestimmten Bereichen).

3.7.2 Abhängigkeit des Angebots eines Unternehmens von den Produktionskosten

Folgen einer Erhöhung der Stückkosten

Das Angebot eines Unternehmens wird nicht nur durch den Preis bestimmt, sondern auch durch die Kosten. Steigen die Preise für die Produktionsfaktoren (= Faktorkosten), so erhöhen sich für das Unternehmen die Stückkosten (k_g). Die Stückkostenkurve verschiebt sich nach oben. Wenn das Stückkostenminimum nach der Verschiebung über dem Preis liegt, ist die langfristige Preisuntergrenze unterschritten. Wegen des dann eintretenden Verlusts wird die Produktion langfristig eingestellt (Angebotsmenge = 0). Liegt der Preis allerdings noch über dem Stückkostenminimum, sodass durch die Kostenerhöhung kein Verlust, sondern lediglich eine Verringerung des Gewinns eintritt, sind für die Bestimmung der neuen gewinnmaximalen Menge folgende beiden Fälle zu unterscheiden:

Erhöhung der Fixkosten

Steigen die **Fixkosten** (z.B. Pacht, Abschreibung), verschiebt sich die **Stückkostenkurve** (k_g) nach oben. Da sich aber eine **Fixkostenveränderung** nicht auf die **Steigung** der Gesamtkostenkurve auswirkt und daher den Verlauf der **Grenzkostenkurve nicht beeinflusst**, ändert sich die **gewinnmaximale Menge** nicht.

B

Veränderung der Stückkosten- und Angebotskurve: Erhöhung der Fixkosten von 150 € auf 250 €

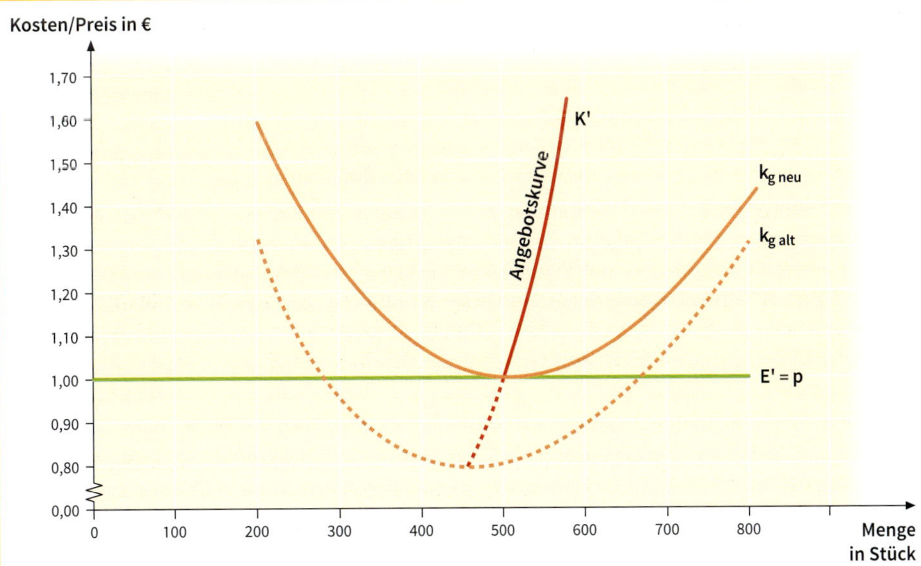

Bei einer Erhöhung der Fixkosten von 150 € auf 250 € pro Tag steigt die dem Betriebsoptimum entsprechende Menge von bisher 463 Stück auf 500 Stück. Die langfristige Preisuntergrenze steigt von 0,79 € auf 1,00 €. Beträgt der Brezelpreis weiterhin nur 1,00 €, liegt der Schnittpunkt zwischen Grenzerlös- und Grenzkostenkurve nach wie vor bei einer Produktionsmenge von 500 Stück. Bruno erzielt aber bei dieser Situation weder einen Gewinn noch einen Verlust, weil dieser Preis genau die neuen Stückkosten deckt.

D Eine Veränderung der Fixkosten hat keinen Einfluss auf die gewinnmaximale Menge. Die Angebotskurve würde sich in diesem Fall nur dann verändern, wenn aufgrund einer Fixkostenerhöhung die Stückkosten über dem Preis liegen und wegen des eintretenden Verlusts die Angebotsmenge auf 0 zurückgeht.

Erhöhung der variablen Kosten

Steigen (auch) die **variablen Stückkosten** (z.B. für Rohstoffe und Zutaten) verschiebt sich die **Stückkostenkurve** (k_g) nach oben. Zusätzlich erhöht sich dadurch aber auch die **Steigung** der Gesamtkostenkurve, was wiederum zu einer **Linksverschiebung** der **Grenzkostenkurve** (K′) führt.

B

Veränderung der Stückkosten- und Angebotskurve: Erhöhung der variablen Kosten um 30 %

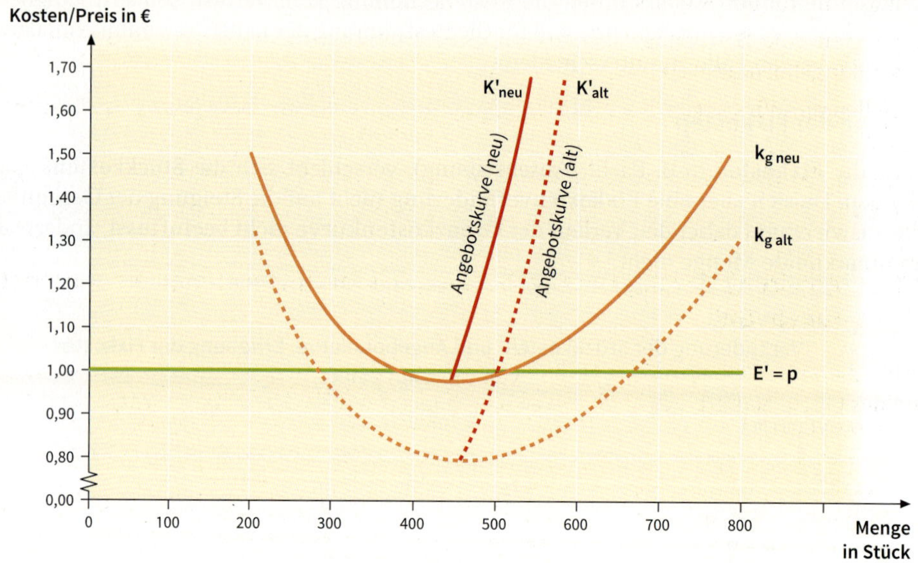

Bei einer Erhöhung der variablen Kosten um 30 % verringert sich die dem Betriebsoptimum entsprechende Menge von 463 auf ca. 420 Stück. Die langfristige Preisuntergrenze steigt von 0,79 € auf ca. 0,98 €. Beträgt der Brezelpreis weiterhin nur 1,00 €, sinkt die gewinnmaximale Produktionsmenge von 500 Stück auf ca. 450 Stück. Bruno erzielt bei dieser Situation einen Gewinn, der aber niedriger ist als vorher.

D Ein Anstieg der variablen Stückkosten bewirkt, dass die angebotene Menge bei jedem beliebigen Preis geringer als vorher ist. Solange der Preis über den Stückkosten liegt, drückt sich das in einer Verschiebung der Angebotskurve nach links aus. Im umgekehrten Fall (Verringerung der variablen Stückkosten) ergibt sich eine Rechtsverschiebung der Angebotskurve.

3.8 Gesamtangebot bei ertragsgesetzlichem Verlauf der Gesamtkostenkurve

Lernziele:

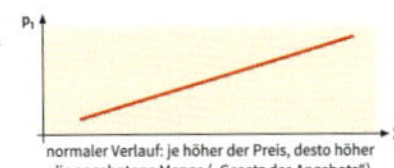

normaler Verlauf: je höher der Preis, desto höher die angebotene Menge („Gesetz des Angebots")

Nach der Bearbeitung des Kapitels sind Sie in der Lage, Folgendes zu tun:

Sie ...

- ... ermitteln das Gesamtangebot (Marktangebot) durch grafische Aggregation individueller Angebotskurven.
- ... nennen die Bestimmungsfaktoren des Gesamtangebots.
- ... analysieren die Veränderungen der angebotenen Menge, wenn sich der Preis des Gutes ändert.
- ... analysieren die Veränderungen der angebotenen Menge, wenn sich ein anderer Bestimmungsfaktor des Angebots (nicht der Preis) ändert.
- ... grenzen eine Bewegung auf der Gesamtangebotskurve von einer Verschiebung der Gesamtangebotskurve ab.
- ... stellen die Wirkungen einer Rechts- bzw. Linksverschiebung des Gesamtangebots grafisch dar.
- ... fassen die Ursachen einer Rechts- bzw. Linksverschiebung des Gesamtangebots zusammen.

3.8.1 Ableitung der Gesamtangebotskurve aller Unternehmen einer Branche für ein Gut

3.10, S. 244

Werden die bei unterschiedlichen Preisen von den einzelnen Unternehmen angebotenen Mengen eines Gutes addiert, ergibt sich das **Gesamtangebot** (Marktangebot) für dieses Gut.

B

Preis (€)	Angebotsmengen für Butterbrezeln pro Woche						
	Arnos individuelle Angebotsmengen in Stück	+	Brunos individuelle Angebotsmengen in Stück	+	alle anderen individuellen Angebotsmengen in Stück	=	Gesamtangebot[1] (Marktangebot) in Stück in einer Stadt
0,00	0	+	0	+	0	=	0
0,10	0	+	0	+	0	=	0
0,20	0	+	0	+	0	=	0
0,30	0	+	0	+	0	=	0
0,40	0	+	0	+	0	=	0
0,50	0	+	0	+	0	=	0
0,60	0	+	0	+	1 000	=	1 000
0,70	1 000	+	0	+	1 000	=	2 000
0,80	1 000	+	464	+	1 536	=	3 000
0,90	1 000	+	482	+	2 518	=	4 000
1,00	1 000	+	500	+	3 500	=	5 000
1,10	1 000	+	516	+	4 484	=	6 000
1,20	1 000	+	531	+	5 469	=	7 000
1,30	1 000	+	545	+	6 544	=	8 000
1,40	1 000	+	560	+	7 440	=	9 000
1,50	1 000	+	572	+	8 428	=	10 000

1 Die Zahlen wurden aus Vereinfachungsründen so gewählt, dass sich ein linearer Verlauf der Angebotskurve ergibt.

Grafische Aggregation (horizontale Addition) zweier individueller Angebotskurven für Brezeln zu einer Gesamtangebotskurve für Brezeln

Abb. 1
Arnos individuelle Angebotskurve

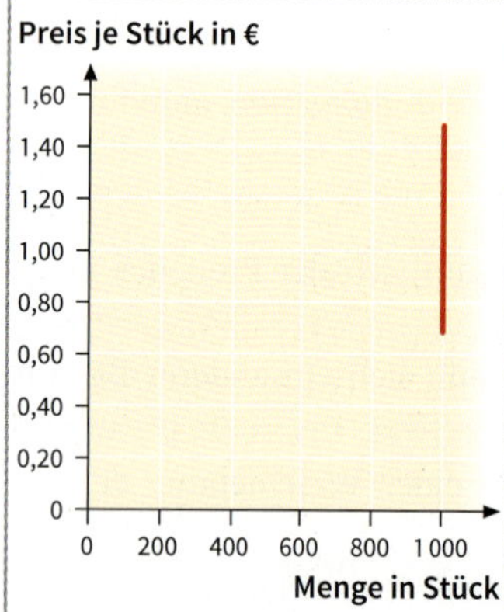

Abb. 2
Brunos individuelle Angebotskurve

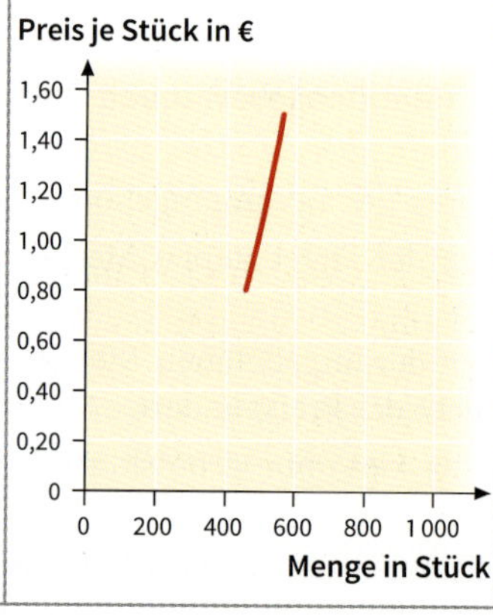

Abb. 3
Arnos und Brunos individuelle Angebotskurven

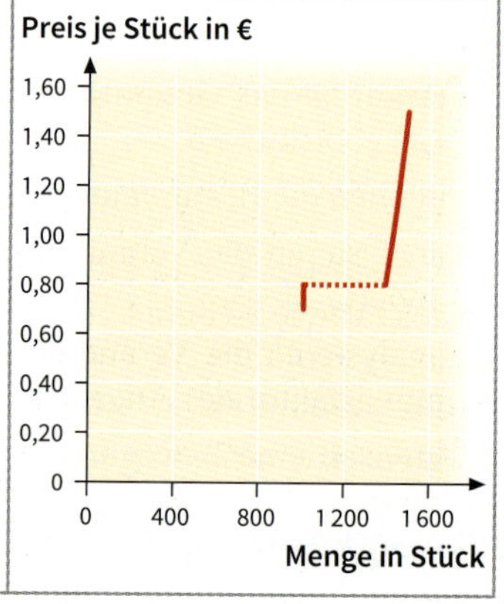

Wären Arno und Bruno die einzigen Brezelbäcker in einer Stadt, ergäbe sich durch Zusammenfassung (Aggregation) der beiden individuellen Angebotskurven die in Abbildung 3 dargestellte Gesamtangebotskurve.

Werden auch die individuellen Angebotskurven aller übrigen Brezelbäcker der Stadt entsprechend der obigen Tabelle hinzuaddiert, ergibt sich folgender Verlauf der Gesamtangebotskurve für Brezeln (Marktangebot).

Gesamtangebotskurve

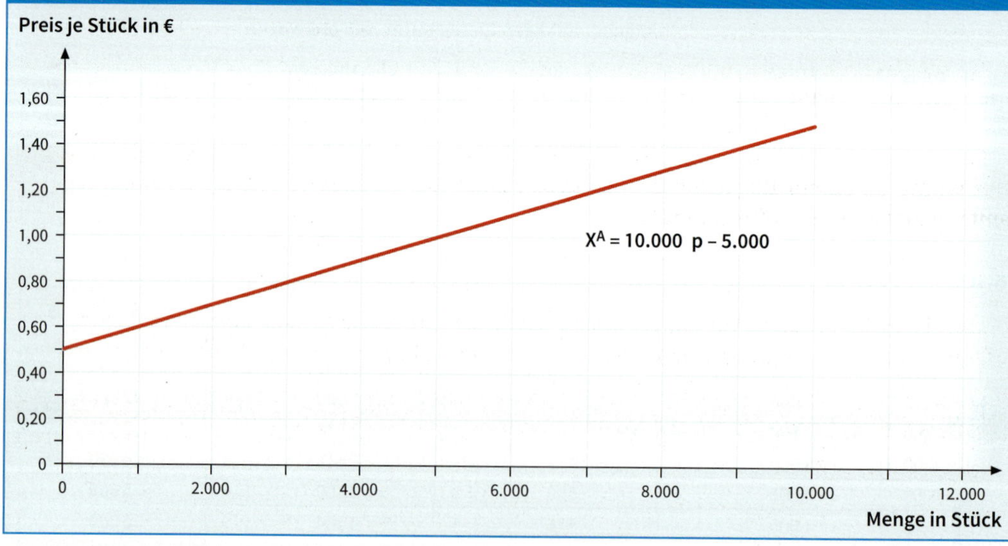

D Das Gesamtangebot (Marktangebot) für ein Gut ergibt sich aus der Zusammenfassung (Aggregation) des individuellen Angebots für dieses Gut.

3.8.2 Bestimmungsfaktoren des Gesamtangebots

Neben dem **Preis des Gutes**, der bereits bei der Ableitung der Angebotskurve eines einzelnen Unternehmens (= individuelle Angebotskurve) als Bestimmungsfaktor untersucht wurde, können auch folgende Größen Einfluss auf die **Gesamtangebotskurve** haben:

Produktionskosten (Preise der Produktionsfaktoren)

Steigen die Produktionskosten, so erhöhen sich für die betroffenen Anbieter die Stückkosten (k_g). Dadurch steigt die langfristige Preisuntergrenze (= Minimum der Stückkosten k_g). Anbieter, deren gestiegene Stückkosten nicht mehr durch den bisherigen Preis gedeckt sind, erwirtschaften einen Verlust und scheiden aus dem Markt aus. Die insgesamt zum bisherigen Preis angebotene Menge sinkt dadurch. Die Gesamtangebotskurve verschiebt sich nach links. Bei s-förmigem Verlauf der Gesamtkostenkurve tritt bei einer Erhöhung der variablen Stückkosten (k_v) eine zusätzliche weitere Linksverschiebung der gesamten Angebotskurve ein, da für die betroffenen Unternehmen die Grenzkostenkurve und somit auch die Angebotskurve steiler verläuft. Für die betroffenen Unternehmen liegt das Gewinnmaximum dadurch bei einer niedrigeren Produktionsmenge, sodass auch die insgesamt angebotene Menge sinkt.

Verbesserung des technischen Wissens und Veränderung der Produktionstechnik

Eine Verbesserung der Produktionstechnik (z. B. Entwicklung neuer Brezelbackanlagen mit geringerem Energieverbrauch) wirkt sich wie eine Kostensenkung aus. Das führt bei sinkenden variablen Kosten zu einer Rechtsverschiebung der Angebotskurve.

Absatz- und Gewinnerwartungen

Haben die Unternehmen günstige Absatz- und Gewinnerwartungen, werden sie mehr investieren und ihre Produktionskapazitäten ausdehnen. Das führt zu einer Ausdehnung des Gesamtangebots. Die Gesamtangebotskurve verschiebt sich nach rechts.

Preisentwicklung bei anderen Gütern

Steigen die Preise für andere Backwaren, während der Preis für Brezeln unverändert bleibt, erbringt die Brezelherstellung im Vergleich zur Herstellung anderer Backwaren möglicherweise einen geringeren Gewinn als vorher. Sofern die produktionstechnischen Voraussetzungen gegeben sind, kann es daher aufgrund der veränderten Gewinnerwartungen zu einer Produktionsverlagerung zugunsten der anderen Backwaren kommen (= Lenkungsfunktion des Preises). Dies würde zu einem Rückgang des Brezelangebots und zu einer Linksverschiebung der Gesamtangebotskurve für Brezeln führen.

Zahl der Anbieter

Nimmt die Zahl der Anbieter zu, so erhöhen sich die insgesamt verfügbaren Produktionskapazitäten. Das Gesamtangebot steigt. Die Gesamtangebotskurve verschiebt sich nach rechts.

Bestimmungsfaktoren des Gesamtangebots (Marktangebot)					
Preis des Gutes (p_1)	Preise der Produktionsfaktoren (Kosten) ($k_1, \dots, k_n$)	technisches Wissen, Produktionstechnik (T)	Absatz- und Gewinnerwartungen (G)	Preise anderer Güter ($p_2, \dots, p_n$)	Zahl der anbietenden Unternehmen (Z)
Allgemeine Gesamtangebotsfunktion für Gut 1: $X^A_1 = f(p_1, k_1 \dots k_n, T, G, p_2, \dots, p_n, Z)$					

3.8.3 Veränderung des Gesamtangebots

3.11, S. 244

Wenn sich einzelne Einflussfaktoren des Gesamtangebots ändern, muss deutlich unterschieden werden, ob durch diese Änderung im Preis-Mengen-Diagramm eine **Bewegung auf einer gegebenen Angebotskurve** (= Veränderung der angebotenen Menge) oder eine **Verschiebung der Angebotskurve** (= Veränderung des Angebots) ausgelöst wird. Auch sprachlich sollte der Unterschied zwischen diesen beiden Fällen immer deutlich werden, indem im ersten Fall vom Steigen oder Sinken der **angebotenen Menge** und im zweiten Fall von Zunahme oder Abnahme des **Angebots** gesprochen wird.

<table>
<tr><th>Änderung der angebotenen Menge
(Bewegung auf der Angebotskurve)</th><th>Änderung (Verschiebung)
der Angebotskurve</th></tr>
<tr><td>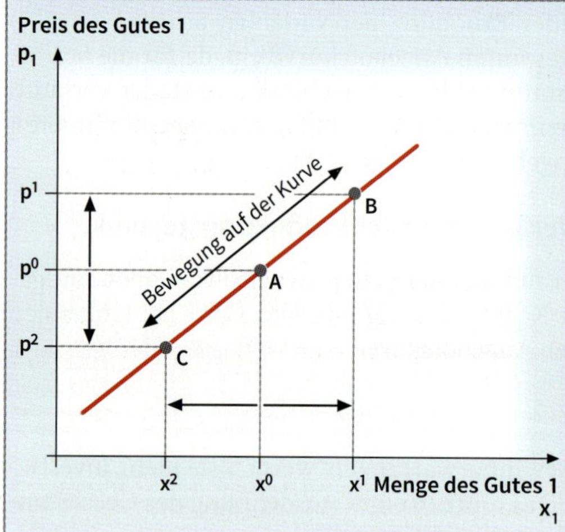
</td><td>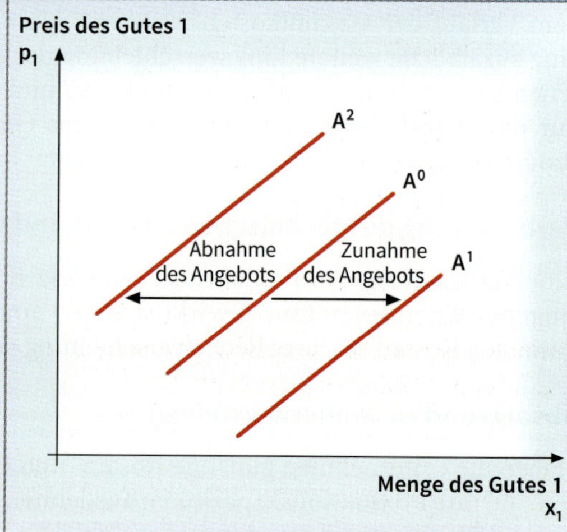
</td></tr>
<tr><td>Eine Bewegung auf der Angebotskurve eines Gutes ergibt sich nur dann, wenn sich der Preis dieses Gutes ändert.</td><td>Eine Verschiebung der Angebotskurve eines Gutes ergibt sich, wenn sich nicht der Preis dieses Gutes, sondern einer oder mehrere der anderen Bestimmungsfaktoren ändern.
Eine Rechtsverschiebung (= Zunahme des Angebots) ergibt sich z. B. in folgenden Fällen:
- Preissenkung bei den Produktionsfaktoren (= Kostensenkung),
- Verbesserung des angewandten technischen Wissens,
- verbesserte Absatz- und Gewinnerwartungen,
- Erhöhung der Zahl der Anbieter.
- Preissenkung bei anderen Gütern.
Im jeweils umgekehrten Fall ergibt sich eine Linksverschiebung der Gesamtangebotskurve (= Abnahme des Angebots).</td></tr>
</table>

3.9 Elastizität des Angebots

Lernziele:

Nach der Bearbeitung des Kapitels sind Sie in der Lage, Folgendes zu tun:

Sie ...

- ... erklären und berechnen die Preiselastizität des Angebots.
- ... nennen Beispiele für Güter mit geringer bzw. hoher Angebotselastizität.
- ... interpretieren Angebotselastizitäten in einzel- und gesamtwirtschaftlichen Zusammenhängen.
- ... erläutern die Angebotselastizität einer individuellen Angebotskurve eines Unternehmens mit linearen Erlös- und Kostenkurven.

Bei normalem Angebotsverhalten der Produzenten führen höhere Preise zu einem Anstieg der Angebotsmenge. Die **Preiselastizität des Angebots** ist eine Maßzahl für das **Ausmaß**, mit dem die angebotene Menge auf eine Preisänderung reagiert.

3.12, S. 245

D Die Preiselastizität des Angebots ist das Verhältnis zwischen der prozentualen Änderung der angebotenen Menge eines Gutes zur prozentualen Preisänderung dieses Gutes. Sie gibt an, um wie viel Prozent sich die angebotene Menge eines Gutes ändert, wenn sich der Preis dieses Gutes um 1 % ändert.

B Am Beispiel der nebenstehenden Angebotskurve lassen sich folgende Angebotselastizitäten ermitteln: Bei einer Preissteigerung von 3,00 € auf 4,00 € (= Steigerung um 33 1/3 %) steigt die angebotene Menge von 100 Stück auf 200 Stück (= Erhöhung um 100%). Die Elastizität ist größer als 1 (= elastisch), da die prozentuale Mengenerhöhung größer als die prozentuale Preiserhöhung ist.

Bei einer Preissteigerung von 12,00 € auf 15,00 € (= Steigerung um 25 %) steigt dagegen die angebotene Menge lediglich von 500 Stück auf 525 Stück (= Erhöhung um 5 %). Die Elastizität ist kleiner als 1 (= unelastisch), da die prozentuale Mengenerhöhung kleiner als die prozentuale Preiserhöhung ist.

Angebotskurve

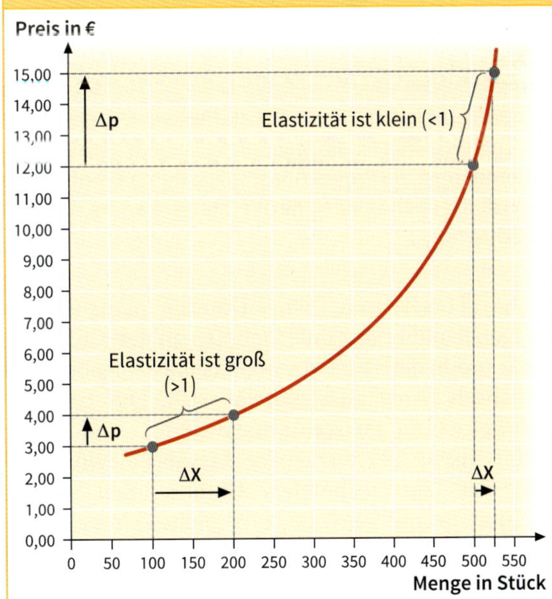

F

$$\text{Preiselastizität des Angebots} = \frac{\text{prozentuale Änderung der Angebotsmenge}}{\text{prozentuale Preisänderung}} = \frac{\frac{\Delta x \cdot 100}{x}}{\frac{\Delta p \cdot 100}{p}} = \frac{\Delta x}{\Delta p} \cdot \frac{p}{x}$$

B

Berechnung der Angebotselastizität bei einer Preiserhöhung von 3,00 € auf 4,00 €

	Preis	Menge
vorher	3,00 €	100 Stück
nachher	4,00 €	200 Stück
Änderung (absolut)	+ 1,00 €	+ 100 Stück
Änderung in %	$+33\frac{1}{3}$ %	+ 100 %

$$\text{Angebotselastizität} = \frac{+100}{+33\frac{1}{3}} = 3$$

Berechnung der Preiselastizität bei einer Preiserhöhung von 12,00 € auf 15,00 €

	Preis	Menge
vorher	12,00 €	500 Stück
nachher	15,00 €	525 Stück
Änderung (absolut)	+ 3,00 €	+ 25 Stück
Änderung in %	+ 25 %	+ 5 %

$$\text{Angebotselastizität} = \frac{+5}{+25} = 0{,}2$$

D

Ist die prozentuale Mengenänderung größer als die prozentuale Preisänderung, liegt ein elastisches Angebot vor (Angebotselastizität > 1). Ist die prozentuale Mengenänderung kleiner als die prozentuale Preisänderung, liegt ein unelastisches Angebot vor (Angebotselastizität < 1).

Die Höhe der Angebotselastizität hängt entscheidend von der Möglichkeit der Unternehmen ab, bei Preissteigerungen die Produktionsmenge zu erhöhen.

B

Bei nicht erneuerbaren Rohstoffen wie z. B. Erdöl und Erdgas sowie bei Baugrundstücken in bevorzugten Lagen ist die Angebotselastizität sehr gering. Demgegenüber ist bei Gütern, bei denen die Unternehmen die Produktionsmenge durch Erhöhung der Maschinenlaufzeiten, Zusatzschichten und Kapazitätserweiterungen flexibel steigern können (z. B. Autos, Bücher, Fernsehgeräte) die Angebotselastizität hoch.

Die Angebotselastizität eines Unternehmens ist umso geringer, je näher das Unternehmen an der Kapazitätsgrenze produziert. Im Extremfall ist das Angebot völlig unelastisch (Angebotselastizität = 0). Das trifft beispielsweise dann zu, wenn lineare Erlös- und Kostenverläufe unterstellt werden, so dass das Gewinnmaximum der entsprechenden Unternehmen an der Kapazitätsgrenze liegt. Für ein solches Unternehmen verläuft die individuelle Angebotskurve – beginnend im Minimum der Stückkosten – parallel zur Preisachse.

Angebotselastizität = 0

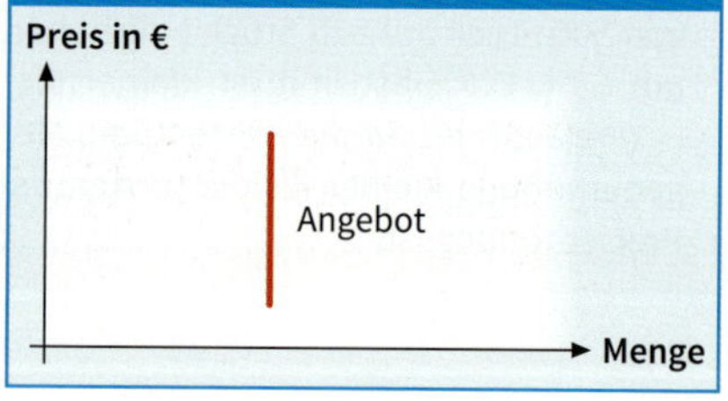

Zusammenfassende Übersicht Kapitel 3: Entscheidungsverhalten der Unternehmer als Anbieter

Produktionsfunktionen
Output = f (Input)

Substitutionale Produktionsfaktoren

Ertragsgesetzliche Produktionsfunktionen

▼

Veränderung nur eines Faktors

▼

s-förmiger Verlauf der Gesamtertragskurve (Ertragsgesetz)

Gesamtertragskurve

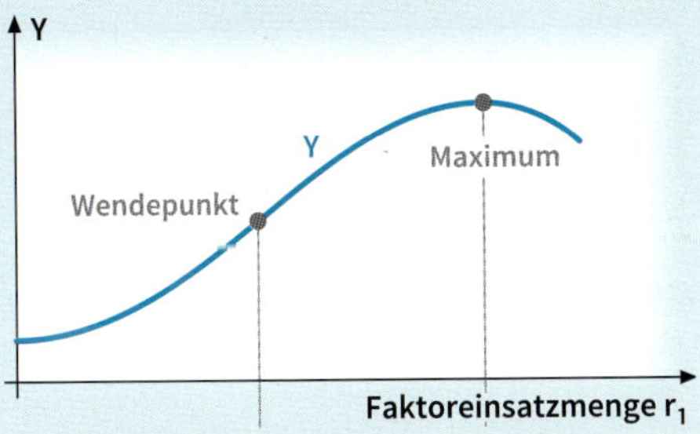

Durchschnitts- und Grenzertragskurve

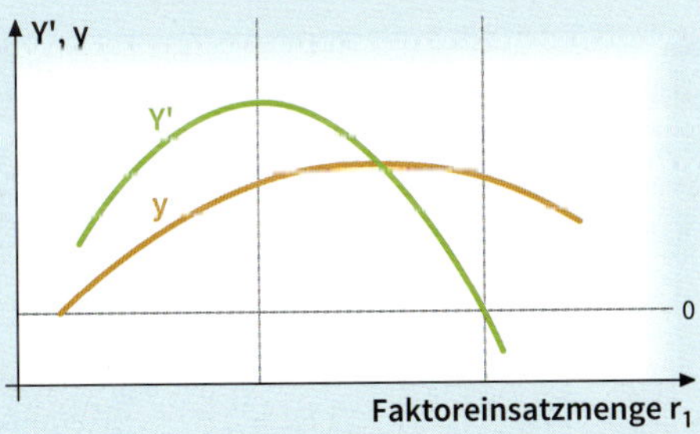

Gesetz der abnehmenden Grenzerträge

Limitationale Produktionsfaktoren

Linear-limitationale Produktionsfunktionen

▼

Veränderung des aus 2 Produktionsfaktoren bestehenden Faktorbündels

▼

linearer Verlauf der Gesamtertragskurve

Gesamtertragskurve

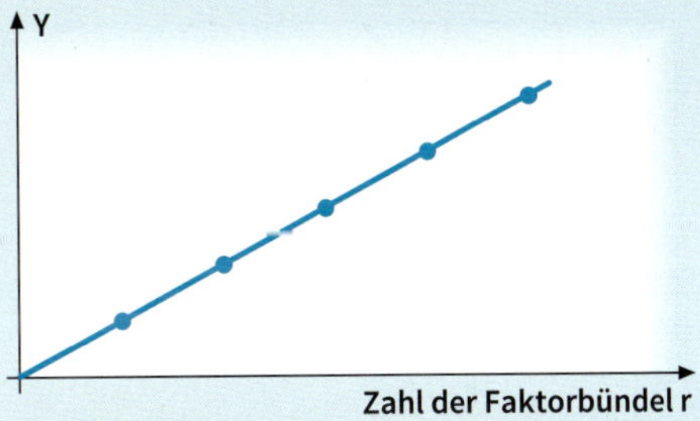

Durchschnitts- und Grenzertragskurve

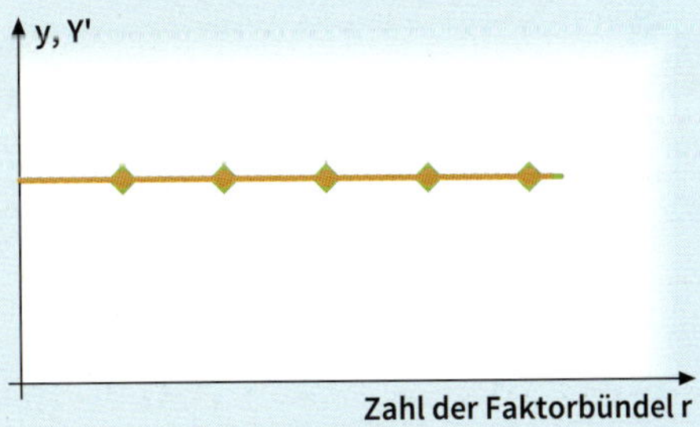

konstante Durchschnitts- und Grenzerträge

Zusammenfassende Übersicht Kapitel 3: Entscheidungsverhalten der Unternehmer als Anbieter

Kostenfunktionen

abgeleitet aus

ertragsgesetzlicher Produktionsfunktion	linear-limitationaler Produktionsfunktion
ertragsgesetzlicher Verlauf der Gesamtkostenkurve (Spiegelbild der Ertragskurve)	**linearer Verlauf der Gesamtkostenkurve** (Verbindungslinie aller effizienten Faktorkombinationen)

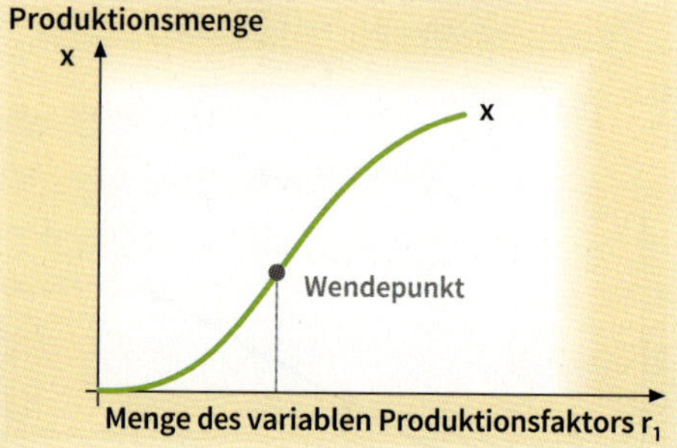

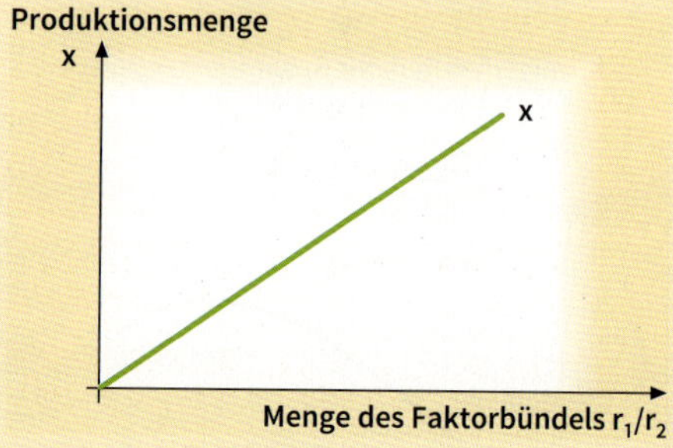

Zusammenfassende Übersicht Kapitel 3: Entscheidungsverhalten der Unternehmer als Anbieter

Allgemeine individuelle Angebotsfunktion: $x^A_1 = f(p_1, p_2, \ldots, p_n, K_{fix}, k_v, T, G \ldots)$
Bestimmungsfaktoren der angebotenen (= gewinnmaximalen) Menge von Gut 1:
Preis des Gutes 1, Preise anderer Güter, Kosten (= Preise der Produktionsfaktoren), Stand des technischen Wissens, Gewinnerwartungen, …

↓

Anwendung der c. p.-Annahme

↓

Spezielle Angebotsfunktionen: $x^A_1 = f(p_1)$ $x^A_1 = f(K_{fix}, k_V)$

Ziel: Gewinnmaximierung
Gewinn (G) = Erlös (E) – Kosten (K) → Max!

linearer Gesamtkostenverlauf	**s-förmiger Gesamtkostenverlauf**

Gesamtbetrachtung

Gesamterlös: $E = p \cdot x$
Gesamtkosten: $K_g = K_f + k_v \cdot x$

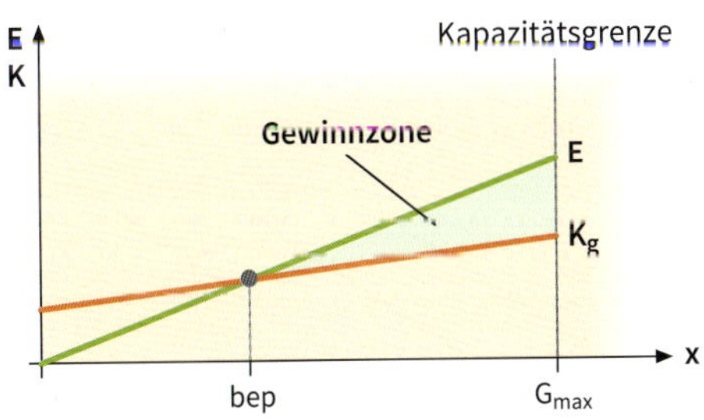

Gesamterlös: $E = p \cdot x$
Gesamtkosten: $K_g = K_f + a \cdot x + b \cdot x^2 + c \cdot x^3$

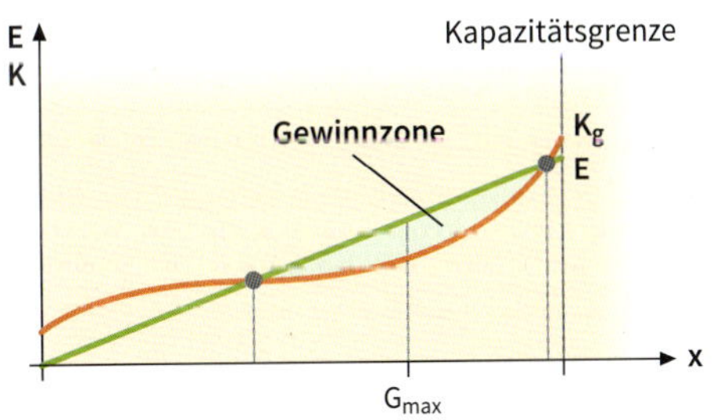

Stückbetrachtung

Stückerlös: $e = p$
Stückkosten: $k_g = \frac{K_f}{x} + k_v$

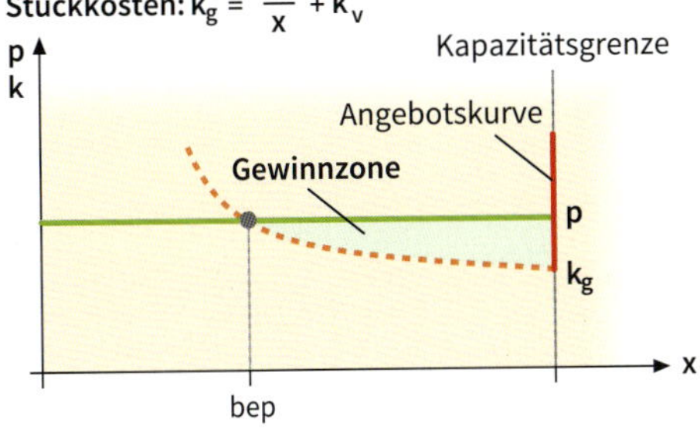

Stückerlös: $e = p$
Stückkosten: $k_g = \frac{K_f}{x} + a + b \cdot x + c \cdot x^2$

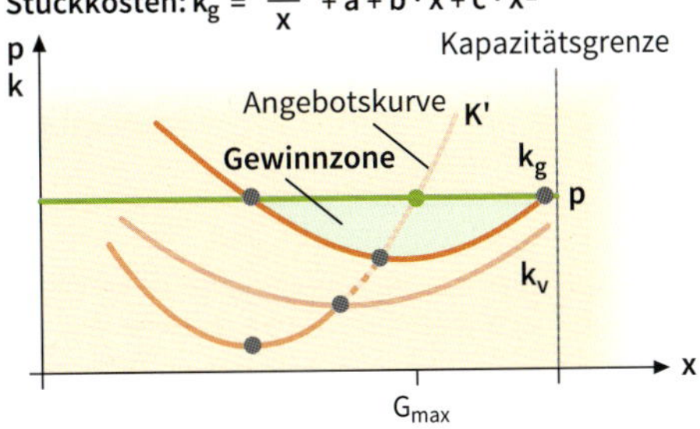

Zusammenfassende Übersicht Kapitel 3: Entscheidungsverhalten der Unternehmer als Anbieter

Aggregation des individuellen Angebots = Gesamtangebot (Marktangebot)
Allgemeine Gesamtangebotsfunktion: $X^A_1 = f(p_1, p_2, ..., p_n, K_{fix}, k_V, T, G, Z ...)$
Bestimmungsfaktoren der insgesamt angebotenen Mengen von Gut 1:
Preis des Gutes, Preise anderer Güter, Faktorkosten, Stand des technischen Wissens, Gewinnerwartungen, Zahl der Anbieter, …

↓

Anwendung der c. p.-Annahme

↓

(Spezielle) Gesamtangebotskurve: $X^A_1 = f(p_1)$

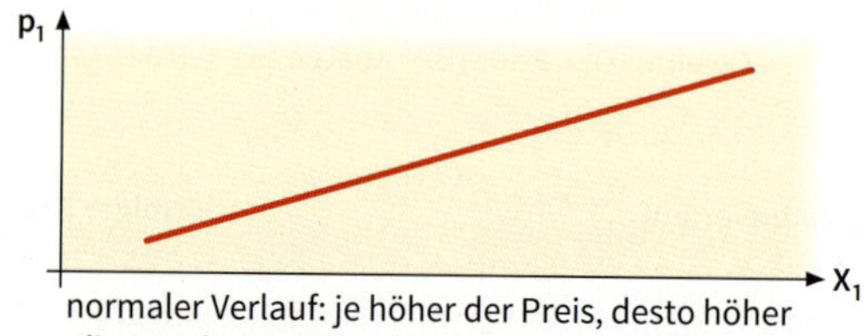

normaler Verlauf: je höher der Preis, desto höher die angebotene Menge („Gesetz des Angebots")

Änderung des Preises (p_1) des Gutes (X_1)
= Bewegung auf der Kurve
= Änderung der angebotenen Menge

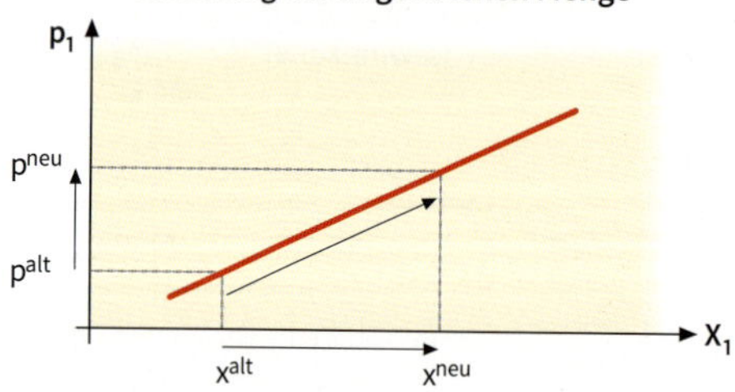

Änderung anderer Bestimmungsfaktoren
(z. B. Kosten) = Verschiebung der Kurve
= Änderung des Angebots

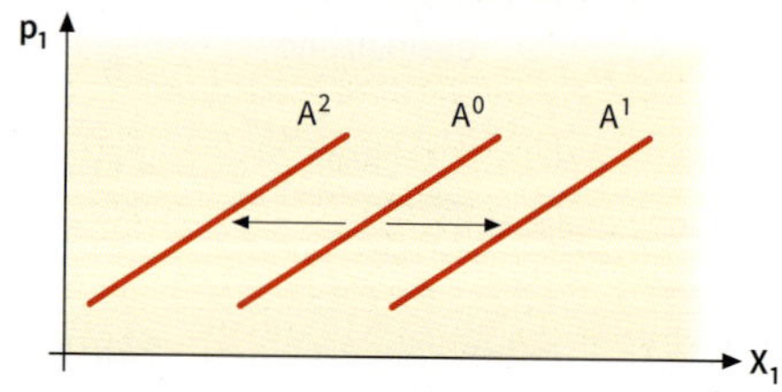

Preiselastizität des Angebots =
prozentuale Änderung der angebotenen Menge bei Änderung des Preises um 1 %

Preiselastizität des Angebots = $\frac{\Delta x \cdot p}{\Delta p \cdot x}$

Aufgaben und Probleme zur Erarbeitung und Anwendung von Wissen zu Kapitel 3: Entscheidungsverhalten der Unternehmer als Anbieter

3.1 Ertragsgesetz: Gesamtertrag – Durchschnittsertrag – Grenzertrag

Angenommen, in einer landwirtschaftlichen Versuchsanstalt ergeben sich bei der Vermehrung des Düngemitteleinsatzes um jeweils eine Einheit folgende Messergebnisse:

Einsatzmengen Faktor r_1 (Dünger)	1	2	3	4	5	6	7	8	9	10	11	12	13
Ertrag (Produktionsmenge)	10	30	60	100	150	190	220	240	250	255	250	240	220

1. Ermitteln Sie die Durchschnitts- und Grenzerträge.
2. Stellen Sie den Verlauf der Gesamtertragskurve grafisch dar.
3. Stellen Sie die Verläufe der Durchschnitts- und Grenzertragskurve grafisch dar.
4. Erläutern Sie die Zusammenhänge zwischen Gesamtertrags- , Durchschnittsertrags- und Grenzertragskurve.

3.2 Linear-limitationale Produktionsfunktion: Gesamtertrag – Durchschnittsertrag – Grenzertrag

In einem industriellen Produktionsprozess können die beiden Produktionsfaktoren r_1 (Arbeit) und r_2 (Kapital) aufgrund technischer Gegebenheiten nur als gemeinsames Faktorbündel mit einem festen Einsatzverhältnis von 1 : 1 eingesetzt werden. Es gilt folgender Zusammenhang:

Faktoreinsatzmenge Zahl der Faktorbündel mit je 1 Einheit r_1 und r_2	1	2	3	4	5	6	7	8
Gesamtertrag (Produktionsmenge)	200	400	600	800	1 000	1 200	1 400	1 600

1. Ermitteln Sie die Durchschnitts- und Grenzerträge.
2. Stellen Sie den Verlauf der Gesamtertragskurve grafisch dar.
3. Stellen Sie die Verläufe der Durchschnitts- und Grenzertragskurve grafisch dar.
4. Erläutern Sie die Zusammenhänge zwischen Gesamtertrags- , Durchschnittsertrags- und Grenzertragskurve.

3.3 Ertragsgesetzliche Kostenkurve

Angenommen, in einer landwirtschaftlichen Versuchsanstalt ergeben sich bei der Vermehrung des Düngemitteleinsatzes um jeweils eine Einheit folgende Messergebnisse über die Änderung des Gesamtertrags *(vgl. Aufg. 3.1).*

Einsatzmengen Faktor r_1 (Dünger)	1	2	3	4	5	6	7	8	9	10	11	12	13
Ertrag (Produktionsmenge)	10	30	60	100	150	190	220	240	250	255	250	240	220

Die Kosten für eine Mengeneinheit des Produktionsfaktors r_1 beträgt 10,00 €.

1. Stellen Sie die Gesamtkostenkurve für den Düngereinsatz grafisch dar und vergleichen Sie die Darstellung mit der Gesamtertragskurve aus Aufg. 3.1 Nr. 2.
2. Welche Zusammenhänge bestehen im vorliegenden Fall zwischen der Gesamtertrags- und der Gesamtkostenkurve?

3.4 Kostenkurve bei linear-limiationaler Produktionsfunktion

Bei einem Taxiunternehmen arbeiten die Fahrer täglich in drei Schichten. Nach jeweils 8-stündiger Arbeitszeit wird ein Fahrer durch einen anderen abgelöst. Die Betriebsdauer eines Taxis beträgt somit 24 Stunden pro Tag. In dieser Zeit erbringt jedes Taxi eine durchschnittliche Transportleistung von 1000 km.

1. Der Zusammenhang zwischen den eingesetzten Produktionsfaktoren (Fahrer und Taxis) und der erbrachter Leistung (Transportleistung in km) lässt sich tabellarisch wie folgt darstellen:

Anzahl der Taxis	Transportleistung (Ø km pro Tag)				
5	1 000				5 000
4	1 000				
3	1 000				
2	1 000				
1	1 000	1 000	1 000	1 000	1 000
Anzahl der Fahrer (jeder 8 Std./Tag)	3				

a) Ergänzen Sie in einer Tabelle nach obigem Muster die fehlenden Werte.
b) Wie sollte das Taxiunternehmen Ihrer Meinung nach reagieren, wenn ihm 4 Taxis und 6 Fahrer zur Verfügung stehen?
c) Welche Kombinationen zwischen Zahl der Taxis und Zahl der Fahrer sind im vorliegenden Fall nur sinnvoll?
d) In welchem mengenmäßigen Verhältnis werden die beiden Produktionsfaktoren im vorliegenden Fall bei den sinnvollen Kombinationsmöglichkeiten eingesetzt?

2. Der Zusammenhang zwischen dem Einsatz von Produktionsfaktoren (Input) und der erbrachten Leistung (Output) lässt sich auch als Produktionsfunktion auffassen. Dabei stellt der Input die unabhängige und der Output die abhängige Größe dar. Die bei Aufgabe 1 wiedergegebene Tabelle beinhaltet eine solche Produktionsfunktion.
Stellen die Produktionsfunktion (Ertragskurve) aus Aufgabe 1 grafisch in einem Koordinatensystem dar.
Input (X-Achse): je 1 cm für die Faktorkombinationen
1 Taxi/3 Fahrer, 2 Taxis/6 Fahrer, 3 Taxis/9 Fahrer, 4 Taxis/12 Fahrer, 5 Taxis/15 Fahrer
Output (Y-Achse): 1 cm = 500 km

3. Für den Taxibetrieb entstehen folgende Kosten:
Personalkosten: Das Taxiunternehmen arbeitet ausschließlich mit Aushilfskräften. Für die tatsächlich geleisteten Dienste fallen einschließlich Lohnnebenkosten 25,00 € je Stunde an. Weitere Personalkosten fallen nicht an.
Fahrzeugkosten je Taxi auf 100 km gemäß ADAC-Tabelle: 25,00 €.
a) Füllen Sie eine Kostentabelle nach folgendem Muster aus:

Output (km pro Tag)	Gesamtkosten (€ pro Tag)	Kosten pro km (€)
1 000		
2 000		
3 000		
4 000		
5 000		

b) Stellen Sie die Gesamtkostenfunktion in einem Koordinatensystem dar.
Achsenbezeichnung/Achseneinteilung:
Output (X-Achse): 1 cm = 500 km; Kosten (Y-Achse): 1 cm = 1.000 €
c) Welche Zusammenhänge zwischen der Ertragskurve (Aufg. 2) und der Kostenkurve lassen sich feststellen?

3.5 Gewinnmaximum – Gewinnschwelle – Abhängigkeit der Angebotsmenge vom Preis

Für einen Hersteller von Schokoriegeln liegt folgende Situation vor: Aufgrund der Wettbewerbssituation kann das Unternehmen den Marktpreis nicht selbst beeinflussen, sondern nur seine Angebotsmenge an den vom Markt vorgegebenen Preis anpassen (= Mengenanpasser). Das Unternehmen erzielt den maximalen Gewinn, wenn es die höchstmögliche Ausbringungsmenge von 1 Mio. Schokoriegeln erzeugt und verkauft. Die Produktionskosten setzen sich wie folgt zusammen:

Die unabhängig von der Produktionsmenge anfallenden Kosten (fixe Kosten, z. B. für Gebäudemiete, Abschreibungen auf Maschinen) betragen 150.000 €. Die Kosten, deren Höhe sich in Abhängigkeit von der Produktionsmenge ändert (variable Kosten, z. B. für Zutaten, Energieverbrauch von Maschinen), betragen 0,15 € je Schokoriegel.

1. Wie hoch wäre der maximale Gewinn dieses Herstellers, wenn der Marktpreis für Schokoriegel 0,60 € betragen würde?
2. Mit wie viel Prozent muss der Hersteller seine Kapazität mindestens auslasten, damit kein Verlust entsteht?
3. Wie hoch wäre die Angebotsmenge dieses Herstellers, wenn der Marktpreis für Schokoriegel 0,50 € betragen würde?
4. Angenommen, der Marktpreis für Schokoriegel sinkt dauerhaft. Ab welchem Marktpreis würde der Hersteller seine Produktion einstellen?

3.6 Abhängigkeit der Angebotsmenge vom Preis bei linearem Gesamtkostenverlauf

Fünf landwirtschaftliche Betriebe bieten ein gleichartiges Agrarprodukt an. Aufgrund der Marktsituation können die Unternehmen den Marktpreis nicht selbst beeinflussen, sondern nur ihre Angebotsmenge an den vom Markt vorgegebenen Preis anpassen (= Mengenanpasser). Alle fünf Betriebe erzielen ihren maximalen Gewinn, wenn sie ihre höchstmögliche Ausbringungsmenge von jeweils 100 t erzeugen und verkaufen. Wegen unterschiedlicher Bodenqualität und unterschiedlich hohem Maschineneinsatz weichen die Produktionskosten der einzelnen Betriebe voneinander ab.

	Betrieb A	Betrieb B	Betrieb C	Betrieb D	Betrieb E
Maximale Produktionsmenge in t	100	100	100	100	100
Fixkosten in € (z. B. Pacht, Abschreibungen auf Landmaschinen)	1.500	2.000	3.000	2.500	2.000
Variable Kosten je t Ernteertrag in € (z. B. Saatgut, Dünger, Treibstoff)	15	20	20	35	50

1. Wie hoch ist langfristig die Angebotsmenge von Betrieb A, wenn der Marktpreis je t 60,00 € beträgt?
2. Wie hoch ist langfristig die insgesamt angebotene Menge der fünf Betriebe, wenn der Marktpreis je t 60,00 € beträgt?
3. Wie hoch muss der Marktpreis mindestens sein, damit das Produkt langfristig von mindestens einem der fünf Betriebe am Markt angeboten wird?
4. Wie hoch ist langfristig die insgesamt angebotene Menge der fünf Betriebe, wenn die variablen Stückkosten um 10,00 € steigen und der Marktpreis nach wie vor 60,00 € je t beträgt?
5. Zeichnen Sie die Gesamtangebotskurve vor und nach der Erhöhung der variablen Stückkosten (*vgl. 4*) der fünf Betriebe in ein Preis-Mengen-Diagramm ein.

3.7 Gesamtangebotskurve bei linearem Verlauf der Gesamtkosten

Für fünf Produzenten eines gleichartigen Produkts, die ihre Kapazitäten voll ausgelastet haben, gelten folgende Daten:

	Betrieb A	Betrieb B	Betrieb C	Betrieb D	Betrieb E
Stückkosten bei der Kapazitätsgrenze (€)	400	500	600	700	800
Kapazität (Stück)	50 000	40 000	30 000	20 000	10 000

1. Zeichnen Sie die Angebotskurve (y-Achse: 10 cm, 1 cm = 100 €; x-Achse: 15 cm, 1 cm = 10 000 Stück). Warum verläuft die Angebotskurve im vorliegenden Fall nicht linear?
2. Wie hoch ist die Angebotsmenge bei einem Marktpreis von 900 €?
3. Wie verändert sich die Angebotsmenge, wenn der Marktpreis langfristig auf 700 € sinkt?
4. Wie verändert sich die Angebotsmenge, wenn sich bei einem Marktpreis von 700 € für jeden Anbieter eine Erhöhung der Stückkosten bei der Kapazitätsgrenze um 100 € ergibt?

3.8 s-förmiger Kostenverlauf – Gewinnmaximum – kritische Kosten- und Gewinnpunkte – Angebotskurve

In einer landwirtschaftlichen Produktionsgenossenschaft zeigt die Analyse der Kostenstruktur für den Anbau einer bestimmten Getreidesorte folgenden Zusammenhang zwischen der jährlichen Produktionsmenge (x) und den dabei anfallenden Gesamtkosten (K_g):

Menge (x) in t	0	1 000	2 000	3 000	4 000	5 000	6 000	7 000
Kosten (K_g) in €	200.000	278.000	320.000	338.000	344.000	350.000	368.000	410.000

Menge (x) in t	8 000	9 000	10 000	11 000	12 000	13 000	14 000
Kosten (K_g) in €	488.000	614.000	800.000	1.058.000	1.400.000	1.838.000	2.384.000

Der Verkaufspreis beträgt 100 € je t.

1. Ermitteln Sie für die Produktionsmengen von 0 t bis 14 000 t tabellarisch (siehe Arbeitsblatt) folgende Größen: Erlöse (E), Fixkosten (K_{fix}), variable Gesamtkosten (K_v), Gesamtkosten (K_g), Gewinn/Verlust (G).
2. Stellen Sie in einem Koordinatensystem (siehe Arbeitsblatt) die Entwicklung der Erlöse (E) und der Gesamtkosten (K_g) in Abhängigkeit von der Produktionsmenge grafisch dar.
3. Beantworten Sie anhand der Grafik und der Tabelle die folgenden Fragen:
   a) Ab welcher Produktionsmenge (ungefähre Mengenangabe) erzielt der Betrieb einen Gewinn (Gewinnschwelle)?
   b) Ab welcher Produktionsmenge (ungefähre Mengenangabe) tritt der Betrieb erneut in die Verlustzone ein (Gewinngrenze)?
   c) Bei welcher Produktionsmenge erzielt der Betrieb den höchsten Gewinn?
4. Ermitteln Sie anhand der Grafik, welche Bedingung hinsichtlich der Steigungen der Erlöskurve (E) und der Gesamtkostenkurve (K_g) bei der gewinnmaximalen Produktionsmenge erfüllt sein muss.
5. Stückpreis und Stückkosten
   a) Ermitteln Sie für die Produktionsmengen 0 t bis 14 000 t tabellarisch (siehe Arbeitsblatt) zunächst nur den Stückpreis (p) und die Stückkosten (k_g).
   b) Stellen Sie in einem zweiten Koordinatensystem (siehe Arbeitsblatt) die Entwicklung des Stückpreises (p) und der Stückkosten (k_g) grafisch dar.
   c) Überprüfen Sie anhand der Grafik die bei den Aufgaben 3 a) und 3 b) ermittelte Gewinnschwelle und Gewinngrenze.

6. Die Steigung der Erlöskurve (E) bei unterschiedlichen Absatzmengen wird durch die jeweiligen Grenzerlöse (E‘) angegeben. Der Grenzerlös (= 1. Ableitung) ist der zusätzliche Erlös, der sich bei einer Erhöhung der Absatzmenge um eine Einheit ergibt.
Die Steigung der Gesamtkostenkurve (K_g) bei unterschiedlichen Absatzmengen wird durch die jeweiligen Grenzkosten (K‘) angegeben. Die Grenzkosten (= 1. Ableitung) sind die zusätzlichen Kosten, die sich bei einer Erhöhung der Produktionsmenge um eine Einheit ergeben.
   a) Ermitteln Sie in der bei Aufgabe 5a) erstellten Tabelle die Grenzerlöse und die Grenzkosten für die Produktionsmengen von 0 t bis 14000 t.
   b) Stellen Sie in dem bei Aufgabe 5b) erstellten Koordinatensystem die Entwicklung der Grenzerlöse (E‘) und der Grenzkosten (K‘) grafisch dar.
   c) Überprüfen Sie anhand der Grafik die bei Aufgabe 3c) ermittelte gewinnmaximale Menge. Begründen Sie mathematisch und betriebswirtschaftlich, warum die gewinnmaximale Produktionsmenge dann erreicht ist, wenn die Bedingungen E‘ = K‘ bzw. p = K‘ erfüllt sind.

7. Variable Stückkosten (k_v)
   a) Ermitteln Sie anhand der bei Aufgabe 5a) erstellten Tabelle die variablen Stückkosten (k_v) für die Produktionsmengen 0 t bis 14000 t.
   b) Stellen Sie in dem bei Aufgabe 5b) erstellten Koordinatensystem die Entwicklung der variablen Stückkosten grafisch dar.

8. Beantworten Sie anhand der beiden Tabellen und der beiden Grafiken folgende Fragen:
   a) Welche Kostenart entscheidet darüber, ob es neben der Gewinnschwelle auch eine Gewinngrenze gibt?
   b) Warum gibt es bei linearem Verlauf der Gesamtkostenkurve keine Gewinngrenze?
   c) Wie weit darf der Preis langfristig höchstens sinken, damit der Betrieb die Produktion fortsetzen kann (= langfristige Preisuntergrenze)?
   d) Wie weit darf der Preis kurzfristig höchstens sinken, damit der Betrieb seine Produktion nicht einstellen muss (= kurzfristige Preisuntergrenze)?
   e) Welche Besonderheit weist die Gesamtkostenkurve beim Minimum der Grenzkostenkurve auf?

9. Das Minimum der Stückkostenkurve (k_g) wird als Betriebsoptimum (oder optimaler Kostenpunkt) und das Minimum der variablen Stückkosten (k_v) als Betriebsminimum bezeichnet. In diesem Zusammenhang wird auch von „kritischen Kostenpunkten“ gesprochen.
Stellen Sie anhand der bei den Aufgaben 5b) und 6b) erstellten grafischen Darstellung der Stückgrößen für diese beiden Kostenpunkte fest,
   a) bei welchen Produktionsmengen (ungefähre Mengenangaben) sie jeweils liegen,
   b) welche Besonderheiten sie jeweils aufweisen.

10. Stellen Sie in einem Preis-Mengen-Diagramm die individuelle Angebotskurve des Betriebes dar und begründen Sie deren Verlauf. Unterscheiden Sie dabei auch zwischen der langfristigen Preisuntergrenze (Aufgabe 8c) und der kurzfristigen Preisuntergrenze (Aufgabe 8d).

11. Für das vorliegende Beispiel lauten die Erlös- und Kostenfunktionen wie folgt:
Erlösfunktion: $E = 100 \cdot x$ Kostenfunktion: $K = 200.000 + 0{,}000002\,x^3 - 0{,}024\,x^2 + 100\,x$
Stellen Sie die in den beiden Koordinatensystemen erstellten Kurven (Gesamtgrößen und Stückgrößen) mithilfe eines grafikfähigen Taschenrechners dar. Ermitteln Sie folgende Größen: Gewinnschwelle, Gewinngrenze, Gewinnmaximum, Betriebsoptimum, Betriebsminimum.

3.9 Individuelle Angebotskurve bei s-förmigem Kostenverlauf

Ein Unternehmen weist folgende Gesamtkostenentwicklung auf.

Menge (x) in Stück	0	10	20	30	40	50	60	70	80	90	100	110	120
Gesamtkosten (K_g) in €	40	54	64	72	79	85	92	100	110	124	142	166	196

1. Ermitteln Sie für die Mengen 0 bis 120 Stück tabellarisch k_g, k_v und K‘ und bestimmen Sie, bei welchen Mengen das Betriebsoptimum und das Betriebsminimum liegen.

2. Stellen Sie die kurz- und langfristige Angebotskurve des Unternehmens grafisch dar.
3. Überlegen Sie, ob und gegebenenfalls wie sich die Angebotskurve ändert, wenn
   a) nur die Fixkosten,
   b) zusätzlich auch die variablen Stückkosten steigen.

3.10 Individuelle Angebotskurve – Gesamtangebotskurve bei s-förmigem Kostenverlauf

Für drei landwirtschaftliche Betriebe ergeben sich bei der Getreideproduktion im Bereich der progressiv steigenden Gesamtkosten folgende Grenzkosten:

Betrieb 1		Betrieb 2		Betrieb 3	
Menge in t	K' in €	Menge in t	K' in €	Menge in t	K' in €
50,0	10	25,0	20	20,0	30
65,0	20	37,5	30	30,0	40
72,5	30	45,0	40	37,5	50
80,0	40	50,0	50	45,0	60
85,0	50	55,0	60	50,0	70
90,0	60	60,0	70	55,0	80
92,5	70	62,5	80	60,0	90
95,0	80	65,0	90	65,0	100
97,5	90	67,5	100		
100,0	100				
Betriebsoptimum: 65 t		Betriebsoptimum: 37,5 t		Betriebsoptimum: 37,5 t	

1. Stellen Sie für jeden Betrieb die langfristige Angebotsfunktion tabellarisch und grafisch dar.
2. Stellen Sie die langfristige Gesamtangebotsfunktion der drei Betriebe tabellarisch und grafisch dar.
3. Wie hoch ist die Gesamtangebotsmenge bei einem Marktpreis von 50,00 € je t?
4. Durch Erhöhung der Fixkosten erhöht sich in allen Betrieben das Betriebsoptimum um 7,5 t.
   a) Stellen Sie die sich dadurch ergebenden Veränderungen für die Gesamtangebotsfunktion tabellarisch und grafisch dar.
   b) Wie hoch ist nach der Erhöhung der Fixkosten die Gesamtangebotsmenge bei einem gleich bleibenden Marktpreis von 50,00 € je t? Begründen Sie das Ergebnis.

3.11 Veränderung des Gesamtangebots (Marktangebot)

Welche der folgenden Faktoren können im Zeitablauf die Verschiebung der Gesamtangebotskurve für das Gut 1 von A^1 nach A^2 verursacht haben? Begründen Sie Ihre Antwort.

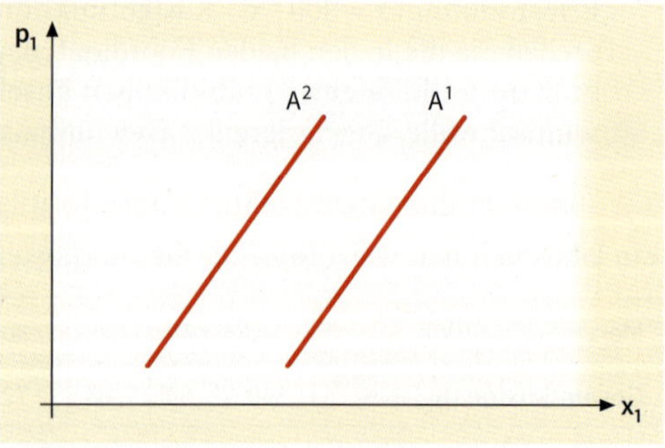

a) Der Preis des Gutes 1 ist gesunken.
b) Die Preise anderer Güter sind gesunken.
c) Erhöhung der Faktorkosten.
d) Die Absatz- und Gewinnerwartungen der Unternehmen haben sich verschlechtert.
e) Kostensenkung durch techn. Fortschritt.
f) Die Zahl der Anbieter hat zugenommen.

3.12 Elastizität des Angebots

Berechnen Sie die Angebotselastizität für folgende Fälle a) bis d) und erläutern Sie die Ergebnisse:

a)

Preis		Menge	
vorher	nachher	vorher	nachher
4,00 €	5,00 €	100 Stück	125 Stück

b)

Preis		Menge	
vorher	nachher	vorher	nachher
4,00 €	5,00 €	100 Stück	200 Stück

c)

Preis		Menge	
vorher	nachher	vorher	nachher
4,00 €	5,00 €	100 Stück	110 Stück

d)

Preis		Menge	
vorher	nachher	vorher	nachher
4,00 €	5,00 €	100 Stück	100 Stück

Ich kann …	Bitte ankreuzen		Wenn Nein: Siehe Seite(n) im Buch	Level / Anforde-rungsniveau
	Ja	Nein		
3.1 Produktionsfunktionen				**Level**
… den Aussagegehalt einer Produktionsfunktion beschreiben.			198	1
… zwischen ertragsgesetzlicher und linear-limitationaler Produktionsfunktion unterscheiden.			198 f.	1
… den Verlauf der Gesamt-, Durchschnitts- und Grenzertragskurve bei einer ertragsgesetzlichen Produktionsfunktion darstellen.			200	2
… das Ertragsgesetz bzw. das Gesetz vom abnehmenden Grenzertrag erläutern.			199 ff.	2
… die Eigenschaften limitationaler Produktionsfunktionen beschreiben.			202 f.	1
… die Begriffe „Ertragsgebirge“, „Isoquanten“ und „Prozessgerade“ erklären.			203 f.	2

4 Preisbildung durch Angebot und Nachfrage auf verschiedenen Arten von Märkten

4.1 Preisbildung auf Wettbewerbsmärkten: Polypol

Lernziele:

Nach der Bearbeitung des Kapitels sind Sie in der Lage, Folgendes zu tun:

Sie ...

- ... nennen die Voraussetzungen des Modells der vollständigen Konkurrenz.
- ... erklären, warum der einzelne Anbieter bei vollständiger Konkurrenz als Mengenanpasser bezeichnet wird.
- ... nennen Eigenschaften des Gleichgewichtspreises.
- ... stellen Anpassungsprozesse dar, die sich auf Wettbewerbsmärkten einstellen, wenn der Marktpreis über bzw. unter dem Gleichgewichtspreis liegt.
- ... definieren die Konsumenten- und Produzentenrente und berechnen deren Höhe.
- ... stellen Änderungen des Gleichgewichtspreises bei einer Verschiebung der Angebots- und/oder Nachfragekurven dar.
- ... fassen die Auswirkungen einer Veränderung von Angebot und Nachfrage auf den Gleichgewichtspreis und die Gleichgewichtsmenge zusammen.

4.1.1 Modell der vollständigen Konkurrenz

Preisbildungsvorgänge sind in der Realität höchst undurchsichtig und nur schwer nachvollziehbar. Daher wird versucht, unter **modellmäßiger Vereinfachung** Vorgänge und Entwicklungen auf dem Markt zu veranschaulichen und erkennbar zu machen. Dabei bleiben alle Einflussfaktoren unberücksichtigt, die den Preisbildungsprozess stören könnten. Das zweiseitige Polypol (viele Anbieter und viele Nachfrager) auf dem vollkommenen Markt ist ein solches Modell. Diese Marktform wird auch als **Modell der vollständigen Konkurrenz** bezeichnet. Es ist durch folgende Annahmen (Prämissen) gekennzeichnet:

- Auf dem Markt stehen sich viele Anbieter und viele Nachfrager gegenüber. Die Anbieter stehen miteinander in Konkurrenz. Auch die Nachfrager erhöhen ihre Marktmacht nicht durch Kooperation oder Zusammenschlüsse. Daraus folgt, dass der einzelne Marktteilnehmer nur über einen geringen Marktanteil und damit über keine bedeutsame Marktmacht verfügt.
- Die Bedingungen des vollkommenen Marktes sind erfüllt (homogenes Gut, keine Präferenzen, vollständige Markttransparenz). Daraus folgt, dass sich ein einheitlicher Preis (Einheitspreis) ergibt.

Diese Annahmen beinhalten, dass der sich am Markt ergebende Preis für den einzelnen Anbieter eine vorgegebene Größe (Datum) ist, die er aufgrund seines geringen Marktanteils alleine nicht beeinflussen kann. Sein Ziel der Gewinnmaximierung kann er nur erreichen, wenn er seine Angebotsmenge bestmöglich an den vorgegebenen Preis anpasst. Der einzelne Anbieter ist **Mengenanpasser**.

Würde ein **einzelner** Anbieter versuchen, einen höheren Preis als den Marktpreis zu verlangen, ohne dass die übrigen Anbieter ebenso reagieren, wären alle Nachfrager aufgrund der vollständigen Markttransparenz darüber informiert, dass das gleiche Gut anderswo billiger erhältlich ist. Da keinerlei Präferenzen bestehen, die die Nachfrager veranlassen könnten, für dieses Gut bei einem bestimmten Anbieter freiwillig mehr zu bezahlen als nötig, geht die Absatzmenge dieses Anbieters auf null zurück, da alle seine Kunden zur Konkurrenz abwandern.

Würde ein **einzelner** Anbieter seine Güter dagegen zu einem Preis unterhalb des Marktpreises anbieten, ohne dass die übrigen Anbieter ebenso reagieren, würde sich sofort die gesamte Nachfrage auf ihn konzentrieren. Wegen seines geringen Marktanteils kann er diese Nachfrage aber nicht befriedigen und keine zusätzlichen Kunden langfristig an sich binden. Er würde lediglich seine Angebotsmenge, die er auch zum Marktpreis hätte absetzen können, zu einem niedrigeren Preis verkaufen und dadurch seinen Gewinn verringern.

4.1.2 Zustandekommen und Eigenschaften des Gleichgewichtspreises

Aus dem Zusammenspiel von Angebot und Nachfrage ergeben sich auf einem **vollkommenen Markt** ein **Gleichgewichtspreis** und eine diesem Preis entsprechende **Gleichgewichtsmenge**. Solange das Marktgleichgewicht noch nicht erreicht ist, werden Marktkräfte ausgelöst, die eine Entwicklung zum Gleichgewichtszustand bewirken.

Das Zustandekommen des Gleichgewichtspreises wird häufig am Beispiel eines neutralen Maklers erläutert, der – ausgehend von einem undurchsichtigen (= temporär unvollkommenen) Markt – schrittweise die nötige Markttransparenz herstellt und den Gleichgewichtspreis aufgrund der individuellen Kauf- und Verkaufsaufträge ermittelt.

Der bedeutende französische Ökonom Léon Walras (1834–1919), der die mathematischen Hintergründe für das Modell der vollständigen Konkurrenz lieferte[1], nannte den Anpassungsvorgang „tâtonnement“, worunter er ein allmähliches Herantasten an den Gleichgewichtspreis verstand. Er stellte sich vor, dass zunächst von einem neutralen Makler ein zufällig ausgewählter Preis ausgerufen wird, zu dem die Marktteilnehmer ihre individuellen Nachfrage- und Angebotsmengen ermitteln und bekannt geben. Übertrifft das daraus resultierende Gesamtangebot die Gesamtnachfrage, so senkt der Makler den Preis, im anderen Fall erhöht er ihn, bis das Marktgleichgewicht erreicht ist.

Die Versuche zur Erklärung der Anpassungsvorgänge und des Zustandekommens des Gleichgewichtspreises zeigen, dass auf einem Markt mit vollständiger Konkurrenz Bedingungen erfüllt sein müssen, die in der Wirklichkeit kaum anzutreffen oder herstellbar sind. Deshalb sind die Marktpreise in der Realität keine Gleichgewichtspreise.

Märkte in der Realität

Auf dem **Markt für Brezeln** in einer Stadt oder Region ergibt sich in Wirklichkeit kein einheitlicher Preis, zu dem alle Käufe und Verkäufe getätigt werden. Das „Gesetz von der Unterschiedslosigkeit des Preises“ gilt in diesem Fall nicht. Das liegt daran, dass – anders als im Modell der vollständigen Konkurrenz –

4.1, S. 289

- die Marktteilnehmer nicht über die Angebots- und Nachfrageverhältnisse informiert sind (z. B. fehlende Markttransparenz über die von den einzelnen Anbietern verlangten Preise) und es – im Gegensatz zur Börse – keinen Makler gibt, der aus den Kauf- und Verkaufsaufträgen den Gleichgewichtspreis ermittelt,
- die Brezeln nicht völlig gleichartig (homogen) in Geschmack, Aussehen, Größe usw. sind (z. B. Brezeln mit besserem Geschmack, für die ein Nachfrager bereit ist, einen höheren Preis zu zahlen),
- die Nachfrager besondere Vorlieben (Präferenzen) haben (z. B. für Brezeln aus einer bestimmten Bäckerei, für die ein Käufer wegen der besonders freundlichen Bedienung oder der räumlichen Nähe bereit ist, einen höheren Preis zu zahlen).

1 Vgl. L. Walras, Eléments d'économie politique pure ou théorie de la richesse social, Paris 1874.

B Unvollkommene Märkte: Beispiel Wochenmarkt[1]

Es ist Samstagmorgen. Frau Müller geht mit ihrer Tochter Silke auf den Wochenmarkt, um Obst und Gemüse einzukaufen. Bei dem dichten Gedränge ist es schwer, sich bis zu den zahlreichen Obst- und Gemüseständen vorzuarbeiten. Beim ersten Stand kostet der Salat 0,75 € je Kopf. Das erscheint Frau Müller sehr preisgünstig. Sie kauft zwei Köpfe. Auch die Tomaten sehen für 1,75 € je kg nicht schlecht aus.

§

Gewerbeordnung

§ 67 Wochenmarkt (1) Ein Wochenmarkt ist eine regelmäßig wiederkehrende, zeitlich begrenzte Veranstaltung, auf der eine Vielzahl von Anbietern eine oder mehrere der folgenden Warenarten feilbieten:

1. Lebensmittel ...
2. Produkte des Obst- und Gartenbaues, der Land- und Forstwirtschaft und der Fischerei;
3. rohe Naturerzeugnisse ...

Vom anderen Ende des Marktes hören sie einen Verkäufer schreien: „Frischer Spargel, frischer Spargel, äußerst billig." „Wir haben in diesem Jahr noch gar keinen Spargel gegessen. Lass uns doch mal hingehen", sagt Frau Müller zu Silke. Sie schieben sich weiter durch das Gewühl und kommen an dem Gemüsestand, an dem sie sonst immer kaufen, vorbei. Dort kostet der Salat heute nur 0,65 € je Kopf. „Nächstens kaufe ich doch wieder an dem Stand, an dem ich Stammkundin bin", ärgert sich Frau Müller.

Als sie an den Stand kommen, an dem 500 g Spargel marktschreierisch für 2,99 € angeboten werden, sagt Silke zu ihrer Mutter: „Sieh mal, wie sich die Leute von dem Geschrei beeindrucken lassen. Dort hinten habe ich aber an einem Stand ein Schild ‚Spargel 5,50 € je kg' gesehen." „Möglich", sagt Frau Müller, „aber mehr als 500 g brauchen wir nicht. Und der Spargel hier sieht wirklich nicht schlecht aus. Wegen der paar Cent gehe ich jetzt nicht mehr zurück an den anderen Stand, um mich nach dem Preis von 500 g zu erkundigen. Außerdem wird es Zeit, dass wir zum Bäcker und zum Metzger kommen. Sonst gibt es dort keine frischen Sachen mehr." Auf dem Rückweg kommen sie wieder am Wochenmarkt vorbei, der bereits dem Ende zugeht. An einem Stand ändert eine Marktfrau gerade das Preisschild und ruft: „1 Euro 50 für das Kilo Tomaten."

B Marktform des Wochenmarktes

Der Wochenmarkt ist ein Beispiel für ein Polypol (viele Anbieter – viele Nachfrager). Da der Markt aber nicht vollkommen ist, handelt es sich um ein Polypol auf dem unvollkommenen Markt.

Vollkommener Markt	Situation auf dem beschriebenen Wochenmarkt
Homogenität der Güter: Die Güter sind völlig gleichartig.	Es werden Güter gleicher Art, aber in unterschiedlicher Qualität angeboten.
Keine Präferenzen: Käufer handeln nach dem ökonomischen Prinzip und treffen ihre Kaufentscheidungen ausschließlich anhand von Preis- und Qualitätsvergleichen.	Frau Müller und ihre Tochter lassen sich heute durch die Anpreisungen eines Gemüsehändlers beeinflussen. Sonst kaufen sie aus Tradition immer bei einem anderen Händler. Für weitere Preis- und Qualitätsvergleiche haben sie heute keine Zeit.
Alle Marktteilnehmer haben vollkommene Markttransparenz. Anbieter und Nachfrager kennen die Produkte und ihre Preise.	Frau Müller und ihre Tochter haben keine Markttransparenz. Sie kaufen gleich beim ersten Stand.

Werden trotz dieser Einschränkungen die in Kap. 2.5 hergeleitete Gesamtnachfragekurve für Brezeln und die in Kap. 3.8 hergeleitete Gesamtangebotskurve für Brezeln zusammen in einem Preis-Mengen-Diagramm wie in der folgenden Abbildung dargestellt, ergibt sich als Schnittpunkt dieser beiden Kurven ein **Marktgleichgewicht**.

1 Vgl. F. J. Kaiser, H. Kaminski in: H. Stachowiak (Hrsg.), Modelle und Modelldenken im Unterricht, Bad Heilbrunn 1980, S. 103 f.

Marktgleichgewicht

Im vorliegenden Fall liegt das Marktgleichgewicht für Brezeln bei einem **Gleichgewichtspreis** von 1,00 € und bei einer **Gleichgewichtsmenge** 5000 Stück. Alle Anbieter, deren Preisforderungen nicht über dem Gleichgewichtspreis liegen, können die angebotene Menge auch tatsächlich zum Gleichgewichtspreis absetzen. Alle Nachfrager, deren Zahlungsbereitschaft nicht unter dem Gleichgewichtspreis liegt, können die nachgefragte Menge auch tatsächlich zum Gleichgewichtspreis kaufen. Für diese Anbieter und Nachfrager besteht kein Anlass, den Preis oder die Menge zu ändern. Ihre Produktions- und Verbrauchspläne werden erfüllt. Nur die Anbieter, die einen höheren Preis als den Gleichgewichtspreis verlangen, und die Nachfrager, die nicht bereit sind, mindestens den Gleichgewichtspreis zu bezahlen, können ihre Pläne nicht realisieren.

4.2, S. 290

Gesamtangebot und Gesamtnachfrage

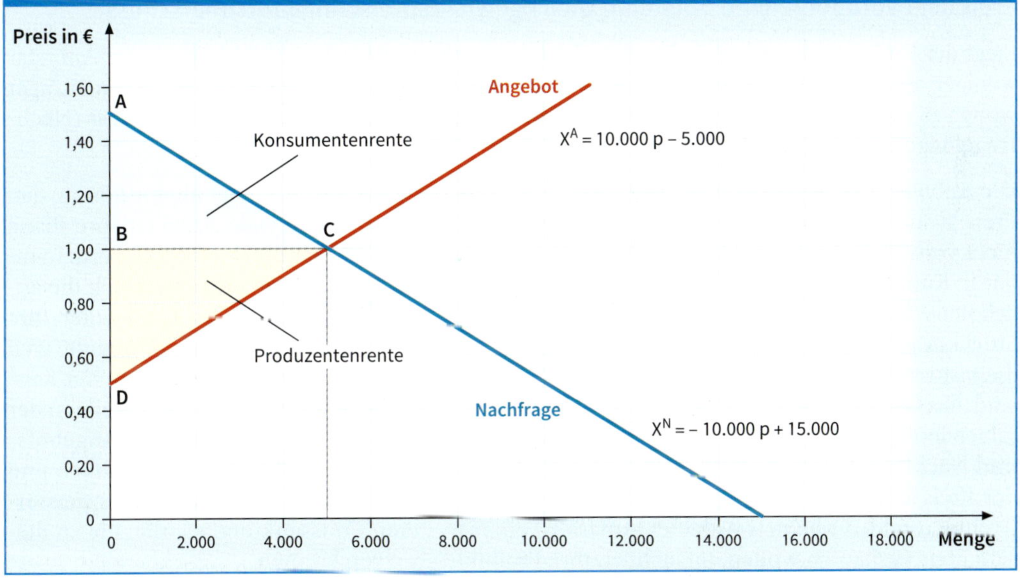

D Beim Gleichgewichtspreis sind die geplanten Angebots- und Nachfragemengen gleich groß. Zu keinem anderen Preis kann eine größere Menge umgesetzt werden.

D Der Schnittpunkt zwischen Angebots- und Nachfragekurve bestimmt den Gleichgewichtspreis und die Gleichgewichtsmenge.

Funktionaler Zusammenhang zwischen Nachfrage, Angebot und Gleichgewichtspreis

Auf den ersten Blick scheint ein Widerspruch zwischen den beiden Aussagen zu bestehen, dass einerseits der Preis eines Gutes die Höhe von Angebot und Nachfrage für dieses Gut beeinflusst und andererseits wiederum Angebot und Nachfrage den Gleichgewichtspreis (und die Gleichgewichtsmenge) dieses Gutes bestimmen. Um zu verstehen, welche Größe von welcher Größe abhängt, muss deutlich zwischen der angebotenen und nachgefragten **Menge** einerseits und der Angebots- und Nachfrage**funktion** bzw. Angebots- und Nachfrage**kurve** andererseits unterschieden werden. Die Zusammenhänge zwischen der nachgefragten bzw. angebotenen **Menge** eines Gutes und seinem **Preis** lassen sich als Nachfragefunktion $X^N = X^N(p)$ und als Angebotsfunktion $X^A = X^A(p)$ darstellen. **Angebots- und Nachfragemengen sind also eine Funktion des Preises.** Da aber der Schnittpunkt zwischen Angebots- und Nachfragekurve den Gleichgewichtspreis (und die Gleichgewichtsmenge) bestimmt, lautet die Gleichgewichtsbedingung $X^N(p) = X^A(p)$. Der Gleichgewichtspreis p^0 ist somit von der Angebots-

und Nachfrage**funktion** bzw. vom Verlauf der Angebots- und Nachfrage**kurve** abhängig. **Der Gleichgewichtspreis p^0 ist somit eine Funktion der Angebots- und Nachfragefunktion.** Diese Funktion lässt sich als $p^0 = f(X^N (p), X^A(p))$ darstellen.

Anpassungsprozesse bei Ungleichgewichten

Solange die Gleichgewichtssituation noch nicht erreicht ist, lösen Anbieter und Nachfrager durch ihr Handeln und ihre Reaktionen Marktkräfte aus, die eine Entwicklung zum Gleichgewicht bewirken. Die Marktteilnehmer versuchen dabei durch „Versuch und Irrtum" herauszufinden, wo der Gleichgewichtspreis annähernd liegt. Diese Anpassungsprozesse lassen sich an einem Preis-Mengen-Diagramm nachvollziehen *(vgl. Abb. unten).*

Preis liegt vorübergehend über dem Gleichgewichtspreis: Angebotsüberschuss

Liegt der Preis vorübergehend über dem Gleichgewichtspreis (z. B. 1,30 €), können die Anbieter weniger absetzen als geplant. Geplant ist eine Absatzmenge von 8 000 Stück, die Nachfrager wollen zu diesem Preis aber nur 2 000 Stück kaufen. Es entsteht ein **Angebotsüberschuss (Nachfragelücke)** in Höhe von 6 000 Stück.

Die Anbieter werden bereit sein, den Preis zu senken. Ein einzelner Anbieter alleine könnte den Preis zwar nicht nachhaltig beeinflussen. Da aber bei diesem Preis viele Anbieter ihre Pläne nicht verwirklichen können, kommt es zu einer gegenseitigen **Preisunterbietung** der miteinander in Konkurrenz stehenden Anbieter. Aufgrund des sinkenden Preises verringert sich die angebotene Menge, da einige Anbieter aus dem Markt ausscheiden, weil der Preis unter ihre Stückkosten (Preisuntergrenze) gesunken ist. Gleichzeitig steigt die nachgefragte Menge, weil die bisherigen Käufer mehr nachfragen und möglicherweise neue Käuferschichten in der Lage sind, das Gut aufgrund des gesunkenen Preises zu kaufen. Die abwärts gerichteten Pfeile in der folgenden Abbildung zeigen den Anpassungsprozess, der sich als **Bewegung auf der Angebots- und Nachfragekurve** darstellen lässt. Der Angebotsüberschuss verringert sich allmählich und der Preis nähert sich dem Gleichgewichtspreis von 1,00 €. Wird der Gleichgewichtspreis erreicht, besteht für keinen Anbieter Anlass zu einer weiteren Preissenkung, da **alle**, die zu diesem Preis verkaufen wollen, tatsächlich ihre Produkte absetzen können.

Gesamtangebot und Gesamtnachfrage

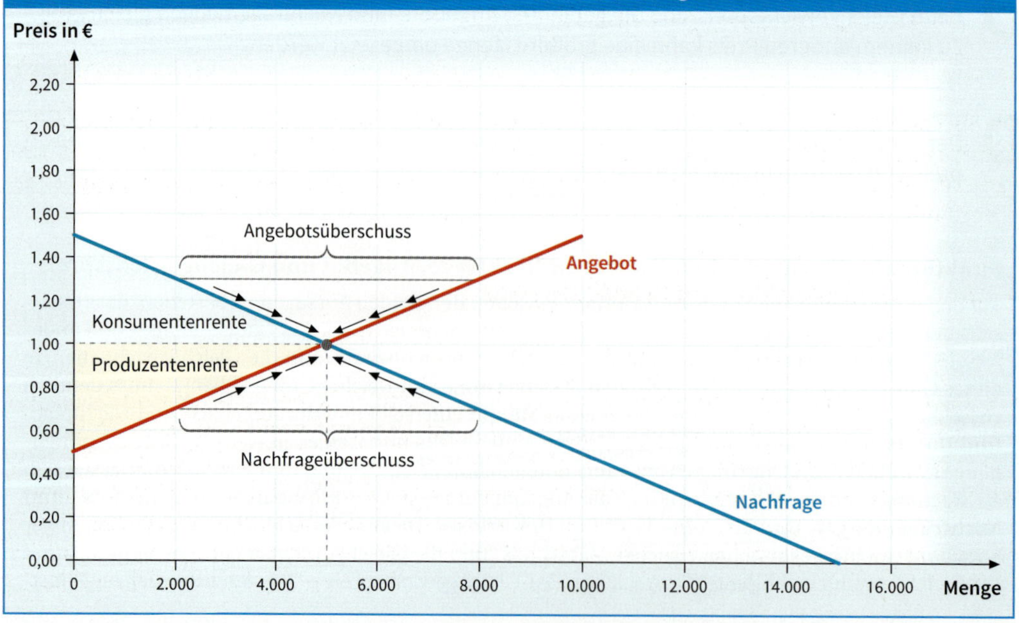

D Liegt der Preis vorübergehend über dem Gleichgewichtspreis, entsteht ein Angebotsüberschuss (Nachfragelücke). Der Preis sinkt.

Preis liegt vorübergehend unter dem Gleichgewichtspreis: Nachfrageüberschuss

Liegt der Preis vorübergehend unter dem Gleichgewichtspreis (z. B. 0,70 €), entsteht ein **Nachfrageüberschuss (Angebotslücke)** in Höhe von 6 000 Stück.

Ein Teil der Nachfrager kann seine Pläne nicht erfüllen, da er das Gut gar nicht oder nicht in der gewünschten Menge kaufen kann. Die Nachfrager mit einer höheren Zahlungsbereitschaft werden daher bereit sein, einen höheren Preis zu bezahlen. Es kommt zu einer gegenseitigen **Preisüberbietung.** Als Folge davon steigt die angebotene Menge. Die Anbieter dehnen ihre Produktion aus und neue Anbieter, für die der Preis bisher nicht kostendeckend war, treten am Markt auf. Gleichzeitig sinkt die nachgefragte Menge, weil die bisherigen Käufer weniger nachfragen und ein Teil von ihnen möglicherweise nicht mehr in der Lage ist, das Gut aufgrund des gestiegenen Preises zu kaufen. Die aufwärts gerichteten Pfeile in der Abbildung zeigen den Anpassungsprozess. Es liegt eine **Bewegung auf der Angebots- und Nachfragekurve** vor. Der Nachfrageüberschuss verringert sich und der Preis nähert sich dem Gleichgewichtspreis von 1,00 €. Beim Gleichgewichtspreis besteht für keinen Nachfrager Anlass, einen höheren Preis zu bieten, da alle, die zu diesem Preis kaufen wollen, tatsächlich die gewünschte Gütermenge erwerben können.

D Liegt der Preis unter dem Gleichgewichtspreis, entsteht ein Nachfrageüberschuss (Angebotslücke). Der Preis steigt.

Anpassungsprozess

Angebots- oder Nachfrageüberschüsse deuten darauf hin, dass die Marktteilnehmer noch keine vollkommene Marktübersicht haben. Durch zunehmende Informationen über die Marktverhältnisse erhöht sich die Markttransparenz.

D Die Reaktion der Marktteilnehmer bei einem Marktungleichgewicht löst einen Anpassungsprozess aus, aufgrund dessen sich der Preis immer mehr dem Gleichgewichtspreis annähert.

Da im vorliegenden Fall ein Angebotsüberschuss eine Preissenkung und ein Nachfrageüberschuss eine Preiserhöhung auslöst, ergibt sich auf dem Markt eine Annäherung an das Gleichgewicht. Ist der Gleichgewichtszustand tatsächlich erreicht, bestehen unter den **gegebenen Marktbedingungen** keine Tendenzen zu irgendwelchen Veränderungen.

4.1.3 Konsumenten- und Produzentenrente

Berechnung der Konsumentenrente

Die Nachfrager, die bereit gewesen wären, auch zu einem höheren Preis als dem Gleichgewichtspreis zu kaufen, erzielen einen Vorteil (Nutzensteigerung), da sie jetzt die gewünschten Güter billiger erwerben können als geplant. Die Differenz zwischen der Zahlungsbereitschaft und den niedrigeren tatsächlichen Ausgaben wird als **Konsumentenrente** bezeichnet. Diejenigen Nachfrager, die beispielsweise bereit sind, 1,30 € je Brezel zu zahlen, erzielen demgegenüber im vorliegenden Fall eine Konsumentenrente von 0,30 € je Brezel. Die Nachfrager, die höchstens zu dem Preis kaufen wollten, der sich später als Gleichgewichtspreis herausstellt (hier: 1,00 €),

4.3, S. 290

4.4, S. 290

können zwar ihre Nachfrage befriedigen, erzielen aber keine Konsumentenrente. Sie werden als **Grenznachfrager** bezeichnet. Die Summe aller Konsumentenrenten lässt sich grafisch durch die Fläche des Dreiecks BCA *(vgl. Abb. S. 249)* darstellen. Sie beträgt im vorliegenden Fall 1.250 € (5.000 · 0,5)/2.

D Die Konsumentenrente aller Nachfrager zusammen entspricht der Fläche unterhalb der Nachfragekurve und oberhalb des Gleichgewichtspreises.

Berechnung der Produzentenrente

Die Anbieter, die bereit gewesen wären, auch zu einem niedrigeren Preis als dem Gleichgewichtspreis zu verkaufen, erzielen einen Vorteil (Gewinnerhöhung), da sie die Güter teurer verkaufen können als geplant. Die Differenz zwischen den Einnahmen beim geforderten Mindestpreis und den tatsächlich erzielten höheren Einnahmen wird als **Produzentenrente**[1] bezeichnet. Diejenigen Anbieter, die beispielsweise bereit sind, die Brezeln für 0,70 € je Stück zu verkaufen, erzielen demgegenüber im vorliegenden Fall eine Produzentenrente von 0,30 € je Stück. Die Anbieter, die mindestens zu dem Preis verkaufen wollten, der sich später als Gleichgewichtspreis herausstellt (hier: 1,00 €), können zwar ihre Ware absetzen, erzielen aber keine Produzentenrente. Sie werden als **Grenzanbieter** bezeichnet. Die Summe aller Produzentenrenten lässt sich grafisch durch die Fläche des Dreiecks BDC *(vgl. Abb. S. 249)* darstellen. Sie beträgt im vorliegenden Fall 1.250 € (5.000 · 0,5)/2.

D Die Produzentenrente aller Anbieter zusammen entspricht der Fläche oberhalb der Angebotskurve und unterhalb des Gleichgewichtspreises.

4.1.4 Änderung des Gleichgewichtspreises

4.5, S. 291

Die Marktbedingungen können sich aber **im Zeitablauf** ändern, sodass es zu einer Abweichung vom bisherigen Gleichgewichtszustand kommt. Veränderungen bei den Bestimmungsfaktoren von Angebot und Nachfrage und sich daraus ergebende neue Pläne der Marktteilnehmer führen möglicherweise zu einer **Verschiebung der Angebots- und/oder Nachfragekurven.**

Neues Gleichgewicht bei Verschiebung der Nachfragekurve

Beispielsweise kann sich durch Geschmacksveränderungen und eine andere Lebensweise die Nutzeneinschätzung für Brezeln verringern und die **Nachfrage** bei gleich bleibendem Angebot abnehmen. Das führt – sofern alle anderen Bestimmungsfaktoren von Angebot und Nachfrage unverändert bleiben – zu einer Linksverschiebung der Nachfragekurve *(vgl. Abb. S. 285, unten).* Beim bisherigen Gleichgewicht G^0 mit dem Gleichgewichtspreis $p^0 = 1{,}00$ und der Gleichgewichtsmenge $x^0 = 5000$ Stück würde sich durch die Abnahme ein Angebotsüberschuss von 4000 Stück (Strecke $\overline{G^0B}$) ergeben. Durch den Preisunterbietungsprozess der Anbieter sinkt der Preis, bis ein neues Gleichgewicht G^1 bei einem niedrigeren Preis ($p_1 = 0{,}80$) und einer geringeren Menge ($x^1 = 3000$ Stück) erreicht ist. Entsprechend kommt es bei einer Zunahme der Nachfrage zu einer Rechtsverschiebung der Nachfragekurve. Beim bisherigen Gleichgewichtspreis würde sich dann ein Nachfrageüberschuss ergeben. Durch den Preisüberbietungsprozess der Nachfrager steigt der Preis, bis ein neues Gleichgewicht bei einem höheren Preis und einer größeren Menge erreicht ist.

1 Die Produzentenrente ist nur dann mit dem Gewinn der Anbieter identisch, wenn keine fixen Kosten vorliegen. Andernfalls entspricht die Produzentenrente der Summe der Deckungsbeiträge.

Abnahme der Nachfrage

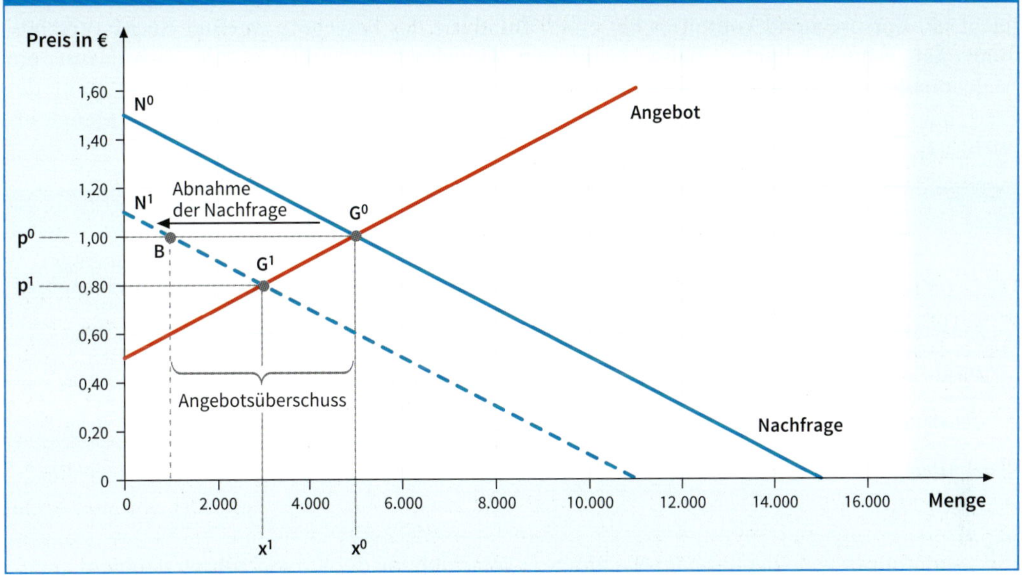

B 2.6.3

Neues Gleichgewicht bei Verschiebung der Angebotskurve

B 3.8.3

Das **Angebot** an Brezeln kann beispielsweise durch eine Erhöhung der Preise für Teiglinge (= Kostenerhöhung für die Hersteller von Brezeln) abnehmen. Das führt zu einer Linksverschiebung der Angebotskurve.

Abnahme des Angebots

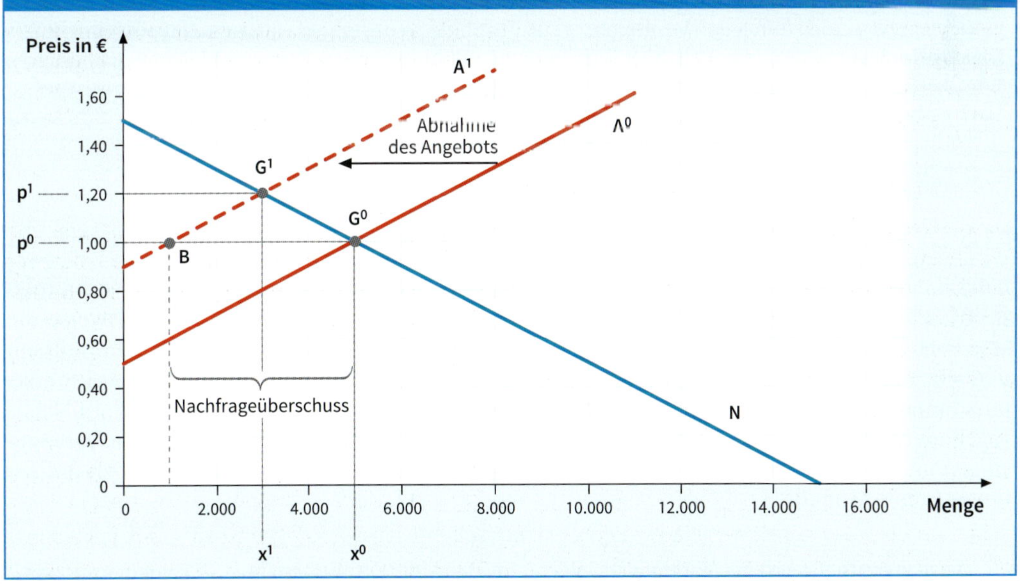

Bleibt die Nachfrage unverändert, würde sich beim bisherigen Gleichgewicht G^0 mit dem Gleichgewichtspreis $p^0 = 1{,}00$ und der Gleichgewichtsmenge $x^0 = 5\,000$ Stück durch die Abnahme des Angebots ein Nachfrageüberschuss in Höhe von 4000 Stück (Strecke $\overline{G^0B}$) ergeben.

Der Preisüberbietungsprozess der Nachfrager lässt den Preis steigen, bis ein neues Gleichgewicht G^1 bei einem höheren Preis (p^1 = 1,20) und einer geringeren Menge (x^1 = 3 000 Stück) erreicht ist. Entsprechend kommt es bei einer Zunahme des Angebots zu einer Rechtsverschiebung der Angebotskurve. Beim bisherigen Gleichgewichtspreis würde sich dann ein Angebotsüberschuss ergeben. Durch den Preisunterbietungsprozess der Anbieter sinkt der Preis, bis ein neues Gleichgewicht bei einem niedrigeren Preis und einer größeren Menge erreicht ist.

4.6, S. 291

4.7, S. 292

Auswirkungen einer Veränderung von Angebot und Nachfrage

Änderung (ceteris paribus)	Kurvenverschiebung	Art des entstehenden Überschusses	Gleichgewichtspreis	Gleichgewichtsmenge
Zunahme der Nachfrage	nach rechts	Nachfrageüberschuss	steigt	steigt
Abnahme der Nachfrage	nach links	Angebotsüberschuss	sinkt	sinkt
Zunahme des Angebots	nach rechts	Angebotsüberschuss	sinkt	steigt
Abnahme des Angebots	nach links	Nachfrageüberschuss	steigt	sinkt

D Änderungen von Angebot oder Nachfrage (= Verschiebung der Kurven) führen zu einem Angebots- oder Nachfrageüberschuss. Dadurch werden Anpassungsprozesse in Form von Preis- und Mengenänderungen (= Bewegung auf den Kurven) ausgelöst, die zu einem neuen Gleichgewichtspreis und einer neuen Gleichgewichtsmenge führen (= Preismechanismus).

Vergleich von Gleichgewichtszuständen zu unterschiedlichen Zeitpunkten: Komparativ-statische Analyse

Die dargestellten Zusammenhänge zwischen Angebots- bzw. Nachfrageänderungen und dem Gleichgewichtspreis werden durch den **Vergleich** zweier Zustände zu **unterschiedlichen Zeitpunkten** (z. B. Gleichgewichtspreis vor und nach einer Einkommenserhöhung) erfasst. Diese vergleichende Betrachtung zweier Gleichgewichtszustände zu aufeinanderfolgenden Zeitpunkten wird als **komparativ-statische Analyse** bezeichnet. Die Veränderungen zwischen den untersuchten Zeitpunkten drücken sich im vorliegenden Fall in einer **Kurvenverschiebung** aus.

4.1.5 Verzögerte Angebotsreaktion (Cobweb-Modell)

4.8, S. 292

In der Realität erfolgen die Reaktionen der Marktteilnehmer auf Änderung der Marktverhältnisse mit zeitlicher Verzögerung. Das gilt insbesondere für die Anbieter. Um beispielsweise die Angebotsmenge ausdehnen und eine zunehmende Nachfrage befriedigen zu können, müssen möglicherweise die Produktionskapazitäten erhöht werden. Bei landwirtschaftlichen Produkten können die Produzenten beispielsweise erst bei der Aussaat für die nächste Ernte auf Nachfrageänderungen reagieren. Werden in einem Preisbildungsmodell solche zeitlichen Verzögerungen und die dadurch bedingten Anpassungsprozesse berücksichtigt, handelt es sich um ein **dynamisches Modell.**

B Ausgangssituation ist ein Marktgleichgewicht, bei dem 100 000 t Weizen ($x_{G\,alt}$) zu einem Preis von 140 € je t ($p_{G\,alt}$) umgesetzt werden. Aufgrund einer allgemeinen Einkommenserhöhung nimmt die Nachfrage nach Weizen zu, was sich in einer **Rechtsverschiebung der Nachfragekurve** (von N_{alt} nach N_{neu}) ausdrückt. Aufgrund des sich dadurch ergebenden Nachfrageüberhangs würde sich bei nicht verzögerter Reaktion der Marktteilnehmer ein neues Gleichgewicht bei einem Preis von 170 € je t ($p_{G\,neu}$) und einer umgesetzten Menge von 125 000 t ($x_{G\,neu}$) ergeben. Die Angebotsmenge kann aber kurzfristig nicht erhöht werden. Die ursprüngliche Gleichgewichtsmenge von 100 000 t wird jetzt zu einem wesentlich höheren Preis (p_1 = 190 €/t) nachgefragt (N_1). Die hohe Zahlungsbereitschaft der Nachfrager ist nicht nur für die bisherigen Weizenanbauer ein Anreiz, ihre Produktionsflächen auszudehnen. Auch Landwirte, die bisher keinen Weizen angebaut haben, sehen darin ein Signal, auf den Weizenanbau umzusteigen. Die Landwirte richten also ihre Entscheidung, wie viel Weizen sie im nächsten Jahr anbieten wollen, am derzeit erzielbaren Preis aus. **Die Angebotsmenge an Weizen im nächsten Jahr ist also abhängig vom Weizenpreis im laufenden Jahr.** Das auf 140 000 t (x_2) erhöhte Angebot, das im nächsten Jahr auf den Markt kommt, führt aber bei dem letztjährigen Preis von 190 €/t zu einem Angebotsüberhang (A_1) und kann nur zu einem Preis von 160 €/t (p_2) abgesetzt werden (N_2). Dieser durch die Überproduktion ausgelöste Preissturz bewirkt wiederum, dass zahlreiche Anbieter ihre Produktionskosten nicht mehr decken können und aus dem Markt ausscheiden. Auch die übrigen Weizenanbauer schränken ihre Produktion ein, so dass sich die Angebotsmenge auf x_3 = 120 000 t verringert (A_2). Diese verringerte Angebotsmenge wird von den Nachfragern wiederum zu einem deutlich höheren Preis (p_3 = 180 € je t) abgenommen, was wiederum zu einer Angebotserhöhung führt (A_3). Dieser Prozess setzt sich so lange fort, bis das neue Gleichgewicht bei einem Preis von 170 € je t und einer Menge von 125 000 t erreicht ist.

Verzögerte Angebotsreaktion (Cobweb-Modell)

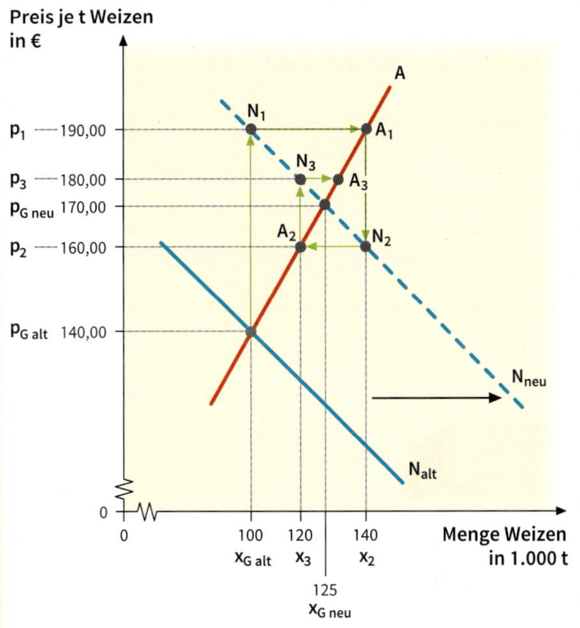

D Ist der Preis in der gegenwärtigen Periode maßgebend für die Angebotspläne der Produzenten und kann die veränderte Produktionsmenge erst in der nächsten Periode angeboten werden, erfolgt der Anpassungsprozess vom alten zum neuen Gleichgewicht unter bestimmten Voraussetzungen in Schwingungen, deren grafische Darstellung einem Spinnennetz ähnlich ist (Cobweb).

D Das Cobweb-Modell berücksichtigt, dass insbesondere die Anpassung des Angebots an veränderte Marktsituationen zeitlich verzögert erfolgt (time-lag).

F Für das Cobweb-Modell gelten folgende Annahmen:
Die in der Periode t nachgefragte Menge eines bestimmten Gutes hängt vom Preis dieses Gutes in der Periode t ab:

$$x_t^N = f(p_t)$$

Die in der Periode t angebotene Menge dieses Gutes hängt vom Preis dieses Gutes in der Vorperiode ab:

$$x_t^A = f(p_{t-1})$$

Dieses Modell wird in Anlehnung an die grafische Darstellung als **Cobweb-Modell** (oder **Spinnennetz-Modell)** bezeichnet. Dabei ergibt sich nur dann ein neues Gleichgewicht, wenn die (absolute) Steigung der Nachfragekurve geringer als die der Angebotskurve ist. Andernfalls führt das Anbieter- und Nachfragerverhalten immer weiter vom Gleichgewicht weg (= instabiles bzw. explosives Modell), weil bei Preisschwankungen die Mengenreaktionen der Anbieter größer sind als die der Nachfrager. Wenn die Steigung beider Kurven gleich ist, sind die Mengenreaktionen von Anbietern und Nachfragern gleich groß. In diesem Fall kommt es zu zyklischen Schwankungen um das ursprüngliche Gleichgewicht (= indifferentes Modell).

Den Fall einer labilen Marktentwicklung hat bereits 1927 der Agrarwissenschaftler Artur Hanau beobachtet. Durch empirische Untersuchung konnte er feststellen, dass auf dem Schweinemarkt entweder ein Angebotsüberhang oder ein Nachfrageüberhang herrscht und dass sich diese Ungleichgewichte – begleitet durch entsprechende Preisschwankungen – regelmäßig wiederholen. Diese Beobachtung ist in die wirtschaftswissenschaftliche Literatur unter dem Begriff **Schweinezyklus** eingegangen. Damit werden Marktprozesse bezeichnet, die sich ständig wiederholen, ohne zu einem stabilen Gleichgewicht zu führen (z. B. Agrarmarkt, Wohnungsmarkt, Arbeitsmarkt für bestimmte Berufsgruppen wie Ingenieure und Lehrer).

4.2 Preisbildung beim Angebotsmonopol

Lernziele:

Nach der Bearbeitung des Kapitels sind Sie in der Lage, Folgendes zu tun:
Sie ...

- ... nennen verschiedene Arten von Monopolen.
- ... stellen die Preis-Absatz-Kurve des Monopolisten dar und erklären, warum diese beim Angebotsmonopol mit der Gesamtnachfragekurve identisch ist.
- ... erklären die Aussage „Ein Angebotsmonopolist kann entweder Preisfixierer oder Mengenfixierer sein.".
- ... erläutern den Zusammenhang der Preiselastizität der Nachfrage und der Marktmacht des Angebotsmonopolisten.
- ... erklären Unterschiede des Marktpreises und der Marktversorgung beim Polypol und beim Monopol.
- ... erläutern die Gewinnmaximierungsregel des Angebotsmonopolisten.
- ... ermitteln tabellarisch, grafisch und mathematisch das Gewinnmaximum des Angebotsmonopolisten.
- ... nennen die Arten der Preisdifferenzierung.
- ... erläutern, unter welchen Voraussetzungen ein Angebotsmonopolist durch Preisdifferenzierung seinen Gewinn erhöhen kann.

4.2.1 Marktform des Angebotsmonopols

D

Gibt es auf einem Markt nur einen Anbieter, dem viele Nachfrager gegenüberstehen, liegt ein Angebotsmonopol vor.

Reine Angebotsmonopole sind in der Realität genauso selten zu finden wie vollkommene Polypole (vollständige Konkurrenz). Das ist u. a. dadurch bedingt, dass auf einem monopolistischen Markt

- im Laufe der Zeit Konkurrenten auftreten (Imitation), sofern es sich um einen offenen Markt handelt,
- Substitutionsgüter entstehen, die in Konkurrenz zum Gut des Monopolisten stehen,
- der Gesetzgeber die Entstehung von Monopolen kontrollieren und bei Missbrauchsgefahr verhindern kann.

Die meisten Monopole befinden sich in öffentlicher Hand (Staat, Gemeinden) und/oder unterliegen einer öffentlichen Kontrolle. **Öffentliche Monopole** werden in der Regel nicht mit der Absicht der Gewinnmaximierung betrieben. Ihr Marktverhalten ist deshalb anders zu beurteilen als bei privaten Monopolen. Private Angebotsmonopole in der Form von **Kollektivmonopolen** können entstehen, wenn sich konkurrierende Anbieter zu **Kartellen** zusammenschließen, um durch gemeinsame Vereinbarungen den Wettbewerb auszuschließen (z. B. einheitliche Preisgestaltung, Aufteilung des Absatzgebietes). Solche Preis- und Gebietskartelle sind nach deutschem und europäischem Recht grundsätzlich verboten.

Obwohl reine private Angebotsmonopole einen theoretischen Grenzfall darstellen, lassen sich aus der Monopolpreisbildung im Modell wichtige Erkenntnisse für die Absatzpolitik marktmächtiger Unternehmen in der Realität ableiten.

B Preis-Absatz-Funktion eines Angebotsmonopolisten: Konzertveranstaltung der Aids-Hilfe e. V.

Die Aids-Hilfe e. V. in einer mittelgroßen Stadt plant zur Finanzierung ihrer Arbeit ein Wohltätigkeitskonzert. Mehrere bekannte Musikgruppen aus der Umgebung haben ihre unentgeltliche Mitwirkung zugesagt. Die Stadt stellt das örtliche Fußballstadion mit einem Fassungsvermögen von 8 000 Personen für diese Veranstaltung zur Verfügung. Die Veranstalter stehen vor dem Problem, die Höhe des Eintrittspreises festzulegen. Bei ähnlichen Veranstaltungen in früheren Jahren hat es sich als sinnvoll erwiesen, alle Eintrittskarten gleich teuer anzubieten. Es liegen auch ziemlich genaue Schätzungen über den Zusammenhang zwischen der Höhe des Eintrittspreises und der zu erwartenden Zuschauerzahl in Form der folgenden **Preis-Absatz-Funktion** vor.

Preis (p) in €	25,00	22,50	20,00	17,50	15,00	12,50	10,00	7,50	5,00	2,50	0
Zuschauer (x) in 1 000	0	1	2	3	4	5	6	7	8	9	10

D Die Preis-Absatz-Funktion (Preis-Absatz-Kurve) gibt an, welche Menge ein einzelner Anbieter jeweils zu einem von ihm festgesetzten Preis (Preisfixierung) absetzen kann.

Da der **Monopolist** der **einzige Anbieter** ist, ist die zu einem bestimmten Preis **absetzbare Menge** immer **identisch** mit der am Markt zu diesem Preis **nachgefragten Menge**. Daraus folgt für den Sonderfall des Monopols:

D Die Preis-Absatz-Kurve ist beim Angebotsmonopol identisch mit der Gesamtnachfragekurve.

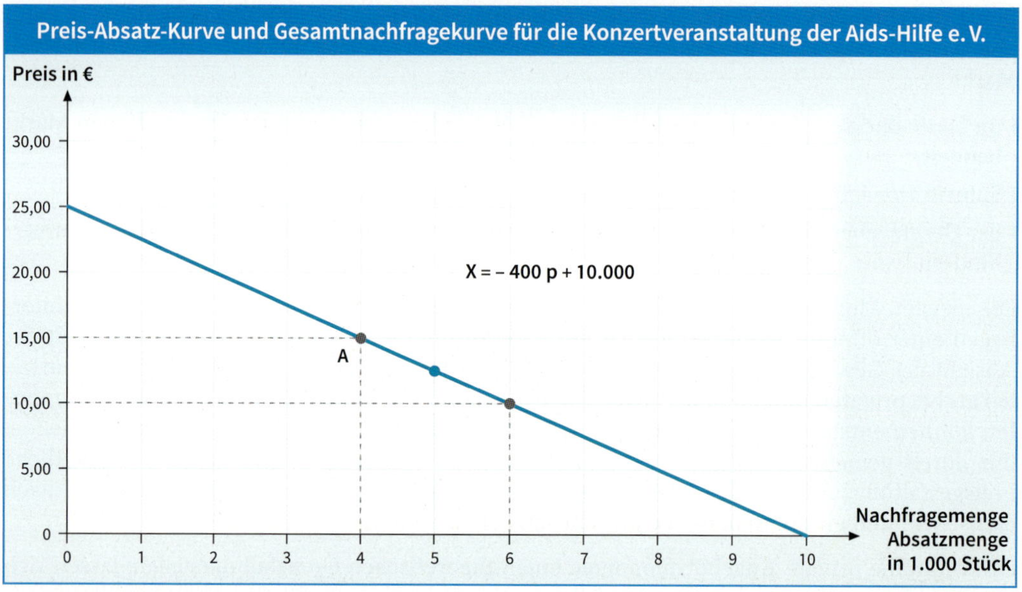

B 3.3

Aufgrund vollkommener Markttransparenz ist dem Monopolisten die mit seiner Preis-Absatz-Kurve übereinstimmende Nachfragekurve bekannt. Im Gegensatz zu einem Anbieter beim Polypol, der nur seine Produktionsmenge, nicht aber den Preis bestimmen kann, ist der Angebotsmonopolist wegen seiner Marktmacht in der Lage, den Marktpreis festzulegen. Die Nachfrager mit ihrem verschwindend geringen Marktanteil müssen in diesem Fall den vom Monopolisten geforderten Preis als Datum akzeptieren.

B Legt der Konzertveranstalter als Monopolist z. B. einen Preis von 15,00 € fest (= Preisfixierer), muss er aber die sich bei diesem Preis am Markt ergebende Nachfragemenge von 4 000 Stück, die seiner Absatzmenge entspricht, hinnehmen *(vgl. Abb. oben).* Statt des Preises kann der Konzertveranstalter als Monopolist aber auch die Absatzmenge (z. B. 6 000 Stück) festlegen (= Mengenfixierer). In diesem Fall muss er den Preis von 10,00 € akzeptieren, zu dem diese Menge am Markt nachgefragt wird.

D Der Angebotsmonopolist kann für das von ihm angebotene Gut entweder den Preis oder die Absatzmenge festlegen.

Der Monopolist kann aber nicht jede beliebige Menge zu jedem beliebigen Preis verkaufen. Er muss sich vielmehr an den Preis-Mengen-Kombinationen orientieren, wie sie in seiner Preis-Absatz-Kurve bzw. in der Nachfragekurve zum Ausdruck kommen. Mit anderen Worten: Er ist zwar autonomer Mengen- oder Preisfixierer, muss aber bei seiner Entscheidung die Reaktion der Nachfrager berücksichtigen.

Die entscheidende Frage lautet: **Bei welcher Preis-Mengen-Kombination maximiert der Monopolist seinen Gewinn?**

4.2.2 Erlösmaximum des Angebotsmonopolisten

4.9, S. 293

Der Gewinn (G) ist die Differenz zwischen Erlösen (E) und Kosten (K). Wichtige Erkenntnisse über das Verhalten eines Monopolisten lassen sich aber bereits an einem vereinfachten Modell gewinnen, bei dem die Produktionskosten zunächst unberücksichtigt bleiben. Für diesen Fall ist der Gewinn identisch mit dem Erlös, sodass es für den Monopolisten lediglich darauf ankommt, diejenige Absatzmenge mit dem dazugehörigen Preis zu ermitteln, bei der sich ein möglichst großer Gesamterlös ergibt.

Auch wenn eine Produktion ohne Kosten grundsätzlich nicht möglich ist, lassen sich u.a. folgende Marktsituationen vorstellen, in denen die Produktionskosten bei der Ermittlung des Monopolpreises vernachlässigt werden können:

- Verkauf landwirtschaftlicher Produkte aus den Vorratslagern einer landwirtschaftlichen Genossenschaft.
- Ermittlung des Eintrittspreises für eine Wohltätigkeitsveranstaltung (Konzert o.Ä.), bei der auf Honorar und Kostenerstattung verzichtet oder die anfallenden Kosten von einem Sponsor übernommen werden.

B Für das Wohltätigkeitskonzert entstehen dem Aids-Hilfe e.V. keine Kosten. Die Stadtverwaltung stellt das örtliche Fußballstadion mit einem Fassungsvermögen von 8 000 Personen kostenlos zur Verfügung. Alle anderen Kosten (z.B. Werbung, Druck der Eintrittskarten, Versicherungsprämien) werden von einer örtlichen Brauerei gegen Ausstellung einer Spendenquittung übernommen. Der gesamte Erlös kommt dem Aids-Hilfe e.V. zugute.

Welcher Preis soll unter diesen Voraussetzungen festgelegt werden?

Erlös für die Konzertveranstaltung der Aids-Hilfe e.V.			
Preis (p) in €	**Eintrittskarten (x) in Stück**	**Erlöse (E) in € E = p · x**	**Direkte Preiselastizität der Nachfrage $El_{dir} = \frac{\Delta x \text{ in } \%}{\Delta p \text{ in } \%} = \frac{\Delta x}{\Delta x} \cdot \frac{p}{x}$**
25,00	0	0	
22,50	1 000	22 500	$\frac{1}{2{,}5} \cdot \frac{22{,}5}{1} = 9$
20,00	2 000	40 000	$\frac{1}{2{,}5} \cdot \frac{20{,}0}{2} = 4$
17,50	3 000	52 500	$\frac{1}{2{,}5} \cdot \frac{17{,}5}{3} = 2{,}33$
15,00	4 000	60 000	$\frac{1}{2{,}5} \cdot \frac{15{,}0}{4} = 1{,}5$
12,50	**5 000**	**62 500**	$\frac{1}{2{,}5} \cdot \frac{12{,}5}{5} = 1$
10,00	6 000	60 000	$\frac{1}{2{,}5} \cdot \frac{10{,}0}{6} = 0{,}67$
7,50	7 000	52 500	$\frac{1}{2{,}5} \cdot \frac{7{,}5}{7} = 0{,}43$
5,00	8 000	40 000	$\frac{1}{2{,}5} \cdot \frac{5{,}0}{8} = 0{,}25$
2,50	9 000	22 500	$\frac{1}{2{,}5} \cdot \frac{2{,}5}{9} = 0{,}11$
0	10 000	0	

Da sich der Gesamterlös aus Preis (p) · Menge (x) ergibt, lässt sich das Problem der Erlösmaximierung anhand der Preis-Absatz-Kurve *(vgl. Abb. S. 260)* wie folgt veranschaulichen: Zu jedem Punkt auf der Preis-Absatz-Kurve (z.B. Punkt A) lässt sich aus dem zugehörigen Preis (p = 15,00 €) und der zugehörigen Menge (x = 4 000 Stück) der Erlös (E = 60.000 €) ermitteln und als Flächeninhalt eines Rechtecks darstellen. Bei derjenigen Preis-Mengen-Kombination auf der Preis-Absatz-Kurve, bei der das zugehörige Rechteck den größten Flächeninhalt hat, liegt das Erlösmaximum.

Erlöskurve in Form einer Parabel

Für einen **Polypolisten** (Mengenanpasser) ist der Preis eine vom Markt vorgegebene (konstante) Größe. Seine auf der Erlösfunktion E = p · x beruhende Erlöskurve ist daher eine **Gerade aus dem Ursprung**. Der **Monopolist** kann dagegen entweder den Preis oder die Menge selbst festlegen. Seine Erlöskurve hat deshalb die Form einer **Parabel**.

B 3.3

Erlöskurve eines Angebotsmonopolisten

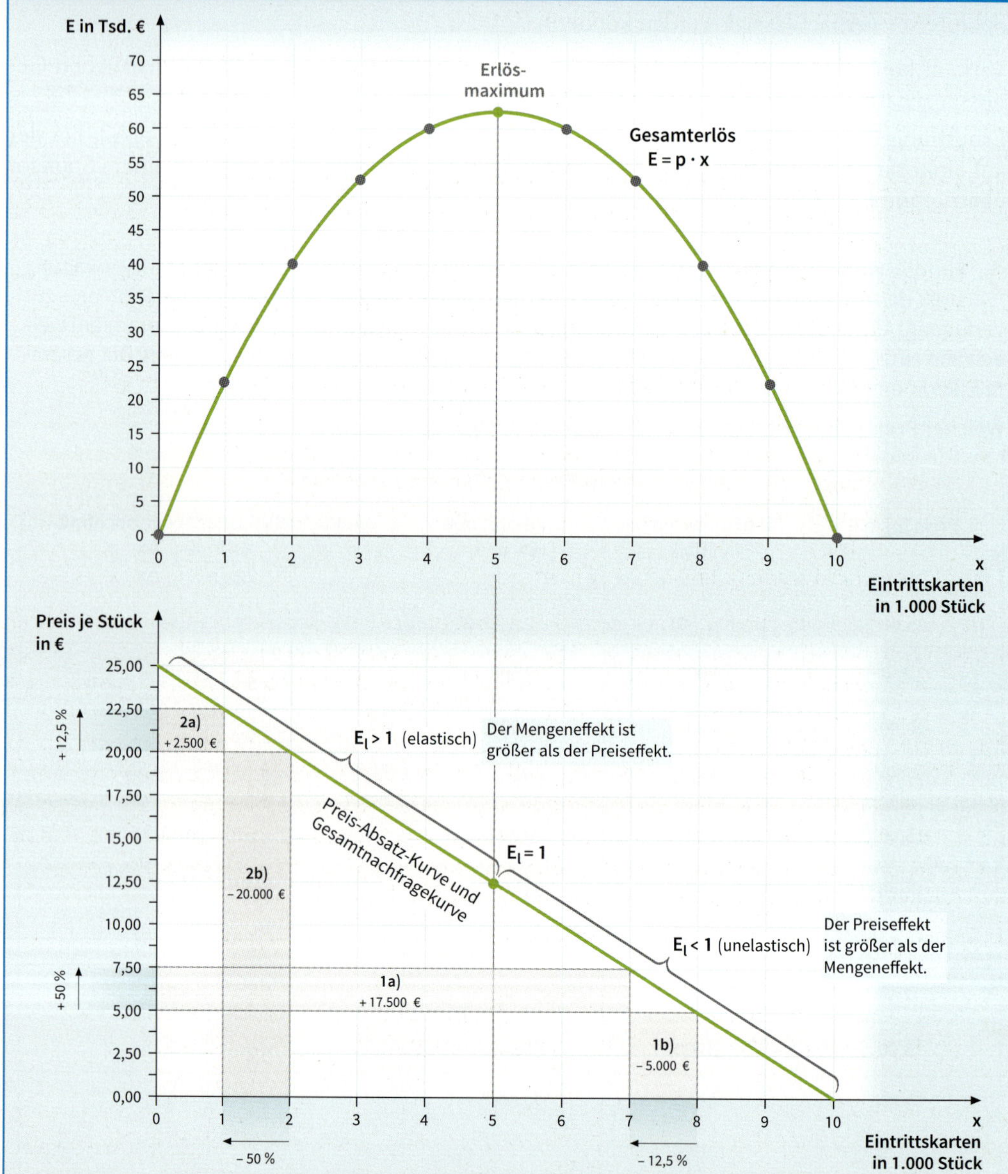

Ein Preis von 2,50 € kommt für die Veranstalter nicht infrage, da dann das Fassungsvermögen des Stadions (8 000 Plätze) überschritten wäre. Bei einem Preis von 5,00 € wäre das Stadion ausverkauft. Der Erlös kann aber noch gesteigert werden. Bei einem Preis von 12,50 € bleiben zwar voraussichtlich 3 000 Plätze unbesetzt. Der Erlös, der im vorliegenden Fall mit dem Gewinn identisch ist, ist aber bei diesem Preis am größten. Daraus folgt, dass es für den Monopolisten vorteilhaft ist, seine Produktionskapazität nicht voll auszulasten und die Angebotsmenge absichtlich zu verknappen.

D Der Angebotsmonopolist erzielt seinen höchstmöglichen Erlös (Erlösmaximum), indem er durch absichtliche Angebotsverknappung einen Teil der Nachfrage unbefriedigt lässt und dadurch die Marktversorgung verschlechtert.

Gesamterlös und Elastizität

Fall 1: Preiserhöhung bei unelastischer Nachfrage

Wenn die Veranstalter einen Preis von 5,00 € verlangen, können 8 000 Eintrittskarten verkauft werden. Der Erlös beträgt dann 40.000 € (8 000 Karten · 5,00 €). Bei einer **Preiserhöhung** auf 7,50 € sinkt die Zahl der abgesetzten Karten auf 7 000 Stück. Die Preiserhöhung bewirkt im vorliegenden Fall gleichzeitig eine **Erlössteigerung** um 12.500 € auf 52.500 € (7 000 Karten · 7,50 €). Eine Erlössteigerung als Folge einer Preiserhöhung ergibt sich immer dann, wenn die prozentuale Preiserhöhung (hier: 50 %) größer ist als die dadurch ausgelöste prozentuale Mengenminderung (hier: 12,5 %). Die Preiselastizität der Nachfrage ist dann < 1 (hier: 12,5 %/50 % = 0,25), d. h., die **Nachfrage ist unelastisch.** Wie die Abb. auf S. 260 unten zeigt, ist in einem solchen Fall die durch die Preiserhöhung entstehende Erlössteigerung (Fläche 1a: + 17.500 €) größer als die durch die verringerte Absatzmenge bedingte Erlösminderung (Fläche 1b: – 5.000 €).

Wird dagegen der Preis bei unelastischer Nachfrage gesenkt, sinkt der Erlös.

> **D** Bei unelastischer Nachfrage gilt: Preiserhöhungen führen zu Erlössteigerungen und Preissenkungen zu Erlösminderungen des Angebotsmonopolisten.

Fall 2: Preiserhöhung bei elastischer Nachfrage

Wenn die Veranstalter einen Preis von 20,00 € verlangen, können 2 000 Eintrittskarten verkauft werden. Der Erlös beträgt dann 40.000 € (2 000 Karten · 20,00 €). Bei einer Preiserhöhung auf 22,50 € sinkt die Zahl der abgesetzten Karten auf 1 000 Stück. Die **Preiserhöhung** bewirkt im vorliegenden Fall gleichzeitig eine **Erlösminderung** um 17.500 € auf 22.500 € (1 000 Karten · 22,50 €). Eine Erlösminderung als Folge einer Preiserhöhung ergibt sich immer dann, wenn die prozentuale Preiserhöhung (hier: 12,5 %) kleiner ist als die dadurch ausgelöste prozentuale Mengenminderung (hier: 50 %). Die Preiselastizität der Nachfrage ist dann > 1 (hier: 50 %/12,5 % = 4), d. h., die **Nachfrage ist elastisch.** Wie die Abb. auf S. 260 unten zeigt, ist in einem solchen Fall die durch die Preiserhöhung entstehende Erlössteigerung (Fläche 2a: + 2.500 €) kleiner als die durch die verringerte Absatzmenge bedingte Erlösminderung (Fläche 2b: – 20.000 €).

Wird dagegen der Preis bei elastischer Nachfrage gesenkt, steigt der Erlös.

> **D** Bei elastischer Nachfrage gilt: Preiserhöhungen führen zu Erlösminderungen und Preissenkungen zu Erlössteigerungen des Angebotsmonopolisten.

> **D** Nur wenn die Nachfrage unelastisch ist, verfügt der Angebotsmonopolist über genügend Marktmacht, um durch eine Preiserhöhung seinen Erlös steigern zu können.

Zusammenhang zwischen Preisveränderung, Elastizität und Gesamterlös

Elastizität / Preisänderung	Elastische Nachfrage $El_{dir} > 1$ Bereich der oberen Hälfte der Nachfragekurve	$El_{dir} = 1$ Halbierungspunkt der Nachfragekurve	Unlastische Nachfrage $El_{dir} < 1$ Bereich der unteren Hälfte der Nachfragekurve
Preiserhöhung	Erlös (E) sinkt	Erlös (E) konstant Maximum	Erlös (E) steigt
Preissenkung	Erlös (E) steigt	Erlös (E) konstant Maximum	Erlös (E) sinkt

4.2.3 Gewinnmaximum des Angebotsmonopolisten

4.10, S. 294
4.11, S. 295

Die Ergebnisse, die am vereinfachten Modell der Monopolpreisbildung ohne Berücksichtigung von Kosten gewonnen wurden, gelten ohne wesentliche Einschränkungen auch dann, wenn dem Monopolisten Produktionskosten entstehen. Der Gewinn (G) ist in diesem Fall nicht identisch mit dem Erlös. Er ergibt sich vielmehr aus der Differenz zwischen Erlös (E) und Kosten (K). **Wenn nur fixe Kosten anfallen, liegt das Gewinnmaximum aber weiterhin bei derselben Menge wie das Erlösmaximum.** Werden dagegen variable Kosten berücksichtigt, ergeben sich für Erlös- bzw. Gewinnmaximum unterschiedliche Mengen. Es wird dabei unterstellt, dass der Monopolist genauso viel produziert, wie er absetzen kann (keine Lagerhaltung).

Tabellarische und grafische Ermittlung des Gewinnmaximums

B Annahme: Für das Wohltätigkeitskonzert entstehen dem Aids-Hilfe e.V. fixe Kosten für Stadionmiete, Werbung, Druck der Eintrittskarten, Versicherungsprämien usw. von 15.000 €. Außerdem müssen 5,00 € je verkaufter Eintrittskarte an die Stadtverwaltung für die Stadionreinigung, die Bezahlung von Ordnungskräften usw. (= variable Kosten) abgeführt werden.

Welcher Preis soll unter diesen Voraussetzungen festgelegt werden?

Gewinn für die Konzertveranstaltung der Aids-Hilfe e.V.						
Preis (p) in €	Eintrittskarten (x) in Stück	Erlöse (E) in € E = p · x	Erlösänderung je zusätzlicher Eintrittskarte in € (Grenzerlös) E' = ΔE/Δx	Kosten (K) in €	Kostenänderung je zusätzlicher Eintrittskarte in € (Grenzkosten) K' = ΔK/Δx	Gewinn/ Verlust (G) in € G = E – K
25,00	0	0		15.000		– 15.000
			22,50		5,00	
22,50	1 000	22.500	*20,00*	20.000	*5,00*	2.500
			17,50		5,00	
20,00	2 000	40.000	*15,00*	25.000	*5,00*	15.000
			12,50		5,00	
17,50	3 000	52.500	*10,00*	30.000	*5,00*	22.500
			7,50		5,00	
15,00	***4 000***	***60.000***	***5,00***	***35.000***	***5,00***	***25.000***
			2,50		5,00	
12,50	5 000	62.500	*0*	40.000	*5,00*	22.500
			– 2,50		5,00	
10,00	6 000	60.000	*– 5,00*	45.000	*5,00*	15.000
			– 7,50		5,00	
7,50	7 000	52.500	*– 10,00*	50.000	*5,00*	2.500
			– 12,50		5,00	
5,00	8 000	40.000	*– 15,00*	55.000	*5,00*	– 15.000
			– 17,50		5,00	
2,50	9 000	22.500	*– 20,00*	60.000	*5,00*	– 37.500
			– 22,50		5,00	
0	10 000	0		65.000		– 65.000

Gewinnzone: Gewinnschwelle – Gewinngrenze

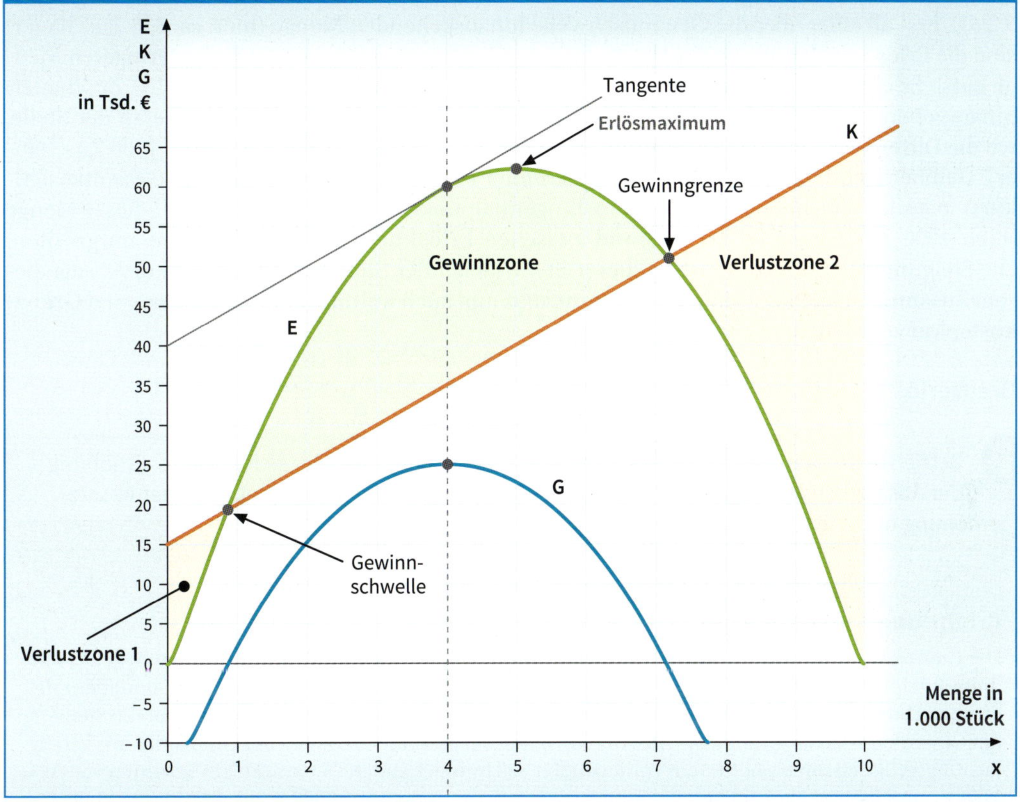

COURNOTscher Punkt

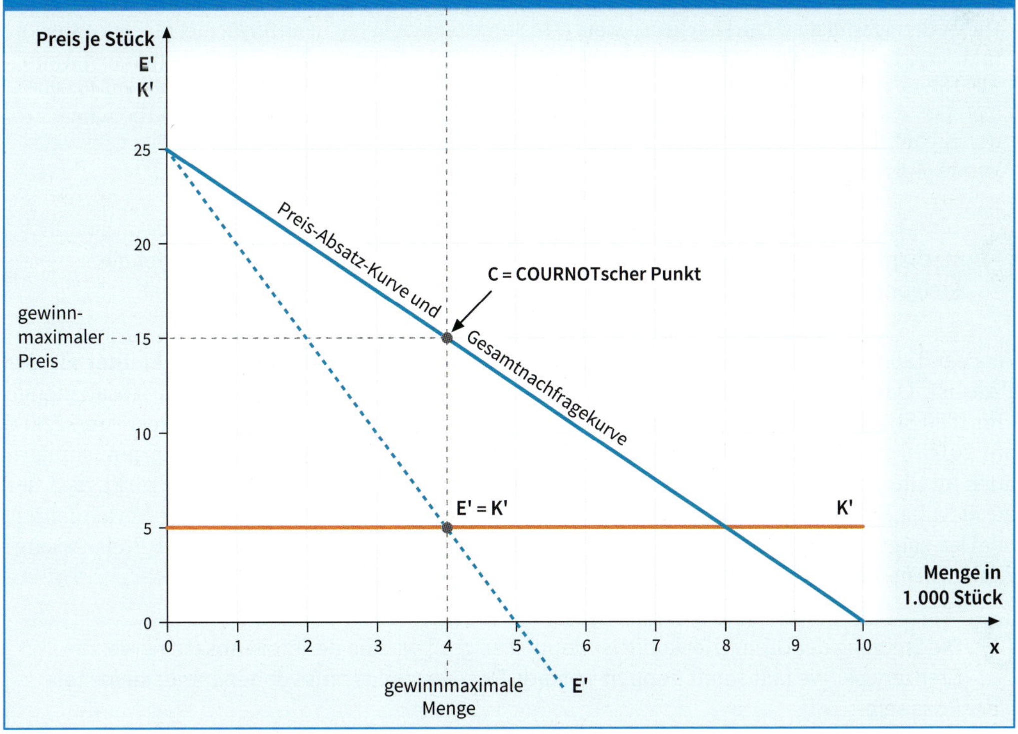

Der erste Schnittpunkt zwischen der Gesamterlöskurve und der Gesamtkostenkurve stellt die **Gewinnschwelle**, der zweite Schnittpunkt die **Gewinngrenze** des Monopolisten dar *(vgl. Abb. S. 263)*. Erst ab einer über die Gewinnschwelle hinausgehenden Menge (hier: ca. 838 Zuschauer) sind die Erlöse größer als die Kosten, sodass ein Gewinn erzielt wird. Bei einer geringeren Menge entsteht ebenso ein Verlust wie bei einer über die Gewinngrenze (hier: ca. 7162 Zuschauer) hinausgehenden Menge. Das Gewinnmaximum liegt innerhalb der Gewinnzone an der Stelle, wo die Differenz zwischen Gesamterlös und Gesamtkosten am größten ist (hier: 4000 Zuschauer). Geometrisch lässt sich das Gewinnmaximum ermitteln, indem die lineare Gesamtkostenkurve parallel verschoben wird bis zum Tangentialpunkt mit der Erlöskurve. Bei dieser Menge (hier: 4000 Zuschauer) ist der **Abstand zwischen Erlöskurve und Kostenkurve am größten**. Die Steigung der Erlöskurve ist an dieser Stelle gleich der Steigung der Kostenkurve. Aus diesem Zusammenhang lässt sich das Gewinnmaximum auch mithilfe der **Grenzerlös-** und **Grenzkostenkurve** ableiten.

Grenzerlös

D Betriebswirtschaftlich ist der Grenzerlös der zusätzliche Erlös, der sich bei einer Erhöhung der Absatzmenge um eine Einheit ergibt (= Zuwachs des Gesamterlöses bei einer Absatzerhöhung um eine Mengeneinheit).

Ermittlung des Grenzerlöses

Der Grenzerlös (E') ergibt sich als Differenzenquotient $\Delta E/\Delta x$ für $\Delta x = 1$. Wird die kleinstmögliche (= infinitesimale) Veränderung Δx betrachtet, geht der Differenzenquotient in den Differentialquotient dE/dx über. Der Grenzerlös ist somit die erste Ableitung E' der Erlösfunktion E. Er gibt somit die Steigung der Gesamterlöskurve (E) an *(siehe Abb. S. 263)*. In der Tabelle auf S. 262 wird der Grenzerlös aus Vereinfachungsgründen mit einer für den vorliegenden Fall hinreichenden Genauigkeit in Schritten von Δx = 1 000 ermittelt. Wird die Zahl der verkauften Eintrittskarten von 0 auf 1 000 Stück erhöht (Δx), steigt der Gesamterlös gemäß der Tab. auf S. 262 um 22.500 € (ΔE). Die Erhöhung der Verkaufszahl um **1 Karte** bewirkt also **im Durchschnitt** einen Erlöszuwachs von $\Delta E/\Delta x$ = 22.500/1 000 = 22,50 € (= Grenzerlös). Dieser Betrag wird dem **Durchschnittswert** (500 Stück) zwischen der ursprünglichen Menge (0 Stück) und der neuen Menge (1 000 Stück) zugewiesen. Wird die Zahl der verkauften Eintrittskarten weiter von 1 000 Stück auf 2 000 Stück erhöht, steigt der Gesamterlös um weitere 17.500 € von 22.500 € auf 40.000 € *(vgl. Tab. auf S. 262)*. Auf eine **zusätzliche Eintrittskarte** entfällt bei dieser Mengenerhöhung eine durchschnittliche Erlösänderung von $\Delta E/\Delta x$ = 17.500/1 000 = 17,50 € **(= Grenzerlös)**. Der Grenzerlös von 20,00 € bei 1 000 Stück ergibt sich als Mittelwert: (22,50 € + 17,50 €) / 2 = 20,00 €.

D Mathematisch ist der Grenzerlös die erste Ableitung (E') der Erlösfunktion. Er gibt die Steigung der Gesamterlöskurve bei unterschiedlichen Absatzmengen an ($\Delta E/\Delta x$).

Aus der Tabelle ist ersichtlich, dass der **Grenzerlös eines Monopolisten immer kleiner als der Preis ist.** Das ist durch die fallende Nachfragekurve bedingt. Zur Steigerung der Absatzmenge von 1000 Stück auf 2000 Stück muss der Monopolist im vorliegenden Fall den Preis von 22,50 € auf 20,00 € senken. Er wird aber nicht nur für die zusätzlichen 1000 Eintrittskarten, sondern auch für die ersten 1000 Eintrittskarten lediglich 20,00 € je Stück erhalten. Das bewirkt, dass der zusätzliche Erlös für jede verkaufte Eintrittskarte (Grenzerlös) niedriger als der Verkaufspreis ist. Das zeigt sich auch in der Steigung der Grenzerlöskurve E' im Vergleich zur Preis-Absatz-Kurve *(siehe Abb. S. 263)*.

D Die Steigung der Grenzerlöskurve ist doppelt so groß wie die der Preis-Absatz-Kurve. Die Grenzerlöskurve fällt somit doppelt so stark. Der Grenzerlös muss daher immer kleiner als der Preis sein.

Erlösmaximum: Grenzerlös = 0

Ein Grenzerlös von null bedeutet, dass kein weiterer Erlöszuwachs mehr möglich ist. Bei der Absatzmenge, die einem Grenzerlös von null entspricht, hat daher die Gesamterlöskurve ihr Maximum. Im dargestellten Fall liegt diese Absatzmenge bei 5 000 Eintrittskarten *(vgl. Abb. S. 263)*. Die Absatzmenge im Erlösmaximum (= Schnittpunkt zwischen Grenzerlöskurve und Mengenachse) ist immer halb so groß wie die Absatzmenge, die sich bei einem Preis von null ergibt (= Schnittpunkt zwischen Nachfragekurve und Mengenachse).[1] Dem Erlösmaximum bzw. dem Grenzerlös von null entspricht eine Nachfrageelastizität von 1 (= Halbierungspunkt der Nachfragekurve). Im elastischen Bereich der Nachfragekurve ist der Grenzerlös positiv, d. h., bei einer Ausdehnung der Absatzmenge steigt der Gesamterlös (= positive Steigung der Gesamterlöskurve). Im unelastischen Bereich der Nachfragekurve ist der Grenzerlös dagegen negativ, d. h., bei einer Ausdehnung der Absatzmenge sinkt der Gesamterlös (= negative Steigung der Gesamterlöskurve).

D Die Grenzerlöskurve schneidet die X-Achse (Mengenachse) immer bei der Hälfte des X-Achsenabschnitts der Preis-Absatz-Kurve. Bei dieser Menge ist der Grenzerlös null (E‘ = 0) und der Gesamterlös maximal (E_{max}).

Grenzkosten

D Betriebswirtschaftlich sind die Grenzkosten die zusätzlichen Kosten, die sich bei einer Erhöhung der Produktionsmenge um eine Einheit ergeben (= Zuwachs der Gesamtkosten bei einer Produktionserhöhung um eine Mengeneinheit).

B 3.6.2

D Mathematisch sind die Grenzkosten die erste Ableitung (K‘) der Gesamtkostenfunktion (K). Sie geben die Steigung der Gesamtkostenkurve bei unterschiedlichen Produktionsmengen an ($\Delta K/\Delta x$).

Bei linearem Kostenverlauf sind die Grenzkosten konstant und entsprechen den variablen Kosten je Stück (hier: 5,00 €).

Gewinnmaximierungsbedingung: Grenzerlös (E‘) = Grenzkosten (K‘)

Da der Grenzerlös (E‘) die Steigung der Erlöskurve und die Grenzkosten (K‘) die Steigung der Kostenkurve angeben, sind bei der gewinnmaximalen Menge (hier: 4 000 Zuschauer) **Grenzerlös und Grenzkosten gleich groß** (hier: jeweils 5,00 €). An dieser Stelle gilt somit die Bedingung: **E‘ = K‘**. Solange der Grenzerlös größer ist als die Grenzkosten, ist das Gewinnmaximum noch nicht erreicht und der Gewinn steigt bei zunehmender Menge. Ist der Grenzerlös dagegen kleiner als die Grenzkosten, ist das Gewinnmaximum bereits überschritten und der Gewinn sinkt bei zunehmender Menge. Geometrisch entspricht die gewinnmaximale Menge dem Schnittpunkt zwischen Grenzerlös- und Grenzkostenkurve.

D Das Gewinnmaximum des Angebotsmonopolisten liegt bei der Menge, bei der Grenzerlös und Grenzkosten gleich groß sind (E‘ = K‘).

1 Für den Nachweis dieser mathematischen Zusammenhänge siehe Seite 266.

D Wegen der Bedingung E' = K' muss bei positiven Grenzkosten (K' > 0) im Gewinnmaximum auch ein positiver Grenzerlös (E' > 0) vorliegen. Ein positiver Grenzerlös ist aber nur bei einer Nachfrageelastizität von größer als 1 möglich. Daher liegt das Gewinnmaximum des Angebotsmonopolisten im elastischen Bereich der Nachfragekurve.

Der zur gewinnmaximalen Menge gehörende Preis (hier: 15,00 €) lässt sich mithilfe der Preis-Absatz-Funktion ermitteln. Der Punkt auf der Preis-Absatz-Kurve des Monopolisten, der die gewinnmaximale Preis-Mengen-Kombination darstellt (hier: Punkt C), wird als **COURNOTscher Punkt**[1] bezeichnet. Dieser Punkt ergibt sich, indem der Schnittpunkt zwischen Grenzerlös- und Grenzkostenkurve auf die Preis-Absatz-Kurve projiziert wird *(vgl. Abb. S. 263).*

Marktversorgung

§

„Der Monopolist versorgt [...] den Markt ständig mangelhaft und befriedigt die effektive Nachfrage niemals ganz, sodass er seine Ware weit über dem natürlichen Preis verkaufen kann, wodurch seine Einkünfte [...] beträchtlich über die natürliche Höhe steigen."

Quelle: Smith, Adam: An Inquiry into the Nature and Causes of the Wealth of Nations, erste Auflage 1776; deutsche Übersetzung auf der Basis der 5. Aufl. von 1789 von H. C. Recktenwald, Der Wohlstand der Nationen, Eine Untersuchung seiner Natur und seiner Ursachen, 7. Aufl., München: © dtv Verlagsgesellschaft 1996, S. 54.

B 4.2.2

Im Vergleich zum Monopol ohne Kosten wird bei der Berücksichtigung von Produktionskosten deutlich, dass das Gewinnmaximum bei einer noch niedrigeren Menge (4000 Zuschauer gegenüber 5000 Zuschauern) und einem noch höheren Preis (15,00 € gegenüber 12,50 €) liegt. Der Monopolist maximiert also seinen Gewinn dadurch, dass er das Angebot künstlich verknappt (Verschlechterung der Marktversorgung) und die geringere Angebotsmenge zu einem höheren Preis verkauft. Ausmaß der Preiserhöhung bzw. der Mengenminderung hängen vom Kostenverlauf ab.

D Je steiler die Kostenkurve ansteigt, d. h., je höher die variablen Stückkosten sind, umso geringer ist die Angebotsmenge des Monopolisten und umso höher ist der Angebotspreis.

Mathematische Ermittlung des Gewinnmaximums (Differenzialrechnung)

Mathematisch lässt sich das Gewinnmaximum des Monopolisten für das vorliegende Zahlenbeispiel wie folgt ermitteln:

Die verwendete lineare Preis-Absatz-Funktion *(vgl. Tab. S. 257 bzw. Abb. S. 258),* die beim Monopol der Nachfragefunktion entspricht und die Abhängigkeit der absetzbaren Menge vom Preis beschreibt, lautet

(1) allgemein: $x = x(p)$ hier: $x = -400\,p + 10\,000$

Da der Monopolist aber – im Gegensatz zu einem Polypolisten (Mengenanpasser) – entweder den Preis oder die Menge festlegen kann *(vgl. S. 258),* kann die Gleichung im vorliegendem Fall ausnahmsweise auch nach p aufgelöst und das Abhängigkeitsverhältnis zwischen Menge (x) und Preis (p) umgekehrt werden.

(2) allgemein: $p = a - bx$ hier: $p = (10\,000 - x)/400 = 25 - 0{,}0025\,x$

Diese Umformung mit der Menge (x) als unabhängige Variable ist nötig, weil zur Ermittlung des Gewinnmaximums die gewinnmaximale Menge bestimmt werden muss (s. u.). Das geht nur, wenn in der zu maximierenden Gewinnfunktion G = E – K die Menge (x) die unabhängige Variable ist. Da die Kosten (K) von der Menge (x) abhängig sind ($K = K_f + k_v \cdot x$), müssen auch die Erlöse ($E = p \cdot x$) in Abhängigkeit von der Menge (x) formuliert werden. Das geschieht, indem die nach p aufgelöste Preis-Absatz-Funktion (2) in $E = p \cdot x$ eingesetzt wird (3).

1 Vgl. Antoine Augustin Cournot (1801 – 1877), französischer Mathematiker und Ökonom.

Der Abschnitt der Preis-Absatz-Kurve auf der Preisachse entspricht dem Parameter a (hier: 25), da sich dieser Wert für p bei einer Absatzmenge (x) von null ergibt *(vgl. Abb. S. 263)*. Der Abschnitt auf der Mengenachse ergibt sich, wenn für p null eingesetzt wird. Für diesen Fall gilt:
$x = a/b$ (hier: $x = 25/0{,}0025 = 10\,000$)

Der Erlös ergibt sich aus der Multiplikation von Preis und Menge: $E = p \cdot x$

Unter Verwendung von (2) lautet die Erlösfunktion:

(3) allgemein: $E = (a - bx) \cdot x = ax - bx^2$ hier: $E = (25\text{–}0{,}0025\,x) \cdot x = 25\,x - 0{,}0025\,x^2$

Der Erlös ist null, wenn die Menge null ist ($x = 0$) oder der Preis null ist ($a\text{–}bx = 0$). Aus der ersten Nullstelle ($x = 0$) folgt, dass die Erlöskurve die Mengenachse im Koordinatenursprung schneidet *(vgl. Abb. S. 263)*. Für die zweite Nullstelle gilt: $a - bx = 0$ (hier: $25 - 0{,}0025\,x = 0$). Daraus folgt: $x = a/b$ (hier: $x = 25/0{,}0025 = 10\,000$). Die zweite Nullstelle liegt also dort, wo die Nachfragekurve die Mengenachse berührt *(vgl. Abb. S. 263)*.

An der Extremstelle der Erlösfunktion (Erlösmaximum) müssen die 1. Ableitung gleich null und die 2. Ableitung negativ sein.

(4) allgemein: $E' = a - 2bx = 0$ hier: $E' = 25 - 0{,}005x = 0$

(5) allgemein: $E'' = -2b < 0$ hier: $E'' = -0{,}005 < 0$

Aus (4) folgt für den hier vorliegenden Fall: $x = 25/0{,}005 = 5\,000$. Die erlösmaximale Menge liegt also bei 5 000 Stück. Das Schaubild der Erlösfunktion ist eine nach unten geöffnete Parabel. Also liegt das Maximum in der Mitte zwischen den Schnittpunkten mit der x-Achse. Das entspricht der Hälfte des Abschnitts der Preis-Absatz-Kurve auf der Mengenachse.

Wichtiges Ergebnis: Die erlösmaximale Menge lässt sich dadurch bestimmen, dass der Abschnitt der Preis-Absatz-Kurve auf der Mengenachse halbiert wird.

Die 1. Ableitung $E' = a - 2bx$ (hier: $E' = 25 - 0{,}005\,x$) ist die **Grenzerlösfunktion**. Sie hat die Form einer **Geraden** und gibt die Steigung der Gesamterlösfunktion an. Ihre Steigung (hier: 0,005) ist doppelt so groß wie die der zugehörigen Preis-Absatz-Funktion. Die Nullstelle der Grenzerlösfunktion ($E' = 0$) liegt bei $x = 1/2 \cdot a/b$ (hier: $x = 1/2 \cdot 25/0{,}0025 = 5\,000$). Im vorliegenden Fall ist der Grenzerlös also bei einem Absatz von 5 000 Karten gleich null *(vgl. Abb. S. 263)*. Die Steigung der Gesamterlösfunktion ist an dieser Stelle null (= Erlösmaximum). Für eine geringere Absatzmenge ist der Grenzerlös größer als null, d. h., die Steigung der Gesamterlöskurve ist in diesem Bereich positiv. Für eine größere Absatzmenge ist der Grenzerlös kleiner als null, d. h., die Steigung der Gesamterlöskurve ist in diesem Bereich negativ.

Die Kostenfunktion *(vgl. Tab. S. 262)* lautet:

(6) allgemein: $K = K_f + k_v \cdot x$ hier: $K = 15\,000 + 5\,x$

Die zu maximierende Gewinnfunktion lautet:

(7) allgemein: $G = E - K \rightarrow \text{max!}$ hier: $G = 25\,x - 0{,}0025\,x^2 - 15\,000 - 5\,x$
$= 20\,x - 0{,}0025\,x^2 - 15\,000 \rightarrow \text{max!}$

Die notwendige (erste) Bedingung für das Maximum erfordert, dass die 1. Ableitung null ist.

(8) allgemein: $G' = E' - K' = 0$ hier: $G' = 20 - 0{,}005\,x = 0$

Die hinreichende (zweite) Bedingung für das Maximum erfordert, dass die 2. Ableitung negativ ist.

(9) allgemein: $G'' < 0$ hier: $G'' = -0{,}005$

Für den vorliegenden Fall ergibt sich aus (8) als gewinnmaximale Menge: $20 - 0{,}005\,x = 0$. Daraus folgt: $x = 4\,000$

Aus der ersten Gewinnmaximierungsbedingung (8) folgt, dass beim Gewinnmaximum Grenzerlös und Grenzkosten gleich sein müssen.

(10) allgemein: $E'(x) = K'(x)$ hier: $25 - 0{,}005\,x = 5$

Wichtiges Ergebnis: Der Angebotsmonopolist erzielt seinen maximalen Gewinn, wenn Grenzerlös und Grenzkosten gleich sind.

Für den vorliegenden Fall ergibt sich aus (10) als gewinnmaximale Menge: $x = 4\,000$. Durch Einsetzen von x in (2) ergibt sich der gewinnmaximale Preis: $p = 15{,}00$.

4.2.4 Preisdifferenzierung des Angebotsmonopolisten

Voraussetzung für Preisdifferenzierung: Unvollkommener Markt

Die Untersuchung des Preisbildungsprozesses beim Angebotsmonopol hat zu dem Ergebnis geführt, dass es bei dieser Marktform nur einen einzigen Preis geben kann. Ein Markt, auf dem sich ein **Einheitspreis** ergibt, zu dem **alle** Käufe und Verkäufe getätigt werden, ist ein **vollkommener Markt.** Der Angebotsmonopolist kann jedoch seinen Monopolgewinn noch weiter erhöhen, wenn es ihm gelingt, das **gleiche Gut** an unterschiedliche Käufergruppen zu **unterschiedlichen Preisen** zu verkaufen. Eine solche **Preisdifferenzierung**, bei der sich für ein homogenes Gut verschiedene Preise ergeben, ist nur auf einem **unvollkommenen Markt** möglich. Das „Gesetz von der Unterschiedslosigkeit des Preises" gilt in diesem Fall nicht.

Es lassen sich verschiedene Formen der Preisdifferenzierung unterscheiden.

Arten der Preisdifferenzierung	Kriterien für die Marktteilung	Beispiel
persönliche Preisdifferenzierung	Gruppenzugehörigkeit	Ein Konzertveranstalter gewährt ermäßigte Preise für Schüler und Studenten.
räumliche Preisdifferenzierung	Regionen, Länder	Ein pharmazeutisches Unternehmen verkauft das gleiche Medikament im Ausland billiger als im Inland.
zeitliche Preisdifferenzierung	Zeitpunkt der Nachfrage	Die Parkgebühren in einem Parkhaus sind nachts niedriger als am Tag.
		Ein Energieversorgungsunternehmen gewährt einen günstigen Nachtstromtarif.
sachliche Preisdifferenzierung	Verwendungszweck des Gutes	Ein Energieversorgungsunternehmen verlangt von Privatkunden einen höheren Tarif als von Industriekunden.
	Nachfragemenge	Die Deutsche Bahn fordert von einer zweiten mitreisenden Person nur den halben Fahrpreis.
	Einschätzung durch unterschiedliche Verbraucherschichten	Ein Waschmittelhersteller verkauft ein Waschpulver sowohl mit einer neutralen No-Name-Verpackung (weiße Ware) als auch unter einem bekannten Markennamen. Durch Werbung, Verpackung usw. werden Qualitätsunterschiede vorgetäuscht.

4.12, S. 295

D Wenn der Monopolist Preisdifferenzierung betreibt, d. h. ein gleichartiges Gut zu unterschiedlichen Preisen verkauft, handelt es sich um ein Monopol auf einem unvollkommenen Markt.

Ziel und Mittel der Preisdifferenzierung

Ziel jeder Preisdifferenzierung ist es, die Bereitschaft einiger Nachfrager, für das Gut einen höheren als den Marktpreis zu zahlen, auszunutzen. Diese Zahlungsbereitschaft der Nachfrager kommt in der von links oben nach rechts unten fallenden Nachfragekurve zum Ausdruck. Auch bei hohem Preis wären noch einige Nachfrager bereit, das Gut zu kaufen. Ist der tatsächlich vom Monopolisten festgesetzte Preis jedoch niedriger als der von einigen Nachfragern geplante, erzielen diese Nachfrager einen Vorteil, weil sie das Gut billiger erwerben können als vorgesehen. Die Differenz zwischen ihrer Zahlungsbereitschaft und den niedrigeren tatsächlichen Ausgaben ist die **Konsumentenrente.**

B 4.1.3

D Ziel der Preisdifferenzierung ist die Abschöpfung von Konsumentenrente

In allen Fällen ist Voraussetzung für eine Preisdifferenzierung, dass der Anbieter den Preis autonom festlegen und den Markt teilen kann. Eine solche Aufteilung des Marktes in Absatzschichten mit dem Ziel, in den einzelnen Marktsegmenten unterschiedliche Preise durchzusetzen, ist für einen Anbieter umso leichter möglich, je geringer die Markttransparenz ist und je leichter sich Marktsegmente in persönlicher, räumlicher, zeitlicher oder sachlicher Hinsicht abgrenzen lassen. Wesentlich ist dabei auch, dass der Weiterverkauf des Gutes zwischen den einzelnen Käufergruppen ausgeschlossen ist.

D Mittel der Preisdifferenzierung ist die Aufspaltung der Gesamtnachfrage in Absatzschichten.

Preisdifferenzierung oberhalb des Monopolpreises

B **Konzertveranstalter als Monopolist mit Preisdifferenzierung**

Die Veranstalter eines Popkonzerts, das in einem Fußballstadion mit einem Fassungsvermögen von 8000 Personen stattfinden soll, gehen von den in folgender Tabelle wiedergegebenen Daten aus. Es wird überlegt, ob durch eine Preisdifferenzierung der Gesamtgewinn gesteigert werden kann, indem für zahlungskräftige Besucher, die nicht zur Gruppe der Schüler, Auszubildenden und Studenten gehören, höhere Eintrittspreise festgelegt werden.

B 4.2.3

Gewinn für die Konzertveranstaltung der Aids-Hilfe e. V.				
Preis (p) in €	**Zuschauer (x)**	**Erlöse (E) in €**	**Kosten (K) in €**	**Gewinn/Verlust (G) in €**
25,00	0	0	15.000	- 15.000
22,50	1000	22.500	20.000	2.500
20,00	2000	40.000	25.000	15.000
17,50	3000	52.500	30.000	22.500
15,00	4000	60.000	35.000	25.000
12,50	5000	62.500	40.000	22.500
10,00	6000	60.000	45.000	15.000
7,50	7000	52.500	50.000	2.500
5,00	8000	40.000	55.000	- 15.000
2,50	9000	22.500	60.000	- 37.500
0	10000	0	65.000	- 65.000

Das bisherige Gewinnmaximum von 25.000 € ergibt sich bei einem Preis von 15,00 € und einer Zuschauerzahl von 4000. Wird dieser bisherige Monopolpreis von 15,00 € (p^1) als ermäßigter Preis für Schüler, Auszubildende und Studenten beibehalten und der Preis für alle übrigen Besucher auf 20,00 € (p^2) festgesetzt, kann der Erlös um 10.000 € gesteigert werden. Voraussetzung dafür ist im vorliegenden Fall, dass sich unter den 4000 Zuschauern, die bereit sind, einen Eintrittspreis von 15,00 € zu bezahlen, insgesamt mindestens 2000 Schüler, Auszubildende und/oder Studenten befinden. Da für diesen Fall die Gesamtzahl der Zuschauer auch nach der Preisdifferenzierung noch bei 4000 liegt, ändern sich die Kosten nicht. Erlöszuwachs und Gewinnzuwachs sind demzufolge aus-

Monopolist mit Preisdifferenzierung

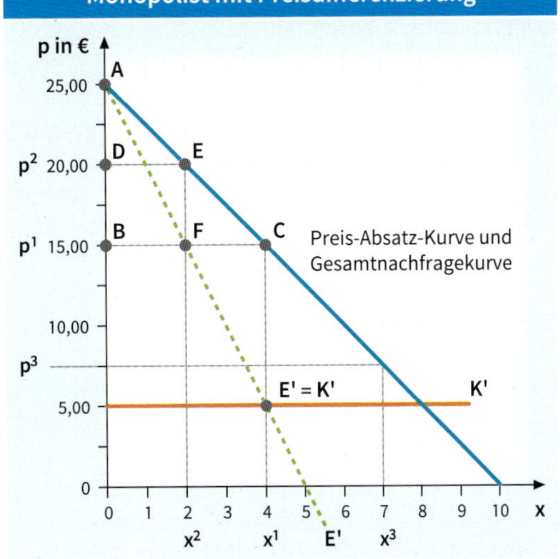

B 4.2.3

nahmsweise gleich hoch. Die Erlös- und Gewinnsteigerung von 10.000 € kommt dadurch zustande, dass der Veranstalter einen Teil der Konsumentenrente oberhalb des bisherigen Monopolpreises abschöpft und in Erlös bzw. Gewinn umwandelt.

Ursprünglich betrug die Konsumentenrente 20.000 €, was dem Flächeninhalt des Dreiecks B, A, C *(vgl. Abb.)* entspricht: (4000 · 10)/2 = 20.000 €).

Gewinnerhöhung durch Preisdifferenzierung oberhalb des Monopolpreises

2000 Zuschauer · 20,00 € =	40.000 €
+ 2000 Schüler/Studenten · 15,00 € =	30.000 €
= Gesamterlös	70.000 €
– Kosten (15.000 + 4.000 · 5)	35.000 €
= Gesamtgewinn	35.000 €

Nach der Preisdifferenzierung zahlen aber 2000 Zuschauer 20,00 € (p^2) statt bisher 15,00 € (p^1) für eine Eintrittskarte, d. h. 5,00 € mehr als in der Ausgangssituation. Die abgeschöpfte Konsumentenrente von 10.000 € entspricht dem Flächeninhalt des Rechtecks B, D, E, F (2000 · 5 = 10.000 €). Die verbleibende Konsumentenrente von 10.000 € könnte teilweise noch weiter abgeschöpft werden, wenn es durch eine zusätzliche Marktaufspaltung gelänge, beispielsweise bei den 1000 Zuschauern, die bereit wären einen Preis von mindestens 22,50 € für eine Eintrittskarte zu zahlen, diesen Preis auch durchzusetzen.

Preisdifferenzierung unterhalb des Monopolpreises

Durch Preisdifferenzierung auch unterhalb des Monopolpreises kann der Gewinn noch gesteigert werden, solange der niedrigste aller festgesetzten Preise gerade noch die variablen Stückkosten deckt (hier: 5,00 €). Wird beispielsweise für eine nicht ermäßigte Eintrittskarte der Monopolpreis von 15,00 € (p^1) verlangt und der Preis für ermäßigte Karten auf 7,50 € (p^3) halbiert, könnten – sofern es sich bei den 3000 zusätzlichen Zuschauern ausschließlich um Schüler, Auszubildende und Studenten handelt – der Erlös um 22.500 € und der Gewinn um 7.500 € gegenüber der Ausgangssituation gesteigert werden. Mit insgesamt 7000 Zuschauern wäre das Stadion bei einem Fassungsvermögen von 8000 Zuschauern in diesem Fall zu 87,5 % ausgelastet.

Gewinnerhöhung durch Preisdifferenzierung unterhalb des Monopolpreises

4000 Zuschauer · 15,00 € =	60.000 €
+ 3000 Schüler/Studenten · 7,50 € =	22.500 €
= Gesamterlös	82.500 €
– Kosten (15.000 + 7.000 · 5)	50.000 €
= Gesamtgewinn	32.500 €

Der durch die Preisdifferenzierung entstehende Gewinn ist umso größer, je mehr Teilmärkte abgegrenzt werden können. Im Extremfall zahlt jeder Nachfrager genau den Preis, den er gerade noch zu zahlen bereit ist.

4.3 Monopolistischer Preisspielraum: Polypol auf dem unvollkommenen Markt

Lernziele:

Nach der Bearbeitung des Kapitels sind Sie in der Lage, Folgendes zu tun:

Sie ...

- ... erklären, warum die Situation eines Polypols auf dem unvollkommenen Markt auch als „monopolistische Konkurrenz“ bezeichnet wird.
- ... beschreiben, welche Unvollkommenheitsmerkmale der Markt bei monopolistischer Konkurrenz aufweisen kann.
- ... erläutern den Verlauf und die verschiedenen Bereiche der doppelt geknickten Preis-Absatz-Kurve beim Polypol auf dem unvollkommenen Markt.
- ... erklären den Begriff des „akquisitorischen Potenzials“ eines Anbieters.
- ... erläutern die Gewinnmaximierungsregel beim Polypol auf dem unvollkommenen Markt.

4.3.1 Doppelt geknickte Preis-Absatz-Kurve

Marktunvollkommenheiten

Häufig werden am Markt sehr ähnliche Güter angeboten, die aber nach Einschätzung der Nachfrager aus verschiedenen Gründen nicht gleichartig (homogen) sind. Möglicherweise werden diese Güter nur deswegen als andersartig (heterogen) angesehen, weil sie sich in der Verpackung oder durch eine Markenbezeichnung unterscheiden. Neben solchen **sachlichen Präferenzen** liegen **Marktunvollkommenheiten** beispielsweise auch dann vor, wenn sich aufgrund von besonders zuvorkommender Kundenbetreuung eine „Stammkundschaft“ entwickelt (= persönliche Präferenzen), der Anbieter einen günstigen Standort (z. B. gute Geschäftslage, genügend Parkraum, geringe Entfernung) hat (= räumliche Präferenz) oder eine besonders schnelle Lieferung zusagt (= zeitliche Präferenz). Auf einem solchen **unvollkommenen Markt** können für eigentlich gleichartige Güter dennoch unterschiedliche Preise entstehen.

B 1.3

4.13, S. 296

Eine solche Marktsituation ist für den Einzelhandel und das Handwerk typisch.

Preispolitischer Spielraum des Polypolisten

B In einer Stadt mit vielen Backwarenläden kann ein einzelner Bäcker beispielsweise den Preis für sein Dreikornbrot um 0,25 € je kg über dem der anderen Anbieter festlegen, ohne alle Kunden für diese Brotsorte zu verlieren. Wenn er den Preis allerdings über eine bestimmte Grenze hinaus erhöht, kauft kein Kunde mehr dieses Brot bei ihm. Dass sein Dreikornbrot-Absatz bei einer geringfügigen Preiserhöhung nicht auf null zurückgeht, kann daran liegen, dass einigen Kunden möglicherweise der Weg bis zum nächsten Bäckerladen zu weit ist. Es kann aber auch dadurch bedingt sein, dass die Kunden im Laden dieses Bäckers lieber einkaufen als bei der Konkurrenz, weil beispielsweise das Verkaufspersonal freundlicher und zuvorkommender ist. Die Ursache könnte aber auch sein, dass die Kunden nicht wissen, dass dieses Brot anderswo billiger ist. Da es auf diesem Markt unterschiedliche Preise für ein gleichartiges Produkt geben kann, handelt es sich um einen unvollkommenen Markt.

D Die Marktform des Polypols auf dem unvollkommenen Markt (= unvollkommenes Polypol) ist dadurch gekennzeichnet, dass sich viele Anbieter und viele Nachfrager mit jeweils geringen Marktanteilen gegenüberstehen, ein einheitlicher Preis aber deswegen nicht zustande kommt, weil mindestens eine der Bedingungen des vollkommenen Marktes (= Homogenität, keine Präferenzen, Markttransparenz) nicht erfüllt ist.

Die Anbieter beim Polypol auf dem unvollkommenen Markt können den Preis innerhalb gewisser Grenzen verändern, ohne dass sie bei einer kleinen Preiserhöhung befürchten müssen, Kunden an die Konkurrenz zu verlieren, und ohne dass es ihnen bei einer kleinen Preissenkung gelingt, Käufer aus dem Kundenstamm eines anderen Anbieters abzuziehen. Sie können somit – anders als bei der Marktform der vollkommenen Konkurrenz – innerhalb eines bestimmten Preisintervalls Preispolitik wie ein Monopolist betreiben. Diese Marktform wird daher auch als **monopolistische Konkurrenz** bezeichnet.

B 3.3
B 4.1
B 4.2.1

Es gibt aber eine Ober- und eine Untergrenze für den preispolitischen Spielraum eines einzelnen Anbieters. Setzt der Anbieter den Preis zu hoch fest, ist für die Nachfrager der Preisnachteil im Vergleich zu den Konkurrenten so groß, dass die bisherigen Präferenzen gegenüber diesem Anbieter ihre Wirkung verlieren. Alle Kunden wandern zur Konkurrenz ab. Der Anbieter würde dann – wie beim Polypol auf dem vollkommenen Markt – seinen ganzen Absatz verlieren. Setzt der Anbieter dagegen den Preis zu niedrig fest, wechseln alle Nachfrager von der Konkurrenz zu ihm über. Aufgrund seines geringen Marktanteils kann er diese Nachfrage aber nicht befriedigen und keine zusätzlichen Kunden langfristig an sich binden.

Aus diesen Überlegungen ergibt sich beim Polypol auf dem unvollkommenen Markt für einen einzelnen Anbieter eine Preis-Absatz-Funktion, wie sie in der folgenden Abbildung dargestellt ist. Sie wird auch als **doppelt geknickte Preis-Absatz-Kurve** bezeichnet.[1]

D Die Preis-Absatz-Kurve eines Polypolisten auf dem unvollkommenen Markt weist zwei Knicke auf (doppelt geknickt) und ist dadurch in drei Abschnitte unterteilt. Sie gibt an, welche Menge dieser Anbieter jeweils absetzen kann, wenn er unterschiedlich hohe Preise festsetzt.

Doppelt geknickte Preis-Absatz-Kurve

Außerhalb des monopolistischen Bereichs lässt die Wirkung von Präferenzen und anderen Marktunvollkommenheiten deutlich nach. Die Nachfrager reagieren elastischer auf Preisänderungen. Die Preis-Absatz-Kurve verläuft in den beiden polypolistischen Bereichen flacher als im monopolistischen Bereich.	Außerhalb des monopolistischen Bereichs bestehen keine Präferenzen oder andere Marktunvollkommenheiten. Es liegt ein vollkommener Markt vor. Die Nachfrager reagieren unendlich elastisch auf Preisänderungen. Die Preis-Absatz-Kurve verläuft in den beiden polypolistischen Bereichen parallel zur Mengenachse.

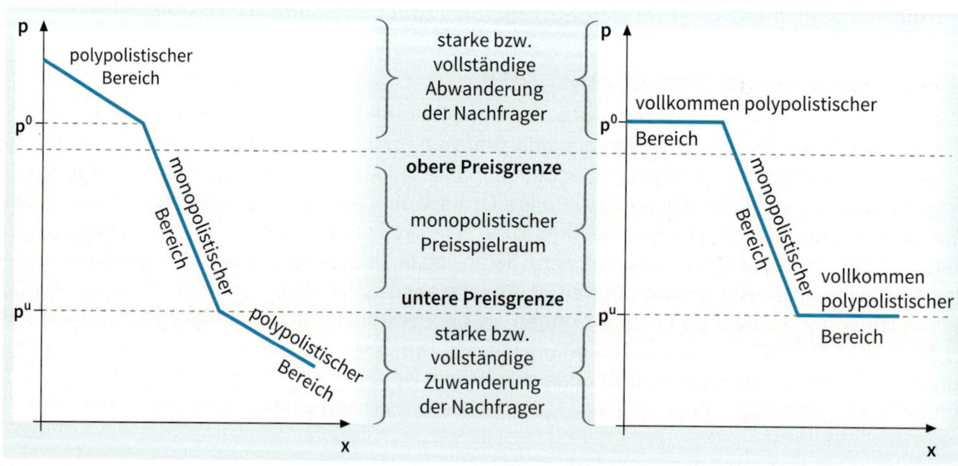

1 Diese Form der Preis-Absatz-Funktion wurde von Erich Gutenberg (1897–1984), einem bedeutenden deutschen Betriebswirt an der Universität Köln, entwickelt. Vgl. Gutenberg, E., Grundlagen der Betriebswirtschaftslehre, Bd. 2: Der Absatz, 17. Aufl., Berlin, Heidelberg, New York 1984, S. 247 ff.

Zusammenhang zwischen Preis-Absatz-Kurve und Nachfragekurve

Die **Preis-Absatz-Kurve** eines Anbieters spiegelt den **Teil der Gesamtnachfrage** wider, der auf diesen **einzelnen Anbieter** entfällt. Im Gegensatz zum Monopol ist aber beim **Polypol** diese auf einen einzelnen Anbieter entfallende Nachfrage **nicht identisch mit der Gesamtnachfrage**, da es auch noch andere Anbieter gibt, die einen Teil der Gesamtnachfrage auf sich vereinigen. Es handelt sich also bei der **Preis-Absatz-Kurve** um einen nur für den **einzelnen Anbieter bedeutsamen Teil der Gesamtnachfragekurve,** der er sich **aus Anbietersicht** gegenübersieht.

Drei Bereiche der doppelt geknickten Preis-Absatz-Kurve

In dem Preisintervall zwischen der Obergrenze (p^2) und der Untergrenze (p^3) kann der Anbieter Preispolitik wie ein Angebotsmonopolist betreiben. Der entsprechende Abschnitt auf der Preis-Absatz-Kurve wird daher auch als **monopolistischer Bereich** bezeichnet. Ausgehend vom Preis p^1 führt eine Preissenkung – wie beim Monopol – zu einer Absatzsteigerung, weil Nachfrager auftreten, die dieses Gut bisher nicht oder nur in geringer Menge gekauft haben (Weckung latenter Nachfrage). Bei einer Preiserhöhung verzichten dagegen einige der bisherigen Nachfrager ganz auf das Gut oder schränken zumindest die gekaufte Menge ein. In diesem Bereich wandern aber weder Kunden bei Preiserhöhungen zu anderen Anbietern ab, noch laufen bei Preissenkungen Kunden von anderen Anbietern über. Ob und in welchem Umfang durch eine Preisveränderung in diesem Intervall der Erlös steigt oder fällt, hängt von der Elastizität der Nachfrage ab. Die Größe des monopolistischen Bereichs wird vom Ausmaß der Marktunvollkommenheiten bestimmt. Je stärker die Präferenzen der Nachfrager sind, je heterogener die Güter eingeschätzt werden und je unvollständiger die Markttransparenz ist, desto ausgeprägter ist der monopolistische Bereich.

> **D** Zwischen oberer und unterer Preisgrenze (monopolistischer Bereich) kann sich ein Anbieter beim unvollkommenen Polypol wie ein Monopolist verhalten und Preispolitik betreiben.

Außerhalb des monopolistischen Bereichs werden die Präferenzen mehr und mehr unwirksam. Diese beiden Abschnitte der Preis-Absatz-Kurve werden auch als **polypolistische Bereiche** bezeichnet *(vgl. Abb. S. 272).* Eine Erhöhung des Preises über den oberen Grenzpreis (p^2) führt zu einer Abwanderung von Kunden zu anderen Anbietern und damit zu einer Absatzminderung. Bei einer Preissenkung unterhalb des unteren Grenzpreises (p^3) kommt es nicht nur zu einer Weckung latenter Nachfrage, sondern auch zu einem Kundenzustrom von anderen Anbietern. In welchem Umfang diese Zu- und Abwanderungen vorkommen und ob der Übergang zwischen den drei Bereichen der Preis-Absatz-Kurve allmählich oder abrupt verläuft, hängt vom Einzelfall ab. Die Preis-Absatz-Kurve verläuft außerhalb des monopolistischen Bereichs umso flacher, je geringer die Präferenzen und je höher die Markttransparenz sind. Im Extremfall sind die Bedingungen eines vollkommenen Marktes erfüllt, sodass der Anbieter beim oberen Grenzpreis seinen gesamten Absatz verliert und beim unteren Grenzpreis jede im Bereich seiner Produktionskapazität liegende Menge absetzen kann. Das lässt sich durch jeweils parallel zur Mengenachse verlaufende Abschnitte der Preis-Absatz-Kurve darstellen *(vgl. Abb. S. 275).*

Verstärkung der Kundenbindung: Akquisitorisches Potenzial

Ein Anbieter, der durch die Marktunvollkommenheiten Vorteile hat, wird versuchen, den monopolistischen Bereich zu erhalten und auszubauen, indem er absatzpolitische Instrumente (z.B. Werbung, Verpackung, Liefer- und Zahlungsbedingungen) einsetzt. Diese Möglichkeit, beim unvollkommenen Polypol bei den Kunden Präferenzen zu schaffen oder zu verstärken und die Preiselastizität der Nachfrage zu verringern, wird auch als **akquisitorisches Potenzial** bezeichnet. Ziel ist es dabei, den monopolistischen Bereich weiter nach oben zu verlagern und die Preis-Absatz-Kurve nach rechts zu verschieben.

4.3.2 Gewinnmaximum und Preisbildung

Tabellarische und grafische Ermittlung des Gewinnmaximums

B **Gewinnmaximum beim Polypol auf dem unvollkommenen Markt**

Auch für den Polypolisten am unvollkommenen Markt gilt, dass er seinen Gewinn (G) bei derjenigen Ausbringungsmenge maximiert, bei der die Differenz zwischen Gesamterlös (E) und Gesamtkosten (K) am größten ist.

Für eine Getränkehandlung in einer Großstadt gilt der in nebenstehender Tabelle dargestellte Zusammenhang zwischen dem Preis je Kiste Mineralwasser und der abgesetzten Menge pro Monat. Die obere Preisgrenze liegt bei 3,50 €, die untere bei 2,00 €. Aufgrund der beschränkten Lagerkapazität liegt die maximale Absatzmenge bei 6 000 Kisten monatlich.

Preis (p) in €	Kisten (x) in Tsd.	Erlöse (E) in Tsd. €	Kosten (K) in Tsd. €	Gewinn/ Verlust (G) in Tsd. €
3,50	0	0,0	1	– 1,0
3,50	1	3,5	2	1,5
3,50	2	7,0	3	4,0
3,50	3	10,5	4	6,5
3,00	4	12,0	5	7,0
2,50	5	12,5	6	6,5
2,00	6	12,0	7	5,0
2,00	7	14,0	8	6,0
2,00	8	16,0	9	7,0
2,00	9	18,0	10	8,0
2,00	10	20,0	11	9,0

Gewinnmaximum beim Polypol auf dem unvollkommenen Markt

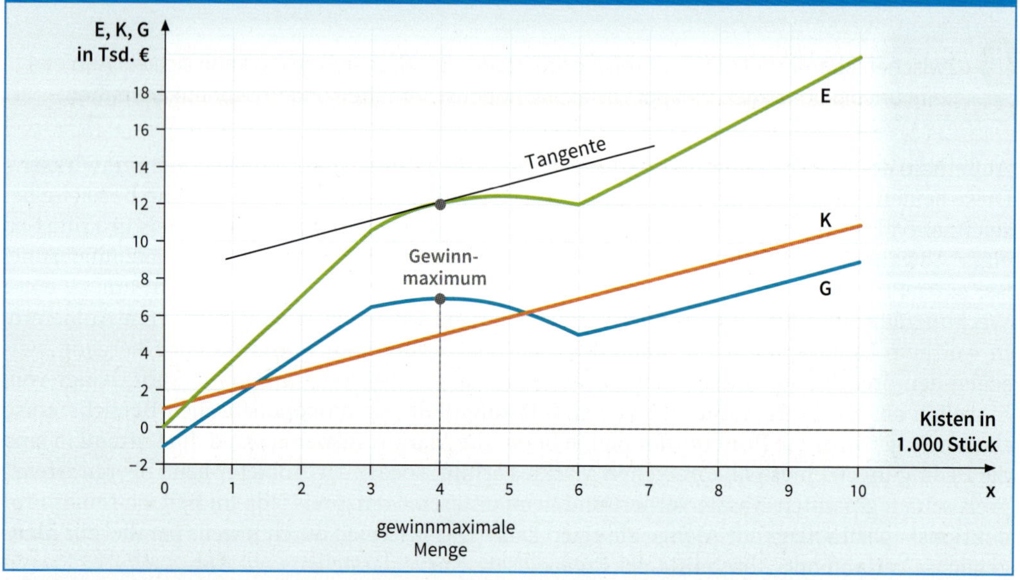

Unter Berücksichtigung der Kapazitätsbeschränkung von 6 000 Kisten liegt das Erlösmaximum (12.500 €) bei 5 000 Kisten und das Gewinnmaximum (7.000 €) bei 4 000 Kisten.

Gewinnmaximum im monopolistischen Bereich

B 4.2.3

Bei einem Absatz von 4 000 Kisten sind Grenzerlös und Grenzkosten mit jeweils 1,00 € gleich. Das Gewinnmaximum liegt im monopolistischen Bereich. Der Getränkehändler kann also Preispolitik betreiben. Dem **COURNOTschen Punkt C** entspricht ein Preis von 3,00 € *(vgl. folgende Abb.)*. Um sein Gewinnmaximum zu realisieren, wird der Händler somit den Preis auf 3,00 € festlegen.

Doppelt geknickte Preis-Absatz-Kurve

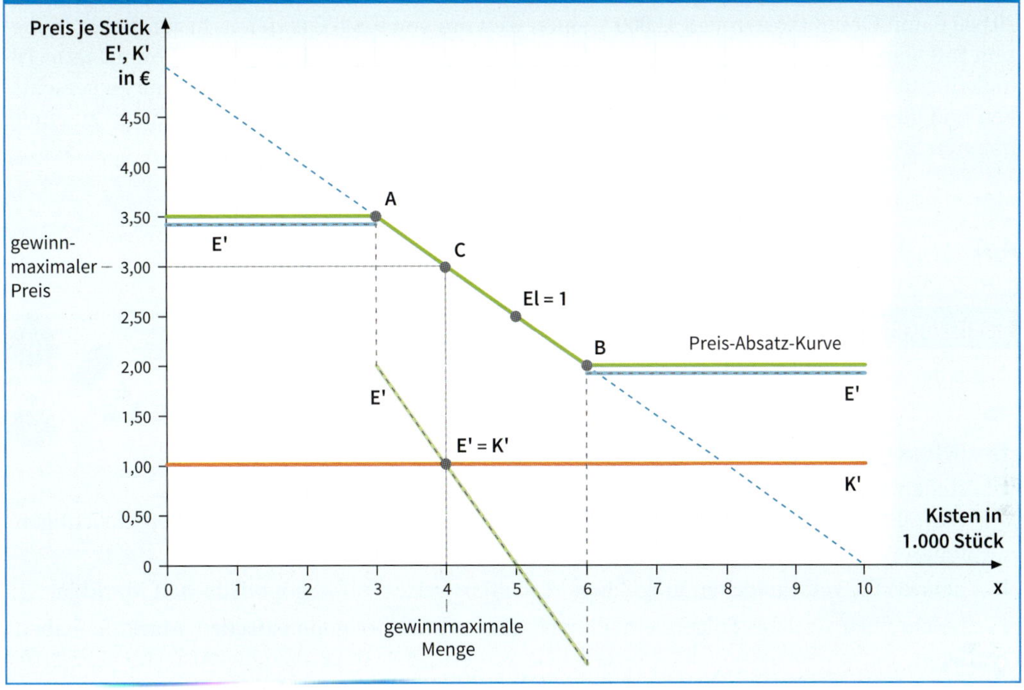

Verlauf der Grenzerlöskurve

Die auf dem vorliegenden Zahlenbeispiel basierende Gesamterlöskurve kann als Zusammensetzung der linearen Erlöskurven eines Anbieters bei vollkommener Konkurrenz (Mengenbereiche von 0 bis 3000 bzw. von 6000 bis 10000) und der Erlöskurve eines Monopolisten in Form einer nach unten geöffneten Parabel (Mengenbereich von 3000 bis 6000) aufgefasst werden. Entsprechend verläuft die Grenzerlöskurve in diesen Bereichen unterschiedlich. In den polypolistischen Abschnitten entspricht der Grenzerlös dem Preis: $E(x) = p \cdot x \rightarrow E'(x) = p$. Die Grenzerlöskurve fällt daher in diesen Abschnitten mit der parallel zur Mengenachse verlaufenden Preis-Absatz-Kurve zusammen.

Im Punkt A weist die Grenzerlöskurve einen Sprung auf, da hier der direkte Übergang in den monopolistischen Bereich erfolgt. Im monopolistischen Bereich fällt die Grenzerlöskurve wie beim Angebotsmonopol. Sie schneidet bei der Ausbringungsmenge von 5000 Kisten die Mengenachse. Bei dieser Ausbringungsmenge hat die Elastizität der Preis-Absatz-Funktion den Wert 1.

B 4.2.2

Eine zweite Sprungstelle liegt beim Übergang vom monopolistischen zum polypolistischen Bereich im Punkt B. Ab hier folgt die Grenzerlöskurve wieder der Preis-Absatz-Kurve. Da im vorliegenden Fall die Preis-Absatz-Funktion im monopolistischen Bereich sowohl unelastische Abschnitte ($El_{dir} < 1$) als auch elastische Abschnitte ($El_{dir} > 1$) aufweist, existiert bei dem Elastizitätswert $El_{dir} = 1$ über dem monopolistischen Bereich ein eindeutiges Erlösmaximum. Wäre die Elastizität auf der Preis-Absatz-Kurve dagegen in jedem Punkt des monopolistischen Bereichs größer oder kleiner als 1, gäbe es entweder kein Erlösmaximum oder es läge außerhalb des monopolistischen Bereichs.

Gewinnmaximum im polypolistischen Bereich

Würde die Lagerkapazität im vorliegenden Fall beispielsweise bei 10000 Kisten liegen, könnte der Händler seinen Gewinn nur durch bestmögliche Anpassung der Absatzmenge an den in diesem Bereich vorgegebenen Marktpreis (z. B. 2,00 €) maximieren (= Mengenanpasser). Bei Ausnutzung einer Kapazitätsgrenze von 10 000 Kisten würde der Händler bei einem Erlös von 20.000 € und Gesamtkosten von 11.000 € einen Gewinn von 9.000 € erzielen. Er wird aber in diesem Fall wahrscheinlich versuchen, unter Ausnutzung seines akquisitorischen Potenzials (= Fähigkeit zur Schaffung von Präferenzen) den monopolistischen Bereich nach rechts zu verschieben und gleichzeitig nach oben auszudehnen, um die Absatzmenge von 10 000 Kisten zu einem höheren Stückpreis als 2,00 € verkaufen zu können.

4.4 Preisbildung beim Oligopol

Lernziele:

Nach der Bearbeitung des Kapitels sind Sie in der Lage, Folgendes zu tun:

Sie ...

- ... definieren die Marktform des Oligopols.
- ... stellen die Einflussgrößen (Reaktionsparameter), die ein Polypolist, ein Oligopolist und ein Monopolist bei seinen Absatzentscheidungen berücksichtigen muss, vergleichend dar.
- ... nennen die verschiedenen möglichen Verhaltensweisen auf oligopolistischen Märkten.
- ... beschreiben, welche Folgen ein Preiswettbewerb auf oligopolistischen Märkten haben kann.
- ... erläutern das Phänomen der Preisstarrheit auf oligopolistischen Märkten.
- ... beschreiben den Begriff „Preisführerschaft".
- ... erklären, unter welchen Voraussetzungen ein Kartell monopolistische Preispolitik betreiben kann.
- ... erklären die Preisstarrheit auf oligopolistischen Märkten mithilfe des Modells der geknickten Preis-Absatz-Kurve.

4.4.1 Mögliche Verhaltensweisen der Anbieter beim Oligopol

D Gibt es auf einem Markt nur wenige Anbieter, denen viele Nachfrager gegenüberstehen, liegt ein Angebotsoligopol vor.

B 4.3

Das Angebotsoligopol ist – neben dem Polypol auf dem unvollkommenen Markt – die in entwickelten Volkswirtschaften am häufigsten anzutreffende Marktform (z. B. Waschmittel, Zigaretten, Mineralöl, Automobile, Autoreifen).

Aktions- und Reaktionsparameter

Der Marktanteil des einzelnen Oligopolisten ist so groß, dass er – im Gegensatz zum Polypolisten – auch den Marktpreis beeinflussen kann. Anders als beim Monopolisten hängt beim Oligopolisten das Ergebnis seiner Entscheidungen aber nicht nur von der Reaktion der Nachfrage, sondern auch von dem Verhalten der übrigen Anbieter ab. Senkt beispielsweise ein Oligopolist seinen Preis, werden die übrigen Anbieter einen großen Teil ihrer Absatzmenge verlieren, wenn sie auf diese Preisänderung nicht reagieren. Sie werden daher – sofern ihre Kostensituation dies zulässt – ebenfalls den Preis in gleichem oder noch stärkerem Ausmaß senken, sodass sich der Marktanteil jedes Einzelnen kaum ändert. Andererseits führt eine Preiserhöhung eines Oligopolisten zu einer erheblichen Einschränkung seiner Absatzmenge, wenn die anderen Anbieter nicht ebenfalls ihre Preise erhöhen.

D Ein Oligopolist muss bei seinen Entscheidungen nicht nur die Reaktion der Nachfrage, sondern zusätzlich auch die wahrscheinliche Reaktion der Konkurrenz berücksichtigen.

Marktform / Parameter	Polypol	Monopol	Oligopol
Aktionsparameter (Entscheidungs-parameter) = zu beeinflussende Größe	**Menge** Der Polypolist kann nur die Produktionsmenge an den gegebenen Marktpreis anpassen. (Mengenanpasser)	**Preis oder Menge** Der Monopolist kann wahlweise entweder den Marktpreis oder die Produktionsmenge festlegen. (Autonome Preis- oder Mengen-strategie)	**Preis oder Menge** Der Oligopolist kann den Marktpreis oder die Produktionsmenge beeinflussen. (Autonome Preis- oder Mengenfixierer)
Reaktionsparameter = bei einer Entscheidung zu berücksichtigende Größen	Produktionskosten, gegebener Marktpreis	Produktionskosten, Reaktion der Nachfrage (Nachfrageelastizität)	Produktionskosten, Reaktion der Nachfrage (Nachfrageelastizität), Verhalten der Konkurrenten

Nichtkooperatives[1] Verhalten (Verdrängungswettbewerb)

Versucht jeder einzelne Oligopolist, seinen Gewinn zu maximieren, löst das üblicherweise einen Preisunterbietungsprozess aus, weil jeder Anbieter seine Absatzmenge zulasten des Marktanteils der Konkurrenten ausdehnen will. Wenn aber alle Anbieter ihre Preise senken, sinkt der Gewinn, ohne dass sich die Marktanteile wesentlich ändern. **Gewinnmaximierendes Verhalten des Einzelnen** bewirkt somit eine Gewinnminderung aller Anbieter und führt zu einer Preisvergünstigung für die Nachfrager. Oft endet dieser Preiswettbewerb mit einem **Verlust für alle beteiligten Unternehmen**. Der Prozess kann in einen **Preiskrieg** (ruinöse Konkurrenz) münden. Dabei senkt derjenige Oligopolist, der am kostengünstigsten produziert oder die höchsten finanziellen Rücklagen hat, den Preis sogar unter seine Selbstkosten und nimmt zeitweilige Verluste in Kauf. Auf diese Weise will er seine Konkurrenten ebenfalls in die Verlustzone treiben und sie zwingen, aus dem Markt auszuscheiden (Verdrängungswettbewerb). Sein Ziel ist es, eine monopolähnliche Situation mit entsprechenden Gewinnmöglichkeiten zu schaffen.

4.15, S. 298

Weil auf oligopolistischen Märkten die Gefahr besteht, dass ein Preiswettbewerb für alle Anbieter Nachteile mit sich bringt, ist es naheliegend, dass die Anbieter stillschweigend oder offen vereinbaren, den Preis als Wettbewerbsinstrument auszuschalten und stattdessen miteinander zu kooperieren. Anstelle der Preispolitik treten dann andere absatzpolitische Maßnahmen (z.B. Werbung, Qualität, Kundendienst) in den Vordergrund.

D Auf oligopolistischen Märkten zeigt sich häufig kein Preiswettbewerb (aggressive Strategie), sondern ein auf Übereinkunft beruhendes kooperatives Verhalten (friedliche Strategie).

Preisstarrheit

Da mit preispolitischen Maßnahmen erhebliche Risiken für einen Oligopolisten einhergehen, wird der Preiswettbewerb auf solchen Märkten häufig durch andere Wettbewerbsformen (z.B. Qualität, Werbung) ersetzt. Es kann daher vorkommen, dass auf oligopolistischen Märkten die Preise auffallend lange stabil bleiben **(Preisstarrheit)**.

4.16, S. 298

1 kooperativ *(lat.)*: gemeinsam handeln; gemeinschaftlich

Preisführerschaft

Wenn auf oligopolistischen Märkten Preisänderungen vorgenommen werden, liegt dem häufig keine aggressive, sondern eine friedliche Strategie in Form der **Preisführerschaft** zugrunde. Dabei verändert ein Anbieter den Preis und gibt damit den übrigen Anbietern das Signal, ihrerseits ebenfalls die Preise zu verändern **(Parallelverhalten)**. Bei dem Preisführer kann es sich um den Anbieter mit dem größten Marktanteil handeln. Es ist aber auch möglich, dass die Preisführerschaft zwischen den Unternehmen wechselt. Letzteres ist beispielsweise bei Benzinpreiserhöhungen der Mineralölgesellschaften zu beobachten. Ein derartiges Parallelverhalten stellt zwar eine Wettbewerbsbeschränkung dar, die aber nicht gesetzlich verboten ist.

Preisabsprachen

Eine naheliegende Verhaltensweise, um die Rivalität zwischen den Anbietern noch weiter zu mindern, ist die **Preisabsprache**. Diese kann als **abgestimmte Verhaltensweise ohne vertragliche Vereinbarung** erfolgen („Frühstückskartell", „Augenzwinkerkartell", *„gentlemen agreement")*. Werden die Absprachen über Preise und/oder Produktionsmengen vertraglich festgelegt, liegt ein **Preiskartell** und/oder **Quotenkartell** vor. Sowohl abgestimmtes Verhalten als auch Preis- und Quotenkartelle sind als schwere Formen der Wettbewerbsbeschränkung nach deutschem und europäischem Recht verboten. Im Rahmen eines **Kartells** können sich die beteiligten Unternehmen **gemeinsam wie ein Monopol** verhalten (Kollektivmonopol, Quasi-Monopol). Die **gemeinsame Gewinnmaximierung** macht auch eine Einigung zwischen den beteiligten Unternehmen über die Aufteilung der künstlich verknappten Produktionsmengen und der Gewinnanteile nötig. Sie gelingt so lange, wie der gemeinsam vereinbarte Monopolpreis von niemandem unterboten wird. Je größer die Zahl der Kartellmitglieder ist, umso eher besteht aber die Gefahr, dass der vereinbarte Preis von einigen Mitgliedern unterlaufen wird. Diese steigern dadurch ihren Absatz über die zugeteilte Produktionsmenge hinaus und erreichen eine **individuelle Gewinnsteigerung** zulasten der anderen Kartellmitglieder.

4.17, S. 299

Mögliche Verhaltensweisen der Anbieter beim Oligopol			
kooperatives Verhalten (friedliche Strategie)			**nichtkooperatives Verhalten** (aggressive Strategie)
Preisstarrheit	**Preisführerschaft** (Parallelverhalten)	**Preisabsprachen** (abgestimmtes Verhalten, Preiskartell)	**Verdrängungswettbewerb** (Preiskrieg, ruinöse Konkurrenz)
Wettbewerbsmittel: Werbung, Qualität, Kundendienst			Wettbewerbsmittel: Preis

Homogene und heterogene Oligopole

4.18, S. 299

	Homogene Oligopole	Heterogene Oligopole
Art der Güter	homogene (völlig gleichartige) Güter (z. B. Elektrizität, Benzin)	ähnliches (substituierbare) Güter (z. B. Autos, Waschmittel)
Marktverhalten	Eine Preisänderung bringt dem Oligopolisten kaum Vorteile, da sie entsprechende Gegenmaßnahmen der Konkurrenz auslöst. Daher kommt es auf oligopolistischen Märkten häufig zu den oben erläuterten Verhaltensweisen wie: - Preisstarrheit - Preisführerschaft - Preisabsprachen	Ähnliches Verhalten wie beim Polypol auf dem unvollkommenen Markt (*vgl. Kap. B 4.3*): - monopolistischer Preisspielraum - anstelle der Preispolitik treten andere absatzpolitische Maßnahmen (z. B. Werbung, Qualität, Kundendienst) zur Schaffung von Kundenpräferenzen in den Vordergrund.

	Homogene Oligopole	Heterogene Oligopole
Veranschaulichung durch Preis-Absatz-Kurve	Die sich bei einem homogenen Oligopol häufig ergebene Preisstarrheit lässt sich mit Hilfe einer **einfach geknickten Preis-Absatz-Kurve** veranschaulichen (*vgl. Aufg. 4.18*).	Der beim heterogenen Oligopol häufig auftretenden monopolistischen Preisspielraum lässt sich mit Hilfe einer **doppelt geknickten Preis-Absatz-Kurve** veranschaulichen. Anders als beim Polypol auf dem unvollkommenen Markt hat diese Kurve im oberen und unteren Preisbereich eine (leicht) negative Steigung *(vgl. Aufg. 4.18)*.

4.18, S. 299

4.4.2 Geknickte Preis-Absatz-Kurve

Die häufig auf oligopolistischen Märkten festzustellende Preisstarrheit lässt sich auch mithilfe des folgenden Modells erklären.

B Ausganspunkt ist die sich in Punkt C ergebende Preis-Mengen-Kombination eines Oligopolisten Y. Legt er den Preis für das von ihm angebotene Produkt auf 800 GE fest, kann er 3 000 ME absetzen. Würde der Oligopolist Y den Preis verändern wollen, müssen die folgenden beiden Fälle unterschieden werden:

Würde er den Preis um 100 GE auf 700 GE senken, muss er damit rechnen, dass seine Konkurrenten ebenfalls ihre Preise senken, um ihren Marktanteil nicht zu verlieren. Der für den Oligopolisten Y durch die Preissenkung von 800 GE auf 700 GE (– 12,5 %) entstehende Absatzzuwachs von 3 000 ME auf 3 500 ME (+ 16 2/3 %) ist daher verhältnismäßig gering.	Würde er den Preis um 100 GE auf 900 GE erhöhen, muss er damit rechnen, dass seine Konkurrenten ihre Preise unverändert lassen, um ihren Marktanteil zu erhöhen. Der für den Oligopolisten Y durch die Preiserhöhung von 800 GE auf 900 GE (+ 12,5 %) entstehende Absatzrückgang von 3 000 ME auf 1 500 ME (– 50 %) ist daher verhältnismäßig groß.

Aufgrund dieser Annahmen des Oligopolisten Y über die voraussichtlichen Verhaltensweisen seiner Konkurrenten hat seine Preis-Absatz-Kurve den in der folgenden Abbildung dargestellten Verlauf. Bei der bisherigen Preis-Mengen-Kombination (Punkt C) weist sie einen Knick auf. Im darüber liegenden Preisbereich reagieren die Nachfrager auf eine Preiserhöhung des Oligopolisten Y sehr elastisch hinsichtlich der bei diesem Oligopolisten nachgefragten Menge. Im darunter liegenden Preisbereich reagieren die Nachfrager auf eine Preissenkung des Oligopolisten Y dagegen weniger elastisch hinsichtlich der bei diesem Oligopolisten nachgefragten Menge.

Geknickte Preis-Absatz-Kurve des Oligopolisten Y

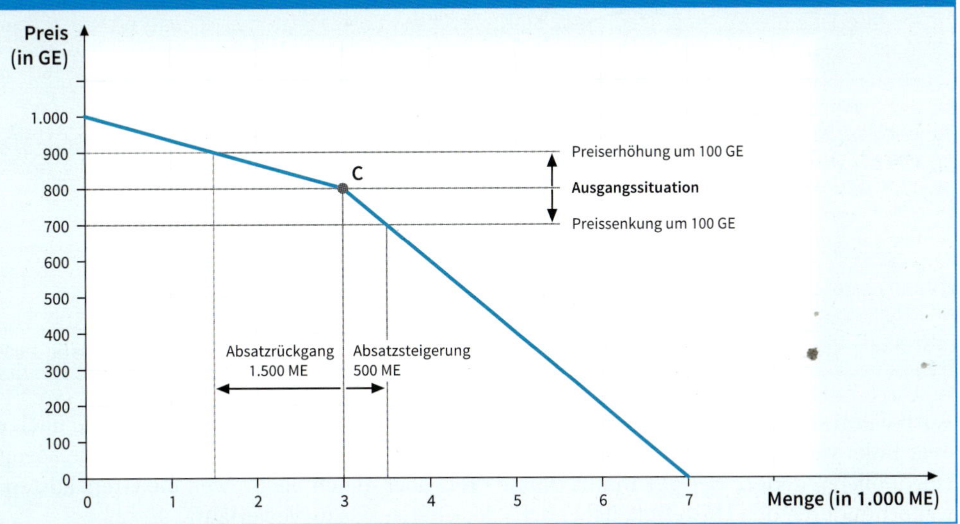

D Will ein Oligopolist seinen Preis verändern, muss er die voraussichtliche Reaktion der Konkurrenten berücksichtigen. Bei einer Preiserhöhung würden die Konkurrenten ihre Preise voraussichtlich nicht ändern. Bei einer Preissenkung würden die Konkurrenten voraussichtlich ebenfalls ihre Preise senken.

D Aus dem erwarteten Verhalten der Konkurrenten folgt, dass die Nachfrager bei einer Preiserhöhung des Oligopolisten sehr elastisch hinsichtlich der bei ihm nachgefragten Menge und bei einer Preissenkung weniger elastisch hinsichtlich der bei ihm nachgefragte Menge reagieren.

D Das sich aus der jeweiligen Reaktion der Konkurrenten ergebende unterschiedliche Nachfrageverhalten der Konsumenten bewirkt, dass die Preis-Absatz-Kurve eines Oligopolisten einen Knick aufweist (kinked-demand-curve).

B 3.6.2

Auch für einen Oligopolisten ergibt sich die gewinnmaximale Preis-Mengen-Kombination dann, wenn die Grenzerlöse mit den Grenzkosten übereinstimmen **(E′ = K′)**.

Der Knick in der Preis-Absatz-Kurve bedeutet aber, dass die zu dieser Preis-Absatz-Kurve gehörende Grenzerlöskurve an dieser Stelle eine Sprungstelle aufweist und der Grenzerlös nicht definiert ist. Verläuft die Grenzkostenkurve durch diesen Unstetigkeitsbereich, gibt es keinen Schnittpunkt zwischen Grenzerlös- und Grenzkostenkurve. Die gewinnmaximale Preis-Mengen-Kombination ist in diesem Fall durch den Punkt, an dem die Preis-Absatz-Kurve ihren Knick hat, gekennzeichnet. Daraus folgt:

D Wenn sich die Grenzkosten innerhalb des Unstetigkeitsbereichs der Grenzerlöskurve ändern, bleibt die gewinnmaximale Preis-Mengen-Kombination trotzdem unverändert.

Unstetigkeitsbereich der Grenzerlöskurve E′

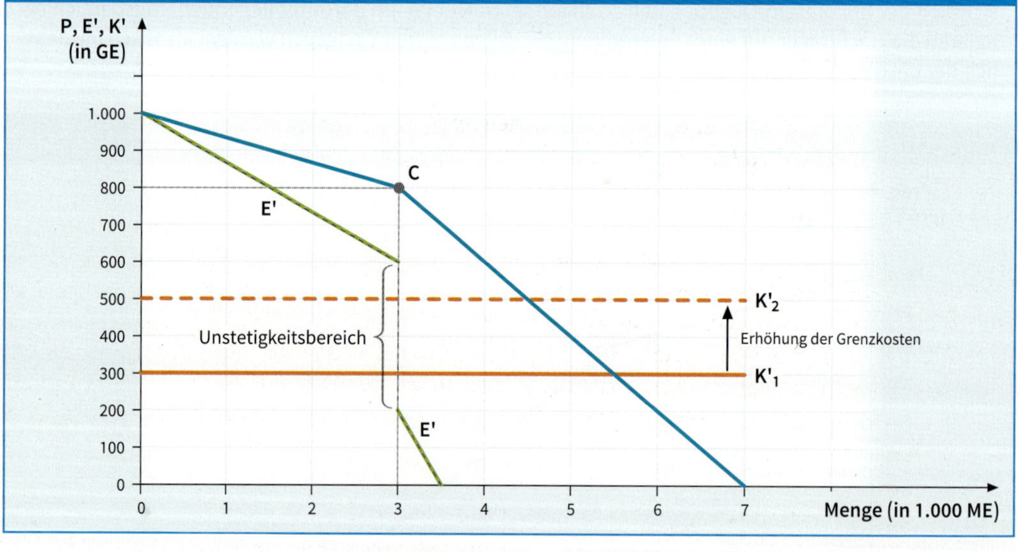

4.19, S. 300

Auch wenn sich die geknickte Preis-Absatz-Kurve aufgrund veränderter Nachfrage nach rechts oder links verschiebt, kann es dazu kommen, dass sich zwar die gewinnmaximale Menge des Oligopolisten ändert, der gewinnmaximale Preis aber gleich bleibt, weil die Grenzkostenkurve weiterhin durch den Unstetigkeitsbereichs der Grenzerlöskurve verläuft.

D Mithilfe der geknickten Preis-Absatz-Funktion kann die auf oligopolistischen Märkten zu beobachtende Preisstarrheit erklärt werden.

4.5 Staatliche Eingriffe in die Preisbildung

Lernziele:

Nach der Bearbeitung des Kapitels sind Sie in der Lage, Folgendes zu tun:

Sie ...

- ... nennen marktkonforme Eingriffe des Staates in die Marktpreisbildung.
- ... analysieren die Folgen der Erhebung einer Mengensteuer.
- ... analysieren die Folgen der Zahlung einer Subvention.
- ... nennen marktkonträre Eingriffe des Staates in die Marktpreisbildung.
- ... analysieren die Einführung eines Mindestpreises.
- ... analysieren die Einführung eines Höchstpreises.
- ... beurteilen die Möglichkeiten des Staates, in das Marktgeschehen einzugreifen, und diskutieren Auswirkungen auf die Marktteilnehmer und den Staat.

4.5.1 Staatliche Einflussnahme auf Angebot und Nachfrage: Marktkonforme Maßnahmen

D Greift der Staat in die Marktpreisbildung ein, ohne jedoch den Preismechanismus außer Kraft zu setzen, handelt es sich um eine marktkonforme Maßnahme.

Die marktkonformen Maßnahmen des Staates zur indirekten Beeinflussung des Preises umfassen insbesondere

- die Erhebung von Steuern, Zöllen und sonstigen Abgaben,
- die Zahlung von Subventionen und Transferleistungen,
- staatliche Stützungskäufe.

Beispiel Mengensteuern

Verbrauchsteuern lassen sich in Wertsteuern und Mengensteuern einteilen. Bei einer Wertsteuer (z. B. Umsatzsteuer) wird ein bestimmter Prozentsatz vom Wert der umgesetzten Ware als Steuer erhoben. Bei einer Mengensteuer muss der Unternehmer dagegen je Mengeneinheit (z. B. je Stück, kg, Liter) des verkauften Gutes einen bestimmten Betrag an den Staat abführen. Das ist z. B. bei der Mineralöl-, Tabak- und Branntweinsteuer der Fall. Mit diesen Steuern werden neben der Erzielung von Staatseinnahmen häufig auch umwelt- bzw. gesundheitspolitische Ziele verbunden.

B Die Regierung beschließt, auf den Verkauf eines bestimmten landwirtschaftlichen Anbauprodukts eine Mengensteuer von 100 € je t zu erheben. Neben der Erhöhung der Staatseinnahmen soll diese Steuer gleichzeitig als Lenkungsinstrument dienen, um den Anbau dieses Produkts, der wegen der intensiven Düngung zu Boden- und Trinkwasserschäden führt, einzuschränken.

Die Erhebung einer solchen Mengensteuer bedeutet für die Produzenten eine Erhöhung der Stückkosten. Dies bewirkt eine Verschiebung der Gesamtangebotskurve nach links. Die ursprüngliche Angebotskurve A^0 verschiebt sich in der unten stehenden Abbildung durch die Erhebung der Mengensteuer (100 € je t) nach A^1. Die Anbieter versuchen die Steuer auf die Nachfrager abzuwälzen. Dies ist bei Verbrauchsteuern vom Gesetzgeber auch so beabsichtigt. Die Überwälzung gelingt aber in der Regel nicht in vollem Umfang. Die Nachfrager reagieren nämlich auf die durch die Verschiebung der Angebotskurve ausgelöste Erhöhung des Marktpreises mit einer Einschränkung der nachgefragten Menge (Bewegung auf der Nachfragekurve von G^0 nach G^1). Ausgehend von der ursprünglichen Gleichgewichtsmenge x0 in Höhe von 2 Mio. t sinkt im vorliegenden Fall die nachgefragte Menge auf 1,5 Mio. t (Mengeneffekt). Die umgesetzte Menge verringert sich also um 0,5 Mio. t. Diese Mengeneinschränkung führt dazu, dass die Preiserhöhung geringer ausfällt als die Steuererhöhung.

D Die Möglichkeiten zur Steuerüberwälzung und damit das Ausmaß der Preiserhöhung sind umso geringer, je höher die Preiselastizität der Nachfrage ist (d. h. je flacher die Nachfragekurve in diesem Bereich verläuft). Bei völlig elastischer Nachfrage kann keine Überwälzung gelingen.

Ausgehend vom ursprünglichen Gleichgewichtspreis p^0 in Höhe von 250 € führt die Mengensteuer von 100 € je t bei unverändertem Verlauf der Nachfragekurve N^0 im vorliegenden Fall zu einer Preissteigerung um 50,00 € (Preiseffekt). Der neue Gleichgewichtspreis p1 liegt bei 300 €.

Erhebung einer Mengensteuer

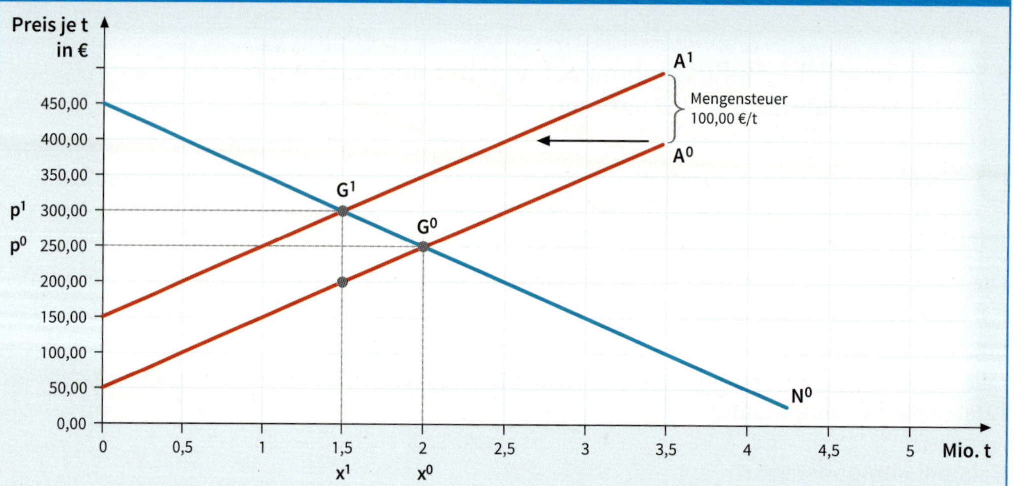

D Die Erhebung einer Mengensteuer führt in der Regel zu einer Preiserhöhung und einer Produktionseinschränkung (Preis- und Mengeneffekt). Diejenige Marktseite, die weniger elastisch reagiert, trägt den größeren Teil der Steuerlast.

Beispiel Subventionen

Subventionen sind Leistungen des Staates an Unternehmen, für die keine ökonomische Gegenleistung erbracht werden muss. Häufiges Ziel von Subventionszahlungen ist es, den Unternehmen ein höheres Einkommen zu verschaffen, als es der Markt durch die Verkaufserlöse zulassen würde. Neben der Einkommenssicherung spielt bei den Subventionszahlungen aber auch die Lenkung der Produktionsfaktoren in andernfalls vernachlässigte Bereiche (z. B. Wohnungsbau, Investitionen zur Energieeinsparung) eine wichtige Rolle.

B Die Regierung beschließt, den Anbau eines bestimmten landwirtschaftlichen Produkts, das als vielseitig verwendbarer Rohstoff gilt und dessen Anbau besonders umweltverträglich ist, durch eine Subventionszahlung von 100 € je t (= Mengensubvention) zu fördern. Gleichzeitig sollen durch diese Maßnahme auch die Einkommen in der Landwirtschaft gesichert werden.

Ein je Mengeneinheit gezahlter Subventionsbetrag wirkt genau umgekehrt wie eine Mengensteuer. Die Subventionszahlung bedeutet für die Produzenten eine Verringerung der Stückkosten. Dies bewirkt eine Verschiebung der Gesamtangebotskurve nach rechts. Die ursprüngliche Angebotskurve A^0 verschiebt sich in der folgenden Abbildung durch die Subventionszahlung (100 € je t) nach A^1. Die Nachfrager reagieren auf die durch die Verschiebung der Angebotskurve ausgelöste Senkung des Marktpreises mit einer Ausdehnung der nachgefragten Menge (Bewegung auf der Nachfragekurve von G^0 nach G^1). Ausgehend von der ursprünglichen Gleichgewichtsmenge x^0 in Höhe von 1,5 Mio. t steigt im vorliegenden Fall die nachgefragte Menge auf 2 Mio. t (Mengeneffekt). Die umgesetzte Menge erhöht sich also um 0,5 Mio. t.

D Subventionszahlungen führen in der Regel zu einer Preissenkung und einer Produktionsausdehnung (Preis- und Mengeneffekt).

Subventionszahlung

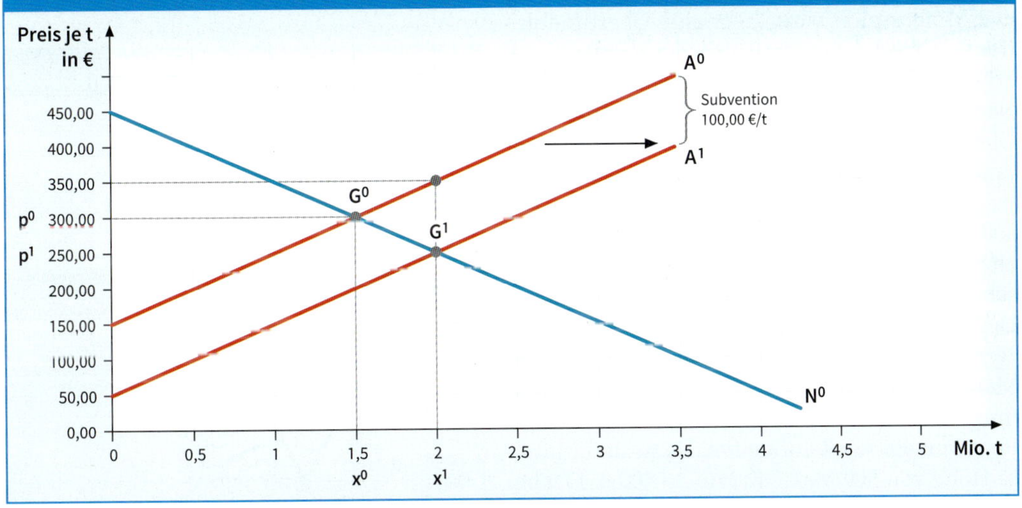

4.5.2 Staatliche Preisregulierung: Marktkonträre Maßnahmen

D Wird durch staatliche Eingriffe in die Marktpreisbildung der Preismechanismus außer Kraft gesetzt, handelt es sich um eine marktkonträre Maßnahme.

Der Staat kann den Marktpreis behördlich festlegen, wenn die Höhe des Gleichgewichtspreises, der sich aus dem freien Zusammenwirken von Angebot und Nachfrage ergibt, nicht den wirtschafts- oder sozialpolitischen Zielvorstellungen entspricht. Folgende Möglichkeiten der Preisfestsetzung lassen sich unterscheiden:

- **Festpreis**, der weder unter- noch überschritten werden darf,
- **Mindestpreis**, der nicht unterschritten werden darf,
- **Höchstpreis**, der nicht überschritten werden darf.

In allen Fällen besteht der Zweck darin, entweder die Anbieter oder die Nachfrager im Vergleich zum Gleichgewichtspreis besser zu stellen.

Mindestpreise

Um bestimmte Produzentengruppen zu begünstigen und ihr Einkommen zu sichern, kann der Staat Mindestpreise festlegen, die nicht unterschritten werden dürfen. Den Produzenten wird so der Absatz ihrer Produkte zu einem über dem Gleichgewichtspreis liegenden Preis garantiert. Sie werden dadurch gegenüber dem Gleichgewichtspreis besser gestellt.

Das bekannteste Beispiel für Mindestpreispolitik ist die Preisbildung auf den Agrarmärkten. In fast allen Industrieländern der westlichen Welt werden solche Preisstützungsmaßnahmen zugunsten der heimischen Landwirtschaft vorgenommen. Ein weiteres Beispiel ist die Festlegung von Mindestlöhnen.

B Die Regierung beschließt zur Sicherung der Einkommen in der Landwirtschaft und zur Sicherung eines ausreichenden Nahrungsmittelangebots, den Marktpreis für eine bestimmte Getreidesorte über den derzeitigen Gleichgewichtspreis von 300 € je t hinaus anzuheben und einen Mindestpreis von 400 € je t festzulegen.

Der garantierte Mindestpreis muss über dem Gleichgewichtspreis liegen. Andernfalls wäre er wirkungslos, da sich dann als Marktpreis der Gleichgewichtspreis p^0 von 300 € ergeben würde. Der Mindestpreis verursacht eine Überproduktion, da die Produzenten ihre Angebotsmenge erhöhen und die Konsumenten gleichzeitig ihre Nachfragemenge einschränken. Während beim Gleichgewichtspreis p^0 von 300 € angebotene und nachgefragte Menge jeweils 1,5 Mio. t betragen, werden bei einem Mindestpreis p^M von 400 € nur 0,5 Mio. t nachgefragt, aber 2,5 Mio. t angeboten. Es liegt somit ein Angebotsüberschuss in Höhe von 2 Mio. t (Strecke $\overline{AB}$) vor. Der Staat kann den Mindestpreis nur durchsetzen, wenn dieser Angebotsüberschuss „aus dem Markt genommen wird“. Das heißt, der Staat muss die Überschussmenge von 2 Mio. t zum Preis von 400 € je t aufkaufen. Dazu sind Mittel in Höhe von 800 Mio. € (2 Mio. t · 400 €; Fläche ABCD) nötig. Die Staatsausgaben erhöhen sich zusätzlich noch um die Lager-, Konservierungs- und Vernichtungskosten und verringern sich unter Umständen um die Erlöse, die beim verbilligten Verkauf der Überschüsse auf dem Binnen- oder Weltmarkt erzielt werden.

Mindestpreise

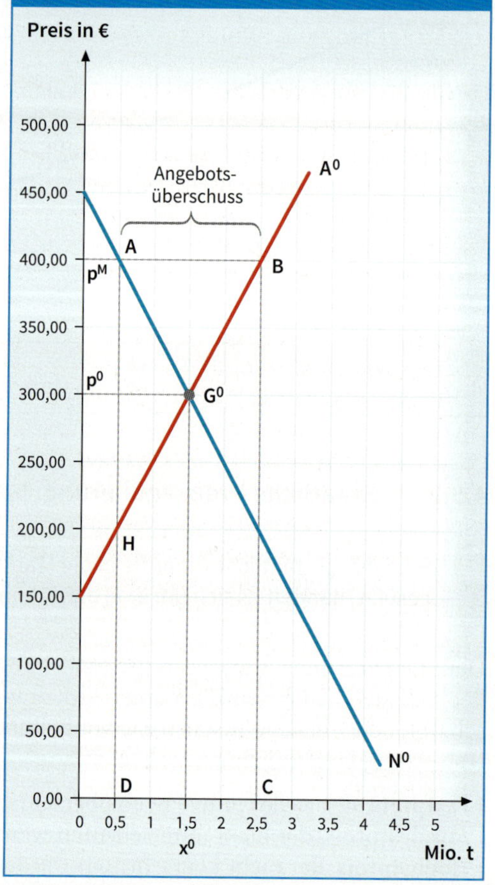

Der Mindestpreispolitik zur Sicherung der Produzenteneinkommen sind durch die enormen Kosten für den Staatshaushalt, die mit Aufkauf, Lagerung, Vernichtung bzw. Subventionierung der Überschüsse einhergehen, Grenzen gesetzt. Um die Überschüsse zu vermeiden, müsste im vorliegenden Fall die Produktion auf 0,5 Mio. t beschränkt werden. Dazu sind ergänzende mengenpolitische Maßnahmen (z. B. Anbaubeschränkungen) nötig. Im Extremfall werden sogar Prämien als Belohnung für die Einstellung der Produktion (z. B. Flächenstilllegungsprämien) bezahlt.

4.20, S. 300

4.21, S. 301

D Mindestpreise führen zu einem Überangebot. Sie machen staatliche Maßnahmen zum Aufkauf und zur Verwertung der Angebotsüberschüsse nötig. Die dafür erforderlichen staatlichen Ausgaben sind weitaus höher als die mit der Festsetzung von Mindestpreisen erzielbaren Einkommenserhöhungen der Produzenten.

Höchstpreise

Um die Nachfrager bestimmter Güter zu begünstigen, kann der Staat Höchstpreise festlegen, die nicht überschritten werden dürfen. Die Nachfrager werden dadurch gegenüber dem Gleichgewichtspreis besser gestellt.

4.22, S. 302

Typische Fälle für Höchstpreispolitik sind Mietstopp und Preisbegrenzungen für wichtige Grundnahrungsmittel.

B Die Regierung ist der Meinung, der Gleichgewichtspreis von 300 € je t, der sich durch das freie Zusammenspiel von Angebot und Nachfrage für ein wichtiges Grundnahrungsmittel herausgebildet hat, sei zu hoch. Sie beschließt daher, zur preisgünstigen Nahrungsmittelversorgung der Bevölkerung einen Höchstpreis von 200 € festzusetzen.

Der Höchstpreis muss unter dem Gleichgewichtspreis liegen. Andernfalls wäre er wirkungslos, da sich dann als Marktpreis der Gleichgewichtspreis p^0 von 300 € ergeben würde *(vgl. nebenstehende Abb.)*. Der Höchstpreis verursacht eine Mangelsituation, da die Produzenten ihre Angebotsmenge einschränken und die Konsumenten gleichzeitig ihre Nachfragemenge erhöhen. Während beim Gleichgewichtspreis p^0 von 300 € angebotene und nachgefragte Menge jeweils 1,5 Mio. t betragen, werden bei einem Höchstpreis p^H von 200 € nur 0,5 Mio. t angeboten, aber 2,5 Mio. t nachgefragt. Es liegt somit ein Nachfrageüberschuss in Höhe von 2 Mio. t (Strecke $\overline{AB}$) vor. Der Staat kann den Höchstpreis nur durchsetzen, wenn er zusätzliche Maßnahmen zur Rationierung und Zuteilung des knappen Gutes ergreift (z. B. Verteilung von Bezugsscheinen an ausgewählte Bezugsberechtigte). Andernfalls würden diejenigen Nachfrager die Güter erhalten,

- die sich als Erste in die Käuferschlangen einreihen (Windhundverfahren),
- die gute Beziehungen zu den Preiskontrolleuren haben (Vetternwirtschaft),
- die bereit sind, auf dem **Schwarzmarkt** einen höheren Preis als den Höchstpreis zu zahlen.

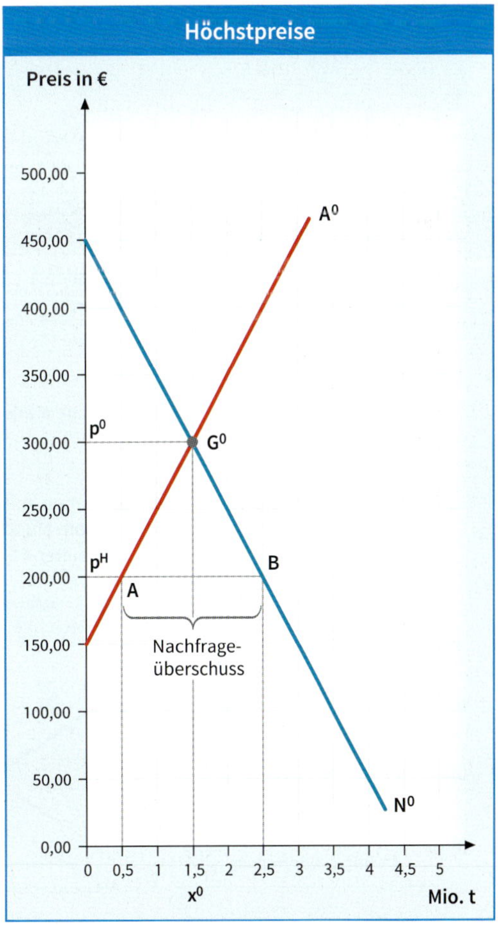

Die Entstehung von Schwarzmärkten ist die typische Folge von Höchstpreisen. Auf diesem Markt werden die rechtswidrig dem offiziellen Markt vorenthaltenen Angebotsmengen zu weitaus höheren Preisen gehandelt. Der durch den Höchstpreis ausgelöste Angebotsrückgang bewirkt, dass zahlreiche Nachfrager jetzt schlechter gestellt sind als vorher. Obwohl sie bereit gewesen wären, 300 € oder sogar mehr (bis zu 449,99 €) zu bezahlen, kann ihre Nachfrage wegen des knappen Angebots nicht befriedigt werden. Nur diejenigen Nachfrager, die das Gut jetzt tatsächlich zum Preis von 200 € erhalten, obwohl sie bereit gewesen wären, mehr dafür zu bezahlen, haben Vorteile von der Höchstpreisregelung. Der Staat muss durch ein Kontroll- und Auswahlsystem dafür sorgen, dass diese Begünstigten auch tatsächlich diejenigen sind, die durch die staatliche Maßnahme unterstützt werden sollten. Andernfalls profitieren möglicherweise genau diejenigen Nachfrager von dieser Maßnahme, die es am wenigsten nötig haben und auch höhere Preise hätten bezahlen können.

Der staatliche Eingriff in den Preismechanismus zieht in jedem Fall weitere staatliche Eingriffe und Kontrollmaßnahmen nach sich.

D Höchstpreise führen zu einem Nachfrageüberhang. Sie machen staatliche Kontrollen nötig, um das knappe Angebot auf die berechtigten Nachfrager zu verteilen.

Zusammenfassende Übersicht Kapitel 4: Preisbildung durch Angebot und Nachfrage auf verschiedenen Arten von Märkten

Preisbildung

Preisbildung auf vollkommenen Märkten (Einheitspreis für ein Gut)
- vollkommenes Polypol
- vollkommenes Monopol
- vollkommenes Oligopol

Preisbildung auf unvollkommenen Märkten (verschiedene Preise für ein Gut)
- unvollkommenes Polypol
- unvollkommenes Monopol
- unvollkommenes Oligopol

Polypolistische Märkte = Wettbewerbsmärkte

↓

Anbieter können keine Preispolitik betreiben
Preis = vom Markt vorgegebene Größe
Anbieter = Mengenanpasser

Entstehung des Gleichgewichtspreises

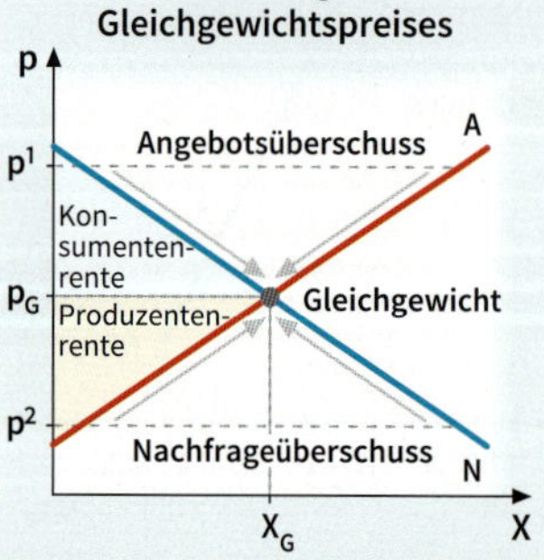

Veränderung des Gleichgewichtspreises

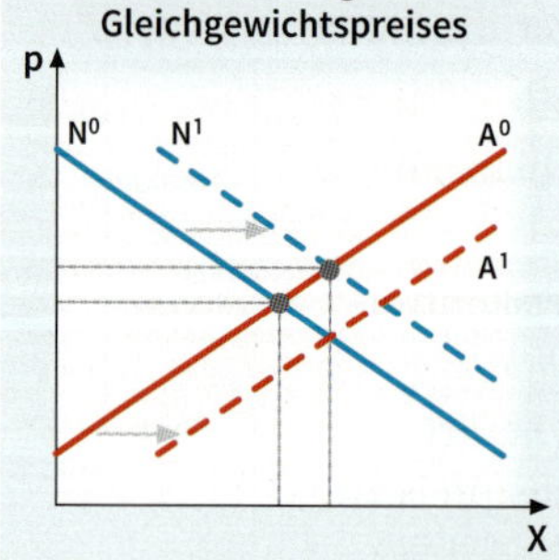

Cobweb-Modell

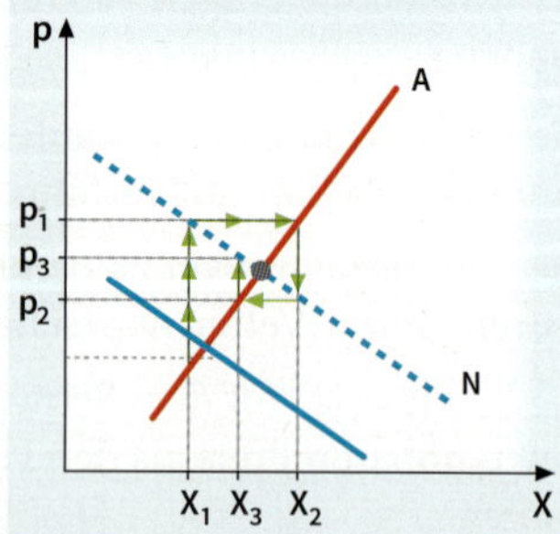

Zusammenfassende Übersicht Kapitel 4: Preisbildung durch Angebot und Nachfrage auf verschiedenen Arten von Märkten

reines Angebotsponopol
(vollkommener Markt)

Preis- oder Mengenfixierer

Gesamtbetrachtung
G = E–K → Max!

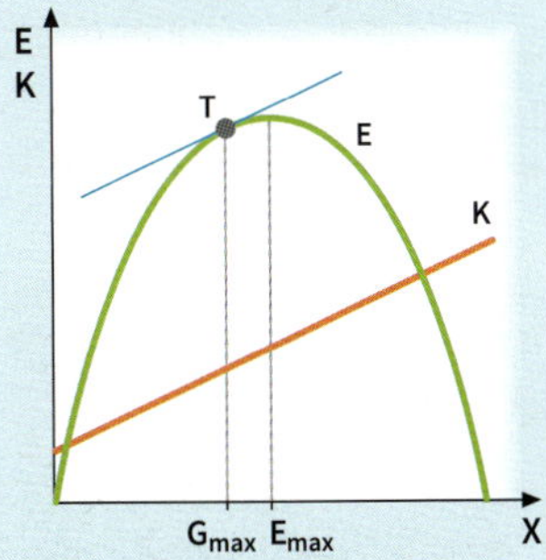

Gesamtbetrachtung
G_{max} bei E' = K'

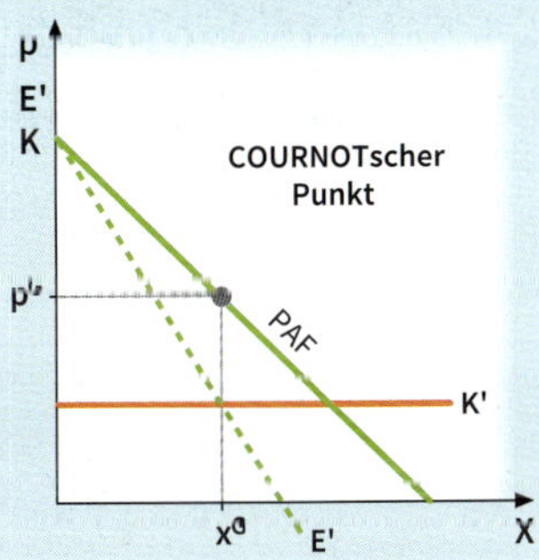

Angebotsmonopol mit Preisdifferenzierung
(unvollkommener Markt)

Das gleiche Produkt wird an verschiedene Käufergruppen zu unterschiedlichen Preisen verkauft (Abschöpfung der Konsumentenrente)

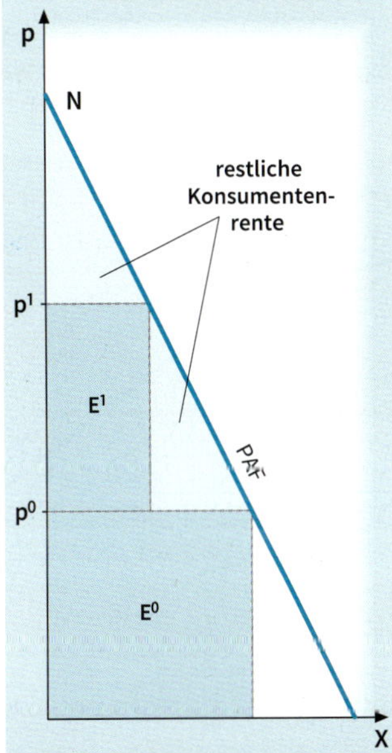

Erlössteigerung ($E^0 + E^1$) durch Abschöpfung von Konsumentenrente

Polypol auf dem unvollkommenen Markt
(monopolistische Konkurrenz)

Doppelt geknickte PAF
(monopolistischer Preisspielraum)

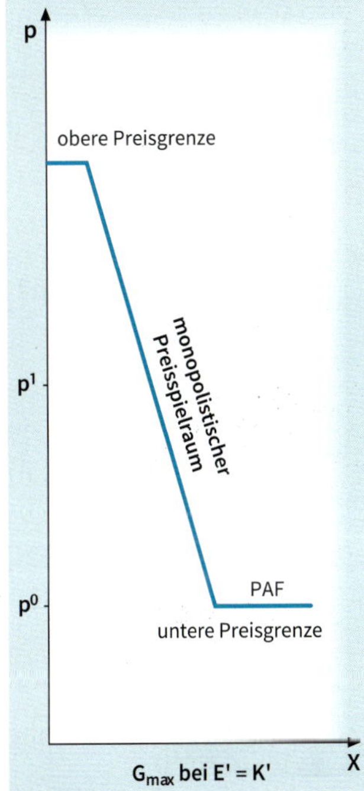

Zusammenfassende Übersicht Kapitel 4:
Preisbildung durch Angebot und Nachfrage auf verschiedenen Arten von Märkten

Oligopol

- **kooperatives Verhalten** (friedliche Strategie)
  - **Preisstarrheit**
  - **Preisführerschaft**
  - **Preisabsprachen**
- **nichtkooperatives Verhalten** (aggressive Strategie)
  - **Verdrängungswettbewerb** (Preiskampf, ruinöse Konkurrenz)

Geknickte Preis-Absatz-Kurve zur Erklärung von Preisstarrheit beim Oligopol

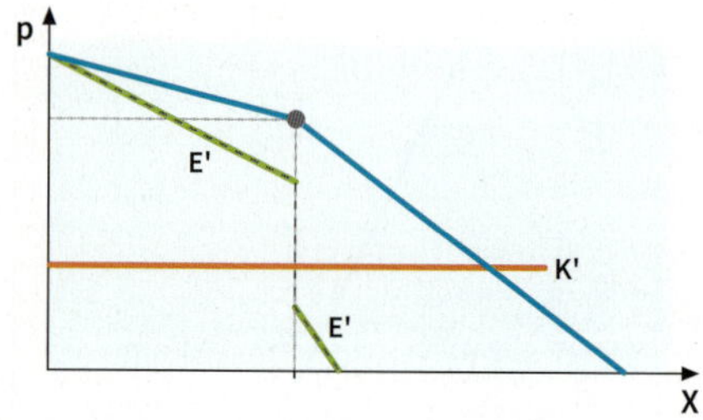

Eingriffe des Staates in die Marktpreisbildung auf Wettbewerbsmärkten

- **Marktkonforme Eingriffe** (Preismechanismus wird nicht außer Kraft gesetzt)
  - **Mengen-/Wertsteuern**
  - **Subventionen**
  - **Stützungskäufe**
- **Marktkonträre Eingriffe** (Preismechanismus wird außer Kraft gesetzt)
  - **Mindestpreis** Folge: Produktionsüberhang
  - **Höchstpreis** Folge: Schwarzmärkte

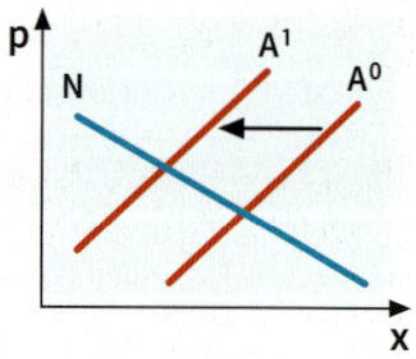

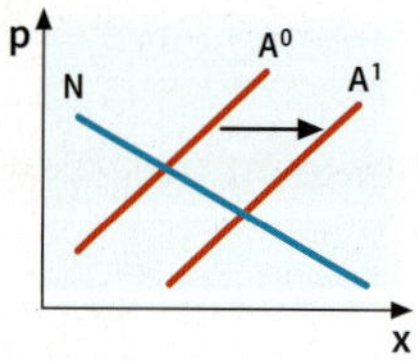

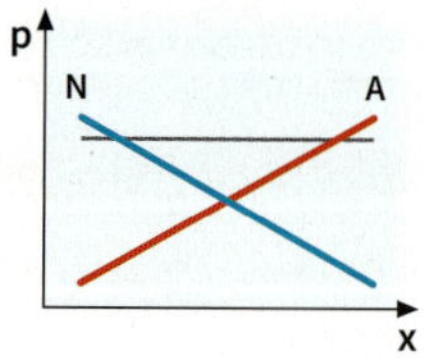

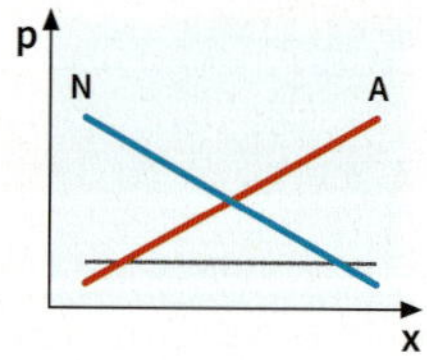

Aufgaben und Probleme zur Erarbeitung und Anwendung von Wissen zu Kapitel 4: Preisbildung durch Angebot und Nachfrage auf verschiedenen Arten von Märkten

4.1 Preisbildung auf dem unvollkommenen Markt

Von den zahlreichen am Markt angebotenen Zahncremes hat die Stiftung Warentest 32 Produkte ausgewählt und getestet. Ein Teilergebnis ist in der Tabelle wiedergegeben.

1. Wie kann es zu Preisunterschieden bei Produkten mit gleicher Ausstattung und Qualität kommen?
2. Wie ist es zu erklären, dass für Produkte mit den Test-Urteilen „mangelhaft“ oder „befriedigend“ teilweise erheblich mehr bezahlt wurde als für Produkte mit dem Test-Urteil „gut“?
3. Welche Wirkungen kann die Veröffentlichung derartiger Untersuchungen der Stiftung Warentest haben?
4. Wie wirkt sich die Möglichkeit, im Internet Produkt- und Preisvergleiche vornehmen zu können, auf die Marktunvollkommenheiten aus? Nennen Sie Beispiele.

test – Universalzahnpasta für Erwachsene I – 9/2016

www.test.de	Mittlerer Preis ca. (Euro) / Inhalt (Milliliter)	Preis pro 100 Milliliter ca. (Euro)	Kariesprophylaxe durch Fluorid	Entfernung von Verfärbungen[1)]	Verpackung	Deklaration und Werbeaussagen	test-QUALITÄTSURTEIL
Gewichtung			50 %	25 %	5 %	20 %	100 %
Hoher Abrieb							
Oral-B Blend-a-med Pro-Expert Tiefenreinigung	2,29 / 75	3,05	++	++	+	⊖[*)2)]	**BEFRIED. (2,7)**
Theramed Complete plus umfassende Mundhygiene	1,39 / 100	1,39	++	++	+	○[*)2)]	**BEFRIED. (2,8)**
Mittlerer Abrieb							
Kaufland/K-Classic Multicare + Zink[3)4)]	0,65 / 125	0,52	++	++	+	+	**SEHR GUT (1,3)**
Colgate Total Daily Repair	1,68 / 75	2,24	++	+	+	+	**SEHR GUT (1,5)**
El-cemed Kräuter plus	0,99 / 100	0,99	++	+	+	+	**SEHR GUT (1,5)**
Lidl/Dentalux Complex 3 Kräuter Fresh[5)]	0,45 / 125	0,36	++	+	+	+	**SEHR GUT (1,5)**
Rossmann/Perlodent med Kräuter	0,45 / 125	0,36	++	+	+	+	**SEHR GUT (1,5)**
Odol-med3 Complete Care Reiner Atem	2,25 / 100	2,25	++	+	+	⊖[*)2)]	**BEFRIED. (2,9)**
Penny und Rewe/Alldent Zahncreme Intensive care[5)]	0,45 / 125	0,36	++	+	+	⊖[*)2)]	**BEFRIED. (2,9)**
Theramed Original[8)]	1,39 / 100	1,39	++	+	+	⊖[*)2)]	**BEFRIED. (2,9)**
Signal Expert Protection Ultra Complete[9)]	2,99[10)] / 75	4,00	++	+	⊖	⊖[*)2)]	**BEFRIED. (3,0)**
Lavera Basis Sensitive Zahncreme Classic[7)]	1,99 / 75	2,65	–[*)]	+	+	⊖[11)]	**MANGELH. (5,0)**
Zirkulin Propolis Zahnpasta	4,50 / 50	9,00	–[*)]	+	+	○	**MANGELH. (5,0)**

Bewertungsschlüssel der Prüfergebnisse: ++ = Sehr gut (0,5–1,5). **+** = Gut (1,6–2,5). ○ = Befriedigend (2,6–3,5). ⊖ = Ausreichend (3,6–4,5). – = Mangelhaft (4,6–5,5). **Bei gleichem Qualitätsurteil Reihenfolge nach Alphabet.**

1) Durch z. B. Nahrungs- und Genussmittel, Zigarettenrauchen. **2)** Nach einer Empfehlung des Bundesinstituts für Risikobewertung soll auf zinkhaltigen Zahnpasten für Erwachsene ein Hinweis stehen, dass diese für Kinder nicht geeignet sind. Dieser Hinweis fehlt. **3)** Hergestellt von Durodont. **4)** Laut Anbieter Rezeptur und Aufmachung inzwischen geändert. Wir haben die Paste im August 2016 aber noch im Handel gefunden. **5)** Hergestellt von Dental-Kosmetik. **6)** Hergestellt von Maxim Markenprodukte. **7)** Naturkosmetik-Siegel: Natrue. **8)** Rezeptur geändert. **9)** Produkt nicht mehr im Handel. **10)** Von uns bezahlter Einkaufspreis. **11)** Nicht ausreichend belegte Auslobungen.

Quelle: Stiftung Warentest: test 9/2016. In: www.test.de/zahnpasta [9/2016].

4.2 Preisbildung auf einem polypolistischen Markt

Auf einem Wochenmarkt werden u. a. Eier der Güteklasse A/Gewichtsklasse L angeboten und nachgefragt. Es handelt sich um einen polypolistischen Markt. Die Marktteilnehmer verhalten sich in einer bestimmten Woche wie folgt:

Bei einem Stückpreis von 0,20 € und weniger wäre die angebotene Menge 0. In diesem Fall würden die Eierhändler die Eier lieber an Nudelfabriken, Eisdielen und andere Großabnehmer liefern. Für jeden Cent mehr würde die angebotene Menge um 50 Eier steigen.

Bei einem Preis von 0,50 € und mehr wäre die nachgefragte Menge 0. Für jeden Cent weniger würde die nachgefragte Menge um 25 Eier steigen.

1. Zeichnen Sie die Angebots- und Nachfragekurve in ein Preis-Mengen-Diagramm ein.
2. Auch auf einem Markt mit homogenen Gütern und ohne Präferenzen stellt sich der Gleichgewichtspreis in Normalfall nicht sofort ein. Vielmehr handelt es sich um einen temporär (= zeitweise) unvollkommenen Markt, weil es einige Zeit dauert, bis sich die Marktteilnehmer die nötige Markttransparenz verschafft haben.
   Angenommen, auf dem hier vorliegenden Eiermarkt liegt der Stückpreis zunächst bei 0,34 €. Erläutern Sie die Reaktionen der Marktteilnehmer und die sich daraus ergebende Tendenz zu einem Gleichgewichtspreis.
3. Bei welchem Preis und bei welcher Menge befindet sich der Markt im Gleichgewicht?

4.3 Preisbildung beim Polypol auf dem vollkommenen Markt

Für ein landwirtschaftliches Produkt werden an der Warenbörse zu einem bestimmten Zeitpunkt folgende Gesamtangebots- und Gesamtnachfragefunktionen festgestellt:

Angebot: $x^A = p - 10$ Nachfrage: $x^N = -p + 50$

1. Ermitteln Sie rechnerisch den Gleichgewichtspreis und die Gleichgewichtsmenge.
2. Zeichnen Sie die Angebots- und Nachfragekurve in ein Koordinatensystem ein (x-Achse: 15 cm; 1 cm = 5 Mengeneinheiten; y-Achse: 15 cm; 1 cm = 5 Geldeinheiten).
3. Berechnen Sie für das Marktgleichgewicht den Gesamterlös, die Konsumenten- und die Produzentenrente.
4. In der folgenden Woche verändert sich die Angebotsfunktion wie folgt: $x^A = p - 5$. Die Nachfragefunktion bleibt unverändert. Zeichnen Sie die neue Angebotskurve in das Koordinatensystem ein und ermitteln Sie zeichnerisch den neuen Gleichgewichtspreis.
5. Worauf kann die Veränderung der Angebotsfunktion zurückzuführen sein?
6. Berechnen Sie für das neue Marktgleichgewicht den Gesamterlös, die Konsumenten- und die Produzentenrente.
7. Prüfen Sie anhand der Konsumenten- und Produzentenrente, ob die Angebotsveränderung für die Marktteilnehmer vorteilhaft war.
8. Ermitteln Sie die Preiselastizität der Nachfrage für die Preis-Mengen-Änderung vom ursprünglichen zum neuen Marktgleichgewicht.
9. Welcher Zusammenhang besteht im vorliegenden Fall zwischen der Preiselastizität der Nachfrage und der Veränderung des Erlöses?

4.4 Preis- und Wohlfahrtsänderungen durch Erhöhung der Markttransparenz[1]

In einer Region an der indischen Südwestküste haben die Fischer früher üblicherweise nach dem Fischfang ihre Heimathäfen angesteuert, um die Fische dort zu verkaufen. Dabei kam es auf den Fischmärkten in den benachbarten Küstendörfern täglich zu höchst unterschiedlichen Preisen für gleichartigen Fisch (z. B. Sardinen). Manchmal ließen sich die Fische in einem Dorf überhaupt nicht verkaufen und mussten wieder ins Meer geworfen werden, während sich im Nachbardorf Höchstpreise erzielen

1 Vgl. Thiemer, A., Kiel, Handys und Fischpreis, in WISU Nr. 1/08, S. 69.

ließen. Ursache war die Unvollkommenheit des Marktes: Die Fischer konnten sich über die Preisunterschiede auf den Märkten nicht rechtzeitig informieren. Transportkosten und mangelnde Lagerfähigkeit des Fischs erlaubten es zudem nicht, den Marktplatz rechtzeitig zu wechseln, falls sich im Nachbardorf höhere Preise erzielen ließen. Nachdem aber ein Mobilfunknetz in der Küstenregion installiert worden war, änderte sich die Situation auf den Fischmärkten erheblich. Mit ihren Handys können sich die Fischer jetzt schon vom Meer aus über die Absatzmöglichkeiten auf den einzelnen Märkten entlang der Küste informieren und bereits von dort aus Kaufverträge abschließen. Es wird jetzt jeweils der Hafen des Dorfes angelaufen, wo sich der höchste Gewinn erzielen lässt. Die Preisunterschiede zwischen den lokalen Märkten entlang der Küste sind nahezu verschwunden. Auch müssen keine unverkauften Fische mehr zurück ins Meer geworfen werden.

Die untenstehenden Abbildungen zeigen die Marktsituationen in zwei Dörfern vor Nutzung der Handys. Die Fischer aus Dorf 2 haben 50 kg mehr Fisch gefangen als die Fischer aus Dorf 1. Das Nachfrageverhalten der Bewohner ist in beiden Dörfern gleich (Nachfragefunktion: $x^N = -25p + 200$).

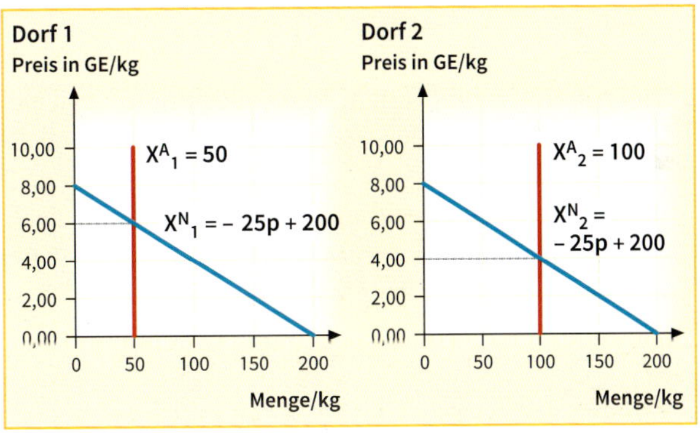

1. Erläutern Sie die unterschiedlichen Marktsituationen in Dorf 1 und Dorf 2.
2. Wie wird ein Teil der Fischer aus Dorf 2 reagieren, wenn ihnen aufgrund der Handynutzung Informationen über die Marktsituationen in beiden Dörfern vorliegen?
3. Welcher Gleichgewichtspreis und welche Gleichgewichtsmenge werden sich jeweils auf den beiden Teilmärkten einstellen?
4. Vergleichen Sie die Summe von Produzenten- und Konsumentenrente vor und nach der Handynutzung. Worauf ist dieser Unterschied (= Wohlfahrtsänderung) zurückzuführen?

4.5 Marktgleichgewicht – Verschiebung der Angebots- und Nachfragekurve

Auf dem Markt für italienisches Speiseeis herrscht in einer nordrhein-westfälischen Kreisstadt ein harter Konkurrenzkampf. Ein Marktforschungsinstitut hat in Abhängigkeit vom Preis für eine Eiskugel (P) für das Gesamtangebot (X^A) der Eisdielen und für die (insbesondere auf die zahlreichen Schülerinnen und Schüler entfallende) Gesamtnachfrage (X^N) folgende Zusammenhänge ermittelt (Menge in 1000 Eiskugeln):

Angebotsfunktion: $X^A = 10\,P - 2$ Nachfragefunktion: $X^N = -5\,P + 10$

1. Wie hoch sind Gleichgewichtspreis und Gleichgewichtsmenge (Menge in 1000 Kugeln pro Tag)?
2. Wie würden sich folgende Ereignisse auf die Angebots- und Nachfragekurve auswirken?
   - Es wird ein neues Gymnasium eröffnet, sodass noch mehr Schülerinnen und Schüler aus dem Umland eine Schule in der Kreisstadt besuchen.
   - Der Preis für verpacktes „Eis am Stiel" sinkt.
   - Das Gewerbeaufsichtsamt lässt wegen Nichtbeachtung der Hygienevorschriften mehrere Eisdielen schließen.
   - Die Pachten für Ladenlokale in der Innenstadt steigen kräftig. Das betrifft auch die meisten Eisdielen.

4.6 Zusammenhang zwischen Angebot, Nachfrage und Preis – Wirkung einer Energiesteuer (Ökosteuer)

1. „Naturkatastrophen, die einen großen Teil der Ernte vernichten, können mit Einkommenssteigerungen in der Landwirtschaft verbunden sein."

a) Überprüfen Sie diese Behauptung, indem Sie eine normal verlaufende Angebots- und Nachfragekurve für Grundnahrungsmittel skizzieren und die sich durch eine Naturkatastrophe ergebenden Änderungen und Anpassungsprozesse zum neuen Gleichgewicht erläutern.
b) Für den Fall, dass die Behauptung zutrifft: Warum schränken die Landwirte ihre Produktionsmengen nicht von vornherein ein oder vernichten einen Teil ihrer Ernte?

2. Die Regierung will aus umweltpolitischen Gründen eine Energiesteuer in Form einer Mengensteuer einführen. Die Produzenten müssen dabei je Mengeneinheit erzeugter Energie (z. B. je Liter oder kWh) einen bestimmten Betrag als Steuer abführen. Das soll zu einer Erhöhung der Energiepreise führen und den Energieverbrauch verringern. In einer Zeitung findet sich dazu folgender Hinweis:

> Die mit der Einführung der Energiesteuer beabsichtigte Energiepreissteigerung ist wahrscheinlich nur von kurzer Dauer. Steigende Preise bewirken nämlich einen Rückgang der Nachfrage. Die verminderte Nachfrage wird aber ihrerseits wieder dafür sorgen, dass die Preise sinken. Aufgrund dieser Zusammenhänge ist es nicht sicher, dass die Einführung einer Energiesteuer langfristig tatsächlich zu einer Energiepreissteigerung führt.

Die Argumentation enthält einen Trugschluss, weil bei der Verwendung des Begriffs „Nachfrage“ nicht deutlich zwischen „nachgefragter Menge“ und „Nachfrage i. S. von Nachfragekurve“ unterschieden wird.

Versuchen Sie herauszufinden, wo der Denkfehler liegt, indem Sie eine normal verlaufende Angebots- und Nachfragekurve skizzieren und anhand der Skizze folgende Frage klären:
a) Welchen Einfluss hat die geplante Steuer auf den Verlauf der Gesamtangebots- bzw. Gesamtnachfragekurve?
b) Wie ändern sich durch die geplante Steuer Gleichgewichtspreis und Gleichgewichtsmenge?
c) Erläutern Sie den Anpassungsprozess zum neuen Gleichgewicht. Unterscheiden Sie dabei auch zwischen Kurvenverschiebung und Bewegungen auf den Kurven.
d) Wovon hängt das Ausmaß ab, in dem sich Gleichgewichtspreis und Gleichgewichtsmenge durch die geplante Steuer verändern?
e) Wie müsste sich der Verlauf der Nachfragekurve ändern, damit bei gleich bleibender Angebotskurve der vor der Einführung der Steuer geltende Gleichgewichtspreis wieder erreicht wird?
f) Wodurch kann eine solche Verlaufsänderung der Nachfragekurve ausgelöst werden?
g) Löst die geplante Steuer eine solche Verlaufsänderung aus?
h) Kommt es durch die geplante Steuer zu einer Energiepreissteigerung?

4.7 Unterscheidung zwischen nachgefragter Menge und Nachfrage

Setzen Sie in die Lücken des auf dem Arbeitsblatt abgedruckten Marktberichts aus einer Landwirtschaftszeitung jeweils an der richtigen Stelle einen der folgenden Begriffe ein:
a) Nachfrage *(i. S. von Gesamtnachfragekurve)*
b) nachgefragte Menge
c) individuelle Nachfrage *(i. S. von individueller Nachfragekurve)*
d) aggregierte Nachfrage *(i. S. von Summe der individuellen Nachfrage, Marktnachfrage)*
e) gesamtwirtschaftliche Nachfrage *(i. S. von Ausgaben aller Konsumenten, Unternehmen und staatlichen Stellen)*

4.8 Verzögerte Angebotsreaktion – Cobweb-Modell

1. Beschreiben Sie den Anpassungsprozess bei verzögerter Angebotsreaktion entsprechend dem Cobweb-Modell.
2. Zeichnen Sie die Marktentwicklung entsprechend dem Cobweb-Modell in zwei verschiedene Preis-Mengen-Diagramme nach folgendem Muster ein. Welche Unterschiede lassen sich feststellen und worauf sind sie zurückzuführen?

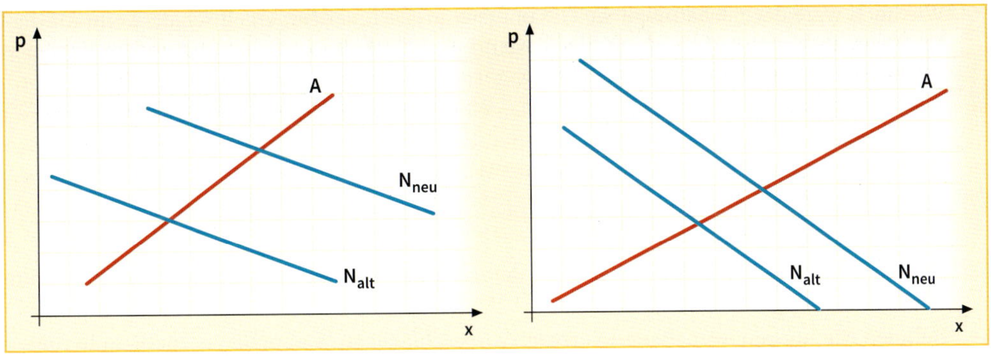

3. Erläutern Sie, was im Zusammenhang mit der verzögerten Angebotsreaktion unter dem „Schweinezyklus" zu verstehen ist. Nennen Sie Beispiele für eine solche Marktentwicklung.

4.9 Erlös- und Gewinnmaximierung durch Angebotsverknappung – Angebotsmonopol

Die Obst- und Gemüsebauern einer Region sehen sich einem zunehmenden Preisverfall für ihre Produkte ausgesetzt. Ursache dafür ist einerseits die starke Konkurrenz der Bauern untereinander und andererseits die Angebotserhöhung aufgrund der guten Ernteergebnisse. Die diesjährige Ernte ist inzwischen abgeschlossen und eingelagert worden. Jetzt sollen die Lagervorräte verkauft werden. Die derzeitigen Marktverhältnisse für eine bestimmte Obstsorte gehen aus der folgenden Tabelle hervor:

Preis (GE je t Obst)	260	240	220	200	180	160	140	120	100	80	60	40
aus dem Lagervorrat angebotene Menge (in t)	6 000	6 000	6 000	6 000	6 000	6 000	6 000	5 500	5 000	4 500	3 000	1 000
nachgefragte Menge (in t)	0	500	1 000	1 500	2 000	2 500	3 000	3 500	4 000	4 500	5 000	5 500

1. Wie hoch ist der Lagerbestand?
2. Welcher Gleichgewichtspreis und welche Gleichgewichtsmenge würde sich im vorliegenden Fall unter den Bedingungen des Polypols auf dem vollkommenen Markt ergeben?
3. Zeichnen Sie die Angebots- und Nachfragekurve in ein Koordinatensystem ein (x-Achse: Menge in t, 12 cm, 1 cm = 500 Mengeneinheiten; y-Achse: Preis, 13 cm, 1 cm = 20 Geldeinheiten).
4. Erläutern Sie den Verlauf der Angebotskurve im Preisbereich von 140 GE bis 260 GE.
5. Welchen Grund kann es haben, dass zum Gleichgewichtspreis nicht der volle Lagerbestand, sondern nur eine geringere Menge angeboten wird?
6. Wie hoch ist die Konsumentenrente im Fall der Polypolpreisbildung?
7. Der Bauernverband schlägt vor, dass sich die Obst- und Gemüsebauern zu einer Erzeugergemeinschaft zusammenschließen, um ihre Produkte gemeinsam zu vermarkten und gegenüber den Händlern eine größere Marktmacht zu erzielen. Aus der in der obigen Tabelle dargestellten Nachfragefunktion lässt sich die Erlösfunktion der Erzeugergemeinschaft ableiten, indem jeweils Preis und nachgefragte Menge miteinander multipliziert werden (Erlös = Preis · Menge). Zeichnen Sie die Erlöskurve der Erzeugergemeinschaft in ein Koordinatensystem ein (x-Achse: Menge in t, 12 cm, 1 cm = 500 Mengeneinheiten, y-Achse: Erlös in 1.000 GE, 11 cm, 1 cm = 40.000 Geldeinheiten).
8. Bei welcher Preis-Mengen-Kombination liegt das Erlösmaximum und wie hoch ist es?
9. Stellen Sie fest, um wie viele t die Vorratsmenge und die erlösmaximale Absatzmenge voneinander abweichen. Welche Maßnahme muss hinsichtlich dieser Menge ergriffen werden, damit die in der Erzeugergemeinschaft zusammengeschlossenen Bauern das höchstmögliche Gesamteinkommen (= Erlösmaximum) erzielen können?

10. Wie hoch wäre der höchstmögliche Gesamtgewinn der Erzeugergemeinschaft, wenn für die bei Nr. 9 vorgeschlagene Maßnahme fixe Kosten von 100.000 GE anfallen und andere Kosten vernachlässigt werden können?
11. Ermitteln Sie die Konsumentenrente für den Fall, dass es der Erzeugergemeinschaft gelingt, die gewinnmaximale Preis-Mengen-Kombination durchzusetzen. Vergleichen Sie das Ergebnis mit der bei Nr. 6 ermittelten Konsumentenrente. Worauf ist der Unterschied zurückzuführen?
12. Wie hoch ist die Preiselastizität der Nachfrage für die gewinnmaximale Preis-Mengen-Kombination der Erzeugergemeinschaft?
13. Warum würde sich der Gesamtgewinn der Erzeugergemeinschaft bei einer weiteren Preiserhöhung verringern?
14. Nehmen Sie zu den vom Bauernverband vorgeschlagenen Maßnahmen zur Regulierung des Obstmarktes Stellung.
15. Vergleichen Sie am vorliegenden Beispiel die Marktformen Polypol und Monopol anhand folgender Merkmale: Zahl der Anbieter, durch den Anbieter beeinflussbare Größe(n) (= Entscheidungsparameter), vom Anbieter bei einer Entscheidung zu berücksichtigende Größen (= Reaktionsparameter), Marktmacht, Erlös, Konsumentenrente, Gewinn.

4.10 Preisbildung eines Monopolisten: Tabellarische, grafische und analytische Ermittlung des Gewinnmaximums

Die beiden ersten Spalten der folgenden Tabelle zeigen die Preis-Absatz-Funktion eines Monopolisten:

Preis (p)	Menge (x)	Erlös (E)	Grenzerlös (E')	Fixkosten K_{fix}	variable Gesamtkosten (K_v)	Gesamtkosten (K)	Grenzkosten (K')	Gewinn (G)
100	0							
90	1							
80	2							
70	3							
60	4							
50	5	250	10	60	50	110	10	140
40	6	240	- 10	60	60	120	10	120
30	7	210	- 30	60	70	130	10	80
20	8	160	- 50	60	80	140	10	20
10	9	90	- 70	60	90	150	10	- 60
0	10	0	- 90	60	100	160	10	- 160

1. Tragen Sie die fehlenden Zahlenwerte der Erlös- und Grenzerlösfunktion in eine entsprechende Tabelle ein.
2. Bei welcher Ausbringungsmenge erreicht der Monopolist sein Erlösmaximum?
3. Die Gesamtkostenfunktion lautet: $K = 60 + 10\,x$.
   Tragen Sie die fehlenden Zahlenwerte für die Fixkosten, die variablen Gesamtkosten, die Gesamtkosten, die Grenzkosten und den Gewinn in eine entsprechende Tabelle ein.
4. Zeichnen Sie die Erlöskurve, die Gesamtkostenkurve und den positiven Bereich der Gewinnkurve in ein Koordinatensystem ein (x-Achse: Menge, 10 cm, 1 cm = 1 Mengeneinheit; y-Achse: Erlöse, Kosten, Gewinn, 13 cm, 1 cm = 20 Geldeinheiten).

5. Ermitteln Sie
   a) die Ausbringungsmenge, bei der der Monopolist sein Gewinnmaximum erreicht,
   b) den Preis, der dieser gewinnmaximalen Ausbringungsmenge entspricht,
   c) die Höhe des Gewinns im Gewinnmaximum.
6. Zeichnen Sie die Preis-Absatz-Kurve, den positiven Bereich der Grenzerlöskurve und die Grenzkostenkurve in ein darunter liegendes Koordinatensystem ein. (x-Achse: Menge, 10 cm, 1 cm = 1 Mengeneinheit; y-Achse: Preis, Grenzerlös, Grenzkosten, 10 cm, 1 cm = 10 Geldeinheiten).
7. Welche Beziehung besteht bei der gewinnmaximalen Ausbringungsmenge zwischen Grenzerlös und Grenzkosten? Begründen Sie diesen Zusammenhang.
8. Zeichnen Sie den COURNOTschen Punkt in das untere Koordinatensystem ein und bestimmen Sie grafisch die gewinnmaximale Preis-Mengen-Kombination.
9. Kennzeichnen Sie in dem unteren Koordinatensystem die Fläche, die der Konsumentenrente entspricht, und berechnen Sie den Flächeninhalt.
10. Überprüfen Sie die von Ihnen tabellarisch und grafisch ermittelten Werte für das Erlös- und Gewinnmaximum mithilfe der Differentialrechnung. Die zugrunde liegende Nachfragefunktion lautet im vorliegenden Fall: $x = 10 - 0{,}1p$ bzw. $p = 100 - 10\,x$

4.11 Erlös- und Gewinnmaximum beim Angebotsmonopol

Angenommen, die Eisdielen in einer Kleinstadt wollen versuchen, den Wettbewerb untereinander zu beschränken. Die gemeinsame Marktmacht soll gestärkt werden, damit sie nicht mehr – wie beim Polypol – den vom Markt vorgegebenen Preis akzeptieren müssen, sondern selbst den gewinnmaximalen Preis festlegen können. Dazu schließen sie sich zu einem Preiskartell zusammen. Die Gesamtnachfrage nach Eiskugeln für einen bestimmten Zeitraum (z. B. einen Tag) ist gegenüber dem Wettbewerb unverändert geblieben *(vgl. Aufg. B 4.2)*.

Preis (€) je Kugel	2,00	1,80	1,60	1,40	1,20	1,00	0,80	0,60	0,40	0,20	0
Menge in Stück	0	1 000	2 000	3 000	4 000	5 000	6 000	7 000	8 000	9 000	10 000
Erlös	0	1 800	3 200	4 200	4 800	5 000	4 800	4 200	3 200	1 800	0

Die in einem bestimmten Zeitraum (z. B. einen Tag) anfallenden Fixkosten belaufen sich für alle Betriebe zusammen auf 1.600 €. Die variablen Stückkosten aller Hersteller betragen im Durchschnitt 0,40 €.

1. Bei welchem Preis und bei welcher Menge liegt das Erlösmaximum des Eis-Kartells?
2. Bei welchem Preis und bei welcher Menge liegt das Gewinnmaximum des Eis-Kartells?
3. Vergleichen Sie den vom Eis-Kartell festgelegten Preis und die entsprechende Absatzmenge mit der bisher auf dem Wettbewerbsmarkt vorliegenden Marktsituation von 6 000 abgesetzten Eiskugeln zum Preis von 0,80 € je Stück *(vgl. Aufg. B 4.2)*.

4.12 Preisdifferenzierung beim Monopol: Horizontale Aufspaltung des Marktes in Absatzschichten (Marktsegmentierung)

Der Fußballverein einer Kleinstadt erhält im Pokalwettbewerb durch Losentscheid ein Heimspiel gegen einen äußerst attraktiven Gegner. Das städtische Stadion fasst 10 000 Zuschauer. Der Vereinsvorstand möchte den sonst üblichen Eintrittspreis von einheitlich 10,00 € erhöhen, weil er mit einer starken Nachfrage nach Eintrittskarten rechnet. Aus früheren Veranstaltungen liegen ziemlich genaue Anhaltspunkte über das Nachfrageverhalten der Fußballfans bei unterschiedlichen Preisen vor.

Eintrittspreis in €	30,00	27,50	25,00	22,50	20,00	17,50	15,00	12,50	10,00	7,50	5,00	2,50	0
Zuschauer	0	1 000	2 000	3 000	4 000	5 000	6 000	7 000	8 000	9 000	10 000	11 000	12 000

Die Stadt verlangt für die Überlassung des Stadions einen Beitrag zur Kostendeckung von 5,00 € je Zuschauer. Weitere Kosten fallen für den Verein nicht an.

1. Der Vereinsvorstand möchte wissen, bei welchem Einheitspreis der höchste Gewinn für die Vereinskasse erzielt werden kann.
   Bestimmen Sie grafisch den COURNOTschen Punkt und ermitteln Sie die gewinnmaximale Preis-Mengen-Kombination (Koordinatensystem: x-Achse: Menge, 12 cm; 1 cm = 1000 Mengeneinheiten; y-Achse: Preis, Grenzerlös, Grenzkosten, 12 cm; 1 cm = 2,5 Geldeinheiten).
2. Ermitteln Sie für die gewinnmaximale Preis-Mengen-Kombination
   a) die Höhe des Gewinns,
   b) die Höhe der Konsumentenrente,
   c) den Auslastungsgrad des Stadions.
3. Der Vereinsvorstand weiß, dass die Fans der Gästemannschaft bereit wären, einen noch höheren als den Monopolpreis zu zahlen. Es wird daher überlegt, ob sich der Gewinn noch steigern lässt, indem für die Eintrittskarten, die der Gästemannschaft für ihre Fans zustehen, ein Aufschlag von 5,00 € auf den Monopolpreis erhoben wird. (Annahme: Zu diesem erhöhten Preis fragen nur auswärtige Fans nach.)
   a) Wie viele Eintrittskarten können in diesem Fall zu dem erhöhten Preis und wie viele zu dem geringeren Preis verkauft werden?
   b) Wie hoch wäre in diesem Fall der Gesamterlös?
   c) Wie hoch wäre in diesem Fall der Gesamtgewinn?
   d) Wie hoch wäre die nach der Preisdifferenzierung verbleibende Konsumentenrente?
   e) Wie hoch wäre die durch diese Preisdifferenzierung abgeschöpfte Konsumentenrente?
4. Der gewinnmaximierende Einheitspreis (Monopolpreis) erscheint dem Vereinsvorstand für bestimmte Fangruppen der Heimmannschaft unangemessen hoch. Außerdem soll das Stadion stärker gefüllt werden, damit die Heimmannschaft lautstark unterstützt werden kann. Es wird daher beschlossen, Jugendlichen und Rentnern einen Preisnachlass von 5,00 € gegenüber dem Monopolpreis zu gewähren. Die den Gästen zustehenden Eintrittskarten sollen weiterhin mit einem Zuschlag von 5,00 € versehen werden.
   a) Wie viele Eintrittskarten können in diesem Fall insgesamt verkauft werden?
   b) Wie hoch wäre in diesem Fall der Gesamterlös?
   c) Wie hoch wäre in diesem Fall der Gesamtgewinn?
5. Es soll versucht werden, Gewinn und Zuschauerzahl durch eine weitere Preisdifferenzierung noch zu steigern. Dabei gilt die nebenstehende Preisstaffel.
   a) Wie viele Eintrittskarten können in diesem Fall insgesamt verkauft werden?
   b) Wie hoch wäre in diesem Fall der Gesamterlös?
   c) Wie hoch wäre in diesem Fall der Gesamtgewinn?

Reservierte Karten für die Gästefans	22,50 €
Normalpreis	17,50 €
Rentner, Arbeitslose, Jugendliche	12,50 €
Vereinsmitglieder	7,50 €

6. Der Vereinsvorstand stellt fest, dass trotz dieser Preisdifferenzierung das Stadion immer noch nicht ausverkauft ist, und überlegt, ob die bisherige Preisstaffel geändert und der Eintrittspreis für Jugendliche auf 2,50 € gesenkt werden soll.
   a) Wie groß wäre in diesem Fall die Gesamtnachfrage nach Eintrittskarten?
   b) Wie viele Eintrittskarten können in diesem Fall angesichts der begrenzten Stadionkapazität tatsächlich verkauft werden?
   c) Untersuchen Sie, wie sich diese Maßnahme zur vollen Auslastung des Stadions auf den Gewinn auswirken würde. Worauf ist die Gewinnveränderung zurückzuführen?

4.13 Preisspielraum bei Backwaren

In einer Stadt mit vielen Backwarenläden kann ein einzelner Bäcker beispielsweise den Preis für sein Dreikornbrot um 0,25 € je kg über dem der anderen Anbieter festlegen, ohne alle Kunden für diese Brotsorte zu verlieren. Wenn er den Preis allerdings über eine bestimmte Grenze hinaus erhöht, kauft kein Kunde mehr dieses Brot bei ihm.

1. Welche Ursachen kann es haben, dass der Dreikornbrot-Absatz des Bäckers bei einer geringfügigen Preiserhöhung nicht auf null zurückgeht?
2. Um welche Marktform handelt es sich im vorliegenden Fall?

4.14 Preisbildung beim Polypol auf dem unvollkommenen Markt

In einer Stadt mit vielen Bäckereifachgeschäften bietet ein Bäcker eine neue Sorte Vollkornbrötchen unter dem Namen „Fitties“ an. Die Brötchen werden als besonders schmackhaft und bekömmlich angepriesen. Gleichzeitig mit Werbemaßnahmen für die neue Brötchensorte hat der Bäcker auch seinen Service in verschiedener Hinsicht verbessert. Die Ladenöffnungszeiten sind jetzt länger. Er bietet seinen Kunden die Zustellung von frischen Backwaren am Sonntagmorgen frei Haus. Außerdem hat er Kundenkarten eingeführt, auf denen er den Kunden jeden Einkauf von mehr als 2,50 € bestätigt. Sobald sich die Einkäufe eines Kunden auf 100 € summieren, wird eine Gutschrift von 5,00 € gewährt.

Der Bäcker schätzt aufgrund seiner Markterfahrung, wie sich die Nachfrager bei verschiedenen Preisen für die neue Brötchensorte verhalten werden. Bei einem Preis von 0,65 € je Brötchen kann er höchstens 300 Brötchen täglich absetzen. Legt er den Preis über 0,65 € fest, verzichten alle Kunden auf diese Brötchen und kaufen stattdessen billigere Brötchen bei der Konkurrenz. Legt er den Preis auf 0,20 € je Brötchen oder niedriger fest, gewinnt er so viele Kunden, dass er seine Tageskapazität von 1500 Brötchen voll auslasten kann.

Die voraussichtliche Erlös- und Kostenentwicklung fasst er in der folgenden Tabelle zusammen.

Preis für 1 Brötchen in €	0,65	0,65	0,65	0,65	0,60	0,55	0,50	0,45	0,40	0,35	0,30	0,25	0,20	0,20	0,20	0,20
Brötchen Tagesabsatz (Stück)	0	100	200	300	400	500	600	700	800	900	1 000	1 100	1 200	1 300	1 400	1 500
Erlös in €	0	65	130	195	240	275	300	315	320	315	300	275	240	260	280	300
Grenzerlöse je Brötchen (in €)																
Gesamtkosten (in €)	50	70	90	110	130	150	170	190	210	230	250	270	290	310	330	350
Grenzkosten je Brötchen (in €)																

1. Tragen Sie die Preis-Absatz-Kurve für die „Fitties“ in ein Koordinatensystem ein (x-Achse: Menge, 16 cm, 1 cm = 10 Mengeneinheiten; y-Achse: Preis, Grenzerlös, 12 cm, 1 cm = 0,10 € von – 0,40 € bis + 0,70 €).
2. Erläutern Sie den Verlauf der Preis-Absatz-Kurve.
3. Ermitteln Sie anhand der Tabelle die Grenzerlöse für ein „Fittie“-Brötchen bei den unterschiedlichen Ausbringungsmengen und tragen Sie die Grenzerlöskurve in das Koordinatensystem ein.
4. Ermitteln Sie anhand der Tabelle die Grenzkosten für ein „Fittie“-Brötchen und tragen Sie die Grenzkostenkurve in das Koordinatensystem ein.
5. Bestimmen Sie grafisch den gewinnmaximalen Preis und die gewinnmaximale Menge für die Brötchen nach der Gewinnmaximierungsregel E‘ = K‘.
6. Tragen Sie die Gesamterlös- und Gesamtkostenkurve in ein darunter liegendes Koordinatensystem ein und bestimmen Sie das Gewinnmaximum. (Koordinatensystem: x-Achse: Menge, 16 cm, 1 cm = 10 Mengeneinheiten, y-Achse: Erlöse, Kosten, 16 cm; 1 cm = 20,00 €)
7. Angenommen, der Bäcker möchte mit den „Fittie“-Brötchen einen möglichst hohen Erlös erzielen. Bestimmen Sie für diesen Fall die Ausbringungsmenge (= Erlösmaximum) und den Stückpreis.
8. Angenommen, der Bäcker möchte seinen Marktanteil bei Brötchen erhöhen und seine Kapazitäten möglichst stark auslasten. Es soll aber kein Verlust entstehen. Bestimmen Sie für diesen Fall die Ausbringungsmenge für die „Fittie“-Brötchen (= Gewinngrenze).

9. Überprüfen Sie die von Ihnen ermittelten Werte für das Erlös- und Gewinnmaximum mithilfe der Differentialrechnung.
Preis-Absatz-Funktion im monopolistischen Bereich: $p = 0{,}8 - 0{,}0005\,x$
Gesamtkostenfunktion: $K = 50 + 0{,}2\,x$.

10. Wodurch unterscheidet sich das Verhalten der Bäckerei bei der Preisfindung für die „Fittie"-Brötchen vom Anbieterverhalten auf dem vollkommenen Markt?

4.15 Verhaltenweisen von Oligopolisten

B Beispiel 1

„Preiskampf im Einzelhandel", „Discounter führen eine Preisschlacht"..., so und ähnlich lauten immer wieder typische Schlagzeilen der Wirtschaftsnachrichten. Oft geht es um Preise von Grundnahrungsmitteln und Getränken, die von einer der großen Lebensmittelketten (Aldi, Lidl, Edeka, Rewe) drastisch gesenkt werden – nicht selten als Reaktion auf eine Preissenkung eines Konkurrenten.

B Beispiel 2

Während Ben mit seinem Fahrrad am Abend vor dem Beginn der Osterferien durch seine kleine Heimatstadt fährt, fallen ihm einige Preisschilder auf, welche ihn zum Nachdenken bringen:

Warum steigen die Spritpreise pünktlich vor den Ferien bei allen Tankstellen in der Stadt gleichermaßen? Diese Frage haben wir uns sicher alle schon einmal gestellt...

Beschreiben Sie die Ziele, die die Anbieter in den beiden beschriebenen Fällen verfolgen. Erläutern Sie auch die Mittel, welche die Anbieter zur Zielerreichung einsetzen.

4.16 Angebotsoligopol – Erklärung von Verhaltensweisen im Oligopol – Kartellbildung

Angenommen, auf dem Benzinmarkt gibt es nur die beiden Anbieter A und B. Jeder von beiden versucht eine Strategie zu wählen, bei der sein Gewinn möglichst groß ist.

Situation 1
Für beide Anbieter besteht nur die Wahl zwischen zwei Strategien.

Strategie 1 (S_1): **Hoher Preis** Strategie 2 (S_2): **Niedriger Preis**

		Anbieter B	
		Hochpreis (S_{B1})	Niedrigpreis (S_{B2})
Anbieter A	Hochpreis (S_{A1})	(B) 50 (A) 50	(B) 100 (A) – 50
	Niedrigpreis (S_{A2})	(B) – 50 (A) 100	(B) 0 (A) 0

Setzt A einen hohen Preis (z. B. Monopolpreis) fest, so ist dies für ihn nur dann mit einem hohen Gewinnzuwachs verbunden, wenn auch B denselben hohen Preis verlangt. Setzt B dagegen einen niedrigeren Preis fest, erleidet A eine Gewinnminderung, weil seine Absatzmenge zurückgeht. Der Gewinnzuwachs des B ist in diesem Fall noch höher, als wenn beide Anbieter die Hochpreisstrategie wählen. Wählen beide Anbieter die Niedrigpreisstrategie, ergibt sich keine Gewinnveränderung. Diese Zusammenhänge sind für die vier möglichen Strategiekombinationen in der oben stehenden **Gewinnmatrix** in Mio. € dargestellt (linke untere Ecke: Gewinnveränderungen für Unternehmen A; rechte obere Ecke: Gewinnveränderung für Unternehmen B).

1. Welche Strategie wird Anbieter A voraussichtlich wählen? Begründen Sie Ihre Antwort.
2. Welche Strategie wird Anbieter B voraussichtlich wählen? Begründen Sie Ihre Antwort.
3. Welchen Einfluss haben die voraussichtlich gewählten Strategien auf die Gewinnsituation der beiden Anbieter?
4. Wie wirkt sich die voraussichtliche Strategiekombination für die Nachfrager aus?

Situation 2:
Aufgrund veränderter Kostenstrukturen ändert sich die Gewinnmatrix wie folgt:

Welche Strategie wird Anbieter B voraussichtlich wählen und welche Folgen ergeben sich daraus für A? Begründen Sie Ihre Antwort.

		Anbieter B	
		Hochpreis (S_{B1})	Niedrigpreis (S_{B2})
Anbieter A	Hochpreis (S_{A1})	(B) 60 (A) 40	(B) 100 (A) – 50
	Niedrigpreis (S_{A2})	(B) – 50 (A) 100	(B) 5 (A) – 5

Situation 3:
Die beiden Anbieter A und B haben ein Kartell gebildet, um **gemeinsam** ihren Gewinn zu maximieren. Der vereinbarte Kartellpreis (Monopolpreis) lässt sich aber nur durchsetzen, wenn die Angebotsmenge eingeschränkt wird. Die gewinnmaximale Menge wird daher zu gleichen Teilen auf die beiden Anbieter aufgeteilt. Beide Anbieter haben dadurch aber Leerkapazitäten. Jeder von ihnen überlegt daher, ob sich nicht ein individueller Zusatzgewinn erzielen lässt, wenn die Produktion unter Umgehung der Kartellvereinbarung heimlich erhöht wird.

Beiden Unternehmen stehen folgende Strategien zur Auswahl:
Strategie 1 (S_1): Produktion nicht erhöhen (= Kartellvereinbarung einhalten)
Strategie 2 (S_2): Produktion erhöhen (= Kartellvereinbarung umgehen)

Die sich bei jeder der vier Strategiekombinationen ergebenden Gewinne für A und B sind in der folgenden **Gewinnmatrix** dargestellt (linke untere Ecke: Gewinn für Unternehmen A; rechte obere Ecke: Gewinn für Unternehmen B).

		Anbieter B	
		Produktion nicht erhöhen (S_{B1})	Produktion erhöhen (S_{B2})
Anbieter A	Produktion nicht erhöhen (S_{A1})	(B) 110 (A) 110	(B) 120 (A) 80
	Produktion erhöhen (S_{A2})	(B) 80 (A) 120	(B) 100 (A) 100

1. Prüfen Sie, ob das Kartell längerfristig Bestand haben wird. Begründen Sie Ihre Antwort.
2. Wie wirkt sich die voraussichtliche Strategiekombination auf den Gewinn der beiden Anbieter aus?
3. Wie wirkt sich die voraussichtliche Strategiekombination für die Nachfrager aus?

4.17 Plan- und Strategiespiel STRATOLIGO: Anbieterverhalten auf einem oligopolistischen Markt

Führen Sie in Ihrer Klasse das Strategiespiel STRATOLIGO durch. Mit diesem Spiel werden das Konkurrenzverhalten von Oligopolisten und die Problematik der Kartellbildung simuliert.

Spielunterlagen sowie ein Auswertungsprogramm finden sich bei dem Downloadmaterial.

4.18 Gewinnmaximierung beim heterogenen Oligopol

Ein Unternehmen, das Körperpflegemittel herstellt, bietet u.a. Seife von gehobener Qualität auf einem unvollkommenen polypolistischen Markt an. Die Geschäftsleitung vermutet, dass für das Unternehmen auf dem Seifenmarkt folgende Preis-Absatz-Funktion gilt (Mengenangaben in 100 000 Stück):

Bereich I: $p = -\frac{1}{3}x + 8$ für $0 \leq x \leq 3$
Bereich II: $p = -x + 10$ für $3 \leq x \leq 6$
Bereich III: $p = -\frac{1}{4}x + 5{,}5$ für $6 \leq x \leq 10$

1. Stellen Sie die Preis-Absatz-Kurve und die Grenzerlöskurve in einem Koordinatensystem grafisch dar (x-Achse: Menge, 12 cm, 1 cm = 100 000 Mengeneinheiten; y-Achse: Preis, Grenzerlös, 10 cm, 1 cm = 1 Geldeinheit).
2. Bestimmen Sie die obere und die untere Preisgrenze des monopolistischen Bereichs.
3. Die Gesamtkostenfunktion lautet: $K = 1\,000\,000 + 3x$. Tragen Sie die Grenzkostenkurve in das Koordinatensystem ein.

4. Ermitteln Sie Preis und Menge
   a) im Gewinnmaximum,
   b) im Erlösmaximum.
5. Wie hoch ist der Gewinn im Gewinnmaximum?
6. Durch ein verändertes Fertigungsverfahren gelingt es dem Unternehmen, die variablen Kosten je Stück von bisher 3 GE auf 2 GE zu senken. Die Gesamtkostenfunktion lautet jetzt: $K = 1\,000\,000 + 2x$. Tragen Sie die neue Grenzkostenkurve in das Koordinatensystem ein.
7. Ermitteln Sie die neue gewinnmaximale Preis-Mengen-Kombination und die Höhe des Gewinns im Gewinnmaximum.

4.19 Geknickte Preis-Absatz-Kurve

Für einen Oligopolisten gilt folgende Preis-Absatz-Funktion:

Bereich I: $p = -1/3\,x + 8$ für den Mengenbereich $0 \leq x \leq 3$

Bereich II: $p = -x + 10$ für den Mengenbereich $3 \leq x \leq 10$

1. Stellen Sie die Preis-Absatz-Kurve und die Grenzerlöskurve in einem Koordinatensystem grafisch dar.
2. Begründen Sie den Verlauf der Preis-Absatz-Kurve.
3. Die Gesamtkostenfunktion lautet: $K = 100 + 4{,}5\,x$. Tragen Sie die Grenzkostenkurve in das Koordinatensystem ein und bestimmen Sie die gewinnmaximale Preis-Mengen-Kombination.
4. Aufgrund einer Erhöhung der variablen Stückkosten verändert sich die Gesamtkostenfunktion wie folgt: $K = 100 + 5{,}5\,x$. Tragen Sie die neue Grenzkostenkurve in das Koordinatensystem ein und bestimmen Sie die gewinn-maximale Preis-Mengen-Kombination.
5. „Mithilfe der geknickten Preis-Absatz-Kurve wird versucht, die auf oligopolistischen Märkten häufig zu beobachtenden Preisstarrheit zu begründen.“ Erläutern Sie diese Aussage anhand der grafischen Darstellung.

4.20 Subventionierung oder Mindestpreis?

Für ein bestimmtes landwirtschaftliches Anbauprodukt liegen die in der nebenstehenden Abbildung dargestellten Marktverhältnisse vor. Die Regierung möchte den Anbau dieses Produkts weiter fördern.

Stellen Sie fest, wie sich
1. staatliche Subventionszahlungen in Höhe von 100 € je t und
2. die Festsetzung eines um 100 € über dem derzeitigen Gleichgewichtspreis liegenden Mindestpreises auf die Produktionsmenge, den Preis, die Erlöse der Produzenten und den Staatshaushalt auswirken.

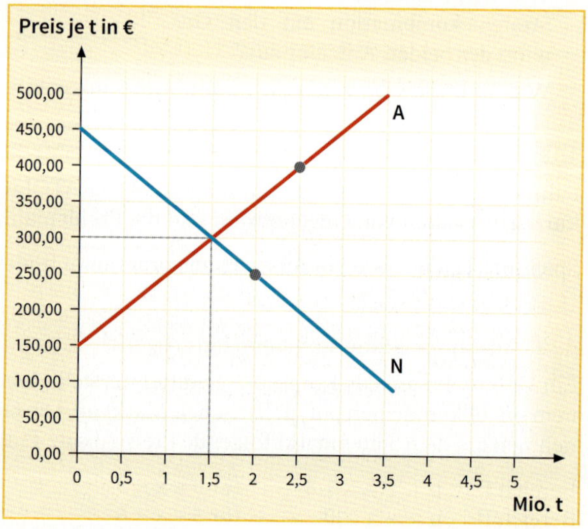

4.21 Marktkonforme und marktkonträre Eingriffe des Staates auf dem Agrarmarkt – Stücksubventionen – Mindestpreispolitik

Für ein bestimmtes landwirtschaftliches Produkt liegt zum Zeitpunkt t_0 die unten dargestellte Marktsituation vor. Die Regierung möchte die Produktion dieses Produktes fördern und gleichzeitig die Einkommenssituation in der Landwirtschaft verbessern. Dafür will sie Haushaltsmittel in Höhe von 800 Mio. € zur Verfügung stellen. Es soll geprüft werden, ob die Mittel besser zu Gewährung von Subventionen an die Landwirte oder zum Aufkauf von Überschüssen nach Festsetzung eines Mindestpreises verwendet werden sollen.

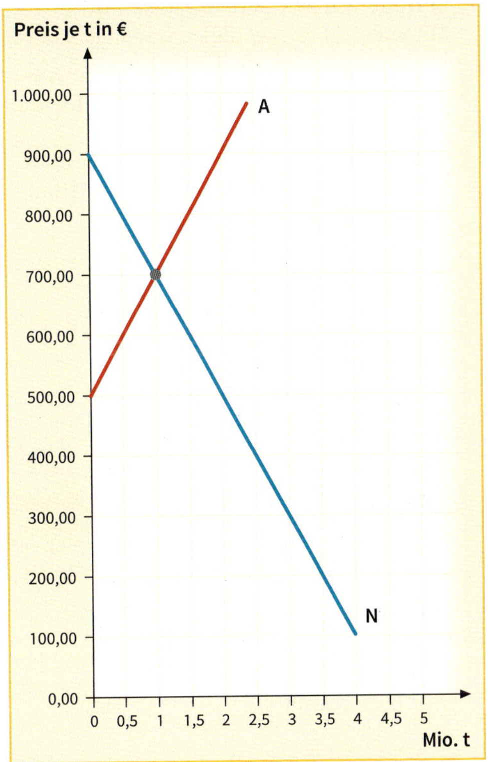

1. **Subvention**
Angenommen, die Regierung gewährt den Land-wirten eine Stücksubvention von 400 € je t. Die Nachfrage bleibt unverändert. Stellen Sie die Veränderung der Marktsituation in einem Koordinatensystem grafisch dar und berechnen Sie die fehlenden Werte in der folgenden Tabelle.

	Preis (€)	Menge (Mio. t)	Erlöse (Mio. €)	Staatsausgaben (Mio. €)
Ausgangssituation	700	1		0
Subvention 400 €/t				
Änderung gegenüber Ausgangssituation				

2. **Mindestpreis**
Auf Druck des Bauernverbandes setzt die Regierung zum Zeitpunkt t_1 anstelle der Subvention einen Mindestpreis fest, der 100 € über dem Gleichgewichtspreis in t_0 liegt. Die Nachfrage bleibt unverändert. Stellen Sie die Veränderung der Marktsituation in einem Koordinatensystem grafisch dar und berechnen Sie die fehlenden Werte in der untenstehenden Tabelle.

	Preis (€)	Menge (Mio. t)	Erlöse (Mio. €)	Staatsausgaben (Mio. €)
Ausgangssituation	700	1	700	0
Mindestpreis 100 € über dem Gleichgewichtspreis	800			
Änderung gegenüber Ausgangssituation	+ 100			

3. Vergleichen Sie die beiden Maßnahmen miteinander und erläutern Sie die Unterschiede.
4. Im Falle des Mindestpreises müssen die aufgekauften Überschüsse von der Regierung zunächst gelagert werden. Es wird davon ausgegangen, dass dabei ca. 20 % der Menge durch Verderb und

andere Umstände vernichtet wird. Die restliche Menge könnte auf dem Weltmarkt für die Hälfte des Mindestpreises verkauft werden. Für Lagerung und Transport fallen für die Regierung Kosten in Höhe von 20% der Verkaufserlöse an.
Mit wieviel Euro würde in diesem Fall der Staatshaushalt insgesamt belastet?

5. Wegen schlechter Witterungsverhältnisse fällt die Ernte im Jahr t_2 erheblich geringer als in den Vorjahren aus. Dadurch ändert sich der Marktpreis gegenüber der Ausgangssituation (t_0) vorübergehend um 20%.
   a) Wie hoch ist der Marktpreis im Jahr t_2?
   b) Wie wirkt sich in diesem Fall der Mindestpreis von 800 € aus?
6. Welche anderen Mittel könnte die Regierung anstelle von Stücksubventionen oder Mindestpreispolitik ergreifen, um die Einkommenssituation in der Landwirtschaft zu verbessern?

4.22 Marktkonträre und marktkonforme Eingriffe des Staates auf dem Wohnungsmarkt: Höchstmieten – Wohngeldzahlungen – Subventionen

In einer mittelgroßen Stadt soll die Situation auf dem Wohnungsmarkt analysiert werden. Die Erhebungen des Wohnungsamtes zur Erstellung eines Mietspiegels führen bei 4-Zimmer-Wohnungen mit vergleichbarer Größe, Ausstattung und Lage zu folgendem Ergebnis:

Monatliche Höchstmiete	Zahl der interessierten Mieter	Monatliche Mindestmiete	Zahl der interessierten Vermieter
bis 250 €	20 000	ab 1 250 €	20 000
bis 500 €	15 000	ab 1 000 €	15 000
bis 750 €	10 000	ab 750 €	10 000
bis 1 000 €	5 000	ab 500 €	5 000
bis 1 250 €	0	ab 250 €	0

1. Stellen Sie die Angebots- und Nachfragekurve in einem Koordinatensystem dar und ermitteln Sie die Miete in der Gleichgewichtssituation. (x-Achse: 2 cm = 5 000 Wohnungen, y-Achse: 2 cm = 250 €)
2. Die Stadtverwaltung ist der Meinung, die Miete in der Gleichgewichtssituation sei insbesondere für kinderreiche Familien unerschwinglich. Daher soll aus sozialpolitischen Gründen für diese Art von 4-Zimmer-Wohnungen ein Höchstpreis festgelegt werden, der 250 € unter der Gleichgewichtsmiete liegt.
   a) Stellen Sie die Veränderung der Marktsituation im Koordinatensystem grafisch dar und berechnen Sie die fehlenden Werte nach dem Muster der nachstehenden Tabelle.

	Miete (€)	Menge (Wohnungen)	Mieteinnahmen (Mio. €)
Ausgangssituation	750	10 000	7,5
Höchstpreis 250 € unter dem Gleichgewichtspreis	500		
Änderung gegenüber Ausgangssituation	– 250		

   b) Gibt es Mieter, die durch die Festsetzung der Höchstmiete Nachteile gegenüber der Ausgangssituation erleiden? Um welche Mieter handelt es sich gegebenenfalls?
   c) Gibt es Mieter, die durch die Festsetzung der Höchstmiete Vorteile gegenüber der Ausgangssituation haben? Um welche Mieter handelt es sich gegebenenfalls?
   d) Die Absicht der Stadtverwaltung bestand ursprünglich darin, durch die Höchstmiete kinderreiche Familien zu begünstigen. Prüfen Sie, ob das gelungen ist.

e) Welche zusätzlichen Maßnahmen müsste die Stadtverwaltung ergreifen, um die Zielgruppe „Familien mit mehreren Kindern" durch die Höchstmiete zu begünstigen?

3. Nachdem durch die Höchstmiete die Lage auf dem Wohnungsmarkt nicht entschärft werden konnte, wird bei der Stadtverwaltung überlegt, ob durch die Zahlung von Wohngeld an die Mieter oder die Zahlung von Subventionen an die Vermieter eine Besserung zu erreichen ist.
   a) Stellen Sie – ausgehend von der ursprünglichen Gleichgewichtsmiete – die Veränderungen auf dem Wohnungsmarkt grafisch dar, wenn an alle Mieter von 4-Zimmer-Wohnungen diesen Typs ein Wohngeld von 250 € monatlich gezahlt würde.
   b) Stellen Sie – ausgehend von der ursprünglichen Gleichgewichtsmiete – die Veränderungen auf dem Wohnungsmarkt grafisch dar, wenn an alle Vermieter von 4-Zimmer-Wohnungen diesen Typs eine Subvention (z. B. Grundsteuerermäßigung, zinsgünstige Darlehen u. Ä.) in Höhe von 250 € monatlich gezahlt würde.
   c) Vergleichen Sie die beiden Maßnahmen (Wohngeldzahlung bzw. Subventionen für die Vermieter) miteinander. Welche Maßnahme ist im Hinblick auf Mietniveau, Schaffung von Wohnraum und finanzielle Belastung der Stadtkasse durch Wohngeld- bzw. Subventionszahlungen günstiger?

Ich kann …	Bitte ankreuzen		Wenn Nein: Siehe Seite(n) im Buch	Level / Anforderungsniveau
	Ja	Nein		
4.1 Preisbildung auf Wettbewerbsmärkten: Polypol				**Level**
… die Voraussetzungen des Modells der vollständigen Konkurrenz nennen.			246	1
… erklären, warum der einzelne Anbieter bei vollständiger Konkurrenz als Mengenanpasser bezeichnet wird.			246 f.	2
… Eigenschaften des Gleichgewichtspreises nennen.			247 ff.	1
… Anpassungsprozesse darstellen, die sich auf Wettbewerbsmärkten einstellen, wenn der Marktpreis über bzw. unter dem Gleichgewichtspreis liegt.			250 f.	2
… die Konsumenten- und Produzentenrente definieren und deren Höhe berechnen.			251 f.	2
… Änderungen des Gleichgewichtspreises bei einer Verschiebung der Angebots- und/oder Nachfragekurve darstellen.			252 ff.	2

C

Rolle des Staates in gesamtwirtschaftlicher Perspektive

Wirtschaftsordnung als Regelungssystem

Karl Marx, 1818-1883
Vertreter des Kollektivismus

Adam Smith, 1723-1790
Vertreter des Individualismus

1. Wirtschaftsordnung als Regelungssystem

- Idealtypische Wirtschaftsordnungen
- Modell einer freien Marktwirtschaft
- Abweichungen zwischen Modell und Realität marktwirtschaftlicher Ordnung

Ludwig Erhard, 1897-1977
Politischer „Vater“ der sozialen Marktwirtschaft

2. Rahmenbedingungen der sozialen Marktwirtschaft

- Grundlagen der sozialen Marktwirtschaft in Deutschland
- Wettbewerbsordnung in der sozialen Marktwirtschaft
- Arbeits- und Sozialordnung in der sozialen Marktwirtschaft
- Wirtschaftspolitische Ziele der sozialen Marktwirtschaft

1 Wirtschaftsordnung als Regelungssystem

1.1 Idealtypische Wirtschaftsordnungen

Lernziele:

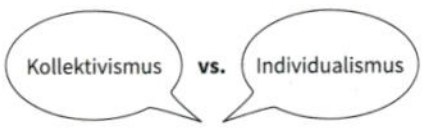

Nach der Bearbeitung des Kapitels sind Sie in der Lage, Folgendes zu tun:

Sie ...

- ... erklären den Begriff „Wirtschaftsordnung“.
- ... vergleichen die Merkmale der beiden idealtypischen Wirtschaftsordnungen freie Marktwirtschaft und Zentralverwaltungswirtschaft.

Begriff der Wirtschaftsordnung

In einer arbeitsteiligen Wirtschaft müssen die Regeln für das Zusammenwirken der Beteiligten dauerhaft vereinbart werden. Nur so können die wirtschaftlichen Aktivitäten von Unternehmen, Haushalten und Staat aufeinander abgestimmt und die **Grundfragen jeder Volkswirtschaft**

> **D** Was, wie und für wen wird produziert?

erfolgreich gelöst werden. Es gehört zu den Aufgaben **staatlicher Wirtschaftspolitik**, ein solches Regelsystem, das aus Grundsätzen, Vereinbarungen und Vorschriften für wirtschaftliches Handeln besteht, festzulegen.

> **D** Die Wirtschaftsordnung ist die Gesamtheit aller Rahmenbedingungen (z. B. geschriebene und ungeschriebene Regeln, öffentliche und private Einrichtungen zur Ordnung des Wirtschaftsgeschehens), innerhalb derer sich die Wirtschaftsbeziehungen und Wirtschaftsveränderungen in einer Volkswirtschaft entwickeln.

Gesellschaftspolitisches Leitbild

Die **Wirtschaftsordnung** ist neben der Rechts- und Sozialordnung das wichtigste Element der alle Bereiche des menschlichen Zusammenlebens umfassenden **Gesellschaftsordnung.** Das in der jeweiligen Gesellschaftsordnung vorherrschende **gesellschaftspolitische Leitbild** hat entscheidenden Einfluss auf die Wirtschaftsordnung. Als zwei extrem unterschiedliche Auffassungen vom Wesen des Menschen stehen sich dabei **Individualismus**[1] und **Kollektivismus**[2] gegenüber.

Der Individualismus sieht den Menschen als Ausgangs- und Mittelpunkt allen gesellschaftlichen Lebens. Sein oberstes Ideal ist die freie Entfaltung aller Anlagen, Kräfte und Interessen des Einzelnen. Diesem Menschenbild entspricht als Staats- und Gesellschaftsauffassung der **Liberalismus.**[3]

Der Kollektivismus sieht dagegen den Einzelnen vor allem und zuerst als ein der **Gemeinschaft** (Kollektiv) untergeordnetes Wesen. Das beinhaltet die Auffassung, die Gemeinschaft habe eigenständige, übergeordnete Interessen, die möglicherweise von den Interessen des Einzelnen abweichen und gegen dessen Willen durchgesetzt werden müssen. Als politisches System entspricht dem Kollektivprinzip der **Sozialismus** in seinen verschiedenen Ausprägungen, von denen der **Kommunismus** als extremste Form angesehen wird.

---

1 Individuum *(lat.):* der einzelne Mensch

2 Kollektiv *(lat.):* Gruppe, Gemeinschaft

3 liberal *(lat.)*: freiheitlich

Die gesellschaftspolitische Grundentscheidung zwischen Individualismus und Kollektivismus bestimmt weitgehend auch alle anderen wesentlichen Elemente einer Wirtschaftsordnung.

Vergleichende Übersicht der Merkmale idealtypischer Wirtschaftsordnungen

Als gedankliche **Modelle** lassen sich die beiden **idealtypischen Wirtschaftsordnungen freie Marktwirtschaft** und **Zentralverwaltungswirtschaft** unterscheiden. Es handelt sich dabei um Modellkonstruktionen und nicht um in der Realität vorzufindende Wirtschaftsordnungen.

Merkmale der idealtypischen Wirtschaftsordnungen im Vergleich		
Freie Marktwirtschaft	**Merkmale**	**Zentralverwaltungswirtschaft**
Individualismus	**Leitidee hinsichtlich der Stellung des Einzelnen in der Gesellschaft**	Kollektivismus
Liberalismus	**aus der Leitidee entwickelte gesellschaftspolitische Auffassung**	Sozialismus
Privateigentum (private Verfügungsmacht) an den Produktionsmitteln (Kapitalismus)	**Eigentumsordnung**	Gemeineigentum an den Produktionsmitteln (sozialisiertes Eigentum)
Einzelwirtschaftliche Planung durch die Unternehmen (Produktionspläne) und Haushalte = dezentrale Planung, Lenkung und Steuerung des Wirtschaftsprozesses zur Abstimmung der Einzelpläne durch den Preismechanismus	**Aufstellung und Koordination der Wirtschaftspläne (Lenkungsprinzip)**	Aufstellung eines zentralen Gesamtplans durch eine zentrale Planungsbehörde, Lenkung und Steuerung des Wirtschaftsprozesses durch die Planungsbehörde
Schutz der Freiheiten der Bürger durch Festsetzung und Überwachung eines Ordnungsrahmens („Nachtwächterstaat")	**Rolle des Staates**	Uneingeschränkte wirtschaftliche und politische Macht des Staates
Demokratie	**Staatsform**	Diktatur

1.2 Modell einer freien Marktwirtschaft

Lernziele:

Nach der Bearbeitung des Kapitels sind Sie in der Lage, Folgendes zu tun:

Sie ...

- ... erläutern die ideologischen Grundlagen einer freien Marktwirtschaft.
- ... erklären A. Smiths Metapher der „unsichtbaren Hand".
- ... nennen die Voraussetzungen, die für das Funktionieren einer freien Marktwirtschaft erfüllt sein müssen (= Ordnungsrahmen einer freien Marktwirtschaft).
- ... erläutern, wie das Planungs-, Koordinations-, Motivations- und Kontrollsystem im Modell der freien Marktwirtschaft funktioniert und leiten daraus die Funktionen des Preises ab.
- ... nennen und beschreiben die Funktionen des Preises im Modell einer freien Marktwirtschaft.
- ... erklären den Begriff „Konsumentensouveränität".

1.2.1 Ideologische Grundlagen einer freien Marktwirtschaft

Die wesentlichen Merkmale einer Marktwirtschaft wurden erstmals von ADAM SMITH (1723–1790) systematisch untersucht und beschrieben.[1] Er gilt als Begründer der klassischen Volkswirtschaftslehre und Vorreiter marktwirtschaftlichen Denkens. Seinen Überlegungen liegt das gesellschaftspolitische Leitbild des **Individualismus** zugrunde. Die freie Entfaltung des Menschen ist daher das oberste Ziel. Entsprechend der zugehörigen Staats- und Gesellschaftsauffassung des **Liberalismus** soll der Staat weitgehend auf Eingriffe in das Wirtschaftsgeschehen verzichten und die Wirtschaftsentwicklung dem freien Spiel der Marktkräfte überlassen. Nach der Auffassung von A. SMITH führt das egoistische Erwerbsstreben des Einzelnen, das wie eine „unsichtbare Hand“ wirkt, gleichzeitig zur Förderung des Gemeinwohls. Die Selbststeuerung der Wirtschaft wird als das geeignete Mittel angesehen, um den Reichtum einer Nation zu vergrößern und gleichzeitig eine sozial gerechte Güterverteilung herbeizuführen.

„Nicht vom Wohlwollen des Metzgers, Brauers oder Bäckers erwarten wir das, was wir zum Essen brauchen, sondern davon, dass sie ihre eigenen Interessen wahrnehmen. Wir wenden uns nicht an ihre Menschenliebe, sondern an ihre Eigenliebe; wir erwähnen ihnen gegenüber nicht unsere eigenen Bedürfnisse, sondern sprechen nur von **ihrem** Vorteil.“

„[…] wenn [jeder Einzelne] die Erwerbstätigkeit so fördert, dass ihr Ertrag den höchsten Wert erzielen kann, strebt er lediglich nach seinem eigenen Gewinn. Und er wird in diesem wie auch in vielen anderen Fällen von einer unsichtbaren Hand geleitet, um einen Zweck zu fördern, den zu erfüllen er in keiner Weise beabsichtigt hat. Auch für das Land selbst ist es keineswegs immer das Schlechteste, dass der Einzelne ein solches Ziel nicht bewusst anstrebt, ja, gerade dadurch, dass er das eigene Interesse verfolgt, fördert er häufig das der Gesellschaft nachhaltiger, als wenn er wirklich beabsichtigt, es zu tun. […]“[1]

Adam Smith (1723–1790)

D Nach Auffassung der Vertreter des klassischen Wirtschaftsliberalismus wird das Gemeinwohl dann am besten gefördert, wenn sich die Menschen bei ihrem wirtschaftlichen Handeln an ihren eigenen Interessen orientieren und der Staat weitgehend auf Eingriffe in das Wirtschaftsgeschehen verzichtet.

1.2.2 Ordnungsrahmen einer freien Marktwirtschaft

Voraussetzung für das Funktionieren einer Marktwirtschaft ist ein Ordnungsrahmen, innerhalb dessen der Wirtschaftsprozess abläuft. Diesen Ordnungsrahmen legt der Staat fest. Er greift aber nicht direkt in das Wirtschaftsgeschehen ein.

Ordnungsrahmen einer freien Marktwirtschaft

Merkmale des Ordnungsrahmens

- Privateigentum an Produktionsmitteln
- Vertragsfreiheit
- Gewerbe- und Produktionsfreiheit
- Konsumfreiheit
- freie Berufs- und Arbeitsplatzwahl

1 Vgl. die deutsche Übersetzung auf der Basis der 5. Aufl. von 1789 von H. C. Recktenwald, Der Wohlstand der Nationen, Eine Untersuchung seiner Natur und seiner Ursachen, 7. Aufl., München 1996.

- Das **Privateigentum an den Produktionsmitteln** (z.B. Maschinen, Transportmittel, Boden) ist Voraussetzung dafür, dass sich die Unternehmen bei der Aufstellung und Verwirklichung ihrer Produktionspläne frei entscheiden können.
- Die **Vertragsfreiheit** ermöglicht es den Vertragspartnern, beliebige Verträge abzuschließen und deren Inhalt selbst zu bestimmen. Ohne Vertragsfreiheit kann es keinen freien Austausch von Sachgütern und Leistungen am Markt geben. Der Staat muss Rechtssicherheit garantieren, damit die Vertragspartner ihre Ansprüche notfalls mit staatlicher Hilfe (z.B. Gerichte, Polizei) durchsetzen können.
- Die **Gewerbefreiheit** ermöglicht es jedem Produzenten, ein beliebiges Gewerbe zu betreiben und sich am Markt frei zu betätigen. Staatliche Kontrollen und Zulassungsbeschränkungen sind damit nicht zu vereinbaren. Marktzutrittsschranken würden zu einer Verringerung des Wettbewerbs führen und die Entstehung marktbeherrschender Unternehmen fördern. Die Gewerbefreiheit umfasst auch die **freie Wahl von Beruf und Arbeitsplatz.**
- Die **Produktionsfreiheit** ermöglicht es jedem Produzenten, selbst darüber zu entscheiden, was und wie viel er produzieren will.
- Die **Konsumfreiheit** ermöglicht es jedem Konsumenten, selbst darüber zu entscheiden, wie er sein Einkommen verwenden und was er in welchem Umfang kaufen will.

Ordnungsrahmen und Funktionsweise einer freien Marktwirtschaft

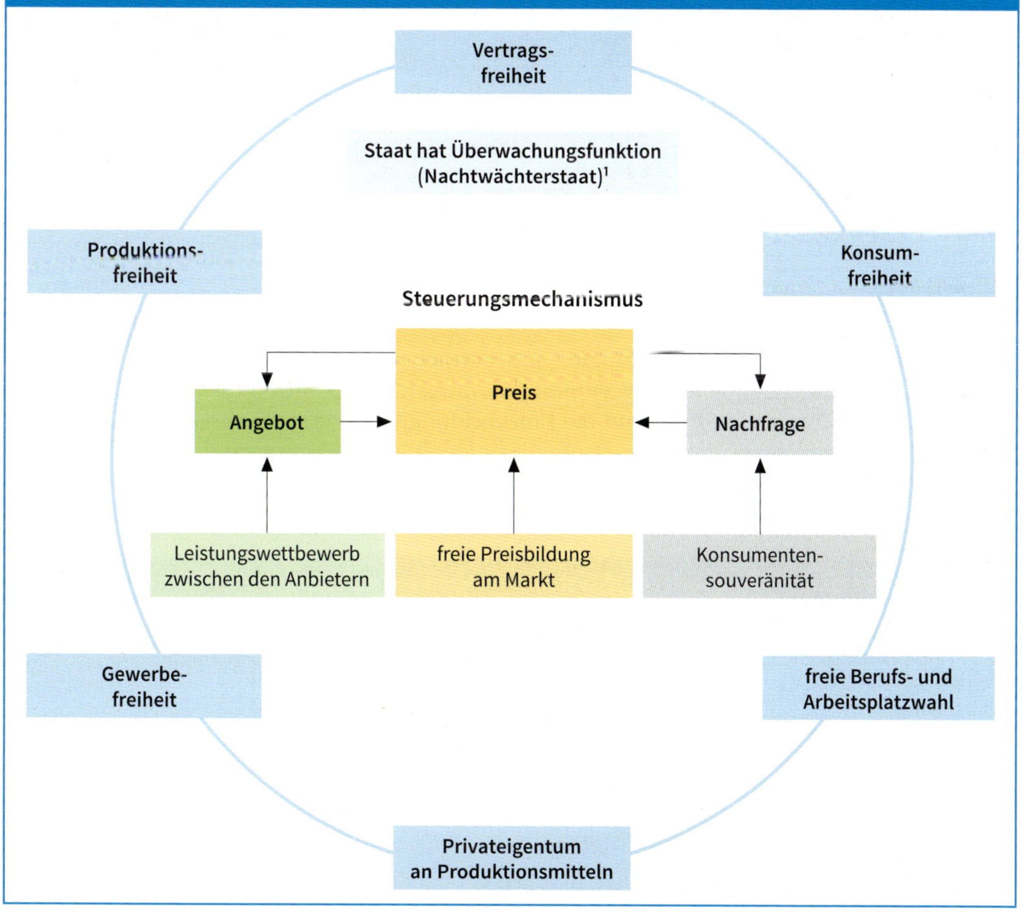

1 Diese polemische Bezeichnung für die Rolle des Staates, sich auf den Schutz des Privateigentums zu beschränken, stammt von Ferdinand Lassalle (1825–1864). F. Lassalle war ein deutscher Politiker. Er gründete 1863 den „Allgemeinen Deutschen Arbeiterverein", die Vorläuferorganisation der SPD.

1.2.3 Funktionen des Preises in einer Marktwirtschaft

Wettbewerb und **Preissystem** sorgen in einer **Marktwirtschaft** dafür, die folgenden Grundfragen einer jeden Volkswirtschaft zu lösen:

D

Grundfragen jeder Volkswirtschaft:
1. Was soll produziert werden?
2. Wie soll produziert werden?
3. Für wen soll produziert werden?

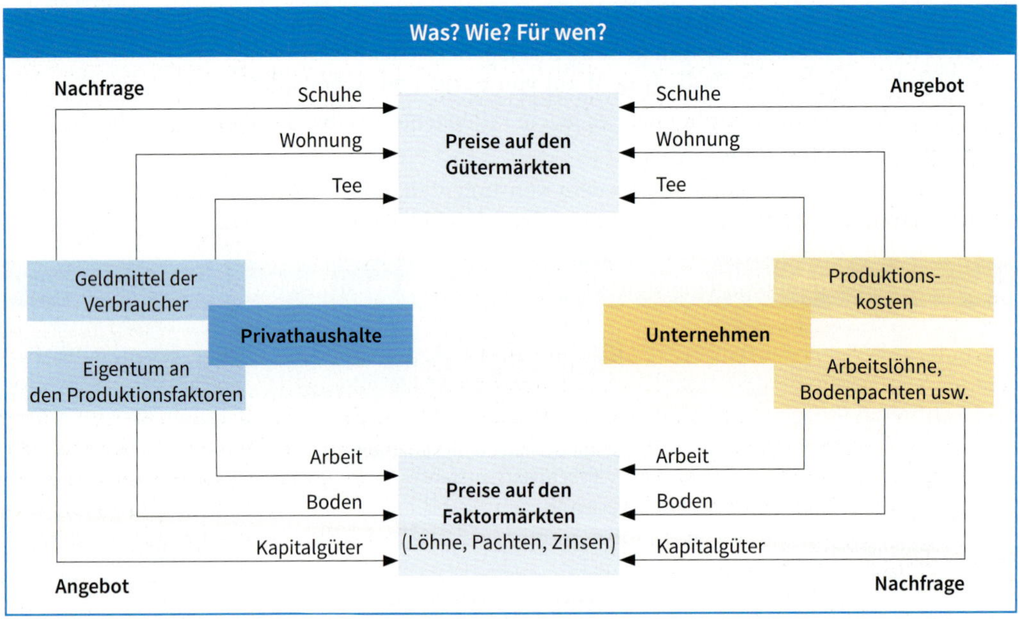

1.1, S. 315

In **jeder Wirtschaftsordnung** müssen die wirtschaftlichen Aktivitäten von Unternehmen und Haushalten geplant, aufeinander abgestimmt (koordiniert) und kontrolliert werden. Außerdem sind Anreize (Motivation) nötig, damit die Entscheidungen der Wirtschaftseinheiten unter Beachtung des ökonomischen Prinzips getroffen werden. In einer Marktwirtschaft werden die mit diesen grundlegenden **Funktionselementen Planung, Koordination, Motivation** (Anreiz) und **Kontrolle** einhergehenden Aufgaben folgendermaßen gelöst:

Planungssystem	Koordinationssystem	Motivationssystem	Kontrollsystem
Dezentrale Konsum- und Produktionsplanung durch Haushalte und Unternehmen	Abstimmung der Konsum- und Produktionspläne durch den Preis	Leistungsanreiz durch Gewinnstreben	Leistungskontrolle durch Wettbewerb

Preismechanismus und **Wettbewerb** spielen dabei eine entscheidende Rolle.

Planungssystem: Dezentrale Planung

In einer freien Marktwirtschaft werden die Entscheidungen, welche Güter in welchem Umfang produziert und konsumiert werden sollen, von den Produzenten und Konsumenten eigenständig getroffen **(= dezentrale Planung)**. Die Produktions- und Konsumentscheidungen der Wirtschaftseinheiten sind dabei abhängig von den Preisen auf den Güter- und Faktormärkten. Preiserhöhungen signalisieren, dass das Angebot für die herrschende Nachfrage zu gering ist,

Preissenkungen, dass das Angebot für die herrschende Nachfrage zu hoch ist. Der Preis dient als Knappheitsindikator (= **Signal**- oder **Informationsfunktion des Preises**).

Indem die Produzenten ihre Produktionsmenge an die veränderte Knappheitssituation auf den Gütermärkten anpassen, werden gleichzeitig die Produktionsfaktoren in die Bereiche gelenkt, in denen nach der Preisänderung die größten Gewinne zu erwarten sind. Dadurch ist gewährleistet, dass die Produktionsfaktoren jeweils in ihrer produktivsten Verwendung eingesetzt werden (= **Lenkungsfunktion des Preises**).

Mit der Änderung von Produktionsmenge und Produktionsstruktur verändert sich auch der Bedarf an bestimmten Produktionsfaktoren. Das beeinflusst die Preisverhältnisse auf den Faktormärkten. Somit ziehen Preisänderungen auf Gütermärkten auch Preisänderungen auf Faktormärkten nach sich. Da die Preise auf den Faktormärkten die Einkommen für die Inhaber der Produktionsfaktoren darstellen, ergeben sich daraus auch Veränderungen für die Einkommens- und Vermögensverteilung (= **Verteilungsfunktion des Preises**). Auf der Nachfrageseite teilen die Preise das Angebot den Nachfragern zu, die bereit sind, den Marktpreis zu akzeptieren (= **Zuteilungsfunktion des Preises**).

Koordinationssystem: Abstimmung der Pläne durch den Preis

Es wäre reiner Zufall, wenn die einzelwirtschaftlichen Pläne der Produzenten und Konsumenten von vornherein so übereinstimmen würden, dass alle Produzenten zu den von ihnen geplanten Preisen ihre gesamte Produktion absetzen könnten und alle Konsumenten zu den von ihnen akzeptierten Preisen die erwartete Gütermenge erhalten würden. In Wirklichkeit müssen Produzenten und Konsumenten ihre Pläne laufend anpassen. Möchten beispielsweise die Konsumenten zu einem bestimmten Preis weniger Güter kaufen, als die Produzenten aufgrund ihrer Produktionspläne anbieten wollen, werden die Produzenten den Preis senken. Zu diesem niedrigeren Preis sind einige Konsumenten zusätzlich bereit, diese Güter – abweichend von ihrem ursprünglichen Konsumplan – zu kaufen. Eine solche Lenkung des Wirtschaftsprozesses durch die auf den Bedürfnissen der Konsumenten beruhenden Nachfrageentscheidungen wird als **Konsumentensouveränität**[1] bezeichnet.

Die **Wechselwirkungen** zwischen Angebot, Nachfrage und Preis, die eine **Koordination** der Wirtschaftspläne von Produzenten und Konsumenten herbeiführen, werden als **Preismechanismus** bezeichnet und stellen das **Steuerungsinstrument** einer Marktwirtschaft dar. Dieser Anpassungsprozess, der ständige Preis-, Produktions- und Nachfrageänderungen beinhaltet, setzt sich so lange fort, bis die Pläne der Produzenten und Konsumenten aufeinander abgestimmt sind (= **Planabstimmungs**-, **Koordinations**- oder **Ausgleichsfunktion des Preises**).

Motivationssystem: Leistungsanreiz durch Gewinnstreben

Die Steuerung einer Marktwirtschaft durch einen sich frei am Markt bildenden Preis kann nur funktionieren, wenn die Anbieter miteinander in Wettbewerb stehen. Ein funktionierender Wettbewerb schafft bei den Produzenten Anreize zur Leistungsverbesserung und erzwingt Anpassungen an veränderte Konsumentenwünsche, da auf diese Weise die Möglichkeiten zur Gewinnerzielung steigen. Für die Produzenten stellen Gewinne einen Leistungsanreiz dar, während Verluste einer Bestrafung für unwirtschaftliches Verhalten gleichkommen.

Produzenten und Konsumenten werden durch den Preis zu wirtschaftlichem Handeln und zur Berücksichtigung der Knappheitsverhältnisse auf den Güter- und Faktormärkten veranlasst (= **Anreizfunktion des Preises**).

Kontrollsystem: Leistungskontrolle durch Wettbewerb

Die dezentrale Planung der Wirtschaftseinheiten setzt Privateigentum an Produktionsgütern voraus. Mit privaten Eigentumsrechten geht aber die Gefahr einer wirtschaftlichen Machtkon-

1 souverän *(franz.)*: selbstständig, unabhängig

zentration einher. Der Wettbewerb zwischen den Produzenten stellt diesbezüglich ein wirksames System zur Machtkontrolle dar. Bei funktionierendem Wettbewerb ist es ausgeschlossen, dass ein Produzent auf Dauer eine unangemessen hohe Marktmacht innehat, da die Mitbewerber seine Produkte und Produktionsverfahren nachahmen und den von ihm verlangten Preis unterbieten. Da sich in einer Wettbewerbswirtschaft Konsumenten und Produzenten bei der Suche nach eigenen Vorteilen ständig gegenseitig beobachten und überwachen, beinhaltet der Wettbewerb nicht nur einen Leistungsanreiz, sondern gleichzeitig auch eine wirksame Leistungskontrolle für wirtschaftliches Verhalten.

Über den Preis erzielen leistungsfähige Marktteilnehmer ein entsprechendes Einkommen und werden belohnt. Nicht leistungsfähige oder nicht leistungswillige Marktteilnehmer werden dagegen über den Preis mit einer Einkommensminderung bis hin zur Verdrängung vom Markt bestraft (= **Auslesefunktion des Preises**).

Funktionen des Preises im Überblick

Funktionen des Preises in einer freien Marktwirtschaft					
Signal-/ Informationsfunktion	**Lenkungsfunktion**	**Ausgleichs-/ Planabstimmungsfunktion**	**Verteilungs- und Zuteilungsfunktion**	**Anreizfunktion**	**Auslesefunktion**
Der Preis informiert über die Knappheit eines Gutes (Knappheitsindikator).	Der Preis lenkt die Produktionsfaktoren in die Bereiche, in denen sie am produktivsten eingesetzt werden können.	Der Preis stimmt die Pläne von Unternehmen und Haushalten aufeinander ab und bringt Angebot und Nachfrage zum Ausgleich.	Veränderungen von Güter- und Faktorpreisen wirken sich auf die Einkommensverteilung aus. Über den Preis wird das Angebot den Nachfragern zugeteilt.	Der Preis bietet einen Anreiz, mit knappen Gütern sparsam umzugehen.	Der Preis bestraft leistungsunfähige Unternehmen und sorgt dafür, dass sie aus dem Markt ausscheiden.

D Wettbewerb ist die Voraussetzung für das Wirksamwerden des Preismechanismus und die Erfüllung der Preisfunktionen.

1.3 Abweichungen zwischen Modell und Realität marktwirtschaftlicher Ordnung

Lernziele:

Nach der Bearbeitung des Kapitels sind Sie in der Lage, Folgendes zu tun:
Sie ...

- ... beschreiben Fehlentwicklungen einer rein marktwirtschaftlichen Ordnung.

1.2, S. 316

1.3, S. 316

Das Modell der freien Marktwirtschaft beschreibt eine idealtypische Wirtschaftsordnung, die nur unter ganz bestimmten Bedingungen funktionsfähig ist. In der Realität kann eine rein marktwirtschaftliche Lenkung des Wirtschaftsprozesses zwar zu effizienten und kostengünstigen Ergebnissen führen, die aber häufig nach heutigen Gerechtigkeitsvorstellungen unsozial sind.

D Alle in der Realität vorzufindenden marktwirtschaftlichen Ordnungen weichen vom Idealtyp der freien Marktwirtschaft mehr oder weniger stark ab. Einerseits sind die Modellvoraussetzungen in der Realität teilweise nicht gegeben, sodass die wirtschaftliche Entwicklung anders verläuft als im Modell angenommen. Andererseits führt die freie Marktwirtschaft in bestimmten Fällen zu Ergebnissen, die den heutigen Vorstellungen von sozialer Gerechtigkeit widersprechen.

Im 19. Jahrhundert gab es insbesondere in England eine auf den Prinzipien des **Liberalismus** beruhende Wirtschaftsordnung. Die damit einhergehende Wirtschaftspolitik, die auch als **Laissez-faire-Liberalismus**[1] oder **Manchester-Liberalismus**[2] bezeichnet wird, war durch eine äußerst starke Zurückhaltung des Staates gekennzeichnet (Nachtwächterstaat). Eine ausschließlich an den Eigeninteressen der Menschen orientierte Wirtschaftsordnung, die nur durch den Marktmechanismus gelenkt wird, kann aber zu erheblichen Fehlentwicklungen führen. Der von A. SMITH in diesem Zusammenhang behauptete Wohlstand für die gesamte Gesellschaft tritt keineswegs in allen Fällen ein.

Insbesondere folgende Mängel machen staatliche Eingriffe in das Wirtschaftsgeschehen einer Marktwirtschaft notwendig:

Fehlentwicklung einer rein marktwirtschaftlichen Ordnung	
Unsoziale Einkommens- und Vermögensverteilung	Da die Voraussetzungen zur Einkommens- und Vermögenserzielung, nämlich Intelligenz, Leistungs- und Durchsetzungsfähigkeit, ererbtes Vermögen, Eigentum an Produktionsmitteln u. Ä. in der Realität ungleich verteilt sind, ist eine ungleiche Einkommens- und Vermögensverteilung die zwangsläufige Folge einer freien Marktwirtschaft. Es besteht die Tendenz, dass Arme immer ärmer und Reiche immer reicher werden.
Soziale Missstände durch Versagen des Arbeitsmarktes	Befürworter der freien Marktwirtschaft behaupten, es würde sich automatisch Vollbeschäftigung einstellen. Statt des erhofften Gleichgewichts bei Vollbeschäftigung können sich auf einem freien Arbeitsmarkt vielmehr Marktmacht der Arbeitgeber, starke Abhängigkeit der besitzlosen Arbeitnehmer und ein Lohnniveau unterhalb des Existenzminimums einstellen.
Einschränkung des Leistungswettbewerbs zwischen den Anbietern	Durch die Ungleichheiten bei der Einkommens- und Vermögensverteilung entsteht Marktmacht, die dazu missbraucht werden kann, mögliche Konkurrenten vom Markt fernzuhalten, vorhandene Konkurrenten zu verdrängen und überhöhte Preise von den Konsumenten zu verlangen. Durch die Ausnutzung der Vertragsfreiheit zum Zweck von unerlaubten Absprachen zwischen Unternehmen zur Ausschaltung des Wettbewerbs können Kartelle und Monopole entstehen, die zu einer weiteren Konzentration von wirtschaftlicher und politischer Macht führen. Wettbewerbsbeschränkungen machen das entscheidende Koordinations-, Motivations- und Kontrollsystem einer Marktwirtschaft funktionsunfähig.
Unterversorgung mit öffentlichen Gütern und Überbeanspruchung von Umweltgütern	Ohne wirtschaftliche Einflussnahme des Staates kommt es in einer Marktwirtschaft zu einer Unterversorgung mit öffentlichen Gütern (z. B. Infrastruktur, Gesundheits- und Bildungswesen), da solche Güter nicht oder nicht im erwünschten Umfang von privaten Anbietern über den Markt bereitgestellt werden. Auch bei der Nutzung von Umweltgütern liegt ein solches Marktversagen vor.
Wirtschaftskrisen	Kritiker der freien Marktwirtschaft behaupten, dass ein rein marktwirtschaftliches System u. a. aufgrund einer Tendenz zur Überproduktion regelmäßig wiederkehrende Wirtschaftskrisen auslöst. Die in der Realität beobachtbaren Konjunkturschwankungen werden als Beleg dafür herangezogen, dass die von der klassischen Arbeitsmarkttheorie behauptete Tendenz zur Vollbeschäftigung ohne staatliche Eingriffe in Wirklichkeit nicht besteht. Von Befürwortern des marktwirtschaftlichen Systems wird dagegen behauptet, dass gerade die staatliche Einflussnahme auf den Wirtschaftsprozess die Wirtschaftsschwankungen erst hervorruft.

1 laissez faire, laissez passer *(franz.)*: lasst machen, lasst gehen. Im 17. Jh. in Frankreich als Motto für die Beseitigung hinderlicher Staatseingriffe in den Wirtschaftsablauf entstandene Redewendung.

2 Diese Bezeichnung geht auf die Forderung einiger Industrieller aus der englischen Stadt Manchester zurück, die jegliche Eingriffe des Staates in das Wirtschaftsgeschehen unterbinden wollten.

Zusammenfassende Übersicht Kapitel 1: Wirtschaftsordnung als Regelungssystem

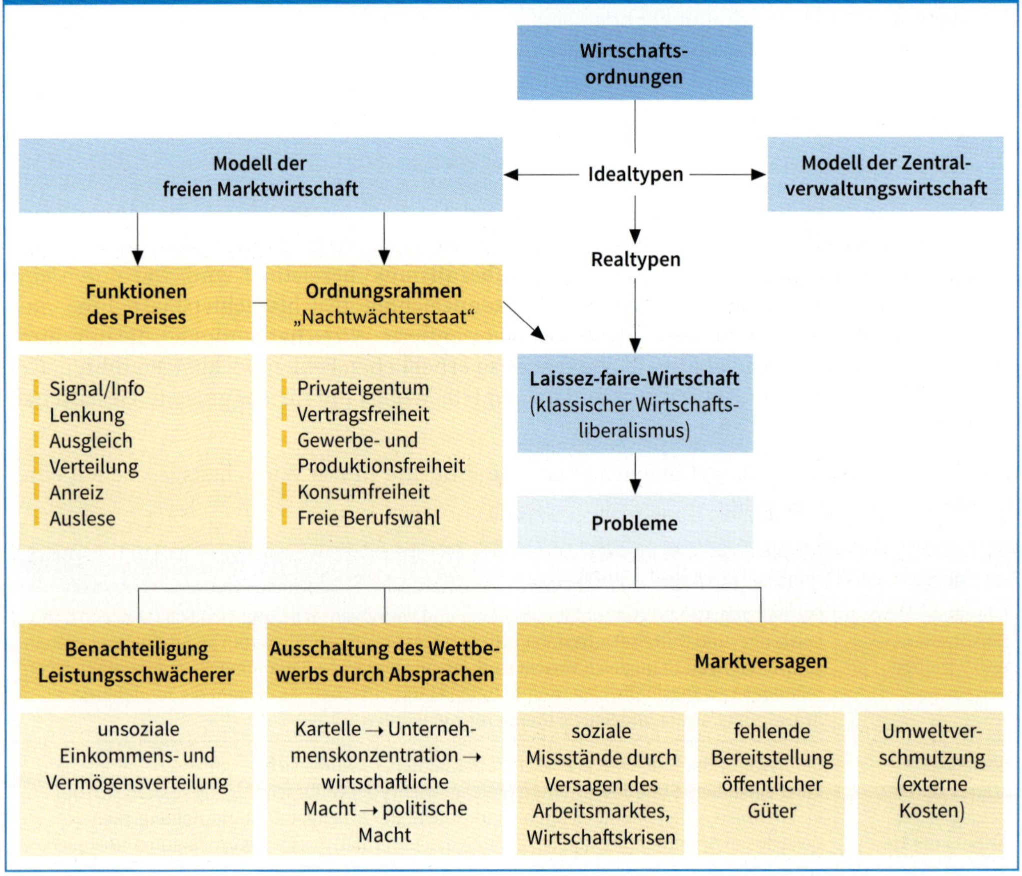

Aufgaben und Probleme zur Erarbeitung und Anwendung von Wissen zu Kapitel 1: Wirtschaftsordnung als Regelungssystem

1.1 Lenkungssystem in der Marktwirtschaft

Die Regierungsdelegation einer einsamen Südseeinsel will sich bei Ihnen Rat holen, für welches wirtschaftliche Lenkungssystem sich das Land entscheiden soll. Das Gespräch könnte sich wie folgt entwickeln[1]:

„Unsere Art zu leben war stets stark von der Tradition beeinflusst. Die Männer unseres Volkes gehen auf die Jagd, sie bestellen ihre Felder und tun dies, so wie sie es durch das Beispiel der Alten gelernt haben. Wir wissen natürlich, dass in der Wirtschaft auch durch Befehl etwas erreicht werden kann, und sind daher bereit, wenn notwendig, eine Verordnung zu erlassen, die viele unserer Männer zwangsweise verpflichtet, an nationalen Vorhaben mitzuarbeiten. Bitte, sagen Sie uns, gibt es da noch eine andere Möglichkeit? Wie können wir unsere Gesellschaft organisieren, damit wir erfolgreich bestehen – oder, besser noch, damit wir erfolgreicher bestehen?"

Wir würden wahrscheinlich antworten: „Ja, es gibt noch einen anderen Weg. Organisieren Sie Ihre Gesellschaft als Marktgesellschaft!"

„Nun ja", meinen die Delegierten, „wie teilen wir unseren Leuten ihre verschiedenen Aufgaben zu?"

„Gar nicht, in einer Marktwirtschaft wird niemandem eine bestimmte Aufgabe zugeteilt. Die Spielregel des Marktsystems lautet nämlich: Jeder darf selbst entscheiden, was er tun will."

Die Delegierten scheinen verblüfft. „Sie behaupten also, die Leute werden nicht zugeteilt, nicht dem Bergbau, nicht der Viehzucht? Man wählt nicht aus, diese für das Transportwesen, jene für Webereien? Man überlässt es wirklich den Leuten, sich selbst zu entscheiden? Was geschieht, wenn keiner freiwillig in die Bergwerke geht, wenn keiner Lokomotivführer werden will?"

„Seien Sie sicher", antworten wir, „nichts dergleichen wird geschehen! In einer Marktgesellschaft werden alle Posten ausgefüllt, weil es für die Leute vorteilhaft ist sie auszufüllen."

Ungläubig nehmen dies unsere Gesprächspartner zur Kenntnis. Da meint schließlich einer von ihnen: „Angenommen, wir folgen Ihrem Rat und lassen unsere Leute tun, was ihnen beliebt. Schön. Doch sprechen wir jetzt von etwas Wichtigem, zum Beispiel von der Textilproduktion. Wie bestimmt man in Ihrer so genannten ‚Marktwirtschaft' die richtige Produktionsmenge?"

„Das tut man nicht", entgegnen wir.

„Nicht? Ja, wie wissen wir dann, ob genügend Textilien erzeugt werden?"

„Es werden genügend erzeugt, das lenkt der Markt."

„Aber wie wissen wir, dass nicht zu viel erzeugt wird?", fragt er triumphierend.

„Auch das lenkt der Markt!"

„Ja, was ist denn das für ein Markt, der all diese Wunder vollbringt? Wer lenkt denn ihn?" „Oh, niemand lenkt den Markt, der lenkt sich selbst", antworten wir.

„In Wirklichkeit gibt es keinen ‚Markt' im eigentlichen Sinn, es ist nur ein von uns verwendeter Begriff um das Verhalten der Leute auszudrücken."

„Aber ich dachte, die Leute verhalten sich so, wie sie wollen!"

„Das tun sie auch. Haben Sie keine Bedenken: Die Leute werden sich so verhalten, wie Sie es wollen!"

„Ich fürchte, dass wir Zeit vergeuden", sagt der Chef der Delegation. „Wir dachten, Sie hätten uns einen ernst zu nehmenden Vorschlag zu machen. Aber was Sie da vorbringen, ist verrückt. Das kann kein Mensch verstehen. Auf Wiedersehen!"

1 Quelle: R. L. Heilbroner, Wege zum Wohlstand, Gütersloh: Sigbert Mohn Verlag 1964, S. 32.

Erläutern Sie der Delegation ausführlich den Steuerungsmechanismus einer Marktwirtschaft anhand der folgenden Fragen:

1. Wie wird bestimmt, welche Güter produziert werden und wie viel von jedem Gut?
2. Wie wird die Knappheit der Güter festgestellt?
3. Wie werden Produzenten und Konsumenten veranlasst, mit knappen Gütern sparsam umzugehen?
4. Wie werden Pläne der Produzenten und der Konsumenten, die sich widersprechen, aufeinander abgestimmt?

1.2 Faire Güterverteilung durch das Preissystem? Prüfen Sie Ihr Gerechtigkeitsempfinden!

Führen Sie in Ihrer Klasse eine Umfrage anhand eines vorbereiteten Fragebogens über Ihr persönliches Gerechtigkeitsempfinden in Bezug auf die Fairness der Güterverteilung durch das Preissystem durch. Diskutieren Sie darüber mit Ihren Mitschülern. Stellen Sie für Ihre Klasse die Prozentanteile der einzelnen Antworten fest und vergleichen Sie diese mit der Durchschnittsbevölkerung.

Die Fragen und die Befragungsergebnisse für die Durchschnittsbevölkerung befinden sich bei dem Downloadmaterial.

1.3 Marktwirtschaft und soziale Missstände: Beispiel Kinderarbeit[1]

Kinderarbeit – damals

Kinderarbeit war in Deutschland bis 1839 gesetzlich nicht beschränkt. Auch eine Schulpflicht stellte kein Hindernis dar, da sie sich noch nicht durchgesetzt hatte. Die Dauer der Arbeitszeit wechselte von Stadt zu Stadt. In der Zeit um 1825 betrug die übliche Arbeitszeit für Kinder in Dortmund 10 bis 15 Stunden, in Düsseldorf 6 bis 13 Stunden, in Frankfurt 7 bis 16 Stunden und in Berlin 7 bis 12 Stunden.

Kinderarbeit – heute

Auf über 200 Millionen schätzt die Internationale Arbeitsorganisation die Zahl der Kinderarbeiter. Tendenz – steigend. Viele dieser Kinder arbeiten unter miserablen Bedingungen, 14 Stunden am Tag, sieben Tage in der Woche, ohne Urlaub und ohne Chance auf eine Schulausbildung. Die meisten sind nichts anderes als moderne Sklaven. Die Kosten für die Kinderarbeit sind niedrig. Häufig finden die Kinder in den Bereichen Arbeit, in denen keine Erwachsene arbeiten wollen, weil die Arbeitsbedingungen untragbar sind.

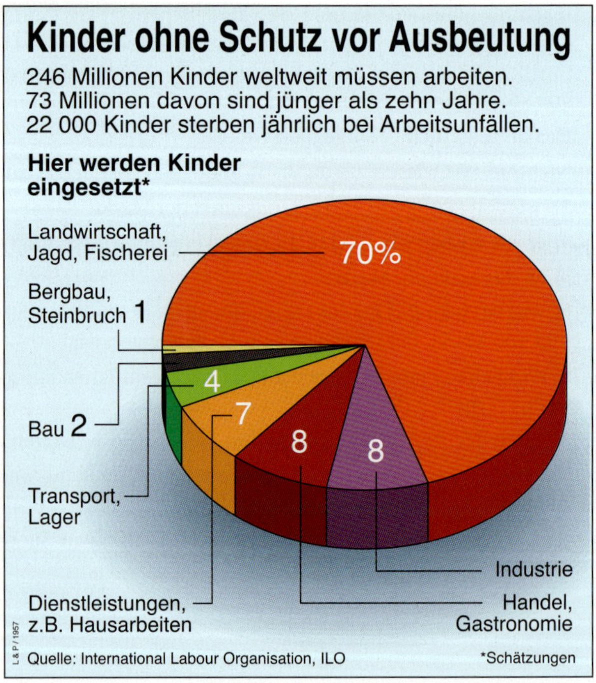

1 Quelle: Straub, Christoph: Kinderarbeit ächten oder achten. In: Wochenschau, Heft 1100, Frankfurt a. M., Jan./Febr. 2000, S. 19 ff.

"

Frauen und Kinder als Lohndrücker

Durch die Einführung mechanischer Spinnmaschinen und bald auch mechanischer Webstühle nach englischem Vorbild versuchten die deutschen Unternehmer bereits in den 1780er und 1790er Jahren den Anschluss an die englische Textilproduktion zu bekommen. Die Produktion mithilfe von Maschinen erforderte kaum Muskelkraft, sondern weitgehend nur manuelle Geschicklichkeit. Deshalb konnten an diesen Maschinen auch Frauen und Kinder arbeiten. Durch den verstärkten Einsatz von Kinder- und Frauenarbeit in den Fabriken waren für die Fabrikanten die Lohnkosten erheblich niedriger, als dies beim Einsatz männlicher Arbeitskräfte der Fall gewesen wäre. Niedrigere Lohnkosten bedeuteten ein Plus im Konkurrenzkampf mit England, das seinerseits ebenfalls in der Frühindustrialisierungsphase im 18. Jahrhundert die Arbeit an den Maschinen durch Kinder ausführen ließ. Da in den Industriebezirken der Familienvater infolgedessen als Verdiener weitgehend ausfiel, mussten Frau und Kinder diese Funktion übernehmen.

Quelle: Herzig, Arno: Das Regulativ vom 9. März 1839. Humanität oder Preußens Gloria?. In: B. Saadi-Varchim, J. Varchim, Kinderarbeit ist verboten, hrsg. von der Bundesanstalt für Arbeitsschutz, Dortmund, Gelnhausen 1984, S. 69.

"

Kinderblut am Ufer des Ganges

In den verschiedenen Räumen stehen schätzungsweise 100 Knüpfrahmen. Vor jedem kauern, je nach Teppichbreite, bis zu fünf Kinder. Manche sind gerade erst sechs Jahre alt. Von morgens sechs Uhr bis abends acht Uhr schuften die Kleinen – 14 Stunden täglich. Dazwischen eine halbe Stunde Pause – das reicht gerade, um sich einen undefinierbaren Brei zu kochen, zu essen und das Geschirr abzuwaschen. In manchen Räumen hocken über 30 Kinder. Kein Wort fällt. Mit unglaublicher Geschwindigkeit werden die Knoten geknüpft, die Fäden gekappt. Wer die Arbeit unterbricht, riskiert brutale Schläge. Geschlafen wird auf dem Fußboden neben dem Knüpfrahmen. Ins Freie kommen die Kinder praktisch nie.

Zum ersten Mal habe ich mit eigenen Augen gesehen, was mir Menschenrechtler schon oft geschildert haben: Sklavenkinder, aus weit entfernten Regionen hierher verschleppt, jahrelang ohne Kontakt zu irgendwelchen Verwandten, ohne Freunde, ohne Spielen, ohne Schule, sieben Tage in der Woche gequält.

Quelle: Immel, Karl-Albrecht: Asien: Kinderblut am Ufer des Ganges. In: Ein Recht auf Kinderarbeit?, hrsg. von terre des hommes e. V., Osnabrück 1997, S. 6–7.

Eine der verbreitetsten Formen von Kindersklaverei ist die Prostitution. Allein in Indien werden 400 000 Kinder auf den Strich geschickt, in Brasilien sind es über 300 000, auf den Philippinen 60 000 und in Sri Lanka 30 000. In Thailand arbeiten mindestens 800 000 Mädchen – zum Teil nicht älter als acht Jahre – als Prostituierte.

"

Buddha im Rotlicht

„Der Jüngste, den ich kenne, ist neun Jahre alt. Er kommt aus einer armen Familie. Männer sprechen ihn an und fragen, was er gern haben möchte. Sie kaufen ihm dann ein Videospiel und haben Sex mit dem Jungen. So etwas zu hören, ist sehr traurig."

Blümel, Horst: Prostitution in Thailand – Buddha im Rotlicht. 19.06.2018. In: www.deutschlandfunk.de. https://www.deutschlandfunk.de/prostitution-in-thailand-buddha-im-rotlicht.886.de.html?dram:article_id=416693 [04.08.2020].

1. Überlegen Sie, inwieweit die beschriebenen sozialen Missstände mit der Wirtschaftsordnung einer freien Marktwirtschaft zusammenhängen können.
2. Lassen sich Gemeinsamkeiten und Unterschiede zwischen der Kinderarbeit in Deutschland um 1800 und in den Entwicklungsländern heute feststellen?
3. Warum gibt es die beschriebenen Missstände in Deutschland heute nicht?

4. Bilden Sie in Ihrer Klasse fünf Arbeitsgruppen und führen Sie eine Internetrecherche zum Thema „Kinderarbeit heute“ mit folgenden Fragestellungen durch: Haben Sie beim Einkauf von (Trend-) Klamotten schon mal über die Herkunft dieser Kleidungsstücke und die Bedingungen, unter denen sie angefertigt wurden, nachgedacht? In welchen Ländern gibt es Kinderarbeit bei der Herstellung von Bekleidung? Wie alt sind diese Kinder? Welche Motive und Gründe gibt es für den Einsatz von Kinderarbeit bei der Herstellung von Bekleidung? Welche Maßnahmen und Kampagnen gegen Kinderarbeit gibt es? Welche konkreten Möglichkeiten stehen Ihnen zur Verfügung, um etwas gegen Kinderarbeit zu tun?

Informieren Sie sich im Internet zum Thema Kinderarbeit, z. B. auf den Seiten der Kinderhilfswerke UNICEF und Terres des Hommes.

Bereiten Sie ein Kurzreferat vor.

Eine genaue Beschreibung der Vorgehensweise, Arbeitsaufträge für die einzelnen Gruppen, gezielte Internetadressen und Präsentationsvorschläge finden sich bei dem Downloadmaterial.

Ich kann …	Bitte ankreuzen		Wenn Nein: Siehe Seite(n) im Buch	Level / Anforderungsniveau
	Ja	Nein		
1.1 Idealtypische Wirtschaftsordnungen				**Level**
… den Begriff „Wirtschaftsordnung“ erklären.			306	2
… die Merkmale der beiden idealtypischen Wirtschaftsordnungen freie Marktwirtschaft und Zentralverwaltungswirtschaft vergleichen.			307	1
1.2 Modell einer freien Marktwirtschaft				**Level**
… die ideologischen Grundlagen einer freien Marktwirtschaft erläutern.			308	2
… A. Smiths Metapher der „unsichtbaren Hand“ erklären.			308	2

2 Rahmenbedingungen der sozialen Marktwirtschaft

2.1 Grundlagen der sozialen Marktwirtschaft in Deutschland

Lernziele:

Nach der Bearbeitung des Kapitels sind Sie in der Lage, Folgendes zu tun:

Sie ...

- ... beschreiben Ludwig Erhards Bedeutung für die soziale Marktwirtschaft in der Bundesrepublik Deutschland.
- ... erläutern den Zusammenhang zwischen dem Grundgesetz und der am Leitbild der sozialen Marktwirtschaft orientierten Wirtschaftsordnung der Bundesrepublik Deutschland.
- ... erklären das Verhältnis von Wettbewerbsprinzip und Sozialprinzip in der sozialen Marktwirtschaft.
- ... unterscheiden die Ordnungsmerkmale der sozialen Marktwirtschaft und der freien Marktwirtschaft.

2.1.1 Ordnungspolitisches Leitbild der sozialen Marktwirtschaft

Die „Väter" der sozialen Marktwirtschaft

Die theoretischen Grundlagen der in der Bundesrepublik Deutschland seit ihrer Gründung im Jahr 1949 bestehenden Wirtschaftsordnung gehen auf die als **Ordoliberalismus**[1] bezeichnete Denkrichtung der sog. „FREIBURGER SCHULE" um WALTER EUCKEN[2] zurück.

Ihre konkrete Ausgestaltung in der Realität erfuhr diese Wirtschaftsordnung durch den ersten Wirtschaftsminister der Bundesrepublik Deutschland, LUDWIG ERHARD[3], und seinen Mitarbeiter ALFRED MÜLLER-ARMACK[4]. Grundlage ist die ordnungspolitische Konzeption[5] der **sozialen Marktwirtschaft**, die das marktwirtschaftliche Prinzip mit dem des sozialen Ausgleichs zu verbinden versucht.

Walter Eucken
(1891–1950) gilt als der „geistige Vater" der sozialen Marktwirtschaft

Ludwig Erhard
(1897–1977) gilt als der „politische Vater" der sozialen Marktwirtschaft

> „Der Begriff der sozialen Marktwirtschaft kann [...] als eine ordnungspolitische Idee definiert werden, deren Ziel es ist, auf der Basis der Wettbewerbswirtschaft die freie Initiative mit einem gerade durch die marktwirtschaftliche Leistung gesicherten sozialen Fortschritt zu verbinden [...]
>
> *Quelle: Müller-Armack, Alfred: Soziale Marktwirtschaft. In: Erwin von Beckerath u. a. (Hrsg.), Handwörterbuch der Sozialwissenschaften, Bd. 9, Stuttgart: Gustav Fischer – Tübingen 1956, S. 390.*

1 Ordo *(lat.)*: Ordnung
2 Walter Eucken (1891–1950), einer der bedeutendsten deutschen Volkswirtschaftsprofessoren, lehrte an der Universität Freiburg i. Brsg.
3 Ludwig Erhard (1897–1977), Professor für Volkswirtschaftslehre; 1949–1963 Bundeswirtschaftsminister; 1963–1966 Bundeskanzler
4 Alfred Müller-Armack (1901–1978), Professor für Volkswirtschaftslehre in Köln; 1958–1963 Staatssekretär im Bundeswirtschaftsministerium
5 Konzeption *(lat.)*: gedanklicher Entwurf, Plan

2.1, S. 346

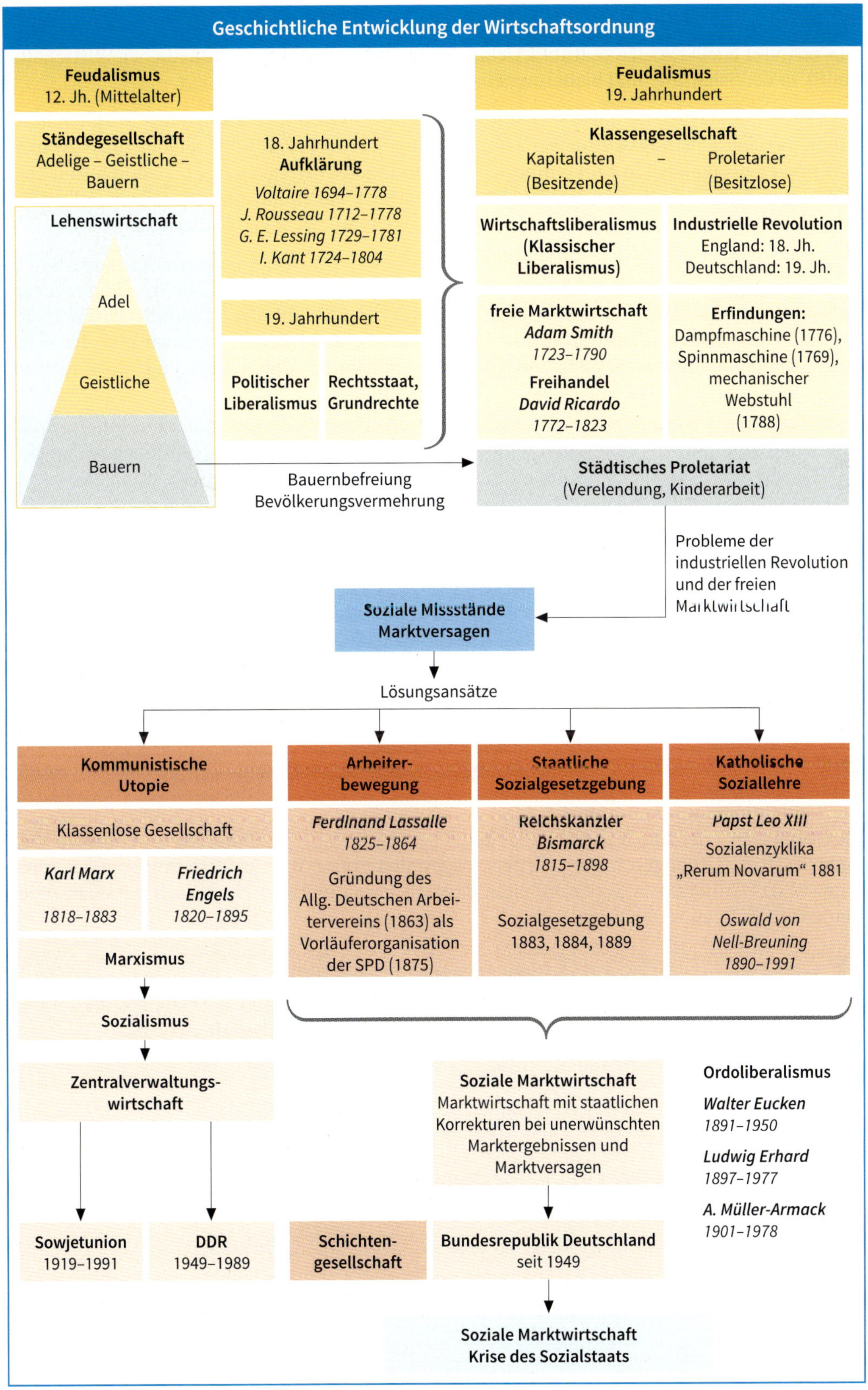
Geschichtliche Entwicklung der Wirtschaftsordnung
Feudalismus
12. Jh. (Mittelalter)
Ständegesellschaft
Adelige – Geistliche – Bauern
Lehenswirtschaft
Adel
Geistliche
Bauern
18. Jahrhundert
Aufklärung
Voltaire 1694–1778
J. Rousseau 1712–1778
G. E. Lessing 1729–1781
I. Kant 1724–1804
19. Jahrhundert
Politischer Liberalismus
Rechtsstaat, Grundrechte
Feudalismus
19. Jahrhundert
Klassengesellschaft
Kapitalisten (Besitzende) – Proletarier (Besitzlose)
Wirtschaftsliberalismus (Klassischer Liberalismus)
Industrielle Revolution
England: 18. Jh.
Deutschland: 19. Jh.
freie Marktwirtschaft
Adam Smith
1723–1790
Freihandel
David Ricardo
1772–1823
Erfindungen:
Dampfmaschine (1776),
Spinnmaschine (1769),
mechanischer Webstuhl (1788)
Bauernbefreiung
Bevölkerungsvermehrung
Städtisches Proletariat
(Verelendung, Kinderarbeit)
Probleme der industriellen Revolution und der freien Marktwirtschaft
Soziale Missstände
Marktversagen
Lösungsansätze
Kommunistische Utopie
Klassenlose Gesellschaft
Karl Marx
1818–1883
Friedrich Engels
1820–1895
Marxismus
Sozialismus
Zentralverwaltungswirtschaft
Sowjetunion
1919–1991
DDR
1949–1989
Arbeiterbewegung
Ferdinand Lassalle
1825–1864
Gründung des Allg. Deutschen Arbeitervereins (1863) als Vorläuferorganisation der SPD (1875)
Staatliche Sozialgesetzgebung
Reichskanzler
Bismarck
1815–1898
Sozialgesetzgebung
1883, 1884, 1889
Katholische Soziallehre
Papst Leo XIII
Sozialenzyklika
„Rerum Novarum“ 1881
Oswald von Nell-Breuning
1890–1991
Soziale Marktwirtschaft
Marktwirtschaft mit staatlichen Korrekturen bei unerwünschten Marktergebnissen und Marktversagen
Ordoliberalismus
Walter Eucken
1891–1950
Ludwig Erhard
1897–1977
A. Müller-Armack
1901–1978
Schichtengesellschaft
Bundesrepublik Deutschland
seit 1949
Soziale Marktwirtschaft
Krise des Sozialstaats

Merkmale der sozialen Marktwirtschaft

Die Vertreter einer sozialen Marktwirtschaft sehen das vorrangige Ziel staatlicher Wirtschaftspolitik in der Schaffung und Sicherung einer **Wettbewerbsordnung**.

Anders als im klassischen Liberalismus wird aber vom **Ordoliberalismus** ausdrücklich anerkannt, dass der **Leistungswettbewerb** wegen fehlender Start- und Chancengleichheit zwangsläufig zu einer **ungleichen Einkommens- und Vermögensverteilung** führt. Dadurch sind auch die Möglichkeiten ungleich verteilt, sich selbst gegen bestimmte Lebensrisiken (z. B. Alter, Krankheit, Invalidität, unverschuldete Arbeitslosigkeit) ausreichend abzusichern.

Daher wird über die staatlichen Maßnahmen zur Gestaltung der Wettbewerbsordnung hinaus auch eine „Spezielle Sozialpolitik“ zur Schließung dieser „Gerechtigkeitslücke“ als notwendig angesehen.[1] Die Konzeption der sozialen Marktwirtschaft sieht also ergänzend zur staatlich garantierten **Wettbewerbsordnung** eine **Sozialordnung** vor, die auch die **Korrektur der Wettbewerbsergebnisse** nach sozialen Gerechtigkeitsvorstellungen durch spezielle Maßnahmen zur Einkommensumverteilung und sozialen Sicherung umfasst.

> **D** In einer am Leitbild der sozialen Marktwirtschaft orientierten Wirtschaftsordnung erfolgt die Lenkung des Wirtschaftsprozesses durch den freien Markt und Wettbewerb. Wenn das Marktergebnis sozial unerwünscht ist oder als ungerecht angesehen wird, greift der Staat korrigierend ein.

2.1.2 Ordnungsmerkmale der sozialen Marktwirtschaft

> „Die gegenwärtige Wirtschafts- und Sozialordnung ist zwar eine nach dem Grundgesetz mögliche, keineswegs aber die allein mögliche.“
> *aus einem Urteil des BverfG vom 20. Juli 1954*

Die soziale Marktwirtschaft ist das Leitbild einer Wirtschaftsordnung, die bei ihrer konkreten Ausgestaltung in der Bundesrepublik Deutschland im Laufe der Zeit Wandlungen unterlag und für künftige Gestaltungsaufgaben offen ist. Im **Grundgesetz** der Bundesrepublik ist keine bestimmte Wirtschaftsordnung verankert. Vielmehr lässt das Grundgesetz verschieden ausgestaltete reale Wirtschaftsordnungen zu. Allerdings ist das Grundgesetz weder mit einer Zentralverwaltungswirtschaft noch mit einer freien Marktwirtschaft zu vereinbaren.

> **D** Das Grundgesetz der Bundesrepublik Deutschland ist weder mit einer freien Marktwirtschaft noch mit einer Zentralverwaltungswirtschaft zu vereinbaren. Es schreibt keine bestimmte Wirtschaftsordnung vor, sondern lässt verschiedene Ausgestaltungen zu.

1 Vgl. W. Eucken, Grundlagen der Wirtschaftspolitik, (1952), 6. Aufl. Stuttgart 1990, S. 318 ff.

2.2, S. 346

Grundgesetz für die Bundesrepublik Deutschland vom 23. Mai 1949, zuletzt geändert durch das Gesetz vom 21. Juli 2010	
Mit einer Zentralverwaltungswirtschaft unvereinbare Grundrechte	**Mit einer freien Marktwirtschaft unvereinbare Verpflichtungen und Rechte**
§ **Art. 2: Entfaltung der Persönlichkeit** (1) Jeder hat das Recht auf die freie Entfaltung seiner Persönlichkeit, soweit er nicht die Rechte anderer verletzt und nicht gegen die verfassungsmäßige Ordnung oder das Sittengesetz verstößt. (2) Jeder hat das Recht auf Leben und körperliche Unversehrtheit. Die Freiheit der Person ist unverletzlich. In diese Rechte darf nur auf Grund eines Gesetzes eingegriffen werden.	**Art. 14 (2): Sozialpflichtigkeit des Eigentums** (2) Eigentum verpflichtet. Sein Gebrauch soll zugleich dem Wohle der Allgemeinheit dienen. **Art. 14 (3): Enteignung zugunsten des Allgemeinwohls** (3) Eine Enteignung ist nur zum Wohle der Allgemeinheit zulässig. Sie darf nur durch Gesetz oder auf Grund eines Gesetzes erfolgen, das Art und Ausmaß der Entschädigung regelt. […]
Art. 5: Recht auf freie Meinungsäußerung (1) Jeder hat das Recht, seine Meinung in Wort, Schrift und Bild frei zu äußern und zu verbreiten und sich aus allgemein zugänglichen Quellen ungehindert zu unterrichten. Die Pressefreiheit und die Freiheit der Berichterstattung durch Rundfunk und Film werden gewährleistet. Eine Zensur findet nicht statt.	**Art. 15: Recht auf Überführung in Gemeineigentum** Grund und Boden, Naturschätze und Produktionsmittel können zum Zwecke der Vergesellschaftung durch ein Gesetz, das Art und Ausmaß der Entschädigung regelt, in Gemeineigentum oder in andere Formen der Gemeinwirtschaft überführt werden. Für die Entschädigung gilt Artikel 14 Abs. 3 Satz 3 und 4 entsprechend.
Art. 9: Vereinigungsfreiheit (1) Alle Deutschen haben das Recht, Vereine und Gesellschaften zu bilden. (3) Das Recht, zur Wahrung und Förderung der Arbeits- und Wirtschaftsbedingungen Vereinigungen zu bilden, ist für jedermann und für alle Berufe gewährleistet. Abreden, die dieses Recht einschränken oder zu behindern suchen, sind nichtig, hierauf gerichtete Maßnahmen sind rechtswidrig.	**Art. 20 (1): Sozialer Bundesstaat** (1) Die Bundesrepublik Deutschland ist ein demokratischer und sozialer Bundesstaat. **Art. 20a: Umweltschutz** Der Staat schützt auch in Verantwortung für die künftigen Generationen die natürlichen Lebensgrundlagen und die Tiere im Rahmen der verfassungsmäßigen Ordnung […]
Art. 11: Recht auf Freizügigkeit (1) Alle Deutschen genießen Freizügigkeit im ganzen Bundesgebiet.	**Art. 28 (1): Sozialer Rechtsstaat** (1) Die verfassungsmäßige Ordnung in den Ländern muss den Grundsätzen des republikanischen, demokratischen und sozialen Rechtsstaates im Sinne dieses Grundgesetzes entsprechen. […]
Art. 12: Berufsfreiheit (1) Alle Deutschen haben das Recht, Beruf, Arbeitsplatz und Ausbildungsstätte frei zu wählen. Die Berufsausübung kann durch Gesetz oder auf Grund eines Gesetzes geregelt werden. (2) Niemand darf zu einer bestimmten Arbeit gezwungen werden, außer im Rahmen einer herkömmlichen allgemeinen, für alle gleichen öffentlichen Dienstleistungspflicht.	**Art. 109 (2): Berücksichtigung des gesamtwirtschaftlichen Gleichgewichts durch Bund und Länder** (2) Bund und Länder erfüllen gemeinsam die Verpflichtungen der Bundesrepublik Deutschland aus Rechtsakten der Europäischen Gemeinschaft auf Grund des Artikels 104 des Vertrags zur Gründung der Europäischen Gemeinschaft zur Einhaltung der Haushaltsdisziplin und tragen in diesem Rahmen den Erfordernissen des gesamtwirtschaftlichen Gleichgewichts Rechnung.

Grundgesetz für die Bundesrepublik Deutschland vom 23. Mai 1949, zuletzt geändert durch das Gesetz vom 21. Juli 2010	
Mit einer Zentralverwaltungswirtschaft unvereinbare Grundrechte	**Mit einer freien Marktwirtschaft unvereinbare Verpflichtungen und Rechte**
Art. 14 (1): Recht auf Privateigentum (1) Das Eigentum und das Erbrecht werden gewährleistet. Inhalt und Schranken werden durch die Gesetze bestimmt. (2) Eigentum verpflichtet. Sein Gebrauch soll zugleich dem Wohle der Allgemeinheit dienen. (3) Eine Enteignung ist nur zum Wohle der Allgemeinheit zulässig. Sie darf nur durch Gesetz oder auf Grund eines Gesetzes erfolgen, das Art und Ausmaß der Entschädigung regelt. [...]	

Die folgenden Ausprägungen der Ordnungsmerkmale können als systembestimmende Elemente einer freien bzw. einer sozialen Marktwirtschaft angesehen werden:

2.3, S. 346

Ordnungsmerkmale einer marktwirtschaftlichen Ordnung		
freie Markwirtschaft	**Merkmale**	**soziale Marktwirtschaft**
keine Eingriffe in das Wirtschaftsgeschehen, nur Schutz- und Ordnungsmaßnahmen („Nachtwächterstaat")	**Rolle des Staates**	**Eingriffe des Staates in das Wirtschaftsgeschehen** zur - Sicherung des Wettbewerbs (Wettbewerbspolitik) - Wahrung sozialer Gerechtigkeit (Sozial- und Einkommenspolitik) - Erreichung des gesamtwirtschaftlichen Gleichgewichts (Wachstum-, Konjunktur- und Strukturpolitik)
uneingeschränktes Privateigentum an Produktionsmitteln, keine Sozialbindung des Eigentums	**Eigentumsform**	**Einschränkung der Eigentumsgarantie:** Grundsätzlich wird das Privateigentum garantiert. Zugunsten des Allgemeinwohls sind aber Enteignungen gegen Entschädigung zulässig (z. B. Grundstücksenteignung für den Bau von Straßen). Auch Staatseigentum ist (z. B. öffentliche Unternehmen für Verkehr, Energieversorgung usw.). Zweckentfremdungsverbot: Vermieter dürfen Wohnraum nicht ohne Genehmigung anderweitig nutzen (z. B. für Gewerbebetrieb) und können u. U. verpflichtet werden, leer stehenden Wohnraum zu vermieten. Mitbestimmung von Arbeitnehmern im Aufsichtsrat von Kapitalgesellschaften.
freie Preisbildung auf allen Märkten, nur der Preismechanismus soll das Wirtschaftsgeschehen steuern („invisible hand")	**Wettbewerb und Preisbildung**	**Einschränkung des freien Wettbewerbs und der freien Preisbildung:** Wettbewerb und freie Preisbildung sind die Grundprinzipien. Auf Teilmärkten greift der Staat aber in die Preisbildung ein oder tritt selbst als Anbieter auf (z. B. Preisregulierung auf dem Agrarmarkt, staatliche Monopole bei Wasser- und Energieversorgung, Bereitstellung öffentlicher Güter).
weitgehende Vertragsfreiheit (einschließlich Kartellverträgen), Formfreiheit von Verträgen	**Verträge**	**Einschränkung der Vertragsfreiheit:** Verträge zur Bildung von Kartellen und anderen wettbewerbsbeschränkenden Vereinbarungen sind nichtig. Das gilt auch für Verträge, bei denen schwächere Vertragspartner übervorteilt werden (z. B. Wucher, Ausnutzung einer Notlage). Schutzgesetze (z. B. Verbraucherschutz, Arbeitsschutz) schränken Vertragsfreiheit zugunsten des schwächeren Vertragspartners ein.

Ordnungsmerkmale einer marktwirtschaftlichen Ordnung		
freie Markwirtschaft	**Merkmale**	**soziale Marktwirtschaft**
weitere Produktions- und Gewerbefreiheit	**Produktion/ Handel**	**Einschränkung der Produktions- und Gewerbefreiheit:** Betriebe, von denen eine Gefährdung der Gesundheit und/ oder der Sicherheit der Bevölkerung ausgehen kann, sind genehmigungspflichtig und unterstehen staatlicher Kontrolle (z. B. Gaststätten, Apotheken, Kernkraftwerke).
Freihandel (freie Im- und Exporte ohne Zölle)	**Außenhandel**	**Einschränkung des Freihandels:** Staatliche Genehmigung für bestimmte Exportgüter (z. B. Waffenexporte); Importzölle für bestimmte Produkte zum Schutz der inländischen Produzenten (z. B. Agrarprodukte, Textilien).
weitgehende Konsumfreiheit	**Konsum**	**Einschränkung der Konsumfreiheit:** Güter, die Gesundheitsgefährdungen mit sich bringen können, sind nicht frei verkäuflich (z. B. Medikamente, Rauschgift, Waffen).
freie Berufs- und Arbeitsplatzwahl, Freizügigkeit	**Beruf/Arbeitsplatz**	**Einschränkung der Berufs- und Arbeitsplatzwahl:** Bestimmte Berufsgruppen müssen sich staatlichen Prüfungen unterziehen (z. B. Ärzte, Lehrer, Juristen) und benötigen für ihre Niederlassung eine staatliche Zulassung (z. B. Notare).
freie Lohnbildung am Arbeitsmarkt, keine Gewerkschaften, keine Mindestlöhne	**Arbeitsmarkt**	**Koalitionsfreiheit und Tarifverhandlungen:** Gewerkschaften und Arbeitgeberverbände handeln Löhne und Arbeitsbedingungen aus. Der Staat greift in diese Verhandlungen nicht ein (Tarifautonomie). Staatliche Maßnahmen zur Einkommensumverteilung (z. B. Kindergeld, Wohngeld, progressiver Einkommensteuertarif).

2.2 Wettbewerbsordnung in der sozialen Marktwirtschaft

Lernziele:

Nach der Bearbeitung des Kapitels sind Sie in der Lage, Folgendes zu tun:

Sie ...

- ... erklären den Begriff „Kartell".
- ... erörtern Einflussmöglichkeiten der Akteure auf nationaler und europäischer Ebene zur Vermeidung von Wettbewerbsgefährdung.
- ... fassen die zentralen Regelungen des Gesetzes gegen Wettbewerbsbeschränkungen (GWB) zusammen.

2.2.1 Wettbewerbssicherung als staatliche Aufgabe

Wettbewerb ist das Grundelement jeder Marktwirtschaft. Ohne **Wettbewerb** kann der **Preis** seine für die **Steuerung** und **Koordination** des Wirtschaftsprozesses unerlässlichen Funktionen nicht erfüllen. Die geschichtlichen Erfahrungen zeigen aber, dass in einer Marktwirtschaft Tendenzen zur Einschränkung des Wettbewerbs und damit zur Selbstauflösung dieser Wirtschaftsordnung bestehen, wenn der Wettbewerb nicht durch staatliche Maßnahmen gesichert wird. Unternehmen haben nämlich das Bestreben, sich den Zwängen und Kontrollen des Wettbewerbs zu entziehen und sich vor Konkurrenten zu schützen, indem sie z.B.

- untereinander wettbewerbsbeschränkende Vereinbarungen treffen (Kartell),
- ihre Marktmacht durch Unternehmenszusammenschlüsse erhöhen (Fusion),
- ihre Marktmacht dazu benutzen, andere Wettbewerber vom Markt auszuschließen (Missbrauch marktbeherrschender Stellung).

Unbegrenzte Vertragsfreiheit und weitgehender Verzicht auf Staatseingriffe sind Ursache für eine zunehmende Ausschaltung des Wettbewerbs durch Kartelle (= Kollektivmonopole) und eine wachsende Monopolisierung.

„Geschäftsleute des gleichen Gewerbes kommen selten […] zusammen, ohne dass das Gespräch in einer Verschwörung gegen die Öffentlichkeit endet oder irgendein Plan ausgeheckt wird, wie man die Preise erhöhen kann […]. Kaufleute sind immer daran interessiert, […] den Wettbewerb einzuschränken […], doch muss eine Beschränkung der Konkurrenz […] stets schaden, da diese lediglich dazu dienen kann, dass die Geschäftsleute ihren Gewinn über die natürliche Spanne hinaus erhöhen und gleichsam den Mitbürgern eine absurde Steuer zum eigenen Vorteil auferlegen."

Quelle: Smith, Adam: An Inquiry into the Nature and Causes of the Wealth of Nations, erste Auflage 1776; deutsche Übersetzung auf der Basis der 5. Aufl. von 1789 von H. C. Recktenwald, Der Wohlstand der Nationen, Eine Untersuchung seiner Natur und seiner Ursachen, 7. Aufl., München: © dtv Verlagsgesellschaft 1996, S. 212f.

„Anbieter und Nachfrager suchen stets – wo immer es möglich ist – Konkurrenz zu vermeiden und monopolistische Stellungen zu erwerben oder zu behaupten. Ein tiefer Trieb zur Beseitigung von Konkurrenz und zum Erwerb von Monopolstellungen ist überall und zu allen Zeiten lebendig […] Warum sollen drei Bäcker in einer Stadt des 13. Jahrhunderts konkurrieren? Sie verabreden sich und bilden ein Monopol und sie versuchen darüber hinaus, sich gegen weitere Konkurrenz abzuschirmen. Ähnlich war es vorher, ist es heute und wird es in Zukunft sein […]. Universal besteht der „Hang zur Monopolbildung" – ein Faktum, mit dem alle Wirtschaftspolitik zu rechnen hat. So war es auch in der Zeit liberaler Wirtschaftspolitik."

Quelle: Eucken, Walter: Grundsätze der Wirtschaftspolitik. 6. Aufl., Tübingen: J. C. B. Mohr 1990, S. 31.

D Ein Kartell ist ein Zusammenschluss von rechtlich selbstständig bleibenden Unternehmen der gleichen Wirtschaftsstufe, die durch Vertrag oder Absprache ihre wirtschaftliche Handlungsfreiheit teilweise aufgeben, um den Wettbewerb einzuschränken oder aufzuheben.

2.2.2 Wettbewerbspolitik

2.4, S. 346

2.5, S. 347

Gesetz gegen Wettbewerbsbeschränkungen

Rechtliche Grundlage der Wettbewerbspolitik in Deutschland ist das „**Gesetz gegen Wettbewerbsbeschränkungen**“ (GWB). Dieses 1958 gegen heftigen Widerstand des Bundesverbandes der Deutschen Industrie (BDI) in Kraft getretene Gesetz wurde vom damaligen Wirtschaftsminister Ludwig Erhard als „Grundgesetz der Marktwirtschaft“ bezeichnet.

Die Wettbewerbspolitik stützt sich auf folgende Strategien:

Wettbewerbspolitische Strategien		
Wettbewerbsschutz		Wettbewerbsförderung
durch Unterbindung wettbewerbsbeschränkenden Verhaltens	durch Verhinderung wettbewerbsbeschränkender Marktstrukturen	durch Marktöffnung, Privatisierung, Abbau wettbewerbshemmender Vorschriften (Deregulierung)

Zuständig für die im GWB vorgesehenen Kontrollen und Maßnahmen ist in der Regel das Bundeskartellamt. Folgende Vorschriften sind besonders bedeutsam:

1. Kartellvereinbarungen (§§ 1 bis 3)
Kartellvereinbarungen sind grundsätzlich verboten (§ 1 GWB). Ausnahmen von dieser Grundregel sind in den §§ 2 und 3 geregelt.

GWB: Wettbewerbsbeschränkende Vereinbarungen (§§ 1 bis 13)		
Verbot wettbewerbsbeschränkender Vereinbarungen § 1	**Vereinbarungen zur Verhinderung, Einschränkung oder Verfälschung des Wettbewerbs**	z. B. Preisabsprachen, Absprache über Produktionsmengen, Zuweisung von Absatzgebieten, abgestimmte Verhaltensweisen.
Freigestellte Vereinbarungen § 2	**Bestimmte Vereinbarungen sind vom Verbot des § 1 freigestellt.**	„Vereinbarungen zwischen Unternehmen, die unter angemessener Beteiligung der Verbraucher an dem entstehenden Gewinn zur Verbesserung der Warenerzeugung oder -verteilung oder zur Förderung des technischen oder wirtschaftlichen Fortschritts beitragen, ohne dass den Unternehmen Möglichkeiten eröffnet werden, für einen wesentlichen Teil der betreffenden Waren den Wettbewerb auszuschalten.“ Dazu gehören u. a. Forschungs- und Entwicklungsvereinbarungen, Spezialisierungsvereinbarungen zum Technologietransfer und Vertriebsvereinbarungen.
Mittelstandskartelle § 3	**Rationalisierungskartelle und ähnliche Vereinbarungen können vom Verbot freigestellt werden.**	Vereinbarungen, die der Rationalisierung wirtschaftlicher Vorgänge dienen, die Leistungsfähigkeit der Unternehmen technisch, betriebswirtschaftlich oder organisatorisch wesentlich steigern und dadurch die Nachfrage besser decken.

D Nach dem Gesetz gegen Wettbewerbsbeschränkungen (GWB) sind Kartelle grundsätzlich verboten.

2. Zusammenschlusskontrolle (§§ 35 bis 43)

GWB: Zusammenschlusskontrolle (§§ 35 bis 43)	
Zusammenschluss § 37	Ein Zusammenschluss liegt in folgenden Fällen vor: - Erwerb des Vermögens eines anderen Unternehmens ganz oder zu einem wesentlichen Teil - Erwerb der Kontrolle über andere Unternehmen durch Rechte, Verträge oder andere Mittel - Erwerb von Anteilen, wenn sie 50 % oder 25 % des Kapitals oder der Stimmrechte erreichen
Anwendungsbereich der Zusammenschlusskontrolle § 35	Anwendung, wenn im letzten Geschäftsjahr vor dem Zusammenschluss - die beteiligten Unternehmen insgesamt weltweit Umsatzerlöse von mehr als 500 Mio. € und - mindestens ein beteiligtes Unternehmen im Inland Umsatzerlöse von mehr als 25 Mio. € erzielt haben.
Beurteilung von Zusammenschlüssen § 36	Ein Zusammenschluss, von dem zu erwarten ist, dass er eine marktbeherrschende Stellung begründet oder verstärkt, ist vom Bundeskartellamt zu versagen, es sei denn, die Unternehmen weisen nach, dass durch den Zusammenschluss auch Verbesserungen der Wettbewerbsbedingungen eintreten und dass diese Verbesserungen die Nachteile der Marktbeherrschung überwiegen.
Anmelde- und Anzeigepflicht § 39	Geplante Zusammenschlüsse müssen beim Bundeskartellamt angemeldet werden.

D Das Bundeskartellamt kann Zusammenschlüsse von Unternehmen verbieten, wenn zu erwarten ist, dass durch den Zusammenschluss eine marktbeherrschende Stellung entsteht oder verstärkt wird.

3. Verbot des Missbrauchs marktbeherrschender Stellung, Verbot wettbewerbsbeschränkenden Verhaltens (§§ 19 bis 23)

GWB: Verbot des Missbrauchs marktbeherrschender Stellung, Verbot wettbewerbsbeschränkenden Verhaltens (§§ 19 bis 23)		
Marktbeherrschung § 19 (1)	Marktbeherrschung liegt vor, wenn …	Marktbeherrschung wird vermutet, wenn …
	- ein Unternehmen keinem wesentlichen Wettbewerb ausgesetzt ist oder eine überragende Marktstellung hat oder - zwischen zwei oder mehr Unternehmen kein wesentlicher Wettbewerb besteht und sie eine überragende Marktstellung haben.	- ein Unternehmen einen Marktanteil von mindestens $33\frac{1}{3}$ % hat oder - bis zu 3 Unternehmen zusammen einen Marktanteil von mindestens 50 % haben oder - bis zu 5 Unternehmen zusammen einen Marktanteil von mindestens $66\frac{2}{3}$ % haben.
Verbot des Missbrauchs der Marktbeherrschung § 19 (1) u. (4)	Die missbräuchliche Ausnutzung einer marktbeherrschenden Stellung ist verboten § 19 (1). Ein Missbrauch liegt insbesondere vor, wenn ein marktbeherrschendes Unternehmen, - die Wettbewerbsmöglichkeiten anderer Unternehmen ohne sachlich gerechtfertigten Grund beeinträchtigt, - Entgelte oder Geschäftsbedingungen fordert, die sich bei wirksamem Wettbewerb wahrscheinlich nicht ergeben würden, - ungünstigere Entgelte oder Geschäftsbedingungen fordert, als es auf vergleichbaren Märkten fordert, - sich weigert, einem anderen Unternehmen gegen angemessenes Entgelt Zugang zu den eigenen Netzen oder anderen Infrastruktureinrichtungen zu gewähren, wenn es dem anderen Unternehmen sonst nicht möglich ist, auf dem vor- oder nachgelagerten Markt als Wettbewerber des marktbeherrschenden Unternehmens tätig zu werden, …	

GWB: Verbot des Missbrauchs marktbeherrschender Stellung, Verbot wettbewerbsbeschränkenden Verhaltens (§§ 19 bis 23)	
Verbot sonstigen wettbewerbsbeschränkenden Verhaltens §§ 21 bis 23	Diskriminierungsverbot, Verbot unbilliger Behinderung (§ 20) Marktbeherrschende Unternehmen dürfen - andere Unternehmen nicht unbillig behindern oder gegenüber gleichartigen Unternehmen ohne sachlichen Grund unterschiedlich behandeln, - ihre Markstellung nicht dazu ausnutzen, andere Unternehmen zu veranlassen, ohne sachlichen Grund Vorzugsbedingungen zu gewähren Boykottverbot (§ 21) - Unternehmen dürfen nicht zu Liefer- oder Bezugssperren aufrufen.
Ministererlaubnis § 42	Der Wirtschaftsminister kann unter bestimmten Voraussetzungen einen vom Bundeskartellamt untersagten Zusammenschluss erlauben, wenn gesamtwirtschaftliche Vorteile und Interessen gegenüber dem Verbot überwiegen.

D Marktbeherrschenden Unternehmen ist der Missbrauch ihrer Marktstellung verboten. Sie unterliegen der Missbrauchsaufsicht durch das Bundeskartellamt.

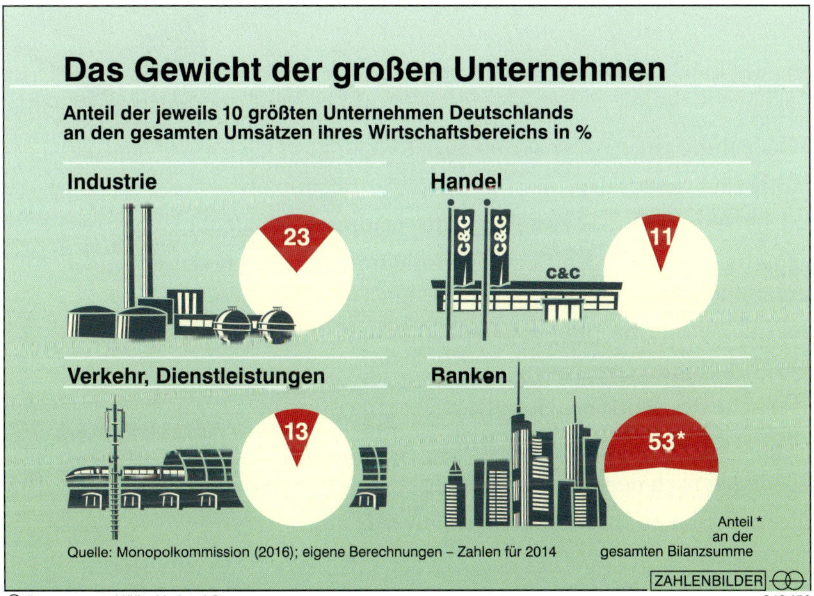

346 150

Europäische Wettbewerbspolitik

Die Wettbewerbspolitik des Bundeskartellamtes wird auf europäischer Ebene durch die **Wettbewerbspolitik der Europäischen Kommission** ergänzt und unterstützt.

Tätigkeitsfelder der Europäischen Wettbewerbspolitik		
Prüfung von Unternehmenszusammenschlüssen	**Öffnung von Märkten für den Wettbewerb**	**Überwachung staatlicher Beihilfen**
Prüfung von Zusammenschlüssen, die „gemeinschaftsweite“ Bedeutung haben (weltweiter Gesamtumsatz der sich zusammenschließenden Unternehmen von mehr als 5 Mrd. € und einem Gesamtumsatz in der EU von mehr als 250 Mio. €).	Öffnung der Dienstleistungsmärkte (Verkehr, Energie, Post, Telekommunikation) für den Wettbewerb (= Liberalisierung)	Die Förderung von Unternehmen durch EU-Mitgliedsländer (z. B. Förderung der Industrieansiedlung in Ostdeutschland durch Zuschüsse, Zinsvergütungen, Steuerbefreiungen) wird überwacht, um Wettbewerbsverzerrungen zu verhindern.

B **Bußgeldverfahren gegen Microsoft**

Eines der spektakulärsten Bußgeldverfahren im Rahmen der europäischen Wettbewerbspolitik ist der Fall Microsoft. 2004 verhängte die Europäische Kommission gegen den Softwarehersteller ein Bußgeld in Höhe von 497 Mio. EUR wegen missbräuchlicher Ausnutzung einer beherrschenden Stellung auf dem Markt für PC-Betriebssysteme zwischen 1998 und 2004. Das Windows-Betriebssystem von Microsoft hält einen Marktanteil von 95%.

2009 wurde das Verfahren zunächst eingestellt, nachdem Microsoft sich zu weitgehenden Zugeständnissen bereit erklärt hatte. Allerdings wurde Microsoft 2012 dennoch mit einem Bußgeld von 860 Mio. EUR belegt, weil die Auflagen nicht eingehalten wurden. Weitere 561 Mio. EUR wurden 2013 wegen unzulässiger Ausnutzung von Marktmacht fällig, weil das Unternehmen den Nutzern von Windows 7 nur den eigenen Browser Internet Explorer angeboten hatte und – entgegen den Zusagen – nicht auch verschiedene Browser von Konkurrenten.

2.3 Arbeits- und Sozialordnung in der sozialen Marktwirtschaft

2.6, S. 347

2.7, S. 347

2.8, S. 347

2.9, S. 348

Lernziele:

Nach der Bearbeitung des Kapitels sind Sie in der Lage, Folgendes zu tun:

Sie ...

- ... beschreiben die Bedeutung einer Arbeits- und Sozialordnung.
- ... erklären die Begriffe „Subsidiaritätsprinzip" und „Solidaritätsprinzip".
- ... erläutern anhand der Abb. auf S. 332 Ansatzpunkte staatlicher Sozialpolitik.
- ... nennen die Tarifpartner, erklären den Begriff „Tarifautonomie" und beschreiben den Ablauf von Tarifverhandlungen.
- ... erläutern den Begriff „Betriebsrat" und beschreiben dessen Aufgaben.
- ... erklären den Begriff „Betriebsvereinbarung".
- ... nennen die Teilbereiche des deutschen Sozialversicherungssystems.
- ... berechnen Beiträge zur gesetzlichen Sozialversicherung.
- ... nennen Sozialleistungen nach dem Fürsorgeprinzip.
- ... nennen staatliche Maßnahmen zur Einkommensumverteilung.

2.3.1 Grundlagen

Sozialprinzip

Nicht alle Mitglieder der Gesellschaft sind gleichermaßen leistungsfähig, um als Teilnehmer am Wettbewerb auf Arbeits- oder Gütermärkten Leistungseinkommen zu erzielen (z.B. Alte, Kranke, Kinder). Daher wurde bereits von den „Vätern der sozialen Marktwirtschaft" ausdrücklich betont, dass zum **Wettbewerbsprinzip** zwingend das Prinzip des sozialen Ausgleichs **(Sozialprinzip)** als **gleichrangiges** Kernelement dazugehört. Dieses Sozialprinzip kommt in der Ausgestaltung der **Arbeits- und Sozialordnung** zum Ausdruck.

D Wirtschafts-, Arbeits- und Sozialordnung sind Teilordnungen (Subsysteme) der Gesellschaftsordnung. Sie beeinflussen sich in hohem Maße gegenseitig.

D Die Arbeits- und Sozialordnung ist die Gesamtheit aller Einrichtungen (z. B. Regeln, Normen, öffentliche und private Institutionen) zur Regelung der sozialen Beziehungen zwischen Mitgliedern einer Gesellschaft soweit diese auf wirtschaftliche Ursachen zurückzuführen sind (z. B. Arbeits-, Einkommens- und Vermögensverhältnisse).

Im Rahmen der **Arbeits- und Sozialordnung** der **sozialen Marktwirtschaft** steht neben der Schaffung von **Chancengleichheit** die Korrektur der zwangsläufig durch den Marktmechanismus entstehenden ungleichen Einkommens- und Vermögensverteilung im Vordergrund **(Korrektur der Marktergebnisse)**. Darüber hinaus ist für die Fälle, in denen der Markt versagt, eine Absicherung der sozial Schwachen vorgesehen. Dieses Ziel soll aber unter strenger Beachtung des **Subsidiaritätsprinzips** verfolgt werden.

D Das Subsidiaritätsprinzip besagt, dass die Leistungen, die der Einzelne und die jeweils kleineren menschlichen Gemeinschaften (Familien, Nachbarschaft) aus eigener Initiative und mit eigenen Kräften erbringen können, nicht der Gesellschaft als Aufgabe zugewiesen werden dürfen (Prinzip der Hilfe zur Selbsthilfe und zur gegenseitigen Hilfe).

Neben dem Subsidiaritätsprinzip ist das **Solidaritätsprinzip** ein weiterer möglicher Grundsatz für die Gestaltung der Sozialordnung.

D Nach dem Solidaritätsprinzip ist es ausschließliche Aufgabe von Staat und Gesellschaft, Not leidenden Menschen zu helfen und einen Ausgleich zugunsten der wirtschaftlich und sozial Schwächeren vorzunehmen.

Ziele der Sozialpolitik

Die **Sozialordnung**, die neben der Wettbewerbsordnung das zentrale Element der am Leitbild der **sozialen Marktwirtschaft** orientierten Wirtschaftsordnung in Deutschland ist, wird wesentlich durch die **Sozialpolitik** gestaltet.

D Sozialpolitik umfasst alle Maßnahmen in verschiedenen gesellschaftlichen Bereichen, die einer Angleichung der Lebenschancen sowie der Verbesserung und Absicherung der Lebensbedingungen der Bevölkerung dienen.

Die Sozialpolitik in Deutschland verfolgt zwei wesentliche Ziele:

Soziale Gerechtigkeit	Soziale Sicherheit
▌Startgerechtigkeit durch möglichst gleiche materielle Ausgangsbasis für alle (Chancengleichheit) ▌Ausgleich starker Einkommens- und Vermögensunterschiede (z. B. wegen unterschiedlicher Familienlasten wie bei kinderreichen Familien) ▌Hilfe für sozial Schwache (z. B. Behinderte, Personen mit geminderter Leistungsfähigkeit)	Sicherung der wirtschaftlichen und sozialen Lebensbedingungen bestimmter sozialer Gruppen gegen allgemeine Lebensrisiken wie Unfall, Krankheit, Invalidität, Alter, Arbeitslosigkeit, Tod des Ernährers.

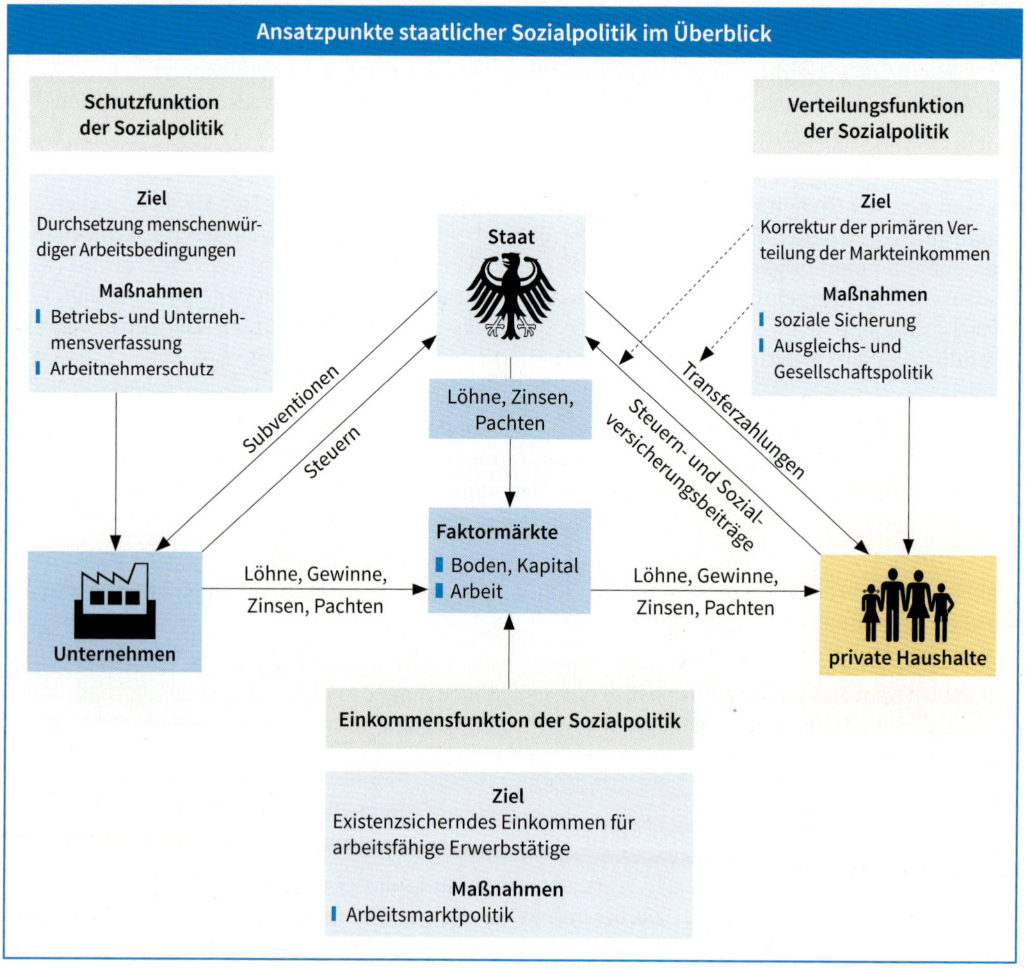

2.3.2 Regelung von Arbeitsbedingungen und Arbeitsmarkt

Tarifautonomie

Art. 9 des Grundgesetzes garantiert die **Koalitionsfreiheit**. Daraus wird die **Tarifautonomie** abgeleitet. Diese besagt, dass nicht der Staat, sondern Gewerkschaften und Arbeitgeberverbände als **Tarifvertragsparteien** die Höhe des Arbeitsentgelts und sonstige Arbeitsbedingungen aushandeln. Der Staat greift in diese Verhandlungen nicht ein.

D Als Tarifautonomie wird das Recht der Tarifvertragsparteien (Gewerkschaften und Arbeitgeberverbände) bezeichnet, ohne staatliche Einflussnahme die Höhe von Löhnen und Gehältern sowie andere Arbeitsbedingungen in Tarifverträgen zu regeln.

Ablauf der Tarifverhandlungen

Tarifverträge gelten nur für einen vorher vereinbarten Zeitraum. Läuft ein Tarifvertrag aus oder wird der Tarifvertrag von einer der Tarifvertragsparteien gekündigt, sind neue Tarifverhandlungen erforderlich.

In der Regel stellen die Gewerkschaften zunächst ihre Forderungen, z. B. nach mehr Lohn und Gehalt, kürzerer Arbeitszeit oder umfangreicherer Mitbestimmung. Die Arbeitgeberverbände antworten mit Gegenangeboten. In oft langen Verhandlungen muss ein Kompromiss zwischen der Gewerkschafts- und der Arbeitgeberposition ausgehandelt werden. Einigen sich die Tarifvertragsparteien nicht, wird ein Schlichtungsverfahren vor einem Schlichtungsausschuss mit Vertretern beider Tarifvertragsparteien eingeleitet. Vorsitzender des Schlichtungsausschusses ist in der Regel eine unabhängige Persönlichkeit aus Politik oder Wirtschaft.

Scheitert auch das **Schlichtungsverfahren**, kann es in einem oder mehreren Unternehmen zum Arbeitskampf **(Streik)** kommen, bei dem mehrere gewerkschaftlich organisierte Arbeitnehmer ihre Arbeit gemeinsam und planmäßig niederlegen. Die Arbeitgeber können mit **Aussperrung** reagieren, d. h. sie verweigern allen Arbeitnehmern des Unternehmens die Möglichkeit zu arbeiten. In diesem Fall erhalten die Arbeitnehmer weder Gehalt noch Gehaltsfortzahlung im Krankheitsfall. Die Gewerkschaften zahlen den gewerkschaftlich organisierten Arbeitnehmern als Ausgleich **Streikgeld.** Die Höhe des Streikgeldes richtet sich nach dem monatlichen Gewerkschaftsbeitrag, der sich wiederum am Arbeitseinkommen eines Arbeitnehmers orientiert. Bis zum Ablauf oder der Kündigung eines Tarifvertrags gilt die **Friedenspflicht.** In diesem Zeitraum dürfen keine Arbeitskampfmaßnahmen ergriffen werden. Dies trägt zur Sicherung des Betriebsfriedens bei und gewährt den Unternehmen eine zuverlässige Planungsgrundlage.

Arbeitsschutz

Über die in den Tarifverträgen hinaus vereinbarten Bedingungen übt der **Staat** durch zahlreiche **gesetzliche Regelungen im Arbeits- und Sozialrecht** indirekt erheblichen Einfluss auf die Arbeitsbedingungen und den Arbeitsmarkt aus. Ziel dabei ist es, Arbeitnehmer zu stärken und zu schützen. Zu den wichtigsten Arbeitsschutzbestimmungen gehören der **Arbeitszeitschutz**, der **Unfallschutz**, die **Lohnfortzahlung im Krankheitsfall** und der **Kündigungsschutz**.

Mitwirkung und Mitbestimmung der Arbeitnehmer durch den Betriebsrat

In Unternehmen mit in der Regel mindestens fünf Arbeitnehmern, die nach dem **Betriebsverfassungsgesetz** wahlberechtigt und von denen drei wählbar sind, kann ein **Betriebsrat** gebildet werden. Die Zahl der Betriebsratsmitglieder erhöht sich entsprechend der Zahl der beschäftigten Arbeitnehmer. Der Betriebsrat wird alle vier Jahre neu gewählt. Ziel des Betriebsverfassungsgesetzes ist es, die Idee der Partnerschaft durch die Mitwirkungs- und Mitbestimmungsrechte der Mitarbeiter im Betrieb zu verwirklichen. Dabei hat der Betriebsrat über die Einhaltung der zugunsten der Arbeitnehmer geltenden Gesetze, Verordnungen, Unfallverhütungsvorschriften, Tarifverträge und Betriebsvereinbarungen zu wachen.

D In Betriebsvereinbarungen werden für einen bestimmten Betrieb Arbeitsbedingungen (z. B. Arbeitszeit, Überstunden, Urlaub) zwischen dem Betriebsrat und der Unternehmensleitung geregelt.

Mitbestimmung der Arbeitnehmer im Aufsichtsrat von Kapitalgesellschaften

In Unternehmen, die als Kapitalgesellschaften geführt werden, wie z. B. eine Aktiengesellschaft (AG) oder eine Gesellschaft mit beschränkter Haftung (GmbH), besteht bei einer Größenordnung von mehr als 500 Arbeitnehmern eine zusätzliche Mitbestimmungsmöglichkeit. In solchen Unternehmen können Arbeitnehmervertreter in den **Aufsichtsrat** gewählt werden. Der Aufsichtsrat hat die Aufgabe, die Unternehmensleitung (Vorstand, Geschäftsführer) zu kontrollieren.

Arbeitsmarktpolitik

Für große Teile der Bevölkerung bildet die Erzielung eines Arbeitseinkommens die wirtschaftliche Existenzgrundlage. In der sozialen Marktwirtschaft sieht der Staat es daher als seine Aufgabe an, durch Eingriffe auf dem Arbeitsmarkt entsprechende Beschäftigungsmöglichkeiten und Beschäftigungsbedingungen zu schaffen und zu sichern, die es den Arbeitskräften ermöglichen, ein ausreichendes Arbeitseinkommen zu erzielen. Eine wichtige gesetzliche Grundlage für die Arbeitsmarktpolitik bildet das Sozialgesetzbuch III (Arbeitsförderung). Darin sind u. a. folgende Maßnahmen, die jeweils von den **Agenturen für Arbeit** getragen werden, vorgesehen: Berufsberatung, Arbeitsvermittlung, Förderung der Berufsausbildung, Förderung der beruflichen Weiterbildung, Zahlung von Arbeitslosen-, Kurzarbeiter- und Insolvenzgeld[1].

2.3.3 Soziale Sicherung

Leistungen nach dem Versicherungsprinzip: Sozialversicherung

Wesentlicher Bestandteil der **sozialen Sicherung** in Deutschland ist die **gesetzliche Sozialversicherung.** Grundgedanke ist es, solchen Personenkreisen, die nicht in der Lage sind, besondere finanzielle Notlagen aus eigener Kraft zu bewältigen, eine Vorsorge zur Abdeckung von Lebensrisiken (z. B. Krankheit, Unfall, Alter, Tod eines Familienangehörigen) und Beschäftigungsrisiken (z. B. Arbeitslosigkeit, Arbeitsunfall) durch eine staatliche Pflichtversicherung zu bieten.

1 Insolvenz: Zahlungsunfähigkeit einer Person oder eines Unternehmens

B Entstehung des deutschen Sozialversicherungssystems

Das deutsche Sozialversicherungssystem geht in seinen Grundzügen (Krankenversicherung, Unfallversicherung, Invaliden- und Altersversicherung) auf die sozialpolitischen Reformen des deutschen Reichskanzlers Otto von Bismarck (1815–1898) zurück. Bismarck verfolgte mit der Sozialgesetzgebung damals allerdings nicht in erster Linie humanitäre Ziele. Vielmehr wollte er die Arbeiterschaft, die der von ihm geführten Regierung ablehnend gegenüberstand, stärker an den Staat binden.

Heute besteht das deutsche Sozialversicherungssystem aus fünf Versicherungszweigen.

gesetzliche Krankenversicherung (GKV) seit 1883 SGB V	soziale Pflegeversicherung (PflV) seit 1995 SGB XI	gesetzliche Unfallversicherung (GUV) seit 1884 SGB VII	gesetzliche Rentenversicherung (GRV) seit 1889 SGB VI	Arbeitslosenversicherung (ALV) seit 1927 SGB III
Wichtige Leistungen				
Förderung der Gesundheit, Verhütung und Früherkennung von Krankheiten, im Krankheitsfall: ärztliche Behandlung, Medikamente, Krankenhausbehandlung, Krankengeld …	häusliche Pflege, Pflegegeld für Pflegehilfen, vollstationäre Pflege, …	Verhütung von Arbeitsunfällen und Berufskrankheiten, im Versicherungsfall: Heilbehandlung, Rehabilitation, Geldleistungen (Verletztengeld, Rente bei geminderter Erwerbsfähigkeit, Hinterbliebenenrente)	Rehabilitation (Erhaltung und Besserung der Erwerbsfähigkeit), Rente wegen Erwerbsminderung, Altersrente, Witwen-/Witwerrente, Waisenrente	Arbeitslosengeld höchstens 12 Monate (für über 55-jährige höchstens 18 Monate) 60 % (mit Kind 67 %) des Nettolohns (Durchschnitt der letzten 52 versicherungspflichtigen Wochen)

D Im Mittelpunkt der sozialen Sicherung in Deutschland steht das aus Renten-, Arbeitslosen-, Kranken-, Pflege- und Unfallversicherung bestehende Sozialversicherungssystem.

Sozialversicherungsbeiträge

In allen Versicherungszweigen besteht **Versicherungszwang**, von dem nur bestimmte Gruppen (z. B. Selbstständige) ausgenommen sind. Bei der Unfallversicherung erfolgt die Beitragszahlung ausschließlich durch den Arbeitgeber. In den anderen Fällen werden die **Beiträge derzeit noch** größtenteils **je zur Hälfte von Arbeitnehmer und Arbeitgeber** getragen und als **Prozentsatz vom Brutto-Arbeitsverdienst** berechnet.

Die gesetzlichen Krankenkassen können von ihren Mitgliedern einen kassenindividuellen Zusatzbeitrag erheben, der ebenfalls je zur Hälfte vom Arbeitgeber und vom Arbeitnehmer zu tragen ist. Im Rahmen der Pflegeversicherung zahlen kinderlose Arbeitnehmer, die älter als 22 Jahre sind, einen Zuschlag von 0,25 %. Den Zuschlag zur Pflegeversicherung trägt der Arbeitnehmer alleine.

Die Höhe der Sozialversicherungsbeiträge richtete sich somit bisher nach der finanziellen Leistungsfähigkeit des Versicherten. Dessen Risikomerkmale (Alter, Geschlecht, Vorerkrankungen, Gesundheitszustand usw.) sind für die Beitragshöhe unerheblich. Das darin zum Ausdruck kommende **Solidaritätsprinzip** („einer für alle, alle für einen") stellt den entscheidenden Unterschied zum **Individualprinzip** („jeder für sich") einer privaten (Kranken-, Pflege-, Unfall-, Renten-)Versicherung dar.

B

Berechnung des Nettolohns – Sozialversicherungsbeiträge ab 01. Jan. 2020

Krankenversicherung: 14,6 %[1] Zuschlag für Arbeitnehmer Arbeitslosenversicherung: 2,4 %
Rentenversicherung: 18,6 % Pflegeversicherung: 3,05 %

Auszüge aus monatlichen Entgeltabrechnungen

Manuela Spicker, 1. Ausbildungsjahr im Ausbildungsberuf Industriekauffrau, 20 Jahre, ledig		Werner Hauser, Abteilungsleiter in einem Kunststoffwerk, 43 Jahre, verheiratet, 2 Kinder	
Ausbildungsvergütung brutto	**700,00 €**	**Monatsgehalt brutto**	**3.400 €**
– Lohnsteuer	0,00 €	– Lohnsteuer (StKL III)	247,16 €
– Solidaritätszuschlag	0,00 €	– Solidaritätszuschlag	0,00 €
– Kirchensteuer (9 %)	0,00 €	– Kirchensteuer (9 %)	0,00 €
Zwischensumme (nach Steuern)	700,00 €	Zwischensumme (nach Steuern)	3.152,84 €
– Krankenvers. 7,3 % (½ von 14,6 %)	51,10 €	– Krankenvers. 7,3 % (½ von 14,6 %)	248,20 €
– Rentenvers. 9,3 % (½ von 18,6 %)	65,10 €	– Rentenvers. 9,3 % (½ von 18,6 %)	316,20 €
– Arbeitslosenvers. 1,2 % (½ von 2,4 %)	8,40 €	– Arbeitslosenvers. 1,2 % (½ von 2,4 %)	40,80 €
– Pflegevers. 1,525 % (½ von 3,05 %)	10,68 €	– Pflegevers. 1,525 % (½ von 2,05 %)	51,85 €
Nettobezüge	**564,72 €**	**Nettobezüge**	**2.495,79 €**

Der Ausbildungsbetrieb (Arbeitgeber) muss insgesamt **270,56 € Gesamtsozialversicherungsbeitrag** (135,28 € Arbeitnehmeranteil + 135,28 € Arbeitgeberanteil) abführen.

Der Arbeitgeber muss insgesamt **1.314,10 € Gesamtsozialversicherungsbeitrag** (657,05 € Arbeitnehmeranteil + 657,05 € Arbeitgeberanteil) abführen.

Aufgrund seines höheren Einkommens muss Herr Hauser 247,16 € mehr Steuern und 521,77 € mehr Sozialversicherungsbeiträge zahlen als Frau Spicker. Bei Herrn Hauser betragen die gesamten Abzüge (Lohn- und Kirchensteuer, Arbeitnehmeranteil zur Sozialversicherung) 26,59 % seines Bruttogehalts, bei Frau Spicker dagegen nur 19,33 %. Allerdings genießt Herr Hauser wegen seiner beiden Kinder gegenüber einem Kinderlosen mit der gleichen Gehaltsklasse folgende Vorteile: Er zahlt keinen Solidaritätszuschlag sowie auch keine Kirchensteuer. Außerdem erhält er monatlich 408 € Kindergeld (204 € für jedes Kind). Seine Kinder und seine Ehefrau (sofern diese kein eigenes Einkommen erzielt) sind ohne zusätzlichen Beitrag in der gesetzlichen Krankenversicherung mitversichert (Familienversicherung).

Leistungen nach dem Fürsorgeprinzip: Arbeitslosengeld II und Sozialhilfe

Die **Leistungen** aus den fünf Säulen **der Sozialversicherung** werden nach dem **Versicherungsprinzip** gewährt, d. h., die Finanzierung der Leistungen erfolgt aus den Beiträgen der Versicherten. (Allerdings waren in den letzten Jahren erhebliche staatliche Zuschüsse aus Steuermitteln nötig, um die Defizite in der gesetzlichen Renten- und Arbeitslosenversicherung decken zu können.) Trotz der Leistungen der Sozialversicherung gibt es aber Menschen, die in materielle Not geraten und ihren Lebensunterhalt nicht decken können, weil sie z. B. keinen Anspruch auf Leistung der Sozialversicherung (mehr) haben (z. B. Ablauf der Bezugsdauer des Arbeitslosengeldes) oder die Höhe der Leistung für ihren Bedarf nicht ausreicht (z. B. kinderreiche Familien). Für solche Personen besteht die Möglichkeit, staatliche Leistungen, die **aus dem Staatshaushalt finanziert** werden, zur Deckung des Lebensunterhalts zu beantragen. Zu solchen Leistungen nach dem **Fürsorgeprinzip**, die nur dann gewährt werden, wenn der Empfänger als bedürftig gilt (also kein eigenes Einkommen oder Vermögen in größerem Umfang hat), gehören das **Arbeitslosengeld II** und die **Sozialhilfe**.

Das **Arbeitslosengeld II** ist eine Sozialleistung für **bedürftige erwerbsfähige Personen**. Die Hilfe ist mit einer Unterstützung bei der Arbeitssuche durch die **Agenturen für Arbeit** verbunden und von der Bereitschaft des Hilfeempfängers zur **Arbeitsaufnahme** abhängig.

Sozialhilfe wird **nicht erwerbsfähigen bedürftigen Personen** (z. B. Kranken) zur Deckung der materiellen Grundbedürfnisse (wie Ernährung, Kleidung und Wohnung) gewährt **(Hilfe zum**

1 Jede Krankenkasse kann einen Zusatzbeitrag erheben, der ebenfalls je zur Hälfte vom Arbeitgeber und vom Arbeitnehmer zu tragen ist. Dieser Zusatzbeitrag beläuft sich in vielen Fällen auf 1,0 %. In der folgenden Berechnung wird kein Zusatzbeitrag berücksichtigt.

Lebensunterhalt). Daneben kann auch **Hilfe in besonderen Lebenslagen** für Personen gewährt werden, deren Einkommen oder Vermögen nicht ausreicht, um außerordentliche Notsituationen (wie schwere Krankheit oder Behinderung) zu bewältigen.

2.3.4 Einkommensumverteilung

Einkommensentstehung – Einkommensverteilung – Einkommensverwendung

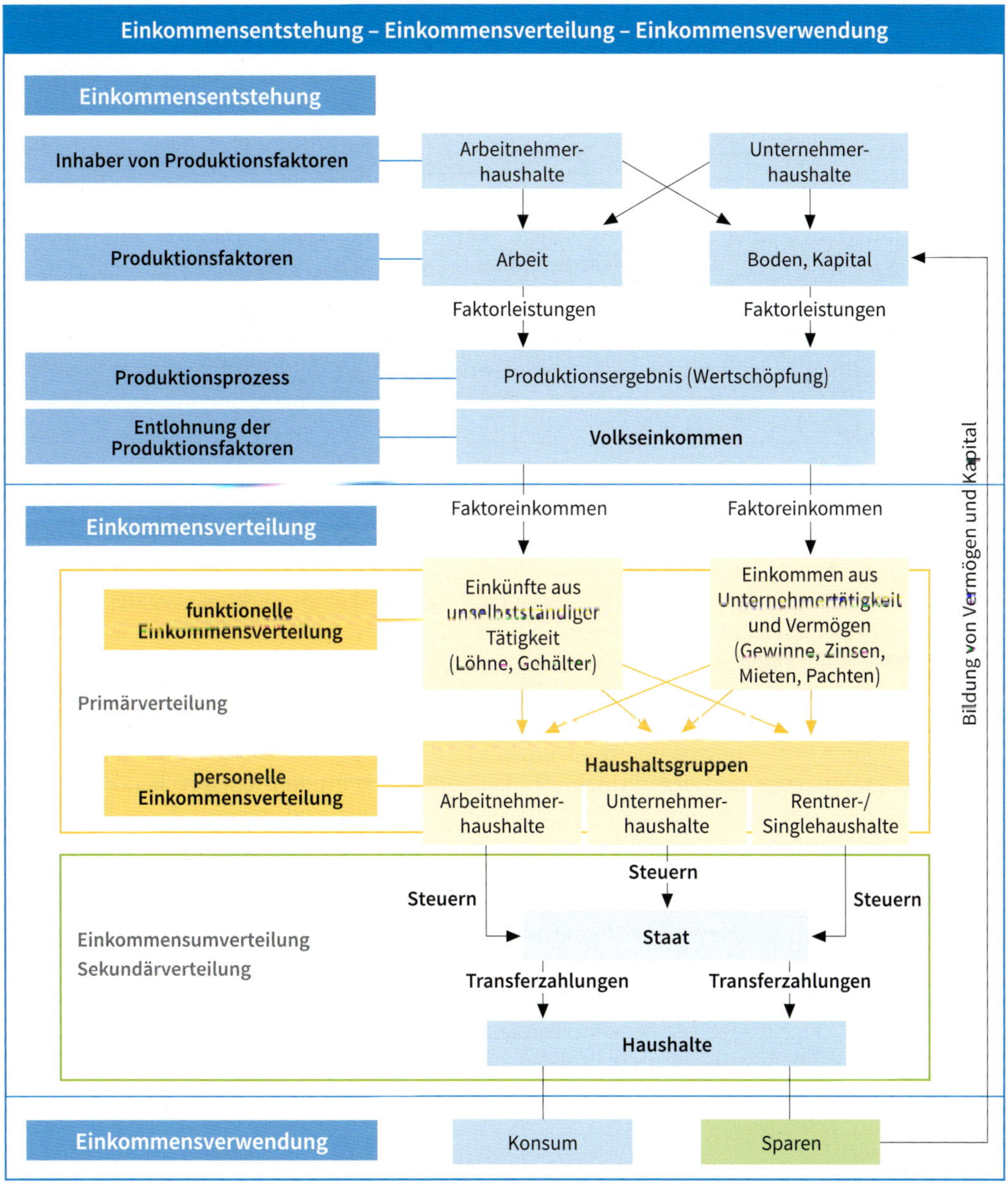

Funktionelle Einkommensverteilung

D Die funktionelle Einkommensverteilung zeigt die Aufteilung des Volkseinkommens auf die Produktionsfaktoren Arbeit, Boden und Kapital.

Personelle Einkommensverteilung

Das Gesamteinkommen einer Person oder eines Haushalts setzt sich in vielen Fällen aus mehreren Einkommensarten zusammen. Beispielsweise erzielt ein Arbeitnehmerhaushalt neben seinem Lohneinkommen möglicherweise auch noch Zinsen und Dividenden aus den in Wertpapieren angelegten Ersparnissen oder Mieteinkünfte aus einer vermieteten Wohnung. Dies wird bei der **personellen Einkommensverteilung** berücksichtigt, indem die Verteilung des Einkommens auf einzelne Personen und Personengruppen (z. B. Familien, Rentnerhaushalte, soziale Schichten) dargestellt wird.

D Die personelle Einkommensverteilung zeigt die Verteilung des Einkommens auf bestimmte Personen und Personengruppen.

Bei der Ermittlung der personellen Einkommensverteilung bleibt die Art der Einkommensentstehung (z. B. Arbeits- oder Gewinneinkommen) also unberücksichtigt. Die personelle Einkommensverteilung lässt beispielsweise Aussagen darüber zu, wie viel Prozent des Volkseinkommens auf wie viel Prozent der Haushalte entfallen.

Einkommensumverteilung: Primäre und sekundäre Einkommensverteilung

Nach dem Zeitpunkt, an dem die Einkommensverteilung betrachtet wird, lässt sich zwischen **primärer Einkommensverteilung** und **sekundärer Einkommensverteilung** unterscheiden.

D Als primäre Einkommensverteilung wird die Einkommensverteilung bezeichnet, die sich unmittelbar aus dem Produktionsprozess aufgrund der erhaltenen Faktoreinkommen ergibt.

Die primäre Einkommensverteilung beruht auf den an den Faktormärkten erzielten Einkommen. Sie spiegelt die von den Produktionsfaktoren geleisteten Beiträge im Rahmen des Produktionsprozesses wider und entspricht einer Einkommensverteilung nach dem **Leistungsprinzip**. Aufgrund von Alter, Krankheit, unterschiedlicher Intelligenz und anderen Faktoren sind aber nicht alle Menschen gleichermaßen leistungsfähig. Außerdem bestehen je nach sozialer Herkunft und Bildungsstand höchst unterschiedliche Startchancen im Berufsleben. Eine ausschließlich leistungsabhängige und dem Prinzip der **Leistungsgerechtigkeit** entsprechende Einkommensverteilung wird daher allgemein als sozial unverträglich und ungerecht empfunden. In Abhängigkeit von den in der Bevölkerung vorherrschenden Gerechtigkeitsvorstellungen soll der Staat daher eine **Umverteilung** dieser Leistungseinkommen zugunsten derjenigen vornehmen, die aus verschiedenen Gründen nicht oder nicht in ausreichendem Maße für sich selbst aufkommen können **(Bedarfsgerechtigkeit)**. Wenn der Staat die primäre Einkommensverteilung mittels verteilungspolitischer Maßnahmen mit dem Ziel einer größeren **Bedarfsgerechtigkeit** und **Chancengleichheit** korrigiert, ergibt sich die **sekundäre Einkommensverteilung**.

2.8, S. 347

2.9, S. 348

D Als sekundäre Einkommensverteilung wird die Einkommensverteilung bezeichnet, die sich nach staatlichen Umverteilungsmaßnahmen ergibt.

Es gibt aber keinen allgemein anerkannten Maßstab für eine gerechte Einkommensverteilung. Vielmehr ist dieses Ziel an bestimmten Gerechtigkeitsvorstellungen orientiert, die auf Werturteilen beruhen und nicht messbar sind.

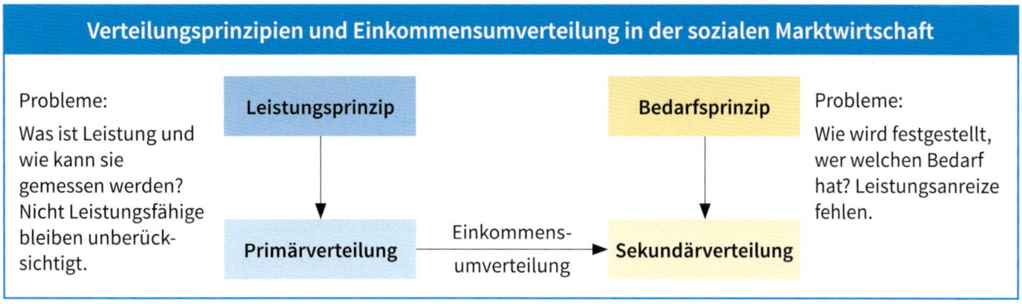

Aufgrund der Tarifautonomie ist eine Einkommenspolitik des Staates im Sinne einer **direkten Beeinflussung** von Löhnen und Gehältern (funktionelle Einkommens- und Primärverteilung) nur im öffentlichen Dienst möglich, wo der Staat selbst als Arbeitgeber auftritt. Im Zusammenhang mit der Sozialpolitik ist unter Einkommenspolitik daher vor allem eine **Einkommensumverteilungspolitik** des Staates zu verstehen.

D Einkommensumverteilungspolitik umfasst alle Maßnahmen, die in eine auf den Marktergebnissen beruhende primäre Einkommensverteilung eingreifen und durch Umverteilung eine Sekundärverteilung herbeiführen.

In Deutschland erfolgt die Einkommensumverteilung insbesondere durch folgende Maßnahmen:

Einkommensteuer	Sozialversicherungsbeiträge	Transferzahlungen
Besteuerung nach der Leistungsfähigkeit aufgrund eines Einkommensteuertarifs, der ab einem unversteuerten Grundfreibetrag bei zunehmender Einkommenshöhe progressiv ansteigt (2020 Eingangssteuersatz 14 %, Spitzensteuersatz 45 %). Bei den meisten Steuerexperten ist unbestritten, dass ein progressiver Einkommensteuertarif der Besteuerung nach dem Leistungsfähigkeitsprinzip am ehesten entspricht. Auch die „Väter der sozialen Marktwirtschaft" hielten eine solche progressive Einkommensbesteuerung für den in einer Marktwirtschaft nötigen Einkommensausgleich ausdrücklich für sinnvoll.[1]	Einkommensabhängige Pflichtbeiträge zur Renten-, Arbeitslosen , Kranken- und Pflegeversicherung der Arbeitnehmer, die in den meisten Fällen vom Arbeitgeber und Arbeitnehmer je zur Hälfte getragen werden. Geringfügige Ausnahmen von dieser jeweils hälftigen Beitragszahlung bestehen lediglich in der Pflegeversicherung beim Zuschlag von 0,25 % für kinderlose Arbeitnehmer, die älter als 23 Jahre sind. Hier entfällt der Arbeitgeberanteil.	aus Steuern, Sozialversicherungsbeiträgen oder staatlicher Kreditaufnahme finanzierte Zahlungen an private Haushalte (u. a. Alters- und Erwerbsminderungsrenten, Sozialhilfe, Deckung der Krankheitskosten, Kranken-, Arbeitslosen-, Kinder-, Erziehungs- und Wohngeld, Ausbildungsförderung, Förderung der Vermögensbildung)

D Das Leistungsfähigkeitsprinzip besagt, dass jeder Bürger entsprechend seinen finanziellen Möglichkeiten zur Finanzierung staatlicher Leistungen herangezogen werden soll. Dieses Prinzip kommt in einem progressiven Einkommensteuertarif zum Ausdruck.

1 Vgl. Eucken, W., Grundsätze der Wirtschaftspolitik, Tübingen, 2. Aufl. 1955, S. 300–304 und Müller-Armack, A., Genealogie der Sozialen Marktwirtschaft, Bern/Stuttgart 1981, S. 99.

2.4 Wirtschaftspolitische Ziele der sozialen Marktwirtschaft

Lernziele:

Nach der Bearbeitung des Kapitels sind Sie in der Lage, Folgendes zu tun:

Sie …

- … nennen die wirtschaftspolitischen Ziele des magischen Sechsecks.
- … erklären, warum die Ziele des Stabilitätsgesetzes als „magisches Viereck" bezeichnet werden.

Wirtschaftspolitik als Bestandteil der Gesellschaftspolitik

Die möglichen Fehlentwicklungen einer freien Marktwirtschaft zeigen, dass wirtschaftlicher Wohlstand in einem Land – anders als von den Vertretern des klassischen Liberalismus behauptet – nicht automatisch durch den Marktmechanismus entsteht. Vielmehr sind dazu auch Eingriffe des Staates und anderer Institutionen (z. B. Zentralbank, Tarifpartner) in das Wirtschaftsgeschehen nötig.

D Wirtschaftspolitik ist die Gesamtheit aller Bestrebungen, Handlungen und Maßnahmen, die darauf abzielen, den Ablauf des Wirtschaftsgeschehens in einem Gebiet oder Bereich zu ordnen, zu beeinflussen, zu gestalten oder unmittelbar festzulegen.

Gemeinwohl

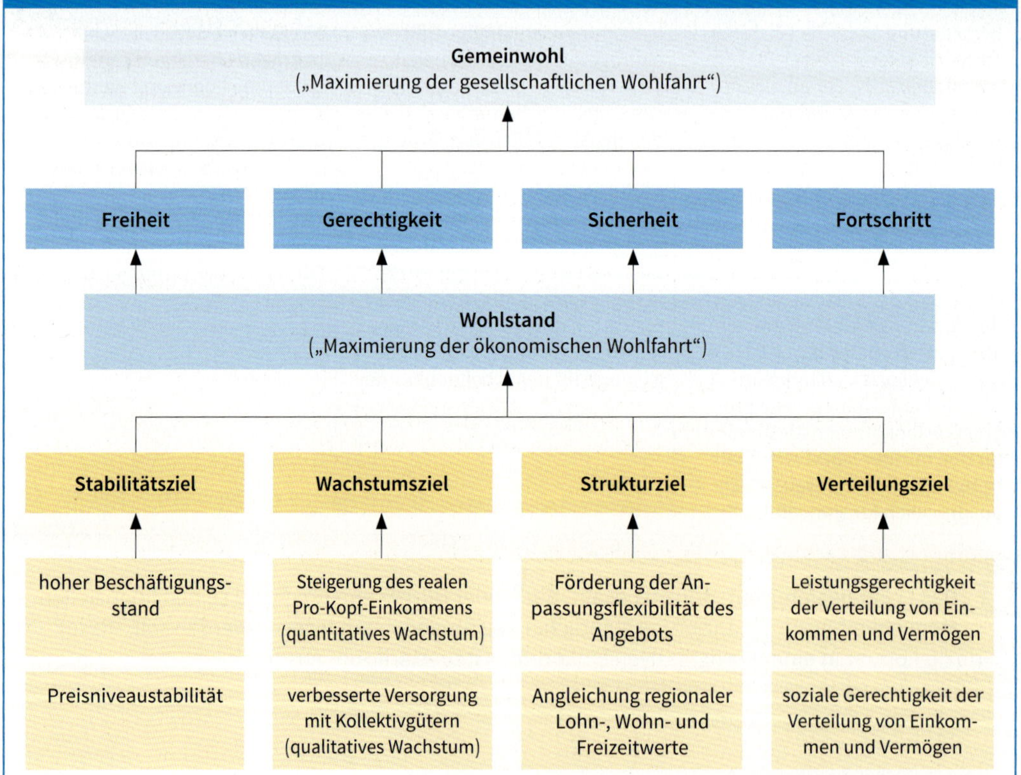

Quelle: Berg, Helmut; Cassel, Dieter: Theorie der Wirtschaftspolitik. In: Vahlens Kompendium der Wirtschaftstheorie und Wirtschaftspolitik, Bd. 2, München: Vahlen 1985, S. 189.

Alle wirtschaftspolitischen Maßnahmen haben das gemeinsame **Ziel**, der Förderung des Wohlstands zu dienen. Diese Wohlstandssteigerung ist ihrerseits wiederum ein **Mittel**, zur Verwirklichung **übergeordneter** gesellschaftlicher **Ziele** wie z.B. Freiheit, Gerechtigkeit und Sicherheit. Im Rahmen einer solchen Hierarchie von Ober- und Unterzielen trägt die Wirtschaftspolitik als Teil der Gesellschaftspolitik zur Erreichung höherrangiger gesellschaftlicher Grundwerte bei.

D Wirtschaftspolitische Ziele sind Unterziele übergeordneter gesellschaftspolitischer Ziele.

Ziele des Stabilitätsgesetzes von 1967

In der Grundkonzeption der sozialen Marktwirtschaft wird Wirtschaftspolitik vor allem als Verwirklichung und Sicherung der **Wettbewerbsordnung** (Ordnungspolitik) verstanden, ergänzt um eine vornehmlich auf der **Geldpolitik** der Zentralbank beruhenden Konjunkturpolitik und einer als Hilfe zur Selbsthilfe und gegenseitigen Hilfe verstandenen **Sozialpolitik**. Daran orientierte sich die Wirtschaftspolitik in der Bundesrepublik Deutschland bis Mitte der 1960er-Jahre weitgehend.

Mit dem 1967 erlassenen „Gesetz zur Förderung der Stabilität und des Wachstums der Wirtschaft“ **(Stabilitätsgesetz)** vollzog sich ein deutlicher Wandel von der bis dahin vorherrschenden Ordnungspolitik zu größerer direkter Einflussnahme des Staates auf das Wirtschaftsgeschehen **(= Prozesspolitik)**. Das äußerte sich u.a. in einer aktiven staatlichen Konjunkturpolitik **(Fiskalpolitik)**. Im **Stabilitätsgesetz** sind neben den folgenden **Zielen** auch die **Instrumente** der **Fiskalpolitik**[1] umrissen.

Gesamtwirtschaftliches Gleichgewicht			
Stabilität des Preisniveaus	Hoher Beschäftigungsstand	Außenwirtschaftliches Gleichgewicht	Stetiges und angemessenes Wirtschaftswachstum

§

Gesetz zur Förderung der Stabilität und des Wachstums der Wirtschaft
vom 8. Juni 1967 (Stabilitätsgesetz)

§ 1 [Erfordernisse der Wirtschaftspolitik] Bund und Länder haben bei ihren wirtschafts- und finanzpolitischen Maßnahmen die Erfordernisse des gesamtwirtschaftlichen Gleichgewichts zu beachten. Die Maßnahmen sind so zu treffen, dass sie im Rahmen der marktwirtschaftlichen Ordnung gleichzeitig zur Stabilität des Preisniveaus, zu einem hohen Beschäftigungsstand und außenwirtschaftlichem Gleichgewicht bei stetigem und angemessenem Wirtschaftswachstum beitragen.

1967 wurde auch das Grundgesetz wie folgt ergänzt:
Art. 109 (2) Bund und Länder haben bei ihrer Haushaltswirtschaft den Erfordernissen des gesamtwirtschaftlichen Gleichgewichts Rechnung zu tragen.

Um überprüfen zu können, ob die Ziele erreicht wurden, muss jedes Ziel **operationalisiert**, d.h. in folgender Hinsicht konkretisiert und präzisiert werden:
- Zuordnung von **Indikatoren** (messbare Ereignisse), die den Zielerreichungsgrad anzeigen
- Formulierung des Ziels in **zahlenmäßiger** Form
- Festlegung des **Zeitraums**, innerhalb dessen das Ziel erreicht werden soll

1 Fiskus *(lat.)*: Staatskasse, Staat; Fiskalpolitik: finanzpolitische Maßnahmen (Einnahmen- und Ausgabenpolitik) des Staates im Rahmen der Konjunktur- und Wachstumspolitik

Erläuterungen zu einzelnen wirtschaftspolitischen Zielen

1. **Stabilität des Preisniveaus**
   Das Ziel Preisniveausteigerung < 2% wird von der Europäischen Zentralbank (EZB) vorgegeben. Eine Inflationsrate von 0% wird u.a. wegen der Gefahr einer Deflation (= anhaltende Preisniveausenkung) nicht angestrebt.

2. **Hoher Beschäftigungsstand**
   Nach heutiger Interpretation würde eine Arbeitslosenquote, die sich zwischen 3% und 5% bewegt, als weitgehende Erfüllung des Beschäftigungsziels angesehen.

3. **Außenwirtschaftliches Gleichgewicht**
   Das Ziel und der Maßstab (Anteil des Außenbeitrags am BIP) stammen aus der Zeit fester Wechselkurse. Durch erhebliche Ausfuhrüberschüsse wurde nämlich in den 1950er- und 1960er-Jahren die Konjunktur zeitweise überhitzt. Seit der Aufhebung der festen Wechselkursbindung an den Dollar (1973) besteht für feste Zielvorgaben keine Notwendigkeit mehr. Maßstab und Definition des außenwirtschaftlichen Gleichgewichts im Sinne eines wirtschaftspolitischen Ziels sind seitdem unklar. Das Ziel gilt allgemein dann als erreicht, wenn von außenwirtschaftlichen Beziehungen keine nachteiligen Wirkungen auf die Binnenwirtschaft (hoher Beschäftigungsstand, Preisniveaustabilität und angemessenes Wirtschaftswachstum) ausgehen.[1]

4. **Stetiges und angemessenes Wirtschaftswachstum**
   Ein stetiges Wirtschaftswachstum ist sinnvoll, um u.a. Schwankungen im Auslastungsgrad des Produktionspotenzials und damit Arbeitslosigkeit und Inflation zu vermeiden. Was unter „angemessenem" Wirtschaftswachstum zu verstehen ist, ist schwer zu definieren. In den 70er-Jahren galten jährliche Wachstumsraten von 4% als angemessen. Heute erscheinen schon allein aus beschäftigungspolitischen Gründen mindestens 2,5% bis 3% als nötig, aber kaum erreichbar. Zu berücksichtigen ist, dass sich bei einem jährlichen Wachstum von 4% die Produktionsmenge in 17 Jahren und bei 2% in 35 Jahren verdoppeln würde.

2.10, S. 348

D Das Stabilitätsgesetz von 1967 nennt vier wirtschaftspolitische Ziele: Stabilität des Preisniveaus, hoher Beschäftigungsstand, außenwirtschaftliches Gleichgewicht, stetiges und angemessenes Wirtschaftswachstum.

Ziel	Indikator (Messgröße)	Ziel gilt als erreicht, wenn …	Zielvorgaben der EZB bzw. der Regierung für 2015-2020[2]	Zielerreichung im Jahr 2015-2019[3]
Stabilität des Preisniveaus	Verbraucherpreisindex	am Verbraucherpreisindex gemessene Preisniveausteigerung (Inflationsrate) unter, aber nahe bei 2 %	< 2 % (2015) < 2 % (2016) < 2 % (2017) < 2 % (2018) < 2 % (2019) < 2 % (2020)	0,5 % (2015) 0,5 % (2016) 1,5 % (2017) 1,8 % (2018) 1,4 % (2019)
Hoher Beschäftigungsstand	Arbeitslosenquote	Arbeitslosenquote ≤ 3 %	6,6 % (2015) 6,4 % (2016) 6,0 % (2017) 5,3 % (2018) 4,9 % (2019) 5,0 % (2020)	6,4 % (2015) 6,1 % (2016) 5,7 % (2017) 5,2 % (2018) 5,0 % (2019)

1 In der EU gilt ein Leistungsbilanzsaldo von 6% des nominalen BIP als Grenzwert. Bei höheren Leistungsbilanzsalden werden zu große wirtschaftliche Ungleichgewichte zwischen den EU-Mitgliedstaaten befürchtet.

2 Eigene Darstellung nach Daten von: Bundesministerium für Wirtschaft und Energie, Jahreswirtschaftsbericht; verschiedene Jahrgänge. Der Jahreswirtschaftsbericht 2020 wurde am 29.01.2020 veröffentlich, bevor die Corona-Krise in Deutschland eine große Rolle spielte.

3 Eigene Darstellung nach Daten von: Stat. Bundesamt, März 2020

4 quantitativ *(lat.)*: mengenmäßig

Ziel	Indikator (Messgröße)	Ziel gilt als erreicht, wenn ...	Zielvorgaben der EZB bzw. der Regierung für 2015-2020	Zielerreichung im Jahr 2015-2019
Außenwirtschaftliches Gleichgewicht	Anteil des Außenbeitrags am BIP in %	positiver Außenbeitrag 1,5 % bis 2 % des nominalen BIP (siehe Erläuterung)	6,8 % (2015) 7,6 % (2016) 7,2 % (2017) 7,6 % (2018) 7,3 % (2019) 6,7 % (2020)	7,6 % (2015) 7,4 % (2016) 7,1 % (2017) 6,2 % (2018) 6,0 % (2019)
Stetiges und angemessenes Wirtschaftswachstum	Zuwachsrate des realen BIP	gleichmäßiges Wachstum in angemessener Höhe (für deutliche Beschäftigungseffekte gelten 3 % als nötig)	1,5 % (2015) 1,7 % (2016) 1,4 % (2017) 2,4 % (2018) 1,0 % (2019) 1,1 % (2020)	1,7 % (2015) 2,2 % (2016) 2,5 % (2017) 1,5 % (2018) 0,6 % (2019)

Weitere wirtschaftspolitische Ziele

Die vier im Stabilitätsgesetz enthaltenen **quantitativen**[1] **Ziele** lassen sich zahlenmäßig formulieren und überprüfen. Daneben sind an anderer Stelle die **qualitativen Ziele** *„Gerechte Einkommens- und Vermögensverteilung"* und *„Erhalt einer lebenswerten Umwelt"* (Umweltschutz Art. 20a GG) genannt. Für diese Ziele kann lediglich die Zielrichtung, nicht aber eine messbare Beschreibung des derzeitigen und des angestrebten Zustands angegeben werden.

D Weitere wirtschaftspolitische Ziele sind: gerechte Einkommens- und Vermögensverteilung sowie Erhalt einer lebenswerten Umwelt (Umweltschutz).

Magisches Vieleck als Problem der Wirtschaftspolitik

Die vielfältigen Zielbeziehungen lassen es nicht zu, dass alle Ziele – wie im Stabilitätsgesetz gefordert – **gleichzeitig** erreicht werden. Zwischen einigen **Zielen** bestehen **Konflikte**, da Maßnahmen zur Erreichung eines Ziels gleichzeitig die Erreichung eines anderen Ziels behindern. Beispielsweise können in bestimmten Fällen

- **Maßnahmen zur Beschäftigungsförderung** (Ziel: hoher Beschäftigungsstand) zu Preissteigerungen führen (Ziel: Stabilität des Preisniveaus);
- **Maßnahmen zur Wachstumsförderung** (Ziel: stetiges und angemessenes Wirtschaftswachstum) die Kluft zwischen Armen und Reichen verstärken (Ziel: gerechte Einkommens- und Vermögensteilung) und/oder die Umweltbelastung erhöhen (Ziel: Erhalt einer lebenswerten Umwelt).

Wenn dagegen Maßnahmen zur Erreichung eines Ziels gleichzeitig auch die Erreichung eines anderen Ziels fördern, liegt eine **Zielharmonie** vor. Bezogen auf mögliche Konflikte zwischen den vier Zielen des Stabilitätsgesetzes wird das Zielbündel daher auch als **magisches Viereck** bezeichnet. Die Berücksichtigung weiterer Ziele führt zu einem **magischen Vieleck**. Zielkonflikte machen es nötig, dass die Wirtschaftspolitik Prioritäten setzt. Die Entscheidung der Politiker über die Gewichtung und Rangfolge

Magisches Sechseck

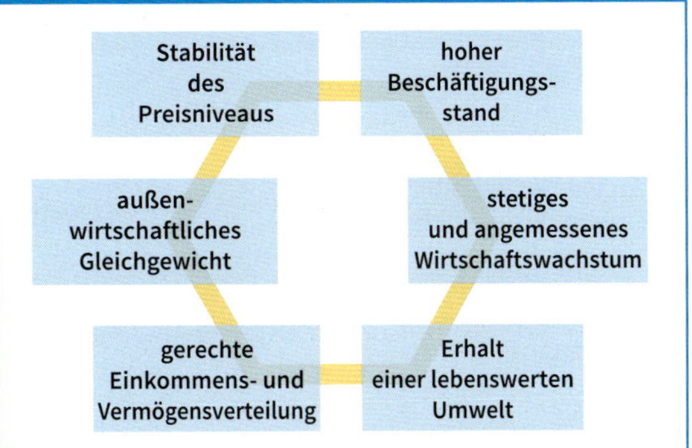

1 quantitativ *(lat.)*: mengenmäßig

der anzustrebenden Ziele ist von Interessenstandpunkten abhängig und damit ein politisches **Werturteil**. In der Praxis wird meistens das Ziel am nachdrücklichsten verfolgt, das in der jeweiligen wirtschaftlichen Situation und der vermuteten künftigen Entwicklung am stärksten gefährdet ist. Das ist gegenwärtig in den meisten Ländern das Beschäftigungsziel.

D Zwischen verschiedenen wirtschaftspolitischen Zielen können Konflikte bestehen. Werden miteinander in Konflikt stehende Ziele verfolgt, wird von einem „magischen Vieleck“ gesprochen.

Zusammenfassende Übersicht Kapitel 2: Rahmenbedingungen der sozialen Marktwirtschaft

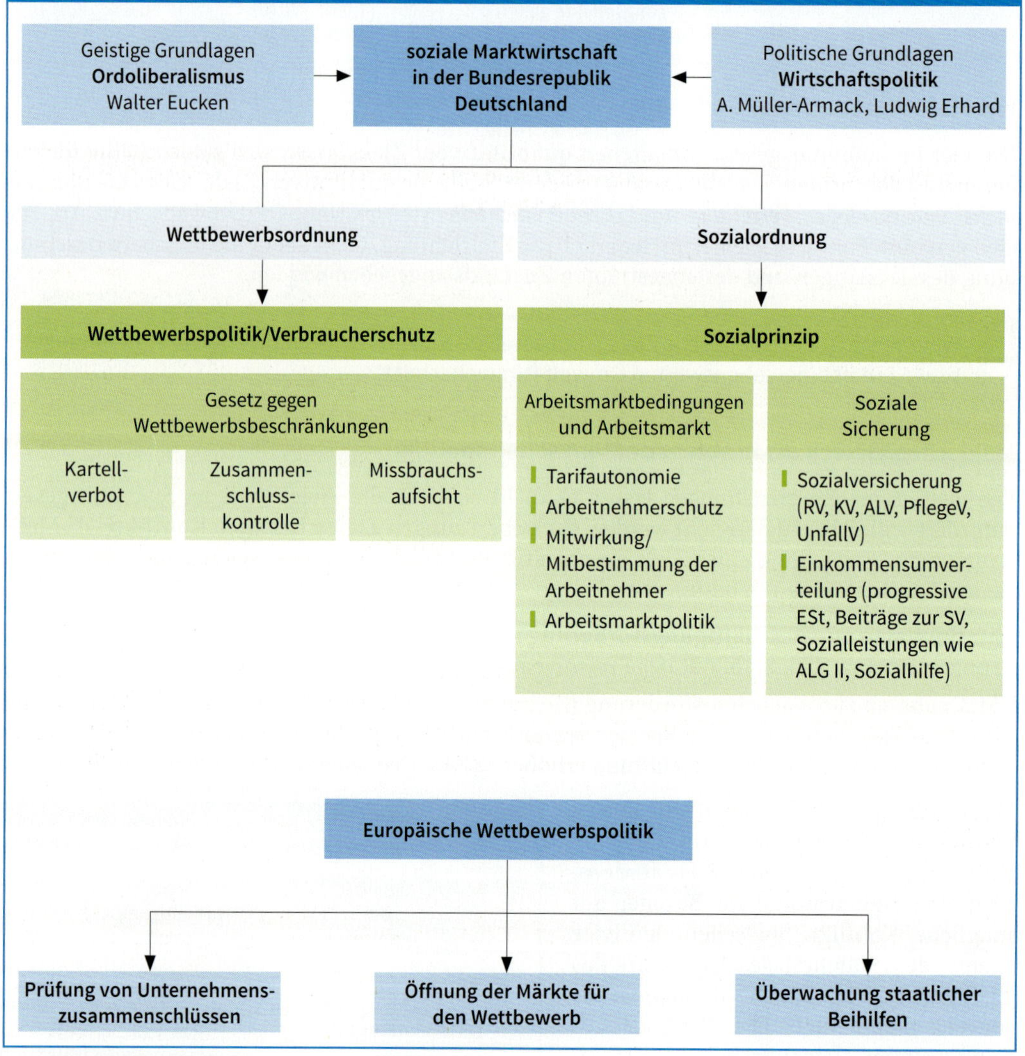

Zusammenfassende Übersicht Kapitel 2: Rahmenbedingungen der sozialen Marktwirtschaft

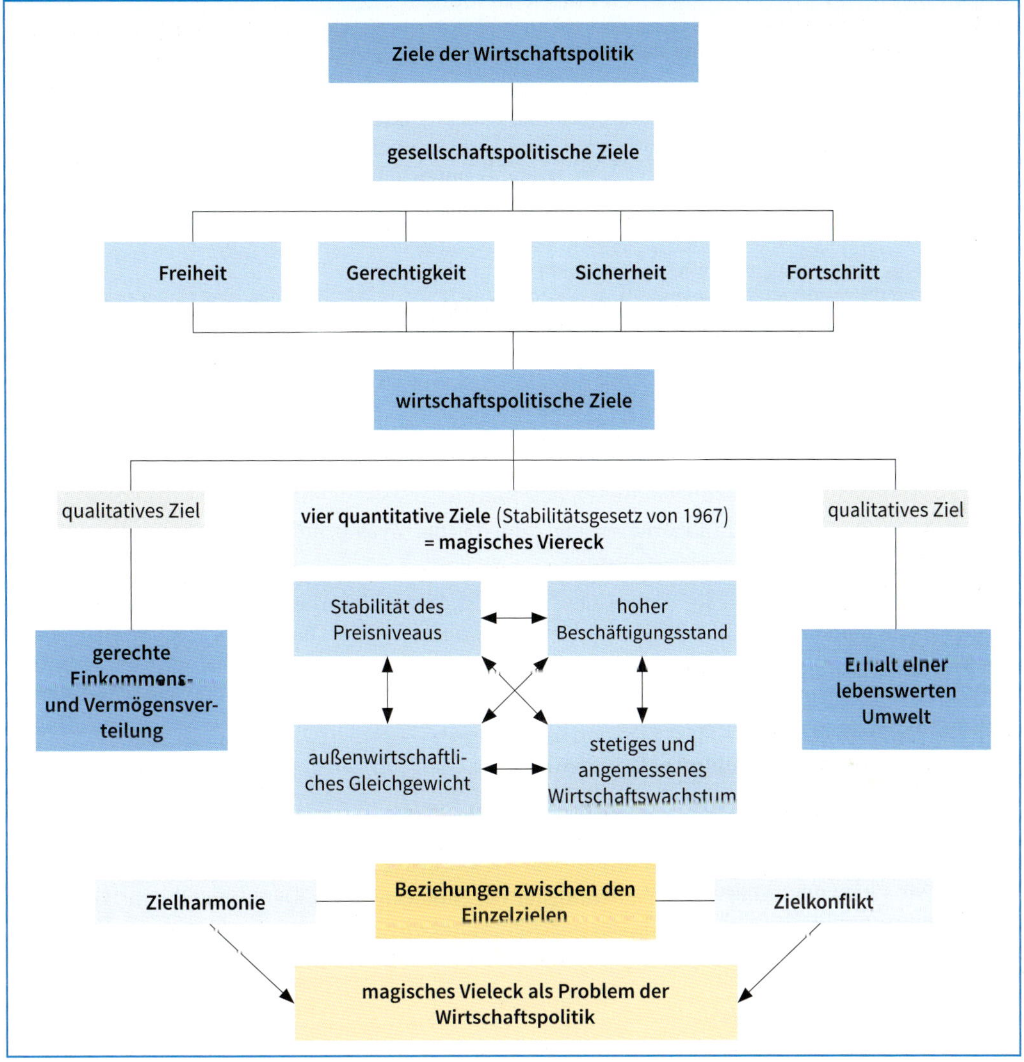

Aufgaben und Probleme zur Erarbeitung und Anwendung von Wissen zu Kapitel 2: Rahmenbedingungen der sozialen Marktwirtschaft

2.1 Geschichtliche Entwicklung der Wirtschaftsordnung

Vollziehen Sie anhand der Abb. auf S. 321 die geschichtliche Entwicklung der Wirtschafts- und Gesellschaftsordnung nach. Klären Sie mithilfe Ihres Geschichtsbuches und/oder einer Internetrecherche die fett gedruckten Begriffe. Informieren Sie sich über die Rolle und Bedeutung der erwähnten Personen. Halten Sie vor Ihrer Klasse ein Kurzreferat unter Verwendung der von Ihnen beschafften Informationen und erläutern Sie die in der Abbildung dargestellten Zusammenhänge.

2.2 Soziale Marktwirtschaft und Grundgesetz

Begründen Sie anhand der Gegenüberstellung auf S. 323 f., warum die dort aufgeführten Grundgesetzartikel

- nicht mit einer freien Marktwirtschaft,
- nicht mit einer Zentralverwaltungswirtschaft

zu vereinbaren sind.

2.3 Prioritätenspiel: Was kennzeichnet eine soziale Marktwirtschaft?

Führen Sie in Ihrer Klasse ein Prioritätenspiel zum Thema „Was kennzeichnet eine soziale Marktwirtschaft?“ durch.

Bei diesem Spiel muss sich jeder Teilnehmer zunächst darüber Klarheit verschaffen, was er unter einer sozialen Marktwirtschaft versteht und welche Teilaspekte ihm besonders wichtig erscheinen. Auf der Basis der unterschiedlichen Auffassungen soll eine möglichst große Übereinstimmung hinsichtlich der Vorstellungen über die wesentlichen Merkmale einer sozialen Marktwirtschaft hergestellt werden.

Spielbeschreibung und Spielunterlagen finden sich bei dem Downloadmaterial.

2.4 Unternehmenskonzentration – Wettbewerbspolitik – Gesetz gegen Wettbewerbsbeschränkung

1. LUDWIG ERHARD (erster Wirtschaftsminister der Bundesrepublik Deutschland von 1949–1963), auf den die konkrete Ausgestaltung der sozialen Marktwirtschaft zurückgeht, hat das 1957 erlassene *Gesetz gegen Wettbewerbsbeschränkungen* als **„Grundgesetz der Marktwirtschaft“** bezeichnet.
   Erläutern Sie diese Aussage.
2. Unternehmenskonzentration
   a) Prüfen Sie anhand der Abb. auf S. 329 (Unternehmenskonzentration), in welchen Branchen die Unternehmenskonzentration in Deutschland am stärksten ist.
   b) Bedeutet ein hoher Konzentrationsgrad gleichzeitig, dass der Wettbewerb in dieser Branche gering ist?
   c) Für die deutsche Lebensmittelbranche liegen folgende Zahlen vor: Auf die zehn größten Handelsketten entfallen 80 % des Lebensmittelumsatzes. Auf die zehn größten Lebensmittelhersteller entfallen 11 % des Umsatzes.
   Welche Probleme können sich aus dieser Marktsituation ergeben?
3. Vierzehn Hersteller von Starkstromkabeln (darunter auch die Siemens AG) haben Lieferaufträge aller Kunden (darunter insbesondere öffentliche Energieversorgungsunternehmen und Stadtwerke) in der Weise gesteuert, dass am Ende einer jeden Periode der Marktanteil jedes beteiligten Herstellers einer vereinbarten Höhe entsprochen hat.
   a) Um welche Art der Wettbewerbsbeschränkung handelt es sich?
   b) Zur Durchsetzung der Vereinbarung sind auch Preis- und Rabattabsprachen erfolgt. Warum?
   c) Die Vereinbarungen hatten jahrzehntelang Bestand. Warum war im vorliegenden Fall nicht mit großem Widerstand der Kunden zu rechnen?

4. Prüfen Sie, ob auf die folgenden Fälle Regelungen des Gesetzes gegen Wettbewerbsbeschränkungen (GWB) anwendbar sind. Mit welchen Maßnahmen des Bundeskartellamtes ist ggf. zu rechnen? Begründen Sie Ihre Aussagen.

a) Der **Kaffeeröster Tchibo** wollte 1997 den Konkurrenten **Eduscho** übernehmen. Beide Unternehmen zusammen erreichten einen Marktanteil von ca. 28 %.

b) Die **Bayerische Vereinsbank** und die **Bayerische Hypotheken- und Wechselbank** wollten sich 1998 zusammenschließen (Verschmelzung). Hinsichtlich der Bilanzsumme belegt das neue Unternehmen hinter der Deutschen Bank den zweiten Platz. Sein Marktanteil beim filialgebundenen Aktiv- und Passivgeschäft mit Privat- und Firmenkunden (Kontokorrent- sowie kurz- bis mittelfristige Kredite, Sicht-, Spar- und mittelfristige Einlagen) erreicht nur auf einigen regionalen Märkten in Bayern mehr als 20 %.

c) Die **Lufthansa** verlangte als zeitweiliger Monopolist auf der Strecke Frankfurt–Berlin deutlich höhere Preise als auf anderen vergleichbaren innerdeutschen Strecken, auf denen sie in Wettbewerb mit anderen Fluggesellschaften stand. Die hohen Preise wurden mit Verlusten auf anderen innerdeutschen Strecken begründet.

d) Achtzehn kleine Möbelspeditionen aus Deutschland und Österreich gründen die **„Kooperationsgruppe Euroumzug e.V."** in Wuppertal. Zweck ist die Koordinierung der Umzugsleistungen (insbesondere die Vermeidung von Leerfahrten), der gemeinsame Einkauf und die Empfehlung von Preisen.

e) Die Vertreter bedeutender europäischer Farbenhersteller trafen sich in unregelmäßigen zeitlichen Abständen. Nach einem solchen Treffen erhöhten die betreffenden Unternehmen trotz unterschiedlicher Kostensituation ihre Preise für Teerfarbstoffe in zeitlichem Gleichschritt einheitlich um 8 %. Eine vertragliche Vereinbarung konnte ihnen aber nicht nachgewiesen werden.

f) Die Nettopreise für Neuwagen sind in Deutschland am höchsten. Vor diesem Hintergrund hat der **VW**-Konzern seine Vertriebspartner in Italien angewiesen, keine importierten VW- oder Audi-Neuwagen an Kunden aus Deutschland oder Österreich zu verkaufen.

2.5 Wettbewerbspolitik

Informieren Sie sich im Internet zum Thema Wettbewerbspolitik, z. B. auf den Seiten des Bundeskartellamts.

http://www.bundeskartellamt.de
Suchbegriff: Schulmaterialien.

2.6 System der sozialen Sicherung in Deutschland

Verschaffen Sie sich einen Überblick über das System der sozialen Sicherung in Deutschland.
Welche grundlegenden Probleme des Sozialstaats in Deutschland lassen sich feststellen?
Welche Reformvorschläge werden diskutiert oder wurden bereits umgesetzt?

http://sozialpolitik.com
http://sozialpolitik-aktuell.de Themenfelder: Einkommen, Einkommensverteilung, Armut

2.7 Bevölkerungsentwicklung und Renten

Informieren Sie sich im Internet zum Thema Bevölkerungsentwicklung und Renten, z. B. auf den Seiten der Bundeszentrale für politische Bildung.

http://www.bpb.de

2.8 Soziale Gerechtigkeit – Utopie oder Herausforderung?

Informieren Sie sich im Internet zum Thema Soziale Gerechtigkeit, z. B. auf den Seiten der Bundeszentrale für politische Bildung.

http://www.bpb.de

2.9 Armut – hier und weltweit

Informieren Sie sich im Internet zum Thema Armut, z. B. auf den Seiten der Bundeszentrale für politische Bildung.

http://www.bpb.de/

2.10 Erreichung wirtschaftspolitischer Ziele – Magisches Viereck

1. Untersuchen Sie anhand der statistischen Daten der Tabelle auf S. 342 f. und der folgenden Abbildung in welchen Jahren seit 1967 mindestens zwei der Ziele des magischen Vierecks gleichzeitig erreicht waren.

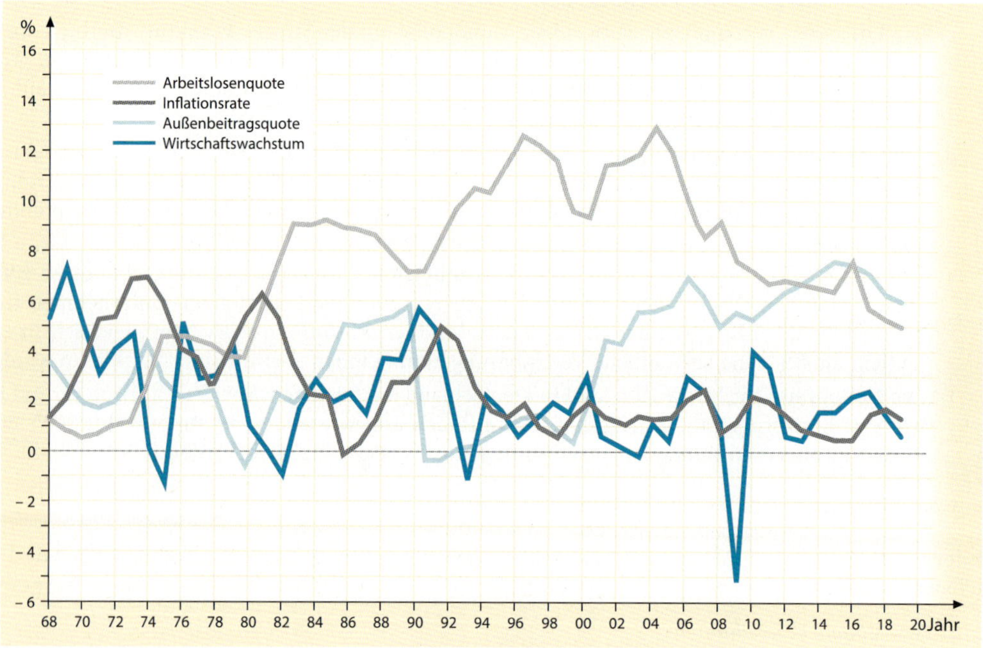

Arbeitslosenquote: Arbeitslose in % aller Erwerbspersonen (ohne Soldaten)
Wirtschaftswachstum: Wachstumsraten des realen BIP
Inflationsrate: Veränderung des Verbraucherpreisindex
Außenbeitragsquote: Anteil des Außenbeitrags (Exporte – Importe) am nominalen BIP

Aktuelle Zahlen: www.destatis.de

2. Welche Rückschlüsse lassen sich aus dem Ergebnis von Aufgabe 1 ziehen?

Ich kann ...	Bitte ankreuzen		Wenn Nein: Siehe Seite(n) im Buch	Level / Anforderungsniveau
	Ja	Nein		
2.1 Grundlagen der sozialen Marktwirtschaft in Deutschland				**Level**
... Ludwig Erhards Bedeutung für die soziale Marktwirtschaft in der Bundesrepublik Deutschland beschreiben.			320	1
... den Zusammenhang zwischen dem Grundgesetz und der am Leitbild der sozialen Marktwirtschaft orientierten Wirtschaftsordnung der Bundesrepublik Deutschland erläutern.			322 ff.	2
... das Verhältnis von Wettbewerbsprinzip und Sozialprinzip in der sozialen Marktwirtschaft erklären.			322	2
... die Ordnungsmerkmale der sozialen Marktwirtschaft und der freien Marktwirtschaft unterscheiden.			324 f.	1

D

Stabilisierungsaufgaben und Stabilisierungspolitik

Störungen des gesamtwirtschaftlichen Gleichgewichts: Konjunkturelle Schwankungen

1. Störungen des gesamtwirtschaftlichen Gleichgewichts: Konjunkturelle Schwankungen

- Konjunkturzyklus
- Konjunkturindikatoren
- Ursachen der Konjunkturzyklen

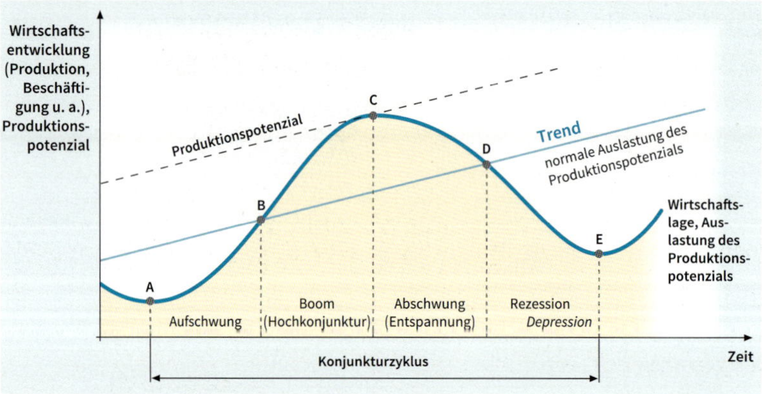

2. Die Volkswirtschaftliche Gesamtrechnung (VGR) als Datenbasis für wirtschaftspolitische Entscheidungen

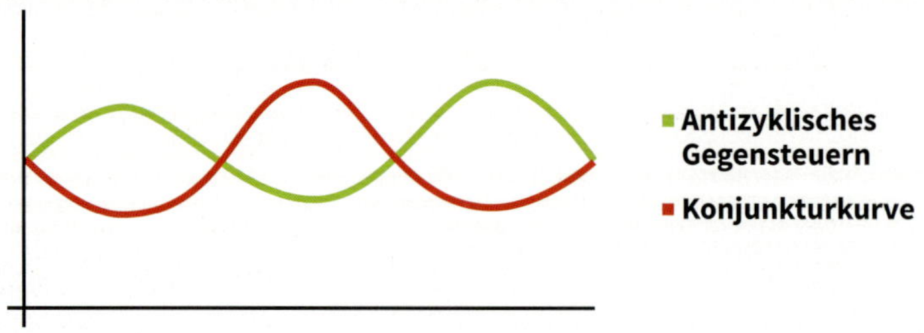

3. Wirtschaftspolitische Grundkonzeptionen

- Grundpositionen der Stabilisierungspolitik: Fiskalismus – Monetarismus
- Nachfrageorientierte und angebotsorientierte Wirtschaftspolitik im Überblick

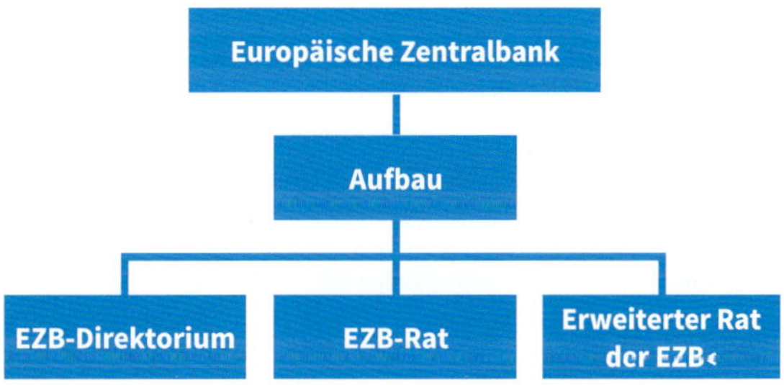

4. Geldpolitik

- Geldarten und Geldmengen
- Geldschöpfung
- Binnenwert des Geldes
- Ursachen und Auswirkungen von Geldwertminderungen
- Deflation
- Träger der Geldpolitik: Das Europäische System der Zentralbanken (ESZB) und das Eurosystem
- Geldpolitische Instrumente des Europäischen Systems der Zentralbanken
- Probleme geldpolitischer Maßnahmen bei der Beeinflussung wirtschaftspolitischer Ziele

D

Stabilisierungsaufgaben und Stabilisierungspolitik

Störungen des gesamtwirtschaftlichen Gleichgewichts: Konjunkturelle Schwankungen

Jean-Baptiste Say,
1767-1832 französischer Ökonom

5. Fiskalpolitik

- Bereiche und Träger der Wirtschaftspolitik
- Grundzüge nachfrageorientierter Wirtschaftspolitik: Antizyklische Fiskalpolitik
- Abkehr von der Fiskalpolitik: Angebotsorientierte Wirtschaftspolitik als Alternative

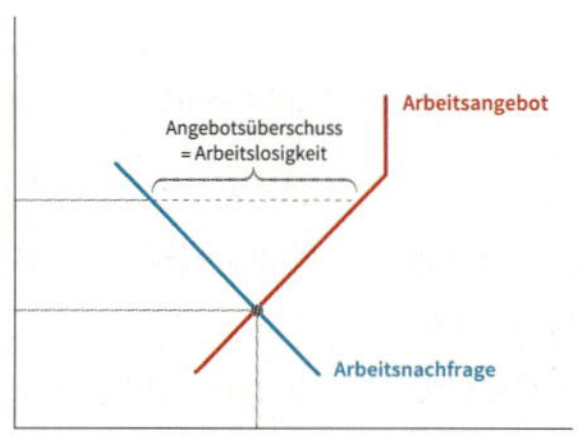

6. Arbeitsmarktpolitik

- Ausmaß und Struktur der Arbeitslosigkeit
- Arbeitslosigkeit als wirtschaftliches und soziales Problem
- Ursachen und Formen der Arbeitslosigkeit
- Lohnpolitik der Tarifvertragsparteien
- Instrumente und Maßnahmen zur Beschäftigungsförderung

7. Außenwirtschaftspolitik

- Außenhandel und Zahlungsbilanz in Deutschland
- Ursachen und Notwendigkeit des Außenhandels
- System freier Wechselkurse
- Instrumente der Außenwirtschaftspolitik

8. Konjunktur- und Wachstumspolitik als Kombination wirtschaftspolitischer Maßnahmen

- Ziele der Wachstums- und Konjunkturpolitik
- Policy Mix: Kombinierter Einsatz wirtschaftspolitischer Instrumente

1 Störungen des gesamtwirtschaftlichen Gleichgewichts: Konjunkturelle Schwankungen

1.1 Konjunkturzyklus

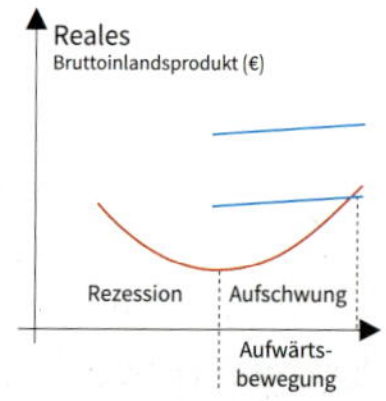

Lernziele:

Nach der Bearbeitung des Kapitels sind Sie in der Lage, Folgendes zu tun:
Sie ...

- ... beschreiben die konjunkturellen Schwankungen.
- ... nennen und erklären die Phasen eines idealtypischen Konjunkturzyklus.
- ... erläutern die einzelnen Phasen des Konjunkturzyklus.
- ... vergleichen das Modell des idealtypischen Konjunkturzyklus mit den realen BIP Wachstumsraten.

Die wirtschaftliche Entwicklung der meisten Volkswirtschaften verläuft nicht stetig, sondern im Wechsel zwischen Wirtschaftskrisen und Phasen der Wohlstandssteigerung.

B **Wirtschaftsschwankungen**

Bereits in der Bibel ist die Rede von sieben Jahren des Überflusses in Ägypten, denen sieben magere Jahre folgen sollen.[1] Auch in den entwickelten Volkswirtschaften der Neuzeit weist die Wirtschaftsentwicklung Schwankungen auf. Neben den jahreszeitlich bedingten **Saisonschwankungen** (z. B. im Baugewerbe, in der Landwirtschaft und im Einzelhandel) lassen sich auch mittelfristige Schwankungen feststellen, die sich über mehrere Jahre erstrecken und die gesamte Volkswirtschaft erfassen. Diese Schwankungen werden als **konjunkturelle Schwankungen** bezeichnet.

D Die in gewisser Regelmäßigkeit auftretenden mehrjährigen Auf- und Abwärtsbewegungen der gesamtwirtschaftlichen Aktivitäten einer Volkswirtschaft werden als Konjunktur bezeichnet.

Messgrößen der konjunkturellen Entwicklung

1.1, S. 360

Als **Messgrößen** für die gesamtwirtschaftlichen Aktivitäten einer Volkswirtschaft dienen häufig entweder das reale **Bruttoinlandsprodukt zu Marktpreisen** und seine Veränderung (Wachstumsraten) oder der **Auslastungsgrad des Produktionspotenzials**.

D Das Bruttoinlandsprodukt (BIP) ist der Wert aller Waren (Sachgüter) und Dienstleistungen, die in einer bestimmten Periode im Inland produziert werden.

D Während das nominale BIP den Wert der produzierten Güter in aktuellen Marktpreisen misst, ist das reale BIP um Preisveränderungen bereinigt. Nur das reale BIP kann bei einem Zeitvergleich als Messgröße für die gesamtwirtschaftliche Leistung infrage kommen.

1 Altes Testament, Buch Genesis, Der Traum des Pharao und seine Deutung, Kapitel 41, Vers 17–36.

D Das Produktionspotenzial einer Volkswirtschaft ist das gesamtwirtschaftliche Produktionsergebnis, das bei vollständiger Auslastung und optimalem Einsatz aller Produktionsfaktoren erzeugt werden kann.

Konjunkturphasen

Obwohl in der Realität keine strenge Abfolge der konjunkturellen Schwankungen feststellbar ist, wird in der Konjunkturtheorie häufig von einem idealtypischen **Konjunkturzyklus** (von Punkt A bis E in der Abbildung auf S. 356 oben) ausgegangen, der aus folgenden vier **Konjunkturphasen** besteht:

(1) **Aufschwung** (Erholung)

Diese Phase folgt nach der Überwindung einer vorangegangenen Krise (Tiefpunkt). Der Auslastungsgrad des Produktionspotenzials und die Investitionstätigkeit nehmen zu, liegen aber noch unter dem Durchschnitt. Die Wachstumsraten des BIP steigen. Die Zukunftsaussichten werden optimistisch beurteilt.

(2) **Boom** (Hochkonjunktur)

Das Produktionspotenzial wird über das normale Maß hinaus ausgelastet (Überbeschäftigung mit Überstunden, Sonderschichten u. Ä.). In einigen Wirtschaftsbereichen kommt es zu Produktionsengpässen. Die Zuwachsraten des BIP werden geringer. Die zu Beginn noch optimistischen Zukunftserwartungen verschlechtern sich zunehmend.

(3) **Abschwung** (Abschwächung/Entspannung)

Nach Überschreiten des Hochpunktes sinken der Auslastungsgrad des Produktionspotenzials und die Investitionstätigkeit. Der Auslastungsgrad des Produktionspotenzials liegt aber immer noch über dem Durchschnitt. Das BIP wächst nicht mehr. Die Zukunftsaussichten werden pessimistisch beurteilt.

(4) **Rezession**[1]

Die Produktionskapazitäten sind nur unterdurchschnittlich ausgelastet (Unterbeschäftigung). Die Investitionstätigkeit nimmt weiter ab. Nach einer groben Definition liegt eine **Rezession** dann vor, wenn das reale BIP (kalender- und saisonbereinigt)[2] in mindestens zwei aufeinanderfolgenden Quartalen im Vergleich zum Vorquartal sinkt. Eine besonders lange und schwere Rezession wird als **Depression** bezeichnet.

1 Zuweilen wird auch die Abschwungphase bereits als Rezession bezeichnet.

2 Unter Berücksichtigung der unterschiedlichen Zahl von Arbeitstagen in den einzelnen Quartalen und saisonaler Besonderheiten (z. B. saisonaler Produktionsrückgang im Winter).

Konjunkturzyklus

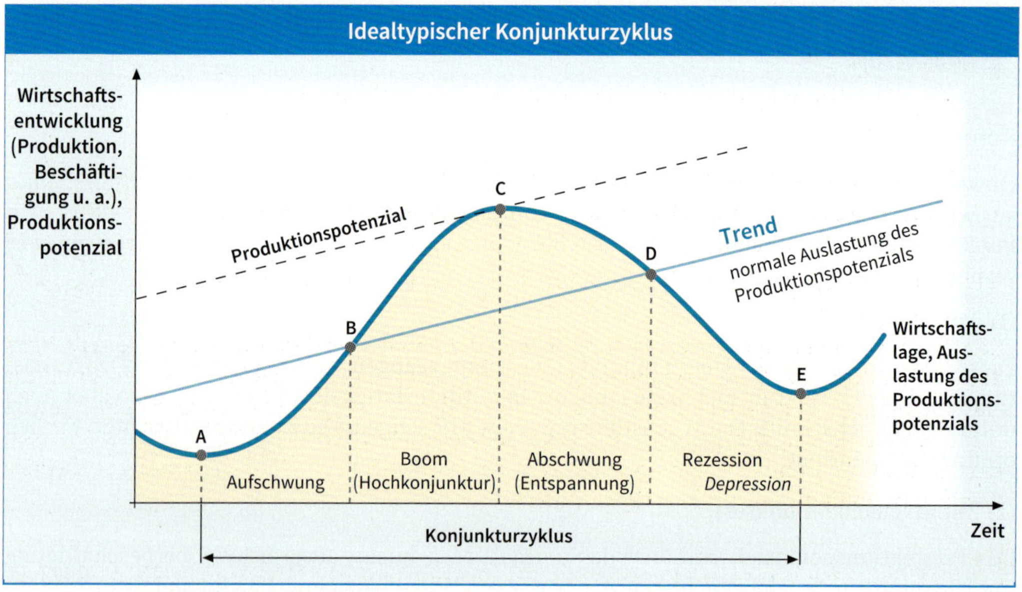

Die Dauer eines Konjunkturzyklus in der Bundesrepublik Deutschland schwankt erheblich. Auffallend ist, dass in allen Konjunkturzyklen seit 1950 die Höhe der Wachstumsraten des Inlandsprodukts jeweils niedriger ist als in den vorhergehenden Zyklen.

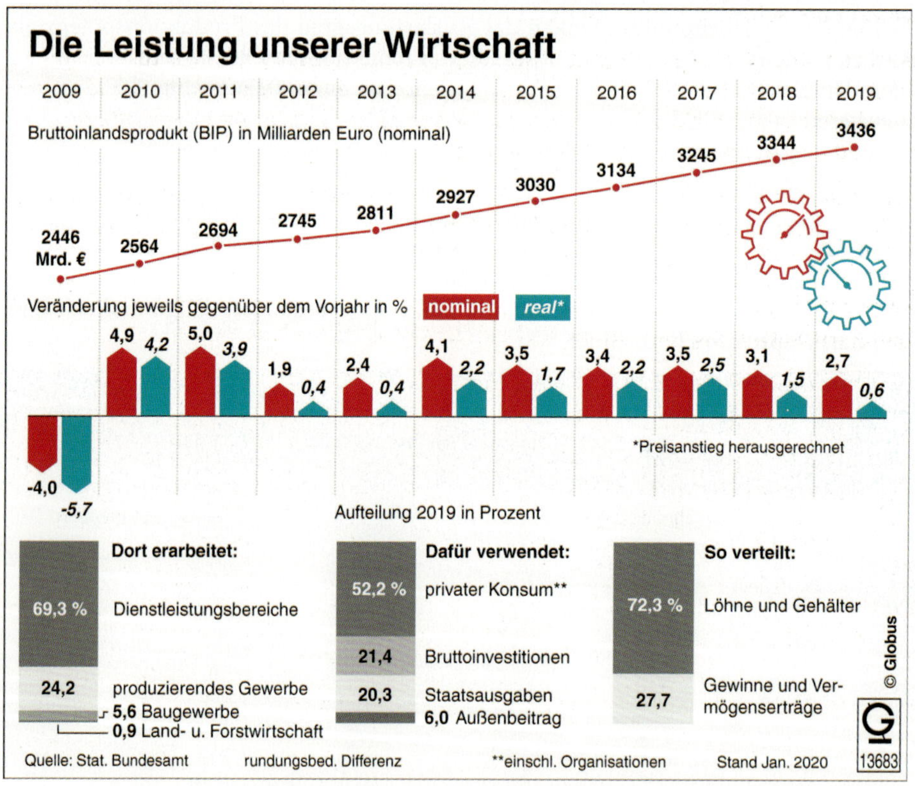

Aufgrund empirischer Untersuchungen wurden für die Vergangenheit Konjunktur- und Wachstumszyklen mit unterschiedlicher Dauer festgestellt, die sich teilweise gegenseitig überlagern.

1.2 Konjunkturindikatoren

Lernziele:

Nach der Bearbeitung des Kapitels sind Sie in der Lage, Folgendes zu tun:

Sie ...

- ... beschreiben die Indikatoren in den verschiedenen Phasen der Konjunktur.
- ... unterscheiden die Konjunkturindikatoren nach ihrer zeitlichen Reihenfolge im Konjunkturverlauf.
- ... nennen Beispiele, die zur Prognose und Diagnose der Konjunktur führen.

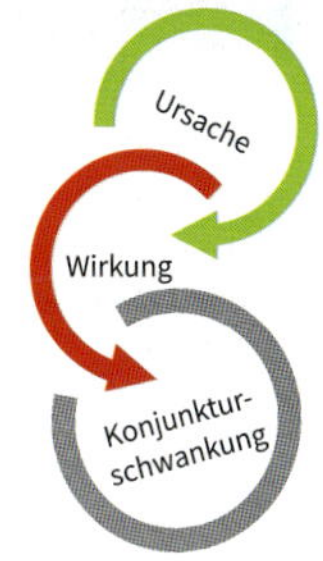

Konjunkturforscher und Wirtschaftspolitiker sind daran interessiert, die jeweils aktuelle Phase des Konjunkturverlaufs zu bestimmen, um Voraussagen über die erwartete Entwicklung machen zu können. Da sich die einzelnen Konjunkturphasen nicht nur in den Wachstumsraten des BIP und dem Auslastungsgrad des Produktionspotenzials widerspiegeln, werden solche Konjunkturdiagnosen und Konjunkturprognosen auf der Grundlage eines Systems verschiedener **Konjunkturindikatoren** vorgenommen.

1.2, S. 361

D Konjunkturindikatoren sind Messgrößen, die die gegenwärtige Konjunkturphase anzeigen (Konjunkturdiagnose) und Voraussagen über die voraussichtliche Entwicklung zulassen (Konjunkturprognose).

1.3, S. 362

Es werden drei Gruppen von Konjunkturindikatoren unterschieden, die sich in den vier Konjunkturphasen unterschiedlich entwickeln.

Frühindikatoren: dienen als Grundlage für die Prognose des weiteren Konjunkturverlaufs z. B. Auftragseingang, Lagerhaltung, Geschäftserwartung (Geschäftsklimaindex), Baugenehmigungen, Konsumbereitschaft, Geldmenge, Einzelhandelsumsätze, Zinsstruktur (= Differenz zwischen kurz- und langfristigen Zinsen), Börsenkurse

Gegenwartsindikatoren: reagieren ohne zeitliche Verzögerung auf Konjunkturänderungen z. B. reales BIP (insbesondere die Produktion von Konsum- und Investitionsgütern), Kapazitätsauslastung, Produktivität, Kreditnachfrage

Spätindikatoren: reagieren mit zeitlicher Verzögerung auf Konjunkturänderungen z. B. Preise, Beschäftigung (Arbeitslosenquote, offene Stellen), Löhne, Zahl der Insolvenzen

Indikatoren / Konjunkturphasen	Frühindikatoren (z. B. Auftragseingang)	Gegenwartsindikatoren (z. B. Produktion)	Spätindikatoren (z. B. Preise)
Boom	schnell steigend	steigend	schnell steigend
Abschwung	schnell fallend	fallend	langsam fallend
Rezession	langsam fallend	langsam fallend	langsam fallend, konstant
Aufschwung	steigend	langsam steigend	konstant, langsam steigend

Aktuelle Zahlen: www.bundesbank.de

1.3 Ursachen der Konjunkturzyklen

Lernziele:

Nach der Bearbeitung des Kapitels sind Sie in der Lage, Folgendes zu tun:

Sie ...

- ... nennen die Ursachen von konjunkturellen Schwankungen.
- ... beschreiben die Ziele, die mit konjunkturpolitischen Maßnahmen verfolgt werden.

Es gibt keine einheitliche Konjunkturtheorie, mit der die zyklische Entwicklung der gesamtwirtschaftlichen Aktivität erklärt werden könnte. Vielmehr werden konjunkturelle Schwankungen durch das Zusammenwirken unterschiedlicher Verursachungsfaktoren ausgelöst. Bei der Vielzahl der sich teilweise gegenseitig widersprechenden Erklärungsansätze lassen sich u. a. folgende Gruppen unterscheiden:

Monetäre Theorien: Die Konjunkturzyklen werden in erster Linie auf monetäre Faktoren (Geldmengen- und Zinsveränderungen) zurückgeführt. Demnach führt eine Ausdehnung der Geldmenge und die sich daraus ergebende Erhöhung des Kreditvolumens zu einem Aufschwung. Dieser Prozess hält so lange an, bis die steigende Nachfrage aufgrund der ausgelasteten Kapazitäten nicht mehr befriedigt werden kann. Wenn die Zentralbank die sich dann ergebende Preisniveausteigerung durch eine Begrenzung des Geldmengenwachstums stoppen will, wird ein Konjunkturabschwung eingeleitet.

Überinvestitionstheorien: Die Rezession wird mit der übermäßigen Ausdehnung des Investitionsgütersektors im Konjunkturaufschwung erklärt. Die Produktionskapazitäten werden demnach möglicherweise über das zur Befriedigung der steigenden Konsumgüternachfrage nötige Maß hinaus vergrößert. Der Abbau der Überkapazitäten leitet nach dieser Auffassung den Konjunkturabschwung ein.

Unterkonsumtionstheorien: Die Rezession wird als Folge einer ungleichgewichtigen Entwicklung zwischen Konsum- und Investitionsgüterindustrie im Aufschwung erklärt. Die Ausdehnung der Produktionskapazitäten ermöglicht eine Erhöhung der Konsumgüterproduktion. Im Boom bleibt aber die Konsumgüternachfrage hinter den Produktionsmöglichkeiten zurück, da Löhne und Gehälter nicht in gleichem Ausmaß steigen wie die Güterpreise und Gewinne. Es fehlt den privaten Haushalten an Kaufkraft, sodass die zu geringe Nachfrage den Abschwung einleitet. Diese Situation wird durch eine ungleiche Einkommensverteilung verschärft, indem die Bezieher hoher (Kapital-)Einkommen wegen ihrer hohen Sparquote zu wenig Konsumgüter nachfragen. Dadurch wird der Abschwung verstärkt.

Exogene (außerwirtschaftliche) Theorien: Diese Theorien sehen die Ursachen der konjunkturellen Schwankungen in Faktoren, die nicht direkt durch das Wirtschaftsgeschehen beeinflusst werden. Dazu gehören beispielsweise Naturkatastrophen, Kriege, Erfindungen, Entdeckungen neuer Rohstoffquellen und optimistische bzw. pessimistische Zukunftserwartungen **(psychologische Konjunkturtheorien)**. Daneben wird auch versucht, einen Zusammenhang zwischen Wahl- und Konjunkturzyklen herzuleiten **(politische Konjunkturtheorien)**. Demnach sind die von demokratischen Regierungen in Zusammenhang mit ihren Bemühungen um eine Wiederwahl ergriffenen Maßnahmen (Wahlversprechen und Wahlgeschenke) Ursache für Konjunkturschwankungen.

Neben diesen verbalen Erklärungsansätzen gibt es auch zahlreiche Versuche zu modelltheoretischen Konjunkturerklärungen, indem konjunkturellen Schwankungen im Rahmen mathematischer Modelle nachempfunden werden.

**Zusammenfassende Übersicht Kapitel 1:
Störungen des gesamtwirtschaftlichen Gleichgewichts: Konjunkturelle Schwankungen**

Indikatoren ← **Konjunktur** → **Ursachen**

Indikatoren

Frühindikatoren
z. B. Auftragseingang

Gegenwartsindikatoren
z. B. Produktion

Spätindikatoren
z. B. Preise, Beschäftigung

Konjunktur ↓ **Konjunkturzyklus**

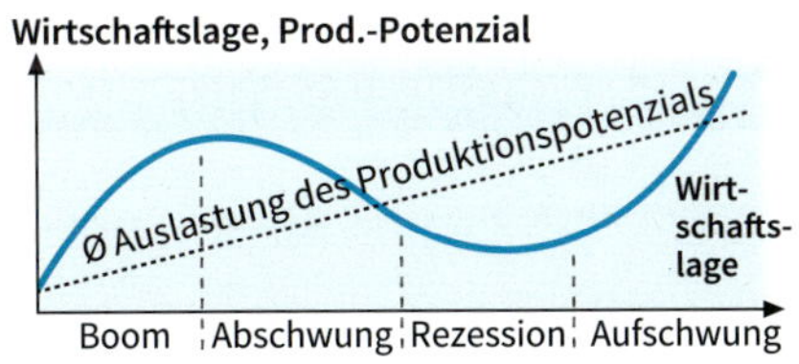

Ursachen

Überinvestition und Unterkonsumtion

monetäre Ursachen
(Geld und Kredit)

psychologische und politische Ursachen

Aufgaben und Probleme zur Erarbeitung und Anwendung von Wissen zu Kapitel 1: Störungen des gesamtwirtschaftlichen Gleichgewichts: Konjunkturelle Schwankungen

1.1 Konjunkturzyklen: Entwicklung des Bruttoinlandsprodukts in der Bundesrepublik Deutschland

1. In den Abb. 1 bis 3 wird die Entwicklung der gesamtwirtschaftlichen Aktivität für die Bundesrepublik Deutschland auf verschiedene Weise dargestellt. Erläutern Sie Vor- und Nachteile der einzelnen Darstellungsarten.

2. Analysieren Sie die Konjunkturentwicklung in der Bundesrepublik Deutschland anhand der Abbildungen und vergleichen Sie diese mit einem idealtypischen Konjunkturzyklus.

Abb. 1:

Deutschland: Auslastung des Produktionspotenzials (in Preisen von 2010)

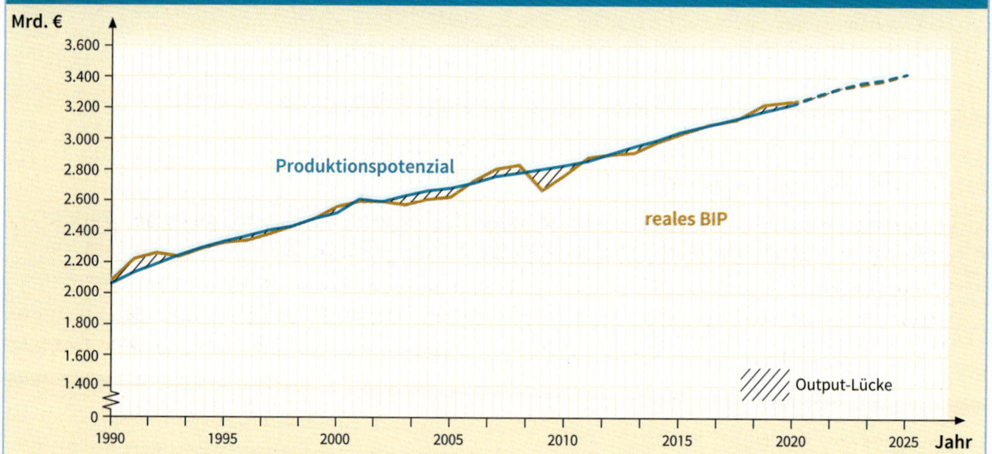

Anmerkung: Das Produktionspotenzial entspricht der gesamtwirtschaftlichen Produktion bei normaler Beschäftigung aller volkswirtschaftlichen Produktionsfaktoren. Der Sachverständigenrat sieht eine Normalauslastung dann als gegeben an, wenn die vorhandenen Produktionsfaktoren zu 96,75 % ausgelastet sind. Daher kann das BIP größer sein als das Produktionspotenzial.

eigene Darstellung nach Daten vom Bundesministerium der Finanzen, Monatsbericht, März 2020, Tabelle: Produktionspotenzial und -lücken[1], Bruttoinlandsprodukt.

Abb. 2:

Auslastungsgrad des Produktionspotenzials
Bruttoinlandsprodukt in % des Produktionspotenzials

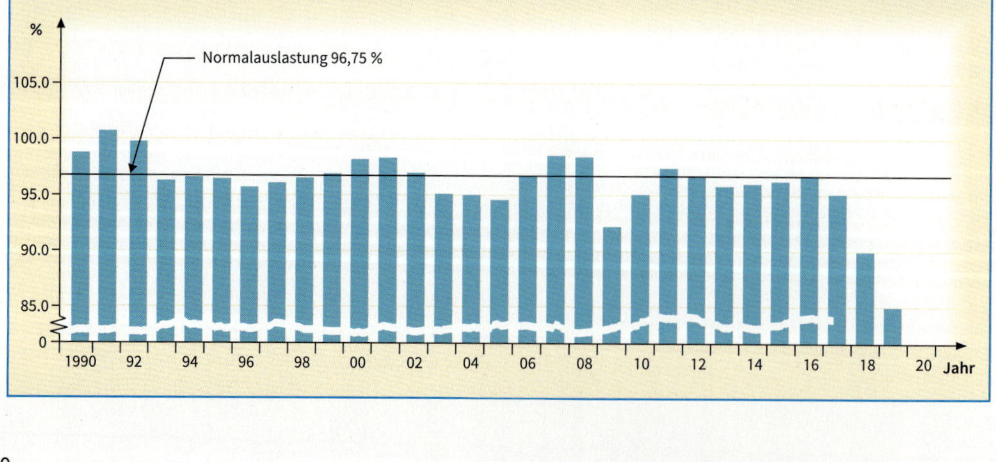

Abb. 3:

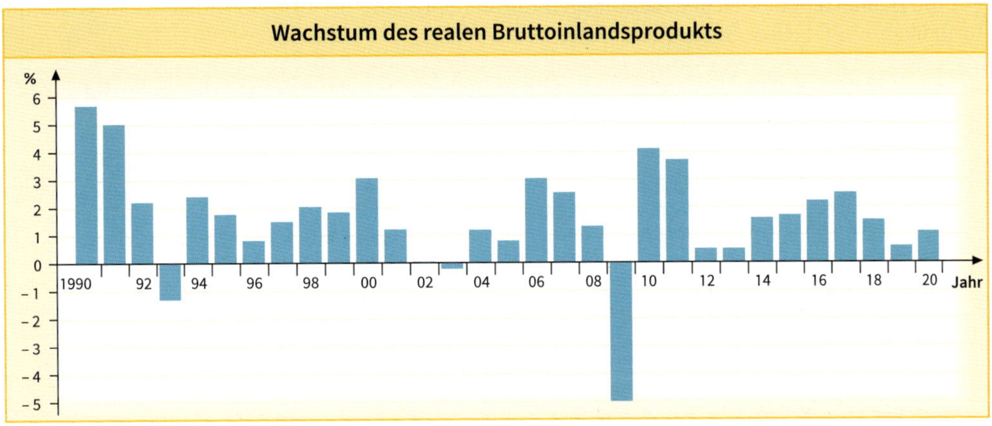

Eigene Darstellung, Zahlen entnommen von Bundesministerium der Finanzen, Monatsbericht, März 2020 Gesamtwirtschaftliches Produktionspotenzial und Konjunkturkomponenten des Bundes, Bruttoinlandprodukt.

1.2 Konjunkturindikatoren

1. Wie entwickeln sich die folgenden Konjunkturindikatoren in den einzelnen Phasen eines idealtypischen Konjunkturverlaufs?

   Verwenden Sie zur Charakterisierung folgende Begriffe: niedrig, hoch, steigend, stark steigend, sinkend, stark sinkend, (etwas oder sehr) optimistisch, (etwas oder sehr) pessimistisch.

   Konjunkturindikatoren: Auftragseingang, Lagerbestände, Kapazitätsauslastung, Produktion, Gewinne, Investitionen, Konsumneigung, Sparneigung, Preisniveau, Lohn- und Gehaltszuwächse, Arbeitslosenquote, offene Stellen, Zinsen, Aktienkurse, Steueraufkommen, Zukunftserwartungen.

Konjunkturindikatoren	Aufschwung	Boom	Abschwächung	Rezession
Auftragseingang				
usw.				

2. Ordnen Sie folgende Konjunkturindikatoren jeweils einer der drei Gruppen Früh-, Gegenwarts- und Spätindikatoren zu. Zeigen und erläutern Sie anhand eines Vernetzungsdiagramms die Abhängigkeiten zwischen diesen Indikatoren.

   Konjunkturindikatoren: Geschäftsklima, Arbeitslosenzahl, volkswirtschaftliche Lohnsumme, Kapazitätsauslastung, Gewinnerwartungen, Geldmenge, Konsumklima, Lagerbestand, Auftragseingang, Produktion, Produktivität, Preise, Investitionen, Konsum, Auftragsbestand

1.3 Konjunkturdiagnose – Konjunkturprognose

Für die Bundesrepublik Deutschland liegen für die Jahre 2010 bis 2018 für einige wichtige Konjunkturindikatoren folgende Indizes und Daten vor:

Vierteljährliche (kalender- und saisonbereinigte) Wachstumsraten des realen BIP (Veränderung gegenüber dem vorangegangenen Quartal in %)															
2010				**2011**				**2012**				**2013**			
1. Vj	**2. Vj**	**3. Vj**	**4. VJ**	**1. Vj**	**2. Vj**	**3. Vj**	**4. VJ**	**1. Vj**	**2. Vj**	**3. Vj**	**4. VJ**	**1. Vj**	**2. Vj**	**3. Vj**	**4. VJ**
0,8	2,1	0,8	0,8	1,8	0,2	0,5	0,0	0,4	0,1	0,2	-0,5	-0,2	0,9	0,4	0,4
2014				**2015**				**2016**				**2017**			
1. Vj	**2. Vj**	**3. Vj**	**4. VJ**	**1. Vj**	**2. Vj**	**3. Vj**	**4. VJ**	**1. Vj**	**2. Vj**	**3. Vj**	**4. VJ**	**1. Vj**	**2. Vj**	**3. Vj**	**4. VJ**
1,0	0,0	0,5	0,9	-0,2	0,6	0,6	0,4	0,8	0,6	0,2	0,4	1,2	0,6	0,9	0,7
2018				**2019**											
1. Vj	**2. Vj**	**3. Vj**	**4. VJ**	**1. Vj**	**2. Vj**	**3. Vj**	**4. VJ**								
0,1	0,4	-0,1	0,2	0,5	-0,2	0,2	0,0								

Indikatoren (Stand: April 2020)		2016	2017	2018	2019
Auftragseingang (Industrie) 2015 = 100		100,7	108,6	110,5	104,9
Einzelhandelsumsätze 2015 = 100		102,5	107,6	110,7	114,7
Reales BIP	Index 2015 = 100	102,23	104,75	106,35	106,95
	Wachstumsraten in %	2,2	2,5	1,5	0,6
Bruttanlage- invesititionen	Index 2015 = 100	103,80	106,34	110,01	112,87
	Wachstumsraten in %	3,8	2,4	3,5	2,6
Produktion (Produzierendes Gewerbe) 2015 = 100		101,5	104,9	105,8	102,2
Arbeitsproduktivität (je Erwerbstätigenstunde) 2015 = 100		100,98	102,09	102,24	101,92
Tariflohn- und Gehaltsniveau (Stundenbasis) 2015 = 100		102,1	104,2	107,1	110,3
Lohnstückkosten 2015 = 100		101,13	102,34	104,90	108,44
Verbraucherpreise 2015 = 100		100,5	102	103,8	105,3
Arbeitsmarkt	Arbeitslose in Mio.	2,691	2,533	2,34	2,267
	Arbeitslosenquote %	6,1	5,7	5,2	5,0
	offene Stellen in Tsd.	655	731	796	774

eigene Darstellung nach Daten von Deutsche Bundesbank, Monatsberichte; Stat. Bundesamt, März 2020, div. Tabellen

1. Stellen Sie anhand der Quartalswerte des BIP-Wachstums der letzten Jahre (*vgl. Tabelle S. 362*) fest, wann nach der üblichen Definition (negative Wachstumsraten in zwei aufeinanderfolgenden Quartalen) eine Rezession vorlag. Erstellen Sie aus den Quartalswerten des BIP-Wachstums ein Säulendiagramm und prüfen Sie, ob im grafischen Konjunkturverlauf zeitweise eines der folgenden Buchstabenmuster erkennbar ist:
   V = Abschwung mit erneutem steilem Aufschwung;
   U = längeres Verharren in der Talsohle;
   L = schneller Abschwung mit anhaltender Stagnation;
   W = Abschwung mit kurzfristiger Erholung und erneutem Abschwung (= double dip: zweimaliges Eintauchen).

Datenquelle zur Ergänzung/Aktualisierung der Tabelle: Deutsche Bundesbank, Saisonbereinigte Wirtschaftszahlen (erscheint monatlich) bzw. *https://www.bundesbank.de/de → Publikationen → Berichte und Studien → Aktuelle Monatsberichte.*

2. Analysieren Sie den Konjunkturverlauf in der Bundesrepublik Deutschland zwischen 2016 und 2019 anhand geeigneter Indikatoren. Stellen Sie dazu auch die Entwicklung einzelner Indikatoren grafisch dar. Welche Zusammenhänge lassen sich zwischen der Entwicklung der einzelnen Größen feststellen?

3. Machen Sie auf der Basis der vorliegenden Daten eine begründete Konjunkturprognose für die Jahre 2019/2020 und überprüfen Sie Ihre Prognose anhand der tatsächlichen Werte bzw. der Prognosen der Wirtschaftsforschungsinstitute.
Bitte beachten Sie, dass im Jahr 2020 die Corona-Krise siehe S. 432 einen enormen Konjunktureinbruch bringen wird.

D 4.8.4

Ich kann …	Bitte ankreuzen		Wenn Nein: Siehe Seite(n) im Buch	Level / Anforderungsniveau
	Ja	Nein		
1.1 Konjunkturzyklus				**Level**
… die konjunkturellen Schwankungen beschreiben.			356	2
… die Phasen eines idealtypischen Konjunkturzyklus nennen und erklären.			355 f.	1/2
… die einzelnen Phasen des Konjunkturzyklus erläutern.			356	2
… das Modell des idealtypischen Konjunkturzyklus mit den realen BIP Wachstumsraten vergleichen.			356	3
1.2 Konjunkturindikatoren				**Level**
… die Indikatoren in den verschiedenen Phasen der Konjunktur beschreiben.			357	1

2 Die Volkswirtschaftliche Gesamtrechnung (VGR) als Datenbasis für wirtschaftspolitische Entscheidungen

A 4.2

In der Volkswirtschaftlichen Gesamtrechnung (VGR) werden die Ergebnisse des Wirtschaftsprozesses einer Volkswirtschaft, soweit sie zahlenmäßig erfassbar sind, für eine vergangene Periode (in der Regel ein Jahr) dargestellt. Die statistischen Zahlen der VGR liefern u.a. den Trägern der **Wirtschaftspolitik** (z.B. Bundes- und Landesregierungen, Zentralbank, Tarifpartner, Wirtschaftsverbände) und den Wirtschaftsforschungsinstituten wichtige Informationen für gesamtwirtschaftliche Analysen und Prognosen. Auf der Grundlage der Ergebnisse der Vorperiode kann rückblickend festgestellt werden, welche Wirkungen die wirtschaftspolitischen Maßnahmen gehabt haben und inwieweit die zahlenmäßig formulierten Ziele tatsächlich erreicht wurden. Für die **Wirtschaftswissenschaft** ist das Zahlenwerk der VGR ein unverzichtbares Mittel, um Theorien über Wirkungszusammenhänge in der Volkswirtschaft (z.B. gesamtwirtschaftliche Auswirkungen von Konsum und Investition) zu überprüfen. Eine Hauptaufgabe der VGR ist die Berechnung des **Inlandsprodukts**.

3 Wirtschaftspolitische Grundkonzeptionen

3.1 Grundpositionen der Stabilisierungspolitik: Fiskalismus – Monetarismus

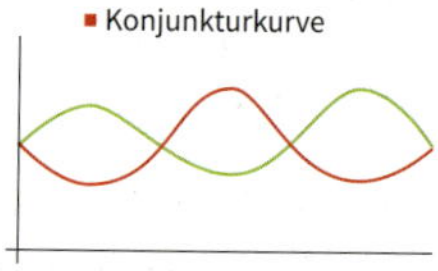

Lernziele:

Nach der Bearbeitung des Kapitels sind Sie in der Lage, Folgendes zu tun:
Sie ...

- ... beschreiben den Begriff „Stabilisierungspolitik“ inhaltlich.
- ... nennen die Grundaussagen von J. M. Keynes.
- ... erläutern die Grundauffassung des Monetarismus.

D Unter Stabilisierungspolitik werden wirtschaftspolitische Maßnahmen verstanden, die auf die Erreichung und Erhaltung gesamtwirtschaftlicher Ziele und dabei insbesondere auf ein stabiles Preisniveau und einen hohen Beschäftigungsstand gerichtet sind.

Nach Auffassung der Vertreter des **klassischen Liberalismus**[1] des 18. und 19. Jahrhunderts (z. B. ADAM SMITH, 1723–1790, und DAVID RICARDO, 1772–1823) überwindet der Markt- und Preismechanismus automatisch mögliche Störungen der wirtschaftlichen Entwicklung. Auch auf dem Arbeitsmarkt kann es nach klassischer Auffassung auf Dauer kein Ungleichgewicht geben, da bei freier Lohnbildung ein Überangebot an Arbeitskräften die Löhne so lange sinken lässt, bis der zusätzliche Einsatz von Arbeitskräften für die Unternehmen wieder rentabel ist.

D Wegen der mit dem Preis-, Zins- und Lohnmechanismus begründeten Tendenz zum Gleichgewicht zwischen Angebot und Nachfrage auf allen Märkten werden staatliche Eingriffe in das Wirtschaftsgeschehen von den Vertretern der klassischen Wirtschaftstheorie abgelehnt.

Grundauffassungen des Fiskalismus (Keynesianismus)

Vor dem Hintergrund der Massenarbeitslosigkeit im Rahmen der Weltwirtschaftskrise 1929–1933 häuften sich die Zweifel an den Selbstheilungskräften der Marktwirtschaft. Insbesondere der englische Wirtschaftswissenschaftler JOHN MAYNARD KEYNES (1883–1946) kritisierte die klassische Wirtschaftstheorie aufs Heftigste.

John Maynard Keynes (1883–1946) berühmter engl. Volkswirt

KEYNES belegte in seinem 1936 erschienenen Werk *Allgemeine Theorie der Beschäftigung, des Zinses und des Geldes*[2], dass in der Realität der Preis-, Zins- und Lohnmechanismus infolge von **Marktunvollkommenheiten** nicht so reibungslos funktioniert, dass sich ständig ein Gleichgewicht bei Vollbeschäftigung einstellt (**= Instabilitätshypothese**). Die Entwicklung eines Gleichgewichtszustandes auf dem Arbeitsmarkt durch sinkende Löhne ist nach KEYNES nicht zu erwarten, weil sich die Gewerkschaften dagegen sperren und die Löhne daher nach unten nicht flexibel genug sind. Bezüglich des Zinsmechanismus, der nach klassischer Auffassung Investitionen

1 Als Klassik wird in der Wirtschaftswissenschaft die Zeit zwischen 1750 und 1850 bezeichnet, als es englischen und schottischen Ökonomen erstmals gelang, die Wirtschaftswissenschaften als selbstständige Wissenschaftsdisziplin mit eigener Methode herauszubilden und die Grundlagen der modernen Volkswirtschaftslehre zu legen.

2 J. M. Keynes, The General Theory of Employment, Interest and Money, London 1936.

und Ersparnisse einander anpasst, verwies KEYNES darauf, dass weder Investieren noch Sparen in erster Linie vom Zinssatz abhängen. Während für die Höhe der Ersparnisse die Höhe der Einkommen entscheidend ist, hängen die Investitionen vornehmlich von den Gewinnerwartungen der Unternehmen ab. Die Gewinnerwartungen sind aber beispielsweise dann schlecht, wenn die Arbeitnehmer aus Sorge vor der Zukunft mehr sparen (d. h. Konsumverzicht üben) und/oder ihre Kaufkraft aufgrund stagnierender Löhne hinter dem Konsumgüterangebot zurückbleibt. Dies wird die Unternehmer veranlassen, ihre Produktionskapazitäten und Investitionen einzuschränken. Außer durch sinkende Konsum- und Investitionsgüternachfrage können gesamtwirtschaftliche Nachfrageausfälle auch eintreten, wenn der Staat seine Ausgaben kürzt oder die Exportgüternachfrage zurückgeht.

Ist die **gesamtwirtschaftliche Nachfrage**, die sich aus der Konsum-, Investitions- und Exportgüternachfrage sowie den Staatsausgaben zusammensetzt, kleiner als die bei Vollbeschäftigung mögliche Produktion (= Produktionspotenzial), so besteht eine **Nachfragelücke**. Die Unternehmen schränken daraufhin ihre Produktion so lange ein, bis auf dem Gütermarkt ein neues Gleichgewicht zwischen gesamtwirtschaftlichem Angebot und gesamtwirtschaftlicher Nachfrage eintritt. Dieses neue **Gleichgewicht** auf dem **Gütermarkt** ist aber ein **Gleichgewicht bei Unterbeschäftigung**. Eine solche Situation kann nach KEYNES nicht allein durch die Marktkräfte beseitigt werden. Vielmehr muss in diesem Fall der Staat eingreifen, indem er die **gesamtwirtschaftliche Nachfrage** ankurbelt, damit die Unternehmen die Produktion wieder ausdehnen und Vollbeschäftigung erreicht wird **(= nachfrageorientierte Wirtschaftspolitik).**

D Nach der keynesianischen Theorie bestimmt die gesamtwirtschaftliche Nachfrage das gesamtwirtschaftliche Angebot und damit die Höhe des Inlandsprodukts.

Da geldpolitische Maßnahmen der Zentralbank – wie sie die Monetaristen befürworten – nach keynesianischer Auffassung in bestimmten Konjunkturphasen nicht wirksam sind, soll der Staat insbesondere in der Rezession im Rahmen seiner Einnahmen- und Ausgabenpolitik Maßnahmen zur Konjunkturbelebung ergreifen.

Die Unwirksamkeit aktiver Geldpolitik zur Ankurbelung der Wirtschaft durch Geldmengenerhöhung und Zinssenkung wird von Keynes u. a. mit folgendem Vergleich beschrieben: „Eine Ausdehnung der Geldmenge zur Wiederbelebung der Wirtschaft ist, wie wenn Sie zunehmen wollen und sich deshalb einen größeren Gürtel kaufen." (J. M. Keynes)

Die auf der keynesianischen Theorie beruhende Auffassung, dass staatliche Maßnahmen zur Nachfragebeeinflussung wirksamer als die Geldpolitik der Zentralbank sind, wird – in Abgrenzung zum **Monetarismus** – als **Fiskalismus** bezeichnet.

Grundauffassungen des Monetarismus

Die Theorie von KEYNES und seinen Nachfolgern wird besonders heftig von den sogenannten **Monetaristen** kritisiert, deren bekanntester Vertreter MILTON FRIEDMAN war. Dieser Gegenströmung zum Keynesianismus kommt seit Ende der 1950er-Jahre eine zunehmende Bedeutung zu. Die Vertreter des Monetarismus betonen vor allem, dass die **Geldmenge** die entscheidende Bestimmungsgröße nicht nur für das Preisniveau, sondern auch für eine gleichgewichtige Entwicklung der Gesamtwirtschaft sei. Der **Monetarismus** stellt eine **spezielle Ausprägung der neoklassischen Theorie** dar. Nach Auffassung der **Neoklassiker** ist das marktwirtschaftliche System grundsätzlich stabil, sofern der Wettbewerb auf Güter- und Faktormärkten wirksam ist **(= Sta-**

Milton Friedman (1912 – 2006) amerikanischer Prof. für Geldtheorie, Nobelpreisträger 1976

bilitätshypothese). Die in der Realität zu beobachtenden Wirtschaftsschwankungen werden als zwangsläufige Folge der als **Interventionismus**[1] kritisierten staatlichen Eingriffe in den Wirtschaftsprozess angesehen. Der Staat schafft demnach durch seine Stabilisierungsversuche erst die Fehlentwicklungen, die er eigentlich vermeiden will. Staatliche Wirtschaftspolitik soll sich daher darauf konzentrieren, durch Stärkung der Marktkräfte und Gewährung von Leistungsanreizen die Rahmenbedingungen für eine sich aus eigener Dynamik entwickelnde Wirtschaft zu schaffen. Eine zentrale Rolle soll dabei die am Wachstum des Produktionspotenzials ausgerichtete Geldmengenpolitik spielen. Das monetaristische Konzept der Stabilisierungspolitik wird von den Vertretern der **angebotsorientierten Wirtschaftspolitik**, die ebenfalls auf der **neoklassischen Theorie** beruht, übernommen. Deren Maßnahmen zur Belebung der wirtschaftlichen Aktivitäten zielen auf die Bestimmungsfaktoren des Angebots und des Produktionspotenzials ab.

3.2 Nachfrageorientierte und angebotsorientierte Wirtschaftspolitik im Überblick

Lernziele:

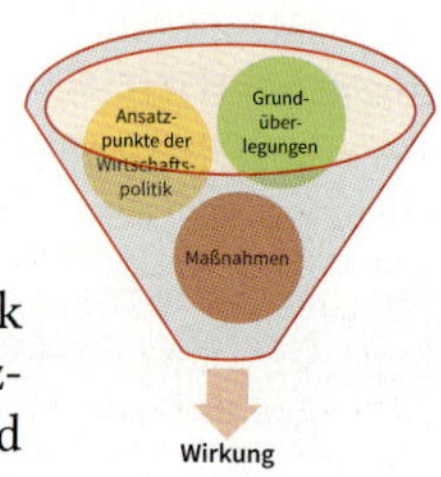

Nach der Bearbeitung des Kapitels sind Sie in der Lage, Folgendes zu tun:
Sie ...

- ... vergleichen die nachfrage- und angebotsorientierte Wirtschaftspolitik anhand der Kriterien „Rolle des Staates, vorrangige Zielsetzung, Ansatzpunkte der Stabilitätspolitik, sowie Aufgaben der Finanz-, Geld- und Einkommenspolitik".

Konzeption / Merkmale	nachfrageorientierte Wirtschaftspolitik	angebotsorientierte Wirtschaftspolitik
Staatsauffassung	interventionistische[2] Staatsauffassung: Staat übernimmt stabilisierungspolitische (insbesondere beschäftigungspolitische) Verantwortung	liberalistische[3] Staatsauffassung (möglichst wenig Staatseingriffe): Staat übernimmt keine stabilitätspolitische Verantwortung, These vom Staatsversagen
Grundannahmen	**Instabilitätshypothese:** Marktwirtschaftliche Systeme sind aufgrund von Marktversagen instabil (Marktpessimismus). Unterbeschäftigung ist auf eine zu geringe gesamtwirtschaftliche Nachfrage zurückzuführen. Es besteht die Gefahr eines **Gleichgewichts bei Unterbeschäftigung.** Die Wirtschaftspolitik ist aber in der Lage, mit geeigneten Maßnahmen das Marktsystem zu stabilisieren.	**Stabilitätshypothese:** Marktwirtschaftliche Systeme sind stabil und tendieren zum Gleichgewicht auf allen Märkten (auch auf dem Arbeitsmarkt). Instabilität ist die Folge von unzureichendem Wettbewerb und/oder von Eingriffen des Staates in das Marktsystem. Wachstumsschwäche und Unterbeschäftigung sind insbesondere auf zu geringe private Investitionen zurückzuführen.
vorrangiges wirtschaftspolitisches Ziel	Sicherung eines hohen Beschäftigungsstandes Hauptakteur: Staat (**Beschäftigungspolitik**)	**Preisniveaustabilität als** Voraussetzung für das Wirksamwerden des Preismechanismus. Hauptakteur: Zentralbank (**Geldpolitik**)

1 Intervention *(lat.)*: Eingriff
2 intervenieren *(lat.)*: eingreifen; sich einmischen
3 liberalistisch *(lat.)*: freiheitlich

Konzeption / Merkmale	nachfrageorientierte Wirtschaftspolitik	angebotsorientierte Wirtschaftspolitik
Ansatzpunkte der Stabilisierungspolitik	**Nachfragesteuerung:** Die gesamtwirtschaftliche Nachfrage bestimmt die Höhe von Inlandsprodukt, Volkseinkommen und Beschäftigung. Sie muss durch verschiedene wirtschaftspolitische Instrumente gesteuert und der Entwicklung des Produktionspotenzials angepasst werden (**Globalsteuerung**). **Nachfrageorientierte Glättung kurzfristiger konjunktureller Schwankungen** 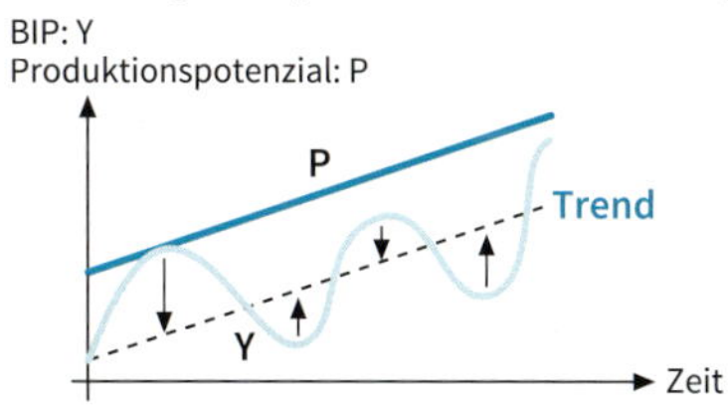	**Angebotssteuerung:** Die Rentabilität der Produktion bestimmt die Höhe von Inlandsprodukt, Volkseinkommen und Beschäftigung. Aufgabe des Staates ist es, die Voraussetzungen für das optimale Funktionieren des Marktsystems zu schaffen und so eine Erhöhung des Produktionspotenzials zu erreichen. **Angebotsorientierte Erhöhung des Produktionspotenzials** 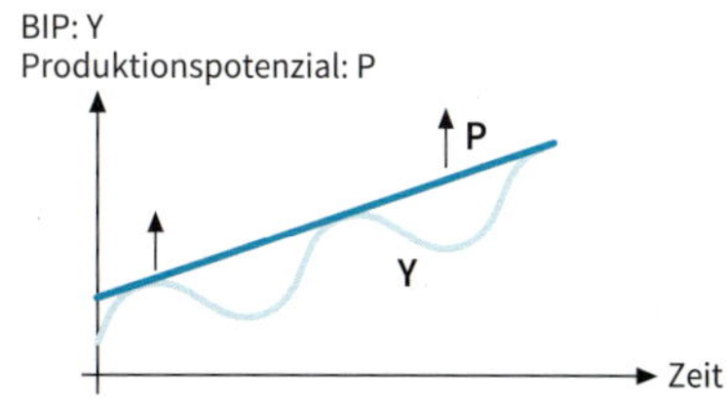
Aufgaben der staatlichen Einnahmen- und Ausgabenpolitik (Finanzpolitik)	Die Finanzpolitik übernimmt die zentrale Rolle im Rahmen der Stabilisierungspolitik. Mittels staatlicher Maßnahmen soll die gesamtwirtschaftliche Nachfrage gesteuert werden. Eine solche Politik wird als **Fiskalpolitik** bzw. **Fiskalismus** bezeichnet. Initialzündung zur Bekämpfung der Unterbeschäftigung sind kreditfinanzierte Staatsausgaben *(deficit spending)*.	Aufgabe der Finanzpolitik ist in erster Linie die Bereitstellung öffentlicher Güter. Die staatlichen Einnahmen und Ausgaben sollen am Wachstum des Produktionspotenzials orientiert und dadurch konjunkturneutral sein. Die Unternehmenssteuern sollen auf ein leistungsfreundliches Niveau gesenkt werden.
Aufgaben der Geldpolitik	Die Geldpolitik soll die Fiskalpolitik lediglich unterstützen. In der Rezession wird eine „Politik des billigen Geldes" gefordert, um die Finanzierungsbedingungen für private Investitionen zu verbessern und die Zinslasten für die notwendigen staatlichen Haushaltsdefizite zu mildern.	Die Geldmengenentwicklung soll am Wachstum des Produktionspotenzials ausgerichtet werden (**potenzialorientierte Geldpolitik**).
Aufgaben der Einkommenspolitik	Der Lohnpolitik wird keine zentrale Rolle bei der Beschäftigungssicherung zugewiesen. Von gewerkschaftlicher Seite wird bei Tarifverhandlungen aber betont, dass Lohnerhöhungen zu mehr Kaufkraft und damit zu mehr Beschäftigung führen (**Kaufkrafttheorie**).	Der Lohnpolitik wird die beschäftigungspolitische Hauptverantwortung zugewiesen, da Arbeitslosigkeit als Ausdruck unflexibler Arbeitsmärkte und zu hoher Lohnkosten aufgefasst wird. Nicht der Staat, sondern die Tarifparteien sollen die Verantwortung für die Vollbeschäftigung übernehmen.

Zusammenfassende Übersicht Kapitel 3: Wirtschaftspolitische Grundkonzeptionen

Konzepte der Wirtschaftspolitik

Fiskalismus (Keynesianismus)		**Monetarismus**
Gesamtwirtschaftliche Nachfrage bestimmt die Höhe von Inlandsprodukt, Volkseinkommen und Beschäftigung.	**Grundüberlegung**	Die Rentabilität der Produktion bestimmt die Höhe von Inlandsprodukt, Volkseinkommen und Beschäftigung.
Nachfrageorientierte Wirtschaftspolitik		**Angebotsorientierte Wirtschaftspolitik**
Steuerung der Wirtschaft über die Beeinflussung der **gesamtwirtschaftlichen Nachfrage**	**Ansatzpunkte der Wirtschaftspolitik**	Verbesserung der **Funktionsfähigkeit des Marktsystems** z. B. durch Wettbewerbspolitik, Deregulierung und Flexibilisierung der Märkte, Privatisierung öffentlicher Unternehmen
antizyklische Fiskalpolitik Ausschaltung bzw. Dämpfung der konjunkturellen Schwankungen durch staatliche Einnahmen- und Ausgabenpolitik **deficit spending** Kreditfinanzierte Staatsausgaben zur Beschäftigungsförderung **Geldpolitik** soll Fiskalpolitik unterstützen („Politik des billigen Geldes“) **Löhne als Nachfragefaktor (Kaufkraft)**	**Maßnahmen**	**stetige/konstante Wirtschaftspolitik** **konjunkturneutrale Finanzpolitik** **Steuersenkungen** (LAFFER-Theorem) **potenzialorientierte Geldpolitik** (= am Wachstum des Produktionspotenzials ausgerichtete Geldpolitik), Preisniveaustabilität **produktivitätsorientierte Lohnpolitik**
Produktion, Beschäftigung und Einkommen steigen durch Erhöhung der gesamtwirtschaftlichen Nachfrage	**Beabsichtigte Wirkungen**	**Ertragskraft der Unternehmen steigt; erhöhte Rentabilität privater Investitionen: Produktionspotenzial steigt durch mehr Investitionen**

Ich kann …	Bitte ankreuzen		Wenn Nein: Siehe Seite(n) im Buch	Level / Anforde-rungsniveau
	Ja	Nein		
3.1 Grundpositionen der Stabilisierungspolitik: Fiskalismus – Monetarismus				**Level**
… den Begriff „Stabilisierungspolitik“ inhaltlich beschreiben.			366	1
… die Grundaussagen von J. M. Keynes nennen.			366 f.	1
… die Grundauffassung des Monetarismus erläutern.			367 f.	2
3.2 Nachfrageorientierte und angebotsorientierte Wirtschaftspolitik im Überblick				**Level**
… die nachfrage- und angebotsorientierte Wirtschaftspolitik anhand der Kriterien „Rolle des Staates, vorrangige Zielsetzung, Ansatzpunkte der Stabilitätspolitik, sowie Aufgaben der Finanz-, Geld- und Einkommenspolitik“ vergleichen.			368 f.	2

4 Geldpolitik

4.1 Geldarten und Geldmengen[1]

Lernziele:

Nach der Bearbeitung des Kapitels sind Sie in der Lage, Folgendes zu tun:

Sie ...

- ... unterscheiden die Begriffe „Zentralbankgeld" und „Geschäftsbankengeld".
- ... unterscheiden die Geldmengenbegriffe M1, M2 und M3.

Arten des Geldes

In einer modernen Volkswirtschaft kann zwischen dem von der Zentralbank und dem von den Geschäftsbanken geschaffenen Geld wie folgt unterschieden werden:

Zentralbankgeld	Geschäftsbankengeld (Buch- und Giralgeld)
Von der Zentralbank (Notenbank) geschaffenes Geld. Es umfasst das Bargeld in Form von Banknoten und Münzen sowie Guthaben bei der Zentralbank (Sichteinlagen[2]).	Von den Geschäftsbanken geschaffenes Geld in Form von Sichteinlagen der Nichtbanken[3]. Über derartige Guthaben, die dem laufenden Zahlungsverkehr dienen, kann durch Abhebung (= Umwandlung in Bargeld), Scheck oder Überweisung verfügt werden.

Eine weitere Untergliederung in **Bargeld** und **Buchgeld** führt zu folgender Einteilung:

Geldarten in der Europäischen Währungsunion

Münzen 30,0 Mrd. €

Banknoten 1.292,7 Mrd. €

Bargeld 2.044,2 Mrd. €

Buchgeld

Guthaben bei der EZB (Einlagen von Banken und öffentlichen Haushalten) 2.135,0 Mrd. €

Geschäftsbankengeld (täglich fällige Sichteinlagen von Nichtbanken) 7.725,1 Mrd. €

Zentralbankgeld (Geldbasis) 4.179,2 Mrd. €

Geld 11.904,3 Mrd. €

Stand: Dezember 2019

1 Die Entstehungsgeschichte, Arten und Funktionen des Geldes sind in Kapitel A 4.1.1 dargestellt.

2 Sichteinlagen sind Guthaben auf einem Bankkonto, die „bei Sicht" fällig sind, d. h., über diese Beträge kann (ohne Kündigungsfrist) sofort verfügt werden (= Guthaben auf Girokonten).

3 Nichtbanken sind private Haushalte und Organisationen (z. B. Vereine), Unternehmen (ohne Banken) und staatliche Institutionen.

D Die Zentralbank ist die zentrale geldpolitische Institution einer Volkswirtschaft, die für die Erreichung der geldpolitischen Ziele (insbesondere der Preisniveaustabilität) verantwortlich ist und den Zahlungsverkehr sicherstellt. Sie hat das alleinige Recht zur Ausgabe von Banknoten (Notenbank).

Im Euro-Währungsgebiet (Europäische Währungsunion) werden die Aufgaben der Zentralbank von der Europäischen Zentralbank (EZB) und den nationalen Zentralbanken der Euro-Teilnehmerstaaten übernommen, die zusammen das Eurosystem bilden.

D 4.6

D Geschäftsbanken (Kreditinstitute) sind Unternehmen, die Bankgeschäfte (z. B. Annahme von Geldern als Einlage, Kreditgewährung, Verwaltung von Wertpapieren, Abwicklung des bargeldlosen Zahlungsverkehrs) betreiben.

Die Summe aus dem im Geschäftsbankensektor befindlichen Zentralbankgeld (Bargeldbestand der Geschäftsbanken und Guthaben bei der Zentralbank) und dem Bargeldbestand der Nichtbanken **(= Bargeldumlauf)** wird auch als **Geldbasis (M0)** bezeichnet.

Geldmengenbegriffe

In der Geldpolitik gibt es mehrere Abgrenzungskriterien, um die Geldmenge zu definieren. Dies ist u. a. dadurch bedingt, dass es für die Zentralbank unterschiedliche Ansatzpunkte gibt, um durch geldpolitische Maßnahmen die gesamtwirtschaftliche Nachfrage zu steuern und das Preisniveau zu stabilisieren. Das **Eurosystem** unterscheidet die **Geldmengenbegriffe M1, M2** und **M3.**[1]

4.1, S. 441

Zum Bankensektor gehören bei dieser Abgrenzung alle sogenannten **Monetären Finanzinstitute (MFI).** Dieser MFI-Sektor setzt sich aus der Zentralbank sowie allen im Euro-Währungsbereich ansässigen Kreditinstituten, Bausparkassen, Geldmarktfonds und ähnlichen Einrichtungen zusammen.

Zusammensetzung der Geldmengen M0, M1, M2, M3			Dezember 2019 (in Mrd. €)			
Verbindlichkeiten des Bankensektors gegenüber Nichtbanken (andere Unternehmen, Haushalte, Staat)	*vom Bankensektor ausgegebene Wertpapiere*	Schuldverschreibungen bis zu 2 Jahren[2]	9,9	M3 12.999,0		
		Geldmarktfondsanteile[3]	531,6			
		Wertpapierpensionsgeschäfte (Repogeschäfte[4])	78,5			
	kurzfristige Einlagen	Einlagen mit vereinbarter Kündigungsfrist bis zu 3 Monaten	2.365,0		M2 12.379,0	
		Einlagen mit vereinbarter Laufzeit bis zu 2 Jahren	1.069,3			
	Sichteinlagen der Nichtbanken (täglich fällige Bankguthaben)		7.725,1			M1 8.944,7
Geldbasis M0 4.179,2	Bargeldumlauf (Banknoten und Münzen außerhalb des Bankensektors)		1.219,6			
	Kassenbestand der Geschäftsbanken		824,6			
	Zentralbankguthaben von Geschäftsbanken und öffentlichen Haushalten		2.135,0			

eigene Darstellung nach Daten von EZB Wirtschaftsbericht, Ausgabe 2/2020 – Statistik, Deutsche Bundesbank

1 M steht für ***m**oney*

2 Kurzlaufende Wertpapiere, z. B. Schuldverschreibungen mit einer Laufzeit bis zu 2 Jahren sind von Ende 2018 (71,6 Mrd) nach Ende 2019 auf (9,9 Mrd) abgebaut worden. Vgl. EZB Wirtschaftsbericht, Ausgabe 2/2020 S. 18.

3 Anteile an Investmentfonds, die Gelder von Anlegern sammeln und den Gegenwert am Geldmarkt (= Markt für kurzfristige Kredite) anlegen.

4 Wertpapiere mit Rückkaufvereinbarung (repurchase agreements). Das Repogeschäft hat in Deutschland sehr geringe Bedeutung.

D Wird von der Geldmenge oder dem Geldvolumen gesprochen, ist damit üblicherweise die Geldmenge M1 gemeint. Sie setzt sich zusammen aus dem Bargeldumlauf (Bargeld ohne Kassenbestände der Banken) und den Sichteinlagen von Nichtbanken aus dem Euro-Währungsgebiet.

D 4.7.1

Der Geldmengenbegriff M1 (Bargeld außerhalb des Bankensektors und Sichteinlagen der Bankkunden) entspricht weitgehend der **nachfragewirksamen Geldmenge**. Für die Berechnung der Geldmengen M2 und M3 werden der Geldmenge M1 solche Einlagen bei den Geschäftsbanken sowie kurzlaufende Wertpapiere hinzugerechnet, die ohne größere Schwierigkeiten in Zahlungsmittel umgewandelt und damit nachfragewirksam werden können. Spar- und Termineinlagen stellen aber ebenso wenig wie die kurzfristigen Wertpapiere Geld dar. Das vom ESZB im Rahmen seiner geldpolitischen Strategie bekannt gegebene **Geldmengenziel** (Referenzwert) bezieht sich auf die **Geldmenge M3**.

4.2 Geldschöpfung

Lernziele:

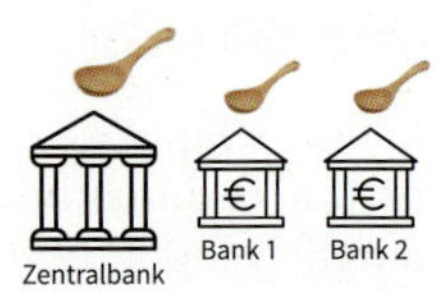

Nach der Bearbeitung des Kapitels sind Sie in der Lage, Folgendes zu tun:
Sie ...

- ... nennen die Geldproduzenten.
- ... erklären das Münzregal.
- ... erläutern die Entstehung von Zentralbankgeld.
- ... vollziehen nach, wie sich die Schaffung von Zentralbankgeld auf die Bilanz der Zentralbank auswirkt.
- ... beschreiben die Vernichtung von Zentralbankgeld.
- ... beurteilen die Auswirkungen der Vernichtung von Zentralbankgeld auf die Bilanz der Zentralbank.
- ... verstehen die passive Buchgeldschöpfung.
- ... verstehen die aktive Buchgeldschöpfung.
- ... arbeiten die Kreditgewährungsmöglichkeiten einzelner Geschäftsbanken heraus.
- ... nennen den Kreditschöpfungsmultiplikator des gesamten Geschäftsbankensystems bei vollständigem Bargeldrückfluss.
- ... nennen die Annahmen, die dem Kreditschöpfungsmultiplikator bei vollständigem Bargeldrückfluss zugrunde liegen.

4.2.1 Geldproduzenten

Bar- und Buchgeld

In einer modernen Volkswirtschaft bieten die Zentralbank und die Geschäftsbanken Geld an. Während die **Zentralbank** das alleinige Recht hat, **Bargeld** (Banknoten und Münzen) in Umlauf zu bringen (Bargeldschöpfung), stellen die **Geschäftsbanken Buchgeld** bereit, indem sie Sichtguthaben auf Bankkonten einräumen (Buchgeldschöpfung der Geschäftsbanken).

§

Auszug aus der Satzung des Europäischen Systems der Zentralbanken (ESZB) und der Europäischen Zentralbank (EZB)

Art. 16: Banknoten

Die EZB und die nationalen Zentralbanken sind zur Ausgabe von Banknoten berechtigt. Die von der EZB und den nationalen Zentralbanken ausgegebenen Banknoten sind die einzigen Banknoten, die in der Gemeinschaft als gesetzliches Zahlungsmittel gelten.

Münzen

Das Recht, Münzen zu prägen **(Münzregal)**, liegt in der EU bei den Mitgliedstaaten. Die Europäische Zentralbank übernimmt die geprägten Münzen und schreibt den Mitgliedstaaten den Gegenwert gut. Da die Kosten der Münzprägung in den meisten Fällen geringer sind als der Nennwert, ergibt sich aus dem Münzregal ein nicht unbeträchtlicher **Münzgewinn**.

Geldproduzenten			
Staat	**Europäische Zentralbank**		**Geschäftsbanken**
Münzen → Die Münzen werden vom Staat geprägt (Münzregal) und von der Zentralbank in Umlauf gebracht.	**Banknoten**	**Guthaben bei der Zentralbank (Sichteinlagen)**	**Buchgeld** Sichteinlagen der Nichtbanken bei den Geschäftsbanken = Guthaben von priv. Haushalten, Unternehmen (ohne Banken) und Staat auf Bankkonten, über die sofort (ohne Kündigungsfrist) verfügt werden kann.
Zentralbankgeld (ZBG)			

4.2.2 Geldschöpfung der Zentralbank

Zentralbankgeldmenge

D Die Zentralbankgeldmenge setzt sich aus dem gesamten Bargeld (Banknoten und Münzen) außerhalb der Zentralbank sowie den Sichtguthaben bei der Zentralbank zusammen.

Die Zentralbankgeldmenge ist nicht identisch mit der Geldmenge M1. Daher führt eine Veränderung der Zentralbankgeldmenge nicht zwangsläufig zu einer Veränderung der Geldmenge M1. Die Bargeldbestände der Zentralbank gehören weder zur Zentralbankgeldmenge noch zur Geldmenge M1.

D 4.1

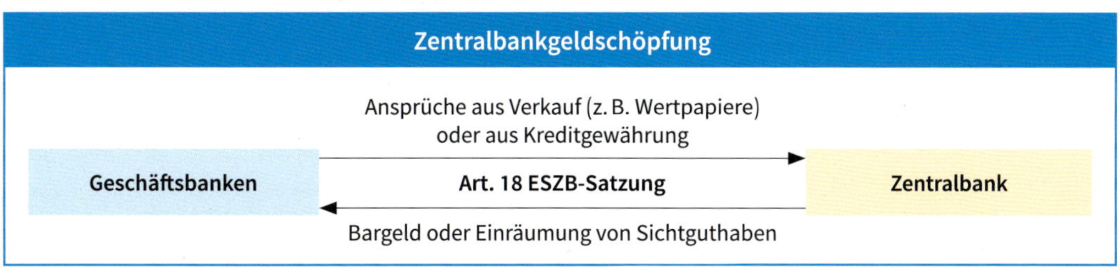

Schaffung und Vernichtung von Zentralbankgeld

§

Auszug aus der ESZB-Satzung

Art. 18: Offenmarkt- und Kreditgeschäfte

Zur Erreichung der Ziele des ESZB und zur Erfüllung seiner Aufgaben können die EZB und die nationalen Zentralbanken

- auf den Finanzmärkten tätig werden, indem sie auf Gemeinschafts- oder Drittlandswährungen lautende Forderungen und börsengängige Wertpapiere sowie Edelmetalle [...] kaufen und verkaufen oder entsprechende Darlehensgeschäfte tätigen;
- Kreditgeschäfte mit Kreditinstituten und anderen Marktteilnehmern abschließen, [...].

D Die Zentralbank schöpft Geld, wenn sie Vermögensgegenstände (z. B. Wertpapiere, Devisen) kauft und mit Zentralbankgeld bezahlt oder bei Kreditgewährung Zentralbankgeld bereitstellt.

D Die Zentralbank vernichtet Geld, wenn sie Vermögensgegenstände (z. B. Wertpapiere, Devisen) verkauft und sich mit Zentralbankgeld bezahlen lässt oder zur Tilgung eingeräumter Kredite Zentralbankgeld entgegennimmt.

Auswirkungen auf die Zentralbankbilanz

Jede Entstehung und Vernichtung von Zentralbankgeld schlägt sich in der Bilanz der Zentralbank nieder.

Aktiva	Zusammengefasste Zentralbankbilanz Musterbilanz des Eurosystems in Mrd. € (1. Januar 20..)		Passiva
Gold	400	Banknotenumlauf[1]	1.000
Devisen, Währungsreserven	300	Einlagen von Geschäftsbanken	2.000
Kredite an Geschäftsbanken	1300	Eigenkapital	100
Wertpapiere	1.500	Sonstige Passiva	900
Sonstige Aktiva	500		
Aktiva insgesamt	**4.000**	**Passiva insgesamt**	**4.000**

Die von der Zentralbank in Umlauf gebrachten Banknoten stellen eine Verbindlichkeit gegenüber dem jeweiligen Inhaber der Banknote dar. Dies wird besonders am Beispiel der früher üblichen Goldwährung deutlich, bei der Banknoten jederzeit in Gold umgetauscht werden konnten. Dass der Inhaber einer Banknote eine Forderung gegenüber der Zentralbank hat, zeigt sich heutzutage u. a. daran, dass z. B. Euro-Banknoten bei der Zentralbank jederzeit in fremde Währungen umgetauscht werden können **(= Konvertibilität der Währung)**.

1 Während der Begriff „Bargeldumlauf" im Zusammenhang mit der Geldmenge M1 üblicherweise nur für die Bargeldbestände (Banknoten und Münzen) außerhalb des Geschäftsbankensektors benutzt wird, umfasst die Position „Banknotenumlauf" in der Zentralbankbilanz sämtliche von der Zentralbank ausgegebenen Banknoten, unabhängig davon, ob sie sich innerhalb oder außerhalb des Geschäftsbankensektors befinden.

§

Auszug aus dem Reichsbankgesetz vom 30. Aug. 1924

§ 2 Die Reichsbank hat […] das ausschließliche Recht, Banknoten in Deutschland auszugeben.

§ 22 Die Reichsbank ist verpflichtet, Barrengold zum festen Preis von 1392 Reichsmark für das Pfund fein gegen Noten umzutauschen.

§ 31 Die Bank ist verpflichtet, ihre Noten dem Inhaber einzulösen. Die Einlösung erfolgt nach Wahl der Bank in:

1. deutschen Goldmünzen […]
2. Goldbarren […]

B **Zentralbankgeldschöpfung**

Die Zentralbank kauft von den Geschäftsbanken Wertpapiere in Höhe von 10 Mrd. € und bezahlt diese mit Banknoten.

Buchungssatz aus Sicht der ZB: Wertpapiere an Banknotenumlauf

Auf die oben dargestellte Zentralbankbilanz wirkt sich dieser Vorgang wie folgt aus:

Aktiva	**Zusammengefasste Zentralbankbilanz** (in Mrd. €)		**Passiva**
Bisherige Aktiva (= Vermögen) + Zunahme Wertpapiere	4000 10	Bisherige Passiva (= Eigenkapital und Verbindlichkeiten) + Zunahme Banknotenumlauf	4000 10
Aktiva insgesamt	**4.010**	**Passiva insgesamt**	**4.010**

Im vorliegenden Fall führt die Entstehung von Zentralbankgeld zu einer Verlängerung (Aktiv-Passiv-Mehrung) der Zentralbankbilanz. Die Schaffung von Zentralbankgeld kann sich aber auch als Passivtausch in der Zentralbankbilanz auswirken. Beispiel: Die Zentralbank nimmt von ihr selbst ausgegebene Schuldverschreibungen (= Verbindlichkeit der Zentralbank) von den Geschäftsbanken zurück und schreibt den Gegenwert in Form einer Erhöhung der Einlagen der Geschäftsbanken gut *(vgl. ZB-Bilanz auf der vorherigen Seite).*

B **Zentralbankgeldvernichtung**

Die Zentralbank nimmt von den Geschäftsbanken Zahlungen in Form von Banknoten in Höhe von 10 Mrd. € zur teilweisen Tilgung gewährter Kredite entgegen.

Buchungssatz aus Sicht der ZB: Banknotenumlauf an Kredite

Auf die oben dargestellte Zentralbankbilanz wirkt sich dieser Vorgang wie folgt aus:

Aktiva	**Zusammengefasste Zentralbankbilanz** (in Mrd. €)		**Passiva**
Bisherige Aktiva (= Vermögen) – Abnahme Kredite an Geschäftsbanken	4.000 10	Bisherige Passiva (= Eigenkapital und Verbindlichkeiten) – Abnahme Banknotenumlauf	4.000 10
Aktiva insgesamt	**3.090**	**Passiva insgesamt**	**3.090**

Im vorliegenden Fall führt die Vernichtung von Zentralbankgeld zu einer Verkürzung (Aktiv-Passiv-Minderung) der Zentralbankbilanz. Die Vernichtung von Zentralbankgeld kann sich aber auch als Passivtausch in der Zentralbankbilanz auswirken. Beispiel: Die Zentralbank verkauft von ihr selbst ausgegebene Schuldverschreibungen (= Verbindlichkeit der Zentralbank) an die Geschäftsbanken und lässt sich diese mit Banknoten bezahlen *(vgl. ZB-Bilanz auf der vorherigen Seite).*

D 4.4

Wenn die Zentralbank keine Verbindlichkeiten in fremder Währung eingeht, ist eine Zahlungsunfähigkeit (Illiquidität) ausgeschlossen, da sie immer mit selbst geschaffenem Geld bezahlen kann. Eine Obergrenze für die Zentralbankgeldmenge besteht nur insoweit, als die Zentralbank der Wirtschaft höchstens so viel Zentralbankgeld zur Verfügung stellen darf, dass die Erreichung des Ziels der Preisniveaustabilität nicht gefährdet wird.

4.2.3 Geldschöpfung einer einzelnen Geschäftsbank

4.2, S. 441

D Geschäftsbankengeld (= Buch- oder Giralgeld) ist das von den Geschäftsbanken in Form von Sichtguthaben der Nichtbanken (= andere Unternehmen, Haushalte, Staat) geschaffene Geld.

Passive Schaffung von Geschäftsbankengeld (Passive Buchgeldschöpfung)

Wenn ein Bankkunde Bargeld auf sein Girokonto bei einer Geschäftsbank einzahlt, entsteht Buchgeld (= Sichtguthaben). Da in diesem Fall der Anstoß zur Schaffung von Buchgeld nicht von der Bank ausgeht, wird dieser Vorgang als **passive Buchgeldschöpfung** bezeichnet. Durch die Einzahlung von 1.000 € auf ein Girokonto (= Passivgeschäft der Bank) ergeben sich folgende Auswirkungen auf die Bankbilanz:

Aktiva	**Zusammengefasste Bilanz der Geschäftsbank A** (in €)		**Passiva**
Bisherige Aktiva (= Vermögen) + Zunahme des Banknotenbestandes (= Mehrung des ZBG-Bestandes)	100.000 1.000	Bisherige Passiva + Zunahme der Sichteinlagen (= Mehrung der Sichtverbindlichkeiten)	100.000 1.000
Aktiva insgesamt	**101.000**	**Passiva insgesamt**	**101.000**

Die Bareinzahlung führt zu einer Verlängerung der Geschäftsbankbilanz (Aktiv-Passiv-Mehrung). Die Geldmenge M1 ändert sich dadurch nicht. Lediglich die Zusammensetzung der Geldmenge M1 ist anders, da Bargeld durch Buchgeld ersetzt wird.

D Bei passiver Buchgeldschöpfung ändert sich die Geldmenge M1 meistens nicht.[1] Als Folge davon bleiben auch M2 und M3 unverändert.

Aktive Schaffung von Geschäftsbankengeld (Aktive Buchgeldschöpfung)

Eine aktive Buchgeldschöpfung liegt vor, wenn eine Geschäftsbank

- von einem Bankkunden gegen Einräumung eines Sichtguthabens Vermögensgegenstände (z. B. Devisen, Wertpapiere) kauft oder
- einem Bankkunden durch Kreditgewährung Mittel auf einem Girokonto zur weiteren Verwendung bereitstellt.

Wenn eine Geschäftsbank einem Kunden einen Kredit über 1.000 € zur Verfügung stellt (= Aktivgeschäft der Bank) und diesen Betrag zunächst auf dem Girokonto des Kunden gutschreibt, ergeben sich folgende Auswirkungen auf die Bankbilanz:

1 Ausnahme: Werden zu M2 gehörende (Spar-)Einlagen abgehoben, erhöht sich ausnahmsweise M1. Da M1 ein Teil von M2 ist, ändert sich M2 aber nicht. M3 bleibt in jedem Fall unverändert.

Aktiva	Zusammengefasste Bilanz der Geschäftsbank A (in €)		Passiva
Bisherige Aktiva (= Vermögen) + Zunahme der Forderungen	100.000 1.000	Bisherige Passiva + Zunahme der Sichteinlagen (= Mehrung der Sichtverbindlichkeiten)	100.000 1.000
Aktiva insgesamt	**101.000**	**Passiva insgesamt**	**101.000**

Die Kreditgewährung führt zu einer Verlängerung der Geschäftsbankbilanz (Aktiv-Passiv-Mehrung). Die Geldmenge M1 erhöht sich um 1.000 €, da ohne Verringerung des außerhalb des Bankensektors befindlichen Bargeldbestandes zusätzliches Buchgeld geschaffen wurde. Unabhängig davon, ob der Kreditnehmer über das neu geschaffene Buchgeld durch Überweisung auf ein anderes Konto oder durch Barabhebung verfügt, bleibt die um 1.000 € gestiegene Geldmenge M1 unverändert. Bei einer Überweisung verringert sich das Sichtguthaben des Kreditnehmers, während sich gleichzeitig das Sichtguthaben des Zahlungsempfängers erhöht. Bei einer Barabhebung wird Buchgeld in Bargeld umgewandelt (Verringerung der Sichteinlagen bei gleichzeitiger Erhöhung des außerhalb des Bankensektors befindlichen Bargeldbestandes).

D Bei aktiver Buchgeldschöpfung erhöht sich die Geldmenge M1 und als Folge davon auch M2 und M3.

Grenzen der Schaffung von Geschäftsbankengeld

Die **passive Buchgeldschöpfung** ist nur durch die außerhalb des Geschäftsbankensektors in Umlauf befindliche Bargeldmenge begrenzt. Wenn im Extremfall das gesamte Bargeld bei einer Geschäftsbank gegen Einräumung von Sichtguthaben eingezahlt und damit in Buchgeld umgewandelt ist, besteht keine weitere Möglichkeit zur passiven Buchgeldschöpfung mehr. Die Geschäftsbank kann durch die passive Buchgeldschöpfung nicht in Zahlungsschwierigkeiten kommen, da die Sichteinlagen durch Bargeld gedeckt sind und jederzeit wieder in bar ausbezahlt werden können. Da sich durch passive Buchgeldschöpfung und Buchgeldvernichtung die nachfragewirksame Geldmenge M1 nur in Ausnahmefällen und die Geldmengen M2 und M3 nie ändern, ist dieser Vorgang im Hinblick auf das **Ziel der Preisniveaustabilität** unbedenklich. D 4.4.2

Anders ist die Situation bei der **aktiven Buchgeldschöpfung** einer Geschäftsbank. Bei der Einräumung von Sichtguthaben aufgrund des Ankaufs von Vermögensgegenständen oder einer Kreditgewährung muss die Geschäftsbank damit rechnen, dass die Bankkunden diese Sichtguthaben ganz oder teilweise in bar abheben wollen. In diesem Fall muss die Geschäftsbank das von ihr geschaffene Buchgeld in Bargeld, das sie aber nicht selbst schaffen kann, umwandeln. Eine unbegrenzte aktive Buchgeldschöpfung ist daher nicht möglich. Die folgenden beiden Faktoren begrenzen die aktiven Geldschöpfungsmöglichkeiten einer Geschäftsbank:

Grenzen der aktiven Buchgeldschöpfung	
Barreserve (Barreservesatz)	**Mindestreserve (Mindestreservesatz)**
Jede Bank muss ständig einen bestimmten Bargeldbetrag als Kassenbestand für die Fälle halten, in denen Kunden Sichteinlagen bar abheben wollen (Umwandlung von Buchgeld in Bargeld). Diese Liquiditätsreserve wird als **Barreserve** (BR) bezeichnet. Ihre Höhe hängt von den Erfahrungswerten der Bank hinsichtlich der Zahlungsgewohnheiten der Kunden ab.	In den meisten Ländern schreibt die Zentralbank den Geschäftsbanken vor, dass sie einen bestimmten Prozentsatz der Kundeneinlagen als Mindestreserve (MR) bei der Zentralbank in Form einer Sichteinlage halten müssen. Dadurch wird ein Teil des im Geschäftsbankensektor befindlichen Zentralbankgeldes blockiert.

D 4.2.4

D Jede Geschäftsbank muss in Höhe eines bestimmten Prozentsatzes der Kundeneinlagen Zentralbankgeld als Reserve zurücklegen. Reservesatz (r) = Barreservesatz + Mindestreservesatz

D Die einer Geschäftsbank nach Abzug von Bar- und Mindestreserve zur freien Verfügung verbleibende Zentralbankgeldmenge wird als Überschussreserve bezeichnet:
Ü = ZBG – (BR + MR)

Die **Überschussreserve** ist umso größer, je geringer die Bar- und Mindestreserve ist. Unter folgenden Voraussetzungen stellt die Überschussreserve die Obergrenze für die aktive Buchgeldschöpfung einer einzelnen Geschäftsbank dar:

- Die Geschäftsbank kann sich kein zusätzliches Zentralbankgeld bei der Zentralbank besorgen.
- Die Geschäftsbank muss damit rechnen, dass die durch aktive Buchgeldschöpfung entstandenen Sichtguthaben vollständig in bar abgehoben oder auf ein anderes Konto überwiesen werden.

Je mehr Kunden eine Bank hat, umso größer ist jedoch die Wahrscheinlichkeit, dass das Sichtguthaben auf das Konto eines anderen Kunden bei **derselben** Bank überwiesen wird und ihr somit kein Zentralbankgeld durch Überweisung auf ein Konto bei einer **anderen** Bank verloren geht.

D Unter bestimmten Voraussetzungen bildet die Überschussreserve für eine einzelne Geschäftsbank die Obergrenze für die aktive Buchgeldschöpfung.

4.2.4 Geldschöpfung des gesamten Geschäftsbankensystems (Geldschöpfungsmultiplikator)

4.3, S. 442

Im Gegensatz zu einer einzelnen Bank können die Geschäftsbanken in ihrer Gesamtheit (Geschäftsbankensystem) Buchgeld in einer Höhe schaffen, die wesentlich über die ursprüngliche Überschussreserve einer einzelnen Geschäftsbank hinausgeht (multiple Geldschöpfung). Um das in einem Modell zu zeigen, werden folgende Annahmen getroffen:

Modellannahmen

- Der Reservesatz (Mindestreserve und Barreserve) beträgt 20 % (r = 0,2).
- Eine einzelne Geschäftsbank kann nur in Höhe ihrer Überschussreserve Kredite vergeben (= aktive Buchgeldschöpfung), da sie sich kein zusätzliches Zentralbankgeld beschaffen kann.
- Es besteht eine genügend große Kreditnachfrage, sodass jede Geschäftsbank von der Möglichkeit der Kreditvergabe tatsächlich Gebrauch macht und Kredite in Höhe ihrer Überschussreserve gewährt.
- Die Kreditbeträge werden von den Kreditnehmern in voller Höhe in bar abgehoben (= Buchgeldvernichtung) und für Barzahlungen verwendet. Die Zahlungsempfänger zahlen das erhaltene Bargeld **in voller Höhe** auf ihre Girokonten bei einer **anderen Bank** ein (= passive Buchgeldschöpfung). Das Zentralbankgeld fließt also **vollständig** in den Geschäftsbankensektor zurück.
- Dieser Vorgang (Kreditgewährung in Höhe der Überschussreserve und Bareinzahlung des Kreditbetrages bei einer anderen Bank) wiederholt sich viele Male.

Tabellarische Darstellung des Multiplikatorprozesses

Wenn die Geschäftsbank 1 eine Bareinzahlung (= ZBG) von 10.000 € erhält, läuft der Prozess der Buchgeldschöpfung des gesamten Bankensystems unter den genannten Bedingungen wie folgt ab:

	Erhöhung der Sichteinlagen durch Zufluss von Bargeld (100 %)	Bar- und Mindestreserve (20 %)	Überschussreserve = Kreditgewährung (80 %)
A Geschäftsbank 1 P + Reserven 2.000 | + Sichteinlagen 10.000 + Kreditforderung 8.000	**10.000**	2.000	8.000
A Geschäftsbank 2 P + Reserven 1.600 | + Sichteinlagen 8.000 + Kreditforderung 6.400	8.000	1.600	6.400
A Geschäftsbank 3 P + Reserven 1.280 | + Sichteinlagen 6.400 + Kreditforderung 5.120	6.400	1.280	5.120
A Geschäftsbank 4 P + Reserven 1.024 | + Sichteinlagen 5.120 + Kreditforderung 4.096	5.120	1.024	4.096
⋮	⋮	⋮	⋮
A Gesamtes Geschäftsbankensystem P + Reserven 10.000 | + Sichteinlagen 50.000 + Kreditforderung 40.000	50.000	**10.000**	40.000

Wie aus der Tabelle ersichtlich ist, wird die Überschussreserve, die für die Kreditgewährung zur Verfügung steht, von Stufe zu Stufe kleiner. Diese Entwicklung ist dadurch bedingt, dass jede Bank nur über 80 % des zugeflossenen Bargeldes frei verfügen kann, weil 20 % als Reserve (Mindest- und Barreserve) gehalten werden müssen. Der Geldschöpfungsprozess ist dann beendet, wenn das im Geschäftsbankensektor befindliche Bargeld von 10.000 € vollständig für die Reservehaltung verwendet worden ist.

D Der Geldschöpfungsprozess der Geschäftsbanken kann nur so lange andauern, bis das im Geschäftsbankensektor befindliche Bargeld (= ZBG) vollständig durch die Reservehaltung (Mindest- und Barreserve) aufgezehrt ist.

Ermittlung des Geldschöpfungsmultiplikators

Aufgrund dieser Bedingung lässt sich für den vorliegenden Fall der Kreditbetrag, der vom gesamten Bankensystem höchstens gewährt werden kann, wie folgt berechnen:

Bei einem Reservesatz von 20 % muss am Ende des Geldschöpfungsprozesses die Summe der Sichteinlagen 100 %, bezogen auf den als Bar- und Mindestreserve gehaltenen ZBG-Betrag (hier 10.000 €), ausmachen. Die Kreditsumme muss sich auf 80 % dieses Betrages belaufen. Daraus ergibt sich:

Aus ZBG bestehende Bar-/Mindestreserve des gesamten Bankensystems am Ende des Geldschöpfungsprozesses	20 %	= 10.000 €
Kreditgewährung des gesamten Bankensystems am Ende des Geldschöpfungsprozesses	80 %	= 40.000 €
Sichteinlagen im gesamten Bankensystem am Ende des Geldschöpfungsprozesses	100 %	= 50.000 €

Bei einem Reservesatz von 20 % können somit auf der Basis einer Bareinlage (= ZBG) von 10.000 € Kredite in Höhe von insgesamt 40.000 € gewährt werden.

Das Kreditvolumen ist noch höher, wenn das Zentralbankgeld in Höhe von 10.000 € dem Bankensektor nicht durch die Bareinlage eines Kunden bei der Geschäftsbank 1 (= passive Buchgeldschöpfung) zufließt, sondern durch Kreditaufnahme der Geschäftsbank 1 bei der Zentralbank entsteht. Da auf diesen Zentralbankkredit keine Bar- und/oder Mindestreserve gehalten werden muss, beträgt die für eine Kreditvergabe zur Verfügung stehende Überschussreserve der Geschäftsbank 1 in diesem Fall 10.000 €. Die Kreditschöpfungsmöglichkeit des gesamten Bankensystems würde dadurch auf 50.000 € steigen.

D Das gesamte Geschäftsbankensystem kann auf der Grundlage einer bestimmten Überschussreserve (= frei verfügbares Zentralbankgeld) ein Vielfaches dieses Betrages an Krediten gewähren.

Der Faktor, der angibt, auf das Wievielfache der ursprünglichen Überschussreserve sich die Kreditgewährungsmöglichkeit der Geschäftsbanken beläuft, wird als **Geldschöpfungsmultiplikator** (m) bezeichnet.

D Der Geldschöpfungsmultiplikator gibt an, um das Wievielfache die Kreditvergabemöglichkeit der Geschäftsbanken höher als die ursprüngliche Überschussreserve ist.

4.4, S. 442

Im vorliegenden Fall beträgt das Kreditvolumen (40.000 €) das Fünffache der ursprünglichen Überschussreserve (8.000 €). Der Geldschöpfungsmultiplikator ist *fünf*. Er ergibt sich als Kehrwert des Reservesatzes: m = 1/r = 1/0,2 = 5.

B

(20 %) 0,2 Δ 10.000 € ZBG für Reserve (BR + MR)
(100 %) 1,0 Δ x € Summe der Sichteinlagen

$$x = \frac{1}{0{,}2} \cdot 10.000 = 5 \cdot 10.000 = 50.000 \text{ € Sichteinlagen}$$

↑ Multiplikator

F Wenn alles Bargeld in den Geschäftsbankensektor zurückfließt (= Annahme eines vollständigen Bargeldrückflusses), ist der Geldschöpfungsmultiplikator gleich dem Kehrwert des Reservesatzes:

$$\text{Geldschöpfungsmultiplikator(m)} = \frac{1}{\text{Reservesatz (r)}}$$

Der Geldschöpfungsmultiplikator (m) setzt die Kreditschöpfungsmöglichkeit (Kr) und die ursprüngliche Überschussreserve ($Ü_1$) zueinander in Beziehung. Die Summe der Kredite, die das Geschäftsbankensystem aufgrund einer bestimmten Überschussreserve vergeben kann, lässt sich für den vorliegenden Fall wie folgt berechnen:

B

$$Kr = m \cdot \ddot{U}_1 = \frac{1}{r} \cdot \ddot{U}_1 = \frac{1}{0{,}2} \cdot 8.000\,€ = 40.000\,€$$

D Die Kreditvergabemöglichkeit des Geschäftsbankensystems ist umso größer, je geringer die Reservehaltung (Bar- und Mindestreserve) ist und umgekehrt.

Bei unveränderter Überschussreserve können die Banken ihre Kreditvergabemöglichkeiten erweitern, wenn es ihnen gelingt, ihre Kunden zur verstärkten Nutzung des bargeldlosen Zahlungsverkehrs anstelle von Barzahlung zu veranlassen. Dies würde eine Verringerung der notwendigen Barreserve mit sich bringen. Andererseits kann die Zentralbank durch Veränderung des Mindestreservesatzes die Geldschöpfungsmöglichkeiten der Geschäftsbanken beeinflussen.

D 4.7.4

Mathematische Ermittlung des Geldschöpfungsmultiplikators

Geldschöpfungsmultiplikator bei vollständigem Bargeldrückfluss

Die Entwicklung der Kreditvergabemöglichkeiten in der Tabelle auf S. 381 folgt einer mathematischen Gesetzmäßigkeit. Das Kreditvolumen des gesamten Geschäftsbankensystems (Kr_s) ergibt sich aus der Summe der von den einzelnen Geschäftsbanken gewährten Kredite. Bei einem Reservesatz von r = 0,2 ergibt sich folgender Zusammenhang:

$Kr_s =$	Kr_1	+	Kr_2	+	Kr_3	+	… Kr_n
	8.000	+	6.400	+	5.120	+	…
	8.000	+	$8.000\,(1-0{,}2)^1$	+	$8.000\,(1-0{,}2)^2$	+	$8.000\,(1-0{,}2)^{n-1}$

Diese Folge entspricht einer unendlichen geometrischen Reihe. Die allgemeine Summenformel für eine unendliche geometrische Reihe der Form $a + a \cdot q + a \cdot q^2 + a \cdot q^3 + \ldots a \cdot q^{n-1}$ lautet:

$$s = \frac{1}{1-q} \cdot a$$

Für die Summe aller Kredite des gesamten Geschäftsbankensystems lautet die entsprechende Summenformel:

$$\mathbf{Kr_s = \frac{1}{1-(1-r)} \cdot \ddot{U}_1 = \frac{1}{r} \cdot \ddot{U}_1}$$

Im vorliegenden Zahlenbeispiel beträgt die Kreditvergabemöglichkeit des Geschäftsbankensystems:

$$\mathbf{Kr_s} = \frac{\mathbf{1}}{\mathbf{0{,}2}} \cdot 8.000\,€ = \mathbf{40.000\,€}$$

Dieser Zusammenhang gilt nur unter der Annahme, dass die gewährte Kreditsumme von den Zahlungsempfängern wieder in voller Höhe bei einer anderen Bank eingezahlt wird **(= vollständiger Bargeldrückfluss in den Geschäftsbankensektor)**.

Geldschöpfungsmultiplikator bei teilweisem Bargeldrückfluss

Wird davon ausgegangen, dass ein gewisser Prozentsatz der Kreditsumme von den Zahlungsempfängern als Bargeld gehalten wird und nur der Restbetrag jeweils wieder zu Sichteinlagen bei den Geschäftsbanken und damit zu neuer Kreditgewährungsmöglichkeit führt **(= teilweiser Bargeldrückfluss)**, ergibt sich eine geringere Kreditgewährungsmöglichkeit.

Beispiel:

r	=	Reservesatz
c	=	Bargeldabflussquote (Teil der Kreditsumme, den die Wirtschaftssubjekte als Bargeld halten)
(1–c)	=	Bargeldrückflussquote (Teil der Kreditsumme, der als Bargeld in den Geschäftsbankensektor zurückfließt)

Für c = 0,25 und r = 0,2 ergibt sich für das Zahlenbeispiel aus der Tabelle auf S. 381 folgender Zusammenhang:

$$Kr_s = Kr_1 + Kr_2 + Kr_3 + \ldots Kr_n$$

$$8.000 + 8.000\,[(1-0{,}25)(1-0{,}2)]^1 + 8.000\,[(1-0{,}25)(1-0{,}2)]^2 + 8.000\,[(1-0{,}25)(1-0{,}2)]^{n-1}$$

Entsprechend der Summenformel für eine unendliche geometrische Reihe beträgt die Kreditvergabemöglichkeit des gesamten Geschäftsbankensystems in diesem Fall:

$$\mathbf{Kr_s} = \frac{1}{1-(1-c)\,(1-r)} \cdot Ü_1 = \frac{1}{1-(1-r-c+cr)} \cdot Ü_1 = \frac{1}{r+c-cr} \cdot Ü_1 = \frac{\mathbf{1}}{\mathbf{r\,(1-c)+c}} \cdot \mathbf{Ü_1}$$

Im vorliegenden Zahlenbeispiel beträgt die Kreditvergabemöglichkeit des Geschäftsbankensystems:

$$\mathbf{Kr_s} = \frac{1}{0{,}2\,(1-0{,}25)+0{,}25} \cdot 8.000\,€ = \frac{1}{0{,}4} \cdot 8.000\,€ = \mathbf{20.000\,€}$$

Geringer Erklärungswert des Geldschöpfungsmultiplikators

Der durch den Geldschöpfungsmultiplikator beschriebene Zusammenhang zwischen Zufluss von Zentralbankgeld an eine Bank und Kreditgewährung des gesamten Bankensystems kann nicht zur Erklärung des tatsächlichen Kreditangebots dienen. Die Interpretation, dass in der Realität das Bankensystem nur als Vermittler arbeitet und die Kundeneinlagen anderen Kunden als Kredit gewährt, ist nicht zutreffend. Vielmehr ist der Zusammenhang umgekehrt: Zunächst vergeben die Banken Kredite und prüfen danach, wo sie das benötigte Zentralbankgeld am günstigsten beschaffen können. Diese Möglichkeit der Banken, „Geld aus dem Nichts" zu schaffen, wäre dann unterbunden, wenn durch ein **Vollgeldsystem**[1] alle Bankkredite in vollem Umfang durch Zentralbankgeld gedeckt wären. In diesem Fall würde Geld nur durch die Zentralbank geschaffen.

Die durch den Geldschöpfungsmultiplikator gestützte Auffassung, dass es bei einem einmaligen Zufluss von Zentralbankgeld zu einer Kreditexpansion des gesamten Bankwesens kommt, beruht auf fehlerhaften Annahmen. Es wird nämlich unterstellt, dass die Banken grundsätzlich zur Kreditvergabe bereit sind und dass dies nur wegen des Mangels an Zentralbankgeld nicht immer erfolgt. Dies würde bedeuten, dass bei einem gegebenen Zinsniveau immer ein Überschuss an Nachfrage nach Krediten besteht.

Die Geldversorgung der Geschäftsbanken durch die EZB im Zusammenhang mit der Finanz- und Staatshaushaltkrise zeigt, dass die Zentralbankguthaben der Banken sehr stark angestiegen sind („Die Banken schwimmen im Geld"), ohne dass sich dies in einer verstärkten Kreditgewährung und Geldmengenerhöhung niedergeschlagen hat. Vielmehr benutzen die Banken das billige Zentralbankgeld in erheblichem Umfang für eigene zinsbringende Anlagen und Spekulationen.

Somit ist der Geldschöpfungsmultiplikator ein auf Definitionsgleichungen beruhendes Modell, das einen mechanistischen Zusammenhang zwischen Zentralbankgeld und Kreditgewährung beschreibt, aber keine Theorie des Geldangebots darstellt[2].

1 Diese Idee wurde u.a. von so namhaften Ökonomen wie Walter Eucken (1891–1950, geistiger Vater der Sozialen Marktwirtschaft in Deutschland) und Milton Friedman (1912–2006, Nobelpreisträger 1976) vertreten.

2 Vgl. dazu P. Bofinger, Grundzüge der Volkswirtschaftslehre, 4. Aufl., Hallbergmoos 2015, S. 503 f.

4.3 Binnenwert des Geldes

Lernziele:

Nach der Bearbeitung des Kapitels sind Sie in der Lage, Folgendes zu tun:

Sie ...

- ... nennen die Abhängigkeit des Binnenwertes des Geldes.
- ... erläutern das Preisniveau.
- ... fassen zusammen, in welchem Verhältnis das Preisniveau und die Kaufkraft des Geldes zueinander stehen.
- ... beschreiben den Preisindex.
- ... erklären die Entstehung des Preisindex.
- ... beschreiben die Vorgehensweise zur Ermittlung des Verbraucherpreisindex.
- ... beschreiben das Wägungsschema und begründen die regelmäßige Anpassung und Neuermittlung.
- ... erklären die Begriffe „Basisjahr“ und „Berichtsjahr“.
- ... nehmen kritisch Stellung bezüglich der Aussagekraft des Verbraucherpreisindex.
- ... berechnen das Realeinkommen.

4.3.1 Kaufkraft und Preisniveau

Geld ist ein Tauschmittel. Sein Tauschwert hängt von der Gütermenge ab, die mit einer Geldeinheit erworben werden kann. Dieser Tauschwert wird auch als Kaufkraft des Geldes bezeichnet.

D Der Geldwert wird durch die Kaufkraft des Geldes bestimmt. Ausdruck für die Kaufkraft des Geldes ist die Gütermenge, die mit einer Geldeinheit erworben werden kann.

Wird die Kaufkraft des Geldes auf die Menge inländischer Güter bezogen, die für eine Einheit inländischen Geldes erworben werden kann, handelt es sich um den **Binnenwert des Geldes** (innerer Geldwert). Der **Außenwert des Geldes** (äußerer Geldwert) gibt demgegenüber an, wie viele ausländische Güter je inländischer Geldeinheit gekauft werden können. Der Außenwert des Geldes ist vom Wechselkurs abhängig.

D 7.3.2

Die Kaufkraft des Geldes ist von den **Güterpreisen** abhängig. Je höher die Güterpreise sind, desto weniger Mengeneinheiten können mit einer Geldeinheit erworben werden.

Um ermitteln zu können, ob sich die Kaufkraft des Geldes in einer Volkswirtschaft verändert hat, ist nicht die Preisentwicklung einzelner Güter entscheidend. Preiserhöhungen bei einzelnen Gütern können nämlich durch Preissenkungen bei anderen Gütern wieder ausgeglichen werden. Für die Messung der Kaufkraft kommt es vielmehr auf die Veränderung des Durchschnitts aller wichtigen Güterpreise in einer Volkswirtschaft an. Der Durchschnittspreis einer bestimmten Menge unterschiedlicher Güter ist das Preisniveau.

D Das Preisniveau ist der Durchschnitt aller wichtigen Güterpreise in einer Volkswirtschaft.

B **Kaufkraft des Geldes**

Erhält ein Käufer zu einem bestimmten Zeitpunkt für einen Euro fünf Brötchen und zu einem späteren Zeitpunkt nur noch vier Brötchen, so ist die Kaufkraft des Geldes in Bezug auf die Brötchen gesunken. Ursache dafür ist die Preissteigerung je Brötchen von 0,20 € auf 0,25 €. Die Preissteigerung in Höhe von 25 % (von 0,20 € auf 0,25 €) bewirkt einen Kaufkraftverlust in Höhe von 20 % (von fünf Brötchen auf vier Brötchen). Die Kaufkraft beträgt demzufolge noch 80 %: 1/1,25 = 0,8 bzw. 100/125 · 100 = 80 %.

Die Kaufkraft des Geldes und das Preisniveau stehen in umgekehrtem Verhältnis zueinander:

F Wenn das Preisniveau steigt, sinkt die Kaufkraft des Geldes, und umgekehrt. Die Kaufkraft des Geldes ist der Kehrwert des Preisniveaus:

$$\text{Kaufkraft des Geldes} = \frac{1}{\text{Preisniveau}}$$

4.3.2 Messung des Preisniveaus: Verbraucherpreisindex

Preisindizes

4.5, S. 443

Einerseits ist es aufgrund der Vielzahl von Waren und Dienstleistungen kaum möglich, die **Preise aller Güter** in einer Volkswirtschaft für die Ermittlung des Preisniveaus zu berücksichtigen. Andererseits wäre die Aussagekraft eines solchen Preisniveaus, das auf dem Durchschnitt aller Güterpreise beruht, sehr begrenzt.

B **Verbraucherpreisindex**

Für die Konsumenten ist es beispielsweise unerheblich, ob sich die Export- oder Investitionsgüterpreise ändern. Die Kaufkraft des ihnen zur Verfügung stehenden Geldes ändert sich nämlich nur dann, wenn sich die Preise von Gütern ändern, die von ihnen nachgefragt werden. Daher wird die Kaufkraft der meisten Haushalte auch nicht durch Preisveränderungen bei solchen Konsumgütern wie Juwelen, Luxusautos oder Kaviar beeinflusst.

Das Statistische Bundesamt ermittelt die Preisveränderungen für verschiedene Gütergruppen. Die Messung dieser Preisveränderungen erfolgt mithilfe von **Preisindizes**.

D Ein Preisindex ist eine Maßzahl, um die in der Vergangenheit festgestellten Preisveränderungen für bestimmte Gütergruppen auszudrücken.

Verbraucherpreisindex

Die wirtschaftspolitisch wichtigste Kennzahl zur Messung der durchschnittlichen Preisveränderung ist der vom Statistischen Bundesamt ermittelte **Verbraucherpreisindex (VPI)**. Er bringt die Preisentwicklung typischer Güter der Lebenshaltung von Durchschnittshaushalten zum Ausdruck und wird üblicherweise als Maßstab für die Veränderung des Preisniveaus und der Kaufkraft des Geldes in Deutschland benutzt.

D Der Verbraucherpreisindex misst die durchschnittlichen Preisveränderungen aller Waren und Dienstleistungen, die von privaten Haushalten für Konsumzwecke gekauft werden. Er dient als Maßstab für die Veränderung von Preisniveau und Kaufkraft in einer Volkswirtschaft.

Ein Maßstab für die Preisniveauentwicklung im gesamten Euro-Währungsraum ist der vom Europäischen Statistischen Amt ermittelte **Harmonisierte Verbraucherpreisindex (HVPI)**.

Vorgehensweise zur Berechnung eines Verbraucherpreisindex

D Das Basisjahr ist ein ausgewähltes Kalenderjahr, das als Vergleichsmaßstab für die Folgejahre (Berichtsjahre) dienen soll.

- **Zusammenfassung typischer Konsumgüter zu einem Warenkorb**
  Wegen ihrer Vielzahl und ihrer unterschiedlichen Bedeutung können und sollen nicht alle Konsumgüter in die Preisbeobachtung einbezogen werden. Durch gezielte Marktbeobachtung werden daher zunächst solche Konsumgüter, die besonders typisch sind und häufig gekauft werden, ausgewählt und zu einem **Warenkorb** zusammengestellt.
- **Bewertung der Güter des Warenkorbs mit den Preisen des Basisjahres**
  Die Güter des Warenkorbes werden mit den durchschnittlichen Preisen des Basisjahres bewertet und mit den Verbrauchsmengen gewichtet. Für den Wert dieses Warenkorbs im Basisjahr wird ein Preisindex von 100 festgesetzt.
- **Bewertung der Güter des Warenkorbs mit den Preisen des Berichtsjahres**
  In den auf das Basisjahr folgenden Jahren werden dieselben Güter, die den Warenkorb des Basisjahres bilden, mit den **aktuellen** Preisen des Berichtsjahres bewertet, aber weiterhin mit den durchschnittlich verbrauchten Mengen des Basisjahres gewichtet. Auf diese Weise lässt sich der **Wert der Güter des Warenkorbs im Berichtsjahr** ermitteln.
- **Vergleich zwischen Basisjahr und Berichtsjahr**
  Der Wert der Güter des Warenkorbs im Basisjahr wird mit dem Wert des Warenkorbs im Berichtsjahr verglichen. Die in Prozent ausgedrückte Wertänderung gibt die Veränderung der Lebenshaltungskosten (Inflationsrate) an, um die sich der Preisindex gegenüber dem Basisjahr erhöht.

B Berechnungsbeispiel für einen Warenkorb mit drei Gütern

	Basisjahr 2015			Berichtsjahr 2019		Berechnung
Güter	Preise p_0	Menge q_0	Ausgaben $p_0 \cdot q_0$	Preise p_1	Ausgaben $p_1 \cdot q_0$	$P = \frac{\sum p_1 \cdot q_0}{\sum p_0 \cdot q_0} \cdot 100$
A	12,50 €/kg	16 kg	200 €	13,50 €/kg	216 €	
B	4,00 €/kg	75 kg	300 €	5,00 €/kg	375 €	$= \frac{1.216}{1.000} \cdot 100 = 121{,}6$
C	2,00 €/kg	250 kg	500 €	2,50 €/kg	625 €	
$\sum$			1.000 €		1.216 €	

Im vorliegenden Beispiel beträgt der Preisindex im Berichtsjahr 121,6, d.h., im Berichtsjahr mussten für den gleichen Warenkorb 21,60% mehr bezahlt werden als im Basisjahr. Von 2015 (Basisjahr) bis 2019 (Berichtsjahr) haben sich die Lebenshaltungskosten somit um 21,6% erhöht. Dieser Berechnung liegt folgende Formel zugrunde, die häufig bei Preisindexermittlungen angewandt wird **(LASPEYRES-Index)**[1]:

F

$$P = \frac{\sum p_1 \cdot q_0}{\sum p_0 \cdot q_0} \cdot 100$$

p_0 = Preis im Basisjahr
q_0 = Menge im Basisjahr
p_1 = Preis im Berichtsjahr

1 Die Formel wurde 1871 erstmals von dem Statistiker **Etienne Laspeyres** (1834–1913) für Indexberechnungen aufgestellt und angewandt.

Ermittlung des Verbraucherpreisindex für Deutschland durch das Statistische Bundesamt

4.6, S. 443

Warenkorb

Die Auswahl der **Güter des Warenkorbs** durch das Statistische Bundesamt erfolgt in Form von repräsentativen[1] Stichproben. Dazu werden in der Regel zunächst typische Einkaufsstädte, dort dann typische Geschäfte und darin die am häufigsten verkauften Produkte ermittelt. Die einzelnen Güter werden zu ca. 650 Güterarten (z. B. Bücher, Autos, Benzin) zusammengefasst.

Preiserfassung

Für die Messung der Preisentwicklung werden in ca. 94 Regionen, Städte und Gemeinden jeden Monat die Preise der gleichen Produkte in denselben Geschäften notiert. Zusätzlich erfolgt für viele Güterarten eine zentrale Preiserhebung, beispielsweise im Internet oder in Versandhauskatalogen. Da der Onlinehandel immer weiter wächst und immer mehr an Bedeutung gewinnt, werden Preise teilweise auch durch automatisierte Preiserhebungen im Internet eingesetzt (sog. Web Scraping). Insgesamt werden so monatlich über 300 000 Einzelpreise erfasst. Dabei wird auch durch entsprechende Gewichtung der Preise in unterschiedlichen Geschäftstypen (z. B. Discounter, Fachgeschäft, Versandhandel) versucht, auch Änderungen der Einkaufsgewohnheiten der Konsumenten zu berücksichtigen.

Gewichtung der Güterarten des Warenkorbs (Wägungsschema)

Anstelle der nur schwer zu ermittelnden Verbrauchsmengen werden die ermittelten Preise aller Güterarten des Warenkorbs mit den jeweiligen **Ausgabenanteilen**, die die privaten Haushalte im Durchschnitt für diese Güterart ausgeben, gewichtet. Als Informationsquelle für das Verbraucherverhalten dient vornehmlich die alle fünf Jahre durchgeführte Einkommens- und Verbrauchsstichprobe (EVS), in deren Rahmen 50 000 bis 70 000 Haushalte auf freiwilliger Basis während des Erhebungsjahres ein Haushaltsbuch führen. Ergänzend kommen aktuelle Erhebungen der sogenannten Laufenden Wirtschaftsrechnung (LWR) hinzu. Dazu werden die von bis zu 2 000 Haushalten monatlich zu führenden Haushaltsbücher ausgewertet.

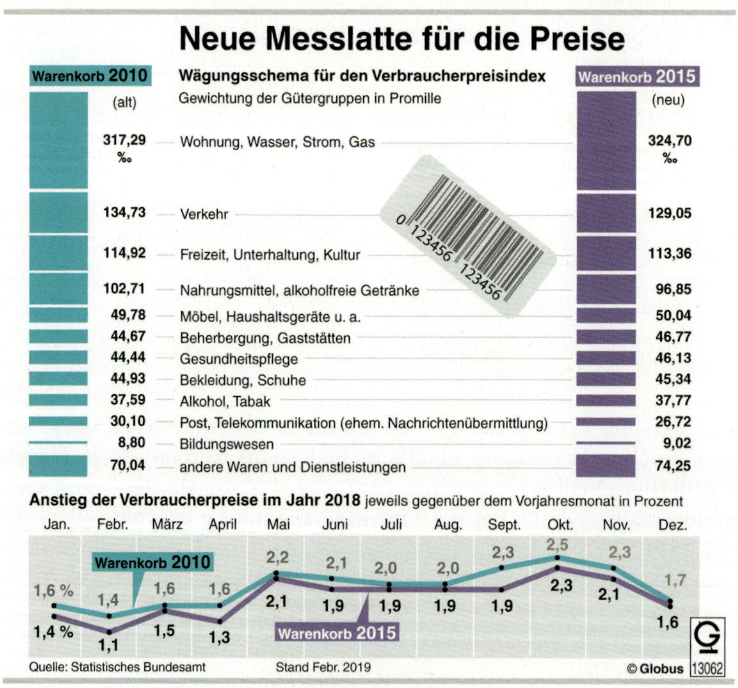

1 repräsentativ *(lat.)*: stellvertretend, typisch, charakteristisch

Durch Zusammenfassung der ca. 650 Güterarten des Warenkorbs und deren **Ausgabenanteile** (in Promille) zu 12 Hauptgruppen ergibt sich das **Wägungsschema** *(vgl. Abb. S. 388)*. Das Wägungsschema gibt an, welchen Anteil die einzelnen Güterarten an den gesamten Konsumausgaben der privaten Haushalte haben. Für jede dieser 12 Hauptgruppen wird ein Preisindex ermittelt. Dabei und bei der Ermittlung des Gesamtindex dienen die **Ausgabenanteile** als **Gewichtungsfaktoren (g)**. Der Gesamtindex (Verbraucherpreisindex) wird als gewogenes arithmetisches Mittel der 12 Hauptgruppenindizes berechnet.

Aktualisierung des Wägungsschemas

Der Preisindex wird alle fünf Jahre auf ein neues Basisjahr umgestellt (aktuelles Basisjahr: 2015). Bei dieser regelmäßigen Umstellung erfolgt jedes Mal eine **Aktualisierung des Wägungsschemas**. Dadurch lassen sich auf der Basis neuer Daten über die Verbrauchsgewohnheiten Änderungen des Konsumverhaltens der privaten Haushalte im Zeitablauf berücksichtigen. Während des Fünfjahreszeitraums bleibt das Wägungsschema unverändert (= konstante Verbrauchsstrukturen), um für diesen Zeitraum ausschließlich die Preisentwicklung, unbeeinflusst von Änderungen der Ausgabengewichte, darstellen zu können. Die Güter des Warenkorbs selbst können bei Bedarf auch während der fünf Jahre aktualisiert werden, damit immer diejenigen Gütervarianten in die Preisbeobachtung eingehen, die von den Konsumenten gegenwärtig häufig gekauft werden. So wurden bei der laufenden Aktualisierung des Warenkorbs 2015 unter anderem Güter wegen der fortschreitenden Digitalisierung, z.B. Musik-Streams, E-Book-Reader und E-Book-Downlaods, mit aufgenommen. Durch die neue Basis 2015 werden diese separat ausgewiesen. Weiterhin werden erstmals Hörhilfen oder Reparatur von Zahnersatz einzeln ausgewiesen. Sicherlich wird der Gesundheitsbereich aufgrund des steigenden Anteils der Seniorinnen und Senioren an der Gesamtbevölkerung immer wichtiger. Weil sich die Konsumausgaben für bestimmte Güter bzw. Gütergruppen aus dem Produkt Preis (p) · Menge (q) ergeben, führt die Verwendung der Ausgabenanteile als Gewichtungsfaktor (g) zum selben Ergebnis wie eine Gewichtung der Preise (p) mit den Verbrauchsmengen (q). Das zeigt der folgende Vergleich mit dem Zahlenbeispiel von S. 387:

B Berechnungsbeispiel für einen Warenkorb mit drei Gütergruppen

	Basisjahr 2015		Berichtsjahr 2019	Verbraucherpreisindex als gewogenes arithmetisches Mittel der Gütergruppenindizes		
Gütergruppe	Ausgaben $p_0 \cdot q_0$	Ausgabenanteil in ‰ (g_0)	Ausgaben $p_1 \cdot q_0$	Preisindex der Gütergruppe	Gewichtung des Gütergruppenindex mit g_0	Preisindex im Jahr 2019
A	200 €	200 ‰ (0,2)	216 €	216/200 · 100 = 108	108 · 0,2 = 21,6	
B	300 €	300 ‰ (0,3)	375 €	375/300 · 100 = 125	125 · 0,3 = 37,5	
C	500 €	500 ‰ (0,5)	625 €	625/500 · 100 = 125	125 · 0,5 = 62,5	
∑	1.000 €	1 000 ‰ (1,0)			121,6	**121,6**

Entwicklung des Verbraucherpreisindex

Harmonisierter Verbraucherpreisindex, Basisjahr 2015

Jahr		**2014**	**2015**	**2016**	**2017**	**2018**	**2019**
Preisindex		98,9	100,0	100,4	102,1	104,0	105,5
Veränderung zum Vorjahr	Indexpunkte	0,8	1,1	0,4	1,7	1,9	1,5
	in %		1,1	0,4	1,7	1,9	1,4

eigene Darstellung nach Daten von Deutsche Bundesbank, Monatsbericht April 2020, XI. Konjunkturlage in Deutschland, 7. Preise, Indexstand, S. 71. Abrufdatum 22.04.2020

Aktuelle Zahlen: www.destatis.de

Die Veränderung des Preisindex kann in **Indexpunkten** oder in **Prozent (Inflationsrate)** angegeben werden.

B Der Preisindex ist von 2015 (100) bis 2019 (105,5) um 5,5 Indexpunkte gestiegen. Das entspricht einer Erhöhung um 5,5 %.

Der Preisindex ist 2019 (105,5) gegenüber 2018 (104,0) um 1,5 Indexpunkte gestiegen. Als prozentuale Veränderung (Inflationsrate) ausgedrückt, ergibt das eine Erhöhung von 1,44 % (105,5 · 100/104,0 = 101,44).

F

$$\text{Inflationsrate} = \frac{\text{neuer Preisindex} - \text{alter Preisindex}}{\text{alter Preisindex}} \cdot 100$$

Entwicklung der Kaufkraft (Geldwertentwicklung für die Verbraucher)

Die Kaufkraft ist der Kehrwert des Preisniveaus (K = 1/p). Wird das Preisniveau (P) durch einen Preisindex ausgedrückt, lässt sich die Kaufkraft im Vergleich zu einem anderen Jahr wie folgt berechnen:

F

$$\text{Kaufkraft} = \frac{\text{Preisindex des Vergleichsjahres (z. B. Basisjahr 2015: Index 100)}}{\text{Preisindex des Berichtsjahres (z. B. Berichtsjahr 2019: Index 105,5)}} \cdot 100$$

Der sich bei der Kaufkraftberechnung ergebende Wert gibt an, wie hoch die Kaufkraft im Berichtsjahr gegenüber dem Vergleichsjahr (z. B. Basisjahr) ist.

Harmonisierter Verbraucherpreisindex, Basisjahr 2015							
Jahr		**2014**	**2015**	**2016**	**2017**	**2018**	**2019**
Preisindex		98,9	100,0	100,4	102,1	104,0	105,5
Kaufkraftindex		101,11	100,00	99,60	97,94	96,15	94,79
Veränderung zum Vorjahr	Indexpunkte	0,31	1,11	0,40	1,66	1,79	1,37
	in %	- 0,30	- 1,10	- 0,40	- 1,67	- 1,83	- 1,42

Eigene Darstellung nach Deutsche Bundesbank, Monatsbericht April 2020, XI. Konjunkturlage in Deutschland, 7. Preise, Indexstand, S. 71. Abrufdatum 22.04.2020.

B **Veränderung der Kaufkraft**

Die Kaufkraft ist von 2015 (100) bis 2019 (94,79) um 5,21 % gesunken, d. h. die Vergleich zu 2015 hatten 100,00 € 2019 nur noch einen Wert von 94,79 €. Der Kaufkraftverlust betrug in diesem Zeitraum 5,21 € (100 - 94,79).

Die Kaufkraft beträgt 2019 (94,79) gegenüber 2018 (96,15) nur noch (94,79/96,15 · 100 = 98,59). Sie ist damit 2019 gegenüber 2018 um 1,42 % gesunken.

F

$$\text{Kaufkraftänderung} = \frac{\text{alter Preisindex} - \text{neuer Preisindex}}{\text{neuer Preisindex}} \cdot 100$$

Aussagekraft des Verbraucherpreisindex

Die Aussagekraft des Verbraucherpreisindex als Maßstab für Preisniveauänderungen ist u. a. aus folgenden Gründen eingeschränkt:

- **Warenkorb und Wägungsschema gelten nicht für alle Haushalte gleichermaßen**: Die Auswahl der Güter für den Warenkorb und ihre Gewichtung mit dem jeweiligen Ausgabenanteil stimmen nicht für alle Haushalte mit den Konsumgewohnheiten überein. Es wird nicht nach einzelnen sozialen Gruppen der Bevölkerung, die unterschiedlich stark von Preisänderungen bei einzelnen Gütern und von Preisniveauveränderungen insgesamt betroffen sein können, unterschieden.
- **Aktualisierung des Warenkorbs**: Neue Konsumgüter werden erst nach einiger Zeit im Warenkorb erfasst. Solche Güter sind typischerweise zunächst teuer und werden dann immer preisgünstiger. Durch die verspätete Aktualisierung des Warenkorbs bleiben die anfänglich hohen Preise dieser Güter unberücksichtigt.
- **Aktualisierung des Wägungsschemas**: Das Wägungsschema bleibt aus Gründen der Vergleichbarkeit bis zur Festsetzung eines neuen Basisjahres im Rhythmus von fünf Jahren unverändert. In der Zwischenzeit eingetretene Änderungen der Konsumgewohnheiten, durch die sich die Ausgabenanteile für einzelne Gütergruppen ändern, werden nur verspätet berücksichtigt.
- **Qualitätsverbesserung**: Preissteigerungen aufgrund besserer Qualität werden nicht oder nur unzureichend erfasst. Wenn beispielsweise Autos teurer werden, lässt sich statistisch der Teil der Preissteigerung, der auf besserer Qualität und Ausstattung beruht, nicht von den anderen Ursachen der Preissteigerung trennen. Die tatsächliche Preissteigerung ist daher geringer als die für den Preisindex zugrunde gelegte. Durch die sogenannte **hedonische Preismessung**[1] wird seit einiger Zeit versucht diesen Mangel zu beheben. Bleibt z. B. der Preis eines Computers trotz Qualitätsverbesserungen konstant, ergibt sich bei diesem Verfahren, dass ein Computer mit gleicher Qualität billiger geworden sein muss. Es wird geschätzt, dass insbesondere wegen der nicht erfassten Qualitätsänderungen die in Deutschland gemessene Preisniveauänderung um ca. ¾ Prozentpunkte zu hoch ausfällt.
- **Neue Vertriebsformen**: Preisgünstige neue Vertriebsformen (z. B. Telefon- und Internet-Shopping) können nur mit zeitlicher Verzögerung berücksichtigt werden. Daher fällt die gemessene Teuerung zu hoch aus.

Konsumenten empfinden die Inflation in der Regel als etwa dreimal so hoch wie die von den Statistikern ermittelte Erhöhung des Verbraucherpreisindex **(„gefühlte Inflation“).** Das hat u. a. folgende Gründe:

- Preissteigerungen werden von den Verbrauchern intensiver wahrgenommen und höher bewertet als Preissenkungen.
- Wenn häufig gekaufte Produkte teurer werden, geht dies besonders stark in das Bewusstsein der Konsumenten ein.
- Preissenkungen bei Gütern, die selten gekauft werden oder bei denen die Ausgaben vom Konto abgebucht werden (z. B. Telefon), werden kaum wahrgenommen.

4.3.3 Realeinkommen

Eine Erhöhung des Preisniveaus und die damit einhergehende Minderung der Kaufkraft des Geldes bedeutet für die privaten Haushalte nicht zwangsläufig eine Verringerung ihres Wohlstands. Entscheidend ist, wie sich die **Einkommen der Haushalte** entwickeln. Das **Nominaleinkommen** ist der dem Einkommen entsprechende Geldbetrag. Beim **Realeinkommen** wird

4.7, S. 444

1 hedonisch *(gr.)*: lust-, genussvoll. Als hedonisch wird eine Bewertungsmethode bezeichnet, die ein Objekt nicht nur nach seinen äußeren, sondern auch nach seinen inneren Werten beurteilt.

dagegen auch berücksichtigt, welche Gütermenge mit einem bestimmten Nominaleinkommen gekauft werden kann.

D Das Realeinkommen berücksichtigt die Kaufkraft des Einkommens. Es gibt die Gütermenge an, die mit einem bestimmten Nominaleinkommen gekauft werden kann.

F

$$\text{Realeinkommen} = \frac{\text{Nominaleinkommen}}{\text{Verbraucherpreisindex}} \cdot 100$$

Ø jährliche Lohn- und Gehaltssumme je beschäftigten Arbeitnehmer		2014	2015	2016	2017	2018	2019
Bruttoeinkommen	in €	32.515	33.275	34.108	34.978	36.085	37.186
	Veränderung zum Vorjahr (%)	2,9	3,0	2,5	2,6	3,2	3,1
(nominal) Nettoeinkommen[1]	in €	21.745	22.347	22.872	23.384	24.095	24.951
	Veränderung zum Vorjahr (%)	2,8	2,8	2,3	2,2	3,0	3,6
Nettorealeinkommen	€ in Preisen von 2015	21.854	22.347	22.758	22.925	23.213	23.695
	Veränderung zum Vorjahr (%)	1,8	2,3	1,8	0,7	1,3	2,1

Zahlen entnommen von Statistisches Bundesamt, Fachserie 18, Reihe 1.4, S. 53, Tabelle 2.1.10, 2019 [04. März 2020].

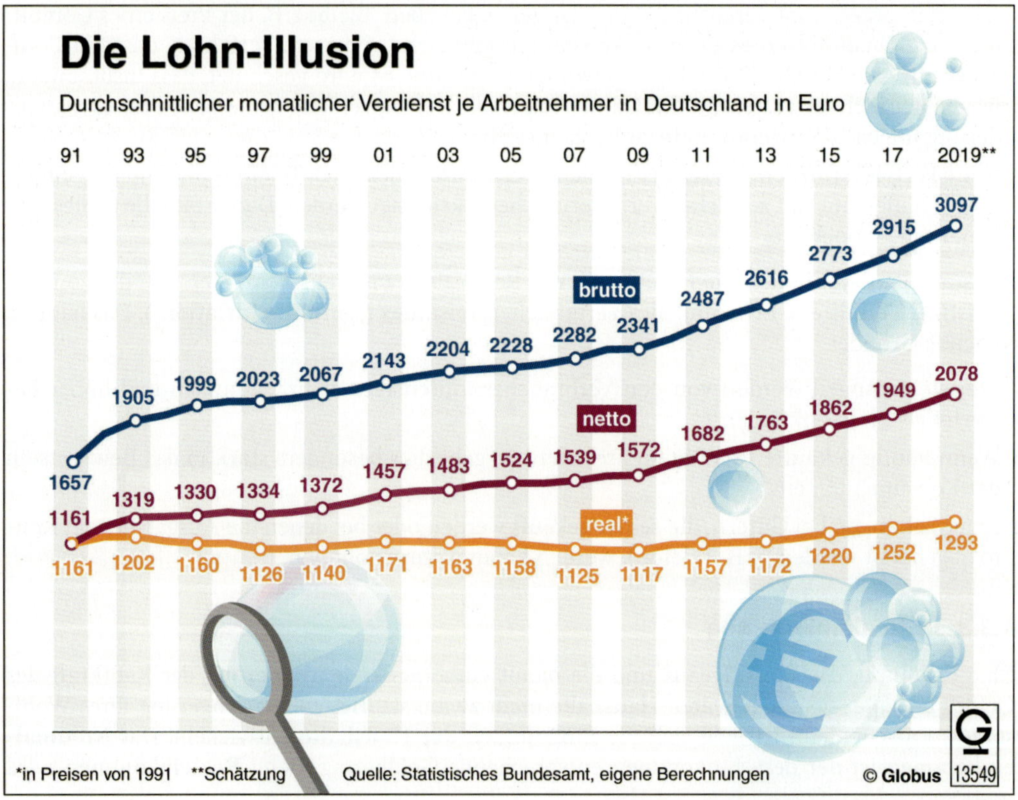

1 Nach Abzug von Lohn- und Kirchensteuer, Solidaritätszuschlag, Arbeitnehmeranteil zur Sozialversicherung

B Berechnung des Nettorealeinkommens 2018

2018 betrug der Verbraucherpreisindex (Basisjahr 2015 = 100) 103,8.

$$\text{Nettorealeinkommen 2018} = \frac{\text{Netto-Nominaleinkommen 2018}}{\text{Verbraucherpreisindex 2018}} \cdot 100 = \frac{24.095 \cdot 100}{103,8} = 23.213\ €$$

Einkommensveränderungen von 2014 bis 2018			
Ø jährliche Lohn- und Gehaltssumme je beschäftigten Arbeitnehmer	**2014**	**2018**	**Veränderung in %**
Bruttoeinkommen (in €)	32.515	36.085	+ 11,0
Nettoeinkommen (in €)	21.745	24.095	+ 10,8
Nettorealeinkommen (in €, in Preisen von 2015)	21.854	23.213	+ 6,2

Von 2014 bis 2018 sind in Deutschland die **nominalen Nettoeinkommen** der Arbeitnehmer um 11,0 % gestiegen. Weil aber im selben Zeitraum die Lebenshaltungskosten um ca. 8,5 % gestiegen sind, sind die realen Nettoeinkommen der Arbeitnehmer nur um 6,2 % gestiegen. Damit ist das Reallohnniveau seit langer Zeit wieder höher als im Jahr 2000. Dies ist auf die relativ hohe Steigerung der Nettolöhne in den letzten Jahren und die niedrigen Preissteigerungsraten zurückzuführen.

D Steigt das Nominaleinkommen stärker als der Verbraucherpreisindex, dann steigt auch das Realeinkommen. Steigt dagegen der Preisindex für die Lebenshaltung stärker als das Nominaleinkommen, dann sinkt das Realeinkommen.

Bei den Zahlen zur Lohnentwicklung darf nicht übersehen werden, dass es sich dabei um **Durchschnittswerte** bezogen auf alle Arbeitnehmer handelt. Innerhalb der Löhne und Gehälter gibt es aber erhebliche Unterschiede. Auch die Vergütungen für Vorstandsmitglieder von Aktiengesellschaften, die Bonuszahlungen für Manager und die Arbeitseinkünfte anderer Spitzenverdiener gehören zu den „Löhnen". Diese Bezüge sind in den letzten Jahren wesentlich schneller gestiegen als die unteren und mittleren Einkommen.

4.4 Ursachen und Auswirkungen von Geldwertminderungen

4.4.1 Begriff und Arten der Inflation

Lernziele:

Nach der Bearbeitung des Kapitels sind Sie in der Lage, Folgendes zu tun:

Sie ...

- ... beschreiben den Begriff „Inflation".
- ... unterscheiden verschiedene Inflationsarten nach dem Tempo, der Erkennbarkeit und den Ursachen.
- ... beurteilen die Aussagekraft der Quantitätsgleichung (FISHERsche Verkehrsgleichung).
- ... erklären die aufgestellte Behauptung der klassischen Quantitätstheorie hinsichtlich des Zusammenhangs zwischen Geldmenge und Preisniveau.
- ... entwickeln selbstständig Kritikpunkte an der klassischen Quantitätstheorie.
- ... beschreiben die Voraussetzungen, bei der eine Erhöhung der gesamtwirtschaftlichen Nachfrage zur Inflation führen kann.
- ... erläutern, welche Beschäftigungssituation vorliegen muss, damit eine Erhöhung der gesamtwirtschaftlichen Nachfrage zu Preiserhöhungen führt.
- ... beschreiben den Begriff „Stagflation".
- ... fassen zusammen, wodurch eine Angebotsinflation zustande kommen kann.
- ... erklären das Zustandekommen einer Gewinninflation.
- ... erklären mithilfe der Theorie der Angebotsinflation das Phänomen der Stagflation.
- ... beschreiben und verstehen die Begriffe „Erstrundeneffekt" und „Zweitrundeneffekt".
- ... erläutern das Zustandekommen einer Lohn-Preis-Spirale bzw. einer Preis-Lohn-Spirale.
- ... unterscheiden die Arten von importierter Inflation.
- ... analysieren die Auswirkungen einer Inflation auf die Einkommens- und Vermögensverteilung.
- ... benennen die gesellschaftlichen Gruppen, die durch eine Inflation geschädigt werden.
- ... erläutern mögliche Auswirkungen einer Inflation auf das Wachstum und die Beschäftigung.

D Inflation ist ein anhaltender Prozess allgemeiner Preiserhöhungen. Er führt zu einem Anstieg des Preisniveaus und damit zu einer Minderung der Kaufkraft des Geldes. Als Inflationsmaßstab dient üblicherweise der Verbraucherpreisindex.

Inflationsarten		
Tempo des Preisniveauanstiegs	**Erkennbarkeit des Preisniveauanstiegs**	**Ursachen des Preisniveauanstiegs**
(relative) Preisniveaustabilität: < 2 % bis 3 %	offene Inflation: erkennbare Preisniveausteigerung	geldmengenbedingte Inflation *(vgl. 4.6.2)*
schleichende Inflation: jährlich 3 % bis 5 %	zurückgestaute (verdeckte) Inflation: Preiserhöhungen werden durch staatliche Maßnahmen wie Höchstpreise, Preis- und/oder Lohnstopp unterdrückt	nachfragebedingte Inflation *(vgl. 4.6.3)*
trabende Inflation		angebotsbedingte Inflation *(vgl. 4.6.4)*
galoppierende Inflation bzw. Hyper-inflation: monatlich > 50 %		importierte Inflation *(vgl. 4.6.5)*

Der aus der Zusammensetzung der beiden Begriffe **Inflation** und **Stagnation** gebildete Ausdruck **Stagflation** bezeichnet eine gesamtwirtschaftliche Situation, in der das Preisniveau steigt, gleichzeitig aber die Produktion stagniert oder sogar zurückgeht und Arbeitslosigkeit herrscht.

D 4.4.4

Der Begriff **Disinflation** beschreibt eine Entwicklung, bei der das Preisniveau zwar nach wie vor steigt, die Preissteigerungsraten aber zurückgehen. Eine **Deflation** ist demgegenüber durch ein absolutes Sinken des Preisniveaus gekennzeichnet.

D 4.5

4.4.2 Geldmenge als Inflationsursache

Quantitätsgleichung des Geldes (FISHERsche Verkehrsgleichung)

Ausgehend von dem sich aus dem Wirtschaftskreislauf ergebenden Zusammenhang, dass die Geld- und Güterströme in einer Volkswirtschaft gleich groß sein müssen, wurde von IRVING FISHER[1] die sogenannte **Quantitätsgleichung**[2] des Geldes, die auch als **FISHERsche Verkehrsgleichung** bezeichnet wird, entwickelt.

FISHERsche Verkehrsgleichung

4.8, S. 445

Nachfragewirksame Geldmenge	=	Wert der verkauften Gütermenge
Geldmenge M · Umlaufgeschwindigkeit U	=	Handelsvolumen H · Preisniveau P
=		=
Summe der Güterkäufe in Euro		Summe der Güterverkäufe in Euro

M = Geldmenge: Geldmenge M1 (Bargeldumlauf und Sichteinlagen bei Banken)

U = Umlaufgeschwindigkeit: Häufigkeit, mit der die Geldmenge im Durchschnitt in einer Periode umgeschlagen, d. h. für Käufe verwendet wird.

D 4.1

H = Handelsvolumen: (Physische) Menge aller in einer Periode umgesetzten (verkauften) Güter. Das Handelsvolumen einer gesamten Volkswirtschaft ist wesentlich größer als deren Inlandsprodukt. Es umfasst auch alle Verkäufe ein und derselben Güter auf verschiedenen Produktions- und Handelsstufen (z. B. Hersteller → Großhandel → Einzelhandel → Endverbraucher) und als Gebrauchtwaren. Häufig wird aber von einer modifizierten Form der Quantitätsgleichung ausgegangen, bei der an die Stelle des Handelsvolumens das reale Inlandsprodukt (Y_r) tritt.

P = Preisniveau: Gewogener Durchschnitt aller Güterpreise (Preisindex)

Die linke Seite der Gleichung stellt die in Geldeinheiten bewertete Gesamtnachfrage nach Gütern **(monetäre[3] Gesamtnachfrage: M · U)** und somit Summe aller Gütereinkäufe dar.

B Umlaufgeschwindigkeit des Geldes

Wenn ein 100-Euro-Schein (M = 100) innerhalb von 30 Tagen fünfmal zum Kauf von Gütern verwendet wird (U = 5), geht innerhalb dieser Zeit von dem einen Geldschein eine monetäre Nachfrage von 500 € aus. Wird dagegen beispielsweise in der Vorweihnachtszeit dieser Geldschein innerhalb von 30 Tagen zehnmal für den Kauf von Gütern verwendet (U = 10), steigt die mit diesem Schein bewirkte monetäre Nachfrage auf 1.000 €. Die Umlaufgeschwindigkeit hängt somit u. a. von den Kauf- und Zahlungsgewohnheiten ab.

1 Irving Fisher (1867–1947), amerikanischer Wirtschaftswissenschaftler
2 Quantität *(lat.)*: Menge
3 monetär *(lat.)*: auf Geld bezogen

Die rechte Seite kann als Ausdruck für die **gesamten zu jeweiligen Preisen bewerteten Güterverkäufe** aufgefasst werden.

B **Handelsvolumen**

In einer Periode werden 1 000 Konservendosen zu je 1,00 € von einer Konservenfabrik an einen Lebensmittelgroßhändler verkauft. Der Großhändler liefert die Dosen zu je 1,50 € an verschiedene Einzelhändler. Diese verkaufen die Dosen wiederum an die Endverbraucher zu 2,00 € je Stück. Das zu den gegenwärtigen Preisen bewertete Handelsvolumen dieser Periode beträgt dann 1 000 Stück · 1,00 € + 1 000 Stück · 1,50 € + 1 000 Stück · 2,00 € = 4.500 €.

Geringe Aussagekraft der Quantitätsgleichung

Wenn aber die linke Seite die **monetäre Gesamtnachfrage** (= Wert aller Gütereinkäufe) in einer Volkswirtschaft widerspiegelt und die rechte Seite die **mit den jeweiligen Preisen bewerteten Güterverkäufe** darstellt, dann gibt die Quantitätsgleichung nichts anderes als den aus der Kreislaufanalyse ableitbaren Sachverhalt wieder, dass die volkswirtschaftlichen Geld- und Güterströme einer Periode wertmäßig gleich groß sein müssen. Mit anderen Worten: Der Wert der gekauften Güter (M · U) entspricht dem Wert der verkauften Güter (H · P). Die Quantitätsgleichung ist somit eine **Identitätsgleichung**[1], die stets erfüllt sein **muss**. Sie lässt **keine Aussagen über Inflationsursachen** zu.

B **Aussagen der Quantitätsgleichung**

Werden in einer Volkswirtschaft in einer Periode 250 000 Mengeneinheiten Güter verkauft, **muss** bei einer Geldmenge von 25 000 Geldeinheiten und einer Umlaufgeschwindigkeit von 5 der Durchschnittspreis der Güter notwendigerweise 0,5 Geldeinheiten je Mengeneinheit betragen. Hätte die Geldmenge bei gleicher Umlaufgeschwindigkeit 50 000 Geldeinheiten betragen, hätte sich der Durchschnittspreis der Güter auf 1,0 Geldeinheit je Mengeneinheit verdoppeln **müssen**.

Eine kausale Aussage etwa in der Art: „Wenn die Geldmenge steigt, dann erhöht sich das Preisniveau entsprechend" lässt sich daraus aber nicht ableiten. Es lässt sich lediglich feststellen, dass eine Erhöhung der Geldmenge mit einem Ausgleich bei einer oder mehreren der anderen drei Größen der Quantitätsgleichung einhergehen **muss**.

D Die Quantitätsgleichung (FISHERsche Verkehrsgleichung) besagt, dass die geld- und güterwirtschaftliche Seite aller in einer Volkswirtschaft stattfindenden Käufe und Verkäufe wertmäßig gleich groß sind. Sie lässt keine Aussagen über Inflationsursachen zu.

Klassische Quantitätstheorie

4.9, S. 445

Die auf der Quantitätsgleichung M · U = H · P basierende **Quantitätstheorie** behauptet ein enges **Ursache-Wirkungs-Verhältnis** zwischen der **Geldmenge (M)** (= unabhängige Variable) und dem **Preisniveau (P)** (= abhängige Variable). Eine **Inflationstheorie** lässt sich aus der Quantitätsgleichung aber nur dann ableiten, wenn bestimmte **Annahmen** über die Abhängigkeiten zwischen einzelnen Größen der Quantitätsgleichung und über bestimmte Verhaltensweisen der Wirtschaftssubjekte getroffen werden. Erst durch solche Annahmen kann aus der tautologischen[2] Quantitätsgleichung eine Erklärung des gesamtwirtschaftlichen Preisniveaus (Inflationstheorie) werden. Dabei geht die **klassische Quantitätstheorie** von einer modifizierten Gleichung aus. Darin ist das Handelsvolumen durch das reale Inlandsprodukt (Y_r) ersetzt und es liegen folgende Annahmen zugrunde:

1 Identität *(lat.)*: völlige Gleichheit
2 Tautologie *(gr.)*: Ein und dieselbe Aussage wird auf unterschiedliche Weise (z. B. mit verschiedenen Begriffen) getroffen.

F

$$P_y = \frac{M \cdot U_y}{Y_r}$$

Annahmen:

1. Die Umlaufgeschwindigkeit ist kurzfristig konstant. Sie ändert sich nur mittelfristig.
2. Es herrscht Vollbeschäftigung, d. h., das reale Inlandsprodukt kann kurzfristig nicht steigen.

Y_r = reales Inlandsprodukt bzw. reales Volkseinkommen.
P_y = Preisniveau der im Inlandsprodukt enthaltenen Güter (Preisindex für das Inlandsprodukt)
U_y = (Einkommens-)Kreislaufgeschwindigkeit des Geldes. Sie wird durch das Verhältnis des nominalen Inlandsprodukts (Y_n) zur Geldmenge (M) bestimmt (Y_n/M) und gibt an, wie oft die Geldmenge in einer Periode umgeschlagen werden muss, um damit die Güter des Inlandsprodukts kaufen zu können.

Unter diesen Annahmen besteht ein proportionaler Zusammenhang zwischen der Veränderung der Geldmenge und der sich daraus ergebenden Preisniveauänderung.

D Unter den Annahmen der klassischen Quantitätstheorie führt jede Geldmengenerhöhung zu einer proportionalen Preisniveausteigerung.

Kritik an der Quantitätstheorie

Gegen den von der Quantitätstheorie behaupteten direkten Zusammenhang zwischen Geldmenge und Preisniveau lassen sich u. a. folgende Argumente vorbringen:

- Nicht jede Geldmengenerhöhung muss zwangsläufig zu einer gleich großen Erhöhung der monetären Gesamtnachfrage (M · U) führen. Die zusätzliche Geldmenge wird beispielsweise nicht oder nicht in vollem Umfang nachfragewirksam, wenn die Haushalte vermehrt sparen und die Unternehmen wegen schlechter Gewinnerwartungen keine zusätzlichen Investitionskredite aufnehmen. Wenn aber die Geldmenge M steigt, ohne dass die monetäre Gesamtnachfrage M · U im gleichen Verhältnis zunimmt, muss das mit einem Absinken der Umlaufgeschwindigkeit des Geldes U einhergehen. Die Umlaufgeschwindigkeit kann daher nicht als konstant angesehen werden.
- Die Umlauf- bzw. Kreislaufgeschwindigkeit hängt nicht nur vom Zinsniveau, sondern auch von den Zukunftserwartungen und dem Preisniveau ab. Je höher die (erwarteten) Preissteigerungen, desto höher die Umlaufgeschwindigkeit. Somit bestimmt das von der Umlaufgeschwindigkeit abhängige Preisniveau seinerseits wiederum die Umlaufgeschwindigkeit (Zirkelschluss). Es gilt einerseits P = f(U, ...) und andererseits U = f(P, ...).
- Auch wenn die Geldmengenerhöhung zu einer Erhöhung der monetären Gesamtnachfrage führt, hängt es entscheidend von der Beschäftigungslage in der Volkswirtschaft ab, ob das Preisniveau steigt oder nicht. Bei Unterbeschäftigung können die Unternehmen ihr Angebot zu konstanten Preisen ausdehnen, sodass die Nachfragesteigerung zu einem Anstieg der Produktion und damit des realen Inlandsprodukts führt. Erst bei zunehmender Auslastung des Produktionspotenzials (= Beschäftigungserhöhung) führt die Nachfragesteigerung zu Preissteigerungen. D 4.4.3
- Der Transmissionsmechanismus, über den die Geldmenge das Preisniveau angeblich beeinflusst, wird nicht erklärt. Das Preisniveau basiert auf der Entwicklung einzelner Preise. Einzelne Preise verändern sich aber nur, wenn es auf der Angebots- und/oder Nachfrageseite zu Verschiebungen kommt. Die Quantitätstheorie weist aber nicht nach, wie sich eine Geldmengenerhöhung auf die Konsum- und/oder Produktionspläne der Marktteilnehmer auswirkt und Verschiebungen der Angebots- und/oder Nachfragekurven bewirkt. D 4.4.3 D 4.4.4

4.4.3 Gesamtwirtschaftliche Nachfrage als Inflationsursache

Nachfragesog

4.10, S. 446

Auf einzelnen Märkten kommt es durch eine Erhöhung der Nachfrage bei gleich bleibendem Angebot zu einer Preiserhöhung. Dieser Zusammenhang lässt sich auch auf gesamtwirtschaftliche Größen übertragen. Die Theorie der Nachfrageinflation geht von der Vorstellung aus, dass die Ursache für Preisniveausteigerungen in der Erhöhung der **gesamtwirtschaftlichen Nachfrage** und einer sich daraus ergebenden Angebotslücke zu suchen ist. Dieses Missverhältnis zwischen Angebot und Nachfrage wird auch als inflatorische Lücke *(inflationary gap)* bezeichnet. Weil in diesem Fall das Preisniveau gleichsam nach oben gezogen wird, wird auch von **Nachfragesoginflation** *(demand-pull-inflation)* gesprochen.

D Die Theorie der Nachfrageinflation sieht als Inflationsursache eine über das gesamtwirtschaftliche Güterangebot (= reales Inlandsprodukt) hinausgehende gesamtwirtschaftliche Nachfrage an.

Bestandteile der gesamtwirtschaftlichen Nachfrage

Eine Nachfrageerhöhung kann von einer der **vier Komponenten**, aus denen sich die **gesamtwirtschaftliche Nachfrage** zusammensetzt, ausgehen.

- Erhöhung der Konsumgüternachfrage (C_{pr}) z.B. aufgrund einer Einkommenssteigerung der privaten Haushalte,
- Erhöhung der Investitionsgüternachfrage (I) z.B. aufgrund positiver Gewinnerwartungen,
- Erhöhung der Staatsnachfrage nach Waren und Dienstleistungen (G)[1] z.B. aufgrund erhöhter Kreditaufnahme des Staates,
- Erhöhung der Exportgüternachfrage (Nettoexport, Ex – Im) z.B. aufgrund veränderter Wechselkurse.

D 5.3

Inflationäre Wirkungen können durch solche Nachfrageveränderungen aber nur unter folgenden Voraussetzungen ausgelöst werden:

- Es handelt sich nicht nur um einen vorübergehenden Nachfrageanstieg, sondern um einen länger andauernden Prozess.
- Die Nachfragesteigerung bei einer der vier Nachfragekomponenten C_{pr}, I, G und Ex wird nicht durch einen Nachfragerückgang bei einer der anderen Nachfragekomponenten wieder ausgeglichen. Ein solcher Nachfragerückgang kann beispielsweise eintreten, wenn Mehrausgaben des Staates durch Steuererhöhungen finanziert werden, die einen Rückgang der Konsum- und/oder Investitionsgüternachfrage bewirken.
- Damit die Nachfrageerhöhung am Markt wirksam werden kann, muss sie mit Kaufkraft, d.h. mit Geldmitteln ausgestattet sein. In diesem Zusammenhang wird auch von einer notwendigen *monetären Alimentierung*[2] der Nachfrage gesprochen. Dazu muss die monetäre Gesamtnachfrage ($M \cdot U$) steigen. Dies kann durch Ausweitung der Geldmenge M und/oder die Erhöhung der Kreislaufgeschwindigkeit des Geldes (U) erfolgen. In der Realität lässt sich in den letzten Jahrzehnten aber eher ein Sinken als eine Erhöhung der Kreislaufgeschwindigkeit feststellen. Wenn die Kreislaufgeschwindigkeit nicht steigt, muss also jede Nachfrageinflation mit

1 Die Nachfrage des Staates (G = Government) als Teil der gesamtwirtschaftlichen Nachfrage setzt sich aus den Vorleistungen, die der Staat von Unternehmen bezieht (z.B. Energie, Dienstleistungen, Büromaterial) und den Gütern für staatliche Investitionen (z.B. öffentliche Gebäude, Straßenkehrmaschine) zusammen. Sie ist weder identisch mit den als Beitrag des Staates zum BIP ermittelten Konsumausgaben des Staates (C_{St}) noch mit der Summe aller Staatsausgaben. Die Staatsausgaben insgesamt umfassen dagegen insbesondere auch die Personal- und Verwaltungskosten sowie die Ausgaben für Transferleistungen (z.B. Kindergeld) und Subventionen.

2 alimentieren *(lat.)*: ernähren; für den Lebensunterhalt sorgen

einer durch Geldschöpfung finanzierten Ausdehnung der monetären Gesamtnachfrage einhergehen.

Gesamtwirtschaftliche Nachfragekurve

Kurzfristig kann bei gegebener Geldmenge und gegebener Umlaufgeschwindigkeit von einer **gesamtwirtschaftlichen Nachfragekurve** N^0, wie sie in folgender Abbildung dargestellt ist, ausgegangen werden.

D Die gesamtwirtschaftliche Nachfragekurve zeigt die Menge an Gütern, die Haushalte, Unternehmen, Staat und Ausland bei unterschiedlichen Preisniveaus nachfragen.

Wenn die gesamtwirtschaftliche Nachfrage durch die Erhöhung der Geldmenge und/oder der Umlaufgeschwindigkeit zunimmt, kommt es zu einer Rechtsverschiebung der gesamtwirtschaftlichen Nachfragekurve von N^0 nach N^1 nach N^2 usw.

Gesamtwirtschaftliche Angebotskurve

D Die gesamtwirtschaftliche Angebotskurve A^0 zeigt die Menge an Gütern, die Unternehmen zu unterschiedlichen Preisniveaus anbieten. Diese Menge entspricht dem realen Inlandsprodukt.

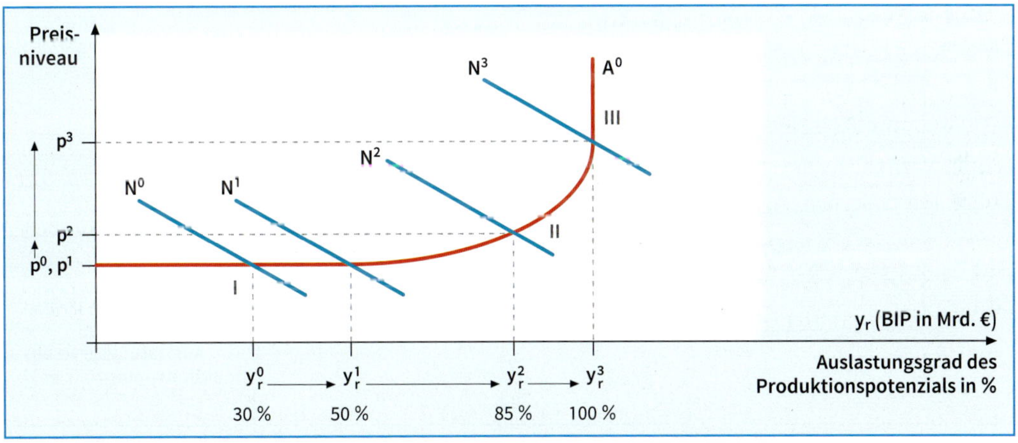

Die gesamtwirtschaftliche Angebotskurve gilt unter der Annahme einer gegebenen Ausstattung mit Produktionsfaktoren, einer gegebenen Produktionstechnik und gegebenen Faktorpreisen. Wenn sich eine oder mehrere dieser Größen ändern, verschiebt sich die Angebotskurve.

Drei Bereiche der gesamtwirtschaftlichen Angebotskurve

Die gesamtwirtschaftliche Angebotskurve kann in drei Bereiche eingeteilt werden. Der waagerechte Verlauf (Bereich I) spiegelt eine Situation wider, in der das volkswirtschaftliche Produktionspotenzial nicht voll ausgelastet ist (= Unterbeschäftigung). Eine Erhöhung der gesamtwirtschaftlichen Nachfrage, ausgedrückt durch die Kurvenverschiebung von N^0 nach N^1, führt in diesem Fall ausschließlich zu einer entsprechenden Ausdehnung der Produktion und damit zu einem Anstieg des realen Inlandsprodukts von Y^0_r nach Y^1_r. Das Preisniveau P^0 ändert sich nicht, weil das Angebot aufgrund der Unterbeschäftigung völlig elastisch ist. Der ansteigende Verlauf der Angebotskurve (Bereich II) verdeutlicht die zunehmende Engpasssituation (Angebotslücke) auf verschiedenen Teilmärkten, die Erhöhungen des Preisniveaus bei gleichzeitiger Produktionsausdehnung bewirkt. Der senkrechte Verlauf (Bereich III) stellt die Situation bei

Vollbeschäftigung dar. Die Güterproduktion kann wegen der vollständig ausgelasteten Kapazitäten nicht mehr über das Niveau von Y^3_r hinaus ausgedehnt werden. Eine Erhöhung der gesamtwirtschaftlichen Nachfrage führt in diesem Fall ausschließlich zu einer Erhöhung des Preisniveaus über P^3 hinaus, weil das Angebot vollkommen unelastisch ist.

D Die Elastizität des gesamtwirtschaftlichen Angebots ist entscheidend dafür, ob eine Erhöhung der gesamtwirtschaftlichen Nachfrage zu einer Preis- und/oder Mengenerhöhung führt.

D Nach der Theorie der Nachfrageinflation kann Inflation nur bei Vollbeschäftigung entstehen.

4.4.4 Gesamtwirtschaftliches Angebot als Inflationsursache

Erklärung für Stagflation

4.11, S. 447

In den USA zeigte sich während der Jahre 1953/54 und 1957/58 das bis dahin nicht beobachtete Phänomen, dass trotz hoher Arbeitslosigkeit das Preisniveau weiter anstieg (**Stagflation**[1]). Das war Anlass dafür, auch die Angebotsseite in die Suche nach möglichen Inflationsursachen einzubeziehen.

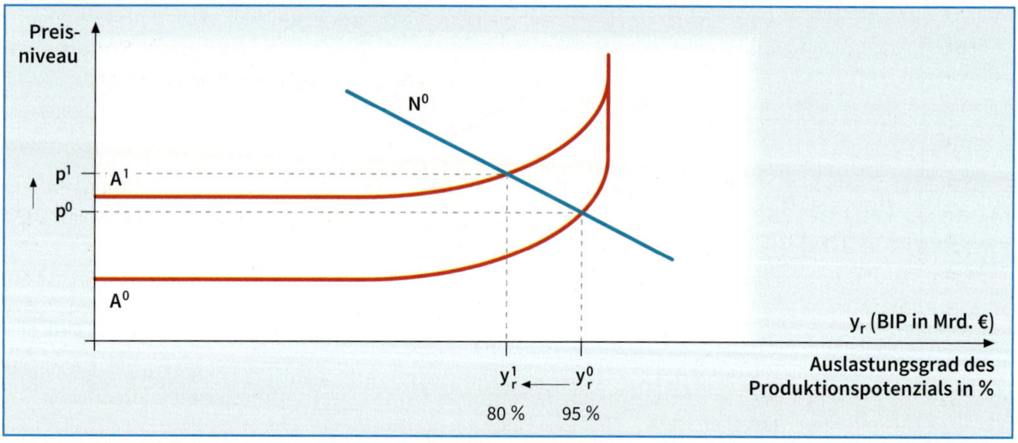

Auf einzelnen Märkten kommt es durch eine Minderung des Angebots bei gleich bleibender Nachfrage zu einer Preiserhöhung. Dieser Zusammenhang lässt sich auch auf gesamtwirtschaftliche Größen übertragen. Aus einer Verschiebung der gesamtwirtschaftlichen Angebotskurve nach links oben ergibt sich ein Rückgang des realen Inlandsprodukts von Y^0_r nach Y^1_r und eine Erhöhung des Preisniveaus von P^0 nach P^1. Weil das Preisniveau gleichsam nach oben gedrückt wird, wird auch von **Angebotsdruckinflation** *(supply-push-inflation)* gesprochen. Eine Erhöhung der Geldmenge und/oder der Umlaufgeschwindigkeit ist für diesen Inflationsprozess zunächst nicht zwingend notwendig. Vielmehr reicht die vorhandene monetäre Gesamtnachfrage ($M \cdot U$) aus, um das verringerte Güterangebot zu einem höheren Preisniveau zu kaufen. Soll aber der mit der Verringerung des realen Inlandsprodukts von Y^0_r nach Y^1_r einhergehende Beschäftigungsrückgang vermieden werden, muss sich die gesamtwirtschaftliche Nachfragekurve nach rechts verschieben. Das ist nur durch einen Anstieg der monetären Gesamtnachfrage und damit durch eine Erhöhung der Geldmenge und/oder der Umlaufgeschwindigkeit möglich (Angebotsinflation mit geldpolitischer Anpassung).

1 Stagflation aus dem englischen stagflation, zusammengezogen aus: stagnation (Stagnation) und inflation (Inflation) Bedeutung: Stillstand des (Wirtschafts)wachstums bei gleichzeitiger Geldentwertung

D Die Theorie der Angebotsinflation ist geeignet, das Phänomen der Stagflation (Inflation bei gleichzeitiger Arbeitslosigkeit) zu erklären.

Ursachen der Angebotsinflation

Eine Verschiebung der gesamtwirtschaftlichen Angebotskurve nach links kann verschiedene Ursachen haben. Dementsprechend lassen sich verschiedene Arten der Angebotsinflation unterscheiden.

Arten der Angebotsdruckinflation				
Kostendruckinflation				Gewinndruckinflation
Löhne	Zinsen	Kostensteuern	Rohstoffpreise	

Kosteninflation

Eine Erhöhung der Produktionskosten führt zu einer Verschiebung der Angebotskurve nach links. Dadurch erhöht sich das Preisniveau trotz einer bestehenden Unterbeschäftigung. Gleichzeitig geht damit ein Rückgang des realen Inlandsprodukts einher, da ein steigendes Preisniveau zu einer Einschränkung der gesamtwirtschaftlich nachgefragten Gütermenge führt. Eine auf Kostenerhöhungen zurückzuführende Inflation wird als **Kostendruckinflation** *(cost-push-inflation)* bezeichnet. Ursache für die gestiegene Kostenbelastung der Unternehmen können u.a. Erhöhungen der Löhne *(wage-push)*, der Zinsen *(interest-push)*, der betrieblichen Steuern *(tax-push)* oder der Rohstoffpreise sein. Besonders bedeutsam ist die **Lohnkosteninflation**.

Gewinninflation

In der gesamtwirtschaftlichen Angebotskurve spiegelt sich das Verhalten der Anbieter wider. Wenn die Unternehmen ihr Verhalten so ändern, dass sie – unabhängig von der Kostenentwicklung – dieselbe Menge nur noch zu einem höheren Preis anbieten, kommt es zu einer Linksverschiebung der gesamtwirtschaftlichen Angebotskurve. Die Folgen sind – wie bei einer Kosteninflation – Erhöhung des Preisniveaus und Rückgang des realen Inlandsprodukts. Die Unternehmen planen in diesem Fall einen bestimmten Gewinnzuschlag auf ihre Selbstkosten je Stück und ermitteln so einen kalkulierten Angebotspreis, der sich ihrer Meinung nach am Markt durchsetzen lässt *(mark-up pricing)*. Die Theorie der **Gewinninflation** *(profit-push-inflation)* sieht diesen Versuch der Unternehmen, ihre Gewinne zu erhöhen, als eine Inflationsursache an.

Marktmacht als Voraussetzung einer Angebotsinflation

Unter Konkurrenzbedingungen ist für die Unternehmen eine Überwälzung von Kostensteigerungen und höheren Gewinnansprüchen auf die Nachfrager in Form höherer Preise kaum möglich. Daher setzt eine Angebotsdruckinflation voraus, dass die Anbieter über **Marktmacht** verfügen. Im Gegensatz zur Marktform der vollständigen Konkurrenz (Polypol auf dem vollkommenen Markt), bei der sich die Anbieter nur mit ihrer Angebotsmenge an den vorgegebenen Marktpreis anpassen können (Mengenanpasser), ist diese Voraussetzung auf oligopolistischen und monopolistischen Märkten erfüllt. Diese Marktmacht ist umso größer, je höher der Monopolgrad und je unelastischer die Nachfrage ist. Eine unelastische Nachfrage kann beispielsweise durch fehlende Substitutionsgüter oder ausgeprägte Präferenzen der Konsumenten aufgrund intensiver Werbung bedingt sein.

4.4.5 Wechselwirkungen zwischen verschiedenen Inflationsarten

Inflation kann nicht auf eine einzige Ursache zurückgeführt werden. Vielmehr ergänzen und verstärken sich verschiedene Inflationsursachen gegenseitig.

Verhältnis zwischen Geldmenge und gesamtwirtschaftlicher Nachfrage

4.12, S. 447

Für die Quantitätstheorie ist der Ausgangspunkt jeder Inflation die Erhöhung der Geldmenge. Wenn diese erhöhte Geldmenge aber nicht nachfragewirksam verwendet wird, steigt das Preisniveau nicht. Die Geldmengenerhöhung muss also von einer Erhöhung der gesamtwirtschaftlichen Nachfrage begleitet sein, um inflationär wirken zu können. Die Theorie der Nachfrageinflation sieht dagegen eine über das gesamtwirtschaftliche Güterangebot hinausgehende Erhöhung der gesamtwirtschaftlichen Nachfrage als Inflationsursache an. Eine solche Nachfrageerhöhung kann aber nur zustande kommen, wenn gleichzeitig die Umlaufgeschwindigkeit des Geldes zunimmt und/oder die Geldmenge steigt (z. B. durch Kreditschöpfung der Geschäftsbanken). Die Nachfrageerhöhung muss also „monetär alimentiert", d. h. von einer Ausdehnung der monetären Gesamtnachfrage (M · U) begleitet sein. Der Unterschied zwischen geldmengen- und nachfrageorientiertem Erklärungsansatz liegt daher vor allem in der unterschiedlichen Auffassung über den Ursache-Wirkungs-Zusammenhang. Die entscheidende Frage lautet:

D Ist die Geldmengenerhöhung die Ursache für die Ausweitung der gesamtwirtschaftlichen Nachfrage oder ist die Ausweitung der gesamtwirtschaftlichen Nachfrage die Ursache für die Geldmengenerhöhung?

Beispiel Ölpreissteigerungen: Direkte und indirekte Effekte – Erstrunden- und Zweitrundeneffekte

Ölpreissteigerungen schlagen sich unmittelbar in den Verbraucherpreisen nieder, da die Ausgaben für Energie ein wichtiger Bestandteil des Warenkorbs sind, der der Ermittlung des Verbraucherpreisindex zugrunde liegt **(= direkter Effekt)**. Da Energie ein wichtiger Produktionsfaktor für die Erzeugung von Waren und Dienstleistungen ist, kann eine Ölpreissteigerung auch Erhöhungen der Erzeugerpreise (z. B. Transportkosten) auslösen, die sich zusätzlich über die Ausgaben der privaten Haushalte für diese teurer gewordenen Produkte (z. B. Ausgaben für Verkehr) auf die Verbraucherpreise niederschlagen **(= indirekter Effekt)**.

Erstrunden- und Zweitrundeneffekte

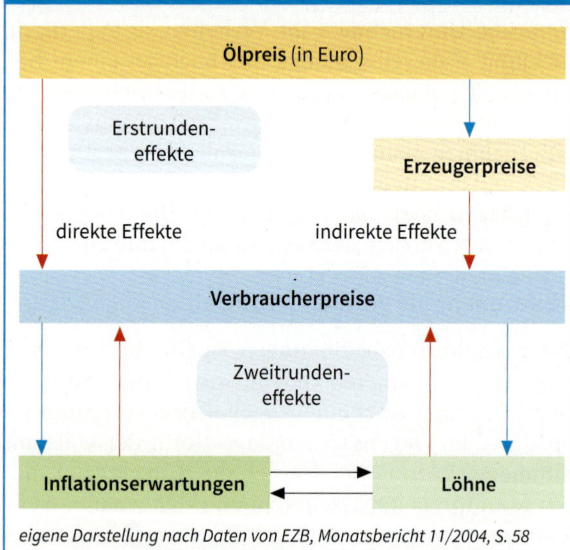

eigene Darstellung nach Daten von EZB, Monatsbericht 11/2004, S. 58

Als Folge dieser direkten und indirekten Effekte, die auch als **Erstrundeneffekte** bezeichnet werden, kann eine Ölpreiserhöhung noch weitere inflationsverstärkende Auswirkungen haben **(= Zweitrundeneffekt)**. Die durch die Ölpreiserhöhung ausgelösten Preissteigerungen können zu einer überhöhten **Inflationserwartung** führen, die die Unternehmen veranlasst, durch weitere Preiserhöhungen ihre **realen** Gewinnspannen wieder an das ursprüngliche Niveau anzupassen. Andererseits werden die Gewerkschaften versuchen, Lohnerhöhungen durchzusetzen, um den Kaufkraftverlust auszugleichen. Werden die höheren

Lohnkosten in Form von Preiserhöhungen an die Konsumenten weitergegeben, kann das zu einem erneuten Preisauftrieb und zu einer **Lohn-Preis-Spirale** führen.

Lohn-Preis-Spirale/Preis-Lohn-Spirale

Wenn die Löhne schneller steigen als die **Produktivität**, erhöhen sich die Lohnkosten je Stück **(Lohnstückkosten)**. Nach der Theorie der Angebotsinflation kommt es so aufgrund des Kostendrucks zu Preissteigerungen, die wiederum eine Minderung des Realeinkommens bewirken und deshalb Anlass zu erneuten Lohnforderungen geben. Können die Gewerkschaften tatsächlich höhere Löhne durchsetzen, verschärft sich der Preisauftrieb noch mehr. Weitere Lohnforderungen sind die Folge usw. **(Lohn-Preis-Spirale)**. Ursache und Wirkung können aber auch umgekehrt sein. Wenn die Lohnerhöhungen die Reaktion auf eine Gewinninflation sind, kommt möglicherweise eine **Preis-Lohn-Spirale** in Gang. Da die Ursache-Wirkungs-Zusammenhänge aber in der Regel nicht eindeutig feststellbar sind, stellen die Lohn-Preis-Spirale bzw. die Preis-Lohn-Spirale keine eigenständigen Ansätze zur Inflationserklärung dar. Es handelt sich vielmehr um ein Wechselspiel zwischen verschiedenen Inflationsarten. Da Löhne nicht nur einen Kosteneffekt für die Unternehmen, sondern auch einen Einkommens- und Nachfrageeffekt für die Arbeitnehmer haben, kann es bei genügend großem Geldangebot zusätzlich zu einer Nachfrageinflation kommen. Löhne können somit wegen ihres doppelten Charakters als Kostenfaktor einerseits und als Einkommensbestandteil andererseits sowohl auf der Angebots- als auch auf der Nachfrageseite inflationäre Wirkungen haben.

Wechselwirkung zwischen Angebots- und Nachfrageinflation (Lohn-Preis-Spirale)

Durch einen Lohn- oder Gewinndruck verschiebt sich die gesamtwirtschaftliche Angebotskurve von A^0 nach A^1. Neben der angebotsbedingten Erhöhung des Preisniveaus von P^0 nach P^1 geht damit auch ein Rückgang von Y_r und eine Verschlechterung der Beschäftigungssituation einher. Wenn die Geldpolitik bereit ist, die sich abzeichnende Unterbeschäftigung mithilfe einer Ausdehnung der Geldmenge zu verhindern (expansive[1] Geldpolitik), kann die gesamtwirtschaftliche Nachfrage von N^0 nach N^1 steigen. Dadurch steigen Y_r und die Beschäftigung wieder auf das ursprüngliche Niveau Y^0_r. Gleichzeitig kommt es aber zu einer nachfragebedingten Erhöhung des Preisniveaus von P^1 nach P^2. Die Preissteigerungen geben Anlass für weitere Lohnerhöhungen, die eine Verschiebung von A^1 nach A^2 bewirken usw.

Lohn-Preis-Spirale

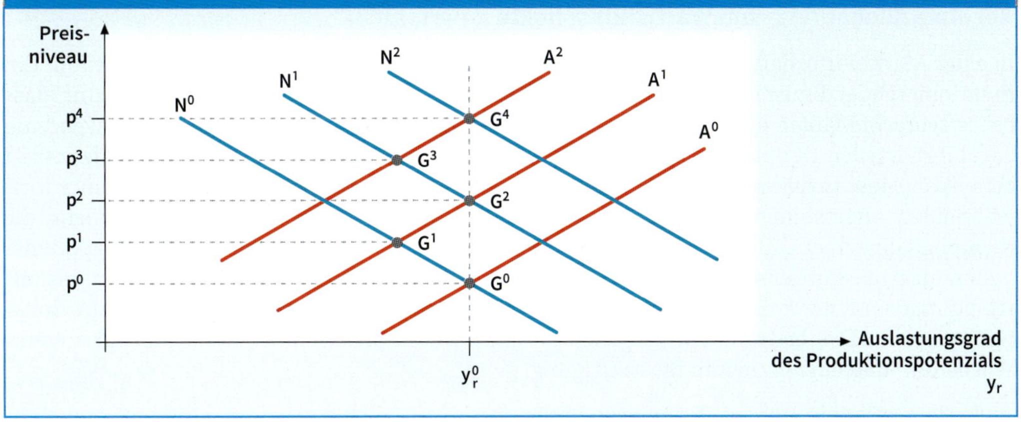

1 expansiv *(lat.)*: ausdehnend

Importierte Inflation

Preisniveausteigerungen im Inland können auf inflationäre Entwicklungen im Ausland zurückzuführen sein.

Inflationsursachen aus dem Ausland		
Geldmengeninflation	**Nachfrageinflation**	**Kosteninflation**
Durch Zufluss von Devisen (z. B. als Geldanlage aufgrund inflationärer Tendenzen im Ausland) steigt die inländische Geldmenge. Dies kann bei nachfragewirksamer Verwendung (z. B. erhöhte Kreditschöpfung der Banken) eine Geldmengeninflation auslösen.	Wenn die inländische Inflationsrate niedriger ist als die ausländische, steigt die Exportgüternachfrage. Dadurch wird das reale Güterangebot im Inland verknappt (Angebotslücke). Gleichzeitig steigt die Geldmenge durch den Devisenzufluss aus dem Ausland. Daraus kann eine Nachfrage bzw. Geldmengeninflation entstehen.	Wenn die Preise für importierte Rohstoffe steigen (z. B. Rohöl), löst das bei den betroffenen Unternehmen einen Kostendruck aus, der zu einer Angebotsinflation (Kostendruckinflation) führen kann.

D 7.3

Die Gefahr einer importierten Geldmengen- oder Nachfrageinflation besteht insbesondere bei festen Wechselkursen, wie sie bis 1973 zwischen dem US-Dollar und den Währungen der meisten Industrieländer bestanden haben. Bei flexiblen Wechselkursen wird diese Inflationsgefahr dagegen durch eine automatische Kurserhöhung der Inlandswährung (Aufwertung) gebremst.

4.4.6 Inflationswirkungen

Inflation kann zu einer erheblichen Beeinträchtigung wirtschafts- und gesellschaftspolitischer Ziele führen. Deshalb ist die Inflationsvermeidung und -bekämpfung ein wesentlicher Bereich der Wirtschaftspolitik.

Negative Verteilungswirkungen

Negative Wirkungen einer Inflation ergeben sich insbesondere für die Einkommens- und Vermögensverteilung in einer Volkswirtschaft (*vgl. nachfolgende Übersicht „Umverteilungseffekte einer Inflation“ auf S. 405*).

Negative Allokations- und Wachstumseffekte

In einer Marktwirtschaft übernehmen die Preise u. a. eine Steuerungs- und Signalfunktion. Ein funktionierender Preismechanismus sorgt nach marktwirtschaftlicher Auffassung dafür, dass bedarfsgerechte Güter produziert und die Produktionsfaktoren einer effizienten Verwendung zugeführt werden (= optimale Allokation der Produktionsfaktoren). Im Fall einer Inflation ist die reibungslose Erfüllung dieser Preisfunktionen aber nicht mehr gewährleistet. Bei einer fortwährenden allgemeinen Preissteigerung können die Preise beispielsweise nicht mehr die Knappheit einzelner Güter signalisieren. Die Signalfunktion des Preises (= Preis als Knappheitsindikator) ist beeinträchtigt. Daraus können sich fehlerhafte Investitions- und Produktionsentscheidungen mit der Folge eines uneffizienten Einsatzes der Produktionsfaktoren (= Fehlallokation) ergeben. Das bedeutet im Vergleich zu einer inflationsfreien Wirtschaft ein geringeres Wachstum[1] und eine geringere Beschäftigung.

Außerdem sorgt ein stabiles Preisniveau dafür, dass die in die langfristigen Zinssätze einkalkulierte Inflationsrisikoprämie gering ist. Das führt zu einem niedrigen Niveau der langfristigen Zinsen und kann stimulierend auf Investitionen und Wachstum wirken. Hohe Inflationsraten können zudem die internationale Wettbewerbsfähigkeit einer Volkswirtschaft beeinträchtigen.

1 Allerdings gibt es im internationalen Vergleich auch empirische Beispiele dafür, dass ein angemessenes Wirtschaftswachstum auch ohne Preisniveaustabilität stattfinden kann.

Ein Rückgang der Exporte mit negativen Auswirkungen für Wachstum und Beschäftigung kann die Folge sein.

Umverteilungseffekte einer Inflation	
Benachteiligte Gruppen einer Inflation	**Begünstigte Gruppen einer Inflation**
Arbeitnehmer: Die Realeinkommen der Arbeitnehmer sinken, wenn die Preissteigerungen nicht oder erst mit zeitlichem Abstand durch höhere Löhne ausgeglichen werden. Die Arbeitnehmer sind in diesem Fall zumindest zeitweise Inflationsverlierer (Lohn-Lag-Hypothese). **Bezieher von Transfereinkommen:** Wenn Renten und andere staatliche Transferzahlungen (z. B. Kindergeld, Sozialhilfe) nicht oder nur verspätet in gleichem Maße erhöht werden, wie die Preise steigen, sinkt die reale Kaufkraft dieser Einkommensbezieher (Transfereinkommens-Lag-Hypothese).	**Unternehmer:** Die Bezieher von Gewinneinkommen sind gegenüber den Lohnempfängern im Vorteil, wenn die Erhöhung der Güterpreise einer Lohn- und Zinserhöhung vorausgeht. Da sich der Realwert von Sachvermögen durch die Inflation nicht ändert und betriebliches Vermögen großenteils aus Sachvermögen besteht, gehören die Unternehmer zu den Inflationsgewinnern.
Gläubiger (Sparer): Die Inflation wirkt sich auf Geldvermögen (Bankguthaben, Schuldverschreibungen usw.) anders als auf Sachvermögen (Immobilien, Maschinen usw.) aus. Der Realwert von Geldforderungen sinkt durch die Inflation. Nur wenn der Nominalzinssatz höher als die Inflationsrate ist, ist auch die Realverzinsung positiv. Andernfalls gehören die Gläubiger (Sparer) zu den Inflationsverlierern (Gläubiger-Schuldner-Hypothese). Wenn das Geld seine Funktion als Wertaufbewahrungsmittel verliert, kommt es zu einer „Flucht in die Sachwerte (Betongold)“ , d. h., die Nachfrage nach Sachvermögen (Grundstücke, Häuser, Edelmetalle) steigt. Dadurch werden zusätzliche Preissteigerungen ausgelöst.	**Schuldner:** Wenn die Höhe der zu tilgenden Schuld in einem festen Geldbetrag besteht und nicht durch Inflationsgleitklauseln an die tatsächliche Kaufkraftentwicklung angepasst wird, gehören die Schuldner zu den Inflationsgewinnern. Der Realwert ihrer Schulden wird durch die Inflation geringer. Das gilt auch für die Staatsverschuldung. Angesichts der hohen Verschuldung mancher Staaten können Politiker daher durchaus ein Interesse an höheren Inflationsraten haben, um so die reale Staatsverschuldung zu senken und zur Lösung der Finanzierungsprobleme des Staates beizutragen.
Steuerzahler: Aufgrund des progressiven Einkommensteuertarifs (in Deutschland eingeführt seit 2007 Stand 2019: im Bereich von 14 % bis 42 %) werden höhere Einkommen infolge der Progression mit einem höheren Steuersatz belegt[1]. Sind die Einkommenssteigerungen lediglich Ausgleich für Preissteigerungen, liegt für die Steuerzahler kein realer Kaufkraftzuwachs vor. Trotzdem steigt die Einkommensteuerbelastung absolut und prozentual (kalte Progression). Bei Preissteigerungen erhöhen sich auch die von den Endverbrauchern zu tragenden Verbrauchsteuern (z. B. Umsatzsteuer). Die Steuerzahler gehören daher zu den Inflationsverlierern.	**Staat:** Wenn es als Ausgleich für Preissteigerungen zu Einkommenssteigerungen kommt, steigen auch die Steuereinnahmen des Staates aus der Einkommensteuer. Daneben erhöhen Preissteigerungen das Umsatzsteueraufkommen. Außerdem nimmt der Realwert der enormen Staatsschulden durch die Inflation ab. Der Staat gehört daher zunächst zu den Inflationsgewinnern. Wenn aber die Staatsausgaben aufgrund der Inflation ansteigen (z. B. höhere Gehälter im öffentlichen Dienst, höhere Preise für staatliche Bauaufträge usw.), kann der Staat mittel- bis langfristig auch zu den Inflationsverlierern gehören.

1 Ab einem zu versteuernden Einkommen von 265.327 € , Ledige bzw. 530.654 €, Verheiratete beträgt der Grenzsteuersatz 45% sog. Spitzensteuersatz. Im Jahr 2007 wurde diese zweite Proportionalzone hinzugefügt und wird oft als „Reichensteuer“ bezeichnet.

4.5 Deflation

Lernziele:

Nach der Bearbeitung des Kapitels sind Sie in der Lage, Folgendes zu tun:

Sie ...

- ... beschreiben den Begriff „Deflation".
- ... nennen die Ursachen und Auswirkungen einer Deflation.
- ... erklären, wie Deflation bekämpft werden kann.

D Deflation ist ein Prozess anhaltender Preisniveausenkung bzw. anhaltender Geldwertsteigerung.

Ein **Ungleichgewicht** zwischen monetärer Gesamtnachfrage und güterwirtschaftlichem Gesamtangebot kann sowohl Ursache einer **Inflation** als auch Ursache einer **Deflation** sein. Wenn das Wachstum der gesamtwirtschaftlichen Nachfrage nachhaltig hinter dem Anstieg des realen Inlandprodukts (= gesamtwirtschaftliches Angebot) zurückbleibt, kommt es zu einer **Nachfragelücke**. Die Preissenkungen und die dadurch ausgelösten Lohnsenkungen führen zu Gewinn- und Einkommensminderungen, die wiederum weitere Nachfragerückgänge auslösen. Ein solches gesamtwirtschaftliches Missverhältnis zwischen Angebot und Nachfrage, das auch als **deflatorische** Lücke bezeichnet wird, kann binnenwirtschaftlich bedingt sein durch

- pessimistische Zukunftserwartungen mit abnehmender Konsum- und Investitionsneigung, zunehmender Ersparnisbildung, abnehmender Kreditnachfrage, sinkenden Zinsen und sinkender Umlaufgeschwindigkeit des Geldes,

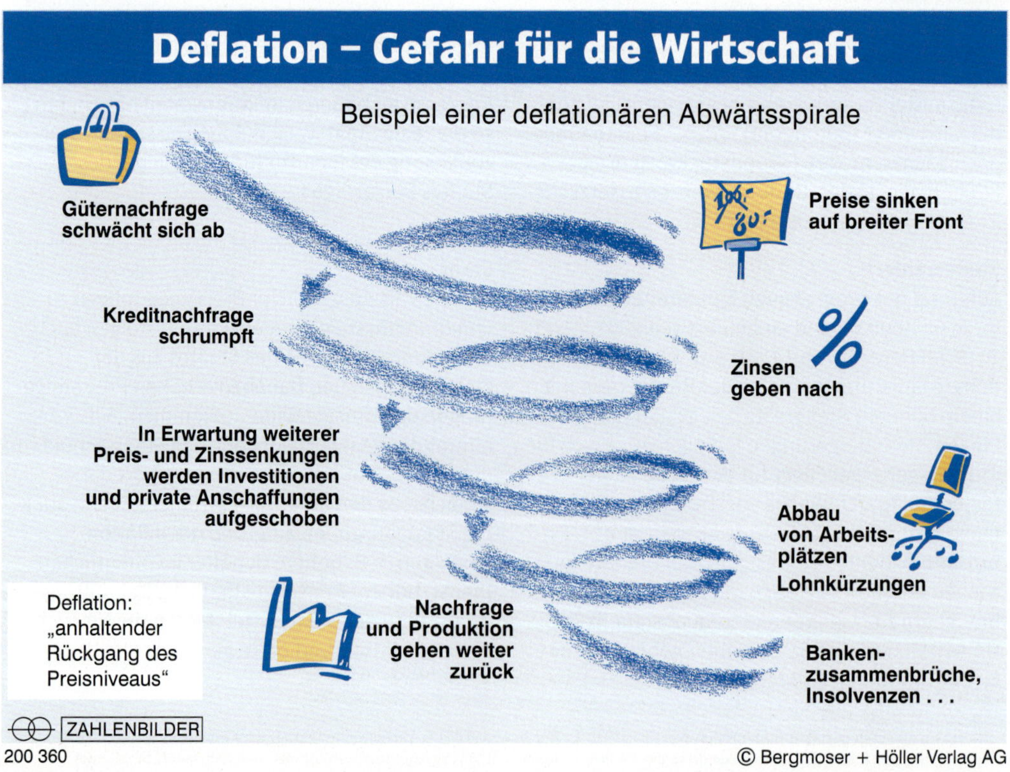

- Kürzungen der Staatsausgaben zum Ausgleich von Defiziten öffentlicher Haushalte.

Auslöser einer deflationären Entwicklung kann ein Börsenkrach sein. So leiteten beispielsweise die als „Schwarzer Freitag“ bekannten Kursverluste an der New Yorker Aktienbörse vom 25. Oktober 1929 eine weltweite Deflation (Weltwirtschaftskrise 1929–1933) ein. In Japan war das Platzen einer „Spekulationsblase“ Ende der 1980er-Jahre der Beginn einer über ein Jahrzehnt dauernden Deflation. Auch in der Euro-Zone sind seit der internationalen Bankenkrise (2009) die Preissteigerungsraten auf ein Niveau gesunken, das von einigen Wirtschaftswissenschaftlern als Deflationsgefahr angesehen wird. Die niedrigen Preissteigerungsraten sind aber in erster Linie auf gesunkene Rohstoffpreise (insbesondere Erdöl) und nicht so sehr auf einen Rückgang der gesamtwirtschaftlichen Nachfrage zurückzuführen.

4.6 Träger der Geldpolitik: Das Europäische System der Zentralbanken (ESZB) und das Eurosystem

Lernziele:

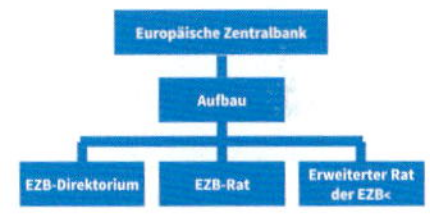

Nach der Bearbeitung des Kapitels sind Sie in der Lage, Folgendes zu tun:
Sie ...

- ... erläutern den Aufbau des Europäischen Systems der Zentralbanken (ESZB).
- ... beschreiben die Autonomie der EZB.
- ... nennen die Aufgaben der EZB.
- ... erläutern das Zwei-Säulen-Konzept der EZB.

Geldmenge als Ansatzpunkt zur Geldwertstabilisierung

Inflation ist auf Dauer ohne Ausweitung der **Geldmenge** nicht möglich. Daher ist die Beeinflussung der Geldmenge ein wesentlicher Ansatzpunkt, um Inflation und Deflation zu vermeiden und zur Erreichung wirtschaftspolitischer Ziele beizutragen. In den meisten Ländern wird die Aufgabe der Geldmengenregulierung von einer **Zentralbank** als **Träger der Geldpolitik** wahrgenommen.

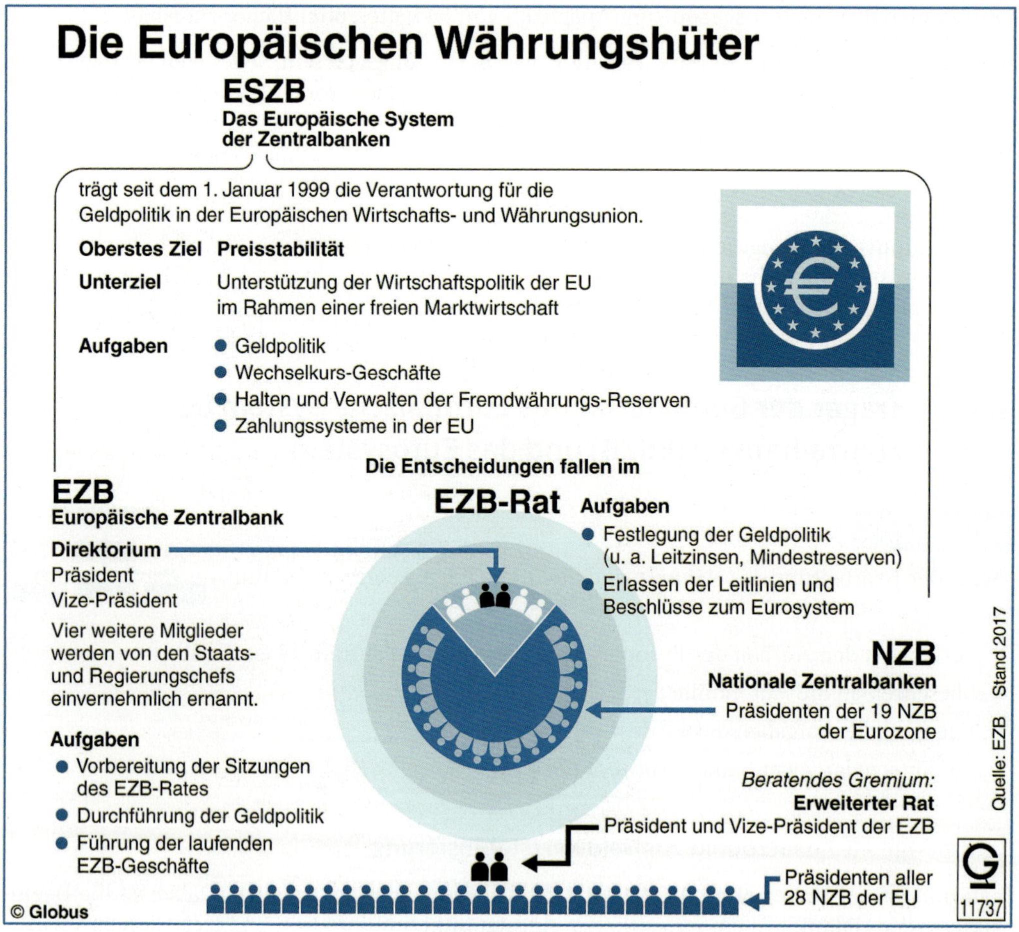

Seit Beginn der Europäischen Währungsunion (EWU) zum 1. Januar 1999 gibt es für das gesamte Euro-Währungsgebiet nur noch eine **gemeinsame Geldpolitik**. Dazu wurde das **„Europäische System der Zentralbanken“** (ESZB) geschaffen. Das ESZB besteht aus der Europäischen Zentralbank (EZB) und den rechtlich selbstständigen nationalen Zentralbanken (NZB) aller 28 EU-Mitgliedstaaten (2017).

§

Bundesbankgesetz:

§ 3 Die Deutsche Bundesbank ist als Zentralbank der Bundesrepublik Deutschland integraler Bestandteil des Europäischen Systems der Zentralbanken.

Die **EZB** und die **NZBen** der derzeit **19 Euro-Teilnehmerstaaten** (2020) werden als **Eurosystem** bezeichnet. Das **Eurosystem** ist für die **gemeinsame Geldpolitik** im **Euro-Währungsgebiet** zuständig. Die EZB hat ihren Sitz in Frankfurt a. M.

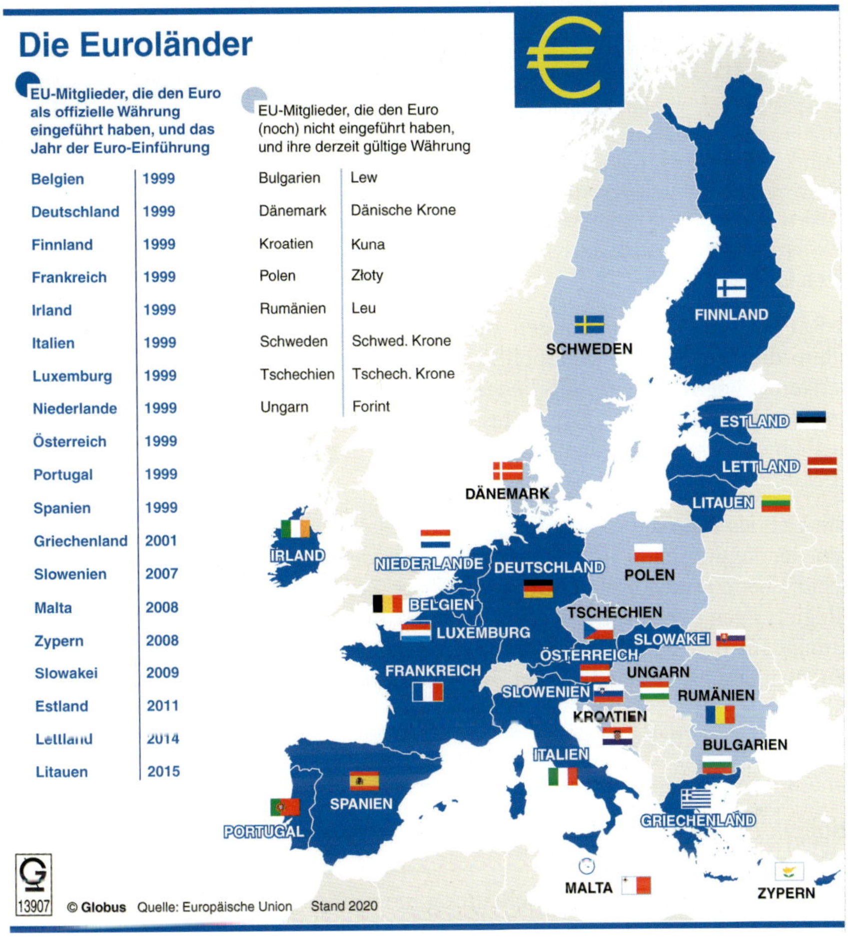

Aufgaben des Eurosystems

D 4.3.2

4.13, S. 448

Vorrangiges Ziel des Eurosystems ist die Sicherung der Preisniveaustabilität[1] im gemeinsamen Währungsraum. Dieses Ziel wird als erreicht angesehen, wenn die Preissteigerungsrate gegenüber dem Vorjahr mittelfristig unter, aber nahe bei 2 % liegt. Diese Grenze wurde einerseits wegen der Ungenauigkeiten bei der Berechnung des Preisindex gewählt. Andererseits soll durch diese im Jahr 2003 vorgenommene neue Zielformulierung auch dem bei sehr niedrigen Inflationsraten auftretenden Deflationsrisiko entgegengewirkt sowie die unterschiedliche Höhe der Inflationsraten in den Mitgliedsstaaten berücksichtigt werden. Maßstab ist die Veränderung des sogenannten **Harmonisierten Verbraucherpreisindex (HVPI)** für das Euro-Währungsgebiet, der aus den Preisindizes für die Lebenshaltung in den Mitgliedsstaaten ermittelt wird. Darüber hinaus unterstützt das Eurosystem die allgemeine Wirtschaftspolitik in der EU, soweit dies ohne Beeinträchtigung des Ziels der Preisniveaustabilität möglich erscheint. Neben der Geldpolitik kommt dem Eurosystem im Wesentlichen noch die Aufgabe zu, Banknoten auszugeben, die offiziellen Währungsreserven zu halten und zu verwalten sowie einen reibungslosen Zahlungsverkehr zu gewährleisten.

1 In den Veröffentlichungen des ESZB wird von Preisstabilität gesprochen. Dies ist missverständlich, da die Preise ihre Funktionen in einer Marktwirtschaft nur erfüllen können, wenn sie flexibel sind, d. h. sowohl steigen als auch fallen können. Ziel der Geldpolitik ist es nicht, die Preise, sondern das allgemeine Preis**niveau** stabil zu halten.

§

ESZB-Satzung Art. 2:

Ziele [...] ist es das vorrangige Ziel des ESZB, die Preisstabilität zu gewährleisten. Soweit dies ohne Beeinträchtigung des Zieles der Preisstabilität möglich ist, unterstützt das ESZB die allgemeine Wirtschaftspolitik in der Gemeinschaft, [...] Das ESZB handelt in Einklang mit dem Grundsatz einer offenen Marktwirtschaft mit freiem Wettbewerb, [...].

Aufbau des Eurosystems

Der **EZB-Rat** trifft die Entscheidungen zur Erfüllung der Aufgaben des Eurosystems und legt insbesondere die gemeinsame Geldpolitik fest. Ihm gehören die Präsidenten der nationalen Zentralbanken sowie die sechs Mitglieder des Direktoriums an. Das **Direktorium** ist für die Umsetzung der Beschlüsse des EZB-Rates und die Führung der laufenden Geschäfte der EZB verantwortlich. Es besteht aus dem Präsidenten und dem Vizepräsidenten der EZB sowie weiteren vier Mitgliedern *(vgl. Abb. S. 408)*.

Sowohl die EZB als auch die nationalen Zentralbanken sind bei ihren Entscheidungen von den Weisungen der Regierungen und sonstiger Träger der Wirtschaftspolitik auf nationaler und europäischer Ebene unabhängig (**Autonomie[1] der Zentralbanken**). Dadurch wird verhindert, dass die Regierungen der Mitgliedsländer Einfluss auf die Geldpolitik der EZB nehmen und sie als Instrument für die Erreichung eigener wirtschaftspolitischer Ziele, die möglicherweise in Widerspruch zu den EZB-Zielen stehen, nutzen können.

Unabhängigkeit des Eurosystems

Die Unabhängigkeit des Eurosystems gliedert sich in vier Strukturelemente:

- **Institutionell**: Die EZB und die nationalen Zentralbanken sind unabhängig von Weisungen aus der Politik.
- **Funktionell**: Die EZB ist bei der Entscheidung hinsichtlich der Methode, mit der sie ihre Aufgaben erfüllen möchte, unabhängig.
- **Finanziell**: Die EZB hat einen eigenen Haushalt und bestimmt selbst über den Einsatz ihrer Mittel, mit denen sie von den Mitgliedsländern ausgestattet wird.
- **Personell**: Mitglieder des EZB-Rates können nur aus schwerwiegenden Gründen durch den Europäischen Gerichtshof ihres Amtes enthoben werden. Eine zweite Amtszeit für Mitglieder des Direktoriums ist ausgeschlossen. Das Führungspersonal wird für einen möglichst langen Zeitraum gewählt (EZB-Präsident: 8 Jahre, Präsidenten der Nationalen Zentralbanken mindestens 5 Jahre).

§

Unabhängigkeit der EZB

ESZB-Satzung Art. 7

Unabhängigkeit: Nach Artikel 108 dieses Vertrags darf bei der Wahrnehmung der ihnen durch diesen Vertrag und diese Satzung übertragenen Befugnisse, Aufgaben und Pflichten weder die EZB noch eine nationale Zentralbank noch ein Mitglied ihrer Beschlussorgane Weisungen von Organen oder Einrichtungen der Gemeinschaft, Regierungen der Mitgliedstaaten oder anderen Stellen einholen oder entgegennehmen. Die Organe und Einrichtungen der Gemeinschaft sowie die Regierungen der Mitgliedstaaten verpflichten sich, diesen Grundsatz zu beachten und nicht zu versuchen, die Mitglieder der Beschlussorgane der EZB oder der nationalen Zentralbanken bei der Wahrnehmung ihrer Aufgaben zu beeinflussen.

---

1 autonom *(gr.)*: selbstständig, unabhängig

§

Keine Kreditgewährung an öffentliche Haushalte und kein unmittelbarer Erwerb von staatlichen Schuldverschreibungen

ESZB-Satzung Art. 21.1

Geschäfte mit öffentlichen Stellen: Nach Artikel 101 dieses Vertrags sind Überziehungs- oder andere Kreditfazilitäten bei der EZB oder den nationalen Zentralbanken für Organe oder Einrichtungen der Gemeinschaft, Zentralregierungen, regionale oder lokale Gebietskörperschaften oder andere öffentlich-rechtliche Körperschaften, sonstige Einrichtungen des öffentlichen Rechts oder öffentliche Unternehmen der Mitgliedstaaten ebenso verboten wie der unmittelbare Erwerb von Schuldtiteln von diesen durch die EZB oder die nationalen Zentralbanken.

Die **Deutsche Bundesbank** wirkt bei der Erfüllung der Aufgaben des Eurosystems mit, indem sie die geldpolitischen Beschlüsse der EZB auf Ebene der Bundesrepublik Deutschland umsetzt. Außerdem sorgt sie für die Abwicklung des Zahlungsverkehrs im Inland und mit dem Ausland (§ 3 BBankG) und verwaltet die nationalen Währungsreserven. Daneben wirkt die Bundesbank noch als Hausbank des Staates, indem sie den größten Teil des bargeldlosen Zahlungsverkehrs von Bund und Ländern abwickelt sowie bei der Ausgabe und Kurspflege von Wertpapieren der öffentlichen Hand beteiligt ist. Eine Kreditgewährung an den Staat ist aber ausgeschlossen. Da allerdings der Bund alleiniger Eigentümer des Grundkapitals der Bundesbank ist, steht ihm der Gewinn, den die Bundesbank insbesondere durch Zinserträge und Werterhöhungen ihrer Währungsreserven erzielt, zu. Vor dem Hintergrund der hohen Staatsverschuldung wird von einigen Politikern auch immer wieder gefordert, die Bundesbank solle die nicht mehr benötigten Goldreserven verkaufen, um mit dem Erlös zur Sanierung des Bundeshaushalts beizutragen. Dies wurde von der Bundesbank bisher stets abgelehnt.

D Die Geldpolitik des Eurosystems ist darauf gerichtet, durch Regulierung der Geldmenge ein stabiles Preisniveau im Euro-Währungsgebiet zu gewährleisten. Das Eurosystem ist bei seinen Entscheidungen von Weisungen der Regierungen und anderen Trägern der Wirtschaftspolitik unabhängig.

4.7 Geldpolitische Instrumente des Europäischen Systems der Zentralbanken

Lernziele:

Nach der Bearbeitung des Kapitels sind Sie in der Lage, Folgendes zu tun:

Sie ...

- ... kennen die geldpolitischen Instrumente der EZB.
- ... erläutern den beabsichtigten Transmissionsmechanismus der geldpolitischen Maßnahmen.
- ... erläutern die beiden Hauptinstrumente der EZB im Rahmen der Offenmarktpolitik.
- ... unterscheiden die Verfahren für die Zuteilung von Zentralbankgeld auf die Geschäftsbanken.
- ... beschreiben den Begriff „ständige Fazilitäten“.
- ... erläutern die Entwicklung der Leitzinsen anhand der Grafik auf Seite 422.
- ... erklären den Zinskanal und dessen Funktion.
- ... beschreiben und verstehen den Begriff der Mindestreservepolitik.
- ... fassen zusammen, welche Ziele die EZB mit der Mindestreservepolitik verfolgt.

Unter Geldpolitik sind alle Maßnahmen der Europäischen Zentralbank (EZB) zu verstehen, die darauf gerichtet sind, insbesondere das Ziel der Preisniveaustabilität in den Mitgliedsstaaten der Euro-Zone zu erreichen.

4.7.1 Geldpolitische Strategie und Instrumente im Überblick

Geldpolitische Strategie: Zwei-Säulen-Konzept

Weil die Inflationsrate als wichtigste Zielgröße der Geldpolitik nicht direkt kontrolliert und beeinflusst werden kann, benötigt jede Zentralbank Regeln, an denen sie sich bei ihren geldpolitischen Entscheidungen orientieren kann. Diese grundsätzlichen Regeln werden als **geldpolitische Strategie** bezeichnet.

D 4.3.2

Die **Europäische Zentralbank** hat für das Euro-Währungsgebiet mittelfristig eine Preisniveausteigerung von jährlich **„unter, aber nahe bei 2 %"** als Ziel festgelegt. Durch die Festlegung der Obergrenze deutlich über null soll einerseits die Gefahr einer Deflation verhindert und andererseits die wegen Messfehlern üblicherweise **zu hoch** angesetzte Preisniveauerhöhung berücksichtigt werden. Bei geldpolitischen Entscheidungen, mit denen dieses Ziel erreicht werden soll, stützt sich die EZB auf die Analyse von zwei Bereichen, von denen negative Folgen für die Preisniveaustabilität ausgehen können **(Zwei-Säulen-Konzept)**. Im Vordergrund steht seit 2003 die Analyse der wirtschaftlichen Entwicklung (z. B. allgemeine konjunkturelle Situation, Lohnstückkosten, Ölpreis, Wechselkurse) und deren kurz- bis mittelfristige Inflationswirkung (Erste Säule). Danach erst erfolgt die sogenannte monetäre Analyse, bei der mittel- bis langfristige Inflationstrends aufgrund des Zusammenhangs zwischen Geldmenge und Preisniveau beurteilt werden.

Zwei-Säulen-Konzept der EZB (seit Mai 2003)

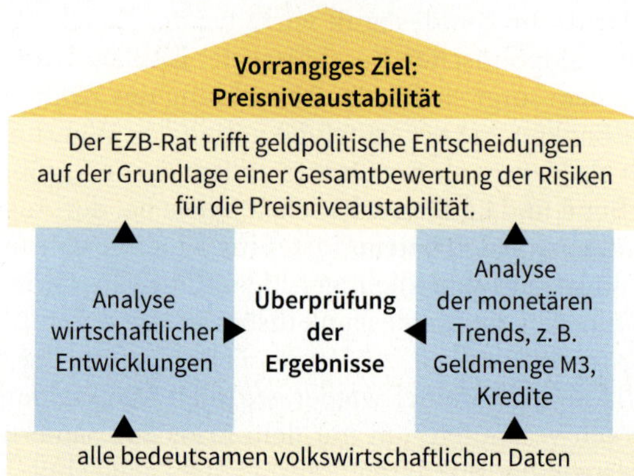

Geldmengenziel (Orientierungsgröße) der EZB

Trendmäßiges Wachstum des Produktionspotenzials	2,0 % bis 2,5 %
+ Preisniveausteigerung (Ziel)	unter, aber nahe bei 2,0 %
+ Zuschlag für trendmäßigen Rückgang der Umlaufgeschwindigkeit	0,5 % bis 1,0 %
Geplantes Wachstum der Geldmenge M3 im Jahresdurchschnitt	4,5 %

Geldmengenziel

Das als Orientierungsgröße (Referenzwert) bekannt gegebene Geldmengenziel (zuletzt: jährliches Wachstum der Geldmenge M3 um 4,5%) wird künftig nicht mehr jährlich überprüft, sondern als längerfristiger Richtwert aufgefasst.

Zusammenhang zwischen Geldmenge und Preisniveau

Der Zusammenhang zwischen Geldmengen- und Preisentwicklung im Euro-Währungsgebiet sowie der Rückgang der Umlaufgeschwindigkeit in Deutschland geht aus den beiden folgenden Abbildungen hervor.

Entwicklung der Geldmenge, der Preise und des Wirtschaftswachstums im Euro-Währungsgebiet

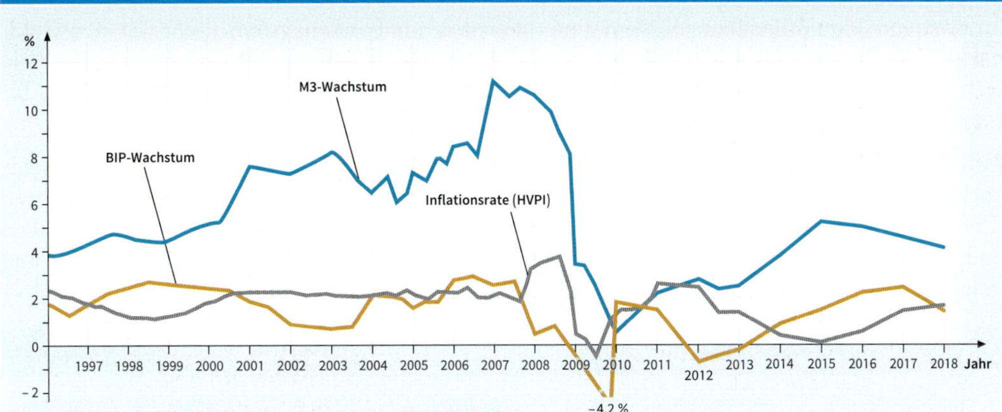

eigene Darstellung nach Daten von EZB-Monatsberichte, ab 2014 EBZ Jahresberichte

Daraus ist ersichtlich, dass eine Ausweitung der Geldmenge M3 nicht zwangsläufig zu einer Erhöhung des Preisniveaus führt. Das kann z. B. folgende Ursachen haben:

- Durch verstärkte Kreditgewährung der Banken steigt zwar M1 und somit auch M3. Wenn diese finanziellen Mittel aber nicht für den Kauf von Gütern, die im Verbraucherpreisindex erfasst werden, verwendet werden, sondern z. B. für Immobilien oder Finanzanlagen, ergibt sich kein Anstieg des Verbraucherpreisindex.
- Durch Umschichtungen innerhalb des Geldvermögens kann es zu einer Erhöhung von M3 ohne Auswirkungen auf den Verbraucherpreisindex kommen. Wenn beispielsweise im Zuge einer Finanz- und Börsenkrise die Anleger Aktien und Investmentfondsanteile verkaufen und die Beträge sicherheitsorientiert in Termin- und Spareinlagen anlegen, steigt M3. Der Verbraucherpreisindex wird dadurch nicht beeinflusst.
- Die Umlaufgeschwindigkeit sinkt.

Geldpolitische Instrumente im Überblick

Mit den geldpolitischen Instrumenten, wie sie in der folgenden Übersicht dargestellt sind, will die EZB zunächst **direkt** den **Geldmarkt**, der im engeren Sinne den Handel mit **Zentralbankgeld** zwischen den Geschäftsbanken umfasst, beeinflussen.

Geldpolitisches Instrumentarium der EZB

Offenmarktgeschäfte[1]	Ständige Fazilitäten[2]	Mindestreservepolitik
Zu den Offenmarktgeschäften gehören folgende Maßnahmen: Kreditvergabe an Geschäftsbanken, Kauf und Verkauf von Wertpapieren zwischen EZB und Geschäftsbanken sowie Ausgabe von EZB-Schuldverschreibungen.	Gewährung von Tagesgeldkrediten an die Geschäftsbanken bzw. Anlage überschüssiger Liquidität als Tagesgeld bei der EZB; Festlegung von Ober- und Untergrenzen der Zinssätze für täglich fällige Geldanlagen.	Die Geschäftsbanken sind verpflichtet, in Höhe eines bestimmten Anteils der Einlagen ihrer Kunden Guthaben bei der Zentralbank zu unterhalten. Die Mindestreserveguthaben werden verzinst.

1 Der Begriff „offener Markt“ bringt zum Ausdruck, dass die EZB die Wertpapiere nicht direkt vom Emittenten (z. B. dem Staat) übernehmen darf, sondern auf dem Geld- bzw. Kapitalmarkt kaufen bzw. verkaufen muss. Inzwischen wird der Begriff „Offenmarktpolitik“ aber für alle Maßnahmen benutzt, die von der Zentralbank als Offenmarktgeschäfte bezeichnet werden. Es muss sich dabei nicht unbedingt um Käufe und Verkäufe von Wertpapieren am offenen Markt handeln.

2 Fazilität *(lat.)*: Leichtigkeit; Möglichkeit, bei Bedarf kurzfristig Kredite in Anspruch nehmen oder Guthaben anlegen zu können.

Eine Bank kann sich Zentralbankgeld nicht nur bei der EZB, sondern auch bei anderen Banken, die über überschüssige Liquidität verfügen, beschaffen. Der Markt, der dem Ausgleich von kurzfristigen Liquiditätsüberschüssen und -defiziten im Bankensystem dient, ist der **Geldmarkt**. Das Zentralbankgeld wird zwischen den einzelnen Banken telefonisch gehandelt. Je nach der Überlassungsfrist ergeben sich unterschiedliche Zinssätze **(Geldmarktsätze)** für Tagesgeld, Einmonatsgeld, Dreimonatsgeld, Sechsmonatsgeld und Zwölfmonatsgeld.

Indirekt soll durch die Veränderung der Bankenliquidität und des Zinsniveaus auf dem Geldmarkt **Einfluss auf die Kreditbedingungen** ausgeübt werden, die die Geschäftsbanken ihren Kunden einräumen. Erst wenn der Impuls der Zentralbank sich im Verhalten der Nichtbanken (andere Unternehmen, private Haushalte, Staat) niederschlägt, können sich Geldmenge und Preisniveau verändern.

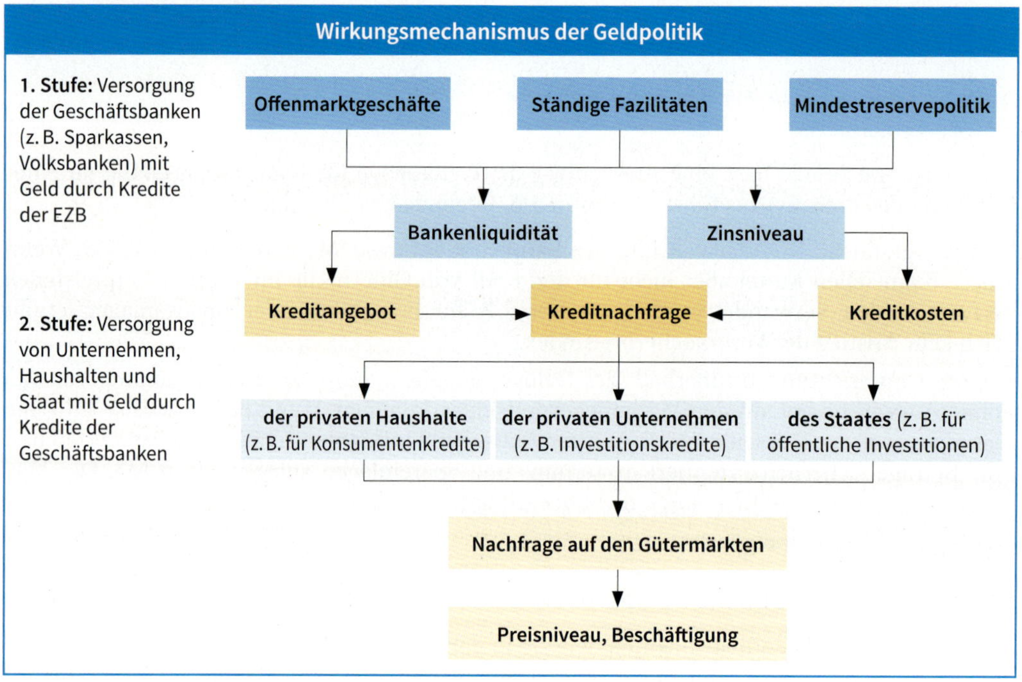

4.7.2 Offenmarktpolitik

Grundlagen und Wirkungszusammenhänge

Der Begriff „Offenmarktpolitik“ bezeichnet im ursprünglichen Sinne den Kauf und Verkauf von Wertpapieren durch die Zentralbank. Für die EZB ist aber inzwischen die Vergabe von Krediten an die Geschäftsbanken das wichtigste Instrument der Offenmarktpolitik. Ziel dieser Maßnahmen ist es, die Zentralbankgeldmenge und das allgemeine Zinsniveau zu beeinflussen. Bezogen auf den Wertpapierhandel und die Kreditgeschäfte zwischen Zentralbank und Geschäftsbanken ergibt sich folgender Wirkungszusammenhang **(Transmissionsmechanismus)**.

Kreditgeschäfte und Wertpapierhandel zwischen Zentralbank und Geschäftsbanken

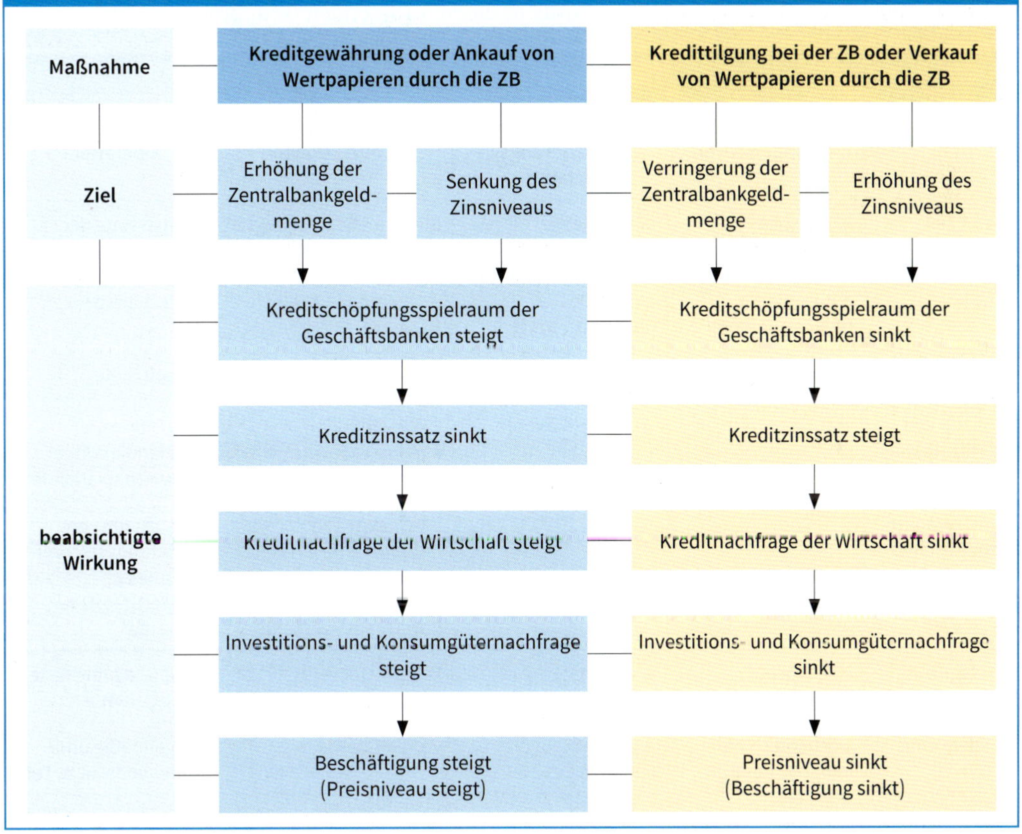

Instrumente der Offenmarktpolitik

Von den vielfältigen Varianten der Offenmarktpolitik stehen der EZB grundsätzlich folgende Instrumente zur Verfügung:

- Befristete Geldgeschäfte mit Geschäftsbanken zur Bereitstellung von Zentralbankgeld durch Kreditgewährung gegen Verpfändung von Wertpapieren (Pfandkredite) oder durch Kauf von Wertpapieren mit Rückkaufvereinbarung (Pensionsgeschäfte)
- Unbefristete Geldgeschäfte durch Kauf und Verkauf von Wertpapieren ohne Rückkaufvereinbarung (definitive Käufe und Verkäufe)
- Ausgabe von Schuldverschreibungen der EZB zur Abschöpfung von Zentralbankgeld (Emission in abgezinster Form und Rücknahme zum Nennwert)

- Befristete Devisengeschäfte mit Geschäftsbanken in Form von Devisenswapgeschäften. Für eine Verringerung der Zentralbankgeldmenge kauft die EZB Euro am **Kassamarkt** gegen Fremdwährungen (z.B. US-$). Die Erfüllung des Geschäfts, d.h. Bezahlung und Lieferung der Fremdwährungen, muss sofort erfolgen. **Gleichzeitig** kauft die EZB entsprechende Fremdwährungen wieder gegen Euro am **Terminmarkt**, wo das Erfüllungsgeschäft erst später zu einem beim Geschäftsabschluss vereinbarten Zeitpunkt und Kurs erfolgt.
- Hereinnahme von Termineinlagen zur Abschöpfung von Zentralbankgeld

Überblick über Instrumente der Offenmarktpolitik der EZB

Die Geldgeschäfte der EZB zur **Beeinflussung der Zentralbankgeldmenge** und damit zur **Liquiditätsversorgung der Geschäftsbanken** im Rahmen der **Offenmarktpolitik** lassen sich hinsichtlich Zielsetzung, Laufzeit und Rhythmus in die vier folgenden Gruppen einteilen.

Offenmarktpolitik der EZB				
Bezeichnung	**Hauptrefinanzierungsgeschäfte**	**Längerfristige Refinanzierungsgeschäfte**	**Feinsteuerungsoperationen**	**Strukturelle Operationen**
Ziel	kurzfristige Versorgung der Geschäftsbanken mit Liquidität (Refinanzierung)	längerfristige Versorgung der Geschäftsbanken mit Liquidität (Refinanzierung)	Steuerung der Liquidität der Geschäftsbanken und der Zinssätze bei unerwarteten Schwankungen	Anpassung der strukturellen Liquiditätslage der Geschäftsbanken
Instrumente zur Bereitstellung von Zentralbankgeld	befristete Geldgeschäfte z. B. in Form von Pfandkrediten	befristete Geldgeschäfte z. B. in Form von Pfandkrediten	- befristete Geldgeschäfte z. B. in Form von Pfandkrediten - befristete Devisenkäufe - Wertpapierkäufe	- befristete Geldgeschäfte z. B. in Form von Pfandkrediten - Wertpapierkäufe
Instrumente zur Abschöpfung von Zentralbankgeld			- befristete Devisenverkäufe - Hereinnahme von Termineinlagen - Wertpapierverkäufe	- Ausgabe von Schuldverschreibungen - Wertpapierverkäufe
Laufzeit	eine Woche	drei Monate	keine feste Laufzeit	mit und ohne feste Laufzeiten
Rhythmus	wöchentlich auf Initiative des EZB	monatlich auf Initiative des EZB	von Fall zu Fall	regelmäßig und/ oder von Fall zu Fall

D 4.7.4

Erst kurz vor Beginn der Währungsunion fiel die Entscheidung, die EZB auch mit dem Instrument der Mindestreservepolitik auszustatten. Da die Mindestreservepolitik ebenfalls eine Liquiditätssteuerung und -anpassung ermöglicht, haben die **Feinsteuerungsoperationen** und die **strukturellen Operationen** im Rahmen der Offenmarktpolitik nur **geringe Bedeutung**.

Überblick über Refinanzierungsgeschäfte der EZB

Die offenmarktpolitischen Aktivitäten der EZB zur Bereitstellung von Zentralbankgeld konzentrieren sich auf die **Hauptrefinanzierungsgeschäfte** und die **längerfristigen Refinanzierungsgeschäfte**. Die konkrete Ausgestaltung dieser beiden Geschäftsarten hängt von den Vertragsbeziehungen zwischen der EZB und den Geschäftspartnern ab. Dabei lassen sich zwei Formen unterscheiden:

Kredite gegen Verpfändung[1]	Pensionsgeschäfte[2] (Wertpapierkäufe mit Rückkaufvereinbarung):
Die EZB gewährt den Geschäftsbanken Kredite und stellt ihnen für die Laufzeit des Kredits Zentralbankgeld zur Ver-fügung. Als Sicherheit verpfänden die Geschäftsbanken Wertpapiere oder Kreditforderungen an die EZB (Pfandkredite).	Die EZB kauft von den Geschäftsbanken für einen befristeten Zeitraum Wertpapiere und bezahlt diese mit Zentralbankgeld. Zum vereinbarten Termin müssen die Wertpapiere von den Geschäftsbanken zurückgekauft werden.

Beide Geschäfte sind selbstliquidierend, d. h., zum vereinbarten Rückkauftermin bzw. am Ende der Kreditlaufzeit verringert sich die Zentralbankgeldmenge ohne zusätzliche Maßnahmen der EZB automatisch.

D Die Deutsche Bundesbank als ausführendes Organ des Eurosystems betreibt die Offenmarktgeschäfte zur Refinanzierung ausschließlich in Form von Pfandkrediten.

Pfandkredite sind bei der gleichzeitigen Inanspruchnahme mehrerer Refinanzierungsmöglichkeiten einfacher zu handhaben als Pensionsgeschäfte. Die als Pfand hinterlegten Wertpapiere und Kreditforderungen werden einem Sicherheitspool (Pfandkonto der Geschäftsbank bei der Bundesbank) zugeführt. Nimmt eine Geschäftsbank eine der Refinanzierungshilfen in Anspruch, wird lediglich der Sicherheitspool in Höhe des Kreditbetrags mit einer Verfügungssperre belegt. Der nicht belastete Teil des Pools kann für andere Refinanzierungsgeschäfte genutzt werden. Neben marktfähigen Schuldverschreibungen und am geregelten Markt gehandelten Aktien gehören zu den verpfändbaren Sicherheiten auch Kreditforderungen. Handelswechsel können dagegen seit 2007 nicht mehr an die EZB verpfändet werden.

Hauptrefinanzierungsgeschäfte

Das wichtigste Geldgeschäft im Rahmen der Offenmarktpolitik der EZB ist die Versorgung der Geschäftsbanken mit Zentralbankgeld mit einer Befristung auf eine Woche (**Hauptrefinanzierungsgeschäfte**). Diese Refinanzierungsmöglichkeit wird in wöchentlichem Rhythmus angeboten. Die Zuteilung der Gelder erfolgt im Rahmen einer **Ausschreibung**. Je nach Art des angewandten Ausschreibungsverfahrens *(siehe nächste Seite)* stellt der aktuelle von der EZB als **Leitzins** festgesetzte **Hauptrefi-Satz** *(vgl. Grafik S. 422)* entweder den **Festzinssatz** (beim Mengentender) oder den **Mindestbietungssatz** (beim Zinstender) dar.

B **Ankündigung der Zentralbank vom 10.02.20..**

Liquiditätsbereitstellung über Offenmarktkredite

Hauptrefi-Geschäft

Mengentender

Zuteilung: 11.02.20.. 11:15 Uhr

Laufzeit: 7 Tage Festzinssatz: 0,05 %

4.14, S. 448

Längerfristige Refinanzierungsgeschäfte

Im Gegensatz zum kurzfristigen Hauptrefinanzierungsinstrument werden die **längerfristigen Refinanzierungsgeschäfte** mit einer Laufzeit von drei Monaten im monatlichen Rhythmus angeboten. Sie unterstützen damit die längerfristige Liquiditätsplanung der Geschäftsbanken. Mit dieser Refinanzierungsmöglichkeit ist nicht beabsichtigt, (zusätzliche) geldpolitische

B **Ankündigung der Zentralbank vom 28.01.20..**

Liquiditätsbereitstellung über Offenmarktkredite

Längerfristiges Refinanzierungsgeschäft

Mengentender

Zuteilung 29.01.20.. 11:15 Uhr

Laufzeit: 90 Tage Festzinssatz: 0,05 %

4.15, S. 449

1 Kredite, bei denen verpfändete Wertpapiere als Sicherheit dienen, werden normalerweise als **Lombardkredite** bezeichnet. Nach der Systematik der geldpolitischen Instrumente des ESZB wird diese Art der Refinanzierung der Offenmarktpolitik zugerechnet und **nicht** als Lombardpolitik bezeichnet.

2 Diese Geschäfte werden auch als Repos (Repurchase Agreements) bezeichnet.

Signale zu geben. Sie dient vielmehr dazu, Liquiditätsschwankungen bei den Geschäftsbanken auszugleichen. Die Zinssätze für dieses sogenannte **längerfristige Refi-Geschäft** sind richtungsweisend für Geldgeschäfte mit gleicher Laufzeit zwischen den Banken (Interbankenmarkt).

D Die Offenmarktpolitik der EZB besteht vor allem in der Versorgung der Geschäftsbanken mit Zentralbankgeld (Refinanzierung der Geschäftsbanken) durch Kredite mit Laufzeiten von einer Woche (Hauptrefinanzierungsgeschäfte) bzw. drei Monaten (längerfristige Refinanzierungsgeschäfte).

D Der Zinssatz, zu dem den Geschäftsbanken Kredite mit einwöchiger Laufzeit gewährt werden (= Hauptrefinanzierungssatz), wird als Leitzins bezeichnet, da seine Höhe den von der EZB angestrebten geldpolitischen Kurs signalisiert.

Verfahren zur Zuteilung von Zentralbankgeld

4.16, S. 450
4.17, S. 451

Die Kreditvergabe und damit die Bereitstellung von Zentralbankgeld erfolgt durch ein Ausschreibungsverfahren, bei dem die interessierten Geschäftsbanken Angebote abgeben können **(Tenderverfahren)**[1]. Ausschreibungen, die innerhalb von 24 Stunden abgewickelt werden und sich an alle Geschäftsbanken richten, werden als **Standardtender** bezeichnet. Sowohl das Hauptrefinanzierungsinstrument (= Haupttender) als auch die längerfristigen Refinanzierungsinstrumente (= Basistender) werden ausschließlich als Standardtender angeboten.

Ablauf des Tenderverfahrens	
1	Ankündigung durch die EZB und die nationalen Zentralbanken (z. B. Montag ab 15:30 Uhr)
2	Abgabe von Geboten durch die Geschäftsbanken (z. B. Montag ab 16:00 Uhr bis Dienstag 9:30 Uhr)
3	Zusammenstellung der Gebote durch die EZB
4	Zuteilung durch die EZB und Bekanntgabe der Ergebnisse (z. B. Dienstag ab 11:15 Uhr)
5	Bestätigung der einzelnen Zuteilungsergebnisse
6	Gutschrift der Zuteilungsbeträge auf den Konten der Geschäftsbanken (z. B. Mittwoch ab 11:00 Uhr)

Nur die Feinsteuerungsoperationen werden im Rahmen eines **Schnelltenders** (in der Regel innerhalb von einer Stunde von der Terminankündigung bis zur Bestätigung des Zuteilungsergebnisses) durchgeführt.

D Die Zuteilung von Zentralbankgeld an die Geschäftsbanken erfolgt im Rahmen der Offenmarktpolitik durch ein Ausschreibungsverfahren, bei dem die Geschäftsbanken Gebote über die gewünschten Beträge abgeben können (Tenderverfahren).

Je nach geldpolitischer Absicht kommt entweder ein **Mengentender** oder ein **Zinstender** infrage.

1 tender *(engl.)*: Zahlungsangebot, Ausschreibung

Mengentender (Festsatztender)

Beim Mengentender legt die EZB im Voraus den Zinssatz fest, zu dem sie bereit ist, den Geschäftsbanken Zentralbankgeld zu überlassen. Die Geschäftsbanken geben Gebote über den **Kreditbetrag** ab, den sie zu diesem Festsatz in Anspruch nehmen wollen. Normalerweise liegt die Summe der Einzelgebote erheblich über dem geldpolitisch beabsichtigten Zuteilungsvolumen, sodass den Geschäftsbanken nur ein bestimmter Prozentsatz des gewünschten Kreditbetrags zugeteilt werden kann **(= Repartierung)**[1]. Der Mengentender wird angewandt, wenn die EZB ein Zinssignal geben möchte.

Bei diesem anfänglich im Rahmen der Hauptrefinanzierungsgeschäfte angewandten Zuteilungsverfahren ergaben sich wegen der hohen Kreditwünsche der Banken (Überbietung) äußerst niedrige Zuteilungssätze. Ab 2000 erfolgte die Zuteilung daher nicht mehr als Mengen-, sondern ausschließlich als Zinstender. Im Zuge der Finanz- und Bankenkrise kam aber ab Nov. 2008 für beide Refinanzierungsgeschäfte (wieder) der Mengentender zur Anwendung. Zur Verbesserung der Liquiditätslage im Bankensektor wurden dabei ausnahmsweise allen Bietern der zum vorgegebenen Zinssatz gewünschte Kreditbetrag in vollem Umfang zugeteilt. Eine Repartierung war somit nicht nötig.

B

Liquiditätszuführung im Rahmen des Hauptrefi-Geschäfts mit Mengentender

1. Die EZB teilt den Geschäftsbanken mit, dass sie beabsichtigt, Zentralbankgeld im Rahmen des Hauptrefi-Geschäfts mit Mengentender zuzuteilen.
2. Die Geschäftsbanken A, B und C geben mehrere Gebote ab.
3. Die EZB stellt die Gebote zusammen *(vgl. untenstehende Tabelle)* und legt das Zuteilungsvolumen auf 100 Mio. € fest.

Geschäftsbank	Gebot (Mio. €)
A	30
B	40
C	55
Insgesamt	125

4. Die Zuteilung wird wie folgt berechnet:

$$\frac{\text{zuzuteilender Betrag (100 Mio. €)} \cdot 100}{\text{gebotener Gesamtbetrag (125 Mio. €)}} = \text{Zuteilungsquote in \% (80 \%)}$$

5. Jede der drei Geschäftsbanken erhält 80 % ihres Gebots zugeteilt:
Geschäftsbank A: 24,0 Mio. €, Geschäftsbank B: 32,0 Mio. €, Geschäftsbank C: 44,0 Mio. €
Die Gesamtsumme der Zuteilung entspricht dem zugeteilten Betrag von 100 Mio. €.

Zinstender (Tender mit variablem Zinssatz)

Beim Zinstender geben die Geschäftsbanken Gebote ab, in welcher Höhe und zu welchem Zinssatz sie Kredite bei der EZB aufnehmen wollen. Je dringender eine Geschäftsbank Zentralbankgeld benötigt, umso höher ist der angebotene Zinssatz. Von ein und derselben Geschäftsbank können bis zu 10 Gebote mit verschiedenen Zinssätzen (kleinster Zinsschritt 0,01 Prozentpunkte) eingereicht werden.

4.18, S. 451

1 repartieren: *(lat.)*: verteilen

B Liquiditätszuführung im Rahmen des Hauptrefi-Geschäfts mit Zinstender

1. Die EZB teilt den Geschäftsbanken mit, dass sie beabsichtigt, Zentralbankgeld im Rahmen des Hauptrefi-Geschäfts (befristete Transaktion) mit Zinstender zuzuteilen. Anders als bei den längerfristigen Refi-Geschäften wird dabei ein Zinssatz, der nicht unterschritten werden darf (Mindestbietungssatz = Hauptrefi-Satz), vorgegeben (z. B. 3 %).
2. Die Geschäftsbanken A, B und C geben mehrere Gebote ab.
3. Die EZB beschließt 100 Mio. € zuzuteilen und stellt die Gebote wie folgt zusammen:

	Gebotene Beträge (in Mio. €) bei einem Zinssatz von ... %							Summe
	3,09	3,08	3,07	3,06	3,05	3,04	3,03	
Geschäftsbank A	–	5,0	5,0	5,0	10,0	5,0	5,0	35,0
Geschäftsbank B	5,0	5,0	10,0	10,0	15,0	5,0	–	50,0
Geschäftsbank C	5,0	5,0	10,0	15,0	15,0	5,0	10,0	65,0
Gebote insgesamt	10,0	15,0	25,0	30,0	40,0	15,0	15,0	150,0
kumulierte Gebote	10,0	25,0	50,0	80,0	120,0	135,0	150,0	

4. Die Zuteilung beginnt bei den höchsten gebotenen Zinssätzen. Jedes Gebot erhält so lange eine volle Zuteilung, bis das beabsichtigte Zuteilungsvolumen ausgeschöpft ist. Können beim niedrigsten zum Zuge kommenden Zinssatz nicht mehr alle Gebote befriedigt werden, muss – wie beim Mengentender – eine Zuteilungsquote berechnet werden (Repartierung). Der Zinssatz, zu dem eine Zuteilung gerade noch (ganz oder teilweise) möglich ist, wird als **marginaler**[1] **Zinssatz** bezeichnet.

Bei einer Zuteilungssumme von 100 Mio. € liegt der marginale Zinssatz im vorliegenden Beispiel bei 3,05 %. Alle Gebote über 3,05 % werden bis zu einem Gesamtbetrag von 80 Mio. € voll zugeteilt. Die 40 Mio. €, für die ein Zinssatz von 3,05 % geboten wurde, können nur teilweise zugeteilt werden. Die Zuteilungsquote für die Gebote zum marginalen Zinssatz ergibt sich wie folgt:

$$\frac{(\text{Gesamter Zuteilungsbetrag} - \text{Betrag der voll zugeteilten Gebote}) \cdot 100}{\text{Summe der Gebote zum marginalen Zinssatz}} = \text{Zuteilung in \%}$$

$$\frac{(100\text{ Mio. €} - 80\text{ Mio. €}) \cdot 100}{40\text{ Mio. €}} = 50\ \%$$

Zinstender: Holländisches oder amerikanisches Verfahren

Die Verzinsung der zugeteilten Beträge erfolgt entweder zum marginalen Zinssatz (= **holländisches Verfahren)** oder zu den individuellen Bietungssätzen der Geschäftsbanken **(= amerikanisches Verfahren)**.

Die Zinstender der EZB werden ausschließlich nach dem amerikanischen Verfahren abgerechnet.

1 marginal *(lat.)*: am Rande, auf der Grenze liegend

B

Abrechnung der Zuteilung nach dem amerikanischen Verfahren zu den individuellen Bietungssätzen der Geschäftsbanken							
	Gebote (in Mio. €)	Zugeteilte Beträge (in Mio. €) zu einem Zinssatz von … %					Zuteilung insgesamt
		3,09	3,08	3,07	3,06	3,05	
Geschäftsbank A	35,0	–	5,0	5,0	5,0	5,0	20,0
Geschäftsbank B	50,0	5,0	5,0	10,0	10,0	7,5	37,5
Geschäftsbank C	65,0	5,0	5,0	10,0	15,0	7,5	42,5
Insgesamt	150,0	10,0	15,0	25,0	30,0	20,0	100,0

D

$$\text{Zinstender: Zuteilungssatz (\%) beim marginalen Zinssatz} = \frac{\left(\text{zuzuteilender Gesamtbetrag} - \text{Betrag der voll zugeteilten Gebote}\right) \cdot 100}{\text{Gesamtbetrag der Gebote zum marginalen Zinssatz}}$$

Höhe der Refinanzierungsgeschäfte

Bei den **Hauptrefinanzierungsgeschäften** im Rahmen des Zinstenders veröffentlicht die EZB am Ankündigungstag den von ihr **geschätzten Liquiditätsbedarf** der Geschäftsbanken. Dadurch soll den Geschäftsbanken eine Orientierungshilfe für die Vorbereitung der Gebote gegeben werden. Zusätzlich wird auch am Zuteilungstag eine aktualisierte Schätzung über den Betrag veröffentlicht, der nach Auffassung der EZB normalerweise erforderlich ist, um am kurzfristigen Geldmarkt ausgeglichene Bedingungen herzustellen („Benchmark Zuteilung“[1]).

Bei den **längerfristigen Refinanzierungsgeschäften** wird das Volumen, das in den nächsten Zinstendern zugeteilt werden soll, im Voraus bekannt gegeben.

4.7.3 Ständige Fazilitäten[2]

Zwei Arten von Fazilitäten

Im Rahmen der **ständigen Fazilitäten** (= Inanspruchnahme von Krediten und Geldanlagen bei Bedarf) der EZB lassen sich folgende beiden Arten unterscheiden:

Ständige Fazilitäten		
Maßnahme	**Spitzenrefinanzierungsfazilität** Kreditgewährung der EZB zum Spitzenrefinanzierungssatz gegen Verpfändung von Wertpapieren (Übernachtkredit)	**Einlagefazilität** Anlage von Tagesgeld bei der EZB zum Einlagesatz
Ziel	Kurzfristige Bereitstellung von Zentralbankgeld (Liquidität) für die Geschäftsbanken. Der Spitzenrefinanzierungssatz bildet die Obergrenze des Tagesgeldsatzes.	Kurzfristige Abschöpfung von Zentralbankgeld (Liquidität) der Geschäftsbanken. Der Einlagesatz bildet die Untergrenze des Tagesgeldsatzes.
Laufzeit	ein Tag	
Inanspruchnahme	auf Initiative der Geschäftsbanken bei Bedarf	

1 Benchmark *(engl.)*: Maßstab, Orientierungspunkt
2 facilitas *(lat.)*: Leichtigkeit

D Die Geschäftsbanken können beim ESZB Tagesgeldkredite aufnehmen (Spitzenrefinanzierungsfazilität) und überschüssige Liquidität als Tagesgeld verzinslich anlegen (Einlagefazilität).

Zinskanal

Der Zinssatz für die Spitzenrefinanzierungsfazilität ist in der Regel deutlich höher und der Zinssatz für die Einlagefazilität deutlich niedriger als die entsprechenden Zinssätze am Geldmarkt, zu denen **Banken untereinander** kurzfristig Geld ausleihen oder anlegen **(Interbankenmarkt)**. Daher nutzen die Geschäftsbanken die ständigen Fazilitäten normalerweise nur, wenn es keine Alternativen gibt. Da aber der Zugang zu diesen Kredit- und Geldanlagemöglichkeiten – abgesehen von den geforderten Sicherheiten bei der Spitzenrefinanzierungsfazilität – keinen Beschränkungen unterliegt, bilden ihre Zinssätze im Allgemeinen eine Ober- und Untergrenze des Tagesgeldsatzes am Geldmarkt **(Zinskanal)**. Die geldpolitische Funktion dieses Instruments besteht somit darin, die Schwankungsbreite des (Tages-)Geldmarktsatzes zu begrenzen.

D Der Unterschied zwischen den Zinssätzen für die Spitzenrefinanzierungsfazilität (= Obergrenze) und für die Einlagefazilität (= Untergrenze) wird als Zinskanal bezeichnet. Der Zinskanal entspricht der Schwankungsbreite für Tagesgeldzinsen am Geldmarkt.

Leitzinsen

D Neben dem Hauptleitzins (= Haupt-Refisatz) werden auch der Spitzenrefinanzierungssatz und der Einlagesatz als Leitzinsen bezeichnet. Bei einer Veränderung der Leitzinsen durch die EZB werden alle drei Leitzinsen gleichzeitig erhöht oder gesenkt.

Der Abstand zwischen dem Haupt-Refisatz und den beiden anderen Leitzinsen, der ursprünglich jeweils 1 Prozentpunkt nach oben und unten betragen hatte, wurde im Rahmen der Bankenkrise seit 2008 zeitweise auf 0,25 Prozentpunkte verringert. Durch diese Verengung des Zinskanals sollten die Schwankungen beim Zinssatz für Tagesgeld (Interbankenmarkt) weiter eingeschränkt werden.

Leitzinsen

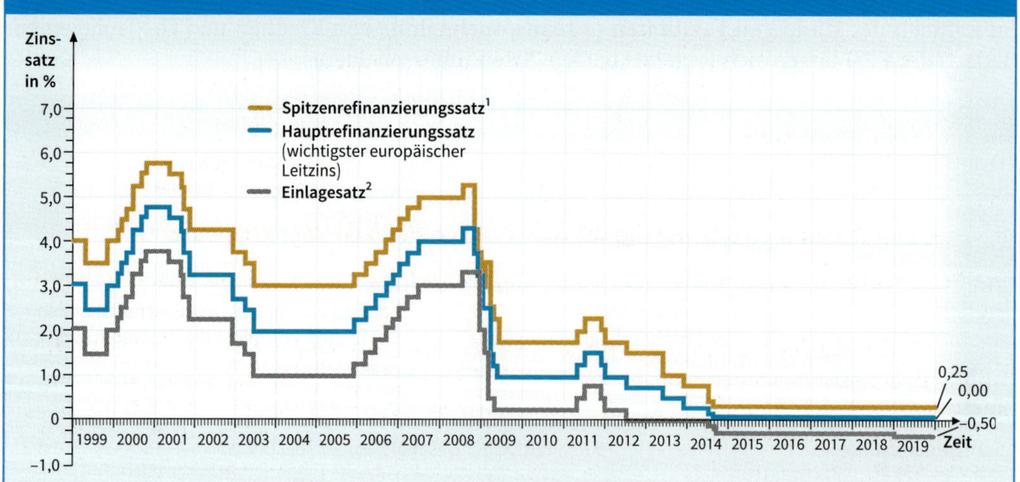

4.7.4 Mindestreservepolitik

D Mindestreserven sind Guthaben, die die Geschäftsbanken bei den nationalen Zentralbanken zwangsweise hinterlegen müssen.

Die Geldeinlagen, die Bankkunden bei den Geschäftsbanken in Form von Kontoguthaben (z.B. Girokonto, Sparkonto) unterhalten, stellen aus der Sicht der Geschäftsbanken Verbindlichkeiten gegenüber den Bankkunden dar. Die Geschäftsbanken sind ihrerseits verpflichtet, in Höhe eines bestimmten Anteils dieser Verbindlichkeiten Guthaben bei den nationalen Zentralbanken zu unterhalten **(= Mindestreserven).**

Höhe der Mindestreserven

Die Höhe der Mindestreserve richtet sich nach
- Art und Höhe der **mindestreservepflichtigen Verbindlichkeiten** einer Geschäftsbank sowie
- dem von der EZB festgelegten **Mindestreservesatz.**

Das Mindestreserve-Soll wird monatlich für jede Geschäftsbank neu berechnet. Der je nach Art und Laufzeit der Verbindlichkeit unterschiedliche **Mindestreservesatz** kann jederzeit von der EZB geändert werden. Das zur Erfüllung der Mindestreservepflicht notwendige Guthaben wird mit dem Durchschnittssatz der letzten Hauptrefinanzierungsgeschäfte verzinst.

Anders als es die Modelle des Geldschöpfungsmultiplikators vermuten lassen, haben die Mindestreserven im Rahmen der EZB-Politik aber **nicht** die Funktion, die Geldschöpfungsmöglichkeiten der Geschäftsbanken zu begrenzen. Ausdruck dafür ist u.a. die Tatsache, dass die Mindestreservesätze seit Gründung der EZB (1. Jan. 1999) bis Dezember 2011 unverändert geblieben sind.

MR-Satz seit 1. Jan. 1999	Mindestreservepflichtige Verbindlichkeiten der Geschäftsbanken
Jan. 1999 bis Dez. 2011: 2 % seit 8. Dez. 2011: 1 %	- Täglich fällige Einlagen (Buchgeld) - Einlagen mit einer vereinbarten Laufzeit von bis zu zwei Jahren - Einlagen mit einer vereinbarten Kündigungsfrist von bis zu zwei Jahren - Ausgegebene Schuldverschreibungen mit vereinbarter Laufzeit von bis zu zwei Jahren - Geldmarktpapiere
0 %	- Einlagen mit einer vereinbarten Laufzeit von über zwei Jahren - Einlagen mit einer vereinbarten Kündigungsfrist von über zwei Jahren - Repogeschäfte (Wertpapiere mit Rückkaufvereinbarung) - Ausgegebene Schuldverschreibungen mit vereinbarter Laufzeit von über zwei Jahren

Ziele einer Mindestreservepolitik

Mit der Mindestreservepolitik verfolgt die EZB im Wesentlichen zwei geldpolitische Ziele:

- Die Reservepflicht soll im Bedarfsfall eine **Liquiditätsverknappung** bei den Geschäftsbanken herbeiführen.
- Das zur Erfüllung der Mindestreservepflicht nötige Guthaben bei der Zentralbank muss nicht während des ganzen Monats eine einheitliche Höhe aufweisen, sondern lediglich im Monats**durchschnitt** dem Mindestreserve-Soll entsprechen. Durch die Möglichkeit, das Mindestreserve-Soll vorübergehend zu über- oder unterschreiten, entsteht ein **Liquiditätspuffer**, durch den zeitweilige Schwankungen des Liquiditätsbedarfs auch ohne Eingriff der Notenbank aufgefangen werden können. Damit wird **eine Verstetigung der Zinsentwicklung** am Geldmarkt angestrebt **(Liquiditätspuffer- und Glättungsfunktion).**

Die Tatsache, dass der Mindestreservesatz im Euro-Währungsgebiet seit Gründung der EZB 1999 bis Dez. 2011 unverändert bei 2 % lag, zeigt die geringe Bedeutung dieses geldpolitischen Instruments.

Wirkung einer Mindestreservepolitik

Bei Änderung des Mindestreservesatzes ergibt sich folgender Wirkungszusammenhang (Transmissionsmechanismus).

4.19, S. 451

Mindestreservepolitik		
Maßnahme	Senkung des Mindestreservesatzes	Erhöhung des Mindestreservesatzes
Ziel	▼ Erhöhung der Liquidität der Geschäftsbanken	▼ Verringerung der Liquidität der Geschäftsbanken
Beabsichtigte Wirkung	▼ Kreditschöpfungsspielraum der Geschäftsbanken steigt ▼ Kreditzinssatz sinkt ▼ Kreditnachfrage der Wirtschaft steigt	▼ Kreditschöpfungsspielraum der Geschäftsbanken sinkt ▼ Kreditzinssatz steigt ▼ Kreditnachfrage der Wirtschaft sinkt

Die Mindestreservepolitik beeinflusst unmittelbar das Geldmengenangebot der Geschäftsbanken (= Mengenpolitik). Sie wirkt daher schärfer und schneller als eine Zinsänderung (= Preispolitik) im Rahmen der Offenmarktpolitik.

4.8 Probleme geldpolitischer Maßnahmen bei der Beeinflussung wirtschaftspolitischer Ziele

Lernziele:

Nach der Bearbeitung des Kapitels sind Sie in der Lage, Folgendes zu tun:

Sie ...

- ... beschreiben Wirkungshemmnisse, die bei geldpolitischen Maßnahmen eintreten können.
- ... unterscheiden verschiedene Arten von Wirkungsverzögerungen (time lags).
- ... erläutern die Wirkungsverzögerungen, die dazu führen können, dass genau das Gegenteil der eigentlich beabsichtigten Wirkung erreicht wird.
- ... beschreiben die besonderen Probleme und Ausweichreaktionen, die bei der Inflationsbekämpfung mithilfe geldpolitischer Maßnahmen eintreten können.
- ... beschreiben die besonderen Probleme und Ausweichreaktionen, die bei der Konjunkturankurbelung mithilfe geldpolitischer Maßnahmen eintreten können.
- ... nehmen kritisch Stellung, welche besonderen Probleme dadurch entstehen können, dass die EZB eine einheitliche Geldpolitik für alle EWU-Mitgliedsstaaten betreiben muss, obwohl die wirtschaftliche Entwicklung in den einzelnen Ländern teilweise höchst unterschiedlich ist.
- ... nennen konventionelle und unkonventionelle Maßnahmen, die die EZB seit dem Beginn der Finanzkrise 2008 ergriffen hat.

4.8.1 Typische Probleme der Geldpolitik

Wirkungsverzögerungen und Dosierungsprobleme

Ein wesentliches Problem der Geldpolitik sind die **zeitlichen Verzögerungen** *(time lags)* bis zum Wirksamwerden der Maßnahmen.

4.20, S. 452
4.21, S. 453
4.22, S. 453

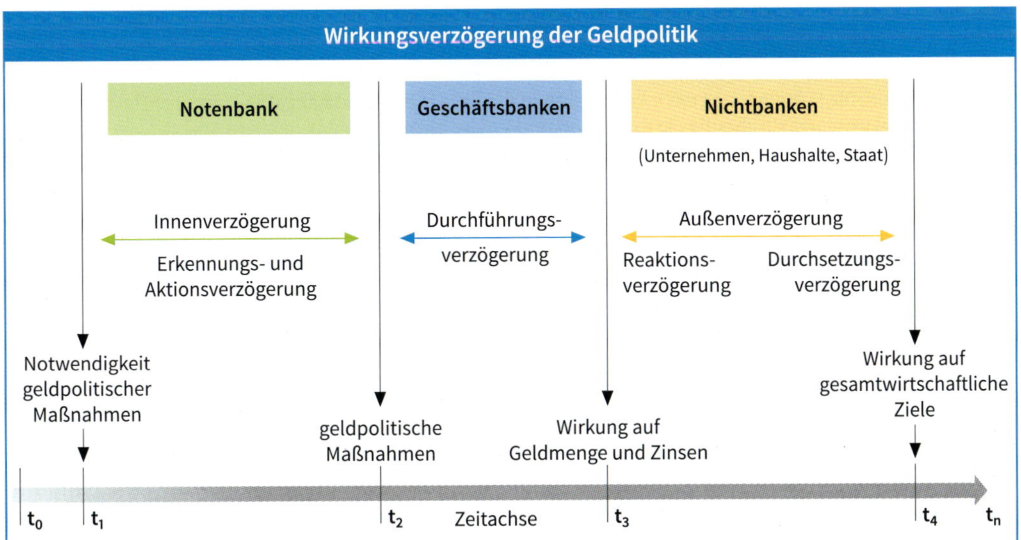

Quelle: Issing, Otmar: Einführung in die Geldpolitik. 6. Aufl., München: Vahlen 1996, S. 175.

D 4.4.2

Das Problem der **Wirkungsverzögerungen** kann besonders bedeutsam werden, wenn die Geldpolitik als Mittel zur Beseitigung gesamtwirtschaftlicher Ungleichgewichte (= Konjunktursteuerung) eingesetzt wird.

B **Wirkungsverzögerung bei expansiver Geldpolitik**

Eine expansive Geldpolitik (Geldmengenerhöhungen und/oder Zinssenkung), die das Ziel hat, die gesamtwirtschaftliche Güternachfrage anzukurbeln, wirkt möglicherweise zu spät. Die Wirtschaftslage kann sich bis dahin bereits aufgrund anderer Faktoren so verändert haben, dass statt einer Ausdehnung eine Dämpfung der Güternachfrage nötig wäre. Aufgrund der Wirkungsverzögerungen kann es also dazu kommen, dass gesamtwirtschaftliche Ungleichgewichte noch verstärkt statt behoben werden.

Neben den Wirkungsverzögerungen besteht ein weiteres Problem der Geldpolitik in der **Dosierung** der Maßnahmen. Die kaum eindeutig zu beantwortende Frage lautet: Wie stark muss in der jeweiligen Situation der geldpolitische Impuls in Form von Zins- und/oder Geldmengenänderungen sein, um das beabsichtigte Ziel zu erreichen?

Ausweichreaktionen und Nebeneffekte

Die beabsichtigte Wirkung der von der Zentralbank ergriffenen geldpolitischen Maßnahmen kann durch das Verhalten der Geschäftsbanken und des Nichtbankensektors (Unternehmen, Haushalte, Staat) unterlaufen und durch geldpolitische Nebeneffekte eingeschränkt werden.

Ziel: Inflationsbekämpfung durch Geldmengensenkung und Zinserhöhung zur Minderung der gesamtwirtschaftlichen Güternachfrage	Ziel: Ankurbelung der Wirtschaft durch Geldmengenerhöhung und Zinssenkung zur Steigerung der gesamtwirtschaftlichen Güternachfrage
▪ Da nur die kreditfinanzierte Güternachfrage von diesen Maßnahmen betroffen ist, sinkt die gesamtwirtschaftliche Güternachfrage möglicherweise nicht in dem notwendigen Ausmaß. ▪ Wegen der hohen Zinsen fließt Geld aus dem Ausland (z. B. US-$) zu und erhöht die inländische Geldmenge. Bei freien Wechselkursen steigt dadurch allerdings der Kurs der Inlandswährung (z. B. €). Dadurch wird der Zinsvorteil für ausländische Geldanleger wieder eingeschränkt. Die Kurserhöhung der Inlandswährung (Aufwertung) verteuert gleichzeitig die Exporte und verbilligt die Importe. ▪ Unternehmen und Banken können sich möglicherweise (zinsgünstiger) im Ausland refinanzieren.	▪ Alle Maßnahmen haben nur Angebotscharakter, d. h., weder die Banken noch die Nichtbanken können zur Kreditaufnahme gezwungen werden. ▪ Trotz niedriger Zinsen kann die Konsumneigung wegen pessimistischer Zukunftserwartungen gering sein. ▪ Die Investitionsgüternachfrage kann trotz niedriger Zinsen gering sein, da Investitionsentscheidungen mehr von den Gewinnerwartungen als von der Höhe des Zinssatzes abhängig sind (geringe Zinselastizität der Investitionen). ▪ Die Geschäftsbanken legen möglicherweise die zusätzlich erhaltene Liquidität in Wertpapieren (im In- oder Ausland) an, statt das Kreditangebot zu erhöhen (Umschichtung von Primär- in Sekundärliquidität).

4.8.2 Besondere Probleme der Geldpolitik im Euro-Währungsgebiet

Einheitliche Geldpolitik bei unterschiedlicher Wirtschaftsentwicklung in den Mitgliedstaaten der Europäischen Währungsunion (EWU)

Für die Europäische Zentralbank besteht ein besonderes Problem darin, dass sie eine einheitliche Geldpolitik für alle Mitgliedstaaten der EWU betreiben muss, obwohl die wirtschaftliche Entwicklung in den einzelnen Ländern höchst unterschiedlich ist. Je mehr sich die Inflationsraten in den einzelnen Ländern der Währungsunion auseinanderentwickeln, desto schwieriger ist es für die EZB, mit einer für alle Länder einheitlichen Zinspolitik („one-fits-all"-Zinspolitik) den besonderen Erfordernissen gerecht zu werden.

Das Ziel der Preisniveaustabilität würde für einige Länder mit überdurchschnittlich hohen Preissteigerungsraten eine Zinserhöhung nötig machen. Wegen der geringen Wachstumsraten und der hohen Arbeitslosenquoten wären dagegen für andere Länder weitere Zinssenkungen angebracht.

Wegen der Gemeinschaftswährung und ihrer Steuerung durch die EZB sind die herkömmlichen wirtschaftspolitischen Instrumente zur Konjunkturbelebung und Beschäftigungsförderung in den einzelnen Ländern weitgehend blockiert. Keines der Mitgliedsländer kann durch eine wachstums- und beschäftigungsorientierte Geldpolitik Zinsen und Wechselkurse zu seinen Gunsten beeinflussen.

Einseitige Orientierung an der Preisniveaustabilität

Angesichts der hohen Arbeitslosigkeit und der relativ niedrigen Inflationsrate in der Euro-Zone wurde die EZB zuweilen von Politikern und Wirtschaftswissenschaftlern wegen ihrer einseitigen Orientierung am Ziel der Preisniveaustabilität kritisiert. Gefordert wurde eine stärkere Berücksichtigung der Konjunktur- und Arbeitsmarktsituation bei den zinspolitischen Entscheidungen der EZB. Dabei wurde u.a. auch mit Verweis auf die nordamerikanische Zentralbank **Federal Reserve System** (FED) mit ihrer Zielformulierung *„maximum employment, stable prices, and moderate long-term interest rates"*, betont, dass die Inflationsbekämpfung kein Selbstzweck, sondern ein Mittel sei, um für Wachstum und Beschäftigung zu sorgen. Die frühere EZB-Politik änderte sich aber infolge der 2008 ausgelösten internationalen Finanzkrise und der nachfolgenden Staatsschuldenkrise. In der Euro-Zone war das Inflationsziel „unter, aber nahe bei 2 %" in den letzten Jahren kaum gefährdet. 2015 betrug die Inflationsrate im Euro-Raum 0,0%, sodass zeitweise sogar eine Deflation befürchtet wurde. Daher stand bei den geldpolitischen Maßnahmen der EZB in den letzten Jahren nicht mehr die Inflationsbekämpfung im Mittelpunkt. Vielmehr zielten die Maßnahmen auf eine **Inflationsförderung** und eine **Konjunkturbelebung** zur Verbesserung der Beschäftigungslage in den Mitgliedsstaaten ab.

Überholte Orientierung am Geldmengenwachstum

Die Entwicklung der Geldmenge M3 und der Inflationsrate legen sowohl in den USA als auch im Euro-Währungsgebiet den Schluss nahe, dass der behauptete Zusammenhang zwischen diesen beiden Größen nicht (mehr) besteht.

Neuere empirische Untersuchungen bestätigen diese Beobachtungen und zeigen tatsächlich Folgendes[1]: Die von MILTON FRIEDMAN und den Monetaristen aufgestellte Behauptung, dass die Geldmenge die wesentlichste Ursache für Inflation sei („Zu viel Geld jagt zu wenig Güter"), ist nicht unbedingt zutreffend. Vielmehr ist für den Zusammenhang zwischen Geldmenge und Inflation entscheidend, wie hoch die Inflationsrate in einem Land ist. In Ländern mit niedriger In-flationsrate (z.B. USA, Euro-Länder) lässt sich so gut wie kein Zusammenhang zwischen der Geldmenge und der Preissteigerungsrate feststellen. Wenn aber die Inflationsrate über einer kritischen Schwelle von ca. 12% liegt, ergibt sich dagegen ein eindeutiger Zusammenhang zwischen wachsender Geldmenge und höherer Inflation.

Umstrittener Ankauf von Staatsanleihen

In den Jahren 2010 und 2011 hat die EZB im Rahmen der Staatsschuldenkrise Staatsanleihen einiger der betroffenen Euro-Länder auf dem Kapitalmarkt bzw. von Geschäftsbanken gekauft. Damit sollte u.a. die Zahlungsunfähigkeit dieser Länder verhindert und ihre Kreditwürdigkeit für die notwendige Aufnahme neuer Schulden verbessert werden.

1 Vgl. P. Teles/H. Uhlig, Is Quantity Theorie still alive?, CEPR Discussion Paper Nr. 8049, Okt. 2010 und Handelsblatt Nr. 206 v. 25.10.2010, S. 19.

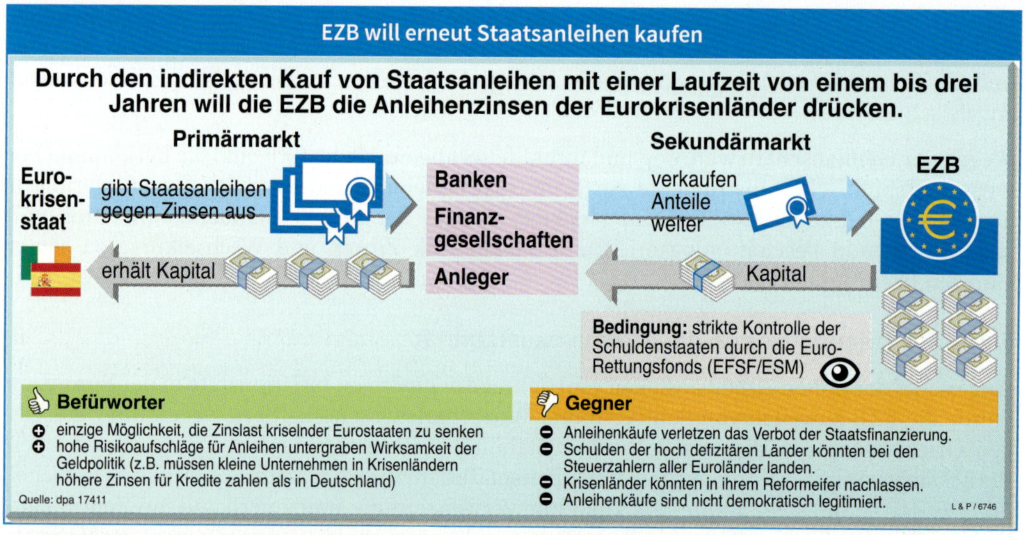

Aus einem weiteren Grund hatte die EZB zudem im März 2015 mit dem Aufkauf von Staatsanleihen ausgewählter Mitgliedsstaaten im Umfang von 60 Mrd. € monatlich begonnen. Dabei geht es nicht um die Verbesserung der Kreditwürdigkeit von Krisenländern, sondern um die Erhöhung der Geldmenge zur **Ankurbelung der Konjunktur** und zur **Inflationsförderung**[1].

D 4.8.4

Nach drei Jahren im Dezember 2018 wurden die Aufkäufe von Staatsanleihen vorläufig beendet. Von Januar 2019 bis Oktober 2019 erfolgten ebenfalls keine Aufkäufe mehr. Allerdings wurden die Beträge der fälligen Anleihen reinvestiert. Seit November 2019 werden wieder Aufkäufe von rund 20 Milliarden Euro pro Monat getätigt. Seit März 2020 herrscht aufgrund der Corona Pandemie[2], bereits als Corona-Krise betitelt nicht nur medizinisch, sondern auch wirtschaftlich ein noch nie da gewesener Ausnahmezustand. (Vgl. dazu S. 432)

Der direkte Erwerb solcher Anleihen von den Staaten selbst (= Primärmarkt) ist der EZB eindeutig verboten *(Art. 21 der ESZB-Satzung)*. Aber auch deren Erwerb auf dem Kapitalmarkt (= Sekundärmarkt) ist unter Politikern und Wirtschaftswissenschaftlern höchst umstritten. Allerdings hat der Europäische Gerichtshof ein solches Vorgehen der EZB im Juni 2015 grundsätzlich für zulässig erklärt.

Der Ankauf von Anleihen am **Sekundärmarkt** ist der EZB erlaubt, wenn dies der Erreichung ihrer Ziele und der Erfüllung ihrer Aufgaben dient *(Art. 18 der ESZB-Satzung)*. Um Rezessions- und Deflationsgefahren mit geldpolitischen Mitteln zu bekämpfen, kann eine solche Maßnahme im Rahmen einer expansiven Geldpolitik tatsächlich sinnvoll sein. Die EZB verteidigt daher diese Maßnahme mit dem Hinweis, dass der Ankauf von Anleihen gemäß Art. 18 der ESZB-Satzung zum geldpolitischen Instrumentarium der EZB gehört und der Vereinheitlichung des Zinsniveaus in der Euro-Zone dient.

Im Fall des Ankaufs von Staatsanleihen der Krisenländer ist aber strittig, ob es sich wirklich um eine geldpolitische Maßnahme zur Erreichung der EZB-Ziele (vorrangiges Ziel: Preisniveaustabilisierung) oder um eine (unzulässige) finanzpolitische Maßnahme zur Staatsfinanzierung handelt. Der Ankauf von Anleihen durch die EZB am Sekundärmarkt bewirkt zwar keinen Geldzufluss an die Krisenstaaten, allerdings sinken dadurch die Zinsen am Anleihenmarkt, sodass die Ausgabe neuer Staatsanleihen zu günstigeren Zinsen erfolgen kann. Wenn aber die Krisenstaaten tatsächlich am Fälligkeitstag die von der EZB aufgekauften Staatsanleihen nicht in vollem Umfang tilgen können (oder bereits vorher ein Schuldenerlass/Schuldenschnitt vereinbart wur-

1 Vgl. P.Teles/H. Uhlig, Is Quantity Theorie still alive?, CEPR Discussion Paper NR. 8049, Okt. 2010 und Handelsblatt Nr. 206 v. 25.10.2010, S. 19.

2 Unter Pandemie versteht man eine länder- und kontinentübergreifende Ausbreitung einer Krankheit beim Menschen, im engeren Sinn die Ausbreitung einer Infektionskrankheit. Im Unterschied zur Epidemie ist eine Pandemie somit örtlich nicht beschränkt.

de), erleidet die EZB Verluste in entsprechender Höhe, da der Wert der angekauften Anleihen gesunken ist und im Extremfall 0 € beträgt. Diese Verluste müssen von den nationalen Zentralbanken (Deutschland: Deutsche Bundesbank) entsprechend ihres Anteils am Eigenkapital der EZB getragen werden (z. B. Deutsche Bundesbank 27,15 %). Dadurch können die nationalen Zentralbanken entsprechend weniger (oder gar keine) Gewinne an den jeweiligen Staatshaushalt abführen. Letztlich werden dadurch die Bürger der Euro-Staaten belastet, da diese Einnahmeausfälle durch sinkende staatliche Ausgaben (= Verzicht auf staatliche Leistungen) und/oder Steuererhöhungen ausgeglichen werden müssen.

Inflationsgefahr durch den Ankauf von Staatsanleihen durch die EZB?

Im Zusammenhang mit den Anleihekäufen der EZB am Sekundärmarkt wird häufig auf die damit einhergehenden Inflationsgefahren hingewiesen. Wenn die EZB Anleihen kauft, steigt nämlich im Gegenzug die Zentralbankgeldmenge, auf deren Basis die Geschäftsbanken weiteres Geld in Form von Krediten schaffen können. Durch die für die Anleihen anfallenden Zins- und Tilgungszahlungen an die EZB sinkt die Zentralbankgeldmenge zu einem späteren Zeitpunkt aber wieder.

Nur wenn zwischenzeitlich die erhöhte Geldmenge nachfragewirksam verwendet wird und dadurch die Preise für Güter des Warenkorbs, der dem Verbraucherpreisindex zugrunde liegt, steigen, führt die Geldmengenerhöhung tatsächlich zu inflationären Tendenzen. Allerdings ist auch in früheren Jahren die Geldmenge in der Euro-Zone zeitweise erheblich gestiegen, ohne dass es zu übermäßigen Preisniveausteigerungen kam. Dies war einerseits dadurch bedingt, dass die Produktionskapazitäten im Euro-Raum nur unterdurchschnittlich ausgelastet waren und somit eine Mehrproduktion ohne Preissteigerungen möglich war. Andererseits wurde die erhöhte Geldmenge nicht vorrangig für Güter des Warenkorbs, sondern für Kapitalanlagen verwendet. Es muss daher zwischen den Preisen für Güter des Warenkorbs einerseits und Vermögenspreisen andererseits unterschieden werden. In letzter Zeit zeichnet sich insbesondere auf dem deutschen Immobilienmarkt eine verstärkte Nachfrage mit entsprechenden Preissteigerungen ab („Blasenbildung"). Aber nur wenn der Immobilienboom zu steigenden Mieten führt, steigt dadurch auch das Verbraucherpreisniveau.

Die Erhöhung der Zentralbankgeldmenge hat die Geschäftsbanken bisher nicht zu einer wesentlichen Erhöhung der Kreditvergabe für die Privatwirtschaft veranlasst. Da die Geschäftsbanken solche Kredite inzwischen zunehmend auch mit Eigenkapital absichern müssen, erscheint ihnen eine Kreditvergabe derzeit zu risikoreich. Daraus ergibt sich die gegenwärtig zu beobachtende Situation, dass zwar die Geldmenge steigt, ohne dass dies aber bisher eine deutliche Erhöhung des Preisniveaus zur Folge hatte. Es ist allerdings nicht auszuschließen, dass irgendwann das Missverhältnis zwischen Zentralbankgeld, Schulden und Bruttoinlandsprodukt so groß wird, dass eine sogenannte „Ketchup-Inflation" droht. Wie bei einer Ketchup-Flasche, die man schüttelt, kommt zuerst nichts heraus und dann ein ganzer Schwall, den man nicht aufhalten kann. Ähnlich kann es sich mit der Inflation verhalten. Wenn sie tatsächlich kommt, muss die EZB versuchen, sie mithilfe ihrer geldabschöpfenden Instrumente (z. B. Verkauf von Staatsanleihen) oder über massive Zinserhöhungen aufzuhalten.

4.8.3 Herausforderungen für die Geldpolitik durch die Finanz- und Schuldenkrise

Als Reaktion auf die durch die Insolvenz des Bankhauses „Lehmann Brothers" in den USA (September 2008) ausgelöste Finanzkrise und der sich daran anschließenden europäischen Staatsschuldenkrise hat die EZB in der Zwischenzeit zahlreiche **konventionelle** und **unkonventionelle** geldpolitische Maßnahmen ergriffen.

Konventionelle Maßnahmen

Im Zeitraum von Oktober 2008 bis März 2016 hat die EZB den Haupt-Refisatz in zwölf Schritten von 4,25 % auf ein historisches Tief von null Prozent gesenkt. Der Einlagesatz, zu dem Geschäftsbanken Tagesgeld „über Nacht“ bei der EZB anlegen können, ist seit September 2014 negativ und beträgt seit September 2019 −0,5 %.

Unkonventionelle Maßnahmen

(1) Als Folge der Lehmann-Insolvenz kam es zu einem völligen Vertrauensverlust im Hinblick auf die Geldgeschäfte zwischen den Banken. Dies hatte zur Folge, dass die Geschäftsbanken auf dem **Interbankenmarkt** weder kurzfristiges Geld anlegen noch aufnehmen konnten. Vielmehr waren die Geschäftsbanken für ihre Liquiditätsversorgung nahezu ausschließlich auf Notenbankkredite angewiesen. Dies führte zu einem enormen Anstieg der Zinsgebote bei Zinstendern. Um den Zinssatz und die Zinsgebote zu senken, stellte die EZB die Haupt-Refigeschäfte im Oktober 2008 auf einen **Mengentender mit voller Zuteilung** und einem **Festzinssatz** um. Eine Repartierung ist in diesem Fall nicht erforderlich. Auch die längerfristigen Refinanzierungsgeschäfte wurden auf einen Mengentender mit fester Zinsvorgabe umgestellt. Durch diese Maßnahmen, die einen grundlegenden Wechsel der EZB-Geldpolitik darstellten, wurde den Banken gewissermaßen jeder Liquiditätswunsch zum Haupt-Refisatz erfüllt.

Beispielsweise wurden im Zeitraum von Dezember 2011 bis Februar 2012 mehrere **längerfristige Refinanzierungsgeschäfte** durchgeführt, durch die dem Geschäftsbankensystem mehr als eine Billion Euro für drei Jahre zum Refisatz von damals 1% zur Verfügung gestellt wurden.[1] Die Absicht bestand darin, dass die Banken diese Liquidität für die Kreditvergabe an Bankkunden verwenden. In Wirklichkeit haben die Banken diese Mittel aber in erheblichem Umfang für den Erwerb von höher verzinsten Wertpapieren benutzt.

(2) Ein weiteres Merkmal der unkonventionellen Geldpolitik besteht darin, dass die EZB bei den von den Geschäftsbanken zu hinterlegenden Sicherheiten zu Zugeständnissen bereit war. So wurden beispielsweise im Gegensatz zu früher auch Unternehmensanleihen und Staatsanleihen geringerer Bonität als Sicherheiten akzeptiert.

(3) Seit Frühjahr 2010 kam es in der Euro-Zone bei einigen Mitgliedsstaaten zu einer Staatsschuldenkrise (insbesondere Griechenland, Irland, Portugal, Spanien und Italien). Die betroffenen Länder konnten nicht mehr oder nur noch zu extrem hohen Zinsen neue Kredite an den Kapitalmärkten aufnehmen. Vor diesem Hintergrund hat der EZB-Rat im Mai 2010 beschlossen, künftig auch Staatsschuldverschreibungen zu kaufen.

Die EZB hat seinerzeit insbesondere griechische, portugiesische, irische und spanische Staatsanleihen gekauft. Da ein Zahlungsausfall eines oder mehrerer dieser Länder zu erheblichen Verlusten bei der EZB und den nationalen Zentralbanken führen würde, wurde das Eigenkapital der EZB zum Jahreswechsel 2010/2011 nahezu verdoppelt.

(4) Da die Banken im Laufe der Krise über immer weniger Sicherheiten zur Absicherung von Krediten bei der EZB verfügten, wurde im Januar 2012 der bis dahin unveränderte Mindestreservesatz von 2 % auf 1 % gesenkt. Zwar gehört die Mindestreservepolitik zum normalen EZB-Instrumentarium. Im vorliegenden Fall kann die Senkung des Mindestreservesatzes aber durchaus als unkonventionelle Maßnahme eingestuft werden.

(5) Die Maßnahmen führten insgesamt nicht zu der erhofften Vertrauensbildung auf dem Interbankenmarkt. Dies wurde u. a. daran deutlich, dass sich die Geschäftsbanken Liquidität über Refi-Geschäfte bei der EZB zu einem Festzins besorgten und die überschüssigen Mittel im Rahmen der Einlagefazilitäten niedriger verzinst horteten. Vor diesem Hintergrund beschloss der EZB-Rat im Juni 2014 erstmals einen negativen Einlagesatz. Dieser betrug im März 2016 −0,4 %. Dies bedeutet, dass Geschäftsbanken, die „über Nacht“ Geld bei der Zentralbank „parken“ möchten, für diese sichere Anlage einen Strafzins von 0,4 % zahlen müssen.

1 Diese außergewöhnlichen Maßnahmen wurden in Anspielung auf ein im ersten Weltkrieg eingesetztes Geschütz des Rüstungskonzerns Krupp als „**Dicke Bertha**“ bezeichnet.

(6) Im Hinblick auf die sich 2014 in der Euro-Zone abzeichnende Deflationsgefahr (die Inflationsrate war im Dezember 2014 mit −0,2 % erstmals seit fünf Jahren negativ) hat die EZB als Gegenmaßnahme im März 2015 mit dem Aufkauf von Staatsanleihen ausgewählter Mitgliedsstaaten begonnen. Dabei ging es nicht um die Verbesserung der Kreditwürdigkeit von Krisenländern, sondern um die Erhöhung der Geldmenge zur Ankurbelung der Konjunktur und Inflationsförderung. Dieses Programm, das zwischenzeitlich auch den Kauf von Unternehmensanleihen umfasste, ist Ende 2018 ausgelaufen.

Zwischenzeitlich wurden die Aufkäufe ausgesetzt und seit November 2019 werden wieder Aufkäufe von rund 20 Milliarden Euro pro Monat getätigt. Am 09. März 2020 war der Corona-Crash an der Börse. Dieses Ereignis führte zu einem angekündigten Notfallprogramm am 19. März 2020 in Höhe von 750 Milliarden.

Wirkung der quantitativen Lockerung

Die – in Anlehnung an ein ähnliches Programm der US-Notenbank – als „quantitative Lockerung" *(quantitative easing)* bezeichnete Art der expansiven Geldpolitik mit den beschriebenen unkonventionellen Maßnahmen kommt dann zur Anwendung, wenn keine weiteren Leitzinssenkungen mehr möglich sind. Bei der Kritik an den von der EZB vorgenommenen Käufen von Staatsanleihen geht es nicht nur um rechtliche Bedenken, ob es sich dabei um eine unzulässige (indirekte) Staatsfinanzierung handelt. Vielmehr werden auch Notwendigkeit und Wirksamkeit dieser außergewöhnlichen Maßnahme mit folgenden Argumenten infrage gestellt:

- Es besteht keine akute Deflationsgefahr in der Euro-Zone. Der Rückgang des Preisniveaus ist vor allem auf den gesunkenen Ölpreis und nicht auf die Kaufzurückhaltung der Verbraucher zurückzuführen.
- Banken, Investmentfonds, Pensionskassen u. a. sind möglicherweise nicht bereit, sichere Wertpapiere aus ihren Beständen an die EZB zu verkaufen.
- Es ist nicht sicher, dass bei einem Verkauf der Wertpapiere an die EZB das zufließende Zentralbankgeld für kreditfinanzierte Güterkäufe von Unternehmen und Verbrauchern genutzt wird. Vielmehr können diese Mittel auch für den Kauf von Aktien oder anderen Wertpapieren verwendet werden. Dies würde zwar zu steigenden Wertpapierkursen, nicht aber zu der beabsichtigten Konjunkturankurbelung und zur Erhöhung der am Harmonisierten Verbraucherpreisindex gemessenen Inflationsrate führen.
- Die Fremdfinanzierung der meisten Unternehmen in der Euro-Zone beruht auf Krediten ihrer jeweiligen Hausbank. Deren Kreditbedingungen können aber nur in geringem Umfang durch Anleihekäufe der EZB beeinflusst werden, zumal die Kreditzinsen bereits auf einem extrem niedrigen Stand sind und kaum noch weiter sinken können.
- Es wird eine falsche Botschaft an die Euro-Krisenländer (u. a. Griechenland, Spanien, Portugal) gesandt. Deren Reformbereitschaft wird gebremst, indem der Eindruck erweckt wird, dass im Ernstfall die Staatsanleihen (auch der Krisenländer) von der EZB aufgekauft werden.

Folgen der Niedrigzinspolitik

Die bisherigen Ergebnisse zeigen, dass die mit der Niedrigzinspolitik beabsichtigte Wirkung – nämlich die Kreditvergabe an Unternehmen und Verbraucher zu erhöhen und dadurch die gesamtwirtschaftliche Nachfrage anzukurbeln – nicht eingetreten ist. Eine lang andauernde Niedrigzinspolitik kann allerdings erhebliche problematische Nebenwirkungen mit sich bringen:

- Es besteht die Gefahr, dass die Banken die von ihnen zu zahlenden Strafzinsen bei der Einlagefazilität als zusätzliche Kreditkosten an die Kreditnehmer weitergegeben.
- Das den Banken zur Verfügung gestellte Zentralbankgeld wird nicht zur Kreditvergabe an die Wirtschaft, sondern für Anlagen auf den Finanzmärkten mit entsprechenden Kurssteigerungen (Blasenbildung) genutzt.

- Die Inhaber von Geldvermögen (Sparer) erleiden durch die niedrigen Zinsen, die häufig nicht die Inflationsrate ausgleichen (= negative Realzinsen), erhebliche Einbußen. Dem gegenüber zählen alle Schuldner (darunter insbesondere auch der Staat) zu den Gewinnern der Niedrigzinspolitik.
- Die auf Sparvorgängen beruhenden Formen der Altersvorsorge (Lebensversicherungen, Pensionsfonds) werden unattraktiv. Die Leistungen müssen gekürzt werden.

4.8.4 Besondere Herausforderungen der Konjunktur- und Geldpolitik aufgrund der Corona-Krise

Wirtschaftskrise 2020 – Corona-Krise

Die aktuelle Wirtschaftskrise 2020 wird auch als Corona-Krise oder Coronarezession bezeichnet. Sie wurde durch die COVID-19-Pandemie ausgelöst. In vielen Ländern wurden „Lockdowns" angeordnet, die das soziale und wirtschaftliche Leben weitgehend heruntergefahren haben. Die Folge daraus waren Ausgangsbeschränkungen und Kontaktverbote sowie Betriebsschließungen. Dadurch sollte die Ausbreitung des Ende 2019 ausgebrochenen Coronavirus SARS-CoV-2 (dieses Virus löst die Krankheit COVID-19 aus) verhindert werden. Der „Lockdown" brachte einen starken Börseneinbruch (09. März 2020 Corona-Crash), weltweit sank die Wirtschaftsleistung, die Arbeitslosigkeit und Kurzarbeit stiegen an, die Leistungsfähigkeit der Gesundheitssysteme wurden weltweit in höchstem Maße gefordert. Am 18.07.2020 waren nach Angaben der WHO (https://covid19.who.int/) 13,6 Mio. Menschen weltweit infiziert, bei rund 585700 Todesfällen. Zahlreiche Staaten baten international um Kredithilfen.

"

Neue Anleihenkäufe der Europäischen Zentralbank (EZB) zur Minderung der wirtschaftlichen Folgen der Coronakrise erhalten Zuspruch von Politikern und Wirtschaftsforschern, beruhigen die Börsenstimmung in Europa aber nicht. Das gigantische Notfallprogramm mit dem Namen PEPP (Pandemic Emergency Purchase Programme) soll 750 Milliarden Euro für Staats- und Unternehmensanleihen umfassen und mindestens bis Jahresende laufen, wie die EZB in der Nacht zu Donnerstag mitteilte.

Die neue EZB-Chefin Christine Lagarde […] Nun schrieb sie selbst bei Twitter: „Außergewöhnliche Zeiten erfordern außergewöhnliche Maßnahmen." Es gebe „keine Limits bei unserem Einsatz für den Euro".

[…]

Quelle: dwo/muk: EZB lanciert Anleihenkäufe für 750 Milliarden Euro gegen Coronakrise. 19.03.2020. © Agence France-Presse.

"

Der EU-Gipfel hat das vereinbarte Paket mit Kredithilfen von bis zu 540 Milliarden Euro für Kurzarbeiter, Unternehmen und verschuldete Staaten gebilligt. […] Die Hilfen sollen zum 1. Juni bereitstehen.

Auf das Paket hatten sich die EU-Finanzminister vor zwei Wochen geeinigt. Es enthält drei Punkte – jeweils ein „Sicherheitsnetz" für Jobs, für kleine und mittlere Unternehmen und für angeschlagene Staaten wie Italien oder Spanien, die ohnehin verschuldet sind und nun auch noch von der Corona-Pandemie schwer getroffen werden.

Dazu gehört das Konzept „Sure" der EU-Kommission, das Kurzarbeitergeld in den EU-Staaten unterstützen soll. […]

Zweiter Punkt ist ein Garantiefonds bei der Europäischen Investitionsbank EIB […]

Das dritte Element sind vorsorgliche Kreditlinien des Europäischen Stabilitätsmechanismus ESM. […]"

Quelle: Redaktion kurier.at:
EU-Gipfel billigt 540 Milliarden-Paket für Corona-Hilfe. 23.04.2020. In: https://www.msn.com/de-at/nachrichten/other/eu-gipfel-billigt-540-milliarden-paket-f%C3%BCr-corona-hilfe/ar-BB136lMo [25.06.2020].

1 COVID-19 war erstmals im Dezember 2019 in der Millionenstadt Wuhan der chinesischen Provinz Hubei auffällig geworden, entwickelte sich im Januar 2020 in China zur Epidemie und breitete sich schließlich weltweit aus zu einer sog. Pandemie.

2 Um eine Ausbreitung in Staaten ohne leistungsfähiges Gesundheitssystem zu verhindern, rief die Weltgesundheitsorganisation (WHO) am 30. Januar 2020 die internationale Gesundheitsnotlage aus.

»

Finanzminister Olaf Scholz (SPD) plant für 2020 mit einer Neuverschuldung von 218,5 Milliarden Euro. [...]

Jetzt kommen in einem zweiten Nachtragshaushalt noch einmal 62,5 Milliarden Euro dazu, wie am Montag aus dem Finanzministerium verlautete. [...]

Teil des Konjunkturpakets ist eine vorübergehende Senkung der Mehrwertsteuer, die Einkäufe im Supermarkt, im Möbel- oder Autohaus und in anderen Geschäften bis Jahresende günstiger machen soll. Außerdem bekommen Familien mit Kindern einen Bonus von 300 Euro pro Kind. Kleine und mittelständische Unternehmen, die von der Corona-Krise besonders hart getroffen sind, können Überbrückungshilfen von insgesamt 25 Milliarden Euro erhalten, damit sie den Sommer überstehen und noch im Geschäft sind, wenn die Wirtschaft langsam wieder durchstartet.

Quelle: dpa: Eine neue Schulden-Dimension: 218 Milliarden Kredite wegen Corona. 15.06.2020. © dpa Deutsche Presse-Agentur GmbH.

Zeitachse der „Corona-Krise"

Maßnahmen des Bundes und der Länder, sowie gesundheitspolitische Maßnahmen

Dez

- **Dez 2019** Erste Erkrankungsfälle in Wuhan/China

Jan

- **28. Januar** Erste Infektion in Bayern

Feb

- **11./12. Februar** WHO-Konferenz, 400 Experten
- **13. Februar** Treffen der EU-Gesundheitsminister in Brüssel
- **25. Februar** Erste Erkrankte in Baden-Württemberg und Nordrhein-Westfalen
- **28. Februar** Das RKI schätzt die Gefahr des Coronavirus als „gering bis mäßig" ein.
- **29. Februar** 57 infizierte in Deutschland, das RKI schätzt die Gefahr als „mäßig" ein.

Mrz

- **11. März** Die WHO erklärt die Pandemie weltweit.
- **13. März** Treffen der deutschen Ministerpräsidenten, Absage von Veranstaltungen, Beschränkung der Sozialkontakte, Quarantäne-Pflicht für Reiserückkehrer
- **17. März** Das RKI stuft die Gefahr als „hoch" ein
- **18. März** Erste Bundesländer veranlassen Schulschließungen.
- **22. März** Bund und Länder beschließen umfassendes Kontaktverbot, Schließung von Gastronomie- und Dienstleistungsbetriebe, Auflagen für Personenkontakt im öffentlichen Raum, Mindestabstand von 1,5 Metern – zunächst bis 19. April
- **26. März** Das RKI schätzt die Gefahr als „sehr hoch" ein.

Apr

Konjunktur und Geldpolitische Maßnahmen, sowie EU-Politische Maßnahmen

- **24. Februar** Die Europäische Kommission gibt Hilfsinvestitionen in Höhe von 232 Mrd. EUR bekannt, Einsatzzweckgemäß WHO: Forschung, Afrika, Rückholung im Ausland festsitzender EU-Bürger
- **9. März** Corona-Crash and der Börse
- **12. März** EZB beschließt, bis zum Jahresende 120 Mrd. EUR bereitzustellen für langfristige Kredite von Banken und Aufkauf von Wertpapieren.
- **19. März** Die EZB kündigt ein Notfallprogramm über 750 Mrd. EUR zur Bekämpfung der wirtschaftlichen Folgen der Corona-Pandemie an (PEPP: Pandemie-Notfallkaufprogramm).
- **26. März** Forderungen nach Corona Bonds durch einzelne EU Mitgliedsstaaten

Apr

- **15. April** Empfehlung der „Maskenpflicht" beim Einkaufen und im ÖPNV. Erste Lockerungen für kleine und mittlere Geschäfte mit Flächen bis zu 800 m^2: Öffnung unter Auflagen ab dem 20.4.3030
- **18. April** Globales Live-Streaming und TV-Ereignis „One World: Together at home"
- **30. April** wurden weitere Lockerungen vereinbart wie z. B. Unter Hygieneauflagen können Spielplätze geöffnet werden, Gottesdienste ermöglicht und Museen.

- **9. April** Besonders von der Pandemie betroffenen Mitgliedsstaaten sollen Kredite des Euro-Rettungsschirms ESM bis zu einer Höhe von 240 Mrd. ermöglicht werden.

Mai

- **06. Mai** Ergebnis der Telefonkonferenz mit Frau Merkel und der Ministerpräsidenten der Mindestabstand von 1,5 Metern ist weiterhin einzuhalten, alle Geschäfte dürfen unter Auflagen wieder eröffnen, ebenso der Breiten- und Freizeitsport, Besuchsbeschränkungen für Kliniken etc. werden gelockert, Notbeteuerung wird erweitert.

Die Länder erhalten weitgehend die Verantwortung für weitere Lockerungen, bei einer Überschreitung der Obergrenze von 50 Neuinfektionen pro 100 000 Einwohnern pro Woche in einzelnen Landkreisen oder kreisfreien Städten → sog. Beschränkungskonzept/ Obergrenze soll als Notfallbremse gelten.

- **18. Mai** Vorstellung der Wiederaufbaufonds als deutsch französische Initiative in Höhe von 500 Mrd. Euro mit dem Ziel gemeinsamer europäischer Anleihen.
- **27. Mai** Vorschlag der Kommission von der Leyen für den Wideraufbaufonds „Next Generation EU" über 500 Mrd. Euro Zuschüsse und 250 Mrd. Euro günstige Kredite für die Mitgliedsländer. Die Vorstellung wäre, dass das Geld nicht vor 2028 und nicht nach 2058 zurückgezahlt werden sollte.

Juni

15. Juni es sollen weitere Lockerungen in Kraft treten

- **3./4. Juni** Erweiterung des PEPP Programms wurde durch die EZB um 600 Milliarden Euro
- **12. Juni** Beschluss über die Maßnahmen des Konjunkturpakets der Bundesregierung. Zur Ankurbelung des Konsums soll der Mehrwertsteuersatz vom 1. Juli bis zum 31. Dezember von 19 auf 16 Prozent sinken.

Juli

- **21. Juli** Die Staats- und Regierungschefs der EU haben sich auf den EU-Haushalt bis 2027 und das Corona-Hilfspaket in Höhe von 1.800 Milliarden geeinigt.

"

Die Corona-Krise 2020

Die Maßnahmen zur Eindämmung der Coronavirus-Pandemie werden die deutsche Wirtschaft in eine schwere Rezession stürzten. Seit Mitte März 2020 ist die Wirtschaftstätigkeit in Deutschland weitgehend eingestellt und der Rückgang der gesamtwirtschaftlichen Aktivität ist noch nicht abschätzbar. Da die Schwere der Rezession maßgeblich davon abhängen wird, wann und vor allem in welchem Ausmaß die eingeführten Einschränkungen zur Bekämpfung der Pandemie gelockert werden können, so schreibt die Bundesbank im Monatsbericht April 2020.

Eher pessimistisch eingeschätzt wird, dass vereinzelte Lockerungen der Eindämmungsmaßnahmen eine schnelle wirtschaftliche Erholung bringen könnten. Eher wahrscheinlich ist, dass Einschränkungen bestehen bleiben müssen, bis eine medizinische Lösung (z. B ein Impfstoff) gefunden wird. Die brisanteste Frage allerdings wird sein, wie schnell werden die Verbraucher und Unternehmern nach dem Hochfahren der Wirtschaft ihr Verhalten wieder normalisieren. Hier sind auch die wirtschaftlichen Verflechtungen in Europa und weltweit von Bedeutung, sowie deren Reaktion. Das vorbildliche System der sozialen Sicherung, sowie die umfangreichen möglichen geldpolitischen Maßnahmen des Eurosystems und die fiskalpolitischen Stützungsmaßnahmen der Bundesregierung stehen den Auswirkungen der Corona-Pandemie entgegen.

Anfang Januar 2020 hatte es den Anschein, als dass sich die deutsche Konjunktur von ihrer lang anhaltenden Flaute erholt hatte, die noch nie da gewesene Geschwindigkeit, mit der die Pandemie, die deutsche Wirtschaft lahm legte sorgt für folgenschwere Unsicherheiten bei der Einschätzung der Konjunkturentwicklung. Die erforderlichen Maßnahmen zur Einschränkung der Pandemie hatte die Wirtschaft mit großer Wucht getroffen. Die Bundesregierung ordnete Schließungen der Geschäfte an, Sicherheitsmaßnahmen in den betroffenen Branchen führten zu Ausfällen bis hin zu Totalausfällen der Umsätze. Am schwersten getroffen hat dies die Gastronomie, Reisedienstleister, Freizeit- und Kulturdienstleister, den Textileinzelhandel und auch die Personenbeförderung. Die deutsche Bundesbank betitelt die entfallenen Konsumausgaben in der zweiten März Hälfte 2020 mit einer überschlägigen Rechnung einen Rückgang um etwas mehr als ein Prozent des Bruttoinlandsprodukts im ersten Vierteljahr an. Hinzu treten massive gesamtwirtschaftliche Rückgänge der deutschen Wirtschaft auf. Die Zahl der registrierten Arbeitslosen ist im Monat März 2020 im Vergleich zum Vormonat zwar stabil gebliebene, allerdings ist diese Zahl noch vor der Einführung der allgemeinen Kontaktbeschränkung erhoben worden. Die Arbeitslosenzahl entsprach 2,27 Millionen Personen, dies wiederum einer Quote von 5,0 Prozent. Im Zeitraum vom 01. März bis 13. April 2020 sind durch die Bundesanstalt fur Arbeit 0,7 Millionen Betriebe gezählt worden, die Kurzarbeit angezeigt hätten. Schon zuvor vom 01.-25. März 2020 prüfte die Bundeanstalt für Arbeit Anzeigen zur Kurzarbeit für 1,04 Millionen sozialversicherungspflichtige Arbeitnehmer. Es wird damit gerechnet, dass die Zahl der Kurzarbeiter im April 2020 weiter ansteigen wird, obwohl nicht alle Anzeigen der Unternehmen in Anspruch genommen werden müssen. Im Vergleich zur Wirtschaftskrise 2009 wird die Kurzarbeit eine höhere Bedeutung einnehmen, da die Anzahl der Bezugsberechtigten sozialversicherungspflichtigen Arbeitnehmer heute um sechs Millionen höher liegt als damals. Weiterhin sind mehr Branchen von diesem Wirtschaftseinbruch der „Corona-Krise" betroffen als 2009. Hinzugefügt vor dem Hintergrund der Reisebeschränkungen und auch der schlechten Aussichtigen für die globale Konjunktur, sowie der Förderausweitungen sind die Ölpreise im März 2020 stark eingebrochen. Die Verbraucherpreise, welche am Harmonisierten Verbraucherpreisindex (HVPI) gemessen werden, bestätigen, dass im März 2020 im Vergleich zum Vormonat, seit ca. einem Jahr (saisonbereinigt) nachgegeben haben. Dies kann auf den Preisrückgang bei der Energie zurückgeführt werden. Die Vorjahresrate des HVPI ist von 1,7 Prozent auf 1,3 Prozent gesunken. Ob dies auf die Corona-Pandemie zurückzuführen ist, bleibt offen, da die Werte bereits zuvor erhoben wurden. Allerdings rechnen die Fachleute mit einem kräftigen Rückgang der Inflationsrate, da die niedrigen Rohölnotierungen in Preisen sukzessive an die Verbraucher weitergegeben werden.

Vgl. Deutsche Bundesbank, Monatsbericht April 2020, 72. Jahrgang, Nr.4.
https://www.bundesbank.de/de/aufgaben/themen/coronavirus-pandemie-stuerzt-deutsche-wirtschaft-in-schwere-rezession-831220, Stand 20.04.2020 Coronavirus-Pandemie stürzt deutsche Wirtschaft in schwere Rezession

Corona-Schutzschild

„Deutschland hat das größte Hilfspaket in der Geschichte der Bundesrepublik auf den Weg gebracht. Mit dem Corona-Schutzschild stabilisiert die Bundesregierung die Wirtschaft, mobilisiert massive Finanzmittel für Beschäftigte, Selbstständige und Unternehmen und stärkt das Gesundheitssystem."

Corona-Schutzschild für Unternehmen

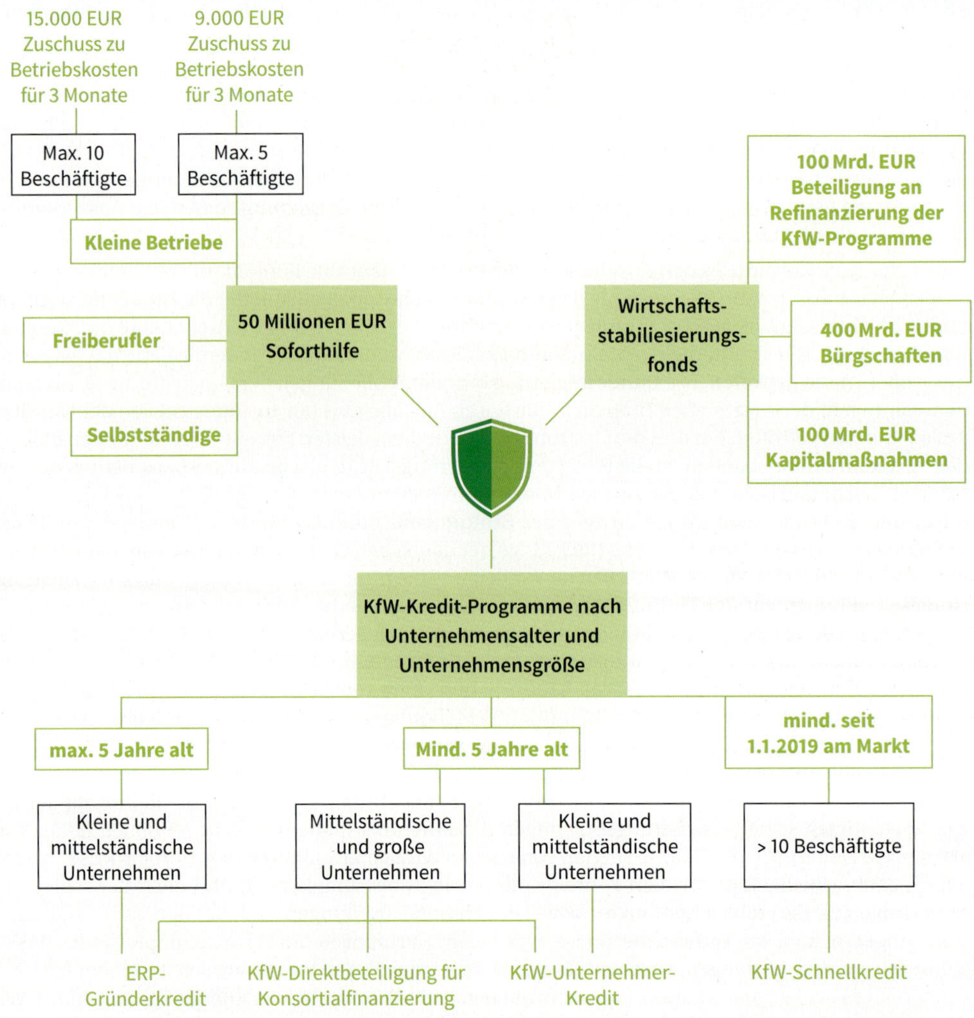

Quelle: Bundesministerium der Finanzen: Mit aller Kraft gegen die Corona-Krise - Schutzschild für Deutschland. 18.05.2020. In: https://www.bundesfinanzministerium.de/Content/DE/Downloads/2020-03-27-corona-hilfsmassnahmen-uebersicht.pdf?__blob=publicationFile&v=1 [13.07.2020]. verändert

Corona-Schutzschild für abhängig Beschäftigte und Selbstständige

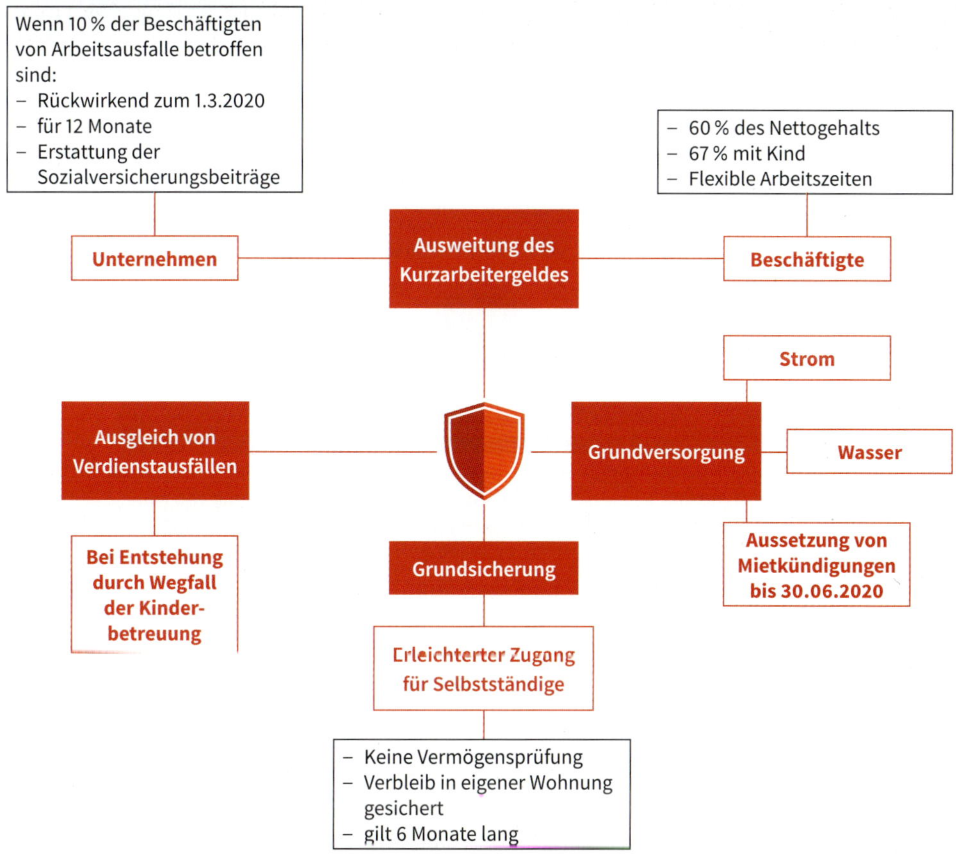

Quelle: Bundesministerium der Finanzen: Mit aller Kraft gegen die Corona-Krise - Schutzschild für Deutschland. 18.05.2020. In: https://www.bundesfinanzministerium.de/Content/DE/Downloads/2020-03-27-corona-hilfsmassnahmen-uebersicht.pdf?__blob=publicationFile&v=1 [13.07.2020]. verändert

Quelle: Bundesministerium der Finanzen: Mit aller Kraft gegen die Corona-Krise - Schutzschild für Deutschland. 18.05.2020. In: https://www.bundesfinanzministerium.de/Content/DE/Downloads/2020-03-27-corona-hilfsmassnahmen-uebersicht.pdf?__blob=publicationFile&v=1 [13.07.2020]. verändert

Die europäischen Finanzministerinnen und Finanzminister haben ein Solidaritätspaket in Höhe von 540 Milliarden Euro auf den Weg gebracht, das aus drei Säulen besteht[1]:

1. Staatshilfen: Kreditlinien des Europäischen Stabilitätsmechanismus (ESM)
2. KMU-Unterstützung: Garantiefonds der Europäischen Investitionsbank (EIB)
3. Schutz von Arbeitsplätzen: Kurzarbeit-Förderprogramm der EU-Kommission (SURE)

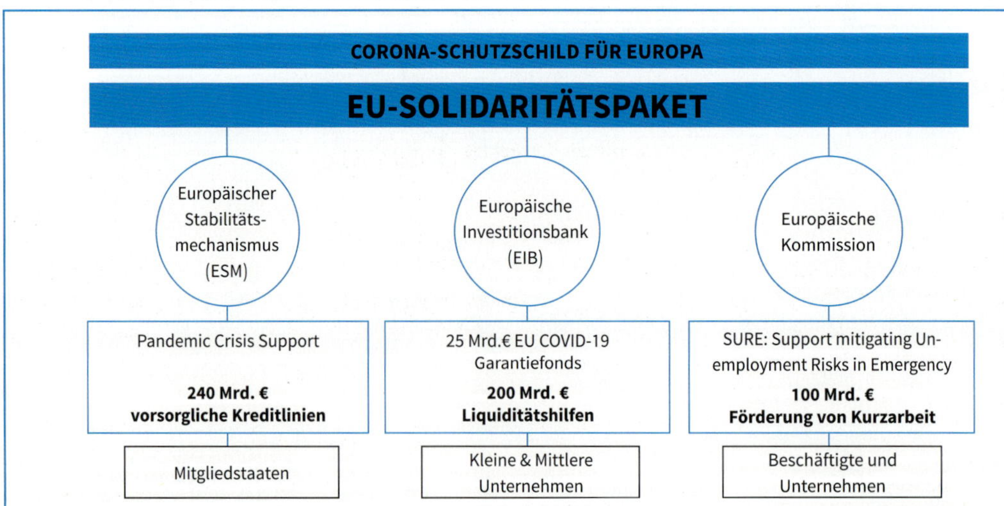

Quelle: Bundesministerium der Finanzen

1 Quelle: Bundesministerium der Finanzen: Kampf gegen Corona: Größtes Hilfspaket in der Geschichte Deutschlands.22.05.2020. In: https://www.bundesfinanzministerium.de/Content/DE/Standardartikel/Themen/Schlaglichter/Corona-Schutzschild/2020-03-13-Milliarden-Schutzschild-fuer-Deutschland.html [24.06.2020].

Zusammenfassende Übersicht Kapitel 4: Geldpolitik

Geld

Geldmenge = Wert der verkauften Gütermenge

Quantitätsgleichung

$$M \cdot U = P \cdot H$$

Arten

Form

- **Bargeld:** Banknoten, Münzen
- **Buchgeld:** Sichtguthaben (Giralgeld)

Geldproduzenten

- **Zentralbankgeld:** Bargeld, Sichtguthaben bei der Zentralbank
- **Geschäftsbankengeld:** Sichtguthaben bei Geschäftsbanken

Menge

- **M1:** Bargeld + Sichtguthaben
- **M2:** M1 + kurzfristige Einlagen
- **M3:** M2 + geldmarktfähige Wertpapiere der Banken

Geldschöpfung

Zentralbank

Schaffung von ZBG durch Kauf von Wertpapieren, Devisen o. Ä. oder Kreditgewährung

Geschäftsbank

passive Buchgeldschöpfung z. B. durch Bareinzahlung auf ein Konto
aktive Buchgeldschöpfung z. B. durch Kreditgewährung an Nichtbanken

Geschäftsbankensystem

multiple Buchgeldschöpfung

Max. Kredit: $\mathbf{Kr} = \frac{1}{r} \cdot \ddot{U}_1$

Multiplikator: $\mathbf{m} = \frac{1}{r}$

Binnenwert des Geldes (= Kaufkraft)

Kaufkraft des Geldes $= \frac{1}{\textbf{Preisniveau}}$

Messung des Preisniveaus durch den **Verbraucherpreisindex**

Realeinkommen $= \frac{\textbf{Nominaleinkommen}}{\textbf{Preisindex}} \cdot 100$

Indexhaushalte, Warenkorb, Gewichtung, Basisjahr, Berichtsjahr

$$P = \frac{\sum p_1 \cdot q_0}{\sum p_0 \cdot q_0} \cdot 100$$

Zusammenfassende Übersicht Kapitel 4: Geldpolitik

Geldwertminderung (Inflation)

Ursachen (Inflationstheorien)

- **Geldmenge:** modifizierte Quantitätsgleichung: $M \cdot U = H \cdot P$; $P = \frac{M \cdot U}{Y_r}$
- **Nachfrage:** gesamtwirtschaftliche Nachfrage bei Vollbeschäftigung > gesamtwirtschaftliches Angebot
- **Angebot:** Kostendruck; Gewinndruck; Erklärung für **Stagflation**
- importierte Inflation, Lohn-Preis-Spirale

Folgen

- **Einkommensverteilung:** Schuldner begünstigt und Gläubiger benachteiligt; Geldvermögen verliert an Wert → Flucht in die Sachwerte
- **Wachstum/Allokation:** Preisfunktionen werden beeinträchtigt, z. B. Signalfunktion → Fehlinvestitionen; Lenkungsfunktion → Fehlallokation → Wachstumsverlust

Geldpolitik

Europäisches System der Zentralbanken (ESZB)

- **Hauptziel: Preisniveaustabilität**
- **Strategie: Zwei-Säulen-Konzept**

Instrumente zur Beeinflussung von Geldmenge und/oder Zinsniveau

Offenmarktpolitik

befristete Geldgeschäfte mit Geschäftsbanken (z. B. Pfandkredite)

- Zuteilungsvolumen = Geldmengenpolitik
- Zinssatz (Leitzins) = Zinspolitik

→ Kreditzuteilung: **Tenderverfahren**

ständige Fazilitäten

- Spitzenrefinanzierungsfazilität
- Einlagefazilität

= Zinspolitik (Zinsen für Tagesgeld)

Mindestreservepolitik

Beeinflussung der Bankenliquidität durch Veränderung des MR-Satzes

= Geldmengenpolitik

Tenderverfahren

Mengentender – mit vorgegebenem Zinssatz

- **Repartierung/Zuteilung im Verhältnis der Gebote** → von Jan. 1999 bis Juni 2000
- **Vollzuteilung** → seit Oktober 2008

Zinstender – mit Mindestbietungssatz

- **Zuteilung zum marginalen Bietungssatz (Holländisches Verfahren)** → noch nie angewandt
- **Zuteilung zum individuellen Bietungssatz (Amerikanisches Verfahren)** → von Juli 2000 bis Sept. 2008

(beide:) ggf. Repartierung beim marginalen Zinssatz

Zusammenfassende Übersicht Kapitel 4: Geldpolitik

Wirkungshemmnisse geldpolitischer Maßnahmen zur Konjunktursteuerung

- Wirkungsverzögerungen (time lag)
- Dosierungsproblem (Impulsstärke)
- Ausweichreaktionen der Banken und Nichtbanken

Problem der Geldpolitik im Euro-Währungsgebiet

- einheitliche Geldpolitik bei unterschiedlicher Wirtschaftsentwicklung
- einseitige Orientierung an der Preisniveaustabilität
- überholte Orientierung am Geldmengenwachstum
- umstrittener Ankauf von Staatsanleihen

Herausforderungen für die Geldpolitik durch die Finanz- und Schuldenkrise

konventionelle Maßnahmen
- Leitzinssenkung auf 0,0 %

unkonventionelle Maßnahmen
- Mengentender mit Vollzuteilung
- Senkung der Anforderungen an Wertpapiere, die von Geschäftsbanken bei der EZB als Sicherheiten hinterlegt werden
- Halbierung des Mindestreservesatzes
- negativer Einlagesatz
- Kauf von Staatsanleihen

Besondere Herausforderungen der Konjunktur- und Geldpolitik aufgrund der Corona-Krise

- Zeitachse der Corona-Krise
- Das Corona-Schutzschild der Bundesregierung

Aufgaben und Probleme zur Erarbeitung und Anwendung von Wissen zu Kapitel 4: Geldpolitik

4.1 Geldmengenbegriffe – Ermittlung der Geldmenge im Euro-Währungsgebiet

Ermitteln Sie aus den nachfolgenden Zahlen
a) die Geldmenge M1,
b) die Geldmenge M2,
c) die Geldmenge M3.

Zusammengefasste Bilanz aller Banken (Monetäre Finanzinstitute) im Euro-Währungsgebiet Dez. 20.. in Mrd. €			
Aktiva			**Passiva**
Kredite an Nichtbanken in der EWU	11.771,2	Bargeldumlauf außerhalb der Banken	723,2
Wertpapiere außer Aktien	2.909,5	Einlagen von öffentlichen Haushalten, Unternehmen und Privatpersonen	
Aktien	786,5	– täglich fällig (Sichteinlagen)	3.099,2
Devisen und sonstige Forderungen gegen Ansässige außerhalb der EWU	5.258,5	– mit Laufzeit bis zu 2 Jahren	2.380,6
Sachanlagen	229,1	– mit Laufzeit von mehr als 2 Jahren	1.940,1
Sonstige Aktiva	3.169,0	– mit Kündigungsfrist bis zu drei Monaten	1.520,3
		– mit Kündigungsfrist über drei Monate	116,6
		Kurzfristige Wertpapiere mit Rückkaufvereinbarung (Repogeschäfte)	330,7
		Geldmarktfonds und Geldmarktpapiere	723,0
		Ausgegebene Schuldverschreibungen	
		– Laufzeit bis zu 2 Jahren	262,4
		– Laufzeit über 2 Jahre	2.538,7
		Verbindlichkeiten gegenüber Ansässigen außerhalb des Euro-Währungsgebietes	4.766,8
		Eigenkapital und Rücklagen	1.613,8
		Sonstige Passiva	7.207,6
Insgesamt	24.123,8	Insgesamt	24.123,8

4.2 Geldschöpfungsmöglichkeit einer einzelnen Geschäftsbank

1. Nach Abzug der Bar- und Mindestreserve in Höhe von 25% der Kundeneinlagen stehen der Geschäftsbank A 500.000 € Zentralbankgeld zur Verfügung (= Überschussreserve). In dieser Höhe könnte sie Kredite vergeben.
   Prüfen Sie für jeden der folgenden Fälle, ob und ggf. in welchem Umfang sich dadurch die
   - Kreditvergabemöglichkeiten der Bank A (= Überschussreserve),
   - Geldmenge M1
   - und die Zentralbankgeldmenge verändern.

   Geben Sie auch an, ob und ggf. wie sich durch diese Vorgänge die Bilanzen der Geschäftsbank A und der Zentralbank verändern.
   a) Ein Bankkunde tätigt eine Bareinzahlung auf sein Girokonto in Höhe von 5.000 €.
   b) Ein deutscher Exporteur wechselt Devisen im Wert von 100.000 €, die er aus einem Exportgeschäft erhalten hat, bei der Geschäftsbank A um und lässt sich den Gegenwert auf seinem Girokonto gutschreiben.
   c) Die Geschäftsbank A verkauft die Devisen an die Zentralbank weiter und erhält dafür Banknoten im Wert von 100.000 €.

2. Die Geschäftsbank B hat Wertpapiere an die Zentralbank verkauft und dafür Banknoten in Höhe von 200.000 € erhalten. Sie möchte auf der Basis dieses Zentralbankgeldes einem Kunden einen Kredit gewähren. Der Reservesatz auf Sichteinlagen beträgt 25%.
   a) In welcher Höhe kann die Geschäftsbank B dem Kunden höchstens einen Kredit einräumen?
   b) Die Bank B räumt dem Kunden X den maximal möglichen Kredit ein (*vgl. 2a*) und schreibt diesen auf seinem Girokonto gut.

Prüfen Sie, wie sich die folgenden Vorgänge jeweils auf die Kreditvergabemöglichkeiten der beteiligten Banken sowie auf die Geldmenge M1 auswirken:

- Fall 1: Der Kreditnehmer X hebt den gutgeschriebenen Betrag sofort in voller Höhe von seinem Girokonto in bar ab. Das Bargeld verbleibt außerhalb des Bankensektors.
- Fall 2: Der Kreditnehmer X hebt den gutgeschriebenen Betrag sofort in voller Höhe von seinem Girokonto in bar ab und zahlt ihn auf ein Girokonto (mit Guthaben) seines Gläubigers Y bei Bank C ein.
- Fall 3: Der Kreditnehmer X überweist den gutgeschriebenen Betrag von seinem Girokonto sofort in voller Höhe auf ein Girokonto (mit Guthaben) seines Gläubigers Z bei der Bank B.

4.3 Geldschöpfungsmöglichkeit des gesamten Geschäftsbankensystems – Geldschöpfungsmultiplikator

Für das Geschäftsbankensystem einer Volkswirtschaft gelten folgende Annahmen:
Geschäftsbank 1 erhält eine Bareinzahlung eines Kunden über 50.000 €.
Der Reservesatz für Bar- und Mindestreserve beträgt 20 %.
Die Kreditvergabemöglichkeiten werden von den Geschäftsbanken in vollem Umfang ausgeschöpft.
Jeder angebotene Kredit wird von den Bankkunden in Anspruch genommen.
Die Kreditbeträge werden jeweils in voller Höhe bar abgehoben und vollständig auf ein Konto bei einer anderen Bank eingezahlt (= vollständiger Bargeldrückfluss in das Bankensystem).

1. Vervollständigen Sie für die ersten fünf beteiligten Banken eine Tabelle nach dem Muster auf Seite 381.
2. In welcher Höhe kann das gesamte Geschäftsbankensystem Kredite vergeben?
3. Wie hoch ist der Geldschöpfungsmultiplikator im vorliegenden Fall?
4. Um wie viel Prozent ändert sich die Kreditvergabemöglichkeit des Geschäftsbankensystems, wenn der Reservesatz für Bar- und Mindestreserve auf 10 % sinken würde?
5. Angenommen, die Geschäftsbank 1 erhält keine Bareinlage eines Kunden in Höhe von 50.000 €, sondern beschafft sich Zentralbankgeld in dieser Höhe durch den Verkauf von Wertpapieren an die Zentralbank. Alle anderen Modellbedingungen bleiben gleich wie in der Ausgangssituation. Erläutern Sie den Unterschied, der sich im Vergleich zur Ausgangssituation für den Geldschöpfungsprozess ergibt. In welchem Umfang kann das gesamte Bankensystem in diesem Fall Kredite vergeben?
6. Erläutern Sie, wie sich das Ergebnis von Aufgabe 4.3 Nr. 5 ändern würde, wenn die Kreditnehmer 75 % der bar abgehobenen Kreditbeträge wieder bei einer anderen Bank einzahlen und den Rest als Bargeld halten (= Bargeldabflussquote 25 %). Begründen Sie das Ergebnis.

4.4 Geldmenge – Geldschöpfungsmultiplikator

1. Angenommen, eine Volkswirtschaft ist mit Bargeld in Höhe von 100 GE für jeden der 1000 Einwohner ausgestattet.
   Ermitteln Sie die jeweilige Höhe der Geldmenge M1 für die folgenden Fälle, wenn die Geschäftsbanken die jeweils maximal mögliche Kreditsumme gewähren.
   a) Das gesamte Bargeld befindet sich in Händen der Einwohner und damit außerhalb des Bankensektors.
   b) Das gesamte Bargeld wird auf Girokonten eingezahlt. Der Reservesatz beträgt 100 %.
   c) Das Bargeld wird zur Hälfte auf Girokonten eingezahlt. Der Reservesatz beträgt 100 %.
   d) Wie würden sich die Ergebnisse von b) und c) ändern, wenn der Reservesatz 10 % beträgt.
2. Für das Geschäftsbankensystem einer Volkswirtschaft gilt ein Reservesatz für Bar- und Mindestreserve von 30 %. Die Geschäftsbanken haben alle Kreditvergabemöglichkeiten ausgeschöpft. Die angebotenen Kredite wurden vollständig in Anspruch genommen. Alles Bargeld fließt in den Geschäftsbankensektor zurück.
   Nach n Perioden hat im Geschäftsbankensystem eine Kreditschöpfung von 10 Mio. € stattgefunden.
   a) Wie hoch war der Geldschöpfungsmultiplikator?
   b) Wie hoch war die Überschussreserve der ersten am Geldschöpfungsprozess beteiligten Bank?

c) Ausgangspunkt des Geldschöpfungsprozesses war die Erhöhung der Sichteinlagen durch Bareinzahlung bei der ersten am Geldschöpfungsprozess beteiligten Bank. Wie hoch war diese zusätzliche Sichteinlage?

4.5 Warenkorb – Preisindex

Es soll ein Preisindex für Jugendliche ermittelt werden. Dazu wird im Basisjahr 00 ein Warenkorb für Jugendliche mit den folgenden Güterarten und Gütermengen erstellt.

Güter	Menge je Monat	Preis je Einheit (€)	Ausgaben je Monat (€)
Pizza	4 Stück	4,00	16,00
Kinobesuch	2 Besuche	5,00	10,00
Transport	8 Fahrten	1,50	12,00
Jeans (Nutzungsdauer 1 Jahr)	1/12	60,00	5,00
Kosmetikartikel	4 Einheiten	2,50	10,00

1. Für die folgenden Jahre 01 und 02 liegen nebenstehende Preise vor.
   Ermitteln Sie die Preisindizes für 01 und 02.

Güter	Preis je Einheit (€)	
	Jahr 01	Jahr 02
Pizza	4,50	4,50
Kinobesuch	5,50	6,00
Transport	1,50	2,00
Jeans	60,00	66,00
Kosmetikartikel	3,00	3,00

2. Für die Ermittlung eines anderen Preisindex liegen folgende Daten vor:

Güter	Preis je Einheit (€)		Menge der Güter	
	Basisjahr (p_0)	Berichtsjahr 01 (p_1)	Basisjahr (q_0)	Berichtsjahr 01 (q_1)
Nahrungsmittel	16	21	300	260
Bekleidung	150	180	24	36
Wohnung	800	960	12	12

   a) Ermitteln Sie den Preisindex für das Berichtsjahr 01 und erläutern Sie das Ergebnis.
   b) Im Jahr 02 steigen nur die Wohnungspreise (Preiserhöhung um 25 %). Ermitteln Sie den Preisindex für das Jahr 02 und die prozentuale Preisniveauerhöhung (Inflationsrate) gegenüber dem Vorjahr.

4.6 Verbraucherpreisindex – Wägungsschema

1. Berechnen Sie die fehlenden Größen in der folgenden Tabelle (mit einer Nachkommastelle):

Jahr		2014	2015	2016	2017	2018	2019
Preisindex		98,9	100,0	100,4	102,1	104,0	
Veränderung zum Vorjahr	Indexpunkte	0,3	1,1	0,4	1,7		1,5
	in %	0,30	1,11		1,69	1,86	1,44
Kaufkraftindex		101,11	100,00		97,94	96,15	
Veränderung zum Vorjahr	Indexpunkte	0,31	1,11	0,40	1,66	1,79	1,37
	in %		– 1,10	– ,40		– 1,83	– 1,42

2. Welchen Folgen hätte es für die Ermittlung des Preisniveaus, wenn das Wägungsschema nicht regelmäßig neu festgelegt würde? Begründen Sie Ihre Aussage, indem Sie das auf S. 392 dargestellte Wägungsschema erläutern.
3. Warum kann der Verbraucherpreisindex die tatsächlichen Lebenshaltungskosten nur unzureichend widerspiegeln?
4. Die 12 Hauptgruppenindizes für die Ermittlung des Verbraucherpreisindex wiesen im Oktober 2019 folgende Werte auf (Basisjahr 2015):

1. Nahrungsmittel	107,1	5. Haushaltseinrichtung	103,0	9. Freizeit, Kultur	106,9
2. Alkohol, Tabak	111,8	6. Gesundheit	104,7	10. Bildung	102,3
3. Kleidung, Schuhe	106,6	7. Verkehr	106,5	11. Gaststätten, Hotel	110,2
4. Wohnung, Gas usw.	105,4	8. Nachrichtenübermittl.	95,8	12. Sonstiges	106,9

a) Ermitteln Sie unter Verwendung des Wägungsschemas von S. 392 den Gesamtindex.
b) Angenommen, im folgenden Jahr erhöhen sich die Preise für Nahrungsmittel um 10 % und die für Wohnungsnebenkosten (Gas, Strom, Wasser) um 20 %. Alle anderen Preise bleiben unverändert. Wie hoch ist in diesem Fall der Verbraucherpreisindex im Folgejahr?
c) Wie hoch war unter den Annahmen von b) die prozentuale Veränderung des Preisniveaus gegenüber dem Vorjahr?
d) Ermitteln Sie mithilfe eines Inflationsrechners des Statistischen Bundesamtes den Einfluss Ihrer persönlichen Verbrauchsgewohnheiten auf den Verbraucherpreisindex.
www.destatis.de Suchbegriff: persönlicher Inflationsrechner

4.7 Verbraucherpreisindex – Realeinkommen

In der Bundesrepublik Deutschland haben sich die Nettoeinkommen in den Jahren von 2015 bis 2019 wie folgt entwickelt:

Durchschnittliche jährliche Lohn- und Gehaltssumme je beschäftigten Arbeitnehmen	2010	2011	2012	2013	2014	2015	2016	2017	2018	2019
Nettoeinkommen (in €)	19.240	19.729	20.212	20.586	21.119	21.649	22.083	23,384	24,095	24,951

Zahlenmaterial entnommen von Statistisches Bundesamt, Fachserie 18 Reihe 1.4, Volkswirtschaftliche Gesamtrechnung 2019, Tabelle 2.1.10, Seite 53, 4.3.2020.

1. Berechnen Sie mithilfe des in Aufgabe 4.6 Nr. 1 ermittelten Verbraucherpreisindex (Basisjahr 2015) die Nettorealeinkommen für die Jahre 2015 bis 2019.
2. Ermitteln Sie die prozentuale Veränderung der Realeinkommen in den Jahren 2016 bis 2019.
3.

Ø Lohn- und Gehaltssumme in € je beschäftigten Arbeitnehmer pro Jahr	Jahr	1995	2000	2005	2015
	brutto, nominal	24.216	25.084	26.547	32.659
	netto, nominal	16.092	16.777	18.023	21.684

Quelle: Statistisches Bundesamt, VGR 2016, März 2017, Tab. 2.1.10

a) Ermitteln Sie für die einzelnen Jahre die Abzüge vom Bruttolohn in %.
b) Ermitteln Sie für die einzelnen Jahre die realen durchschnittlichen Nettoverdienste je Arbeitnehmer. Verbraucherpreisindex (2015 = 100):
1995: 80,0; 2000: 85,25; 2005: 91,7; 2015: 106,9
c) Ermitteln Sie die prozentuale Veränderung der Brutto-, Netto- und Realverdienste zwischen 1995 und 2015. Worauf kann die auffällige Entwicklung bei den realen Nettoverdiensten zurückzuführen sein?

4.8 Geldmenge – Geldwert – Umlaufgeschwindigkeit des Geldes – Verkehrsgleichung des Geldes

Zur Erläuterung und zum Verständnis der Zusammenhänge zwischen Geldmenge, Gütermenge, Geldwert und Umlaufgeschwindigkeit des Geldes kann folgendes **Modell** dienen:

In einer landwirtschaftlichen Produktionsgenossenschaft stehen für die Entlohnung der als Landarbeiter tätigen Genossenschaftsmitglieder 6.000 Taler zur Verfügung. Pro Jahr werden 3 000 kg Getreide geerntet und bis zum Jahresende eingelagert. Am Jahresende bekommen die Genossenschaftsmitglieder ihren Lohn und kaufen damit das Getreide. So fließen die 6.000 Taler wieder zurück an die Genossenschaft und werden am Ende des nächsten Jahres wieder als Arbeitslohn an die Genossenschaftsmitglieder ausgezahlt usw.

1. Stellen Sie die Zusammenhänge in Form eines einfachen Wirtschaftskreislaufes grafisch dar.
2. Wie viel Taler kostet in diesem Fall 1 kg Getreide, wenn die gesamte Geldmenge zum Kauf von Getreide verwendet wird?
3. Die verkaufte Gütermenge wird auch als Handelsvolumen (H) bezeichnet. Stellen Sie den Ihrer Berechnung zu Aufg. 2 zugrunde liegenden Zusammenhang zwischen Geldmenge (M), Preisniveau (P) und Handelsvolumen (H) in Form einer nach M aufgelösten Gleichung dar: M = ...
4. Angenommen, bei unveränderter Getreidemenge würde am Ende eines Jahres die doppelte Geldmenge (12.000 Taler) an die Genossenschaftsmitglieder ausgezahlt und zum Kauf von Getreide verwendet.
   a) Wie viel Taler würde in diesem Fall 1 kg Getreide kosten?
   b) Wie viel kg Getreide würden die Genossenschaftsmitglieder vor und nach der Geldmengenerhöhung für 1 Taler erhalten (= Veränderung der Kaufkraft)?
   c) Welcher Zusammenhang zwischen Preisniveau und Kaufkraft des Geldes (Geldwert) lässt sich aus den Ergebnissen von a) und b) ableiten?
   d) Worauf sind die Veränderungen von Preisniveau und Geldwert im vorliegenden Fall zurückzuführen?
5. Angenommen, die Genossenschaft zahlt nicht mehr am Ende des Jahres den ursprünglichen Lohn von 6.000 Talern in einer Summe an ihre Mitglieder aus, sondern monatlich 500 Taler (6.000 Taler: 12 Monate = 500 Taler monatlich). Mit den im Januar ausgezahlten 500 Talern wird die Getreideproduktion dieses Monats in Höhe von 250 kg (3 000 kg Jahresproduktion : 12 Monate = 250 kg pro Monat) gekauft. Die 500 Taler fließen auf diesem Wege im Januar an die Genossenschaft zurück und werden im Februar erneut zum Kauf der Monatsproduktion ausgezahlt usw.
   a) Wie hoch ist die auf diese Weise bis Ende Dezember umgesetzte Gütermenge (Handelsvolumen)?
   b) Wie hoch ist in diesem Fall die zum Kauf der jährlichen Gütermenge benötigte Geldmenge (M)?
   c) Wie hoch wäre bei konstanten Preisniveau die benötigte Geldmenge zum Kauf der Jahresproduktion von 3 000 kg, wenn Auszahlung und Kauf wöchentlich, d. h. 52-mal pro Jahr, erfolgen würden?
   d) Wie hoch wäre bei konstanten Preisniveau die benötigte Geldmenge zum Kauf der Jahresproduktion von 3 000 kg, wenn Auszahlung und Kauf täglich, d. h. 365 mal pro Jahr, erfolgen würden?
   e) Wovon hängt die zum Kauf des Handelsvolumens benötigte Geldmenge ab?
6. Die Häufigkeit, mit der die Geldmenge innerhalb eines Jahres für den Kauf von Waren ausgegeben wird, wird als Umlaufgeschwindigkeit des Geldes (U) bezeichnet. Stellen Sie den Ihrer Berechnung zu Aufgabe 5 zugrunde liegenden Zusammenhang zwischen Geldmenge (M), Umlaufgeschwindigkeit (U), Preisniveau (P) und Handelsvolumen (H) durch Ergänzung der Gleichung M = ... (*vgl. Aufgabe 3*) dar.

4.9 Quantitätstheorie – Zusammenhang zwischen Geldmenge und Preisniveau

Die Vertreter der Quantitätstheorie gehen von nebenstehender Gleichung aus (*vgl. S. 397*):

F

$$P_y = \frac{M \cdot U}{Y_r}$$

1. Erläutern Sie die einzelnen Größen und geben Sie an, wodurch sich diese Gleichung von der FISHERschen Verkehrsgleichung unterscheidet.

2. In einer Volkswirtschaft wurden für das Jahr 1 die Zusammenhänge der oben dargestellten Gleichung für ein Preisniveau des Inlandsprodukts von 1 (Preisindex: 100) wie folgt empirisch nachgewiesen:

$$M \cdot U_y = P_y \cdot Y_r$$
$$1.000 \cdot 1{,}2 = 1 \cdot 1.200$$

Es wird davon ausgegangen, dass die in der Gleichung zum Ausdruck kommenden Zusammenhänge weiterhin Gültigkeit haben.

a) Für das Jahr 2 wird mit einem realen Wirtschaftswachstum von 2,5 % gerechnet. Die Inflationsrate soll 2 % nicht übersteigen.
Berechnen Sie, um wie viel Prozent die monetäre Nachfrage (M · U) im Jahr 2 höchstens steigen darf.

b) Ermitteln Sie die Umlaufgeschwindigkeit für das Jahr 2, wenn die Geldmenge (M) 1.045,5 GE und das Preisniveau 1,02 betrugen.

c) Für das Jahr 3 wird davon ausgegangen, dass die Umlaufgeschwindigkeit gegenüber dem Jahr 2 um 5 % sinkt. Um wie viel Prozent darf die Zentralbank im Jahr 3 die Geldmenge M gegenüber dem Jahr 2 (1.045,5 GE) maximal erhöhen, wenn bei einem realen Inlandsprodukt von 1.230 GE die Preisniveausteigerung gegenüber dem Jahr 2 nicht mehr als + 2 % betragen soll?

3. Die Geldmengenstrategie der EZB sieht eine jährliche Erhöhung der Geldmenge (M) um 4,5 % vor. Die Inflationsrate soll 2 % nicht übersteigen. Im Folgenden wird eine Umlaufgeschwindigkeit von 1 unterstellt.

a) Ermitteln Sie, welche Erwartung hinsichtlich der Wachstumsrate des realen Inlandsprodukts dieser Strategie zugrunde liegt.

b) Zur Ankurbelung der Wirtschaft erhöht die Zentralbank die Geldmenge um 8 %. Dennoch beträgt das reale Wirtschaftswachstum nur 1 %.
Berechnen Sie, welche Preisniveauänderung sich nach der Quantitätstheorie ergeben müsste.

4. In Wirklichkeit ist das Preisniveau nur um 2 % gestiegen.
Erläutern Sie, warum in der Realität der von der Quantitätstheorie behauptete direkte Zusammenhang zwischen Geldmengenerhöhung und Preisniveausteigerung häufig nicht feststellbar ist.

4.10 Nachfragebedingte Inflation

In einer Volkswirtschaft kann bei voller Auslastung der Produktionskapazitäten ein Bruttoinlandsprodukt im Realwert von 100 Mrd. GE produziert werden. Die gesamtwirtschaftliche Angebotskurve hat folgenden Verlauf:

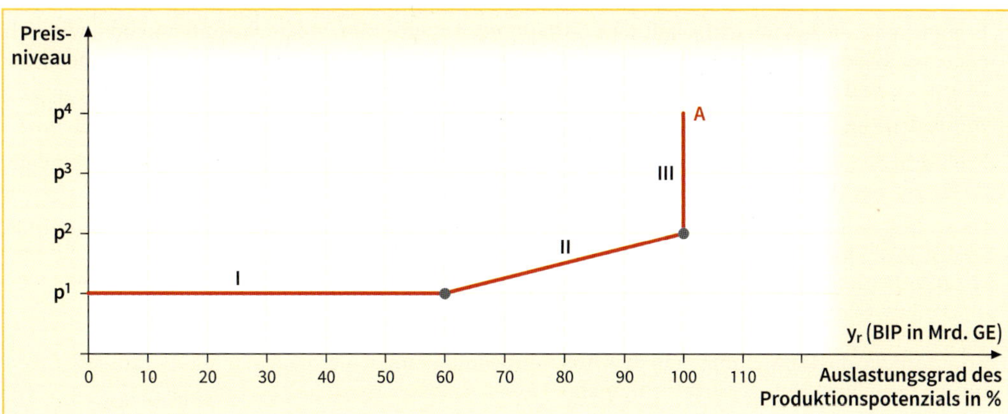

1. Welcher Zusammenhang wird durch die gesamtwirtschaftliche Angebotskurve dargestellt?
2. Welche gesamtwirtschaftlichen Situationen werden durch die Abschnitte I, II und III der gesamtwirtschaftlichen Angebotskurve dargestellt?
3. Für die gesamtwirtschaftliche Nachfrage ergibt sich bei gegebener Geldmenge und konstanter Kreislaufgeschwindigkeit des Geldes in der Ausgangssituation (Jahr 00) nebenstehender Zusammenhang.
Zeichnen Sie die entsprechende gesamtwirtschaftliche Nachfragekurve N^0 in ein Koordinatensystem nach obigem Muster ein.

Preisniveau	P1	P2	P3	P4
reales BIP (in Mrd. GE)	40	30	20	10

4. In den nachfolgenden Jahren verändert sich die gesamtwirtschaftliche Nachfrage bei unverändertem gesamtwirtschaftlichem Angebot folgendermaßen:

BIP \ Preisniveau	P1	P2	P3	P4
Jahr 01: reales BIP (in Mrd. GE)	50	40	30	20
Jahr 02: reales BIP (in Mrd. GE)	80	70	60	50
Jahr 03: reales BIP (in Mrd. GE)	120	110	100	90

   a) Worauf können die Veränderungen der gesamtwirtschaftlichen Nachfrage zurückzuführen sein?
   b) Zeichnen Sie die entsprechenden gesamtwirtschaftlichen Nachfragekurven N^1, N^2 und N^3 in das Koordinatensystem ein.
   c) Erläutern Sie, wie sich die Veränderungen der gesamtwirtschaftlichen Nachfrage im vorliegenden Fall jeweils auf das reale BIP und das Preisniveau auswirken.
5. Welche Voraussetzungen müssen vorliegen, damit Veränderungen der gesamtwirtschaftlichen Nachfrage zur Inflation führen?

4.11 Produktivitätsorientierte Lohnpolitik – Angebotsbedingte Inflation – Lohn-Preis-Spirale

1. Erläutern Sie, was unter der Arbeitsproduktivität zu verstehen ist.
2. Wie wirkt sich der Produktivitätsfortschritt auf die Lohnstückkosten (= Lohnkosten je Produktionseinheit) aus?
3. Werden die Lohnerhöhungen am Produktivitätsfortschritt ausgerichtet, wird von *produktivitätsorientierter Lohnpolitik* gesprochen. Eine solche Lohnpolitik gilt als kostenneutral und daher als nicht inflationsverursachend. Erläutern Sie diese Aussage.
4. Wie verändert sich die gesamtwirtschaftliche Angebotskurve, wenn Preisniveausteigerungen durch Lohnerhöhungen ausgelöst werden?
5. Im Zusammenhang mit einer Lohnkosteninflation wird auch von „Stagflation“ gesprochen.
Erläutern Sie die gesamtwirtschaftliche Situation der Stagflation, indem Sie untersuchen, wie sich bei einer angebotsbedingten Inflation die Veränderung der gesamtwirtschaftlichen Angebotskurve auf das reale BIP auswirkt.
6. Auf welche anderen Ursachen kann eine angebotsbedingte Inflation zurückzuführen sein?
7. Erläutern Sie, was im Zusammenhang mit Preisniveauerhöhungen unter Erst- und Zweitrundeneffekt zu verstehen ist.
8. Unter welchen Voraussetzungen kann eine angebotsbedingte Inflation in eine Lohn-Preis-Spirale bzw. Preis-Lohn-Spirale münden?

4.12 Zusammenhang zwischen verschiedenen Ansätzen zur Inflationserklärung

1. Erläutern Sie die Darstellungen in den Abb. 1 bis 4 und nennen Sie Ursachen und Voraussetzungen für die jeweiligen Kurvenverschiebungen.
2. In welchen der dargestellten Fälle kann es sich
   a) um eine hausgemachte Inflation,
   b) um eine importierte Inflation handeln?

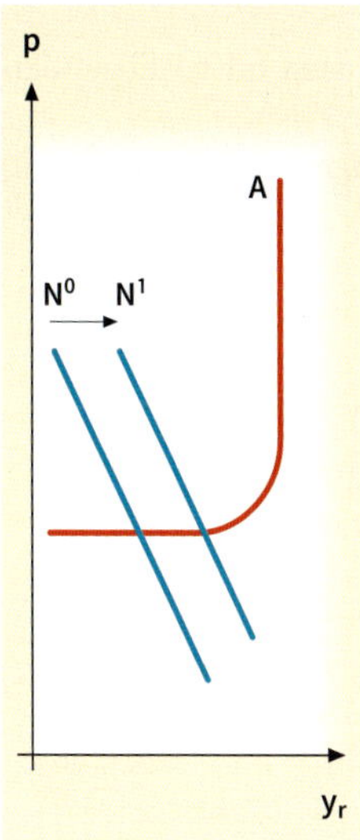

Abb. 1

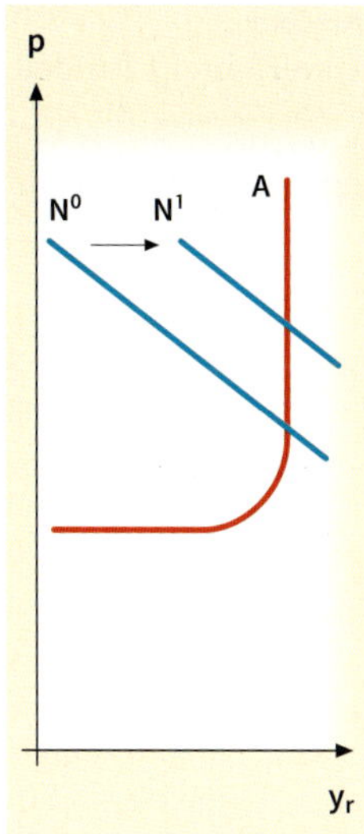

Abb. 2

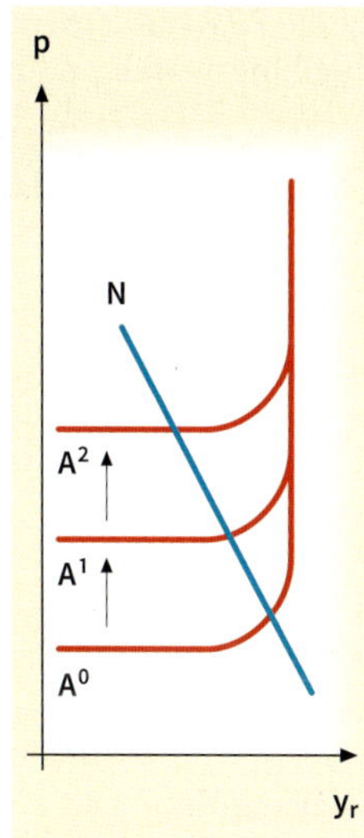

Abb. 3

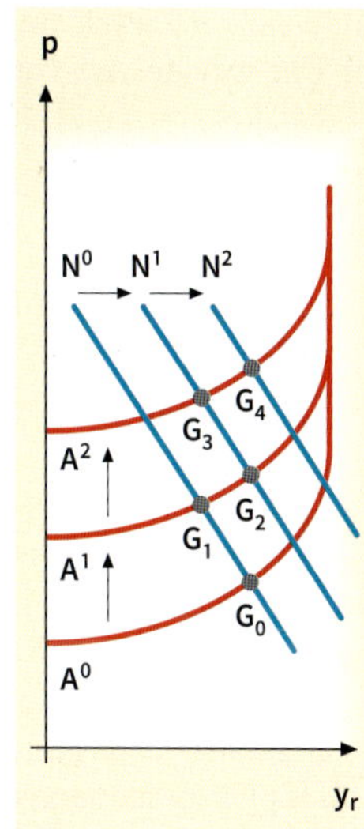

Abb. 4

4.13 Aufgaben, Aufbau und Ziele einer Zentralbank

Zur Beantwortung folgender Fragen ist eine Internetrecherche auf den Seiten der EZB und der Deutschen Bundesbank hilfreich:

- *www.bundesbank.de*
- *www.ecb.de*

1. Erläutern Sie anhand der Abbildung auf S. 408 den Aufbau und die Organe des „Europäischen Systems der Zentralbanken“ (ESZB). Unterscheiden Sie dabei auch zwischen ESZB, Eurosystem und EZB.
2. Welche Länder haben den Euro eingeführt?
3. Erläutern Sie die Aufgaben des EZSB, des Eurosystems und des EZB Rates.
4. Erläutern Sie anhand der auf S. 410 und 411 abgedruckten Artikel 2, 7 und 21 der ESZB-Satzung die drei Eckpfeiler des Eurosystems.
5. Erläutern Sie, worin die Unabhängigkeit (Autonomie) der EZB besteht und begründen Sie, warum diese wichtig ist.
6. Welcher Zusammenhang besteht zwischen der EZB und der Deutschen Bundesbank?
7. Wie heißen die gegenwärtigen Präsidenten der EZB und der Deutschen Bundesbank?
8. Wie groß ist derzeit der Banknotenumlauf im Euro-Währungsgebiet?
9. Wie groß sind derzeit die Gold- und Währungsreserven der EZB?
10. Welche wirtschaftspolitischen Themen werden in den aktuellen Monatsberichten der EZB und der Deutschen Bundesbank behandelt?

4.14 Offenmarktkredite – Ausschreibung – Zinstender

1. Eine Geschäftsbank erhält von der EZB über die Deutsche Bundesbank das folgende Schreiben.

Offenmarktgeschäfte: Ankündigung Frankfurt, 12. März 20..

Die EZB kündigt folgende Tender an:
Liquiditätsbereitstellung über Offenmarktkredite: Hauptrefinanzierungsoperation

Durchführung: Standardtender (Zinstender, amerikanisches Zuteilungsverfahren)

Gebotsfrist:	13.03.20..	09:30 Uhr	Zuteilungstag:	13.03.20..	
Valutierungstag:	14.03.20..		Verfalltag:	21.03.20..	Laufzeit: 7 Tage

Mindestbietungssatz: 3,75 % Mindestbietungsbetrag: 1,00 Mio. € Bietungsschritte: 0,10 Mio. €

a) Welchen Zweck verfolgt die EZB mit diesem Schreiben?
b) Um welche Art von Zuteilungsverfahren (Tenderverfahren) handelt es sich im vorliegenden Fall?

2. Einen Tag später erreicht die Geschäftsbank das folgende Schreiben der EZB.

Offenmarktgeschäfte: Zuteilung Frankfurt, 13. März 20..

Die EZB teilt folgende Tender zu:
Liquiditätsbereitstellung über Offenmarktkredite: Hauptrefinanzierungsoperation

Durchführung: Standardtender (Zinstender, amerikanisches Zuteilungsverfahren)

Gebotsfrist:	13.03.20..	09:30 Uhr	Zuteilungstag:	13.03.20..	
Valutierungstag:	14.03.20..		Verfalltag:	21.03.20..	Laufzeit: 7 Tage

Mindestbietungssatz: 3,75 % Mindestbietungsbetrag: 1 Mio. €
Beabsichtigtes Zuteilungsvolumen: 291.000 Mio. €

Gesamtes Bietungsvolumen:	372.454 Mio. €	Anzahl der Bieter:	394
Gesamter Zuteilungsbetrag:	291.000 Mio. €	Repartierungsquote:	49,4656 %
Akzeptierter marginaler Zuteilungssatz:	3,85 %	Bietungsspanne:	3,75 %–3,90 %

Für Ihr(e) Gebot(e) zu o. g. Ausschreibung wurden folgende Zuteilungsdaten ermittelt:
Bietungssatz: 3,80 % Bietungsbetrag: 7 Mio. € Zugeteilter Betrag: 0,00 €

a) Was besagt der marginale Zuteilungssatz von 3,85 % und wie wird er ermittelt?
b) Was besagt die Repartierungsquote von 49,4656 % und wie wird sie ermittelt?
c) Erläutern Sie die der Geschäftsbank auf ihr Gebot hin mitgeteilten Zuteilungsdaten. Welche Aussage lässt sich über die Dringlichkeit des Geldbedarfs bei dieser Geschäftsbank machen?
d) Welches war im vorliegenden Fall der höchste gebotene Zinssatz?

3. Erläutern Sie anhand der zusammengefassten Zentralbankbilanz (Bilanz des Eurosystems) auf S. 453, wie sich dieses Offenmarktgeschäft auf die Zentralbankbilanz auswirkt.

4. Stellen Sie anhand des Tenderkalenders fest, wann die nächsten Refinanzierungsgeschäfte angekündigt, zugeteilt und abgewickelt werden.
Der Tenderkalender kann abgerufen werden unter *www.bundesbank.de Startseite → Geldpolitische Instrumente → Tenderkalender.*

4.15 Offenmarktkredite – Tenderverfahren

1. Eine Geschäftsbank erhält von der EZB über die Deutsche Bundesbank das untenstehende Schreiben.

Offenmarktgeschäfte: Ankündigung Frankfurt, 11. Jan. 20..

Die EZB kündigt folgende Tender an:
Liquiditätsbereitstellung über Offenmarktkredite: Hauptrefinanzierungsoperation

Durchführung: Standardtender

Gebotsfrist:	12.01.20..	09:30 Uhr	Zuteilungstag:	12.01.20..	
Valutierungstag:	13.01.20..		Verfalltag:	20.01.20..	Laufzeit: 7 Tage

Festzinssatz: 1,5 % Mindestbietungsbetrag: 1,00 Mio. € Bietungsschritte: 0,10 Mio. €

a) Welchen Zweck verfolgt die EZB mit diesem Schreiben?
b) Um welches Zuteilungsverfahren (Tenderverfahren) handelt es sich im vorliegenden Fall?
c) In welchen Fällen wendet die EZB dieses Zuteilungsverfahren an?
d) Das gesamte Bietungsvolumen betrug 950.369 Mio. €, der gesamte Zuteilungsbetrag 75.000 Mio. €. Welcher Betrag wird der Geschäftsbank zugeteilt, wenn sich ihr Bietungsbetrag auf 1,5 Mio. € belief?

2. Zur Behebung der Banken- und Finanzmarktkrise hat die EZB seit Oktober 20.. u. a. Offenmarktgeschäfte folgender Art getätigt:

Zuteilung

Liquiditätsbereitstellung über Offenmarktkredite
Hauptrefinanzierungsoperation, Tender-ID: 20130260
Durchführung: Standardtender (Mengentender)

Gebotsfrist:	26.11.20..	09:30 Uhr	Zuteilungstag: 26.11.20..
Valutierungstag:	27.11.20..	Verfalltag: 04.12.20..	Laufzeit: 7 Tage

Festzinssatz: 0,25 % — Mindestzuteilungsbetrag: –
Mindestbietungsbetrag: 1,00 Mio. € — Höchstbietungsbetrag: –
Mindestzuteilungsquote: –
Gesamtes Bietungsvolumen: 97.210 Mio. € — Anzahl der Bieter: 78
Gesamter Zuteilungsbetrag: 97.210 Mio. € — Repartierungsquote: 100,00 %

a) Erläutern Sie die Besonderheiten des von der EZB angewandten Zuteilungsverfahrens.
b) Erläutern Sie die von der EZB mit der Anwendung dieses Zuteilungsverfahrens beabsichtigte Wirkung.
c) Angenommen, die Geschäftsbank XYZ hat ein Gebot über 1,2 Mrd. € abgegeben.
Ermitteln Sie für diese Geschäftsbank die Höhe des Zuteilungsbetrages und die Höhe der zu zahlenden Zinsen.
d) Wie wirkt sich das Offenmarktgeschäft am 26.11.20.. und am 04.12.20.. auf
– die Bilanzen der EZB und der Geschäftsbank XYZ
– die Zentralbankgeldmenge und die Geldmenge M1
aus?

4.16 Offenmarktpolitik – Hauptrefinanzierungsinstrument – Tenderverfahren

Die EZB teilt den Geschäftsbanken mit, dass sie beabsichtigt, Zentralbankgeld im Rahmen des Hauptrefi-Geschäfts durch einen Zinstender mit einer Laufzeit von sieben Tagen bei Anwendung des amerikanischen Verfahrens zuzuteilen. Der Mindestbietungssatz beträgt 3,75%. Die Geschäftsbanken A, B, C, D und E geben innerhalb von 24 Stunden folgende Gebote ab.

Banken	Gebote der Banken in Mio. € bei einem Zinssatz von ... %				
	3,82	3,81	3,80	3,79	3,78
A	5	10	15	20	0
B	15	5	15	10	10
C	10	15	5	5	0
D	15	10	5	0	5
E	5	15	10	5	5

1. Stellen Sie die Gebote in einer Tabelle nach dem Muster auf S. 420 zusammen:
2. Die EZB beschließt die Zuteilung von 120 Mio. €. Ermitteln Sie
   a) den marginalen Zinssatz,
   b) die Repartierungsquote.
3. Nehmen Sie die Zuteilung der Beträge in einer Tabelle nach dem Muster auf S. 421 vor.
4. In der Vorwoche wurde ein Hauptrefi-Geschäft mit einer Zuteilung von 170 Mio. € durchgeführt. Die Laufzeit betrug ebenfalls 7 Tage.
   a) Um wie viel Euro hat sich in der laufenden Woche die Zentralbankgeldmenge aufgrund dieser beiden Hauptrefi-Geschäfte verändert?
   b) Wie wirkt sich diese Veränderung auf den Zinssatz für Tagesgeld aus?
5. Welche Beträge wären den fünf Banken bei unverändertem Zuteilungsvolumen der EZB (120 Mio. €) und bei unveränderten Gesamtbietungsbeträgen zugeteilt worden, wenn es sich um einen Mengentender zum Festzinssatz von 3,75% gehandelt hätte?

4.17 Refi-Geschäft der EZB – Zinstender

Bietungssatz	Kumulierte Bietungsaufträge aller Banken in Mio. €
3,09	30
3,08	50
3,07	70
3,06	90
3,05	110
3,04	130
3,03	150

Die EZB will den Geschäftsbanken im Rahmen des längerfristigen Refi-Geschäfts Zentralbankgeld in Höhe von 100 Mio. € über einen Zinstender zuteilen. Die eingehenden Gebote der Geschäftsbanken werden zu der nebenstehenden Tabelle zusammengestellt.

1. Wie hoch ist der marginale Zinssatz?
2. Wie hoch ist die Zuteilungsquote für die Gebote zum marginalen Zinssatz?
3. Stellen Sie das Angebotsverhalten der EZB und das Nachfrageverhalten der Geschäftsbanken in Form einer Angebots- und Nachfragekurve in einem Zins-Mengen-Diagramm dar.
4. Erläutern Sie anhand der Grafik die Marktlage (Verhältnis von Angebot und Nachfrage) beim marginalen Zinssatz.
5. Wie hoch wäre der Zinsertrag der EZB aus diesem Refi-Geschäft, wenn die Laufzeit 91 Tage beträgt und alle zugeteilten Beträge zum marginalen Zinssatz verzinst würden (= holländisches Verfahren)?
6. Wie hoch wäre der Zinsertrag der EZB, wenn nach dem amerikanischen Verfahren zugeteilt wird (Laufzeit 91 Tage)?
7. Worauf ist der unterschiedliche Zinsertrag der EZB bei Anwendung des amerikanischen Verfahrens (Aufgabe 6) gegenüber der Anwendung des holländischen Verfahrens (Aufgabe 5) zurückzuführen?
8. Erläutern Sie den Unterschied (*vgl. Aufgabe 7*) auch anhand der Grafik zu Aufgabe 3, indem Sie die „Konsumentenrente“ der Geschäftsbanken beim holländischen Verfahren mit der Abschöpfung der „Konsumentenrente“ durch Zinsdifferenzierung beim amerikanischen Verfahren miteinander vergleichen.

4.18 Simulation: Refinanzierung der Geschäftsbanken – Zinstender – amerikanisches Verfahren

Führen Sie in Ihrer Klasse ein Simulationsspiel zur Refinanzierung der Geschäftsbanken (Zinstender) durch. Der Spielleiter repräsentiert die Zentralbank. Die Geschäftsbanken werden durch mehrere Schülergruppen vertreten. Spielbeschreibung und Spielunterlagen finden sich bei dem Downloadmaterial.

4.19 Geldpolitisches Instrumentarium des ESZB

Beantworten Sie die folgenden Fragen mithilfe der nachstehenden Bilanz des Eurosystems:

1. Begründen Sie, warum der Banknotenumlauf auf der Passivseite der Zentralbankbilanz ausgewiesen wird.
2. Wie hoch war zum Bilanzstichtag die Zentralbankgeldmenge, wenn davon auszugehen ist, dass der Bestand an Euro-Scheidemünzen bei Banken und Nichtbanken 20 Mrd. € betrug?
3. Wie hoch waren die Nettoverbindlichkeiten (Verbindlichkeiten abzüglich Forderungen) der Kreditinstitute des Euro-Währungsgebietes gegenüber der Zentralbank zum Bilanzstichtag?
4. Prüfen Sie, welche der geldpolitischen Instrumente, die dem ESZB zur Verfügung stehen, zum angegebenen Zeitpunkt tatsächlich genutzt werden.

Aktiva	Bilanz des Eurosystems (EZB und nationale Zentralbanken der EWU-Mitglieder) 23. Febr. 20.. (in Mrd. €)		Passiva
1. Gold	176,5	1. Banknotenumlauf	603,6
2. Devisen, Währungsreserven, Forderungen in Fremdwährung	164,7	2. Verbindlichkeiten aus geldpolitischen Operationen gegenüber Kreditinstituten im Euro-Gebiet, davon: 2.1 Einlagen auf Girokonten 177,8 (einschl. Mindestreserveguthaben) 2.2 Einlagefazilität 0,5 2.3 Termineinlagen 0,8 2.4 Geschäfte mit Rücknahmevereinb. 0,0	179,1
3. Forderungen in Euro an Ansässige außerhalb des Währungsgebietes	14,1	3. Sonst. Euro-Verbindlichkeiten gegenüber Kreditinstituten im Euro-Gebiet	0,1
4. Forderungen aus geldpolitischen Operationen an Kreditinstitute im Euro-Gebiet, davon: 4.1 Hauptrefinanzierungsgeschäfte 301,5 4.2 Längerfr. Refinanzierungsgeschäfte 130,0 4.3 Feinsteuerungsoperationen 0,0 4.4 Strukturelle Operationen 0,0 4.5 Spitzenrefinanzierungsfazilität 0,0	431,5	4. Verbindl. aus Schuldverschreibungen	0,0
5. Sonstige Forderungen an Kreditinstitute im Euro-Gebiet	14,0	5. Sonst. Verb. in Euro	86,8
6. Wertpapiere	85,9	6. Sonst. Verbindlichkeiten in Fremdwährungen	13,6
7. Forderungen an öffentliche Haushalte	39,1	7. Grundkapital	67,1
8. Sonstige Aktiva	224,6	8. Sonstige Passiva	21,0
Aktiva insgesamt	1.150,4	**Passiva insgesamt**	1.150,4

4.20 Probleme der Geldpolitik

§

ESZB-Satzung Art. 2: Ziele

[...] ist es das vorrangige Ziel des ESZB, die Preisstabilität zu gewährleisten. Soweit dies ohne Beeinträchtigung des Zieles der Preisstabilität möglich ist, unterstützt das ESZB die allgemeine Wirtschaftspolitik in der Gemeinschaft, [...]

1. Angenommen, in den EWU-Mitgliedstaaten besteht die Gefahr einer Inflation.
   a) Welche Maßnahmen könnte die EZB in dieser Situation ergreifen?
   b) Erläutern Sie den beabsichtigten Wirkungsmechanismus der bei a) genannten Maßnahmen.
   c) Erläutern Sie Wirkungshemmnisse, die dazu führen können, dass die beabsichtigten kontraktiven Wirkungen der geldpolitischen Maßnahmen nicht eintreten.
2. Angenommen, in den EWU-Mitgliedstaaten herrscht hohe Arbeitslosigkeit. Die Inflationsraten sind niedrig.
   a) Welche Maßnahmen könnte die EZB in dieser Situation zur Unterstützung der Beschäftigungspolitik der EWU-Mitgliedstaaten ergreifen?
   b) Die Wirksamkeit der geldpolitischen Maßnahmen in einer Situation der Unterbeschäftigung wird zuweilen mit dem Satz: „Man kann die Pferde zur Tränke führen, aber saufen müssen sie selbst“ umschrieben. Was soll damit ausgesagt werden?

c) Erläutern Sie Wirkungshemmnisse, die dazu führen können, dass die beabsichtigten expansiven Wirkungen der geldpolitischen Maßnahmen nicht eintreten.
d) Anfang 2009 waren die Leitzinsen in einigen wichtigen Industrieländern extrem niedrig (USA: 0 %, EWU: 1,5 %). Trotzdem drohte für 2009 eine schwere Rezession. Wie hätten die Zentralbanken in dieser Situation weitere Liquidität zur Ankurbelung der Konjunktur in die Wirtschaft pumpen können?

3. Erläutern Sie die besonderen Probleme einer gemeinsamen Geldpolitik für alle EWU-Mitgliedsstaaten vor dem Hintergrund der folgenden Daten:

	EWU (Ø)	Deutschland	Spanien	Estland	Italien	Niederlande	Portugal
Wachstum reales BIP (Stand 2018)	1,9	1,5	2,4	4,8	0,8	2,6	2,4
Arbeitslosenquote (Stand 2018)	6,9	3,4	15,2	4,9	10,9	3,9	6,7
Verbraucherpreisindex (Stand 03/2020)	1,2	1,7	0,9	2,0	0,2	1,3	0,5

Zahlen entnommen von https://ec.europa.eu/eurostat/documents/2995521/9105179/3-31072018-AP-DE/c6a5bdfb-80bc-4780-b50d-16bb2028eb59 [22.04.2020].

4.21 Interaktive Computerspiele: „Top Floor“, „Economica“ und „Inflation Island“

Prüfen Sie im Rahmen der Internetspiele Ihr Wissen zum Thema Geld.

Die Online-Spiele finden sich unter:

* https://www.ecb.europa.eu/ecb/educational/educational-games/topfloor/html/index.en.html
* https://www.ecb.europa.eu/ecb/educational/educational-games/economia/html/index.en.html
* https://www.ecb.europa.eu/ecb/educational/educational-games/inflationisland/html/index.en.html

4.22 Konferenzspiel „EZB-Ratssitzung“

Führen Sie in Ihrer Klasse das Konferenzspiel „EZB-Ratssitzung“ durch. Spielbeschreibung und Spielunterlagen finden sich zum kostenlosen Download auf den Seiten der Deutschen Bundesbank unter https://www.bundesbank.de/de/service/schule-und-bildung/unterrichtsmaterialien/sekundarstufe-ii/-/rollenspiel-geldpolitik-614328

Ich kann …	Bitte ankreuzen: Ja	Bitte ankreuzen: Nein	Wenn Nein: Siehe Seite(n) im Buch	Level / Anforderungsniveau
4.1 Geldarten und Geldmengen				**Level**
… die Begriffe „Zentralbankgeld“ und „Geschäftsbankengeld“ unterscheiden.			372	2
… die Geldmengenbegriffe M1, M2 und M3 unterscheiden.			373	2
4.2 Geldschöpfung				**Level**
… die Geldproduzenten nennen.			375	1
… das Münzregal erklären.			375	2
… die Entstehung von Zentralbankgeld erläutern.			375 f	2
… nachvollziehen, wie sich die Schaffung von Zentralbankgeld auf die Bilanz der Zentralbank auswirkt.			377	2

5 Fiskalpolitik

5.1 Bereiche und Träger der Wirtschaftspolitik

Lernziele:

Nach der Bearbeitung des Kapitels sind Sie in der Lage, Folgendes zu tun:

Sie …

- … unterscheiden zwischen Ordnungs- und Ablaufpolitik.
- … nennen Beispiele für Ordnungs- und Ablaufpolitik.
- … unterscheiden die Träger der Wirtschaftspolitik in Deutschland.

Die Maßnahmen zur Erreichung der wirtschaftspolitischen Ziele lassen sich für eine Marktwirtschaft, wie sie in Deutschland existiert, in verschiedene Teilbereiche gliedern.

Ordnungspolitik	
Festlegung der Rahmenbedingungen der Wirtschaftsordnung (= rechtliche Ausgestaltung der Eigentums-, Markt-, Wettbewerbs-, Unternehmens-, Geld-, Finanz-, Außenwirtschafts- und Sozialordnung)	
Verbraucherpolitik Stärkung der Marktposition der Verbraucher gegenüber Produzenten durch - Verbraucherinformation - Rechtsschutz - Verbrauchererziehung	**Wettbewerbspolitik** (Kern der Ordnungspolitik) Sicherung eines funktionsfähigen Wettbewerbs durch - Wettbewerbsschutzpolitik (z. B. GWB) - Wettbewerbsförderpolitik (z. B. Privatisierung, Beseitigung wettbewerbsverzerrender Vorschriften)

Ablaufpolitik (Prozesspolitik)		
Ergänzungs- und Korrekturmaßnahmen bei Marktversagen (= zielgerichtete Beeinflussung des Wirtschaftsgeschehens)		
Infrastruktur- und Umweltpolitik Bereitstellung und Regelung der Nutzung öffentlicher Güter	**Stabilitätspolitik** Vermeidung und Behebung von Konjunkturschwankungen (z. B. Preisniveau-, Beschäftigungs- und Wachstumsschwankungen)	**Verteilungspolitik** Einkommens- und Vermögensumverteilung entsprechend den herrschenden Vorstellungen von sozialer Gerechtigkeit

Kombination von Ordnungs- und Ablaufpolitik			
Strukturpolitik Beeinflussung des wirtschaftlichen Strukturwandels		**Außenwirtschaftspolitik** u. a. Beeinflussung des Außenhandels, des Kapitalverkehrs und der internationalen Währungsbeziehungen	**Wachstumspolitik** Erhöhung des realen Inlandsprodukts durch Förderung von - Investitionen, - Qualifikation der Arbeitskräfte, - Forschung/Entwicklung (technischer Fortschritt), - Wettbewerb
Sektorale Struktur-politik (z. B. Industrie-, Agrarpolitik)	**Regionale Strukturpolitik** (z. B. Förderung des ländlichen Raums)		

D Wirtschaftspolitische Maßnahmen lassen sich in die Bereiche Ordnungspolitik und Ablaufpolitik (Prozesspolitik) gliedern.

Die Träger der Wirtschaftspolitik, d.h. die für die wirtschaftspolitischen Maßnahmen zuständigen Institutionen, lassen sich wie folgt einteilen:

Träger der Wirtschaftspolitik					
Entscheidungsträger				Einflussträger (Beeinflussung und Beratung)	
staatliche Institutionen	Institutionen unter staatlicher Aufsicht	autonome (= vom Staat unabhängige) Institutionen	internationale Institutionen	öffentlich-rechtliche Institutionen	private Institutionen
Legislative Parlamente (Bund, Länder, Kommunen) **Exekutive** Regierungen (Bund, Länder), Verwaltungen, Behörden **Judikative** u. a. BVG, Arbeits- und Sozialgerichte	**Bundeskartellamt** (Wettbewerbspolitik) **Bundesagentur für Arbeit** (Arbeitsmarktpolitik)	**Europäisches System der Zentralbanken (ESZB)** (Geldpolitik) **Selbstverwaltungsorgane** Landwirtschafts-, Handwerks-, Industrie- u. Handelskammern **Tarifparteien** Gewerkschaften und Arbeitgeberverbände	**Europäische Union** (EU) **Internationaler Währungsfonds** (IWF) **Welthandelsorganisation** (WTO)	**Beratungsgremien** Sachverständigenrat („Rat der fünf Weisen“), Monopolkommission, wissenschaftliche Beiräte	**Interessengruppen** Verbände, Parteien

D Zu den Trägern der Wirtschaftspolitik gehören Bund, Länder und Gemeinden, andere öffentlich-rechtliche Institutionen, internationale Organisationen sowie nichtstaatliche Interessenverbände.

5.2 Grundzüge nachfrageorientierter Wirtschaftspolitik: Antizyklische Fiskalpolitik

Lernziele:

Nach der Bearbeitung des Kapitels sind Sie in der Lage, Folgendes zu tun: Sie ...

- ... erläutern den Begriff „Fiskalpolitik“.
- ... erklären das Konzept der antizyklischen Fiskalpolitik.
- ... nennen konjunkturfördernde und konjunkturdämpfende Maßnahmen der antizyklischen Fiskalpolitik.
- ... erläutern den Begriff „Konjunkturausgleichsrücklage“.
- ... erläutern, was unter dem Begriff „deficit spending“ verstanden wird.
- ... nehmen kritisch Stellung zur antizyklischen Fiskalpolitik.

5.2.1 Grundannahmen und Ziele antizyklischer Fiskalpolitik

> **D** Fiskalpolitik ist der Einsatz der Staatseinnahmen und Staatsausgaben zur Abmilderung oder Beseitigung von Konjunkturschwankungen.

Ursache der Konjunkturschwankungen ist nach der keynesianischen Theorie das Abweichen der gesamtwirtschaftlichen Nachfrage vom Produktionspotenzial (= gesamtwirtschaftliches Angebot). Diese Abweichungen soll der Staat durch ein **antizyklisches** Gegensteuern zum Konjunkturverlauf korrigieren.

In der **Hochkonjunktur** ist die gesamtwirtschaftliche Nachfrage im Verhältnis zum Produktionspotenzial zu hoch. Der Staat soll in dieser Situation zu einer Drosselung der gesamtwirtschaftlichen Nachfrage beitragen, indem er einerseits seine Ausgaben verringert (= Verringerung der Staatsnachfrage) und andererseits seine Einnahmen erhöht (z. B. Steuererhöhungen zur Abschöpfung von Kaufkraft und Minderung der Konsumgüternachfrage). Die sich dadurch für den Staatshaushalt ergebenden Überschüsse sollen vorübergehend stillgelegt **(Konjunkturausgleichsrücklage)** oder zur Schuldentilgung verwendet werden.

> **D** In der Hochkonjunktur soll antizyklische Fiskalpolitik die gesamtwirtschaftliche Nachfrage durch Verringerung der Staatsausgaben und Erhöhung der Staatseinnahmen dämpfen.

In der **Rezession** ist die gesamtwirtschaftliche Nachfrage im Verhältnis zum Produktionspotenzial zu gering. Der Staat soll in dieser Situation zu einer Erhöhung der gesamtwirtschaftlichen Nachfrage beitragen, indem er seine Ausgaben erhöht (= Erhöhung der Staatsnachfrage) und seine Einnahmen verringert (z. B. Steuererleichterungen als Investitionsanreiz). Das sich für den Staatshaushalt ergebende Defizit soll aus Mitteln einer Konjunkturausgleichsrücklage oder durch Kreditaufnahme *(deficit spending)* finanziert werden.

> **D** In der Rezession soll antizyklische Fiskalpolitik die gesamtwirtschaftliche Nachfrage durch Erhöhung der Staatsausgaben und Verringerung der Staatseinnahmen ankurbeln.

Antizyklische Fiskalpolitik

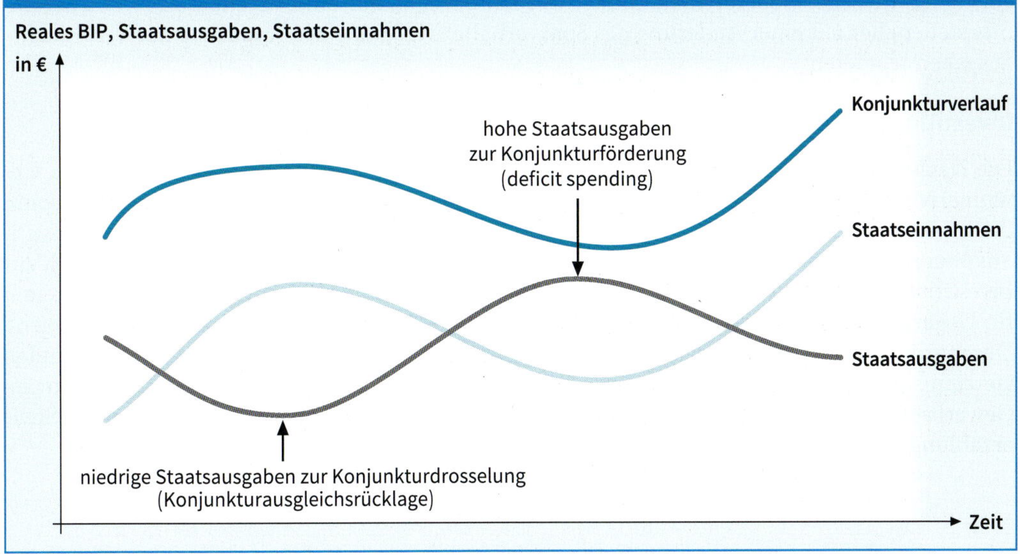

5.2.2 Ansatzpunkte und Maßnahmen antizyklischer Fiskalpolitik

Wirkungszusammenhänge bei nachfrageorientierter Wirtschaftspolitik

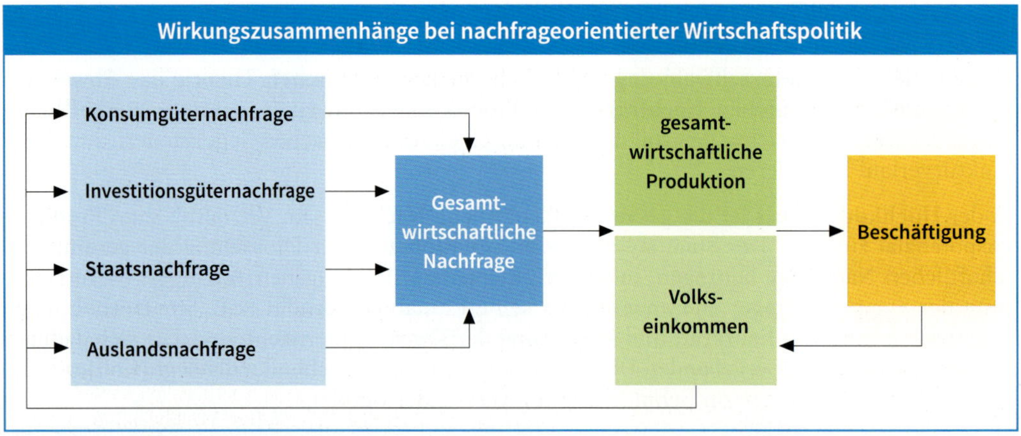

Die Ansatzpunkte der antizyklischen Fiskalpolitik, wie sie auch das **Stabilitätsgesetz** (StabG) von 1967 beinhaltet, sind die vier **Bestandteile der gesamtwirtschaftlichen Nachfrage.**

Konsumgüternachfrage

Die **Nachfrage der privaten Haushalte nach Konsumgütern** (C_{pr}) ist abhängig vom verfügbaren Einkommen und der Spar- bzw. Konsumneigung. Durch die Höhe der Einkommensteuer kann das verfügbare Einkommen und damit die Konsumgüternachfrage beeinflusst werden.

Werden Steuererhöhungen zur Abschöpfung von Kaufkraft und damit zur Drosselung der privaten Konsumgüternachfrage vorgenommen, treten die beabsichtigten Entzugseffekte aber nur dann auf, wenn der Staat diese Mehreinnahmen stilllegt (z. B. im Rahmen einer Konjunkturausgleichsrücklage gem. § 5 StabG). Andernfalls tritt lediglich eine Nachfrageverschiebung vom privaten zum öffentlichen Sektor ein, ohne dass dabei die gesamtwirtschaftliche Nachfrage im beabsichtigten Umfang zurückgeht. Außerdem ist eine merkliche Konsumnachfragereaktion vornehmlich bei Beziehern niedriger und mittlerer Einkommen zu erwarten, deren Sparquote gering ist. Bezieher höherer Einkommen werden dagegen auf eine Veränderung der Einkommensteuer eher mit einer Änderung des Sparverhaltens als mit einer Änderung der Verbrauchsausgaben reagieren.

Investitionsgüternachfrage

Die **Nachfrage der Unternehmen nach Investitionsgütern** (I) ist in erster Linie von den Gewinnerwartungen abhängig. Durch die Höhe von Einkommen- bzw. Körperschaftsteuer kann die Investitionsgüternachfrage indirekt ebenso beeinflusst werden wie durch direkte Investitionssteuern, Investitionsprämien und andere Subventionen. Ein häufig genutztes Instrument zur Investitionsförderung ist auch die Verbesserung der steuerlichen Abschreibungsmöglichkeiten für Gegenstände des Anlagevermögens (z. B. degressive Abschreibung, Sonderabschreibungen). Durch solche Abschreibungsvergünstigungen können die Unternehmen ihre zu versteuernden Gewinne und die davon berechneten Gewinnsteuern (Einkommen- bzw. Körperschaftsteuer, Gewerbeertragsteuer) vorübergehend senken. Es ergibt sich dadurch eine Verlagerung der Steuerzahlung auf einen späteren Zeitpunkt.

Nachfrage des Staates

D 4.4.3

Die Nachfrage des Staates nach Waren und Dienstleistungen (G) kann vom Staat direkt beeinflusst werden. Daher gelten staatliche Investitionen (z. B. in die Infrastruktur) insbesondere in der Rezession als besonders geeignete Ansatzpunkte zur Konjunktursteuerung. Voraussetzung ist, dass entsprechende Planungen für öffentliche Investitionen bereits vorliegen (Schubladenprogramme), durch deren Realisierung ein privatwirtschaftlicher Nachfrageeinbruch ausgeglichen werden kann.

Allerdings liegt ein großer Teil der staatlichen Investitionstätigkeit bei den Landkreisen und Gemeinden, die eher zu einem prozyklischen Ausgabeverhalten neigen (Parallelpolitik), indem sie ihre Investitionstätigkeit den Schwankungen des Steueraufkommens anpassen.

Exportgüternachfrage

D 7.3

Die **Nachfrage des Auslands** (Nettoexport, Ex – Im) kann vom Staat durch die Gewährung von Exportsubventionen o. Ä. beeinflusst werden. Entscheidender für die Exportnachfrage ist aber der **Wechselkurs**, der jedoch durch den Staat auf Dauer nicht gegen die auf den Devisenmärkten wirksamen Kräfte von Angebot und Nachfrage veränderbar ist.

Überblick über Instrumente der Fiskalpolitik

Ansatzpunkte	kontraktive Wirkung (nachfragedämpfend)	expansive Wirkung (nachfrageerhöhend)
Steuern §§ 26, 28 StabG	Erhöhung der Einkommen- und Körperschaftsteuer, Abbau von Steuervergünstigungen, Erhebung eines Stabilitäts- oder (rückzahlungspflichtigen) Konjunkturzuschlags	Senkung der Einkommen- und Körperschaftsteuer, Rückzahlung eines Konjunkturzuschlags
Sparanreize	Gewährung oder Erhöhung von Sparprämien	Abbau oder Verminderung von Sparprämien
Subventionen § 10 StabG	Abbau oder Verminderung von Subventionen (z. B. Streichung von Exportsubventionen)	Gewährung oder Erhöhung von Subventionen (z. B. Exportförderung)
Investitionsanreize	Streichung von Abschreibungsvergünstigungen, Abbau oder Verminderung von Investitionsprämien	Verbesserung von Abschreibungsmöglichkeiten, Gewährung oder Erhöhung von Investitionsprämien
Staatsausgaben §§ 5, 6, 7, 11, 15, 19 ff. StabG	Kürzung und zeitliche Verlagerung von Staatsausgaben (z. B. Infrastrukturinvestitionen), Stilllegung frei werdender Mittel durch Bildung einer Konjunkturausgleichsrücklage	Erhöhung und zeitliches Vorziehen von Staatsausgaben (z. B. Infrastrukturinvestitionen), Finanzierung der zusätzlichen Ausgaben durch Kreditaufnahme oder Auflösung einer Konjunkturausgleichsrücklage

Globalsteuerung

Die auf der keynesianischen Theorie beruhende Beeinflussung der gesamtwirtschaftlichen Nachfrage durch eine am **konjunkturellen Einzelfall** orientierte Auswahl, Kombination und Dosierung wirtschaftspolitischer Maßnahmen wird als **diskretionäre**[1] (im Gegensatz zu regelgebundener) **Wirtschaftspolitik** bezeichnet. Neben der Fiskalpolitik bieten die Geldpolitik, die Einkommenspolitik und die Außenwirtschaftspolitik wichtige Ansatzpunkte zur Steuerung der gesamtwirtschaftlichen Nachfrage. Die Konzeption, zur Erreichung gesamtwirt-

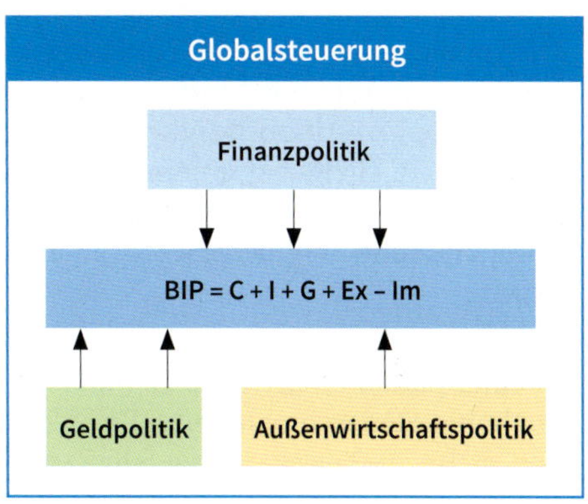

1 diskretionär *(lat.)*: fallweise; am Einzelfall orientiert

schaftlicher Ziele (§ 1 StabG) durch die Anpassung der gesamtwirtschaftlichen Nachfrage an die Entwicklung des Produktionspotenzials beizutragen und dazu fallweise Maßnahmen aus verschiedenen Bereichen der Wirtschaftspolitik einzusetzen, wird als **Globalsteuerung** bezeichnet.

D Die Globalsteuerung ist eine wirtschaftspolitische Konzeption, nach der eine Anpassung der gesamtwirtschaftlichen Nachfrage an die Entwicklung des Produktionspotenzials erfolgen soll, indem von Fall zu Fall als geeignet angesehene wirtschaftspolitische Maßnahmen aus den Bereichen der Fiskal-, Geld-, Einkommens- und Außenwirtschaftspolitik ergriffen werden.

5.2.3 Probleme und Kritik antizyklischer Fiskalpolitik

In der Bundesrepublik Deutschland wurde die postkeynesianische Konzeption der Fiskalpolitik insbesondere Mitte der 1960er-Jahre angewandt. Wesentliche Ursache für die Abkehr von der am Ordoliberalismus orientierten Wirtschaftspolitik des ehemaligen Wirtschaftsministers (1949–1963) und späteren Bundeskanzlers (1963 – 1966) LUDWIG ERHARD war die Rezession in den Jahren 1966/67. Der Anstieg der Arbeitslosenquote auf das für damalige Verhältnisse hohe Niveau von 2,1% führte zu einer Ablösung der CDU/FDP-Koalition und zu einem neuen Regierungsbündnis zwischen CDU und SPD. Dem neuen Wirtschaftsminister KARL SCHILLER (SPD) gelang es, mithilfe fiskalpolitischer Maßnahmen die Rezession zu überwinden, sodass die Arbeitslosenquote auf 0,7% (1970) sank. Die rechtlichen Grundlagen für diese Maßnahmen waren zuvor in dem 1967 erlassenen **Stabilitätsgesetz** verankert worden, das neben der Schaffung neuer Instrumente vor allem die politischen Entscheidungsprozesse abkürzen sollte, um schnelles situationsgerechtes Handeln zu ermöglichen. Seit Ende der 1970er-Jahre sieht sich dieses bei der Bekämpfung konjunktureller Arbeitslosigkeit erfolgreiche Konzept allerdings vermehrter politischer und wissenschaftlicher Kritik u. a. aus folgenden Gründen ausgesetzt:

- **Vernachlässigung der Preisniveaustabilität**
  Das Beschäftigungsziel genießt im Rahmen der antizyklischen Fiskalpolitik Priorität gegenüber der Inflationsbekämpfung. In der Bundesrepublik Deutschland ging die auf der Globalsteuerung beruhende Vollbeschäftigungspolitik Anfang der 1970er-Jahre tatsächlich mit relativ hohen Inflationsraten zwischen 5,3% (1971) und 7,0% (1974) einher.
- **Zunahme der Staatsverschuldung (strukturelle Haushaltsdefizite)**
  Die durch staatliche Kreditaufnahme finanzierten Konjunkturprogramme zur Beschäftigungsförderung *(deficit spending)* führen zu staatlichen Haushaltsdefiziten. Da diese Defizite in der Hochkonjunktur aus politischen Gründen meistens nicht wieder abgebaut werden, kommt es in der nächsten Rezession zu noch höheren Fehlbeträgen. So entstehen aus einer zunächst unproblematischen, konjunkturell bedingten Staatsverschuldung strukturelle Haushaltsdefizite.
- **Verdrängungseffekt (crowding out)**
  D 7.3
  Die zunehmende Staatsverschuldung und die damit einhergehende staatliche Kreditaufnahme in Form von Anleihen führt zu einem Anstieg des Zinsniveaus. Dadurch wird möglicherweise die private Investitionstätigkeit (z. B. im Bausektor) zurückgedrängt (= zinsbedingtes *crowding out)*. Zudem fließt bei einem hohen inländischen Zinsniveau Auslandskapital zu. Dadurch kommt es zu einer Aufwertung der Inlandswährung. Dies bedeutet eine Verteuerung der Exporte und führt möglicherweise zu einem Exportrückgang (= wechselkursbedingtes *crowding out)*.
- **Politische Hemmnisse**
  In einer parlamentarischen Demokratie fällt es den politischen Entscheidungsträgern in Zeiten hoher Steuereinnahmen schwer, diese Gelder stillzulegen (Konjunkturausgleichsrücklage) und nicht für Zwecke auszugeben, mit denen sie sich die Gunst der Wähler und damit ihre Wiederwahl erkaufen können. Andererseits sind konjunkturpolitisch notwendige Steuererhöhungen und Verringerungen der Staatsausgaben kurz vor einer Wahl kaum zu erwarten. Ökonomisch sinnvolle Maßnahmen sind somit häufig politisch nicht durchsetzbar. „Von Politikern

Zurückhaltung zu verlangen, wenn das Geld da ist, ist dasselbe, wie wenn man von einem Hund verlangt, sich einen Wurstvorrat anzulegen." (J. A. Schumpeter)

- **Entscheidungs- und Wirkungsverzögerungen (time lags)**
  Die Wirkung antizyklischer Fiskalpolitik tritt häufig erst mit erheblicher zeitlicher Verzögerung *(time lag)* ein. Vom Zeitpunkt des Eintritts konjunktureller Störungen und deren Wahrnehmung durch die Politiker bis zum Einsatz entsprechender Instrumente und deren Wirksamwerden können mehrere Jahre vergehen. Möglicherweise hat sich bis dahin die konjunkturelle Lage bereits so verändert, dass die Maßnahmen eine Verstärkung statt eine Dämpfung der Konjunkturzyklen und damit eine Destabilisierung bewirken. Neben der **Auswahl der geeigneten Mittel** und dem **zeitgerechten Einsatz** *(timing)* ist auch die **Wahl der richtigen Größenordnung** der „Konjunkturspritzen" (z. B. Senkung der Einkommensteuer um 5 % oder um 10 %?) sehr schwierig. Bei einer zu geringen Dosierung der Maßnahmen verpuffen die Wirkungen, bei einer Überdosierung wird die Initialzündung für ein neues Ungleichgewicht gelegt.

D 4.8

- **Stop-and-go-Politik**
  Das **Stabilitätsgesetz** von 1967 sieht konjunkturpolitische Eingriffe vor, bei denen die staatlichen Entscheidungsträger nach eigenem Ermessen *ad hoc*[1] Maßnahmen ergreifen können. Hierdurch kann es in Abhängigkeit von der jeweiligen konjunkturellen Situation zu einem abrupten Wechsel zwischen expansiven und kontraktiven Maßnahmen kommen *(Stop-and-go-Politik)*. Damit gehen eine Verunsicherung und Lähmung der Wirtschaft einher, die möglicherweise zu einer weiteren Destabilisierung führen. Dies widerspricht dem Grundsatz der **Konstanz der Wirtschaftspolitik**. Dieser Grundsatz beruht auf der Überlegung, dass Investitionsentscheidungen der Unternehmen mit vielen Unsicherheiten behaftet sind. Ändert der Staat dann noch ständig wichtige Rahmenbedingungen wie Steuern, Abschreibungsmöglichkeiten und Staatsausgaben, werden die Investitionsrisiken der Unternehmen unkalkulierbar. Anstelle der *Stop-and-go-Politik* (diskretionäre Fiskalpolitik) wird eine **regelgebundene Wirtschaftspolitik** gefordert, bei der je nach Konjunkturlage automatisch bestimmte Maßnahmen ergriffen werden *(built-in-flexibility)*.

- **Rationales Verhalten der Wirtschaftssubjekte** (Theorie der rationalen Erwartungen)
  Viele konjunkturpolitische Maßnahmen stellen lediglich Anreize dar und wirken nur, wenn sich die Wirtschaftssubjekte erwartungskonform verhalten. Häufig durchschauen die Wirtschaftssubjekte die bezweckte Absicht aber und passen sich der veränderten Situation an, sodass die Wirkung der Eingriffe verpufft. Unternehmer sehen sich beispielsweise der Situation gegenüber, dass die Steuern gesenkt werden, um Investitionen anzuregen. In der folgenden Konjunkturphase werden nach erfolgter Investitionstätigkeit die Steuern aber wieder erhöht. Das kann dazu führen, dass die Unternehmen bei der nächsten Steuersenkung nicht mit verstärkten Investitionen reagieren, weil sie bereits die nächste Steuererhöhung erwarten.

Welche **Folgen eine hohe und stetig zunehmende Staatsverschuldung** nach sich ziehen kann, zeigt regelmäßig in eindrucksvoller Weise der sogenannte „Government Shutdown" in den Vereinigten Staaten von Amerika. Ursache für diesen Government Shutdown ist das Auslaufen der Bewilligung der Haushaltsmittel aufgrund der stark gestiegenen Staatsverschuldung. Dies führt zur weitgehenden Einstellung des Staats- und Verwaltungsapparats der Vereinigten Staaten. Der bisher längste Shutdown fand zum Jahreswechsel 2018/2019 unter der Trump-Regierung statt und dauerte 35 Tage.

1 ad hoc *(lat.)*: speziell für diesen Fall

„

Für viele Amerikaner wird der Shutdown existenzbedrohend

Für etwa 800 000 Bundesangestellte und Millionen Amerikaner ist das eine schlechte Nachricht. Trump hatte es kurz vor Weihnachten vorgezogen, Teile des Regierungsapparates ins Wachkoma zu versetzen, statt auf 5,7 Milliarden Dollar für sein so umstrittenes wie wohl auch nutzloses Mauer-Projekt an der Grenze zu Mexiko zu verzichten. Wenn bis Sonntag keine Lösung gefunden wird, dann ist dieser Shutdown der längste in der US-Geschichte. Trump hat bereits angedroht, ihn noch Monate, wenn nicht Jahre aufrechterhalten zu wollen, sollte der Kongress seine Forderung nicht erfüllen. Die Demokraten aber haben klargemacht: Geld für die Mauer wird es nicht geben.

So langsam zeigt der Shutdown Wirkung. Es geht nicht mehr allein um geschlossene Nationalparks und zugemüllte Grünflächen. Die 800 000 Bundesbediensteten etwa bekommen seit Beginn des Shutdowns am 22. Dezember kein Gehalt mehr. Rechnungen können nicht bezahlt werden, die Raten für das Haus oder das Auto werden nicht bedient. Glücklich, wer etwas auf der hohen Kante hat. Für alle anderen beginnt – und das ist keine Übertreibung – ein Existenzkampf. […]

Quelle: Denkler, Thorsten: Für viele Amerikaner wird der Shutdown existenzbedrohend. In: https://www.sueddeutsche.de/politik/shutdown-usa-1.4281882 [02.11.2019].

5.3 Abkehr von der Fiskalpolitik: Angebotsorientierte Wirtschaftspolitik als Alternative

Lernziele:

Nach der Bearbeitung des Kapitels sind Sie in der Lage, Folgendes zu tun: Sie …

- … beschreiben die Grundannahmen der angebotsorientierten Wirtschaftspolitik (Stabilitätshypothese).
- … erläutern den Begriff „Wirtschaftswachstum".
- … legen dar, wie Wirtschaftswachstum gemessen wird.
- … beschreiben, was das SAYsche Theorem aussagt.
- … erläutern das LAFFER-Theorem.
- … stellen angebotsorientierte Maßnahmen dar, mit denen der Staat Wirtschaftswachstum fördern kann.
- … diskutieren Probleme und Kritikpunkte der angebotsorientierten Wirtschaftspolitik.

5.3.1 Grundannahmen und Ziele angebotsorientierter Wirtschaftspolitik

D Angebotsorientierte Wirtschaftspolitik will die Produktionsbedingungen in einer Volkswirtschaft verbessern, ihre Anpassungsfähigkeit an Veränderungen erhöhen sowie die Leistungsfähigkeit und Leistungsbereitschaft verstärken.

Stabilitätshypothese

5.1, S. 469

Die angebotsorientierte Wirtschaftspolitik geht davon aus, dass ein funktionsfähiges marktwirtschaftliches System grundsätzlich stabil ist und sich gleichgewichtig entwickelt. Die in der Realität feststellbaren Fehlentwicklungen werden als Folgen staatlicher Interventionen interpretiert (These des Staatsversagens). Die beste Stabilitätspolitik sei daher der Verzicht auf staatliche stabilitätspolitische Interventionen.

SAYsches Theorem

Nach der klassischen Theorie kann es aus folgendem Grund langfristig kein Überangebot an Gütern geben: Jede Ausweitung der Produktion stellt gleichzeitig eine Erhöhung des Einkommens dar. Daher kann das Wachstum der gesamtwirtschaftlichen Nachfrage langfristig nicht hinter dem Wachstum des gesamtwirtschaftlichen Angebots zurückbleiben. Dieser Zusammenhang wurde zu der Behauptung verdichtet: „Jedes Angebot schafft sich seine Nachfrage selbst" **(SAYsches**[1] Theorem). Das Theorem leitet sich aus dem einfachen Wirtschaftskreislauf ab. Danach entspricht dem Wert der produzierten Güter ein gleich hohes Einkommen in Form von Löhnen, Zinsen, Pachten und Gewinnen. Dieses Einkommen dient dem Kauf der erzeugten Güter.

Jean-Baptiste Say (1767–1832), französ. Ökonom

D Das SAYsche Theorem besagt, dass sich jedes Angebot seine Nachfrage selbst schafft.

Eine Nachfragesättigung ist nach dieser Auffassung kein zentrales Problem moderner Volkswirtschaften. Wegen der Unersättlichkeit menschlicher Bedürfnisse komme es nur darauf an, latente Bedürfnisse zu erkennen und entsprechende Waren und Dienstleistungen am Markt anzubieten.

Pionierunternehmer

Dynamische, risikofreudige Unternehmer, die Neuerungen **(Innovationen)** durchsetzen, indem sie neue Märkte erkunden und neue Produktionsverfahren anwenden, werden als Motoren des wirtschaftlichen Fortschritts eines marktwirtschaftlichen Systems angesehen.[2]

Durch seinen Wettbewerbsvorsprung kann der Pionierunternehmer eine zeitlich befristete Monopolstellung erlangen. Die Monopolgewinne sorgen aber wiederum dafür, dass Konkurrenten als Nachahmer am Markt auftreten **(Imitation)**. Der für das Auftreten solcher Unternehmen notwendige Gewinnanreiz setzt **niedrige Steuern** auf Unternehmensgewinne voraus.

LAFFER-Theorem

Nach Auffassung der Vertreter der Angebotstheorie erhöht sich das Steueraufkommen trotz einer Senkung der Steuersätze. Dies wird mithilfe der sogenannten LAFFER[3]-Kurve zu belegen versucht. Die Kurve stellt die Abhängigkeit des Steueraufkommens von der Höhe des Steuersatzes dar. Die Kernaussage lautet, dass jedes gewinnabhängige Steueraufkommen durch zwei verschiedene Steuersätze erreicht werden kann. Ein niedriger Steuersatz (t_1), der auf hohe Unternehmensgewinne in einer Volkswirtschaft angewandt wird, beschert dem Staat dasselbe Steueraufkommen (T) wie ein hoher Steuersatz (t_2), der zu negativen Leistungsanreizen und damit zu geringen Unternehmensgewinnen führt. Wenn in einer Volkswirtschaft der kritische Wert t_{opt} überschritten und z. B. t_2 erreicht ist, kommt es nach dieser Auffassung zu Steuerwiderständen und einer leistungsmindernden Wirkung des Steuertarifs. In diesem Fall würde eine Senkung des Gewinn- und Einkommensteuersatzes nicht zu der allgemein erwarteten Verringerung, sondern zu einer Erhöhung des Steueraufkommens führen. Damit würde gleichzeitig eine Verringerung von Schwarzarbeit, Steuerhinterziehung und Steuerflucht einhergehen.

1 Jean-Baptiste Say, französischer Wirtschaftswissenschaftler, 1767–1832, Begründer der klassischen „Theorie der Absatzwege"

2 Die Analyse der Rolle solcher Pionierunternehmer geht auf J. A. Schumpeter (1883–1950) zurück. Es wird daher auch von SCHUMPETERschen Pionierunternehmern gesprochen. Schumpeter, J. A., Theorie der wirtschaftlichen Entwicklung: eine Untersuchung über Unternehmergewinn, Kapital, Kredit, Zins und den Konjunkturzyklus, Berlin 1993 (1. Aufl. München 1911).

3 benannt nach dem nordamerikanischen Wirtschaftswissenschaftler Arthur Laffer (geb. 1940)

Im vorliegenden Fall ist das Ziel der Steuersenkungen – anders als in der keynesianischen Theorie – nicht die Erhöhung des verfügbaren Einkommens zur Ankurbelung der gesamtwirtschaftlichen Investitions- und Konsumgüternachfrage, um auf diesem Wege mehr Wachstum und Beschäftigung zu erreichen. Vielmehr steht die Minderung der leistungshemmenden Wirkung des Steuersystems im Vordergrund („Leistung soll sich lohnen"), um durch steuerliche Leistungsanreize Wachstum und Beschäftigung zu ermöglichen.

LAFFER-Kurve

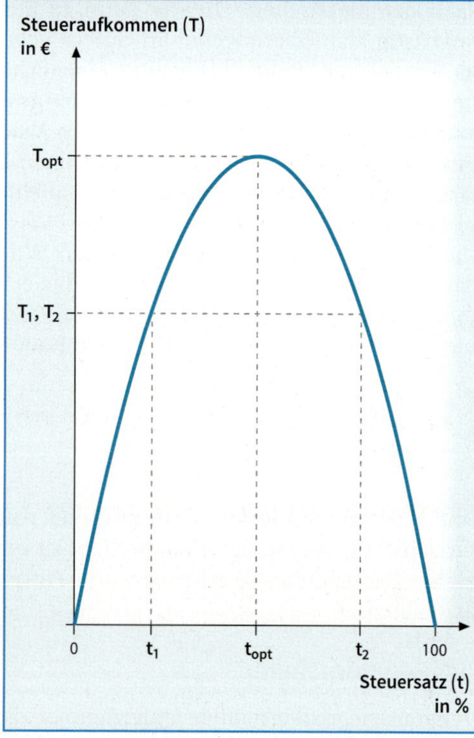

5.3.2 Ansatzpunkte und Maßnahmen angebotsorientierter Wirtschaftspolitik

Die Rahmenbedingungen für Investitionen sollen u.a. durch eine **Verstetigung der Wirtschaftspolitik** verbessert werden. Dadurch soll verhindert werden, dass sich die Rahmendaten für unternehmerische Investitionsentscheidungen ständig und in unvorhersehbarer Weise ändern und sich somit als Investitionshemmnis auswirken. Es wird unterstellt, dass Unternehmer nur bei einer an einem längerfristigen Konzept orientierten Wirtschaftspolitik in der Lage sind, ihre Investitionsentscheidungen an verlässlichen Rahmendaten und auf einen längeren Zeitraum hin auszurichten. Die Forderungen nach Verstetigung beziehen sich insbesondere auf die **Finanz-**, **Geld-** und **Lohnpolitik**.

Konjunkturneutrale Finanzpolitik

Die Finanzpolitik des Staates soll zunächst vorrangig einen Abbau der strukturellen Defizite der staatlichen Haushalte und eine Absenkung der Staatsverschuldung herbeiführen. Daher sind Staatseinnahmen und die Staatsausgaben am Wachstum des Produktionspotenzials zu orientieren (= potenzialorientierte Finanzpolitik), sodass von den öffentlichen Einnahmen und Ausgaben keine expansiven oder kontraktiven Wirkungen auf die Konjunkturentwicklung ausgehen **(= konjunkturneutrale Finanzpolitik)**. Die Unternehmenssteuern sollen auf ein Niveau gesenkt werden, das mehr Leistungsanreize bietet und den (internationalen) Wettbewerb nicht verzerrt. Hauptaufgabe der Finanzpolitik ist demnach nicht die Stabilisierung des Konjunkturverlaufs. Vielmehr soll sie für den optimalen Einsatz aller volkswirtschaftlichen Produktionsfaktoren (z.B. durch die Bereitstellung öffentlicher Güter bei Marktversagen) sorgen.

Monetaristische Geldpolitik zur Preisniveaustabilisierung

D 4.7.1

Bei einer konsequent am Ziel der Preisniveaustabilität ausgerichteten Geldpolitik darf nach monetaristischer Auffassung die Geldmenge nicht schneller wachsen als die reale Gütermenge. Die Zentralbank muss daher das Geldmengenwachstum am Wachstum des Produktionspotenzials ausrichten **(potenzialorientierte Geldpolitik)**.

Beschäftigungsorientierte Lohnpolitik

Eine Erhöhung der **Arbeitsproduktivität** bedeutet, dass mit einer gleich bleibenden Zahl von Erwerbstätigen eine größere Produktionsmenge erzeugt wird. Wenn die Löhne stärker steigen als die Arbeitsproduktivität, erhöhen sich die Lohnkosten je Stück **(Lohnstückkosten)**. Gelingt es den Unternehmen, diese Kostenerhöhung in Form höherer Preise zu überwälzen, kann es zu einer **Lohnkosteninflation** kommen. Wenn gleichzeitig die Zentralbank die Geldmenge nicht erhöht, können die Unternehmen entweder die höheren Preise nicht durchsetzen oder die Preiserhöhungen sind bei der vorhandenen Geldmenge nur finanzierbar, wenn gleichzeitig die Produktionsmenge zurückgeht. In beiden Fällen bewirkt der Anstieg der Lohnstückkosten eine Zunahme der **Arbeitslosigkeit** (klassische bzw. lohnkostenbedingte Arbeitslosigkeit).

D 4.4.4

Den Tarifparteien wird von den Angebotstheoretikern daher eine Lohnpolitik empfohlen, die sich am Produktivitätsfortschritt orientiert **(produktivitätsorientierte Lohnpolitik)**, um einen Anstieg der Lohnstückkosten zu vermeiden. Gleichzeitig wird eine größere **Flexibilisierung des Arbeitsmarktes** (z. B. betriebliche, branchenspezifische und regionale Differenzierung der Lohnentwicklung anstelle einheitlicher Flächentarifverträge, flexiblere Arbeitszeiten, Lockerung des Kündigungsschutzes und der Lohnfortzahlung im Krankheitsfall usw.) gefordert.

D 6.3
D 6.4

Mehr Marktwirtschaft auch in anderen Bereichen: Ordnungspolitik statt Ablaufpolitik

Neben der Verbesserung der Rahmenbedingungen durch eine **Verstetigung der Finanz-, Geld- und Lohnpolitik** werden u. a. auch Maßnahmen zur Stärkung der Marktkräfte und Erhöhung von Leistungsanreizen in zahlreichen anderen Politikbereichen gefordert.

- **Wettbewerbspolitik**
  Im Rahmen der **Wettbewerbsschutzpolitik** soll – u. a. durch eine strenge Anwendung des *Gesetzes gegen Wettbewerbsbeschränkungen* (GWB) – wettbewerbsbeschränkendes Verhalten der Unternehmen verhindert werden. Die **Wettbewerbsförderpolitik** hat das Ziel, bestehende Marktschranken zu beseitigen und neuen Unternehmen den Marktzugang zu erleichtern. Gefordert werden u. a. der Abbau von wettbewerbshemmenden burokratischen Hürden und gesetzlichen Regelungen **(Deregulierung)**, eine **Privatisierung** solcher Aufgaben, deren Erfüllung auch dem Markt überlassen werden kann (z. B. Energiesektor), und der **Abbau von Subventionen**, die dem Erhalt von (international) nicht wettbewerbsfähigen Wirtschaftszweigen dienen (z. B. Bergbau, Werften).
- **Sozialpolitik**
  Es wird ein **Abbau sozialpolitischer Fehlanreize** durch mehr Eigenverantwortung und eine größere Selbstbeteiligung der Betroffenen gefordert (z. B. Selbstbeteiligung an den Krankheitskosten, Senkung der Lohnfortzahlung im Krankheitsfall, Kürzung bzw. Streichung von Arbeitslosengeld bei Ablehnung einer zumutbaren Arbeit). Entsprechend dem Grundsatz „Selbsthilfe geht vor Fremdhilfe“ wird eine stärkere Betonung des **Subsidiaritätsprinzips** im Rahmen der sozialen Sicherung angestrebt.
- **Innovationsfreundliche Forschungs- und Technologiepolitik**
  Dem Staat wird empfohlen, Forschung und Entwicklung durch den Ausbau der **Grundlagenforschung** zu fördern und die Ergebnisse zur Auswertung für neue Erfindungen allen privaten Unternehmen zur Verfügung zu stellen.
- **Bildungspolitik**
  Es werden kürzere Ausbildungszeiten, mehr Praxisnähe und Bedarfsorientierung und insgesamt mehr marktwirtschaftliche Elemente (z. B. Studiengebühren, Entlohnung der Professoren nach Leistung) gefordert.
- **Umweltpolitik**
  Es sollen vor allem marktwirtschaftliche Instrumente in der Umweltpolitik Anwendung finden (z. B. Umweltzertifikate). Eine Ökosteuer wird wegen der damit verbundenen Wettbewerbsverzerrung nur bei einer europaweiten Einführung für sinnvoll gehalten.

5.3.3 Probleme und Kritik angebotsorientierter Wirtschaftspolitik

Das Konzept der angebotsorientierten Wirtschaftspolitik ist nicht unwidersprochen geblieben. Die wichtigsten Kritikpunkte sind:

5.2, S. 469

- **Einseitige Betonung der Angebotsseite – Wachstum ohne Beschäftigung**
  Da das SAYsche Theorem, nach dem sich das Angebot seine Nachfrage selbst schafft, von den Vertretern der angebotsorientierten Wirtschaftspolitik zumindest teilweise als zutreffend angesehen wird, erübrigen sich nach ihrer Auffassung Maßnahmen zur Nachfragesteuerung. Die bisherigen Erfahrungen mit wirtschaftspolitischen Strategien, die auf neoliberalen Konzeptionen beruhen, sprechen aber eher dafür, dass auch von der gesamtwirtschaftlichen Nachfrage wichtige Beschäftigungsimpulse ausgehen können und müssen. **Erweiterungsinvestitionen** werden nur dann vorgenommen, wenn auch genügend große Absatzchancen vorhanden sind. Andernfalls führen steuerliche und andere angebotsorientierte Investitionsanreize zu **Rationalisierungsinvestitionen**, die einen weiteren Abbau von Arbeitsplätzen mit sich bringen. Für Deutschland wird geschätzt, dass derzeit mindestens 1,5 % Wirtschaftswachstum für positive Auswirkungen auf den Arbeitsmarkt nötig sind (= **Beschäftigungsschwelle**). Niedrigere Wachstumsraten gelten als *jobless growth*.

- **Wirkung des LAFFER-Theorems fraglich**
  Empirische Daten, die den Verlauf der LAFFER-Kurve bestätigen und damit die Möglichkeit einer sich selbst finanzierenden Steuersenkung nachweisen, liegen bisher nicht vor.[1] Die Folge der radikalen Steuersenkungspolitik in den USA während der Präsidentschaft von R. REAGAN Anfang der 1980er-Jahre waren extrem hohe Defizite im Staatshaushalt. Der nachfolgende Präsident G. BUSH (1989–1993) sah sich daher gezwungen, den Staatshaushalt wieder durch Steuererhöhungen zu konsolidieren. Die sich aus Steuersenkungen ergebenden Anreizwirkungen treten allenfalls mit Verzögerung ein, sodass in der Übergangsphase eine **vermehrte Staatsverschuldung** mit entsprechenden Verdrängungseffekten unumgänglich scheint.

- **Löhne als Kosten- und Nachfragefaktor**
  Der unterstellte Zusammenhang zwischen niedrigen Löhnen und zunehmender Beschäftigung ist weder theoretisch noch empirisch hinreichend belegt. Es ist daher fraglich, ob bei Lohnzurückhaltung die Beschäftigung in dem gewünschten Ausmaß zunimmt. Eine Reallohnsenkung kann allenfalls zur Überwindung einer lohnkostenbedingten (klassischen) Arbeitslosigkeit beitragen, nicht aber eine durch fehlende gesamtwirtschaftliche Nachfrage bedingte (keynesianische) Arbeitslosigkeit abbauen. Sinkende Löhne bedeuten nicht nur sinkende Kosten, sondern auch sinkende Konsumgüternachfrage.

D 6.4

- **Einkommensumverteilung von Arm zu Reich**
  Die Leistungsstarken sollen noch stärker belohnt und den Leistungsschwachen sollen mit Hinweis auf größere Eigenverantwortung soziale Hilfen entzogen werden, um sie zur Leistung zu zwingen. Damit geht eine Einkommensumverteilung „von unten nach oben“ einher, die teilweise als sozial ungerecht angesehen wird (z. B. steuerliche Entlastung der Unternehmen bei gleichzeitiger Kürzung des Arbeitslosengeldes). Diese Umverteilung wird u. a. damit zu rechtfertigen versucht, dass die Begünstigung der Leistungsstarken auf Dauer auch den Leistungsschwachen zugute komme, da langfristig von einer gestiegenen volkswirtschaftlichen Gesamtleistung alle Einwohner Vorteile haben (z. B. durch die Finanzierbarkeit höherer Sozialleistungen). Zusätzlich verhindert die vorgeschlagene produktivitätsorientierte Lohnpolitik eine Einkommensumverteilung zugunsten der Arbeitnehmer. Produktivitätsorientierte Lohnpolitik lässt die bestehende Einkommensverteilung und damit die Lohnquote konstant.

---

1 Empirische Untersuchungen für die USA legen vielmehr die Vermutung nahe, dass Steuersenkungen zu einem Einnahmeausfall des Staates führen. Vgl. Samuelson, P. A., Nordhaus, W. D., Volkswirtschaftslehre, Wien 1998, S. 376.

»

Von Pferden und Spatzen

Eine Theorie besagt, dass insbesondere Besserverdiener mit Steuer- und Abgabenerleichterungen begünstigt werden sollen. Deren Wohlstandssteigerung erhöht dann die volkswirtschaftliche Gesamtleistung und gemäß der Theorie sickern diese Vorteile allmählich auch in die unteren Einkommensschichten durch.

Dieser Effekt wird als „Trickle-down-Effekt" bezeichnet. Eine weitere, etwas abwertende Bezeichnung ist „Pferdeäpfeltheorie". Gemeint ist hiermit, dass das kräftige Füttern der Pferde auch noch etwas für die Spatzen übrig lässt.

Leider ist dieser Effekt in den letzten 40 Jahren nie eingetreten.

frei nach Paul Krugman, amerikanischer Nobelpreisträger[1]

Probleme der politischen Durchsetzbarkeit

Die mittelfristig orientierte angebotstheoretische Wirtschaftspolitik kann es notwendig machen, dass über einen längeren Zeitraum eine hohe Arbeitslosigkeit toleriert werden muss. In einer parlamentarischen Demokratie ist daher die politische Durchsetzung einer solchen Wirtschaftspolitik aufgrund der in regelmäßigen Zeitabständen erfolgenden Wahlen gefährdet. Zudem ist nicht zu vernachlässigen, dass eine arbeitnehmerfreundliche Arbeits- und Sozialgesetzgebung wesentlich zum sozialen Frieden und damit zur wirtschaftlichen und gesellschaftlichen Stabilität beiträgt.

Neoliberalismus

Insbesondere von (gewerkschaftsnahen) Kritikern werden die auf den Nobelpreisträger MILTON FRIEDMAN (1912 – 2006) und seine „Chicagoer Schule" zurückgehenden Ideen des **Monetarismus** inzwischen abwertend als **neoliberale**[2] **Wirtschaftspolitik** bezeichnet. Ursprünglich wurde der Begriff **Neoliberalismus** jedoch in Deutschland in den 1930er- und 1940er-Jahren von Wirtschaftswissenschaftlern wie WALTER EUCKEN (1891 – 1950) und anderen geprägt, aus deren Überlegungen die später als **Ordoliberalismus** bezeichnete Konzeption der **sozialen Marktwirtschaft** in Deutschland hervorging.

1 „Die USA sind kein Vorbild", Interview mit Paul Krugman, Manager Magazin vom 26.05.2008

2 neo *(gr.)*: neu

Zusammenfassende Übersicht Kapitel 5: Fiskalpolitik

Ordnungspolitik — **wirtschaftspolitische Maßnahmen** — **Ablaufpolitik**

Träger der Wirtschaftpolitik

EZB, Bund, Länder, Gemeinden,
andere nationale und internationale Institutionen, Interessenverbände

Konzepte der Wirtschaftspolitik

Fiskalismus (Keynesianismus)		Monetarismus
Gesamtwirtschaftliche Nachfrage bestimmt die Höhe von Inlandsprodukt, Volkseinkommen und Beschäftigung.	**Grundüberlegung**	Die Rentabilität der Produktion bestimmt die Höhe von Inlandsprodukt, Volkseinkommen und Beschäftigung.
Nachfrageorientierte Wirtschaftspolitik		**Angebotsorientierte Wirtschaftspolitik**
Steuerung der Wirtschaft über die Beeinflussung der **gesamtwirtschaftlichen Nachfrage**	**Ansatzpunkte der Wirtschaftspolitik**	Verbesserung der **Funktionsfähigkeit des Marktsystems** z. B. durch Wettbewerbspolitik, Deregulierung und Flexibilisierung der Märkte, Privatisierung öffentlicher Unternehmen
antizyklische Fiskalpolitik Ausschaltung bzw. Dämpfung der konjunkturellen Schwankungen durch staatliche Einnahmen- und Ausgabenpolitik **deficit spending** Kreditfinanzierte Staatsausgaben zur Beschäftigungsförderung **Geldpolitik** soll Fiskalpolitik unterstützen („Politik des billigen Geldes") **Löhne als Nachfragefaktor (Kaufkraft)**	**Maßnahmen**	**stetige/konstante Wirtschaftspolitik** **konjunkturneutrale Finanzpolitik** **Steuersenkungen** (LAFFER-Theorem) **potenzialorientierte Geldpolitik** (= am Wachstum des Produktionspotenzials ausgerichtete Geldpolitik), Preisniveaustabilität **produktivitätsorientierte Lohnpolitik**
Produktion, Beschäftigung und Einkommen steigen durch Erhöhung der gesamtwirtschaftlichen Nachfrage	**Beabsichtigte Wirkungen**	**Ertragskraft der Unternehmen steigt; erhöhte Rentabilität privater Investitionen: Produktionspotenzial steigt durch mehr Investitionen**
Vernachlässigung der **Preisniveaustabilität** **Staatsverschuldung** **Verdrängungseffekte** (crowding out) **Wirkungsverzögerungen** bei wirtschaftspolitischen Maßnahmen (time lags) **Stop-and-go-Politik** unerwartetes **Verhalten der Wirtschaftssubjekte**	**Probleme**	**SAYsches Theorem** (einseitige Angebotsorientierung) fraglich **Wirtschaftswachstum ohne Beschäftigungswirkung** (jobless growth) **Steuern: LAFFER-Theorem** fraglich **Arbeitslosigkeit** trotz **produktivitätsorientierter Lohnpolitik** Wirkungen auf **Einkommensverteilung: politische Durchsetzbarkeit** fraglich

Aufgaben und Probleme zur Erarbeitung und Anwendung von Wissen zu Kapitel 5: Fiskalpolitik

5.1 Aussagen von Vertretern nachfrage- und angebotsorientierter Wirtschaftspolitik

1. Erläutern Sie, welche der folgenden Aussagen von Vertretern einer nachfrageorientierten und welche von Vertretern einer angebotsorientierten Wirtschaftspolitik stammen können.
   Begründen Sie Ihre Meinung.
   a) Trotz eines Gleichgewichts auf den Gütermärkten kann es zu Unterbeschäftigung kommen.
   b) Löhne und Preise sind nach unten nicht sehr flexibel.
   c) Ökonomen machen es sich zu leicht, wenn sie uns in stürmischen Zeiten nicht mehr zu erzählen haben, als dass der Ozean wieder ruhig ist, wenn sich der Sturm gelegt hat. Langfristig sind wir alle tot.
   d) Nicht die privaten Marktteilnehmer, sondern die Politiker sorgen für Instabilität des Marktsystems.
   e) Die beste Sozialpolitik ist eine freie Marktwirtschaft.
   f) Jedes Angebot schafft sich seine Nachfrage selbst.
   g) Löhne sind Kosten.
   h) Die Lohnpolitik trägt die Hauptverantwortung für die Beschäftigung.
   i) Lohnerhöhungen stärken die Massenkaufkraft.
   j) Eine Senkung des Steuersatzes kann das Steueraufkommen erhöhen.
   k) Das Problem einer Nachfragesättigung besteht wegen der unerschöpflichen menschlichen Bedürfnisse nicht.
   l) Die Selbstheilungskräfte der Märkte müssen gestärkt und die staatlichen Eingriffe in den Wirtschaftsprozess vermindert werden.
   m) Konjunkturpolitik ist überflüssig und schädlich.
   n) Die notwendigen wirtschaftspolitischen Maßnahmen sind politisch nicht oder nur schwer durchsetzbar.
2. Es wird behauptet, eine antizyklische Fiskalpolitik führe zu einer Verstärkung konjunktureller Schwankungen.
   Begründen Sie diese Aussage.

5.2 Nachfrage- und angebotsorientierte Wirtschaftspolitik in der Praxis

In der praktischen Wirtschaftspolitik wurde angebots- bzw. nachfrageorientierte Wirtschaftspolitik bisher immer nur so betrieben, dass eine der beiden Strategien als Leitbild vorherrschte und einige Maßnahmen der jeweils anderen Konzeption entlehnt wurden. Mit einigen Vorbehalten lassen sich aber für die Bundesrepublik Deutschland die Periode von 1975 bis 1980 mit nachfrageorientierter und die Periode von 1982 bis 1987 mit angebotsorientierter Wirtschaftspolitik charakterisieren. In beiden Fällen handelt es sich um Aufschwungjahre, denen jeweils eine durch drastische Ölpreisverteuerungen ausgelöste Rezession (1974/75 bzw. 1980/81) vorausging. Da beide Perioden gleich lang sind und auf einer ähnlichen Ausgangslage beruhen, ist ein Vergleich der mit den unterschiedlichen Strategien erzielten Wirkungen aufschlussreich.[1]

	Nachfrageorientierte Phase SPD/FDP-Koalition						Angebotsorientierte Phase CDU/FDP-Koalition					
Jahr	**1975**	**1976**	**1977**	**1978**	**1979**	**1980**	**1982**	**1983**	**1984**	**1985**	**1986**	**1987**
BIP_{real} in Mrd. DM[2]	1.721	1.816	1.862	1.926	2.006	2.025	2.004	2.045	2.108	2.149	2.198	2.232
Arbeitslose in Mio.	1,074	1,060	1,030	0,993	0,876	0,889	1,833	2,258	2,266	2,304	2,228	2,229
Erwerbstätige in Mio.	26,1	25,9	26,0	26,2	26,6	27,0	26,7	26,3	26,3	26,5	26,9	27,1

1 Vergleiche H. Adam, Wirtschaftspolitik und Regierungssystem der Bundesrepublik Deutschland, Bonn 1995, S. 149 ff.

2 In Preisen von 1991

3 Bereinigte Lohnquote: Berechnung der Lohnquote bei konstant gehaltenem Anteil der Arbeitnehmer an den Erwerbstätigen

	Nachfrageorientierte Phase SPD/FDP-Koalition						Angebotsorientierte Phase CDU/FDP-Koalition					
Jahr	**1975**	**1976**	**1977**	**1978**	**1979**	**1980**	**1982**	**1983**	**1984**	**1985**	**1986**	**1987**
Preisindex der Lebenshaltung 1991 = 100	57,8	61,2	63,8	66,2	68,0	70,8	83,5	86,3	88,3	90,2	90,0	90,3
Bereinigte Lohnquote[3] in %	66,5	64,9	65,2	64,3	64,2	66,2	67,1	65,1	64,0	63,6	62,7	63,0
Nettorealverdienst jährl. je Arbeitnehmer in DM[2]	26.335	26.393	26.917	27.863	28.429	28.397	27.357	27.091	26.985	26.869	27.994	28.493
Entnommene Nettogewinne u. Vermögenseink. aller priv. Haush. in Mrd. DM (real)[2]	2.704	2.802	2.821	2.876	3.040	3.108	3.087	3.183	3.554	3.681	3.717	3.888
Staatsschulden in % des BIP	24,9	–	–	–	–	31,2	40,5	–	–	–	–	43,0

Eigene Darstellung nach Zahlen von: Bundesministerium für Arbeit und Sozialordnung: Statistisches Taschenbuch 98.

1. Vergleichen Sie die Ergebnisse nachfrage- und angebotsorientierter Wirtschaftspolitik, indem Sie für die gesamte Zeitdauer der beiden Perioden folgende Größen in Ihrem Arbeitsheft ermitteln:

	Nachfrageorientierte Strategie 1975–1980	Angebotsorientierte Strategie 1982–1987
Veränderung des realen BIP (%)		
Veränderung der Zahl der Arbeitslosen		
Veränderung der Zahl der Beschäftigten		
Erhöhung der Verbraucherpreise (%)		
Veränderung der Lohnquote (%)		
Veränderung der Reallöhne (%)		
Veränderung der entn. Gewinne und Vermögenseinkommen (real in %)		

2. Erläutern Sie, inwieweit die Ergebnisse für die jeweilige wirtschaftspolitische Strategie typisch sind.

Ich kann …	**Bitte ankreuzen**		**Wenn Nein: Siehe Seite(n) im Buch**	**Level / Anforderungsniveau**
	Ja	**Nein**		
5.1 Bereiche und Träger der Wirtschaftspolitik				**Level**
… zwischen Ordnungs- und Ablaufpolitik unterscheiden.			455	1
… Beispiele für Ordnungs- und Ablaufpolitik nennen.			455	1
… die Träger der Wirtschaftspolitik in Deutschland unterscheiden.			456	1
5.2 Grundzüge nachfrageorientierter Wirtschaftspolitik: Antizyklische Fiskalpolitik				**Level**
… den Begriff „Fiskalpolitik" erläutern.			457	2

6 Arbeitsmarktpolitik

6.1 Ausmaß und Struktur der Arbeitslosigkeit

Lernziele:

Nach der Bearbeitung des Kapitels sind Sie in der Lage, Folgendes zu tun:

Sie …

- … unterscheiden zwischen Erwerbspersonen und der Zahl der Erwerbstätigen.
- … berechnen die Arbeitslosenquote.
- … unterscheiden zwischen Arbeitslosen im Sinne der deutschen Statistik und Erwerbslosen im Sinne der internationalen Statistik.
- … stellen die Struktur der Arbeitslosigkeit in Deutschland dar.

Arbeitslosenquote

6.1, S. 492

6.2, S. 492

Ein nur teilweise ausgelastetes Produktionspotenzial einer Volkswirtschaft bedeutet, dass nicht alle Produktionsfaktoren voll beschäftigt sind. Bezogen auf den Faktor Arbeit wird der Beschäftigungsstand durch die **Arbeitslosenquote** gemessen.

Arbeitslos sind Personen, die – obwohl sie arbeitsfähig und arbeitswillig sind – keine Beschäftigung finden. Statistisch erfasst werden aber nur die bei den Agenturen für Arbeit registrierten Arbeitsuchenden.

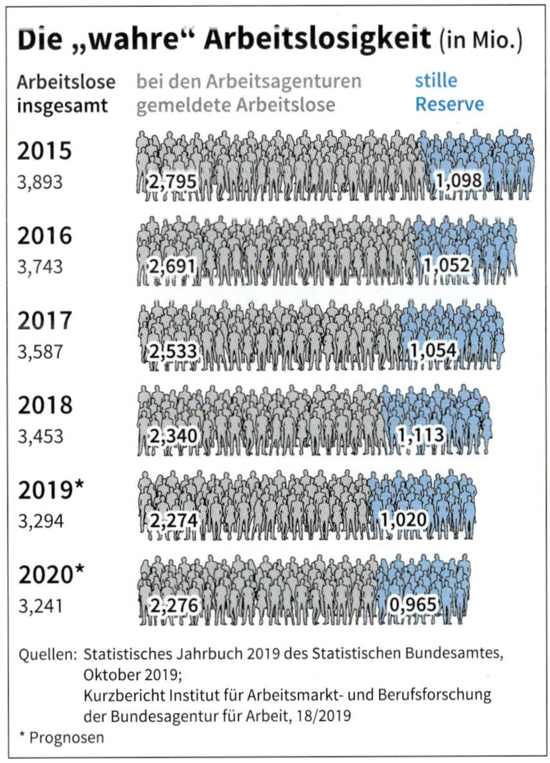

Unter den registrierten Arbeitsuchenden können sich aber auch Personen befinden, die lediglich die finanzielle Unterstützung der Agentur für Arbeit in Anspruch nehmen wollen und zu den herrschenden Bedingungen nicht ernsthaft an einer Arbeitsaufnahme interessiert sind (= freiwillig Arbeitslose). Andererseits gehen Arbeitslose, die sich nicht bei den Agenturen für Arbeit melden, weil sie keine Vermittlungschancen sehen oder keinen Anspruch auf Unterstützungszahlungen haben, sowie die Personen, die Kurzarbeit leisten müssen, an Arbeitsbeschaffungsmaßnahmen (ABM) teilnehmen oder unfreiwillig in den Vorruhestand gegangen sind, nicht in die Arbeitslosenstatistik ein (= verdeckt Arbeitslose). Einen Teil dieser statistisch nicht ausgewiesenen Arbeitslosigkeit bezeichnet man deshalb auch als stille Reserve. Nebenstehende Grafik soll veranschaulichen, dass die „wahre“ Arbeitslosigkeit also deutlich höher ausfällt als die offiziell statistisch gemessene.

Bevölkerung, Erwerbstätigkeit und Arbeitslosigkeit (Deutschland 2019)

Einwohner (Wohnbevölkerung) 83,187 Mio.				
Erwerbspersonen (Arbeitskräftepotenzial) 46,476 Mio.				Nicht-Erwerbspersonen 36,711 Mio.
zivile Erwerbspersonen 45,340 Mio.			Sonstige 1,136 Mio.	
Erwerbstätige (Inländer) 45,100 Mio.		Erwerbslose 1,376 Mio.		
Arbeitnehmer (Inländer) 40,951 Mio.	Selbstständige 4,149 Mio.			
	verdeckt Arbeitslose ca. 1 Mio.			registrierte Arbeitslose 2,267 Mio.

Eigene Darstellung nach Zahlen von: Statistisches Bundesamt, VGR 2020 (Inlandsproduktberechnung, Lange Reihen, Stand: 4.3.2020) und Statistischer Wochenbericht Bevölkerung und Arbeit (Stand: KW 17 / 2020)

F

$$\text{Arbeitslosenquote (ALQ)} = \frac{\text{registrierte Arbeitslose} \cdot 10}{\text{zivile}^{1}\ \text{Erwerbspersonen}}$$

$$\text{ALQ 2019} = \frac{2{,}267 \cdot 100}{45{,}340} = 5{,}0\,\%$$

D

Die Arbeitslosenquote gibt an, wie viel Prozent der (zivilen) Erwerbspersonen (Erwerbstätige plus Erwerbslose) als arbeitslos registriert sind.[2]

Hinsichtlich der Unterscheidung zwischen Arbeitslosigkeit im Sinne der **deutschen Statistik** und Erwerbslosigkeit im Sinne der **internationalen Statistik** ist folgendes zu sagen: Nach der internationalen Statistik üben Erwerbslose keinerlei Erwerbstätigkeit aus. Registrierte Arbeitslose in Deutschland dürfen aber eine Beschäftigung bis zu 15 Wochenstunden ausüben und gelten trotzdem als arbeitslos. Daher ist die ausgewiesene Zahl der Arbeitslosen größer als die Zahl der Erwerbslosen.

Arbeitslosigkeit in Deutschland

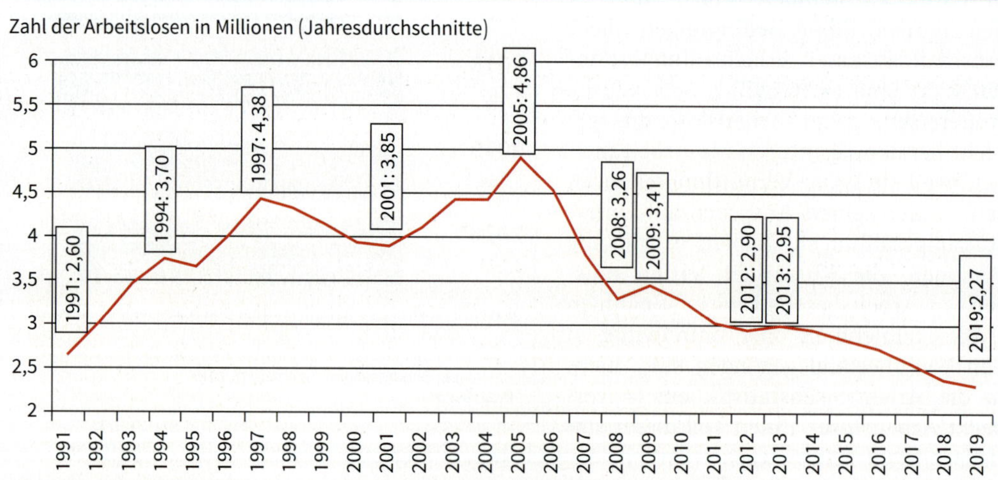

Eigene Darstellung nach Zahlenmaterial von Statistisches Bundesamt, Bundesagentur für Arbeit

1 „Zivil" bedeutet in diesem Zusammenhang, dass nur Erwerbspersonen aus Privathaushalten berücksichtigt werden. Erwerbspersonen aus sogenannten Anstaltshaushalten (z. B. Soldaten, Gefangene, Mönche) sind dagegen nicht erfasst.

2 Diese Definition entspricht dem in der EU angewandten EUROSTAT-Konzept.

Struktur der Arbeitslosigkeit

Die Analyse der Arbeitslosenstruktur in Deutschland zeigt u. a. folgende Besonderheiten:

- In Ostdeutschland ist die Arbeitslosenquote (2019: 6,1%) als Folge des wirtschaftlichen Umbruchs nach der Wiedervereinigung bedeutend höher als in Westdeutschland (2019: 4,6%).
- Unter den Arbeitslosen in Westdeutschland hat fast die Hälfte keine abgeschlossene Berufsausbildung. Die unterschiedlich hohe Arbeitslosigkeit bei Personen ohne Berufsausbildung und solchen mit Ausbildung vergrößert sich sowohl in den neuen als auch in den alten Bundesländern erheblich. Insgesamt ist in Deutschland das Problem der Arbeitslosigkeit unter Geringqualifizierten deutlich stärker ausgeprägt als in anderen Ländern.
- Mit steigendem Alter der Arbeitnehmer erhöht sich auch das Risiko einer Arbeitslosigkeit. Ältere Arbeitnehmer sind somit besonders stark von Arbeitslosigkeit betroffen.
- Über ein Drittel aller Arbeitslosen ist bereits mehr als ein Jahr ohne Beschäftigung (Langzeitarbeitslose). Stand 2019: rund 813 000.
- Insgesamt waren 2018 etwas mehr Männer (5,4%) als Frauen (5,2%) arbeitslos gemeldet.

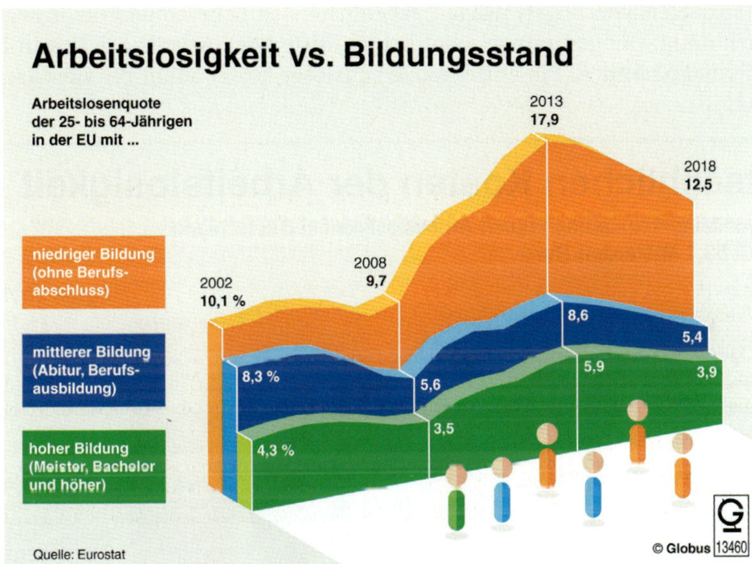

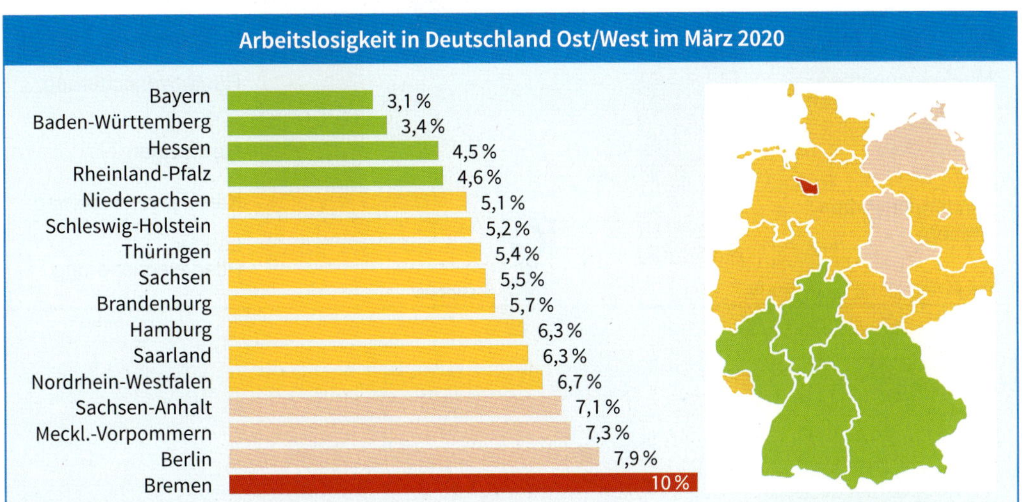

Eigene Darstellung; Zahlen entnommen von Bundesagentur für Arbeit

6.2 Arbeitslosigkeit als wirtschaftliches und soziales Problem

Lernziele:

Nach der Bearbeitung des Kapitels sind Sie in der Lage, Folgendes zu tun:

Sie ...

- ... beschreiben die wirtschaftlichen Folgen der Arbeitslosigkeit.
- ... nennen soziale Folgen von Arbeitslosigkeit.
- ... beschreiben die Bedeutung der Arbeit für den Menschen.

Kosten der Arbeitslosigkeit

Arbeitslosigkeit verursacht für die Gesamtgesellschaft enorme Kosten. Einerseits bedeuten die unausgelasteten volkswirtschaftlichen Produktionskapazitäten eine Verschwendung wertvoller Ressourcen (Opportunitätskosten). Andererseits sind bei gleichzeitigen Mindereinnahmen an Steuern und Sozialversicherungsbeiträgen erhebliche staatliche Unterstützungszahlungen an die Betroffenen nötig. Die gesamtwirtschaftlichen Kosten der Arbeitslosigkeit in Deutschland betrugen 2017 rund 53 Mrd. €. Ein einzelner Arbeitsloser kostet damit die Gesellschaft im Jahr ca. 21.000 €.

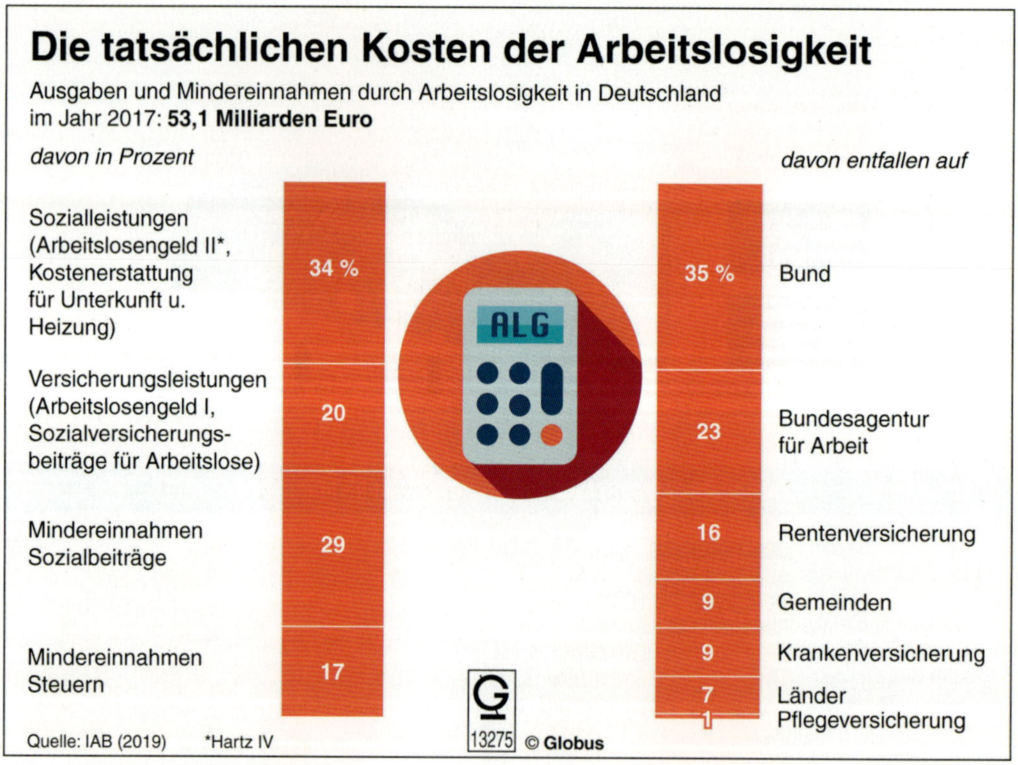

Soziale Auswirkungen der Arbeitslosigkeit

Die gesamtwirtschaftliche Betrachtungsweise darf aber nicht darüber hinwegtäuschen, dass sich hinter den nüchternen Arbeitslosenzahlen Einzelschicksale verbergen. Der Verlust des Arbeitsplatzes bedeutet für den Einzelnen, dass wesentliche menschliche Bedürfnisse nicht mehr durch Arbeit befriedigt werden können.

Menschliche Bedürfnisse und ihre Befriedigung durch Arbeit

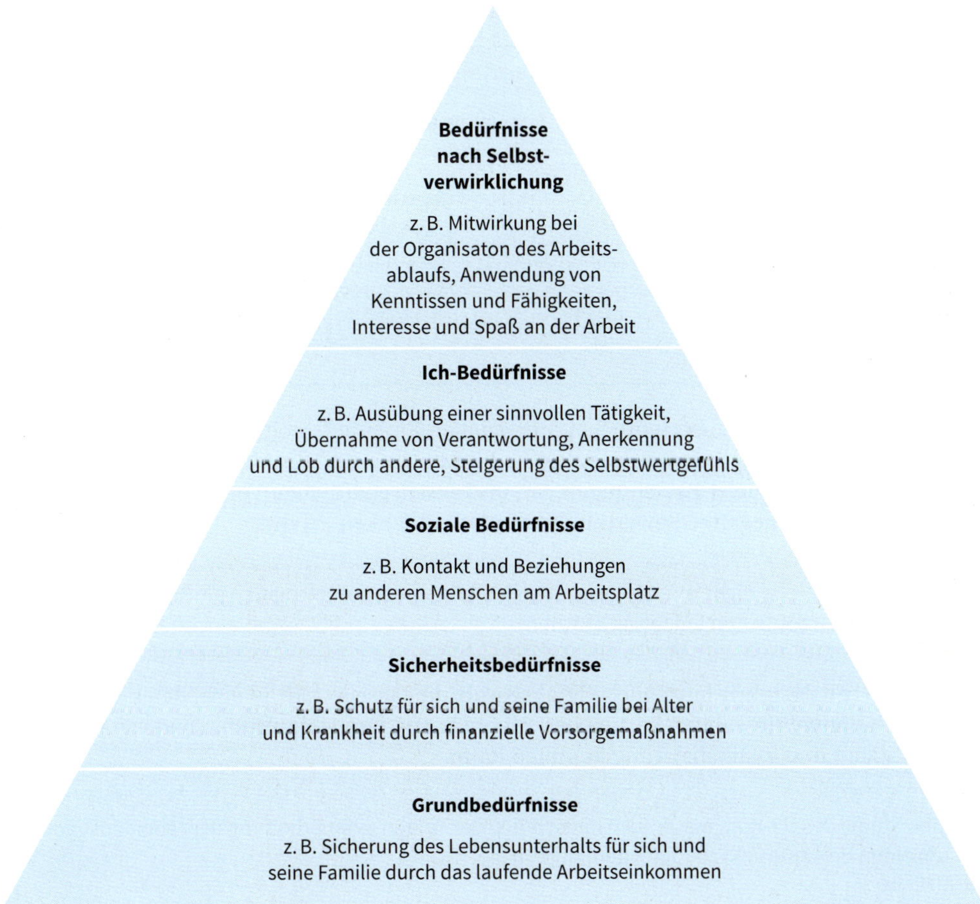

(mögliche) psychische Belastungen bei Arbeitslosigkeit

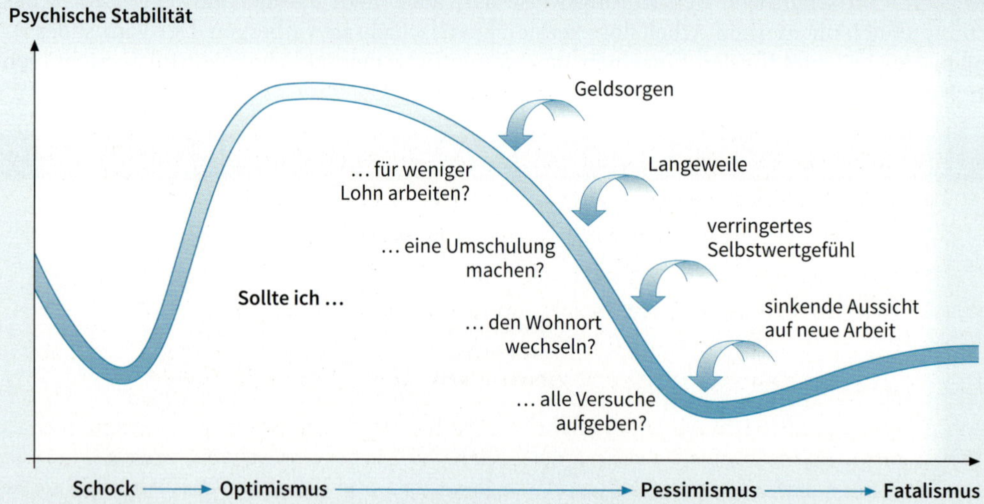

Eigene Darstellung nach: Bundesanstalt für Arbeit (Hrsg.). In: Überlegungen zu einer vorausschauenden Arbeitsmarktpolitik, Nürnberg 1978, S. 209.

Arbeitslose erleiden neben beträchtlichen finanziellen Einbußen möglicherweise auch den Verlust ihrer beruflichen Qualifikation, psychische Belastungen und Krankheiten sowie die Zerstörung familiärer und sozialer Beziehungen. Sie sind gesellschaftlichen Vorurteilen ausgesetzt, da Arbeitslosigkeit eine negative Bewertung in der Öffentlichkeit erfährt.

D Arbeitslosigkeit ist nicht nur ein gesamtwirtschaftliches, sondern auch ein soziales Problem mit vielen persönlichen Einzelschicksalen.

Eine hohe Arbeitslosigkeit birgt auch Gefahren für die Gesellschaft in sich, da es zu einer Zunahme der Kriminalität, einem Anstieg des Alkohol- und Drogenkonsums sowie zu politischer Gleichgültigkeit und Radikalisierung kommen kann.

B Eine Studie des US-Kongresses kam hinsichtlich der Folgen einer Erhöhung der Arbeitslosenquote um einen Prozentpunkt zu folgendem Ergebnis:

Zusätzliche
- 495 Todesfälle durch Leberzirrhose
- 628 tödliche Gewaltverbrechen
- 920 Selbsttötungen
- 3 440 Gefangene in staatlichen Gefängnissen
- 4 227 Aufnahmen in psychiatrische Krankenhäuser
- 20 240 tödliche Herzinfarkte

vgl. M. Goodwin, D. E. Burr, Economix, Berlin 2013, S. 207

6.3 Ursachen und Formen der Arbeitslosigkeit

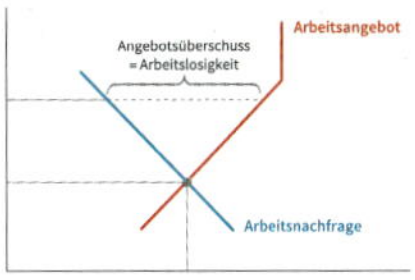

Lernziele:

Nach der Bearbeitung des Kapitels sind Sie in der Lage, Folgendes zu tun:

Sie ...

- ... beschreiben die Entstehung von Arbeitslosigkeit verbal und grafisch.
- ... stellen die Auswirkung eines Mindestlohns auf die Arbeitslosigkeit dar.
- ... unterscheiden die Ursachen und Formen der Arbeitslosigkeit.
- ... erläutern, was man unter konjunktureller Arbeitslosigkeit versteht.
- ... beschreiben verschiedene Formen der strukturellen Arbeitslosigkeit.

6.3.1 Lohnkostenbedingte und nachfragebedingte Arbeitslosigkeit

D 3.1

In der Wirtschaftstheorie werden vor allem zwei grundverschiedene Interpretationen der **Entstehung von Arbeitslosigkeit** diskutiert, die den Theorieschulen der **Neoklassik**[1] und des **Keynesianismus**[2] zuzuordnen sind. Dabei ist die keynesianische Arbeitslosigkeit vor allem **konjunkturell** und die (neo-)klassische Arbeitslosigkeit vielfach **strukturell** bedingt. In einer Rezessionsphase, die durch sinkende gesamtwirtschaftliche Nachfrage und ein zurückgehendes Preisniveau gekennzeichnet ist, würden die Vertreter dieser beiden Theorierichtungen die Arbeitslosigkeit etwa folgendermaßen erklären:

Arbeitsmarkt

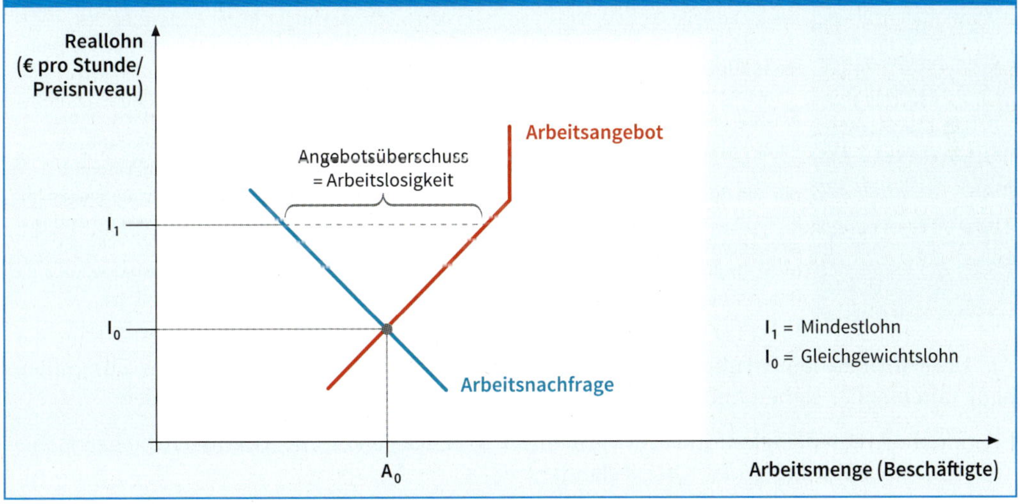

1 Als Neoklassik wird in der Volkswirtschaftslehre eine Theorierichtung bezeichnet, die ihren Ausgangspunkt in der zweiten Hälfte des 19. Jahrhunderts hat. Sie löste die durch Adam Smith (1723 – 1790), David Ricardo (1772 – 1823) und andere zumeist englische Ökonomen begründete klassische Volkwirtschaftslehre ab und bestimmte das ökonomische Denken bis zur Weltwirtschaftskrise in den dreißiger Jahren des 20. Jahrhunderts. Danach war der Keynesianismus für einige Jahrzehnte die vorherrschende Denkrichtung.

2 Auf dem Werk des englischen Wirtschaftswissenschaftlers John Maynard Keynes (1883 – 1946) beruhende Wirtschaftstheorie.

Klassische (lohnkostenbedingte) Arbeitslosigkeit	**Keynesianische (nachfragebedingte) Arbeitslosigkeit**
„Das Arbeitsmarktdiagramm zeigt, dass der Reallohn zu hoch ist, um ein Arbeitsmarktgleichgewicht herbeizuführen. Vollbeschäftigung ist durch eine Senkung des Nominallohns (und damit des Reallohns) zu erreichen. Daher müssen alle hemmenden Faktoren, die eine Senkung des Reallohns verhindern (z. B. Mindestlohnvorschriften, unflexible Tarifvereinbarungen usw.), abgeschafft werden."	„Das Hauptproblem ist nicht der zu hohe Reallohn. Entscheidend ist, dass die Nachfrage auf den Gütermärkten zu gering ist, um Vollbeschäftigung zu erreichen. Eine Lohnsenkung löst das Problem nicht. Warum sollten die Unternehmen mehr Arbeitskräfte einstellen, wenn sie die zusätzlich erzeugten Güter wegen fehlender Nachfrage nicht absetzen können? Der Staat muss für die Ausweitung der gesamtwirtschaftlichen Nachfrage sorgen."

D Die klassische Theorie sieht die Ursache der Arbeitslosigkeit in zu hohen Reallöhnen. Die keynesianische Theorie sieht die Ursache der Arbeitslosigkeit in einer zu geringen gesamtwirtschaftlichen Nachfrage.

6.3.2 Konjunkturelle und strukturelle Arbeitslosigkeit

Entsprechend den unterschiedlichen Erklärungsansätzen wird in der Arbeitsmarktpolitik im Hinblick auf die Bekämpfungsmöglichkeiten durch arbeitsmarktpolitische Maßnahmen insbesondere zwischen **konjunktureller** und **struktureller Arbeitslosigkeit** unterschieden:

konjunkturelle Arbeitslosigkeit	Konjunkturelle Arbeitslosigkeit entsteht durch Schwankungen in der Auslastung des Produktionspotenzials. In der Rezession wird von den Unternehmen weniger und im Boom mehr Arbeit nachgefragt.
strukturelle Arbeitslosigkeit	Strukturelle Arbeitslosigkeit beruht auf Strukturwandlungen in der Volkswirtschaft, die auch Änderungen hinsichtlich der Zahl der Arbeitsplätze und der Qualifikationsanforderungen mit sich bringen. Die Arbeitsnachfrage bleibt insbesondere in einzelnen Teilbereichen des Arbeitsmarktes hinter dem Arbeitsangebot zurück, weil in diesen Bereichen im Verhältnis zur Zahl der Erwerbspersonen nicht (mehr) genügend Arbeitsplätze vorhanden sind oder die Arbeitslosen wegen Alters, Qualifikation oder geringer räumlicher Mobilität nicht für die Besetzung der freien Stellen infrage kommen. Auch die lohnkostenbedingte (klassische) Arbeitslosigkeit stellt eine Form der strukturellen Arbeitslosigkeit dar.

Als **Unterformen der strukturellen Arbeitslosigkeit**, die alle in unmittelbarem Zusammenhang miteinander stehen und sich gegenseitig überlagern, lassen sich unterscheiden:

- **regionale Arbeitslosigkeit** in Form vermehrter Arbeitslosigkeit in strukturschwachen Gebieten (z. B. neue Bundesländer, Ostfriesland)
- **berufs- und qualifikationsspezifische Arbeitslosigkeit** durch Wegfall bestimmter Berufsgruppen und Änderung der Produktionsweise (z. B. Bergleute, Schriftsetzer)
- **branchenspezifische Arbeitslosigkeit** als Folge eines – teilweise durch den internationalen Konkurrenzkampf ausgelösten – Strukturwandels, von dem einzelne Branchen betroffen sind (z. B. Kohle, Stahl, Werften, Textil).
- **Geschlechts- und altersspezifische Arbeitslosigkeit**, da beispielsweise jugendliche Berufsanfänger und ältere Arbeitslose von den Agenturen für Arbeit besonders schwer vermittelbar sind. Innerhalb aller Altersgruppen ist der Anteil arbeitsloser Frauen besonders hoch.
- **Technologische Arbeitslosigkeit** liegt dann vor, wenn durch neue Fertigungsverfahren (Rationalisierung) Arbeitskräfte freigesetzt werden. Es besteht ein enger Zusammenhang mit der **lohnkostenbedingten Arbeitslosigkeit**.

Konjunkturelle und strukturelle Arbeitslosigkeit lassen sich meistens nicht eindeutig voneinander trennen. Der größer gewordene Anteil der Langzeitarbeitslosen in den letzten Jahrzehnten deutet aber darauf hin, dass die derzeitige Arbeitslosigkeit in der Bundesrepublik Deutschland zum überwiegenden Teil (ca. 85%) durch Strukturprobleme bedingt ist. Einige Experten gehen davon aus, dass aufgrund der zunehmenden Digitalisierung und Vernetzung innerhalb der Industrielandschaft (Stichwort Industrie 4.0) zusätzliche strukturelle Arbeitslosigkeit entsteht. Begründet wird dies dadurch, dass viele Arbeitsschritte, die heute noch von Menschen ausgeführt werden, künftig deutlich stärker automatisiert werden können. Obwohl auf der einen Seite auch neue Arbeitsplätze durch die Digitalisierung entstehen, wiegt dies den Wegfall anderer Arbeitsplätze wahrscheinlich nicht auf.

6.4 Lohnpolitik der Tarifvertragsparteien

Lernziele:

Nach der Bearbeitung des Kapitels sind Sie in der Lage, Folgendes zu tun:

Sie ...

- ... erläutern die Begriffe „Koalitionsfreiheit“ und „Tarifautonomie“.
- ... stellen den Ablauf einer Tarifverhandlung dar.
- ... beschreiben, welche Ziele ein Flächentarifvertrag verfolgt.
- ... erörtern Vor- und Nachteile eines Flächentarifvertrags.
- ... nennen Beispiele, wie der Staat indirekt auf die Entwicklung der Lohnkosten Einfluss nimmt.
- ... erläutern den Zweck von Öffnungsklauseln in Tarifverträgen.
- ... erklären den Zusammenhang zwischen der Höhe der Arbeitskosten und der Arbeitslosigkeit.
- ... erläutern die Arbeitsproduktivität.
- ... erläutern den Unterschied produktivitätsorientierter und beschäftigungsorientierter Lohnpolitik.
- ... bewerten die Kaufkrafttheorie der Löhne kritisch.

6.4.1 Koalitionsfreiheit – Tarifautonomie – Tarifverträge

Koalitionsfreiheit und Tarifautonomie

Der Lohn ist aus Sicht der Volkswirtschaftstheorie ein Preis, der auf dem Arbeitsmarkt für die Leistung des Produktionsfaktors Arbeit gezahlt wird. Vor dem Hintergrund, dass ein unregulierter Arbeitsmarkt im Rahmen einer freien Marktwirtschaft zu Fehlentwicklungen in Form von Ausbeutung der Arbeitnehmer führt, besteht heute in den meisten Industrieländern die Auffassung, dass der Arbeitsmarkt nicht völlig dem freien Spiel der Marktkräfte überlassen werden soll. Wie in vielen anderen Ländern wird auch in Deutschland der Prozess der Lohnfindung nicht durch die einzelnen Unternehmen und Arbeitnehmer, sondern durch **Arbeitgeberverbände** und **Gewerkschaften (Tarifvertragsparteien)** bestimmt. Das Grundgesetz garantiert in Art. 9 Abs. 3 die **Koalitionsfreiheit**.

Die sich daraus ergebende **Tarifautonomie**, die im Tarifvertragsgesetz weiter konkretisiert ist, besagt, dass nicht der Staat, sondern die Tarifvertragsparteien (Tarifpartner) für die Vereinbarung von Arbeitsentgelt und sonstigen Arbeitsbedingungen verantwortlich sind.

6.3, S. 492

Unter Tarifautonomie ist das Recht der Tarifpartner zu verstehen, ohne staatliche Einflussnahme die Höhe von Löhnen und Gehältern sowie andere Arbeitsbedingungen in Tarifverträgen zu regeln.

Tarifverträge

Die Regelung von Löhnen, Arbeitszeiten und sonstigen Arbeitsbedingungen durch die Tarifvertragsparteien erfolgt in Deutschland überwiegend im Rahmen von Branchentarifverhandlungen. Diese werden entweder bundesweit (z. B. Bauwirtschaft, Bankensektor) oder regional nach Tarifbezirken (z. B. Metall- und Elektroindustrie, Handel) geführt. Führen die Verhandlungen in einer Region zum Erfolg und zum Abschluss eines Tarifvertrags, wird dieser „Pilotabschluss" in der Regel von den anderen Regionen übernommen. Aus diesem Grund hat sich für branchenweite Tarifabschlüsse der Begriff **Flächentarifvertrag** durchgesetzt.

Einem solchen Flächentarifvertrag (Branchentarifvertrag), der für alle Unternehmen dieser Branche gilt, die freiwillig tarifgebundene Mitglieder des entsprechenden Arbeitgeberverbandes sind, unterliegen in Westdeutschland ca. 43% aller Unternehmen, in Ostdeutschland dagegen nur ca. 21%. Nicht flächentarifgebundene Unternehmen unterliegen entweder einem **Firmentarifvertrag** (Haustarif, Werktarif), der zwischen der für die Branche zuständigen Gewerkschaft und der Unternehmensleitung abgeschlossen wird, oder sie handeln ihre Arbeitsverträge individuell mit ihren Mitarbeitern aus.

Die Bedeutung des Flächentarifvertrags nimmt ständig ab, da sich auch in Westdeutschland immer weniger Unternehmen an die einheitlichen und unflexiblen Bedingungen des Flächentarifvertrags binden lassen wollen. Innerhalb der einzelnen Branchen ist die wirtschaftliche Lage der einzelnen Unternehmen teilweise nämlich höchst unterschiedlich. Während gut situierte Unternehmen die Tarifvereinbarungen ohne Probleme einhalten können, können diese bei Unternehmen, die sich in einer wirtschaftlichen Krise befinden, zur Insolvenz führen. Um diesem Problem Rechnung zu tragen, haben die Tarifparteien mit sogenannten Öffnungsklauseln Spielräume für unternehmensspezifische Lösungen geschaffen. **Öffnungsklauseln** gestatten es einzelnen Unternehmen, zeitlich befristet tariflich vereinbarte Mindeststandards (z. B. Tariflöhne und -gehälter) zu unterschreiten.

Flächentarifvertrag	
Pro	**Kontra**
▮ Planungs- und Kalkulationssicherheit hinsichtlich der Lohnkosten ▮ friedenssichernde Funktion für die Unternehmen, da während der Laufzeit des Tarifvertrags Friedenspflicht gilt und keine unvorhersehbaren Arbeitskonflikte (Streiks) auftreten können ▮ Tarifkonflikte werden überbetrieblich ausgetragen. Dadurch werden Auseinandersetzungen aus den einzelnen Unternehmen herausgehalten. ▮ Kostenersparnis, da nicht mit jedem Arbeitnehmer einzeln verhandelt werden muss (= „Outsourcing“ für die Regelung der Arbeitsbedingungen, Einsparung von Transaktionskosten) ▮ Standardisierung von Löhnen, Arbeitszeiten und anderen Arbeitsbedingungen (= Konditionenkartell) entschärft die Konkurrenz zwischen den Unternehmen im Hinblick auf Lohnkosten und Qualität der Arbeitsbedingungen. ▮ Arbeitnehmer werden durch Mindestbedingungen vor Unterbietungswettbewerb (Lohndumping) geschützt.	▮ Das Niveau der Löhne und der anderen in den Flächentarifverträgen geregelten Arbeitsbedingungen in Deutschland gehört weltweit zu den höchsten. Im internationalen Wettbewerb führt dieses hohe Tarifniveau zu Wettbewerbs- und Standortnachteilen, da ausländische Wettbewerber nicht diesen Bedingungen unterliegen. ▮ Die starren Flächentarifverträge nehmen zu wenig Rücksicht auf die unterschiedliche wirtschaftliche Lage der einzelnen Betriebe. Es ist mehr Flexibilität auf betrieblicher Ebene nötig. Der Belegschaft eines Betriebes muss es leichter möglich sein, durch freiwillige Vereinbarungen mit der Unternehmensleitung von den Vereinbarungen des Flächentarifvertrags abzuweichen. Lösung: Gesetzlich verordnete Öffnungsklauseln, betriebliche Bündnisse zwischen Betriebsrat und Unternehmensleitung. ▮ Das durch die Flächentarifverträge zementierte hohe Niveau bei Löhnen und anderen Arbeitsbedingungen verhindert Neueinstellungen insbesondere für Problemgruppen bzw. „Outsider“ unter den Arbeitslosen (Langzeitarbeitslose, Geringqualifizierte).

Lohnpolitik ist somit in erster Linie Aufgabe der Tarifpartner. Allerdings nimmt der Staat durch gesetzliche Regelungen im Arbeits- und Sozialrecht indirekt erheblichen Einfluss auf die Arbeitsbedingungen und die Höhe der Arbeitskosten. Arbeitgeberbeiträge zur Sozialversicherung der Arbeitnehmer, Lohnfortzahlung im Krankheitsfall und andere gesetzlich oder tarifvertraglich geregelte Personalzusatzkosten (Lohnnebenkosten) bestimmen neben den tariflich vereinbarten Löhnen die tatsächliche Höhe der Arbeitskosten.

6.4.2 Produktivitäts- und beschäftigungsorientierte Lohnpolitik

F

$$\text{Arbeitsproduktivität} = \frac{\text{Produktionsergebnis (Output)}}{\text{Arbeitseinsatz}}$$

Eine Erhöhung der **Arbeitsproduktivität** bedeutet, dass mit einer gleich bleibenden Zahl von Erwerbstätigen eine größere Produktionsmenge erzeugt wird. Wenn die Löhne stärker steigen als die Arbeitsproduktivität, erhöhen sich die Lohnkosten je Stück **(Lohnstückkosten)**. Gelingt es den Unternehmen, diese Kostenerhöhung in Form höherer Preise zu überwälzen, kann es zu einer **Lohnkosteninflation** kommen. Andernfalls schmälert der Anstieg der Lohnstückkosten den Unternehmensgewinn und verringert die Wettbewerbsfähigkeit. Das kann zu einer Zunahme der **Arbeitslosigkeit** (klassische bzw. lohnkostenbedingte Arbeitslosigkeit) führen.

6.4, S. 493

6.5, S. 494

Den Tarifparteien wird daher insbesondere von angebotstheoretisch orientierten und arbeitgebernahen Wirtschaftswissenschaftlern eine Lohnpolitik empfohlen, die sich am Produktivitätsfortschritt orientiert **(produktivitätsorientierte Lohnpolitik)**, um einen Anstieg der Lohnstückkosten zu vermeiden. Lohnsteigerungen, die nicht höher als der Produktivitätsfortschritt sind, verhindern nach dieser Auffassung sowohl Lohnkosteninflation als auch lohnkostenbe-

D 4.4.4

D 5.3.2

dingte Arbeitslosigkeit. Im Falle hoher Arbeitslosigkeit sollen aber die **Lohnsteigerungen geringer als der Produktivitätsfortschritt** ausfallen, um durch die damit einhergehende Kostenentlastung die Wettbewerbsposition der Unternehmen zu stärken, die Unternehmensgewinne zu erhöhen und so einen Beitrag zur Beschäftigungsförderung zu leisten. Gehen die Lohnforderungen der Gewerkschaften über den Produktivitätsfortschritt hinaus, wird von **expansiver Lohnpolitik** gesprochen. Eine solche Politik wird häufig mit dem **Kaufkrafteffekt der Lohnerhöhung** zur Stärkung der Konsumgüternachfrage und mit dem Ziel einer Erhöhung der **Lohnquote** begründet.

Für eine **beschäftigungsfördernde Lohnpolitik** mit Lohnerhöhungen unterhalb des Produktivitätsfortschritts wird folgende Formel vorgeschlagen: Für je zwei Prozentpunkte der über die als unvermeidbar angesehene Sockelarbeitslosigkeit hinausgehenden Arbeitslosenquote soll ein beschäftigungsfördernder Lohnabschlag von 1% berücksichtigt werden.

Beschäftigungsfördernde Lohnpolitik (EEKHOFF-Formel[1])	
L = beschäftigungsfördernde Lohnerhöhung P = Produktivitätsfortschritt I = Inflationsausgleich ALQ = tatsächliche Arbeitslosenquote ALQ_n = unvermeidbare Arbeitslosenquote 0,5 ($ALQ - ALQ_n$) = Hälfte d. Diff. zw. ALQ und ALQ_n	Bei einem Produktivitätsfortschritt von 2,0 %, einer erwarteten Inflationsrate von 2,5 %, einer tatsächlichen ALQ von 10 % und einer als unvermeidbar angesehenen ALQ_n von 4 % ergibt sich eine beschäftigungsfördernde Lohnerhöhung von 1,5 %.
$L = P + I - 0{,}5\,(ALQ - ALQ_n)$	$L = 2{,}0\,\% + 2{,}5\,\% - 0{,}5\,(10\,\% - 4\,\%) = 1{,}5\,\%$

6.4.3 Kaufkrafttheorie der Löhne

Ein von Arbeitnehmerseite immer wieder angeführtes Argument für Lohnsteigerungen beruht auf der **Kaufkrafttheorie der Löhne**. Diese besagt, dass durch Lohnerhöhungen die Konsumgüternachfrage der Arbeitnehmer steigt. Das zieht wiederum eine höhere Güterproduktion und damit mehr Beschäftigung nach sich. Diese Argumentation ist typisch für eine keynesianische Arbeitslosigkeit, die durch eine Erhöhung der gesamtwirtschaftlichen Nachfrage bekämpft werden soll. Allerdings hat J. M. KEYNES selbst in diesem Zusammenhang nie für höhere Löhne, sondern vornehmlich für eine höhere Staatsnachfrage plädiert. Die Kaufkrafttheorie ist u. a. aus folgenden Gründen höchst umstritten:

D 5.2.2

- Lohnerhöhungen stellen für die Unternehmen Kostenerhöhungen dar. Dieser negative Effekt überwiegt bei den Unternehmen gegenüber den möglicherweise steigenden Umsatzaussichten aufgrund eines sich verbessernden Konsumklimas. Nach (neo-)klassischer Auffassung verschärfen Lohnerhöhungen bei Unterbeschäftigung das Ungleichgewicht auf dem Arbeitsmarkt, weil wegen des gestiegenen Preises für den Produktionsfaktor Arbeit die Nachfrage nach Arbeitskräften noch weiter zurückgeht.
- Es ist schwierig, bei den Ursachen der Arbeitslosigkeit genau zwischen einer konjunkturellen (keynesianischen) und einer strukturellen (klassischen) Arbeitslosigkeit zu unterscheiden. Bei einer strukturellen Arbeitslosigkeit würden Lohnerhöhungen das Beschäftigungsproblem noch zusätzlich verschärfen. Lohnsenkungen in einer Rezession würden allerdings nach allgemeiner Auffassung ebenfalls zu einer Verschlimmerung der Beschäftigungssituation führen.

1 Benannt nach J. Eekhoff, VWL-Professor an der Uni Köln

6.5 Instrumente und Maßnahmen zur Beschäftigungsförderung

Lernziele:

Nach der Bearbeitung des Kapitels sind Sie in der Lage, Folgendes zu tun:

Sie ...

- ... charakterisieren die Beschäftigungspolitik und die Arbeitsmarktpolitik.
- ... nennen und bewerten Maßnahmen zur Bekämpfung der Arbeitslosigkeit, die von der Arbeitgeberseite vorgeschlagen werden.
- ... nennen und bewerten Maßnahmen zur Bekämpfung der Arbeitslosigkeit, die von der Arbeitnehmerseite vorgeschlagen werden.
- ... disktuieren verschiedene Maßnahmen, die der Staat zum Abbau der Arbeitslosigkeit ergreifen kann.
- ... beurteilen Instrumente zur Neuordnung des Mindestlohnsektors.

6.5.1 Überblick

Unterschiedliche Ursachen der Arbeitslosigkeit erfordern unterschiedliche Maßnahmen zu ihrer Bekämpfung. Die Abbildung auf S. 484 gibt einen Überblick über mögliche Ansatzpunkte.

Unterscheidung zwischen Beschäftigungspolitik und Arbeitsmarktpolitik

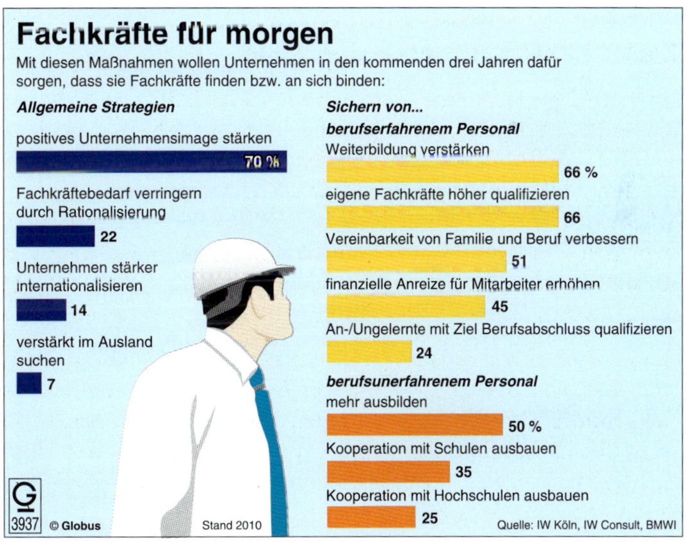

Die Beschäftigungspolitik setzt an gesamtwirtschaftlichen Größen (z.B. gesamtwirtschaftliche Nachfrage und gesamtwirtschaftliches Angebot, Wirtschaftswachstum) an. Sie umfasst u.a. fiskalpolitische Maßnahmen des Staates im Rahmen der Konjunktur- und Wachstumspolitik sowie geldpolitische Maßnahmen der Zentralbank. Die Maßnahmen greifen – im Gegensatz zur Arbeitsmarktpolitik – nicht in einzelwirtschaftliche Entscheidungen einzelner Unternehmen und Haushalte ein. Im Rahmen der Arbeitsmarktpolitik geht es dagegen beispielsweise um Qualifizierungsmaßnahmen für Arbeitslose, Lohnkostenzuschüsse, Kurzarbeitergeld u. a. m.

6.5.2 Vorschläge der Tarifvertragsparteien zur Arbeitsmarktpolitik

Unter den Tarifparteien und den Anhängern einer angebots- bzw. nachfrageorientierten Wirtschaftspolitik herrscht allerdings – nicht zuletzt wegen der sich teilweise widersprechenden Interessenlage – Uneinigkeit, welche Maßnahmen zur Reduzierung einer hohen Arbeitslosigkeit ergriffen werden sollen. In der folgenden Tabelle auf den Seiten 485-487 sind einige der gängigen Vorschläge und Argumente gegenübergestellt.

6.6, S. 494
6.7, S. 495
6.8, S. 496

Maßnahmen zur Bekämpfung der Arbeitslosigkeit

Bekämpfung der Arbeitslosigkeit

- **konjunkturelle Arbeitslosigkeit** (Erhöhung der gesamtwirtschaftlichen Nachfrage)
  - **Fiskalpolitik**
    - Erhöhung der Staatsausgaben
    - Minderung der Steuereinnahmen
  - **Geldpolitik**
    - Erhöhung der Geldmenge
    - Zinssenkung
  - **Außenwirtschaftspolitik**
    - Protektionismus (Importzölle, Exportsubventionen)
    - „Beggar-my-neighbour-Politik“
    - Abwertung der Inlandswährung
- **strukturelle Arbeitslosigkeit**
  - **regional**
    - Industrieansiedlung
    - Ausbau der Infrastruktur
    - Erhöhung der regionalen Mobilität der Arbeitskräfte
    - regionale Lohndifferenzierung
  - **sektoral**
    - Strukturpolitik
    - Subventionen
    - sektorale Lohndifferenzierung
  - **berufs- und qualifizierungsspezifisch**
    - Ausbildung
    - Weiterbildung
    - Umschulung
  - **altersspezifisch**
    - vorgezogene Altersgrenze
    - Umschulung
    - Ausbildungsplatzkampagne
  - **technologisch**
    - Umschulung
    - Weiterbildung
    - Rationalisierungsschutzabkommen
    - kostenneutrale Lohnpolitik
- **Schaffung neuer Arbeitsplätze**
  - **Wachstumspolitik**
    - Wettbewerbsförderung
    - Investitionspolitik (Erweiterungsinvestitionen)
    - Forschungspolitik
    - Bildungspolitik
    - Förderung von Existenzgründern
  - **Flexibilisierung des Arbeitsmarktes**
    - Lohndifferenzierung (Betrieb, Branchen, Regionen)
    - Flexible Arbeitszeiten
    - Lockerung arbeits- und sozialrechtlicher Vorschriften
- **bessere Verteilung der vorhandenen Arbeit**
  - **Arbeitsmarktpolitik**
    - Berufsberatung
    - Arbeitsvermittlung
    - Kurzarbeitergeld
    - ABM-Maßnahmen
    - Lohnkostenzuschüsse
  - **Arbeitszeitverkürzung**
    - Verkürzung der Wochen-, Jahres- und Lebensarbeitszeit
    - Abbau von Überstunden
  - **Lohnpolitik**
    - Lohnerhöhungen < Produktivitätsfortschritt

6.9, S. 497

Maßnahme	Neoklassische Arbeitsmarkttheorie Position der Arbeitgeber	Keynesianische Arbeitsmarkttheorie Position der Gewerkschaften
Senkung der Lohnkosten	Der Lohn als Preis für den Produktionsfaktor Arbeit muss auf Arbeitsmarktungleichgewichte reagieren. Größere Flexibilität der Löhne nach unten in Abhängigkeit von der jeweiligen Unternehmenssituation ist erforderlich. Im internationalen Vergleich ist das Lohnniveau in Deutschland äußerst hoch. Das beeinträchtigt die internationale Wettbewerbsfähigkeit der deutschen Wirtschaft.	Niedrigere Löhne bewirken nicht unbedingt eine zusätzliche Beschäftigung. Die Lohnerhöhungen der letzten Jahre waren sehr maßvoll. Die realen Nettolöhne sind sogar gesunken. Trotzdem hat die Arbeitslosigkeit zugenommen. Obwohl in Ostdeutschland das Lohnniveau wesentlich niedriger als im Westen ist, ist dort die Arbeitslosigkeit besonders hoch. Die internationale Wettbewerbsfähigkeit der deutschen Wirtschaft ist nicht gefährdet. Die enormen Exportüberschüsse zeigen, dass in Deutschland die Lohnstückkosten niedrig, die Produktivität hoch und die Qualität der Arbeit gut ist.
Lohnerhöhung zur Erhöhung der Konsumgüternachfrage	Lohnerhöhungen verteuern die Produktion. Zudem ist der Nachfrageeffekt äußerst gering. Bei einem Bruttomonatslohn von 2.230 € würde eine Erhöhung um 100 € nach Abzug von Steuern, Sozialversicherungsabgaben, Ersparnis und Ausgaben für importierte Konsumgüter lediglich eine Nachfrageerhöhung nach inländischen Konsumgütern um 27,10 € (Single) bzw. 35,80 € (verheirateter Alleinverdiener mit 2 Kindern) bewirken.	Für eine Produktionsausweitung sind nicht die Lohnkosten entscheidend, sondern die Absatzmöglichkeiten der Unternehmen. Durch Lohnerhöhungen kann die Binnennachfrage nach Konsumgütern gestärkt und ein Beschäftigungsimpuls ausgelöst werden. In vielen Branchen sind die Produktionskapazitäten wegen fehlender Aufträge nicht ausgelastet. Das verstärkt den Preiswettbewerb und vernichtet Arbeitsplätze. Lohnerhöhungen im Rahmen des Produktivitätsfortschritts sind kostenneutral. Der Verzicht auf Lohnerhöhungen, die Kürzung der Sozialleistungen und die steigende Arbeitslosigkeit führen zu einer Schwächung der Konsumgüternachfrage und damit zu neuen Arbeitsplatzverlusten.
Einführung eines Niedriglohnsektors	Eine Lohndifferenzierung durch Einführung eines Niedriglohnsektors ist nötig, um auch gering qualifizierten Arbeitnehmern eine Beschäftigungsmöglichkeit zu bieten (Spreizung der unteren Lohngruppen). Es müssen Anreize zur Arbeitsaufnahme statt Anreize zur Schwarzarbeit geschaffen werden (z. B. durch höhere Zuverdienstgrenzen beim Arbeitslosengeld, Lohnsubventionen statt Arbeitslosengeld II).	Die Löhne in Westdeutschland haben sich seit 20 Jahren immer mehr auseinanderentwickelt, d. h. der Abstand zwischen denjenigen, die sehr viel verdienen, und denjenigen, die sehr wenig verdienen ist immer größer geworden. Trotzdem hat sich die Arbeitslosigkeit nicht verringert. Trotz des niedrigen Lohnniveaus in Ostdeutschland ist dort die Arbeitslosigkeit besonders hoch. Ein Niedriglohnsektor setzt zudem voraus, dass es genügend freie Arbeitsplätze in diesem Arbeitsmarktsegment gibt.
Mindestlöhne	Mindestlöhne stellen einen marktkonträren Eingriff dar. Sie bewirken noch mehr Arbeitslosigkeit, da Geringqualifizierte im Niederiglohnbereich keine Beschäftigung mehr finden. Sie führen dazu, dass Arbeitsplätze noch schneller in Niedriglohnländer verlagert werden. Durch das Arbeitslosengeld II (ab 2020 Regelsatz 432 € monatlich) besteht in Deutschland faktisch ein Mindestlohn, da kein Anreiz besteht, für einen geringeren Lohn zu arbeiten.	Staatlich festgelegte Mindestlöhne sichern den Beschäftigten eine für die Lebenshaltung ausreichende Lohnhöhe (Existenzminimum). Sie schützen vor Lohndumping durch Arbeitskräfte aus den osteuropäischen EU-Ländern. In Deutschland existiert seit 2015 - wie in fast allen anderen Industrienationen - ein Mindestlohn. Negative Auswirkungen auf den Arbeitsmarkt lassen sich bisher nicht belegen.

6.10, S. 497

Maßnahme	Neoklassische Arbeitsmarkttheorie Position der Arbeitgeber	Keynesianische Arbeitsmarkttheorie Position der Gewerkschaften
Arbeitszeit	Flexible Arbeitszeitregelungen, Mehrarbeit ohne Lohnausgleich zur Senkung der Stückkosten und Erhöhung der Wettbewerbsfähigkeit. Dadurch wird die Beschäftigung gesichert. Der gesetzliche Anspruch auf Teilzeitarbeit und die eingeschränkte Befristungsmöglichkeit der Arbeitsverhältnisse ist arbeitsplatzschädigend. Wunschkandidaten können nicht erneut befristet eingestellt werden, wenn sie schon früher im Unternehmen beschäftigt waren. Nicht jeder Wunsch auf Teilzeitarbeit lässt sich organisatorisch in den Betriebsablauf einfügen. Diesbezügliche juristische Auseinandersetzungen kosten viel Geld und Zeit.	Mehrarbeit führt zu Mehrproduktion, die wiederum in vollem Umfang abgesetzt werden muss. Andernfalls ergibt sich sogar ein negativer Beschäftigungseffekt. Längere Arbeitszeiten verhindern Neueinstellungen. Statt Arbeitszeitverlängerung sind weitere Arbeitszeitverkürzungen zur Schaffung neuer Arbeitsplätze nötig. Produktivitätssteigerungen machen Arbeitszeitverkürzungen ohne Kostensteigerung möglich. Abbau von Überstunden.
Abschaffung der Flächentarifverträge	Die traditionellen Flächentarifverträge (Löhne werden für die gesamte Branche eines Tarifgebietes festgelegt) müssen geändert werden. Der Lohnerhöhungsspielraum ist nicht bei allen Betrieben einer Branche gleich. Lohndifferenzierung in Abhängigkeit von der wirtschaftlichen Lage eines Betriebs muss möglich sein. Wenn es leichter wäre, im Krisenfall von tariflichen Vereinbarungen abzuweichen, würden mehr Arbeitsplätze geschaffen.	Die Flächentarifverträge bieten die Möglichkeit zur Vereinbarung von Öffnungsklauseln, um auf schwierige Situationen einzelner Unternehmen Rücksicht zu nehmen. Von solchen Öffnungsklauseln wird bereits vielfältiger Gebrauch gemacht. Die Forderung nach Abschaffung der Flächentarife zielt in Wirklichkeit darauf, den Mindestschutz für die Beschäftigten zu beseitigen und die Gewerkschaften zu schwächen.
Lockerung des Kündigungsschutzes	Der Kündigungsschutz muss gelockert werden. Er stellt neben anderen Schutzgesetzen eines der wesentlichen Einstellungshindernisse dar, da die Unternehmen befürchten, Arbeitnehmer in Krisenzeiten nicht ohne Weiteres entlassen zu können. Kündigungsschutzprozesse dauern lange und bergen unkalkulierbare finanzielle Folgen (Abfindungen u. Ä.). Wegen der vorgeschriebenen Sozialauswahl müssen bei Beschäftigungsrückgang oftmals Leistungsträger zuerst entlassen werden.	Nur Arbeitnehmer, die nicht in ständiger Angst vor einem Arbeitsplatzverlust leben, sind motiviert und steigern den Unternehmenserfolg. Sie sind auch zur Fort- und Weiterbildung bereit. Kündigungsschutz bedeutet für die Arbeitnehmer mehr Existenzsicherheit. Er schützt aber keineswegs vor Kündigung, sondern nur vor Willkür. Aus internationalen Statistiken lässt sich in keinem Land ein Zusammenhang zwischen Kündigungsschutz und Arbeitslosigkeit nachweisen.
Fehlanreize	Wesentliche Ursache für die Arbeitslosigkeit sind Fehlanreize. Beispielsweise kann die Forderung nach mehr Beschäftigung älterer Arbeitsloser nicht fruchten, wenn der Staat durch Programme zur Frühverrentung die sozialverträgliche Entlassung älterer Arbeitnehmer fördert. Arbeitsplätze im Niedriglohnsektor können nicht entstehen, wenn die soziale Absicherung für gering Qualifizierte finanziell attraktiver ist als eine legale Erwerbstätigkeit. Dauer und Höhe der Unterstützungsleistungen verhindern eine schnelle Arbeitssuche (mangelnde Flexibilität und Anpassungsbereitschaft).	Es wird immer wieder unterstellt, dass für Problemgruppen unter den Arbeitslosen (ältere Arbeitslose, Langzeitarbeitslose, Geringqualifizierte) genügend Arbeitsplätze zur Verfügung stehen, die nur wegen mangelnden Interesses der Betroffenen aufgrund zu hoher Sozialleistungen oder wegen der unzureichenden Vermittlungstätigkeit der Agenturen für Arbeit nicht besetzt werden können. In Wirklichkeit gibt es diese Arbeitsplätze nicht. Der Slogan „Fordern statt Fördern“ setzt ein Arbeitsplatzangebot voraus, das aber nicht vorhanden ist.

Maßnahme	Neoklassische Arbeitsmarkttheorie Position der Arbeitgeber	Keynesianische Arbeitsmarkttheorie Position der Gewerkschaften
Absenkung des Arbeitslosengeldes II und Verschärfung der Zumutbarkeitsregeln	Das Arbeitslosengeld II soll auf Sozialhilfeniveau gesenkt und gleichzeitig die Zumutbarkeitsregelung bezüglich der von den Agenturen für Arbeit angebotenen Stellen verschärft werden. So können der Druck auf Langzeitarbeitslose und der Anreiz zur Beschäftigungsaufnahme erhöht werden.	Die Kürzung von Sozialleistungen führt zu einer weiteren Schwächung des Konsums und zu weiteren Arbeitsplatzverlusten. Wenn Arbeitslose gezwungen werden, eine schlechter bezahlte Arbeit, die eine geringere Qualifikation erfordert, anzunehmen, nehmen sie den geringer qualifizierten Arbeitskräften die ohnehin knappen Arbeitsplätze in diesem Bereich weg. Erhöhter Druck auf Arbeitslose und Maßnahmen zur Verbesserung der Arbeitsvermittlung setzen voraus, dass es genügend freie Arbeitsplätze gibt.
Senkung der Steuer- und Abgabenlast	Die Unternehmenssteuern und die Sozialversicherungsbeiträge, soweit sie sich als Lohnnebenkosten (= Arbeitgeberanteil zur Sozialversicherung) niederschlagen, müssen gesenkt werden, um die Wettbewerbsfähigkeit zu sichern.	Die Unternehmenssteuern (Körperschaftsteuer, Spitzensteuersätze der Einkommensteuer) sind in den letzten Jahren erheblich gesenkt worden. Trotzdem hat die Beschäftigung zeitweise weiter abgenommen. Hinsichtlich der Steuer- und Sozialabgabenquote bewegt sich Deutschland international im Mittelfeld. In einigen Ländern, die arbeitsmarktpolitisch wesentlich erfolgreicher sind als Deutschland (z. B. Schweden), liegt die Abgabenquote erheblich höher.
staatliches Beschäftigungsprogramm	Staatliche Programme zur Beschäftigungsförderung lösen allenfalls ein kurzfristiges „Strohfeuer“ aus. Aufgabe des Staates ist es, die wirtschaftlichen Rahmenbedingungen so zu gestalten, dass die Unternehmen investieren und Arbeitskräfte einstellen. Steuererhöhungen sind ebenso wie eine zusätzliche Staatsverschuldung „Gift für die Wirtschaft“.	Durchführung staatlicher Investitionsprogramme (z. B. Bildung, Infrastruktur, Umwelt). Finanzierung durch staatliche Kreditaufnahme und Wiedereinführung der Börsenumsatz- und Vermögensteuer sowie Erhöhung der im internationalen Vergleich niedrigen Erbschaftsteuer. Auf Dauer tritt durch die ausgelöste Beschäftigungserhöhung wegen des damit einhergehenden höheren Steueraufkommens ein Selbstfinanzierungseffekt ein.

6.5.3 Neuordnung des Niedriglohnsektors: Kombilöhne, Mindestlöhne, Minijobs

Derzeit werden in Deutschland unterschiedliche Maßnahmen zur Neuordnung des Niedriglohnsektors diskutiert.

6.11, S. 498

D Als Niedriglohnsektor werden solche Tätigkeiten bezeichnet, deren Arbeitsentgelt erheblich unter dem Tariflohnniveau bzw. dem Durchschnittseinkommen liegt.

Kombilöhne

D Bei Kombilöhnen wird das durch Ausübung einer Arbeitnehmertätigkeit erzielte Entgelt durch staatliche Lohnzuschüsse aufgestockt. Es handelt sich somit um eine staatliche Lohnsubvention.

Kombilöhne basieren auf folgenden Beobachtungen: Menschen mit geringer Qualifikation finden auf dem Arbeitsmarkt nur schwer eine Beschäftigung, mit der sie ein für den Lebensunterhalt ausreichendes Einkommen erzielen können. Die zur Deckung des Lebensunterhalts notwendige Lohnhöhe liegt bei gering Qualifizierten über deren Produktivität, sodass derartige Arbeitsplätze aus Sicht der Arbeitgeber unrentabel sind und nur zu niedrigen Löhnen angeboten werden. Ein weiteres Absinken der Löhne wird aber durch staatliche Sozialleistungen

(ALG II[1], Sozialhilfe) verhindert, da kaum ein Arbeitnehmer eine Tätigkeit zu einem Lohn aufnimmt, der unter dem Niveau der staatlichen Sozialleistungen liegt. Diese Kluft zwischen der zur Existenzsicherung notwendigen Lohnhöhe einerseits und der sich aus der niedrigen Arbeitsproduktivität von gering Qualifizierten ergebenden Lohnhöhe andererseits soll durch eine **Kombination** von **Arbeitslohn** und **staatlichem Zuschuss** überbrückt werden.

C 2.3

D 5.3

Wird der Zuschuss an den Arbeitnehmer gezahlt, kann dieser auch mit einem Arbeitslohn unterhalb der staatlichen Sozialleistungen ein ausreichendes und über den Sozialleistungen liegendes Einkommen erzielen. Wird der Zuschuss dagegen an den Arbeitgeber gezahlt, kann dieser für einfache Tätigkeiten einen höheren Lohn bieten. Die Nachfrage nach gering qualifizierter Arbeit steigt dadurch.

In der Praxis führen Kombilöhne aber zu erheblichen Problemen. Sie verleiten zu **„Mitnahmeeffekten“**, indem für bereits bestehende Arbeitsplätze die Löhne gesenkt und Zuschüsse beansprucht werden. Das Lohnniveau für noch nicht subventionierte einfache Tätigkeiten verringert sich und muss möglicherweise durch Steuermittel aufgestockt werden. Es kann zu einer Umwandlung von regulären Arbeitsverhältnissen (= erster Arbeitsmarkt) in staatlich subventionierte Arbeitsverhältnisse (= zweiter Arbeitsmarkt) kommen, mit deren Finanzierung der Staat überfordert ist.

Mindestlöhne

D Ein Mindestlohn ist ein Arbeitsentgelt, dessen Höhe bei der Entlohnung eines Arbeitnehmers nicht unterschritten werden darf. Die Höhe des Mindestlohns wird durch den Staat oder durch einen Tarifvertrag festgelegt.

Mit **Mindestlöhnen** werden hauptsächlich **sozialpolitische Ziele** verfolgt, um Arbeitnehmern ein Mindestmaß an Einkommen zu sichern und sie vor Armut zu schützen. Über die **wirtschaftlichen Auswirkungen** von Mindestlöhnen herrscht Uneinigkeit.

Entstehung einer Mindestlohnarbeitslosigkeit (Neoklassik)

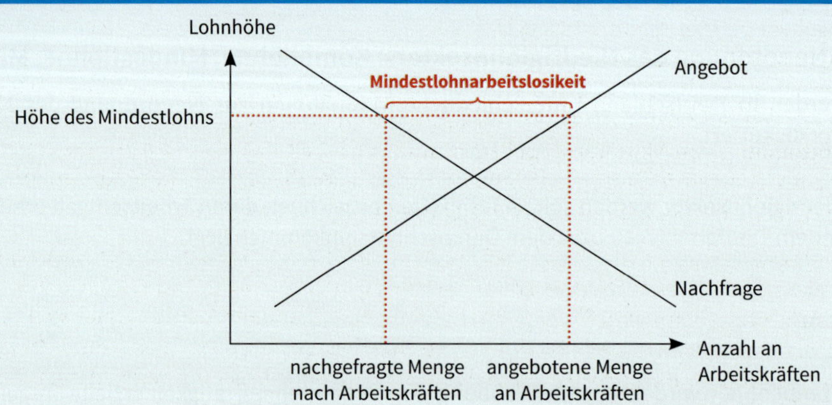

Vertreter einer **angebotsorientierten Wirtschaftspolitik** (neoklassische Arbeitsmarkttheorie) kritisieren, dass durch die Einführung von Mindestlöhnen der **Gleichgewichtslohn**, bei dem die Menge der angebotenen Arbeit mit der der nachgefragten Arbeit übereinstimmt, überschritten wird. Das führt zu einem Anstieg der Arbeitslosigkeit, weil alle Beschäftigungsverhältnisse mit einem Arbeitsentgelt unterhalb des Mindestlohns bedroht sind. Diesen Effekt soll auch die nebenstehende Grafik verdeutlichen.

1 ALG II (Arbeitslosengeld II): staatliche Sozialleistung für bedürftige erwerbsfähige Personen

Vertreter einer **nachfrageorientierten Wirtschaftspolitik** (keynesianische Arbeitsmarkttheorie) gehen dagegen bei Einführung eines Mindestlohnes von sinkender Arbeitslosigkeit aus. Sie verweisen auf den mit einer Erhöhung des Lohnniveaus einhergehenden Anstieg der Kaufkraft und der gesamtwirtschaftlichen Nachfrage **(Kaufkrafttheorie).**

Zum 1. Januar 2015 wurde in Deutschland ein gesetzlicher Mindestlohn von 8,50 € brutto pro Stunde eingeführt. Zum Januar 2020 steigt der Mindestlohn auf 9,35 € pro Stunde. Bisher lassen sich die von vielen liberalen Wirtschaftswissenschaftlern vorhergesagten negativen Beschäftigungseffekte nicht feststellen.

Ausnahmen vom Mindestlohn
Für diese Personengruppen gilt der Mindestlohn nicht:

- Auszubildende nach dem Berufsbildungsgesetz
- ehrenamtlich tätige Personen
- Personen, die einen freiwilligen Dienst ableisten
- Teilnehmerinnen und Teilnehmer an einer Maßnahme der Arbeitsförderung
- Heimarbeiterinnen oder Heimarbeiter nach dem Heimarbeitsgesetz
- Selbstständige
- Jugendliche unter 18 Jahren ohne abgeschlossene Berufsausbildung
- Langzeitarbeitslose innerhalb der ersten sechs Monate nach Wiedereinstieg in den Arbeitsmarkt

eigene Darstellung nach Daten vom Bundesministerium für Arbeit und Soziales: Der Mindestlohn. Fragen & Antworten [28.12.2019].

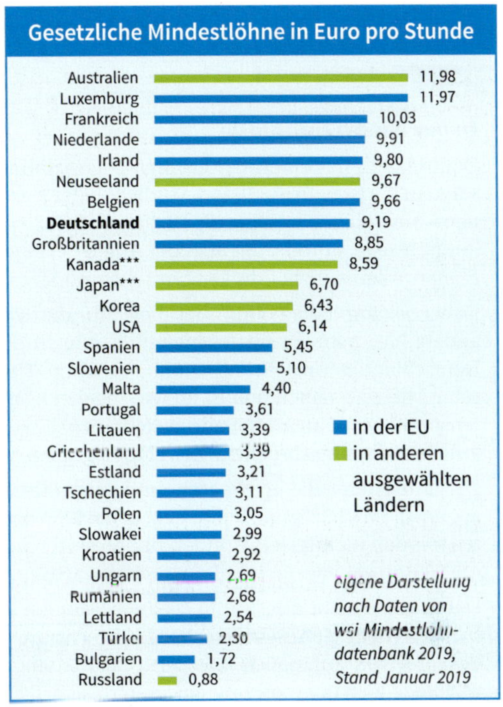

eigene Darstellung nach Daten von wsi Mindestlohndatenbank 2019, Stand Januar 2019

2014 beruhten ca. 846 000 Arbeitsverhältnisse – vornehmlich im Niedriglohnsektor – auf sogenannter **Leiharbeit.** Dabei werden Arbeitnehmer von Zeitarbeitsfirmen (Leiharbeitsfirmen) zeitweise an Arbeitgeber vermittelt („ausgeliehen"). Ihr Lohn ist häufig trotz gleicher Qualifikation und gleicher Arbeit um bis zu 40 % niedriger als die Entlohnung der Stammbelegschaft. Auch für solche Leiharbeitsverhältnisse gilt seit 2015 der gesetzliche Mindestlohn. Der Mindestlohn und die Forderung nach gleicher Bezahlung von Stammbelegschaft und Leiharbeiter (equal pay) führt aus unternehmerischer Sicht zu einer Erhöhung der Lohnkosten für Leiharbeiter. Um diese Kostenerhöhung zu umgehen, werden häufig Leiharbeitsverträge durch Werkverträge ersetzt.

Bei einem Werkvertrag (BGB § 631 ff.) verpflichtet sich ein Werkunternehmer (Auftragnehmer) dazu, für einen Besteller (Auftraggeber) ein „Werk" zu erstellen. Dabei kann es sich beispielsweise um Reparaturen, Baupläne, Transportleistungen o. Ä. handeln. Daher eignet sich ein Werkvertrag z. B. für Aufträge an selbstständige Handwerker, Architekten und andere Personen, die einen eigenen Entscheidungsspielraum haben. Der Auftragnehmer kann erst dann Geld verlangen, wenn das „Werk" fertig ist. Er trägt somit das wirtschaftliche Risiko. Für normale Arbeitnehmer eines Betriebes eignet sich diese Regelung nicht. Trotzdem wird vielfach von Arbeitgebern versucht, diese Vertragskonstruktion missbräuchlich für sich zu nutzen, um beispielsweise den gesetzlichen Mindestlohn und andere Regelungen zur Arbeitnehmerüberlassung zu umgehen (z. B. Abführung von Sozialversicherungsbeiträgen, Urlaubsanspruch, Lohnfortzahlung im Krankheitsfall, Kündigungsvorschriften).

Eine Beobachtung der letzten Jahre ist, dass sich hinsichtlich der Lohnentwicklung in diesem sogenannten Niedriglohnsektor immer größere Ungleichheiten ergeben. Demnach sind seit Ende der 1990er-Jahre die Reallöhne im Niedriglohnsektor ständig gesunken. Auch die Anpassung des gesetzlichen Mindestlohns erfolgt gerade nur in dem Maß eines Inflationsausgleichs. Dies bedeutet, dass sich diese Arbeitnehmer aufgrund der gesunkenen Kaufkraft ihrer Löhne 2019 mit ihrem Einkommen weniger kaufen konnten als noch vor zehn Jahren.

Ein Grund für diese auffällige Entwicklung wird darin gesehen, dass seit Mitte der 1990er-Jahre immer mehr Unternehmen aus dem für ihre Branche zuständigen Arbeitgeberverband ausgetreten sind. Somit haben die zwischen Arbeitgebern und Gewerkschaften ausgehandelten Tarifverträge für die Beschäftigten dieser Unternehmen keine Gültigkeit. Während im Jahr 2000 noch rund 68% aller Beschäftigten von einer Tarifbindung profitieren konnten, sind es aktuell (2019) nur noch rund 46% aller Beschäftigten. Für die nicht tarifgebundenen Unternehmen können die Gewerkschaften keine Lohnerhöhungen und sonstigen Verbesserungen durchsetzen.

"

In der Niedriglohnfalle

Deutschland hat einen der größten Niedriglohnsektoren in Europa. Trotz Beschäftigungsboom und starkem Wirtschaftswachstum verdient jeder vierte abhängig Beschäftigte – rund acht Millionen Personen – hierzulande weniger als 10,80 Euro brutto pro Stunde. Dort liegt derzeit die sogenannte Niedriglohnschwelle. Europaweit liegt der Anteil bei einem Sechstel. Betroffen sind in Deutschland vor allem Frauen, Alleinerziehende, Ostdeutsche und Migranten. [...]

Dabei bekämpft die Politik aber meist nur die Symptome eines Problems, das seine Wurzeln ganz woanders hat, nämlich im Arbeitsmarkt und in der Tatsache, dass ungewöhnlich viele Menschen in Deutschland geringe Stundenlöhne erhalten. Denn wer einen niedrigen Lohn erhält, hat es schwer, seine Miete zu zahlen und ist auf Wohngeld angewiesen. Niedrige Löhne bedeuten auch niedrige Rentensprüche und im Alter niedrige Rentenzahlungen. Dazu kommt, dass viele in Deutschland in Teilzeit arbeiten und unterbrochene Erwerbsbiografien haben. [...]

Der Anteil derer, die im Niedriglohnbereich arbeiten, betrug Mitte der Neunzigerjahre 16 Prozent aller abhängig Beschäftigten, heute liegt er bei 24 Prozent. [...] Die Reallöhne der 10 Prozent der Beschäftigten mit den niedrigsten Stundenlöhnen sind seit 1995 um 10 Prozent gefallen. Die Reallöhne der oberen 50 Prozent dagegen sind deutlich gewachsen.

Dabei sollte nicht unerwähnt bleiben, dass die Einführung des Mindestlohns im Jahr 2015 geholfen hat, den Niedriglohnsektor temporär zu schrumpfen. Auch bei vielen, die ursprünglich über dem Mindestlohn von anfänglich 8,50 Euro verdienten, ist der Stundenlohn gestiegen. Diese Verbesserung scheint jedoch nur temporär gewesen zu sein, der Niedriglohnsektor ist im Jahr 2017 ja wieder gewachsen. [...]

Kaum Tarifbindungen

Warum arbeiten so viele Menschen in Deutschland so lange zu solch niedrigen Löhnen? Ein wichtiger Grund sind die Minijobs, die zum einen ungewöhnlich häufig niedrig entlohnt werden und zum anderen viele Beschäftigte in einem geringfügigen Arbeitsverhältnis gefangen halten. Die Betroffenen müssten nämlich einen großen Sprung in ihrem Bruttoeinkommen machen, damit sich das finanziell für sie lohnt.

Eine gewichtige Rolle spielt auch die abnehmende Bedeutung der Sozialpartnerschaft. Denn kaum ein Arbeitsvertrag im Niedriglohnsektor hat eine Tarifbindung und viele Arbeitnehmerinnen und Arbeitnehmer haben daher wenig Verhandlungsmacht gegenüber ihren Arbeitgebern. Hinzu kommt die geringe Qualifizierung vieler Menschen im Niedriglohnbereich. Viel zu viele Menschen haben noch immer keinen Berufsabschluss oder arbeiten in Berufen, für die sie keine Qualifikation haben. [...]

Quelle: Fratzscher, Marcel: In der Niedriglohnfalle. In: Zeit Online vom 17. Mai 2019, https://www.zeit.de/wirtschaft/2019-05/geringverdiener-niedriglohnsektor-armut-entlohnung-mindestlohn [03.11.2019].

Zusammenfassende Übersicht Kapitel 6: Arbeitsmarktpolitik

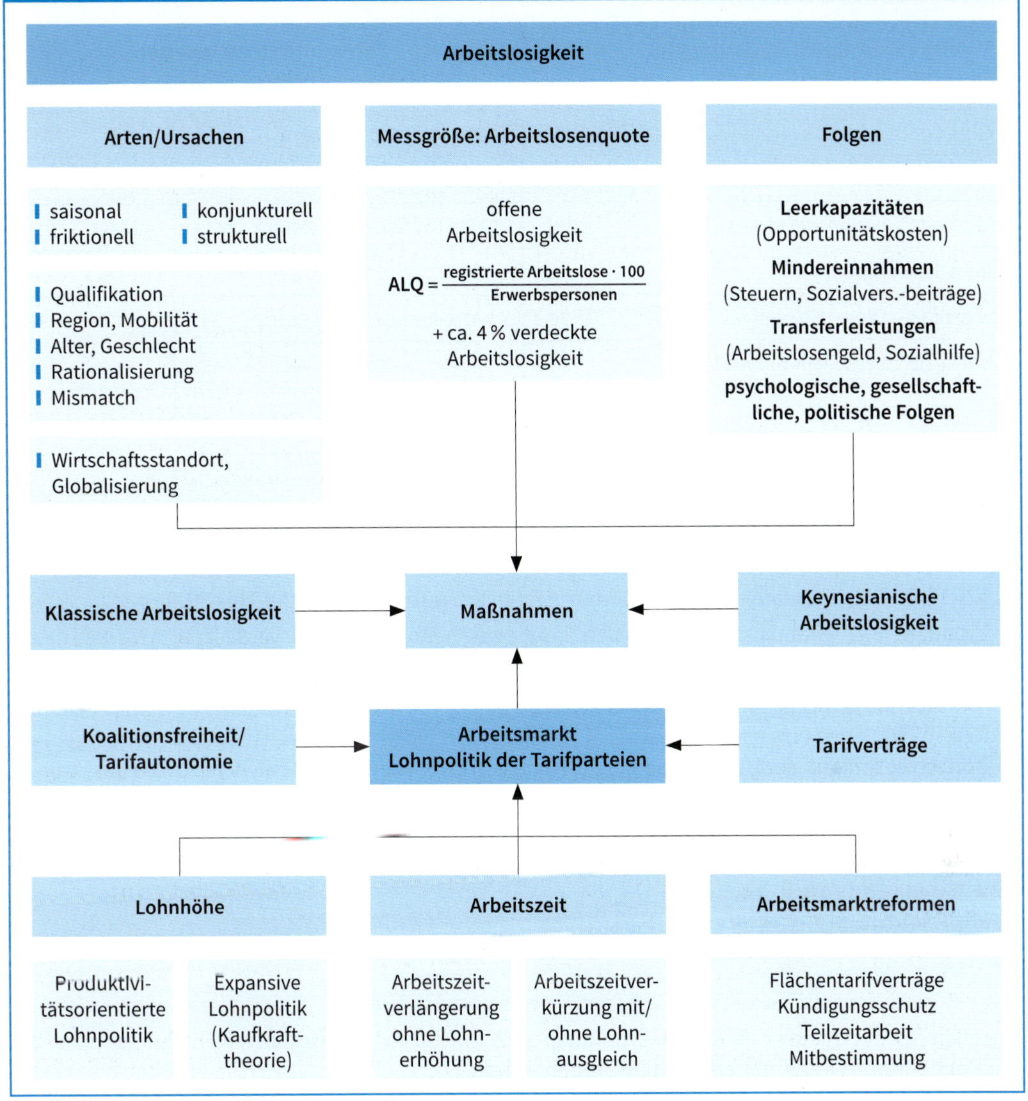

Aufgaben und Probleme zur Erarbeitung und Anwendung von Wissen zu Kapitel 6: Arbeitsmarktpolitik

6.1 Arbeitslosigkeit in Deutschland – Arbeitslosenquote – Arten und Ursachen der Arbeitslosigkeit

	2013	2014	2015	2016	2017	2018	2019
zivile Erwerbspersonen (Tsd.)	42 910	43 260	43 671	44 144	44 438	45 002	45 340
registrierte Arbeitslose (Tsd.)	2 950	2 898	2 795	2 691	2 533	2 340	2 267
offene Stellen (Tsd.)	434	490	569	655	731	796	732
Langzeitarbeitslose in % aller AL	36,3	37,2	37,2	36,9	35,6	34,8	32,1
AL ohne Berufsausbildung in % aller AL	43,5	45,0	46,3	46,9	45,7	51,0	52,1
ALQ neue Bundesländer	11,6	11,0	10,3	9,5	8,4	7,6	6,4
Bruttolöhne/-gehälter je Arbeitnehmerstunde in Euro	23,80	23,40	25,00	25,70	26,30	27,00	27,75

eigene Darstellung nach Daten von Statistisches Jahrbuch 2019, Deutsche Bundesbank Monatsbericht November 2019, Tab. XI; Bundesagentur für Arbeit (Zeitreihen und Monatszahlen).

1. Ermitteln Sie die Quoten der registrierten Arbeitslosen für die Jahre 2015 bis 2019.
2. Erläutern Sie, wodurch sich die Abweichung zwischen offener und verdeckter Arbeitslosigkeit ergibt.
3. Erläutern Sie, warum sich trotz sinkender Arbeitslosigkeit gleichzeitig die Zahl der offenen Stellen erhöht hat.
4. Prüfen Sie anhand der Zahlen und der Abb. auf S. 473, inwieweit verschiedene Arten der Arbeitslosigkeit erkennbar sind.
5. Analysieren Sie die aktuelle Situation und Entwicklung auf dem Arbeitsmarkt (Arbeitslosenquoten der einzelnen Bundesländer, Zugang und Abgang an Arbeitslosen während der letzten Monate, Bestand an Arbeitslosen):
http://statistik.arbeitsagentur.de
www.sozialpolitik-aktuell.de

6.2 Arbeitslosigkeit: Struktur – Ursachen – Formen – Folgen

Erstellen Sie in Arbeitsgruppen eine Mindmap zum Thema Arbeitslosigkeit. Nehmen Sie dabei auf die Darstellungen auf S. 471 bis 477 dieses Buches Bezug.

6.3 Flächentarifvertrag – Firmentarifvertrag

Nach Auslaufen des Tarifvertrags stehen in der Automobilindustrie neue Tarifverhandlungen an. Zu den durch den zuständigen Arbeitgeberverband vertretenen Unternehmen gehören auch vier Produzenten von Autoreifen. Diese vier Zuliefererbetriebe stellen Autoreifen des gleichen Typs her, die zum Preis von 130 € je Stück verkauft werden können.

Für die vier Zuliefererbetriebe gelten folgende Daten:

Betrieb	A	B	C	D
fixe Kosten in Mio. € pro Jahr	100	82,5	72,0	65,0
variable Kosten je Reifen in €	50	55	60	70
davon Lohnkosten je Reifen in €	20	25	30	40
Absatzmenge pro Jahr in Mio. Stück	2,0	1,5	1,2	1,1

1. Ermitteln Sie für die vier Unternehmen die Umsatzerlöse, die Gesamtkosten und den Gewinn.
2. Bei den Tarifverhandlungen fordert die Gewerkschaft eine Lohnerhöhung von 5%. Diese wird mit einer Produktivitätssteigerung von 2%, die während der Laufzeit des Tarifvertrags erwartet wird, und einer erwarteten Inflationsrate von 2% begründet. Außerdem weisen die Gewerkschaftsvertreter darauf hin, dass in einigen Betrieben der Branche im vergangenen Jahr erhebliche Gewinnsteigerungen eingetreten seien. Zur gerechten Beteiligung der Mitarbeiter an dieser Gewinnentwicklung sei eine über den Produktivitätsfortschritt und die Inflationsrate hinausgehende Lohnerhöhung nötig. Daraus ergibt sich die Forderung von 5% mehr Lohn.
   Der Arbeitgeberverband bezeichnet die Forderung als maßlos und weist sie entschieden zurück. Eine Tariflohnerhöhung in diesem Umfang könne von der Branche nicht verkraftet werden und würde zu Entlassungen führen.
   a) Überprüfen Sie den Einwand des Arbeitgeberverbandes am Beispiel der vier Reifenhersteller. Ermitteln Sie dazu, wie sich die Gewinne der einzelnen Unternehmen bei einer Lohnerhöhung von 5% entwickeln, wenn alle anderen Daten unverändert bleiben.
   b) Welche Änderung würde sich für den Betrieb D ergeben, wenn nach der Lohnerhöhung
      - die Reifenpreise in Höhe der erwarteten Inflationsrate von 2% steigen,
      - zusätzlich aufgrund des erwarteten Produktionsfortschritts die Lohnkosten je Reifen (= Lohnstückkosten) um 2% sinken?
3. Der Betriebsrat des Betriebs A schlägt der Gewerkschaft vor, für die Mitarbeiter dieses Betriebs mit ihrem Arbeitgeber über einen besonderen Firmentarifvertrag (Haustarifvertrag) zu verhandeln.
   a) Erläutern Sie, welche Absicht die Arbeitnehmer des Betriebs A damit verfolgen.
   b) Beurteilen Sie den Vorschlag aus der Sicht der Gewerkschaftsführung.

6.4 Auswirkungen von Lohnerhöhungen auf Kosten, Gewinne und Einkommensverteilung in einem Betrieb – Produktivitätsorientierte Lohnpolitik – Expansive[1] Lohnpolitik

Für einen Textilbetrieb, der Herrenhemden herstellt, liegen für eine Abrechnungsperiode die in folgender Tabelle angegebenen Daten vor.[2] Ermitteln Sie in einer entsprechenden Tabelle die sich in folgenden Fällen gegenüber der Ausgangssituation ergebenden Datenänderungen und analysieren Sie die Ergebnisse anhand der Fragen.

Fall 1: Produktivitätsorientierte Lohnpolitik

Bei unveränderter Arbeitszeit von 1000 Stunden steigt die Arbeitsproduktivität um 5%. Um diesen Prozentsatz wird der Stundenlohn erhöht. Der Absatzpreis bleibt unverändert.

1. Ermitteln Sie, wie sich die Produktivitäts- und Lohnerhöhung jeweils auf
   a) die Lohnstückkosten,
   b) den Gewinn,
   c) die Einkommensverteilung (Verhältnis von Gewinn zu Lohnsumme)

   auswirken.
2. Erläutern Sie, wie sich in diesem Fall der Produktivitätszuwachs auf Unternehmer- und Arbeitnehmereinkommen verteilt.

		Ausgangslage
1	Produktionsergebnis (Hemden in Stück)	4000
2	Arbeitsstunden	1000
3	Arbeitsproduktivität (Z1 : Z2)	4
4	Bruttostundenlohn (einschl. Nebenkosten) €	16,00
5	Lohnsumme (Z2 · Z4) €	16.000,00
6	Lohnkosten pro Stück €	4,00
7	Materialkosten pro Stück €	25,00
8	sonstige Kosten pro Stück €	10,00
9	gesamte Stückkosten (Z6 + Z7 + Z8) €	39,00
10	Verkaufspreis €	40,00
11	Gesamterlös (Z10 · Z1) €	160.000,00
12	Gesamtkosten (Z9 · Z1) €	156.000,00
13	Gewinn/Verlust (Z11 – Z12) €	4.000,00
14	Verhältnis Gewinn: Lohnsumme (Z13 : Z5)	0,25

1 expansiv *(lat.)*: ausdehnend, erweiternd; hier: über den Produktivitätsfortschritt hinausgehend

2 In Anlehnung an: Wirtschaft und Unterricht – Informationen aus dem Institut der deutschen Wirtschaft Köln für Pädagogen, Nr. 5/1999.

Fall 2: Produktivitätsorientierte Lohnpolitik und Erhöhung der Energiekosten bei unverändertem Absatzpreis

Bei unveränderter Arbeitszeit von 1000 Stunden steigt die Arbeitsproduktivität um 5 %. Um diesen Prozentsatz wird der Stundenlohn erhöht. Zusätzlich steigen die sonstigen Kosten je Stück (z. B. Energiekosten je Stück) um 0,50 €. Der Absatzpreis bleibt unverändert.

1. Ermitteln Sie, wie sich die Produktivitäts-, Lohn- und Energiekostenerhöhung auf
   a) den Gewinn,
   b) die Einkommensverteilung (Verhältnis von Gewinn zu Lohnsumme)
   auswirken.
2. Erläutern Sie, wie sich die Löhne im vorliegenden Fall verändern müssten, wenn die Höhe des Gewinns gegenüber der Ausgangssituation unverändert bleibt und eine Erhöhung der Stückkosten vermieden werden soll (= kostenniveauneutrale Lohnpolitik).

Fall 3: Expansive Lohnpolitik bei unverändertem Absatzpreis

Bei unveränderter Arbeitszeit von 1000 Stunden steigt die Arbeitsproduktivität um 5 %. Die Stundenlöhne werden aber aufgrund von Tarifverhandlungen um 10 % erhöht. Der Absatzpreis bleibt unverändert.

Ermitteln Sie, wie sich die Produktivitäts- und Lohnerhöhung auf
a) den Gewinn, b) die Einkommensverteilung (Verhältnis von Gewinn zu Lohnsumme)
auswirken.

6.5 Lohnpolitische Konzepte im Vergleich

Für bevorstehende Tarifverhandlungen liegen für das Jahr 01 untenstehende Daten/Prognosen vor. Ermitteln Sie, um wie viel Prozent sich das Lohnniveau jeweils verändern würde, wenn sich die Tarifparteien an folgenden lohnpolitischen Konzepten orientieren würden:

Jahr	00	01
Erwerbspersonen (in Mio.)	44	44
Erwerbstätige (in Mio.)	39,78	40
BIP_{real}/Erwerbstätige in €	49.020	50.000
Arbeitslose (in Mio.)	4,84	4,40
unvermeidbare Sockel-ALQ in %	6 %	6 %
BIP_{real} (in Mrd. €)	1.950	2.000
Inflationsrate in %	2	2

a) Produktivitätsorientierte Lohnpolitik: Produktivitätssteigerung (BIP_{real}/Erwerbstätige) plus Inflationsausgleich.
b) Kostenneutrale Lohnpolitik: Gestiegene Rohstoffpreise haben zu einer Erhöhung der Gesamtkosten um 4 % geführt. Durch den Lohnabschluss sollen die Gesamtkosten trotz dieser Erhöhung unverändert bleiben.
c) Beschäftigungsfördernde Lohnpolitik (Eekhoff-Formel): 1 % Lohnabschlag für je 2 % vermeidbare ALQ.

6.6 Lohnpolitik – Beschäftigungspolitik

Bei der Diskussion um den Zusammenhang zwischen Lohnerhöhungen und Arbeitslosigkeit werden folgende Positionen vertreten:

Unternehmer: Lohnerhöhungen erhöhen die Produktionskosten und führen dadurch zu noch mehr Arbeitslosigkeit **(Kosteneffekt)**.

Gewerkschaften: Lohnerhöhungen führen zu einer Erhöhung der Konsumgüternachfrage und bewirken eine Verringerung der Arbeitslosigkeit **(Kaufkrafteffekt)**.

1. Aus Unternehmersicht wird behauptet, der Kosteneffekt einer Lohnerhöhung sei wesentlich höher als der direkte Nachfrageeffekt.
   Überprüfen Sie diese Behauptung, indem Sie die Kostenbelastung sowie die Wirkung auf die Nachfrage nach inländischen Konsumgütern ermitteln, wenn eine Bruttolohnerhöhung um 100 € vereinbart wird und folgende Annahmen gelten: Sozialversicherungsbeiträge (je zur Hälfte vom Arbeitgeber und Arbeitnehmer getragen): ca. 40 %; Lohnsteuer (einschl. Solidaritätszuschlag): ca. 25 %; Sparquote: 5 %; Anteil importierter Konsumgüter an den gesamten Konsumausgaben: 11 %.

2. Erstellen Sie aus den folgenden Elementen je eine Wirkungskette, die die Argumentation der Unternehmer bzw. der Gewerkschaften stützt. (Es müssen nicht alle Elemente verwendet werden.)
Elemente: (1) Tariflöhne, (2) Volkswirtschaftliche Lohnsumme, (3) Gewinne, (4) Erweiterungsinvestitionen, (5) Produktion, (6) Produktionskosten, (7) Konsum, (8) gesamtwirtschaftliche Nachfrage, (9) (internationale) Wettbewerbsfähigkeit, (10) Rationalisierung, (11) Beschäftigung.
Verbinden Sie die von Ihnen ausgewählten Elemente mit Pfeilen und versehen Sie die Pfeilspitze nach folgender Regel mit einem Plus- oder Minuszeichen:
Pluszeichen: gleichgerichtete (verstärkende) Wirkung (je mehr – desto mehr bzw. je weniger – desto weniger)
Minuszeichen: entgegengesetzte (abschwächende) Wirkung (je mehr – desto weniger bzw. je weniger – desto mehr)

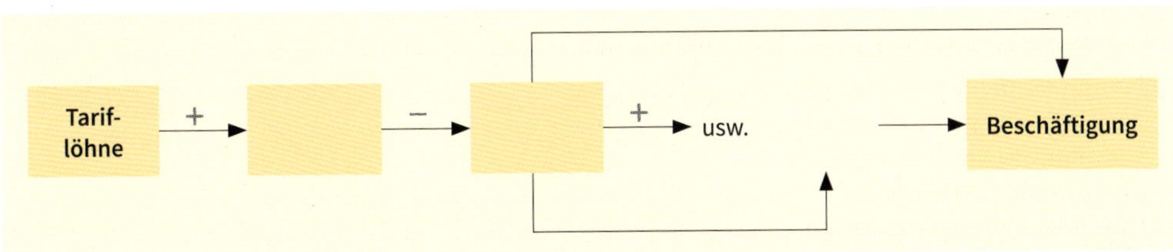

3. Erstellen Sie unter Verwendung der Elemente von Aufgabe 2 und weiterer Elemente (s. u.) ein Vernetzungsdiagramm, das Zusammenhänge und Abhängigkeiten zwischen verschiedenen Faktoren und Prozessen aufzeigt, die zur Arbeitslosigkeit bzw. deren Behebung beitragen.
Weitere Elemente, die im Vernetzungsdiagramm berücksichtigt werden können: Lohnnebenkosten, Flexibilisierung von Arbeitszeiten und Lohntarifen, Unternehmenssteuern, Exporte, staatliche Zuschüsse zur Arbeitslosenversicherung, staatliche Maßnahmen zur Arbeitsbeschaffung, Sozialhilfe, Belastung des Staatshaushaltes, Verbrauchsteuern, Kaufkraft, ...
Symbolisieren Sie dazu Wirkungen, die ein Element **direkt** auf ein anderes Element ausübt, durch einen Pfeil und kennzeichnen Sie die Wirkungsrichtung mit einem Plus- bzw. Minuszeichen (*vgl. Aufgabe 2*).

4. Stellen Sie im Vernetzungsdiagramm Wirkungsketten fest, bei denen sich bestimmte Elemente selbst indirekt beeinflussen (Rückkopplungskreisläufe).

6.7 Maßnahmen zur Bekämpfung der Arbeitslosigkeit

1. Ordnen Sie folgenden 20 Maßnahmen die verschiedenen Zuständigkeits- und Interessenbereiche a) bis e) zu.
   a) Bundesagentur für Arbeit
   b) Bundesregierung
   c) Tarifpolitik
   d) arbeitgeberfreundlich
   e) arbeitnehmerfreundlich

   1. Lohnerhöhung zur Steigerung der Konsumgüternachfrage (expansive Lohnpolitik)
   2. Senkung der Lohnnebenkosten durch Streichung des Arbeitgeberanteils zur Sozialversicherung
   3. Beschäftigung unter Tariflohn (Niedriglohnsektor)
   4. Senkung der Unternehmenssteuern und der Lohnnebenkosten
   5. Lockerung des Kündigungsschutzes
   6. bessere Qualifizierung der Arbeitskräfte
   7. keine Lohnerhöhungen (Nullrunde)
   8. Flexibilisierung der Arbeitszeit, längere Maschinenlaufzeiten
   9. Teilzeitarbeit
   10. Abschaffung der Flächentarifverträge
   11. Kürzung von Arbeitslosengeld, Arbeitslosenhilfe und Sozialhilfe als Anreiz zur Arbeitsaufnahme
   12. Verlängerung der Arbeitszeit ohne Lohnausgleich

13. befristete Arbeitsverträge
14. kreditfinanzierte staatliche Bildungs-, Forschungs-, Umwelt- und Infrastrukturinvestitionen
15. Verhinderung/Abschaffung von Mindestlöhnen
16. Öffnungsklauseln bei Tarifverträgen („Einsteigertarife"), aufgrund derer auch Arbeitskräfte zu niedrigeren als den tarifvertraglich vereinbarten Löhnen beschäftigt werden dürfen.
17. Verringerung der Wochenarbeitszeit (z.B. 35-Stunden-Woche) und der Lebensarbeitszeit (z.B. Beginn des Renteneintrittsalters mit 60 Jahren)
18. staatlich subventionierte Nachfrage nach Arbeitskräften (z.B. Kombilohn)
19. Senkungen der Einkommen- und Körperschaftsteuern zur Erhöhung der Investitions- und Konsumgüternachfrage
20. Neueinstellungen durch Abbau/Vermeidung von Überstunden

2. Das nebenstehende Marktmodell für den Arbeitsmarkt zeigt drei Strategien zur Verringerung der Arbeitslosigkeit.
   a) Erläutern Sie, welchem der drei Akteure (Arbeitgeber, Gewerkschaften, Regierung) die Strategien
   (1) Lohnsenkung bis zum Gleichgewichtslohn,
   (2) Verringerung des Arbeitsangebots
   (3) Erhöhung der Arbeitsnachfrage
   jeweils zuzuordnen sind.

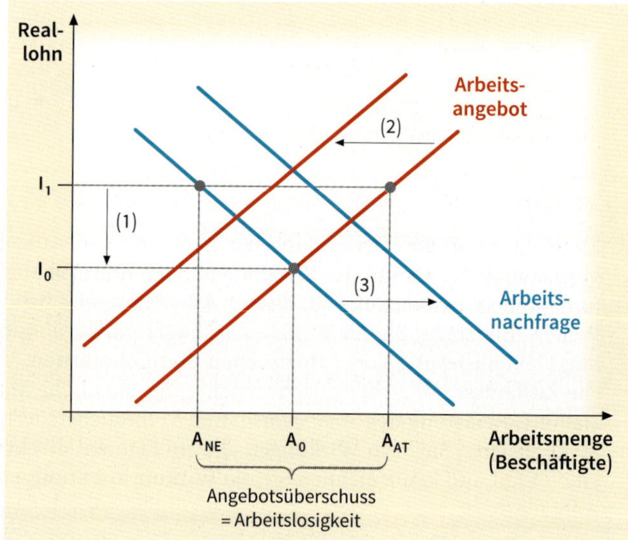

   b) Überprüfen Sie, welche der unter 1. genannten Maßnahmen sich möglicherweise zur Verfolgung einer der drei Strategien eignen. Ordnen Sie die Maßnahmen den jeweiligen Strategien zu und begründen Sie anhand des Marktmodells die Wirkung dieser Maßnahmen.

3. Begründen Sie, welche der unter 1. genannten Vorschläge nach Ihrer Meinung besonders Erfolg versprechend sind.

6.8 Fallstudie: Stabilitätspolitik bei struktureller Arbeitslosigkeit[1]

Für eine Volkswirtschaft liegen die in der folgenden Tabelle dargestellten Zahlen vor.

Indikatoren	Vorjahr	laufendes Jahr
Veränderung des realen BIP	+ 2,5 %	+ 2,5 %
Veränderung des Preisniveaus	+ 2,0 %	+ 1,0 %
Veränderung der Nominallöhne	+ 3,5 %	+ 2,5 %
Veränderung der Gewinneinkommen (nominal)	+ 3,5 %	+ 4,0 %
Zahl der Arbeitslosen	2,0 Mio.	2,4 Mio.
Erwerbspersonen	22,0 Mio.	23,0 Mio.
Struktur der Arbeitslosigkeit	Arbeitslose aus Baubranche und Bauzulieferindustrie 650 000	750 000
Lohnquote	66 %	64 %
Veränderung der Geldmenge M3	+ 2 %	+ 2 %

1 in Anlehnung an Möller, H.W., Angewandte Volkswirtschaftslehre, a.a.O., S. 128.

Indikatoren	Vorjahr	laufendes Jahr
Kapitalmarktzins im Inland	8 %	9 %
Kapitalmarktzins im Ausland	5,5 %	6 %
Sparquote	20 %	22 %
Exportquote (Anteil der Exporte am BIP)		31 %
Importquote (Anteil der Importe am BIP)		33 %
Veränderung der Staatsausgaben		+ 3 %
Veränderung der Steuereinnahmen		+ 1,5 %
Leitzinsen der Zentralbank		4 %
Kapazitätsauslastung		Konsumgüter u. Ausrüstungsinvestitionen: 90 % Baubranche: 75 %
Private Investitionen (real)		Ausrüstungsinvestitionen real + 3,5 % Bauinvestitionen real - 6 %
Haushaltslage des Staates	Die Nettoverschuldung ist seit längerem unverändert hoch. Zinsen und Tilgung machen ca. 30 % des Staatshaushalts aus.	

Analysieren Sie die Situation und prüfen Sie die Erfolgschancen der vorgeschlagenen Maßnahmen im Hinblick auf die Ziele Preisniveaustabilität, hoher Beschäftigungsstand und angemessenes Wirtschaftswachstum *(vgl. Lösungshinweise im Anhang S. 582).*

Folgende stabilitätspolitische Vorschläge liegen für das kommende Jahr vor:

a) deutliche Senkung der Einkommensteuer bei gleichzeitigem Abbau von Subventionen
b) Regierung, Gewerkschaften und Arbeitgeber einigen sich im Rahmen eines Bündnisses für Arbeit für zwei Jahre auf Lohnerhöhungen in Höhe der Inflationsrate (reale Nullrunden).
c) Ausweitung der Geldmenge durch vermehrte Kreditvergabe des ESZB an die Geschäftsbanken im Rahmen der Offenmarktpolitik
d) Vergabe zusätzlicher Staatsaufträge, die durch Kreditaufnahme im Inland finanziert werden sollen

6.9 Vorschläge der Tarifvertragsparteien zur Arbeitsmarktpolitik

Ordnen Sie die verschiedenen Ausführungen der Tarifvertragsparteien – jeweils aus neoklassischer und keynesianischer Sicht – den aufgeführten Maßnahmen zu. Schneiden Sie dazu die verschiedenen Ausführungen aus (Vorlage 1) und kleben Sie diese in das Arbeitsblatt ein (Vorlage 2).

Die Vorlagen zum Ausschneiden und Aufkleben finden Sie in den Download-Materialien.

6.10 Erhöhung der Beschäftigung durch Arbeitszeitverlängerung oder Arbeitszeitverkürzung?

In einem Textilbetrieb werden von 100 Arbeitnehmern bei einer wöchentlichen Arbeitszeit von 38 Stunden in einer Woche 10 000 Herrenhemden hergestellt. Die Lohnkosten betragen 16,00 € je Stunde. Aufgrund des Konkurrenzdrucks wird eine Erhöhung der Arbeitszeit auf 42 Wochenstunden ohne Lohnausgleich vereinbart.

1. Berechnen Sie, wie viel Euro der Stundenlohn nach der Arbeitszeitverlängerung beträgt und um wie viel Prozent er sich verändert hat.
2. Berechnen Sie, wie hoch die Lohnstückkosten vor der Arbeitszeitverlängerung waren.
3. Berechnen Sie, wie viele Hemden aufgrund der verlängerten Arbeitszeit insgesamt produziert werden können, wenn eine entsprechende Verlängerung der Maschinenlaufzeiten problemlos möglich ist.
4. Berechnen Sie, wie hoch die Lohnstückkosten nach der Arbeitszeitverlängerung sind und um wie viel Prozent sie sich verändert haben.
5. Bestimmen Sie, um wie viel Prozent der Hemdenabsatz steigen muss, wenn durch die Arbeitszeitverlängerung keiner der bisherigen Arbeitnehmer überflüssig werden soll.

6. Berechnen Sie, um wie viel Prozent der Fundamentabsatz steigen muss, wenn nach der Arbeitszeitverlängerung keine Entlassungen vorgenommen und zusätzlich zehn Neueinstellungen vorgenommen werden sollen.
7. Der bisherige Absatzpreis betrug 40,00 € je Stück. Aus Konkurrenzgründen wird der Absatzpreis um die sich durch die Arbeitszeitverlängerung ergebende Senkung der Lohnstückkosten verringert. Berechnen Sie, wie hoch die Preiselastizität der Nachfrage sein muss, um bei dieser Preissenkung die sich
   a) bei der ursprünglichen Belegschaft von 100 Arbeitnehmern,
   b) nach der Neueinstellung mit 110 Arbeitnehmern
   ergebende Mehrproduktion absetzen zu können.
8. In Anlehnung an das berühmte „Stecknadelbeispiel", an dem Adam Smith (1723–1790) die Vorteile der Arbeitsteilung aufgezeigt hat, kritisiert der britische Mathematiker und Philosoph Bertrand Russell (1872–1970) im folgenden Text die Logik des Markt- und Konkurrenzsystems.
   a) Erläutern Sie an diesem Beispiel und anhand der Ergebnisse der Teilaufgaben 1 bis 7 die Bedingungen, unter denen eine Arbeitszeitverkürzung zu mehr Beschäftigung führt.
   b) Prüfen Sie, ob die Aussagen aus Ihrer Sicht schlüssig sind.

"

„Nehmen wir an, dass gegenwärtig eine bestimmte Anzahl von Menschen mit der Herstellung von Nadeln beschäftigt ist. Sie machen so viele Nadeln, wie die Weltbevölkerung braucht, und arbeiten acht Stunden täglich. Nun macht jemand eine Erfindung, die es ermöglicht, dass dieselbe Zahl von Menschen doppelt so viel Nadeln herstellen kann. Aber die Menschen brauchen nicht doppelt so viel Nadeln. Sie sind bereits so billig, dass kaum noch eine zusätzliche Nadel verkauft würde, wenn sie noch billiger werden. In einer vernünftigen Welt würde jeder, der mit der Herstellung von Nadeln beschäftigt ist, jetzt eben vier statt acht Stunden täglich arbeiten und alles ginge weiter wie zuvor. Aber in unserer realen Welt betrachtet man so etwas als demoralisierend. Die Nadelmacher arbeiten immer noch acht Stunden. Es gibt zu viele Nadeln. Einige Nadelfabrikanten machen Konkurs, und die Hälfte der Leute, die Nadeln machen, verlieren ihre Arbeitsplätze. Es gibt jetzt, genau betrachtet, genauso viel Freizeit wie bei halber Arbeitszeit; denn jetzt hat die Hälfte der Leute überhaupt nichts mehr zu tun, und die andere überarbeitet sich. Auf diese Weise ist sichergestellt, dass die unvermeidliche Freizeit Elend hervorruft, statt dass sie eine Quelle des Wohlbefindens werden kann. Kann man sich noch etwas Irrsinnigeres vorstellen?"

Quelle: Russell, Bertrand: Lob des Müßiggangs, übers.: Elisabeth Fischer-Wernecke. Wien: Zsolnay Verlag 1957.

6.11 Aktuelle Entwicklung auf dem Arbeitsmarkt

Informieren Sie sich über aktuell geplante, von verschiedenen Interessengruppen geforderte und bereits von Regierung und Tarifparteien realisierte arbeitsmarktpolitische Maßnahmen (z.B. Maßnahmen im Niedriglohnsektor wie Mindestlohn, Kombilohn, Minijobs).

Wägen Sie unter Berücksichtigung der unterschiedlichen Interessen der Beteiligten Vor- und Nachteile von Mindestlöhnen ab und halten Sie dazu ein Kurzreferat.

Aktuelle Informationen finden sich u.a. unter: *www.sozialpolitik-aktuell.de (Auswahl: Arbeitsmarkt)* und *http://statistik.arbeitsagentur.de*

Ich kann …	Bitte ankreuzen		Wenn Nein: Siehe Seite(n) im Buch	Level / Anforderungsniveau
	Ja	Nein		
6.1 Ausmaß und Struktur der Arbeitslosigkeit				**Level**
… zwischen Erwerbspersonen und der Zahl der Erwerbstätigen unterscheiden.			471 f.	1
… die Arbeitslosenquote berechnen.			472	2
… zwischen Arbeitslosen im Sinne der deutschen Statistik und Erwerbslosen im Sinne der internationalen Statistik unterscheiden.			472	1
… die Struktur der Arbeitslosigkeit in Deutschland darstellen.			473	2
6.2 Arbeitslosigkeit als wirtschaftliches und soziales Problem				**Level**
… die wirtschaftlichen Folgen der Arbeitslosigkeit beschreiben.			474	1
… soziale Folgen von Arbeitslosigkeit nennen.			475 f.	1

7 Außenwirtschaftspolitik

7.1 Außenhandel und Zahlungsbilanz in Deutschland

Lernziele:

Nach der Bearbeitung des Kapitels sind Sie in der Lage, Folgendes zu tun:

Sie ...

- ... erläutern, warum Außenhandel für die deutsche Volkswirtschaft notwendig und vorteilhaft ist.
- ... nennen Deutschlands wichtigste Handelspartner.
- ... nennen wichtige deutsche Exportgüter.
- ... beschreiben den Aufbau der Zahlungsbilanz.

7.1, S. 524

D Außenhandel ist der grenzüberschreitende Waren- und Dienstleistungsverkehr einer Volkswirtschaft. Er umfasst den Kauf ausländischer Güter (Import) und den Absatz inländischer Güter im Ausland (Export).

Deutschland gehört neben China, den USA und Japan zu den exportstärksten Volkswirtschaften der Welt. Annähernd jeder vierte Arbeitsplatz in Deutschland ist exportabhängig. Die Absatzmärkte deutscher Güter im Ausland konzentrieren sich auf die Mitgliedsstaaten der Europäischen Union und die USA. Andererseits ist Deutschland als dicht besiedeltes Industrieland mit geringen Rohstoffvorkommen auf die Einfuhr vieler Güter angewiesen.

„TOP 10" der größten Volkswirtschaften der Erde (gemessen am Bruttoinlandsprodukt in Mrd.US-$)

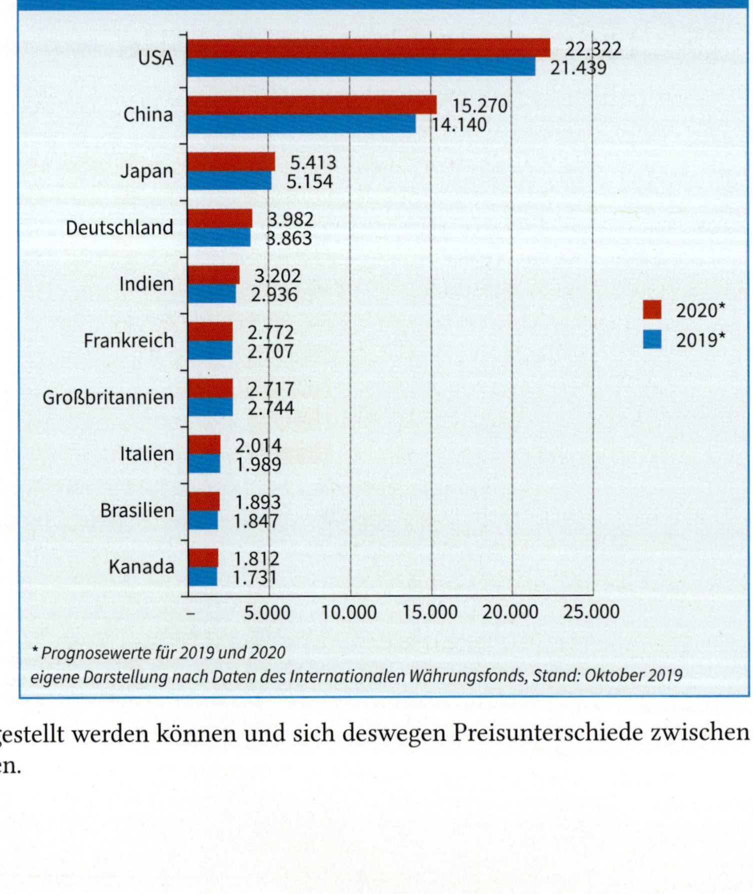

* Prognosewerte für 2019 und 2020
eigene Darstellung nach Daten des Internationalen Währungsfonds, Stand: Oktober 2019

Außenhandel ist in der Regel dann vorteilhaft, wenn

- bestimmte Rohstoffe und andere Güter im Inland nicht verfügbar sind,
- aufgrund der unterschiedlichen Ausstattung mit Produktionsfaktoren bestimmte Güter in bestimmten Ländern kostengünstiger als anderswo hergestellt werden können und sich deswegen Preisunterschiede zwischen In- und Ausland ergeben.

Deutschlands wichtigste Handelspartner
Angaben für 2019 in Milliarden Euro
Die größten Lieferanten (Einfuhr)
China 109,7 Mrd. €
Niederlande 98,7
USA 71,4
Frankreich 66,1
Polen 57,6
Italien 57,1
Tschechien 47,9
Schweiz 46,3
Österreich 44,0
Belgien 43,1
Großbritannien 38,3
Spanien 33,2
Russland 31,2
Ungarn 28,9
Japan 23,9
Irland 17,7
Die größten Kunden (Ausfuhr)
118,7 Mrd. € USA
106,8 Frankreich
96,0 China
91,7 Niederlande
78,7 Großbritannien
68,1 Italien
65,9 Österreich
65,8 Polen
56,4 Schweiz
46,1 Belgien
44,9 Tschechien
44,3 Spanien
27,0 Ungarn
26,5 Russland
24,9 Schweden
20,7 Japan
Quelle: Statistisches Bundesamt (März 2020)
vorläufige Angaben
© Globus 13806

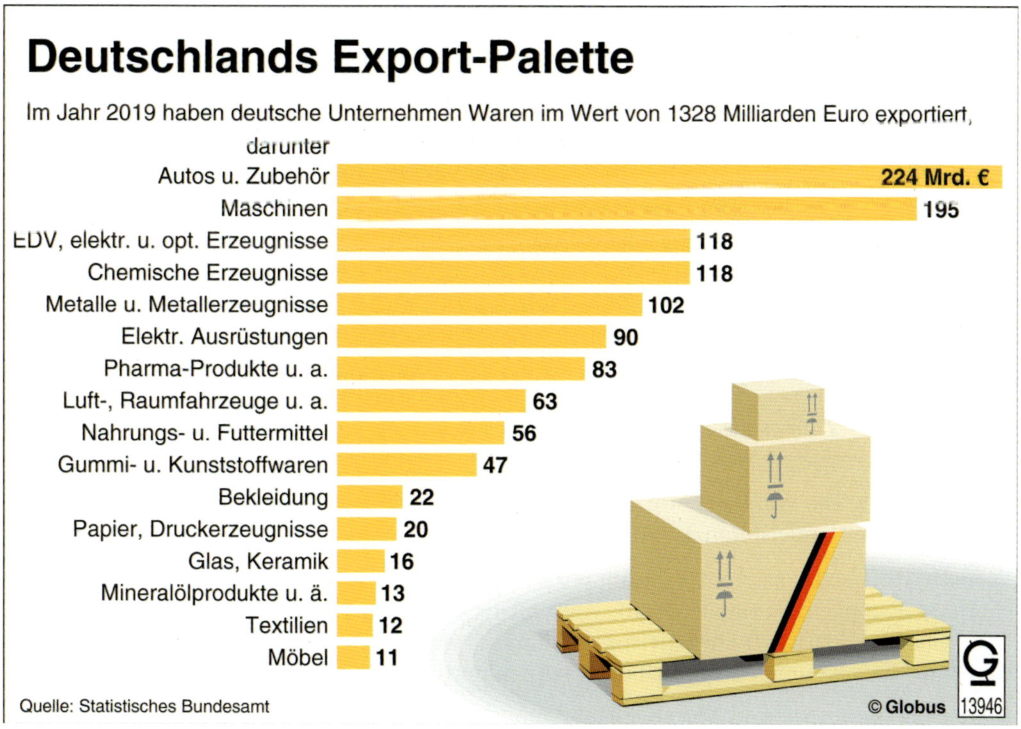
Deutschlands Export-Palette
Im Jahr 2019 haben deutsche Unternehmen Waren im Wert von 1328 Milliarden Euro exportiert, darunter
Autos u. Zubehör 224 Mrd. €
Maschinen 195
EDV, elektr. u. opt. Erzeugnisse 118
Chemische Erzeugnisse 118
Metalle u. Metallerzeugnisse 102
Elektr. Ausrüstungen 90
Pharma-Produkte u. a. 83
Luft-, Raumfahrzeuge u. a. 63
Nahrungs- u. Futtermittel 56
Gummi- u. Kunststoffwaren 47
Bekleidung 22
Papier, Druckerzeugnisse 20
Glas, Keramik 16
Mineralölprodukte u. ä. 13
Textilien 12
Möbel 11
Quelle: Statistisches Bundesamt
© Globus 13946

> **D** In der Zahlungsbilanz werden die wirtschaftlichen Vorgänge (Transaktionen), die während eines bestimmten Zeitraums zwischen Inländern und Ausländern stattfinden, erfasst.

Der Begriff „Bilanz" ist in diesem Zusammenhang missverständlich, weil – anders als beim üblichen Bilanzbegriff – keine **Bestände** zu einem bestimmten **Zeitpunkt**, sondern Geld**ströme** während eines bestimmten **Zeitraums** dargestellt werden.

> **D** Die Zahlungsbilanz besteht aus mehreren Teilbilanzen (Leistungsbilanz, Vermögensübertragungen, Kapitalbilanz, Devisenbilanz, Restposten).

Aufbau der Zahlungsbilanz

Leistungstransaktionen:

I. Leistungsbilanz

1. Handelsbilanz
   → *Warenimporte, Warenexporte*
2. Dienstleistungsbilanz
   → *z. B. Urlaubsreisen*
3. Bilanz der Erwerbs- und Vermögenseinkommen
   → *Löhne und Gehälter sowie Zinsen und Renditen*
4. Bilanz der laufenden Übertragungen
   → die sogenannte *Schenkungsbilanz*

II. Vermögensübertragungen

Finanztransaktionen:

III. Kapitalbilanz

1. Direktinvestitionen
   → *Investitionen im Ausland und Investitionen aus dem Ausland*
2. Wertpapiere
   → *Aktien und Anleihen*
3. Finanzderivate
4. Übriger Kapitalverkehr

IV. Saldo der statistisch nicht aufgliederbaren Transaktionen

V. Devisenbilanz

Handelsbilanz: Die Warenexporte sind in Deutschland üblicherweise höher als die Warenimporte **(= aktive Handelsbilanz)**.

Dienstleistungsbilanz: Exporte und Importe von Dienstleistungen (u. a. Transport- und Versicherungsleistungen, Auslandsreisen). Auslandsreisen bedeuten einen Dienstleistungsimport. Der Saldo der deutschen Dienstleistungsbilanz ist wegen der zahlreichen Auslandsreisen der deutschen Bevölkerung traditionell negativ (= Importüberschuss).

Bilanz der Erwerbs- und Vermögenseinkommen: grenzüberschreitendes Faktoreinkommen (Kapitalerträge und Arbeitseinkommen). Hierzu zählen empfangene und geleistete Erwerbs- und Vermögenseinkommen.

Bilanz der laufenden Übertragungen: Beiträge an Internationale Organisationen (z. B. EU), grenzüberschreitende Renten, Pensionen und Unterstützungszahlungen (z. B. die Überweisungen der in Deutschland lebenden ausländischen Arbeitnehmer in ihre Heimatländer) sowie Zahlungen im Rahmen der Entwicklungshilfe, sofern es sich nicht um Kredite handelt. Der Saldo der deutschen Übertragungsbilanz ist insbesondere wegen hohen Leistungen an die EU üblicherweise negativ.

Kapitalbilanz: Kapitalexporte und Kapitalimporte wie z. B. grenzüberschreitende Kreditgeschäfte, Wertpapierkäufe oder Direktinvestitionen (= Unternehmensgründung oder Kapitalbeteiligung an Unternehmen). **Kapitalimporte** führen zu einer Zunahme der Verbindlichkeiten gegenüber dem Ausland oder zu einer Abnahme der Forderungen an das Ausland. Kauft ein deutscher Importeur Waren aus dem Ausland auf Kredit, so liegt ein Kapitalimport in Höhe der Verbindlichkeit vor. Ebenso stellen der Erwerb von deutschen Wertpapieren durch Ausländer und die Auflösung von Beteiligungen inländischer an ausländischen Unternehmen **Kapitalimporte** dar. **Kapitalexporte** führen zu einer Zunahme der Forderungen an das Ausland oder zu einer Abnahme der Verbindlichkeiten gegenüber dem Ausland. Dazu gehören z. B. Liefererkredite, die inländische Exporteure ihren Kunden einräumen, der Erwerb von Wertpapieren im Ausland sowie Kapitalbeteiligungen an ausländischen Unternehmen.

Restposten (Saldo der statistisch nicht aufgliederbaren Transaktionen): Da nicht alle außenwirtschaftlichen Vorgänge genau erfasst werden können (z. B. nicht oder falsch deklarierte Auslandsgeschäfte, Schmuggel, Kapitalflucht), enthält die Zahlungsbilanz die Position „Saldo der statistisch nicht aufgliederbaren Transaktionen“. Dabei handelt es sich um einen Restposten, der ungeklärte Beträge umfasst.

D

Die Zahlungsbilanz ist statistisch immer ausgeglichen. Die Teilbilanzen weisen jedoch üblicherweise Ungleichgewichte und damit positive oder negative Salden auf.

Zahlungsbilanz für Deutschland 2017 – 2019 in Mrd. €			
	2017	**2018**	**2019**
I. Leistungsbilanz			
1. Außenhandel			
Ausfuhr	*1.256,5*	*1.292,9*	*1.307,8*
Einfuhr	*1.003,7*	*1.066,8*	*1.086,5*
Saldo	252,8	226,1	221,3
2. Dienstleistungen			
Einnahmen	*282,3*	*296,2*	*309,7*
Ausgaben	*306,7*	*315,9*	*330,1*
Saldo	– 24,4	– 19,7	– 20,4
3. Erwerbs- und Vermögenseinkommen (Saldo der Primäreinkommen)	75,4	89,5	92,3
4. Laufende Übertragungen (Saldo der Sekundäreinkommen)	– 50,0	– 48,6	– 47,6
Saldo der Leistungsbilanz	**253,8**	**247,3**	**245,5**
II. Vermögensübertragungen (Saldo)	**– 3,0**	**0,4**	**– 0,3**
III. Kapitalbilanz (Export +, Import –)			
Direktinvestitionen	38,7	4,4	55,7
Wertpapiere	205,3	157,2	95,2
Finanzderivate u. Mitarbeiteroptionen	10,9	23,1	22,4
Übriger Kapitalverkehr	29,5	51,8	31,9
Saldo der Kapitalbilanz (Export +, Import –)	**284,4**	**236,5**	**205,2**
IV. Restposten (statistisch nicht aufgliederbar)	**– 32,3**	10,9	40,6
V. Veränderung der Währungsreserven (Devisenbilanz)	**– 1,3**	0,4	**– 0,5**
Bilanzgleichung: I. + II. = III. + IV. + V.			
I. Saldo der Leistungsbilanz	253,8	247,3	245,6
+ II. Saldo der Vermögensübertragungen	– 3,0	0,4	– 0,3
= **Saldo insgesamt**	**250,8**	**247,7**	**245,2**
III. Saldo der Kapitalbilanz	284,4	236,5	205,2
+ IV. Saldo Restposten	– 32,3	10,9	40,6
+ V. Saldo der Devisenbilanz	– 1,3	0,4	– 0,5
= **Saldo insgesamt**	**250,8**	**247,7**	**245,2**
Volkswirtschaftliche Gesamtrechnung			
Exporte von Waren und Dienstleistungen	1.538,04	1.585,77	1.612,06
Importe von Waren und Dienstleistungen	1.307,60	1.379,71	1.404,37
Außenbeitrag	**230,44**	**206,06**	**207,69**
Terms of Trade (2015 = 100)	**100,8**	**99,90**	**100,81**

Hinweis: Die Vorzeichen bei Kapital- und Devisenbilanz entsprechen – abweichend von der Systematik der Bundesbank – der Darstellung im Statistischen Jahrbuch.

Zahlen entnommen von Deutsche Bundesbank, Zahlungsbilanzstatistik März 2020

7.2 Ursachen und Notwendigkeit des Außenhandels

Lernziele:

Nach der Bearbeitung des Kapitels sind Sie in der Lage, Folgendes zu tun:

Sie ...

- ... stellen dar, warum Außenhandel notwendig ist.
- ... erläutern, wann ein Land einen komparativen (relativen) Kostenvorteil hat.
- ... begründen, warum die Theorie des komparativen Kostenvorteils auf die heutige weltwirtschaftliche Situation nicht übertragbar ist.
- ... stellen dar, welche Nachteile eine Spezialisierung im Rahmen der internationalen Arbeitsteilung für ein Land mit sich bringen kann.

7.2.1 Unterschiedliche Produktionskosten

Eingeschränkte Aussagekraft und negative Folgen der Theorie der komparativen (relativen) Kostenvorteile

Die Theorie der komparativen Kostenvorteile wurde erstmals von DAVID RICARDO (1772–1823)[1] am Beispiel von Portugal und England für die Güter Tuch und Wein explizit formuliert.

B Kostenunterschiede als Ursache des Außenhandels

Angenommen, in England und Portugal stehen pro Periode 100 Arbeitseinheiten (AE) zur Verfügung, mit denen **alternativ** höchstens die in der untenstehenden Tabelle angegebenen Gütermengen (ME) hergestellt werden können. So könnte z. B. Portugal höchstens **entweder** 24 ME Wein **oder** 18 ME Tuch herstellen. Bisher werden zur Versorgung der inländischen Bevölkerung in Portugal 16 ME Wein und 6 ME Tuch und in England 5 ME Wein und 8 ME Tuch hergestellt.

Gut \ Land	Portugal	England
Wein	24 ME	10 ME
Tuch	18 ME	16 ME

Kann durch internationale Arbeitsteilung und Aufnahme von Handelsbeziehungen die Güterversorgung der Bevölkerung in Portugal und England verbessert werden?

Portugal hat bei beiden Gütern einen absoluten Kostenvorteil, da es in beiden Fällen für die gleiche Produktionsmenge weniger Arbeitseinheiten einsetzen muss als England. Bei der Weinerzeugung ist der Kostenvorteil Portugals aber vergleichsweise größer (= komparativer Kostenvorteil bei Wein). England hat demgegenüber einen geringeren Kostennachteil bei der Tuchherstellung (= komparativer Kostenvorteil bei Tuch). Eine Spezialisierung beider Länder auf das Gut, für das ein komparativer Vorteil vorliegt, ermöglicht eine Erhöhung der Gesamtproduktion bei beiden Gütern. Durch internationalen Handel könnte in beiden Ländern die Güterversorgung verbessert werden.

Vor Aufnahme des Außenhandels (Autarkie)			
Gut \ Land	Portugal	England	Gesamtproduktion
Wein	16 ME	5 ME	21 ME
Tuch	6 ME	8 ME	14 ME

Nach Aufnahme des Außenhandels			
Gut \ Land	Portugal	England	Gesamtproduktion
Wein	24 ME	0 ME	24 ME
Tuch	0 ME	16 ME	16 ME

1 Vgl. D. Ricardo, On the Prinicples of Political Economy and Taxation; deutsch: Über die Grundsätze der politischen Ökonomie und der Besteuerung, Berlin (Ost), 1979 (7. Kapitel).

Unter den getroffenen Annahmen sind die Aussagen der Theorie der komparativen Kostenvorteile schlüssig. Solange die Produktionsfaktoren nicht über die Landesgrenzen hinweg mobil sind, können die Vorteile des Außenhandels mit der unterschiedlichen Faktorausstattung der beteiligten Länder erklärt werden.

D Wenn sich jedes Land auf die Produktion der Güter spezialisiert, bei denen es gegenüber dem anderen Land komparative (relative) Kostenvorteile hat, kann durch internationale Arbeitsteilung die Gesamtproduktion gesteigert werden.

D 7.3.3

Eine Übertragung auf die heutige weltwirtschaftliche Situation scheitert aber allein schon daran, dass die Produktionsfaktoren (insbesondere das **Geldkapital)** – anders als im Modell angenommen – auch **international** sehr **mobil** sind. Da Kapital aufgrund moderner Kommunikationsmittel in Sekundenschnelle von einem Land in ein anderes transferiert werden kann, besteht für einen Investor keine Veranlassung, sich mit den **relativen Kostenvorteilen** der Güterproduktion in einem bestimmten Land zu begnügen. Er hat vielmehr die Möglichkeit, sein Kapital dort zu investieren, wo die Produktion absolut am kostengünstigsten ist, wo also im internationalen Vergleich **absolute Kostenvorteile** vorliegen. **Standortwettbewerb** und **internationale Kostensenkungswettläufe** zur Schaffung günstiger Investitionsbedingungen für Auslandskapital als Folge der **Globalisierung** belegen diese Entwicklung. Im theoretischen Extremfall kann das bedeuten, dass aus Ländern, die für keine Güter absolute Kostenvorteile aufweisen, die gesamte Produktion ins Ausland verlagert wird.

Daneben schränkt auch die Nichtberücksichtigung der energieintensiven **Transportkosten** die Aussagekraft des Modells ein. Würden die Transportkosten in ihrer tatsächlichen Höhe, also einschließlich der **sozialen Kosten**, die für Infrastruktur, Unfälle, Umweltbelastung usw. entstehen, berücksichtigt, würde dadurch ein erheblicher Teil der vermeintlichen Vorteile internationaler Arbeitsteilung aufgewogen.

Die Gültigkeit der Theorie der komparativen Kostenvorteile lässt sich heute empirisch häufig nicht nachweisen.

Deutschlands wichtigste Handelspartner sind Industrieländer, insbesondere die der EU *(vgl. Abb. S. 501)*. Der deutsche Außenhandel ist mit solchen Ländern besonders intensiv, in denen die Arbeitsproduktivität annähernd gleich hoch ist wie in Deutschland (z. B. Frankreich, Niederlande, Italien, Großbritannien, USA). Der überwiegende Teil der deutschen Warenexporte entfällt auf die Kategorien Fahrzeuge, Maschinen und chemische sowie elektronische und optische Erzeugnisse *(vgl. Abb. S. 501)*. Auch bei den Importen haben diese Güterkategorien den größten Anteil. Damit ist der deutsche Außenhandel in hohem Maße ein **intrasektoraler Handel** (z. B. Export deutscher Autos und Import französischer Autos), der **nicht auf Spezialisierung** beruht. Die große Bedeutung des Handels mit Ländern, die eine ähnliche Produktions- und Kostenstruktur wie Deutschland aufweisen, ist ein weiterer Hinweis dafür, dass der überwiegende Teil des deutschen Außenhandels **nicht durch komparative Kostenunterschiede erklärt** werden kann.

Die historischen Erfahrungen aus der Kolonial- und Industrialisierungszeit zeigen, dass eine Spezialisierung gemäß der Theorie der komparativen Kostenvorteile wegen der damit einhergehenden Abhängigkeiten sowohl wirtschaftlich als auch politisch sehr risikoreich sein kann.

B Obwohl die 1817 von RICARDO formulierte Theorie der komparativen Kostenvorteile die Forderung nach **Freihandel** und der **Abschaffung von Zöllen** nach sich zieht, verhinderte England im 19. Jahrhundert die Einfuhr indischer Textilien, die der aufkeimenden englischen Textilindustrie hätten gefährlich werden können. Während die indische Baumwoll- und Seidenmanufaktur Anfang des 19. Jahrhunderts hoch entwickelt war und einen Exportüberschuss bei Textilerzeugnissen ermöglichte, mussten gegen Ende des 19. Jahrhunderts bereits drei Viertel des indischen Textilbedarfs aus England eingeführt werden, obwohl England sich nach der Theorie der komparativen Kosten eigentlich auf Schafzucht und Whiskeybrennen hätte spezialisieren müssen. Die Industrialisierung Englands war für Indien aufgrund des Außenhandels mit der englischen Kolonialmacht mit einer Zerstörung der Textilmanufaktur („De-Industrialisierung") verbunden. Indien konnte lediglich noch textile Rohstoffe (z. B. Baumwolle) produzieren und musste die Weiterverarbeitung England überlassen. Da Indien zudem aus klimatischen Gründen einen absoluten Kostenvorteil beim Anbau von Baumwolle, Jute und anderen Nutzpflanzen hat, wurde deren Anbau zulasten der Erzeugung von Grundnahrungsmitteln forciert. Zu Beginn des 19. Jahrhunderts galt Indien noch als Getreidespeicher Asiens. Die Spezialisierung auf den Anbau anderer Pflanzenarten führte aber dazu, dass schon bald Nahrungsmittel eingeführt werden mussten und Indien bis heute immer wieder von Hungersnöten betroffen ist.

Deutsche Karikatur aus dem Jahr 1897: Englands Königin Victoria und Kaiserin von Indien „füttert" die hungernden Inder.

7.2.2 Verfügbarkeit von Rohstoffen und anderen Produktionsfaktoren

Handel zwischen Industrie- und Entwicklungsländern

Die Importe der Industrieländer aus den Entwicklungsländern sind zum großen Teil darauf zurückzuführen, dass in den Industrieländern zwar eine Nachfrage für bestimmte Güter besteht, diese aber aus klimatischen, geologischen oder anderen Gründen nur im Ausland produziert werden. In Deutschland gehören neben tropischen Früchten vor allem **Rohstoffe** für die industrielle Produktion dazu.

Von allen Ländern der Welt hat annähernd die Hälfte keinerlei Reserven an nicht erneuerbaren Rohstoffen. Die bedeutenden Rohstoffvorkommen konzentrieren sich auf etwas mehr als 30 Länder.

Die Nichtverfügbarkeit von Gütern in einem Land kann auch dadurch bedingt sein, dass die Menge und Qualität der Produktionsfaktoren nicht ausreichend ist (z. B. Mangel an Know-how, qualifizierten Arbeitskräften und modernen Technologien). Viele Entwicklungsländer müssen aus diesem Grund Investitionsgüter aus den Industrieländern importieren.

Die heute noch vielfach vorherrschende Form internationaler Arbeitsteilung zwischen Entwicklungsländern als Rohstofflieferanten und Industrieländern als Kapital- bzw. Konsumgüterproduzenten ist wesentlich durch die Kolonialzeit bedingt. Damals wurde den heutigen Entwicklungsländern diese Form der Arbeitsteilung aufgezwungen, indem beispielsweise die Kolonialmächte den Aufbau von Handwerksbetrieben und Industrien systematisch unterbanden (z. B. Verbot der Seiden- und Tuchproduktion in Mexiko durch die Spanier im 16. Jh., Zerstörung der indischen Textilindustrie durch die englischen Kolonialherren im 19. Jh.). Diese traditionelle Struktur wird auch heute noch teilweise durch die Außenhandelspolitik der Industrieländer gefestigt (z. B. Zollschranken und Mengenbeschränkungen für Textilien aus Entwicklungsländern zum Schutz der heimischen Textilindustrie). Die gegenwärtige Form der internationalen Arbeitsteilung zwischen Entwicklungs- und Industrieländern führt dazu, dass in vielen Fällen der Wert der Handelsströme aus den Industrie- in die Entwicklungsländer wesentlich größer ist als umgekehrt. Um diese Importe bezahlen zu können, müssen die betroffenen Entwicklungsländer sich immer weiter verschulden.

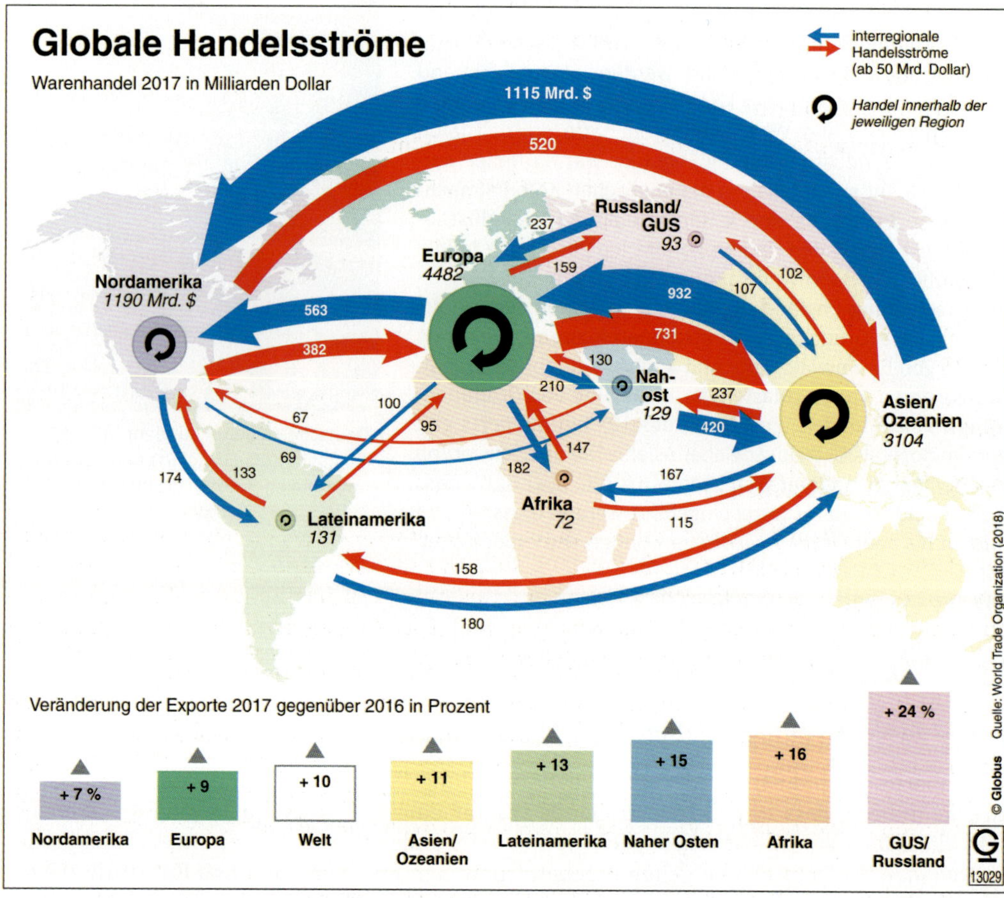

7.3 System freier Wechselkurse

Lernziele:

Nach der Bearbeitung des Kapitels sind Sie in der Lage, Folgendes zu tun:

Sie ...

- ... beschreiben die Mengennotierung beim Wechselkurs.
- ... beschreiben, wie sich der Wechselkurs bildet.
- ... stellen dar, wovon Angebot und Nachfrage auf dem Devisenmarkt abhängen.
- ... erläutern die Begriffe „Aufwertung“ und „Abwertung“.
- ... stellen dar, wie Auf- und Abwertungen entstehen können.
- ... beschreiben die Folgen von Wechselkursschwankungen für den Außenhandel.
- ... analysieren den Wechselkursmechanismus.
- ... begründen, wie der Wechselkursmechanismus bei einem Exportüberschuss zum Gleichgewicht zwischen Exporten und Importen führt.
- ... beschreiben, welche Wirkung eine Aufwertung (Abwertung) auf den Binnenwert des Geldes haben kann.

7.3.1 Kursbildung

Wechselkurs (Devisenkurs)

Es gibt keine **Währung** (= gesetzliches Zahlungsmittel eines Staates oder einer Staatengemeinschaft), die in allen Volkswirtschaften der Welt Gültigkeit hat. Außenhandel, bei dem Im- und Exportgüter gegen Geld getauscht werden, ist deshalb nur möglich, wenn die Währungen verschiedener Länder untereinander austauschbar sind. Das Austauschverhältnis zwischen zwei Währungen wird als **Wechselkurs** *(exchange rate)* bezeichnet.

7.2, S. 524

Der Begriff **Wechselkurs** stammt aus der Zeit, als der internationale Zahlungsverkehr noch vornehmlich mithilfe von Wechseln[1] abgewickelt wurde, die an einem ausländischen Ort in ausländischer Währung zahlbar waren. Gleichbedeutend wird auch der Begriff **Devisenkurs** benutzt. **Devisen** sind kurzfristige Forderungen (Sichtguthaben, Schecks und Wechsel) in fremder Währung. Ausländische Noten und Münzen werden dagegen als **Sorten** bezeichnet.

> **D** Der Wechselkurs gibt den Preis für eine bestimmte Menge einer Währung (z. B. 1,00 €) ausgedrückt in einer anderen Währung (z. B. US-$) an. Er ist Maßstab für den Außenwert des Geldes.

Mengennotierung

Seit Einführung des Euro wird bei Kursangaben offiziell nur die sogenannte **Mengennotierung** verwendet. Sie gibt an, welchen Betrag einer ausländischen Währung man für einen Euro erhält bzw. bezahlen muss.

Wie aus der unten stehenden Kurstabelle ersichtlich ist, benutzen die Banken für die Umrechnung der Währung zwei Kurse. Der **niedrigere Geldkurs** (Ankaufskurs) wird angewandt, wenn die Bank ausländische Zahlungsmittel verkauft und **Euro ankauft**. Der Kunde erhält in diesem Fall für 1 Euro die kleinere Menge ausländischer Zahlungsmittel. Der **höhere Briefkurs** (Ver-

1 Ein Wechsel ist ein Wertpapier, das ein Zahlungsversprechen des Schuldners enthält.

kaufskurs) wird angewandt, wenn die Bank ausländische Zahlungsmittel ankauft und **Euro verkauft**. Der Kunde muss in diesem Fall für 1 Euro die größere Menge an ausländischen Zahlungsmitteln bereitstellen. Der Unterschied zwischen Geld- und Briefkurs ist die Verdienstspanne der Banken für ihre Dienstleistungen im Devisen- und Sortenhandel.

Devisen- und Sortenkurse für 1,00 €

23.04.2020	Devisenkurse Referenzkurse Euro[1]		Sortenpreise am Bankschalter[2]	
	Geld	Brief	Ankauf	Verkauf
USA	1,0762	1,0822	1,0294	1,1371
Japan	115,7900	116,2700	110,2614	122,5841
GB	0,8703	0,8743	0,8337	0,9207
Schweiz	1,0494	1,0534	1,0055	1,1129
Kanada	1,5192	1,5312	1,4499	1,6149
Schweden	10,8599	10,9079	10,3813	11,4938
Norwegen	11,4708	11,5188	10,9692	12,1510
Dänemark	7,4378	7,4778	7,1161	7,8721
Australien	1,6939	1,6940	1,6113	1,7973
Neuseeland	1,7951	1,7953	1,7040	1,9112
Tschechien	27,4890	27,5220	26,0160	29,7360
Polen	4,5452	4,5471	4,2545	4,9058
Südafrika	20,5391	20,5504	19,2907	22,4927
Hongkong	8,3929	8,3944	7,7939	9,0599
Singapur	1,5392	1,5396	1,4422	1,6507

1 mitgeteilt von vwd, LBBW
2 Frankfurter Sortenkurse aus Sicht des Bankkunden
Eigene Darstellung nach Zahlen von: Handelsblatt, Finanzzeitung, 23.04.2020

Die Umrechnung der Kurse für Währungen der Nicht-Euro-Staaten erfolgt auf der Basis von Kurstabellen. Darin sind die an der Frankfurter oder Düsseldorfer Devisenbörse festgestellten Kurse der Währungen enthalten. Diese Kurse werden jedoch nicht mehr ausschließlich an den Devisenbörsen, sondern auch zwischen den Kreditinstituten ausgehandelt. Sie werden auch als Referenzkurse bezeichnet. Da die Tabellen nur unverbindliche Orientierungswerte darstellen, können die Kursangaben einzelner Kreditinstitute von den **Referenzkursen** abweichen.

Wechselkursentwicklung US-$ je Euro (Monatsmitte)

eigene Darstellung nach Daten von Deutsche Bundesbank, Devisenkursstatistik, verschiedene Jahrgänge

Devisenmarkt

D Ein System freier Wechselkurse liegt vor, wenn sich der Wechselkurs als Gleichgewichtspreis durch Angebot und Nachfrage auf dem Devisenmarkt bildet.

Die Preisbildung auf dem **Devisenmarkt** vollzieht sich wie beim **Polypol auf dem vollkommenen Markt.** Es werden aber keine Waren und Dienstleistungen gehandelt.

B 4.1

D Auf dem Devisenmarkt werden Guthaben in Inlandswährung (z. B. Euro) gehandelt, deren Preis in Auslandswährung (z. B. US-$) ausgedrückt wird.

Die Grafik stellt im üblichen Preis-Mengen-Diagramm das Zustandekommen des Wechselkurses (w_0 = Gleichgewichtspreis) zwischen US-$ und Euro dar.

Entstehung w_0 zwischen US-$/Euro

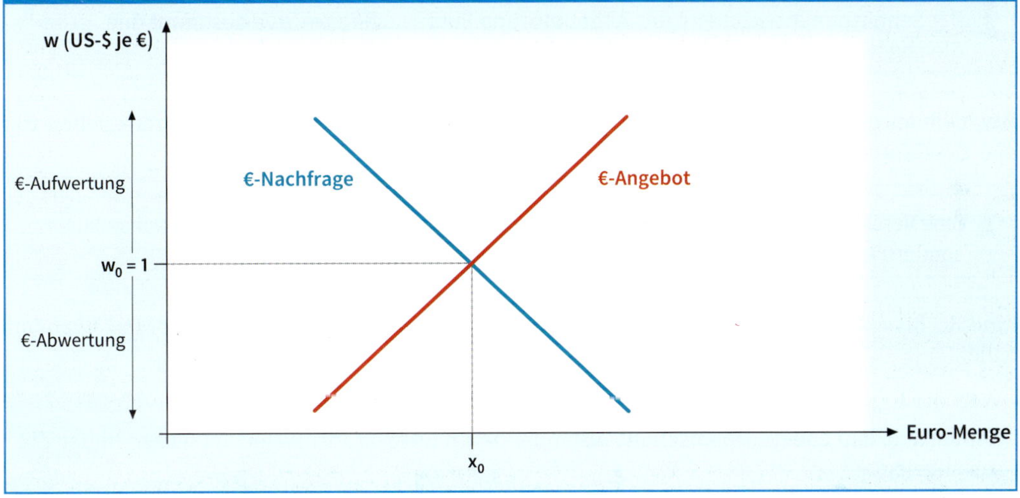

Jeder Nachfrage nach Euro entspricht gleichzeitig ein Angebot an Devisen (hier: US-$). Die Nachfragekurve für Euro hat im Normalfall eine negative Steigung. Das bedeutet:

B 2.6

D Je höher der Kurs, d. h. je mehr US-$ für einen Euro bezahlt werden müssen, umso geringer ist die geplante Nachfragemenge nach Euro. Je niedriger der Kurs, d. h. je weniger US-$ für einen Euro bezahlt werden müssen, umso höher ist die geplante Nachfragemenge nach Euro.

B **Wirkung einer Kurssteigerung**

Würde der **Kurs steigen** (z. B. von 1,40 US-$ je € auf 1,50 US-$ je €), müssten je Euro mehr US-$ bezahlt werden. Wenn deutsche Exporteure nach wie vor denselben Gegenwert in Euro erlösen wollen, müssen die in US-$ ausgedrückten Preise für deutsche Exportgüter in den USA erhöht werden. In den USA würden durch diese Verteuerung weniger deutsche Exportgüter nachgefragt. Daher benötigen die amerikanischen Importeure weniger Euro zur Bezahlung der Importe. Da sie weniger US-$ gegen Euro tauschen, würde die angebotene Menge an US-$ und damit die **nachgefragte Menge nach Euro sinken.**

Jedem Angebot an Euro entspricht gleichzeitig eine Nachfrage nach Devisen (z. B. US-$). Die Angebotskurve für Euro hat im Normalfall eine positive Steigung. Das bedeutet:

B 3.8

D Je höher der Kurs, d. h. je mehr US-$ für einen Euro bezahlt werden müssen, umso höher ist die geplante Angebotsmenge für Euro. Je niedriger der Kurs, d. h. je weniger US-$ für einen Euro bezahlt werden müssen, umso geringer ist die geplante Angebotsmenge für Euro.

B **Wirkung einer Kurssenkung**

Würde der **Kurs sinken** (z. B. von 1,50 US-$ je € auf 1,40 US-$ je €), müssten je Euro weniger US-$ bezahlt werden. Wenn Exporteure aus den USA nach wie vor denselben Gegenwert in US-$ erlösen wollen, müssen die Euro-Preise für amerikanische Exportgüter in Deutschland erhöht werden. In Deutschland würden durch diese Verteuerung weniger amerikanische Exportgüter nachgefragt. Daher benötigen die deutschen Importeure weniger US-$ zur Bezahlung der Importe. Da sie weniger Euro gegen US-$ tauschen, würde die nachgefragte Menge nach US-$ und damit die **angebotene Menge an Euro sinken.**

D Der Schnittpunkt zwischen Euro-Angebots- und Euro-Nachfragekurve bestimmt den Gleichgewichtskurs und die Gleichgewichtsmenge.

Auch die übrigen Gesetzmäßigkeiten der Preisbildung bei vollständiger Konkurrenz gelten für den Devisenmarkt.

D Eine Verschiebung der Euro-Nachfragekurve ergibt sich, wenn sich nicht der Wechselkurs, sondern ein anderer Bestimmungsfaktor der Euro-Nachfrage ändert.

Eine Rechtsverschiebung (= Zunahme der Nachfrage nach Euro) ergibt sich z. B. in folgenden Fällen:

- Wert der Exporte in die USA steigt.
- Kapital aus dem außereuropäischen Ausland wird im Euro-Währungsgebiet wegen hoher Zinsen angelegt.
- Das ESZB verkauft aus seinen Währungsreserven US-$ gegen Euro, um den Euro-Kurs zu stützen.

Verschiebung der Euro-Nachfragekurve

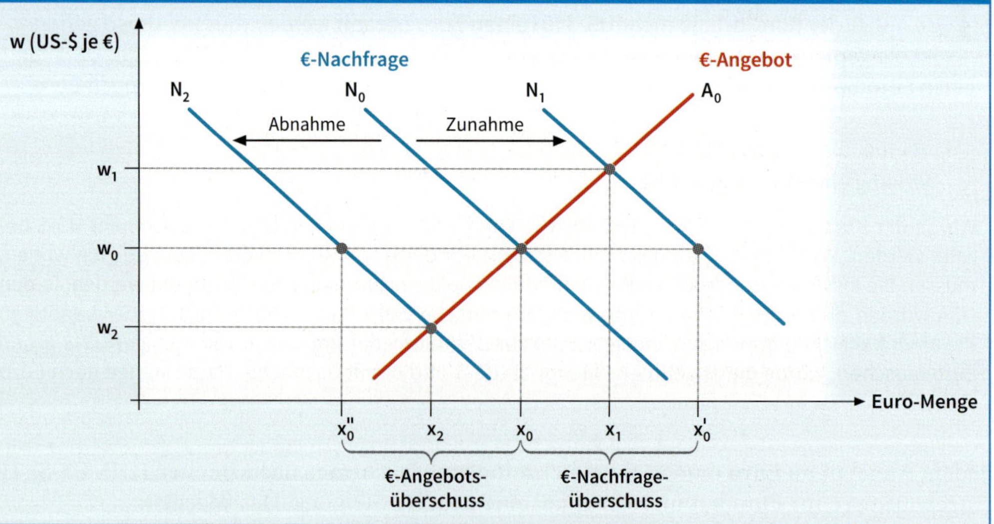

D Steigt die Nachfrage nach Euro (= Rechtsverschiebung der Nachfragekurve) bei unverändertem Angebot, so steigt aufgrund des Nachfrageüberschusses der Wechselkurs.

D Sinkt die Nachfrage nach Euro (= Linksverschiebung der Nachfragekurve) bei unverändertem Angebot, so sinkt aufgrund des Angebotsüberschusses der Wechselkurs.

D Eine Verschiebung der Euro-Angebotskurve ergibt sich, wenn sich nicht der Wechselkurs, sondern ein anderer Bestimmungsfaktor des Euro-Angebots ändert.

Verschiebung der Euro-Angebotskurve

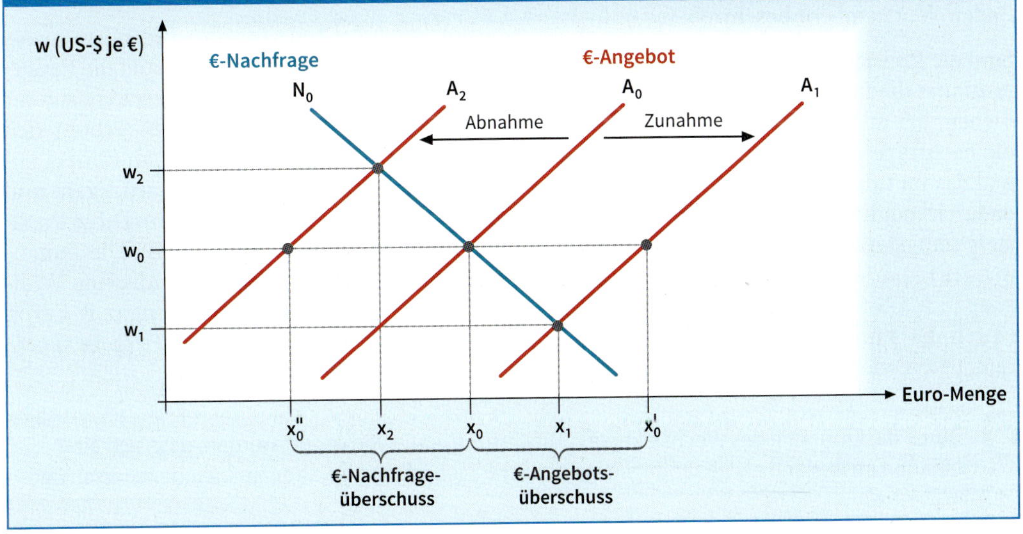

Eine Rechtsverschiebung (= Zunahme des Angebots an Euro) ergibt sich z. B. in folgenden Fällen:

- Wert der Importe, die in US-$ bezahlt werden müssen (z. B. Rohöl), steigt.
- Kapital aus dem Euro-Währungsgebiet wird wegen höherer Zinsen im außereuropäischen Ausland angelegt.
- Eine ausländische Zentralbank verkauft aus ihren Devisenreserven Euro, um den Kurs der eigenen Währung zu stützen.

D Steigt das Angebot an Euro (= Rechtsverschiebung der Angebotskurve) bei unveränderter Nachfrage, so sinkt aufgrund des Angebotsüberschusses der Wechselkurs.

D Sinkt das Angebot an Euro (= Linksverschiebung der Angebotskurve) bei unveränderter Nachfrage, so steigt aufgrund des Nachfrageüberschusses der Wechselkurs.

7.3.2 Beziehungen zwischen Binnen- und Außenwert des Geldes

Eine Aufwertung bewirkt eine Verbilligung, eine Abwertung eine Verteuerung der Einfuhrpreise. Inwieweit sich dies in einer Änderung des inländischen Preisniveaus (Binnenwert des Geldes) niederschlägt, hängt u. a. davon ab, ob die Importpreisänderungen an die Endverbraucher weitergegeben werden und wie groß der Anteil importierter Güter am Gesamtverbrauch ist. Bei einer Abwertung nehmen zudem möglicherweise die Exporteure die Preiserhöhungsspielräume im Ausland zum Anlass, ihre Produkte auch im Inland zu verteuern.

D Tendenziell führt eine Aufwertung (= Erhöhung des Außenwertes des Geldes) zu Preissenkungen (= Erhöhung des Binnenwertes des Geldes) und umgekehrt.

Insgesamt hat eine Aufwertung konjunkturdämpfende Wirkungen. Sie ermöglicht preisgünstige Importe und dämpft damit die Inflation. Gleichzeitig vermindert sich aber die internationale Wettbewerbsfähigkeit der Exportindustrie, was zu Absatz- und Beschäftigungsproblemen führen kann. Eine Abwertung wirkt dagegen konjunkturfördernd. Sie ermöglicht steigende Exporte und kann dadurch die Beschäftigung im Exportsektor erhöhen. Das diese theoretische Annahme aber nur bedingt eintritt, wird in der unten dargestellten Studie der Landesbank Baden-Württemberg beschrieben.

Sind die Preissteigerungsraten im Inland geringer als im Ausland, nehmen im Inland die Exporte zu und die Importe ab. Werden die Devisen, die zur Bezahlung der inländischen Exportgüter dienen, bei inländischen Banken umgetauscht (z. B. Umtausch von US-$ in Euro), erhöht sich die nachfragewirksame Geldmenge (M1) im Inland. Dies kann zu Preissteigerungen führen, zumal das im Inland verfügbare Güterangebot aufgrund der gestiegenen Exporte zurückgeht und dadurch möglicherweise ein Nachfrageüberschuss entsteht (importierte Inflation). Diese Preissteigerungstendenz wird aber durch die Veränderung des Wechselkurses gebremst. Die Zunahme der Exporte bewirkt auf dem Devisenmarkt ein erhöhtes Angebot der ausländischen Währung (z. B. US-$) und damit eine erhöhte Nachfrage nach der inländischen Währung (z. B. Euro). Durch die damit einhergehende Aufwertung der Inlandswährung werden die Exporte teurer und gehen wieder zurück. Die Entwicklung kehrt sich also wieder um.

D Durch die Erhöhung des Wechselkurses (Aufwertung) kann verhindert werden, dass sich eine Inflation im Ausland als geldmengen- oder nachfragebedingte Inflation im Inland niederschlägt.

Allerdings tritt diese kompensierende Wechselkursänderung wegen vorherrschender anderer Einflussgrößen (z. B. Zinsdifferenzen, Konjunkturgefälle, Wechselkursspekulationen) oft nicht in der erwarteten Höhe ein.

„

Euro-Stärke – eine Gefahr für unsere Wirtschaft?

Der Euro wertete jüngst gegenüber dem US-Dollar deutlich auf. Ein Warnsignal für die deutsche Wirtschaft? Die Analysten der LBBW haben nachgerechnet.

Gut zwei Jahre dümpelte der Euro-US-Dollar Kurs unter der 1,15-Marke, zu Jahresbeginn 2017 war der Euro sogar auf unter 1,05 Dollar gefallen. Doch ab April gewann die europäische Währung plötzlich wieder an Fahrt: Bis Mitte November 2017 wertete der Euro gegenüber dem US-Dollar um gut zehn Prozent auf.

Ein starker Euro gilt gemeinhin als Gefahr für die stark exportorientierte deutsche Wirtschaft. Der Anteil der Exporte am Bruttoinlandsprodukt (BIP) lag zuletzt bei 47 Prozent. Gibt es also Grund zur Sorge? Dieser Frage gingen die Analysten der Landesbank Baden-Württemberg (LBBW) in einer Studie nach.

Demzufolge könnte die Aufwertung des Euro die Exportpreise zwar durchaus belasten und damit auch die Gewinnmargen der Unternehmen. Das Wachstum der Exporte dürfte aber dennoch kaum betroffen sein. Ein Abwürgen der Konjunktur durch eine weiter erstarkende europäische Währung scheint vor diesem Hintergrund unwahrscheinlich.

Globale Konjunktur ist wichtiger als Wechselkurse

Ihre Einschätzung machen die LBBW-Experten unter anderem daran fest, wie sich in der Vergangenheit Wechselkursschwankungen auf das Exportwachstum und die Unternehmensgewinne ausgewirkt haben. „Eine Wirkung des Wechselkurses auf die reale Exporttätigkeit ist zwar immer wieder festzustellen. Aber wiederholt haben sich beide Größen auch über längere Zeiträume voneinander entkoppelt", erläutert Martin Güth, Senior Analyst Corporate Developments bei der LBBW.

Als ein Beispiel nennt Güth die Jahre 2004 bis 2007. Damals hätte das reale Exportwachstum aufgrund eines starken Euro deutlich geringer ausfallen können, wurde aber durch eine gute globale Wirtschaftsentwicklung mit einer robusten Nachfrage gestützt.

Deutschland: Exportwachstum vs. Eurokurs

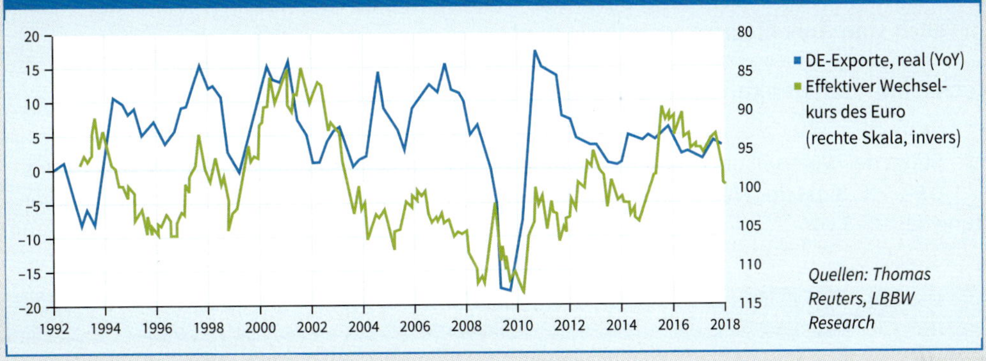

Die Annahme, dass sich ein niedriger Eurokurs positiv auf die reale Exporttätigkeit in Deutschland auswirke, stimmt nur bedingt. Im Zeitraum 2004 bis 2007 beispielsweise hätte das Exportwachstum aufgrund des starken Euro deutlich geringer ausfallen müssen.

Von einem vergleichbaren Szenario geht die LBBW auch für 2018 aus: Sie erwartet für 2018 ein globales BIP-Wachstum von 3,5 Prozent, nachdem es im laufenden Jahr bei etwa 3,3 Prozent liegen dürfte. „Die realen Exporte dürften von dieser Entwicklung profitieren", so Güth. Unabhängig davon, wie sich der Euro-US-Dollar-Kurs weiterentwickelt.

Mehr als ein Drittel der Exporte sind wechselkursunabhängig

Analysiert haben die LBBW-Analysten auch den Zusammenhang zwischen der Wechselkurs- und der Exportpreisentwicklung der vergangenen Jahre. Hier lautet das Fazit: „Die jüngste Euro-Stärke könnte die Exportpreise und damit auch die Margen der exportorientierten Unternehmen durchaus belasten." Dieser Effekt wird jedoch dadurch abgeschwächt, dass mehr als ein Drittel (36 Prozent) der deutschen Ausfuhren vom Wechselkurs unabhängig sind, weil sie in Länder der Eurozone gehen. Dagegen ist mit 8,9 Prozent der Anteil der Ausfuhren, die an Deutschlands größten Exportpartner USA gehen, vergleichsweise gering.

Deutschland: Gewinnmarge und Euro

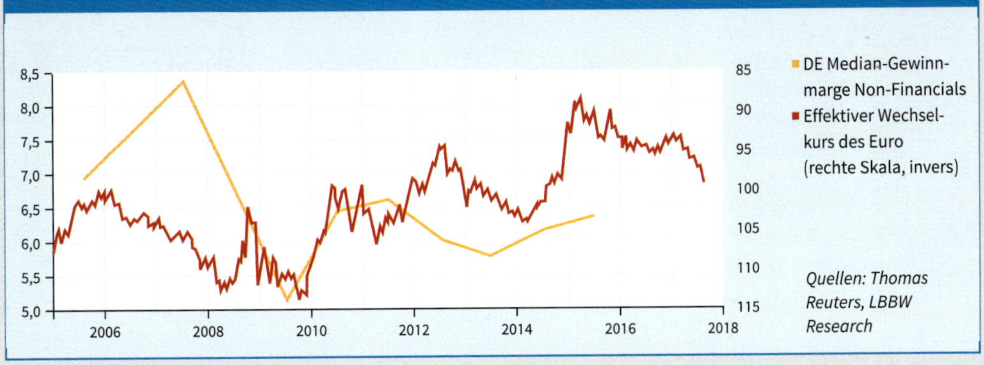

Exporte in Eurozone verringern die Abhängigkeit vom Dollarkurs

Mehr als 36 Prozent der deutschen Ausfuhren gehen an Länder der Eurozone und machen sie somit unabhängig von Wechselkursschwankungen. Mit einem Anteil von 8,9 Prozent sind die USA zwar stärkster singulärer Außenhandelspartner Deutschlands, ihr Gewicht im Verhältnis jedoch gering. […]

Quelle: LBBW: Euro-Stärke – eine Gefahr für unsere Wirtschaft? o. ED. In: www.lbbw.de. https://www.lbbw.de/artikelseite/maerkte-verstehen/starker-euro-gefahr-fuer-wirtschaft_6viu5kvnd_d.html [21.01.2020].

7.3.3 Zusammenhang zwischen Wechselkurs, Außenhandel und Finanztransaktionen

Einerseits beeinflusst der Wechselkurs den Außenhandel, da Wechselkursänderungen Preisänderungen für Import- und Exportgüter bedeuten. Andererseits entstehen aber Angebot und Nachfrage auf dem Devisenmarkt auch durch internationale Güterströme, sodass der Wechselkurs auch vom Außenhandel beeinflusst wird.

Wechselkursschwankungen (Aufwertung und Abwertung)

D Steigt der Wechselkurs US-$/Euro, liegt eine Aufwertung des Euro und eine Abwertung des US-$ vor. Sinkt der Wechselkurs US-$/Euro, liegt eine Abwertung des Euro und eine Aufwertung des US-$ vor.

Entstehung und Auswirkungen von Wechselkursschwankungen

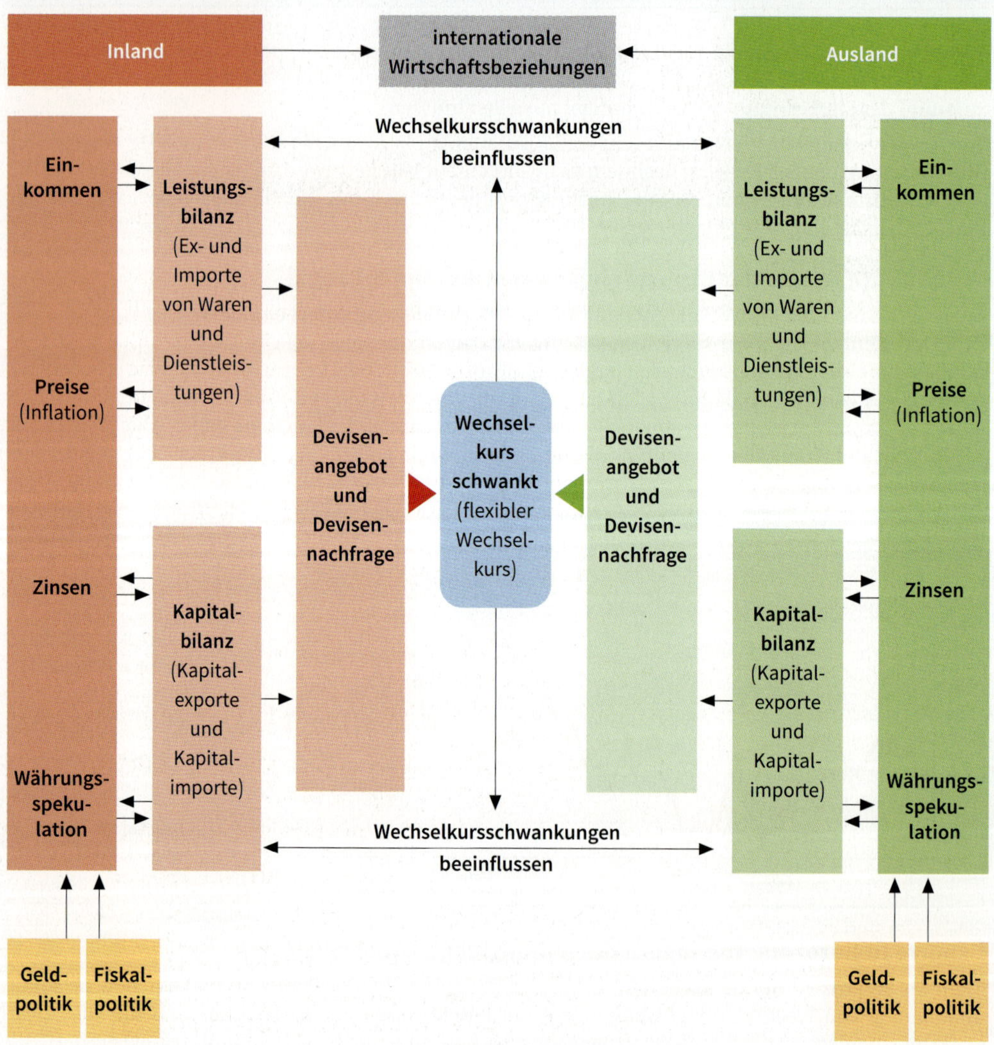

Vgl. H. Sperber, Wirtschaft verstehen, 5. Aufl., Stuttgart 2016, S. 286.

Bei den **Ursachen für Wechselkursschwankungen** können güterwirtschaftliche Faktoren (Handelsströme) und finanzwirtschaftliche Faktoren (Kapitalströme) unterschieden werden.

- **Inflationsdifferenzen zwischen einzelnen Ländern**
  Steigen die Preise im Ausland stärker als im Inland, kann es zu einer Zunahme der Exporte und Abnahme der Importe kommen. Zur Bezahlung der steigenden Exporte werden mehr Devisen (z. B. US-$) in Euro und wegen der sinkenden Importe weniger Euro in Devisen (z. B. US-$) umgetauscht. Auf dem Devisenmarkt führt das in Bezug auf den Euro zu einer Nachfrageerhöhung bzw. zu einer Angebotssenkung und damit zu einer Euro-Aufwertung.
- **Produktivitätsentwicklung und internationale Wettbewerbsfähigkeit**
  Ein Land mit hohem technologischem Niveau und Produktivitätswachstum im Bereich der Exportgüterindustrie weist eine Tendenz zur Aufwertung seiner Währung auf, da die internationale Wettbewerbsfähigkeit nicht nur vom Preis, sondern auch von der Qualität der Exportgüter abhängt.
- **Vermögensumschichtungen**
  Vermögensumschichtungen international operierender Kapitalanleger führen zu Wechselkursänderungen. Ursache können veränderte Risikoeinschätzungen und Ertragserwartungen sein. Für den erwarteten Ertrag sind nicht nur die **Zinserträge**, sondern vor allem auch die zukünftigen **Wechselkursentwicklungen** maßgebend. Erträge aus Zinsdifferenzen zwischen Inland und Ausland können nämlich durch entgegengerichtete Wechselkursentwicklungen wieder zunichte gemacht werden. Die **Erwartungen von Wechselkursänderungen** gehen auch auf **Änderungen der politischen Verhältnisse** in einem Land zurück, wenn deshalb wirtschaftliche Stabilität, internationale Wettbewerbsfähigkeit und Wirksamkeit der Wirtschaftspolitik von den Anlegern anders eingeschätzt werden.
- **Spekulation**
  Wechselkursschwankungen können durch sogenannte **Seifenblaseneffekte** *(bubbles)* verstärkt werden. Damit ist das spekulative Verhalten von Anlegern gemeint, die beispielsweise – obwohl alle ökonomischen Daten gegen einen weiteren Kursanstieg sprechen – weiterhin auf einen Kursanstieg spekulieren und ihr Geld in der aufwertungsverdächtigen Währung anlegen. Je mehr Anleger sich so verhalten, umso eher kommt es tatsächlich zu der erwarteten Wechselkursveränderung.

Ein wesentliches wirtschaftliches Argument für die Einführung des Euro als gemeinsame Währung im Rahmen der Europäischen Währungsunion war der dadurch bedingte Wegfall des Wechselkursrisikos zwischen den beteiligten Ländern. Das soll den innereuropäischen Handel erleichtern und so durch zusätzliche Investitionen und Produktivitätsfortschritte zu positiven Wachstumseffekten führen.

Zwischen dem Euro und den Währungen einiger EU-Mitgliedstaaten, die (noch) nicht an der Währungsunion teilnehmen (z. B. Dänemark, Schweden), besteht ein **System fester Wechselkurse mit Bandbreiten** (= Kombination fester und freier Wechselkurse). Dazu wird ein **Leitkurs** zwischen der jeweiligen Währung (z. B. Dänische Krone) und dem Euro vereinbart sowie eine **Bandbreite** (z. B. ± 15 %) festgelegt. Weicht der sich auf dem Devisenmarkt ergebende Wechselkurs um mehr als die festgelegte Bandbreite vom Leitkurs ab, intervenieren die Zentralbanken durch den Kauf bzw. Verkauf der betroffenen Währung so lange am Devisenmarkt, bis der Wechselkurs wieder innerhalb der Bandbreite liegt.

Abhängigkeit des Außenhandels vom Wechselkurs

Steigt der Wechselkurs (Aufwertung), müssen für eine inländische Währungseinheit mehr ausländische Währungseinheiten bezahlt werden (z. B. mehr US-$ je Euro). Dies hat eine Verteuerung der inländischen Güter im Ausland (Exportgüter) und eine Verbilligung der ausländischen Güter im Inland (Importgüter) zur Folge.

B

Situation	Export Export deutscher Luxusautos im Wert von 50.000 € je Stück in die USA	Import Rohölimporte, die in US-$ bezahlt werden 1 Barrel (159 l) Rohöl kostet 60,00 US-$.
vor der Aufwertung: Kurs 1,00 US-$/€	Bei einem Kurs von 1,00 muss der Exporteur ein Auto in den USA für 50.000 US-$ verkaufen, um als Gegenwert 50.000 € zu erhalten.	Bei einem Kurs von 1,00 erhält der Importeur für 60,00 € den Gegenwert von 60,00 US-$ zur Bezahlung von 1 Barrel Rohöl.
nach der Aufwertung: Kurs 1,50 US-$/€	Bei einem Kurs von 1,50 muss der Exporteur ein Auto in den USA für 75.000 US-$ verkaufen, um als Gegenwert 50.000 € zu erhalten. Würde er ein Auto weiterhin für 50.000 US-$ verkaufen, erhielte er nur 33.333 €.	Bei einem Kurs von 1,50 erhält der Importeur für 40,00 € den Gegenwert von 60,00 US-$ zur Bezahlung von 1 Barrel Rohöl. Für 60,00 € würde er jetzt 90,00 US-$ erhalten.

D

Bei einer Kurssteigerung (Aufwertung) nehmen die Exporte tendenziell ab und die Importe tendenziell zu.

Sinkt der Wechselkurs (Abwertung), müssen für eine inländische Währungseinheit weniger ausländische Währungseinheiten bezahlt werden (z. B. weniger US-$ je Euro). Dies hat eine Verbilligung der inländischen Güter im Ausland (Exportgüter) und eine Verteuerung der ausländischen Güter im Inland (Importgüter) zur Folge.

D

Bei einer Kurssenkung (Abwertung) nehmen die Exporte tendenziell zu und die Importe tendenziell ab.

Abhängigkeit des Wechselkurses vom Außenhandel

Werden deutsche Exportgüter in die USA verkauft, tauschen die Exporteure die US-$, die sie zur Bezahlung erhalten haben, in Euro um. Das Angebot an US-$ und damit die Nachfrage nach Euro steigt. Bei unverändertem Euro-Angebot steigt dann der Wechselkurs US-$/Euro.

D

Warenexporte führen zu einem Steigen des Wechselkurses.

Werden ausländische Güter, die in US-$ bezahlt werden müssen, importiert, tauschen die deutschen Importeure für die Bezahlung Euro in US-$ um. Die Nachfrage nach US-$ und damit das Angebot an Euro steigt. Bei unveränderter Euro-Nachfrage sinkt dann der Wechselkurs US-$/Euro.

D

Warenimporte führen zu einem Sinken des Wechselkurses.

Wechselkursmechanismus und Leistungsbilanzungleichgewichte

D 7.3

Durch die gegenseitige Beeinflussung von Wechselkurs und Außenhandel bei flexiblen Wechselkursen **(Wechselkursmechanismus)** besteht unter bestimmten Voraussetzungen eine Tendenz zum Abbau von Leistungsbilanzungleichgewichten (Export- oder Importüberschüssen).

7.3, S. 524

7.4, S. 525

Wechselkursmechanismus und Leistungsbilanzungleichgewichte

Ausgangssituation	**Inflationsrate in Deutschland < Inflationsrate in USA**		**Inflationsrate in Deutschland > Inflationsrate in USA**	
Folge für dt. Export- und Importmengen	Exportmenge steigt	Importmenge sinkt	Exportmenge sinkt	Importmenge steigt
Folge für die deutsche Leistungsbilanz	Exportwert > Importwert Ungleichgewicht (Exportüberschuss)		Exportwert < Importwert Ungleichgewicht (Importüberschuss)	
Folge für den Devisenmarkt	Nachfrage nach Euro steigt	Angebot an Euro sinkt	Nachfrage nach Euro sinkt	Angebot an Euro steigt
Folge für den Wechselkurs	Wechselkurs US-$/Euro steigt (Aufwertung)		Wechselkurs US-$/Euro sinkt (Abwertung)	
Folge für dt. Export- und Importpreise	Exportgüterpreise in US-$ steigen	Importgüterpreise in € sinken	Exportgüterpreise in US-$ sinken	Importgüterpreise in € steigen
Folge für dt. Export- und Importmengen	Exportmenge sinkt	Importmenge steigt	Exportmenge steigt	Importmenge sinkt
Folge für dt. Export- und Importwert Elastizitätsbedingungen	Wenn die Exportmenge stärker sinkt als die Exportgüterpreise steigen, sinkt der Exportwert.	Wenn die Importmenge stärker steigt als die Importgüterpreise sinken, steigt der Importwert.	Wenn die Exportmenge stärker steigt als die Exportgüterpreise sinken, steigt der Exportwert.	Wenn die Importmenge stärker sinkt als die Importgüterpreise steigen, sinkt der Importwert.
Folge für die deutsche Leistungsbilanz	**Exportwert ≈ Importwert Tendenz zum Gleichgewicht**			

Für den **Ausgleich der Leistungsbilanz** durch den **Wechselkursmechanismus** müssen u. a. folgende Voraussetzungen erfüllt sein:

- Güterimporte und -exporte reagieren auf Wechselkursänderungen normal, d. h., eine Abwertung bewirkt eine Importsenkung und Exporterhöhung, während eine Aufwertung zu einer Importerhöhung und Exportsenkung führt. Diese Reaktion tritt aber nur dann ein, wenn die Nachfrage nach Im- und Exporten hinreichend preiselastisch ist (Elastizitätsbedingungen).

- Devisenangebot und Devisennachfrage müssen maßgeblich aus Güterexporten und Güterimporten stammen. In Wirklichkeit haben aber zwischenzeitlich die internationalen Kapitalströme einen viel größeren Einfluss auf Angebot und Nachfrage am Devisenmarkt als die internationalen Warenströme. Daher können Wechselkursveränderungen unabhängig von Güterex- und -importen auftreten, sodass der Wechselkursmechanismus von anderen Faktoren überlagert wird und nicht zum Ausgleich der Leistungsbilanz führt.

D Unter bestimmten Voraussetzungen bewirkt der Wechselkursmechanismus einen Ausgleich der Leistungsbilanz.

Die Globalisierung der Finanz- und Kapitalströme und die wachsende Bedeutung der internationalen Spekulation haben dazu geführt, dass täglich schätzungsweise bis zu 4 Billionen US-$ um den Globus zirkulieren[1]. Davon werden allenfalls fünf bis zehn Prozent für die Bezahlung von Waren- und Dienstleistungen verwendet.

Wechselkursschwankungen sind also in erster Linie durch internationale Kapital- und nicht durch Handelsströme bedingt. Der Außenhandel wird durch Wechselkursschwankungen aber erheblich behindert, da die Unternehmen keine sichere Kalkulationsgrundlage haben und ihnen für die Minderung der Währungsrisiken erhebliche Kurssicherungskosten entstehen.

7.4 Instrumente der Außenwirtschaftspolitik

Lernziele:

Nach der Bearbeitung des Kapitels sind Sie in der Lage, Folgendes zu tun:

Sie ...

- ... erläutern den Begriff „Außenwirtschaftspolitik".
- ... stellen dar, was unter Protektionismus zu verstehen ist.
- ... unterscheiden zwischen tarifären und nichttarifären Handelshemmnissen.
- ... unterscheiden protektionistische Maßnahmen der Außenwirtschaftspolitik hinsichtlich Zweck und Wirkung.

Außenhandelspolitik zwischen Protektionismus[2] und Freihandel

D Unter Außenwirtschaftspolitik ist die Gesamtheit aller Maßnahmen zur Beeinflussung und Steuerung der außenwirtschaftlichen Beziehungen eines Landes zu verstehen. Sie umfasst sowohl die Außenhandelspolitik (Ordnung und Lenkung der internationalen Warenströme) als auch die Währungs- und Wechselkurspolitik (Ordnung und Lenkung der internationalen Kapitalströme).

1 Quelle: Bank für Internationalen Zahlungsausgleich (BIZ), 2011, zitiert nach K. A. Immel, K. Tränkle, Aktenzeichen Armut, Wuppertal 2011.

2 Protektionismus *(lat.)*: Schutz, Schutz der inländischen Wirtschaft vor ausländischer Konkurrenz

D Unter Protektionismus sind alle außenwirtschaftspolitischen Maßnahmen zu verstehen, mit denen versucht wird, die eigene Volkswirtschaft oder bestimmte inländische Industriezweige vor ausländischer Konkurrenz zu schützen.

Die Beeinflussung des Außenhandels zum Schutz der inländischen Wirtschaft vor ausländischer Konkurrenz kann durch **tarifäre Handelshemmnisse** (z. B. Preispolitik mittels Zöllen, Steuern und Subventionen) oder **nichttarifäre Handelshemmnisse** (z. B. mengenmäßige Beschränkungen wie Export-/Importkontingente, technische Normen und Standards) erfolgen.

Soll durch solche Maßnahmen der Beschäftigungsstand des eigenen Landes auf Kosten anderer Länder verbessert werden, wird auch von „*beggar-my-neighbour*-Politik" gesprochen (Export von Arbeitslosigkeit).

Protektionistische Eingriffe in den Außenhandel gehen aber seit einiger Zeit weltweit zurück, weil zunehmend internationale Vereinbarungen zum Abbau von Zöllen und anderen Handelshemmnissen getroffen und von der Welthandelsorganisation **WTO**[1] überwacht werden (Ziel: **Liberalisierung des Welthandels**). Wegen ihrer Mitgliedschaft in der EU stehen der Bundesrepublik Deutschland solche Maßnahmen ohnehin nicht zur Verfügung, da für diese Bereiche der Außenwirtschaftspolitik übergeordnete Organe der EU zuständig sind.

E 1.1

Insbesondere im Handel mit den Entwicklungsländern üben die Industrieländer aber nach wie vor erhebliche Handelsbeschränkungen zum Schutz ihrer eigenen Wirtschaft aus.

"

Trumps Protektionismus sabotiert den Aufschwung

Handelskonflikte und Populismus könnten aus der aktuellen Abkühlung der Weltwirtschaft schnell einen Abschwung machen. Der IWF muss aktiv handeln.

Als „heiklen Moment" für die Weltwirtschaft hat Christine Lagarde, die Chefin des Internationalen Währungsfonds (IWF), die derzeitige Lage beschrieben. Immer deutlicher zeichnet sich ab, dass dem globalen Daueraufschwung, der nun praktisch zehn Jahre angehalten hat, langsam die Puste ausgeht. [...]

Besonders be- und getroffen: Deutschland. In wenigen Monaten wurden die Konjunkturprognosen für Europas größte Volkswirtschaft zusammengestrichen. [...] Das Risiko, dass es doch schlimmer kommt, steigt. Denn die Weltwirtschaft kämpft derzeit nicht nur mit einer gewöhnlichen Konjunkturdelle, die auf jede Boomphase folgt. Nein, der globale Aufschwung wurde zuletzt zusätzlich noch mutwillig beschädigt.

Da ist zuvorderst der US-Präsident Donald Trump, der seinem Protektionismus frönt. Mit die größten Unsicherheitsfaktoren für die Weltwirtschaft bleiben die von Trump angezettelten Handelskonflikte, momentan vor allem der mit China. Darunter leidet der globale Handel und damit auch besonders die Exportnation Deutschland. [...]

Aber es ist ja nicht nur Trump, der Unternehmenslenker rund um den Globus verunsichert. Europa hangelt sich von einer Fristverlängerung zur nächsten in Richtung Brexit. Der ungeordnete Austritt Großbritanniens aus der Europäischen Union ist vorerst verhindert – aber um den Preis einer weiteren monatelangen Unsicherheit.

Und im hochverschuldeten Italien treibt eine Populistenregierung gegen die Abmachungen mit der EU das Staatsdefizit in die Höhe. Und bei der Europawahl droht eine weitere Stärkung nationalistischer Kräfte, welche die EU schwächen wollen.

Quelle: Hildebrand, Jan: Trumps Protektionismus sabotiert den Aufschwung, Handelsblatt vom 14. April 2019. In: https://www.handelsblatt.com/meinung/kommentare/kommentar-trumps-protektionismus-sabotiert-den-aufschwung/24210606.html [28.12.2019].

1 World Trade Organization mit 164 Mitgliedstaaten (2017)

Überblick über protektionistische Maßnahmen der Außenwirtschaftspolitik			
Ziel	**Maßnahme**	**Wirkung**	**Zweck**
Import-beschränkung	Importzölle erhöhen, Importsubventionen senken (Preispolitik)	Verteuerung der Importe	Inlandsproduktion wird vor ausländischer Konkurrenz geschützt. Strukturpolitik Konjunkturförderung
	Importverbote bzw. Importkontingentierung einführen (Mengenpolitik)	Beschränkung der Importe	
	Abwertung der Inlandswährung (Devisenkäufe der Zentralbank bei flexiblen Wechselkursen)	Verteuerung der Importe	
Import-förderung	Importsubventionen erhöhen, Importzölle senken (Preispolitik)	Verbilligung der Importe	vermehrte Verwendung von Auslandsgütern im Inland Konjunkturdämpfung
	Importverbote bzw. Importkontingentierung abschaffen (Mengenpolitik)	Ausweitung der Importe	
	Aufwertung der Inlandswährung (Devisenverkäufe der Zentralbank bei flexiblen Wechselkursen)	Verbilligung der Importe	
Export-förderung	Exportsubventionen erhöhen, Exportzölle senken (Preispolitik)	Verbilligung der Exporte	vermehrte Güterproduktion im Inland für den Export Strukturpolitik Konjunkturförderung
	staatliche Bürgschaften und Garantien zur Absicherung von Exportrisiken ausweiten (z. B. Forderungsausfälle)	Ausweitung der Exporte	
	Exportverbote bzw. Exportkontingentierung abschaffen (Mengenpolitik)	Ausweitung der Exporte	
	Abwertung der Inlandswährung (Devisenkäufe der Zentralbank bei flexiblen Wechselkursen)	Verbilligung der Exporte	
Export-beschränkung	Exportsubventionen senken, Exportzölle erhöhen (Preispolitik)	Verteuerung der Exporte	verminderte Güterproduktion im Inland für den Export Strukturpolitik Konjunkturdämpfung
	staatliche Bürgschaften und Garantien zur Absicherung von Exportrisiken abbauen	Beschränkung der Exporte	
	Exportverbote bzw. Exportkontingentierung einführen (Mengenpolitik)	Beschränkung der Exporte	
	Aufwertung der Inlandswährung (Devisenverkäufe der Zentralbank bei flexiblen Wechselkursen)	Verteuerung der Exporte	

Zusammenfassende Übersicht Kapitel 7: Außenwirtschaftspolitik

Ursachen des Außenhandels

- **Wohlstandssteigerung durch Außenhandel bei unterschiedlichen Produktionskosten**
- **beschränkte Verfügbarkeit von Rohstoffen und anderen Produktionsfaktoren in einzelnen Ländern**

System freier Wechselkurse

→ **Kursbildung auf dem Devisenmarkt**

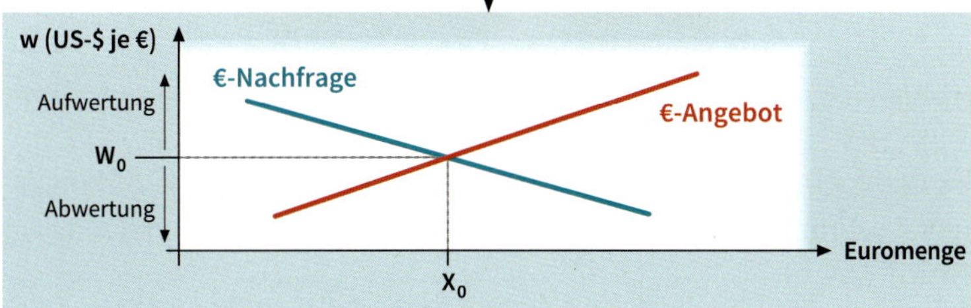

Wechselkursschwankungen durch Verschiebung von €-Angebot und/oder €-Nachfrage

Aufwertung (Kurs steigt)
- Preissenkungen im Inland
- **Exporte sinken Importe steigen**
- **Aufwertung verhindert importierte Geldmengen- und Nachfrageinflation**

Abwertung (Kurs sinkt)
- **Exporte steigen Importe sinken**
- Preiserhöhungen im Inland

Wechselkurs-mechanismus

→ **Tendenz zum Ausgleich der Leistungsbilanz**

Außenwirtschaftspolitik

Ziele
- Protektionismus → Handelshemmnisse: Zölle, Subventionen, Kontingente, …
- Freihandel → Liberalisierung, Deregulierung

Maßnahmen
- Handelshemmnisse: Zölle, Subventionen, Kontingente, …
- Liberalisierung, Deregulierung

Internationale Organisationen
- Europäische Union (→ Handelshemmnisse; → Liberalisierung, Deregulierung)
- Welthandelsorganisation (WTO) (→ Liberalisierung, Deregulierung)
- Internationaler Währungsfonds (IWF) (→ Liberalisierung, Deregulierung)

Aufgaben und Probleme zur Erarbeitung und Anwendung von Wissen zu Kapitel 7: Außenwirtschaftspolitik

7.1 Außenhandel Deutschland – Zahlungsbilanz

1. Deutschland galt in den letzten Jahren als Exportweltmeister. Stellen Sie anhand der Abbildungen auf S. 501 fest, welches die wichtigsten Exportgüter waren und in welche Länder vornehmlich exportiert wurde.
2. Stellen Sie anhand der Zahlungsbilanz auf S. 504 fest, in welchen Teilbilanzen der Zahlungsbilanz sich der Außenhandel niederschlägt. In welchen Teilbilanzen werden folgende Vorgänge erfasst?
   a) Export von Maschinen
   b) Import von Südfrüchten
   c) Ausgaben für Auslandsurlaub
   d) Erwerb ausländischer Wertpapiere
3. Ermitteln Sie die Höhe des Außenbeitrags (= Beitrag des Ex- und Imports von Waren und Dienstleistungen zum BIP) in den angegebenen Jahren in € und in % des BIP (BIP 2017: 3.255,99 Mrd. €, BIP 2018: 3.344,77 Mrd. €, BIP 2019: 3.435,76 Mrd. €).
4. Worauf ist die Veränderung des Außenbeitrags in den einzelnen Jahren zurückzuführen?

7.2 Angebot und Nachfrage auf dem Devisenmarkt – Wechselkursveränderungen

1. Entscheiden und begründen Sie, welche Wechselkursveränderungen (US-$/€) in folgenden Fällen ausgelöst werden.
   a) Das Zinsniveau in den USA liegt über dem in Europa. Es werden weitere Zinserhöhungen in den USA erwartet.
   b) Amerikanische Unternehmen investieren vermehrt in Deutschland.
   c) Internationale Unternehmen und Kapitalanleger haben größeres Vertrauen in die amerikanische als in die deutsche Wirtschaftspolitik. Die Gewinnerwartungen in den USA sind daher größer als in Deutschland.
   d) Die EZB verkauft US-$, um die Gefahr einer importierten Kosteninflation zu senken.
   e) Devisenspekulanten vermuten, dass der Euro seinen Tiefpunkt noch nicht erreicht hat und weiter fällt.
   f) Devisenspekulanten vermuten, dass der Euro zum Jahresende 1,30 US-$ statt derzeit 1,00 US-$ kosten wird.
   g) Der Preis für Rohöl, das in US-$ abgerechnet wird, sinkt weltweit.
   h) Kapitalanleger und Devisenspekulanten rechnen damit, dass der Euro nicht so stabil bleibt. Für den Euro-Währungsraum werden höhere Inflationsraten als für die USA vorhergesagt.
   i) Gemessen an den Auftragseingängen und der Industrieproduktion zeichnet sich für die USA ein schnellerer und stärkerer Konjunkturaufschwung als in Europa ab.
   j) Lohnstückkosten, Arbeitslosenquote und Neuverschuldung des Staates sind in den USA geringer als in den europäischen Staaten.
   k) Die Preise in den USA steigen schneller als im Euro-Währungsraum.
   l) Die EZB schwenkt auf eine restriktive Geldpolitik um.
   m) Das Handelsbilanzdefizit (Importüberschuss) der USA wird kleiner.
2. Erläutern Sie, welche der in Aufgabe 1 a)–m) genannten Wechselkursveränderungen Kurssteigerungen bei Aktien exportorientierter deutscher Unternehmen auslösen können.

7.3 Auswirkungen freier Wechselkurse – Aufwertung – Handelsbilanzungleichgewicht

1. Angenommen, auf dem Devisenmarkt ergibt sich ein Wechselkurs zwischen Schweizer Franken (sfr) und Euro von 1,50 sfr/€. Deutsche Exporteure haben Güter im Wert von 100 Mio. € in die Schweiz exportiert. Aus der Schweiz wurden Güter im Wert von 80 Mio. sfr. importiert. Diese Handelsströme tragen zu einem bestehenden Ungleichgewicht in der deutschen Handelsbilanz (Exportüberschuss) bei. Die deutschen und schweizerischen Importeure bieten auf einem gemeinsamen Devisenmarkt jeweils ihre inländische Währung an und fragen die zur Bezahlung der Importe benötigte ausländische Währung nach. Berechnen Sie, wie groß in diesem Fall das Angebot an Euro und die Nachfrage nach Euro sind.

2. Angenommen, aufgrund der Angebots- und Nachfragesituation auf dem Devisenmarkt ändert sich der Wechselkurs um 20%. Bestimmen Sie den neuen Wechselkurs. Begründen Sie Ihre Antwort.
3. Ein schweizerischer Hersteller exportiert Armbanduhren nach Deutschland. Berechnen und begründen Sie, um wie viel Prozent er nach der Kursänderung den Preis in Deutschland verändern kann, wenn er nach wie vor 200 sfr je Stück erlösen möchte.
4. Ein deutscher Autoexporteur liefert in die Schweiz. Berechnen und begründen Sie, um wie viel Prozent er nach der Kursänderung den Preis in der Schweiz verändern muss, wenn er nach wie vor 15.000 € je Fahrzeug erlösen möchte.
5. Nehmen Sie Stellung, wie sich die Änderung des Wechselkurses im vorliegenden Fall auf die deutsche Handelsbilanz auswirken könnte.
6. Ein deutscher Werkzeugmaschinenhersteller exportiert den größten Teil seiner Produkte in Länder, in denen die Kunden eine Rechnungsstellung in US-$ wünschen. Die großenteils importierten Rohstoffe muss der Maschinenhersteller ebenfalls in US-$ bezahlen.
   Beschreiben Sie, wie sich folgende Entwicklungen auf die Wettbewerbssituation des Maschinenherstellers auswirken wird.
   a) Der Wechselkurs zwischen Euro und US-$ hat sich verändert. Bisher mussten für 1,00 € 1,10 US-$ bezahlt werden. Der neue Wechselkurs ist 1,25.
   b) Der Wechselkurs zwischen Euro und US-$ hat sich verändert. Bisher mussten für 1,00 € 1,10 US-$ bezahlt werden. Der neue Wechselkurs ist 0,90.
   c) Wegen weltweit abnehmender Nachfrage sinken die Preise der in Dollar bewerteten Rohstoffe.
   d) Die Tarifverhandlungen in der Metallindustrie führen zu einer Lohnsteigerung von 2,5%.
   e) Anbieter aus Niedriglohnländern bieten vergleichbare Werkzeugmaschinen auf dem Weltmarkt zum gleichen Preis wie der deutsche Hersteller an.

7.4 Leistungsbilanz und Wechselkurs

Es liegt folgende Ausgangssituation vor: Für die USA gilt, dass der Wert der Warenimporte aus der EU größer als der Wert der Warenexporte in die EU ist. Als Folge davon steigt das Leistungsbilanzdefizit der USA.

Es wird angenommen, dass der Wechselkursmechanismus tendenziell zu einem Ausgleich der amerikanischen Leistungsbilanz führt.

1. Bringen für diesen Fall die folgenden Elemente in eine geordnete Reihenfolge, aus der Ursachen und Wirkungen ersichtlich sind *(vgl. Abb. auf S. 519)*.
2. Geben Sie für die sich verändernden Größen jeweils auch die Entwicklungsrichtung (Steigen oder Fallen) an.

sich verändernde Größe	(Zwischen-)Ergebnisse
Preise in US-$ für amerikanische Importgüter Leistungsbilanzdefizit Exportmenge der USA Nachfrage nach Devisen Wert der US-Importe Importmenge der USA Preise für amerikanische Exportgüter in € Wechselkurs US-$ je Euro Wert der US-Exporte	Abwertung des US-$ Annäherung von Exportwerten und Importwerten Aufwertung des Euro Tendenz zum Ausgleich der Leistungsbilanz

7.5 Abbau von internationalen Handelsbeschränkungen

Die USA und China treiben miteinander Handel. Beide haben dabei die Wahl, entweder auf Handelsbeschränkungen (z.B. Importzölle) zu verzichten (Freihandel) oder zum Schutz der eigenen Wirtschaft und aus anderen Gründen Zollbarrieren sowie andere Handelshemmnisse zu errichten (Protektionismus).

Jedes Land hat somit zwei Strategien zur Auswahl: Freihandel oder Protektion
Strategie 1 (S1): Freihandel
Strategie 2 (S2): Protektionismus

Die jeweiligen Ergebnisse der vier möglichen Strategiekombinationen sind in der folgenden Matrix wiedergegeben. Die Vor-/Nachteile für die USA sind jeweils in die linke untere Ecke, die Vor-/Nachteile für China sind jeweils in die rechte obere Ecke der vier Felder eingetragen.

		China	
		Freihandel ($S1_{China}$)	Protektionismus ($S2_{China}$)
USA	Freihandel ($S1_{USA}$)	10 / 10	20 / -10
	Protektionismus ($S2_{USA}$)	-10 / 20	-5 / -5

1. Erläutern Sie die Strategiekombination, die aus Sicht der USA am günstigsten ist.
2. Erläutern Sie die Strategiekombination, die aus Sicht Chinas am günstigsten ist.
3. Zu welcher Strategiekombination wird das Verhalten der beiden Länder führen, wenn jedes die für sich günstigste Lösung verfolgt?
   Begründen Sie dieses Verhalten und erläutern Sie das Ergebnis.
4. Beschreiben Sie, welche Konsequenzen sich aus den Ergebnissen für den internationalen Handel ergeben.

Ich kann …	Bitte ankreuzen: Ja	Bitte ankreuzen: Nein	Wenn Nein: Siehe Seite(n) im Buch	Level / Anforderungsniveau
7.1 Außenhandel und Zahlungsbilanz in Deutschland				**Level**
… erläutern, warum Außenhandel für die deutsche Volkswirtschaft notwendig und vorteilhaft ist.			500	2
… Deutschlands wichtigste Handelspartner nennen.			501	1
… wichtige deutsche Exportgüter zu nennen.			501	1
… den Aufbau der Zahlungsbilanz zu beschreiben.			502 f.	1
7.2 Ursachen und Notwendigkeit des Außenhandels				**Level**
… darstellen, warum Außenhandel notwendig ist.			507	2
… erläutern, wann ein Land einen komparativen (relativen) Kostenvorteil hat.			505 f.	2

8 Konjunktur- und Wachstumspolitik als Kombination wirtschaftspolitischer Maßnahmen

8.1 Ziele der Wachstums- und Konjunkturpolitik

Lernziele:

Nach der Bearbeitung des Kapitels sind Sie in der Lage, Folgendes zu tun:

Sie ...

- ... erläutern den Begriff „Wirtschaftswachstum“.
- ... beschreiben, wie Wirtschaftswachstum gemessen wird.
- ... erläutern den Begriff „Konjunkturpolitik“.
- ... stellen dar, welche Bereiche der Wirtschaftspolitik die Konjunkturpolitik umfasst.

Begriff und Bedeutung des Wirtschaftswachstums

Unter Wirtschaftswachstum ist die Zunahme des gesamtwirtschaftlichen Produktionsergebnisses zu verstehen. Als Messgröße dient dabei das reale Bruttoinlandsprodukt.

Die in Prozent ausgedrückte Veränderung des Bruttoinlandsprodukts innerhalb eines bestimmten Zeitraums wird als **Wachstumsrate** bezeichnet.

Maßstab des Wirtschaftswachstums ist das reale Bruttoinlandsprodukt. Die Wachstumsrate gibt die prozentuale Veränderung des realen Bruttoinlandsprodukts im Vergleich zur Vorperiode an.

A 3.2.1

Die Zunahme der tatsächlichen Güterproduktion (= Inlandsprodukt) setzt aber entsprechende Produktionskapazitäten voraus. Da beide Größen in engem Zusammenhang zueinander stehen und sich gegenseitig bedingen, dient das **Bruttoinlandsprodukt** als Maßstab für **kurz- und mittelfristiges Wachstum** (konjunkturelle Schwankungen), während das **längerfristige Wachstum** an der Veränderung des **Produktionspotenzials** gemessen wird.

Das Produktionspotenzial ist das gesamtwirtschaftliche Produktionsergebnis, das bei vollständiger Auslastung mit optimalem Einsatz aller Produktionsfaktoren erzeugt werden kann.

Wirtschaftswachstum ist kein Selbstzweck. Es dient vielmehr der Erreichung anderer (übergeordneter) Ziele. Wirtschaftswachstum bewirkt, dass

- sich die Güterversorgung verbessert und der Wohlstand der Bevölkerung steigt,
- bestehende Arbeitsplätze gesichert und neue Beschäftigungsmöglichkeiten geschaffen werden,
- Einkommens**zuwächse** entstehen, sodass ohne Eingriff in die bestehenden Einkommens- und Vermögensverhältnisse eine Begünstigung niedriger Einkommensbezieher durch eine Umverteilung der Einkommens**zuwächse** erleichtert und Verteilungskonflikte gemildert werden,
- aufgrund höherer Einkommen die Steuereinnahmen des Staates steigen. Dadurch kann die Versorgung mit öffentlichen Gütern verbessert, die Finanzierung staatlicher Sozialpolitik erleichtert und insgesamt der Wohlstand der Bevölkerung erhöht werden.

D 6.5

Ansatzpunkte der Wachstumspolitik

Während die **Konjunkturpolitik** die Schwankungen im Auslastungsgrad des Produktionspotenzials zu dämpfen versucht, ist es Aufgabe der **Wachstumspolitik**, das **Produktionspotenzial** selbst zu verändern.

8.1, S. 535

D Wachstumspolitik umfasst alle wirtschaftspolitischen Maßnahmen zur Erhöhung des Produktionspotenzials bzw. des am realen Inlandsprodukt gemessenen langfristigen Wirtschaftswachstums.

Ansatzpunkte der Wachstumspolitik sind die Erhöhung von Menge und Qualität der Produktionsfaktoren. Zu den wichtigsten wachstumspolitischen Maßnahmen gehören die

- Förderung von Investitionen durch Verbesserung des Investitionsklimas und der Gewinnerwartungen **(Investitionspolitik)**,
- Förderung von am Bedarf der Wirtschaft orientierter Bildung und Forschung **(Bildungs- und Forschungspolitik)**,
- Förderung des Wettbewerbs zur Begünstigung und Verbreitung von Innovationen **(Wettbewerbspolitik)**,
- Förderung der Arbeitsproduktivität durch Weiterbildung und Umschulung **(Arbeitsmarktpolitik)**,
- Bereitstellung von Infrastruktur und anderen öffentlichen Gütern für einen effizienten Einsatz der Produktionsfaktoren **(Allokationspolitik)**.

Ziele der Konjunkturpolitik

Aufgabe der **Wachstumspolitik** ist es, die Entwicklung des **Produktionspotenzials** zu steuern. **Konjunkturpolitik** hat dagegen das Ziel, die **Schwankungen im Auslastungsgrad** des Produktionspotenzials zu dämpfen.

D Unter Konjunkturpolitik sind alle wirtschaftspolitischen Maßnahmen zu verstehen, die darauf gerichtet sind, die Wirtschaftsschwankungen zu glätten und eine stabile wirtschaftliche Entwicklung bei Vollbeschäftigung zu ermöglichen.

Konkrete Ziele der Konjunkturpolitik sind solche, wie sie beispielsweise im **Stabilitätsgesetz** von 1967 genannt sind: hoher Beschäftigungsstand, Preisniveaustabilität, angemessenes und stetiges Wirtschaftswachstum und außenwirtschaftliches Gleichgewicht. Weil mit der Konjunkturpolitik direkte Eingriffe des Staates in den Wirtschaftprozess verbunden sind, handelt es sich um ein typisches Beispiel für staatliche Prozesspolitik (im Gegensatz zur Ordnungspolitik). Zu den Politikbereichen der Konjunkturpolitik zählen insbesondere die Fiskalpolitik (Einnahmen- und Ausgabenpolitik des Staates), aber auch die Geldpolitik, die Lohnpolitik und die Außenwirtschaftspolitik.

8.2 Policy Mix: Kombinierter Einsatz wirtschaftspolitischer Instrumente

Lernziele:

Nach der Bearbeitung des Kapitels sind Sie in der Lage, Folgendes zu tun:

Sie ...

- ... ordnen konjunkturpolitische Maßnahmen den Trägern der Wirtschaftspolitik zu.
- ... diskutieren die Wirkungsweisen verschiedener konjunkturpolitischer Maßnahmen zur Rezessionsbekämpfung.

8.2.1 Konjunktursteuerung durch Staat, Zentralbank und Tarifparteien

Träger der Konjunkturpolitik sind insbesondere der Staat, die Zentralbank und die Tarifparteien.

> **D** Konjunkturpolitik umfasst die auf eine Minderung der konjunkturellen Schwankungen (= Schwankungen im Auslastungsgrad des Produktionspotenzials) gerichteten wirtschaftspolitischen Maßnahmen. Dazu gehören u. a. die antizyklische Steuerung der gesamtwirtschaftlichen Nachfrage über die Fiskal- und Geldpolitik.

Konjunkturpolitische Maßnahmen: Fiskal- und Geldpolitik

→ D 4.6

Sowohl die EZB als auch die nationalen Zentralbanken sind bei ihren geldpolitischen Entscheidungen nicht an Weisungen der Regierungen oder anderer wirtschaftspolitischer Träger gebunden **(Autonomie der Zentralbanken)**. Sie unterstützen vielmehr gem. Art. 2 der ESZB-Satzung die staatliche Wirtschaftspolitik nur dann, wenn dies ohne Beeinträchtigung des Ziels der Preisniveaustabilität möglich erscheint. Daraus können sich Konflikte zwischen den Zielen der **staatlichen Fiskalpolitik** und der **Geldpolitik des ESZB** ergeben (z.B. keine Zinssenkungen durch das ESZB trotz hoher Unterbeschäftigung). Die Fiskal- und Geldpolitik ist mit ihren Maßnahmen und Auswirkungen in der Grafik auf der Folgeseite nochmals dargestellt.

Konjunkturpolitische Maßnahmen: Einkommenspolitik

Auch zwischen der Fiskalpolitik und den von **Tarifparteien** (Arbeitgeber und Gewerkschaften) ausgehandelten Lohnerhöhungen können sich Konflikte ergeben. Die Lohnverhandlungen, die aufgrund der im Grundgesetz verankerten **Tarifautonomie** (Art. 9 Abs. 3 Grundgesetz) ohne staatliche Einflussnahme erfolgen sollen, können zu Ergebnissen führen, die den fiskalpolitischen Zielen zuwiderlaufen (z.B. hohe Lohnsteigerungen trotz bzw. wegen hoher Inflationsraten mit der Folge einer Verstärkung der Lohn-Preis-Spirale). Um solche negativen Auswirkungen zu verhindern, können im Rahmen der Konjunkturpolitik auch einkommenspolitische Maßnahmen ergriffen werden.

> **D** Zur Einkommenspolitik gehören die wirtschaftspolitischen Maßnahmen zur Beeinflussung der Einkommensarten Löhne und Gewinne, die bei der Einkommensentstehung ansetzen und als Mittel zur Erreichung der stabilitätspolitischen Ziele dienen sollen.

Diese Art der Einkommenspolitik ist von der **Einkommensumverteilungspolitik** als nachträgliche Korrektur der marktbedingten Einkommensentwicklung zu unterscheiden. In der Bundesrepublik Deutschland beschränken sich lohnpolitische Maßnahmen des Staates auf die **freiwillige Zusammenarbeit** zwischen Regierung, Arbeitgeberverbänden und Gewerkschaften.

Grundlage können dabei **unverbindliche Lohnleitlinien** bilden, indem die Regierung den Tarifparteien empfiehlt, die Löhne im Interesse gesamtwirtschaftlicher Ziele nicht über einen bestimmten Prozentsatz hinaus anzuheben. Die bekannteste Form einer lohnpolitischen Leitlinie ist die **produktivitätsorientierte Lohnpolitik**, die eine Erhöhung der Lohnstückkosten verhindern soll. In manchen Ländern werden auch marktkonträre Maßnahmen angewandt, indem die Einhaltung verbindlicher Lohn- und Preisleitlinien staatlich kontrolliert oder ein genereller **Preis- und Lohnstopp** verhängt wird.

Konjunkturpolitik (Fiskal- und Geldpolitik)

Konjunkturfördernde (= nachfrageerhöhende) Maßnahmen			Konjunkturhemmende (= nachfragedämpfende) Maßnahmen	
Geldpolitik der Zentralbank	**Fiskalpolitik des Staates**		**Fiskalpolitik des Staates**	**Geldpolitik der Zentralbank**
Senkung der Leitzinsen	Senkung durch Steuersenkungen ←	**Staatseinnahmen**	→ Erhöhung durch Steuererhöhungen	Erhöhung der Leitzinsen
Erhöhung der Kreditzuteilung an die Geschäftsbanken				Verringerung der Kreditzuteilung an die Geschäftsbanken
Kauf von Wertpapieren	Erhöhung durch Kreditaufnahme (z. B. für Infrastrukturinvestitionen) ←	**Staatsausgaben**	→ Kürzung, Bildung einer Konjunkturausgleichsrücklage	Verkauf von Wertpapieren
	Gewährung/Erhöhung ←	**Subventionen**	→ Abbau/Verminderung	
Verringerung der Mindestreserven	Verbesserung der Abschreibungsmöglichkeiten, Gewährung von Investitionsprämien ←	**Investitionsanreize**	→ Streichung von Abschreibungsvergünstigungen, Abbau von Investitionsprämien	Erhöhung der Mindestreserven
	Abbau/Verminderung von Sparprämien ←	**Sparanreize**	→ Gewährung/Erhöhung von Sparprämien	
↓ Kreditzinsen sinken/Geldmenge steigt	↓ Erhöhung von verfügbarem Einkommen, Gewinnen, Investitionsneigung und Staatsausgaben		↓ Minderung von verfügbarem Einkommen, Gewinnen, Investitionsneigung und Staatsausgaben	↓ Kreditzinsen steigen/Geldmenge sinkt
↓ Nachfrage nach Konsum-, Investitions- und Staatskrediten steigt	↓ Konsum-, Investitions- und Staatsnachfrage steigt		↓ Konsum-, Investitions- und Staatsnachfrage sinkt	↓ Nachfrage nach Konsum-, Investitions- und Staatskrediten sinkt
↓ **Gesamtwirtschaftliche Nachfrage steigt**			↓ **Gesamtwirtschaftliche Nachfrage sinkt**	

Die Übersicht auf der folgenden Seite zeigt ziel- und situationsabhängige Kombinationsmöglichkeiten konjunkturpolitischer Maßnahmen zur Beeinflussung der gesamtwirtschaftlichen Nachfrage und des gesamtwirtschaftlichen Angebots.[1]

8.2.2 Praktische Wirtschaftspolitik als Ergebnis politischer Kompromisse

Die Gegenüberstellung der Grundelemente nachfrageorientierter und angebotsorientierter Wirtschaftspolitik zeigt, dass sich beide Ansätze gegenseitig nicht völlig ausschließen. Vielmehr gibt es auch Querverbindungen und Gemeinsamkeiten. Zudem wäre eine ausschließlich angebotsorientierte Wirtschaftspolitik u. a. wegen der negativen Auswirkungen auf die Einkommensverteilung langfristig politisch genauso wenig durchsetzbar wie eine mit zunehmender Staatsverschuldung und Finanzierungsproblemen einhergehende nachfrageorientierte Wirtschaftspolitik. Daraus ergibt sich für die praktische Wirtschaftspolitik die schwierige Aufgabe, in Abhängigkeit von der wirtschaftlichen Situation und den angestrebten wirtschaftspolitischen Zielen angebots- und nachfrageorientierte Maßnahmen effizient miteinander zu kombinieren **(policy mix)**.

D 5.1

Praktische Wirtschaftspolitik ist in wesentlichen Teilen auch **Interessenpolitik.** In dem Streit um die „richtige“ Wirtschaftspolitik zwischen Regierung und Opposition bzw. zwischen den Parteien untereinander geht es daher häufig nicht darum, welche Partei die größere wirtschaftspolitische Kompetenz besitzt und die „bessere“ Wirtschaftspolitik betreibt. Entscheidend ist vielmehr die Frage, welchen Interessen und welchen gesellschaftlichen Gruppen die Wirtschaftspolitik vorrangig dienen soll. Letztlich ist es eine politische Entscheidung, welchen der teilweise miteinander in Konflikt stehenden wirtschaftspolitischen Zielen Priorität eingeräumt wird. In dieser Hinsicht unterscheiden sich die wirtschaftspolitischen Programme der Parteien und die von ihnen befürworteten wirtschaftspolitischen Konzepte, weil sich dahinter unterschiedliche Wählerinteressen verbergen.

In den unterschiedlichen Prioritäten kommen unterschiedliche **Werturteile** zum Ausdruck.

1 Spezielle Maßnahmen zur Beschäftigungsförderung werden in Kapitel 6.5 behandelt.

8.2, S. 535
8.3, S. 536
8.4, S. 537

Kombinationsmöglichkeiten konjunkturpolitischer Maßnahmen

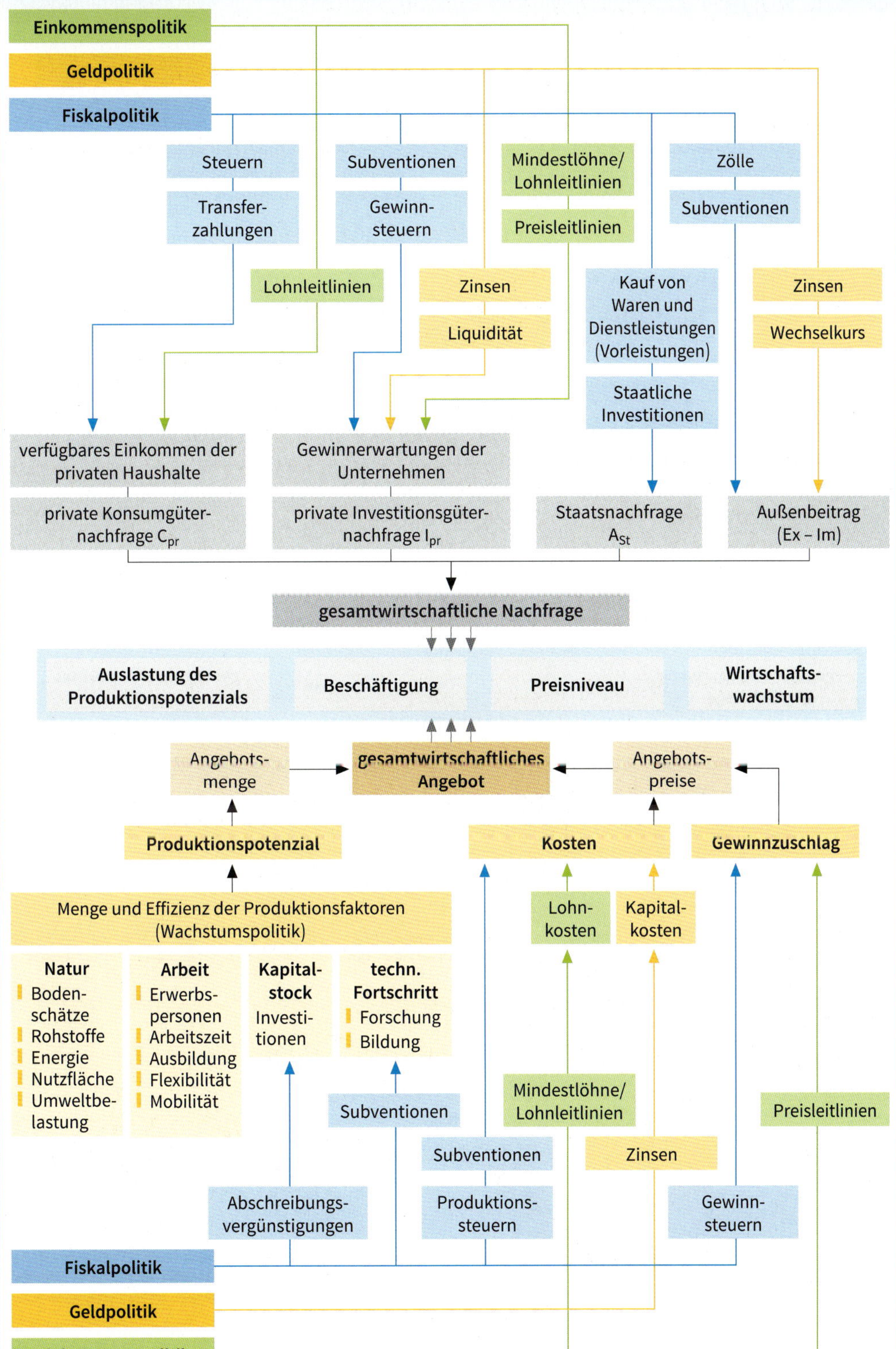

Vgl. Ehrlicher, W., Jahrbuch für Sozialwissenschaft: Zeitschrift für Wirtschaftswissenschaften, Vandenhoeck & Ruprecht, Göttingen, 1961, S. 95

Zusammenfassende Übersicht Kapitel 8: Konjunktur- und Wachstumspolitik als Kombination wirtschaftspolitischer Maßnahmen

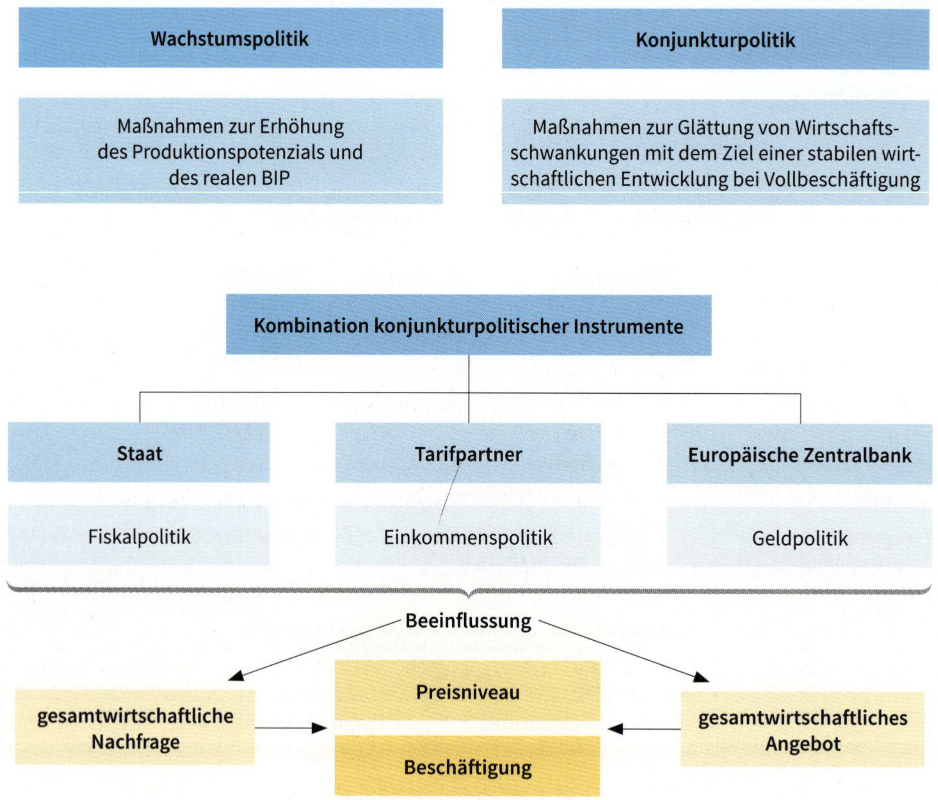

Aufgaben und Probleme zur Erarbeitung und Anwendung von Wissen zu Kapitel 8: Konjunktur- und Wachstumspolitik als Kombination wirtschaftspolitischer Maßnahmen

8.1 Ansatzpunkte der Wachstumspolitik – Wachstum und Konjunktur

„

„An dieser Stelle ist insbesondere anzumerken, dass eine Förderung des Spar- und Investitionsanreizes einen Weg für den Staat darstellt, das Wachstum zu fördern und, auf lange Sicht, den Lebensstandard der Bevölkerung zu erhöhen."

Quelle: Mankiw, N. Gregory: Grundzüge der Volkwirtschaftslehre. Stuttgart: Schäffer-Poeschel Verlag 1999, S. 567.

„

„Zögerliche Verbesserung der Konsumentenstimmung. Die gegenwärtige Konsumschwäche in Deutschland, die sich in einer stagnierenden Binnennachfrage ausdrückt, ist einer der Hauptgründe für die derzeitige schlechte konjunkturelle Situation. Dämpfend auf die Konsumgüternachfrage wirkte u. a. die Sparquote, die um 0,4 Prozentpunkte zunahm. Sie betrug in diesem Jahr 11 %."

1. Erläutern Sie die Bedeutung des Sparens für Wirtschaftswachstum und Konjunktur.
2. Klären Sie den scheinbaren Widerspruch, der sich aus den beiden Aussagen hinsichtlich der Bedeutung des Sparens ergibt.

8.2 Vernetzungsdiagramm: Gesamtwirtschaftliches Gleichgewicht

Stellen Sie anhand des Vernetzungsdiagramms auf dem Arbeitsblatt fest, welche Einflüsse, Zusammenhänge und Abhängigkeiten zwischen den einzelnen gesamtwirtschaftlichen Größen bestehen, die auf das gesamtwirtschaftliche Gleichgewicht (Preisniveaustabilität, hoher Beschäftigungsstand, angemessenes Wirtschaftswachstum, außenwirtschaftliches Gleichgewicht) einwirken. Bearbeiten Sie dazu folgende Aufgaben:

1. Erläutern Sie für mindestens zehn Elemente Ihrer Wahl den durch Pfeile dargestellten Einfluss, den diese Elemente auf andere Elemente ausüben. Überprüfen Sie dabei auch die durch ein Plus- oder Minuszeichen angegebene Wirkungsrichtung (Pluszeichen bedeutet gleichgerichtete Wirkung: je mehr desto mehr bzw. je weniger desto weniger; Minuszeichen bedeutet entgegengesetzte Wirkungsrichtung: je mehr desto weniger bzw. je weniger desto mehr)
2. Bestimmen Sie die wirtschaftlichen Größen im Vernetzungsdiagramm, die von den Trägern der Wirtschaftspolitik (Staat, Zentralbank, Tarifparteien) jeweils unmittelbar beeinflusst werden können.
3. Die Regierung erwägt zur Konjunkturförderung eine Steuersenkung im Umfang von 5 Mrd. Euro. Innerhalb der Regierungskoalition ist es strittig, ob dieser Betrag für eine Senkung der
   a) Gewinnsteuern (Körperschaftsteuer, Gewerbesteuer, Einkommensteuer für Einzelunternehmer und Personengesellschaften)
   b) Umsatzsteuer (Verbrauchssteuer)
   eingesetzt werden soll.
   Untersuchen Sie anhand des Vernetzungsdiagramms mögliche Auswirkungen jeder dieser beiden Maßnahmen auf Wirtschaftswachstum, Beschäftigung und Preisniveau.
4. In der Regierungskoalition wird von den Befürwortern der Gewinnsteuersenkung behauptet: „Die Steuersenkung finanziert sich selbst, da die Folgewirkungen der Steuersenkung wiederum zu höheren Steuereinnahmen führen."
   Überprüfen Sie diese Behauptung und deren Voraussetzungen anhand des Vernetzungsdiagramms. Berücksichtigen Sie dabei als weiteres Element die „Steuereinnahmen des Staates".

8.3 Fallstudie 1 zur Konjunkturpolitik[1]

Für eine Volkswirtschaft liegen die in der folgenden Tabelle dargestellten Zahlen vor.

Indikatoren		Vorjahr	laufendes Jahr	zum Vergleich: Deutschland 2019
Veränderung	des realen BIP	+ 2,5 %	+ 1,0 % (≙ + 6 Mrd. GE)	+ 0,6 %
	des Preisniveaus	+ 2,5 %	+ 2,5 %	+ 1,4 %
	der Nominallöhne	+ 2,5 %	+ 2,0 %	+ 2,6 %
	der Gewinneinkommen (nominal)	+ 10,0 %	+ 8,0 %	− 2,6 %
Zahl der Arbeitslosen		2,3 Mio.	2,5 Mio.	2,267 Mio.
Erwerbspersonen		30 Mio.	29 Mio.	45,340 Mio.
Kapitalmarkt-Zinssatz		6,5 %	6,0 %	− 0,4 %
Veränderung der Geldmenge M3		+ 6,0 %	+ 7,0 %	+ 4,9 %
Veränderung der Staatsausgaben			+ 2,0 %	+ 4,8 %
Veränderung der Staatseinnahmen			+ 5,0 %	+ 4,1 %
Leitzinsen der Zentralbank			3,5 %	0,00 %
Kapazitätsauslastung in der Industrie			Investitionsgüter schwach Konsumgüter sehr schwach	82,6 % sich stabilisierende Tendenz
private Investitionen (real)		+ 3,5 %	+ 3,0 %	+ 5,5 %
Haushaltslage des Staates			zurückgehende Nettokreditaufnahme	keine Nettokreditaufnahme

1. Analysieren Sie die Situation mithilfe der bereitgestellten Kopiervorlage und prüfen Sie die Erfolgschancen der vorgeschlagenen Maßnahmen (Teilaufgabe 2.) im Hinblick auf die Ziele Preisniveaustabilität, höher Beschäftigungsgrad und angemessenes Wirtschaftswachstum.
   (vgl. dazu die Lösungshinweise im Anhang auf S. 582)
2. Von verschiedenen Interessenverbänden liegen folgende stabilitätspolitische Vorschläge für das kommende Jahr vor:
   a) Senkung der Leitzinsen auf 2,5 % bei gleichzeitiger Verringerung der Mindestreservesätze
   b) Zusätzliche staatliche Investitionen im Infrastrukturbereich, die durch Kreditaufnahme im Inland finanziert werden sollen
   c) Expansive Lohnpolitik (Erhöhung der Nominallöhne um 4,5 %)
   d) Lohnzurückhaltung (reale Nullrunden für zwei Jahre).
   Beurteilen Sie die Erfolgschancen der Vorschläge mit Blick auf die derzeitige Konjunkturlage.

1 Vgl. Möller, H. W., Angewandte Volkswirtschaftslehre, Wiesbaden 1997, S. 64 ff. u. 104 ff.

8.4 Fallstudie 2 zur Konjunkturpolitik[1]

Für eine Volkswirtschaft liegen die in der folgenden Tabelle dargestellten Zahlen vor.

Indikatoren		Vorjahr	laufendes Jahr	zum Vergleich: Deutschland 2019
Veränderung	des realen BIP	+ 4,5 %	+ 6,0 %	+ 0,6 %
	des Preisniveaus	+ 5,5 %	+ 6,5 %	+ 1,4 %
	der Nominallöhne	+ 8,0 %	+ 12,0 %	+ 2,6 %
	der Gewinneinkommen (nominal)	+ 10,0 %	+ 14,0 %	− 2,6 %
Zahl der Arbeitslosen		210 000	150 000	2,267 Mio.
Zahl der offenen Stellen		550 000	650 000	45,340 Mio.
Arbeitslosenquote		0,7 %	0,5 %	− 0,4 %
Veränderung der Geldmenge M3		+ 10,0 %	+ 7,0 %	+ 4,9 %
Veränderung der Staatsausgaben			+ 13,0 %	+ 4,8 %
Veränderung der Staatseinnahmen			+ 14,0 %	+ 4,1 %
Kapitalmarktzinsen			+ 15,0 %	0,00 %
Leitzinsen der Zentralbank			6,0 %	82,6 %
Kapazitätsauslastung (Industrie)			97,0	sich stabilisierende Tendenz
private Investitionen			steigend	+ 5,5 %
Haushaltslage des Staates			keine Nettoneuverschuldung	keine Nettokreditaufnahme

1. Analysieren Sie die Situation, schlagen Sie wirtschaftspolitische Maßnahmen vor und prüfen Sie die Erfolgschancen der vorgeschlagenen Maßnahmen im Hinblick auf die Ziele Preisniveaustabilität, hoher Beschäftigungsstand und angemessenes Wirtschaftswachstum.
   (vgl. dazu die Lösungshinweise im Anhang auf S. 582)
2. Von verschiedenen Interessenverbänden liegen folgende stabilitätspolitische Vorschläge für das kommende Jahr vor:
   a) Erhöhung der Leitzinsen auf 5 % bei gleichzeitiger Erhöhung der Mindestreservesätze
   b) Verringerung der Staatsausgaben bzw. Steuererhöhungen
   c) Expansive Lohnpolitik (Erhöhung der Nominallöhne um 15 %)
   d) Lohnzurückhaltung (nur Inflationsausgleich, reale Nullrunde).
   Beurteilen Sie die Erfolgschancen der Vorschläge mit Blick auf die derzeitige Konjunkturlage.

Ich kann …	Bitte ankreuzen: Ja	Bitte ankreuzen: Nein	Wenn Nein: Siehe Seite(n) im Buch	Level / Anforderungsniveau
8.1 Ziele der Wachstums- und Konjunkturpolitik				**Level**
… den Begriff „Wirtschaftswachstum“ erläutern.			528	2
… beschreiben, wie Wirtschaftswachstum gemessen wird.			528	1
… den Begriff „Konjunkturpolitik“ erläutern.			529	2

1 Vgl. Möller, H. W., Angewandte Volkswirtschaftslehre, Wiesbaden 1997, S. 64 ff. u. 104 ff.

E1

Von der Volkswirtschaft zur Weltwirtschaft

Europäische Union: Von der nationalen zur europäischen Volkswirtschaft

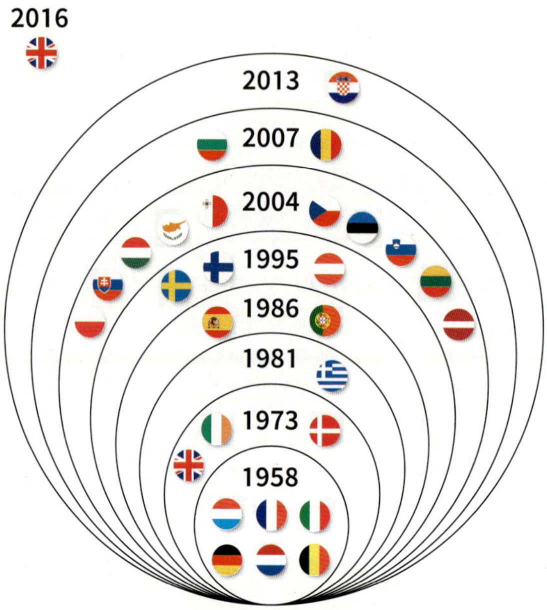

1. Europäische Union: Von der nationalen zur europäischen Volkswirtschaft

- Integrationsstufen und EU-Erweiterung
- Europäische Währungsunion (EWU)

2. Globalisierung: Von der europäischen Volkswirtschaft zur Weltwirtschaft

- Begriff und Ausmaß der Globalisierung
- Ursachen der Globalisierung
- Merkmale der Globalisierung
- Akteure der Globalisierung
- Folgen der Globalisierung

1 Europäische Union: Von der nationalen zur europäischen Volkswirtschaft

1.1 Integrationsstufen und EU-Erweiterung

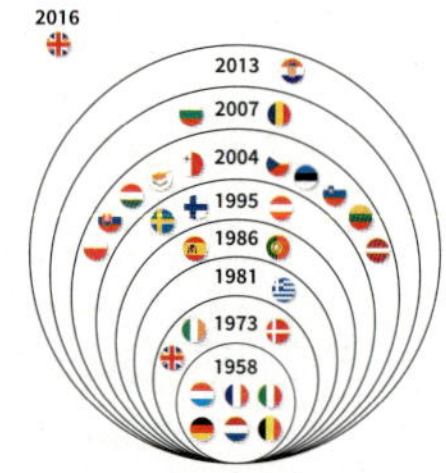

Lernziele:

Nach der Bearbeitung des Kapitels sind Sie in der Lage, Folgendes zu tun:

Sie ...

- ... nennen Ziele, die mit der Europäischen Union verfolgt werden.
- ... unterscheiden die Integrationsformen „Freihandelszone“, „Zollunion“, „gemeinsamer Binnenmarkt“, „Wirtschaftsunion“ und „Währungsunion“.
- ... beschreiben die Entwicklung in Europa von der Freihandelszone bis zur Währungsunion.
- ... nennen die Länder, die der EU angehören.
- ... nennen die Länder, die zur Europäischen Währungsunion gehören.

Ziele der Europäischen Union

Die Bundesrepublik Deutschland hat im Rahmen des europäischen Einigungsprozesses von Anfang an eine bedeutende Rolle gespielt. Endziel dieser Integrationsbestrebungen ist der Zusammenschluss europäischer Staaten zu einer **politischen Union**. Neben dem wirtschaftlichen Bereich sollen dann auch alle sonstigen zentralen Politikfelder wie z. B. Außen- und Verteidigungspolitik gemeinsam gestaltet und vereinheitlicht werden. Politisches Oberziel ist dabei die Friedenssicherung.

Bisher waren es aber vor allem wirtschaftliche Gründe, die sich als Motor des Einigungsprozesses erwiesen haben. Beispielsweise stand in den ersten Jahren die Zollunion in Bezug auf Kohle und Stahl im Vordergrund (sog. Montanunion oder EGKS (Fußnote: EGKS: Europäische Gemeinschaft für Kohle und Stahl). Auch die Gründung der Europäischen Wirtschaftsgemeinschaft (EWG) basierte vorwiegend auf wirtschaftlichen und pragmatischen Interessen der ersten sechs Länder. Insgesamt soll die Schaffung eines großen einheitlichen europäischen Marktes ohne wirtschaftliche Beschränkungen (u. a. freier Waren-, Kapital- und Personenverkehr, Niederlassungs- und Beschäftigungsfreiheit) Wirtschaftswachstum und Wohlstand erzeugen und gleichzeitig die Grundlage für einen erfolgreichen Wettbewerb mit anderen Regionen der Weltwirtschaft wie Nordamerika und Asien legen.

Stufen der Europäischen Integration						
Stufen / Merkmale	Freihandelszone	Zollunion	gemeinsamer Binnenmarkt	Wirtschaftsunion	Währungsunion	politische Union
Abbau der Binnenzölle (freier Warenverkehr)	**1951** für Kohle und Stahl	**1968** für Gewerbe **1970** für Landwirtschaft	**1993** freier Personen- und Kapitalverkehr, Niederlassungs- u. Beschäftigungsfreiheit	**1997** Angleichung von Preis- u. Zinsniveau, Haushaltsdefiziten, Staatsverschuldung (Konvergenzkriterien); weitere Harmonisierung ist geplant.	**1999** durch Einführung des Euro und Übertragung der Geldpolitik an die EZB ab **2002** Euro einziges gesetzliches Zahlungsmittel	? Zeitpunkt der Verwirklichung des Endziels der Integration ist ungewiss.
einheitlicher Außenzoll gegenüber Drittländern						
Mobilität der Produktionsfaktoren Arbeit und Kapital						
Harmonisierung der Wirtschaftspolitik						
gemeinsame Währung und Zentralbank						
Harmonisierung aller Politikbereiche						

Von der Freihandelszone zur Währungsunion

Ein freier Warenverkehr zwischen den Mitgliedstaaten ohne Zollschranken und andere Handelshemmnisse war bereits 1957 bei der Gründung der **Europäischen Wirtschaftsgemeinschaft** (EWG) ein wesentliches Ziel. Dies wurde für den gewerblichen Bereich 1968 und für die Landwirtschaft 1970 durch die Errichtung einer **Zollunion** erreicht. Allerdings behinderten nach wie vor sogenannte nichttarifäre Handelshemmnisse (z. B. unterschiedliche Normen, technische Vorschriften und Qualitätsstandards) den Warenverkehr.

1957	Gründung der **Europäischen Wirtschaftsgemeinschaft (EWG)** sechs Mitglieder: Bundesrepublik Deutschland, Italien, Frankreich, Belgien, Niederlande, Luxemburg Ziel: Intensivierung des Wirtschaftsaustauschs zwischen den Mitgliedsstaaten und dadurch Erhöhung des Lebensstandards

Mit dem Vertrag von Maastricht wurde 1993 die Europäische Union geschaffen. Durch weitere **Harmonisierung** und **gegenseitige Anerkennung** einzelstaatlicher Vorschriften und Regelungen konnte der **gemeinsame Binnenmarkt** eingeführt werden.

1993	Beginn des **europäischen Binnenmarktes** durch Verwirklichung der „vier Freiheiten“ - freier Personenverkehr: Wegfall von Grenzkontrollen, Niederlassungs- und Beschäftigungsfreiheit für EG-Bürger - freier Warenverkehr: Wegfall von Grenzkontrollen, Harmonisierung von Normen, Steuern usw. - freier Dienstleistungsverkehr: Liberalisierung der Finanzdienstleistungen, Harmonisierung der Banken- und Versicherungsaufsicht - freier Kapitalverkehr: größere Freizügigkeit für Geld- und Kapitalbewegungen, Liberalisierung des Wertpapierverkehrs

Mit dem europäischen Einigungsprozess geht gleichzeitig eine zunehmende Verlagerung von Zuständigkeiten für bestimmte Politikbereiche von Mitgliedstaaten an übergeordnete Organe der EU einher. So hat die Deutsche Bundesbank seit 1999 das Recht verloren, unabhängige geldpolitische Entscheidungen für die Bundesrepublik Deutschland zu treffen. Die Geldpolitik der Mitgliedstaaten wird seitdem vom Europäischen Zentralbankrat (EZB-Rat), dem Entscheidungsgremium der **Europäischen Zentralbank** (EZB), bestimmt.

D 4.6

1999	Beginn der **Europäischen Währungsunion** mit elf der damals 15 EU-Mitgliedstaaten (Deutschland, Frankreich, Italien, Niederlande, Belgien, Luxemburg, Irland, Spanien, Portugal, Österreich, Finnland). Unwiderrufliche Festlegung der Umrechnungskurse für die Währungen der Teilnehmerstaaten untereinander und zum Euro. Seit 2001 gehören auch Griechenland und seit 2007 Slowenien zur Währungsunion. Der Euro wurde eine eigenständige Währung und ist seit 2002 alleiniges gesetzliches Zahlungsmittel.

Von den 27 EU-Mitgliedern nehmen bisher lediglich 19 (2020) an der Europäischen Währungsunion mit der gemeinsamen Euro-Währung und der gemeinsamen Geldpolitik der EZB teil. Voraussetzung für die Teilnahme an der Währungsunion ist die Erfüllung der sogenannten **Konvergenzkriterien**[1].

Konvergenzkriterien für den Beitritt zur Europäischen Währungsunion (EWU)			
stabiles Preisniveau	**gesunde Staatsfinanzen**	**stabile Wechselkurse**	**Zinsniveau**
Die Inflationsrate darf höchstens 1,5 Prozentpunkte über dem Durchschnitt der drei preisstabilsten Mitgliedsländer liegen.	Die jährliche Neuverschuldung des Staates (Defizit der öffentlichen Haushalte) darf höchstens 3 %, die Gesamtverschuldung höchstens 60 % des BIP betragen.	Teilnahme in den letzten zwei Jahren am Europäischen Währungssystem (EWS) ohne starke Kursschwankungen.	langfristige Zinsen höchstens 2 Prozentpunkte über dem Zinssatz der drei preisstabilsten Mitgliedsländer

Überschreitet ein Land nach Aufnahme in die Währungsunion beispielsweise die Vorgaben für die Staatsverschuldung, drohen ihm seitens der EU-Kommission Abmahnungen („blaue Briefe"), Defizitverfahren (= Verpflichtung, Sparbeschlüsse vorzulegen und einzuhalten) und letztlich Geldbußen bis zu 0,5 % des jeweiligen BIP.

EU-Erweiterungen und Austritt Großbritanniens

1. Mai 2004: EU-Osterweiterung
Beitritt von zehn neuen Mitgliedsstaaten. Wegen des teilweise erheblichen Lohn-, Einkommens- und Produktivitätsgefälles zwischen den bisherigen und den neuen EU-Ländern ergeben sich in Zukunft erhebliche wirtschaftliche Herausforderungen für die alten EU-Länder (z. B. Druck auf das Lohnniveau bzw. steigende Arbeitslosigkeit in den alten EU-Ländern durch vermehrte Zuwanderung von Arbeitskräften aus den mittel- und osteuropäischen Ländern).
2007: Erhöhung der EU-Länder auf 27
1. Januar 2007: Beitritt von Bulgarien und Rumänien
1. Juli 2013
Beitritt von Kroatien als 28. Mitgliedsstaat
01. Februar 2020
Großbritannien tritt aus der EU aus (Brexit)
zukünftige EU-Erweiterungen
Zu den Beitrittskandidaten gehören Albanien, Kosovo, Bosnien und Herzegowina sowie Nordmazedonien. Die Beitrittsverhandlungen mit Serbien, Montenegro und der Türkei haben bereits begonnen.

1 Konvergenz *(lat.)*: Annäherung, Übereinstimmung

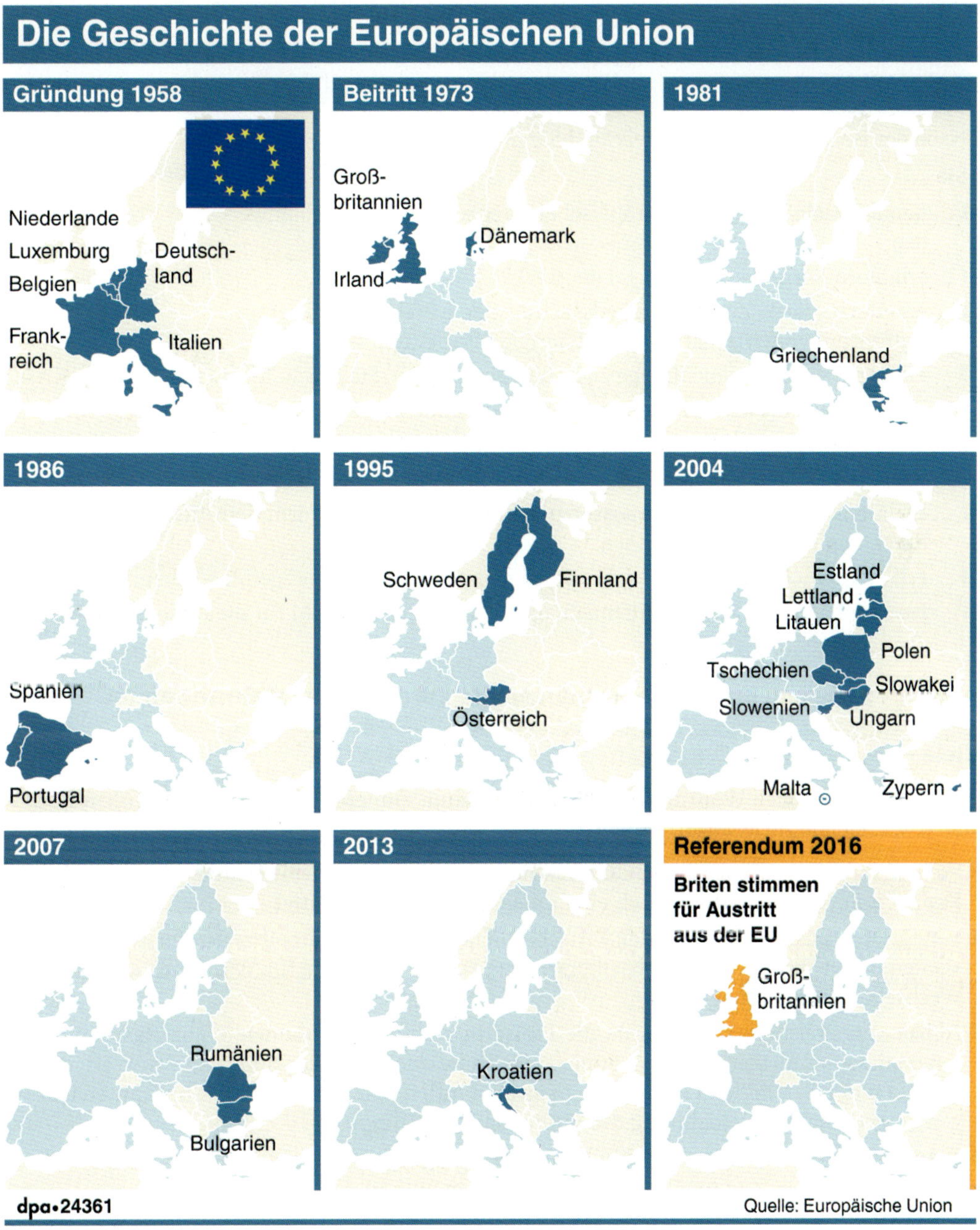

Austritt Großbritanniens aus der EU (Brexit)

2016 haben die Wahlberechtigten in Großbritannien mehrheitlich für ein Ausscheiden des Landes aus der EU gestimmt. Der gemäß den EU-Bestimmungen festgelegte Austrittstermin, 29.03.2019, wurde mehrfach verschoben, da sich die Parlamente Großbritanniens und der Europäischen Union nicht über die Austrittsmodalitäten einigen konnten.

Anfang 2020 wurde ein Austrittsabkommen als Grundlage vereinbart. Der Brexit ist seit dem 01.02.2020 gültig. In dem Austrittsabkommen sind wichtige Bestimmungen für eine Übergangsphase und die Zeit danach verankert.

1.2 Europäische Währungsunion (EWU)

Lernziele:

Nach der Bearbeitung des Kapitels sind Sie in der Lage, Folgendes zu tun:
Sie ...

- ... nennen Ziele, die mit der Europäischen Währungsunion verfolgt werden.
- ... erläutern Konstruktionsmängel der EWU.
- ... erläutern, wieso einige Mitgliedsstaaten der EWU durch die Euro-Einführung in wirtschaftliche Schwierigkeiten geraten sind.
- ... erläutern die Zusammenhänge zwischen Finanzkrise, Staatsschuldenkrise und Euro-Krise.
- ... beschreiben Ansätze zur Lösung der Staatsschuldenkrise im Euro-Raum.
- ... erläutern die Auswirkungen des Aufkaufs von Staatsanleihen durch die EZB.
- ... nennen das Ziel des Europäischen Stabilitätsmechanismus (ESM).
- ... erklären, unter welchen Voraussetzungen und in welcher Form betroffene Staaten Hilfe durch den ESM erhalten können.
- ... erläutern wichtige Ereignisse, die zur sogenannten „Eurokrise" geführt haben.
- ... beschreiben verschiedene Hilfsmaßnahmen von EZB und ESM für die Krisenstaaten.

1.2.1 Ziele und Konstruktionsmängel der Europäischen Währungsunion (EWU)

Ziele

Mit der **Europäischen Währungsunion** und der damit einhergehenden **Euro-Einführung** werden u. a. folgende Ziele verfolgt:

- Vollendung des gemeinsamen Binnenmarktes (freier Verkehr von Waren, Dienstleistungen, Kapital und Arbeitskräften) durch ein einheitliches Zahlungsmittel
- Verstärkung des Handels und der wirtschaftlichen Zusammenarbeit zwischen den Mitgliedsstaaten durch Wegfall von Wechselkursrisiken sowie der Kosten für Währungsumtausch und Wechselkursabsicherungen

1.1, S. 556

- Abbau von Preisunterschieden, da die Preise in einem gemeinsamen Währungsraum leicht miteinander verglichen werden können. Das sollte wiederum zur Stärkung des Wettbewerbs zwischen den beteiligten Ländern, zu niedrigen Inflationsraten und zu Wohlstandssteigerungen aufgrund einer Ausdehnung des Binnenhandels führen.
- Euro als zweite internationale Leitwährung und Gegengewicht zum Dollar
- Förderung der wirtschaftlichen und politischen Stabilität als weiterer Schritt zu einer politischen Union

Konstruktionsmängel

- **Falsche Reihenfolge: Zuerst Politische Union nötig – dann Währungsunion**

Nach der sogenannten **Krönungstheorie** hätte der **Währungsunion** unbedingt eine **politische Union** vorausgehen müssen, in der konkrete Richtlinien und Kriterien insbesondere für eine gemeinsame **Wirtschafts-, Sozial- und Finanzpolitik** der einzelnen Mitgliedsstaaten festgelegt sind und eine gemeinsame politische Vertretung gegenüber innen und außen existiert **(Harmonisierung)**. Diese politische Union wäre nach dieser Theorie dann von der gemeinsamen Währung „gekrönt" worden. In der EWU ist derzeit aber nur die Geldpolitik durch die EZB vereinheitlicht. Die Zuständigkeiten für die anderen Politikbereiche liegen dagegen nach wie vor bei den Regierungen der einzelnen Mitgliedsstaaten.

D 4.8

Einheitliche Geldpolitik trotz unterschiedlicher konjunktureller Entwicklung

Die Mitgliedsstaaten unterscheiden sich erheblich in ihrer Wirtschaftsstruktur, dem Stand ihrer wirtschaftlichen Entwicklung sowie hinsichtlich der Art und der Dauer auftretender Konjunkturschwankungen. Nach der **Theorie des optimalen Währungsraumes** entspricht die EWU daher nicht den wesentlichen Erfordernissen für das Funktionieren einer Währungsunion. Die **EZB** kann nämlich nur eine **gemeinsame Geldpolitik** betreiben (z. B. **einheitliche** Leitzinsänderung für das **gesamte** Währungsgebiet). Die besonderen Erfordernisse der einzelnen Mitgliedstaaten bleiben dabei unberücksichtigt.

Mangelnde Haushaltsdisziplin

Trotz des Stabilitäts- und Wachstumspaktes und der darin vorgesehenen Sanktionsmöglichkeiten ist es der EU nicht gelungen, die Mitgliedstaaten zu ausreichender Disziplin bei der Staatsverschuldung zu bewegen. Gleichzeitig wurden Sanktionen nicht konsequent verhängt bzw. eingefordert und immer wieder ausgesetzt.[1]

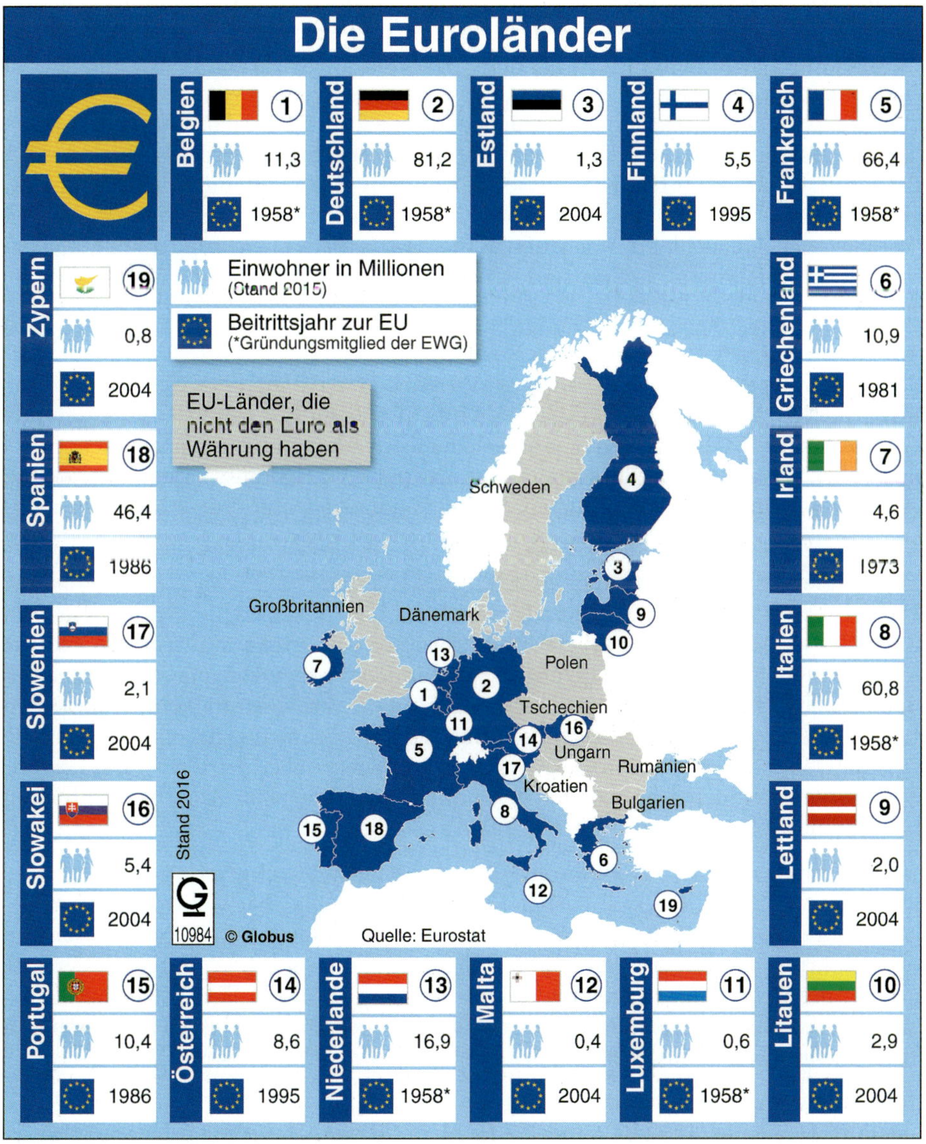

1 Dies führt zu einem „moral hazard"-Problem (moralisches Risiko), bei dem Staaten geneigt sind, Stabilitätskriterien zu verletzen im Wissen, dass Sanktionen umgangen werden können.)

Zielerreichung

Bisher wurden u. a. folgende Ziele der Währungsunion erreicht:

- Der Handel innerhalb der Eurozone hat sich erheblich erhöht. Das gilt insbesondere für Deutschland, das mehr als 60 % seiner Exporte in EU-Staaten und über 40 % in Mitgliedsstaaten der Eurozone absetzt.
- Die EZB konnte ihre Hauptaufgabe, die durchschnittliche Inflationsrate bei „unter, aber nahe bei zwei Prozent" zu halten, in den meisten Jahren erreichen. Allerdings ist die Bandbreite teilweise erheblich (z. B. 2019: Rumänien 3,2 %, Italien 0,2 %).

D 4.8

- Der Euro konnte sich neben dem Dollar als zweite Weltwährung durchsetzen.

1.2.2 Folgen der Euro-Einführung: Probleme in einigen Mitgliedsstaaten

Niedrige Zinsen als Anreiz für überhöhte Verschuldung

Vor der Euro-Einführung wurden die staatlichen Schuldverschreibungen (Bonds) in Landeswährungen ausgegeben. Daher gab es bei den Auslandsschulden der einzelnen Staaten erhebliche Zinsunterschiede, da sich der Zinssatz auch nach der Höhe des vom Investor zu tragenden Währungsrisikos bemisst. Diese Unterschiede waren seit der Euro-Einführung bis zum Ausbruch der Staatsschuldenkrise 2009 nahezu verschwunden **(Zinskonvergenz)**. Auch die Geldpolitik der EZB trug zu einem relativ niedrigen Zinsniveau im Euro-Raum bei. Das war in vielen Ländern ein Anreiz für eine zunehmende öffentliche und private Verschuldung. Die Kredite wurden aber vielfach nicht für wachstumsfördernde Investitionen, sondern für konsumtive Zwecke und zur Aufblähung der Staatsausgaben (z. B. Personalerhöhung im öffentlichen Dienst) verwendet.

D 4.8

Schwierigkeiten einer einheitlichen Geldpolitik (one size fits all policy)

Die Geld- und Zinspolitik für einen solch heterogenen Wirtschaftsraum wie die EWU hat sich als schwierig erwiesen: Für einige Mitgliedsstaaten mit hohen Wachstums- und Inflationsraten wäre zeitweise eine Leitzinserhöhung und Geldmengenverknappung nötig gewesen. Gleichzeitig wären aber für andere Mitgliedsstaaten mit niedrigen Wachstumsraten und hoher Arbeitslosigkeit Zinssenkungen sinnvoll gewesen. Solche regionalen Unterschiede lassen sich aber mit der einheitlichen Geldpolitik nicht hinreichend berücksichtigen.

Handelsungleichgewichte zwischen den Mitgliedsstaaten

Der Handel innerhalb der EWU ist durch erhebliche Ungleichgewichte geprägt: Deutschland erwirtschaftet beispielsweise erhebliche Handelsbilanzüberschüsse, während die südeuropäischen EWU-Mitglieder hohe Defizite aufweisen. Ein Land, das mehr importiert als exportiert verschuldet sich in der Regel im Ausland, um seine Importe bezahlen zu können. Außerdem hat die Deutsche Bundesbank im Rahmen des europäischen Zahlungsausgleichssystems Forderungen in Höhe von mehr als 870 Mrd. € (November 2019) gegenüber den Zentralbanken anderer EWU-Mitglieder, weil deren Banken teilweise ihren internationalen Zahlungsverpflichtungen nicht nachkommen (sogenannte **Target2-Salden)**.

D 7.3.3

Keine Anpassungsmöglichkeiten durch Abwertung der Währungen

Normalerweise würden die beschriebenen Handelsbilanzungleichgewichte dadurch abgebaut, dass die Währung eines Landes mit wirtschaftlichen Problemen und Exportschwäche gegenüber der Währung der boomenden Exportnation abgewertet wird. Dadurch würden sich die Exportgüter des abwertenden Landes verbilligen und die gesamtwirtschaftliche Nachfrage angekurbelt. Durch die Euro-Einführung können die Mitgliedsstaaten ihre Wettbewerbsfähigkeit aber nicht mehr durch eine Abwertung der eigenen Währung verbessern.

Andere Anpassungsmechanismen versagen

Weil die Euro-Staaten in der Krise weder die Möglichkeit zur Abwertung haben, um ihre Exporte zu erhöhen, noch die Geldpolitik zum Aufschwung beitragen kann, bleibt nur die Möglichkeit, dass die Erzeugnisse über günstigere Preise konkurrenzfähig werden. Um das zu erreichen, dürften die Löhne nicht zu stark steigen bzw. müssten sogar sinken. Wirtschaftswissenschaftler sprechen in diesem Zusammenhang von einer „inneren Abwertung“. Eine solche Lohnpolitik ist jedoch oft nur schwer durchsetzbar.

1.2.3 Zusammenhänge zwischen Finanzmarktkrise, Staatsschuldenkrise und Eurokrise

Die Verschuldung der als instabil geltenden Mitgliedsstaaten (Griechenland, Portugal, Irland, Spanien, Italien) ist inzwischen so hoch, dass Anleger eine Zahlungsunfähigkeit dieser Länder nicht ausschließen. Das veranlasst die Rating-Agenturen[1], die Kreditwürdigkeit dieser Krisenstaaten herabzustufen. Als Konsequenz steigt der Risikoaufschlag und es bilden sich unterschiedliche Zinsniveaus in den Ländern. Diese spiegeln das Risiko wider, das Investoren tragen, wenn Sie in das entsprechende Land investieren. Dementsprechend hat Deutschland niedrige Zinsen auf Staatsanleihen, da der Markt das Ausfallrisiko als gering einstuft. Das Gegenteil gilt für Länder wie Griechenland oder Portugal. Das führt dazu, dass das betroffene Land keine neuen Kredite mehr zu tragbaren Zinsen für die Ablösung der fälligen alten Kredite aufnehmen kann (= Umschuldung).

Vor diesem Hintergrund lässt sich argumentieren, dass die Staatsschuldenkrise in manchen Euro-Staaten zumindest in nicht unerheblichem Maße durch die Bankenkrise und die Bankenrettung (mit-)verursacht worden ist. Ob die gegenwärtige Eurokrise tatsächlich wiederum eine Folge der Staatsschuldenkrise ist oder ob nicht die Staatsschuldenkrise ihrerseits die Folge der Gemeinschaftswährung mit ihren zur übermäßigen Verschuldung einladenden niedrigen Zinsen und den nicht funktionierenden Sanktionsmechanismen ist, ist ebenfalls strittig.

1.2.4 Ansätze zur Lösung der Schuldenkrise im Euro-Raum

Neben den Versuchen, durch Sparprogramme eine **Haushaltskonsolidierung** zu erreichen und Strukturreformen für mehr Wirtschaftswachstum einzuleiten, werden derzeit folgende Lösungsansätze diskutiert, teilweise bereits praktiziert und miteinander kombiniert:

Austritt schwacher Mitgliedsstaaten aus der Eurozone
Ein Austritt schwacher Mitgliedsstaaten (z.B. Griechenland) würde in diesen Staaten eine massive Abwertung der neuen Währung mit sich bringen. Dadurch könnten zwar die internationale Wettbewerbsfähigkeit verbessert und die Exportmöglichkeiten erhöht werden, gleichzeitig würden aber die Importe erheblich teurer. Den Wert ihrer Auslandsschulden könnten diese Länder zudem nicht durch eine Abwertung senken, da es sich um Euro-Schuldverschreibungen handelt. Da diese Euro-Schulden vermutlich nicht getilgt werden können, wäre eine **Staatsinsolvenz** (Staatsbankrott) die unausweichliche Folge. Außerdem würde es zu einer massiven Kapitalflucht aus diesen Staaten hin in Staaten mit stabilen Währungen kommen. Das könnte zu einem Zusammenbruch des inländischen Bankensystems führen, wodurch wiederum die Lohn- und Rentenzahlungen gefährdet wären. Soziale Unruhen bis hin zur Gefährdung der Demokratie sind daher nicht ausgeschlossen. Für die Eurozone bestünde die Gefahr eines sogenannten **Domino-Effekts**, indem durch eine Kettenreaktion weitere instabile Mitgliedsstaaten betroffen würden.

Austritt starker Mitgliedsstaaten
Auch für starke Mitgliedsstaaten (z.B. Deutschland) wäre ein Austritt mit erheblichen negativen Folgen verbunden. Es würde zu einer starken Aufwertung der neuen Währung (z.B. D-Mark) kommen. Das hätte aber einen massiven Einbruch der Exporte und damit einhergehend einen Anstieg der Arbeitslosigkeit zur Folge. Gleichzeitig würde der Wert der auf Euro lautenden Forderungen des Austrittlandes entsprechend abnehmen.

1 Ratingagenturen sind private, gewinnorientierte Unternehmen, die die Kreditwürdigkeit (Bonität) von Unternehmen und Staaten bewerten.

Umschuldung

Bei einer „sanften" Umschuldung gewähren die Gläubiger den Schuldnerländern mehr Zeit für die Schuldentilgung (Tilgungsstreckung) und/oder räumen ihnen nachträglich einen niedrigeren Zinssatz ein. Eine „harte" Umschuldung ist dagegen mit einem Schuldenerlass (Schuldenschnitt, *haircut)* verbunden. In diesem Fall verzichten die Gläubiger auf einen Teil ihrer Forderungen. Das bringt schlagartig eine sinkende Schuldenlast für das umschuldende Land mit sich. Ein solcher Schuldenerlass wurde im März 2012 für Griechenland vereinbart.

Haushaltskonsolidierung: Europäischer Fiskalpakt (Europäische Fiskalunion)

An der fehlenden Haushaltsdisziplin einiger Mitgliedsstaaten setzt der sogenannte **Europäische Fiskalpakt** (Europäische Fiskalunion) an. Dieser Pakt wurde im März 2012 von allen EU-Mitgliedern mit Ausnahme von Großbritannien und Tschechien unterzeichnet. Dadurch soll eine verstärkte Zusammenarbeit aller EU-Mitgliedsstaaten in Bezug auf öffentliche Ausgaben, Steuern und Abgaben bis hin zu einer in der Verfassung verankerten Schuldenbremse ermöglicht werden. Staaten, die sich nicht an die Haushaltsdisziplin halten und den gemeinsam vereinbarten Stabilitäts- und Wachstumspakt verletzen, sollen neben Strafzahlungen auch einen Teil ihrer Rechte zur Aufstellung des Staatshaushalts verlieren.

Umstrittener Ankauf von Staatsanleihen durch die EZB

D 4.8.2

Ausgabe von Eurobonds

Durch die Einführung von sogenannten **Eurobonds** müsste sich nicht mehr jedes Mitglied der EWU alleine am Kapitalmarkt zu höchst unterschiedlichen Zinssätzen verschulden. Vielmehr würden die beteiligten Staaten gegen Ausgabe von **gemeinsamen** Schuldverschreibungen (Eurobonds) Kredite zu einem einheitlichen Zinssatz aufnehmen, die benötigten Kreditmittel untereinander zuteilen und gesamtschuldnerisch für die Zahlung von Zinsen und Tilgung haften. Da in diesem Fall die Staaten mit hoher Kreditwürdigkeit (z.B. Deutschland) für Staaten mit niedriger Kreditwürdigkeit (z.B. Portugal) haften, würde sich der Zinssatz für solche Euro-Bonds zwischen den Extremen einpendeln. Er wäre höher als der für deutsche staatliche Schuldverschreibungen und niedriger als der für portugiesische Schuldverschreibungen. Neben den Zinserhöhungen für die kreditwürdigen EWU-Mitglieder wird an diesem Vorschlag insbesondere kritisiert, dass die Krisenländer durch die Vergemeinschaftung von Schulden und Zinsen keinen Anreiz mehr zur Sanierung ihrer Staatsfinanzen hätten. Darüber hinaus würden de facto alle Länder für die Schulden eines einzelnen Landes einstehen müssen, sollte dieses seinen Kreditverpflichtungen nicht mehr nachkommen und in einen Staatsbankrott gehen. Dies würde in vielen Ländern zu gesellschaftspolitischen Problemen führen.

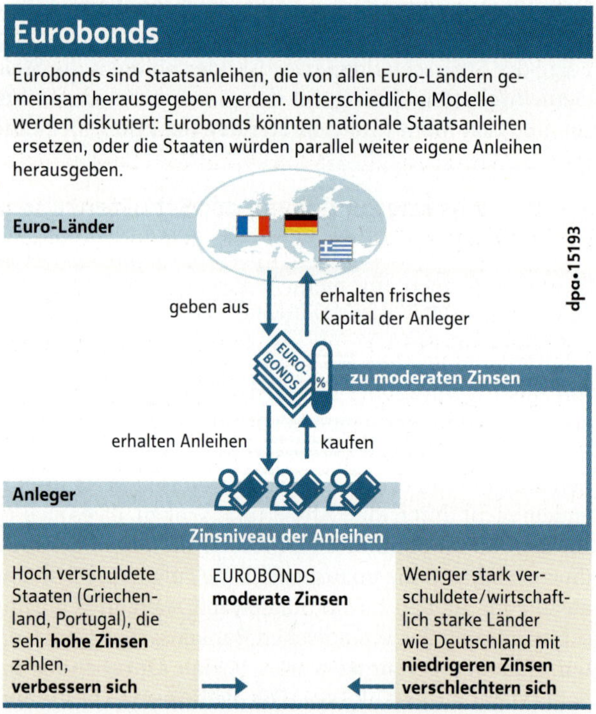

Des Weiteren könnte die Vergemeinschaftung von Schulden aber auch verfassungsrechtliche Probleme nach sich ziehen, wenn diese nicht von der Landesgesetzgebung gedeckt ist[1]. Eine

1 Gerichtsurteil Karlsruhe, Mai 2020, https://www.bundesverfassungsgericht.de/SharedDocs/Pressemitteilungen/DE/2020/bvg20-032.html (zuletzt abgerufen am 15.06.2020).

Einführung solcher Eurobonds müsste daher mit verstärkten Kontrollen der EU zur Einhaltung von Verschuldungsgrenzen bis hin zur Möglichkeit, in die jeweiligen nationalen Staatshaushalte einzugreifen, verbunden sein. Ein ähnliches Instrument, die Ausgabe einer Gemeinschaftsanleihe, wird anlässlich der Corona-Krise seit Anfang 2020 neu diskutiert, da Politiker in Spanien und Italien fordern, zur Bewältigung der Corona-Pandemie und deren Folgen sog. Corona-Bonds einzuführen. Die Eurozonen-Mitgliedstaaten würden einmalig Anleihen mit einer möglichst hohen Laufzeit ausgeben. Für die Rückzahlung der Anleihe würden diese Staaten gemeinsam haften.

D 4.8.4

1.2.5 Dauerhafter „Euro-Rettungsschirm“: Europäischer Stabilitätsmechanismus (ESM)

Zweck und Kapitalausstattung des ESM

Zur Aufrechterhaltung der Zahlungsfähigkeit der Krisenstaaten und ihrer Banken haben die Euro-Staaten den „Europäischen Stabilitätsmechanismus“ (ESM, *European Stability Mechanism)* geschaffen. Dieser hat den im Mai 2010 eingerichteten vorläufigen „Euro-Rettungsschirm“ EFSF (Europäische Finanzstabilisierungsfazilität, *European Financial Stability Facility)* am 1. Juli 2013 abgelöst.

Der ESM ist mit einem Stammkapital von über 700 Mrd. € ausgestattet. Dieser Betrag musste von den Euro-Staaten anteilig aufgebracht werden (Deutschland: ca. 27% = 190 Mrd. €). Von diesem Gesamtbetrag mussten 80,5 Mrd. € (Deutschland 21,7 Mrd. €) in fünf Raten in den Fonds eingezahlt werden. Über die restlichen 624,3 Mrd. € (Deutschland 168,3 Mrd. €) geben die Euro-Staaten Garantien, die im Bedarfsfall vom ESM eingefordert werden können.[1]

In gegenseitigem Einvernehmen sollen aus diesem Fonds unter bestimmten Bedingungen zahlungsunfähigen Mitgliedstaaten der Eurozone Kredite gewährt werden.

Umfang der Kreditvergabemöglichkeit durch den ESM

Auf der Basis dieser Kapitalausstattung soll der ESM maximal 500 Mrd. € Kredite an die Krisenstaaten vergeben. Die für die Finanzierungshilfen nötigen Mittel soll sich der ESM durch Ausgabe eigener Anleihen am Kapitalmarkt beschaffen. Aufgrund der Garantien der Euro-Staaten und der „Übersicherung“ in Höhe von 200 Mrd. € (Kapitalausstattung 700 Mrd. € – maximales Kreditvolumen 500 Mrd. € = 200 Mrd. „Übersicherung“) soll gewährleistet werden, dass der ESM von den Ratingagenturen die höchste Bonitätsstufe (AAA) erhält und sich somit im Bedarfsfall durch die Ausgabe eigener Anleihen zinsgünstige Finanzierungsmittel auf dem Kapitalmarkt beschaffen kann.

Voraussetzungen und Formen der Hilfen durch den ESM

Ein Krisenstaat kann unter bestimmten Voraussetzungen Hilfe beim ESM beantragen. Eine sogenannte „Troika“ (= Gremium mit Vertretern der EU-Kommission, der Europäischen Zentralbank und ggfs. des Internationalen Währungsfonds) beurteilt, ob eine solche Hilfe möglich bzw. nötig ist und überwacht gegebenenfalls die Einhaltung der wirtschafts- und finanzpolitischen Bedingungen (u. a. Reform- und Anpassungsmaßnahmen, „Strukturreformen“, ...).

Die Hilfe des ESM kann in folgender Form erfolgen:

- direkte (vorsorgliche) Kredite an Krisenstaaten: Den Krisenstaaten wird – ähnlich wie bei einem Dispositionskredit für Privatpersonen – vorsorglich ein Kreditlimit eingeräumt, ohne dass zwingend auf diesen Kredit zugegriffen wird. Damit sollen die Anleger beruhigt werden, indem ihnen signalisiert wird, dass eine Zahlungsunfähigkeit dieses Staates unwahrscheinlich ist. Gelingt die Beruhigung, wird der Kredit im Idealfall nie abgerufen.

E 1.2.6

1 www.bundesfinanzministerium.de (zuletzt abgerufen am 15.06.2020).

- Finanzhilfen an einzelne Banken der Krisenstaaten. Der ESM-Vertrag sieht für die Finanzhilfen zwei Varianten vor. Bei der ersten Variante fließen die Hilfen nicht direkt den betroffenen Banken zu, sondern werden als Kredite an den jeweiligen Krisenstaat (mit entsprechender Erhöhung der Staatsverschuldung) gewährt.
- Darlehen zur Überbrückung von Finanzierungsschwierigkeiten. Im Gegenzug muss sich das betreffende Land verpflichten, vereinbarte Reformen durchzuführen.
- In Ausnahmefällen
- Kauf von Staatsanleihen der Krisenstaaten zu niedrigen Zinsen am Primärmarkt (= Kauf von neu ausgegebenen Anleihen mit der Folge eines direkten zinsgünstigen Geldzuflusses an die Krisenstaaten)
- Bei außergewöhnlichen Umständen: Kauf von Staatsanleihen der Krisenstaaten am Sekundärmarkt zur Zinsberuhigung und Senkung des Zinsniveaus. Weitere Informationen unter www.bundesfinanzministerium.de (zuletzt abgerufen am 15.062020)

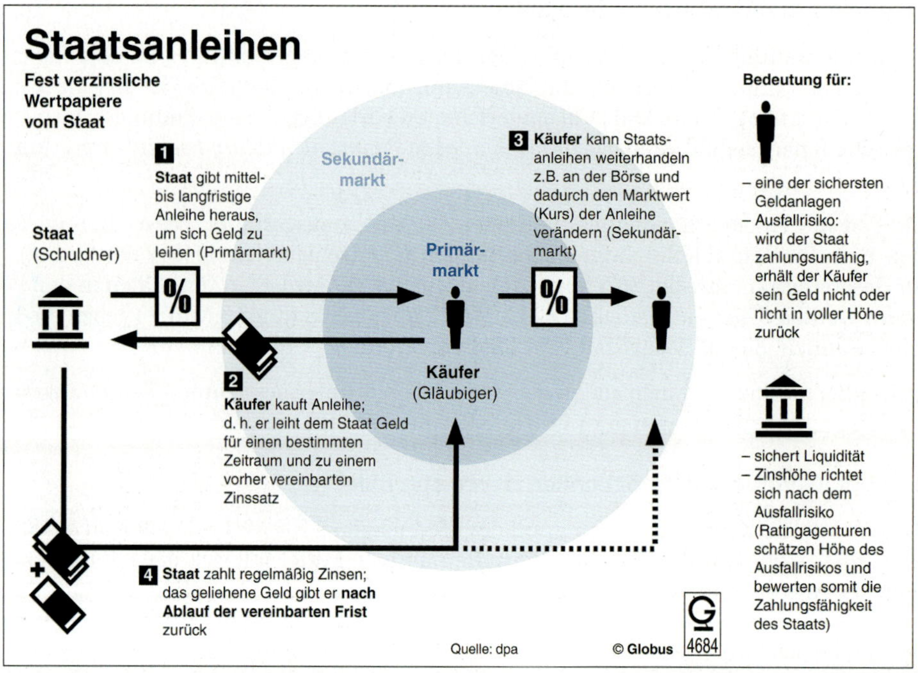

Kritik am ESM

Die Möglichkeiten, durch einen solchen „Rettungsschirm" eine Staatsschuldenkrise zu beheben, werden höchst unterschiedlich eingeschätzt. Kritiker vermuten, dass weder der bisherige Rettungsfonds noch weitere Bürgschaften ausreichen, um die Probleme zu lösen. Sie sehen vielmehr die Gefahr, dass sich durch diese Maßnahmen (wie auch durch den Ankauf von Staatsanleihen durch die EZB) die Währungsunion in eine **Transferunion** mit deutlich höheren Nettozahlungen der Geberländer als bisher verwandelt. Aus ihrer Sicht wird durch den ESM insbesondere das Grundproblem nicht gelöst, dass einzelne Staaten immer neue Mittel und Wege finden, um die Verschuldungsregeln zu umgehen.

1.2.6 Die „Eurokrise“ am Beispiel der griechischen Staatsschuldenkrise

Zeitleiste Entwicklung der Eurokrise am Beispiel der griechischen Staatsschuldenkrise

10.12.1991	01.01.1999	01.01.2001	20.03.2005	12.04.2010	02.05.2010	09./10.05.2010	10.05.2010
In der holländischen Stadt Maastricht wird der sog. Maastricht-Vertrag durch die EU-Staats- und Regierungschefs geschlossen. Er enthält Bestimmungen für eine „unwiderrufliche“ Währungsunion. Bestimmungen für ein zentrales Finanzministerium fehlen ebenso wie die Regelungen zum Verlassen der Währungsunion.	Einführung des Euro in 11 EU-Staaten, obwohl z. B. Italien und Belgien die Beitrittskriterien (sog. Maastricht-Kriterien) nicht erfüllen.	Griechenland tritt der Eurozone bei, obwohl das Land die Maastricht-Kriterien nicht erfüllt.	Auf Druck der deutschen Regierung lockern die EU-Finanzminister die Regelungen des im Dezember 1996 beschlossenen Stabilitäts- und Wachstumspakts.	Die Finanzminister der Euro-Staaten beschließen, Griechenland im kommenden Jahr finanzielle Hilfe bis zu 30 Mrd. € zur Verfügung zu stellen.	Griechenland erhält die Zusage für das erste Hilfspaket über 110 Mrd. €. Davon entfallen auf die Euro-Staaten 80 Mrd. € und auf den IWF 30 Mrd. €. Griechenland muss im Gegenzug ein zweites Sparprogramm einleiten.	Die EU-Finanzminister einigen sich auf einen mit 750 Mrd. € ausgestatteten vorläufigen „Euro-Rettungsschirm“ (EFSF). Davon steuert der IWF 250 Mrd. € bei.	Die EZB sagt zu, Staatsanleihen der Krisenstaaten am Sekundärmarkt zu kaufen. Bis Sept. 2012 betrug das Volumen 209 Mrd. €.

1991 – 1999 – 2001 – 2005 – 2010

26./27.10.2011	09.12.2011	21.12.2011	29.02.2012	05.07.2012	26.07.2012	06.09.2012	12.09.2012	01.07.2013
Die EU-Regierungschefs einigen sich darauf, die Kreditvergabemöglichkeit des „Euro-Rettungsschirms“ durch eine auf Aufnahme zusätzlicher Mittel von Kapitalanlegern beruhende sog. „Hebelwirkung“ auf bis zu 1 Bio. € zu erhöhen. Außerdem wird ein zweites Rettungspaket für Griechenland in Höhe von 130 Mrd. € beschlossen. Auf die von Geschäftsbanken gehaltenen griechischen Staatsanleihen wird ein Abschlag von 50 % auf den Nennwert vereinbart (= Schuldenschnitt).	Alle EU-Mitglieder mit Ausnahme von Großbritannien und Tschechien einigen sich auf einen „Fiskalpakt“. Außerdem soll der ständige Rettungsschirm (Europäischer Stabilitätsmechanismus, ESM) bereits 2012 in Kraft treten.	Die EZB bietet den Geschäftsbanken Kredite zu extrem günstigen Bedingungen an (ca. 500 Mrd. €).	Die EZB bietet den Geschäftsbanken erneut Kredite zu extrem günstigen Bedingungen an (Gesamtvolumen ca. 1 Bio. €).	Die EZB senkt den Leitzins auf ein Rekordtief (Haupt-Refi-Satz: 0,75 %, Einlagesatz: 0 %).	EZB-Präsident Draghi kündigt an, alles in seiner Macht stehende zu unternehmen, um den Euro zu schützen.	EZB-Präsident Draghi kündigt den unbegrenzten Ankauf von kurzlaufenden Staatsanleihen der Krisenstaaten an.	Das Bundesverfassungsgericht billigt den Beitritt Deutschlands zum dauerhaften „Euro-Rettungsschirm“ ESM unter bestimmten Bedingungen.	Der dauerhafte Euro-Rettungsschirm „Europäischer Stabilitätsmechanismus“ (ESM), löst den bisherigen Hilfsmechanismus EFSF ab.
		Ziel: Die Geschäftsbanken sollen wieder verstärkt europäische Staatsanleihen kaufen und so die Zinslast der Krisenstaaten verringern.						

2011 – 2012

eigene Darstellung in Anlehnung an Handelsblatt Nr. 178 vom 13.09.2012

Zusammenspiel von EZB- und ESM- Rettungsmaßnahmen

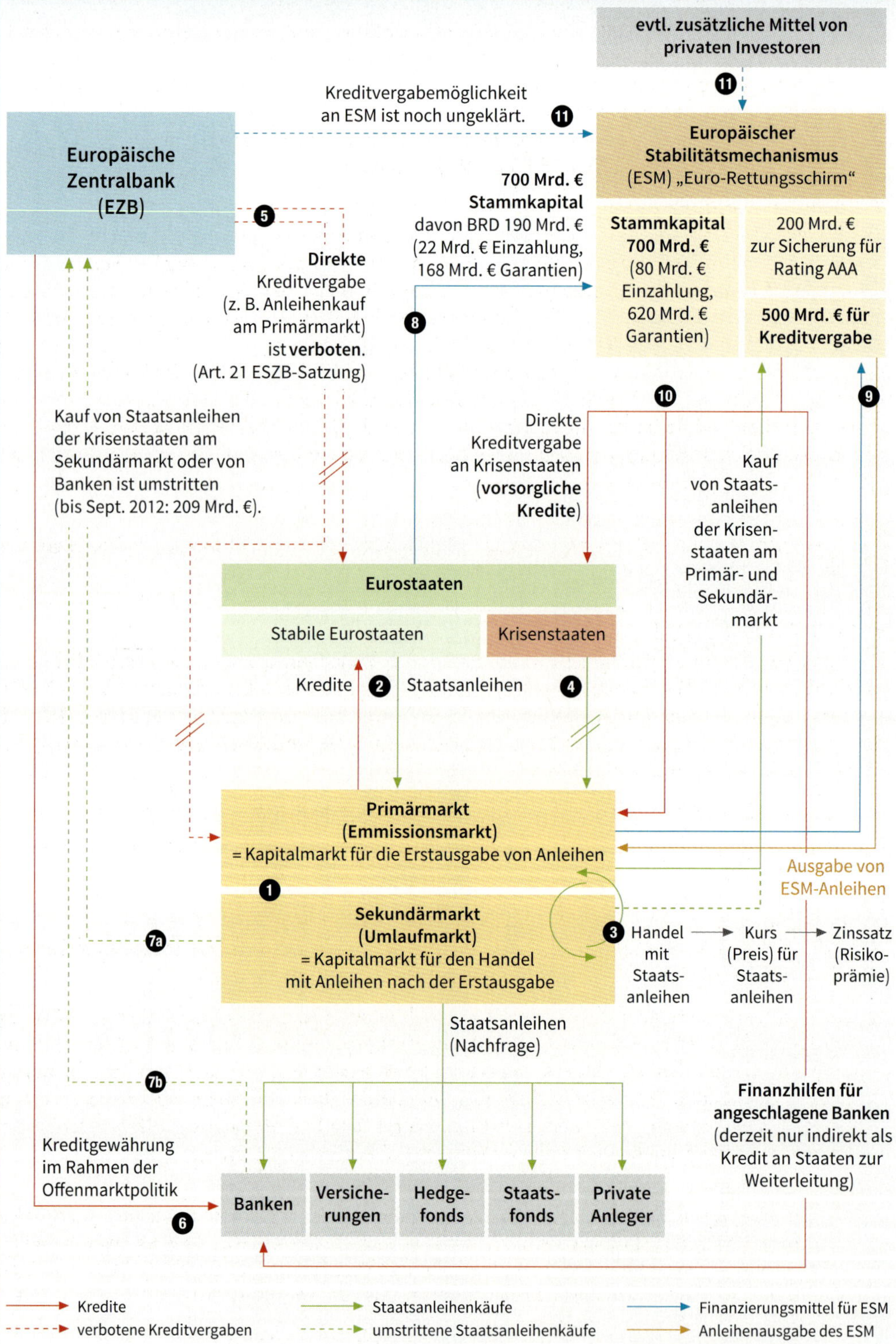

Hinweis: Auch den durch grüne Pfeile dargestellten Staatsanleihenkäufen fließt jeweils ein Geldstrom (Kaufpreis) entgegen, der aber aus Gründen der Übersichtlichkeit vernachlässigt wurde.

Erläuterungen zu den Nummerierungen in der Grafik

❶ Begriffsabgrenzung: Finanzmarkt – Kapitalmarkt – Primärmarkt – Sekundärmarkt
Finanzmarkt ist ein Oberbegriff für internationale Märkte, an denen Kredite, Wertpapiere, Devisen und andere Finanzinstrumente (Derivate) gehandelt werden. Staatsanleihen (und andere Wertpapiere) werden auf dem **Kapitalmarkt** (= Finanzmarkt für mittel- und langfristige Kapitalbeschaffung) gehandelt. Der **Primärmarkt** (Emissionsmarkt) ist der Kapitalmarkt für die Erstausgabe von Wertpapieren. Der **Sekundärmarkt** (Umlaufmarkt) ist der Kapitalmarkt für den Handel mit bereits in Umlauf befindlichen Wertpapieren.

❷ Staatsverschuldung durch Ausgabe von Staatsanleihen am Primärmarkt
Staaten verschulden sich durch Kreditaufnahme gegen Ausgabe von Anleihen (= festverzinsliche Wertpapiere in Form von Schuldverschreibungen). Die **Erstausgabe** solcher **Staatsanleihen** erfolgt am **Primärmarkt** (Emissionsmarkt). Dadurch fließt den Schuldnerstaaten **„frisches“ Geld** in Form neuer Kredite zu. Ob aber Investoren bereit sind, diese Anleihen zu kaufen und entsprechende Kredite zu gewähren, hängt im Wesentlichen von der Höhe des gebotenen Zinssatzes ab. Für die von den Investoren erwartete Zinshöhe ist neben der Kreditsumme und der Laufzeit insbesondere die Kreditwürdigkeit des Staates und damit das vom Investor zu tragende Risiko entscheidend. Je länger die Laufzeit der Anleihe und je höher das Risiko einer Zahlungsunfähigkeit des betreffenden Staates, desto höher ist der von den Investoren geforderte Risikoaufschlag in Form erhöhter Zinsen.

B Bei einem Nominalzins von 4 % muss der Schuldnerstaat dem jeweiligen Inhaber einer Staatsanleihe mit einem Nominalwert von 100 € jährlich 4,00 € Zinsen bezahlen.

❸ Handel mit Staatsanleihen am Sekundärmarkt
Die bereits in **Umlauf** befindlichen Anleihen können **zwischen Kapitalanlegern** am **Sekundärmarkt** (Umlaufmarkt) gehandelt werden. Den **Schuldnerstaaten** fließt dadurch aber **kein Geld** zu. Vielmehr bildet sich am Sekundärmarkt durch Angebot und Nachfrage ein Preis (Kurs) für die Anleihen. Das Verhalten der Kapitalanleger (Anbieter und Nachfrager) wird maßgeblich durch folgende Faktoren beeinflusst:

- Zinsentwicklung für gleichartige Anlageformen am Kapitalmarkt (allgemeines Zinsniveau),
- Kreditwürdigkeit des Schuldnerlandes, die sich möglicherweise während der Laufzeit der Anleihen verändert,
- Restlaufzeit der Anleihen.

Von dem sich am Kapitalmarkt ergebenden Kurs hängt die tatsächliche Verzinsung (Effektivzins, Rendite) der Anleihen ab. Dabei lassen sich zwei Fälle unterscheiden.

a) Die Nachfrage nach der Anleihe nimmt zu, weil neuen Anlegern (= Nachfrager) die Nominalverzinsung (z. B. 4 %) vergleichsweise günstig erscheint und/oder weil das Ausfallrisiko (Zahlungsunfähigkeit des Schuldners) vergleichsweise gering eingeschätzt wird. Die bisherigen Inhaber der Anleihe (Anbieter) sind aber nur bereit, diese zu einem höheren als dem ursprünglichen Preis zu verkaufen. Der Preis (Kurs) für die Anleihe steigt. Dadurch sinkt für die neuen Anleger die tatsächliche Verzinsung (Effektivzins, Rendite).

B Aufgrund der erhöhten Nachfrage muss ein Anleger (Nachfrager) am Sekundärmarkt für eine Anleihe mit einem Nominalwert von 100 € und einem Zinssatz von 4 % jetzt 105 € bezahlen (= Kurswert). Dafür erhält er vom Schuldner jährlich 4,00 € Zinsen. Wegen des von 100 € auf 105 € gestiegenen Kurses hat sich die tatsächliche Verzinsung aber verringert:

$$\frac{4{,}00\text{ € Zinsen}}{105{,}00\text{ € Kapitaleinsatz}} \cdot 100 = 3{,}81\text{ \% Rendite}$$

b) Das Angebot für die Anleihe nimmt zu, weil den bisherigen Anlegern (= Anbieter) die Nominalverzinsung (z. B. 4%) inzwischen vergleichsweise ungünstig erscheint und/oder das Ausfallrisiko (Zahlungsunfähigkeit des Staates) vergleichsweise höher eingeschätzt wird. Die neuen Anleger (Nachfrager) sind aber nur bereit, diese Anleihen zu einem niedrigeren als dem ursprünglichen Preis zu kaufen. Der Preis (Kurs) für die Anleihe sinkt. Dadurch steigt die tatsächliche Verzinsung (Effektivzins, Rendite).

B Aufgrund des erhöhten Angebots kann ein Anleger (Nachfrager) am Sekundärmarkt eine Anleihe mit einem Nominalwert von 100 € und einem Zinssatz von 4% jetzt für 95,00 € kaufen (= Kurswert). Dafür erhält er vom Schuldner jährlich 4,00 € Zinsen. Wegen des von 100 € auf 95,00 € gesunkenen Kurses hat sich die tatsächliche Verzinsung aber erhöht:

$$\frac{4{,}00\text{ € Zinsen}}{95{,}00\text{ € Kapitaleinsatz}} \cdot 100 = 4{,}21\text{ % Rendite}$$

Die sich aus dem Nominalzinssatz und dem Kurs ergebende aktuelle **Rendite** der **umlaufenden Anleihen** ist Orientierungsgröße für den Zinssatz, mit dem zum gegenwärtigen Zeitpunkt neu auszugebende Anleihen mindestens ausgestattet sein müssen, damit sie am Primärmarkt verkäuflich sind.

❹ Probleme der Krisenstaaten bei der Neuverschuldung am Kapitalmarkt
Einige Euro-Staaten haben aufgrund der steigenden Verschuldung ihre Kreditwürdigkeit eingebüßt, so dass die Ausgabe neuer Staatsanleihen zu tragbaren Zinsen nicht mehr möglich ist (z. B. Griechenland). Seit 2010 benötigen diese Krisenstaaten Finanzhilfen zur Vermeidung einer Staatsinsolvenz.

❺ Verbotene Staatsfinanzierung der EZB
Der EZB ist eine **direkte** Finanzierung von Euro-Staaten (z. B. Kauf von Staatsanleihen am Primärmarkt oder anderweitige Kreditvergabe) verboten (Art. 21 ESZB-Satzung).

❻ Zinsgünstige Kredite der EZB an die Geschäftsbanken im Rahmen der Offenmarktpolitik
Die EZB stellt im Rahmen der Offenmarktpolitik als außergewöhnliche Maßnahme den Geschäftsbanken zinsgünstige Kredite (z. B. 1% Zinsen bei einer Laufzeit von 3 Jahren) mit der Erwartung zur Verfügung, dass die Geschäftsbanken damit Staatsanleihen kaufen und so zur Zinssenkung beitragen. Verpflichtet sind die Geschäftsbanken dazu allerdings nicht.

❼ Kauf von Staatsanleihen am Sekundärmarkt durch die EZB
Zwischen Mai 2010 und September 2012 hat die EZB am Sekundärmarkt oder direkt von gefährdeten Geschäftsbanken in Umlauf befindliche Staatsanleihen von Krisenstaaten im Wert von ca. 209 Mrd. € gekauft. Am 06. September 2012 kündigte die EZB an, bei Bedarf künftig Staatsanleihen der Krisen-Staaten „in unbegrenzter Höhe" am Sekundärmarkt zu kaufen. Der umstrittene Ankauf von Staatsanleihen in den Jahren ab 2015 wurde Ende 2018 beendet. Der Europäische Gerichtshof hat die Anleihekäufe im Dezember 2018 für rechtens erklärt.[1]

Allerdings hat die EZB die Anleihekäufe im November 2019 wieder aufgenommen. Ein Datum für das Ende der Ankäufe wurde nicht genannt.

❽ Euro-Rettungsschirm: Europäischer Stabilitätsmechanismus (ESM)
Zur Aufrechterhaltung der Zahlungsfähigkeit der Krisenstaaten und ihrer Banken haben die Euro-Staaten den „Europäischen Stabilitätsmechanismus" (ESM, *European Stability Mechanism)* geschaffen.

❾ Umfang der Kreditvergabemöglichkeit durch den ESM
Die für die Finanzierungshilfen nötigen Mittel soll sich der ESM durch Ausgabe eigener Anleihen am Kapitalmarkt beschaffen. Aufgrund der Garantien der Euro-Staaten und der „Übersi-

1 Hinweis zum BGH-Urteil s. Kap. E 1.2.4.

cherung“ in Höhe von 200 Mrd. € (Kapitalausstattung 700 Mrd. € – maximales Kreditvolumen 500 Mrd. € = 200 Mrd. € „Übersicherung“) soll gewährleistet werden, dass der ESM von den Ratingagenturen die höchste Bonitätsstufe (AAA) erhält und sich somit im Bedarfsfall durch die Ausgabe eigener Anleihen zinsgünstige Finanzierungsmittel auf dem Kapitalmarkt beschaffen kann.

⑩ Voraussetzungen und Formen der Hilfeleistungen durch den ESM
Ein Krisenstaat kann unter bestimmten Voraussetzungen Hilfe beim ESM beantragen. Ein Gremium aus Vertretern der EU-Kommission, der Europäischen Zentralbank und ggfs. des Internationalen Währungsfonds beurteilt, ob eine solche Hilfe möglich bzw. nötig ist und überwacht gegebenenfalls die Einhaltung der Bedingungen (u. a. Reform- und Anpassungsmaßnahem, „Strukturreformen“, ...),

Ein Krisenstaat kann unter bestimmten Bedingungen Hilfe des ESM in verschiedener Form erhalten.

⑪ Ungeklärte Fragen
Ungeklärt ist noch, ob der ESM

- wie eine Geschäftsbank Kredite bei der EZB aufnehmen können soll;
- zusätzliche Mittel privater Investoren und institutioneller Anleger (z. B. Hedgefonds, Pensionskassen, ...) aufnehmen können soll, um die Kreditvergabemöglichkeit auf bis zu 2.000 Mrd. € zu erhöhen. Um solchen Anlegern einen Anreiz zu bieten, soll der ESM deren Risiken teilweise absichern. Die größten Risiken (z. B. die ersten 30 % eines möglichen Forderungsverlusts bei einem Schuldenschnitt für einen der Krisenstaaten) werden dabei aus dem Stammkapital des ESM getragen.

Zusammenfassende Übersicht Kapitel 1: Europäische Union: Von der nationalen zur europäischen Volkswirtschaft

Europäische Union – Folgen der Einführung des Euros

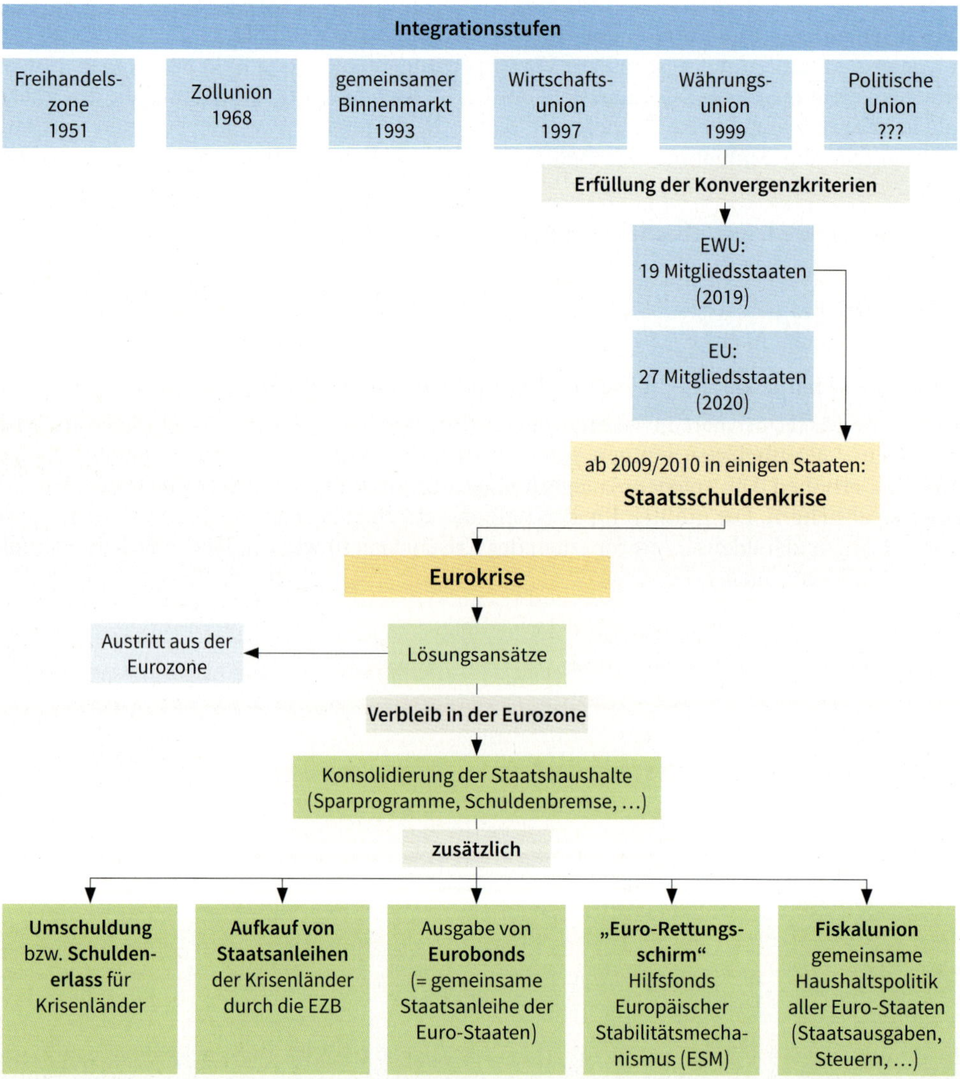

Aufgaben und Probleme zur Erarbeitung und Anwendung von Wissen zu Kapitel 1: Europäische Union: Von der nationalen zur europäischen Volkswirtschaft

1.1 Europäische Währungsunion (EWU)

Informieren Sie sich über die aktuellen Entwicklungen der Europäischen Währungsunion. Bereiten Sie ein Referat vor zum Thema „Ursachen und Folgen der Eurokrise“.

Berücksichtigen und interpretieren Sie dabei auch den folgenden Auszug aus dem Jahresgutachten 2012/2013 des Sachverständigenrates:

„Hinter dem Schlagwort der „Eurokrise“ stehen **drei große Krisenherde**, die eng miteinander verbunden sind (siehe Schaubild unten). Diese mündeten in eine schwere Vertrauenskrise über den Fortbestand der Währungsunion:

- Die **Staatsschuldenkrise** ist geprägt von deutlich steigenden Schuldenstandsquoten und im Fall der Problemländer von teilweise hohen Risikoprämien gegenüber den weithin als uneingeschränkt sichere Anlage eingeschätzten deutschen Bundesanleihen.
- Die **makroökonomische Krise** zeigt sich an der rezessiven Wirtschaftsentwicklung, von der mehr und mehr Mitgliedstaaten erfasst werden, und den hohen und weiterhin ansteigenden Arbeitslosenquoten vor allem in Spanien und Griechenland. Diese kurzfristigen Entwicklungen gehen einher mit längerfristigen Problemen bei der internationalen Wettbewerbsfähigkeit, die vor allem auf überhöhten Lohnkosten beruhen. Daher ist es den Problemländern nur bedingt möglich, die mit der restriktiven Fiskalpolitik einhergehende Schwäche der Binnennachfrage durch höhere Exporte zu kompensieren.
- Die **Bankenkrise** findet ihren Ausdruck in einem nach wie vor geringen Vertrauen von Investoren und Anlegern gegenüber den Finanzinstituten aus den Problemländern des Euro-Raums und einer Renationalisierung der Kreditbeziehungen."

Teufelskreis der Banken-, Staatsschulden- und makroökonomischen Krise[1]

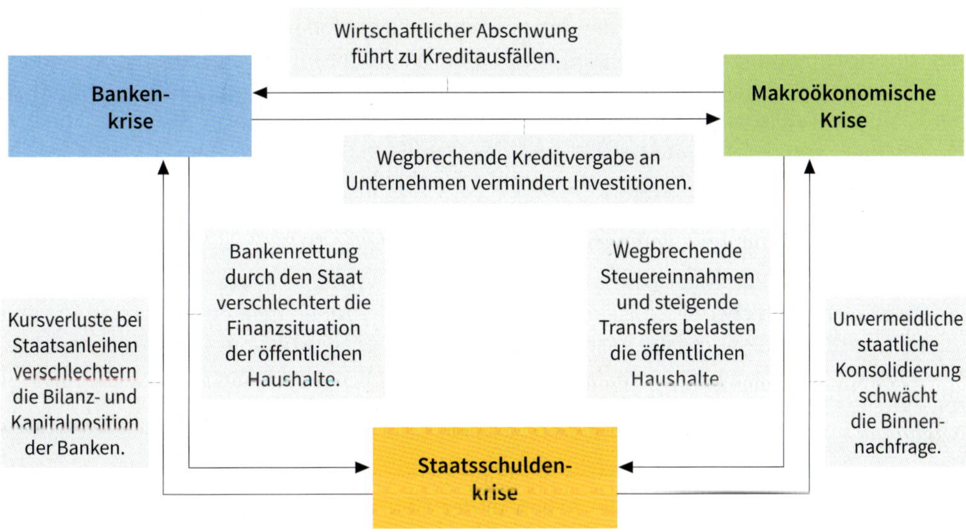

1 Darstellung in Anlehnung an Shambaugh (2012)

Quelle: Sachverständigenrat zur Begutachtung der gesamtwirtschaftlichen Entwicklung: Stabile Architektur für Europa – Handlungsbedarf im Inland. Jahresgutachten 2012/2013. November 2012. In: https://www.sachverstaendigenrat-wirtschaft.de/fileadmin/dateiablage/gutachten/ga201213/ga12_ges.pdf [13.07.2020], Seite 65.

Ich kann …	Bitte ankreuzen		Wenn Nein: Siehe Seite(n) im Buch	Level / Anforde-rungsniveau
	Ja	Nein		
1.1 Integrationsstufen und EU-Erweiterung				**Level**
… Ziele nennen, die mit der Europäischen Union verfolgt werden.			540	1
… die Integrationsformen „Freihandelszone, Zollunion, gemeinsamer Binnenmarkt, Wirtschaftsunion und Währungsunion" unterscheiden.			541	1
… die Entwicklung in Europa von der Freihandelszone bis zur Währungsunion beschreiben.			541 f.	1
… die Länder, die der EU angehören, nennen.			543	1

2 Globalisierung: Von der europäischen Volkswirtschaft zur Weltwirtschaft

2.1 Begriff und Ausmaß der Globalisierung

Lernziele:

Nach der Bearbeitung des Kapitels sind Sie in der Lage, Folgendes zu tun:

Sie ...

- ... definieren den Begriff „wirtschaftliche Globalisierung".
- ... stellen Vorteile und Gefahren der Globalisierung gegenüber.
- ... erläutern die ablehnende Haltung von Teilen der Bevölkerung in Deutschland gegenüber der Globalisierung.

Der Begriff **Globalisierung**[1] ist in den letzten Jahren zum Modewort geworden. Er wird allgemein zur Beschreibung von Prozessen weltweiter Verflechtung in verschiedenen Bereichen (u. a. Wirtschaft, Politik, Gesellschaft, Kultur, Ökologie) benutzt. Im kulturellen Bereich sprechen Kritiker in diesem Zusammenhang von einer „McDonaldisierung" der Welt. Auch Umweltprobleme, wie der Treibhauseffekt und das Ozonloch, lassen sich dem Begriff Globalisierung zuordnen, da ihre Lösung eine globale Umweltpolitik erfordert. In wirtschaftlicher Hinsicht ist mit Globalisierung insbesondere die zunehmende weltweite Verflechtung von Märkten, Unternehmen und Volkswirtschaften gemeint.

D Unter wirtschaftlicher Globalisierung ist der Prozess der zunehmenden weltweiten Handelsverflechtungen aufgrund der Ausdehnung der Waren-, Dienstleistungs- und Kapitalmärkte zu verstehen. Damit geht auch eine Ausweitung der internationalen Arbeitsteilung und eine zunehmende Bedeutung internationaler Unternehmen einher.

D 7.2.1

Die Diskussion über die Auswirkungen der Globalisierung wird zuweilen emotional und ideologisch belastet geführt. Befürworter sehen in der Globalisierung lediglich die zwangsläufige Fortsetzung des geschichtlichen Prozesses der internationalen Arbeitsteilung. Sie berufen sich dabei u. a. auf die von DAVID RICARDO 1817 in einem Modell mit zwei Ländern und für heutige Verhältnisse höchst unrealistischen Modellannahmen nachgewiesenen Vorteile des internationalen Handels. Dabei vertrauen sie auf die Funktionsfähigkeit einer weltumspannenden Marktwirtschaft. Für Kritiker stellt die Globalisierung dagegen eine neue Entwicklung zur weiteren Vorherrschaft multinationaler Unternehmen, zum Arbeitsplatzabbau und zur Verarmung in weiten Teilen der Welt dar. Allerdings lassen sich nicht alle bereits seit langem bekannten negativen Entwicklungen im Rahmen internationaler Wirtschaftsbeziehungen der Globalisierung anlasten (z. B. Ausbeutung und Verschuldung der Entwicklungsländer, Lohn- und Sozialdumping durch Verlagerung von Arbeitsplätzen in Niedriglohnländer, Kinderarbeit, globale Umweltprobleme). Einige dieser Probleme können allerdings durch die Globalisierung verstärkt und beschleunigt werden, wenn es nicht zu verbindlichen Regelungen auf internationaler Ebene kommt.

1 global *(lat.)*: weltumfassend; Globus *(lat.)*: Weltkugel

In Deutschland steht die Mehrheit der Bevölkerung der Globalisierung kritisch gegenüber.[1] Ihrer Meinung nach führt der zunehmende internationale Wettbewerb auch in Deutschland zu einer Verlagerung von Arbeitsplätzen ins kostengünstigere Ausland. Als Folge davon werden Arbeitsplatzabbau, Kürzung von Sozialleistungen und Lohnsenkungen befürchtet.

Den Ausgleich anstreben

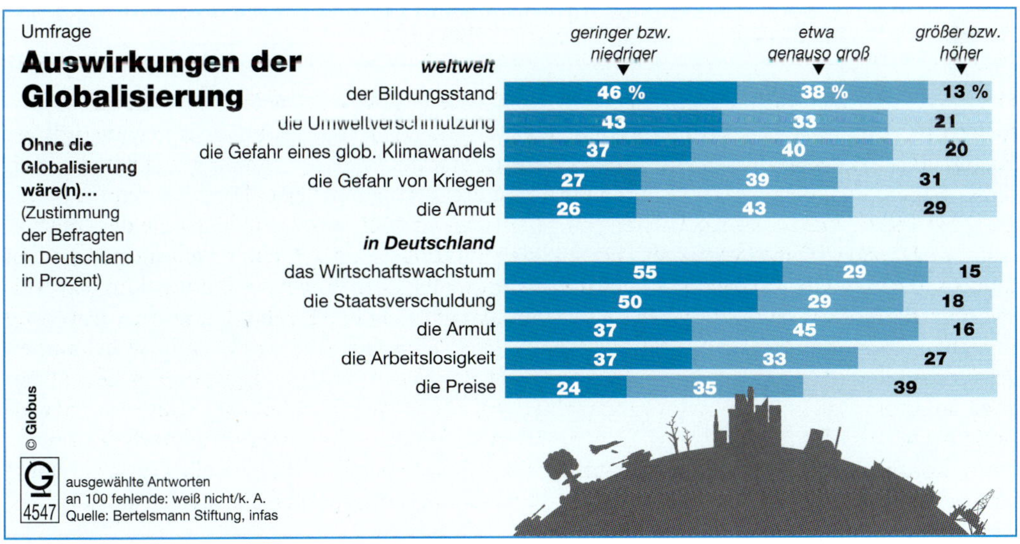

1 Vgl. Ifo-Institut München (Hrsg.): ifo World Economic Survey II (Vol. 18), Mai 2019. In: https://www.ifo.de/publikationen/2019/zeitschrift-einzelheft/ifo-world-economic-survey-may-2019, S. 14 [29.12.2019].

"

Befürworter der Globalisierung

Durch den internationalen Handel können Güter dort hergestellt werden, wo dies verhältnismäßig günstiger ist. In jedem Land lassen sich bestimmte Güter relativ leichter und billiger herstellen als in anderen Ländern – also auch in Entwicklungsländern. Immer vorausgesetzt, sie dürfen am Handel teilnehmen. Selbst ein Land, das absolut benachteiligt ist, kann so vom Außenhandel profitieren, denn durch den Export von Gütern erspart es anderen Ländern die Produktion. Mit der so gewonnenen Arbeitszeit lassen sich dort wiederum andere Waren oder Dienstleistungen herstellen. Letztlich gibt es mehr von allem für alle. [...] Dieses Szenario[1] zeigt, dass die Globalisierung kein Instrument zur Ausbeutung der Schwachen ist, sondern gerade für diejenigen, die keine gute Ausgangsposition haben, Chancen bietet. Und sie ist nicht gleichbedeutend mit dem Exodus[2] der Arbeitsplätze aus der industrialisierten Welt zugunsten neuer, menschenunwürdiger Ausbeuter-Jobs in den Armenhäusern der Erde. [...] [Es wird deutlich], warum eine Welt ohne Globalisierung eine schlechtere ist.

Quelle: Balser, Markus; Bauchmüller, Michael: Die 10 Irrtümer der Globalisierungsgegner – wie man Ideologie mit Fakten widerlegt. Frankfurt a. M.: Eichborn Verlag 2003, S. 7 u. S. 10f.

"

Kritiker der Globalisierung

Die weltweite Handelsfreiheit führt mitnichten zur besten aller Welten, sondern zu Unsicherheit, Armut und Krieg. Die vom Westen beherrschten internationalen Großbanken verdienen an instabilen Finanzmärkten. Die internationalen Konzerne, unter dem Druck der von ihnen selbstverschuldeten Überproduktion, setzen auf die Ausweitung der Märkte in den Entwicklungsländern [...] – was nur geht, wenn deren produktive Basis zerstört wird. Diese Länder hängen immer mehr an der kurzen Leine von Weltbank, IWF und WTO ... [Sie] werden [...] zu offenen ökonomischen Territorien ohne eigene Regelungskompetenz und ohne Vetomöglichkeit[3]. Die Allianz der Reichen forciert die Globalisierung der Armut, der Umweltzerstörung, der sozialen Apartheid[4], [...] Nach der Ära des Kalten Krieges rutschen große Teile der Weltbevölkerung jetzt in eine beispiellose wirtschaftliche und soziale Krise, brutaler als die Weltwirtschaftskrise der 30er-Jahre. Ganze Volkswirtschaften brechen zusammen [...], Arbeitslosigkeit und Elend nehmen überhand.

Quelle: Chossudovsky, Michael: Global brutal, Der entfesselte Welthandel, die Armut, der Krieg. Frankfurt a. M.: Zweitausendeins, 16. Aufl., 2003, 4. Umschlagseite.

1 Szenario *(lat.)*: Beschreibung oder Entwurf der Abfolge von möglichen Ereignissen
2 Exodus *(griech.)*: Auswanderung
3 Veto *(lat.)*: Einspruch
4 Apartheid *(afrikaans)*: Bezeichnung für die frühere Rassentrennung zwischen Weißen und Farbigen in Südafrika.

2.2 Ursachen der Globalisierung

Lernziele:

Nach der Bearbeitung des Kapitels sind Sie in der Lage, Folgendes zu tun:

Sie ...

- ... erläutern Entwicklungen, die eine wirtschaftliche Globalisierung unterstärkt haben.

Globalisierung ist eine Folge von Änderungen der politischen, wirtschaftlichen, technischen sowie gesellschaftlichen Rahmenbedingungen. Im Folgenden werden verschiedene Entwicklungen, die eine wirtschaftliche Globalisierung befördert haben, erläutert.

Technologische Entwicklung

Wesentliche Voraussetzung und Triebkraft der Globalisierung ist die Entwicklung und Anwendung neuer Technologien im Bereich des Kommunikations-, Informations- und Transportwesens. Das Internet stellt in vielerlei Hinsicht das Sinnbild für die Globalisierung dar. Ohne diese Technologie wäre beispielsweise die Globalisierung der Finanzmärkte mit ihrem sekundenschnellen Verschieben riesiger Geldbeträge auf der Suche nach gunstigen Anlagemöglichkeiten rund um den Erdball nicht denkbar. Zudem ermöglichen weltweite Datennetze, Satellitenkommunikation, computergestützte Logistik und hoch entwickelte Verkehrsmittel den Unternehmen, Produktion und Absatzmärkte räumlich zu trennen, die günstigsten Produktions- und Absatzstandorte auszuwählen und die Aktivitäten weltweit zu koordinieren.

Transportkosten

Die Transportkosten für Güter und Informationen sind in den letzten Jahrzehnten wesentlich schneller gesunken als die Produktionskosten. Erst durch diese Entwicklung wird der internationale Austausch von Gütern vorteilhaft. Die Verringerung der Transportkosten für Verkehrsmittel hängt eng mit der Entwicklung der Energiepreise zusammen, die in die betriebswirtschaftliche Kostenkalkulation eingehen. Würden die Transportkosten auch die externen Kosten für Umweltbelastung und Ressourcenverbrauch beinhalten und die „ökologische Wahrheit" sagen, fiele das Tempo der Globalisierung geringer aus. Neben der Beschleunigung des Warentransports können inzwischen auch Produkte wie Software, Datenbanken oder bestimmte Dienstleistungen über die Datenleitungen in Sekunden von einem Ende der Welt zum anderen geschickt werden.

A 3.1.2

A 3.1.3

Liberalisierung des Welthandels

Der Abbau politisch bedingter Handelshemmnisse hat in den letzten Jahrzehnten erheblich zugenommen. Diese Wirtschaftspolitik ist am Leitbild und an den Grundprinzipien einer weltweiten Marktwirtschaft orientiert und beinhaltet vor allem die Handels- und Marktzutrittsfreiheit. Folgende Ziele und Entwicklungen dieser als neoliberal bezeichneten Politik lassen sich unterscheiden:

- Abbau von Zöllen, Mengenbeschränkungen und nichttarifären Handelshemmnissen im Rahmen der WTO und regionaler Wirtschaftsräume wie der EU. Ohne die Liberalisierung des Welthandels im Rahmen der WTO wäre die Entwicklung der Globalisierung in der heutigen Form nicht denkbar gewesen.

- Zunehmende Integration der Entwicklungsländer in die Weltwirtschaft.
- Nach Ende des sogenannten „Kalten Krieges" und des Ost-West-Konflikts Umwandlung der ehemaligen Ostblockländer in marktwirtschaftliche Systeme. Eintritt Chinas in den internationalen Handel und Öffnung des chinesischen Marktes für ausländische Güter und ausländisches Kapital.
- Deregulierung[1] und Privatisierung wichtiger Wirtschaftsbereiche (z. B. im Rahmen der EU die Sektoren Telekommunikation, Energieversorgung, Verkehr, Banken, Versicherungen) mit der Folge einer Verstärkung des internationalen Wettbewerbs und der internationalen Arbeitsteilung.

D 5

2.3 Merkmale der Globalisierung

Lernziele:

Nach der Bearbeitung des Kapitels sind Sie in der Lage, Folgendes zu tun:

Sie ...

- ... nennen drei Merkmale, an denen sich das Ausmaß der Globalisierung feststellen lässt.
- ... arbeiten die Welthandelsströme sowie die Verteilung von Weltproduktion, Weltexporten und Weltbevölkerung anhand der Grafiken aus Kapitel E 2.3 heraus.
- ... definieren den Begriff „Direktinvestitionen".
- ... arbeiten anhand der Grafiken aus Kapitel E 2.3 die wichtigsten Länder für deutsche Direktinvestitionen heraus.
- ... unterscheiden verschiedene Gründe für Direktinvestitionen.
- ... erklären, warum ein starker Anstieg deutscher Direktinvestitionen nicht gleichbedeutend ist mit einer Verlagerung von Arbeitsplätzen ins Ausland.
- ... erklären, warum auf den internationalen Finanzmärkten die Globalisierung am weitesten fortgeschritten ist.
- ... erläutern die Aussage: „Internationales Finanzkapital ist scheu wie ein Reh, schnell wie eine Gazelle und hat das Gedächtnis eines Elefanten."
- ... nennen die Gründe für den enormen Anstieg der täglichen Devisenumsätze an den internationalen Devisenbörsen.
- ... erläutern die Probleme, die sich aus diesen Devisenan- und -verkäufen ergeben können.
- ... erläutern den Zweck und die Funktionsweise der TOBIN-Steuer.
- ... diskutieren die Vor- und Nachteile der Einführung einer TOBIN-Steuer.

Das Ausmaß der wirtschaftlichen Globalisierung ist u. a. daran erkennbar, dass

- der **Welthandel** stärker steigt als die **Weltproduktion**,
- die **Direktinvestitionen** rascher zunehmen als die **Handelsströme**,
- die **internationalen Finanzströme** noch stärker wachsen als die Direktinvestitionen.

1 Deregulierung *(lat.)*: Verringerung staatlicher Eingriffe in das Marktgeschehen

Welthandel

2.1, S. 579

Der weltweite Handel ist in den letzten Jahrzehnten wesentlich schneller gestiegen als die weltweite Produktion. Dabei lässt sich auch eine erhebliche Veränderung der Handelsstruktur feststellen: So hat der Handel mit branchengleichen Fertigwaren (z. B. VW-Export von Deutschland nach Frankreich, Renault-Export von Frankreich nach Deutschland) ebenso erheblich zugenommen wie der Handel innerhalb der multinationalen Unternehmen.

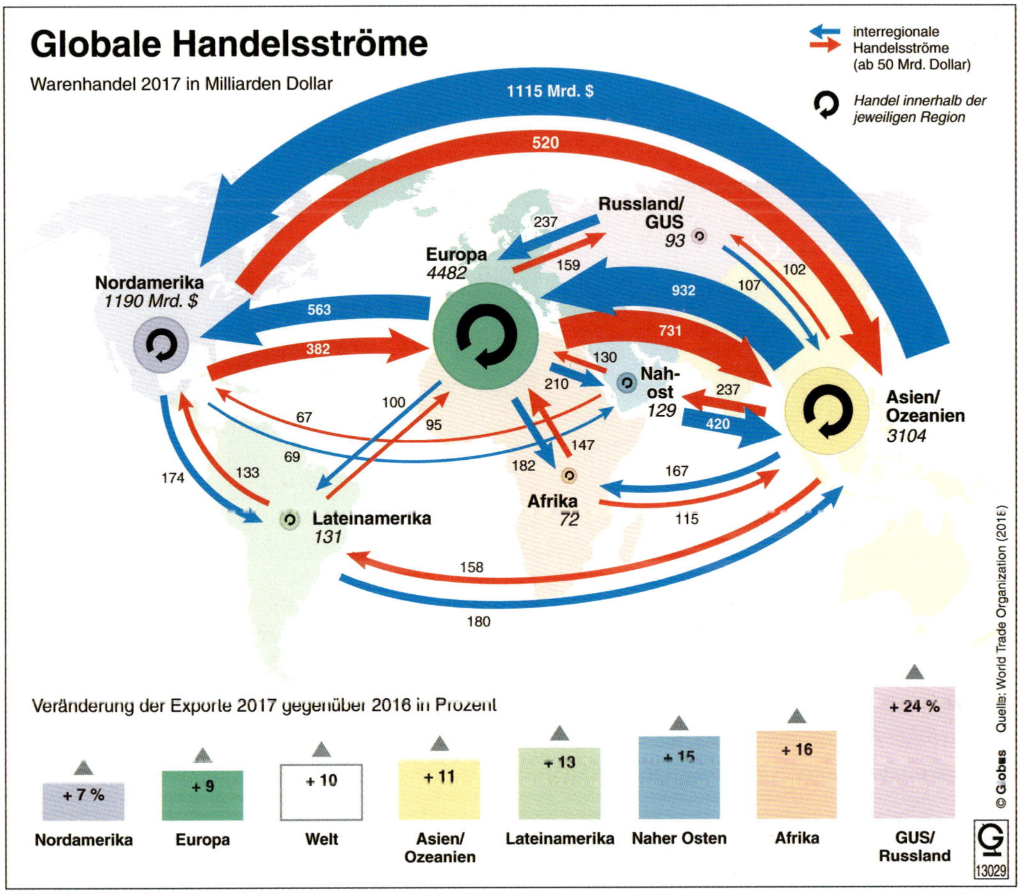

75 % der Weltexporte konzentrieren sich auf die fortgeschrittenen Industrieländer, die aber lediglich 15 % der Weltbevölkerung ausmachen. Die Entwicklungsländer haben dagegen nur einen geringen Anteil am internationalen Warenverkehr. Das liegt u. a. daran, dass sich die westlichen Industrieländer zum Schutz ihrer Landwirtschaft gegen (Agrar-)Produkte, die zu den Hauptexportgütern der Entwicklungsländer zählen, durch Zölle und Subventionen abschotten. Die Europäische Union hat den größten Anteil am Weltexport, gefolgt von China und den USA. Unter den Entwicklungsländern haben die asiatischen Länder das größte Exportgewicht. Der größte Teil des Welthandels konzentriert sich auf drei regionale Pole, die auch als **Triade** bezeichnet werden: EU, ASEAN-Zone (Japan, südostasiatische „Tigerstaaten", China), USA.

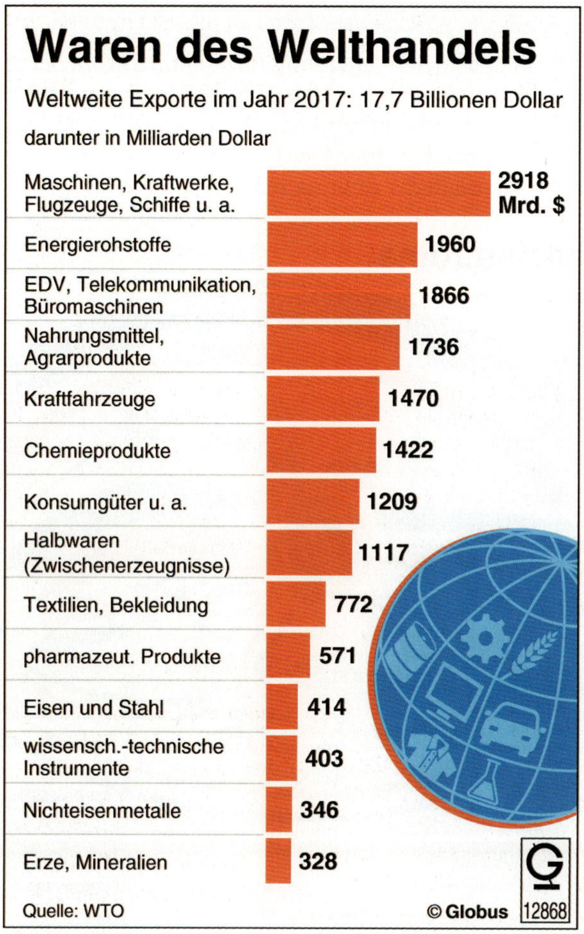

Direktinvestitionen

D Direktinvestitionen sind Kapitalanlagen von Inländern im Ausland in Form von Zweigwerken, Auslandsniederlassungen und Beteiligungen an ausländischen Unternehmen.

Weltweit steigen die Direktinvestitionen seit geraumer Zeit wesentlich schneller als die Güterexporte. Diese Tendenz lässt sich auch für Deutschland feststellen. Der Gesamtwert der deutschen Direktinvestitionen außerhalb Deutschlands betrug Ende 2017 61 Mrd. € mehr als ein Jahr zuvor (insgesamt 1.167 Mrd. €). Ähnlich wie die Handelsströme fließen auch die Investitionsströme vornehmlich zwischen

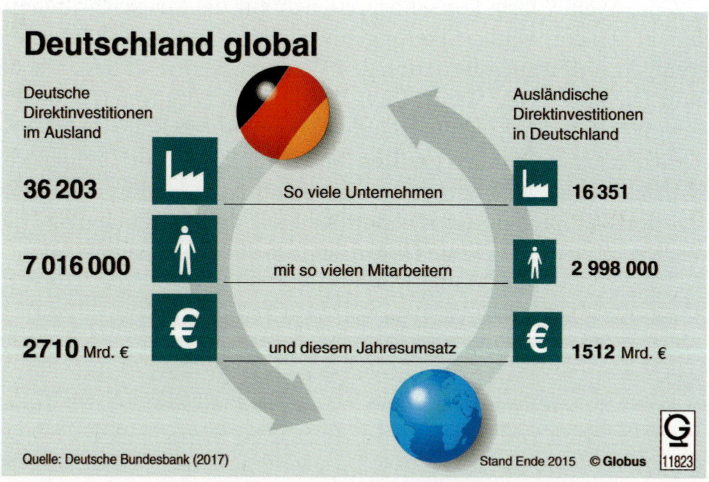

den Industrieländern. Direktinvestitionen werden in erster Linie von multinationalen Unternehmen vorgenommen. Die USA sind das beliebteste Zielland. An zweiter und dritter Stelle folgen Luxemburg und die Niederlande. Luxemburg ist – nicht zuletzt aus steuerlichen Gründen – für viele Unternehmen der Finanzindustrie attraktiv. Deutsche Direktinvestitionen in den osteuropäischen Niedriglohnländern (z. B. Tschechien, Ungarn und Polen) sind relativ gering. Im Bereich des produzierenden Gewerbes haben der Automobilsektor und die Chemische Industrie den größten Anteil an den deutschen Direktinvestitionen.

Motive für Direktinvestitionen			
Beschaffung	**Absatz**	**Umgehung von Handelsbeschränkungen**	**Kosten**
Einbeziehung der Rohstoffbeschaffung und der Erstellung von Vorleistungen in die Wertschöpfungskette des investierenden Unternehmens	Verbesserung der Absatzchancen auf ausländischen Märkten aufgrund größerer Kundennähe durch Produktion und/oder Aufbau einer Vertriebsabteilung im Ausland	Importbeschränkungen des Auslandes (z. B. Mengenbeschränkungen beim Autoimport) sollen ebenso umgangen werden wie Wechselkursrisiken (z. B. Abwertung des US-$ bei Exporten in die USA).	Ausnutzung günstiger Produktionskosten in anderen Ländern (z. B. Lohnkosten, Steuerbelastung) durch Verlagerung einzelner Produktionsstufen oder ganzer Unternehmensbereiche

Der starke Anstieg der deutschen Direktinvestitionen und die Tatsache, dass diese wesentlich höher sind als der Investitionsstrom aus dem Ausland nach Deutschland, kann nicht als Beweis dafür dienen, dass in gleichem Umfang Arbeitsplätze aus Deutschland ins Ausland verlagert wurden. Direktinvestitionen sind nur dann Ausdruck einer Standortflucht, wenn ihr vorrangiges Ziel darin besteht, hohe Produktionskosten und ungünstige Produktionsbedingungen im Inland durch eine Produktionsverlagerung ins Ausland zu umgehen. Für deutsche Direktinvestitionen gilt jedoch, dass sie in erster Linie der Markterschließung und -sicherung und nicht vorrangig der Produktionsverlagerung dienen.

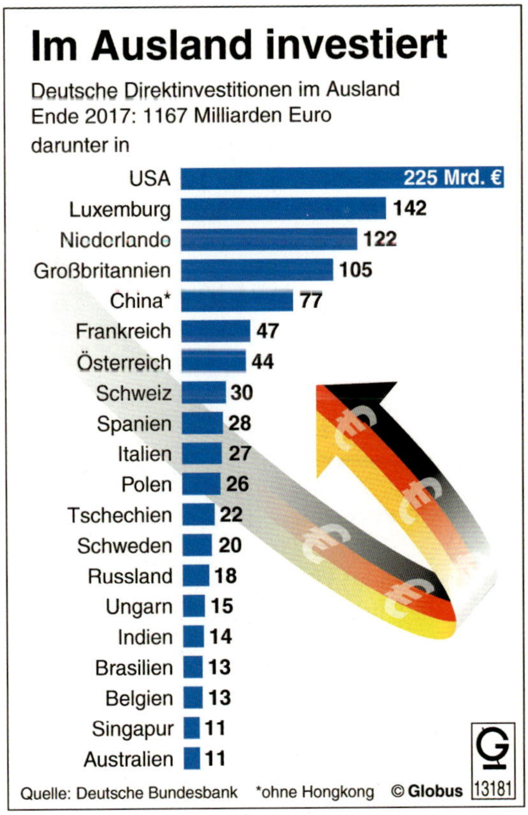

Internationale Finanzströme

Auf den **Finanzmärkten** für Wertpapiere, Geld- und Devisengeschäfte sowie Kredite ist die Globalisierung am weitesten fortgeschritten. Durch freiwillige oder von internationalen Organisationen erzwungene Liberalisierungs- und Deregulierungsmaßnahmen in einer Vielzahl von Ländern wurde inzwischen ein international weitgehend freier Geld- und Kapitalverkehr erreicht. Kapitalanleger haben aufgrund moderner Kommunikationstechniken weltweit ähnlich umfassende Informationen. Da zudem die Kosten im internationalen Kapitalverkehr niedrig sind, können Preis- und Renditeunterschiede schnell ausgenutzt und Finanzkapital innerhalb weniger Sekunden per Mausklick an nahezu jedem Platz der Welt zur Verfügung gestellt werden. Finanzkapital ist daher äußerst mobil und reagiert enorm schnell auf veränderte Anlagebedingungen

(„Es ist scheu wie ein Reh, schnell wie eine Gazelle und hat das Gedächtnis eines Elefanten."). Durch den Ab- und Zufluss spekulativer Geldanlagen kann es zu unerwünschten Wechselkursschwankungen mit teilweise verheerenden Folgen auch für den Warenhandel kommen.

Noch nie hat es nach dem 2. Weltkrieg so viele internationale Finanzkrisen gegeben wie in den 90er-Jahren des letzten Jahrhunderts. Besonders bedeutsam war die Währungskrise, die 1997 in Thailand begann und sich 1998 über Russland nach Lateinamerika zur bisher schwersten weltweiten Finanzkrise der Nachkriegszeit ausweitete. Damit waren für die betroffenen Länder enorme Abwertungen der Landeswährungen, die teilweise durch Devisenspekulationen ausgelöst und verstärkt wurden, verbunden. Auch die Immobilienkrise, die 2007 in den USA begann und zahlreiche europäische Banken in Mitleidenschaft zog, ging ebenso wie die sogenannte Euro-Krise (Vertrauensverlust in den Euro wegen der hohen Staatsverschuldung einiger Mitgliedsländer) mit großen Devisentransaktionen und -spekulationen einher.

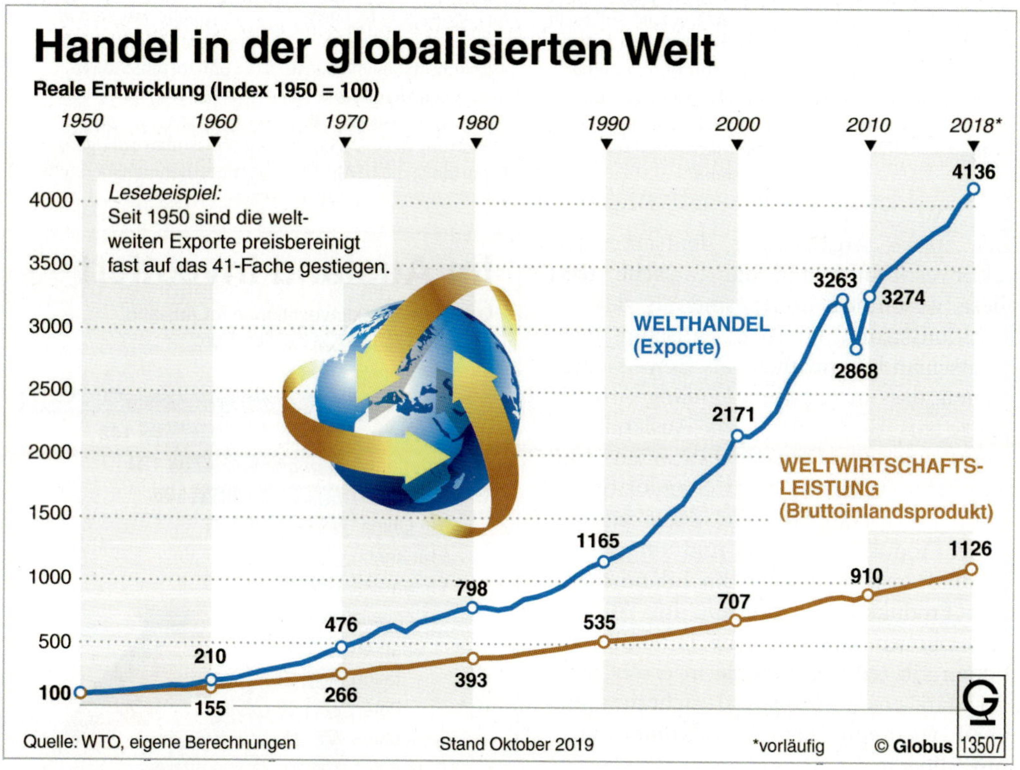

Allein an den internationalen **Devisenmärkten** wurden 2019 **täglich** im Durchschnitt **6,59 Billionen US-$** umgesetzt. Mehr als 80 % davon haben eine Verweildauer von weniger als sieben Tagen. Es wird geschätzt, dass höchstens 5 % der Devisenumsätze für die Bezahlung von Waren, Dienstleitungen und Direktinvestitionen verwendet werden. Bei den restlichen Beträgen handelt es sich in erster Linie um spekulative Gelder, die auf der Suche nach rentablen Anlagemöglichkeiten ständig um den Globus zirkulieren.

Auslöser dieser Kapitalströme sind – neben multinationalen Unternehmen und einzelnen Staaten – vor allem die sogenannten „institutionellen Anleger". Dabei handelt es sich um Banken, Versicherungen, Allfinanzkonzerne und Investmentfonds, die für sich und ihre Kunden solche Geldanlagen tätigen. Eine besondere Rolle spielen dabei die äußerst riskanten und hoch spekulativen Hedgefonds[1], die an den Finanz- und Währungskrisen der 90er-Jahre maßgeblich beteiligt waren.

1 Ein Hedgefonds ist eine im Ausland ansässige Gesellschaft, die hoch spekulative Gelder verwaltet und anlegt. Sie unterliegt i. d. R. keinen staatlichen Beschränkungen und Kontrollen.

Die Kapitalströme und Devisenumsätze werden steuerlich nicht erfasst. Außerdem sind die Grenzen zwischen legalen und illegalen, „gewaschenen“ und „ungewaschenen“[1] Geldströmen oft fließend. Vor diesem Hintergrund ist ein Vorschlag zur Besteuerung der internationalen Devisentransaktionen zur Eindämmung kurzfristiger Spekulationen und zur Stabilisierung der Wechselkurse von Bedeutung **(Tobin-Steuer)**[2].

Ziel dieser Steuer ist es, insbesondere die kurzfristigen Spekulationen („hot money“) einzudämmen. Diese sollen durch eine Umsatzsteuer, die jeweils beim Hin- und Herwechseln der Devisen zu entrichten ist, verteuert werden. Je öfter ein Investor kurzfristige Spekulationsgeschäfte tätigt, desto teurer und damit unrentabler werden diese Geschäfte. Eine solche Steuer könnte eine Maßnahme zur Eindämmung unkontrollierter Finanzströme darstellen. Aus dem Steueraufkommen könnten weltweite Entwicklungs- und Umweltmaßnahmen finanziert werden. Trotz zahlreicher (großenteils interessengeleiteter) Argumente gegen eine solche Steuer haben einige Länder (z.B. Kanada, Belgien) bereits gesetzliche Maßnahmen ergriffen, die aber erst wirksam werden, wenn auch die anderen EU- und Industrieländer eine solche Steuer beschließen.

D Ziel der Tobin-Steuer ist es, Devisenan- und -verkäufe mit einer Umsatzsteuer zu belegen, um dadurch kurzfristige Devisenspekulationen und Wechselkursschwankungen einzudämmen.

1 „Geldwäsche“ ist die Verwendung krimineller Einkommen (z.B. aus Drogen- und Waffenhandel) mit dem Zweck, die illegale Herkunft zu verschleiern.

2 Dieser Vorschlag wurde von dem amerikanischen Wirtschaftswissenschaftler und Nobelpreisträger James Tobin bereits 1979 unterbreitet und inzwischen von globalisierungskritischen Gruppen wieder aufgegriffen. Vgl. http://www.attac.de/tobin/index.php.

2.4 Akteure der Globalisierung

Lernziele:

Nach der Bearbeitung des Kapitels sind Sie in der Lage, Folgendes zu tun:
Sie ...

- ... definieren den Begriff „multinationale Unternehmen“.
- ... arbeiten anhand der Grafik aus Kapitel E 2.4 heraus, aus welchen Branchen die weltweit umsatzstärksten Unternehmen stammen.
- ... erläutern, wie multinationale Unternehmen Steuerunterschiede zwischen einzelnen Ländern zu ihren Gunsten ausnutzen können.
- ... erläutern die Rolle von WTO und IWF im Rahmen der Globalisierung sowie die Kritik, die an den beiden Organisationen geübt wird.
- ... nehmen Stellung zur Handelspolitik der Industrieländer.
- ... erläutern die Auswirkungen der Agrarsubventionen in den Industrieländern auf die Entwicklungsländer.

Multinationale Unternehmen

2.2, S. 580

Die Hauptakteure der Globalisierung sind multinationale Unternehmen.

D Unternehmen sind multinational, wenn sie in verschiedenen Ländern wirtschaftlich tätig sind und Produktionsstätten unterhalten. In der Regel handelt es sich dabei um Unternehmen, die durch (gegenseitige) Kapitalbeteiligungen miteinander verflochten sind (Konzerne).

Im Zusammenhang mit der Globalisierung sind mit dem Begriff multinationale Unternehmen meist Großunternehmen mit erheblicher Wirtschafts- und Finanzkraft gemeint, die auch als **Global Players** bezeichnet werden.

Bei den Weltkonzernen spielen die US-Amerikaner die führende Rolle. Größtes Unternehmen im Jahr 2013 war allerdings der britisch/niederländische Öl-Multi Royal Dutch (Shell) mit einem Umsatz von 482 Milliarden Dollar (das entspricht in etwa dem Wert des belgischen Bruttoinlandsprodukts). Erst auf dem neunten Rang erscheint mit VW ein deutsches Unternehmen. Von den 25 größten Unternehmen der Welt haben acht ihren Sitz in den USA, drei werden von Deutschland aus gelenkt. Der Rest verteilt sich auf Großbritannien, China, Frankreich, Italien, Japan,Korea, Russland, Brassilien und die Schweiz.

Durch ihre internationale Tätigkeit erschließen die multinationalen Unternehmen neue und größere **Absatzmärkte.** Gleichzeitig erzielen sie Kostenvorteile, weil sie die **Produktionsstandorte** u. a. so wählen und verlagern können, dass

- die Arbeits-, Rohstoff-, Energie- und Transportkosten sowie die Steuerbelastung möglichst niedrig sind und gleichzeitig
- möglichst wenig staatliche Auflagen bei Umwelt-, Arbeits- und Sozialgesetzgebung erfüllt werden müssen.

Die Fertigerzeugnisse lassen sich häufig so in ihre Einzelbestandteile zerlegen, dass sie arbeitsteilig an weit voneinander entfernten Orten der Welt hergestellt werden können (globale Wertschöpfungskette). Dadurch sind die multinationalen Unternehmen in der Lage, einzelne Länder hinsichtlich der Standortvor- und -nachteile (z. B. günstige Steuersätze, unternehmens- und investitionsfreundliche Gesetzgebung, Qualität der Infrastruktur) gegeneinander auszuspielen. Auf diese Weise vermindert sich ihre Abhängigkeit von der Wirtschaftspolitik und Gesetz-

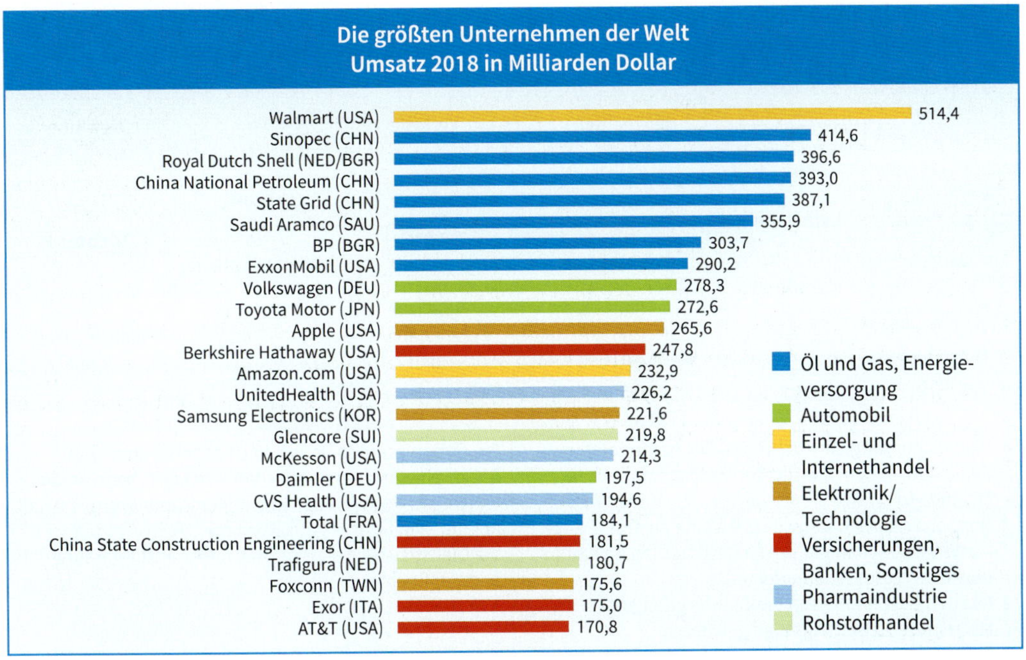

Die größten Unternehmen der Welt
Umsatz 2018 in Milliarden Dollar

gebung einzelner Länder. Vor diesem Hintergrund wird die Rolle multinationaler Unternehmen unterschiedlich beurteilt.

Als positive Effekte multinationaler Unternehmen werden üblicherweise ihre Beiträge

- zur Verbesserung der internationalen Arbeitsteilung,
- zur weltweiten Verbreitung von technischem und betriebswirtschaftlichem Know-how,
- zur Ausweitung des Welthandels

genannt. Dadurch können sie zu Fortschritt und Wohlstand beitragen.

Bedenken werden dagegen u.a. wegen der

- wirtschaftlichen Machtkonzentration,
- möglichen politischen Einflussnahme,
- Steuerflucht,
- Wettbewerbsverzerrungen,
- unzureichenden öffentlichen Kontrolle (z.B. durch eine internationale Wettbewerbsbehörde),
- Ausnutzung von Standortvorteilen, die durch unzureichende Arbeits-, Sozial- und Umweltgesetzgebung in einzelnen Ländern bedingt sind (Lohn-, Sozial- und Umweltdumping)[1],

geäußert.

Multinationale Unternehmen bestreiten ca. 2/3 des gesamten Welthandels. Etwa die Hälfte davon entfällt auf den Handel zwischen Mutter- und Tochtergesellschaften bzw. zwischen Tochtergesellschaften desselben Konzerns.[2] Nicht zuletzt aufgrund dieses hohen „Inner-Firmen-Handels" ist es ihnen leicht möglich, die international unterschiedlichen Besteuerungsniveaus auszunutzen und z.B. durch überhöhte Transferpreise in erheblichem Maße Steuern zu sparen.

1 Damit sind die niedrigeren Herstellungskosten aufgrund geringerer Löhne, Sozialleistungen (Lohnnebenkosten) und Umweltschutzauflagen gemeint.
2 Vgl. World Investment Report (WIR), UNCTAD, 2000, S. 17.

Steuerliche Abschirmung

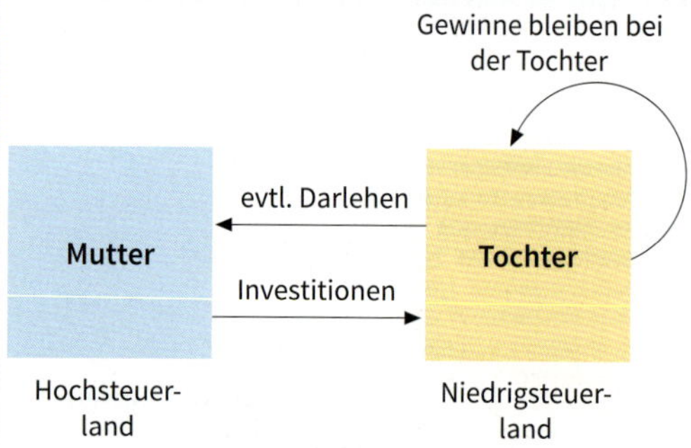

- Die Besteuerung der Tochtergesellschaft erfolgt in dem Land, in dem die Tochtergesellschaft ihren Sitz hat.
- Nur bei einer Abführung der Gewinne an die Muttergesellschaft würde die Besteuerung im Land der Muttergesellschaft erfolgen.
- Aus den Gewinnen kann die Tochtergesellschaft der Muttergesellschaft Darlehen gewähren.

Transferpreise

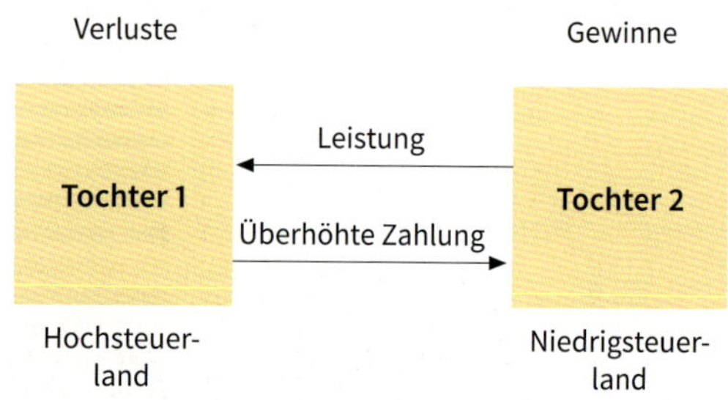

Die firmeninternen Preise (Verrechnungspreise), zu denen eine Tochtergesellschaft ihre Leistungen an die Muttergesellschaft oder eine andere Tochtergesellschaft abgibt, sind flexibel gestaltbar. Das gilt insbesondere bei Dienstleistungen, Patenten und der Überlassung anderer Rechte.

Internationale Organisationen (IWF und WTO)

Sowohl der Internationale Währungsfonds (IWF) als auch die Welthandelsorganisation (WTO) treiben seit Jahren die Globalisierung voran. Beide Organisationen versuchen insbesondere auch in den Entwicklungsländern konsequent die Idee eines weltweiten Freihandels mit einer uneingeschränkten Öffnung der Finanz- und Gütermärkte durchzusetzen. Diese an neoliberalen Auffassungen orientierten Maßnahmen zur Förderung des Handels dienen aber häufig vorrangig den Interessen der Industrieländer. Von Globalisierungskritikern werden daher beide Institutionen als äußerst reformbedürftig angesehen.[1]

Auf einer WTO-Konferenz Ende 2005 in Hongkong verständigten sich die Mitgliedsstaaten nach langen Verhandlungen zwar darauf, dass bis 2013 alle Exportsubventionen für Agrarerzeugnisse abgeschafft werden sollen. Die EU und die USA schirmen ihre eigenen Agrarmärkte aber weiterhin durch hohe Zölle ab, die Drittländern oft keine Chance lassen, dort Produkte wie Butter oder Tabak abzusetzen. Zudem bestehen die Agrarsubventionen, die nicht dem Export dienen, weiterhin.

„Leider haben wir keine Weltregierung, die den Menschen aller Länder rechenschaftspflichtig wäre [...]. Stattdessen haben wir ein System, [...] in dem einige wenige Institutionen – Weltbank, IWF, WTO – und einige Akteure – die Finanz-, Wirtschafts- und Handelsminister [der Industrieländer], die eng mit bestimmten Finanz- und Handelsinteressen verquickt sind – das Sagen haben, während viele Menschen, die von ihren Entscheidungen betroffen sind, praktisch kein Mitspracherecht besitzen. Es ist an der Zeit, einige der Regeln zu ändern, die die Weltwirtschaftsordnung bestimmen, [...] Die Globalisierung kann anders gestaltet werden, und wenn sie unter angemessenen und fairen Rahmenbedingungen stattfindet, sodass alle Länder Einfluss auf eine Politik nehmen können, die sie betrifft, werden auch diejenigen davon profitieren, die bislang leer ausgegangen sind."

Quelle: Joseph Stiglitz: Die Schatten der Globalisierung. Aus dem Englischen von Thorsten Schmidt. Berlin: Siedler Verlag 2002, S. 36.

1 Der amerikanische Nobelpreisträger und ehemalige Chefvolkswirt der Weltbank Joseph Stiglitz hat in einem sehr empfehlenswerten Buch die vom IWF vertretene Ideologie freier Märkte und die damit zusammenhängenden Interessen von Industrieländern, internationalen Kapitalanlegern und multinationalen Konzernen eingehend analysiert. J. Stiglitz, Die Schatten der Globalisierung, Berlin 2002.

D Die Welthandelspolitik der Industrieländer im Rahmen der WTO-Verhandlungen ist höchst unglaubwürdig. Während sie bei den Entwicklungsländern den Abbau von Handelshemmnissen fordern und durchsetzen, schützen sie selbst insbesondere ihren Landwirtschaftssektor mit Zöllen, Subventionen und anderen Handelshemmnissen vor Importen aus den Entwicklungsländern.

"

Der Wahnsinn europäischer Agrarsubventionen

Dumpingpreise ruinieren die Landwirte der Entwicklungsländer

Die Industriestaaten **subventionieren ihre Landwirtschaft** mit jährlich rund 350 Milliarden Dollar – ein Vielfaches dessen, was für Entwicklungshilfe zur Verfügung steht. Der größte Teil dieser Beihilfen wird für die Bauern in der Europäischen Union (EU) ausgegeben. Für die **Landwirte in den Entwicklungsländern** hat das katastrophale Folgen. Subventionierte Agrarprodukte aus der EU, den USA oder Australien werden auf dem Weltmarkt so **billig angeboten**, dass Produzenten ohne staatliche Unterstützung nicht mithalten können. In Mexiko müssen **Maisbauern** aufgeben, weil sie mit subventionierten US-Farmern nicht mithalten können. Westafrikanische Baumwollbauern haben keine Chance gegen die Billigkonkurrenz aus den US-amerikanischen Südstaaten. **Europäisches Rindfleisch** wird zu **Dumpingpreisen auf den Weltmarkt** geworfen und ruiniert Fleischbetriebe in Lateinamerika und Afrika.

Allen Zusagen und Verhandlungserfolgen bei der Welthandelskonferenz (WTO) zum Trotz: **Die Beihilfen in der EU und den USA werden auch in den kommenden Jahren nicht sinken.** Das US-Farmgesetz von 2002 schreibt fest, dass die Agrarunternehmen bis 2012 bis zu 70 Prozent höhere Beihilfen erhalten werden. Einzelne Farmer können jetzt für ihren Getreide- oder Baumwollanbau jährlich bis zu 360.000 Dollar bekommen.

Die **EU hat zwar erst jüngst einzelne Beihilfen gekürzt** – besonders umstritten waren die Einschränkungen für **Zuckerrübenbauern**. Doch am Gesamtvolumen der Agrarbeihilfen ändert das praktisch nichts. Ein Teil der Agrarsubventionen soll künftig unabhängig von der Produktion gewährt werden – sozusagen als Prämie für die Landschaftspflege und nicht mehr als Anreiz für eine immer höhere Produktion. Zudem gelten für rund zwei Drittel aller wettbewerbsverzerrenden Beihilfen diverse Ausnahmeregelungen, die nicht angetastet werden.

Die Industrieländer unterstützen ihre Landwirte nicht nur durch Agrarbeihilfen. Zugleich verhindern sie durch immer neue Einfuhrbeschränkungen und technische Hürden, dass Importe aus Entwicklungsländern den einheimischen Bauern Konkurrenz machen können. So müssen z. B. afrikanische

Exporteure von Getreide, Nüssen und getrockneten Früchten jährlich hunderte Millionen Dollar zusätzlich aufbringen, damit die Behandlung ihrer Produkte gegen möglichen Pilzbefall genau den komplizierten EU-Richtlinien entspricht. Selbst der Internationale Währungsfonds (IWF) bezweifelt, dass in solchen Fällen Kosten und Nutzen in einem vernünftigen Verhältnis stehen.

Die Ergebnisse dieser Politik zur Förderung der Landwirte in den Industrieländern sind zuweilen grotesk. **Ein europäisches Rind wird durchschnittlich mit 2,50 Euro pro Tag subventioniert,** ein japanisches sogar mit umgerechnet über sieben Euro täglich. Zum Vergleich: **Drei Viertel aller Menschen in Afrika müssen mit weniger als zwei Euro täglich auskommen.**

Quelle: Welthungerhilfe: Der Wahnsinn europäischer Agrarsubventionen. In: www.welthungerhilfe.de/1073.html [03.10.2006].

2.5 Folgen der Globalisierung

Lernziele:

Nach der Bearbeitung des Kapitels sind Sie in der Lage, Folgendes zu tun:

Sie ...

- ... erläutern, welche Länder bisher Gewinner und welche Verlierer der Globalisierung sind.
- ... erklären die Auswirkungen der Globalisierung auf Lohnniveau und Beschäftigung in den Industrieländern.
- ... unterscheiden zwischen qualifizierten und unqualifizierten Arbeitskräften.
- ... arbeiten Argumente für die Verlagerung von Produktionsbereichen deutscher Unternehmen ins Ausland heraus (Grundlage: Zeitungsartikel in Kapitel E 2.5).
- ... unterscheiden zwischen Standortkosten und Standortleistungen im Rahmen des internationalen Standortwettbewerbs.
- ... erläutern den Einfluss, den die zunehmende Bedeutung multinationaler Unternehmen auf die Wirtschaftspolitik der Regierung eines Landes hat.
- ... erläutern die verschiedenen Ansatzpunkte zur Eindämmung negativer Auswirkungen des Globalisierungsprozesses.

Wohlstandszuwächse – Wohlstandsverluste

2.3, S. 581

Die mit der wirtschaftlichen Globalisierung einhergehende Ausweitung des internationalen Handels und die Nutzung der Vorteile internationaler Arbeitsteilung führen nach der Außenhandelstheorie grundsätzlich weltweit zu einer besseren Güterversorgung und einer Wohlstandssteigerung. Allerdings fällt in der Realität die Verteilung dieser Wohlstandszuwächse unterschiedlich aus. Das schließt auch Wohlstandsverluste und negative Entwicklungen in einzelnen Ländern und bei einzelnen Bevölkerungsgruppen nicht aus.

1999[1]

Die Kräfte der Globalisierung haben beispiellosen Reichtum für diejenigen geschaffen, denen es gelang, die Vorteile des wachsenden Stroms von Waren und Dienstleistungen über nationale Grenzen hinweg zu nutzen.

Die Mehrheit wird aber an den Rand gedrängt. In etwa 85 Ländern der Welt geht es den Menschen in mehrfacher Hinsicht schlechter als noch vor zehn Jahren. [...] Die Kräfte des Marktes allein werden die Ungleichheit nicht wieder zurechtrücken. ... Bei der Festlegung von Forschungsprogrammen der multinationalen Unternehmen entscheidet nicht der Bedarf über die Priorität, sondern der Gewinn. Kosmetika stehen daher auf der Prioritätenliste für Forschung und Entwicklung höher als ein Impfstoff gegen Malaria oder die Züchtung dürreresistenter Nutzpflanzen. Die besten Technologien sind für diejenigen bestimmt, die sie bezahlen können. [...] Eine stärkere politische Steuerung ist erforderlich, um den Nutzen der Globalisierung für das Wohlergehen der Menschen und nicht für Profitzwecke sicherzustellen.

Auszüge aus den Berichten zur menschlichen Entwicklung der Vereinten Nationen (UNDP):		
	2003[2]	Der Unterschied zwischen Fortschritt und Rückschritt in dieser Welt nimmt weiter zu. Es zeichnet sich immer mehr ab, dass zwei grundlegend verschiedene Kategorien von Ländern entstanden sind: Länder, die von der Entwicklung profitiert haben, und Länder, die den Anschluss verpasst haben. Zur profitierenden Gruppe gehören die Länder Ost- und Südostasiens, der Pazifikraum und teilweise Lateinamerika (z. B. Chile, Brasilien). Keine Chance auf Fortschritt haben dagegen die meisten Menschen in Afrika mit Ausnahme der nordafrikanischen Mittelmeerstaaten. Ein Indiz für diese gespaltene Entwicklung besteht darin, dass die Menschen in 46 Staaten heute ärmer sind als 1990. Dass die Globalisierung dennoch besser ist als ihr Ruf, liegt vor allem an den hohen Wachstumsraten in China und Indien. Durch den raschen Wohlstand ist dort die Zahl der absolut Armen, die über weniger als einen Dollar pro Tag verfügen, um knapp 200 Millionen Menschen gesunken.
	2010[3]	In den vergangenen 40 Jahren hat sich gezeigt, dass Fortschritte bei der menschlichen Entwicklung auch ohne rasches Wirtschaftswachstum möglich sind. Reines Wirtschaftswachstum ging nur selten auch mit Verbesserungen in den Bereichen Gesundheit und Bildung einher. Untersuchungen in den 135 Entwicklungsländern und den entwickelten Ländern haben ergeben, dass weltweit die durchschnittliche Lebenserwartung zwischen 1970 und 2010 von 59 auf 70 Jahre stieg. In Ghana z. B. erhöhte sich die Lebenswartung in diesem Zeitraum um 16 Jahre, in Marokko gar um 20 Jahre, in Norwegen um 8 Jahre. Rückgänge der Lebenserwartung sind in einzelnen Ländern vor allem auf die Ausbreitung der HIV-Epidemie zurückzuführen. Die Alphabetisierungsrate in den Entwicklungsländern stieg bis 2010 um 61 Prozent, die Anzahl der Kinder, die eine Schule auf Primarschulniveau besuchen, um 26 Prozent. Auch die Quote derjenigen, die die Schule erfolgreich abschließen können, hat sich weltweit erhöht. Dier Schere zwischen armen und reichen Ländern hat sich in den letzten 40 Jahren jedoch weiter geöffnet, auch wenn das weltweite Pro-Kopf- Einkommen insgesamt angestiegen ist (in den entwickelten Ländern um 2,3 Prozent, in den Entwicklungsländern um 1,5 Prozent). Das reichste Land der Welt (Liechtenstein) ist seit 1970 dreimal reicher geworden, das ärmste Land (Simbabwe) um ein Viertel ärmer. Unter der Armutsgrenze leben Menschen, die täglich über weniger als 1,25 US-Dollar verfügen. Allein die globale Finanzkrise hat dazu geführt, dass 64 Millionen Menschen mehr unter diese Grenze gerutscht sind. Diese reine „Einkommensarmut", die in einigen Ländern wie China, Tansania und Usbekistan vorherrscht, wird im Armutsindex nun um einen mehrdimensionalen Aspekt erweitert – neben rein monetären Gesichtspunkten werden auch Entbehrungen und Mangelerscheinungen im Gesundheits- und Bildungsbereich und beim Lebensstandard erfasst. In 104 Ländern lebt demnach ein Drittel der Weltbevölkerung, das sind 2010 1,7 Milliarden Menschen, in mehrdimensionaler Armut. Über die Hälfte davon findet sich in Südostasien, mehr als ein Viertel in Afrika.
	2018[4]	Die meisten Menschen von heute leben länger, sind besser gebildet und haben stärkeren Zugang zu Gütern und Dienstleistungen als je zuvor. Selbst in den Ländern mit niedriger menschlicher Entwicklung hat sich die menschliche Entwicklung erheblich verbessert. Allerdings gibt es große Defizite hinsichtlich der Qualität der menschlichen Entwicklung. Länger zu leben bedeutet nicht automatisch, dass die Menschen die zusätzlichen Lebensjahre wirklich genießen können. [...] Fortschritte sind weder linear noch garantiert, und Krisen und Probleme können die erzielten Ergebnisse wieder zunichte machen. [...] Investitionen in die menschliche Sicherheit mit dem Ziel, Gefährdungs- und Konfliktzyklen zu durchbrechen, sind unverzichtbar, wenn Schwachstellen verringert und Fortschritte gefestigt werden sollen. [Es zeigen sich] große Ungleichheiten in allen Dimensionen der menschlichen Entwicklung. Die nach wie vor hohe Ungleichheit ist eine grundlegende Herausforderung für die Sicherstellung künftiger Fortschritte der menschlichen Entwicklung. [...] Das Gefälle zwischen Frauen und Männern bei der vollen Verwirklichung ihres jeweiligen Potenzials stellt ein großes Hindernis für weitere Fortschritte der menschlichen Entwicklung dar und wirkt daher für die Hälfte der Weltbevölkerung als Hemmschuh. [...] während ihres gesamten Lebens stoßen [Frauen] immer wieder auf Hindernisse, wenn es um die Stärkung ihrer Teilhabe geht. Nachhaltige Fortschritte der menschlichen Entwicklung sind nicht möglich, wenn die Probleme der Umweltzerstörung und des Klimawandels, die durch die jüngsten Steigerungen der menschlichen Entwicklung verschärft wurden, nicht bewältigt werden. Wenn menschliche Entwicklung wirklich nachhaltig sein soll, darf die Welt nicht mehr so weitermachen wie bisher, sondern muss sich für nachhaltige Produktions- und Konsummuster entscheiden.

1 Vgl. UNDP (United Nations Development Programme), Human Development Report 1999, New York 1999, Chapter 1: Human development in this age of globalization, S. 25ff.

2 Vgl. Deutsche Gesellschaft für die Vereinten Nationen, Bericht über die menschliche Entwicklung 2003, UNO Verlag, Bonn 2003, S. 33ff. u. S. 41ff.

3 Vgl. Deutsche Gesellschaft für die Vereinten Nationen, Bericht über die menschliche Entwicklung 2010.

4 Quelle: Deutsche Gesellschaft für die Vereinten Nationen, Bericht über die menschliche Entwicklung 2018, S. 14. In: https://dgvn.de/fileadmin/publications/PDFs/UN_Berichte/HDR/HDR-2018.pdf [17.07.2020].

Globalisierung und Beschäftigung

Die internationale Wettbewerbsverschärfung auf Güter- und Kapitalmärkten führt in den beteiligten Ländern zu einem Strukturwandel und macht auch vor den Arbeitsmärkten nicht Halt. Durch die Integration der Schwellen- und Entwicklungsländer[1] erhöht sich weltweit das um Arbeitsplätze konkurrierende Angebot an Arbeitskräften. Nach der ökonomischen Theorie konzentriert sich demzufolge die Produktion arbeitsintensiver Güter auf die Länder mit dem größten und billigsten Arbeitskräfteangebot. Von dort werden diese Güter dann weltweit exportiert. Das erhöht die Beschäftigung in den entsprechenden Ländern, führt aber gleichzeitig zu einem Abbau an Arbeitsplätzen insbesondere für gering qualifizierte Arbeitskräfte in den Industrieländern. Wegen des erhöhten Angebots an Arbeitskräften und der geringeren Löhne weltweit ergibt sich zusätzlich ein Anpassungsdruck auf das Lohnniveau in den Industrieländern. Das schließt auch den Abbau von Sozialleistungen nicht aus, soweit diese aus Beiträgen finanziert werden, die sich als Arbeitskosten niederschlagen (z.B. Lohnnebenkosten in Form von Arbeitgeberbeiträgen zur gesetzlichen Sozialversicherung). Der Verlagerung von Arbeitsplätzen in Niedriglohnländer steht aber möglicherweise eine Sicherung von Arbeitsplätzen gegenüber, wenn durch Erschließung und Ausweitung von Auslandsmärkten zusätzliche Nachfrage aus dem Ausland nach inländischen Erzeugnissen entsteht und somit der Export steigt.

Wenn z.B. in der Automobilindustrie die Produktion bestimmter Fahrzeugteile in Niedriglohnländer verlagert wird, verbessern sich möglicherweise wegen der niedrigeren Herstellungskosten die Absatz- und Exportchancen des in Deutschland zum Endprodukt zusammengebauten Autos. Damit könnte dann auch eine Sicherung von Arbeitsplätzen in Deutschland einhergehen. Würden deutsche Unternehmen die Kostenvorteile im Ausland nicht nutzen, wären jedenfalls nach Meinung renommierter Volkswirte noch weit mehr Arbeitsplätze in Deutschland gefährdet.

"

Outsourcing[2] hilft dem Standort Deutschland

„Deutsche Firmen haben gar keine Alternative zur Verlagerung von Jobs ins Ausland“, sagt [ein Vertreter] des Deutschen Instituts für Wirtschaftsforschung (DIW). „Es ist für die Firmen zwingend erforderlich, Kostenvorteile im Ausland zu nutzen – tun sie das nicht, würden sie deutlich mehr Arbeitsplätze in Deutschland gefährden.“ Die Produktionsverlagerung ins Ausland nutzt der heimischen Wirtschaft mehr, als sie ihr schadet. „Deutschland hat von der Globalisierung massiv profitiert“, sagt der Wirtschaftsweise[3] Peter Bofinger. [...] Die Sicherung der Wettbewerbsfähigkeit der in Deutschland verbliebenen Arbeitsplätze ist dabei nur eines von mehreren Argumenten. Denn auch die heimischen Konsumenten sind große Gewinner der Verlagerung – der Import günstiger Vorleistungen und Endprodukte hebt ihre Kaufkraft. „Turnschuhe, Fernseher und Maschinen wären viel teurer, wenn sie nur in Deutschland hergestellt würden.“ Diese Vorteile sind für den Einzelnen nicht unmittelbar sichtbar – die Nachteile konzentrieren sich dagegen auf eine kleine Gruppe von Betroffenen. Denn kurzfristig, das räumen die Ökonomen ein, schafft das Outsourcing nicht nur Gewinner. „Niedrig qualifizierte Arbeitnehmer in Deutschland sind eindeutig die Verlierer der Globalisierung.“ Denn es ist vor allem die Massenproduktion, die aus Deutschland verschwindet. Dadurch sinkt in der heimischen Industrie die Nachfrage nach einfacher Arbeit – und die Löhne für diese Tätigkeiten geraten unter Druck. Eine DIW-Studie zeigt: Steigen die Outsourcing-Aktivitäten um einen Prozentpunkt, sinken die Löhne von gering Qualifizierten um 1,8% – dass zugleich die Löhne für hoch Qualifizierte um 3% steigen, ist für die Betroffenen kein echter Trost. Das eigentliche Dilemma ist: Schon heute haben gering Qualifizierte auf dem Ar-

1 Als Schwellenländer werden die relativ fortgeschrittenen Entwicklungsländer, die auf der Schwelle zu Industrieländern stehen (z.B. Brasilien, Malaysia, Mexiko, Singapur, Süd-Korea, Taiwan), bezeichnet.

2 Mit Outsourcing, zu Deutsch Auslagerung, wird die Abgabe von Unternehmensaufgaben an Drittunternehmen (Zuliefer- und Dienstleistungsbetriebe) bezeichnet. Die im vorliegenden Zusammenhang gemeinte Verlagerung bestimmter Tätigkeitsbereiche in ein Niedriglohnland wird häufig auch als Offshoring bezeichnet.

3 Die fünf Mitglieder des Sachverständigenrates zur Begutachtung der gesamtwirtschaftlichen Entwicklung werden auch als die „Wirtschaftsweisen“ bezeichnet.

beitsmarkt immense Probleme. So stehen fast 25 % aller Arbeitnehmer ohne Ausbildung auf der Straße. Bei Menschen mit abgeschlossener Ausbildung oder Studium sind es nur 6 %. Bei allen Chancen und Risiken mahnen die Ökonomen aber zur Gelassenheit. „Das Ausmaß der Jobverlagerung wird in der Debatte weit übertrieben“, sagt Bofinger. „Die Daten sprechen dagegen, dass die Abwanderung von Unternehmen aus Deutschland ein großes Problem ist.“

Quelle: Handelsblatt: Qutsourcing hilft dem Standort Deutschland. 07.04.2004, S. 10.

Auch bei qualifizierten Arbeitskräften gibt es Tendenzen zu mehr internationaler Konkurrenz. Ein in den USA ausgebildeter indischer Informatiker kann beispielsweise von seiner Heimat aus Tätigkeiten als Programmierer mittels Internet anbieten und für europäische und amerikanische Unternehmen als Mitarbeiter tätig sein. Aufgrund der relativ geringen Lebenshaltungskosten in seiner Heimat könnte er sich selbst bei einer erheblich niedrigeren Vergütung seiner Tätigkeit als in Deutschland einen vergleichsweise hohen Lebensstandard leisten.

Insgesamt scheint hinreichend gesichert, dass die Globalisierung zu Einkommens- und Beschäftigungseinbußen vor allem für gering qualifizierte Arbeitnehmer in Deutschland und anderen Industrieländern führt. Gleichzeitig kommt es für Arbeitnehmer in Ländern mit niedrigem Lohnniveau und geringerem Entwicklungsstand zu einem Anstieg der Beschäftigung und zu Einkommensverbesserungen.

Standortwettbewerb

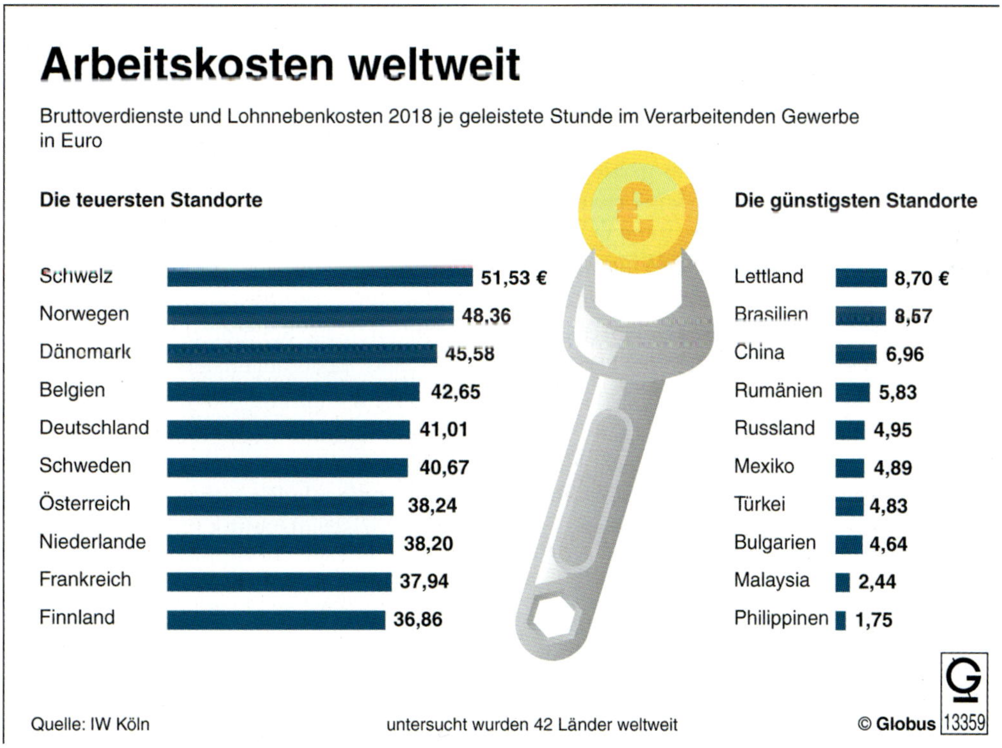

Im internationalen Standortwettbewerb spielen für investitionsbereite Unternehmen hinsichtlich der **Kosten des Standorts** insbesondere folgende Faktoren eine wesentlich Rolle:

- Höhe der Lohn- und Lohnnebenkosten
- Arbeitszeit
- Flexibilität des Arbeitsmarktes
- Steuer- und Abgabenbelastung

- Genehmigungsverfahren und ihre Dauer
- sozial- und umweltrechtliche Vorschriften.

Dem stehen aber z.B. Erwartungen hinsichtlich der **Leistungen des Standorts** in folgender Hinsicht gegenüber:

- Stabilität des politischen und sozialen Umfelds (z.B. Streikhäufigkeit)
- Ausstattung mit öffentlicher Infrastruktur
- Rechtssicherheit und die Leistungsfähigkeit der Verwaltung
- Qualität von Schulen und Universitäten
- Produktivität und Leistungsbereitschaft der Arbeitnehmer.

D Entscheidend für die Standortwahl von Unternehmen ist nicht die absolute Höhe von Lohnkosten, Steuerbelastung usw., sondern das Niveau der Standortqualität im Verhältnis zu ihren Kosten (= Preis-Leistungs-Verhältnis des Standorts).

Da nicht nur die Kosten, sondern auch die Leistungen der Standorte in den verschiedenen Ländern und Regionen höchst unterschiedlich sind, ist eine Vereinheitlichung z.B. von Steuer- und Sozialsystemen als internationale wirtschaftspolitische Maßnahme weder sinnvoll noch notwendig.

Einschränkung der Unabhängigkeit nationaler Regierungen

Durch die Globalisierung wird der wirtschaftspolitische Spielraum nationaler Regierungen immer stärker eingeengt. Die Auswirkungen von Maßnahmen in den Bereichen Geld-, Beschäftigungs-, Sozial- und Umweltpolitik bleiben nicht mehr auf die jeweiligen Volkswirtschaften beschränkt. Sie sind auch nicht unabhängig von den Maßnahmen und Entwicklungen in anderen Ländern. Zudem gibt die enorm gestiegene Mobilität des Anlagekapitals den Investoren die Möglichkeit, im Rahmen des Standortwettbewerbs politischen Druck auf nationale Regierungen auszuüben. In diesem Zusammenhang wird vom anlagesuchenden Kapital auch als dem „zweiten Kontrolleur neben dem Wähler" gesprochen.

D Die Unabhängigkeit nationaler Wirtschaftspolitik wird durch den Standortwettbewerb im Rahmen der Globalisierung mehr und mehr eingeschränkt. Regierungen haben zunehmend eine doppelte Wählerschaft: Neben den wahlberechtigten Bürgern des Landes bestimmen auch die ausländischen Investoren über die jeweilige Regierungspolitik.

Weltweit wird versucht, diesem Kompetenzverlust durch regionale Wirtschaftsbündnisse und die Integration von Volkswirtschaften mit gemeinsamer Wirtschaftspolitik entgegenzuwirken (z.B. EU).

Ausblick

Die Globalisierung ist ein unumkehrbarer Prozess, der bisher zahlreichen Ländern und Bevölkerungsgruppen unbestreitbare Vorteile gebracht hat. Nach Auffassung der Befürworter handelt es sich bei der Globalisierung um eine *Win-Win*-Situation, bei der es langfristig keine Verlierer, sondern nur Gewinner geben kann. Sie berufen sich dabei vor allem auf die mit der „Theorie der komparativen Kostenvorteile" belegten positiven Effekte des internationalen Handels. Länder, in denen es der Bevölkerung heute nachgewiesenermaßen schlechter als noch vor einigen Jahren geht, werden dabei nicht als Verlierer der Globalisierung angesehen. Die Verschlechterung der Lebensbedingungen wird vielmehr darauf zurückgeführt, dass diese Länder (noch) nicht ausreichend in den Globalisierungsprozess integriert sind, weil sie beispielsweise keine Rechtssicherheit und keine Eigentumsgarantie für ausländische Investitionen bieten oder sich auf andere Weise von internationalen Wirtschaftsbeziehungen abschotten. Die bisherige

Erfahrung zeigt aber, dass in zahlreichen Fällen positive Einkommens- und Beschäftigungsentwicklungen in einem Teil der Welt untrennbar mit Einkommens- und Beschäftigungsnachteilen in einem anderen Teil der Welt – wie zwei Seiten derselben Medaille – verbunden sind. Wegen der erwarteten Nachteile weigern sich die Industrieländer beispielsweise nach wie vor, ihre Agrarmärkte für Importe aus den Entwicklungsländern zu öffnen. Die Angst vor Arbeitsplatzverlusten ist auch maßgebend dafür, dass der größte Teil der Bevölkerung in Deutschland der Globalisierung ablehnend gegenübersteht. Entscheidend dafür, ob mit der Globalisierung künftig eine weltweite Wohlstandssteigerung einhergehen kann, ist zudem, wie die Vorteile und Gewinne zwischen den beteiligten Ländern einerseits und zwischen einzelnen Bevölkerungsgruppen in den beteiligten Ländern andererseits verteilt werden.

Um die Vorteile der Globalisierung für möglichst viele Beteiligte zu nutzen und die Nachteile einzuschränken, bedarf es u. a. der Erfüllung folgender Forderungen:

- Demokratisierung der beteiligten internationalen Organisationen (IWF, WTO) mit dem Ziel, deren Politik von einer einseitigen Ausrichtung auf Marktzugänge und Liberalisierung hin zu einer sozialen und ökologischen Entwicklungsperspektive für alle Länder zu verändern;
- Marktöffnung in den Industrieländern für Importe aus Entwicklungsländern, auch wenn dies zu einem weiteren Strukturwandel in den entsprechenden Sektoren der Industrieländer (insbesondere der Landwirtschaft) führt;
- Einschränkung der Standortkonkurrenz und des Deregulierungswettlaufs der Staaten untereinander durch international verbindliche Vereinbarungen mit entsprechenden Mindestbedingungen z. B. hinsichtlich Besteuerung, Sozial- und Umweltstandards;
- Verhaltenskodizes[1] für multinationale Unternehmen und Überwachung der Einhaltung durch unabhängige Organisationen;
- Eindämmung der vorrangig aus Spekulationsgründen getätigten Devisentransaktionen und dadurch Beitrag zur Verringerung von Wechselkursschwankungen.

1 Kodex (lat.): Gesetzbuch, hier: freiwillige Selbstverpflichtung zur Einhaltung bestimmter Regeln.
Als Beispiele für Verhaltenskodizes (Codes of Conduct) deutscher Unternehmen siehe u. a.:
Suchbegriffe:
– Deichmann, soziales Engagement
– BASF, Grundwerte
– Faber-Castell, Sozialcharta

Zusammenfassende Übersicht Kapitel 2:
Globalisierung: Von der europäischen Volkswirtschaft zur Weltwirtschaft

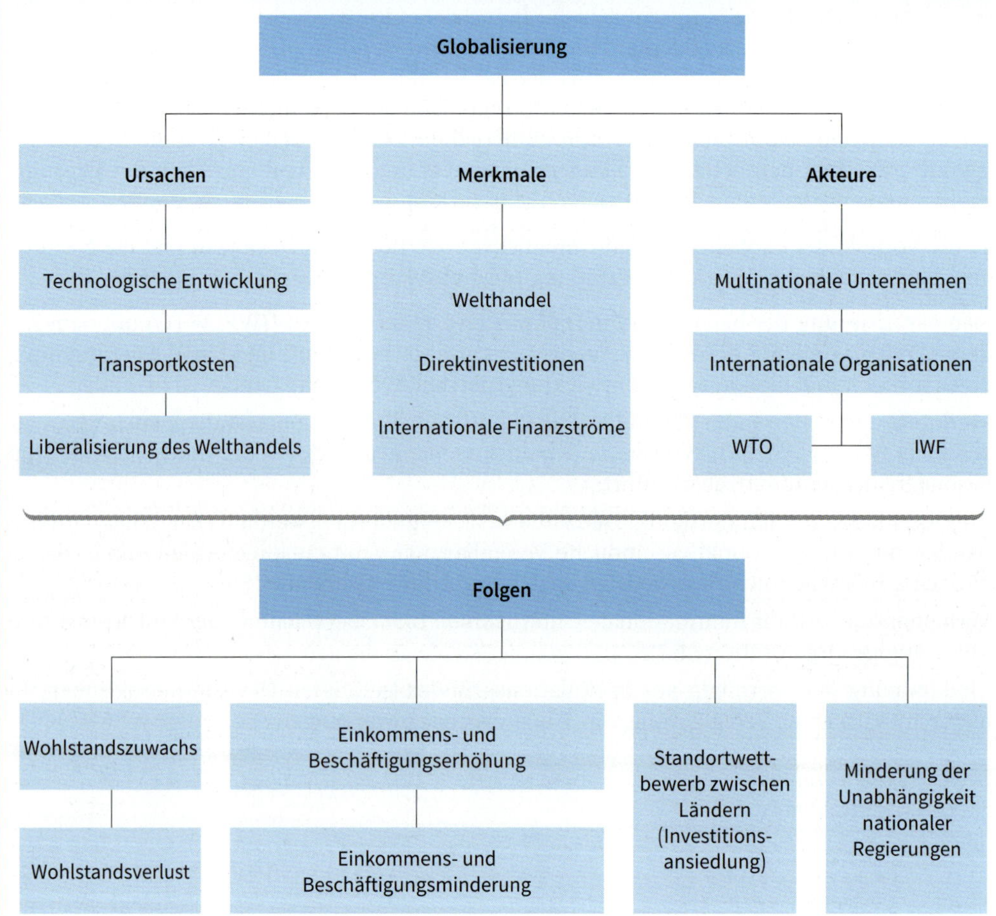

Aufgaben und Probleme zur Erarbeitung und Anwendung von Wissen zu Kapitel 2: Globalisierung: Von der europäischen Volkswirtschaft zur Weltwirtschaft

2.1 Fallstudie: Globalisierung und internationale Verflechtung[1]

Für eine Volkswirtschaft liegen die in der folgenden Tabelle dargestellten Zahlen vor.

1. Analysieren Sie die Situation und prüfen Sie die Erfolgschancen der vorgeschlagenen Maßnahmen im Hinblick auf die Ziele Preisniveaustabilität, hoher Beschäftigungsstand und angemessenes Wirtschaftswachstum.

Indikatoren	Vorjahr	laufendes Jahr
BIP in Preisen des Vorjahres	995 Mrd. GE	1.000 Mrd. GE
Veränderung des realen BIP	+ 1,0 %	+ 0,5 %
Veränderung des Preisniveaus im Inland	+ 3,0 %	+ 2,0 %
Veränderung des Preisniveaus im Ausland	+ 2,0 %	+ 2,0 %
Veränderung der Durchschnittslöhne im Inland (nominal)	+ 5,0 %	+ 4,0 %
Veränderung der Durchschnittslöhne im Ausland	+ 5,5 %	+ 5,0 %
Veränderung der Gewinneinkommen (Inland)	+ 4,5 %	+ 6,5 %
Zahl der Arbeitslosen	2,3 Mio.	2,6 Mio.
Erwerbstätige	25,3 Mio.	25,0 Mio.
Veränderung der Geldmenge M3	+ 4,0 %	+ 1,5 %
Veränderung der Staatsausgaben		+ 5,0 %
Veränderung der Steuereinnahmen		+ 2,0 %
Kapitalmarktzinsen (Inland)		10,0 %
Kapitalmarktzinsen (Ausland)		6,0 %
Leitzinsen der Zentralbank		6,5 %
Kapazitätsauslastung: inlandsorientierte Branchen Exportindustrie	91,5 % 75,5 %	90,0 % 71,0 %
private Investitionen (reale Veränderung)		+ 2,5 %
Staatsnachfrage (reale Veränderung)		+ 3,0 %
privater Verbrauch (reale Veränderung)		+ 2,0 %
Außenbeitrag (Ex – Im)		– 30 Mrd. GE
Exporte (nominale Veränderungsrate)	+ 2,0 %	– 0,5 %
Importe (nominale Veränderungsrate)	+ 3,5 %	+ 3,5 %
Veränderung der Ausfuhrpreise	+ 2,0 %	+ 2,0 %
Veränderung der Einfuhrpreise	– 2,0 %	– 2,0 %
Exportquote (Anteil der Exporte am BIP)		25,0 %
Importquote		27,0 %
Saldo der Kapitalbilanz (Kapitalimport)	+ 9 Mrd. GE	+ 30 Mrd. GE

1 in Anlehnung an H. W. Möller, Angewandte Volkswirtschaftslehre, a. a. O., S. 188.

Das Land hat flexible Wechselkurse. Im letzten Jahr hat sich eine Aufwertung der Währung des Landes um 4%, im Jahr davor um 3% ergeben.

(vgl. dazu die Lösungshinweise im Anhang auf S. 582)

Folgende stabilitätspolitische Vorschläge liegen für das kommende Jahr vor:
a) Zeitliches Vorziehen von staatlichen Investitionen in Höhe von 12 Mrd. GE auf das kommende Jahr. Die Mittel dazu sollen auf dem inländischen Kapitalmarkt beschafft werden.
b) Senkung der Arbeitslosenunterstützung und anderer Sozialleistungen. Senkung der Beamtengehälter. Einführung eines Niedriglohnsektors für gering qualifizierte Arbeitnehmer.
c) Senkung der Leitzinsen der Zentralbank auf 5%.
d) Verstärkter Aufkauf ausländischer Währungen (insbesondere der Währungen der Hauptexportländer) durch die Zentralbank.

2.2 Internationale Arbeitsteilung am Beispiel der Textilproduktion – Verhaltenskodizes

"

Weltreise einer Jeans

Die Baumwolle wird in **Indien** von Hand oder mit der Maschine geerntet und anschließend in die **Türkei** versandt. Dort wird die Baumwolle zu Garn gesponnen und anschließend in **Taiwan** mit chemischer Indigofarbe aus **Deutschland** gefärbt. Aus dem gefärbten Garn werden in **Polen** die Stoffe genäht. Innenfutter und die kleinen Schildchen mit den Wasch- und Bügelhinweisen kommen aus **Frankreich,** die Knöpfe und Nieten aus **Italien.** Alle Zutaten werden auf die **Philippinen** geflogen und dort (nach einem per Internet versandten Schnittmuster und Design) zusammengenäht. In **Griechenland** erfolgt die Endverarbeitung. Um eine gebrauchte Optik zu bekommen, wird sie dort wahlweise mit Steinen gewaschen, mit Schmirgelpapier abgerieben oder mit einer dünnen weißen Farbschicht besprüht und – um waschfest zu werden – im Backofen getrocknet. Die fertigen Jeans werden nach **Deutschland** transportiert und in ganz Europa verkauft, getragen und schließlich in die Altkleidersammlung einer Wohltätigkeitsorganisation gegeben. In **Holland** wird die Altkleidung sortiert und dann mit Schiff und Lkw nach **Afrika** gebracht.

nach: http://www.globalisierung-online.de Stichwort: Infopool

1. Warum sind an der Produktion einer Jeans Menschen in so vielen Ländern beteiligt?
2. Ermitteln Sie mithilfe eines Atlas die Länge der Transportwege bei der beschriebenen Jeansproduktion.
   (Informieren Sie sich ggf. unter der angegebenen Internetadresse.)
3. Welche Vorteile können sich für die am Produktionsprozess der Jeans beteiligten Länder aus dieser Art von Arbeitsteilung ergeben?
4. Informieren Sie sich über die Arbeitsbedingungen, unter denen in manchen Fällen die Produktion von Jeans, Mode- und Sportbekleidung, Sportschuhen u. Ä. in Entwicklungsländern erfolgt.
   http://www.globalisierung-online.de, Stichwort: Infopool,
   http://www.saubere-kleidung.de, http://www.cleanclothes.org.
5. Welche Möglichkeiten sehen Sie, die unter 4. beschriebenen Arbeitsbedingungen zu verbessern?
6. Wären Sie selbst bereit, beim Kauf entsprechender Produkte Unternehmen zu bevorzugen, die bei der Herstellung bestimmte Mindestbedingungen (Verhaltenskodizes) einhalten, auch wenn diese Produkte teurer sind? Begründen Sie Ihre Meinung.
   Zu den häufigsten Verhaltenskodizes gehören: keine Diskriminierung der Beschäftigten, Verbot von Kinderarbeit, Verbot von Zwangsarbeit, Recht auf Organisationsfreiheit (Gewerkschaften) und kollektive Tarifverhandlungen, Zahlung von Mindestlöhnen, die den gesetzlichen Bestimmungen entsprechen, keine überlangen Arbeitszeiten, Gewährung von Gesundheits- und Sicherheitsschutz am Arbeitsplatz, ökologische Standards.

2.3 Globalisierung der Märkte: Merkmale – Chancen – Risiken – Maßnahmen

1. Zeigen Sie die zentralen Merkmale der Globalisierung auf und erstellen Sie zur Strukturierung ein Mindmap. Berücksichtigen Sie dabei neben den wirtschaftlichen Aspekten auch andere Bereiche der Globalisierung.
2. Die Befürworter des Globalisierungsprozesses beziehen sich häufig auf die wirtschaftspolitische Konzeption des Neoliberalismus. Erläutern Sie wesentliche auf dieser Konzeption beruhende Argumente der Befürworter.
3. Stellen Sie wesentliche Argumente der Globalisierungskritiker zusammen. Setzen Sie sich kritisch damit auseinander und versuchen Sie sich eine eigene Meinung über Chancen und Risiken der Globalisierung zu bilden.
4. Die nach dem amerikanischen Nobelpreisträger benannte „Tobin-Steuer" stellt einen Vorschlag zur Regulierung der Finanzmärkte dar.
   - Erläutern Sie die Funktionsweise einer solchen Steuer.
   - Stellen Sie die Argumente von Befürwortern und Gegnern gegenüber und versuchen Sie sich eine eigene Meinung über die Einführung einer solchen Steuer zu bilden.

Ich kann …	Bitte ankreuzen		Wenn Nein: Siehe Seite(n) im Buch	Level / Anforderungsniveau
	Ja	Nein		
2.1 Begriff und Ausmaß der Globalisierung				**Level**
… den Begriff „wirtschaftliche Globalisierung" definieren.			558	1
… Vorteile und Gefahren der Globalisierung gegenüberstellen.			559 f.	1
… die ablehnende Haltung von Teilen der Bevölkerung in Deutschland gegenüber der Globalisierung erläutern.			559 f.	2
2.2 Ursachen der Globalisierung				**Level**
… Entwicklungen, die eine wirtschaftliche Globalisierung unterstützt oder verstärkt haben, erläutern.			561 f.	2
2.3 Merkmale der Globalisierung				**Level**
… drei Merkmale, an denen sich das Ausmaß der Globalisierung feststellen lässt, nennen.			562	1

Hinweise zur Problemlösetechnik bei wirtschaftspolitischen Fallstudien

Zur Bearbeitung wirtschaftspolitischer Fallstudien (z.B. Aufgaben Nr. D 6.8, D 8.3, D 8.4 und E 2.1) bietet sich folgende Vorgehensweise an, die auch bei der Analyse und Lösung wirtschaftspolitischer Probleme in der Praxis zur Anwendung kommt[1]:

1. **Lageanalyse/Problemdefinition**
   - Welche stabilitätspolitischen Ziele sind nicht realisiert?
   - Bei welchen Zielen ist eine Verbesserung oder Verschlechterung im Zeitablauf zu erkennen?

2. **Ursachenanalyse/Prognose**
   - Sind die Probleme auf binnen- und/oder außenwirtschaftliche Ursachen zurückzuführen?
   - Wo liegen die Ursachen?

   Nachfrageseite
   Konsumnachfrage: (Löhne, Lohnquote, Arbeitslosigkeit, Zinsen, Preise, ...)
   Investitionsnachfrage: (Gewinn- und Absatzerwartungen, Zinsen, Kapazitätsauslastung, ...)
   Staatsnachfrage: (Haushaltspolitik, Staatsverschuldung, prozyklische/antizyklische Wirkung, *crowding out*, ...)

   Angebotsseite
   Entwicklung von Gewinnen, Löhnen, Produktivität, ...
   Entwicklung von Zinsen, Steuern
   Veränderung der Einfuhrpreise

   Liquiditätsversorgung
   Wachstum der Geldmenge im Verhältnis zum Preisanstieg und zum Wachstum des realen BIP
   Höhe der Leitzinsen und ihre Wirkung auf die Nachfrage

3. **Zielbildung/Zielkonflikte**
   - Welches Ziel soll angesichts bestehender Zielkonflikte vorrangig verfolgt werden?

4. **Alternativen/Maßnahmen**
   - Welche Maßnahmen kommen infrage?
   - Welche Kombination (Maßnahmebündel) ist zweckmäßig?
   - Wer sind die Träger dieser Maßnahmen?
   - Welche Rahmenbedingungen (z.B. Zinsniveau im Ausland) sind zu berücksichtigen?
   - Maßnahmen nachfrageorientierter Wirtschaftspolitik
   - Maßnahmen angebotsorientierter Wirtschaftspolitik
   - Geldpolitik der Zentralbank

5. **Bewertung/Kontrolle**
   - Welche Konflikte zwischen den Trägern der wirtschaftspolitischen Maßnahmen sind zu erwarten?
   - Welche Vollzugsprobleme können auftreten (Timelags, Abstimmungsprobleme, Dosierung)?
   - Sind die Maßnahmen politisch durchsetzbar?
   - Wessen Interessen werden mit diesen Maßnahmen vorrangig vertreten?

1 Vgl. H.W. Möller, Angewandte Volkswirtschaftslehre, a.a.O., S. 41ff.

Sachwortverzeichnis

Bildquellenverzeichnis

|**adpic Bildagentur, Köln**: D. Schneider 55.2. |**akg-images GmbH, Berlin:** 14.2. |**alamy images, Abingdon/ Oxfordshire**: steve bly 207.2. |**Art Explosion, Calabasas, CA:** 137.1, 137.2, 137.3, 137.3, 137.4, 137.5, 137.6, 137.7, 137.8, 137.9, 137.10, 137.11, 137.12, 137.13, 137.14, 137.15, 137.16, 137.17, 137.18, 137.19, 137.20, 137.21, 137.22, 137.23, 137.24. |**Astrofoto, Sörth:** NASA 561.2. |**Bergmoser + Höller Verlag AG, Aachen:** Zahlenbilder 63.1, 92.1, 107.1, 329.1, 406.2. |**bpk-Bildagentur, Berlin:** Jüttner, Franz 507.1. |**Fairtrade Deutschland, Köln:** 41.2. |**fotolia.com, New York:** beermedia 352.10, 471.1, 471.1; bevisphoto 55.1; Birn, Marco 473.2; Georgios Kollidas 304.1; guentermanaus 61.1; Jähne, Karin 164.1; JM Fotografie 55.3; Narong Niemhom 22.1; Nejron Photo 41.1; redrex 55.4. |**Getty Images, München:** Wilfried Krecichwost 27.2. |**Gottscheber, Pepsch, München:** 559.1. |**Haitzinger, Horst, München:** 122.1, 182.1, 532.1. |**Hild, Claudia, Angelburg:** 142.1, 471.2. |**iStockphoto.com, Calgary:** leofrancini 31.1; venturecx 35.2. |**Langner & Partner Werbeagentur GmbH, Hemmingen:** 316.1. |**mauritius images GmbH, Mittenwald:** Alamy 55.5; Geiersperger 66.1. |**NRW-Landesinitiative „Leben ohne Qualm", Mülheim an der Ruhr:** 50.1. |**Picture-Alliance GmbH, Frankfurt/M.:** dpa-infografik 29.1, 32.1, 35.1, 60.1, 63.2, 110.2, 113.1, 118.1, 175.1, 333.1, 356.2, 388.1, 392.1, 408.1, 409.1, 428.1, 473.1, 474.2, 480.1, 483.2, 501.1, 501.2, 508.1, 508.1, 543.1; dpa-Infografik 545.1; dpa-infografik 548.1, 550.1, 559.2, 563.1, 564.1, 564.2, 565.1, 566.1, 575.1; dpa/Langefeld, W. 73.1; dpa/ Patrick Lux 55.6; Globus Infografik 34.1; Malte Ossowski/SVEN SIMON 143.1; maxppp 352.1, 462.1, 462.1, 463.1; United Archives/TopFoto 367.1; WILDLIFE/M.Harvey 36.1. |**Ringhut, Daniela, Dreieich:** 21.1, 64.1, 71.1, 72.1, 74.1, 92.2, 108.1, 109.1, 110.1, 139.2, 141.1, 141.2, 144.1, 149.1, 150.1, 154.1, 155.3, 157.1, 157.2, 158.1, 159.1, 159.2, 160.1, 165.1, 167.1, 167.2, 168.1, 168.2, 170.1, 170.2, 173.1, 173.2, 173.3, 173.4, 176.1, 176.2, 178.1, 180.1, 180.2, 181.1, 181.2, 187.1, 187.2, 187.3, 188.1, 188.2, 188.3, 191.1, 192.1, 192.2, 192.3, 192.4, 193.1, 193.2, 194.1, 195.1, 196.1, 201.1, 201.2, 203.1, 203.2, 204.1, 204.2, 205.1, 205.2, 206.1, 206.2, 206.3, 206.4, 211.1, 211.2, 212.1, 213.1, 214.1, 216.1, 217.1, 218.1, 220.1, 223.1, 225.1, 226.1, 227.1, 228.1, 229.1, 230.1, 230.2, 230.3, 230.4, 232.1, 232.2, 233.2, 234.1, 235.1, 235.2, 235.3, 235.4, 236.1, 236.2, 237.1, 237.2, 237.3, 237.4, 238.1, 238.2, 238.3, 244.1, 249.1, 250.1, 253.1, 253.2, 255.1, 258.1, 260.1, 263.1, 263.2, 269.1, 272.1, 274.1, 275.1, 279.1, 280.1, 282.1, 283.1, 284.1, 285.1, 286.1, 286.2, 286.3, 287.1, 287.2, 287.3, 287.4, 288.1, 288.2, 288.3, 288.4, 288.5, 291.1, 293.1, 300.1, 301.1, 348.1, 350.1, 352.7, 356.1, 359.1, 360.1, 360.2, 361.1, 369.1, 369.2, 399.1, 400.1, 403.1, 413.1, 422.1, 447.1, 449.1, 457.1, 464.1, 476.1, 477.1, 477.1, 477.2, 496.1, 510.1, 511.1, 512.1, 513.1, 523.1, 552.1. |**Schönauer-Kornek, Sabine, Wolfenbüttel:** 122.2. |**Shutterstock.com, New York:** Wackenberg, Rolf G. 45.1. |**Stiftung Warentest, Berlin:** test 9/2016, www.test.de/zahnpasta 289.1. |**stock.adobe.com, Dublin:** 198368994 358.2; 5second 385.1, 385.2; alekseyvanin 13.5, 13.6, 102.1, 102.1, 116.1; alexlmx 13.8, 119.1; Ali 562.1; Anna 139.1; apfelweile Titel; Artem Sokol 134.1, 136.1; blankstock 135.3; Bro Vector 207.1; Chany167 561.1; comicsans 351.2, 372.2; CosmoShiva 353.2, 500.2, 500.2; dstarky 374.4, 374.5, 374.6, 374.6; esoxx 305.3, 340.1; Evlakhov, Valery 374.1, 374.2, 374.3, 374.3; Fiedels 17.1, 505.1; fotohansel 304.3; fotomek 147.1, 358.3; frittipix 43.1; Goga 13.1; Good Studio 148.1, 162.1; Grigoryev, Nikolay 352.8, 479.1, 479.1; HeGraDe 539.1; iconsgraph 135.5, 135.6; igor kisselev 198.1; imaginando 433.1, 434.1; jan stopka 352.3; Jemastock 13.4; jesadaphorn 425.1; jonasginter 330.1; Julia 352.4, 352.5, 352.6, 352.6; Julydfg 351.1, 372.1; kazy 134.2, 208.5, 246.3, 246.3, 256.3, 271.3, 276.2, 281.4; kikkerdirk 394.1; Kopyrina, Oxana 456.1; kozyrevaelena 352.2, 455.1, 455.1; Krautwald, Sven 27.1; lantapix 538.3; LogoStockimages 36.2; Maria 572.1; martialred 353.1, 500.1, 500.1; Matsabe 246.7, 246.7, 256.6, 271.7, 276.4, 281.8; Maxim, Rudoy 304.4, 304.4, 305.2, 312.1; Mediaparts 146.1; MQ-Illustrations 544.1; nicknik93759375 351.3, 352.9, 353.3, 353.11, 411.1, 483.1, 520.1; NikWB 135.1, 135.2, 135.4, 246.4, 246.4, 256.4, 271.5, 276.8, 281.6; OLGA 13.7, 90.1; OneLineMan.com 474.1; Onidji 12.1, 12.1, 19.1; peart 558.1; photoplotnikov 224.1, 224.2, 224.3, 224.3; PhotoSG 155.1, 155.2; picoStudio 69.1; pixelmaxl 406.1; pixelrobot 353.5, 353.10, 528.2; Qualit Design 233.1; QUE 208.3, 208.4, 358.1, 358.1; realstockvector 372.3; Ricochet64 568.1; sandra zuerlein 172.1; SimpLine 530.1; Simpson, Nicola 135.7; smile3377 246.1, 246.2, 246.5, 246.6, 246.6, 256.1, 256.2, 256.5, 271.1, 271.2, 271.4, 271.6, 276.1, 276.3, 276.5, 276.6, 276.7, 281.2, 281.3, 281.5, 281.7, 353.6, 353.7, 353.8, 353.9, 528.1; Smith1979 436.1, 436.1, 437.1, 438.1; Stitt, Jason 177.1; stockdevil 538.1, 538.2, 538.4, 538.5, 538.6, 538.7, 538.8, 538.9, 538.10, 538.11, 538.12, 538.13, 538.14, 538.14, 538.15, 538.16, 538.17, 538.18, 538.19, 538.20, 538.21, 538.22, 538.23, 538.24, 538.25, 538.26, 538.27, 538.28, 538.29, 540.1, 540.2, 540.3, 540.4, 540.5, 540.6, 540.7, 540.8, 540.9, 540.10, 540.11, 540.12, 540.13, 540.14, 540.15, 540.16, 540.17, 540.18, 540.19, 540.20, 540.21, 540.22, 540.23, 540.24, 540.25, 540.26, 540.27, 540.28; styleuneed 14.1; sudowoodo 12.3, 29.2; sunnyws 12.2, 26.1; SurfupVector 281.1; Sven Bähren 28.1; Tatyana 12.4, 33.1; TukTuk Design 208.1, 208.2; tynyuk 13.3; Vectorfair.com 13.2, 58.1, 58.1; wei 326.1; wektorygrafika 224.4; zaurrahimov 353.4, 509.1, 509.1. |**Stuttmann, Klaus, Berlin:** 571.1. |**Süddeutsche Zeitung - Photo, München:** S.M. 320.2; Scherl 366.1; SZ Photo 39.1, 39.1, 304.2, 307.1, 308.1. |**ullstein bild, Berlin:** 305.1, 320.1, 320.3; The Granger Collection 27.4. |**vario images, Bonn:** Ulrich Baumgarten 27.3. |© Poth, **Chlodwig, Frankfurt am Main:** 90.2.

Wir arbeiten sehr sorgfältig daran, für alle verwendeten Abbildungen die Rechteinhaberinnen und Rechteinhaber zu ermitteln. Sollte uns dies im Einzelfall nicht vollständig gelungen sein, werden berechtigte Ansprüche selbstverständlich im Rahmen der üblichen Vereinbarungen abgegolten.